JN457666

전환기의 한국교육정책

윤정일 · 김민희 · 김병주 · 나민주 · 남수경 · 박수정
송기창 · 신상명 · 오범호 · 윤홍주 · 이수정 · 이정미
이희숙 · 정성수 · 정제영 · 조동섭 · 조석훈 · 주현준 공저

학지사

과를 모아 헌정하는 것이 더 의미있는 일이라는 데 의견을 같이하였다.

저자들은 모두 서울대학교 대학원 교육학과에서 윤정일 교수님 지도하에 교육행정을 전공한 사람들이다. 저자들 대부분은 서울대학교에서 석·박사과정을 마쳤으나, 일부는 석사과정만 마치고 외국에서 박사학위를 취득하기도 하였다. 저자들의 학사과정 배경은 교육학이 주류를 이루는 가운데 윤리학, 국문학, 사학, 초등교육학, 경영학, 법학, 수학 등으로 다양성을 갖추고 있다. 다양한 배경과 저마다의 독특한 개성을 가진 제자들을 교육행정학이라는 큰 그릇에 담아 저마다의 배경과 개성을 살려 전공분야를 공부해 나갈 수 있도록 이끌어 주신 선생님의 가르침에 머리 숙여 감사드린다.

총 18명의 저자가 참여하여 각각 자신의 관심분야와 밀접한 관련이 있는 교육정책을 선정하여 집필하였다. 이제 선생님으로부터 독립하여 홀로서기를 해야 한다는 의미에서 각 장은 각각의 저자가 책임 집필하고, 장별 저자를 명기하였다. 따라서 각 장의 오류에 대한 책임은 전적으로 저자에게 있다. 선생님께서는 흔쾌히 마지막 장인 '미래 교육정책의 방향: 창의적 인재양성전략'을 집필해 주셔서 이 책의 중량감을 더해 주셨고, 대표저자로 명기하는 것을 허락해 주셨다. 다시 한 번 큰 가르침에 감사드린다.

교육정책은 끊임없이 변하고 있다. 이 책을 집필하는 동안 일부 교육정책의 변화가 있었으며, 이명박정부가 새로 출범하여 교육인적자원부와 과학기술부가 교육과학기술부로 통합되는 등 대폭적인 정부조직 개편이 이루어졌다. 이 책의 내용 중 정부 부처 명칭이 많이 등장하는데, 새 정부의 부처 명칭을 반영할 여유가 없었음을 아쉽게 생각한다. 가까운 시일 내에 부처 명칭을 비롯하여 변경된 교육정책을 반영하여 개정판을 집필할 것을 약속한다. 이 책의 교정을 맡아 준 숙명여대 박사과정 김주영 선생님의 노고를 기억하며, 아울러 이 책의 출판을 맡아 주신 학지사 김진환 사장님과 편집부 이지혜 차장님을 비롯한 직원 여러분께 감사드린다.

2008. 3. 14

저자를 대표하여 송기창

차 례

표 1-1 유아교육과 보육체제 비교

구분	유아교육	보육
관련법규	「유아교육법」	「영유아보육법」
정부 관장부처	교육인적자원부	여성가족부
목적	「교육기본법」에 의한 학교교육	복지적 성격을 지닌 영유아 심신 보호와 건전한 교육
대상	유아(만 3~5세)	영유아(만 0~5세)
기관 유형	국립, 공립, 사립	국·공립, 민간, 직장, 가정, 부모협동
교·보육과정	유치원교육과정	표준보육과정
프로그램	반일제, 시간연장제, 종일제	종일제
기관 평가	교육인적자원부에 의한 평가	여성가족부에 의한 평가 인증
무상 교·보육대상	초등학교 취학 직전 1년	초등학교 취학 직전 1년
국가 및 지방자치단체 비용부담	무상교육 대상이 아닌 유아 중에서 「국민기초생활보장법」의 규정에 따른 수급권자와 대통령령(「유아교육법시행령」)이 정하는 저소득층 자녀의 유아교육에 필요한 비용의 전부 또는 일부	「국민기초생활보장법」의 규정에 따른 수급권자와 여성부령(「영유아보육법시행규칙」)이 정하는 저소득층 자녀의 유아교육에 필요한 비용의 전부 또는 일부
담당자 명칭	유치원 교직원(원장, 원감, 교사)	보육시설 종사자(시설장, 보육교사)
교사 자격기준	유치원교사 1, 2급 전문대 학력 이상	보육교사 1, 2, 3급 고교 졸업 후 1년의 양성과정 이수 이상
시설·설비기준	대통령령(「고등학교 이하 각급 학교설립·운영규정」)	여성부령(「영유아보육법시행규칙」)이 정하는 설치기준

차지하고 있다. 보육시설 수는 총 28,761개이며, 국·공립 1,507개, 법인 1,484개, 민간 13,855개, 부모협동 49개, 가정보육 11,575개, 직장보육 291개이다. 민간보육시설과 가정보육시설이 각각 전체의 48.2%, 40.2%를 차지하여 둘을 합하면 88.4%에 달한다. 반면, 국·공립보육시설은 5.2%, 직장보육시설은 1.0%에 불과하여 국가 공적 재원의 투자 비율이 낮고 공공성이 매우 미흡한 실정임을 알 수 있다.

1990년부터 2006년까지의 유아교육기관의 연도별 증감추이를 보면, 유치원의 경우는 1980년대 이후 지속적으로 증가하다가 1995년을 기점으로 감소하는 경향을 보이고 있으며, 2000년부터는 매해 50~80개원씩 감소하다가 2005년과 2006년에는 전년대비 29개와 15개가 각각 증가하면서 감소추세가 멈추었다. 유치원의 증감추이를 설립유형별로 살펴보면, 2000년 이후부터 국·공립유치원의 수는 매년 계속적으로 증가하였으나 사립유치원의 수는 매년 감소하였다. 이에 따라 국·공립유치원과 사립유치원의 비율은 2000년에는 사립유치원이 50.8%로 다소 많았으나 이후로는 국·공립유치원이 사립유치원보다 많아져 2006년에는 53.8%에 이르렀다.

이에 비해 보육시설은 1990년부터 2000년까지는 대폭적으로 증가하다가 2000년을 기점으로 증가추세가 다소 완만해졌다. 2000년 이후 2005년까지는 1,000~2,000개원씩 증가하다가 2006년도에만 394개의 소폭 증가현상을 보였다. 2000년 1만 9,276개의 보육시설이 2006년도에는 2만 8,761개로 6년 만에 1.5배가량 증가하였다. 이러한 증가추세를 설립유형별로 보면, 국·공립보육시설은 2000년 1,295개에서 2006년에는 1,507개로 증가한 반면 법인보육시설은 2000년 2,010개였던 것이 2006년에는 1,484개로 감소하였다. 민간보육시설은 2000년 9,294개에서 2006년에는 1만 3,855개로 증가하였다. 가정보육시설은 2000년에 6,473개이던 것이 2006년에는 1만 1,575개로 2배가량 증가하여 최근 6년 동안 가장 높은 증가율(78.8%)을 보여 주었다. 직장보육시설은 2000년 204개에서 2002년에는 199개로 감소하였다가 2006년에는 291개로 다시 증가하였다.

2006년 현재 유아교육기관의 원아 현황을 보면, 유치원에는 3~5세 유아 54만 5,812명이 재원하고 있으며, 국·공립에 12만 1,324명(22.2%), 사립에 42만 4,488명(77.8%)이다. 보육시설에는 0~5세 영·유아 1백만 6,842명이 재원하고 있으며, 민간 62만 1,444명(61.7%), 가정 13만 6,156명(13.5%), 법인 12만 1,396명(12.1%), 국·공립 11만 2,746명(11.2%), 직장보육 1만 4,044명(1.4%), 부모협동 1,056(0.1%)명의 순으로 재원하고 있다. 유치원과 보육시설 모두 사립 및 민간 의존도가 매우 높은 실정이며, 특히 보육시설은 민

표 1-2 연도별 유아교육기관 수

(단위: 개)

구분	유치원				보육시설						
	계	국립	공립	사립	계	국·공립	법인	민간	직장	가정	부모협동
1990	8,354	1	4,602	3,751	1,919	1,360	-	39	20	1,500	-
1995	8,960	1	4,416	4,543	9,085	1,029	1,928	3,197	87	3,844	-
2000	8,494	3	4,173	4,318	19,276	1,295	2,010	9,294	204	6,473	-
2001	8,407	3	4,207	4,197	20,097	1,306	1,991	9,803	196	6,801	-
2002	8,343	3	4,237	4,103	22,147	1,330	1,633	11,046	199	7,939	-
2003	8,292	3	4,281	4,008	22,142	1,329	1,632	12,012	236	8,933	-
2004	8,246	3	4,325	3,918	26,903	1,349	1,537	13,191	243	10,583	-
2005	8,275	3	4,409	3,863	28,367	1,473	1,495	13,748	263	11,346	42
2006	8,290	3	4,457	3,830	28,761	1,507	1,484	13,855	291	11,575	49

출처: 교육인적자원부·한국교육개발원(1990~2006). 교육통계연보; 보건복지부(1990~2003). 보육통계; 여성부(2004~2006). 보육통계.

과 졸업자에게 자격이 부여되며 180시간 이상의 연수를 받은 후 승급이 가능하나, 보육교사는 관련학과가 아니어도 전공과 관계없이 보육 관련 교과목 12과목 35학점을 이수하면 자격을 취득할 수 있고, 80시간 이상의 보수교육만으로 승급이 가능하도록 하고 있어 전문성에 대한 관리가 상대적으로 소홀한 실정이다.

교사에 대한 처우가 미흡하여 우수교사를 확보하는 것이 어렵다는 점도 유아교육 서비스의 질을 저하시키는 원인으로 작용하고 있다. 유치원교사와 보육교사의 봉급이 낮고 처우가 열악하며 신분보장이 명확하지 않아 고용이 불안정한 실정이다. 특히, 수익자 부담으로 운영하는 사립유치원과 민간보육시설에서 이러한 문제가 더욱 심각한 것으로 나타나고 있다. 유치원교사와 보육교사의 월평균 급여는 각각 112만 5천 원과 89만 9천 원으로 나타나 사회서비스 관련 직업 가운데 가장 낮은 급여 수준이다(정향진, 2006). 또한 법정 수업시수가 명확하게 규정되지 않은 채 평균 근무시간이 법정 근로시간을 초과하는 등 과중한 근무부담을 안고 있다. 이처럼 열악한 근무환경으로 인해 교사들의 이직률과 조기퇴직률이 높고, 양질의 유아교육 · 보육 서비스 제공이 어려운 것이다.

(3) 재정 투자의 영세성과 불균형

2006년 현재 우리나라가 투입하고 있는 유아교육과 보육재정 총액은 2조 9,241억 원이다. 이는 2002년의 7,913억 원과 비교하여 총액은 3.7배가량 증가한 것이며, GDP대비 0.13%에서 0.34%로 약 2.6배 증가한 규모이다. 이와 같이 국가차원의 재정 지원이 확대되고 있으나 수요자들인 영유아의 부모와 유아교육기관 운영자들의 재정 지원에 대한 만족도는 현실적으로 높지 못하다. 이러한 현상의 주요 원인으로는 유아교육재정 투자구조의 문제로 인하여 유아교육 및 보육 지원의 정도가 수요자들을 만족시키지 못하는 수준이며, 한정된 예산의 집행에 있어서의 비공정성과 비효율성의 문제가 발생하기 때문이다.

우리나라의 유아교육 · 보육재정 투자는 최근 획기적으로 증가하였으나 그 수준이 아직도 미흡하다. 2006년 현재 유아교육은 총 교육예산의 0.71%에 불과한 수준으로, 유아교육 · 보육재정의 GDP대비 비율은 OECD 국가들의 평균 수준에도 미치지 못하고 있다. 2004년을 기준으로 OECD 국가의 평균 유아교육 투자는 GDP의 0.5%이었으나 우리나라의 경우 0.1%로 나타났다(OECD, 2007). 2006년 현재 0.34%로 증가하였으나 여전히 투자율은 저조하다. 특히, 우리나라의 초 · 중등 교육재정이 OECD 국가 평균보다 높은 점과 비교할 때 유아교육에 대한 투자가 특별히 낮다고 할 수 있다. 이는 정부가 학교급별 정부예산을 배분함에 있어 우선순위를 초 · 중등교육에 두고 있어 유아교육재정 및 비용 지원이 상대적으로 불균형하게 이루어지기 때문이다. 투자 규모가 영세함으로 인해 실제로 수혜를 받는 지원대상도 제한적이다. 2006년을 기준으로 유치원에 취원 중인 만 3~5세

유아 중 26.6%, 보육시설을 이용하는 0~5세 영유아의 43.4%만이 교육비 · 보육료를 지원받고 있다.

유아교육과 보육에 대한 공적 투자는 중앙정부와 지방정부가 분담하고 있는데, 점차 지방정부가 분담하는 비율이 높아지고 있다. 보육보다는 유아교육에 대한 지방정부의 재정분담이 높은 실정인데, 지방정부의 재정자립도를 고려하지 않고 획일적인 재정분담률을 적용함으로써 국고의 효율적이고 공평한 배분이 이루어지지 못하고 있다.

집행되는 예산의 불균형과 비효율성의 문제는 공적 재정의 투입대상기관, 즉 유치원과 보육시설 간, 그리고 특히 이들 시설 중에서도 국 · 공립과 사립 간에서 나타나고 있다. 2006년 현재 유아교육예산은 8,860억 원, 보육예산은 2조 381억 원으로 총액에서 큰 차이가 있다. 이러한 차이는 단순히 총액에서의 차이뿐 아니라 유아 1인당 투자액에서도 차이를 발생시키고 있다. 유아교육예산과 보육예산을 취원아동 수와 보육시설 이용아동 수로 나누어 1인당 교육 · 보육예산 금액을 산출할 경우, 유아교육은 1인당 162만 3,000원, 보육은 202만 4,000원으로 아동 1인당 보육예산이 유아교육에 비해 많다. 보육시설의 0~2세 영아의 보육비용이 타 연령 유아에 비해 다소 높다는 증가요인과 시설별 취원아동 수의 많은 차이로 인한 감액요인의 변인을 감안할 때, 유아교육예산과 보육예산에는 상당한 차이가 있다. 이와 함께 유치원과 보육시설에 투입되는 재정 수준도 차이를 보이고 있다. 보육예산의 경우 민간시설인 법인에 대해서도 국 · 공립시설과 동일하게 인건비 등 운영비를 지원하는 반면, 유아교육예산은 학교법인에 대해서 인건비 등과 같은 운영비 지원은 전혀 하지 않고 교재 · 교구비만 조금 더 많이 지원하고 있다.

뿐만 아니라 국 · 공립시설과 사립 · 민간시설 간 공적 재정 투입의 격차가 존재하며, 이는 고스란히 수요자가 부담하는 비용의 격차로 나타나고 있다. 국 · 공립시설과 사립 · 민간시설은 운영주체가 다르다는 점 외에는 교육내용 및 유아교육에서 차지하는 지위와 역할에서 차이가 없다. 그럼에도 불구하고 현재의 구조에서는 대부분의 예산이 국 · 공립시설에 지원되어 결국 국가지원의 혜택을 받지 못하는 사립 · 민간시설 이용 부모의 교육비 부담이 상대적으로 클 수밖에 없다. 이러한 불균형은 현재 수요자가 주거지역에서 통학이 가능한 국 · 공립시설을 자유롭게 선택할 수 있는 여건이 조성되어 있지 않다는 점과 유치원과 보육시설 모두 사립 · 민간시설에 취원하고 있는 아동이 절대 다수를 차지하고 있다는 점과 더불어 큰 문제라 할 수 있다.

(4) 유아교육과 보육의 이원화

우리나라의 유아교육은 법적 · 제도적으로 교육과 보육이 분리된 이원병행체제를 유지하고 있다. 즉, 유아교육과 보육은 각각 「유아교육법」과 「영유아보육법」을 근거로 교육인적자원부 관할의 유치원과 여성가족부 관할의 보육시설에서 이루어지고 있다. 그러나 기능상 두 기관에서 제공하는 서비스의 대상과 내용이 유사 · 동일함에도 불구하고 유아교육과 보육의 제도적 이원화로 인해 정책적 · 사회적으로 여러 가지 문제가 야기되고 있다.

우선 만 3~5세의 동일 연령대의 유아들이 각기 다른 법제에 따라 이원화되어 중복 관리 · 지원됨에 따라 정책의 비체계성, 행 · 재정 지원의 비효율성 문제가 나타나고 있다. 현행 유아교육행정체제는 '교육인적자원부-시 · 도교육청-지역교육청-유치원'으로 연결되는 유아교육체제와 '여성가족부-광역자치단체-기초자치단체-보육시설'로 연결되는 보육체제로 이원화되어 있다. 이같은 행정체제 속에서 유아교육 및 보육과 관련된 관계부처 간의 연계 · 협력이 미비하고 부처별로 독자적으로 정책을 수립, 추진함으로써 관련 정책이 중복되거나 일관성이 부족한 경우가 많다. 관련예산 역시 종합적 계획 없이 부처별로 개별 집행함으로써 중복 투자가 발생하여 재정 지원의 효율성이 저하되는 문제를 초래하고 있다. 또한 부처 간 목표, 관할권, 입장, 예산 확보의 차이에 따라 책임과 지원에서도 차이를 보이고 있으며, 경우에 따라서 부처 간 이기주의로 인해 정책입안자 및 정책결정자들 간에 소모적인 갈등을 초래하고 있다.

현재의 이원화체제에서는 유아교육기회의 실질적인 형평성을 보장하기 어렵다는 문제도 지적되고 있다. 즉, 유아교육과 보육 서비스 대상의 확대에 따라 두 영역의 기능적 차이가 감소하고 유사성이 증가하였음에도 불구하고, 관련법제와 소관부처의 차이로 인하여 서비스를 제공받는 직접적인 수혜자인 유아들 간에 교육기회의 차이가 존재한다는 것이다. 이러한 문제는 주로 교원 양성 · 자격제도와 관련되어 있다. 현행 교원 양성 · 자격제도에서 유치원교사는 최소 2년 이상의 대학과정과 교직과목을 필수로 이수해야 하는 것에 비해, 보육교사는 고등학교 졸업 후 1년 이상의 과정을 이수하면 교직과목 이수여부에 관계없이 자격을 취득할 수 있도록 하고 있다. 이처럼 양성과정, 자격기준 및 자격부여과정의 차이는 교원 전문성의 격차를 유발하고 결국 같은 요구를 가진 동일 연령의 유아가 어떤 유형의 기관에 속해 있느냐에 따라, 또 같은 유형의 교육기관이라고 하더라도 개별 기관에 따라 교육연한과 자격이 다른 교사로부터 매우 다른 수준의 교육경험을 하게 되어 교육기회의 형평성 문제를 야기한다.

이 밖에도 동일한 연령을 대상으로 유사한 기능을 수행하는 두 가지 유형의 유아교육기관이 존재하기 때문에 학부모의 기관 선택에 혼란을 가중시키고, 출산율 감소로 인한 유아인구의 감소와 시설과잉으로 인해 관련기관의 원아모집에 있어 과다한 경쟁을 유발하고 있으며, 종사자와 전문가 등의 이해집단 간의 대립과 갈등이 있다는 점도 문제로 지적되고 있다.

4. 유아교육 공교육화의 주요 쟁점

1) 유치원교육과 보육제도의 통합

우리나라의 현행 유아교육과 보육은 법적 · 제도적으로 완전한 이원체제이다. 그러나 기혼여성의 사회 · 경제적 활동 증가, 학부모들의 교육과 보호의 통합서비스 요구 증대 등에 따라 유치원과 보육시설이 교육기능과 보호기능을 동시에 수행하게 되면서 두 기관 간의 기능상의 차이가 사라지고 있다. 또한 이원체재로 인해 정책이 비효율적이고 불공정하게 수립 · 집행되는 한편, 이해관계자들 간의 갈등과 반목이 발생함에 따라 두 영역의 통합에 대한 필요성이 꾸준히 제기되고 있다.

두 영역 간에 유사점이 많고, 이원체제로 인한 정책상의 문제를 해결하기 위해 유아교육과 보육의 통합이 이루어져야 한다는 주장이 설득력을 얻고 있다. 우선 유치원과 보육시설 모두 만 3세부터 취학 전 유아를 대상으로 발달에 적합한 교육 · 보육 프로그램을 제공하므로, 그 대상과 기능에 큰 차이가 없다는 점에서 두 영역을 통합해야 한다는 것이다. 또한 유아교육과 보육을 일원화함으로써 그동안 이원체제로 인하여 제기되었던 다양한 문제점들, 즉 국가정책의 비체계성 · 비일관성, 행 · 재정 지원의 비효율성, 유아교육기회의 비형평성, 관련부처 및 이해당사자들의 갈등 등을 해결할 수 있다는 것이다. 또한 세계 주요 국가들의 경우, 영유아의 신체 · 정서 · 언어 · 인지 · 건강 등의 영역에서 교육과 보육을 통합하여 제공하고 있고, 제도적으로도 유아교육과 보육을 일원화하는 방향으로 나아가고 있다는 점을 들어 통합의 필요성을 역설하고 있다.

그러나 유치원과 보육시설의 대상 및 프로그램 제공면에서는 유사하나 실제 기능과 운영 면에서 차이가 있기 때문에 굳이 통합이 필요하지 않다는 주장도 있다. 즉, 보육은 기능면에서 가정의 자녀 양육을 대행하는 것으로서, 교육적 측면에 한정하지 않고 보다 포괄적인 돌봄과 교육을 포함하며, 운영상의 실제에 있어서도 교육과 달리 가정복지 증진의 차원에서 영유아의 안전 · 건강 · 위생 · 영양 부문과 일상생활 부문이 보다 강조된다는 점을 지적하고 있다.

또한 유아교육과 보육을 제도적으로 일원화할 경우, 그동안 막대한 재정을 투자하여 이제 막 정착화 단계에 있는 보육사업이 붕괴될 가능성이 높고, 다양화된 프로그램을 제공할 수 없다는 측면에서 통합을 반대하고 있다. 두 영역을 통합할 경우, 보육시설의 상대적 축소로 인하여 그동안 보육시설이 담당해 왔던 0~2세 영아에 대한 보육에서 공백이 초래된다는 것이다. 이와 함께 일원화는 공급자 중심의 정책으로서 창조적이고 다양한 유아교육을 원하는 아동과 학부모의 요구를 충족시키기 어려우므로 통합해서는 안 된다는 것이다. 즉, 두 기관이 수용한 아동의 연령이 중복되더라도 설립목적이 다르고 프로그램도 다르기 때문에 통합의 대상이 될 수 없고, 소비자들의 선택권을 보장해야 한다는 것이다. 이 밖에도 통합을 위해서는 추가적인 재정이 소요되고, 이질적인 두 기관의 통합으로 인해 교육의 질이 저하될 우려가 있으며, 「유아교육법」 제정과정에서 볼 수 있듯이 통합과정에서 겪게 될 진통이 더 염려스럽다는 점에서 통합에 회의적인 입장도 있다.

이처럼 통합 자체에 대한 근본적인 입장의 차이 외에도 두 영역의 통합방식에 대해서도 상당한 입장 차가 존재하고 있다. 유아교육과 보육의 일원화를 하나의 부처에서 통합관리하는 단일부처 통합일원화체제로 할 것인가, 아니면 연령별 혹은 기능별 이원화체제로 할 것인가에 대하여 상당한 이견이 존재하고 있다. 특히, 단일부처 통합일원화체제의 경우, 그 소관부처를 어디로 할 것인가에 대해서 견해의 차이가 크게 나타나고 있다.

유아교육과 보육의 통합에 관해 다양한 논쟁이 있음에도 불구하고 영유아의 기본권 보장, 저출산 문제의 해결과 미래 인적자원의 육성, 그리고 여성의 경제활동 제고를 위해 장기적으로 두 영역 간의 협력과 통합을 이루어나가야 할 것이다.

2) 유아교육의 기간학제 편입

현행 법령에 따르면 유아교육은 학교로 규정되어 있으나 기간학제에는 포함되어 있지 않고 있다. 즉, 학교교육의 시작을 유치원이 아닌 초등학교로 파악하고 있는 것이다. 따라서 유아교육의 공교육화를 위해서는 유아교육을 기간학제로 편입할 필요성이 있다. 이미 1980년대 말부터 아동의 발달 수준, 각국의 추세, 유아교육의 확대 등을 감안하여 유아교육의 기간학제 편입이 논의되고 있었는데, 대상기관, 대상연령 및 편입방식 등이 쟁점으로 부각되고 있다.

우선 대상기관과 관련하여 유치원교육만으로 한정할 것인지, 아니면 보육시설에서 이루어지는 보육까지 포함할 것인지의 여부에 대하여 상당한 이견이 있다. 우선 유치원교육만을 학제의 논의대상으로 삼아야 한다는 입장에서는 그동안 학교로 규정되어 온 유치원교육을 국가가 책임질 수 있도록 하는 교육제도로 확립하는 것이 논의의 초점이 되어야 한다고 본다. 이러한 관점에서는 학교와 유사한 기능을 수행하는 보육시설의 현실적 규모가 크더라도 이를 포함시켜 학제개편 논의를 진행할 경우 기존의 학교인 유치원교육의 정체성을 훼손시킬 우려가 있기 때문에 유치원만을 대상으로 해야 한다는 것이다. 또한 학교교육과 유사한 기능을 수행하는 기관을 학교로 수렴해야 하는가의 문제는 부차적이며 실천적인 문제에 해당하기 때문에 기본적인 논의의 대상에서 제외해야 한다는 것이다.

반면 학제개편은 미래지향적인 성격을 가지고 있기 때문에 현재의 유치원뿐만 아니라 보육시설을 포함하는 보다 확장된 관점에서 논의를 진행해야 한다는 주장이 있다. 즉, 두 기관 모두 동일 연령대의 유아를 대상으로 유사한 기능을 수행하고 있으며, 두 영역의 통합 논의가 있는 시점에서 현행 유치원만을 학제개편 논의의 대상으로 삼는 것은 적절치 않다는 관점이다.

유아교육의 기간학제 편입방안에 대해서는 유아학교로의 전환, 초등학교 유치반 설치, 초등학교 입학연령 하향 조정 등 다양한 방안이 제시되고 있다. 우선 현행 유아교육기관을 기간학제에 편입하되, 유아학교로 명칭을 변경해야 한다는 주장이 있다. 유아학교는 3세 이상인 초등학교 취학 전 유아의 교육과 보호를 통합하여 제공하는 교육기관으로서, 국가의 지원을 받고 국가가 마련한 교육과정을 따르며, 장학지도를 받고 자격 있는 교사에 의해서 운영되는 공교육기관을 의미한다(나정 외, 1997). 기존의 유아교육기관을 유아학교로 전환하게 되면 유아교육의 독자성을 보장하는 가운데 학교로서의 정체성을 확립함으로써 실질적 의미에서 유아교육의 공교육화를 실현할 수 있다는 것이다. 그러나 전환 과정에서 기간학제 대상연령의 범위에 대한 논란과 함께 소관부처를 비롯한 관계자들 간의 합의 도출 가능성에 대한 우려가 제기되고 있다.

초등학교에 유치반을 설치하여 기간학제화해야 한다는 방안도 제시되고 있다. 이러한 주장은 초등학생 수의 감소로 인한 유휴교실의 증가로 별도의 재원을 투자하지 않고도 유아교육의 기간학제화가 가능하다는 현실적인 실현가능성을 근거로 하고 있다. 그러나 이러한 방안은 현재 법적으로 학교인 유치원의 대상연령 중 만 3~4세 유아를 학제 대상연령에서 제외하도록 되어, 법제적 측면에서의 퇴보를 야기할 수 있다. 또한 우리나라의 병설유치원이나 외국, 특히 미국의 K학년제 등에서 볼 수 있듯이 유아교육의 특성을 살리지 못하고 초등교육화됨으로써 교육의 질적 저하를 초래한 실패한 제도라는 점을 간과하고 있다는 비판이 있다.

또 다른 방안으로 제시되고 있는 초등학교 취학연령의 만 5세 하향화 주장에서는 만 5세아 의무교육에 의한 유아교육의 공교육화 실현과 그에 의한 가정의 사교육비 감소, 취학시기와 수학연한 단축을 통한 사회진출시기 단축 및 부모세대의 자녀 양육부담 경감효과 등의 긍정적 측면이 강조되고 있다. 그러나 초등학교와 다른 교육적 배려가 필요한 유아의 발달적 특성을 간과하였다는 점, 유아교육과 초등교육의 교육목적과 교육과정이 구분된다는 것을 고려하지 못하였다는 점에서 반대의 입장이 제기되고 있다. 또한 만 6세 아동의 초등학교 취학유예자 수가 매년 증가하는 현실 속에서 만일 만 5세아의 조기취학이 이루어질 경우, 우리 사회의 과도한 교육열 속에서 유아가 학습에 대한 부담감과 경쟁으로 어려움을 겪을 것에 대한 우려의 목소리가 크다. 따라서 유아의 발달이 빠르다면 초등학교로 편입시킬 것이 아니라 유치원 교육과정 개정시에 이를 반영하는 것을 대안으로 제시하고 있다.

이처럼 대상기관, 대상연령, 편입방식에 대한 이견이 있으나 학제개편을 통한 유아교육의 기간학제화는 유아교육의 공교육화의 선행조건이라는 점에서 시급히 추진해야 할 과제라고 할 수 있다.

3) 유아교육의 의무교육화

유아교육의 중요성 및 이에 대한 관심이 증대되면서 유아교육에 대한 의무교육 문제 역시 활발히 제기되고 있다. 특히,, 현재와 같이 지역이나 소득계층에 따라 유아교육기회의 격차가 존재하는 상황에서 유아의 교육권을 보장하고, 교육기회 균등을 실현할 수 있다는 점에서 유아교육의 의무교육화가 이루어져야 한다는 주장이 제기되고 있다.

그러나 유아교육을 의무교육화하게 될 경우, 국·공립에 한하여 의무교육단계 연령대의 전면 무상교육이 실시된다는 장점 외에 다음과 같은 여러 문제점이 발생할 가능성에 대한 비판이 있다.

우선 유아교육을 의무교육화하기 위해서는 무엇보다 유아교육의 평준화를 이루어야 하며, 현행 초·중등학교의 경우와 같이 원칙적으로 현재 설립·운영 중인 모든 유아교육기관을 대상으로 강제학구제를 채택·시행하여야 한다. 교육시설 및 설비, 교원의 능력과 질적 수준, 교육내용과 교육방법, 재정 지원 등 유아교육여건의 평준화는 의무교육화의 전제가 되는데, 현재와 같이 설립별·지역별 교육여건이 서로 각기 다른 유치원을 어떻게 평준화할 것인지, 특히 유치원과 보육시설을 어떻게 평준화시킬 것인지가 문제로 제기되었다. 또한 강제학구제를 시행할 경우, 유아교육기관의 선택권 보장이나 다양한 발달적 요구와 개별적 차이를 존중하는 유아교육의 특성을 고려하지 못할 것이라는 견해가 있다.

이와 함께 유아교육을 의무교육화할 경우 예상되는 가장 큰 문제 중의 하나가 유아교육 대상유아가 질병으로 인한 장기결석, 장기 해외체류, 학습부진, 성격장애 등 여러 사유에 의하여 유치원을 졸업하지 못하였을 때 당해 유아를 어떻게 초등학교에 입학시킬 것인가 하는 것이다. 이러한 문제의 해결을 위하여 초등학교와 같은 방식으로 특별학제를 둘 것인지, 유아교육 단계에서 시험이 적절하지 못하다는 사실은 차치하더라도 유아교육 학령초과자에게도 초등학교 입학자격검정고시를 부과할 것인지에 대한 합의가 필요하다.

그리고 유아교육을 의무교육화하더라도 사립초등학교의 경우처럼 사립유치원에 재원 중인 유아들에 대한 교육비 지원을 하지 않는다면 원아의 80%가량이 취원하고 있는 사립 유치원 학부모들의 과중한 교육비 부담은 해소될 수 없을 것이라는 점도 문제로 지적되고 있다.

이러한 문제들로 인해 현재로서는 유아교육의 자발적 의무화 또는 무상교육화가 바람직하다고 볼 수 있다. 자발적 의무화라는 말은 법률로서 의무규정을 두지 않고 부모들이 자발적으로 의무교육의 대상유아를 유아교육기관에 보내는 것을 의미한다. 따라서 부모가 원하지 않으면 취원시키지 않아도 되지만, 가급적 취원시키기를 유도하는 정책 추진을 말한다(윤정일, 2002: 29). 또한 의무교육 대신 취학 전 1년을 전면 무상교육으로 실시하게 되면, 부모들의 자발성에 의하여 취원율이 높아지게 되므로 규정을 통해 의무교육을 강제하지 않더라도 실질적인 의미에서 의무교육화가 가능할 것이다.

5. 유아교육 공교육화의 발전과제

유아교육은 국가 사회복지의 기본이 되는 동시에 미래의 인적자원 양성의 토대를 형성하는 역할을 담당하고 있다. 이에 따라 국가는 유아교육의 공교육화를 통해 취학 전 유아에게 양질의 교육을 평등하게 제공할 책무를 가지고 있다. 특히, 정부는 2004년 「유아교육법」의 제정과 「영유아보육법」의 개정을 통해 유아교육 공교육화를 위한 제도와 체제를 정비하였다. 그러나 실질적인 의미에서 유아교육의 공교육화를 달성하였다고 평가하기에는 미흡한 측면이 많다. 낮은 취원율과 지역별 · 소득계층별 유아교육기회의 불평등, 열악한 교육환경과 낮은 교육의 질, 빈약한 재정투자, 유아교육과 보육의 이원화에 따른 정책의 비효율성과 비체계성 등 해결해야 할 문제들이 산적해 있다.

유아교육의 당면 문제를 해결하고 유아와 학부모가 만족할 수 있는 양질의 교육을 제공하기 위해서는 유아교육의 실질적 공교육화가 실현되어야 한다. 이를 위한 발전과제를 살펴보면 다음과 같다.

먼저 이원화되어 있는 유아교육 및 보육체제를 일원화하는 것이 바람직하다. 이는 유아교육의 대상이 되는 만 3～5세아의 교육제도를 일원화하는 것을 의미한다. 이러한 제도 정비는 정책의 일관성과 행 · 재정 지원의 효율성, 그리고 유아교육의 질적 발전을 위해 필요하다. 이를 위해서는 관련부처 및 관련자들의 이해와 협조가 선행되어야 할 것이며, 단계적으로 추진해야 한다. 단기적으로는 현행 제도를 유지하면서 기능별 역할을 고려하여 실질적인 협력이 이루어질 수 있도록 상호협력체제를 구축해야 한다. 또한 유아교육과 보육이 근거하고 있는 「유아교육법」과 「영유아보육법」 사이에 중복되거나 상치되는 규정에 대한 조정이 요구된다. 이후 관련법의 제·개정을 통해 교육과 보육으로 구분되어 있는 서비스를 통합하고, 연령을 기준으로 0~2세아의 영아보육은 여성가족부에서, 3~5세의 유아교육은 교육인적자원부에서 담당하는 형태의 연령별 이원화체제로 전환할 필요가 있다. 이 과정에서 3~5세아의 유아교육을 위해서는 기존의 기관들을 유아학교로 전환하여 기간학제화하도록 한다.

둘째, 유아교육재정의 확충이 필요하다. 이를 위해서는 유아교육예산을 연차적으로 상향 조정해야 할 것이다. 유아교육 발전을 위한 재정은 법정 재원으로 확보되어야 하며, 이를 위해서는 국가나 지방자치단체의 노력이 요구된다. 추가 소요되는 재원의 확보를 위한 방안으로 우선 지방교육재정교부금의 교부율 인상을 통해 확보한 재원 중 상당 부분을 유아교육재정에 투입해야 한다. 또한 재원의 안정적 확보를 위해 한시적으로 유아교육특별회계를 만드는 방안을 검토할 수 있다. 중앙정부의 노력 외에도 「유아교육법」에 규정된 유아교육재정 확보에 있어서의 지방자치단체의 책임과 의무를 이행할 수 있도록 해야 한다. 이를 위해 지방자치단체별로 유치원 교육비용을 지원하기 위한 조례를 제정하거나 보육재정 확보방식과 같은 대응투자제도(matching fund)를 전면 도입할 필요가 있다.

셋째, 유아교육기회를 확대할 수 있도록 유아교육의 무상교육을 추진할 필요가 있다. 현재 저조한 유아교육 수혜율을 높일 수 있도록 취학 전 만 5세아에 대한 무상교육을 전면적으로 실시해야 한다. 현재 법적으로는 만 5세아의 무상교육이 규정되어 있으나 실제 대상유아는 매우 한정적이다. 유아교육의 무상교육화 실현을 위해서는 앞서 언급한 유아교육재정의 확충이 시급하다. 만 5세아의 무상교육 실현과 함께 현재 무상교육의 대상은 아니지만 만 3~4세 유아에 대한 지원도 저소득층을 중심으로 점차 확대하여야 한다.

넷째, 유아교육기관의 교사양성 및 관리체제를 강화해야 한다. 우수한 유아교육 교사의 양성을 위하여 체계적인 양성체제를 마련해야 한다. 현재 다양한 양성과정을 통해 자격이 부여되고 있는 체제를 일원화된 유아교육 교원양성 및 자격체제로 정비해야 한다. 초·중등학교 교사와 마찬가지로 적어도 4년제 대학에서 교사를 양성하는 것이 바람직하다. 그러나 유아교육기관에서의 성인의 여러 가지 역할을 고려할 때, 역할의 차이에 따른 자격기준은 다양할 수 있다. 따라서 동일한 역할과 책임이 부여되는 지위의 교사에 대해서는 동일한 학력과 자격을 갖추고 전문성을 확보할 수 있도록 관련제도를 개선해야 할 것이다. 현재 보육시설 대상으로 실시되고 있는 평가인증제를 유치원과 유아교원 양성·연수기관에 대해서도 실시하여 운영의 투명성 제고와 함께 자율적인 질 관리체제를 마련하여야 한다.

다섯째, 사립 유아교육기관의 건전한 발전을 지원하여야 한다. 국가의 재정 지원이 미약한 상태에서 우리나라의 유아교육은 민간에 크게 의존하여 왔다. 열악한 여건 속에서 유아교육을 유지 · 발전시켜 온 사립 유아교육기관의 기여를 인정하고 발전을 지원하는 방안이 마련되어야 한다. 기존의 국 · 공립 유아교육기관과 사립 유아교육기관에 대하여 균등하게 재정 지원을 하는 한편, 신설되는 교육기관에 대해서는 인가기준을 엄격하게 적용하여 공공성을 띤 교육기관으로서의 사회적 책임을 다할 수 있도록 지원한다. 또한 개인이 설립 · 운영하고 있는 유아교육기관들의 법인화를 유도하여 교육의 공공성을 강화하도록 해야 할 것이다. 법인화를 위해서는 그에 상응하는 실질적인 지원이 이루어져야 한다.

참 고 문 헌

강영욱(2005). 영유아 보육정책의 평가에 관한 연구. 광운대학교 대학원 박사학위논문.

교육개혁위원회(1997). 세계화 · 정보화 시대를 주도하는 신교육체제 수립을 위한 교육개혁 방안(IV).

교육인적자원부(2006). 2006년도 장애유아 무상교육비 지원 계획.

교육인적자원부 · 한국교육개발원(2006a). 교육백서.

________________(2006b). 2006 교육통계분석자료집.

국회교육위원회(2003). 유아교육법안에 대한 공청회 자료집. 국회교육위원회.

김규수(2002). 유치원 공교육화에 대비한 사립유치원 경영개선 방안에 관한 연구. 교육인적자원부.

김병주(2005). 유아교육 재정 확보 방안. 유아교육 재정 확보 방안을 위한 토론회 자료집. 한나라당 정책위원회(진수희 의원실).

김병주 · 김성기(2006). 사립유치원의 운영현황과 공공성 증진방안 연구. 교육행정학연구, 24(2), 349-370.

김종해 · 백선희 · 이미정 · 이원영 · 임재택(2005). 한국 유아교육 · 보육 관련법과 제도의 역사와 미래. 한국 유아교육과 보육의 자리매김(한국유아교육학회 정기학술대회) 자료집, 39-85.

김희연(2005). 사립유치원 지원 타당성 조사 연구. 대전광역시 여성정책위원회.

나 정(1997). 유아교육의 공교육 체제 확립 방안 연구. 한국교육개발원.

_____(2005a). 유아 교육과 보육 정책. 2004 한국교육평론. 한국교육개발원.

_____(2005b). '형평성' 실현을 위한 유아교육 발전 방안. 형평성 실현을 위한 유아교육 발전방안 토론회 자료집. 국회(정봉주 의원실).

나 정 · 박은실(2003a). 유아교육과 보육 정책에 대한 전문가 의견 분석. 열린유아교육연구, 7(4), 95-117.

________(2003b). 유아교육과 보호에 대한 관점 변화에 따른 유아교육 수혜율 분석. 한국교육, 30(3), 135-159.

나 정 · 서문희 · 유희정 · 박기백(2003). 영유아 교육과 보육 발전 방안. 교육인적자원부.

나 정 · 신동주 · 김재웅(1996). 유치원 교육 공교육화. 양서원.

나 정·유희정·문무경(2003). 한국의 유아교육과 보육 정책. 한국교육개발원.

나 정 외(2005). 유치원 실태조사 보고. 한국교육개발원.

문미옥(2006a). 유아교육 공교육화 정착을 위한 학제개편 방향. 유아교육 공교육화(학제개편 제5차 토론회 자료집). 대통령자문교육혁신위원회.

______(2006b). 한국 미래를 위한 유아관련 학제 개편 방향. 유아교육연구, 26(5), 5-33.

배인숙(2006). 유아교육법 제정과정 참여집단의 활동과 영향력 분석. 열린유아교육연구, 11(2), 183-210.

______(2007). 유아교육법의 제정과정 분석. 부산대학교 대학원 박사학위논문.

백성준 외(1998). 21세기 한국교육의 기반구축을 위한 중기교육 투자계획(안): 1999~2003. 한국교육개발원.

송기창(2004). 유아교육법 시행의 교육재정적 과제. 열린유아교육연구, 9(3), 219-238.

신현직(2003). 교육법과 교육기본권. 청년사.

양옥승·나은숙(2005). 세계화의 관점에서 본 유아교육의 공교육화. 덕성여자대학교 사회과학연구소. 사회과학연구, 11, 19-31.

윤정일(2002). 한국교육의 쟁점에 관한 통계자료 분석. 한국교육개발원.

윤정일·송기창·조동섭·김병주(2002). 한국 교육정책의 쟁점. 서울: 교육과학사.

이덕난(2006). 초등학교 취학전 교육 관련법령의 비교 연구. 교육법학연구, 18(2), 97-124.

이미석·김재웅(2007). 유아교육법 제정 과정 분석: Campbell의 정책결정모형을 중심으로. 교육행정학연구, 25(2), 71-91.

이 옥·김은설·신나리·문무경·최혜선(2006). 육아정책의 효율성 제고를 위한 유아교육·보육의 협력과 통합 방안. 육아정책개발센터.

이원영(1995). 유아교육의 공교육화 어떻게 이룰 것인가? 한국유아교육학회. 한국유아교육의 과제와 전망 세미나 보고서.

______(1997). 한국 유아교육제도 개선을 위한 방안 모색. 한국유아교육학회. 한국유아교육의 실상과 교육(연차학술대회 자료집).

______(2004a). 유아교육법 제정과정과 그 의의. 유아교육학논집, 8(4), 5-32.

______(2004b). 유아교육법 제정의 의의와 향후발전. 한국국공립유치원교원연합회보, 15, 24-37.

이원영 외(2002). 유아교육 발전방안 연구. 한국교원단체총연합회 유아교육발전특별위원회.

이일용 외(2006). 2006 당면 교육정책 개선방안. 한국교원단체총연합회.

이일주(2004). 유아교육 향후과제. 유아교육법 시행, 그 전망과 대안(열린교육학회 2004년도 춘계학술대회 자료집).

이일주(2006). 유아교육체제의 변화 전망과 학제 발전과제. 교육체제 변화 전망과 학제(제2회 학제연구 정책토론회 자료집). 한국교육개발원.

이정권(2001. 11). 교육출발점 평등 구현을 위한 만5세아 무상교육. 교육마당21. 교육인적자원부, pp. 94-96.

이차영(2001). 취학전 교육의 경제학. 한국교육재정경제학회(편). 교육재정경제학백과사전, 862-872.

장영희(1998). 유아교육. 서울대학교 교육연구소(편). 교육학대백과사전. 서울: 하우동설, pp. 2006-2014.

정영희(2005). 유치원 현황 및 교육과정 운영 실태. 미래유아교육학회지, 12(1), 199-225.

조부경 · 고영미(2006). 우리나라 국 · 공립유치원 관련 문헌 및 인식조사에 기초한 바람직한 유아교육학제개편. 유아교육연구, 26(4), 121-150.

천세영(2006). 유아 · 평생교육 재정투자 전략의 탐색. 교육재정경제연구, 15(2), 45-65.

______(2007). 유아교육재정의 확대 방안. 교육력 제고를 위한 교육재정 운용 전략(한국교육재정경제학회 · 한국학교회계학회 2007년도 학술대회 자료집), pp. 19-37.

최양미 · 이윤진(2006). '교육기회균등' 에서 벗어나 있는 현행 학제. 유아교육연구, 26(5), 35-51.

최옥련(2006). 한국 유치원 교육의 발전 방안 연구: 발전 방안과 현황 분석을 중심으로. 관동대학교 대학원 박사학위논문.

표갑수(2004). 유아교육법제정과 보육계의 과제. 한국영유아보육학, 38, 25-46.

한국유아교육학회(2007). 유아교육백서: 2001년~2005년. 서울: 양서원.

현영희(2006). 한국 유아교육 재정에 관한 분석적 연구. 중앙대학교 대학원 박사학위논문.

홍인혜(2006). 영 · 유아보육 및 유아교육 정책 변천에 관한 연구. 성신여자대학교 대학원 박사학위논문.

OECD (2007). *Education at a Glance.* OECD Indicators.

제 2 장

특수교육의 진흥

1. 서 론

현대 국가의 모든 국민은 '교육을 받을 권리'를 가지며 이러한 교육수권(敎育受權)은 어떠한 경우에도 제한되거나 거부될 수 없다. 「헌법」 제31조에는 "모든 국민은 능력에 따라 균등하게 교육을 받을 권리를 가진다."라고 명시함으로써 교육수권의 정당성을 분명히 하고 있다. 즉, 국가는 국민의 사회적 신분이나 경제적 지위 등에 차별을 두지 않고, 동시에 정신적 · 신체적 장애 등과 같은 개인적인 차이를 인정하여 교육기회를 보장해야 할 법률적 의무가 있는 것이다. 이러한 의미에서 특별한 교육적 배려가 요구되는 사람들을 위한 특수교육(special education)은 국가적 차원에서 심도 있게 논의되어야 한다.

우리나라 특수교육의 법적 근거는 「헌법」에서부터 지방행정기관의 규칙에 이르기까지 그 범위가 넓다. 특히, 「헌법」 제31조에 언급된 교육수권의 정당성은 우리나라 특수교육이 헌법정신에 깊은 뿌리를 두고 있음을 의미한다. 「교육기본법」 제18조에서는 "국가 및 지방자치단체는 신체적 · 정신적 · 지적 장애 등으로 인하여 특별한 교육적 배려가 필요한 자를 위한 학교를 설립 · 경영하여야 하며, 이들의 교육을 지원하기 위한 필요한 시책을 수립 · 실시하여야 한다."라고 명시함으로써 국가 및 지방자치단체의 책임을 강조하고 있다. 또한 「초 · 중등교육법」 및 동 시행령에서는 특수교육과 직접적으로 관련된 다수의 법

* 주현준(서울대학교)

률조항을 명시하고 있고, 동법 제2조와 제12조에서는 특수학교의 설립과 경영을 규정하고 있다. 그 밖에 「교육공무원법」과 「교육공무원승진규정」, 「사립학교법」 등에서도 특수교육과 관련된 법률조항을 찾을 수 있다. 지난 2007년 법적 강제성과 실효성 등 현실적 한계가 끊임없이 지적되었던 특수교육의 대표법령인 「특수교육진흥법」이 폐지되고 「장애인 등에 대한 특수교육법」이 제정되면서 우리나라 특수교육은 새로운 전환기를 맞이하고 있다.

복지 및 인권에 관한 법률은 동시대의 사회여건과 가치를 빠르게 반영하는 특성이 있어 헌법적합성을 확보한 법이나 규정도 변화될 수밖에 없는 경우가 많다. 그러나 법령에 대한 개정 요구의 원인을 복지 및 인권 관련 법체계의 필연적인 운명으로 받아들이는 것은 지나치게 편협한 시각이며, 관련법령의 개정만이 특수교육이 가진 문제를 해결할 유일한 수단이 될 수도 없다. 따라서 진정한 특수교육의 진흥을 위해서는 특수교육에 대한 다각적인 접근이 필요하다. 그럼에도 불구하고 지금까지 우리나라의 특수교육정책은 국가주도의 거시적인 행·재정체계를 구축하지 못한 채, 주로 특수교육 주체들의 요구와 비판적인 지적을 정부가 수용하는 방식으로 전개되어 장애학생과 학부모의 교육적 요구를 충족시키지 못하고 수많은 미해결 과제를 안고 있다. 본 장에서는 우리나라 특수교육의 변천사를 고찰하고, 특수교육행정의 현황 및 문제점, 주요 쟁점 등을 분석하여 특수교육진흥방안을 모색하고자 한다.

2. 한국 특수교육의 변천과정

특수교육의 변천사를 살펴보면, 특수교육은 내적인 여건보다 외적인 조건에 더 강하게 영향을 받아왔고, 국가주도의 공교육이 아닌 종교단체 등이 설립한 사립학교로부터 시작된 특징이 있다. 또한 특수교육 관련법률의 제정과 개정을 거치면서 다양한 변화가 나타났다. 이러한 특성은 우리나라 특수교육의 변천사에서도 유사하게 나타난다.[1)]

1) 개화기 이전의 특수교육

우리나라에서 장애인을 위한 활동은 교육보다 복지 측면에서 출발하였는데 특수교육의 전사(前史)에 해당되는 개화기 이전의 기록에서 이러한 특성을 찾을 수 있다. 신라 유리

1) 한국 특수교육의 변천과정은 김병하(2002)의 『특수교육의 역사와 철학』과 김원경(2001)의 『특수교육 신론』을 재구성하여 정리했다.

왕(5년)은 홀아비, 과부, 고아, 노인, 신체 장애인으로 자활능력이 없는 사람들을 급양하도록 명하였고, 고려시대에는 서운관(書雲觀)에서 맹인들을 대상으로 복업(卜業)교육을 실시한 기록이 있다. 세종실록에 따르면, 세종 27년 3월에 서운관에서 총명한 맹인 10명을 선발하여 3일에 한 번씩 음양학 교육을 하였으며, 이때 음양학은 명과학으로 고쳐진 것으로 기록되어 있다. 그 후 임진왜란 직후에는 맹인 8명이 맹청(盲廳)을 설립하여 중인의 대우를 받으며 점복업에 종사하기도 하였다(임안수, 1986). 그러나 김병하(2002: 164)는 왕권시대에 맹인들에게 실시한 점복교육 등과 같이 사회정책의 일환으로 시행된 장애인 복지정책을 한국 특수교육의 시초로 인정하기에는 무리가 있다고 주장하였다.

2) 개화기의 특수교육(1870~1911)

19세기 말은 개화(開化)사상이 지배적인 시대였다. 물론 개화에 반대하는 주장이 없었던 것은 아니지만, 해외로부터 들어오는 새로운 지식과 기술을 받아들이는 것이 시대정신으로 여겨진 시기이다. 이러한 시대상황 속에서 외국의 신문물과 함께 장애인을 위한 특수교육도 우리나라에 소개되기 시작하였다. 그 대표적인 사례는 신사유람단(紳士遊覽團)의 문견사건(聞見事件)과 유길준의 서유견문(西遊見聞)이다. 고종 18년(1881년) 신사유람단은 약 4개월간에 걸쳐 일본의 메이지유신(明治維新)을 시찰한 후 문견사건류(聞見事件類)를 작성하여 고종에게 보고하였다. 이 보고서에서는 일본 최초의 특수교육기관인 맹아원(盲啞院)을 소개하고 있다.[2] 이것은 우리나라에 특수교육이 알려지게 된 최초의 사례라고 할 수 있다(김병하, 2002: 167). 한편, 구미의 특수교육을 우리나라에 최초로 소개한 기록은 유길준의 서유견문이다. 총 20편으로 구성된 서유견문의 제17편에서는 사회복지제도를 소개하고 있는데, 여기에서 구미의 지체부자유아 교육(幼兒院), 정신지체아 교육(病兒院), 시각장애인 교육(盲人院), 청각장애인 교육(啞人院) 등을 설명하였다.

개화기에 나타난 가장 큰 특징은 북미지역에서 파견된 선교사들의 활동이 활발하게 전개되었다는 사실이다. 이들은 주로 의료활동과 교육사업을 목적으로 극빈자와 여성과 같은 사회적 약자를 도왔다. 비록 기독교 복음의 전파라는 종교적 소명이 강했지만 결과적으로 근대적 교육내용과 교육방법 등을 전달하는 계기가 되었다. 그중에서 감리교 여성 선교사인 Hall은 한국 특수교육에 지대한 영향을 주었다. Hall은 우연한 계기로 만나게 된 한 맹인 소녀에게 점자지도(點字指導)를 하였는데, 이것은 우리나라 특수교육의 기원

2) 맹아원은 1878년 5월 창립 당시 맹생(盲生) 27명과 아생(啞生) 31명의 학생이 보통학과에 재학하고 있었으며, 그 이후 직업전문교육을 실시한 것으로 알려졌다(京都府盲聾教育百年史, 1978).

이 되었다. 1898년에는 '뉴욕식 한글점자체제'를 개발하여 맹인을 개인적으로 지도하였고, 1900년에는 일반 초등학교에 맹여아를 위한 특수학급을 설치하였다. 또한 1909년에는 농아를 위한 교육을 최초로 실시하는 등 특수교육의 불모지였던 우리나라 특수교육의 개척자로서의 역할을 하였다. 이 시기에는 Hall 외에도 Moffett, Perry, Underwood 등이 맹남아 교육과 농교육을 위해 많은 노력을 하였다.

3) 일제강점기와 미군정기의 특수교육(1911~1948)

1910년 한일합방 이후 일본은 조선의 민족정신을 말살하기 위해 교육을 이용하였다. 이 시기의 특수교육은 조선총독부 산하에서 일제에 의해 실시된 것과 한국인에 의해 수행된 것으로 양분된다. 1911년 6월에는 일제에 의해 조선총독부 산하에 제생원(濟生院)이라는 재단법인이 설립되었고, 1913년 4월에는 한국 최초의 관립 특수교육기관인 맹아부가 설치되었다. 맹아부에서는 맹·농아에게 초등교육과 직업교육을 실시하였다. Hall이 교장으로 있었던 평양맹아학교에서는 1914년 8월에 '제1회 동양맹아교육 국제회의'를 주최하였다. 이 회의에는 일본, 중국, 한국의 맹교육과 농교육 전문가 20여 명이 참가한 것으로 알려졌다.

제생원 맹아부 교사였던 박두성은 Hall이 개발한 '뉴욕식 한글점자체제'의 비능률적인 측면을 발견하고, '조선어 점자연구위원회'를 비밀리에 조직하여 1924년 11월 4일에 훈맹정음을 반포하였다. 훈맹정음은 훈민정음과 같이 초·중·종성의 체계를 가지고 있었고 약자, 약어, 기호, 숫자 등으로 구성되었다. 한편, 한국인에 의해 특수학교가 설립·운영되기도 하였다. 1935년 이창호는 평양에 광명맹아학교를 설립하여 통학제도와 기숙제도를 병용하였다. 광명맹아학교의 맹부와 농부는 각각 6년으로 구성되었고, 교육과정은 일반교과와 직업교과로 구분한 뒤 맹부는 점자로, 농부는 수화로 교육하였다. 광복이 된 이후, 제생원은 국립맹아학교로 개칭되어 6년제 초등교육을 실시하였다. 국립맹아학교는 미군정청 보건후생부로 이관되었다. 1946년 미군정청은 맹아교육 고문관으로 Walton을 파견하여 학급재편성과 학제변동을 시도하였고, 1948년에는 특수교육 담당을 보건사회부에서 교육인적자원부로 관할을 이관하였다.

4) 특수교육 관련법 제정기(1948~현재)

(1) 태동기(1948~1977)

1948년 제헌 「헌법」의 제16조에는 학령기의 모든 아동에 대한 교육권 보장을 명시하였고, 1949년 12월 31일 우리나라 최초의 「교육법」이 제정되어 특수학교 설치의무 규정과 특수교육대상자의 교육목적 및 교육수준 등을 명시하였지만 장애학생의 특수교육에 대한 제반사항은 요식적으로 규정된 수준에 머물렀다. 1960년대에 접어들어 비장애학생의 교육에 비해 낙후된 장애학생 교육에 대한 관심이 본격화되었고, 「교육법」 이외에 장애인을 위한 특례법이 필요함을 절감하게 되었다. 특례법 제정을 위해 가장 앞장 선 한국특수교육협회(현 한국특수교육총연합회)는 각종 연수회와 강습회 등을 통하여 특수교육법 제정의 필요성을 주장하고 국가재건최고회의에 진정서를 제출하는 등 다양한 노력을 취하였다(김원경, 2001). 그러나 비장애학생의 초등학교 과정에 대한 의무교육조차 제대로 실시하지 못하고 있던 당시의 교육여건 등으로 인하여 이러한 주장은 시기상조로 인식되었다. 즉, 특수교육에 대한 외형적인 기초를 다지는 법적 근거를 마련하였지만 행·재정적 뒷받침이 미약했다.

1970년대 들어 장애인 교육에 대한 국·내외의 정서가 달라졌고, 이러한 변화는 장애인을 위한 법제정의 밑거름으로 작용하였다. 국내 요인으로는 장애인에 대한 인식의 전환과 특수교육의 필요성에 대한 공감대가 형성되었다. 한국특수교육협회로 대표되는 특수교육주체들의 부단한 노력과 모든 국민에 대한 균등한 교육기회의 보장이 국가 발전에 비례한다는 정부의 시각도 한몫을 했다. 국외의 분위기는 1975년 미국의 '전장애아동교육법'의 제정과 유엔(United Nations)의 '장애인의 권리선언' 채택 등 장애인 교육권에 대한 정당성이 높아졌다. 이러한 국내·외 정세의 변화는 장애인 교육을 위한 최초의 법인 「특수교육진흥법」 제정을 가능하게 했다.

(2) 기반 조성기(1977~1994)

국·내외의 여건에 영향을 받아 1977년 12월 31일 「특수교육진흥법」이 법률 제3053호로 제정·공포되었고, 2년 뒤인 1979년 1월 1일부터 시행되었다. 「특수교육진흥법」의 제정은 대표적인 소외계층인 장애인에게 교육기회를 제공하는 등 장애인 교육 발전을 위한 기반을 조성했다는 점에서 의의가 있다. 이러한 「특수교육진흥법」은 1994년 전면 개편되기까지 다음과 같이 두 차례의 부분개정이 이루어졌다.

① 「특수교육진흥법」 제1차 부분개정

제1차 부분개정은 1987년 10월 24일에 법률 제3936호로 개정되었다. 제1차 개정에서는 제5조의 무상교육규정이 개정되었다. 즉, 사립의 특수교육기관 중 의무교육과정에 취학하는 자의 교육만 무상으로 교육하도록 한 규정을 국 · 공립학교와 마찬가지로 유치부와 고등부까지 확대하였다. 결과적으로 학교설립유형에 상관없이 모든 특수교육대상자의 초등학교와 중학교 교육과정은 의무교육으로, 유치원과 고등학교 과정은 무상교육이 되었다.

② 「특수교육진흥법」 제2차 부분개정

제2차 부분개정은 1990년 12월 27일에 법률 제4268호로 개정되었다. 제2차 부분개정에서는 1990년 「정부조직법」의 개정에 따라 제3조, 제7조, 제15조에 문교부장관으로 명시된 조항들이 교육인적자원부장관으로 단순히 명칭만 변경되었다.

(3) 심화기(1994~현재)

① 「특수교육진흥법」 전부개정

두 차례 부분개정을 통해 보완된 「특수교육진흥법」은 1990년대에 접어들어 시대상황과 사회여건의 변화에 따라 특수교육의 주체들로부터 전면적인 개정 요구를 받았다. 즉, 특수교육 수요자들은 특수교육기관의 신설과 증설, 다양한 권리주장 등을 요구하였다(김원경, 2001: 91). 또한 특수교육학계에서는 취학기회의 확대(완전취학), 국가 및 지방자치단체의 임무 강화, 관련서비스의 확대 등 특수교육 진흥방안을 제시하였다(김영환, 1990).

교육인적자원부에서는 1992년 3월부터 개정안을 마련하고 공청회를 개최하는 등 「특수교육진흥법」의 개정을 위해 노력하였다. 결과적으로 확정된 개정안은 관계부처와의 협의, 입법 예고, 국무회의 심의, 개정안 국회 제출, 국회 교육위원회 심의, 국회 법제사법위원회 심의 등을 거쳐 1993년 12월 17일 제165회 국회 제22차 본회의를 통과하였으며, 1994년 1월 7일 법률 제4716호로 전면개정 · 공포되었다. 전면개정안은 통합교육의 개념 반영, 개별화교육 계획과 관련된 조항 삽입, 특수교육운영위원회의 역할 강화 등의 내용이 추가된 점에서 특수교육의 질적 측면을 상당 부분 진일보시켰다는 평가를 받았다. 또한 장애인 교육의 차별금지, 통합교육, 개별화교육을 위해 많은 역할을 하였다.

1994년 전부 개정된 「특수교육진흥법」은 2005년까지 다섯 차례에 걸쳐 추가로 개정되었다. 1995년 법률 제5069호를 시작으로 1997년 12월 13일 법률 제5440호로 특수교육대상자의 선정 절차, 통합교육을 위한 특수학급의 설치와 운영 등 운영상의 미비점 일부가 개정되었다. 2000년에는 법률 제6217호로 벌칙조항이 개정되었고, 2001년에는 「정부조직법」 개정으로 인한 일부 명칭이 변경되었다. 2002년에는 편의시설 설치근거 확보를 위한 법률이 제6742호로 개정되었다. 2005년에는 법률 제3795호로 의무교육 등 위탁교육, 실태조사, 취학편의, 치료교육 담당교원 배치 등에 관한 내용을 일부 개정하였다.

② 「장애인 등에 대한 특수교육법」 제정

2005년 이후, 「특수교육진흥법」이 특수교육 현장의 장애학생들에게 충분한 교육적 지원을 제공하지 못하고 있다는 비판적인 주장이 강하게 제기되었다. 이러한 사회적 분위기를 반영한 듯, 일부 국회의원이 발의한 「특수교육진흥법 일부개정법률안」과 정부가 제출한 「특수교육진흥법 전부개정법률안」이 위원회에 상정되어 검토보고 및 대체토론이 이루어졌다. 또한 2006년 5월 8일 최순영 의원이 대표 발의한 「장애인의 교육지원에 관한 법률안」이 상정되어 검토보고 및 대체토론이 실시되었다. 제5차 위원회에서 8건의 「특수교육진흥법 전부개정법률안」과 「장애인의 교육지원에 관한 법률안」을 위원회에서 심사하기로 의결하여, 이 9건의 법률안 내용을 통합·조정하여 대안으로 제안하였다. 이러한 과정을 거쳐 「특수교육진흥법」이 폐기되고, 2007년 5월 25일 「장애인 등에 대한 특수교육법」이 공포되었다.

「장애인 등에 대한 특수교육법」은 「특수교육진흥법」의 한계점을 극복하고 장애학생들을 위한 실질적인 지원이 가능하도록 다양한 조항을 신설·개정하였다. 주요 내용을 살펴보면, 유치원 및 고등학교 과정의 의무교육을 새롭게 도입, 장애의 조기발견체제 구축, 장애영아교육은 무상으로 하여 조기교육기회 부여 등이 법률로 명시되었다. 대학에 장애학생지원센터의 설치와 편의제공을 의무화하고, 국가 및 지방자치단체 등이 장애성인 평생교육시설을 설치하여 장애인에 대한 생애주기별 교육지원체계를 확립하도록 하였다. 또한 특수학교의 학급 및 일반학교의 특수학급당 학생 수를 현행보다 낮추는 방안을 법률에 명시함으로써 특수교육의 질을 제고하고자 하였고, 특수교육대상자에 대한 가족 지원, 치료 지원, 보조인력 지원 등 관련서비스의 제공을 의무화함으로써 장애인의 교육권을 실질적으로 보장하려 하였다.

3. 특수교육행정의 현황 및 문제점

특수교육행정은 교육행정의 일부분으로 사회적·공공적·조직적 활동으로서의 특수교육에 관한 목표를 수립하고 그 목표달성을 위한 협동적, 조직적 단체행동을 조성하는 작용이다(정봉도, 2001: 3). 즉, 특수교육행정은 특수교육활동의 목표를 설정하고, 그 목표를 달성하기 위해 필요한 인적 · 물적 조건을 확보하며 목표달성을 위한 지도 · 감독을 포함하는 일련의 활동으로 볼 수 있다. 이러한 특수교육행정은 특수교육활동을 조장한다는 측면에서 일반적인 교육행정과는 다른 특수성을 지닌다. 이는 특수교육대상자의 독특한 교육적 요구에 적합한 교육내용을 설계하고, 교육방법을 고안하며, 각종 교육시설 등을 확보하는 것이다. 따라서 특수교육행정가는 특수교육에 대한 전문적인 지식과 고도의 기술 등을 갖추어야 한다.

1) 특수학교 및 특수학급

특수학교(special school)는 장애아동을 수용하여 이들에게 특수교육을 행하는 기관이다(정봉도, 2001: 37). 이러한 특수학교는 장애유형에 따라 맹학교, 농학교, 지체부자유학교 등으로 구분할 수 있다. 우리나라의 특수학교는 「특수교육진흥법」이 제정된 1977년에는 51개(350개의 특수학급)에 불과하였으나 「특수교육진흥법」이 전면적으로 개정된 1994년에는 104개(3,400개의 특수학급)로 증가하였다.[3] 이는 1인당 국민소득(GNP)이 1977년의 944달러에서 1994년의 9,459달러로 증가한 것을 감안할 때, 경제성장에 따라 특수교육의 양적인 확대가 상당히 이룩되었음을 나타낸다. 〈표 2-1〉은 2007년도 특수학교와 특수학급[4]의 현황을 정리한 자료로서, 특수학교는 144개교가 운영되고 있고 3,278개의 학급을 둔 것으로 조사되었다. 일반학교의 특수학급은 5,753학급으로 일반학급의 6,262학급보다 509학급이 적은 것으로 조사되었다. 그러나 특수학교는 시 · 도별로 시각, 청각, 정신지체, 지체부자유, 정서장애 등의 장애영역별로 설치 · 운영해야 하지만, 5개 장애영

표 2-1 특수학교 및 특수학급 현황

(단위: 개)

구분	특수학교	일반학교		계
		특수학급	일반학급	
학교	144	4,530	3,621	8,295
학급	3,278	5,753	6,262	15,294

출처: 교육인적자원부(2007). 2007년도 특수교육실태조사서, p. 3.

3) 통계청(1977). 1977 한국의 사회지표. 통계청.
4) 특수학급(special class)은 비교적 장애정도가 가벼운 장애아동의 교육을 위해 일반학교에 병설된 학급이다(정봉도, 2001: 40). 즉, 심신의 장애로 정상아를 수용하는 학급에서는 교육의 효과를 거둘 수 없는 일부 장애아동에게 특별한 교육적 조치를 하기 위하여 편성된 학급으로서 능력에 따라 전일제, 시간제, 특별지도, 순회교육 등으로 운영된다.

역별로 특수학교를 설치 · 운영하는 곳은 3개 시 · 도(서울, 대구, 충북)에 불과한 실정이다(교육인적자원부, 2007).

〈표 2-2〉는 144개의 특수학교를 설립유형을 기준으로 정리한 결과이다. 2007년 현재, 우리나라의 특수학교는 국립 5개교, 공립 50개교, 사립 89개교로 국 · 공립학교에 비해 사립학교에 대한 의존도가 상대적으로 높다. 우리나라의 특수교육이 외국의 선교단체 등이 주도하여 설립한 사립학교에 깊은 뿌리를 두고 있는 것은 사실이다. 그러나 특수교육이 가지는 사회적 공공성을 감안한다면 국 · 공립 특수학교를 증설하여 사립학교에 대한 의존도를 낮출 필요가 있다.

표 2-2 설립유형별 특수학교 현황

(단위: 개, 명)

구분	학교수	학급수	학생수	교원수
국립	5	174	1,224	335
공립	50	1,442	9,973	2,676
사립	89	1,662	11,966	3,130
계	144	3,278	22,963	6,141

출처: 교육인적자원부(2007). 2007년도 특수교육실태조사서, p. 5.

〈표 2-3〉은 일반학교의 특수학급과 일반학급을 과정별로 정리한 자료이다. 일반학교 특수학급의 경우, 유치원 174학급, 초등학교 3,892학급, 중학교 1,125학급, 고등학교 562학급으로 과정별 학급 수의 심한 편차를 보이고 있다. 특히, 유치원이 차지하는 비율이 상대적으로 낮은 것으로 나타났다. 유치원 과정은 초등학교 취학 전에 이루어지는 조기교육으로서 성장발달의 가소성(plasticity)이 현저하게 나타나는 시기이다. 이러한 영 · 유아기의 의도적 · 조직적인 교육은 개개인의 장애로부터 파생되는 운동 및 언어능력, 지적

표 2-3 일반학교의 과정별 특수학급 및 일반학급 현황

(단위: 개)

구분	학급 수	
	특수학급	일반학급
유치원	174	1,188
초등학교	3,892	2,088
중학교	1,125	1,212
고등학교	562	1,775
계	5,753	6,263

출처: 교육인적자원부(2007). 2007년도 특수교육실태조사서, p. 7.

능력, 사회성 발달 등의 지체를 방지하고 적응능력을 향상시키는 교육으로서 중요한 의미를 가진다. 따라서 유치원 과정에서의 특수교육기회 확대를 검토할 필요가 있다. 또한 특수학급의 경우, 초등학교의 학급 수가 전체 67.6% 이상을 차지하고 있는 반면, 중학교와 고등학교 학급비율은 상대적으로 낮다. 이러한 현상은 일반학급에서도 유사하게 나타났다.

2) 특수교육 행정조직

우리나라 특수교육 행정조직은 정치 · 교육 · 사회 · 문화 · 환경의 영향을 받으면서 많은 변화를 겪었다(이유훈, 2006). 일제강점기의 제생원 맹아부는 광복 이후 보건후생국으로 업무가 이관되었고, 1948년 1월 17일에는 문교부로 관할이 이관되었다. 문교부는 보통교육국에 특수교육과를 두었는데 이것이 우리나라 최초의 특수교육행정에 관한 조직이 제도적으로 성립된 것으로 볼 수 있다. 1951년 4월 12일에는 보통교육국의 특수교육과와 고등교육국의 고등교육과의 분장업무가 환치 · 조정되어 특수교육과는 국제연합교육문화기구, 교수와 아동의 외국 유학, 외국 교환교수, 맹 · 농학교, 학회 · 학술 진흥, 국민사항의 연구지도, 재외국민의 교육, 기타 특수교육 업무를 담당하게 되었다. 1955년 2월 17일 대통령령 제1000호에 의해 특수교육과는 섭외교육과로 개편되었고, 특수교육에 관한 업무는 보통교육국 중등교육과에서 관장하게 되었다. 중등교육과의 업무는 중학교, 고등학교, 특수교육 및 지방교육재정 등이었다. 1963년 12월 16일에는 보통교육국 교육행정과에 특수교육계가 설치되었고, 1970년 1월 26일에 보통교육국 교육행정과 업무소관으로 흡수되었다. 1979년 3월 19일 보통교육국의 사무분장이 조정됨에 따라 특수교육 업무는 의무교육과로 이관되었다. 1994년 5월 17일 정부 조직개편에 따라 보통교육국이 지방교육지원국으로 명칭이 개정되고 유아교육담당관이 유아특수교육담당관제로 바뀜에 따라 특수교육의 업무가 유아특수교육담당관 소관으로 이전되었다.

1996년 문민정부시대에는 특수교육담당관을 두고 교육인적자원부에 특수교육 전담과가 설치되었다. 특수교육 전담과는 특수교육진흥 기본계획의 수립, 특수교육 장학, 각급 특수학교 및 특수학급 운영지도, 장애종별 · 학급별 교육과정 편성기준의 설정 지원, 특수교원 연수 및 학습지도 지원, 특수교육용 시설 · 설비의 확충 지원, 국립 특수교육원의 지도 등을 담당하였다. 1998년에는 특수교육담당관을 특수교육정책과로 명칭을 개정하여 업무를 관장하도록 하였다.

국민의 정부에서는 2001년 1월 29일 「정부조직법」의 개정에 따라 교육인적자원부가 교육인적자원부로 개편되면서 특수교육 업무는 교육자치지원국 특수교육보건과로 통폐합되어 특수교육과 보건업무를 함께 관장하게 되었다. 그 이후 2003년 7월 23일에는 특수교육 및 보건업무는 학교정책실 소관으로 변경되었다.

참여정부에서는 2005년 2월 28일 학교건강 · 체육정책 및 인적자원 관리기능 등을 강화하기 위하여 학교체육보건급식과와 국외인적자원정책과를 신설함에 따라 종전의 특수교육보건과는 특수교육정책과와 학교체육보건급식과로 분리되어 독립된 특수교육 행정체계를 갖추게 되었다. 담당업무는 종전의 초 · 중등 중심의 특수교육 업무에서 장애대학생 및 장애성인에 대한 교육지원 업무가 추가되었고, 조직인력도 교육행정사무관 및 교육연구사가 각각 1명이 증원되어 과장급을 포함하여 모두 8명이 특수교육 업무를 담당하고 있다.

지금까지 살펴본 바와 같이, 특수교육을 담당하는 중앙행정조직의 잦은 관장 부서 변경 및 조직 개편으로 인하여 일관성 있는 정책 추진이 저해된 경향이 있다. 지방교육행정조직수준에서는 시 · 도교육청의 '초등교육과', 시 · 군 · 구교육청의 '학무과'의 초등교육담당 장학사가 각각 고등학교와 초 · 중학교 특수교육 업무를 수행하고 있어 전문성을 갖춘 특수교육행정이 어렵다. 또한 고등교육 및 평생교육 차원의 특수교육행정 지원이 시 · 도 및 시 · 군 · 구교육청 차원에서는 거의 이루어지지 못하고 있는 실정이다.

3) 특수교육 교원

교육의 질에 영향을 주는 여러 요인들 중에서 교사의 전문성은 가장 중요하게 다루어져야 한다. 특히, 장애아동과 같이 특별한 교육적 배려, 관심이 필요한 아동들에게는 담당 교원의 역할이 매우 중요하다. 따라서 장애아동의 교육을 담당할 교원의 자격이나 자질은 인성, 동기, 소명감 등과 함께 장애인 교육을 위한 소정의 교육과정 이수가 의무적으로 이루어져야 한다.

〈표 2-4〉는 2007년 현재 특수교육 담당교원 및 보조원의 현황을 정리한 것이다. 특수교육을 담당하는 전체 교원은 1만 2,249명이며, 그 가운데 특수학교에 근무하는 교원은

표 2-4 특수교육 교원 및 보조원 현황

(단위: 명)

구분	특수학교	일반학교		계
		특수학급	일반학급	
특수학교(급) 교원	6,141	6,108	-	12,249
특수교육 보조원	1,753	3,914	574	6,241

출처: 교육인적자원부(2007). 2007년도 특수교육실태조사서, p. 3.

6,141명으로 전체의 50.1%에 이른다. 특수교육 보조원의 경우는 전체 6,241명 가운데 특수학교에 1,753명이 배치된 반면, 일반학급은 574명만이 배치되어 현저하게 낮은 분포를 보이고 있다.

〈표 2-5〉는 특수학급을 담당하는 교원이 소지한 자격증을 기준으로 구분한 자료이다. 특수교사의 경우, 1정 정교사 자격증을 소지한 교사는 2,352명이고, 2정 정교사 자격증을 소지한 교사는 2,711명이다. 일반교사의 경우, 장애학생의 교육에 필요한 1정 또는 2정 특수교육 정교사자격증을 소지한 교사는 552명으로 조사되었다. 또한 30~60시간의 통합교육을 위한 현직연수교육을 이수한 교사는 160명이고, 연수를 이수하지 않은 일반교사는 84명인 것으로 조사되었다.

표 2-5 소지자격증별 특수학급 교원 현황

(단위: 명)

특수교사		일반교사			총계
1정 정교사	2정 정교사	특수교사 자격소지	30~60시간 이상 연수	미이수	
2,352	2,711	552	160	84	5,859

출처: 교육인적자원부(2007). 2007년도 특수교육실태조사서, p. 72.

〈표 2-6〉은 통합학급을 담당하는 일반교사의 현황을 소지자격증 기준으로 정리한 것이다. 통합학급의 경우, 특수교사자격을 소지하거나 30~60시간 이상의 연수를 받은 교사는 8,164명에 불과하며, 30시간 이상 연수를 받지 못한 교사는 전체의 73.8%인 2만 3,040명으로 나타났다.

표 2-6 소지자격증별 통합학급 일반교사 현황

(단위: 명)

특수교사 자격소지 및 30~60시간 이상 연수	60시간 이상 연수 미 이수	총계
8,164	23,040	31,204

출처: 교육인적자원부(2007). 2007년도 특수교육실태조사서, p. 121.

통합학급은 장애학생이 일반학급에 시간제 또는 전일제로 통합되어 있는 학급으로, 비장애학생과 장애학생 모두에게 효과적인 교육을 제공하기 위해서는 담당교원의 역할이 매우 중요하다. 따라서 통합학급을 담당하는 교사에 대한 현직교육이 매우 시급한 실정임에도 불구하고 예비교사들을 위한 사전 양성교육과 통합학급 담당교원을 위한 현장교육이 제대로 이루어지지 못하고 있다.

4) 특수교육 장학행정

현재 우리나라의 특수교육에 관한 장학업무는 일반장학업무 체제 속에 포함되어 이루어지고 있다. 이러한 점에서 특수교육 장학행정조직은 전체적인 장학행정체계 속에서 이해되어야 한다. 장학의 본질은 교수-학습의 개선에 있지만 교육대상에 따라 목표와 내용이 달라질 수 있다. 특수교육 장학은 일반교육의 장학과 본질적인 측면에서는 차이가 없다. 그러나 특수교육의 특수성으로 인하여 일반적인 교과활동, 특별활동, 생활지도 외에도 장애극복과 치료활동, 직업적 재활을 위한 직업보도활동이 교육활동의 중요한 부분을 차지하고 있으며, 이에 대한 장학활동이 요구된다. 따라서 특수교육 장학담당자는 일반장학 외에 특수교육 장학에 대한 전문지식과 기술을 갖추어야 효과적인 장학지도를 할 수 있다.

〈표 2-7〉은 16개 시 · 도와 지역교육청에서 특수교육을 담당하는 전문직의 현황을 정리한 것이다. 16개 시 · 도교육청에서 특수교육을 담당하는 전문직은 총 50명으로 장학관이 17명, 장학사가 25명, 파견인력이 8명이다. 장학관의 경우, 유아와 특수교육을 겸임하는 인력이 13명인데 일부 교육청(서울, 부산, 경남)에는 배치되어 있지 않았다. 특수교육 전담 장학관도 서울, 부산, 경기, 경남에만 배치되어 있는 것으로 나타났다. 장학사의 경우, 특수교육 비전공자 5명으로 나타났다. 시 · 군 · 구교육청의 경우, 특수교육 담당 장학사는 총 183명으로 이 가운데 특수교육 전공자는 전체의 42.6% 수준인 78명으로 나타났다.

표 2-7 **특수교육 담당 전문직 현황**

(단위: 명)

시 · 도교육청					지역교육청	
장학관		장학사		파견인력	특수교육 담당 장학사	
유아교육 겸임	특수교육 전담	전공	비전공		전체	전공자
13	4	28	5	8	183	78(42.6%)

출처: 교육인적자원부(2007). 2007년도 특수교육실태조사서, p. 137.

〈표 2-8〉은 최근 3년간 시 · 도 및 지역교육청에서 실시한 특수교육기관에 대한 장학활동 현황을 정리한 것이다. 시 · 도교육청에서는 최근 3년간 총 29회의 장학활동을 수행한 것으로 나타났다. 지역교육청의 장학활동은 2003년 706회, 2004년 714회, 2005년 726회로 매년 증가추세에 있었다. 그러나 특수교육대상자 수의 증가와 이에 따른 특수교육 학교 및 학생 수의 증가추세를 고려했을 때 장학의 빈도가 높다고 볼 수는 없다.

표 2-8 장학을 실시한 특수교육기관 현황

(단위: 개)

구분	2003	2004	2005
시 · 도교육청	29	29	29
지역교육청	706	714	726
합계	735	743	755

출처: http://www.na.go.kr

이상에서 살펴본 바와 같이, 특수교육에 대한 장학은 담당하는 조직 자체가 체계화되어 있지 못할 뿐 아니라 전문지식과 인력의 부족 등으로 효과적인 장학이 이루어지지 못하고 있는 실정이다. 이는 특수교육 발전을 저해하는 요인 중 하나라고 지적할 수 있다. 따라서 법률개정을 통해 특수교육 장학행정 조직의 설치, 전문 지도능력의 배양, 전문인력의 확보 등이 필요하다.

5) 특수교육재정

오늘날 특수교육은 양적 팽창과 함께 질적 개선이 요구되고 있어 특수교육재정의 중요성이 더욱 강조된다. 특수교육재정은 국가 · 지방공공단체 또는 학교가 특수교육활동의 운영을 지원하기 위하여 경비를 조달하고, 공공회계 절차를 거쳐서 그것을 관리 · 사용하는 것으로 정의할 수 있다. 그러나 특수교육재정은 교육재정의 일부로서 일반적인 교육재정의 성격을 지니고 있으면서 특수교육활동을 지원한다는 특성이 있다. 특수교육재정은 전체자원과 특수아동들이 갖고 있는 특수교육 및 관련 서비스의 요구양의 격차를 줄이면서 합리적인 투자와 배분에 관심을 두어야 한다. 즉, 적절한 예산 편성과 균등한 배분은 교육목표를 실현하기 위한 필수요소라고 할 수 있다.

교육인적자원부 예산에 계산된 특수교육비 내용은 특수학교경비, 특수학급경비, 사립특수학교 지원비로서 이 재원은 국가 일반회계에서 교부금으로 각 시 · 도교육비 특별회계 세입금으로 배분된다. 교부금으로 책정된 특수교육비는 교육비 특별회계예산에 각 항목별로 편성되어 특수학교, 특수학급, 사립 특수학교 지원경비로 학교에 배분된다. 〈표 2-9〉는 최근 4년간 교육인적자원부 예산대비 특수교육비 현황을 정리한 자료로서, 매년 꾸준하게 증가한 것을 알 수 있다.

〈표 2-10〉은 최근 4년간 특수교육 대상학생 1인당 교육비를 산정한 결과로서 이 또한 매년 증가하고 있는 것으로 나타났다.

지금까지 공식적으로 집계된 특수교육 대상학생 수를 살펴보면, 2004년 5만 5,374명,

표 2-9 최근 4년간 교육인적자원부 예산대비 특수교육비

(단위: 천 원, %)

연도	교육인적자원부 예산	특수교육비	비율
2004	26,384,088,000	666,840,034	2.5
2005	27,438,044,595	822,051,094	3.0
2006	29,426,304,000	1,051,284,265	3.6
2007	31,044,748,000	1,145,295,143	3.7

출처: 교육인적자원부(2007). 특수교육 연차보고서, p. 110.

표 2-10 최근 4년간 특수교육 대상학생 1인당 교육비

(단위: 천 원)

연도	특수교육비	수혜학생 수	1인당 특수교육비
2004	666,840,034	55,374	12,042
2005	822,051,094	58,362	14,085
2006	1,051,284,265	62,538	16,810
2007	1,145,295,143	65,940	17,369

출처: 교육인적자원부(2007). 특수교육 연차보고서, p. 112.

2005년 5만 8,362명, 2006년 6만 2,538명, 2007년 6만 5,940명으로 증가추세에 있음을 알 수 있다. 이러한 추세는 특수교육과 관련된 제반시설비, 인건비, 운영비 등 보다 많은 특수교육재정을 요구하게 된다. 따라서 특수교육재정의 현실적인 부족문제를 해결하고 향후 특수교육발전을 위해 재원 확보방안이 마련되어야 한다. 이를 위해서는 특수교육의 적정 단위 교육비 산정 등을 통해 현행 재정제도를 부분적으로 수정 · 보완하거나 새로운 교육재정제도를 마련하여 실시하는 방안과 확보된 재원을 합리적으로 배분하여 교육투자의 효과를 제고할 수 있는 방안이 함께 준비되어야 한다.

4. 특수교육의 쟁점 및 발전방안

1) 「장애인 등에 대한 특수교육법」의 시행령 · 시행규칙 제정

장애인의 교육권은 교육의 기회뿐만 아니라 교육내용과 방법에 있어서도 특별한 요구에 따른 적절한 지원이 보장되어야 한다. 이를 위해서는 현실성과 실효성을 갖춘 법률이 중요한 역할을 한다. 그러나 기존 「특수교육진흥법」은 특수교육을 위한 실질적 내용을

규율하기에 협량하였고, 각 조문의 내용이 선언적이었으며, 실질적인 권리보장의 어려움 등 다양한 측면에서 실효성에 대한 의문이 끊임없이 제기되었다(백종인, 2006). 따라서 이러한 문제점을 가진 「특수교육진흥법」의 개정은 불가피한 것이었으며 「장애인 등에 대한 특수교육법」의 제정은 긍정적으로 평가되고 있다.

〈표 2-11〉은 「특수교육진흥법」에는 언급되지 않은 「장애인 등에 대한 특수교육법」에 새롭게 제정된 주요 내용을 정리한 것이다. 「장애인 등에 대한 특수교육법」은 유치원 및 고등학교 과정의 의무교육, 장애의 조기발견체제 구축, 장애영아의 무상 조기교육, 장애학생지원센터의 설치와 편의제공, 장애성인 평생교육 등 장애인에 대한 생애주기별 교육지원체계를 확립하였다. 이러한 신설 조항들은 「장애인차별금지법」의 제정과 함께 교육현장에서 장애인들에 대한 차별을 사전에 예방하고 장애인의 인적자원 향상에 기여함으로써 장애인들의 경제활동 및 사회활동을 크게 넓히고 향상시키는 토대를 형성하였다고 볼 수 있다. 아울러 「장애인 등에 대한 특수교육법」의 제정으로 특수교육대상자의 교육기회가 확대되고 제반 교육여건이 개선되는 등 장애인교육권 신장을 위한 대전환이 기대된다.

표 2-11 「장애인 등에 대한 특수교육법」의 주요 신설조항

항 목	「장애인 등에 대한 특수교육법」 신설내용
진로 및 직업교육	학교에서 사회 등으로의 원활한 이동을 위한 직업재활훈련 및 자립생활훈련 등을 실시하는 것
관련 서비스	인적 · 물적자원(가족 지원, 치료 지원, 보조인력, 보조공학기기 지원, 학습보조기기 지원, 통학 지원, 정보접근 지원 등)의 제공
의무교육 등	영아: 무상 유치원 과정: 의무 초 · 중학교 과정: 의무 고등학교 과정: 의무
영아 지원	특수교육 교원 및 관련 서비스 담당인력이 순회교육 제공, 특수학교 유치부 및 영아반 과정을 통한 지원
유아교육	초 · 중등교육에 준하는 교육 지원규정 종일반을 운영하는 유치원에 대한 지원규정
고등교육	대학 내 특별지원위원회 및 장애학생지원센터 설치, 각종 편의제공 의무화, 학칙규정 의무화, 심사청구권리 보장
평생교육	장애인을 위한 평생교육과정 설치, 학교교육형태의 장애인평생교육시설 설치
특수교육지원센터	시 · 군 · 구 단위로 설치하되, 지역주민과 접근이 용이한 곳에 설치, 역할 등에 관한 사항을 법률에 명시

그러나 관련부처 간 협력체계 확립, 장애인 평생교육에 관한 구체적인 조항의 미흡 등 해결해야 할 과제들이 여전히 남아 있다. 또한 아직까지 특수교육을 위한 제반여건은 걸음마단계에 있는 실정이고, 이를 위한 사회적 합의가 완전하게 도출되지 않아 법제정의 근본취지에 맞는 현장 적용이 우려된다. 현재 「장애인 등에 대한 특수교육법」의 시행령 및 시행규칙의 제정을 앞두고 특수교육 현장의 교육주체와 정부의 입장이 갈등 양상을 나타내고 있다. 갈등의 주요 쟁점은 특수교육지원센터의 전담인력 배치 및 시설 · 설비비, 순회교육 전담교원 배치, 특수교육 교원의 확대 배치, 진로 및 직업교육 담당 전문 인력의 확대 배치 등으로 추가적인 예산과 인력이 소요되는 분야에 대해서 특수교육 주체의 요구와 정부 측 입장이 합의에 이르지 못하고 있다. 특히, 「장애인 등에 대한 특수교육법」의 제정에 따라 183개 시 · 군 · 구에 설치되어 중요한 기능을 수행해야 하는 특수교육지원센터에 대한 인력, 예산, 행 · 재정 지원체제에 대한 의견 차이가 크다.

「특수교육진흥법」의 한계를 극복하고 특수교육 현장의 실질적인 변화를 진전시킬 「장애인 등에 대한 특수교육법」은 특수교육 주체를 포함한 국민들의 염원과 노력으로 탄생되었다. 이는 우리나라 특수교육이 나아가야 할 방향과 목표에 대해서는 국민적 이견이 없음을 보여준 것이라고 할 수 있다. 따라서 특수교육의 방향과 목표를 실현하기 위한 접근방법이라고 할 수 있는 「장애인 등에 대한 특수교육법」의 시행령 및 시행규칙은 특수교육 현장의 요구를 최대한 반영해야 하고, 새로운 법령의 실천을 위해서는 인력, 예산, 행정, 재정 등 지원체제가 반드시 갖추어져야 할 것이다.

2) 특수교육 교원의 교육 강화

특수교육대상자의 교육에 대한 책무성은 특수교사뿐만 아니라 일반교사들도 가져야 한다. 장애아동은 일반아동과는 여러 면에서 다르고 그들만의 특별한 요구를 가지고 있어 일반교육을 위한 교사자격만으로는 효과적인 교수-학습을 기대하기 어렵다. 또한 일반학급에서 비장애아동과 장애아동을 함께 교육하는 경우, 교사가 장애아동에 대한 소양과 이해가 부족하면 교사 본인의 의사와 무관하게 장애아동을 방치할 수 있고, 큰 부담으로 여길 수도 있다. 따라서 장애아동교육을 위한 소정의 교육이 반드시 필요하고, 일반교사의 경우에는 별도의 연수가 필수로 요구된다. 이러한 측면에서 다소 늦은 감이 있지만 2009학년도 대학 입학생부터 모든 사범대생 또는 교직이수자들이 '특수교육의 이해' 과목을 교직 필수과목으로 이수하도록 관련법령이 개정된 것은 다행스러운 조치라고 생각된다.

특수교육 관련 교사를 위한 연수는 국립특수교육원, 각 시 · 도 교원연수원과 특수교육

교원 현직연수기관 등으로 분산되어 실시되고 있다. 1994년 이전까지는 주로 특수교육교사 양성대학에 위탁교육 형식으로 실시하여 오다가 국립특수교육원이 설립되면서부터 특수교육 교원에 대한 자격연수, 직무연수 및 보수교육 등을 실시하게 되었다. 그리고 각 시 · 도 교원연수원에서도 일반교원들에 대한 특수교육 소양을 제고하기 위해 자격연수 및 각종 연수 프로그램에 특수교육 관련 강좌를 개설하고 있다. 또한 1997년부터 국립특수교육원 및 전국 7개 지국을 통하여 교원을 대상으로 한 직무연수를 운영하고 있고, 원격방송 연수 및 사이버 연수도 실시하고 있다. 그러나 여러 기관에서 다양하게 실시되고 있는 특수교육 관련 연수 프로그램의 교육과정이 부실하고 교육내용이 대동소이하여 교사의 개인 차이를 반영하지 못한다는 비판을 받고 있다.

이러한 현직교육의 문제점과 한계를 극복하기 위한 방안을 제시하면 다음과 같다.

첫째, 연수시간과 기회를 확대해야 한다. 현행 60시간의 현직연수를 더 늘리고 미이수 교원들이 빠짐없이 연수를 받도록 해야 한다. 신규 임용된 교사에 대한 연수를 비롯하여 3년 연수, 5년 연수, 10년 연수 등 기간을 정해서 상위자격과 상관없이 의무적으로 연수를 이수하도록 할 필요가 있다.

둘째, 특수교육 교원의 수준별 차이를 고려한 연수 프로그램이 개발되어야 한다. 교원의 발달단계와 교육과정의 연계성 및 체계성을 확보하여 내실 있는 연수체계를 갖추어야 한다. 즉, 교원의 능력을 기준으로 연수의 기회를 제공하는 탄력적인 운영이 필요하며 이러한 제도를 적극 권장하여 우수한 교원의 수를 확대시켜야 한다.

셋째, 연수기관의 역할을 이원화하는 방안을 고려해야 한다. 국립특수교육원은 국가의 정책 및 교육개혁 등 전체적인 기획과 정보제공의 역할을 담당하고, 시 · 도교육청이나 지역교육청 등에서는 장애유형별 교수기법 등 특성화된 현장 중심의 프로그램을 제공할 필요가 있다.

3) 실질적인 통합교육의 실현

세계적인 특수교육의 패러다임은 완전한 통합교육을 실현하는 것이다. 이러한 통합교육의 확대추세에 따라 우리나라의 특수교육도 특수학교에서 일반학교 중심으로 전환될 것으로 예상된다. 따라서 통합교육을 성공적으로 실시하기 위해서는 일반학교의 체제가 변화되어야 한다. 그러나 2005년도 정기국회 보고자료인 '특수교육 연차보고서' 에 의하면, 2006년 4월 현재 통합교육을 받고 있는 장애아동은 3,347개의 유치원, 초 · 고등학교의 5,763개 학급에 6,741명의 특수교육대상자가 배치되어 있는 것으로 나타났다. 이러한 결과는 아직까지 특별한 교육이나 특별한 서비스를 필요로 하는 장애아동에 대한 통합교육이 보편화되지 못함을 보여 주고 있다. 그동안 정부는 장애아동의 통합교육을 확대하기 위해 일반학급에 재학하고 있는 장애아동을 지원하기 위한 조치로 2001년 7월 7일 「교육공무원 승진규정」을 개정하면서 「특수교육진흥법」 제2조 제6호의 규정에 의한 통합교육을 위한 학급을 직접 담당한 경력이 있는 경우 선택 가산점을 부여하도록 하고, 시 · 도별로 장애아동의 통합교육 실천사례발표를 개최하는 등의 노력을 기울이고 있다. 그러나 아직까지 특수교육은 일반교육과 분리된 교육이라는 인식이 고착되어 일반학급에서 장애아동을 배제하는 경향이 강하고, 일반교원과 일반아동의 장애에 대한 편견이 통합교육의 확산을 저해하고 있다.

최근 특수학교에 재학하는 학생들은 장애 정도가 더욱 중증화되고 중복장애를 지닌 경우가 많아지고 있다. 이들은 개인차가 심하고 다양한 장애특성을 가지고 있어 특수교사 1인에 의한 학급 내외 교육과 관리를 통해서는 개개인에게 적합한 교육을 제공하는 데 실패할 수밖에 없고, 특수교육의 질을 보장하지 못한다(강경숙 외, 2002). 과거 특수교육전문가들 중에는 중도장애학생들의 교육가능성에 의문을 갖고 이들을 보호하려고만 했으나, 최근 들어 적절한 지원만 있으면 교육이 가능하다는 인식이 확산되면서 중도장애학생들에 대한 교수보조역할을 특수교육보조원에게 부여하였다(Downing et al., 2000; Giangerco et al., 2001). 따라서 특수교육보조원의 활용은 개별 장애학생에 대한 교육의 질을 보장하고 나아가 통합교육을 촉진시키기 위해서 요구된다. 우리나라의 경우, 2000년대에 들어서면서 장애아 부모들의 요구와 교육인적자원부의 노력으로 특수교육보조원 제도의 도입이 적극적으로 추진되었다. 그러나 한국 특수교육보조원제도의 운영실태 및 문제점을 분석한 결과, 특수교육보조원제도에 대한 인식 및 홍보 부족, 특수교육보조원 역할의 불명확성, 교사와 특수교육보조원 간의 협력여건 부재, 특수교육보조원 관리에 대한 세부적인 지침 미비, 특수교육보조원의 개인적 자질 등이 개선되어야 할 사항으로 나타났다.

4) 직업교육과 평생교육

2006년도 특수교육실태보고서에 정리된 고등부 졸업생의 진로 현황을 살펴보면, 특수학교 졸업자 2,000명 중 795명(39.8%)이 진학하였고, 487명(24.4%)이 취업한 것으로 나타났다. 특수학급의 경우에는 총 702명 중 169명(24,1%)이 진학하였고, 195명(27.8%)이 취업하였다. 또한 일반학급의 경우, 총 382명 중 136명(35.6%)이 진학하였고, 88명(23.1%)이 취업한 것으로 나타났다. 그러나 전문대학 이상에서 특수교육대상자를 위한 특별전형을 실시한 대학은 2006년 현재 73개 대학뿐이며, 이를 통해 대학에 입학한 학생은

419명에 불과한 것으로 나타났다. 또한 취업은 대부분 포장 · 조립 · 운반 분야에 편향되었다. 한편, 특수학교 238명, 일반학교 158명이 미진학 · 미취업한 것으로 나타났다.

장애학생의 정상적인 사회생활을 위해서는 적절한 직업교육과 평생교육이 제공되어야 한다. 특히, 장애학생이 학교를 졸업한 후 성공적으로 지역사회에 적응하기 위해 필요한 교육체제의 전환과 실질적인 직업교육과정 마련 등 다양한 진로방안들이 모색되어야 한다. 최근 학령기에 국한되었던 특수교육은 아동기뿐만 아니라 성인기까지 확대되고 있다. 미국의 경우, 의무교육 과정 이후에도 직업이나 지역사회로의 이동을 돕기 위한 전환교육을 강화하고 있다. 이와 관련하여 학령기 이전의 장애 영 · 유아와 장애인을 위한 고등교육 및 평생교육 지원조항을 신설한 「장애인 등에 대한 특수교육법」은 중요한 의미를 갖는다. 따라서 이러한 법적 근거를 바탕으로 다양한 교육과정의 설계와 프로그램의 연구 · 개발에 집중해야 한다. 또한 향후 「장애인 등에 대한 특수교육법」의 시행규칙 및 시행령과 '제3차 특수교육발전종합계획' 수립 시 보다 구체적이고 현실성 있는 방안이 제시되어야 하겠다.

참고문헌

강경숙 · 강영택 · 김성애 · 정동일(2002). 특수교육보조원제 운영방안 연구. 국립특수교육원.

교육인적자원부(2003). 특수교육 현황 및 대책. 2003년 정기국회 보고자료.

교육인적자원부(2007a). 특수교육실태조사서. 2007년 정기국회 보고자료.

__________(2007b). 특수교육연차보고서. 교육인적자원부.

국가인권위원회(2004). 장애인 교육권 보호 · 향상을 위한 3차 토론회. 장애인의 고등교육 및 평생교육 기회보장방안과 쟁점 자료집.

김동연 · 김영환(1999). 장애학생 고등교육 지원방안. 국립특수교육원.

김병하(2002). 특수교육의 역사와 철학. 대구대학교출판부.

김원경(2001). 특수교육법 신론. 특수교육.

박미경 · 강경숙(2004). 특수교육보조원의 활용과 관리 방안. 특수교육학연구, 39(3), 73-94.

백종인(2006). 주요 교육법제의 현황과 개선방안: 특수교육 관련 법제 개선방안. 국회법제실 · 대학교육법학회.

윤점룡(1999). 특수교육 전달체계의 개선. 개원 5주년 세미나. 더불어 사는 복지사회를 향한 특수교육의 방향. 국립특수교육원.

이유훈(2006). 특수교육 경영론. 서울: 교육과학사.

이익섭(2003) 장애영유아 교육 및 보육기관의 연계방안을 위한 제언. 2003 특수교육정책포럼. 장애영유아 교육내실화를 위한 기관연계방안. 국립특수교육원.

임안수(1986). 한국맹인직업사 연구. 단국대학교 대학원 박사학위논문.

전국장애인교육권연대(2006). 특수교육진흥법의 개선 방안 토론회 자료집.

정동영 · 김성애 · 김현진 · 김형일 · 권순희 · 한경근(2006). 특수교육 발전 종합계획('08~'12) 수립을 위한 기초 연구. 교육인적자원부.

정봉도(2001). 특수교육의 행정 및 재정. 대구대학교 출판부.

정인숙 · 정희섭 · 김현진 · 정동영 · 김형일(2006.) 장애인 평생교육 실태 및 개선방안 연구. 국립특수교육원.

한국통합교육학회 편(2005). 통합교육. 학지사.

Downting, J. E., Ryndak, D. L., & Clark, D. (2000). Paraeducators in inclusive education: Their own perceptions. *Remedial and Special Education, 21*(3), 171-181.

Giangreco, M. F., Edelman, S. W., Brocer, S. M., & Doyle, M. B. (2001). Paraprofessional support of students with disabilities: Literature from the past decade. *Exceptional Children, 68*(1), 45-64.

http://www.na.go.kr

제 3 장

영재교육의 확대

1. 서 론

영재와 영재교육에 대한 현행 「영재교육진흥법」상의 정의를 살펴보면, '영재'는 '재능이 뛰어난 사람으로서 타고난 잠재력을 계발하기 위하여 특별한 교육을 필요로 하는 자'를 말한다. 또한 법률상 '영재교육'은 '영재를 대상으로 각 개인의 능력과 소질에 맞는 교육내용과 방법으로 실시하는 교육'을 말한다. 여기서 재능이 뛰어나다는 의미는 일반지능, 특수학문 적성, 창의적 사고능력, 예술적 재능, 신체적 재능, 그 밖의 특별한 재능 등이 뛰어남을 의미한다.

영재를 지칭하는 영어식 용어로는 흔히 'The Gifted'와 'The Talented'라는 두 가지 단어가 사용되고 있다(박성익, 2003). 이 용어를 사용하는 기준은 뛰어난 능력이 여러 분야에 걸쳐서 나타나는지, 아니면 특정 분야에서만 나타나는지에 따라 다르게 사용된다. 즉, 전자가 주로 일반적인 분야에서 뛰어난 능력을 뜻하는 데 비해, 후자는 특정 분야에서 뛰어난 능력을 뜻한다. 그런가 하면 일부 사람들은 학문적인 능력과 예체능 분야의 능력을 구분하여 지칭한다. 즉, 전자가 학문적으로 뛰어난 능력을 뜻하는 데 비해, 후자는 예술, 체육 등의 분야에서 뛰어난 능력을 뜻하는 것으로 사용한다. 우리나라 「영재교육진흥법」의 영재는 이러한 두 가지 관점을 종합적으로 반영하여 규정하고 있음을 알 수 있다.

* 이희숙(미국 연수)

영재교육의 필요성은 '영재성은 어느 정도 타고나야 하지만, 교육을 통해서 계발되지 않으면 발휘되지 않는다.' 는 명제에서 비롯되었다고 할 수 있다(조석희, 2004). Terman(1947)은 IQ 140 이상인 영재들도 교육적 지원이 부족하거나, 성취에 필요한 성격적 특성을 갖추지 못하면 영재성을 발휘하지 못한다는 사실을 밝혀냈다. Bloom(1983)의 연구에서는 영재성을 타고난 사람들도 고된 훈련, 반복연습, 경험을 통해서만 특수한 재능을 발휘하게 된다는 사실을 밝혀냈다. 우리나라에서도 조석희 등(2003)의 연구에서 1985년에 발굴된 144명의 신동 중에서 오직 10% 안팎의 영재들만이 자신의 잠재능력에 걸맞은 수준의 대학에 진학했음을 확인하였다. 결론적으로 영재를 영재답게 만들기 위해서는 꾸준한 교육환경의 지원과 개인적 노력이 결합되어야 한다. 이를 위해서 영재교육에 대한 관심이 필요하다고 할 수 있다.

영재교육의 목적은 크게 두 가지 측면에서 살펴볼 수 있다. 첫 번째는 개인적인 측면이고, 두 번째는 국가적인 측면이다. 개인적인 측면에서 본다면 분야별로 특수한 잠재능력을 가지고 있는 학생들이 특수한 교육내용과 과정을 통해 정규 학교교육으로 계발하기 어려운 능력을 발현시킬 수 있도록 한다는 것이다. 영재들은 일반적인 학생과는 다른 학습동기, 학습속도, 집중력을 보인다는 점에서 특별한 형태의 개별적 학습 지원이 필수적이라고 할 수 있다. 국가적인 측면에서는 영재교육을 통해 분야별로 핵심 인적자원을 개발하여 국가 성장과 발전에 기여할 수 있도록 한다는 점이다. 특히, 21세기 지식기반사회에서 국가발전의 핵심동력으로 부각되고 있는 것이 바로 '사람' 과 '지식' 으로서 그 중요성은 세계적으로 강조되고 있는 상황이다. 현행 「영재교육진흥법」에서도 영재교육의 목적을 개인의 자아실현을 도모하고 국가 및 사회의 발전에 기여하는 데 두고 있다.

2. 영재교육의 변천과정

해방 이후 우리나라의 영재교육은 특별한 학교나 교육의 형태라기보다는 월반제도와 조기입학제도 정도로 이루어졌다. 월반제도는 학업성취가 우수하고 학습속도가 빠르다고 인정되는 우수한 학생들에게 정해진 나이보다 더 이른 시기에 진급하거나 졸업하여 수업연한을 단축하도록 하는 것을 의미한다.[1] 조기입학은 만 6세로 정해져 있는 초등학교의

1) 「초 · 중등교육법」 제27조(조기진급 및 조기졸업 등) 제1항 초등학교 · 중학교 · 고등학교 및 이에 준하는 각종 학교의 장은 재능이 우수한 자에 대하여 제23조 · 제24조 · 제26조 · 제39조 · 제42조 및 제46조의 규정에 불구하고 수업연한의 단축(수업상의 특례를 포함한다)에 의하여 조기진급 또는 조기졸업을 할 수 있도록 하거나 상급학교 조기입학을 위한 자격을 부여할 수 있다.

입학시기를 학교장의 판단하에 입학을 허용하는 제도를 의미한다.[2] 본격적으로 영재교육이 우리나라에 등장한 것은 1980년대에 과학고등학교가 설립되면서부터라고 할 수 있다. 따라서 1980년대 이후에 영재교육이 활발하게 논의되고 제도화되었던 과정을 살펴보고자 한다.[3]

1) 과학고등학교의 설립과 영재교육 실험(1980년대)

우리나라에서는 초등학교 이후 상급학교 진학 시 우수한 학생들은 소위 일류학교로 진학하는 과정에서 구분이 되었기 때문에 영재교육의 필요성에 대해 강조하지 않았다. 그러나 1969년 중학교 무시험 전형제도와 1974년 고등학교평준화제도가 시행되면서 영재교육의 필요성이 강조되기 시작하였다. 일련의 평준화 교육정책은 그동안 학교 간에 존재하던 학력격차를 없애는 결과를 가져왔고, 학교 내, 즉 교실에서 학생들 간의 학력격차가 매우 커지는 상황을 초래했다. 한국교육개발원과 한국행동과학연구소를 중심으로 영재교육에 대한 연구가 더욱 활발하게 이루어졌다.

1980년 7·30 교육개혁에서 '종합영재교육방안'에 관한 기본적인 검토를 추진하여 과학 영재교육 방안, 외국어교육 강화방안, 외국어고등학교 설립계획, 대학부설 예능교실 설치안, 예체능 교육진흥 방안, 체육특기자 교육정상화 방안 등 여러 분야의 연구가 이루어졌다. 1981년에는 당시 문교부에서 7개교를 영재교육을 위한 학교로 지정하여 고등학교의 외국어과정 운영, 과학과정 운영, 교과별 학력별 반편성 운영, 영재학급 운영에 대한 연구를 추진하였다. 1982년 영재교육종합방안 추진계획이 구체화되어 이를 토대로 1983년 3월 경기도과학관부설 과학고등학교가 우리나라 최초로 문을 연 이후, 1983년에 광주, 대전, 경남과학고가 신설되었다. 1986년 「교육법 시행령」이 개정되면서 제112조의 15에서 '과학영재 양성을 위한 과학계열학교'를 특수목적고등학교로 규정하게 되었으며, 1987년에 대구, 1988년에 서울, 1989년에 충북과학고가 차례로 개교하였다.

1985년에는 전국 규모의 취학 전 영재 조사를 통해 영재아 144명을 발굴하여 이들에 대한 추적조사 연구를 시작하였다. 이후 1987년 한국교육개발원 영재교육연구실을 설치

2) 「초·중등교육법」 제13조 제2항 초등학교의 장은 제1항의 규정에 불구하고 초등학교의 학생수용능력에 여유가 있는 경우에는 대통령령이 정하는 바에 의하여 만 5세 아동의 취학을 허용할 수 있다. 이 경우 만 5세에 취학한 자녀 또는 아동을 보호하는 자는 그 자녀 또는 아동이 만 11세(제27조의 규정에 의하여 조기진급 또는 조기졸업을 하는 자의 경우에는 만 11세에서 해당 연수를 뺀 연령을 말하고, 출석일수의 부족 등으로 인하여 진급 또는 졸업하지 못한 자의 경우에는 해당 연수를 더한 연령을 말한다)가 되는 날이 속하는 학년말까지 그 자녀 또는 아동을 초등학교에 취학시켜야 한다.

3) 영재교육의 변천과정은 교육인적자원부(2002, 2007a); 조석희(2003)의 내용을 주로 참고하였다.

하면서 본격적인 영재교육 연구가 진행되었다.

2) 특수목적고등학교의 급속한 확대와 속진형 영재교육(1990년대)

1990년대에는 본격적으로 특수목적고등학교의 분야와 학교 수가 증가하면서 특수목적고등학교 중심의 영재교육이 운영된 시기이다. 1990년대 초반에 전북과학고, 부산과학고, 전남과학고, 한성과학고, 경북과학고, 강원과학고, 인천과학고, 충남과학고 등이 차례로 개교하면서 대부분 시 · 도별로 과학고를 운영하게 되었다. 1992년 3월 「교육법 시행령」이 개정되면서 과학영재뿐 아니라 '어학영재 양성, 예술인 양성, 체육인 양성'을 목적으로 하는 특수목적고등학교를 지정하여 운영할 수 있도록 하였다. 이로 인해 기존에는 각종 학교의 형태로 운영되고 있던 과천외고, 대원외고, 대일외고, 명덕외고, 부산외고, 부일외고, 이화외고, 중산외고, 청주외고, 한영외고 등 10개 학교가 동시에 특수목적고등학교로 전환되었다. 또한 예술고와 체육고도 특수목적고등학교로 전환되어 다양한 분야의 영재교육이 본격적으로 시행되는 계기가 되었다.

1990년에 한국영재학회가 창립되어 영재교육분야의 전문가들이 영재교육에 대한 학술연구를 본격적으로 추진하였다. 1994년에는 「교육법」에 '재능이 우수한 자에게 조기졸업 및 조기입학을 허용'하는 내용의 조항을 신설하였고, 초등학교와 중등교육과정에서 1년씩을 단축할 수 있도록 대통령령을 신설하였다. 1996년부터는 조기진급 및 조기졸업, 조기입학제도가 실시되어 영재교육이 일반학교에서 본격적으로 도입되었다.

1999년 12월 28일 「영재교육진흥법」이 국회를 통과하면서 영재교육이 별도의 법적 체계를 갖추게 되었다.

3) 영재교육체제 구축과 영재교육진흥종합계획 시행(2000년대)

2001년 「영재교육진흥법」이 공포되어 2002년 3월부터 발효되었다. 2001년에는 인적자원개발회의에서 기존 과학고 중에서 공모 · 심사를 거쳐 영재학교로 전환하는 것으로 교육인적자원부와 과학기술부가 합의하였다. 이에 따라 부산과학고등학교가 우선적으로 영재학교로 전환되어 2003년부터 신입생을 받게 되었다. 2007년 현재까지 영재학교는 1개교만이 운영되고 있어서 이에 대한 확대의 필요성이 제기되고 있다.

2002년 11월 「영재교육진흥법」에 따라 교육인적자원부는 영재교육대상자의 확대, 영재교육 대상분야의 확대, 영재교육을 위한 부처 간 협조체제 구축, 연구개발 지원의 확대 등을 골자로 하는 제1차 영재교육진흥종합계획(2003~2007)을 수립하였다. 2007년 12월 13일에는 대통령이 주재하는 제3회 국가인적자원위원회에 제2차 영재교육진흥종합계획(2008～2012)을 상정하여 확정하였다. 2007년 현재 교육인적자원부 학교정책실 과학산업교육정책과가 과학교육, 고등학교 직업교육 등과 함께 영재교육을 총괄적으로 담당하고 있다.

1990년대에 급속하게 늘어난 특수목적고등학교 형태의 영재교육은 2000년대에 들어서면서 다양한 문제제기가 이루어지고 있다. 2001년 특수목적고등학교의 지정권한을 시·도교육감에게 위임하면서 특수목적고등학교가 교육을 위한 본래의 취지와 어긋나게 확대되는 문제가 발생하였다. 또한 영재교육을 위해 지정되어 운영되고 있는 과학고와 외국어고의 경우, 그 취지에 따라 운영이 이루어지지 못하고, 좋은 대학에 진학하기 위한 입시위주의 교육이 이루어지고 있다는 문제가 꾸준히 지적되고 있다. 세부적으로 살펴보면, 과학영재교육분야는 과학고와 과학영재학교의 내용상 구분이 모호한 상황에서 차등적인 재정 지원이 이루어지고 있다는 문제가 지적되고 있다. 외국어분야의 경우에는 외국어영재가 학문적으로 존재하는지에 대한 근본적인 의문뿐 아니라, 외국어고의 입시와 교육과정이 편법적으로 이루어지고 있으며, 의대 등 자연계열로 진학하는 것이 문제로 지적되고 있다. 차제에 영재교육을 포함한 수월성 교육체제 전반에 대한 근본적인 재검토의 필요성이 늘어나고 있는 상황이다.

3. 영재교육의 현황

1) 법적 체계

현행 법령상의 영재교육은 「영재교육진흥법」과 「초·중등교육법 시행령」으로 이원화되어 있다고 할 수 있다. 2000년에 제정된 「영재교육진흥법」이 영재교육의 가장 기본적인 법률이라고 할 수 있다. 「초·중등교육법 시행령」 제90조에 규정되어 있는 '과학영재, 어학영재 양성' 을 위한 특수목적고등학교체제가 있다. 또한 영재교육을 넓게 해석한다면 「초·중등교육법 시행령」 제91조에 규정되어 있는 '특정분야 인재 양성' 을 목적으로 하는 특성화고등학교까지 포함할 수 있다.

법적 체계는 전문 15조와 부칙으로 구성되어 있는 「영재교육진흥법」을 중심으로 살펴보고자 한다. 「영재교육진흥법」 제1조는 법의 목적으로 「교육기본법」 제12조[4] 및 제19조[5]

4) 「교육기본법」 제12조(학습자) ① 학생을 포함한 학습자의 기본적 인권은 학교교육 또는 사회교육의 과정에서 존중되고 보호된다. ② 교육내용·교육방법·교재 및 교육시설은 학습자의 인격을 존중하고 개성을 중시하여 학습자의 능력이 최대한으로 발휘될 수 있도록 강구되어야 한다.

표 3-1 「영재교육진흥법」 상의 영재교육 관련용어의 정의

1. "영재"라 함은 재능이 뛰어난 사람으로서 타고난 잠재력을 계발하기 위하여 특별한 교육을 필요로 하는 자를 말한다.
2. "영재교육"이라 함은 영재를 대상으로 각 개인의 능력과 소질에 맞는 교육내용과 방법으로 실시하는 교육을 말한다.
3. "영재교육기관"이라 함은 영재학교, 영재학급 및 영재교육원을 말한다.
4. "영재학교"라 함은 영재교육을 위하여 이 법에 의하여 설립 · 운영되는 고등학교 과정 이하의 학교를 말한다.
5. "영재학급"이라 함은 초 · 중등교육법에 의하여 설립 · 운영되는 고등학교 과정 이하의 각급 학교에 설치 · 운영되는 영재교육을 위한 학급을 말한다.
6. "영재교육원"이라 함은 영재교육을 실시하기 위하여 대학 등에 설치 · 운영되는 부설기관을 말한다.
7. "영재교육연구원"이라 함은 효율적인 영재교육 운영을 위하여 필요한 각종 연구 · 개발 및 지원 업무를 수행하는 기관을 말한다.

의 규정에 따라 재능이 뛰어난 사람을 조기에 발굴하여 타고난 잠재력을 계발할 수 있도록 능력과 소질에 맞는 교육을 실시함으로써 개인의 자아실현을 도모하고 국가 · 사회의 발전에 기여하게 함을 목적으로 한다.

제2조는 영재교육 관련 용어에 대한 정의를 다루고 있다.

제3조는 영재교육 진흥을 위한 국가의 임무를 규정하고 있다. 국가는 영재교육에 관한 종합적인 계획의 수립, 영재교육의 내용과 방법의 개선 및 보급, 영재 판별도구의 개발 및 보급, 영재교육 담당교원의 임용과 연수, 영재학교 및 영재학급의 설치 · 운영, 영재교육에 소요되는 경비의 지원, 기타 영재교육 진흥을 위한 시책을 강구하도록 하고 있다. 또한 영재교육 진흥을 위한 시책이 부진하거나 예산이 부족하다고 인정되는 지방자치단체에 대하여 예산확충 등 필요한 조치를 하도록 권고할 수 있는 권한을 부여하였다.

제4조는 영재교육에 관한 주요사항을 심의하기 위하여 교육인적자원부에 중앙영재교육진흥위원회를, 시 · 도교육청에 시 · 도영재교육진흥위원회를 두도록 규정하였다.

제5조는 영재교육 대상자 선정에 관한 사항으로 고등학교 과정 이하의 각급 학교에 취학한 자를 기준으로 영역별 재능이 뛰어나거나 잠재력이 우수한 사람 중에서 영재판별기준에 의하여 판별된 사람을 영재교육 대상자로 선정하도록 규정하였다. 법에서 규정하고 있는 영재교육 대상자의 영역은 일반지능, 특수학문 적성, 창의적 사고능력, 예술적 재

5) 제19조(영재교육) 국가 및 지방자치단체는 학문 · 예술 또는 체육 등의 분야에서 재능이 특히 뛰어난 자의 교육에 관하여 필요한 시책을 수립 · 실시하여야 한다.

능, 신체적 재능, 기타 특별한 재능으로 정의하고 있다.

제6조는 영재학교의 설립과 운영에 대해 규정하고 있는데, 국가는 영재교육을 실시하기 위하여 고등학교 과정 이하의 각급 학교 중 일부학교를 지정하여 영재학교로 전환하거나 새로이 영재학교를 설립 · 운영할 수 있도록 하였다.

제7조는 영재학급의 설치와 운영에 대해 규정하고 있는데, 국가 또는 지방자치단체는 영재교육을 실시하기 위하여 고등학교 과정 이하의 각급 학교에 교과영역의 전부 또는 일부에 대하여 영재학급을 설치 · 운영할 수 있도록 하였다.

제8조는 영재교육원의 설치와 운영을 규정하고 있는데, 시 · 도교육청, 대학, 국 · 공립 연구소, 정부출연기관 및 과학 · 기술, 예술, 체육 등과 관련 있는 공익법인은 영재교육원을 설치 · 운영할 수 있도록 하였다.

제9조는 영재학교, 영재학급, 영재교육원 등 영재교육기관의 설립과 설치기준 및 운영방법 등에 관하여 필요한 사항은 대통령령으로 정하도록 위임하고 있다.

제10조는 영재학교 또는 영재학급의 지정과 배치를 규정하고 있다. 영재교육 대상자를 보호하는 자는 영재교육 대상자가 영재학교 또는 영재학급을 둔 학교에 취학하고자 할 때에는 시 · 도교육감에게 학교를 지정 · 배치해 줄 것을 요구할 수 있도록 하고 있다. 시 · 도교육감은 이러한 요구를 받은 때에 적절한 학교를 지정 · 배치하여야 할 의무를 규정하고 있다.

제11조는 영재교육 이수 인정에 관하여 규정하고 있다. 영재교육 대상자가 영재교육기관에서 이수한 영재교육과정의 전부 또는 일부에 대하여는 이에 상응하는 정규교육과정을 이수한 것으로 인정하도록 규정하였다.

제12조는 영재교육 담당교원의 임용 및 자질향상을 규정하고 있는데, 특히 효과적인 영재교육을 위해 영재교육 담당교원의 자질향상을 위한 교육 및 연수를 정기적으로 실시하도록 국가 및 지방자치단체의 의무사항으로 규정하였다.

제13조는 영재교육 교육내용 및 교과용 도서에 관한 내용으로 영재교육의 내용은 당해 학교의 장이 따로 정하도록 하였다. 영재교육을 위한 교과용 도서의 저작 · 검정 · 인정과 발행 · 공급 및 가격산정 등에 관하여 필요한 사항은 대통령령으로 위임하여 정하도록 하였다.

제14조는 영재교육을 위한 재정 지원을 규정하고 있는데, 국가 및 지방자치단체는 영재학교 또는 영재학급에 대하여 그 시설비 · 운영비 · 실험실습비 및 기타 필요한 경비를 지원할 수 있도록 하여 교육인적자원부와 교육청 외에 영재교육을 위한 재정 지원이 가능하도록 길을 열어놓았다.

제15조는 영재교육의 학문적 · 실제적 발전을 위하여 국가가 영재교육 관련 연구 · 개

발 및 지원업무를 수행하기 위한 영재교육연구원을 설치 · 지정할 수 있도록 규정하였다. 영재교육연구원의 역할은 영재교육에 관한 이론적 기초연구, 영재교육 정책연구, 영재판별에 관한 연구 · 개발, 영재교육방법 및 자료의 연구 · 개발, 영재교육 지원시스템 연구 · 개발, 교원연수자료의 연구 · 개발 및 연수 실시, 기타 영재교육 관련 연구업무 수행 등이다.

「영재교육진흥법 시행령」은 총칙, 영재교육진흥위원회, 영재교육 대상자의 선정, 영재교육기관의 설립 및 설치, 영재교육기관의 운영, 특례자의 선정, 보칙 및 부칙 등 세부사항을 규정하고 있다.

2) 영재교육진흥종합계획

교육인적자원부는 2002년 3월부터 「영재교육진흥법」이 시행됨에 따라 제3조에 규정된 대로 영재교육진흥종합계획을 5년 단위로 수립하고 있다. 제1차 종합계획은 2002년 11월에 수립하였고, 제2차 종합계획은 2007년 12월에 수립하여 확정하였다. 정부의 종합계획은 영재교육과 관련된 여러 부처가 공동의 목표를 가지고 계획을 수립, 추진한다는 장점을 갖고 있는 반면에, 단순한 계획에 그칠 가능성이 있다는 한계 때문에 실행에 옮기기 위해서는 치밀한 관리와 평가가 뒤따라야 한다.

(1) 제1차 영재교육진흥종합계획: 2003～2007

2002년에 수립된 제1차 영재교육진흥종합계획은 영재교육분야에서는 우리나라에서 최초로 수립된 종합계획이라는 점에서 큰 의미를 갖는다. 특히, 이 계획은 국가수준에서 영재교육을 효율적으로 추진하기 위해 체제를 갖춘 것이다([그림 3-1] 참고).

제1차 영재교육진흥종합계획의 핵심내용은 다음과 같다(교육인적자원부, 2002). 첫째, 영재교육 대상영역을 수학 · 과학에서 정보과학 · 예술 · 언어 · 외국어 분야 등으로 확대하고, 영재교육 대상자 수를 9,000명 선에서 약 4만 명까지로 확대한다.

둘째, 영재교육기관으로 영재학교, 영재교육원, 영재학급을 운영하되, 각 기관을 특성화한다. 영재학교는 고등학교급의 정규교육과정을 운영하는 학교로서, 특정분야별 소수 영재의 창의성 계발에 초점을 두고 분야별로 관계부처가 집중 지원한다. 영재교육원은 대학, 교육청, 정부출연기관 등에서 운영하며 각 분야 영재의 잠재력 및 창의력 계발에 초점을 둔다. 대학영재교육원, 교육청 영재교육원은 각기 주어진 여건에 적절한 교육 대상자를 선발하고, 그에 걸맞은 교육 프로그램을 제공한다. 영재학급은 방과 후, 방학, 주말의 시간을 활용하여 일반학교에서 지역공동영재학급 형태로 운영함으로써 각 학교의

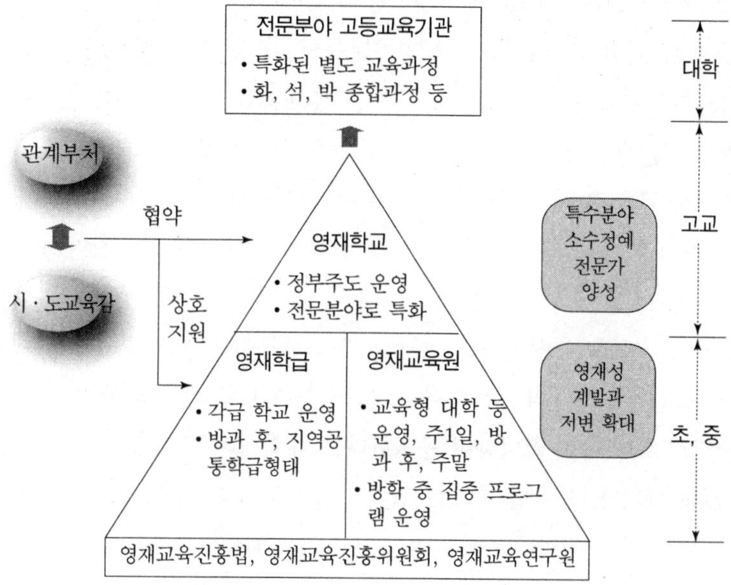

[그림 3-1] 영재교육 추진체제

부담을 줄이면서도 영재들이 적절한 교육을 받을 기회를 제공한다.

셋째, 대학교육과의 연계를 강화하여 영재교육을 받은 학생들이 대학에 진학할 때, 이들을 위한 특수교육의 내용과 방법을 반영한 대입전형을 적용하고, 최저학력기준을 완화하여 적용한다. 대학진학 이후에도 특수교육 프로그램을 지속적으로 제공한다.

넷째, 영재교육 담당교원의 전문성을 제고하기 위하여 영재학교에는 국내외 전문가를 계약제로 임용할 수 있고, 반드시 영재교육 관련 연수를 받은 교사들이 영재교육을 담당하도록 인사조치를 한다.

다섯째, 영재교육 연구 · 지원기능 강화를 위하여 특정분야별로 영재교육연구원을 설치 운영하고, 이에 대해서는 각 부처가 지원한다. 종합영재교육연구원을 설치 · 운영함으로써 판별도구 개발, 프로그램 개발, 교사 연수, 교수-학습방법에 관한 연구개발업무를 수행하도록 한다.

여섯째, 영재교육이 국가인적자원 개발목표에 부합되도록 하기 위하여 영재교육 프로그램 구성 · 운영에 관한 권장기준을 마련한다.

(2) 제2차 영재교육진흥종합계획: 2008~2012

2002년 11월에 수립된 제1차 영재교육진흥종합계획이 2007년에 마무리됨에 따라 국가 차원의 영재교육 중장기 비전 재정립을 위해서 교육인적자원부는 6개 부처[6] 공동으로

2007년 12월 제2차 영재교육진흥종합계획을 수립하였다. 제2차 종합계획은 '잠재력 발현 고도화를 통한 국가경쟁력 강화' 를 영재교육의 비전으로 설정하였다. 2012년까지의 구체적인 목표는 '2012년까지 전체 초·중·고생의 1%(7만여 명)에게 영재교육기관별로 특성화된 영재교육 제공' 으로 정하였다. 이를 통해 각 분야별 잠재능력이 큰 학생을 조기 발굴하여 체계적 교육 프로그램을 제공함으로써 국가경쟁력 강화에 이바지하겠다는 것이다. 제2차 영재교육진흥종합계획의 다섯 가지 핵심전략은 다음과 같다(교육인적자원부, 2007).

첫째, 영재교육기관을 특성화한다. 영재학교는 고등학생 중심의 소수정예로 선발하여 전문분야별 집중교육을 실시하도록 한다. 2007년 현재 1개교에 불과한 영재학교를 2012년까지는 권역별로 4~5개로 확대하여 운영한다는 계획이다. 영재교육원은 다양한 분야의 영재를 통합교육하거나, 분야별 특화된 영재교육 프로그램을 제공하도록 한다. 초·중·고등학교의 영재학급은 지역여건을 고려한 통합교육형태의 영재교육 프로그램을 운영하도록 한다.

둘째, 영재교육기관 운영을 개선한다. 영재교육기관은 다양한 영재교육 프로그램 운영을 최우선적으로 하되, 인성교육을 강화하도록 한다. 또한 영재교육기관에 대한 평가와 컨설팅을 강화하여 영재교육의 질을 제고시켜 나간다.

셋째, 영재교육의 연속성을 강화한다. 영재교육 대상자의 조기선발을 도입하고, 학교급별 선발을 병행해 나감으로써 한번 영재로 선발된 아이는 지속적으로 관리될 수 있는 체계를 갖춘다. 또한 소외계층을 위한 영재교육의 기회를 확대해 나가며, 그동안 영재교육의 공백기로 여겨졌던 고등교육단계의 영재교육기능을 강화해 나간다.

넷째, 영재교육 담당교원의 전문성을 신장한다. 영재교육 전문교사 양성을 더욱 강화하고, 자격증을 소지한 교원의 활용도를 높인다. 현재 영재교육을 담당하고 있는 교원들의 연수기회도 확대해 나간다.

다섯째, 영재교육 지원체제를 정비한다. 영재교육과 관련된 법령과 제도에 대한 문제를 지속적으로 발굴하고 개선해 나간다. 중앙부처 간 연계, 중앙과 지방 간 연계, 지방자치단체 간 연계를 강화하고, 전문연구기관들의 네트워크를 활성화시키며, 이에 대한 지원을 강화해 나간다.

---

6) 제3회 국가인적자원위원회에 상정한 안건은 교육인적자원부가 주관하여 과학기술부, 문화관광부, 여성가족부, 기획예산처, 특허청 등 총 6개 부처가 참여하였다.

3) 영재교육기관 현황

「영재교육진흥법」에 규정되어 있는 영재교육기관은 영재학교, 영재학급 및 영재교육원으로 구분된다. 동법에 규정되어 있는 영재학교는 한국과학영재학교 1개교로서 우리나라의 영재교육기관은 주로 영재학급과 영재교육원을 중심으로 운영되고 있다. 그 현황은 〈표 3-2〉와 같다. 전국적으로 영재교육 대상자는 42,725명으로 해당 학령기 인원대비 0.5% 수준이다.

표 3-2 시 · 도교육청별 영재교육 대상자 현황

(단위: 개, 명)

교육청	영재교육원		영재학급		계	
	기관 수	학생 수	기관 수	학생 수	기관 수	학생 수
서울	19	3,900	29	730	48	4,630
부산	12	5,650	-	-	12	5,650
대구	12	2,060	1	112	13	2,172
인천	8	1,083	17	1,318	25	2,401
광주	4	640	10	440	14	1,080
대전	6	803	50	1,152	56	1,955
울산	5	1,010	12	560	17	1,570
경기	30	2,881	112	4,626	142	7,507
강원	18	1,355	14	427	32	1,,782
충북	12	900	23	460	35	1,360
충남	27	1,600	20	800	47	2,,400
전북	20	2,120	19	440	39	2,560
전남	13	1,720	18	1,320	31	3,040
경북	18	1,954	75	1,401	93	3,355
경남	23	1,934	10	303	10	303
제주	4	280	23	680	27	960
계	231	29,890	433	14,769	641	42,725

출처: 교육인적자원부(2007). 2007년 시 · 도교육청 영재교육 시행계획 모음집.

(1) 영재학교

「영재교육진흥법」상의 영재학교는 현재 한국과학영재학교 1개교만이 운영되고 있다. 2001년 과학고를 대상으로 공모를 거쳐 부산과학고가 영재학교 전환대상학교로 선정되었다. 한국과학영재학교에 대해서는 과학기술부가 부산광역시교육감과 협약을 통해 필요한 재정 지원을 하고 있다. 2003년부터 운영되고 있는 한국과학영재학교는 최초의 영재학교로서 주목을 받고 있으며, 운영성과에 대한 평가를 통해 향후 지정확대를 결정할 전망이므로, 우리나라 영재교육 확대에 중요한 역할을 하고 있다. 여기에 광의의 영재교육기관으로 특수목적고등학교와 특성화고등학교를 포함할 수 있다.

특수목적고등학교는 「초 · 중등교육법 시행령」 제90조제1항에서 9가지 유형으로 구분되어 있다. 기계 · 전기 · 전자 · 건설 등 공업계열의 고등학교, 농업자영자 양성을 위한 농업계열의 고등학교, 수산자영자 양성을 위한 수산계열의 고등학교, 선원 양성을 위한 해양계열의 고등학교, 과학영재 양성을 위한 과학계열의 고등학교, 어학영재 양성을 위한 외국어계열의 고등학교, 예술인 양성을 위한 예술계열의 고등학교, 체육인 양성을 위한 체육계열의 고등학교, 국제관계 또는 외국의 특정지역에 관한 전문인의 양성을 위한 국제계열의 고등학교 등이다. 이 중에서 과학고, 외국어고, 국제고, 예술고, 체육고 등이 일반적으로 영재교육을 하고 있는 것으로 분류되고 있다. 그러나 외국어고와 국제고에 대해서는 외국어 영재, 국제관계 전문인에 대한 문제제기가 지속되고 있으며, 아직까지 구체적인 정책방향이 결정되지 않은 상태라고 할 수 있다. 지역별로 차이가 있지만 대부분의 특수목적고등학교는 학업성적면에서 우수한 학생들이 입학을 하고 있으며, 중학교 졸업자들이 선호하는 우수학교로 자리잡아가고 있는 상황이다. 2007년 현재 공업계열 22개교, 농업계열 10개교, 수산계열 5개교, 해양계열 3개교, 과학계열 19개교, 외국어계열 29개교, 예술계열 24개교, 체육계열 15개교, 국제계열 2개교가 운영되고 있다.

특성화고등학교는 '소질과 적성 및 능력이 유사한 학생을 대상으로 특정분야의 인재양성을 목적으로 하는 교육 또는 자연현장실습 등 체험위주의 교육을 전문적으로 실시하는 고등학교' 를 의미한다. 특성화고등학교가 영재교육기관인지에 대한 논의는 필요하다고 할 수 있지만, 특수분야의 능력을 갖고 있는 인재를 양성한다는 점에서는 광의의 영재교육으로 포함시킬 수 있다. 두 가지 유형 중에서 첫 번째 유형을 '직업교육 특성화고등학교' 라고 하고, 두 번째 유형을 '대안교육 특성화고등학교' 로 분류하고 있다. 애니메이션고, 조리고, 인터넷고 등 첫 번째 유형의 특성화고등학교는 분야별로 특성화되어 있는 교육과정으로 인해 우수학생들의 지원이 늘어나고 있는 상황이다. 두 번째 유형인 대안교육 특성화고등학교도 초기 문제학생 중심의 학교에서 점차 일반고교와는 차별화되어 있는 교육과정으로 인해 진학의 수요가 늘어나는 추세이다.

(2) 영재학급

영재학급은 고등학교 과정 이하의 각급 학교에 설치 · 운영되는 영재교육을 위한 학급을 말한다. 영재학급을 설치 · 운영하고자 하는 학교의 장은 교육감에게 영재학급설치계획서를 제출(국립학교의 경우에는 교육인적자원부장관에게 제출)하고, 영재학급설치계획서를 제출받은 교육인적자원부장관 또는 교육감은 중앙위원회 또는 시 · 도위원회의 심의를 거쳐 설치승인 여부를 결정하도록 하고 있다.

과거부터 우리나라 일반고교에서 운영하던 우열반 형태의 영재학급은 인성교육의 문제 등 폐단을 방지하기 위해 제한되고 있다. 현재는 주로 방과 후 학교, 특별활동, 재량활동, 방학을 이용한 형태의 영재학급 운영이 가능하며, 지역사회 인근 학교들이 공동으로 운영하는 방식을 권장하고 있다. 영재학급 프로그램은 수학, 과학 위주로 운영되고 있으며, 정보나 예술분야도 지역별로 운영되고 있다.

(3) 영재교육원

영재교육원은 영재교육을 실시하기 위하여 시 · 도교육청, 대학, 국 · 공립연구소, 정부출연기관 및 과학 · 기술, 예술, 체육 등과 관련 있는 공익법인 등이 운영하는 교육기관을 의미한다. 영재교육원을 설치 · 운영하고자 하는 자는 영재교육원의 설치 · 운영예정일 90일 전까지 그 설치계획서를 당해 교육감에게 제출하여야 한다. 다만, 관계중앙행정기관의 장으로부터 영재교육원의 설치 · 운영비의 2분의 1이상에 해당하는 금액을 지원받는 자의 경우에는 관계중앙행정기관의 장에게 제출하도록 하고 있다. 설치계획서를 제출받은 교육감 또는 관계중앙행정기관의 장은 시 · 도위원회 또는 중앙위원회의 심의를 거쳐 설치승인 여부를 결정한다. 관계중앙행정기관의 장 또는 교육감은 필요하다고 인정하는 경우에는 중앙위원회 또는 시 · 도위원회의 심의 전에 실지조사를 하고, 그 결과를 중앙위원회 또는 시 · 도위원회에 제출할 수 있다. 교육감이 소속교육기관 및 교육행정 · 연구기관에 법 제8조의 규정에 의한 영재교육원을 설치 · 운영하고자 하는 경우에는 제2항 각호의 사항을 갖추어 시 · 도위원회의 심의를 거쳐야 한다.

영재교육원은 성격상 정규학교가 아니기 때문에 주로 방과 후, 주말 또는 방학에 운영된다. 영재교육원은 수학, 과학, 예체능 등 다양한 분야의 영재교육 프로그램 위주로 운영된다. 영재교육원에서 학습한 내용은 학교생활기록부에 준하는 자료를 작성 · 관리하고, 이를 매 학기별로 소속학교의 장에게 송부하도록 하여 학생의 진학 및 진로지도에 활용하도록 하고 있다.

사례를 살펴보면, 한국정보통신대학교는 2001년부터 정보통신부의 지원을 받아 IT영재교육연구센터로 지정되어, 소프트웨어 분야에서 재능을 갖고 있는 영재들을 대상으로 교육을 하고 있다. 2003년 「영재교육진흥법」이 시행되면서부터는 IT영재교육원으로 지정받아 다양한 프로그램을 운영하고 있다.

4) 영재교육 지원체계

영재교육의 주무 중앙정부부처는 교육인적자원부이다. 「영재교육진흥법」을 관리하고 있고, 영재교육진흥종합계획의 수립 및 추진을 담당하고 있다. 영재학교 운영과 관련해서는 현재 한국과학영재학교 운영을 과학기술부에서 지원하고 있다. 향후 예술, 체육분야는 문화관광부에서 적극적으로 참여할 것으로 예상된다. 영재교육의 활성화를 위해서는 교육인적자원부뿐만 아니라 정보통신부, 농림부 등 해당분야 인력 수요부처의 적극적인 참여와 지원이 필요하다고 할 수 있다.

영재교육에 관한 주요사항을 심의하는 기구로 중앙정부에는 중앙영재교육진흥위원회를 두고, 시 · 도교육청에는 시 · 도영재교육진흥위원회를 두도록 하고 있다. 영재교육연구원은 국가에서 설치하거나 지정하도록 되어 있다. 교육인적자원부는 2002년 11월 한국교육개발원을 영재교육연구원으로 지정하여 연구, 개발, 교원연수 등을 담당하도록 하고 있다. 과학기술부는 2003년 한국과학기술원(KAIST)에 과학영재교육연구원을 설치하여 과학영재교육분야의 연구개발 및 지원업무를 중점적으로 추진하고 있다. 향후 다양한 분야의 영재교육이 활성화될 경우에는 분야별 영재교육연구원이 더욱 많이 설치 · 지정될 것으로 예상된다.

5) 영재교육 운영의 실제

영재교육은 영재를 선발하고, 영재성을 계발하기 위한 교육과정을 운영하며, 이를 담당하는 교원을 연수하는 것이 그 핵심내용이다.

(1) 대상자 선발

영재교육의 기본이자 핵심단계는 영재를 판별하고 선발하는 것이다. 현행법에서 영재교육은 시 · 도위원회의 심의를 거쳐 교육감이 선발하도록 되어 있다. 즉, 각 영재교육기관에서 영재교육 대상자 선정 전형공고를 하고, 영재교육을 받고자 하는 자는 재학 중인 학교장, 지도교사 또는 교육감이 인정하는 영재교육 관련 기관의 추천서를 첨부하여 영재교육을 받고자 하는 영재교육기관에 제출한다. 이어 각 영재교육기관별로 '영재교육대상자선정심사위원회' 를 구성하여 대상자를 선정한다. 선정된 대상자를 교육감에게 추천하고, 교육감은 시 · 도영재교육진흥위원회의 심의를 거쳐 영재교육 대상자를 선발한다. 선발방법은 영재학교, 영재학급, 영재교육원마다 각기 다르다. 한국교육개발원에서 개발한 판별도구를 이용하거나 자체 혹은 공동으로 판별도구를 개발하여 활용하기도 한다. 대체로 영재선발방법은 추천, 표준화된 검사, 실험 또는 실습, 관찰평가 등 다단계 전형으로 이루어진다.

(2) 교육과정

미국영재연수원(National/State Leadership Training Institute on the Gifted and Talented)에서는 영재교육과정의 원리로 주제 중심 학습, 과정 중심 교육과정, 활동 중심 교육과정, 개방적인 교육과정, 학습자의 자율적인 선택 중시 등을 강조한 바 있다. 우리의 영재교육도 탐구활동 중심의 심화 교수-학습자료를 개발하여 각 시·도의 영재교육원, 영재학급 중심으로 운영되고 있다. 영재학교, 영재학급의 운영은 학교장의 재량을 최대한 부여하여 그 어떠한 학교보다 학교 운영에서 관련규정의 제약을 받지 않도록 현행법에 규정되어 있다. 특히, 영재학교는 교육과정, 교과서, 학년제, 학기제, 학급편성 등을 자율적으로 운영하도록 하고 있고, 영재학급과 영재교육원은 비정규교육과정으로 학사운영에 관한 「초·중등교육법」의 적용을 받지 않기 때문에 「영재교육진흥법」에 규정된 학생선발 등 일반적인 사항 외에는 자율적으로 운영되고 있다. 또한 지역사회의 다양한 교육자원을 최대한 활용하도록 하기 위하여 대학 또는 다른 영재교육기관에 위탁교육도 실시하고 있으며, 외부전문가가 영재교육기관에 파견, 겸임 등의 형태로 근무하여 자율적으로 교육과정을 구성하여 운영하도록 하고 있다.

(3) 담당교원 연수

모든 교육에서와 마찬가지로 영재교육에서도 그 성패를 결정짓는 핵심요소가 교원의 전문성이다. 김홍원 등(2002)은 영재교육 담당교원이 갖추어야 할 자질을 영재교육에 대한 철학적 이해와 사명감, 전문적 자질, 인성적 자질로 구분하여 제시한 바 있다. 그러나 현행법상으로는 영재교육을 담당하기 위하여 일정시간 연수를 받는 것이 법령으로 규정되어 있으나 연수시기, 내용 등과 같은 구체적인 부분에 대한 규정은 없는 실정이다. 다만, 연수시간은 영재학교 교원은 120시간, 영재학급 교원은 60시간 이상을 받도록 권장하고 있다.

4. 영재교육의 쟁점

1) 영재교육 대상자 선정의 적합성

영재교육 대상자의 선정은 시·도교육감이 선정한 후 영재교육기관에 대상자를 지정·

배치하도록 하고 있다. 현행과 같이 교육감이 영재교육 대상자를 선정하도록 하는 것은 관료적인 통제로 이어지게 되고 비효율성을 가질 수밖에 없는 구조이다. 우리나라는 세계적으로 교육열이 높은 나라이고, 학부모들의 교육에 대한 관심이 매우 큰 상황이라 객관성과 공정성을 위해 교육감이 선정권을 갖고 있다고 이해할 수 있다. 그러나 평가에 있어서 더욱 중요한 것은 타당성과 신뢰성이기 때문에 교육 외적인 목적으로 인해 왜곡이 일어나고 있다.

영재교육 대상자의 선정과정을 보면 형식적으로 시 · 도위원회 심사를 거쳐 교육감이 선정하고 있으나, 실제로는 영재교육기관의 장이 선정하고 있는 것을 볼 수 있다. 따라서 불필요한 행정적 절차만 거치고 있는 것이다. 각 영재교육기관이 기관의 프로그램에 적합한 학생들을 선발하도록 자율성을 확대하여 보다 효율적인 운영이 이루어질 수 있도록 하는 것이 바람직하다. 시 · 도위원회나 교육감은 각 영재교육기관이 어느 수준의 성과를 내고 있는지에 대한 모니터링과 평가를 한 뒤 그 결과를 학생과 학부모들에게 제공하는 역할을 하는 것이 더 바람직하다고 할 수 있다.

영재교육분야 편중 및 대상자 선발시기가 늦은 점 역시 재고가 필요한 부분이다. 2007년 현재 영재교육 대상자의 80% 이상이 수학, 과학분야로서 수리 · 과학으로 치중되고 있고, 선발시기가 늦어서 영재교육기회 부족현상을 야기하고 있다.

2) 영재교육 담당교사의 전문성

교육의 질은 교사의 질을 넘지 못한다는 오래된 명제는 영재교육분야에도 그대로 적용된다. 영재아의 잠재능력을 발현시키기 위해서는 무엇보다도 영재적 능력을 펼칠 수 있는 교육환경이 조성되어야 하고, 그중에서도 가장 중요한 환경은 교사라고 할 수 있다.

그동안 한국교육개발원과 한국과학기술원(KAIST)을 중심으로 영재교육 담당교사를 대상으로 한 연수를 추진해 오고 있다. 그러나 단기간의 연수만으로 영재교육을 위한 전문성을 갖추는 것은 한계가 있을 수밖에 없다.

교원양성교육단계에서 영재교육을 전담할 수 있는 교사양성 프로그램을 갖추는 것이 중요하다. 체계적인 교육을 통해 교사로 임용되기 전에 충분한 소양과 지식을 갖추는 것이 필요하고, 경우에 따라서는 자격제도를 만드는 것도 질 관리를 하는 데 도움을 줄 수 있다.

실제로 영재교육 담당교원 연수자 배치 현황을 살펴보면, 영재학급 담당교사 수 2,194명 가운데 영재교원 연수이수자 비율이 66%, 영재교육원 담당교사 수 중에 영재교원 연수이수자 비율은 70.3%로 전체 담당교사 수 7,084명 중 연수이수자 비율이 68.9%에 불과한 것으로 나타났다(교육인적자원부, 2007a). 이와 같은 영재교원 연수이수자 배치 및 관리 현황은 영재교육 담당교원 전문성 축적 및 영재교육의 질 제고를 위한 노력이 미흡함을 의미한다.

3) 영재교육기관 간, 학년 간 및 학교급 간 영재교육의 연계성

영재교육이 체계적으로 이루어지기 위해서는 영재아의 성장과 발달에 따라 적합한 교육 지원이 연계되어 이루어지는 것이 중요하다. 현재의 영재교육 프로그램들은 체계적인 연계가 부족하다고 할 수 있다. 각 영재교육기관들은 프로그램에 맞춰 영재교육 대상자를 선발하고, 교육을 하고 있다. 그러나 학생의 입장에서 보면 각 영재교육기관의 과정을 마치면 또 다른 영재교육기관을 스스로 찾아야 하는 상황이다.

현재의 영재교육 프로그램을 살펴보면 초등학교 5, 6학년과 중학교 2학년을 대상으로 하는 것이 주류를 이루고 있다. 나머지 학년에 해당하는 학생들은 체계적인 영재교육 프로그램을 접할 기회가 제한되는 것이다. 분야에 따라 단계적인 교육 프로그램이 지원되어야 하지만 그렇지 못한 것이 현실이다.

영재교육의 중요성이 더욱 강조되고 있는 상황에서 국가 차원의 영재교육기관 간 연계 체계를 갖추어야 한다. 영재교육 대상인 학생의 입장에서 체계적인 교육을 받을 수 있는 프로그램을 갖출 수 있도록 하는 것이 중요하다.

현재 우리의 영재교육은 고등학교급 영재교육기관의 부족 및 고등교육과의 연계 미흡으로 영재교육의 기회가 단절되는 사례가 발생하고 있다. 실제로 2007년 현재 영재교육 수혜 비율은 초등학교 1.11%, 중학교 1.03%, 고등학교 0.13%로 나타나고 있다(교육인적자원부, 2007a).

4) 영재교육기관의 특성화

우리나라의 영재교육기관은 영재학교를 제외하고 영재학급, 교육청 또는 대학의 영재교육원으로 나누어 살펴볼 수 있다. 각 교육기관들은 교사의 구성과 교육시설, 행·재정적 지원에 있어서 큰 차이를 나타내고 있다.

대학부설 과학영재교육원은 영재교육 담당자의 대부분이 교수 또는 박사학위 소지자로 이루어지는 데 비해 교육청과 일반학교의 경우에는 일반적으로 교사들에 의해 수업이 이루어지고 있다. 시설의 측면에서도 대학부설 과학영재교육원은 대학이 보유하고 있는 첨단의 기자재를 활용할 수 있는 반면, 일반학교와 교육청은 학교수준의 시설로 이용이 한정되어 있다. 이러한 차이에도 불구하고 현재 이루어지고 있는 영재교육은 수학과 과학 중심이고, 교육의 방식도 집단교육의 형태를 띠고 있다는 점에서 전혀 특성화가 되어 있지 못하다.

각 교육기관은 각자가 갖고 있는 장단점을 분석하여 그에 적합한 형태로 프로그램을 특성화하는 것이 바람직하다. 다양한 인적 · 물적자원을 갖추고 있는 상이한 교육기관에서 동일한 방식으로 같은 내용을 교육하고 있는 것은 결국 서열화로 이어지게 될 가능성이 크다. 따라서 각 기관에 맞춘 프로그램으로 다양화하여 학생의 입장에서도 다양한 선택이 가능하도록 하는 것이 필요하다. 기관별 교육프로그램의 특성화는 결과적으로 영재교육의 전반적인 수준을 높이는 방향으로 이어질 수 있다.

5) 영재교육의 전문적인 연구개발체제

영재교육의 목표는 각 분야를 선도할 수 있는 핵심적인 인재를 양성하는 것이라고 할 수 있다. 우리나라는 다른 나라에 비해 영재교육의 역사가 짧은 것이 사실이다. 우리나라의 특수성을 반영한 한국적 영재교육체제를 갖추기 위해서는 전문적인 연구개발이 절실한 상황이다.

그러나 영재성을 판별할 수 있는 체계적인 판별도구가 미비한 상황이다. 다양한 분야의 영재를 발굴하기 위해서는 타당성과 신뢰성을 갖춘 영재판별도구가 필수적임에도 불구하고 아직까지는 교과별 학업성적에 의존하는 경향이 크다. 또한 영재를 체계적으로 교육시킬 수 있는 수준별 프로그램, 학습자료, 교육용 지도서 등이 부족한 상황이다. 또한 우리나라에 영재교육 관련 전문가가 부족한 것도 문제라고 할 수 있다. 영역별 영재교육전문가의 양성도 더욱 중점을 두어야 할 부분이다.

6) 행 · 재정 지원 및 평가체계의 구축

우리나라에서 국가수준의 영재교육정책은 교육인적자원부와 관련부처, 시 · 도교육청, 지역교육청으로 연결되는 체계로 이루어지고 있다. 그러나 교육인적자원부의 담당부서인 과학산업교육정책과는 영재교육만이 아니라 전문계고정책 등 다양한 정책을 관리하고 있고, 교육인적자원부의 여러 부서에 영재교육 관련 업무들이 나누어져 관리되고 있는 문제점이 있다. 분야별로 담당하고 있는 것은 분야별 전문성을 발휘할 수 있는 장점이 있지만 체계적이고 종합적인 관리에는 한계를 가질 수밖에 없다. 영재교육이 발달되어 있는 미국과 이스라엘뿐 아니라 캐나다, 호주, 대만, 싱가포르 등 많은 나라에서 교육인적자원부에 영재교육을 전담하는 부서를 두고 국가적인 관리를 하고 있다. 이들 부서에서 영재 판별, 영재교육 프로그램의 선택, 교사연수 등의 정책을 관리하고 있다. 우리나라도 부처 간, 단위행정기관 간의 연계가 더욱 강화될 수 있는 행정관리체계를 갖추는 것이 요구되고 있다.

영재교육에는 일반교육보다 더 많은 재정적 지원이 필요하다. 특히, 우리나라는 영재교육의 역사가 짧아서 아직까지 체계적인 틀을 갖추지 못한 상황이기 때문에 더 많은 재정적 지원이 절실하다. 1만 1,000여 개의 초·중등학교를 관리하고 있는 교육인적자원부에서 영재교육을 위해 많은 재정 지원을 하는 것에는 한계가 있을 수밖에 없다. 과학기술부에서 관리하고 지원하는 한국과학영재학교와 대학부설 과학영재교육원의 경우 다른 영재교육에 비해 수십배 이상의 재정 지원이 이루어지고 있는 것은 영재교육 재정 지원 개선의 실마리를 보여준다고 할 수 있다. 교육인적자원부에서는 일반적인 관리체계 개선에 중점을 두고, 분야별 영재교육과 관련해서는 과학기술부, 문화관광부 등 분야별 담당부처에서 중점적으로 투자하여 영재를 육성한다면 보다 활성화된 영재교육 재정 지원이 이루어질 수 있을 것이다.

또한 영재교육의 관리체계에 있어서 보다 효과적인 체제를 갖추기 위해서는 관료적인 체계를 시급히 탈피하여야 한다. 창의적이고 혁신적인 교육이 필요한 영재교육분야를 획일적이고 통제적인 관점에서 관리하는 것은 문제라고 할 수 있다. 영재교육기관의 자율성을 최대한 보장하여 다양화와 특성화를 유도하고, 행정관리의 관점은 교육기관의 성과에 대해 모니터링하고, 그 결과를 학생과 학부모들에게 공개하여 기관 선택의 자료로 활용할 수 있도록 하는 것이 바람직하다. 기관에 대한 평가체계를 갖추고 그 정보를 관리하는 방향으로 영재교육 관리체계의 전환이 필요하다고 할 수 있다.

5. 영재교육의 정책방향과 과제

1) 영재 및 영재교육의 개념

영재와 영재교육에 대한 개념이 학문적으로 확실하게 정립되어 있는 것은 아니지만 우리나라의 경우 개념 정립이 매우 시급한 과제라고 할 수 있다. 일반적으로 국민들이 생각하고 있는 영재는 총체적으로 학습능력이 뛰어난 학생으로 받아들여지고 있다. 이에 더하여 예술분야, 체육분야에 소질이 있는 학생들을 영재로 받아들이고 있다. 그러나 다른 한편으로 애니메이션, 요리, 게임 등 다양한 분야에서 능력을 갖춘 학생들도 영재로 보고

특별한 교육적 지원이 필요하다는 주장도 제기되고 있는 상황이다.

이러한 영재의 개념에 대한 논란은 우리나라의 법령체계에도 고스란히 나타나고 있어서 이러한 혼란을 가중시키고 있다. 「영재교육진흥법」상의 영재교육기관으로서 영재학교가 있지만, 「초 · 중등교육법 시행령」상에는 과학영재를 위한 과학계열 특수목적고등학교, 어학영재를 위한 외국어계열 특수목적고등학교가 규정되어 있는 상황이다. 반면, 예술분야나 체육분야에서는 영재라는 용어를 사용하지 않고 있다.

특히, 어학영재를 양성하기 위해 규정된 외국어계열의 특수목적고등학교에 대한 논란은 매우 뜨거운 상황이다. 어학영재라는 개념에 대한 학문적 합의가 없기 때문에 일부에서는 어학영재라는 개념을 사용하지 말아야 한다고 주장하기도 한다. 실제로 외국어고를 비롯한 특수목적고등학교가 영재교육의 측면보다는 대학진학을 위한 입시위주의 교육을 하고 있다는 비판이 거세다. 또한 일반적으로 학업성적이 우수한 학생을 영재라고 판단하는 경우가 많아서 성적이 우수한 학생들이 입학하고 있는 자립형 사립고까지 영재교육의 범주에 포함시키는 경우가 있다.

유사한 개념으로서 수월성 교육 또한 개념적 혼란을 가중시키고 있다. 학생들의 능력을 최대한 발현시킨다는 목적으로 추진되고 있는 교육인적자원부의 수월성 교육 또한 일부 우수한 학생을 위한 영재교육정책으로 오해되는 경우가 대부분이라고 할 수 있다.

영재와 영재교육에 대한 개념적 혼란은 실제 정책의 추진이나 실제 학생들의 학교 선택에 많은 영향을 미치고 있는 중대한 문제라고 할 수 있다. 개념 정립을 통해 법령체계, 관리체계에 대한 재정립이 필요한 시점이다.

또한 현재 「영재교육진흥법」상 영재학교가 과학분야 1개만이 존재하고 있는 상황을 빨리 극복해야 한다. 법에서 규정하고 있는 다양한 분야의 영재들을 위해 국가가 관리하고 지원하는 다양한 분야의 영재학교를 확대해 나가는 것이 필요하다.

각국은 1980년대를 전후하여 영재교육을 매우 다양한 관점에서 접근하여 영재교육의 대상도 상위 2～5% 이내의 특수영재아 중심에서 전체 아동의 15% 혹은 일반아들에게까지 그 범위를 넓혀가고 있다. 반면, 우리의 경우 앞서 현황에서 살펴볼 수 있듯이 영재교육기관 운영의 내용이 주로 수학, 과학에 치중되어 있어서 여전히 영재에 대한 정의를 대단히 협소하게 하고 있다. 「영재교육진흥법」에 규정되어 있는 영재가 '재능이 뛰어난 자' 를 의미한다고 할 때, 향후 현실적인 관점에서 영재에 대한 개념을 보다 확대하고 다양화할 필요가 있다.

2) 영재학생 선발 및 대상자 확대

우리나라에서는 영재교육의 대상이 되었다는 것만으로도 중요한 의미를 갖기 때문에 많은 학부모들이 본인의 자녀들이 영재교육 대상이 되기를 기대하고 있다. 또한 이를 위해 다양한 방식의 사교육을 통해 영재교육 대상이 되고자 노력하는 것이다.

영재아가 타고 나는 것인지 아니면 교육을 통해 만들어지는 것인지에 대한 쟁점은 이러한 문제를 야기시킨다. 물론 두 가지 모두 영재교육에 있어서 중요한 요인임에는 분명하다. 영재가 만들어지는 관점에서는 영재학생의 선발과정에서 부모의 사회경제적 지위가 영재교육 대상자로 선발되는 과정에 영향을 미칠 수 있다는 우려를 낳게 된다. 영재교육 대상으로 선발되기 위해서는 이를 대비한 교육이 필요하고, 공교육체제 내에서 이를 지원해 줄 수 없다면 결국 사교육에 의존할 수밖에 없는 결과를 가져온다.

예를 들어, 음악에 천재적인 소질을 갖고 있다고 하더라도 우리나라 현실에서는 영재로 성장하기 어려운 상황이라고 할 수 있다. 음악영재로 성장하기 위한 지원을 학교교육을 통해 얻는 것이 거의 불가능에 가까운 상황이다. 훌륭한 교수로부터 고액의 비용을 지불하고 개인지도를 받지 않고는 원하는 진로를 선택하기 어려운 구조적인 문제를 갖고 있기 때문이다. 또한 음악적 영재들을 양성하고 있는 예술고교의 경우 전체 24개 중에서 17개 학교가 사립학교이고, 이들 학교의 수업료는 대학의 등록금 정도의 수준이기 때문에 부모의 경제적 지원 없이는 다니기 어려운 실정이다.

무엇보다 영재교육이 효과적으로 이루어지기 위해서는 영재를 조기에 발굴하는 것이 중요하다. 현재 영재교육 대상자의 비율이 중등교육의 경우에 1%를 넘는 수준이나 초등교육의 경우에는 1%에도 미치지 못하는 수준이다. 각국에서 "The earlier, the better; the longer, the better"의 영재교육 슬로건을 제시하는 것은 시기적으로 만 3세에서 만 7세 사이의 창의성 교육이 가장 중요하기 때문이다(한기순, 2006). 영재아에 대한 지속적인 교육은 무엇보다 발굴단계에서 조기에 다양한 영역의 재능 있는 아동에 대한 선발이 전제되어야 한다. 따라서 유아와 초등학교 저학년을 대상으로 하는 영재발굴을 위한 다각도의 노력이 요청된다. 뿐만 아니라 영재학생의 선발과정은 개인적인 측면과 함께 국가수준의 인적자원개발 측면에서 접근하는 것이 필요하다. 개인이 갖고 있는 분야별 잠재능력에 대한 정확한 평가가 이루어질 수 있도록 해야 하고, 특히 저소득층, 다문화 가정, 새터민 등 다양한 소외계층에 대한 배려도 함께 이루어져야 할 것이다.

3) 영재교육 내용 및 방법

아직까지 영재교육의 개념과 목표가 명확하게 설정되어 있지 못하다는 문제가 있다. 국가적으로 창의적 문제해결력과 지도자로서의 자질을 길러야 한다는 원론적 수준에서 합의가 이루어진 상황이다. 그러나 실제로 일반 국민들이 영재교육이 이루어진다고 생각하고 있는 교육기관에서는 대부분 소위 일류대학, 인기학과 진학을 목표로 삼고 있는 곳이 대부분이다.

이러한 영재교육 목표의 혼란은 영재교육 내용과 방법의 문제로 이어지게 된다. 결과적으로 영재교육기관에서 이루어지는 교육내용과 방법, 학생선발, 교원연수 등 관련문제의 혼란으로 이어지는 것이다.

영재교육의 내용과 방법에 대한 정립이 일부 우수한 영재교육기관에서 이루어지고 있지만 이러한 노력이 해당 교육기관의 장점으로만 평가할 것이 아니라 다른 교육기관으로 파급될 필요가 있다. 또한 영재교육 교육과정, 학습교재, 교사용 지도서 등의 연구개발을 더욱 강화해야 할 것이다.

4) 영재교육기관의 역할 및 관계 정립

현재 「영재교육진흥법」상의 영재교육기관에 대한 명확한 기준이 필요하다고 할 수 있다. 국민들이 인식하고 있는 영재학교의 종류는 매우 다양한 반면에 실제 법률상 영재학교는 1개뿐이다. 과학고를 영재학교로 전환해야 한다는 지적은 이미 수년 전부터 제기되어 왔지만 실제 변화는 아직까지 이루어지지 않고 있다. 또한 예술과 체육분야 영재학교의 지정은 큰 의미를 갖는다고 할 수 있다. 소질과 능력을 갖고 있지만 경제적인 이유로 영재교육을 받지 못하고 있는 많은 학생들에게 기회를 제공한다는 측면에서 의미가 있기 때문이다. 음악과 체육의 세부분야별 영재들을 키우는 것도 국가적으로 매우 중요하다. 영재에 대한 개념 정립이 이루어지면 영재학교에 대한 기준을 마련할 수 있을 것이고, 그 결과 영재학교에 대한 법적인 이념이 실현될 수 있을 것으로 보인다.

법에 규정된 영재교육기관이라고 할 수 있는 영재학교, 영재학급, 교육청 또는 대학의 영재교육원 간의 역할 재정립이 필요하다. 이들은 영재학교를 제외하고는 정규학교로서의 의미보다는 학교의 보완적 역할을 수행하고 있다고 할 수 있다. 이들 영재교육기관의 특성화를 통해 학생의 필요에 따라 적합한 프로그램을 선택할 수 있도록 하고, 학습의 결과는 학생의 진로와 진학에 도움이 되는 방향으로 역할이 분담되어야 할 것이다.

5) 영재 담당교원의 전문성 제고

영재교육의 성패를 좌우하는 중요한 요인 중 하나인 우수교원의 확보는 무엇보다 중요하다. 현재 영재학교의 경우에 교원자격증 소지자만이 교원으로 임용될 수 있는 제한을 두고 있다. 영재학급의 경우에도 재정적 부족, 일반강사들과의 형평성으로 인한 보수의 제한 등 여러 가지 제한으로 인해 우수한 강사를 초빙하는 것에 한계를 보이고 있는 상황이다. 영재교육을 위한 교원에 대해서는 임용과 보수에 있어서 자율성을 열어놓는 것이 우수한 교수자원을 확보하는 데 가장 핵심적인 부분일 것이다.

영재교육을 담당하는 교원은 일반교육보다 높은 전문적 자질, 높은 학력, 영재교육에 대한 일반적인 이해가 높은 사람이 적합하다고 할 수 있다. 우수한 교원을 확보하는 것 자체가 영재교육의 성패를 좌우할 수 있기 때문에 다른 것보다 우선적으로 고려되어야 할 것이다.

영재교육 담당교원의 전문성이 지속적으로 제고될 수 있는 다양한 연수와 연구 지원이 필요하다. 현재 영재교육을 담당하는 교원이 갖고 있는 열정을 펼칠 수 있도록 연수, 세미나, 학회, 연찬회 등에 대한 적극적인 지원을 아끼지 말아야 할 것이다.

또한 한국과학영재학교, 대학부설 영재교육원 등 우수하다고 평가받고 있는 프로그램과 교수방법에 대한 이해를 높일 수 있는 협력관계가 필요하다. 이를 위해 여러 학교 교원들이 공동으로 참여하는 연구개발 사업의 추진, 사이버 영재교육 프로그램 개발 · 공유, 교원 탐구토론대회 등 다양한 방식으로 교원 간 교류 협력체계를 갖추어 나가야 할 것이다.

참 고 문 헌

교육인적자원부(2002). 제1차 영재교육진흥종합계획.

____________(2005). (개별화 맞춤식) 영재교육 이렇게 하고 있습니다.

____________(2007a). 제2차 영재교육진흥종합계획.

____________(2007b). 2007년 시 · 도교육청 영재교육 시행계획 모음집.

김미숙 외(2005). 영재교육 강화 사업성과 지표 평가 연구. 한국교육개발원.

김홍원(2002). 영재교육 담당 교원의 자질 및 양성, 임용. 영재교육연구, 12(2).

박성익 외(2003). 영재교육학원론. 서울: 교육과학사.

서혜애 외(2004a). 영재교육 업무 운영 편람. 한국교육개발원.

________(2004b). 영재교육기관 평가 모형 현장 적용 연구. 한국교육개발원.

________(2004c). 영재교육기관 평가 체제 개발 연구. 한국교육개발원.

________(2004d). 영재교육기관 평가 편람. 한국교육개발원.

________(2005). 영재교육 교원 전문성 계발 연구. 한국교육개발원.

이주호(2005). 영재교육 특성화를 위한 제도개선 방안. 이주호 의원실.

이해명(2006). 영재 교육의 이론과 실제. 서울: 교육과학사.

정봉주(2005). 영재 교육의 의미와 교사 · 학부모의 역할. 정봉주 의원실.

조석희(2003). 영재성의 개념 및 판별. 창의적 지식 생산자 양성을 위한 영재교육(이론편) (제4기 영재교육담당교원 직무연수자료). 한국교육개발원.

______(2004). 영재교육 백서 2004. 한국교육개발원.

조석희 외(2001). 영재교육 실천방안. 한국교육개발원.

________(2002). 영재교육연구원 설치 · 운영 방안. 한국교육개발원.

한국과학재단(2000). 영재교육진흥법 제정에 따른 관련 제도 및 법령 정비에 관한 연구.

한국교육개발원(1997). 영재 교육 정책 연구.

____________(2006). 창의적 지식 생산자 양성을 위한 영재교육: 공통이론편.

____________(2007a). 창의적 지식 생산자 양성을 위한 영재교육: 과학편.

____________(2007b). 창의적 지식 생산자 양성을 위한 영재교육: 수학편.

한기순(2006). 국내 영재교육 프로그램의 현황과 과제. 영재와 영재교육, 5(1).

Bloom, B. S. (1983). *Developing talent in young people.* New York: Ballantine.

Terman, L. M., & Oden, M. H. (1947). *The Gifted child grows up: twenty-five years' follow-up of a superior group.* Stanford: Stanford University Press.

제 4 장

실업교육의 발전

1. 서 론

실업교육의 역사는 1949년에 제정된 「교육법」에서 실업과목의 비중이 높은 학교는 실업중학교 또는 실업고등학교의 명칭을 사용할 수 있도록 한 데서 비롯된다. 1963년에는 「실업교육진흥법」을 제정하여 실업교육을 뒷받침하였고, 1974년에는 「국가기술자격법」을 제정하여 자격제도를 창설함으로써 기술인력의 사회적 위상을 높였다. 1981년에는 기술인력의 계속교육기회를 제공하면서 고등교육수준의 전문인력을 양성할 목적으로 개방대학이 도입되었고 이후 산업대학으로 명칭이 바뀌었다. 1990년대 들어서는 신직업교육체제를 뒷받침하기 위하여 「직업교육훈련촉진법」, 「자격기본법」, 「한국직업능력개발원법」이 제정되었다.

실업교육은 그동안 두 가지 측면에서 중요한 역할을 하였다. 우선 광복 이후 국가경제발전의 주요 동력으로서 우수한 기술인력을 양성하는 역할을 하였다. 1962년부터 시작된 경제발전5개년계획에 맞추어 안정적으로 우수한 기술인력을 양성 · 공급하는 역할을 충실히 수행하였다. 다른 한편으로 지속적으로 팽창하는 국민의 교육요구를 흡수하는 통로로서 역할을 맡았다. 정부는 입시경쟁을 완화하면서 국민의 교육요구를 충족시키는 방안으로서 실업교육기관을 활용하고자 한 것이다.

* 조석훈(청주교육대학교)

1990년대와 2000년대 접어들면서 실업교육 환경은 지식기반 경제로의 패러다임 전환, 인구구조와 노동시장의 변화, 직업에 대한 가치와 의식구조의 변화, 세계화의 진전과 인적자원 경쟁의 격화 등의 변화를 맞이하였다(장홍근 외, 2003: 9-15). 고등교육기회가 확장되면서 고등학교수준의 실업교육은 지원자가 감소하는 추세를 보이기 시작하였다. 경제발전의 고도화에 따라 고급 전문기술인력에 대한 요구도 증가하면서 동시에 여전히 초급, 중급, 고급 기술인력 등 각 수준별 전문기술인력에 대한 요구는 여전히 존재하는 모습을 보이고 있다. 이런 배경에서 정부는 1996년에 신직업교육체제, 2005년에는 직업교육체제 혁신방안을 발표하였다. 그 핵심은 국민이면 누구나 받는 교육, 평생에 걸친 교육으로서 학교에서 일터로, 일터에서 학교로 이동이 열린 평생교육체제를 지향하는 것이다.

이미 1995년 교육개혁위원회가 신교육체제구상을 발표하였을 때 '학습자 중심' 이념을 제시한 것과 맥락을 같이한다. 학습자가 학교에 맞추는 것이 아니라 학습자의 교육요구와 직업준비요구에 맞추어 다양한 학교가 다양한 교육과정을 제공할 수 있는 체제를 갖추는 것을 말한다.

2. 정책의 변천과정

1) 실업교육제도의 구축(1950~1960년대)

1949년 12월 31일 법률 제86호로 제정된 「교육법」 제155조를 보면 "중학교는 전 교과의 15퍼센트 이상을, 인문계고등학교는 전 교과의 10% 이상을 실업과목으로 과하며 학생 각자로 하여금 1인 1기를 습득케 하여야 한다."라고 규정하였다. 이어 제156조에서는 "중학교 또는 고등학교 중에서 전 교과의 30퍼센트 이상을 실업과목으로 하는 학교는 실업중학교 또는 실업고등학교 명칭을 관할 수 있다."라고 하였다. 이외 단기 실업교육학교로서 수업연한 1년 이상 3년인 기술학교와 고등기술학교를 두었다. 기술학교와 고등기술학교는 국민생활에 직접 필요한 직업의 지식과 기술을 연마함을 목적으로 하는 학교이다.

1952년 4월 23일 제정된 「교육법시행령」은 중학교와 고등학교의 실업교육을 지원하기 위하여 중학교의 경우 3학급마다 1인 이상의 실업과 담당교사를 증치하도록 하였고(제48조), 고등학교의 경우 3학급까지는 1인(실업고등학교에 있어서는 3인)의, 3학급을 초과할 때에는 3학급마다 1인(실업고등학교에 있어서는 2인) 이상의 실업과 담당교사를 증치하도록 하였다(제51조). 「교육법」을 통한 제도적 기반을 마련한 정부는 1957년에 '실업기술교육 5개년 계획'(1958년부터 시행)을 수립하여, 전문계학교의 시설을 확충하고 전문계

학교 교원의 자질 향상을 위한 재교육을 강화하며, 실업기술교육을 경시하는 국민의 인식을 개선하기 위한 홍보활동을 강화하였다(교육인적자원부, 1998: 547).

1950년대에 마련된 실업교육제도의 기초 위에서 1962년부터 시작된 제1차 경제개발5개년계획과 보조를 맞추어 문교정책 역시 '과학기술교육의 진흥' (1964년), '국가경제 성장에 기여하는 교육' (1965년), '생산하는 교육의 추진' (1966년) 등과 같이 직업기술교육을 강화하는 데 초점을 맞추었다(교육인적자원부, 1998: 548). 1963년 9월 19일에 제정된 「산업교육진흥법」은 제1조 목적에서 산업교육은 국가의 산업경제의 발전과 국민생활의 향상의 기초로서, 산업교육을 통하여 근로정신을 함양하고 산업기술을 습득시켜 창조능력을 배양함으로써, 국가경제의 자립발전에 기여할 수 있는 국민을 양성하기 위하여 산업교육의 진흥을 도모한다고 하였다. 여기에서 말하는 산업교육이란 '기술학교 · 고등기술학교 · 전문계고등학교[1] · 실업고등전문학교 · 전문계대학(초급대학을 포함) 또는 문교부장관의 인가를 받아 전문계학과 및 과정을 설치한 인문계의 고등학교나 대학이 학생에 대하여 농업 · 공업 · 수산업 기타의 산업에 종사하기 위하여 필요한 지식 · 기술 및 태도를 습득시킬 목적으로 행하는 교육' 을 말한다. 「산업교육진흥법」에서 규정한 주요사항은 다음과 같다.

- 국가는 산업교육의 진흥을 위하여 가능한 모든 방책을 강구하여야 하며 지방자치단체의 산업교육의 진흥을 권장하도록 함.
- 국가 또는 지방자치단체는 그가 설립한 학교의 실험 · 실습을 위하여 예산편성과 그 배정에 있어서 산업교육의 진흥에 알맞도록 특별히 고려하도록 함.
- 산업교육에 종사하는 교원의 자격 정원 및 대우에 관하여는 산업교육의 특수성과 그 중요성에 비추어 특별한 조치를 강구하도록 함.
- 산업교육의 진흥에 관한 중요정책을 심의하게 하기 위하여 문교부에 중앙산업교육심의회를 설치함.
- 국가는 산업에 종사하거나 장차 종사하고자 하는 청소년에게 단기의 산업교육을 실시할 수 있으며 그 경비의 전부를 부담하도록 함.
- 국가는 예산의 범위 안에서 산업교육에 관한 교과용 도서를 발행하는 자의 그 발행에 소요되는 경비의 일부를 보조할 수 있도록 함.
- 국가는 산업교육을 받는 자 중 그 성적이 특히 우수한 자에 대하여는 장학금을 지급할 수 있도록 함.

1) 2007년 4월에 실업계고등학교가 전문계고등학교로 명칭이 변경되었으므로 여기에서는 편의상 이전 자료도 모두 '전문계' 또는 '전문계고등학교' 로 표현한다.

「산업교육진흥법」이 제정된 1963년에는 전문계고등학교의 교육과정을 제정 · 공포하였고, 1964년부터 교과시간을 전문교과에 50% 이상 배정하면서 전문교과과목의 경우 교과학습에 40% 이하의 시간을 배정하고 실습에 60% 이상을 배정하도록 하였다(교육인적자원부, 1998: 551). 또한 '과학기술교육진흥 5개년 계획' (1967~1971)을 수립하여 산업의 요구에 맞추어 공업계학과를 확대하고, 실과교과서를 편찬 · 발행하며, 실험 · 실습 시설비에 대한 지원을 확대하였다(교육인적자원부, 1998: 548).

2) 산업교육의 육성과 확충(1970년대)

1973년 2월 22일에 개정된 「산업교육진흥법」에서는 산업체와 학교 사이 연계를 강화함으로써 현장 적응능력을 갖추고 현장 적합성이 있는 기술 습득을 지원하기 위하여 현장실습을 의무화하였다. 이어서 1974년 12월 30일에는 산업인력의 기술수준을 향상시키고 전문계 학교 학생의 사기를 진작시킬 목적으로 「국가기술자격법」을 제정 · 공포하였다. 통일된 기술자격기준에 의하여 중화학공업 등 중요 산업기술분야에 필요한 국가기술자격제도를 확립함으로써 산발적인 기술자격제도를 체계화함과 아울러 기술인력의 자질 및 사회적 지위의 향상, 기술교육의 개선을 제도적으로 촉진하고, 수요가 급증될 우수 기술인력을 양성하려는 것이었다. 이 법의 적용을 받는 기술자격은 기계 · 금속 · 화공 · 전기 등과 같이 산업과 밀접한 관련이 있는 기술에 관한 자격으로 설정하고, 기술자격은 기술계와 기능계로 분류하며 주무부장관이 시행하는 기술자격검정에 합격한 후에 취득하도록 하였다. 전문계고등학교에서는 「국가기술자격법」 제5조 제1항에 따라 의무적으로 기술자격검정을 받도록 하였다.

실업교육 이수자에 대한 지원책도 시행되었는데 우선 「국가기술자격법」에 의해서 정부와 지방자치단체는 기술자격 취득자의 경제적 · 사회적 지위의 적정한 유지와 그 취업 및 신분보장에 관하여 필요한 시책을 강구하여야 하며, 당해 기술분야에 속하는 영업을 허가 또는 인가하거나 권리의 설정 기타 이익을 부여하는 때에는 당해 기술자격 취득자에게 우선적으로 부여하도록 하였다. 또한 1976년 11월 5일 「대학입학예비고사령」을 개정하여 일반계열 이외에 체육계열, 음악계열, 미술 기타 예술계열, 농업계열, 공업계열, 수산 · 해양계열, 상업계열을 추가하고, 농업 · 공업 · 수산 · 해양 · 상업의 계열에 응시할 수 있는 자는 당해 연도(2부 대학 지원자는 제외한다)에 동계고등학교를 졸업한 자로서 그 성적이 3할 이내에 해당하는 자로 제한함으로써[2] 전문계고등학교 졸업자의 대학 진학의 기

2) 다만 국가기술자격법 제5조의 규정에 의하여 기술자격검정을 받아야 할 학교를 졸업한 자는 동법에 의한 기능사 2급 이상의 자격도 취득하여야 한다.

표 4-1 1970년대 고등학교의 팽창

(단위: 개, 명)

연도	일반계고등학교		전문계고등학교	
	학교 수	학생 수	학교 수	학생 수
1970	408	315,367	481	275,015
1975	673	648,149	479	474,868
1980	748	932,605	605	764,187

출처: 한국교육개발원(1998). 교육통계편람. RR98-17.

회를 확대하였다. 1977년 12월 31일에는 「교육법」을 개정하여 고등학교를 졸업한 자로서 국가기술자격법에 의한 기능사 2급 이상의 국가기술자격을 취득한 자 중 전문대학의 해당학과에 입학하고자 하는 자와 고등학교를 졸업하고 산업체에 근무하는 자 중 대학(전문대학을 포함한다)에 입학하고자 하는 자로서 근무성적 등 대통령령으로 정하는 요건에 해당하는 자에 대해서는 예비고사를 면제할 수 있도록 하였다.

산업교육에 대한 정부의 확충정책으로 1970년에 전문계 학교는 481개교였는데 1975년에 479개교로 늘어났고 1980년에는 605개교에 이르렀다. 1950년대부터 정부는 지속적으로 인문 대 실업의 비중 3:7 기준을 추구하면서 인문계고등학교보다는 전문계고등학교의 확충을 장려하였다. 1970년대에는 수출 위주의 공업육성정책을 펼친 결과 기술인력의 수요 역시 계속하여 증가하였기 때문이다. 1970년도에 중학교 졸업자의 진학률은 70.1%로 올라가게 되는데, 학교설립 시에 전문계고등학교의 설립을 유도한 결과 증가한 고등학교 진학요구의 상당 부분을 전문계고등학교에서 흡수하게 되었다.

3) 고등교육단계 산업교육의 확충(1980년대 및 1990년대 초)

1980년대 들어 정부의 관심과 지원이 상대적으로 약화되고 대학졸업자와의 임금격차가 사회적인 관심사로 등장하였으며, 대학정원이 확대됨에 따라 전문계고등학교는 정원 미달 등의 어려움을 겪게 되었다(교육인적자원부, 1998: 560). 정부는 사회적 문제로 등장한 대학입학 재수생 문제를 해결하면서 동시에 산업의 고도화에 따라 늘어난 기술인력에 대한 수요를 충족시키기 위하여 고등교육단계의 직업기술교육체제를 개편하고 확대하는 정책을 추진하였다.

1979년부터 종래 초급대학과 전문학교를 전문대학으로 개편하였고, 1983년부터 전문대학의 양적 팽창을 억제하면서 교육의 내실을 이룰 수 있는 여러 시책을 강화하였다(교육인적자원부, 1998: 563). 또한 1981년 12월 31일 「교육법」을 개정하여 개방대학제도를 도입하였다. 개방대학은 학술 또는 전문적인 지식 · 기술의 연구와 연마를 위한 교육을 계속하여 더 받고자 하는 자에게 교육기회를 부여하기 위한 평생교육기관의 성격을 가지고 있었다. 특히, 개방대학은 학칙이 정하는 바에 의하여 다른 학교 · 연구기관 또는 산업체 등에서 행한 교육 · 연구 또는 실습 등을 특정한 교과목의 이수로 인정할 수 있도록 함으로써 학습자 위주의 산업교육을 지원할 수 있도록 하였다.

1990년 1월 10일 대통령 연두기자회견에서 5대 당면과제 중 '대학진학 과열현상의 완화' 와 기능인력의 원활한 양성 · 공급을 위해 직업교육 확충방안을 주요 업무로 설정하였다. 인문계고교 일부 또는 종합고 보통과를 전문계 학과로 개편하고, 산업구조의 변화에 따라 수요가 증가되는 학과의 학급을 증설하며, 전문계고(특히 공고) 비율이 낮고 지원자가 많은 지역에 공립 실업고를 신설하고 사립고 신설시 전문계고로 유도하는 방안을 제시하였다(문교부, 1990: 164-165). 직업교육은 교육과정상 50% 정도의 전공과목을 이수해야 하고 전공과목은 실험 · 실습을 병행해야 하지만, 실업고의 실습기자재 확보율은 55.4%에 불과하고 대부분의 기자재는 1970년대에 구입한 것으로 노후화되어 있었다. 이에 따라 정부는 실험 · 실습기자재 구입비를 지원하여 확보율을 67%까지 상향 조정하고 노후 기자재를 교체하며 공동실습소를 증설하는(1990년 7개소, 1995년 24개소) 목표를 추진하였다(문교부, 1990: 165-166).

한편, 지역 실정상 전문계고에 진학하지 못하고 인문계고등학교에 다니는 학생이나 인문계고등학교 재학생 중 대학 비진학자(1989년 6만 8,000명)를 위해 일반계고등학교의 직업과정을 적극 권장하였다(문교부, 1990: 166). 1977년부터 고등학교 교육과정상 직업과정을 운영할 수 있도록 하였으나 지역사회 및 학부모의 반대, 학교의 소극적 태도, 실습시설과 지도교사의 부족, 자격 취득 및 취업의 불확실성으로 인해 활성화되어 있지 못하였는데 이를 개선하기 위한 지원책을 강화한 것이었다.

4) 평생직업교육체제의 구축(1990년대 후반 이후)

(1) 교육개혁위원회의 신직업교육체제 구축방안

1996년에는 교육개혁위원회가 제2차 교육개혁방안으로 신직업교육체제 구축방안을 제안하였다. 직업교육의 비전은 '국민이면 누구나 받는 교육, 평생에 걸친 교육' 으로, 직업교육의 실천목표는 2000년까지 모든 대학 비진학 청소년에게 직업교육기회를 보장하며, 희망하는 모든 청소년에게 전문대학수준의 직업교육기회를 보장하는 것으로 설정하였다(교육개혁위원회, 1996: 13-14). 신직업교육체제를 법적으로 뒷받침하기 위하여 1997년 3월 27일자로 「직업교육훈련촉진법」, 「자격기본법」, 「한국직업능력개발원법」 등 신직업교육 훈련 3법이 제정 · 공포되었다(교육인적자원부, 1997: 40-41). 「직업교육훈련촉진법」은 학교직업교육과 직업훈련을 통합하여 직업교육훈련의 촉진 및 인적 · 물적자원의 활용도를 최적화하였다. 「자격기본법」은 인력 수요와 공급의 다양성이 심화되는 노동시장의 변화에 대비하여 자격제도의 통용성과 호환성을 높이도록 하였으며, 「한국직업능력개발원법」은 직업교육훈련에 관한 주요 정책을 연구 · 개발하고 지원하는 역할을 담당하게 되었다.

신직업교육체제는 고등학교단계 직업교육의 다양화, 고등교육단계 직업교육 활성화, 평생직업교육 기반의 조성 등을 주된 목표로 내세웠다. 고등학교단계 직업교육 다양화를 위한 개혁은 지역 · 학교에 따라 교육 프로그램을 다양화하여 적성에 맞는 선택의 폭을 확대하고, 계속교육기회 부여 및 시설 · 설비 현대화로 매력 있는 학교를 만들며, 교육과정의 현장성을 제고하고 우수교원을 확보하여 교육내용의 현실 필요에 부응하도록 하는 것이었다(교육개혁위원회, 1996: 15).

신직업교육체제 추진 이후 공업고등학교는 일반 공업고등학교, 공업계열 특수목적고등학교, 2 · 1체제 공업고등학교 등의 기존 체제에 공업계열 특성화고등학교, 연계운영(2+2) 공업고등학교 등이 추가되어 5개 유형이 되었다(정원섭 외, 2001: 9-10). 고등학교단계 직업교육의 다양화 · 특성화를 위해 최소 설립기준만을 요구하는 특성화고등학교를 확대하고, 전문계고등학교 교육의 현장성을 제고하기 위하여 산업체 현장인력의 교사 자원화(시간제교사, 순회교사, 산학겸임교사, 현장실습 지도교사 등)를 제안하였다.[3] 전문계고등학교 재정 지원을 위해 교육재정 GNP 5%로 추가 확보되는 재원을 전문계고등학교 시설 현대화에 우선 배정하고[4] 장학금도 전문계고등학교 학생에게 우선적으로 지급하도록 제안하였다.

전문대학은 고등학교와 대학을 연결하는 중추적인 직업교육기관으로서 고등학교와 전문대학 간(2+2), 전문대학과 개방대학 또는 일반대학 간(2+2), 전문대학과 방송대학 간 교육 프로그램을 상호 연계하고 산업체 취업자의 계속교육 및 자격취득을 용이하게 하기 위하여 전문대학에 '심화과정'을 개설할 수 있도록 제안하였다.[5] 또한 전문대학의 매력을 제고하기 위하여 산업학사학위를 수여할 수 있도록 하였다.[6]

1998년 2월 24일 공포된 「고등교육법 시행령」 제40조에서는 직업교육의 체계적 연계

3) 교육개혁위원회(1996. 2. 9). 신교육체제 수립을 위한 교육개혁방안(II) 참고설명자료, p. 11.

4) 정부는 교육개혁위원회의 제안에 따른 후속 작업으로 1996년 12월에는 국가의 일률적인 실업계 학교 실험 · 실습 시설 · 설비기준을 폐지하고 학교와 지역사회 실정에 맞는 시 · 도별 시설 · 설비기준을 마련할 수 있도록 하였으며, 1997년부터 노후 기자재를 매년 5%씩 대체하기로 하였다(임연기 외, 1999: 433-434).

5) 전문계고등학교와 전문대학 간 연계운영(2+2)은 1997년부터 시범실시 후 확대를 유도하고 있는데, 1999년 자료에 의하면 225개 전문계고등학교와 40개의 전문대학이 자율적으로 연계운영에 참여하였다(교육인적자원부, 2000).

6) 학위 명칭은 논의과정에서 '전문학사'로 결정되었고, 1997년 1월 13일 「교육법」 개정 시에 반영되었다.

를 지원하는 특별전형제도를 도입하였다. 전문계 · 예능계 · 체육계고등학교를 졸업한 자(졸업예정자를 포함한다) 또는 일반계고등학교의 2년 이상의 직업과정을 이수한 자(이수예정자를 포함한다)로서 동일계 또는 그 직업과정과 관련 있는 모집단위의 지원자, 산업체에서 1년 6월 이상 근무하거나 근무한 자로서 전문대학의 장이 정하는 모집단위의 지원자, 전문대학과 전문계고등학교가 교육과정을 연계하여 운영하는 경우 당해 과정을 이수한 전문계고등학교를 졸업한 자(졸업예정자를 포함한다)로서 관련모집단위 지원자 등에 대해서는 특별전형을 실시할 수 있도록 하였다. 특히, 전문계고등학교를 졸업한 자 또는 일반계고등학교에서 2년 이상의 직업과정을 이수한 자가 그 전문계 또는 직업과정과 관련 있는 모집단위에 지원하는 경우에는 대학수학능력시험 성적을 활용하지 못하도록 하여 고등학교단계 직업교육 이수자의 고등교육 진학기회를 확대하였다.

(2) 2000년 전문계고등학교 육성대책[7)]

2000년 1월에 교육인적자원부는 전년 3월부터 시 · 도교육청, 학교, 학부모 및 학생, 교원단체, 경제단체 등 광범위한 의견수렴과정을 거쳐 마련한 전문계고교 육성대책을 발표하였다. 지식기반사회 도래 및 산업구조 고도화에 따른 직업세계의 변화, 국민소득 향상과 핵가족화로 인한 고등교육 욕구증대, 학령인구의 감소추세 등 사회 제반여건 변화에 따라 전문계고교가 산업체, 학부모, 학생들로부터 외면당함에 따라 전문계고교가 정체성 위기를 겪고 있기 때문이다.

전문계고등학교 운영체제 개편을 위해서는 우선 기존 전문계고교 중 경쟁력 있는 학교는 집중 육성하며 경쟁력 없는 학교는 지역사회 및 재정여건에 따라 시 · 도교육청별로 교원대책 수립 후 자체실정에 맞게 점진적으로 일반계고로 전환을 허용하도록 하였다. 학급당 인원의 경우에도 일반계고교와 다르게 전문계고교의 학급당 인원을 신축적 · 단계적으로 감축하여 과원교사 발생을 최소화하도록 하였다. 또한 세분화된 학과 및 백화점식 학과 설치를 지양하여 학교별로 분야별 전문화를 유도하며, 상업계열 고등학교를 정보통신분야 특수목적고등학교로 지정하기 위한 법령개정을 추진하기로 하였다. 나아가 인문교육과 직업교육의 통합적 운영을 통해 진학과 취업을 적절하게 준비할 수 있는 체제를 모색할 수 있도록 통합형고교를 2000년에 준비기간을 둔 후 2006년까지 시범운영할 계획을 수립하였다.

전문계고 내실화를 위해서 우선 직업기초교육을 강화하고 단위학교의 교육과정 자율권을 지속적으로 확대하며 산학협동을 통해 현장적응력을 제고해 나가는 방향으로 나아갔

7) 이 부분은 교육인적자원부(2000)를 중심으로 정리한 것이다.

다. 지역별 공동실습소를 육성하고, 전문교과 교원에 대하여는 학과개편, 일반계고로 전환 등 체제 개편에 대비한 복수자격/부전공자격 연수를 향후 4년간 집중 지원하기로 하였다. 마지막으로 행 · 재정적 지원으로는 직업교육에 대한 사회적 인식을 제고하여 능력 중심사회 구현을 위한 교육외적 환경을 조성하기 위해 연례적으로 직업교육박람회를 개최하고, 전문계고교에 대한 D/B를 구축하여 정보제공 및 홍보를 강화하며, 전문계고교생에 대한 장학금 지원을 확대하였다. 또한 시 · 도별, 학교별로 진로정보실을 운영하여 진로정보 제공 및 상담기능을 강화하며, 취업지원을 위해 학교와 산업체 간 연계체제를 구축하고, 진학 및 평생학습 차원의 계속기회 확대를 위해 전문대, 대학에 대한 특별전형을 계속 권장하는 한편, 대학의 산업체 경력자 특별전형을 유지 확대하고 기술대학, 사내대학 등 기업체가 운영하는 대학을 육성하기로 하였다.

2001년에 교육인적자원부는 2000년 1월에 발표한 전문계고등학교 육성대책의 보완방안을 발표하였다(교육인적자원부, 2001). 2000년 대책이 방향 설정에 초점을 맞추었다면 2001년 대책은 실질적인 지원방안을 제시하였다. 우선 전문계고등학교 학생에게 대학 입학의 문호를 확대하기 위하여 2004학년도부터 대학 입학정원의 3% 이내에서[8] 동일계 정원 외 선발을 허용하기로 하였고,[9] 2005학년도부터는 수학능력시험에서 직업탐구영역을 신설하여 전문계고등학교 학생이 별도의 진학교육 없이 대학에 진학할 수 있도록 한 것이다.[10] 실업교육여건 조성을 위한 투자 확대방안으로 2000년 말 설비기준의 3분의 2수준에도 못 미치는 실습기자재 보유율(60.6%)을 2005년까지 75% 수준으로 대폭 확충하고 10년 이상된 노후 기자재를 연차적으로 교체하기로 하였다. 여기에 투자되는 금액은 2002년에서 2005년까지 4,000억 원으로 국고와 지방비에서 50:50으로 부담하기로 하였다. 나아가 「학교수업료 및 입학금에 관한 규칙」을 개정하여 전문계고등학교 학생의 학비감면율을 15%에서 2004년까지 30%로 확대하여[11] 4,113억 원에 달하는 학비를 지원하기로 하였다.[12]

---

8) 2008학년도부터는 5%로 확대된다.

9) 2001년도 대입정원 동일계 12만 7,000명을 기준으로 볼 때 3,800여 명에 해당하는 규모이다.

10) 2008학년도 수학능력시험 계획에 따르면 직업탐구영역의 경우 과목당 20문항으로 구성되고, 농업정보 관리, 정보기술 기초, 컴퓨터일반, 수산 · 해운 정보처리 등 컴퓨터 관련 4과목 중 최대 택1, 농업 이해, 농업 기초 기술, 공업 입문, 기초제도, 상업경제, 회계원리, 수산일반, 해사일반, 해양일반, 인간 발달, 식품과 영양, 디자인일반, 프로그래밍 등 전공 관련 13과목 중 최대 택2하도록 되어 있다.

11) 공립의 전문계고등학교의 수업료 및 입학금이 면제되는 학생의 비율은 2002년 3월 1일부터 2003년 2월 28일까지는 20%로 하고, 2003년 3월 1일부터 2004년 2월 29일까지는 25%로 하며, 2004년 3월 1일부터 30%로 상향 조정하는 단계적 방식을 취하였다.

12) 2001년 전문계고등학교 학생의 장학금 수혜율은 36.9%였는데 이를 2004년까지 51.9%로 상향 조정하기로 하였다.

3. 참여정부의 주요 정책

1) 정책의 기본방향

2004년 10월 1일 교육혁신위원회와 교육인적자원부는 실천가능하고 미래지향적인 직업교육체제 혁신방안을 마련하기로 하고 공동 과제팀을 구성하였다(교육혁신위원회, 2005: 156). 공동 과제팀은 2004년 10월에서 2005년 1월에 걸쳐 작업을 진행한 결과 2005년 5월 12일 대통령을 대신한 총리 주재 국정과제회의에서 '직업교육체제 혁신방안'이 확정되었다. 교육혁신위원회가 마련한 직업교육체제 혁신방안의 가장 큰 특징은 'VISION 2020: Vocational Education for All' 이라는 표현에서 쉽게 드러나듯이 '특정 학생을 위한 직업교육'에서 '모두를 위한 직업 · 진로교육'으로 전환한다는 것으로서 혁신의 방향은 "'학교에서 일터로, 일터에서 학교로'의 원활한 이행을 통해 평생에 걸쳐 직업능력이 개발되도록 직능지향의 열린 직업교육체제 구축"으로 설정되었다(교육혁신위원회, 2005).

교육인적자원부는 이 방안을 토대로 후속조치 추진계획에 착수하였고, 2005년 12월에 제2차 국가인적자원개발기본계획(2006~2010) 중 '직업교육 · 훈련 · 평생학습 체제의 혁신' 과제와 연계하여 세부 시행계획을 확정 · 발표하였다(교육인적자원부, 2005). 이 세부 시행계획에서는 혁신방향으로 '교육과정의 다양화'를 통해 소량 특성화 인력 양성체제로 체질개선, 정부부처 · 지방자치단체 · 산업체 등 운영주체 다원화, 근로자 · 성인의 재교육을 위한 장 · 단기 직업훈련기능 강화, 교육과 훈련의 연계 등 개방적 운영체제로 전환, 산업체와 중등–고등단계 직업교육의 연계 강화를 설정하였다. 2007년 2월에는 다시 '희망을 실현하는 전문계고 육성전략' 추진계획을 발표하였다(교육인적자원부, 2007a).

2) 주요 정책과제

(1) 정부부처 · 지방자치단체 · 산업체가 참여하는 전문계고등학교 특성화

2005년에 발표한 세부 시행계획의 한 가지 특징은 전문계고등학교의 생존전략으로서 '명문 특성화고등학교 확대' 전략을 채택하였다는 점이다. 2005년 전국에 73개인 특성화고등학교를 2010년에는 200개교 이상으로 확대한다는 계획이다(교육인적자원부, 2005). 학과 계열의 다양화를 통해 학생들의 소질과 적성을 직업적 능력으로 개발하고 특정분야의 특성화 인력 양성체제로 전환하여 사회가 필요로 하는 인력 유형과 능력을 갖춘 직업인을 육성한다는 것이다. 명문 특성화고등학교는 지방자치단체 · 산업체 · 정부부처, 시 · 도교육청이 협약을 맺고 특성화고등학교의 운영에 참여하거나 지원을 하게 되며, 참여주체에 따라 지방자치단체 협약학교, 산업체 · 직능단체 협약학교, 정부부처 협약학교로 구분할 수 있다.

2007년 2월에 교육인적자원부는 우선 정부부처에서 위탁 · 지원하는 특성화고등학교 육성방안을 제시하였고, 2007년 5월 7일에 정부는 '정부부처에 의한 특성화 전문계고 육성 사업' 계획을 공고하였다. 교육인적자원부 중심에서 탈피하여 '운영주체의 다원화'를 통해 각 정부부처, 지방자치단체, 산업체가 함께 참여하는 체제로 개편하고, 이를 통해 산학협력, 교육과 훈련의 연계 등 개방적 운영을 통하여 지식과 실무를 겸비한 기술인력을 양성하는 데 목적을 둔 것이다.

위탁 · 지원모형은 일괄위탁운영, 공동운영, 프로그램 운영 지원의 세 가지로 구분된다. 일괄위탁운영모형은 수요 부처가 학교운영 전반에 관한 사항을 지원하여 운영하는 방식이고, 공동운영모형은 수요 부처, 교육인적자원부, 시 · 도교육청이 상호 필요경비를 지원하면서 운영에 참여하는 방식이다. 일괄위탁이나 공동운영 지원에 참여하는 학교에 대한 특례로는 해당분야 전문가를 교장으로 하여 추천권 및 교육과정 운영 자율권 부여, 우수 교원 유입을 위한 국 · 공립학교 간 원활한 인사교류 보장, 필요시 교육인적자원부 연구시범학교 지정을 통한 승진 가산점 부여 등이다.

교육인적자원부는 정부부처 위탁 · 지원사업의 성과를 보아가며 2009년부터 지방자치단체, 산업체와 공동으로 운영하는 특성화고등학교를 100개교까지 신규로 육성한다는 계

표 4-2 정부부처에 의한 특성화 전문계고 육성사업 선정 예정 학교 수

(단위: 개)

관련부처	총 학교 수	위탁 · 지원 방법		
		일괄위탁 (1모형)	공동 지원 (2모형)	프로그램 지원 (3모형)
국방부	10	-	-	10
문화관광부	2	-	-	2
농림부	9	-	9	-
산업자원부/노동부	36	1	-	35*
정보통신부	5	-	-	5
해양수산부	9	-	3	6
중소기업청	30	1	-	29
특허청	3	-	-	3
계	104	2	12	90

출처: 교육인적자원부(2007b). 고졸 재직자 전문대학 입학문호 확대. 보도자료. 2007년 5월 8일.

획도 수립하였다. 2007년에 104개교인 특성화고등학교를 2009년까지 300개교 이상으로 확대하고 장기적으로 전문계 전체를 특성화한다는 방침을 수립하였다.

(2) 졸업 후 취업 및 학사학위 취득까지 가능한 경로 구축

전문계고와 전문대학을 연계하는 학습-취업보장 모델로서 전문계고등학교를 졸업한 후 취업을 하거나 전문대학(전문학사)에 진학하고 이후 전문대학 전공심화과정(학사)까지 연계되도록 함으로써 입직연령을 단축하고 과잉교육의 문제를 해소하며, 평생직업교육이 가능한 선순환체제를 구축하고자 한다. 각 교육단계별 재학생에게는 고용보험기금에 의한 학비 지원 등 장학금 지원을 확대하게 된다.

우선 전문계고 졸업 후 취업과 전문대 진학을 보장하고, 지역 산업체 요구에 부응하는 '산학협력 취업약정제(협약학과)' 를 활성화하기로 하였다. 협약학과는 '전문계고-전문대-산업체-지방자치단체(교육청 포함)' 가 협약을 통해 컨소시엄을 구성하고, 공동으로 인력을 양성하여 취업과 연계시키는 프로그램으로서 2007년에는 106억 원(2006년 99억 원)을 지원할 예정이며, 2009년부터는 현행 사업의 평가 · 분석을 거쳐 60개 사업단으로 확대할 예정이다. 협약학과의 유형은 취업/진학 병렬형, 진학-취업 순차형으로 구분할 수 있다. 성공 사례로 현대제철-신성대학-논산공고(8명)/경기기계공고(8명)/합덕산업고(1명)가 협약학과를 개설하고 학교장 추천에 의한 특별전형 모집을 실시하였는데, 연봉 3,500만 원 대우로 2007년 수시모집 경쟁률은 30대 1을 기록하였다.

취업약정제 외에도 전문계고 졸업생의 우선 취업기회 확대(전문계고 출신 공무원 특채 및 학교장추천 입사제), 조기입직자에 대한 전문대학입학 문호 확대(고졸 경력자에게 전문대학 정원 외 입학 허용), 전문계고 졸업자의 계속직업교육 완성과정으로 전문대학 전공심화과정(학사학위 수여) 도입 등을 추진할 계획이다. 또한 산업대학, 전문대학의 산업체 위탁교육 활성화를 통해 재직 중에 근로자가 대학교육 및 학위취득기회를 확대해 나가고 있다.

산업체 위탁교육제도는 고등학교 졸업 재직자들에 대해 전문대학과 산업체가 위탁교육을 체결하여 야간에 정규 전문학사학위 과정을 운영하는 것으로 1994년에 도입된 이래

표 4-3 **전문계고등학교 취업약정제 추진사업단 현황**(2006)

사업단 수	대학 수	전문계고		기업체 수	지방자치단체 수	2006년 사업비
		학교 수	학생 수			
44개	40개교	150개교	1,573명	326업체	15개 교육청	991,500만 원

출처: 교육인적자원부(2007b). 고졸 재직자 전문대학 입학문호 확대. 보도자료. 2007년 5월 8일.

표 4-4 **연도별 산업체 위탁교육 현황**

(단위: 개, 명)

구분	1995	1996	1997	1998	1999	2000	2001	2002	2003	2004	2005	2006
학교 수	57	77	89	99	105	103	98	95	120	109	116	110
입학생 수	7,531	14,231	23,730	27,158	25,060	28,690	29,595	31,060	30,712	24,286	22,176	22,043
산업체 수	3,528	6,408	13,768	20,588	19,007	20,621	20,813	21,061	21,777	16,211	15,025	14,762

출처: 교육인적자원부(2007b). 고졸 재직자 전문대학 입학문호 확대. 보도자료. 2007년 5월 8일.

28만 명 이상의 고등학교 졸업 근로자에게 고등교육기회를 제공하였다(교육인적자원부, 2007b). 산업체 위탁교육은 「고등교육법」 제40조 및 「고등교육법 시행령」 제53조의2, 전문대학 산업체 위탁교육 시행지침(교육인적자원부 예규 282호)에 근거를 두고, 실시학교 요건은 모집단위별 전체 교원확보율이 70% 이상이고, 교사확보율이 60% 이상이어야 한다. 지원자격은 고등학교 졸업(예정)자로서 산업체에서 6개월 이상 재직한 자이었으나, 2007년부터는 재직 중이기만 하면 위탁교육계약 체결이 가능하도록 근무경력기준을 완화하였다.

또한 기존에는 상시고용 5인 이상 사업장 또는 공공단체 등에 등록된 단체에 회원으로 가입한 산업체만 위탁교육을 실시할 수 있었으나, 2007년부터는 고용인원과 관계없이 4대보험 가입 산업체이면 위탁교육이 가능하도록 확대하였으며, 산업체 위탁교육의 별도 학급편성 최소인원 기준(20명)도 대학에서 자율적으로 운영할 수 있도록 규제를 완화할 예정이다.

(3) 직업교육과정 혁신 및 운영 내실화

전문계고등학교 교육과정 혁신을 위해 현장실습 운영시기와 방법을 다양화하되, 산업체 파견 현장실습은 본래의 교육적 취지에 맞는 경우에만 실시하도록 하였다. 학기 중에 이루어지는 일시적인 아르바이트형 현장실습은 엄격히 제한함으로써 교육과정의 내실을 기하기 위한 것이다. 산업현장에 대한 적응력 제고를 위해서는 단위학교에 현장전문가로 산학협력위원(Adviser)제도를 도입하도록 하였다. 산학협력위원제도는 현장 중심의 교육과정 개발 및 취업정보 제공 등의 역할을 수행하게 되며, 2007년 교육인적자원부 지정 연구학교부터 우선 적용하여 시범 실시할 예정이다.

직업 · 진로교육 강화를 위해서는 전문상담교사 배치로 산업체와 연계된 취업 · 진로교육을 강화하고,[13] 소질과 적성을 장기간에 걸쳐 검사하고 상담 및 검사기록 누적 보존과

13) 신규임용 예정인 전문상담교사를 실업계고에 우선 배치 권장(2007년 175명).

함께 '진로선택안내제'를 시행할 예정이다. 2007년도에 노동부 협력사업으로 전문계고의 직업진로지도 및 취업지원 강화를 위해 교내직업진로 정보센터 설립, 취업 관련 홈페이지 구축, 동아리활동 등 지원사업에 150개 실업고 대상(교당 3천만 원 수준) 47억 원을 지원할 예정이다. 장학금비율 확대 및 학급당 인원 수 감축도 추진하여 2006년 현재 장학금 수혜율 60%를 2008년까지 80% 수준으로 확대하여 학비부담을 경감할 예정이며, 학과별 · 지역별 특성 및 재정여건에 따라 신축적으로 학급당 인원을 감축하여 수업의 내실을 기하도록 할 예정이다. 실적을 보면 2005년의 경우 실업고생 46만 명 중 28만 명에게 2,060억 원을 지급하였으며, 현재 실업고 평균 학급당 인원 수 32.8명(2005년)을 25명(2015년)까지 단계적으로 감축할 계획이다.

4. 실업교육의 현황과 쟁점

1) 실업교육의 현황

(1) 학교 · 학생 수 현황

전문계고등학교는 2005년 현재 713개교로서 전체 고등학교의 34.0%에 해당한다. 계열별로 보면 농업계 31개교, 공업계 212개교, 상업계 212개교, 수 · 해양계 8개교, 가사 · 전문계 64개교, 종합고 186개교로 구성되어 있다. 전문계고등학교 중 41개교는 특수목적고등학교로,[14] 73개교는 특성화고등학교로 지정되어 있다. 특성화고등학교는 1996년 2월 교육개혁위원회의 '신교육체제 수립을 위한 교육개혁 방안'에서 제시된 학교유형으로서 전문계고등학교의 다양화 · 특성화 등 고교단계 직업교육체제 개선 목적으로 도입되었다.[15] 특성화고등학교는 비교적 소규모이며 대개 자율학교로 지정되어 학교의 탄력적 운영이 가능하다. 즉, 학급당 인원 25~30명으로 신축적 운영, 자율적인 교육과정 편성 · 운영, 산학겸임교사 임용, 학교자체 교수 · 학습자료 개발 등의 특례를 인정받고 있다. 예를 들어 한국경마축산고는 마필관리 특성화고등학교로서 한국마사회와 연계 운영하면서 마필 지원, 기숙사 신축비 지원(2003년 8억 원), 교재 공동개발 등을 추진

14) 특수목적고등학교는 1974년부터 고등학교 평준화정책이 실시되면서 평준화제도의 제한점을 보완하기 위하여 입학전형상 특례를 인정받는 학교로 출발하였으며 영재 · 특수재능계열 특수목적고등학교와 직업교육분야 특수목적고등학교로 구분할 수 있다(김성열, 2005).

15) 「초 · 중등교육법 시행령」 제91조 제1항에서 교육감은 소질과 적성 및 능력이 유사한 학생을 대상으로 특정 분야의 인재 양성을 목적으로 하는 교육 또는 자연현장실습 등 체험 위주의 교육을 전문적으로 실시하는 학교를 특성화고등학교로 지정 · 고시할 수 있도록 하였다.

표 4-5 전문계고등학교 학교 수(2005. 4. 1. 현재)

(단위: 개)

계열	계열별 학교 수	특수목적고등학교 수	특성화고등학교 수	비고
농업	31	10		국립 5 공립 412 사립 296
공업	212	22		
상업	212			
수 · 해양	8	8		
가사 · 실업	64			
종합	186			
계	713	40	73	

출처: 교육인적자원부(2005). '특성화고 확대'와 '협약학과'로 실업계 고교 교육 강화. 보도자료. 2005년 11월 29일.

하고 있다.

공업계고등학교 212개교 중에서 '2 · 1체제'를 운영하는 학교는 23개교이며, 이수학생은 2,169명으로서 참여율은 학교 수 기준으로 10.8%이고, 학생 수 기준으로 3.3%이다. '2 · 1체제'는 2년간 학교에서 공부하고 1년은 산업체에서 실습을 하는 방식으로서 산학연계를 중시하는 특성화된 공업고등학교의 한 유형으로 1994년부터 1998년까지 시범운영한 후 계속 운영되고 있다. 1994년부터 2005년까지 8만 5,982명이 참여하였다.

표 4-6 공업고등학교 2 · 1체제 운영 현황

구분	1994	1995	1996	1997	1998	1999	2000	2001	2002	2003	2004	2005
학교 수	20	68	96	90	45	35	32	33	30	28	22	23
학생 수	3,169	10,470	13,745	12,922	9,110	7,387	7,181	5,064	4,678	3,598	2,389	2,169

출처: 교육인적자원부(2005). '특성화고 확대'와 '협약학과'로 실업계 고교 교육 강화. 보도자료. 2005년 11월 29일.

전반적인 학생인구의 감소추세에 따라 고등학교 학생 역시 감소하고 있으며 일반계고등학교보다는 전문계고등학교의 학생 수 감소가 뚜렷이 나타나고 있다. 2000년도에 전문계고등학교 학생은 74만 6,986명으로서 전체 고등학교 학생 수 207만 1,468명의 36.1%를 차지하고 있었으나 2005년에 그 비중이 28.5%로 낮아졌다.

계열별 학생 수를 보면 2005년 현재 농업계열 1만 6,846명, 공업계열 18만 7,092명, 상업계열 17만 1,903명, 수 · 해양계열 4,472명, 가사 · 전문계열 3만 3,857명, 종합고 8만 8,934명으로 나타나고 있다. 공업계열과 상업계열 학생이 큰 비중을 차지하고 있으며 그만큼 학생 수 감소도 이 두 계열에서 크게 나타나고 있다. 종합고등학교는 일반계과정과

표 4-7 고등학교 학생 수 변화추이

(단위: 명)

연도	2000	2001	2002	2003	2004	2005
총 고등학생 수	2,071,468	1,911,173	1,795,509	1,766,529	1,746,560	1,762,896
증감	△86,412	△160,295	△115,664	△28,980	△19,969	△16,336
실업계 학생 수 (비율)	746,986 (36.1%)	651,198 (34.1%)	575,363 (32.0%)	542,077 (30.7%)	514,550 (29.5%)	503,104 (28.5%)
증감	△164,467	△95,788	△75,835	△33,286	△27,527	△11,446
일반계 학생 수	1,324,482	1,259,975	1,220,146	1,224,452	1,232,010	1,259,792
증감	78,055	△64,507	△39,829	4,306	7,558	27,782

출처: 교육인적자원부(2005). '특성화고 확대'와 '협약학과'로 실업계 고교 교육 강화. 보도자료. 2005년 11월 29일.

표 4-8 계열별 전문계고등학교 학생 수 변화추이

(단위: 명)

계열	2000	2001	2002	2003	2004	2005
농업계고	17,874	16,792	16,408	16,322	17,024	16,846
공업계고	265,837	231,716	206,518	196,496	188,230	187,092
상업계고	272,650	227,710	201,849	186,284	178,021	171,903
수·해계고	5,607	5,016	4,619	4,538	4,538	4,472
가사·실업고	57,683	49,548	41,632	42,787	34,998	33,857
종 합 고	127,335	120,416	104,337	95,650	91,739	88,934
소계	746,986	651,198	575,363	542,077	514,550	503,104
일반계고	1,324,482	1,259,975	1,250,146	1,224,452	1,232,010	1,259,792
합계	2,071,468	1,911,173	1,825,509	1,766,529	1,746,560	1,762,896

출처: 교육인적자원부(2005). '특성화고 확대'와 '협약학과'로 실업계 고교 교육 강화. 보도자료. 2005년 11월 29일.

전문계과정이 함께 개설된 학교로서 입학부터 졸업까지 별도의 교육과정을 운영하고 있다. 2005년 현재 일반계과정 이수학생은 약 5만 명 정도였다.

전문계고등학교의 입학정원은 2000년에 24만 809명이었으나 2005년에 18만 3,396명으로 계속 감축되어 왔다. 입학정원에 비해 입학생 수는 매년 5~6%의 미달을 보이고 있다. 일반계고등학교의 미달률이 1~1.5% 수준인 것을 고려하면 전문계고등학교에 대한 지원자가 상대적으로 줄고 있음을 알 수 있다. 다만 전문계고등학교 중 특수목적고등학교의 미달률은 1.7%(2005년)이고, 특성화고등학교의 미달률은 2.3%로서 학교의 유인가를 높인다면 지원자를 확보할 수 있음을 간접적으로 시사하고 있다.

표 4-9 연도별 신입생 입학 현황

(단위: 명, %)

연도	2000	2001	2002	2003	2004	2005
입학정원	240,809	224,760	200,778	190,524	185,031	183,396
입학생 수	220,841	207,930	189,238	178,800	173,062	173,039
미달자 수 (미달률)	19,968 (8.3)	16,830 (7.5)	11,540 (5.7)	11,724 (6.2)	11,969 (6.5)	10,357 (5.6)
일반계 미달률	1.9	1.5	1.1	1.5	1.1	1.2

출처: 교육인적자원부(2005). '특성화고 확대'와 '협약학과'로 실업계 고교 교육 강화. 보도자료. 2005년 11월 29일.

(2) 일반계고등학교 직업과정

일반계고등학교 학생을 대상으로 하는 직업과정에 참여하는 학생은 1998년에 1만 8,737명이었으나 2005년에 8,548명으로 줄어들었다. 2005년 기준으로 자체과정은 176명이고 위탁과정이 8,372명으로 대부분을 차지하고 있다. 위탁과정의 경우 공공기관뿐만 아니라 민간기관에 대한 위탁교육도 실시하고 있는데, 공공기관위탁은 공공 직업훈련기관이나 직업학교를 주로 이용하고 있고 민간위탁의 경우에는 기술학원을 활용하는 경우가 일반적이다.

표 4-10 일반계고등학교 직업교육 실시 현황

(단위: 명)

구분		1998	1999	2000	2001	2002	2003	2004	2005
자체과정		4,514	3,772	2,324	1,097	1,043	754	622	176
위탁과정	직업학교	3,921	3,996	3,323	3,146	2,930	2,960	2,726	1,969
	공고부설	693	458	572	456	392	179	268	426
	공공직훈	3,782	5,299	4,830	4,802	4,222	3,769	3,856	2,434
	〈공공 계〉	8,396	9,753	8,725	8,404	7,544	6,908	6,850	4,829
	인정직훈	2,830 (2,050)	1,112 (786)	1,081 (1,081)	712 (712)	781 (781)	1145 (1,145)	654 (654)	719
	기술학원	2,483 (1,664)	3,672 (3,572)	4,264 (4,264)	3,969 (3,969)	3,622 (3,622)	3,216 (3,216)	3,217 (3,217)	2,824
	사내훈련	514	389	0	0	0	0	0	0
	〈민간 계〉	5,827	5,173	5,345	4,681	4,403	4,361	3,871	3,543
	소 계	14,223	14,926	14,070	13,085	11,947	11,269	10,721	8,372
합 계		18,737 (3,714)	18,698 (4,358)	16,394 (5,345)	14,182 (4,703)	12,990 (4,403)	12,023 (4,361)	11,343 (3,871)	8,548

주: ( ) 안은 국고지원 위탁생 수로 전체 수에 포함.

출처: 교육인적자원부(2005). '특성화고 확대'와 '협약학과'로 실업계 고교 교육 강화. 보도자료. 2005년 11월 29일.

표 4-11 일반계고등학교 직업과정 학생의 자격증 취득 현황(2004년)

(단위: %)

구분	자체과정	직업학교	공고부설	공공직업 능력훈련	노동부지정 직업훈련	직업 · 기술계 학원	계
자격증 취득률	56.6	72.3	89.1	90.2	79.7	53.1	72.3

출처: 교육인적자원부(2005). '특성화고 확대'와 '협약학과'로 실업계 고교 교육 강화. 보도자료. 2005년 11월 29일.

직업과정에 참여하는 학생의 자격증 취득 현황을 보면 2004년 기준으로 72.3%에 달하여 높은 수준을 유지하고 있다. 자체과정의 취득률보다는 공고부설과정이나 공공 직업훈련기관에 참여하는 학생의 취득률이 높게 나타나고 있다. 직업과정에 대해 정부는 초기인 1996년과 1997년 사이에 92억 원을 지원하였고, 이후 점차 지원금액이 감소하여 2004년에는 약 9억 원을 투자하였다(교육인적자원부, 2005).

(3) 전문계고등학교 재정 지원

전문계고등학교 내실화를 꾀하기 위한 실질적인 토대는 재정 확보이다. 전문계고등학교 확충 및 내실화를 지원하기 위한 예산은 2002년에 국고와 지방비를 합하여 1,162억 원이었다. 2003년과 2004년에도 비슷한 수준이 유지되었으나 2005년 지방비의 확보액을 보면 전년대비 79.5% 수준으로 떨어졌다. 교육인적자원부는 2004년 7월 정부혁신지방분권위원회의 '국고보조금 정비방안'에 따라 전문계고등학교 직업교육 관련 업무를 지방으로 이양함에 따라 국고 지원 예산은 폐지되고 교육인적자원부예산에서는 학교에서 직업세계로의 원활한 이행 촉진(진로정보센터 운영, 미래의 직업세계 인프라 구축, 국가직무능력표준(KSS) 개발)사업(18억 5,000만 원), 전문계고 혁신프로그램 개발 · 보급사업(5억 원), 국립공고 실습기자재 확충사업(24억 9,100만 원)만을 담당하였다. 참여정부는 '분권과 책임' 원칙에 따라 지방재정 자율성 확대 및 자기책임의 명확화를 위하여 지방자치단체가 자율적으로 주민의 수요와 지역실정에 맞는 사업을 정하고, 이에 필요한 예산도 자체적으로 확보하도록 하였다. 하지만 실질적으로 실업교육예산은 지방재정의 우선순위에서 밀리는 결과를 낳게 되었다.

실업교육예산의 부족은 실험실습기자재 확보에도 부정적인 영향을 미치고 있다. 실험실습기자재 확보율을 보면 점수로는 76.2%이고 금액으로는 69.8%로서 보유기준에 상당히 미달하고 있다(교육인적자원부, 2005). 특히, 노후 기자재 보유율은 점수로 10.9%이고 금액으로 15.3%로서 추가적인 재정 지원이 요구됨을 알 수 있다.

학생에 대한 재정 지원으로서 학비감면을 보면 2005년 기준 전문계고등학교 학생 18만 4,203명 중 50만 3,104명이 감면혜택을 받았다. 비율로 보면 36.6%로서 일반계고등학교

표 4-12 전문계고등학교 확충 및 내실화예산

(단위: 억 원)

사업명	2002			2003			2004			2005 확보액		
	국고	지방비	계	국고	지방비	계	국고	지방비	계	국고	지방비	계
일반고 직업교육	11	40	51	11	30	41	9	26	35	지방 이양 국고 지원 없음		
실고확충 내실화	508	568	1,076	500	750	1,250	454	604	1,058			
농어촌실고 학과개편	27	8	35	27	3	30	25	22	47			
합계	546	616	1,162	538	783	1,321	488	652	1,140	0	992	992
증감				△8	167	159	△50	△131	△181	△488	340	△148

출처: 교육인적자원부(2005). '특성화고 확대'와 '협약학과'로 실업계 고교 교육 강화. 보도자료. 2005년 11월 29일.

학생의 감면율 13.9%에 비하면 상당히 높은 편이다. 전문계고등학생 장학금 수혜 현황의 경우(2004년 12월 31일 기준) 총 지급 학생 수는 11만 256명이며 이 중 국고보조를 받은 학생 수는 23만 239명으로 24.3%를 차지하였다.

2) 실업교육의 쟁점

(1) 양적 규모 조절(일반계-전문계고등학교의 비율 조정)

실업교육의 쟁점 중 하나는 인문계고등학교와 전문계고등학교의 비율을 정책적으로 조정·관리할 것이냐, 아니면 국민의 교육적 요구를 수용할 것이냐 하는 점이다. 인문교육을 중시하고 대학진학에 유리한 인문계고등학교를 선호하는 국민의 정서와 요구를 그대로 수용할 경우 사회의 인력수요를 충족시킬 수 없으며 과열 대학진학 현상을 초래할 수 있다. 반면, 사회의 요구에 맞추어 적정규모의 기술인력을 공급하고 대학진학의 과열현상을 억제하기 위하여 정책적으로 조정할 경우 실업교육의 정상화를 꾀하기 어렵다.

1950년대 이후 정부는 지속적으로 전문계고등학교의 비중 확대 내지는 유지를 주요 정책과제로 삼아왔다. 인문계고등학교와 전문계고등학교의 양적 규모에 대해 1950년대에는 3:7의 비율을 목표로 내세웠으나 실제로 달성되지는 않았다. 이후 4:6으로 기준을 완화하였다가 다시 5:5 기준을 추구하여 왔으나 계속해서 실업교육의 비중은 축소되었다. 1970년에 일반계고교와 전문계고교의 학생비율은 대략 5:5 정도를 유지하였으나 1990년에 이르러서는 전문계고교의 비중이 30%대로 낮아지고 일반계고교의 비중은 60%대로 올라갔다.

표 4-13 고등학교 유형별 학생분포 비율

(단위: %)

연도	일반계고교	실업계고교	방송통신고	고등기술학교	각종학교
1970	51.2	44.6	0.0	2.1	2.1
1975	53.4	39.1	1.3	1.1	5.1
1980	51.4	42.1	1.6	1.1	3.8
1985	56.1	39.2	2.0	0.8	1.8
1990	61.9	34.0	1.5	1.0	1.6
1995	57.0	41.7	0.7	0.6	0.1
2000	63.2	35.6	0.7	0.3	0.2
2001	65.1	33.7	0.8	0.3	0.2
2002	67.1	31.7	0.8	0.3	0.2
2003	68.5	30.3	0.8	0.2	0.2
2004	69.8	29.2	0.7	0.2	0.1
2005	70.7	28.2	0.7	0.2	0.1
2006	71.4	27.6	0.7	0.2	0.1

출처: 한국교육개발원 교육통계 서비스.

2006년 기준으로는 전문계고등학교의 학생비율이 20%대로 더욱 낮아졌다.

1996년 교육개혁위원회의 신직업교육체제 구축방안에서는 당시까지 추구해 온 전문계 대비 일반계 비율 50:50 정책에서 선회하여 양적인 직업기술교육기회의 확대보다는 질적인 내실화를 기하는 방향으로 전환하였다. 2000년 전문계고등학교 육성대책에서는 경쟁력 없는 전문계고등학교는 일반계고등학교로 점진적으로 전환을 허용하는 구조조정 방침을 제시하였다. 즉, 시설 · 설비가 미흡하고 미달현상이 심한 일부 전문계고등학교는 희망에 따라 선별적으로 일반계고등학교로 전환할 수 있도록 한 것이다. 2007년도 정부정책 방향 역시 전문계고등학교의 양적 규모를 정책적으로 유지하기보다는 '희망을 실현하는 학교'가 되도록 지원함으로써 가고 싶은 학교를 만드는 것으로 이어지고 있다.

(2) 종국교육과 기초교육

전문계고등학교 교육의 성격을 직업교육으로서 종국교육으로 설정할 것인지 아니면 고등교육단계의 직업교육의 전단계로서 기초교육으로 설정할 것인지는 또 다른 쟁점이다. 직업교육으로서 종국교육으로 규정할 경우 전문기술의 함양에 더 초점을 맞추게 되고, 기초교육으로 규정할 경우 고등교육단계의 직업교육 이수에 필요한 기초능력과 태도, 기술 변화에 대한 적응능력의 배양을 강조하게 된다. 정부의 정책은 1996년 신직업교육체제 구축방안에서 열린 평생교육체제를 이념으로 내세우면서 교육의 진로가 열린 실업교육을 지향하게 되어 종국교육보다는 기초교육으로 방향을 선회하게 된다. 물론 종국교육의 성격을 완전히 벗어난 것은 아니고 필요에 따라 상급학교 진학의 기회가 열린 실업교육을 만들겠다는 것이다.

2000년 전문계고등학교 육성대책에서는 전문계고교 운영의 내실화 과제 중 하나로서 직업기초교육 강화를 제시하고 있는데, 이것 역시 고등교육단계의 직업교육과 연계된 전문계고등학교 교육을 전제로 한 것이다. 구체적으로 보면 직업기초소양교육 강화 및 직업윤리, 의사소통, 정보처리, 수리, 대인관계, 외국어구사, 문화이해 등 직업기초교과를 강화할 것을 요구하였다. 2005년 교육혁신위원회의 직업교육체제 혁신방안에서는 모두를 위한 직업교육, 직능지향의 열린 직업교육체제, 학교에서 일터로 일터에서 학교로 원활한 이행을 혁신방향으로 제시하면서 종국교육으로서의 전문계고등학교는 더욱 약화되었다.

현실적으로 2000년에 전문계고등학교 졸업생의 취업률은 51.4%이고 진학률은 42.0%였으며, 2005년에는 취업률이 27.7%로 낮아지고 진학률이 67.6%로 올라가게 되었다. 전문계고등학교 학생의 진학은 주로 전문대학으로 이어지고 있는데 2005년의 경우 전문대학 진학생이 62.0%였고, 대학 진학생은 37.3%였다. 진학계열을 보면 2005년 기준 동일계 진학이 74%이고 비동일계 진학은 26%로 나타나고 있는데 비동일계 진학이 점차 늘어나는 추세이다.

표 4-14 졸업생 진로(취업 및 진학) 현황

(단위: 명, %)

연도	2000	2001	2002	2003	2004	2005
졸업생 수	291,047	270,393	231,127	189,510	182,235	170,259
취업률 (수)	51.4 (149,543)	48.4 (130,968)	45.1 (104,138)	38.1 (72,212)	33.0 (60,062)	27.7 (47,227)
진학률 (수)	42.0 (122,170)	44.9 (121,411)	49.8 (115,103)	57.6 (109,234)	62.5 (113,944)	67.6 (115,164)

출처: 교육인적자원부(2005). '특성화고 확대' 와 '협약학과' 로 실업계 고교 교육 강화. 보도자료. 2005년 11월 29일.

표 4-15 전문계고등학교 졸업생의 진학 현황

(단위: 명, %)

연도	졸업생 수	진학자 수	진학 현황			
			전문대학	교육대학	대학교	각종학교
1998	302,416	107,823 (35.7)	78,941 (73.2)	138 (0.1)	27,313 (25.4)	1,431 (1.3)
1999	290,892	112,130 (38.5)	81,448 (72.7)	139 (0.1)	29,470 (26.3)	1,033 (0.9)
2000	291,047	122,172 (41.9)	88,914 (72.8)	133 (0.1)	31,968 (26.2)	1,155 (0.9)
2001	270,393	121,411 (44.9)	88,249 (72.7)	157 (0.1)	32,063 (26.4)	942 (0.8)
2002	231,127	115,103 (49.8)	81,307 (70.6)	74 (0.1)	32,614 (28.3)	1,108 (1.0)
2003	189,510	109,234 (57.6)	70,334 (64.4)	116 (0.1)	37,956 (34.7)	828 (0.8)
2004	182,235	113,944 (62.3)	69,648 (61.1)	86 (0.1)	43,363 (38.1)	847 (0.7)
2005 (전체)	170,259	115,164 (67.6)	71,376 (62.0)	133 (0.1)	42,950 (37.3)	705 (0.6)

출처: 교육인적자원부(2005). '특성화고 확대'와 '협약학과'로 실업계 고교 교육 강화. 보도자료. 2005년 11월 29일.

표 4-16 전문계고등학교 졸업생의 진학계열

(단위: %)

연 도	동일계 진학률	비동일계 진학률
2003	79	21
2004	77	23
2005	74	26

출처: 교육인적자원부(2005). '특성화고 확대'와 '협약학과'로 실업계 고교 교육 강화. 보도자료. 2005년 11월 29일.

(3) 고등직업전문기관의 정체성

전문대학, 산업대학, 기능대학이 고등직업교육기관으로서 독자성과 차별성을 정책적으로 추구할 것인가 아니면 국민의 요구에 따라 시장논리에 맡겨둘 것인가? 전문대학의 경우 고등직업교육기관으로서 역할이 강조되고 있지만 전문학과의 다양화가 미흡하고 교수요원의 전문성 확보방안이 부족한 상황이다(임연기 외, 1999: 440). 전문계고등학교 학생이 많이 진학하고 있지만 고등학교단계와 구별되는 고등직업교육의 정체성을 적절히 확보하고 있지 못하다. 또한 전문대학의 특성이라고 할 수 있는 산학협동이 일반대학에까지 보편적으로 확대되고 있는 상황에서 전문대학의 차별성은 더욱 약화되고 있다.

산업대학은 초기에 현직 직업인을 위한 재교육기관으로 출발하였으나 당초 설립취지와는 다르게 계속해서 일반대학화하는 방향으로 변화하여 왔다. 직업인의 재교육 지원체제가 활성화되어 있지 않은 상황에서 산업대학은 학생 충원을 위해 일반학생에 의존할 수밖에 없었고, 일반학생이 다수를 차지하고 있는 상황에서 교육과정은 일반대학화하는 경향을 나타내었다. 기능대학 역시 초기와 다르게 현재는 전문대학과 마찬가지로 전문학사 학위를 수여하고 있으며 전문대학과 유사하게 운영됨으로써 차별성이 약한 상태이다.

이러한 상황에서 앞으로 정책적으로 계속 전문대학, 산업대학, 기능대학의 차별적 역할과 기능을 강조할 것인지 아니면 시장의 논리에 따라 진화의 과정을 통해 적자생존의 방식을 추구할 것인지는 중요한 쟁점이 되고 있다. 1997년 제정된 「교육기본법」의 기본 정신이 교육의 호환성에 있는 만큼 교육기관의 형식과 목표보다는 학습자 위주의 정책방향을 추구한다면 정책적으로 계속 차별화를 요구해나가는 것은 현실적으로 어려울 것으로 예상된다.

5. 발전과제

참여정부가 '특정학생을 위한 직업교육'에서 '모두를 위한 직업 · 진로교육'으로 관점을 전환하고 희망을 실현하는 전문계고 육성전략을 제시하면서 실업교육은 새로운 전환점을 맞이하고 있다. 참여정부의 정책이 실현되는 과정에서 앞으로 관심을 가져야 할 발전과제를 제시하면 다음과 같다.

첫째, 학벌주의 심화로 무조건적인 대학진학 풍토에서 실업교육의 문제를 찾기보다는 적극적으로 교육에 대한 국민의 요구를 이해하여 수용함으로써 학습자가 원하는 실업교육을 만들어내는 것이다. 2005년 전문계고등학교 학생의 중도탈락률은 2.9%로서 일반계고등학교 학생의 중도탈락률 0.7%보다 높게 나타나고 있다. 이것은 전문계고등학교가 현재 학습자의 교육요구를 적절히 반영하고 있지 못하다는 반증이기도 하다. 정부는 2007년 4월 12일 「초 · 중등교육법 시행령」을 개정하여 전문계고등학교를 '전문계고등학교'로 명칭을 변경하였는데, 이러한 시도는 국민의 의견을 적극적으로 수렴한 좋은 사례라고 할 수 있다. 실업이라는 용어가 학생 및 학부모에게 부정적인 인식을 주고 이 때문에 전문계고등학교를 기피하는 현상이 발생하는 것이라면 이를 해소하는 것은 당연한 일이다. 앞으로 명칭이나 형식으로 인해서 실업교육에 대한 실질적인 학습자의 교육욕구가 저해되지 않도록 하여야 한다.

표 4-17 고등학교 중도탈락률 추이

(단위: %, 명)

연도	2000	2001	2002	2003	2004	2005
실업계 (수)	4.3 (32,188)	5.1 (33,215)	4.9 (27,966)	4.0 (21,529)	3.3 (17,145)	2.9 (14,610)
일반계	1.3	1.5	1.7	1.4	0.9	0.7

출처: 교육인적자원부(2005).

둘째, 특성화고등학교에는 교장공모제를 적극 활용하여 전문경영방식을 도입하여 내부혁신을 꾀하고 지역사회 및 기업체와 산학협력관계를 더욱 강화할 필요가 있다. 교육계 내부의 폐쇄적인 운영체제로는 실업교육의 활성화를 도모하기 어려운 만큼 교육인적자원부가 발표한 '교장공모제 시범적용계획'에 따른 교장공모제를 확대 활용할 필요가 있다(교육인적자원부, 2007c). 교장공모제는 내부형(초·중등학교 교육경력(교육전문직 경력 포함) 15년 이상인 교육공무원 또는 사립교원), 개방형(당해 학교 교육과정과 관련된 분야에서 3년 이상 종사한 자), 초빙교장형(교장자격증소지자)으로 구분되는데 다양한 유형을 시범실시한 후 효과를 평가하여 확대실시할 필요가 있다.

셋째, 교육인적자원부가 추진하고 있는 전문계-전문대학 연계학습·취업보장 모델을 정착시켜 나가야 한다(교육인적자원부, 2007a). 전문계고 취업 또는 전문대(전문학사), 전문대 전공심화과정(학사) 연계모델은 평생직업교육의 선순환체제를 구축하는 데 기여할 수 있을 것이다. 2007년 7월 13일「고등교육법」개정(2008년 1월 1일 시행)에 따라 전문대학의 전공심화과정 이수자에게 학사학위를 줄 수 있도록 하였다. 전공심화과정에 입학할 수 있는 자는 동일계열의 전문대학을 졸업한 자 중 관련분야에서 재직한 경력이 있는 자로서 재직기간에 제한을 두지 않았다. 앞으로는 전문계고등학교에 진학하더라도 취업 이후에 언제든지 교육적 욕구에 따라 전문학사와 학사학위를 취득할 수 있는 길이 열린 것이다. 앞으로 경험학습과 학교교육 사이 연계를 강화함으로써 학습자 중심의 열린 직업교육체제가 되도록 하여야 할 것이다.

넷째, 다양한 자격제도와 전문계고등학교 교육과정의 연계를 통해서 직업기초능력과 전문능력의 습득에 대한 인정체제를 구축해야 한다(교육인적자원부, 2000). 국가적 수준의 표준직무기준(National Skill Standard)의 개발·활용으로 직업교육과 자격제도를 연계함으로써(이정표 외, 1999)「교육기본법」의 기본정신인 모든 유의미한 학습경험의 호환성을 높이는 것이다. 기능사 자격시험의 응시자는 대부분 전문계고등학교 학생인데 많은 전문계고등학교 학생은 자격증을 따기 위해 별도의 교육과정을 이수해야 하거나 학원교습을 받고 있다. 앞으로 교육과정을 정상적으로 이수한 자는 일정수준의 평가를 거쳐 무시험으로 자격을 취득할 수 있도록 하여야 한다. 앞으로 학습과 취업이 연계된 평생학습 직업 교육체제가 정착되어 갈 수 있도록 자격과 학점이 서로 유기적으로 연계될 수 있는 장치가 마련되어야 할 것이다(김기홍, 2005).

참 고 문 헌

교육개혁위원회(1996). 신교육체제 수립을 위한 교육개혁방안(II). 참고설명자료. 1996년 2월 9일.

교육부(1997). 교육개혁 이렇게 추진하고 있다.

______(1998). 교육50년사: 1949-1998.

교육부(2000). 실업계 고교 육성대책 수립. 보도자료. 2000년 1월 12일.

교육인적자원부(2001). 실업교육 육성방안 발표. 보도자료. 2001년 11월 2일.

____________(2005). '특성화고 확대'와 '협약학과'로 실업계 고교 교육 강화. 보도자료. 2005년 11월 29일.

____________(2005.9). 실업교육 현황 자료.

____________(2005.12). 「직업교육체제 혁신방안」 세부 시행계획.

____________(2007a). '희망을 실현하는 실업계 육성 전략' 추진. 보도자료. 2007년 2월 7일.

____________(2007b). 고졸 재직자 전문대학 입학문호 확대. 보도자료. 2007년 5월 8일.

____________(2007c). 교장공모제 시범적용 학교 62개교 선정. 보도자료. 2007년 5월 18일

교육혁신위원회(2005a). 교육혁신위원회 2년 활동 백서.

____________(2005b). 직업교육체제 혁신방안.

김기홍 외(2004). 초·중등학교 기초직업교육의 현황과 과제. 정책연구 2004-7. 한국직업능력개발원.

김기홍(2005). 전문대학 직업교육내실화를 위한 자격증 학점인정 방안연구. 교육정책연구 2005-공보-15. 교육인적자원부.

김성열(2005). 고등학교 체제의 다양화·자율화: 실태와 개선방안. 평등성과 수월성의 균형 신장 (한국교육학회 2005년 추계 학술대회 자료집).

문교부(1990). 교육백서.

이정표 외(1999). 중등단계 직업교육과 자격제도의 연계 방안 연구. 기본연구 99-16. 한국직업능력개발원.

이정표 외(2000). 평생 직업교육훈련 종합 대책 (I). 한국직업능력개발원.

임연기 외(1999). 한국교육정책의 쟁점과 과제. 수탁연구 CR99-40. 한국교육개발원.

장홍근 외(2003). 전환기의 직업훈련체제 재정립. 한국직업능력개발원.

정원섭 외(2001). 직업교육체제 발전 방안. 기본연구 01-43. 한국직업능력개발원.

정태화 외(2000). 전문대학 직업교육 다양화를 통한 인적자원개발 방안 연구. 교육정책연구 2000-일-12. 교육부.

한국교육개발원(1998). 교육통계편람. RR98-17.

제 5 장

평생교육의 활성화: 평생학습도시정책을 중심으로

1. 서 론

지식기반사회, 학습경제사회, 정보화 및 네트워크 사회 등으로 표현되고 있는 21세기 현대사회는 급변하는 국내외 환경 속에서 학습체제의 커다란 패러다임 전환을 맞이하고 있다. 학습자 중심의 평생학습 패러다임으로 지칭되는 이러한 변화는 학교교육을 중심으로 하는 전통적 교육체제를 가정, 직장, 지역사회 등에서의 비형식·무형식학습을 포함하는 총체적인 학습 지원체제로 재구조화하고 있다. 이에 따라 앞으로의 학습개념은 학교를 포함하는 삶의 전 장면을 학습장으로, 사회 전체 구성원을 학습의 주체로, 생애의 전 기간을 학습연한으로 하는 평생학습의 요소를 반영하여 재정립될 필요가 있다. 학습이 언제, 어디에서나 이루어질 수 있는 보편적 현상으로 정착됨에 따라 국가와 지역사회의 교육기회 제공 및 지원의 양태도 변해가고 있다(윤정일 외, 2006: 3).

평생교육은 교육학의 다른 영역에 비해 상대적으로 최근에 부각된 분야이다(윤정일 외, 2007: 429). 현재 평생교육의 탐구와 실천은 그것을 손에 넣은 자가 자신의 의향대로 교육실천을 좌우하는 이념적 도구로, 이를 한가운데 놓고 다수의 이해주체가 각축전을 벌이는 전장의 한가운데 놓여 있다. 여기서 누가 주도권을 장악하고 어떤 방향으로 이론화와 제도화를 주도하는가에 따라 평생교육의 미래는 다른 모습으로 전개될 것이다. 이 같

* 정성수(인제대학교)

은 시대적 상황 속에서 '학습사회'의 이념 실현이라는 가치를 내걸고 지역을 중심으로 평생교육을 구현하고자 하는 시도가 바로 '평생학습도시(lifelong learning city)'라는 사업이다. 평생학습도시사업은 현재 산업선진국을 중심으로 하여 전 세계적으로 전개되고 있다(윤정일 외, 2006: 7-8).

OECD를 중심으로 세계는 지식기반사회에 적극적으로 대응하기 위하여 학습도시 · 지역운동을 전개하여 지역단위의 학습공동체를 조성함으로써 지역개발, 지역혁신, 더 나아가 국가경쟁력을 강화하기 위한 노력을 아끼지 않고 있으며(변종임 외, 2005: 3), 우리나라도 참여정부 이후 평생학습도시 조성확산정책 등을 통해 다양한 형태로 평생교육의 활성화를 위한 노력을 기울이고 있다. 하지만 우리나라의 경우 아직은 정책 시행 초기임을 감안할 때 평생학습도시정책이 안정적이고 체계적으로 추진되기 위해서는 해결해야 할 과제들이 많이 있는 것도 사실이다.

평생교육의 활성화를 위해서 다양한 차원의 논의와 접근법이 있을 수 있으며, 여러 가지 정책이 추진되고 있지만 이 장에서는 현재 우리나라에서 추진 중인 평생학습도시정책을 중심으로 평생교육의 활성화에 대해 논의하고자 한다.

이와 같은 목적을 달성하기 위해 첫째, 학교교육 중심에서 평생교육 중심으로의 교육패러다임의 변화에 대해서 간략히 살펴보고, 둘째, 우리나라 평생교육의 활성화를 주도하고 있는 평생학습도시 조성정책의 현황과 성과 및 문제점, 셋째, 우리나라 평생학습도시 조성정책의 쟁점을 살펴본 후 이에 대한 향후 발전방향을 제시하고자 한다.

2. 평생교육으로의 교육패러다임 변화

국가경쟁력을 강화하기 위한 핵심전략으로 평생교육을 강조하는 것은 전 세계적 추세이다. 우리나라도 각종 교육개혁에 언제나 평생교육 관련 사항을 빠트리지 않고 있으며, 나아가 2001년 교육인적자원부의 명칭을 교육인적자원부로 변경하고 장관을 부총리로 격상시켜 종전의 교육업무 외에도 인적자원 개발업무를 병행함으로써 평생교육 및 평생학습을 더욱 중요시하고 있는 추세이다. 한마디로 교육의 패러다임이 학교교육 중심에서 평생교육으로 전환되고 있으며, 이러한 패러다임의 변화는 거스를 수 없는 대세처럼 여겨지고 있다. 평생교육의 중요성이 최근 더욱 강조되고 있는 이유를 살펴보면 다음과 같다.

1) 사회패러다임의 변화

17세기 산업혁명 이후 우리 사회는 눈부시게 성장, 발전, 변화를 거듭해 오고 있으며, 특히 20세기에 등장한 컴퓨터는 우리 삶의 패턴조차도 바꿔버리는 커다란 변화를 불러 일으켰다. 이러한 사회의 변화는 교육환경에도 커다란 영향을 미쳤다. 즉, 요즘의 교육환경을 이해하기 위해서는 사회변화의 흐름을 이해하는 것이 선행되어야 하며(배석영 외, 2007: 61), 이러한 급속한 사회변화의 흐름 속에서 교육환경의 새로운 패러다임을 인식해야 한다.

Alvin Toffler가 표현한 제1의 물결, 제2의 물결, 제3의 물결, 제4의 물결에 따른 사회변화의 특징과 그에 따른 교육환경 패러다임의 변화를 살펴보면 〈표 5-1〉과 같다.

표 5-1 사회변화의 특징 및 교육환경 패러다임의 변화

	구분	농경사회	산업사회	정보사회	지식창조사회
사회변화	앨빈 토플러	제1의 물결	제2의 물결	제3의 물결	제4의 물결
	산업에서의 가치	노동집약사회	기술집약사회, 자본집약사회	정보, 지식집약사회	사회적 공동사회
	자원	유형자본 (토지)	유형자원(3M)-Man, Material, Machine	유형+무형자원 (정보, 지식, 문화)	무형자원 (신, 생태계, 대지)
	문화, 패러다임	미술, 초자연, 신화	이념과학, 이성	기술 프로그램	아이디어, 창의력, 자원
	생산	소품종 다량생산	소품종 대량생산	다품종 소량, 단품	다품종 단종
	물적자원	철, 도구	증기기관, 에너지, 트랜지스터	컴퓨터, 고밀도 집적회로	공동체, 대화
교육환경	인재상	근면, 성실	Blue Color	White Color	Gold Color
	중요 가치*	Reading	3R	3R+4I+3C	3R+4C+4R+4S
	학습관	• 삶=학습 • 교육=삶	• 행동주의 • 교육=학교교육 • 학습과 일 분리	• 인지, 구성주의 • 교육=학교교육 • 학습과 일 분리 • 행함으로써 학습 • 학습하는 방법의 학습	• 구성, 인본주의 • 교육=평생교육 • 학습=일 • 네트워킹에 의한 학습 • 학습하는 방법의 학습

주: * 3R: Reading, wRiting, aRithmetic, 4I: Information, Intellectual, Innovation, Integrity(Imagination), 3C: Change, Competition, Customer, 4C: Computer, Communication, Creation, Collaboration, 4R: Repair, Reuse, Recognition, Recycle, 4S: Small, Soft, Speed, Simple.

출처: 김종표 · 이복희(2006); 배석영 외(2007), pp. 62-63을 재구성함.

인류역사상 현대사회처럼 변화가 가속적이고 방향이 불확실하여 예측하기 어려운 시대는 없었다. 이러한 급속한 사회패러다임의 변화 속에서 교육 또한 변하지 않으면 그 기능을 상실하고 만다(남정걸, 2007: 18). 이제는 사회패러다임의 변화에 맞게 교육을 개혁할 수 있어야 하는 시대에 살고 있다. 특히, 세계화와 개방화시대를 맞이하여 교육시장도 개방하지 않고는 국제적 경쟁에서 살아남을 수 없는 시대가 도래하고 있다. 사회패러다임의 변화에 발맞추어 국제적 자질과 능력 및 감각을 갖춘 인재를 양성하고, 국가경쟁력을 확보할 수 있는 교육으로의 변화가 요구된다.

국가마다 교육이 처한 상황과 특성이 다름에도 불구하고 새로운 교육적 대안으로서 평생교육, 평생학습을 표방하고 있다는 사실(남정걸, 2007: 18)은 이를 잘 보여 주는 공통적인 현상이다

2) 학교교육의 위기와 평생교육

새로운 지식 · 정보의 폭발적 증가와 사회구조의 급격한 변화, 첨단기술의 혁신과 직종의 다양화, 국경이 없는 세계화, 개방화의 물결과 치열한 무한경쟁의 시대에 대비한 교육과 인적자원의 개발을 위해서는 정형화된 학교교육만으로는 한계가 있기 마련이다(남정걸, 2007: 26).

21세기는 지식기반사회로서 지식이 어떠한 자원보다 중요시되는 사회이며, 더 나아가 단순히 지식의 습득에 그치지 않고 지식의 생산, 유통, 활용 및 새로운 지식의 창출이 국가경쟁력을 결정하는 시대이다. 이와 같은 지식기반사회에서 학교교육만으로는 폭발적으로 생성되는 지식과 정보를 따라갈 수 없으며, 새로운 지식의 창출은 한계에 부딪힐 수밖에 없다.

1990년을 전후로 일어나기 시작한 학교교육의 위기현상(윤정일, 2002: 12)이 심화되고 있음을 감안할 때 평생교육의 중요성은 더욱 커지고 있다. 최근 들어 이슈가 되고 있는 학력 중심의 교육에서 오는 여러 가지 병폐 및 사회문제들, 지식 중심 교육으로 인한 한계, 학습자의 다양한 욕구를 만족시키지 못하는 학교교육의 획일성, 교수자 중심의 학교교육 등은 더 이상 교육을 위한 교육이 아니라 삶을 위한 교육, 생존을 위한 교육, 생활에 적용할 수 있는 실용지식을 배워가는 학습으로의 전환을 요구하고 있다(배석영 외, 2007: 74-75). 따라서 새로운 지식의 원활한 습득을 위해 학습시기와 장소의 확대, 학습내용과 방법의 변화가 요구되며, 생애에 걸친 능력개발이 무엇보다도 중요하다(김영준, 2006: 147).

3) 직업세계의 변화와 평생교육

현대사회의 급격한 변동 가운데서도 최첨단 기술의 개발과 혁신은 산업구조의 변화와 더불어 직업구조의 변화도 빠른 속도로 진행시키고 있다. 즉, 농업부문의 고용이 현저히 감소·쇠퇴하고 제조업 관련 직업에서 점차 서비스업 내지는 지식과 정보를 활용한 직업이 압도적으로 증가하여 경제활동의 중심이 된다. 지식근로자가 전체 노동시장의 2분의 1 이상을 차지하는 직업구조의 변화를 초래하였으며, 특히 IT산업과 이에 따른 정보처리 능력과 전달기술은 직업의 다양화와 고도화, 새로운 직종의 출현을 촉진하고 있다(남정걸, 2007: 20).

직업구조가 변화하고 직종의 분화가 가속화되어 OECD 국가의 경우처럼 일생동안 평균 7~8번 직업을 바꾸는 시대가 오고 있다. 지식문화산업 및 서비스업의 성장으로 2010년까지 약 370만 개의 새로운 일자리가 창출될 것으로 전망된다. 이러한 새로운 직업은 학교교육이 아닌 끊임없는 평생학습을 통해서만 접근이 가능하다(김영준, 2006: 148).

각자의 능력과 적성에 가장 적합한 직업과 직무를 선택하여 진로를 개척하기 위해서는 끊임없는 정보활용능력 개발을 위한 학습이 필요하고, 이를 지원하고 촉진하기 위한 계획과 시책이 국가적 차원에서 전개되어야 한다(남정걸, 2007: 20).

4) 고령화사회와 평생교육

출생률의 저하, 즉 저출산 현상으로 인해 일시적으로는 인구증가가 둔화되고 오히려 줄어들지 모른다는 우려가 나오고 있으나 의학기술의 발달과 생명공학의 발전으로 인하여 수명의 연장이 가능하고 따라서 노인인구의 증가가 급속하게 일어나고 있어 향후 인구의 증가가 예상되고 있다(배석영 외, 2007: 71).

우리나라는 세계 어느 나라보다도 빠르게 고령화사회가 진행되고 있다. 이미 2000년에 고령화사회로 접어들어 65세 이상의 노인인구가 전체인구의 7.2%를 차지하였으며, 2019년에는 14%에 이르는 고령사회가 될 전망이다. OECD 자료에 의하면 2040년에는 그 비율이 27.8%로 높아질 것으로 예상되어 OECD 국가 중 증가율이 가장 높은 것으로 나타났다(박종렬 외, 2004: 5). 고령화사회에서 고령사회[1]로 진입하는 속도를 살펴보면, 일본 24년(1970→1994), 미국 69년(1945→2014), 프랑스 114년(1865→1979)이 소요되는 반면 우리나라는 불과 19년(2000→2019)이 걸리는 것으로 전망되고 있어 이에 대한 대책이 시급

1) 65세 이상 인구비율이 7% 이상이면 고령화사회, 14% 이상이면 고령사회이다.

한 실정이다(김영준, 2006: 148).

이와 같은 고령화 및 고령사회에 대비하기 위해서는 젊은이들에게 노인에 대한 이해를 심화시키고, 노인기에 앞서 정년 후의 생활에 적응할 수 있는 기본적 지식과 기능 및 태도를 갖추도록 준비교육의 기회를 제공해야 한다. 이와 같은 과제야말로 평생교육의 역할이 아닐 수 없다. 무엇보다도 노인들 스스로 다양한 평생교육 프로그램에 참여하여 학습 그 자체를 즐기는 학습자가 되어야 하며(남정걸, 2007: 21), 정부와 지방자치단체는 이러한 평생교육환경의 조성을 위한 지원을 아끼지 말아야 한다.

5) 사회양극화와 평생교육

2005년 한국교육개발원 조사에 의하면 우리나라 성인 중 54.7%가 평생학습 프로그램에 참여할 생각이 있다고 답할 정도로 평생학습에 대한 열의가 높다(한국교육개발원, 2005). 하지만 실제 참여율 조사를 살펴보면 2006년의 경우 형식교육, 비형식교육, 무형식학습을 모두 포함한 전국 평생학습 참여율은 29.1%[2]에 불과하였다(정택희 외, 2007: 26). 이러한 원인 가운데 하나로는 최근 사회적 이슈로 부각되고 있는 사회양극화, 그중에서도 계층 간 · 세대 간 · 학력별 교육격차를 들 수 있을 것이다. 즉, 대학진학률이 82%를 넘는 세계 최고수준을 자랑하면서도 한편으로는 초등학교 졸업 미만자가 240만 명에 이르고 있다는 사실(김영준, 2006: 148)은 우리나라의 심각한 교육양극화를 잘 보여 주고 있다. 학교교육의 혜택을 받지 못한 사람일수록 평생학습 참여율이 낮다는 점을 고려할 때 이들에 대한 실질적인 지원대책이 절실하다.

지금까지 살펴본 여러 가지 이유 외에도 과학지식(기술) 및 정보통신수단의 발달, 여가생활의 증가, 가족구성의 변화, 사회 · 경제적 생활양식의 변화, 정신과 육체의 불일치, 도시화, 주택난, 취업난, 교통난 등으로 인한 정신적 위기, 직업의 전문성 요구 등과 같은 이유로 인해 평생교육의 중요성은 점차 확대되고 있으며, 평생교육의 활성화가 더욱더 요구되고 있는 실정이다.

2) 평생학습도시의 참여율은 35.0%, 비평생학습도시의 참여율은 27.4%였다.

3. 평생학습도시정책의 현황과 성과 및 문제점

1) 평생학습도시의 개념 및 목적

(1) 평생학습도시의 개념

평생학습도시는 1960년대 이후 세계 산업선진국의 비인간화와 공해에 찌든 무분별한 도시개발정책을 반성하는 '새로운 도시 만들기' 사업이며, 비전도 없고 활력도 없이 정체에 빠진 도시에 새로운 도약의 계기를 제공하고자 하는 '도시 활성화' 사업이다. 즉, 단순히 도시민의 평생학습 활성화만을 꾀하는 것이 아니라 시민들에게 학습의 지원과 활성화라는 핵심전략을 통해 주인의식을 갖춘 시민들을 키워내는 '시민 만들기' 사업(한숭희, 2006: 278)이며, 개인의 자아실현을 도모하고 사회적 통합을 증진하며, 경제적인 경쟁력을 제고해 궁극적으로 개인 일상생활의 질을 향상시키고 도시 전체의 경쟁력 향상을 추구하는 것이다(배석영 외, 2007: 314-315).

한편, 한국교육개발원부설 평생교육센터(http://www.lll.or.kr)에서는 평생학습도시란 개인의 자아실현, 사회적 통합증진, 경제적 경쟁력을 제고하여 궁극적으로 개인의 삶의 질 제고와 도시 전체의 경쟁력을 향상시킬 수 있도록 언제, 어디서, 누구나 원하는 학습을 즐길 수 있는 학습공동체 건설을 도모하는 총체적 도시 재구조화(restructuring)운동이자 지역사회의 모든 교육자원을 기관 간 연계, 지역사회 간 연계, 국가 간 연계시킴으로써 네트워킹 학습공동체를 형성하려는 지역시민에 의한, 시민을 위한, 시민의 지역사회 교육운동이라고 정의내리고 있다.

(2) 평생학습도시의 목적

한국교육개발원부설 평생교육센터(http://www.lll.or.kr)는 평생학습도시의 목적을 크게 4가지로 제시하고 있다.

첫째, 자아실현이다. 평생학습도시 조성사업은 한 인간의 전 생애에 걸친 학습제도와 학습환경을 조성함으로써 개인의 전 생애에 걸친 학습을 통한 자아실현을 목적으로 한다.

둘째, 지역경쟁력 제고이다. 평생학습도시 조성사업은 지역단위의 경쟁력 강화를 위한 인적자원의 육성과 개발을 지향하며, 지역의 경쟁력 강화는 주민자치, 경제 활성화, 문화적 발전 등 다양한 측면으로 접근할 수 있다.

셋째, 사회적 통합 증진이다. 지역을 배경으로 이루어지는 주민공동참여를 통한 평생학습은 지역주민 간의 교류와 협력을 바탕으로 지역공동체 형성에 기여한다. 평생학습도시사업은 지역 내의 상이한 계층과 사회적 배경의 주민 모두를 대상으로 하며 그들의 개인적·사회적 요구와 필요를 최대한 충족시키기 위한 학습기회를 적극적으로 마련하여 제공함으로써 사회적 통합 증진에 기여한다.

넷째, 주민자치 활성화이다. 평생학습도시사업은 해당지역의 행정력과 더불어 주민의 주체적 참여의 조화를 통하여 주민자치 활성화를 지향한다. 아울러 지역주민의 학습을 통한 지역주민의 지역사회 참여와 주체의식의 신장 및 민주적 공동체 형성을 지향한다.

한편, 교육인적자원부(교육인적자원부 보도자료, 2007.4: 5)는 평생학습도시 조성사업의 목적을 "지역에 기반한 평생학습 활성화를 위한 기초자치단체의 적극적 참여유도로 지역 학습공동체 형성 등"이라고 밝히고 있다.

(3) 평생학습도시의 유형

학습도시 유형분류는 학자에 따라 여러 가지 형태로 나타나고 있다. 〈표 5-2〉에서 보듯이 Yarnit(2000: 79-80)와 같이 크게 시민사회 중심형과 경제발전 중심형으로 나누고 다시 세부적으로 지역사회 재생형, 이웃공동체 형성형, 산업 혁신형, 학습 파트너형으로 분류하는 학자가 있는 반면, 〈표 5-3〉과 같이 경제지향형, 공동체지향형, 행정주도형, 기관위탁형, 파트너십형으로 구분하기도 한다(한국교육개발원 평생교육센터). 또한 이러한 학

표 5-2 Yarnit의 학습도시 유형분류

유형		특징
시민사회 중심	지역사회 재생형	현대사회와 같은 급속한 변화의 시대에 새로운 역할 또는 정체성 탐색을 목표로 시·군·구 범위에서 종합적이고도 광범위한 재생(regeneration)전략을 기본 특징으로 함.
	이웃공동체 형성형	이웃을 위하여 형식적 학습, 비형식적 학습, 성찰적 학습을 활용하여 새로운 형태의 이웃공동체 관리를 통하여 시민정신의 쇠락을 막고 적극적인 시민정신을 주도하는 것을 특징으로 하는 이웃공동체 형성을 위한 시민교육형.
경제발전 중심	산업 혁신형	지역을 위하여 주로 기업체가 주도하는 학습지역운동으로 산업단지 및 산업복합단지에서 혁신을 증진시키려는 것을 주된 접근으로 함.
	학습 파트너형	교육훈련 제공 및 이용자를 위한 학습 파트너십형은 교육훈련 제공자와 학습자를 위하여 자원, 지역사회 학습 파트너십 체제를 형성하여 협력을 증진하고 학습에의 참여를 심화시킴.

출처: Yarnit, M. (2000). *Towns, Cities and Regions in the Learning Age: A Survey of Learning Communities*. London: LGA Publications for the DfEE. NCA, pp. 79-80; http://www.lll.or.kr

표 5-3 한국교육개발원 평생학습센터의 학습도시 유형분류

유형	특징
경제지향형	학습도시사업의 주된 목적이 평생학습기회 제공을 통한 지역주민의 평생고용력 개발과 지역의 산업기술의 혁신을 지향하여 궁극적으로 지역의 경제적 발전을 지향함.
공동체지향형	지역주민의 평생학습기회를 제공함으로써 지역문제 해결의 참여와 주민자치의 촉진을 통한 단위지역의 학습공동체 형성을 지향함.
행정주도형	학습도시사업의 추진을 지방자치단체의 의지와 행정력을 기반으로 하는 형태임.
기관위탁형	학습도시사업 추진 주체를 지방자치단체가 전문기관에 위탁하여 운영하는 형태임.
파트너십형	지역사회 내의 다양한 주체 간의 협력체를 구성하여 학습도시사업을 추진하는 형태임.

출처: http://www.lll.or.kr

표 5-4 양흥권의 학습도시 유형분류

구분	직업능력개발형	산업혁신형	지역혁신형
추진 배경	세계경제환경의 변화, 노동시장의 유연성 증가, 계속교육의 필요성 증대, 직업훈련정책의 강화	지식경제, 학습경제시대의 도래로 기업 간 경쟁의 심화, 지역중심의 산업혁신의 필요성 증대, 산업혁신에 있어서 학습이 핵심요소로 등장	급격한 산업화 · 도시화로 인한 다양한 지역문제의 발생, 지역사회의 공동체 해체, 해당지역의 지속적인 정체로 인하여 지역혁신의 필요성 증대
주요 목적	청소년과 성인을 대상으로 직업 · 기술교육의 기회를 제공함으로써 직업수행능력을 개발하여 평생에 걸친 고용력 증진	학습을 통한 지역의 산업혁신을 바탕으로 지역의 경제적 경쟁력 제고	해당지역의 혁신과 지역구성원이 지역혁신의 주체로 형성, 지역발전과 주민의 성숙을 통한 지역주민의 삶의 질 향상
형성 전략	도시 내의 직업교육과 관련된 다양한 이해 주체들이 파트너십을 형성하고 공동기금을 마련하여 직업교육기회를 확대하고, 도시 전체의 평생학습문화를 진작하여 시민의 학습참여 제고	인근지역에 위치한 다양한 유형의 산업 관련 기관 간의 파트너십과 네트워크를 형성하여 지식과 정보의 유통을 원활히 하고, 각 조직체의 조직학습과 조직구성원의 개인학습을 활성화	지역의 총체적 학습자원을 동원하고 재구조화하여 주민학습을 활성화하고, 사업 관련 주체 간의 파트너십과 네트워크 구축을 통하여 지역의 학습기회 증진
학습 형태	사업파트너 연합체가 제공하는 직업훈련 프로그램을 통한 학습	조직학습, 개인학습, 파트너십이 제공하는 산업과 생산에 관련된 학습	공공, 민간, 시민사회 영역에서 제공하는 학습 프로그램의 참여, 학습동아리를 통한 학습
사례 도시	영국: 더비(Derby), 글래스고(Glasgow), 노리치(Norwich), 사우샘프턴(Southampton), 셰필드(Sheffield), 에든버러(Edinburgh) 등 40여 개 도시 독일: 로틀담(Rotterdam) 핀란드: 에소푸(Esopoo)	독일: 예나(Jena), 괴텐베르그(Gothenburgh) 프랑스: 빈(Vienne) 덴마크: 외레순(Öresund)	일본: 카케가와시(掛川市), 반전시(飯田市), 무생시(武生市), 상생시(相生市), 금립정(今立町), 아이치가와(愛知川町), 후지가와(富士川町), 가와우에무라(川上村), 히로가와무라(白川村), 평균촌(平群村) 외 130여 개 지방자치단체

출처: 양흥권(2004). 지역혁신형 학습도시시스템 구축과정에 관한 연구: 일본 카케가와시의 평생학습도시 사례를 중심으로. 서울대학교 대학원 박사학위논문, p. 47.

습도시 유형분류를 토대로 현실적으로 전개되고 있는 학습도시 유형을 직업능력개발형 학습도시, 산업혁신형 학습도시, 지역혁신형 학습도시(양홍권, 2004)로 분류하기도 한다. 이들의 분류를 구체적으로 살펴보면 〈표 5-2〉, 〈표 5-3〉, 〈표 5-4〉와 같다.

한편, 변종임(2006)은 이와 같은 학자별 학습도시 유형을 다시 정리하여 〈표 5-5〉와 같이 사회 통합형, 전통문화 활성화형, 시민 공동체형, 산업 혁신형, 농촌지역 혁신형, 학습 파트너형으로 구분한 다음, 이들 평생학습도시 유형들의 주요 특징을 제시하고 있다.

표 5-5 평생학습도시 유형별 주요 특징

유형	주요 특징	우수도시
사회 통합형	• 소외계층교육과 학습공동체 지원으로 사회적 양극화 해소 -소외계층 대상 프로그램 제공으로 사회적 양극화 극복 -학습동아리, 학습공동체 지원을 통한 사회통합 추구	광명시
전통문화 활성화형	• 학습과 지역의 전통문화 접목으로 학습문화 활성화 -학습을 통한 지역전통문화 복원과 활성화 추진 -지역학습문화 상품화를 통한 지역발전 추진	안동시
시민 공동체형	• 주민자치능력 고양과 민주시민 학습공동체 형성 -주민과 지방자치단체가 협력하는 주민주체 평생학습 지향 -빈곤지역 아동들을 공동으로 키우는 교육공동체 형성 -교육복지사업과의 연계사업 추진으로 사회적 자본 형성	부천시
산업 혁신형	• 지적자본 창출을 통한 지역산업 혁신 -기업체, 대학, 연구기관의 연계로 지식 · 정보유통 및 학습조직 활성화를 통한 지식자본 창출 -인적자원 개발, 산업경쟁력 강화, 경제적 소득창출	창원시
농촌지역 혁신형	• 지역 정체성 확립과 자생력 개발을 통한 지역사회 혁신 -주민자치센터를 평생학습사업에 협력하는 주민평생학습센터로 역할 변화 -학습문화를 통한 지역의 정체성 회복과 확립	이천시
학습 파트너형	• 교육제공 주체 간 파트너십을 통한 지역주민 능력개발 -지역내 평생학습 주체 간 파트너십 구축을 통한 다양한 학습기회 제공(칠곡평생학습대학) -지역주민의 직업교육 강화를 통한 지역인적자본 육성	칠곡군

출처: 변종임(2006). 지역발전을 위한 평생학습도시 사업의 현황과 과제. 한국교육개발원.

2) 평생학습도시 조성정책의 현황 및 성과

(1) 정책 추진배경

우리나라에서 평생학습도시가 추진된 배경은 다음과 같이 정리할 수 있다. 첫째, 지방자치시대에 있어서 특색 있는 지방자치단체 건설 및 지역적 요구와 도전에 대한 지역적 해법으로서 평생학습도시 건설을 도모하고자 하는 데 있다. 둘째, 정보화의 발달로 국가발전에 있어 지역사회의 역할 증대와 지역단위 학습공동체를 조성함으로써 나아가 모든 분야에 있어서 지역사회공동체가 형성되고 궁극적으로는 국가경쟁력 향상에 기여하며, 지역인적자원개발을 촉진함으로써 국가인적자원개발의 기반구축과 국가발전의 재도약 계기를 마련하고자 하는 데 있다. 셋째, 지방자치단체가 보유하고 있는 각종 교육 및 문화시설 등을 활용한 지방자치단체 · 교육청 간의 공동협력 유도를 이끌어내어 교육행정과 일반행정 간의 네트워크를 구축할 필요에 의해서이다(양병찬 외, 2002).

한편, 변종임 외(2005: 47)는 평생학습도시 조성정책이 추진된 것을 시대 · 사회적 변화를 반영한 것으로 설명하고 있다. 시대 · 사회적 변화는 학습사회의 도래, 지방자치행정의 활성화로 인한 지역혁신의 필요성 증대, 지역단위의 평생학습에 대한 요구 증대로 인한 것이다. 즉, 평생학습도시 조성사업 추진배경은 사회 전반적 차원에서 평생학습 실천의 중요성 증대, 교육기회 증대에 대한 요청, 지방자치제 활성화와 연계된 지역단위 활성화의 중요성 증대, 지역재생과 지역혁신, 사회통합의 필요성 증대로 인한 것이다.

이와 같은 추진배경을 요약 정리하면 첫째, 지역사회의 역할 증대 및 학습공동체 조성에 대한 요구, 둘째, 지역의 인적자원개발 촉진과 이를 통한 국가인적자원개발 기반구축의 계기 마련, 셋째, 교육행정과 일반행정 간의 네트워크 구축 필요(배석영 외, 2007: 317-318) 등으로 나눌 수 있을 것이다.

(2) 정책 개요

우리나라는 1994년 창원시에서 평생교육 관련 조례를 제정하면서부터 민간단체 중심으로 평생학습도시사업이 진행되기 시작하였으며, 이후 1999년 3월 9일에 광명시가 한국 최초로 평생학습도시를 선언하면서 본격적으로 시작되었다. 정부 차원에서는 이와 같은 지방자치단체의 노력에 부응하여 교육인적자원부가 2001년부터 '평생학습진흥종합계획'에 의거하여 평생학습도시 조성사업을 시작하였으며, 교육인적자원부의 평생학습도시 조성정책을 통해 지역의 경제적 발전, 사회적 통합, 도시경영 합리화, 학습공동체 형성 등을 기대하고 있다(변종임, 2005: 38; 변종임 외, 2005: 50; 정택희 외, 2007: 1).

교육인적자원부는 2007년 현재 전국 76개 기초자치단체를 평생학습도시로 선정하여 지원하고 있다. 평생학습도시 조성의 필요성에 대한 지방자치단체들의 인식이 점차 높아짐에 따라 선정 신청의 수가 급증하고 있으며, 이에 따라 선정지역의 수도 매년 크게 증가하는 추세에 있다.

평생학습도시로 선정된 지역은 첫 해 2억 원의 평생학습도시 조성을 위한 특별교부금을 받으며, 이듬해부터 경쟁을 통해 평생학습 우수 프로그램의 개발과 운영에 관한 특별지원을 받고 있다. 우수 프로그램 지원은 평생학습도시로 선정된 지역에만 이루어지며, 지역별 평균 약 5천만 원 정도 지원되고 있다.

우리나라에서 이루어지고 있는 평생학습도시 조성사업 및 이와 관련된 사항에 대해서는 한국교육개발원부설 평생교육센터 홈페이지(www.lll.or.kr)에 자세하게 소개되어 있다.

(3) 정책의 현황 및 성과

2001년에 시작된 평생학습도시 조성확산정책에 의해 선정된 평생학습도시는 〈표 5-6〉과 같다.

표 5-6 평생학습도시 선정현황

연도	도시 수	선정된 지방자치단체
2001	3	경기 광명시, 대전 유성구, 전북 진안군
2002	3	부산 해운대구, 경기 부천시, 제주 제주시
2003	5	인천 연수구, 전남 순천시, 경북 안동시, 경남 거창군, 제주 서귀포시
2004	8	서울 관악구, 경기 이천시, 충북 청주시, 충남 금산군, 전북 전주시, 전남 목포시, 경북 칠곡군, 경남 창원시
2005	14	서울 성북구, 서울 양천구, 인천 부평구, 광주 남구, 경기 구리시, 경기 수원시, 충북 단양군, 충북 제천시, 충남 부여군, 전북 익산시, 대구 달서구, 대구 동구, 경남 김해시, 경남 남해군
2006	24	서울 영등포구, 부산 연제구, 인천 남구, 광주 동구, 광주 광산구, 울산 울주군, 경기 안산시, 경기 용인시, 경기 시흥시, 경기 평택시, 강원 삼척시, 강원 화천군, 충북 진천군, 충남 태안군, 충남 아산시, 충남 서산시, 전북 김제시, 전북 남원시, 전북 정읍시, 전남 여수시, 전남 광양시, 전남 곡성군, 경남 양산시, 경남 하동군
2007	19	서울 강동구, 서울 강서구, 서울 마포구, 부산 사상구, 대전 대덕구, 울산 중구, 경기 과천시, 경기 안양시, 강원 강릉시, 강원 횡성군, 충남 천안시, 충남 서천군, 전북 군산시, 전남 강진군, 전남 영암군, 경북 구미시, 경북 경산시, 경남 진주시, 경남 통영시
합 계	76	

출처: http://www.moe.go.kr(교육인적자원부 홈페이지).

첫 해인 2001년에 경기도 광명시, 대전광역시 유성구, 전라북도 진안군을 시작으로 2007년 12월 현재 76곳의 지방자치단체가 평생학습도시로 지정되어 운영되고 있다. 지금까지 7년간 추진되어 온 평생학습도시정책은 선진 외국에 비하면 아직은 초창기라고 할 수 있지만 교육소외계층에게 실질적인 평생교육 프로그램들을 제공함으로써 사회적 통합을 유도했다는 긍정적인 반응과 함께 시민의 평생학습 참여율을 증가시키는 등 서서히 그 정책성과가 나타나고 있다.

교육인적자원부 보도자료(2007.4: 5)에 따르면, 형식교육, 비형식교육, 무형식교육 3개 영역을 모두 포함한 평생교육 참여율은 29.1%였으며, 이를 평생학습도시와 비(非)평생학습도시로 나누어 살펴보면 참여율(33개 평생학습도시: 2005년도 선정기준)이 35.0%와 27.4%로 평생학습도시 주민의 참여율이 훨씬 높았으며(정택희 외, 2006: 60-61),[3] 평생학습 참여희망률도 각각 56.1%와 46.8%로 그 격차가 뚜렷하게 나타나고 있다. 또한 평생학습도시로 선정된 지방자치단체의 평생학습 전담조직 마련과 평생학습도시 추진을 위한 조례 제정, 평생학습 활성화를 위한 재정투자 증가, 평생학습 프로그램 개설 증대 등 평생학습인프라의 확충도 가시적인 성과라고 할 수 있다.

2006년에 실시한 평생학습도시 주민만족도조사 결과(정택희 외, 2006: 62-63), 33개 평생학습도시 평생교육기관 참여자의 종합만족도는 63.5점으로 나타났다. 이는 평생학습에 관련된 투입, 운영, 성과의 3개 차원과 각각에 해당하는 26개 항목으로 구성된 만족도 측정지표를 통해 산출된 결과이다. 각 차원의 만족도는 운영(67.9점), 성과(63.6점), 투입(60.7점) 차원의 순으로 나타났다.

한편, 교육인적자원부와 한국교육개발원이 함께 평생학습 참여율을 조사한 2007년도 평생학습 실태조사 결과(교육인적자원부 홈페이지, 2008년 1월 15일)를 보면, 우리나라 성인의 평생학습 참여율은 25세 이상 64세 이하 4명 중 1명 이상의 성인이 교육이나 훈련, 학습활동 등 평생학습에 참여하고 있는 것으로 나타났으며, 이는 OECD 국가 평균 26%보다도 3.8% 포인트가 높은 것이다.

이와 같은 성과에도 불구하고 평생학습도시 조성확산정책은 2006년 말에 실시된 국무조정실 주관 교육인적자원부 정책평가에서는 외부 전문가들에게 만족스러운 평가를 받지 못하였다. 평생학습도시 조성확산정책은 특성상 배분정책이며, 정책형성단계나 정책수립

3) 조사 결과 형식교육 참여율은 2.8%, 비형식교육 참여율은 24.2%, 무형식학습 참여율은 7.4%였음. 형식교육 참여실태는 방송통신대를 통한 참여가 46.1%로 가장 높았으며, 비형식교육에서는 취미 · 여가 · 스포츠 관련 교육분야 참여가 59.7%로 가장 높게 나타났다. 비형식교육에서 영역별 참여율을 보면 취미 · 여가 · 스포츠 관련 교육 참여율이 13.4%, 자기능력계발교육 참여율이 6.3%이며, OECD 교육지표에서 국가간 비교로 주로 활용되는 직무 관련 평생학습참여 영역인 취업 · 직업 · 경력 관련 교육은 5.9%로 나타났다.

단계에서 관련부처나 이해관계자 및 언론 등의 저항과 같은 큰 문제점이 없었음에도 불구하고 나타난 결과였다. 우리나라 평생학습도시 조성사업의 문제점에 대해서 자세히 살펴보면 다음과 같다.

3) 평생학습도시 조성사업의 문제점

우리나라 평생학습도시 조성정책은 지방자치단체 기관장의 평생학습도시 선정의지, 여론의 긍정적 반응과 이해관계자들의 높은 정책수용도 등 긍정적인 요인들이 많음에도 불구하고 아직 시행 초기인 만큼 여러 가지 문제점들(윤정일, 2007: 37-40)이 나타나고 있다. 정책을 직접 추진하고 있는 담당자와의 인터뷰에 의하면, 정책집행단계와 환류단계에서 다소 문제점이 있었음을 정책담당자도 인정은 하나 담당자의 실수나 역량 부족이라기보다는 평생학습도시 조성정책이 가지는 극복하기 어려운 한계가 많이 있음을 지적하고 있었다(윤정일, 2007: 35). 우리나라 평생학습도시 조성정책이 가지는 쟁점 및 문제점들을 구체적으로 살펴보면 다음과 같다.

(1) 평생학습도시 기반시설(인프라) 미흡

아무리 정책결정이 잘 되고 그 정책에 대한 예산 지원이 확정되어도 실제 정책을 집행하는 지방자치단체에서 평생학습도시 조성과 그 업무를 담당할 전담부서와 인력이 갖추어져 있지 않거나 부족하면 성공하기 힘들다. 특히, 선정된 지방자치단체 중에서 일부도시는 평생교육을 위한 기반시설 및 프로그램이 잘 갖추어져 있지 않거나, 평생교육 및 평생학습도시 업무만을 전담할 인력(행정업무 담당인력, 평생교육사 등 전문인력)이 부족하고 한시적인 체제로 유지되는 등 정책을 효율적이고 효과적으로 추진하지 못하고 있다. 게다가 일부는 선정 이후 해당 단체장의 정치적 치적화에 급급하거나 전담부서 인력의 유인책 결여 및 잦은 전보인사 등으로 안정적인 정책집행이 어려운 실정이고, 신규 전문인력 채용에도 예산 등을 이유로 소극적인 실정이다. 물론 이 모든 것은 예산과 관련된 것이기 때문에 지방자치단체(기관장)의 확고한 의지, 지방의회의 협조적 관계형성 등이 부족하여 지방자치단체의 대응투자가 적거나 없을 경우에 어려움이 생길 수밖에 없다. 특히, 재정자립도가 낮은 지방자치단체의 경우 의지가 있다고 해서 해결될 문제는 아니다.

(2) 교육인적자원부-시·도교육청-기초지방자치단체 간 의사소통 문제

교육인적자원부가 시·도교육청이나 시·군·구교육청이 아닌 지방자치단체와 직접적으로 연계하여 업무를 추진한 사례가 거의 없어서 이로 인한 어려움이 있다. 특히, 지방자치단체의 업무담당부서가 교육청에 소속된 부서가 아니라서 기본적으로 존재하는 행정 문화의 차이가 있으며, 담당자들의 기본적인 배경(업무 마인드, 교육을 바라보는 시각 등)에도 큰 차이가 있다. 게다가 지방자치가 본격적으로 실시된 현재의 상황에서 교육인적자원부가 지방자치단체의 고유업무영역에 직접적으로 관여하거나 통제하기란 쉽지 않은 상황이므로 사업의 원활한 추진을 위해 추진체제 확보 또는 행정 계선 라인 확보 등의 조치가 필요한 실정이다.

(3) 학습도시 선정 이후 질 관리의 어려움

학습도시 선정당시의 과열경쟁(국회의원, 자치단체장의 선정 노력 등)에 비해, 선정이 되어 예산이 지원된 후의 관리는 사실상 초기대비 상당히 퇴색한 경향을 보이고 있다고 할 수 있다. 앞에서도 논의되었지만 교육인적자원부로서도 지방자치단체 고유의 업무라서 관여가 힘들고, 지방자치단체도 자기들의 고유업무에 교육인적자원부가 관여하는 것을 매우 꺼려하고 있다. 교육인적자원부와 사업집행기관인 한국교육개발원(KEDI)을 통해 평생학습도시를 관리 · 지원하고 있지만 강력한 추진력 및 법적 구속력이 부족하고, 업무부문에서의 책임소재 등이 불분명하다.

이와 같은 이유로 학습도시로 선정된 지방자치단체에 대한 교육인적자원부의 통제 기제가 크게 부족한 상태이다. 더욱이 학습도시로 선정된 지방자치단체마다 고유의 특성이 있어서 이러한 특성을 고려하여 컨설팅을 제공하는 등의 사업추진이 되어야 하는데, 그럴만한 예산과 인력이 부족한 실정이다. 현재 컨설팅을 요구하는 지방자치단체 중에서 특별히 미흡하다고 판단되는 곳에 컨설팅을 제한적으로 제공하고 있다.

(4) 다양한 평생학습프로그램의 부재 및 참여 미흡

평생학습도시 활성화 등을 위한 수많은 연구와 제언에도 불구하고 실제 정책과 연계될 수 있는 방안에 대해서는 앞으로도 지속적인 연구가 필요한 형편이다. 아울러 최근에는 지역주민의 다양한 평생교육에 대한 요구를 충족시킬 수 있는 프로그램이 부족하며, 학습도시 활성화를 위한 젊은 층의 참여가 부족하다는 문제점들이 제기되고 있다.

지방자치단체별로 지역주민들에 대한 요구분석과 이를 반영한 평생교육 프로그램을 개발하고 각 지방자치단체가 연합하여 수요자 중심의 고급 프로그램을 공동으로 발굴 · 지원함으로써 사업의 효율성을 기하는 등의 자구책 마련의 의지가 무엇보다 요구된다.

(5) 정부의 불충분한 예산 지원과 지방자치단체의 낮은 재정자립도

정부에서 지원된 예산을 살펴보면, 평생학습도시 조성정책을 무리 없이 추진하기에는 턱없이 부족한 예산(2006년도 40억 원, 2007년도 65억 원)이 투입되었으며, 그것도 일반예산이 아닌 특별교부금이어서 안정적 사업추진에는 무리가 있었다. 또한 평생학습도시에 선정된 지방자치단체의 경우에도 조금씩 사정이 다르긴 하지만 대부분 재정자립도가 높지 않고 의회마저 정책에 회의적일 경우 평생교육에 투자할 여력이 부족한 실정이다.

정책추진부서 및 담당자의 노력에도 불구하고 정책의 대상인 기초지방자치단체의 참여의지 변화 및 예측하기 어려운 수많은 외생변수들과 부득이한 요인들로 인해 평생학습도시 조성정책의 평가결과가 계속 좋지 않을 경우에, 향후 평생학습도시 조성정책 예산이 삭감되거나 아예 폐지될 가능성이 있으며, 이러한 우려가 정책을 추진하는 담당자에게는 상당한 부담으로 작용하고 있다.

(6) 정책집행과정에서의 미흡한 홍보

교육인적자원부의 경우에 출입기자를 대상으로 보도자료 배포, 홍보자료집 제작 및 배포, 한국교육개발원(KEDI) 평생교육센터 홈페이지를 통한 홍보 등의 노력을 하고 있지만 대체적으로 평생학습도시 정책에 대한 큰 방향성을 제시하는 정도(기관장 대상 연수, 평생학습도시 실무자 대상 연찬회 등)에 그치고 있으며, 행정 계선체계상의 한계 등으로 실제 대국민 홍보는 해당 지방자치단체의 자율의지에 맡기고 있는 실정이다.

지방자치단체의 경우 지역주민들이 피부로 느낄 수 있을 정도의 실제적인 홍보를 통해 활성화시켜야 하지만 일반행정과의 구별적 시각에서 기인한 교육 관련 행정에 대한 소극적 인식으로 적극적 홍보가 미흡하며, 이에 대한 교육인적자원부 차원의 밀착된 모니터링이 이루어지지 않고 있고, 현실적으로 모니터링하기도 어려운 상황이다. 따라서 지방자치단체가 자발적으로 적극적인 홍보를 하지 않을 경우엔 정책 본연의 목적 및 취지가 왜곡 또는 퇴색할 가능성도 있다.

타 부처(일반행정분야)에서 추진하고 있는 비슷한 정책(과학기술부의 과학문화도시, 문화관광부의 역사문화마을, 행정자치부의 살기 좋은 마을 등)과 비교할 때 홍보가 부족하며, 예산 부족으로 인해 의지가 있어도 홍보의 여력이 없다. 결론적으로 교육인적자원부의 평생학습도시 조성정책에 대한 대국민 브랜드 인지도가 상대적으로 약한 상황이다.

4. 평생학습도시 조성정책의 쟁점

1) 양적 확대와 질적 발전

평생학습도시 조성정책은 2001년 3개 도시 선정을 시작으로 2002년 3개, 2003년 5개, 2004년 8개, 2005년 14개, 2006년 24개, 2007년 19개 등 총 76개 도시를 선정하였으며, 향후 100개까지 확대할 예정이다. 하지만 선정된 도시에 대한 행 · 재정적 지원은 미흡한 실정이다. 이제는 계속적인 양적 확대에 치중할 것인지 지금까지 선정한 도시들에 대한 지원을 강화하는 방식의 질적 관리에 치중할 것인지에 대한 고민이 필요한 때이다.

한국교육개발원에서 전문가들을 대상으로 실시한 델파이조사 결과를 보면 평생학습도시의 양적 확대보다는 내실화 추진, 즉 수적 확대보다는 선정된 도시에 대한 질 관리 강화를 요구하고 있음을 알 수 있다(변종임 외, 2005: 93). 하지만 현재까지의 '평생학습도시 조성사업' 의 주된 정책방향은 평생학습도시의 확대, 특히 양적인 확산에 초점이 맞추어 졌었다고 할 수 있다. 이 같은 양적 확산은 평생학습의 저변 확대와 평생교육사 일자리 창출에 기여해 왔지만 지정된 평생학습도시의 사후관리, 성과 분석을 통한 추가적 지원은 부족하였다. 그동안 평생학습도시로 지정된 지방자치단체의 추진 현황을 분석한 결과 선정 첫 해에 지방자치단체가 큰 관심을 갖고 사업을 적극적으로 추진하였지만 이후 사업 추진이 유명무실해진 지방자치단체도 있고, 지방자치단체 차원의 안정적 사업 추진 근거를 제공하는 조례제정이 이루어지지 않은 지방자치단체도 있었으며, 전문인력이 전혀 채용되지 않거나 전담부서가 설치되지 않은 경우도 있었다(변종임 외, 2005: 218-219).

2) 평생학습도시 조성정책의 추진체제 및 유형

평생학습도시정책의 추진주체는 누가 되어야 하는가? 정부부처 간의 협력과 교육인적자원부로부터 지방자치단체로 연결되는 수직적 지원과 평생학습도시 간의 수평적 네트워크체제 구축을 통한 상호 지원 시스템이 구축되어야 한다(변종임 외, 2006: 4)는 점이 꾸준히 제기되고 있다.

현재 평생학습도시 조성사업은 정부주도, 즉 교육인적자원부와 한국교육개발원에 의해 주도되고 있으나 중앙의 여러 부처가 추진하는 사업과 연관되고 중복된 부분이 많이 있다. 단독으로 사업을 추진함으로써 업무의 효율성과 통일성, 일사분란한 일 처리가 가능하다는 장점이 있을 수도 있지만 사업의 특성상 타 부처와 연관될 경우 이들과의 협력과 업무조정이 필요한 것도 사실이다. 평생학습도시 조성사업이 원활하게 정착되기 위해서는 관련 법적근거 마련, 안정적인 재원조달책 마련 등 여러 가지 사항이 필요하다. 이것이 가능하기 위해서는 교육인적자원부 단독의 사업 추진보다는 행정자치부, 노동부, 문화관광부, 여성가족부, 보건복지부, 과학기술부, 정보통신부 등 여러 정부부처와의 협력체제가 꼭 필요하다. 한편, 참여정부의 지역균형발전 정신에 비추어 평생학습도시 조성사업을 볼 때 정책의 실질적인 추진주체는 각 지방자치단체가 되는 것이 합리적일 것이다. 즉, 사업에 선정된 기초자치단체는 지방자치단체 단독 또는 지역교육청과의 공조체제(이희수, 2006b: 259), 지역대학과의 연계, 지역의 평생교육기관과의 협조체제를 구축하여 사업을 추진하는 것이 바람직하다고 할 수 있다.

추진체제와 함께 추진유형에 대해서도 여러 가지 견해가 있다. 평생학습도시 조성사업의 추진유형은 공무원 중심 지방자치단체 주도형, 지방자치단체주도 전문가 운영형, 외부기관 위탁형 등 여러 가지가 있을 수 있다. 평생학습도시사업의 성격을 고려해 볼 때, 하나의 획일적인 추진유형보다는 각 유형들의 장점과 단점을 파악하고 지역의 특성에 따라

표 5-7 평생학습도시사업의 추진체제 유형별 장단점

유형	구분	내용
지방자치단체 주도의 전문가 운영형	장점	-공무원과 평생교육사가 서로 협조체제하에 추진함으로써, 행정적인 부분에서는 공무원이, 전문적이고 창의적인 부분에서는 평생교육사가 역할분담하여 추진함으로써 보다 질 높은 평생학습도시사업을 기대할 수 있음. -전문성을 기하고 책임감 있는 업무추진이 가능함. -사업의 지속적인 추진과 사업체계가 효율적으로 이루어질 수 있음. -평생학습도시 추진기구가 존재함으로써 정치적 영향을 덜 받을 수 있음.
	단점	-행정적 지원의 부족시 사업 추진이 단절될 우려감 큼. -전문가(평생교육사)들의 권한, 전문성, 지역과의 친화력 등 문제가 발생할 경우 이를 조정하고 해결할 방법이 없음. -파트너십을 책임질 평생학습전문가들과 공무원조직과의 관계가 문제가 될 수 있음.
외부 기관 위탁형	장점	-전문가를 통한 평생학습도시사업이 추진될 수 있음. -주민의 욕구 및 요구 사항에 능동적으로 대처할 가능성이 큼. -정치적 영향 및 사업우선순위의 영향을 받지 않음.
	단점	-위탁기관의 이념이나 영리에 따라 평생교육기관이 이용될 수 있음. -위탁기관과 해당 지방자치단체간의 협력과 파트너십 구축 여부에 따라서 효율성과 비효율성이 동시에 나타날 수 있음. -소외계층 및 공공성을 추구하기 어려움. -이윤 추구로 전 주민 대상 혜택이 어려움. -외부기관이 센터로서 지역 평생학습체제의 구심점이 되기보다는 경쟁적인 또 하나의 '학습기관'에 머무를 가능성이 큼.

외부 기관 위탁형	단점	-행정적 무관심 및 소홀 가능성이 큼. -예산 보장이 안될 시 충동 가능성이 큼. -운영 노하우가 공무원 · 지방자치단체에 축적되지 않음.
공무원 중심의 지방자치단체 주도형	장점	-지방자치단체장의 의지와 행정력이 뒷받침됨. -운영의 효과성과 충분한 예산 지원이 가능함.
	단점	-외형적 성과 외에 내용적 담보나 지방자치단체장 개인의 마인드로 일하기 때문에 안정성과 전문성이 떨어짐. -자칫 민간부문서비스에 비해 질적으로 저하되거나 공급자 중심의 프로그램 개발이 우려됨. -운영상 경직될 가능성이 큼. -일선 NGO들과의 접촉에 문제가 있을 가능성이 큼. -자자체장이 바뀌게 되면 사업이 표류하게 될 가능성이 큼. -공무원의 전문성에도 한계가 있으며, 담당자의 빈번한 인사조치도 문제가 됨. -사무적 운영 가능성이 큼. -기존 교육시스템인 학교 및 평생학습관 등과의 연계가 이루어지지 못함. -지방자치단체장의 업적 홍보 맥락에서 설정될 가능성이 높음.

출처: 변종임 외(2005). **평생학습도시 향후 추진 전략연구**. 정책연구과제 2005-공무-20. 교육인적자원부, pp. 98-99.

유연하게 적용될 수 있는 융통성 있는 추진유형이 바람직하다고 본다. 지금까지의 연구 결과를 보면, 지방자치단체주도의 전문가 운영형이 가장 바람직한 것으로 조사되고 있다 (변종임 외, 2005: 94). 하지만 정책의 시행 초기에는 공무원 중심의 지방자치단체주도형이 바람직하다. 즉, 처음에는 정부의 각종 지원을 바탕으로 지방자치단체가 주도하다가 이후에는 지방자치단체가 주도하되 여러 분야의 전문가들을 동원하거나 그들에게 위탁하여 운영하는 것이 적합하다고 할 수 있다. 각 유형별 장단점을 제시해 보면 다음과 같다.

5. 평생학습도시정책의 발전방향

평생학습도시 조성정책은 2001년도에 시작되어 2008년 현재 겨우 시행 8년째에 접어들고 있는 정책으로서 시행 초기라 할 수 있다.

시행 초기에는 보다 많은 지방자치단체가 혜택을 볼 수 있도록 하기 위해 여건이 조금 미약한 지방자치단체에도 평생학습도시정책의 활성화와 이를 통한 평생교육의 활성화를 장려한다는 차원의 접근을 하였다. 즉, 2006년까지는 학습도시 선정 첫 해에만 2억 원을 지원하고 2차년도부터는 프로그램별로 지원신청을 받아 우수한 프로그램에 대해서만 지원하다보니 자치단체장의 강력한 의지나 지방자치단체의 자발적인 노력이 동반되지 않을 경우 실질적인 성과를 기대하기 어려우며, 재정자립도가 낮은 지방자치단체의 경우 재정적인 어려움을 호소하고 있다. 이와 같이 여건이 미비한 지방자치단체의 학습도시 선정으로 인해 나타나는 여러가지 문제점들을 해소하기 위해 2007년 신규지정 평생학습도시부터는 시스템 및 인프라구축을 위해 매년 2억씩 3년간 총 6억 원을 지원하는 것으로 변경하였으며, 2차년도부터는 평가를 통해 계속지원 여부를 결정하는 식으로 제도개선의 노력을 기울이고 있다.

우리나라의 평생학습의 역사는 서구 유럽 선진국의 과거 100여 년 이상의 질곡과 시행착오 속에서 피어난 평생학습사회에 비하면 짧은 시간 큰 도약을 이루었다고 할 수 있다. 그러나 현대사회의 급변하는 환경하에서 지금의 평생학습사회는 정책이 변화의 속도를 따라잡기엔 아직은 역부족인 과도기라고 할 수 있다. 더구나 2001년에 시작된 평생학습도시정책은 이제 겨우 걸음마단계를 벗어나고 있는 중이다. 단기간의 실적이나 문제점을 가지고 정책 전체가 흔들리거나 좌초되는 일이 있어서는 안 된다. 즉, 좀 더 장기적인 시각과 안목으로 인내심을 가지고, 부처 내 · 외부에서 통일된 인식과 정책 전반에 대한 지원의지의 집결이 필요할 때이다. 그럼에도 불구하고 향후 안정적인 정책의 추진 및 평생학습도시 활성화를 위해 다음과 같은 사항들이 필요하다고 본다(윤정일, 2007: 41-44).

1) 선택과 집중전략 수립

2007년 7월 말 76개 평생학습도시를 선정하였고, 2010년까지 100개의 평생학습도시를 목표로 하는 것은 한국의 상황에서 너무 많은 것이 아닌가, 이로 인해 부실화가 초래되지는 않았나 등의 문제를 짚어보아야 한다. 지정된 학습도시당 2억 원 정도의 지원으로 정부에서 원하는 제대로 된 정책 추진과 집행을 바라는 것은 무리라고 판단된다. 차라리 엄격한 심사를 통해 확실히 준비된 도시에 한해 지원하여 제대로 추진될 수 있도록 해야 하며, 선정된 지방자치단체에 대해서는 지원액을 획기적으로 상향 조정하여 평생교육활동을 활성화할 필요가 있다.

시스템과 인프라가 갖추어져 있지는 않지만 자치단체장의 의지가 확고하고, 주민의 요구가 높은 곳에 한해서는 대응투자(matching funding)를 제도화함으로써 충분한 재정이 투입되도록 해야 한다. 아울러 준비는 미흡하지만 기관장과 주민의 의지가 확고한 지방자치단체의 경우에는 이를 확인한 후에 지원을 하되 사후통제 관리 등 질 관리 기제를 확립하는 방안이 필요하다.

2) 컨설팅 지원단 상시운영체제 확립

평생학습도시 활성화를 위해서는 지방자치단체가 어려움에 봉착하거나 예상치 못한 문제점이 발생하였을 때 그 어려움을 무리 없이 해결할 수 있도록 조언과 지원을 해줄 수 있는 활동이 반드시 필요하다.

현재 컨설팅 지원단이 존재하고 있지만 일시적일 뿐이어서 지방자치단체가 실질적인 도움을 받고 있지는 못한 상황이다. 컨설팅 지원단의 상시운영체제를 도입해 학습도시 선정 단계에서부터 현황 및 실태 파악을 제대로 하고, 지방자치단체의 특성과 성격에 맞는 차별화된 컨설팅을 제공해 주어야 한다. 이를 위해서 지방자치단체는 스스로의 문제점과 고유의 체질이 왜곡 없이 투영될 수 있도록 적극 협조하여야 할 것이다. 특히, 평생학습도시정책의 경우에는 획일화된 정책 집행이나 왜곡된 사실에 근거한 추진은 실패할 가능성이 크므로, 지방자치단체의 특성에 맞는 특성화 학습도시의 운영이 될 수 있도록 해주어야 한다.

아울러 이것이 가능하기 위해서는 컨설팅 지원단의 상시운영 등을 위한 별도의 예산 확보가 필요하다. 별도의 예산 확보가 어렵다면, 차라리 선정 도시 한 곳을 줄여 그 예산으로 컨설팅 지원단을 운영하는 것이 궁극적으로는 바람직한 결과를 이끌 것이라고 기대한다.

3) 추진과정 등에 대한 모니터링 활동 강화

사업추진 전반에 대한 모니터링 활동을 강화하고, 평가를 통한 지원 삭감 및 지원금 회수방안 등이 가능하도록 행정 명령계통 확보, 최소한의 관료제 기제 필요, 일반행정 계선의 부분적 활용 등과 같은 제도적 장치 마련이 필요하다. 물론 이것이 가능하기 위해서는 앞에서도 지적했듯이 충분한 재정 지원뿐만 아니라 관계부처 간 협의 및 행정 추진과정에 대한 고전적 인식의 전환 등이 필수적이다. 가능성 있고 준비가 잘 갖추어진 지방자치단체를 선택적으로 집중 지원하고 그에 대한 합당한 성과와 노력을 요구해야 할 것이다. 앞서 외국의 사례에서도 지적하였듯이 우리나라도 구체적인 평가준거 마련 및 평가체제의 구축을 위한 노력을 소홀히 해서는 안 된다.

4) 지역대학과의 연계를 통한 정책수행의 체계화

2004년에 평생학습도시로 선정된 서울시 관악구의 경우, 서울대학교와 관악구의 긴밀한 협력체제와 네트워크를 통한 사업의 추진으로 평생학습도시 활성화를 도모하고 있는 아주 우수한 사례로 인정받고 있으며, 타 지방자치단체가 부러워하는 좋은 모범사례가 되고 있다.

우리나라와 같이 부존자원이 부족하여 인적자원에 의지할 수밖에 없는 경우에는, 특히 그 지역의 대학과 학습도시로 선정된 지방자치단체와의 긴밀한 연계를 통해 평생학습정책을 수립하고 집행할 필요가 있다. 즉, 대학의 우수한 인적자원들이 평생학습도시 활성화를 촉진하기 위한 브레인 역할을 수행하고, 사회적 책무성을 적극적으로 이행할 수 있도록 하기 위해 정부 차원 및 지방자치단체 차원에서의 직·간접적 유인독려책 마련이 필요하다. 이를 위해 필요하다면 대학평가 시 평생학습 관련 부문을 중점지표로 활용하는 방안도 강구해 볼 필요가 있을 것이다.

5) 정책추진의 장애법령 및 인프라 개선

그동안 평생교육을 위한 법과 제도가 정비되고 지원체제가 크게 확충되었다. 그러나 아직도 언제 어디서나 원하는 교육을 받을 수 있는 여건과 기반이 구축되어 있다고 하기에는 많이 미흡하다(강무섭, 2006: 71).

일반행정조직을 통한 평생학습정책의 추진은 예산회계법상의 각 예산 간 융통성 및 호환성 결여, 지방자치단체의 교육경비보조 관련 법령의 소극적 운용 등 각종 법령과 제도적 요인들에 의해 어려움을 겪고 있다. 따라서 필요하다면 관련부처 간 관련 법령 및 제도의 즉각적인 개선을 통해 범정부적 차원에서 효율적이고 합리적인 정책 추진이 될 수 있도록 긴밀히 협조하여야 할 것이다. 이와 함께 평생학습도시 정책이 활성화되기 위한 제반 인프라가 조성되어야 한다.

6) 예산 확보 노력 및 정부 지원 강화

한해 2억 원의 지원으로 지방자치단체가 할 수 있는 일은 한계가 있다. 그나마 일반회계예산이 아닌 특별교부금 형식으로 지원이 되고 있다. 따라서 특별교부금이 아닌 일반예산으로의 전환이 필요하고, 아울러 예산의 획기적 증대와 이를 확보하기 위한 교육인적자원부의 노력과 정부의 지원이 필요하다. 정책의 추진 및 집행과정에서 나타나는 문제의 대부분은 예산 부족에서 기인한다고 해도 과언이 아니다. 평생학습도시 조성정책을 위한 총예산이 획기적으로 개선되지 않으면 안 된다.

이와 같은 사항 외에도 평생학습도시에 대한 홍보 및 인식도 제고, 중앙정부 유관사업 적극 유치·활용, 대학 등 지역 내 네트워킹 전략 강화, 평생학습도시 추진협의회 등 기능 활성화, 성과지향적 학습도시 운영을 통한 피드백 체제 구축, 대응투자를 통한 책무성 확보, 전문가 확보 등 향후 평생학습도시정책의 안정적 추진과 활성화를 위해서 많은 사항들이 개선될 필요가 있다.

참 고 문 헌

강무섭(2006). "평생교육의 발전방향과 전략적 과제." 지방화시대의 교육경쟁력 강화 방향 및 과제(연구총서 4). 경기개발연구원, pp. 57-77.

교육인적자원부(2004). 2004 평생교육백서.

____________(2005.). 교육정책 품질관리 매뉴얼.

____________(2006). 교육정책, 아하! 그렇군요.

교육인적자원부(2007.). 함께 가는 학습복지사회 건설을 위한 2007년 주요 업무계획.

교육인적자원부 보도자료(2007). 2007년도 평생학습도시 지정 계획.

교육인적자원부 · 한국교육개발원(2005). 학습국가 건설을 위한 평생교육 정책 방향과 과제. 평생교육 정책 자료집. 연구자료 RM2005-60.

국무조정실 · 중앙공무원교육원(2006). 품질 높은 정책, 실수로부터 배운다.

권인탁(2006). 지방자치 수준에서의 평생교육체제 구축 방안. 평생교육학연구, 12(4). 한국평생교육학회, pp. 121-147.

김남선(2004). 평생학습도시 운영사례집. 한국교육개발원.

_____ (2005). 평생학습도시론. 대구: 대구대학교 출판부.

김득영(2006). 일본 평생학습도시 프런티어. 서울: 학지사.

김신일 · 한숭희 편(2001). 평생교육학: 동향과 과제. 서울: 교육과학사.

김영준(2006). 국가 평생학습 정책 분석: 2006년 교육인적자원부 정책을 중심으로. 평생교육학연구, 12(1). 한국평생교육학회. pp. 145-168.

남정걸(2007). 평생교육경영학. 서울: 교육과학사.

박영한 외(2004). 대학과 지역발전. 서울: 한울아카데미.

박종렬 외(2004). 고령화 사회에서의 교육체제 전망과 과제: 학생인구 변화를 중심으로. 현안연구 OR2004-9. 한국교육개발원.

박종렬 외(2006). 교육정책 성과관리전략계획(2007~2011) 성과지표 개발 연구. 정책연구과제 2006-지정-28. 교육인적자원부.

박현정 외(2004). OECD 교육지표로 본 한국교육 실태 분석. RR2004-12. 한국교육개발원.

배석영 외(2007). 미래사회를 위한 평생교육개론. 서울: 양서원.

변종임(2005a). 평생학습도시 사업 추진 현황. 지역사회 혁신을 위한 평생학습도시 활성화. 2005년 제1차 평생교육포럼. RM2005-12. 한국교육개발원 평생교육센터, pp. 11-85.

_____ (2005b). 지역 발전을 위한 평생학습도시 운영 실태 분석 연구. 한국교육개발원.

변종임 외(2005). 평생학습도시 향후 추진 전략 연구. 정책연구과제 2005-공모-20. 교육인적자원부.

변종임 외(2006a). 지역혁신을 위한 평생학습도시 지원체제 구축방안 연구. RR2006-18. 한국교육개발원.

변종임 외(2006b). 평생학습도시사업 성과에 영향을 미치는 요인 분석. 한국교육, 33(3). 한국교육개발원, pp. 217-238.

양병찬(2006). 평생학습도시 성공적 지원체제 사례 분석. 평생학습도시 발전을 위한 지원시스템 체계화 전략. 제3차 평생교육포럼 · 제4차 평생교육정책포럼. 연구자료 RM2006-53.

양병찬 외(2002). 지역을 살리기 위한 평생학습마을 · 도시만들기. 한국교육개발원.

양홍권(2004). 지역혁신형 학습도시 시스템 구축과정에 관한 연구: 일본 카케가와시의 평생학습도시 사례를 중심으로. 서울대학교 대학원 박사학위논문.

윤정일(2002). 한국교육의 쟁점에 관한 통계자료 분석. RM2002-64. 한국교육개발원.

_____(2007). 교육인적자원정책사례연구. 수탁연구 CR2007-21. 한국교육개발원.

윤정일 외(2006). 관악구 평생학습도시 · 과학문화도시 인프라 구축을 위한 대학과 지역사회간 협력체제 구축방안. 서울특별시 관악구.

________(2007). 신 교육의 이해. 서울: 학지사.

이승종 외(2006). 평생학습 주민만족지표 연구. 정책연구과제 2006-13. 교육인적자원부.

이영호(2004). 평생교육과 평생학습. 서울: 원미사.

이재분(2006). 평생학습도시 활성화 방안 및 신규 평생학습도시 실행계획. 한국교육개발원.

이종재(2003). 지역혁신을 위한 평생학습도시 조성사업의 동향과 과제. 한국교육개발원.

이희수(2006a). 평생학습도시 지원체제 혁신방향: 네트워크 전략을 중심으로. 평생학습도시 발전을 위한 지원시스템 체계화 전략. 제3차 평생교육포럼 · 제4차 평생교육정책포럼. 연구자료 RM2006-53.

이희수(2006b). "교육발전을 위한 정부 · 지역사회의 인적 · 물적 파트너십." 지방화시대의 교육경쟁력 강화 방향 및 과제(연구총서 4). 경기개발연구원, pp. 239-263.

장원섭 외(2006). 지역 평생학습 촉진을 위한 민 · 관 · 산 · 학 학습 파트너십 구축방안 연구. RR 2006-17. 한국교육개발원.

정택희 외(2006). 2006년도 평생교육통계 사업 보고서. 기술보고 TR2007-3. 한국교육개발원.

정택희 외(2007). 2006 평생학습 참여실태 및 평생학습도시 주민만족도 조사 연구. 수탁연구 CR 2007-8. 한국교육개발원.

조영달 외(2007). 관악구-서울사대 장기 교육발전 비전 2020. "관악 Edu-valley 2020" 추진 계획 수립을 위한 연구. 서울대학교 사범대학 · 서울특별시 관악구.

한국교육개발원(2005). 한국 성인의 평생학습 참여 실태 연구. 한국교육개발원.

한국교육개발원 평생교육센터(2006). 2006 평생교육센터 평생학습도시 사업. 기타자료 MP 2006-5-3. 한국교육개발원 평생교육센터.

한숭희(2006). 평생교육론: 평생학습사회의 교육학. 서울: 학지사.

한준상(2007). 교육자본론; 사교육과 평생교육의 자본화. 서울: 학지사.

Bagnall, R. G. (2000). Lifelong Learning and the Limitation of Economic Determinism. *International Journal of Lifelong Education, 19*(1), 20-35.

Committee for Lifelong Learning(1997). *The Joy of Learning: A National Strategy for Lifelong Learning.* Helsinki: Ministry of Education Finland.

Cropley, A. J. (1980). Lifelong Learning and Systems of Education: An Overview. In A. J. Cropley (Ed.), *Towards a System of Lifelong Learning*. Hamburg: Pergamon Press.

Field, J. (2005). *Social Capital and Lifelong Learning.* Bristol: Policy Press.

OECD (1996). *Lifelong Learning for All.* Meeting of the Education Committee at Ministerial Level. 16-17 Jan. 1996. Paris: OECD.

Toffler, A., & Toffler, H. (2006). *Revolutionary Wealth.* 김중웅 옮김. 부의 미래. 서울: 청림출판.

Yarnit, M. (2000). *Towns, Cities and Regions in the Learning Age: A Survey of Learning Communities.* London: LGA Publications for the DfEE. NCA, pp. 79-80.

http://www.lll.or.kr (한국교육개발원 평생교육센터)

제 6 장

국가인적자원의 개발

1. 추진배경 및 경과

1) 추진배경

21세기로의 진입은 정보화사회, 지식기반사회로의 이행이 본격화되는 시기로서 중요한 의미를 갖는다. 제한된 물적자원과 노동력에서 경쟁력의 원천을 찾았던 산업화사회와 달리, 지식기반사회에서는 무한한 가치창출이 가능한 지식과 인적자본이 생산성의 원천이 된다는 점에서 질적인 차이가 있다. 세계 각국은 이러한 시대적 변화의 물결에 적응하기 위해 전력을 다하고 있는 상황이며, 국가 차원의 전략적 대응노력에 따라 국가경쟁력 구도를 급속히 재편 중이다. 지역발전과 혁신을 위해서는 지역의 교육기관, 기업, 연구소 등을 활용한 인재 육성과 지식 창출 및 확산이 핵심전략으로 대두되고 있다.

해방 이후 우리나라는 산업화에 성공하여 1996년에 OECD 회원국으로 가입하는 등 괄목할 만한 성장을 이루어냈지만, 지식기반사회로의 변화에 대한 문제의식과 체계적 대응노력은 선진국에 비해 아직 뒤떨어져 있는 실정이다. 과거 산업화시대 우리나라의 발전을 이끌었던 양적 성장모형은 오늘날 유효성이 현저히 감소하고 있고, 물적자본과 노동력의 축적을 통한 정부 주도의 발전모형도 한계에 봉착하고 있다. 앞으로는 양질의 인적

* 정제영(교육과학기술부)

자원이 지속적 성장과 발전의 원동력이며 국가의 미래를 좌우할 것으로 예상된다. 따라서 국민 개개인의 역량을 높이는 동시에 사회 저변의 후진적 제도와 관행을 선진화하는 것이 무엇보다 중요한 상황이다. IMF사태 직전인 1997년 10월 '부즈알렌 보고서'는 한국경제의 근본문제를 '지식격차'로 진단하였고, Paul R. Krugman이 동아시아 경제의 위기요인을 생산성 향상이 결여된 양적 팽창에 있다고 주장한 것과 같은 맥락이라고 할 수 있다.

'사람과 지식'이 핵심적 역할을 하는 지식기반사회를 맞아 모든 나라가 새로운 패러다임의 국가발전전략을 수립하고 실천하는 데 역량을 결집하고 있다. 지금까지 우리나라의 국가경쟁력 정책은 개발도상국형 경쟁력 정책으로 경제성장률, 실업률, 물가상승률 등 거시경제지표의 성장과 안정에 중점을 둔 정책 중심으로 운용되어 왔다. 거시경제정책(재정지출 확대, 저금리 등 재정·금융정책)은 양적 성장과 생산량을 늘리는 데에는 유효하나 근본적인 국가경쟁력의 제고를 위해서는 새로운 선진국형 경쟁력 정책이 필요하다.

2) 추진경과

1996년 2월 9일 대통령 자문 교육개혁위원회는 문민정부의 제2차 교육개혁방안에서 인적자원정책을 조정·총괄하는 부총리제 신설을 대통령에게 건의하였다. 오랜 논의 끝에 김대중 대통령은 이러한 건의를 수용하여 2000년 1월 3일 신년사에서 "교육인적자원부장관을 부총리로 승격시켜 교육·훈련, 문화·관광, 과학, 정보 등 인력개발정책을 종합 관장하도록 하겠습니다."라고 발표하였다.

대통령 신년사 후속조치로 2월 28일 우선 관계부처 장관급 협의체인 '인적자원개발회의'를 구성하였고, 이에 따라 '인적자원개발회의규정'을 제정하였다. 회의의 법정위원 구성은 11개 부처 장관과 청와대 교육문화수석 등 12명으로 하고, 재경부차관, 청와대 정책기획수석은 비법정위원으로 참여하였다. 2001년 1월「정부조직법」이 개정되면서 교육인적자원부는 부총리 부처인 교육인적자원부로 승격되었고, 국가인적자원개발정책을 담당하는 인적자원정책국(4개과 35명)이 신설되었다. 2002년 8월「인적자원개발기본법」을 제정함으로써 정책 추진을 위한 제도적 기반을 갖추게 되었다.

국가인적자원개발이라는 새로운 이름에 맞는 정책은 기존 정책들과의 연계 및 새로운 정책 기획이라는 어려움 속에서 추진되었다. 2001년 12월에는 18개 부처가 참여하여 '제1차 국가인적자원개발기본계획(2001~2005)'을 수립하였고, 2005년에는 '제2차 국가인적자원개발기본계획(2006~2010)'을 수립하였다. 이 기본계획에 따라 매년 시행계획을 수립하고 점검하는 체제를 갖추게 되었다.

초기 인적자원개발회의는 활발한 논의가 이루어졌다. 2001년에는 대통령이 주재하는 인적자원정책 관계장관 간담회가 7차례나 개최되었고, 그 이후에도 연 1회 이상은 대통령이 주재하는 인적자원개발회의나 장관급 간담회가 개최되었다. 그러나 교육부총리가 주재하는 인적자원개발회의에 정식위원인 장관보다는 차관이 대신 참석하는 경우가 많아졌고, 부득이하게 불참하는 부처도 종종 발생하였다. 이에 따라 인적자원개발정책을 효과적으로 총괄·조정하기 위해서는 정책의 추진체제를 보다 강력하게 보완해야 한다는 지적이 제기되었다.

2004년 10월 과학기술부가 부총리 부처로 격상되어 과학기술혁신본부를 설치하면서 인적자원개발(HRD)과 연구개발(R&D)과의 관계에 대한 새로운 논란이 일었다. 과학기술부는 교육인적자원부와 같은 부총리급 부처로서 대통령이 주재하는 국가과학기술위원회를 운영하고, 사무국으로 차관급인 과학기술혁신본부를 신설하는 등 보다 강화된 추진체제를 갖추게 되어 국가인적자원개발정책 추진체제 개편의 필요성이 더욱 부각되었다. 특히, 실질적인 국가인적자원개발정책의 총괄을 위해서는 국가인적자원개발정책의 평가와 그 결과를 반영한 예산조정권이 있어야 한다는 주장이 제기되었다.

2005년 2월 교육인적자원부는 대통령에게 국가인적자원개발정책 추진체제 개편방안을 보고하였다. 이 보고에는 인적자원개발회의를 대통령이 위원장이 되는 '국가인적자원위원회'로 확대 개편하면서, 산업계·노동계 등 인적자원을 활용하는 민간부문이 참여하여 인적자원 혁신을 주도하도록 하고, 사무국으로 교육인적자원부에 '인적자원혁신본부(차관급)'를 신설하는 방안이 포함되어 있었다. 그 후속조치로 2005년 4월 인적자원개발(HRD)과 연구개발(R&D)정책의 총괄적인 혁신을 위해 국무총리 산하에 '인적자원개발·연구개발기획단'을 구성하여 추진체제 개편을 총괄하였다.

2005년 6월 정부 입법으로「인적자원개발기본법」개정법률안이 국회에 제출되었다. 그러나 당시「사립학교법」개정과 관련된 여야 간의 대립 등 입법환경이 좋지 않은 상황이었기 때문에 2년여가 흐른 2007년 4월에야 비로소「인적자원개발기본법」이 개정되었다. 국회의 법 개정과정에서 인적자원정책본부의 직제가 차관급에서 고위공무원급(기존 1급)으로 낮아지는 등 우여곡절을 겪게 되었다.

2007년 6월 개최된 인적자원개발회의를 마지막으로 회의는 '국가인적자원위원회(위원장: 대통령)'로 전환되었다. 제1회 국가인적자원위원회는 2007년 7월 27일 대통령이 주재하여 개최되었다. 인적자원정책본부(1본부 3관 8팀 67명 규모)는 2007년 8월 17일에 현판식을 갖고 본격적인 가동을 시작하였다. 비록 교육인적자원부가 최초에 구상한 것보다 축소된 형태이기는 하지만 새로운 추진체제를 구축하게 된 것이다. 교육인적자원부는 국가인적자원개발정책을 보다 내실 있게 추진해야 한다는 정부 안팎의 기대에 더욱 큰 부담을 안게 된 상황이다.

2. 국가인적자원개발의 개념과 영역

1) 인적자원개발론의 개념

인적자원개발(Human Resources Development: HRD)이라는 용어는 주로 기업의 교육과 훈련을 통한 성과의 제고라는 관점에서 출발하였다. 산업사회에서 전통적으로 생산의 3요소라고 일컬어져 왔던 '토지, 노동, 물적자본'에 대비되는 개념으로서 '인적자본(human capital)'의 중요성이 강조된 것이다.

인적자원개발의 개념을 이해하기 위해서는 먼저 논의되었던 인적자본에 대한 이해가 선행되어야 한다. 인적자본의 개념은 1961년 Schultz의 '인적자본에 대한 투자(Investment in human capital)'라는 논문에서 비롯되었다고 할 수 있다. Schultz는 자산으로서의 인간이 지닌 '지식'과 '기술'을 강조하였고, 교육 · 훈련 · 건강에 대한 투자를 통해 인적자본을 증가시키고, 이를 통한 생산성 향상, 임금상승 및 경제성장의 중요성을 강조하였다. 인적자본의 개념은 이후 1964년 Becker가 '인적자본론(Human Capital)'이라는 책을 쓰면서 인적자본이라는 용어가 더욱 발전하고 널리 활용되기 시작하였다.

인적자본은 경제적 측면에서 석유, 가스 등 천연자원, 그리고 달러 등 화폐자본 등과 대비된 개념으로 사용되며, 인간을 단순한 노동력 제공의 차원이 아니라 고부가가치를 창출하는 자산으로서 새로운 생산요소의 하나로 인식하였다. 좁은 의미로는 생산에 투입되는 근로자의 노동생산성에 영향을 미치는 지식(knowledge), 역량(competence)과 기술숙련도(skill)를 의미하고, 넓은 의미로는 노동력에 체화된 근로자의 지식, 교육수준, 직업훈련 정도, 건강 및 영양상태 등 노동의 질에 영향을 미치는 모든 생산요소를 포함한다. 인적자본론의 관점에서의 교육은 다분히 경제적이기 때문에 교육학에서 보는 교육과는 달리 수단적 · 경제적 의미에 더욱 초점을 맞추고 있다고 할 수 있다.

인적자본과 대비되는 개념으로 '사회적 자본(social capital)'은 '집단 내 또는 집단 간 협동을 촉진시키는 공유된 규범, 가치, 이해 및 네트워크'라고 할 수 있다(OECD, 2001). 국가가 성장하고, 선진국에 진입하면서 사회적 자본의 중요성은 더욱 강조되고 있는 상황이다. 사회적 자본의 성장은 눈에 보이지 않는 국가경쟁력으로 더욱 부각될 전망이다.

'인적자원개발'이라는 용어는 Nadler가 1969년 학회에서 사용한 것에서 유래한다(한국교육개발원, 2003: 5). 이후 인적자원개발론은 실제 기업의 성과를 높이기 위해 활용되었다. McLagan은 인적자원개발을 개인 및 조직 효과성 향상을 목표로 하는 '훈련 · 개발, 경력개발, 조직개발' 의 세 가지 측면으로 정의하였다(1989). Nadler와 Nadler는 인적자원개발을 특정시간 동안 고용주에 의해 제공된 조직화된 학습경험으로 정의하였다(1989). 반면에 Watkins와 Marsick은 인적자원개발을 학습조직의 실현으로 보고, 그 구성요소로 '훈련, 경력개발, 조직개발' 을 제시하였다(1993). 학습조직이란 새로운 기술을 습득하고 창조하며 활용하는 기술과 능력을 통해 환경에 능동적으로 대처해 나가는 조직을 의미하며(정제영, 2004), 이것이 인적자원개발의 최종적인 목표라고 보는 것이다. 급변하는 사회환경 속에서 '조직의 재구조화' 나 '조직의 기본적인 틀을 파괴하는 것' 은 세계화된 시장에 적응하는 수단으로 활용되고 있는 세계적인 현상이다(Glickman, 1993).

인적자원개발론은 기본적으로 기업이나 조직의 성과를 높이기 위한 목적으로 시작되었지만 점차 그 영역이 확장되고 있다. 민간기업에서 공공부문으로 확대되고 있으며, 특히 학습조직, 지식경영 등 점차 구체적이고 실제적 측면에서 이론이 확대되고 있다고 할 수 있다. 최근에는 초 · 중등학교에서의 학습조직화(윤정일 · 정제영, 2003)와 교원의 인적자원개발(정제영 · 정성수, 2006)에까지 확대되고 있다. 인적자원개발론의 확대는 조직이 생존하기 위해서 성과를 지속적으로 창출해야 한다는 사회적 요구가 점차 증가하고 있고, 이러한 요구가 공공분야에도 적용되고 있다는 것을 보여 주는 것이다.

2) 국가인적자원개발정책 영역

국가인적자원개발(National Human Resources Development: NHRD)이라는 개념은 우리나라에 도입될 당시 논쟁의 대상이 되었다. 기업이나 조직 수준에서 활용되던 인적자원개발의 개념을 국가수준으로 확장하면서 이에 따른 재개념화가 필요했기 때문이다. 교육인적자원부가 교육인적자원부로 바뀌면서 시작된 국가인적자원개발의 개념논의는 아직도 진행 중이라 할 수 있다.

국가인적자원개발의 개념에 대한 논의의 중간수준의 결론은 2002년에 제정된 「인적자원개발기본법」에 반영되었다. 「인적자원개발기본법」에 의한 법률상 정의를 살펴보면 '인적자원' 이라 함은 국민 개개인 · 사회 및 국가의 발전에 필요한 지식 · 기술 · 태도 등 인간이 지니는 능력과 품성을 말한다. '인적자원개발' 이라 함은 '국가 · 지방자치단체 · 교육기관 · 연구기관 · 기업 등이 인적자원을 양성 · 배분 · 활용하고, 이와 관련되는 사회적 규범과 네트워크를 형성하기 위하여 행하는 제반활동' 을 의미하는데 이는 사실상 국가인적자원개발의 개념이라 할 수 있다. '인적자원개발사업' 이라 함은 중앙행정기관과

교육인적자원부		교육인적자원부
• 인적자원의 공급(양성)사이드(초 · 중등, 고등, 평생교육)에서만 정책 수행 -다만, 그동안 교육인적자원부에서 수행한 교육은 인적자원정책의 중핵이 됨	⇒	• 인적자원의 공급-수요-관리측면의 통합적 견지에서 정책 수행 -인적자원의 공급측면(교육 · 훈련 · R&D), 수요측면(노동정책, 산업정책 등) 및 인적자원의 종합관리
• 관련부처와 상호 연계 없이 부처별 입장과 관점에서 정책 추진		• 관련부처와 연계를 통해 범부처 차원에서 통합적 정책 추진

[그림 6-1] 교육인적자원부 출범 전후 정책패러다임 변화

지방자치단체가 인적자원개발을 위하여 예산 또는 기금으로 지원하는 사업으로 규정하고 있다.

국가인적자원개발은 이론적인 측면보다는 정책으로서의 실제적인 측면에서 먼저 시작되었다고 할 수 있다. 따라서 국가인적자원개발정책은 교육인적자원부의 정책영역으로 구현되었다고 할 수 있다. 교육인적자원부가 교육인적자원부로 전환되면서 국가인적자원개발정책의 대상과 범위에 대한 논의가 진행되었고, 현재에도 이에 대한 논의는 지속되고 있다. 교육인적자원부는 기존의 교육인적자원부가 국민을 교육시키는 데에만 초점을 맞추어 온 것에 비해 인적자원을 활용하는 부문의 관점을 종합적으로 고려한다는 점에서 가장 큰 차이가 있다.

인적자원을 양성하는 것은 그 자체로도 매우 중요하고 의미가 있지만, 국가적인 측면에서 인적자원이 효율적으로 활용될 수 있다면 그 효용은 더욱 커질 수 있기 때문이다. 정부의 측면에서도 인적자원개발과 관련된 부처들이 분절적으로 정책을 추진해 오던 것을 부총리 부처인 교육인적자원부가 관련부처의 정책을 총괄 · 조정하는 역할을 수행하게 된 것이다.

국가인적자원개발의 정책영역은 두 가지 측면에서 살펴볼 수 있다. 하나는 인적자원개발의 과정적인 측면이다. 즉, 인적자원의 효과적인 양성과 활용, 그리고 효율적인 배분에 이르는 모든 과정이 원활하게 연계되어 운영될 수 있도록 하는 것이다. 이 과정에는 정부뿐 아니라 민간영역과 개인들이 모두 주체가 된다고 할 수 있다. 국가인적자원개발정책은 각 주체들이 충실하게 역할을 수행할 수 있는 인프라를 구축하고, 제도적으로 지원하는 것이다. 기존 교육인적자원부가 담당하고 있던 부분은 인력의 양성에 치우쳐 있었지만 국가인적자원개발정책은 인력의 양성과 활용을 연계하는 것에 더욱 초점을 두었다고 할 수 있다.

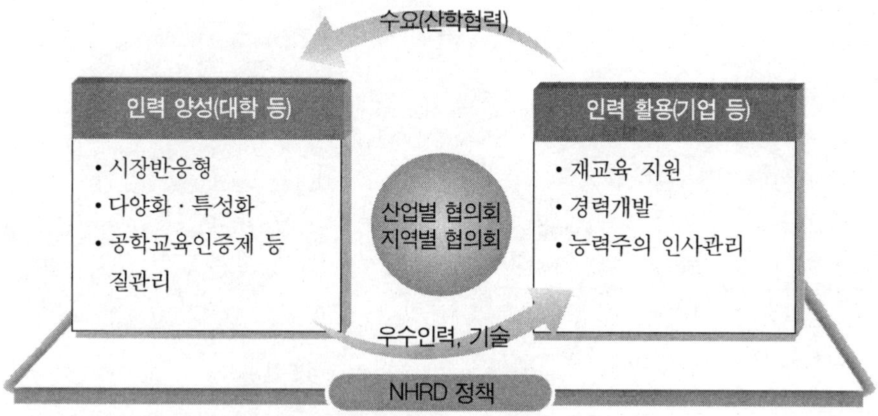

• 평가인정체제(대학 평가, 인적자원개발 인증, 자격제도)
• 인력자원개발회의(인적자원개발정책 총괄 · 조정)
• 인력수급 정보제공, 행 · 재정 지원체제

[그림 6-2] 과정으로 본 국가인적자원개발의 정책영역

출처: 교육인적자원부(2004). 소득 2만불 시대로의 도약을 위한 인적자원개발 혁신방안.

국가인적자원개발의 정책영역을 보는 두 번째 측면은 정책의 부문별 관계를 보는 것이다. 이것은 정부의 역할과 관련하여 각 부처의 역할을 정립하는 것과 관련된 것이라 할 수 있다. 교육인적자원부가 출범하기 이전에는 각 부처가 수행하고 있던 고유의 정책들이라고 할 수 있지만 각 정책부문별 과제들이 연계되고 통합됨으로써 정책 시너지효과를 기대할 수 있는 것이다.

이것은 국가인적자원개발정책의 기획에 있어서 매우 유용하다고 할 수 있다. 각 부처가 수행하고 있는 정책들은 기존의 고유한 관점과 영역에 한정되어 있지만, 국가인적자원개발의 관점에서 살펴보면 정책적 수요가 존재하고 있어도 어느 부처에도 해당되지 않거나 여러 부처에도 해당되는 정책이기 때문에 정책적 공백이 존재할 수 있다. 이러한 부분에 대한 새로운 정책적 기획이 필요하게 된다. 예를 들어 군대에서 학습이 필요한 경우 국방부와 교육인적자원부가 관련되어 있지만 그동안 정책이 마련되지 못하여 정책 사각지역으로 남아 있었다고 할 수 있다. 크게 국가 차원의 성장과 사회적 통합을 국가인적자원개발의 양대목표라고 볼 때 아직도 사각지역에 놓여 있는 정책수요들이 많이 존재하고 있기 때문에, 지속적으로 발굴되고 정책이 만들어져야 한다.

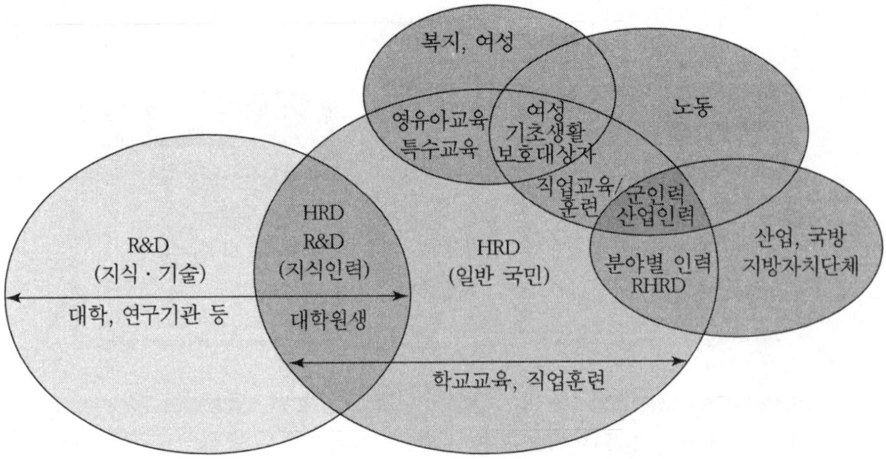

[그림 6-3] 부문별로 본 국가인적자원개발의 정책영역

출처: 교육인적자원부 내부자료.

3. 국가인적자원개발정책의 추진성과

1) 국가인적자원개발정책의 총괄 · 조정체제 구축

(1) 인적자원개발회의와 국가인적자원위원회

인적자원개발회의는 교육인적자원부총리가 주재하고 14개 정부부처[1]의 장이 참여하여 국가수준의 인적자원개발정책을 기획하고 심의하는 협의체이다. 법정위원인 부처의 장 외에도 안건과 관련된 부처의 장도 참여하도록 하여 활발한 정책협의의 장을 마련하였다.

2000년부터 2006년까지 7년간 인적자원개발회의(대통령 및 국무총리 주재 장관급 간담회 포함)는 총 64회 개최되었고, 안건 수는 238건에 이르렀다. 이는 연평균 약 7.1회 개최되었고, 회의당 약 3.7건의 안건을 처리하였다는 것을 보여준다.

그러나 부총리로서 각 부처의 장을 통할하고 관리하는 데에는 한계를 가질 수밖에 없다. 같은 국무위원으로 부총리가 다른 부처 장관들에게 지시를 할 수 없을 뿐 아니라 특

1) 14개 부처에는 교육인적자원부, 재정경제부, 과학기술부, 행정자치부, 문화관광부, 산업자원부, 정보통신부, 보건복지부, 노동부, 여성가족부, 기획예산처, 중앙인사위원회, 국무조정실, 국정홍보처 등이 포함된다.

구분	인적자원개발회의		국가인적자원위원회
위원장	• 교육인적자원부총리(의장)		• 대통령
위원	• 정부부처의 장	⇒	• 정부부처의 장, 민간위원
간사	• 교육인적자원부 차관보		• 교육인적자원부총리
사무국	• 인적자원정책국(국장급)		• 인적자원정책본부(1급)

[그림 6-4] 국가인적자원위원회 출범 후의 변화모습

히 재정경제부와 과학기술부는 같은 부총리급 부처이기 때문에 인적자원개발회의 의장의 리더십에는 한계가 있을 수밖에 없었다. 부처 간 이해갈등이 첨예한 경우에는 조정의 역할을 수행하는 데 한계가 있으며, 교육인적자원부가 갈등의 주체가 되는 경우가 많은 상황에서 조정의 기능은 현저히 약화될 수밖에 없다.

부처 간의 협력과 조정을 더욱 강화하기 위해 2007년 7월 「인적자원개발기본법」이 개정되어 대통령을 위원장으로 하고 15개 정부부처[2]의 장, 13명의 민간위원들이 참여하는 '국가인적자원위원회' 로 전환되었다. 이로써 제도적으로는 국가인적자원개발정책의 효과적인 총괄 · 조정을 기대할 수 있게 되었다. 그러나 효과적인 운영을 위해서는 아직 개선되어야 할 부분이 남아 있고, 특히 국가연구개발(R&D)정책을 총괄하는 과학기술부와의 업무상 협력과 조정문제는 아직도 해결되지 않은 상황이다.

(2) 국가인적자원개발 기본계획 및 시행계획 수립

인적자원개발정책의 기획과 추진, 평가 등 일련의 과정을 총괄적으로 관리하고, 5년 단위의 중기적 목표의 총괄적 수립을 위해 '국가인적자원개발 기본계획(이하 '기본계획')' 을 수립하도록 법은 규정하고 있다. 2001년과 2005년에 두 차례에 걸쳐 기본계획이 수립되었으며, 이에 따른 1년 단위의 시행계획이 매년 수립되고 있고, 시행계획에 따른 평가를 실시하고 있다.

2001년에 수립된 제1차 기본계획(2001～2005)은 '사람과 지식' , 즉 인적자원을 국가발전의 핵심역량으로 규정하고, 교육을 중심으로 직업훈련, 과학기술, 문화, 고용, 복지, 산업정책 등 타 부문을 연계하는 총체적인 접근을 시도한 국내 최초의 인적자원개발 종합계획이다. 제1차 기본계획은 정책을 4대 영역, 16대 분야, 45대 정책과제, 119개 세부 추

2) 15개 부처에는 재정경제부, 과학기술부, 국방부, 행정자치부, 문화관광부, 산업자원부, 정보통신부, 보건복지부, 노동부, 여성가족부, 기획예산처, 중앙인사위원회, 국무조정실, 국정홍보처, 국가청소년위원회 등이 포함된다.

진과제로 구분하였고, 18개 정부부처가 참여하였다. 시행계획은 각 연도별로 수립되었는데 2003년부터 「인적자원개발기본법」에 규정된 절차에 의해 진행되었으며, 2005년 시행계획에야 비로소 119개 과제 전체에 대한 계획을 수립하게 되었다.

2005년에 수립된 제2차 기본계획(2006~2010)은 성장과 통합을 동시에 추구하면서 학습사회에 기반한 인재강국 건설을 비전으로 제시하였다. 인적자원분야 국가경쟁력 10위권 달성을 목표로 제시하였으며 4대 영역, 20대 정책과제, 200개 단위과제를 도출하였고, 20개 정부부처가 참여하였다.

기본계획과 시행계획의 수립은 정책과제를 중심으로 국가인적자원개발정책을 총괄하는 기반이 된다는 점에서 의미가 있다. 또한 계획의 수립과 추진과정에서 정부부처 간의 협력이 과제를 매개로 확대될 수 있는 기회를 제공하였다는 점도 높이 평가할 수 있다. 그러나 계획의 수립과 예산편성이 연계되지 않고 별도의 과정으로 진행되어 실질적인 총괄에는 여전히 한계를 갖고 있다. 그리고 계획과 집행, 평가라는 정책의 기본적인 과정이 실질적으로 관리되지 못한다는 점과 하나의 개별과제가 여러 가지 기본계획에 반영되어 있다는 문제점도 정부 차원에서 개선되어야 할 부분이다.

2) 사각지역에 있는 인적자원정책 발굴 및 정책의제화

국가인적자원개발정책 추진으로 거둔 가장 큰 성과는 정책의 수요가 있음에도 불구하고, 정책화되지 못했던 부분들에 관심을 갖게 되었다는 점이다. 인적자원개발회의를 통해 개발되고 추진된 대표적인 사례는 도시 저소득층 자녀를 위한 교육복지 종합대책의 수립(2002), 군 인적자원개발정책 추진(2004), 대학의 연구개발비 관리제도 개선(2004), 인적자원개발 우수기관 인증제 도입(2005) 등을 들 수 있다.

(1) 교육복지투자우선지역 지원사업 추진

1997년의 외환위기 이후 계층 간 소득격차가 심화되고 가정의 기능이 약화되어 사회통합을 위한 교육복지의 개념이 등장하게 되었다. 교육복지는 기존에 제공되었던 물량중심의 복지정책이 갖는 가난의 대물림이라는 한계에서 벗어나기 위해서는 교육적 지원이 동시에 이루어져야 한다는 개념이다. 저소득계층 당사자뿐 아니라 그 자녀에 대한 교육과 복지지원정책이 종합적으로 이루어져야 한다는 것이다. 저소득층에 대한 교육지원은 교육인적자원부 소관이지만 종합적인 교육복지정책이 추진되기 위해서는 보건복지부, 문화관광부, 여성가족부, 청소년위원회 등 관련부처의 참여가 필수적이라고 할 수 있다.

2002년 당시, 저소득층에 대한 교육지원은 이루어지고 있었으나 농 · 산 · 어촌 등 행정구역을 중심으로 이루어지거나 학자금, 급식비 등 재정적 지원이 대부분을 차지하고 있었다. 특히, 교육 · 문화적 조건이 열악한 도시 저소득지역의 교육복지정책을 추진해야 할 필요성이 증대되었고, 이에 따라 인적자원개발회의를 통해 교육과 보건, 복지가 함께 이루어지도록 지역 중심의 총체적 접근이 제안되었다.

2002년 12월에 해당지역 실태조사 및 공청회를 거쳐 '교육복지투자우선지역 지원사업' 계획이 발표되었다. 2003년 시범사업을 거쳐, 2004년에는 서울과 부산 8개 저소득층 밀집지역으로 확대하였으며, 15개(2005), 30개(2006), 60개(2007)로 점차 확대하여 추진하고 있다.

2007년에는 60개 지역으로 확대됨에 따라 전국 초 · 중학교에 재학 중인 기초생활수급 학생 21만 5천여 명의 14%인 약 3만여 명이 지원을 받고 있으며, 2008년에 사업지역을 100개 지역으로 확대할 경우에는 그 지원비율이 25%까지 증가될 것으로 기대된다.

인적자원개발정책을 통해 중도탈락 청소년 종합대책, 참여정부 교육복지 종합대책, 농어촌교육 종합발전방안 등이 추진되었다. 교육을 통해 사회 · 경제적 양극화를 해소하기 위한 교육복지정책은 향후 그 정책 수요가 더욱 확대될 것으로 예상된다.

(2) 군 인적자원개발정책 추진

우리나라에서 산업화시대 초기에는 군이 사회에서 필요로 하는 인력을 양성하는 데 도움이 되었다는 평가를 받아왔다. 많은 기업들에서 군필자를 우대하는 문화가 있었고, 특히 공무원선발시험에서 군 복무자에게 가산점을 부여하는 등 많은 혜택이 부여되기도 하였다. 사회가 변화하면서 1999년에는 제대군인 가산점제도가 평등권 등의 이유로 헌법재판소에서 위헌으로 판결되었다. 군 복무가 인생에 도움이 되는 것이 아니라 능력개발과 취업을 준비해야 하는 중요한 시기에 커다란 공백기라는 인식이 팽배하게 된 것이다. 그래서 일부에서는 국적포기 등 편법적인 방법을 통해 군대를 기피하는 사례도 늘어나고 있는 것이 현실이다.

군 인적자원개발정책의 목표는 대상에 따라 나누어 볼 수 있다. 장교 등 간부에게는 Alvin Toffler가 지적한 바와 같이 탈산업화시대 전쟁의 '제3의 물결' 로 규정한 '하이테크 전시대' 에 대비한 '지식무사들' 로 거듭나도록 교육을 강화하는 것이다. 반면에 일반병사들에게는 복무기간 중에 여가시간을 활용하여 자기계발을 하게 함으로써 인생의 황금기인 청년시기를 보람 있게 활용할 수 있도록 하는 것이다. 특히, 대학 재학 중에 입대를 하는 경우가 많기 때문에 본인이 재학하고 있는 대학의 강의를 온라인으로 듣고 학점을 취득할 수 있도록 함으로써 군 복무기간 중의 학업공백을 최소화할 수 있다는 장점이 있다.

육군본부는 2003년부터 군 인적자원개발의 필요성을 인식하고, 한국직업능력개발원(KRIVET)과 한국교육개발원(한국교육개발원) 등 연구기관과 함께 정책연구를 시작하였다. 이후 2004년 3월에 전국경제인연합회 등 산업계, 언론계, 학계와의 협력을 위해 '산·군 인적자원개발위원회'를 구성하여 시범적으로 군부대 PC방 사업 등을 추진하였다. 그러나 군 인적자원개발정책을 국방부 단독으로 추진하는 데에는 한계가 있었다. 군부대에서의 교육을 위해서는 교육인적자원부, 자격제도 개선을 위해서는 노동부 등 여러 부처의 협력이 필요한 상황이었다.

교육인적자원부와 국방부는 2004년 하반기부터 본격적인 부처 협의를 통해 정부의 공식 의제화하여 범정부 차원에서 계획을 수립하기로 합의하고, 이를 2004년 11월에 인적자원개발회의를 통해 의제로 제안하였다. 2004년 12월에는 10개 부처 장관과 민간기관장이 참석하여 '군 인적자원개발을 위한 민·관·군 협약'을 체결하였고, 13개 정부부처, 연구기관이 참여하는 실무 협의기구인 '군 인적자원개발 추진기획단(단장: 교육인적자원부와 국방부 국장)'을 구성하여 운영하였다. 그 결과 2005년 7월에 인적자원개발회의를 통해 '군 인적자원개발 종합계획'을 발표하였다. 이에 대한 후속조치로 2006년과 2007년에 학점인정을 위해 「병역법」, 「고등교육법」 및 시행령 등 관련법령 개정이 이루어져서 본인이 재학 중인 대학의 학점을 한 학기 3학점, 연간 6학점의 범위 내에서 취득할 수 있게 되었다.

(3) 인적자원개발 우수기관 인증제 도입

국가인적자원개발의 중요한 주체는 공공과 민간의 각 조직이라고 할 수 있다. 큰 규모의 기업에서는 조직의 성과를 높이기 위해 스스로 인적자원개발의 노력을 경주하고 있다. 그렇지만 중소기업 등 소규모의 조직에서는 조직구성원의 인적자원개발을 위해 지원할 여력이 없는 경우가 많다. 장기적으로 보면 조직과 개인 모두를 위해 인적자원개발이 필요함에도 불구하고 이에 대한 관심을 기울이기 어려운 상황인 것이다.

'인적자원개발 우수기관 인증제도(Best Human Resources Developer: Best HRD)'는 기업에서 능력을 중심으로 인재를 채용하고, 근로자들이 재직 중에 지속적으로 학습하고, 능력을 개발할 수 있도록 지원하는 시스템이 잘 갖추어져 있는 우수기업을 대상으로 심사를 통해 인증마크를 부여하는 제도이다. 품질관리를 잘하는 회사의 제품에 대해 ISO나 KS인증을 부여하는 것과 마찬가지로 인적자원개발영역에서 우수한 기관이라는 것을 국가적으로 공인해 주는 것이다.

인적자원개발 우수기관 인증제가 활성화되는 것은 결과적으로 우리나라 조직들의 인적자원개발수준이 높아지는 것을 의미한다. 잘하는 조직에 대해서는 인증과 함께 그에 적합한 포상이 이루어지고, 미흡한 조직에 대해서는 보다 잘할 수 있는 지원대책이 함께 이루어져야 한다. 이를 위해서는 결과적으로 관련되는 여러 부처들의 협력이 필수적이라고 할 수 있다.

3) 인력수요를 반영한 산·학·연 협력 강화

국가인적자원개발의 중요한 부분 중의 하나는 사회적인 수요에 따라 인력을 양성하고 공급할 수 있는 체제를 갖추는 것이다. 우리나라는 현재 인적자원 수급의 불일치로 인한 문제를 겪고 있다. 인적자원 수급의 불일치는 양적 불일치와 질적 불일치로 나누어 생각해 볼 수 있다. 양적 불일치는 인력수요에 비해 공급이 많거나 적은 것을 말한다. 예를 들어 새로운 산업이 활성화되는 경우 인력수요는 일시에 늘어나는데 이에 대한 공급은 일정기간이 필요하기 때문에 양적 불일치가 발생하게 된다. 반면에 오래된 산업이 갑자기 사라지게 되는 경우 이에 대한 인력공급이 일시에 늘어나게 되는 것이다. 인력수급의 질적 불일치(skill mismatch)는 첨단산업분야의 석·박사급 고급인력이 필요한데 학사급 인력만 많은 경우 또는 석·박사급 인력이지만 첨단지식과 기술이 부족한 경우에 주로 나타난다.

우리나라의 상황을 살펴보면 첨단분야의 고급인력은 부족하다는 것이 기업들의 불만인 반면에 대졸 청년층은 일자리를 구하지 못해 청년실업의 문제가 사회적으로 심각한 상황이다. 또한 흔히 3D 업종으로 불리는 중소기업들은 단순 기능인력이 부족하여 구인난에 시달리고 있는 상황이다.

국가인적자원개발정책을 추진하기 위한 기본적인 통계 중의 하나는 바로 인력수급 전망이라고 할 수 있다. 기업 등 민간과 공공부문의 인력수요를 중장기적으로 전망하여 이를 인력의 공급부문인 대학과 국민들에게 제공해야 하는 것이다. 이러한 정보를 바탕으로 대학은 학과와 정원을 조정하고, 국민 개개인은 본인이 원하는 분야를 선택하여 역량을 기르는 것이 필요하다. 2000년부터 인력수급 전망을 위한 인프라 구축이 논의되었으며, 2005년 제2차 국가인적자원개발 기본계획 수립을 위해 중장기 인력수급 전망을 실시하였다.

인력수급 전망은 매우 어려우면서도 정확성에 대해서는 장담하기 힘들다는 한계를 갖고 있다. 인력수급을 전망하는 기간이 길어질수록 그 정확성은 더욱 떨어진다고 할 수 있다. 인력수급 전망을 위한 기본전제는 잠재성장률, 실업률, 경제활동 참가율 등에 대한 가정이다. 기본적인 가정이 달라지면 인력수급 전망의 차이가 커질 수밖에 없다. 우리나라에서 인력수급 전망의 또 다른 어려움은 대학진학률이라고 할 수 있다. 대학진학률이

80%를 넘는 상황에서 양적 불일치는 어쩔 수 없는 현실이라 할 수 있다. 또한 요즘과 같이 산업계의 변화가 극심해진 상황에서는 인력수요의 예측 자체가 불가능하다. 그럼에도 불구하고 인력수급 정보의 중요성으로 인해 인력수급 전망에 대한 사회적 기대는 여전히 높다.

첨단산업분야의 인력수요를 충족시키기 위한 인력양성 종합계획은 별도로 수립하였다. 2001년에 국가전략분야(6T: IT, BT, NT, ST, ET, CT)를 선정하고, 인력양성계획을 확정 발표하였으며, 2002년에는 세부 추진계획을 확정하였다. 2003년에는 우리 경제의 경쟁력과 역동성을 높이기 위해 부가가치가 큰 디스플레이, 차세대 반도체, 차세대 이동통신 등 10대 분야를 차세대 성장동력산업으로 선정하고, 인력수급의 불일치를 해소하기 위한 핵심인력 양성계획을 마련하였다. 이후 관련부처가 참여하는 T/F를 구성하여 산업별 인력수급 실태를 조사하고, 이를 바탕으로 디스플레이 등 고부가가치 산업인력양성 특별과정을 운영하고 있다.

산학협력을 통한 우수인력양성을 위해서는 2001년 기획단을 구성하여 2002년에 산학연협력 활성화 종합대책을 수립하였다. 이 계획에 따라 2004년에는 산업별 인력수급 불일치를 해결하기 위해 주요 산업별로 산업단체, 대표기업, 교육 · 훈련기관, 전문연구기관 등으로 구성된 민간주도의 '산업별 인적자원개발협의체' 를 구성하는 내용이 포함되었다. 기계 · 전자 · e-biz 산업 등 3개의 시범사업을 거쳐 산업별로 확대되고 있다. 2005년에는 관련되는 15개 부처가 공동으로 대학의 산학협력단 혁신방안을 수립하였다. 이를 통해 대학의 지적재산권 취득이 급격하게 증가되었고, 산학협력단 세제 지원 확대, 대학의 회계제도 정비, 기술지주회사제도 도입, 커넥트코리아사업 추진 등의 성과를 거두었다. 또한 산업체가 원하는 인력을 양성하기 위한 산업체주문형 교육과정 운영 등이 확산되었다.

4) 인적자원정책 활성화를 위한 네트워크 강화

매년 전 세계의 지도자들이 모여 다양한 주제를 논의하는 스위스의 다보스 포럼과 같이 인적자원개발분야에서 세계수준의 포럼을 창설하자는 취지에서 글로벌 인적자원 포럼이 창설되었다. 2005년 준비단을 구성하여 2006년 11월에 'Creative Korea: Global Talent, Global Prosperity' 라는 주제로 개최했는데 포럼에는 Francis Fukuyama, Robert Barro 등이 참석하였다. 2007년에는 'HR Solutions for the Next Generation' 이라는 주제로 10월에 개최되었는데, 정부 고위인사 및 국제기구 관계자, 글로벌기업 CEO, 세계 유수대학 총장 등 총 35개국에서 약 150여 명의 연사가 참여하는 것으로 발전하였다. 우리나라가 국가인적자원개발정책에 있어서 선도적인 위치를 차지하고 있기 때문에 이 포럼에서 세계적인 석학과 저명인사들에게 소개하고, 새로운 정책적 시사점을 얻을 수 있다는 점에서 매우 중요한 의미를 갖는다.

「인적자원개발기본법」에서는 인적자원개발정책의 효율적인 추진과 정보 등의 원활한 유통을 위하여 인적자원개발평가센터 및 관련 정부출연연구기관, 교육기관 그 밖의 연구기관 · 단체 간 연계할 수 있는 협력망을 구축할 수 있도록 하고 있다. 이에 따라 한국개발연구원과 한국직업능력개발원을 주관기관으로 하여 26개 기관(2006년 현재)이 참여하여 정책과제 발굴과 지식 · 정보공유 등을 추진하고 있다. 인적자원정책 협력망은 인적자원개발 관련 최신 동향과 정보를 정책에 반영하도록 하고, 단기정책연구를 통해 정책의제를 발굴하는 역할을 수행해 왔으며, 향후 보다 효율적인 운영이 필요한 지식 네트워크라고 할 수 있다.

최근 들어 OECD 등 선진국에서는 지역 중심의 혁신체계(Regional Innovation System: RIS)를 더욱 강조하고 있는데 그 핵심이 인적자원개발이라고 할 수 있다. 지역인적자원개발(Regional Human Resources Development: RHRD)을 위한 협력체제 구축은 2002년부터 시작되었다. 시 · 도단위 지역사회 유관기관 간 네트워크 구축을 위한 '지역인적자원개발(RHRD)협의체' 를 구성하였는데, 여기에는 시 · 도청, 교육청, 지역인적자원개발 관련 특별지방행정기관과 지역인적자원 수요자(기업체) · 공급자 대표(대학), NGO 단체, 언론기관, 지역전문가 등이 참여하고 있다. 또한 지역인적자원개발 관련 기관 간 유기적 네트워크 구축을 지원하는 상설기구로 지역인적자원개발지원센터를 설치하였고, 시 · 도청에 인적자원개발정책 책임관을 지정하여 지역인적자원개발정책을 총괄하도록 하고 있다. 하지만 아직까지 이러한 조직들이 실질적인 지역 혁신을 위한 역할을 다하지 못한다는 지적이 많으며, 지역 중심의 정책기획과 추진을 하기 위해서는 더욱 노력해야 할 부분이라고 할 수 있다.

4. 국가인적자원개발정책의 쟁점

1) 국가인적자원개발정책의 개념과 영역

국가인적자원개발이 2000년에 정부의 적극적인 추진으로 국가적 의제로 채택되면서 교육, 평생교육, 직업훈련 등 관련된 정책 및 개념들과 어떻게 다른지, 아니면 어떠한 관계에 있는지에 대해 도입 당시부터 쟁점이 되었다. 개념의 차이 혹은 일치 정도에 따라 정책의 실천주체와 구체적 내용뿐 아니라 정책대상과 일반인의 이해수준 및 참여와 협조에 미치는 영향이 크기 때문이다(한국교육개발원, 2003: 115).

오헌석(한국교육개발원, 2003: 28-30)은 국가인적자원개발의 개념에 대한 일반적인 오해를 다음 4가지로 들고 있다. 첫째, 인적자원을 사람 그 자체로 이해하는 것이다. 둘째, 인적자원개발의 대상을 학령인구에 해당하는 초 · 중등학생을 제외한 성인만 해당한다고 보는 것이다. 셋째, 인적자원개발은 기업교육이라는 오해이다. 넷째, 인적자원개발은 교육의 경제적, 수단적 가치만을 지향한다는 오해이다.

첫째, 인적자원을 사람 자체로 오해하는 경우에는 사람을 개발의 대상으로 본다는 것으로 확대될 수 있다. 그러나 법적 정의에서 살펴본 바와 같이 인적자원은 인간이 지니고 있는 가치와 품성을 의미하는 것으로 봐야 한다. 이렇게 보더라도 인간의 가치와 품성을 개발의 대상으로 봐야 하는지에 대해서는 역시 교육학의 끝없는 논의대상인 '교육의 개념' 논란으로 빠질 가능성이 있다. 결론적으로 국가인적자원개발정책에서의 인적자원은 교육과 학습의 주체가 누구인지에 대한 논의보다는 개인이 성장하고 발전하기 위해 어떠한 지원이 필요한지에 대해 더욱 강조점을 두어야 할 것이다.

둘째, 국가인적자원개발정책의 대상이 성인이라는 오해는 평생교육정책의 개념과 영역에 대한 논의와 유사하다고 할 수 있다. 「평생교육법」 제정 당시 평생교육이 학문적으로 모든 형태의 교육을 의미함에도 불구하고, 당시 교육인적자원부의 조직이나 「교육기본법」 등 타법과의 관계를 고려하여 '학교교육을 제외한 모든 형태의 조직적인 교육활동'으로 제한된 것이다.

교육인적자원부의 기존 조직과 정책영역을 고려하여 국가인적자원개발정책을 학교교육과 평생교육 이외의 새로운 영역으로 이해하려고 보면 결과적으로 정책영역은 아주 제한적이 될 수밖에 없다. 국가인적자원개발정책을 단순히 개별정책들의 집합으로 이해할 때 이러한 오류에 빠질 수 있다. 교육인적자원부의 기존 틀에서 벗어나 국가적 수준에서 사람을 기르고 활용하는 거시적 관점의 기획과 총괄 · 조정의 역할을 수행하는 정책영역을 새롭게 정립해야만 올바른 정책방향 설정이 가능하다고 할 수 있다.

셋째, 국가인적자원개발이 기업교육이라는 오해가 생긴 이유는 인적자원개발 개념이 기업의 영역에서 시작되었고, 현재도 기업에서 많이 활용되고 있기 때문이다. 그러나 국가인적자원개발의 개념에는 모든 국민이 포함되는 것으로 해석하여야 한다. 이러한 오해는 인적자원개발의 시작이 기업에서 시작되었다는 것에 기인하고 있다. 실제 외국의 대부분 기업은 교육과 인사를 담당하는 부서가 인적자원(개발) 부서라는 명칭을 사용하고 있는 것이 사실이다. 그러나 국가인적자원개발은 국가수준에서의 인적자원개발이라는 점에서 기업교육을 포괄하는 보다 광범위한 개념이라고 할 수 있다. 전 국민을 대상으로 하고 있으며, 모든 형태의 교육과 훈련, 학습이 정책의 대상이라고 할 수 있다.

넷째, 국가인적자원개발이 교육의 경제적, 수단적 가치만을 지향한다는 것은 단순히 오해라기보다는 보다 심화시켜 나가야 할 부분이다. 교육이 다른 목적을 달성하기 위한 수단이 되어야 하는지 아니면 그 자체로 목적이 되어야 하는지, 즉 교육의 목적에 대해서는 교육학분야에서 지속적으로 논의가 되어 왔지만 역시 결론을 내리기 어려운 부분이다. 국가인적자원개발정책은 개인수준의 교육을 반드시 필요로 하지만 동일한 수준은 아니다. 국가적 차원에서 교육을 포함하여 노동, 복지, 문화, 산업의 영역까지 관련되어 있다고 본다면 교육의 경제적, 수단적 가치를 보다 강조하고 있다는 점을 부인할 수 없다. 다만 교육 자체의 목적과 가치를 부정하는 것은 아니며, 개인들의 교육을 통해 결과적으로 이루어낼 수 있는 경제적 가치를 강조하는 것이다. 다만 교육을 통해 개인이 행복해지지 않고 국가만 발전하는 것은 상상하기 어렵다는 점에서 개인의 성장을 통해 국가의 발전을 도모하는 것이 보다 순리적이라고 할 것이다.

그 밖에도 국가인적자원개발과 평생교육, 산학협력 등 관련되는 영역과 개념상 동일한지, 정책영역이 과연 어디까지인지 등 다양한 논의가 진행되고 있다. 이러한 개념상 논의들은 국가인적자원개발정책의 개념과 영역을 보다 정교하게 발전시켜 나가기 위해 반드시 필요한 과정이라고 할 수 있다. 교육인적자원부가 출범한 이후 조직 내부와 외부에서 국가인적자원개발의 개념과 정책영역에 대한 논란은 지속되어 왔으나, 구체적으로 결론이 나지 않은 상황에서 2007년 담당조직이 더욱 확대되었다. 개념과 대상은 긴밀한 상호작용의 관계에 있기 때문에 새롭게 형성되고 있는 단계에서는 이들의 관계를 지속적으로 발전시키는 것이 매우 중요하다. 장기적인 관점에서 지속적인 논의와 정책과정을 통해 개념과 영역이 정립될 수 있을 것이다.

2) 국가인적자원개발정책의 추진체제

국가인적자원개발정책을 총괄하는 부총리 부처로서 2001년 교육인적자원부가 출범하면서 지속적으로 제기되어 온 문제는 정책의 성과가 있는지에 대한 것이다. 정부의 정책, 특히 교육과 복지 등 사회분야의 정책은 그 성과가 장기간에 걸쳐 나타나고, 성과가 비가시적인 경우가 대부분이기 때문에 계량적으로 나타내기 어려운 부분이 있다. 특히, 정책을 추진하는 체제의 적합성에 대한 논의가 지속적으로 제기되어 왔다. 국가인적자원개발정책의 추진체제에 대한 문제점을 요약해 보면 세 가지로 살펴볼 수 있다.

첫째, 교육인적자원부 내의 전담조직과 인력이 부족하다는 것이다. 2001년 교육인적자원부는 조직개편을 통해 국가인적자원개발정책을 추진하는 공식적인 조직을 갖추게 되었

표 6-1 2001년 교육인적자원부 개편시 담당조직의 변화

연도	개편 전	개편 시(2001)
조직	2실 3국 6심의관 30과 · 담당관	1차관보 2실 4국 4심의관 32과 · 담당관
정원	423명	437명
HRD 담당인원	교육정책담당관(11명)	차관보 1, 인적자원정책국(4과, 34명)
비고	• 부총리조직으로의 개편을 위한 과도조직(3개 팀) 운영	• 기존 업무조직에서 2과 21명 감축 • 순증 14명*

주: * 교육인적자원부 본부에서 순수하게 증가한 14명은 국립대학에서 이체받아 활용한 것이다.
출처: 교육인적자원부(2006a). 교육인적자원부 출범 이후 성과 및 한계(미간행 자료).

다. 하지만 정책의 중요성이나 해야 할 일에 비해 조직과 인원의 확대는 매우 제한적이었다. 특히, 신설된 인적자원정책국 34명 중에서 14명은 국립대학에서 이체받았으며, 나머지는 기존의 업무조직에서 감축한 인원으로 실질적인 인원보충이 되지 않아 기존 교육인적자원부의 정책담당자들의 업무부담은 더욱 늘어나게 되는 문제를 초래하였다.

국가인적자원개발이라는 새로운 정책을 추진하는 데 있어 전문성을 갖추지 못한 기존 교육인적자원부의 공무원들이 배치됨으로써 여러 부처가 관련되어 있는 국가인적자원정책을 총괄하는 데에도 어려움을 겪게 되었다. 과학기술부의 개편 사례(〈표 6-2〉 참고)를 살펴보면 조직의 신설과 함께 다양한 분야의 전문인력을 확보함으로써 새로운 정책 추진의 전문성을 확보했다는 것을 알 수 있다.

표 6-2 과학기술정책 총괄 · 조정을 위한 과학기술부 조직개편 사례

- 과학기술부총리제 도입 및 과학기술혁신본부 설치(2004. 10)
- 2국 7과 105명 증원(자체인력 : 타 부처 : 민간전문가 비율을 4 : 4 : 2로 충원)
- 일부 집행업무는 관련부처로 이관 및 19명 이체(순수기초 · 응용 · 실용화업무 등 3개 부서에 해당)

둘째, 국가인적자원정책을 총괄 · 조정할 수 있는 실질적인 권한이 미약하다는 점이다. 당초 설계되었던 정책 총괄권한은 예산사업의 우선순위 조정, 관련법령의 제 · 개정에 관한 권한, 관련기금의 운영계획에 대한 협의 · 조정, 주요 인적자원개발정책에 대한 심사분석 및 정책권고, 인적자원개발회의의 운영, 기본계획 및 연도별 시행계획의 수립, 주기적인 평가 실시 등이었다. 그러나 부총리로 승격되면서 법령제정과정에서 관련부처들의 반대로 인해 대부분 무산되어 실질적인 권한을 갖지 못하고 정책을 추진하게 되었다.

표 6-3 2001년 교육인적자원부 개편 시 담당조직의 변화

총괄 · 조정을 위한 추진체제(안)	반영 여부
인적자원개발 부총리제 도입	○
인적자원개발회의 운영	○
기본계획 및 연도별 시행계획 수립, 주기적 평가 실시	○
인적자원개발 관련 법령 제 · 개정 시 사전 심의	×
인적자원개발 관련 예산사업 우선순위 조정	×
관련 기금의 운영계획에 대한 협의 · 조정	×
주요 인적자원개발사업 심사분석 및 정책권고	×

출처: 교육인적자원부(2006a). 교육인적자원부 출범 이후 성과 및 한계(미간행 자료).

셋째, 정책을 총괄적으로 심의하고 결정하는 인적자원개발회의가 실질적인 역할을 수행하지 못했다는 점이다. 우선 회의가 주로 인력의 공급부문인 교육정책과 현안 위주로 운영되었다. 인적자원개발회의는 신설 당시부터 정부 14개 부처의 장으로 구성됨으로써 기업 등 민간의 참여가 제한되어 있었다. 또한 교육인적자원부에서 주관하다보니 안건들도 교육인적자원부에서 상정하는 교육 관련 정책이 대부분을 차지하였다.

국가인적자원정책 추진체제에 대해 제기되어 온 문제는 2007년 「인적자원개발기본법」과 「정부조직법」 개정을 통해 상당 부분 개선되었다고 할 수 있다. 우선 교육인적자원부 조직개편을 통해 인적자원정책본부를 신설하면서 외부 전문인력과 타 부처의 공무원을 일부 보강하였다. 지속적으로 제기되었던 정책담당조직의 확대와 전문성 강화를 위한 노력의 결과라고 할 수 있다. 그러나 과학기술부수준의 조직보강에는 이르지 못한 한계를 갖고 있다.

국가인적자원정책을 총괄 · 조정할 수 있는 권한도 일부 확대되었다. 예산사업의 우선순위 조정에는 이르지 못했지만 예산사업의 조사 · 분석 · 평가의 권한을 갖게 되었다. 교육인적자원부총리가 주재하던 인적자원개발회의는 대통령이 주재하는 국가인적자원위원회로 개편되면서 인적자원개발회의가 갖고 있었던 문제점이 일부 보완되었다. 민간위원이 참여하는 등 위원회의 규모를 확대하였고, 관련되는 협의체도 강화하여 보다 강력한 추진체제를 만들었다. 그러나 여전히 남는 문제는 관련부처들이 적극적으로 참여하도록 유도해야 한다는 점이다. 전문성을 갖고 각 부처를 이끌어가는 정책리더십은 결국 인적자원정책본부와 그 구성원들의 역량과 노력에 달려 있다고 할 수 있다.

3) 국가인적자원개발정책의 가시적 성과 도출

국가인적자원개발정책을 추진하는 과정에서 문제로 제기되는 것 중의 하나는 그동안 추진한 정책들이 가시적으로 어떠한 성과를 냈는지에 대한 것이다. 기존의 교육인적자원부와 같이 고정적인 정책고객과 영역이 있는 경우에는 이러한 문제가 제기될 여지가 적다고 할 수 있다. 그렇지만 국가인적자원개발정책분야는 새롭게 설정된 영역이기 때문에 구체적인 신규정책의 개발과 성과가 요구되고 있다. 그동안 군 인적자원개발, 교육복지정책, 인적자원개발 우수기관 인증제 등 여러 가지 신규정책을 개발해 왔지만 국민적 요구수준에 부응하지 못하고 있다는 비판이 강력하게 제기되고 있는 것이다.

이러한 문제는 국가인적자원개발정책에 대한 국민적 이해가 부족한 것이 가장 큰 요인이라고 할 수 있다. 국가인적자원개발정책의 핵심기능은 정부 각 부처와 민간에서 이루어지고 있는 국가인적자원개발 관련 정책들이 제대로 이루어질 수 있도록 하는 총괄적인 관리와 조정기능이라고 할 수 있다. 눈에 보이는 신규정책의 개발과 그 성과에만 관심을 기울이는 것은 국가인적자원개발을 단순히 집행업무로 보는 데서 기인하는 오해라고 할 수 있다.

국가인적자원개발정책의 핵심은 정책의 기획과 총괄 · 조정이라는 점이 국민적으로 공감대를 가질 수 있도록 해야 한다. 정책의 총괄과 조정은 성과를 가시적으로 제시하는 데 한계가 있지만 국가적 중요성에 대한 인식의 공유가 필요하다. 동시에 국가인적자원개발의 관점에서 신규로 개발해야 하는 정책영역과 대상은 아직까지 많이 남아 있기 때문에 수요자의 입장에서 꼭 필요한 정책을 기획해 나가는 것도 중요하다. 학습이 필요하지만 여러 가지 제약조건으로 인해 학습을 할 수 없는 대상이 아직도 많이 남아 있다. 또한 역량을 갖추고 있지만 자격제도의 미비로 인해 인력의 수요와 공급이 원활하게 이루어지지 못하는 영역도 많이 있다. 이러한 부분에 대한 지속적인 정책개발 노력이 필요하다.

5. 국가인적자원개발정책의 발전과제

우리나라의 국가인적자원개발정책은 그 역사로 보면 매우 짧다. 2000년부터 시작되었고, 제도적으로는 2001년에 추진체제를 갖추었다. 세계적으로 살펴보더라도 국가수준에서 인적자원개발이라는 명칭으로 정책을 추진하는 경우를 찾아보기 어렵다. 새로운 정책을 추진하는 데에는 반드시 시행착오가 뒤따르게 되고, 이를 수정하고 보완해 나가는 과정에서 정책이 정교함을 갖추게 된다. 국가인적자원개발정책은 아직까지 형성 중인 과정에 있다고 할 수 있으므로 장기적인 관점에서 문제를 분석하고 개선방안을 도출할 필요가 있다. 국가인적자원개발정책의 발전적 정착을 위해 몇 가지 중요한 과제를 살펴보면 다음과 같다.

첫째, 국가인적자원개발정책의 개념과 영역을 보다 명확하게 설정하는 것이다. 개념에 대한 학문적 논의는 더욱 활발하게 진행되고 정교화되어야 하지만 정책영역에서는 어느 정도 합의된 수준의 결론을 가지고 실제 정책이 이루어져야 한다. 「인적자원개발기본법」상의 인적자원개발정책에 대한 개념과 국가인적자원개발 기본계획의 정책영역은 그동안 학자들과 정책담당자들이 노력한 결과라고 할 수 있다. 그러나 정책에 있어 중요한 점은 그 대상인 국민들의 수준에서 이해할 수 있어야 한다는 점이다. 인적자원개발이라는 용어가 교육인적자원부가 출범한 2001년보다는 널리 활용되고 있고, 국민적인 이해수준도 높아졌다고 평가할 수 있지만 아직도 교육정책과의 차이를 이해하지 못하는 경우가 많다. 더욱 중요한 것은 실제 교육인적자원부뿐 아니라 국가인적자원개발정책을 담당하고 추진하는 다른 부처의 공무원들이 국가인적자원개발정책의 방향과 내용을 이해하는 것이다.

국가수준에서 인력의 양성과 공급, 배분이 효율적으로 이루어지게 함으로써 국가의 경쟁력과 사회적 통합을 동시에 이루는 것이 목표라고 할 수 있다. 이를 위해 개인으로 본다면 요람에서 무덤에 이르기까지 개인의 소질과 적성에 따른 역량을 최대한 계발하고, 이를 활용할 수 있도록 지원하는 것이 목표라고 할 수 있다. 즉, 개인수준에서 인적자본을 최대한 구축할 수 있도록 학습 지원체제를 구축하는 것이다. 사회적 측면에서 본다면 사회적 통합과 신뢰 구축을 통해서 사회적 자본을 축적해 가는 것이 필요하다. 이를 위해 각 주체들의 인적자원개발 노력이 결집할 수 있는 총괄적 기획과 조정이 핵심과제라고 할 수 있다.

둘째, 국가인적자원개발정책의 효과적인 추진을 위한 전문적 리더십이 필요하다. 2007년에 이루어진 정책 추진체제의 개편은 이러한 정책리더십을 높이기 위한 것이라고 할 수 있다. 국가인적자원위원회를 대통령이 직접 주재하는 것은 국가인적자원개발정책을 국가수준의 의제로 다루겠다는 의지의 표명이라고 할 수 있다. 그러나 실질적으로 정책이 제대로 추진되기 위해서는 교육인적자원부에 신설된 인적자원정책본부가 제대로 역할을 수행하는지에 달려 있다고 해도 과언이 아니다. 국가인적자원정책을 효율적으로 총괄 · 조정하는 기제를 제도적으로 갖추었지만 제도의 특성상 실제 구현하는 것이 더욱 중요하고, 정책의 구현은 담당하는 조직과 인력에 좌우된다고 해도 과언이 아니다. 따라서 앞으로 2～3년간의 정책성과에 의해 국가인적자원정책의 미래가 좌우될 것으로 보인다.

셋째, 아직도 학습의 사각지역에 있는 정책대상을 발굴하고, 지원할 수 있는 정책의제를 개발하는 일이다. 군 인적자원개발정책이 그동안 당연하게 받아들여 왔던 군 생활을 획기적으로 개선할 것으로 기대하고 있고, 이에 대한 국민적인 관심과 기대가 높은 것은 매우 긍정적인 결과이다. 우리 주변에는 아직도 이러한 정책의 사각지역이 남아 있다. 중·고령자, 여성, 재소자, 청년실업자, 새터민, 다문화 가정, 외국인 노동자 등 아직도 정책적 지원이 필요한 대상은 너무도 많다. 대상에 따라 맞춤형 지원 정책들을 만들어 감으로써 개인과 국가 모두에게 이로운 정책들을 신규로 개발해 나갈 필요가 있다.

넷째, 인적자원개발 전문가를 양성하는 것이 필요하다. 국가인적자원개발은 기존의 영역에서 보면 아주 복합적인 분야라고 할 수 있다. 학문적으로 보면 교육학과 경제학, 복지학, 경영학, 행정학 등 관련 학문 간의 긴밀한 연계와 융합을 통해 발전이 될 수 있는 다학제적 영역이다. 향후 국가와 지역의 인적자원개발, 민간조직의 인적자원개발분야는 더욱 강조될 것으로 전망되므로 이에 필요한 전문가의 양성이 필요하다.

우리나라는 현재 심각한 저출산과 고령화, 지식기반경제와 국제경쟁의 심화 등 급격한 사회적 변화에 직면해 있고, 개인수준에서는 청년실업, 조기퇴직 등의 문제에 부딪히게 된다. 이러한 문제는 어느 한 가지 정책수단으로 해결될 수 없는 어려운 과제라고 할 수 있다. 교육과 노동, 복지 등 정부의 각 부처에서 추진하고 있는 관련 정책이 종합적으로 지원될 때 해결될 수 있을 것이다. 여러 가지 정책적 수단들이 정책대상에 맞게 적용될 수 있도록 국가인적자원개발정책이 추진되어야 할 것이다.

참고문헌

교육인적자원부(2003). 국민의 정부 교육인적자원백서.

__________(2004). 소득 2만불 시대로의 도약을 위한 인적자원개발 혁신방안.

__________(2006a). 교육인적자원부 출범 이후 성과 및 한계(미간행 자료).

__________(2006b). 국가인적자원개발 백서.

교육인적자원부·한국교육개발원(2006). 교육백서.

권대봉(2003). 인적자원개발의 개념 변천과 이론에 대한 종합적 고찰. 서울: 원미사.

김경회(2007). 국가인적자원개발정책의 총괄·조정기제 분석. 교육행정학연구, 25(1).

김관보 외(2003). 인적자원개발(HRD) 예산관리 개선방안 연구. 교육인적자원부.

김미숙(2005). 인적자원개발 우수기관 인증제도 도입. 직업과 인력개발, 8(2).

김미숙 외(2005). 인적자원개발 우수기관 인증제도 도입을 위한 심사지표 및 매뉴얼 개발연구. 교육인적자원부.

김장호 외(2005). 인적자원입국 비전과 전략. 한국직업능력개발원.

김정원(2007). 인적자원개발을 위한 마이스터 자격제도: 의미와 운영시스템. 인적자원관리연구, 14(2).

박동열 외(2006). 인적자원개발과 미래형 학제 탐색. 한국직업능력개발원.

박재윤(2007). 인적자원개발기본법 개정, 법적 문제는 없는가? **교육정책포럼**, 152.

백은순 외(2005). 군 인적자원개발계획 수립 연구. 한국교육개발원.

오헌석 외(2007). “인적자원정책본부” 조직 구성 연구. **교육행정학연구**, 25(2).

윤정일 · 정제영(2003). 초 · 중등학교에서의 지식경영에 관한 연구. **한국교육**, 30(2).

윤정일 외(2002). 한국 교육정책의 쟁점. 서울: 교육과학사.

이종재 외(2003). 육군 인적자원개발의 방향과 과제. **한국교육**, 30(3).

이정표(2005). 군 인적자원개발의 추진경과와 과제. **직업과 인력개발**, 8(2).

이희수 외(2006). 군 인적자원개발 정책 효과에 관한 연구. 국회 국방위원회.

장창원 외(2006a). 인적자원개발과 경제성장. 한국직업능력개발원.

________(2006b). 인적자원개발 정책의 이해: 이론과 실제. 서울: 범한.

정기오(2003). 인적자원개발 관점에서의 초 · 중등, 고등, 평생교육 혁신방안 연구. 교육인적자원부.

정기오 외(2004). 지식기반서비스업 인적자원개발실태 및 정책발전방향 연구. 교육인적자원부.

정제영(2004). 초 · 중등학교의 지식경영 수준과 유형 분석. 서울대학교 대학원 박사학위논문.

_____(2005). 인적자원개발 우수기관 인증제도. **월간 인사관리**, 5월.

정제영 · 정성수(2006). 멘토링을 활용한 교원의 전문성 향상에 관한 연구: 미국의 PAR 프로그램을 중심으로. **한국교원교육연구**, 23(2).

한국교육개발원(2003). 교육과 인적자원개발: 국가인적자원개발을 위한 과제.

____________(2006). 한국의 교육 · 인적자원지표.

Becker, G. (1964, 1993). *Human Capital: A Theoretical and Empirical Analysis, with Special Reference to Educatio* (3rd ed.). Chicago: University of Chicago Press.

Glickman, C. D. (1993). *Reviewing america's schools: A guide for school-based action.* San Francisco: Jossey-Bass.

McLagan, P. A. (1989). Model for HRD practice. *Training & Development, 43*(9), 49-59.

Nadler, L., & Nadler, Z. (1989). *Developing human resources.* San Francisco: Jossey-Bass.

OECD (2001). *The Well-being of Nations: The Role of Human and Social Capital.*

Schultz, T. W. (1961). Investment in human capital. *American Economic Review, 51*(1), 1-17.

Walkins, K. E., & Marsick, V. J. (1993). *Sculpting the learning organization science.* San Francisco: Jossey-Bass.

제 7 장

사교육비 경감

1. 서 론

한국 초 · 중등 교육문제와 관련하여 한국 학부모의 과도한 사교육비 지출은 오늘날 가장 주요한 교육쟁점 중의 하나로 꼽히고 있다. 해마다 교육문제의 주요 쟁점으로 부각되어 온 사교육비문제는 최근 몇 년간 그 원인과 대책을 두고 논란과 공방이 끊이지 않고 있다. 교육부문의 핵심정책과제로 '사교육비 경감대책의 추진' 과 '대학입학제도 개선' 을 내세웠던 '국민의 정부' 에 이어 '참여정부' 에서도 사교육비 경감을 위한 대안 마련에 정책역량을 집중해 왔다.

우리나라 근대교육 이후 실행되었던 주요한 교육개혁정책들은 사교육비 경감을 위한 정책의도와 직 · 간접적으로 관련되어 있었다고 해도 과언이 아니다. 중학교무시험진학제, 고등학교평준화제도, 대학졸업정원제 및 대학입시제도와 관련된 여러 정책들이 과도한 입시경쟁과 사교육비 부담을 완화하기 위한 시도에서 비롯되었다고 할 수 있다. 고질적인 사교육문제를 해결하기 위해 정부는 한때 '과외금지조치' 까지 단행하여 이후 위헌성 여부 논란을 일으켰고, 결국 헌법재판소의 '과외금지조치위헌' 결정을 초래하기도 하였다.

그러나 사교육비 경감을 위한 이와 같은 정부 차원의 거듭된 정책방안들은 거의 대부

* 이수정(한국교육개발원)

분 그 실효를 거두지 못하였다고 평가받았다. 가계의 사교육비 지출은 매년 증가세를 기록했고, 헌법재판소의 '과외금지위헌판결' 이후 학생들의 사교육 참여 정도는 더욱 심각해지고 있는 실정이다.

우리 사회의 과도한 사교육비 지출 문제는 단순히 가계의 경제적 부담 가중의 문제를 넘어서서, 학교수업 등 공교육에 미치는 지대한 영향과 교육의 형평성 침해여지 등의 문제와 관련하여 국가의 정책적 차원에서 해결해야 할 과제로서 주요하게 다뤄야 할 부분이다.

2. 사교육비의 개념 및 사교육비 지출 현황

1) 사교육비 개념

사교육비의 개념은 다양한 방식으로 정의되고 있다. 우리나라에서는 국가 및 공공단체의 합리적인 회계절차를 거쳐 교육에 투입되는 경비[1]를 공교육비로, 공교육비 외에 학부모가 추가적으로 부담하게 되는 교재 구입비나, 부교재 구입비, 학용품비, 과외수업비, 학교지정용품비, 단체활동비, 교통비 등의 모든 경비를 사교육비로 분류하는 개념구분이 1977년 이래 보편적으로 받아들여졌다. 그러나 이와 같은 개념구분방식에 대해 학자들은 OECD 등 국제표준에 맞지 않기 때문에 국제 간 교육비 비교를 어렵게 한다는 점과, 특정 교육비가 경우에 따라 사교육비 혹은 공교육비로 분류될 수 있다는 점, 어떤 재원이 합리적인 예산회계 절차를 거치게 되면 공교육비가 되고 그렇지 않으면 사교육비가 된다고 하는 것은 개념상의 오류라는 점 등의 문제점을 지적해 왔다(고형일 외, 1998: 13-17; 송기창, 1999a: 104; 윤정일, 1997c: 196-197).

마찬가지로 사교육이라는 용어 역시 매우 다양하게 사용되어 왔다. 학령인구 대상학생이 학교 내외를 불문하고 정규수업 외에 별도로 받는 모든 교육서비스를 일컫는 광의의 개념[2]으로 규정되기도 하며, 초·중등학교 학생들이 학교 밖에서 받는 일체의 교습 행위를 일컫기도 하고, 학교 밖에서 이루어지는 교습형태 중에서 특기·적성 관련 활동을 제외한 학교교과를 보충하는 목적의 과외수업을 의미하기도 한다(김영철 외, 2001; 최상근 외, 2003: 4; 김홍주, 2000: 1-2; 윤정일 외, 2002: 108-109).

---

1) 여기에는 정부부담 교육비, 법인부담 교육비, 학생부담(수업료, 입학금, 육·기성회비) 교육비가 포함된다.
2) 여기에는 개인지도, 그룹지도, 학원 수강과 같은 일반적인 과외수업과 학교에서의 보충수업, 자율학습 그리고 TV가정학습까지도 포함된다.

사교육 및 사교육비의 개념 규정이 다양함에 따라, 사교육비 지출실태에 대한 기존의 조사연구별로 사교육비 측정을 위한 조사항목에 다소 차이가 있었다. 예를 들어 한국교육개발원의 2001년 이전의 교육비 조사연구에서는 사교육비의 개념을 공교육비와는 달리 "공공회계를 거치지 않고 학부모나 학생이 교육을 위하여 직접 지출하는 경비"로 정의하고, 교재 구입비, 부교재 구입비, 학용품비, 수업준비물비, 학교지정의류비, 입시학원비, 개인과외비, 특기재능학원비, 단체활동비, 교통비, 급식비, 하숙비 등을 사교육비에 포함시켰다. 또한 일반적으로 일컫는 '과외교육비'의 항목에는 교과교육 관련 과외비뿐만 아니라 특기재능 학원비도 포함시키고, 학교 밖에서 이루어지는 과외(취미목적 과외, 수업보충 및 입시준비목적 과외) 비용과 학교 안에서 이루어지는 과외(방과후학교 프로그램의 「특기적성/입시준비목적 과외」) 비용까지 포함시켜 조사하였다. 반면, 2003년도 조사에서 사교육비는 "학교 외의 공간에서 자녀의 교육에 지출되는 과외학습비용"을 의미하는 것으로 한정하였기 때문에, 이전 연도의 사교육비 범주 중에서 개인과외비, 입시학원비, 특기재능 학원비, 통신 및 학습지 과외비만이 포함되고, 교재 구입비, 부교재 구입비, 학용품비, 수업준비물비, 학교지정의류비와 같은 일반항목과 학교 안의 과외라고 할 수 있는 '방과후 특기적성 프로그램 교육비' 항목은 제외된 채 조사되었다. 이러한 규정방식은 2006년 실시된 사교육 실태조사에서도 동일하게 사용되었다(유한구 · 김양분 · 서상록, 2005).

이처럼 그동안 사교육비 실태조사에서 다양한 사교육비 개념구분방식과 조사항목 분류방식이 사용됨에 따라 기존의 사교육비 조사결과를 가지고서는 연도별 사교육비 지출의 증감을 정확하게 파악하기가 어려웠다. 따라서 국가적 차원의 사교육비 측정을 위한 개념표준화작업에 대한 필요성이 계속 제기되어 왔고, 최근 교육인적자원부는 '과외교육비'를 의미하는 사교육비의 개념을 "초 · 중 · 고등학교 학생들이 학교의 정규교육과정 이외에 학교 밖에서 받는 보충교육을 위해 개인이 부담하는 비용(학교 밖 보충교육비)"으로 표준화한다고 밝히면서 정부가 직접 국가수준의 사교육비 실태조사를 매년 실시할 것임을 발표하였다(교육인적자원부, 2007. 6. 29).

이 장에서는 사교육의 의미를 일반적인 '과외교육'의 개념으로 사용하여 초 · 중등학생을 대상으로 학교 밖에서 실행되는 개인과외지도나 학원수강, 학습지 및 인터넷과외 등을 의미하는 것으로 규정하고, 사교육비를 이러한 활동을 위해 지불되는 비용으로 한정하여 논의를 전개하기로 한다.

2) 사교육비 지출실태

(1) 사교육비 지출양태

그동안 다양한 연구기관에서 사교육비 및 과외실태에 대한 조사를 꾸준히 실시해 왔다. 2003년에 한국교육개발원이 실시한 사교육 실태조사에 의하면, 2003년 현재 초·중·고등학교 학생들의 평균 사교육 참여율은 72.6%에 달하는 높은 비율을 보여 주고 있다. 각급 학교별로 살펴보면 초등학교의 경우 83.1%, 중학교의 경우 75.3%, 일반계 고등학교의 경우 56.4%, 실업계 고등학교의 경우 19.2%에 이르고 있어 학교급에 관계없이 사교육 의존도가 높은 것으로 나타나고 있다. 전국 초·중·고 학생들의 2003년 사교육비 총액은 13조 6천억 원으로 추정되었는데, 각급 학교별로 살펴보면 초등학교 사교육비 총액이 7조 1,640억 원으로 전체의 52.5%를, 중학교 사교육비 총액이 4조 710억 원으로 전체의 29.9%를, 일반계고등학교의 사교육비 총액이 2조 2,330억 원으로 전체의 16.4%를, 그리고 실업계고등학교의 사교육비 총액이 1,750억 원을 차지하고 있다. 전체적으로 1인당 사교육비 지출액의 평균 액수는 연간 약 285만 7천 원이며, 이는 월평균 23만 8천 원 정도이다. 배경 변인에 따라 사교육비 지출에 차이가 있는 것으로 조사되었는데, 지역별로 보면 서울과 대도시지역의 사교육비 지출액이 많았고, 학력과 관련하여서는 부모의 학력이 고학력일수록, 가구소득별로는 고소득층의 사교육비 지출액이 저소득층에 비해 많은 것으로 보고되었다(최상근 외, 2003).

과외교육의 종류는 과외의 동기 혹은 목적에 따라 입시준비형 과외, 예·체능계 중심의 특기·적성 과외, 탁아목적의 과외 등으로 분류해 볼 수 있다. 최근 발표한 교육인적자원부의 '2007년 사교육 의존도 완화방안' 에서 밝힌 사교육 참여양태[3]를 보면, 초등학생은 주로 영어, 논술, 예·체능 사교육을 받고 있으며, 중학생은 특수목적고등학교 입시대비 사교육을 주로 받고 있는 것으로 나타났다. 특히, 초등학교 6학년 학부모의 30%가 자녀의 특수목적고등학교 진학을 희망하는 것으로 나타났고, 특수목적고등학교 진학희망 초등학생의 94.2%, 중학생의 87.6%가 사교육에 참여하는 것으로 보고되어 특수목적고등학교입시로 인한 사교육이 초등 고학년과 중학교에 걸쳐 과열되고 있는 것을 볼 수 있다. 고등학생은 대학입시를 위한 사교육 부담이 주가 되었다.

3) '2007 사교육 의존도 완화방안' (교육인적자원부, 2007. 3)에서는 한국교육개발원에서 실시한 2006년 사교육 실태조사를 바탕으로 사교육 현황을 발표하였다.

표 7-1 사교육 참여율 및 사교육비 현황

(단위: %, 천 원)

구분	전체	초등학생	중학생	일반계고	실업계고
사교육 참여율	72.6	83.1	75.3	56.4	19.2
학생 1인당 월평균 사교육비	238	209	276	298	180
연간 총 사교육비	13,648,505,470	7,164,264,456	4,076,909,156	2,232,562,623	174,769,234

출처: 한국교육개발원(2003). 사교육비 경감방안 공청회 자료집.

(2) 사교육비 규모 변화

사교육비 지출의 연도별 추이를 분석한 연구들은 매년 사교육비 지출규모가 계속해서 증가하고 있음을 보고해 왔다. 한국교육개발원의 연도별 사교육비 규모의 추이를 조사한 자료에 의하면 사교육비 총 규모는 1990년 이후부터 1990년대 후반까지 급격한 상승세를 보이다가 1998년과 2000년 사이에는 일시적으로 급격한 감소[4]를, 그리고 2001년부터 다시 급격한 상승률을 보였다. 2003년 사교육비 총액은 2003년도 불변가로 볼 때 2001년도에 비해 23.6%인 2조 6천억 원 정도가 증가한 총 13조 6천억 원으로 추정되었다(〈표 7-2〉 참고). 최근 통계청의 도시가계 조사자료 및 기존의 가용한 사교육비 실태조사를 토대로 분석한 한국교육개발원의 연구(김미숙 외, 2006)에서는 학원매출액에 대한 분석결과, 1996년에서 2001년 사이에 매출증가는 일반 입시학원이나 언어학원에 의해 주도되지 않고 방문 및 통신교육학원(학습지와 온라인학원)의 급속한 신장추세에 의해 주도되는 양상을 보이고 있으며, 이 기간 동안 방문 및 통신교육학원의 매출액은 360억 원에서 2조

표 7-2 사교육비 총 규모 변화

(단위: 억 원, %)

구분	1990	1994	1998	2000	2003
사교육비**	6,708	65,3151	132,841	71,276	136,4852
사교육비/GNP(GDP)	1.7	2.2	3.1*	1.4	2.3

주: * 2000년은 GDP 자료임.
** 사교육비: 입시학원/보습학원비, 개인 그룹과외비, 특기재능 학원비, 학교 내 방과후 과외비, 학습지 통신과외비, 취업준비를 위한 학원비로 구성되는 과외를 위해 지출하는 경비를 말함. 단, 2003년 조사에는 학교 안에서 이루어지는 특기적성교육, 보충수업, 자율학습 등은 사교육비 범위에서 제외함.

출처: 한국교육개발원의 한국의 교육비 수준(1990); 한국 교육투자의 실태와 수익률 분석에 관한 연구(1990); 초중등 학생의 과외실태조사(1998); 사교육 실태 및 사교육비 규모 분석연구(2003); 교육인적자원부(2001), 2000년도 사교육비 실태조사보고서를 토대로 작성한 한국교육개발원의 정책통계자료.

4) 이 시기의 감소원인에 대해 대부분 연구에서는 IMF 외환위기로 말미암은 경제적 원인에 의한 감소라고 추정하고 있다.

6,060억 원으로 급성장하였음을 보고하고 있다.

3. 사교육비 경감정책의 변천과정

근대 공교육체제 이후 정부가 발표하고 시행했던 주요한 사교육비 경감대책은 중학교 무시험입학제도 및 고등학교평준화제도 등 입시경쟁완화정책 시기, 7.30 교육개혁조치 이후의 과외금지정책 시기, 과외금지의 위헌결정 이후의 정책 시기 등으로 구분해 볼 수 있다.[5)]

1) 입시경쟁완화정책 시기

정부의 사교육비 경감대책은 주로 상급학교 진학을 목표로 한 과도한 입시경쟁과 그로 말미암은 과외열기를 완화하기 위한 대책이었다고 평가받는다. 정부가 사교육비 경감을 목표로 실시했던 입시경쟁완화정책은 크게 다음의 두 가지 정책으로 대표된다.

(1) 중학교 입시경쟁 완화: 중학교무시험입학제도

1950년대 말 우리나라에서는 초등학교 취학률이 폭발적으로 증가하였다. 이에 따라 1960년대 말에 증가한 초등학생들의 중학교 진학수요가 크게 늘어나게 되었고, 초등학교 졸업을 앞둔 학생들 간에 중학교 입시준비를 위한 경쟁이 치열해졌다. 당시 국민학교(현재 초등학교)에서는 중학교 입학시험 준비교육에 치중한 나머지 교육과정이 정상적으로 운영되지 못하였고, 국민학생들은 중학교 입시준비를 위한 과도한 학습량에 시달리면서 입시경쟁에 이기기 위해 과외학습에 매달리는 경향이 심해졌다. 이와 같은 치열한 중학교 입학경쟁으로 인해 학부모의 사교육비 부담은 커져 갔고, 일류고교 입학에 유리한 도시지역의 인구집중현상이 나타나는 등 사회적 병폐가 날로 심각해졌다.

이처럼 중학교 입학경쟁으로 인한 사회적 문제의식이 사회 전반에 팽배해짐에 따라 당시 정부는 치열한 중학교 입시경쟁에서 오는 부작용을 해소하고 동시에 중학교 교육기회를 확대하기 위한 획기적 대책으로 1968년 7월 15일 중학교무시험입학제도를 발표하기에 이르렀다. 중학교무시험입학제도는 중학교 입시지옥으로 인한 과외수업의 폐단 근절,

5) 사교육비 경감정책의 변천과정에 대한 내용은 윤정일 외(2002)의 "과외교육정책의 변천과정"과 윤정일 외(2003)의 책을 주로 참고하였다.

학부모의 과중한 사교육비 부담 해소를 위한 중학교 입학시험제도 폐지, 학군별 추첨제를 통한 중학교 입학 실시 등을 주요 골자로 제시하고 있다. 구체적인 목표로는 과열과외를 해소하기 위해 가정교사와 학원에 의한 과외공부를 지양하며, 학부형과 학생들의 과외교육 과신풍조를 일소하고, 중학교 진학을 위한 재수를 근절시킨다는 것을 제시하였다.[6)]

중학교무시험입학제도는 중학교 입학을 희망하는 학생 대부분을 완전히 수용함으로써 초등학교에서의 과열입시경쟁을 크게 완화한 한편, 중학교 진학률을 급격하게 상승시켰다. 이처럼 중학교 진학률이 급격히 증가함에 따라 얼마 후 자연적으로 고등학교 진학을 위한 극심한 경쟁이 발생하게 되었다. 따라서 또다시 고등학교 입시준비를 위한 과외열풍 등 치열한 고교입시로 인한 사회적 문제들이 대두되었다.

(2) 고등학교 입시경쟁 완화: 고등학교평준화제도

중학교무시험입학제도로 인해 증가하기 시작한 중학생들이 고등학교에 입학하기 시작했던 1972학년도부터는 고등학교 진학을 위한 극심한 입시경쟁이 또다시 사회적 문제로 부상되었는데, 이는 어느 정도 예견된 사실이라 할 수 있었다. 당시 중학교무시험입학제도로 인해 사실상 일류 중학교가 없어진 상황에서 학부모들은 높은 사회적 신분과 직업을 얻을 수 있는 첫 관문을 일류 고등학교의 입학이라고 여기게 되었다. 높은 입학시험 합격점을 정해 입학생을 선발하는 소위 '일류' 고등학교에 입학하려는 중학생들의 치열한 경쟁은 과열된 과외의존현상을 불러일으켰다. 과도한 입시경쟁으로 인한 사교육 의존현상은 가계의 사교육비 부담을 증가시킴과 동시에 사회적 위화감과 박탈감을 심화시켰고, 중학교 교육은 입시준비 중심의 파행적 운영을 거듭하기에 이르렀다. 곧 입시비중에 따라 교육 과목 및 수업시간이 조정 · 편성되고 문제풀이 중심으로 수업이 이루어지는 등 중학교 교육과정 운영이 본연의 교육적 기능에서 벗어나 고등학교 입학시험을 준비하는 데 치중하여 운영되었던 것이다. 이처럼 고등학교 입시경쟁으로 인한 과열된 사교육 의존 및 고등학교 재수생문제 등 사회 · 경제적 병폐와 문제점들이 또다시 심각한 사회문제로 대두되었고, 이러한 문제를 해결하기 위한 특단의 조치가 이루어져야 한다는 여론이 들끓었다. 따라서 1969년의 중학교무시험입학제도와 동일하거나 그를 대치할 수 있는 보다 근본적인 고등학교단계에서의 해결책이 절실히 요청되고 있었다.

이러한 상황에서 1973년 6월, 문교부는 고등학교 진학을 위한 과열 사교육문제를 해결하기 위한 대책의 일환으로, 입시제도연구협의회의 연구결과를 토대로 '고교평준화' 라는

6) 중학교무시험입학제도에 대한 내용은 문교부(1980, 1988)를 참고로 한 윤정일 외(2002: 110-112)의 책을 참고하였다.

획기적인 고교입시제도 개혁방안을 발표하기에 이르렀다(김윤태 외, 1978: 47-48; 김영철 외, 2001). 고등학교평준화제도는 고교입시제도의 개혁을 핵심내용으로 하는 것으로서, 중학생들이 학군별로 고등학교를 지원하게 하고 추첨으로 학생들을 각 학군 내 고등학교에 배정하는 방식을 새롭게 채택하였다. 또한 학교 간의 교육격차를 완화하기 위한 시설, 교원 등 교육여건의 평준화를 그 주요 내용으로 하였다. 고등학교평준화제도는 중학교무시험입학제도와 마찬가지로 중학교단계에서의 고교입시경쟁을 완화시키겠다는 정책의도가 내포되어 있음을 알 수 있다.

고등학교평준화제도 시행 이후, 고등학교 진학률이 급격히 증가함과 동시에, 중학교단계에서의 과열과외현상이 감소하는 기미를 보이면서 중학교 교육과정이 정상적으로 운영되는 등 의도된 변화가 나타났다. 특히, 고등학교평준화제도는 사교육비 경감측면에서 효과가 있었다고 할 수 있는데, 사교육비 변화추세를 조사한 한 연구에 의하면 1968년부터 1980년대 초까지 사교육비는 감소되거나 거의 그대로였음이 입증되었고, 과열입시경쟁이 어느 정도 완화되어 고입재수생이나 재수학원이 거의 사라진 것으로 알려지고 있다(김영철 외, 1995: 49-50; 문교부, 1988: 39).

그러나 평준화정책 이후 수년 만에 고등학교 진학률이 거의 80～90%로 증가하면서 고등학생들 간 대학입시경쟁은 날로 치열해져 갔고, 1970년대 후반부터는 대학입시 재수생이 엄청나게 증가하며, 대학입시를 준비하기 위한 사교육이 과열되었다. 이로 인해 이전에 보였던 과열과외로 인한 각종 교육적 문제 및 사회 · 경제적 폐단들이 심각한 사회문제로 또다시 부상하기 시작했다.

2) 과외금지정책 시기

(1) 7.30 교육개혁조치

1970년대 후반 치열한 대학입시경쟁으로 야기되는 교육적, 사회 · 경제적 폐단은 커다란 사회문제로 대두되었다. 고등학교에서는 입시 중심의 파행적 교육과정 운영이 일반화되었고 대학입시 재수생의 증가와 함께 대학입시를 준비하기 위한 과열과외현상이 가속화되었다. 과도한 사교육비 지출은 가계부담을 가중시키고 사회계층간 위화감을 조장하는 등 국민의 동일체 의식을 깨뜨리는 부작용도 가져왔다.

이처럼 대학입시경쟁이 더욱 치열해지고 이에 따른 과외병폐의 심각성이 고조되고 있는 상황에서, 1980년 당시 국가보위비상대책위원회(이하 '국보위')는 과열과외를 해소하기 위한 '교육정상화 및 과열과외 해소대책'을 발표하며 대대적인 교육개혁을 단행하였다. '교육정상화 및 과열과외 해소대책' 은 발표취지에 대해 '국가백년대계의 근본인 교육의 기틀을 바로잡고, 우리 사회의 병폐로 문제가 되고 있는 과열과외현상을 근절하기 위하여' 라고 밝히고 있다. 1980년 7월 30일에 발표된 '교육정상화 및 과열과외 해소대책' 은 크게 교육정책, 장기대책, 사회정책 및 범국민적 과열과외 추방캠페인으로 구성되었다(국가보위비상대책위원회 문교공보분과위원회, 1980. 7. 30).

일각에서는 7.30 교육개혁조치가 교육적 목적보다는 당시의 군사쿠데타 세력들이 정권찬탈과정에서 민심수습을 위한 목적으로 수립한 것이라든가 대학생의 데모방지를 위해 시행한 것이라는 등의 비판을 해왔다. 그러나 이미 1970년대 말부터 과열과외가 사회문제화되어 정책당국에서 그 해소를 위한 구체적 작업을 하고 있었다는 점이나, 국가보위비상대책위원회가 당시 한국교육개발원에서 연구한 「학교교육 정상화를 위한 과열과외 해소방안」을 기초로 하여 과열과외 해소대책을 마련하였던 점에 비추어보면, 7.30 교육개혁조치인 '교육정상화 및 과열과외 해소대책' 은 과열과외를 해소하려는 데 주된 목적을 두고 출발하였음을 인정하지 않을 수 없다(김영철 외, 1981; 윤정일 외, 2003: 160; 윤정일 외, 2002: 114).

이와 같은 7.30 교육개혁조치에 의거하여, 1980년 8월 1일부터 과외가 전면적으로 금지되었는데, 학교 내 보충수업 외의 모든 과외교습이 금지대상이었으며, 예 · 체능실기의 교습과 취미활동을 위한 교습행위의 경우에도 등록의무를 마친 후에나 가능하게 되었다. 과외금지조치는 「사설강습소에 관한 법률 및 시행령」에 근거를 두었으며, 정부는 이를 강력하게 추진하기 위한 과외단속반을 편성 · 운영하여 강력하게 불법과외수업을 단속하였다(윤정일, 2002: 114).

(2) 과외금지조치의 변경 · 보완정책

① 과외금지조치의 점진적 완화

7.30 교육개혁조치에 의거한 과외금지조치에 대해서는 정책시행 초기부터 그 정당성에 끊임없이 문제가 제기되었다. 특히, 제6공화국에 들어서는 민주화운동이 전개되면서 과외금지조치를 해제해야 한다는 의견이 보다 강하게 제기되었다. 과외금지를 반대하는 입장에서는 과외금지에 따른 보충학습기회의 법적 박탈, 대학생의 학비조달의 어려움, 감시 · 신고 유도에 따른 사회적 갈등 등을 지적하며 과외금지조치의 문제점을 사회적 문제로 부각시켰다.

정부는 이와 같이 과외금지에 대한 반대여론과 과외허용의 요구가 점점 커지자 전면적인 과외금지조치를 필수적인 교습행위의 경우에는 허용해 주는 방향으로 차츰 완화하게 되었다. 1981년에 예 · 체능계, 기술 · 기능계 및 웅변, 꽃꽂이 등 취미활동에 대한 과외교습 허용을 시작으로 1982년에는 하위 5%에 해당하는 학습부진학생에 대한 보충수업이 허용되었으며, 1984년에는 고교 3학년 학생에 한해 겨울방학 중 외국어 학원수강을 할 수 있도록 하였다. 1989년부터는 원칙적으로는 과외를 금지하되 부분적으로 해제하는 방향으로 과외교육정책의 골격을 수정하였는데, 그 주요 내용은 방학 중 학원수강 허용과 대학생의 비영리 과외교육 허용 등이었다. 정부는 이를 법적으로 뒷받침하기 위해 1989년 3월과 6월에 「학원의 설립 · 운영에 관한 법률」을 개정하였고, 1990년 12월까지 세 차례의 개정을 통하여 과외교육정책에 대한 법적 체제를 정비하였다. 또 1991년 7월에는 초 · 중 · 고교 재학생의 학원수강기간 선정을 시 · 도교육감에게 위임하여 재학생의 학기 중 학원수강의 길을 열었으며, 다시 1992년 8월에는 외국어학원, 고시학원, 속셈 · 주산학원에서까지도 불법고액과외가 성행하자 입시학원 외에서 이루어지는 고액과외를 해소하기 위한 조치로 재학생들의 학기 중 학원수강까지 완전히 허용하였다. 이것은 원칙적으로 사적인 과외교습행위는 금지하되 기술 및 예 · 체능 과목 등의 교습과 입학, 학력인정검정을 목적으로 학습하는 수업준비생의 과외교습, 대학생의 과외교습은 허용토록 함으로써 법적으로는 금지원칙을 고수하되 실질적으로는 과외 허용이라는 이중적 장치로 정책을 운용하였다고 볼 수 있다(윤정일 외, 2002: 115-117).

② **과외금지조치의 보완정책**(보충수업, 자율학습, 교육방송)

정부는 과외금지조치의 부분적 완화와 함께 이에 따른 학습보충의 기회를 보완하기 위한 노력을 병행했다. 과외금지에 따라 축소된 보충수업기회를 폭넓게 제공하기 위한 대표적 예로는 과외금지조치로 전면 폐지되었던 학교 내의 보충수업을 다시 부활하고 자율학습의 실시를 권장하며 교육방송을 활성화하고자 한 노력들을 들 수 있다.

학교 내 보충수업은 과외금지조치로 전면 폐지되었다가 다시 1982년부터 학습부진학생의 보충수업 허용을 시작으로 1988년에는 전면 부활하게 되었다. 동시에 학생들의 자율적인 보충수업을 위하여 방과후 자습실을 개방하는 등 학교 외 과외욕구를 학교 내로 흡수하려는 노력을 기울였다. 그러나 학교 내 보충수업과 자율학습은 원래의 의도를 충분히 달성하지 못하고 부작용을 초래한다는 지적을 받으면서 이후 다시 폐지하기에 이르렀다. 학교 내 보충수업이 학습부진에 대한 보충학습이나 심화학습이라기보다는 대학입학시험 준비를 위해 수업과정을 더 빠른 시일에 이수하는 형태로 진행되는가 하면, 모든 학생이 단순히 정규수업의 연장으로서 똑같이 수강하는 형태로 실시됨에 따라 오히려 학습부진학생들의 보충교육기회를 제한하고, 교사들에게 또 다른 부담을 가중시킨다는 문제가 속출했기 때문이다. 이에 정부는 1999년부터 중 · 고생의 보충수업 및 자율학습을 다시 단계적으로 폐지하였고, 2001년에는 중·고교 전 학년의 보충수업과 자율학습을 완전폐지하였다(윤정일 외, 2002: 121).

교육방송의 확대실시는 과외금지조치를 보완하기 위한 대표적 정책에 해당한다. 정부는 당시 텔레비전 가정고교방송의 운영을 개선하여 방영시간과 대상과목을 늘리는가 하면 1981년부터는 교육전용방송(KBS 제3TV와 FM교육라디오방송)을 실시토록 하였다. 교육방송은 1974년 방영이 시작된 이래로 제작과 편성·송출이 이원적으로 운영되어 왔다. 예를 들어 1980년부터 실시되던 TV고교 교육방송의 경우 방송프로그램은 한국교육개발원에서 담당하였으며, 편성·송출은 KBS가 담당하였다. TV고교 가정학습 방송은 과열과외 해소를 목적으로 1989년부터 실시되었으며, 1990년 12월 27일에는 '한국교육방송(EBS)'으로 개국하여 당시 문교부장관 명의의 무선국 허가를 받아 문교부가 운영권을 갖고 제작은 한국교육개발원에서 담당하는 체제가 되었다. 이후 교육방송은「한국교육방송원법」에 의해 한국교육개발원으로부터 독립된 형태로 교육인적자원부의 지휘·감독을 받아 방송을 편성·송출하였으며, 2000년 3월 13일 한국방송교육원으로 공사화되어 독자적인 지위를 확보하고 있다. 이외에도 지상파TV 교육방송과는 별도로 1995년부터 케이블TV의 교육전문채널을 중심으로 대학입시를 위한 유료 과외교육방송이 제작·방영되고 있다(윤정일 외, 2003: 123-124, 161).

3) 과외금지 위헌결정과 과외교육 전면허용 시기

2000년 4월 27일, 헌법재판소가 과외를 금지하고 있는「학원의 설립 및 운영에 관한 법률」 제3조 및 제22조제1항 제1호에 대한 위헌결정을 내리게 되면서 7.30 교육개혁조치 이후 꾸준히 완화되어 오던 과외금지조치는 전면 해제되었다. 헌재의 결정에 따라 국회는 과외신고제를 골자로 한「학원의 설립·운영에 관한 법률」을 개정절차를 거쳐, 2001년 4월 7일 본회의에서「학원의 설립·운영 및 과외교습에 관한 법률」로 개정하였다. 이로써「교육공무원법」과「사립학교법」에 의해 과외교습에 제한을 받는 현직교수나 교사를 제외한 모든 일반인이 과외교습을 할 수 있게 되었다.

교육인적자원부는 과외 전면허용에 따른 부작용을 최소화하기 위하여 과열과외욕구를 근원적으로 해소하기 위한 공교육 내실화 및 학교 내 특기·적성교육활동 강화방안과 소외계층에 대한 학교 내 교육 지원 등 과외형태를 다양화하는 방안과 개인과외교습자의 신고제를 골간으로 한 '종합보고서' 형태의 대책을 내놓았다. 개인과외교습자 신고제는 학원 또는 교습소 외의 장소에서 교습료를 받고 과외교습을 하고자 하는 자가 주소지관할 시·군·구교육장에게 과외내용을 신고하도록 하는 제도로서 교육인적자원부는 과외교습의 투명성을 제고하여 과외 전면허용에 따른 고액과외 등 사회적 폐해 차단, 학생·학부모의 개인교습자에 대한 신뢰감 형성의 계기를 제공하여 과외를 값싸고 신뢰할 수 있는 형태로 유도, 과외소득 신고로 과세의 투명성 확보 등을 도입효과로 제시하고 있다(교육인적자원부, 2000. 5; 2001. 4; 윤정일 외, 2003: 117-119).

4) 사교육비 경감정책의 현황

(1) 공교육 내실화 및 지역 간·소득 간 사교육 격차 완화

최근 몇 년간 정부는 사교육비 경감을 위해 공교육의 정상화와 지역 간·소득 간 사교육의 격차 완화에 초점을 둔 대책들을 발표·시행하고 있다. 대표적인 사교육비 경감대책으로는 '2.17 사교육비 경감대책'과 '2007 사교육 의존도 완화방안'이 있는데, 이는 참여정부가 2004년과 2007년 두 번에 걸쳐 국가 차원의 사교육비 경감을 위한 특별 대책을 시행하겠다는 정책의지를 피력한 것이다. 이 두 대책은 모두 공교육 내실화를 통해 사교육 수요를 근원적으로 억제하고, 다양한 사교육 수요를 공교육 체제 안으로 끌어들이겠다는 데 초점을 맞추고 있다.

'2.17 사교육비 경감대책'에서는 공교육의 부실, 교육의 국제경쟁력 약화, 교육기회의 불평등, 과도한 가계부담, 학생의 정상적 발달 방해 등을 사교육의 문제상황으로 분석하고, 이를 해결하기 위해서는 단기적으로 사교육 수요를 공교육체제로 흡수시키는 것이 필요하다고 보았다. 구체적 방안으로서, 수능과외를 대체하는 e-learning체제 구축, 교과과외 흡수를 위한 수준별 보충학습 실시, 재능·영어 과외수요를 충족시키기 위한 특기·적성교육 활성화, 그리고 탁아수요 흡수를 위한 초등학교 저학년 방과후교실 운영 등을 제시하였다. 중장기적 과제로는 우수교원 확보, 수업·평가방법 개선, 수준별 교육 및 학생선택권 확대, 대입전형제도 개선 및 진로지도 강화, 그리고 기초학력 책임지도제 강화 등을 제시하였다. 이와 함께 사회·문화풍토 개선을 위한 의식개혁 및 왜곡된 학벌주의 극복방안도 함께 제시하였다(교육인적자원부, 2004. 2).

'2007 사교육 의존도 완화방안'에서는 국민들의 사교육 부담이 가중되고 있는 현실을 지적하며, 사교육비 경감을 위해 공교육 정상화를 위한 '2.17 사교육비 경감대책'과 '2008 대입안'을 계속 추진하되 대상별·분야별 정책을 보완할 것임을 천명하였다. 이것은 '2.17 사교육비 경감대책'을 보다 발전시킨 방안으로 사교육비 경감대책의 방향이 동일하다. 곧, 공교육 내실화를 통한 사교육 수요의 근원적 억제, 공교육 안으로 다양한 사교육 수요 흡수, 소외계층에 대한 사교육 대체수단 제공, 학원 등 사교육 공급자에 대한 관리강화, 사교육정책 인프라 구축 등을 사교육비 경감대책의 방향으로서 제시하였다.

(2) EBS 수능강의 및 방과후학교 프로그램

'2.17 사교육비 경감대책'과 '2007 사교육 의존도 완화방안'의 역점정책은 EBS를 통한 수능강의 프로그램과 방과후학교 프로그램의 시행이었다. 곧, 정부는 사교육비 경감의 주요 대책으로서, ① 입시경쟁에 쫓겨서 하는 사교육 수요는 EBS로, ② 특기 · 적성 등 교육을 최대한 공교육으로 흡수하면서 원해서 하는 사교육은 방과후학교로 흡수할 것을 밝혔다. 이는 지역 간 · 소득 간 사교육 격차로 인해 교육기회의 불평등이 발생하지 않도록 최대한 저소득층 및 소외계층 지원에 정책역량을 집중하겠다는 것이며, 이를 위해 다양한 사교육 수요를 공교육체제 안으로 끌어들이겠다는 데 초점을 맞추고 있는 것이다.

① EBS 수능강의

EBS 수능강의는 '2.17 사교육비 경감대책'에서 발표된 10대 추진과제 중 핵심 단기과제로서 2004년 4월 1일 방송 및 인터넷서비스를 시작한 이래 지금까지 시행되고 있는 정책이다. 2004년 초기 EBS 수능강의는 대입수능과의 연계 출제 등으로 인해 전 국민의 관심과 언론의 집중조명을 받았고, 교육인적자원부 및 시 · 도교육청의 총체적 관심 및 지원의 대상이었다. 2007년 3월 20일에 발표된 '3.20 사교육대책'에서는 2007년 4월에 EBS 영어전용방송을 실시할 것을 발표하였다.

EBS 수능강의는 학생뿐만 아니라 학원가에도 적잖은 영향을 끼쳤다. 시행 초기에 전국적으로 1만 2천여 명이나 접속을 하는 등 EBS 수능강의에 대한 관심이 높아지자, 일부 발빠른 학원들은 EBS 수능보충강좌 개설 등으로 EBS 수능강의에 적응하려는 시도를 보였다. 한국교육개발원이 EBS 수능방송이 실시된 2004년 4월 이후부터 2006년 2월까지 총 6회의 EBS 수능강의 관련 수요자의 반응조사에 대한 연구(2006)에서도 EBS 수능강의의 이용률은 2004년(71.7%) 이후, 2005년 5월 감소(59.3%)하였다가 2005년 9월 64.7%, 2006년 2월 84.8% 등으로 다시 증가한 것으로 나타났으며, 주요 이용매체로 학생들은 '인터넷'을 통한 EBS 수능강의 시청을 선호하는 것으로 보고하였다. 또한 학생 중 절반이 EBS 수능강의로 사교육비가 줄었다고 느끼고 있는 점 등을 보고하면서 EBS 수능강의가 공교육 활성화에 도움을 주는 것으로 평가했다.

② 방과후학교 프로그램

사교육 수요를 공교육체제 안으로 흡수하기 위한 또 하나의 방안으로서, '2.17 사교육비 경감대책' 이후 역점을 두고 시행해 온 것이 방과후학교 프로그램이다.

방과후학교 프로그램의 등장배경은 '학생들의 인성 및 창의성을 함양하기 위한 하나의 교육프로그램으로 방과후 교육활동을 도입 · 실시할 것을 제안한 1995년 교육개혁위원회의 제1차 교육개혁방안보고서로 거슬러 올라간다. 동 보고서에 따라 교육인적자원부는 1996년 2월 '방과후 교육활동 활성화 방안' 이란 구체적인 사업을 통하여 일선학교에서 방과후 교육활동을 시행하도록 하였는데, 이때의 '방과후 교육활동 활성화 방안' 은 학교에서 의무적으로 이루어지는 보충수업을 폐지하며, 학교 밖에서 이루어지는 과외를 학교 안에서 저렴하게 받을 수 있도록 하기 위한 방과후 교육활동 방안을 마련하는 것이었다. 이후 '방과후 교육활동' 은 1999년 2월 4일 다시 '특기 · 적성교육활동' 이란 명칭으로 변경되어 실시되는데, 이는 특기 · 적성교육이라는 방과후 교육활동의 취지가 입시위주교육에 의해 퇴색되어 보충수업 및 자율학습으로 변질되는 것을 방지하기 위함이었다.

그러나 사교육비가 여전히 증가함에 따라 교육인적자원부는 2004년 '2.17 사교육비 경감대책' 을 발표하면서 방과후 교육활동을 사교육 수요를 공교육체제 내로 흡수하기 위한 주요한 사교육비 경감대책으로 제시하였고, 특기 · 적성교육으로 수행된 방과후 교육활동에서 금지되었던 교과보충수업을 다시 적극 도입하기로 하였다. 또한 맞벌이부부 등으로 인해 사교육 수요가 큰 초등학교 저학년을 위한 보육프로그램의 도입 역시 부가하였다. '2.17 사교육비 경감대책' 이후 학교현장에서 실시된 방과후 수준별 보충학습(고등학교), 특기 · 적성교육, 초등학교 저학년 방과후교실 등의 프로그램에도 불구하고 그 성과가 만족스럽지 못하자, 교육인적자원부는 기존의 '방과후 교육활동' 을 혁신적으로 변화시킨 '방과후학교' 를 도입 · 추진하기 위한 연구 · 시범학교를 운영하기 시작하였다.

2005년도에 48개교의 연구학교가 운영되었고, 2006년도에 전국에서 280개의 교육인적자원부 및 교육청의 시범학교가 운영되었으며, 2006년 12월 현재 전국 거의 모든 학교(98.7%)에서 방과후학교가 운영되었다. 현재 운영되고 있는 방과후학교의 유형을 보면, 초등학교의 경우 특기 · 적성 프로그램이 활발히 운영되는 반면, 상급학교단계의 경우는 교과 프로그램이 많이 개설되어 있다.

그동안 정부의 사교육비 경감대책의 변천과정을 요약 · 정리하여 제시하면 〈표 7-3〉과 같다.

표 7-3 사교육비 경감대책의 변천과정

시기	시행내용
입시대책 추진기	
• 1968. 7. 15	• 중학교무시험입학정책
• 1973. 2. 28	• 고교평준화정책
과외금지 시기	
• 1980. 7. 30	• 7.30 교육개혁조치에 따라 모든 과외교습활동 금지
• 1980. 8. 7	• 과외단속지침 시행, 일체 과외수업 금지, 졸업생에 한해 사설학원 수강 허용
• 1980. 8. 27	• 학교 내의 예체능 집단실기지도 허용
• 1981. 3. 30	• 학습자료와 관련된 유사 과외교습행위 규제
• 1981. 4. 13	• 과외교습 제한, 학습지, 고사지, 녹화테잎판매 금지
과외금지조치의 변경 · 보완시기	
• 1981. 7. 14	• 예 · 체능계, 기술 · 기능계, 웅변, 꽃꽂이에 한해 재학생 학원수강 허용
• 1983. 8. 12	• 어학계, 고시계, 인가학원 대학생 수강 허용
• 1984. 1. 6	• 학습부진학생(하위 5%) 보충수업 허용
• 1984. 4. 10	• 고교 3학년 겨울방학 중 사설외국어학원수강 허용
• 1988. 5. 6	• 학교 보충수업 부활
• 1989. 6. 16	• 초 · 중 · 고교생에 한해 일정기간 학원수강 허용
• 1989. 6. 22	• 대학생의 초 · 중등학생에 대한 과외교습 허용
• 1991. 8. 15	• 초 · 중 · 고교생의 학기 중 학원수강 허용
• 1991. 7. 22	• 초 · 중 · 고교생의 여름방학기간 중 학원수강 허용 • 보충수업 운영 학교장에 일임 • 초 · 중 · 고 재학생의 방학 중 학원수강 허용 • 대학생의 비영리적 과외교습 허용 • 재학생의 학기 중 학원수강 허용권 시 · 도 교육감에 위임
• 1992. 7. 30	• 고교 보충수업 희망자에 한해 실시
• 1992. 8. 9	• 입시학원 방학 중 수강 허용
• 1993. 8. 20	• 유치원, 초 · 중학생 국 · 영 · 수 과외 금지
• 1993. 10. 3	• 중학생 학원수강 전면 허용, 유치원, 초등학생 교습소과외 금지
• 1995. 4. 10	• 초등학생 방과후 수익자 부담의 영어반 수업허용 계획
• 1995. 8. 4	• 학원의 설립 · 운영을 모두 등록제로 일원화 • 학원의 설립 · 운영 등록사무를 시 · 도의 조례로 정하도록 함
• 1996. 3. 1	• 초 · 중 · 고교생의 학기 중 학원수강 허용 • 대학원생의 초 · 중등학생에 대한 과외교습행위 허용
• 1996. 4. 9	• 학부모 사교육비 경감 위해 초 · 중 · 고교 내 과외활성화 방안 발표
• 1996. 12. 29	• 불법과외 대책마련(교내 과외활성화, 수준별 이동수업 확대 등)
• 1997. 7. 31	• 과열과외 완화 및 과외비 경감대책 발표
• 1997. 8. 25	• 위성교육방송실시
• 1998. 8. 12	• 학교 내 보충수업과 자율학습의 단계적 폐지안 발표

시기	시행내용
사교육 전면허용 조치 이후	
• 2000. 4. 27	• 과외교육 전면허용(「학원의 설립 · 운영에 관한 법률」)에 대한 헌법재판소의 위헌 결정)
• 2001. 4. 7	• 「학원의 설립 · 운영에 관한 법률」을 「학원의 설립 · 운영 및 과외교습에 관한 법률」로 개정
• 2001. 7. 8	• 개인과외교습자 신고제 실시
• 2004. 1.16	• 심야교습 및 기숙학원 등 금지
• 2004. 2. 17	• 사교육비 경감 종합대책 발표
• 2007. 3. 20	• 사교육 의존도 완화방안 발표

4. 사교육비 경감정책 관련 쟁점

1) 과열과외의 문제점

과도한 사교육 의존현상이 야기하는 문제점들은 다양하게 지적되어 왔다. 과열과외문제는 크게 학생 개인, 공교육, 사회, 경제적 측면으로 나누어 볼 수 있다(윤정일 외, 2003: 127-128).

먼저 과열과외현상은 학생 개인에게 교육적 · 학습적 측면에서 부정적 영향을 미칠 수 있다. 학자들은 과외수업이 학생들에게 자주적인 학습태도를 결여시키고 의존적인 성격을 형성하게 하며, 경쟁의식으로 인하여 협동심, 공동체의식을 저해한다고 지적해 왔다.

사교육이 공교육에 미치는 부정적 영향 또한 크다. 사교육이 공교육에 대한 보완으로서의 기능을 수행하던 시기에는 사교육이 그다지 문제시되지는 않았다. 그러나 이제는 사교육이 공교육과 보완관계에 있기보다는 대립관계가 됨으로써, 공교육의 위기로 이어지고 있다(송기창, 1999: 146-148). 학생들이 사교육에 중점을 두면서 학교교육을 소홀히 하는 현상이 나타남으로써 학교교육의 황폐화를 우려하는 지적이 많다. 또한 학교도 과외교육과의 경쟁적인 위치에 서게 됨으로써 전인교육이라는 본연의 목표보다는 입시준비교육으로 치우쳐 도덕적 품성이나 심미적 성향과 같은 인간성 함양을 소홀히 하고 학업성취만을 지나치게 강조하는 등의 비교육적으로 운영되고 있음이 지적되고 있다(윤정일 외, 2002: 127-128).

과도한 사교육비 지출현상은 사회 · 경제적 측면에서도 중대한 문제점을 야기한다고 볼 수 있다. 먼저, 가계의 과외비 지출은 공교육비 외에 추가적으로 별도의 불필요한 교육비를 지출하게 됨으로써 가계의 부담을 가중시키는 문제와 국가적으로도 막대한 가용재원을 소모적인 과외비 지출에 투입하게 되는 것으로 국가자원의 낭비를 초래하게 되는 문제가 있다. 더욱이 과외시장은 시장경제의 논리가 지배하므로 과외를 통해 부모의 사회경제적 지위가 자녀의 학력을 결정하게 될 가능성이 크다. 따라서 사회적 위화감이나 상대적 박탈감을 불러일으킬 수 있으며, 나아가 교육경쟁의 공정성마저 무너뜨릴 수 있다. 이러한 교육기회의 불평등은 결과적으로 소득 및 사회적 부의 불평등을 초래할 수 있다. 그뿐만 아니라, 과외공부가 가져온 왜곡된 교육목표, 학교교육에 대한 불신, 재수생의 누적, 불건전한 가치관, 계층간 국민위화감 심화 등은 사회적 불안을 조성할 수 있다.

2) 사교육비 증가의 원인

과도한 사교육비의 원인에 대한 논의는 학계 및 정부, 언론을 중심으로 끊임없이 진행되어 왔다. 과열과외 발생의 원인에 대해 그동안 제기되었던 다양한 요인들은 교육 내적 원인과 교육 외적 원인으로 구분해 볼 수 있다. 교육 내적 원인으로는 급증하는 대학진학 수요에 비해 부족한 대학진학기회, 지역 · 계열 간에 불평등하게 배분되어 있는 고등교육기회, 학생의 올바른 능력을 평가하기에는 미흡한 대학입학전형제도, 교육과정의 비정상적 운영, 교원의 사회 · 경제적 처우 미흡, 개성이 무시되는 획일적인 교육, 영세한 교육재정으로 인한 학교교육여건의 부실 등의 문제가 지적되어 왔다. 교육 외적 원인으로는 고등학교 졸업자의 취업기회 부족과 학력 간 임금격차 등 고용조건의 불평등, 교육을 출세의 수단으로 보는 전통적 가치관, 능력보다는 학력을 중시하는 풍조, 자녀의 적성과 소질은 고려치 않고 자녀를 통해 자신의 소망을 달성하고자 하는 불건전한 교육관 등이 지적되어 왔다(김영철 외, 1981: 45-110; 강무섭 외, 1991: 21-27; 서정화 외, 1985: 60; 윤정일 외, 2002: 129-130).

선행연구에서는 사교육 참여의 원인을 주로 기능적 관점 혹은 지위경쟁이론의 관점에서 설명했다. 보다 나은 교육기회를 얻는 것이 높은 사회경제적 지위를 보장한다는 기대 때문에 보다 나은 교육기회를 얻기 위한 경쟁의 수단으로서 사교육에 참여한다는 설명이다. 사교육 참여의 원인으로 학생의 성적경쟁이나 치열한 대학입학경쟁과 같은 요인을 꼽는 것은 이러한 관점에 기초하고 있다. 또 명문대 진학이 진정한 생산성 향상이 아니라 채용에서 절대적으로 유리하게 작용하기 때문에 명문대 진학경쟁을 위해 과잉교육열과 비정상적, 비효율적 경쟁에 뛰어든다는 선별가설(screening hypothesis)의 설명 역시 이러한 관점에 해당한다. 우리의 과열과외현상을 기대이론(expectancy theory)으로 설명하기도 한다. 학부모와 학생은 과외를 통해 성적이 향상될 것(1차 결과)이라고 기대하고, 이것이 명문대 진학(2차 결과)에 대한 기대감으로 이어져 과외에 참여한다는 것이다. 나아가 경제학적 관점에서 게임이론으로 설명되기도 한다. 이 관점에 의하면, 서로 믿지 못하니까 서로 최고형을 살게 되는 '죄수의 딜레마' 처럼 '남들이 하니까 나도 하지 않을 수 없다' 는 과외게임이 발생한다는 것이다(교육인적자원부, 2004). 그동안 정부가 발표한 사교육비 경감대책에서도 '공교육의 내실화' 와 '과도한 입시경쟁 완화' 를 주요 목표로 제시해 왔는데, 이것은 사교육비 증가의 주요한 원인이 공교육의 문제와 과도한 입시경쟁에 있다고 판단했음을 반영한다.

(1) 공교육 질의 문제

사교육비 증가의 주요 원인으로 일반적으로 지적되어 왔던 것은 공교육의 질 문제이다. 정부가 발표한 사교육비 경감대책의 주요 골자로 매번 공교육의 정상화를 통해 사교육비를 경감시키겠다는 내용이 포함된 점은 이를 잘 반영한다. 특히, 최근에는 정치계와 언론계를 중심으로 고등학교평준화제도가 학교교육의 질을 하락시켰고 이것이 결국 사교육의 발달을 부추겼다는 지적이 대세를 이루고 있다(김광옥 · 김대일 · 서이종 · 이창용, 2003: 3-187; 김태종 외, 2003; 이주호 · 홍성창, 2001: 37-56). 그러나 최근 실증연구 결과에서 '평준화정책이 학교교육의 질을 저하시켜서 결과적으로 사교육비 지출을 증가시키게 했다' 는 주장이 설득력이 없다는 결론을 내리고 있다(이수정, 2007a; 김기석 외, 2005; 성기선, 2004; 채창균, 2006: 163-179).

(2) 대학입시경쟁문제

우리 사회의 과도한 입시경쟁은 사교육비 증가의 주요한 원인으로 지적되어 왔다. 이는 우리 정부가 거의 반세기에 이르도록 사교육비 경감을 위해 주로 입시경쟁 완화정책을 추진해 왔던 사실에서도 잘 드러난다. 곧, 대표적으로 중학교무시험입학제도나 고등학교평준화제도는 각각 초등학교와 중학교단계에서의 상위학교 입학을 위한 과열경쟁을 완화시키고 사교육비 경감을 목표로 추진되었던 정책이었다. 그런데 초 · 중학교에서의 입시경쟁을 완화시키고자 했던 이들 정책은 시간이 지나면서 그 다음 교육단계인 고등학교단계에서 대학입시경쟁과 이를 위한 과열 사교육 의존현상으로 유보되어 나타나는 결과를 보여 주었다. 초 · 중학교단계에서의 입시경쟁이 그 최종 지점인 고교단계에서의 대학입시경쟁으로 집결되어 나타난 셈이다. 따라서 우리 사회에 만연한 사교육에 대한 의존현상은 근본적으로 대학입시경쟁에서 유래한다고 해도 과언이 아니다.

이와 같은 치열한 대학입시경쟁의 원인에 대해 학자들은 제한된 대학입학기회와 학력경쟁을 불러일으키는 대학입학제도 등을 지적하고 있다. 이에 반해 대학입학경쟁은 양적인 교육기회의 제한에서가 아니라 무엇보다도 자녀에게 더 나은 교육의 기회를 제공하고자 열망하는 학부모의 '교육열', 특히 '명문대학' 입학을 위한 경쟁으로부터 초래하며, 이러한 '명문대 중심의 대입관' 이야말로 사교육비 증가에 지대한 영향을 미치는 요인이라는 지적도 있다(이수정, 2007a).

(3) 사회문화 등 교육외적 문제

사교육의 문제는 단지 교육의 내적 문제에서만 기인하는 것이 아니라, 한국사회의 구조적 특징과 이로부터 초래하는 문화적 풍조나 사회심리적 요인들이 복합적으로 어울려 발생하는 문제라고 볼 수 있을 것이다. 우리 사회에 뿌리깊이 자리 잡고 있는 학력·학벌주의와 대학서열화구조, 학력 간 임금격차 등 고용조건의 불평등, 교육을 출세의 수단으로 보는 전통적 교육관 등은 선후를 구별하기 어려울 정도로 복잡하게 맞물려 오늘날과 같은 과도한 사교육 의존현상을 빚어낸 것이다(윤정일 외, 2002: 107-140; 이수정, 2007a). 이렇게 보면 오늘날 과열 사교육문제는 단지 사교육비 경감을 위한 교육정책만으로 해결할 수 없는 특성이 있다.

3) 정부의 사교육비 경감대책 평가

(1) 사교육비 경감대책의 결과

그동안 정부가 시행해 온 사교육비 경감대책은 크게 네 가지, 곧 입시경쟁 완화정책, 과외금지정책, 공교육 내실화 정책, 저소득층 지원정책 등으로 나누어 볼 수 있다. 이와 같은 정부의 사교육비 경감대책에 대한 평가는 대체로 부정적인 결과로 나타나고 있다.

① 입시경쟁 완화정책

먼저 입시경쟁 완화를 통해 사교육의 수요를 감소시키려는 정책으로서 중학교의무교육정책이나 고등학교평준화제도는 각각 초등학교와 중학교단계에서의 과도한 입시경쟁을 완화시키고 과열과외 열풍을 잠재우는 데 분명 효과적인 정책이었다. 1968년의 중학교무시험정책은 당시 국민학생들을 중학교 입시경쟁과 과열과외로부터 해방시켰고, 고등학교평준화제도 역시 시행 이후 중학교 학생들의 과열 고교입시경쟁이 상당히 완화된 것으로 나타났다. 사교육비 변화추세를 조사한 한 연구에 의하면 고등학교평준화제도의 사교육비 경감효과를 알 수 있다. 이를 보면, 정책이 시행된 1968년부터 1980년대 초까지 사교육비는 감소되거나 거의 그대로였음이 입증되었고, 과열 입시경쟁이 어느 정도 완화되어 고입재수생이나 재수학관이 거의 사라진 것으로 알려지고 있다(김영철 외, 1995: 49-50;

문교부, 1988: 39).

그러나 장기적 시각에서 보면 이들 정책은 그 다음 단계인 고교에서 치열한 대학입시경쟁과 과열과외현상으로 나타나 오히려 병목현상을 초래함으로써 과열과외문제에 대한 성공적인 대책이라고 할 수 없다(윤정일 외, 2002: 44-46). 곧 중학교무시험정책 후 초등학교 학생들의 중학교 입시를 위한 치열한 경쟁과 과외열풍이 사실상 몇 년간 유보되어 중학교단계에서 고교입시경쟁을 위한 과외열풍으로 나타났기 때문이다. 고등학교평준화제도도 시행 이후 수년 만에 고등학교 진학률이 거의 80～90%로 증가하면서 고등학교 학생들 사이에 대학입시경쟁이 치열해졌고, 1970년대 후반부터는 대학입시 재수생이 엄청나게 증가하고 대학입시를 준비하기 위한 사교육이 과열되었다. 이로 인해 이전에 보였던 과열과외로 인한 각종 교육적 문제 및 사회·경제적 폐단들이 심각한 사회문제로 또다시 대두되었다. 결과적으로 입학제도나 고등학교평준화제도 등과 같이 입시경쟁을 완화시킴으로써 사교육 수요를 억제하려는 정책들은 그다지 성공적인 정책이라고 볼 수 없다.

한편, 입시경쟁의 완화를 목표로 추진되었던 대학입시제도에 대한 개혁 역시 가시적인 성과를 보여 주지 못하였다고 할 수 있다. 그동안 여러 차례의 대학입시제도에 대한 개선이 있어왔지만 우리나라 대학입시제도는 여전히 과외문제를 해결하지 못한 채 정상적인 교육과정 운영을 저해하는 주된 요인으로 아직도 지적되고 있기 때문이다. 예컨대 2002년도에 실시된 새로운 대학입시제도는 입시경쟁의 획기적 완화와 대학의 학과별 특성을 고려한 학생선발 분위기 조성을 목표로 입학전형 요소별로 다단계 전형을 실시하고 수능총점제를 폐지하며 등급제를 도입하는 등의 대대적인 개혁을 도입한 정책이었으나, 이 역시 수능 난이도 조절의 실패, 순위표시 부재 등으로 인한 혼란, 수시모집에 따른 고교교육 운영의 파행 등의 또 다른 제도적 제한점을 나타내면서 과외 욕구나 동기를 완전히 해소하는 데 실패한 것으로 평가받았다(윤정일 외, 2002: 136).

② **과외금지정책**

1980년의 7.30 교육정상화방안으로 실시된 과외금지정책은 정책의 성과를 거두지 못하고 실패한 대표적인 사례로서, 시행 초기부터 각종 부작용을 속출하며 끊임없이 정책의 부당성과 위헌성이 제기되다가 결국 과외금지조치에 대한 위헌판결로 정책이 철회되었다.

물론 과외를 법적으로 금지한 이 정책이 실행된 이후 대다수의 학부모는 자녀들에게 과외를 시키지 못하게 됨으로써 사교육비는 확실히 경감되었다. 그러나 과외금지조치하에서도 상당히 많은 사람들이 단속을 피하여 학원강사 및 현직교사의 과외교습과 고액과외가 성행하는 등 근본적으로 사교육 수요는 근절되지 않았다. 결국 가계의 부담과 계층간 위화감을 해결하기 위해 시행되었던 과외금지정책은 고액 비밀과외의 성행으로 실효를 거두지 못하고 대다수의 서민 자녀들에게 값싼 과외교습의 기회마저 박탈하여 오히려 갈등을 심화시키는 결과를 초래하였다고 평가받았다(윤정일 외, 2003: 131).

③ 공교육 내실화 정책

정부의 사교육비 경감대책으로서 또 하나의 주요한 축인 공교육 내실화 정책 역시 학부모의 사교육비 부담을 경감시키는 데 성공적이지 못하였다. 공교육 내실화 정책은 학교교육의 질을 제고하기 위한 각종 개혁조치와 함께 사교육에 대한 수요를 공교육 안으로 끌어들이는 방안을 들 수 있다. 과외수요를 학교 내로 흡수하겠다는 방침은 과외금지 시기에 실시된 학교 내 보충수업 및 자율학습 권장방안으로 거슬러 올라간다. 이 방침을 따라 대부분의 고등학교에서는 하루 한두 시간의 보충수업을 실시하고, 학생들의 자율적인 보충수업을 위해 방과후자습실을 개방하였다. 그러나 학교 내 보충수업이 학습부진의 보충이나 심화학습보다는 대학입학 준비에 도움이 되게 할 목적으로 정규수업의 연장으로서 모든 학생이 똑같이 수강하는 형태로 실시됨에 따라, 학습부진 학생들의 보충교육 기회를 오히려 제한하고 교사들에게 또 다른 과중한 부담만 안기는 부작용을 초래하였다. 따라서 이후 교육인적자원부는 중 · 고생의 보충수업 및 자율학습을 폐지하고 2001년에는 고교 전 학년까지 보충수업과 자율학습을 완전 폐지하기도 하였다.

사교육에 대한 수요를 공교육 안으로 끌어들이기 위한 방안으로 비교적 최근에 도입 · 시행된 방과후학교 프로그램에 대해서는 평가자에 따라 각기 다른 평가를 내리고 있다. 방과후학교정책 평가를 위한 교육인적자원부(교육인적자원부, 2006/2007)의 조사결과, 학생참여율은 전체적으로 증가하였고 학생과 학부모의 과반수 이상이 전반적으로 만족하는 것으로 나타났다. 한국교육개발원(김홍원 · 진미경, 2007)의 방과후학교 성과분석에서는 소득수준이 낮을수록 방과후학교로 인한 사교육비 경감효과가 크게 나타난 것으로 평가되었다. 그러나 방과후학교 프로그램에 대한 문제도 많다. 방과후학교 프로그램은 과도한 사교육비문제와 같은 우리나라의 특수한 교육적 상황에 대한 대처방안으로 탄생한 것으로서, 아직 그 교육목표와 내용 및 교육대상이 명확히 규정되지 못한 채 시범운영되고 있는 형편이다. 정규교육과정과 학교시설로는 감당하기 어려운 교육활동의 경우 외부위탁 방식으로 운영한다고는 하나, 이는 영리를 목적으로 하는 단체가 위탁하여 운영할 경우, 혹은 별다른 질 관리 및 보장 체제를 마련하지 않은 채 위탁운영업체를 선정하는 경우에 있어서는 사교육 시장에 완전히 맡기는 것보다도 문제가 더 심각해질 수 있다. 또한 주로 교과수업을 중심으로 진행되고 있는 중 · 고교에서의 방과후학교 프로그램이 과거 보충수업의 폐단, 곧 학교내의 보충수업이 학생의 선택사항이 아닌 정규수업의 연장형태로 실시되면서 학생의 수요도 만족시키지 못한 채 추가비용을 지불하며 교사들에게 또 다른 과중한 부담만을 안기는 등의 문제를 그대로 답습할 수 있는 가능성도 농후하다. 무엇보다도 과외수요를 공교육 내로 흡수하겠다는 방안은 사실상 학교 교육에 대한 불신을 전제로 하기 때문에 결국 공교육 내실화 달성에 걸림돌이 된다는 비판의 소지도 있다. 곧 방과후학교 프로그램은 학교에서 사교육의 형태로 수업을 하는 것으로, 공교육의 역할과 기능을 더 제고해 나가야 할 임무를 망각하고 사교육을 더욱 조장하는 행태일 뿐이라는 비판을 면하기 어렵다.

④ **저소득층 지원정책**

사교육비문제에 대처하기 위한 정부의 정책은 사교육의 수요를 억제하는 동시에 과열된 사교육으로 인해 발생할 수 있는 저소득층의 불이익을 방지하기 위한 대책, 예컨대 EBS 교육방송이나 위성 TV를 통한 과외방송 등 저소득층 지원방안에도 중점을 두었다. 이들 정책에 대한 효과 역시 평가자에 따라 엇갈리는데, EBS 수능방송의 경우 전반적으로 학생의 학력 향상 및 사교육비 절감, 지역 간 교육격차 해소 등에 있어서 효과적이었다고 평가되며, 과도한 사교육 의존현상으로 인한 문제점을 해결해 줄 수 있는 대안으로서 확대 발전시켜야 한다는 의견이 있다. 교육인적자원부는 최근 실시한 설문조사결과(2006. 3. 31)에서 EBS 수능강의가 사교육비 경감은 물론 지역 간 · 계층 간 교육격차 해소라는 정책효과를 나타내고 있는 것으로 보고하며 EBS 활용률과 학교성적 향상 및 수능시험대비 효과가 대도시지역보다 읍 · 면지역이 높았다고 긍정적인 평가를 내렸다.

그러나 문제를 제기하는 의견도 만만치 않다. 예컨대 EBS 수능방송이나 위성 TV과외 등은 학생들의 개별적인 능력수준을 무시하고 획일적인 프로그램을 제공함으로써 일부 학생만이 학습효과를 향유할 수밖에 없다는 문제점이 지적되기도 한다. 위성 TV과외로 인하여 학교교육에 대한 불신이 커지고, 오로지 지식위주의 입시교육에만 몰두하게 함으로써 지 · 덕 · 체를 고루 겸비한 전인교육에 방해요소가 되었다는 평가도 있다(윤정일, 1997). 일선 고교 측에서는 EBS 수능방송과 같은 정책이 근본적으로 사교육시장을 축소시키는 방안이 될 수 없으며, 오히려 고등학교 교사의 위상을 실추시키고 있다고 비판하기도 한다(정광희 외, 2005: 39). 또 EBS 수능강의는 단기적인 해결책일 뿐 장기적으로는 오히려 공교육의 부실화를 초래할 수 있다는 우려를 제기하기도 하고, EBS 수능강의의 실제 이용 현황이나 사교육비 절감 및 도 · 농 간 교육격차 해소를 통한 사회통합에 기여하는 측면에 대한 효과를 보다 엄밀히 검증할 필요가 있다는 지적도 있다(전인식 외, 2006).

(2) 사교육비 경감대책의 한계

지금까지 살펴본 사교육비 경감대책들이 대체로 기대한 성과를 거두지 못한 이유로는 먼저 정부의 단기적 처방에 의한 성급한 대책 추진에서 찾을 수 있다. 앞서 살펴보았듯이, 정부의 대표적인 사교육비 경감대책이었던 중학교의무교육정책과 고등학교평준화제도는 장기적으로 볼 때 입시경쟁 완화를 통해 사교육비를 경감시키려 한 목표를 이루지 못하였다. 이들 정책은 당시 문제시되고 있던 입시경쟁을 완화시킴으로써 일면 과열과외 열풍을 잠재우는 데 효과적이긴 했어도, 바로 몇 년 뒤 그다음 교육단계에 나타날 치열한 입시경쟁과 과외문제를 예견하거나 해결하지 못하였던 것이다. 특히, 그동안 사교육 대책을 수립 · 추진하는 과정에서는 주로 교육적 문제의 근원에 초점을 맞추기보다는 당시 과열과외로 인해 문제시되던 사회 · 경제적 병폐를 해결하기 위한 대처방안 마련에 급급함으로써, 장기적이고 종합적 대책이 아닌 단기적 처방수준의 사교육 대책을 양산했을 뿐이라고 평가할 수 있다.

같은 맥락에서 사교육비 경감대책이 성공적이지 못한 원인은 정부의 통제적 성격의 정책실행에서도 찾아볼 수 있다. 가장 대표적인 사례로는 1980년의 7.30 교육정상화방안으로 실시된 과외금지조치를 들 수 있을 것이다. 이 정책은 범국민적 과열과외 추방을 위한 국가의 강력한 통제를 발휘하여 대다수의 과외를 시키지 못하는 서민들에게는 대환영을 받았던 정책이기도 하다. 그러나 고액 · 비밀과외를 발생시키는 부작용을 드러내는 등 강압적 · 통제적 방식의 정책실행이 결과적으로 사교육비를 경감시키는 데 효과적이지 못하다는 것을 분명히 드러내는 정책이었다. 더욱이 과외금지조치는 헌법상 권리인 교육받을 권리를 심대하게 침해하는 행위로서 상식적으로도 용납하기 어려운 인권침해행위라는 비판을 계속해서 받아왔다. 본질적으로 더 배우려는 활동인 과외를 법으로 금지하는 일은 법을 떠나 건전한 상식에도 어긋나는 것이기 때문이다. 그 외 과외금지의 부당성으로서 과외금지가 국민의 다수를 범법자로 만들었다는 점, 과외금지조치가 국민의 일반적인 법감정에도 부합되지 않는 행위라는 점, 과외교육의 문제는 전적으로 과외교육 그 자체로부터 파생된 것이라고 보기 어렵다는 점, 과외교육비의 고액화는 금지조치에 의해 조성된 측면이 많다는 점, 국민의 공동체의식 와해가 과외교육에 의해 파생된 문제라고 보기는 어렵다는 점 등이 지적되었다(윤정일 외, 2002: 124-126). 이와 같이 과외금지의 위헌성과 허용에 관한 문제는 그동안 사교육비 경감대책과 관련된 가장 큰 논쟁거리였으나 이제 이러한 논의는 헌법재판소의 과외금지조치에 대한 위헌판결로 일단락된 상태다.

사교육비 경감대책을 추진하는 데 있어서 사회의 구조적 특징이나 사회문화적 풍토에 대한 고려가 없었던 점에서도 사교육비 경감대책의 한계를 찾아볼 수 있다. 우리나라의 과열과외현상은 단지 교육 내적인 요인에 국한된 것이 아니라 사회구조적 특징과 이로부터 기인하는 사회문화적 특징이나 풍토와 복잡하게 맞물려 나타나는 현상이다. 따라서 입시정책이나 공교육의 질 개선을 위한 교육 내적인 정책 실행만으로 우리 사회의 과열과외현상을 완화시키기에 한계가 있었던 것은 당연한 일이다. 입시경쟁 완화를 통해 사교육 수요를 억제하려고 시도했던 중학교무시험정책과 고등학교평준화제도, 그리고 거듭된 대학입시정책 개혁의 결과를 통해 우리가 확인한 것은 입학시험이 있고 명문대학이 존재하는 한 명문대학 입학경쟁에서 보다 유리한 입장에 서려는 목표로 사교육과 같은 수단을 이용하려는 욕구는 근원적으로 해소될 수 없다는 사실이다(이수정, 2007b: 21-47). 우리 국민의 교육관이나 의식과 관련되어 독특한 사회풍토로 자리 잡고 있는 과열과외현상은 취업 및 승진, 임금구조에 있어서 학력 및 학벌을 중요시하는 우리 사회의 구조적 특징과도 관련되어 있어서 한두 가지 교육정책의 변화만으로는 쉽게 해결될 수 없다는 것을 확인할 수 있었다. 그런데도 그동안 정부의 사교육비 경감을 위한 정책적 노력은 교육적 해결책만을 무리하게 추구함으로써 문제를 악화시킨 사례가 많았다고 할 수 있다. 사교육문제를 해결하기 위해서는 교육체제 내적인 측면에서만이 아니라 산업 및 고용구조 등의 사회정책의 개선을 함께 고려한 종합적 대책이 장기적으로 추진되어야 할 것이다.

5. 사교육비 경감대책의 방향

우리 교육의 가장 고질적인 병폐 중의 하나인 과열 입시과외의 문제는 교육정책이나 제도 등의 교육 내적인 문제뿐만 아니라 교육 밖의 사회 · 문화적 특징과도 복잡하게 관련되어 파생되는 현상이다. 따라서 늘어나는 사교육비를 경감시키기 위해서는 장기적이고 종합적인 시각으로 교육 내적인 영역과 함께 사회 · 문화적인 영역을 함께 고려한 개선 방안을 모색해 나가야 한다. 이하에서는 교육적 측면과 사회 · 문화적 측면을 나누어 사교육비 경감대책의 방향을 살펴보기로 한다.

1) 교육적 측면

(1) 학교교육의 내실화

학교가 제공하는 교육서비스에 대한 학생과 학부모의 불만이 학교교육만으로는 미흡하다는 인식을 초래하고 이것이 과외라는 또 하나의 수단을 동원하게 되었다는 것이 사교육 수요의 증가원인에 대한 일반적인 설명이었다. 이렇게 본다면, 어떤 식으로든 사교육에 대한 욕구를 학교교육에서 충족시켜 준다면 사교육의 수요가 계속 증가하지는 않을 것이라고 예상할 수 있다. 입시준비를 위한 목적이든 재능과 특기계발을 위한 목적이든 간에, 학교교육이 학생들의 교육수요를 충분히 만족시킬 수 있는 기관으로서 그 기능을 다할 수 있다면, 사교육이라는 또 하나의 수단을 필요로 하지 않을 것이기 때문이다.

따라서 학교교육이 빠르게 변화하는 현대사회에서 교육수요자의 다양한 요구를 반영할 수 있기 위해서는 부단히 개혁의 노력을 경주해야 할 것이다. 그렇지 않을 때 학교수업과 동일한 교육형태를 가지고 하나의 산업으로까지 발전하고 있는 사교육과의 질적 경쟁에서 우위를 점할 수 없을 것임은 분명하다. 학교교육의 내실화를 위해서 학교가 학생 개인의 교육적 욕구를 제대로 파악하여 그들의 욕구를 충족시켜 줄 수 있는 다양한 양질의 교육프로그램을 제공하고, 수업의 질을 향상시키며, 교육의 효율성을 증대할 수 있는 학교 운영의 개선방안에 대해 모색해 나갈 필요가 있다. 또한 예 · 체능교육을 위해 개인교습이나 사설학원을 찾아야 할 필요 없이, 학교에서 학생 개인의 재능이나 특기 등 잠재능력이 충분히 계발될 수 있도록 체제 변화에 대한 노력도 필요하다.

이와 같은 공교육의 내실화를 위해서는 일차적으로 공교육의 여건이 뒷받침되어야 할 것이다. 교원의 전문성 확보를 위한 교원처우 향상과 학급당 학생 수의 감축과 같은 교육여건의 개선이 없는 상태에서 개인별 수준에 따른 지도라든지 질 높은 수업을 기대하기 어렵기 때문이다. 교육여건을 개선하고 교육의 질적 수준을 보장하기 위해서는 안정적인 교육재정 확보와 합리적인 재정 운용 또한 전제되어야 한다.

한편, 이제 공교육은 사교육과 차별화된 고유한 공교육의 본질적 기능을 회복하는 데 관심을 기울여야 할 것이다. 오늘날 우리 사회에서 사교육, 정확히 말해 과외교육은 정규 학교 교육과정과 동일한 형태의 수업을 하는 것으로서 공교육 활동과 다른 점을 찾아보기가 쉽지 않기 때문이다. 사교육은 더 이상 공교육의 보완관계의 기능을 수행하는 것이 아니라 대립관계에 있으며 이는 공교육의 위기로 이어질 수 있음을 간과해서는 안 된다(송기창, 1999a: 146-148; Stevenson & Baker, 1992: 163-57). 더욱이 최근 사교육의 이용이 학생의 학업성적이나 가정배경의 차이에 상관없이 보편화된 현상으로 자리 잡고 있는 실정이어서 향후 공교육은 사교육과의 차별성을 확보하기가 어려워질 것으로 예상된다. 공교육과 사교육 간의 경계가 앞으로 더욱더 모호해질 가능성이 짙다(Baker, Akiba, LeTendre, & Wiseman, 2001: 1-17).

그동안 학교교육은 그 기능이 상급학교 입학준비에 치우쳐 변칙적이고 수단적인 교육으로 전락했다는 비판을 받아왔다. 학교교육이 그 본연의 목표를 추구함으로써 사교육으로 대체할 수 없는 학교교육만의 고유한 기능을 수행할 수 있어야 할 것이다. 곧, 학교교육은 특정학교의 졸업장이나 학위와 같은 학력경쟁을 심화시켜 왔던 것을 반성하고, 정상적인 교육과정 운영을 통해 학생들이 능력계발을 포함한 전인적 발달과 최대한의 자아실현을 이루도록 하며, 시민적 자질을 구비하고 적성과 능력에 따른 진학 및 진로준비를 하도록 하는 등의 기능을 효율적으로 수행해야 할 것이다(곽병선, 1997: 160).

(2) 대학입시제도 개선

그동안의 교육개혁의 역사를 통해 근본적으로 대학입학시험을 위한 과열경쟁이 완전히 해소되기 전에는 대학입시와 관련된 사교육을 근절하거나 학교교육에 미치는 대학입시의 영향력을 제거한다는 것은 거의 불가능하다는 점이 드러났다. 이와 같이 대학입시가 중등교육에 미치는 영향을 생각해 볼 때, 사교육비 경감을 위한 대안으로서 학교교육 내실화를 실현하기 위한 과제로 대학입시제도에 대한 문제를 고려하지 않을 수 없다.

초 · 중 · 고교가 본연의 교육목표하에 정상적인 교육과정 운영을 통해 교육의 내실을 기하기 위해서는 대학입시제도가 올바른 교육활동을 유도할 수 있는 방향으로 개선될 필요가 있다. 예를 들어, 정상적인 학교교육과정을 충실히 이행한 학생들이 대학입학시험에서 우수한 성적을 거둘 수 있게 되는 '중등교육과 연계된 대학입시제도'가 마련된다면, 대학입시준비를 위해 학교교육을 등한시하고 시험준비만을 위한 사교육에 의존하게 되는 문제를 방지할 수 있을 것이다. 이를 위해서는 구체적으로 학교교육과정의 본질적 기능을 잘 반영하는 대학입학전형요소를 개발하고 각 대학이 이를 잘 활용할 수 있도록 하는 적절한 대학입시체제의 마련과 그 운영을 위한 지원체제를 발전시켜 나가는 것이 필요하다.

(3) 교육의 형평성 제고를 위한 저소득층 지원 프로그램 활성화

사교육 의존현상이 문제시되는 가장 큰 이유는 지역 간 · 소득 간 사교육 격차로 인해 교육기회의 불평등과 나아가 사회적 불평등을 야기할 소지가 크기 때문이다. 그런데 그동안 과외비 경감을 위한 입시정책 개혁과 다양한 사교육비 경감대책에도 불구하고 사교육비 지출이 감소하기는커녕 도리어 증가해 온 점을 감안해 볼 때 현재와 같은 과도한 사교육비문제는 단기간의 정책적 노력으로 해결되기는 어려울 것이라 예견된다. 이렇게 본다면 사교육비문제와 관련한 정부의 우선과제는 경제적 이유 등으로 사교육을 받지 못함으로써 교육기회에 있어 불이익을 당하는 일이 없도록 소외계층 및 저소득층에 대한 지원방안을 마련하는 것이 되어야 할 것이다.

정부의 대표적인 사교육비 경감을 위한 저소득층 지원방안인 EBS 수능방송과 방과후학교 프로그램에 대한 평가는 부정적인 측면도 있다. 그럼에도 불구하고 EBS 수능방송과 방과후학교 프로그램은 경제적 · 지역적 여건 등의 문제로 사교육을 받지 못하는 학생들에게 무료의 공영방송이나 인터넷을 통해서, 혹은 보다 합리적이고 저렴한 가격으로 학교에서 수익자부담원칙하에 유상으로 공급함으로써 사교육으로 인한 교육기회의 불평등을 완화하고 학부모의 과외비 부담을 경감시킬 수 있는 점에서 그 의미를 찾을 수 있다(공은배 외, 1996: 77-78). 곧 현재 사교육에 대한 높은 수요가 일부 학생들에게 한정된 것이 아니라 거의 모든 학생들에게 해당되며 이와 같은 사교육 의존현상이 단기간에 쉽게 완화되지 않을 것이라는 점이나 입시준비 목적의 과외욕구뿐만 아니라 특기나 예 · 체능교육을 위한 과외욕구가 높고 과외교습비의 수준도 상당히 높은 현재의 상황을 감안한다면, 이러한 프로그램을 보다 내실화함으로써 저소득층이나 소외계층 학생들이 교육기회에 있어서 불이익을 당하지 않도록 하고, 결과적으로 과열 사교육문제 해결을 위한 당면과제가 될 수 있을 것이다. 물론 현재 추진되고 있는 EBS 수능방송과 방과후학교 프로그램 등은 궁극적으로 공교육의 질을 제고함으로써 사교육비를 경감시키기까지 과외수요를 흡수하는 대안적 방안으로 활용하는 것이 원칙적으로 바람직하다. 이들 방안을 보다 내실화하기 위한 발전방향을 검토하는 것도 의미가 있을 것이다.

① 방과후학교 프로그램의 발전방향

방과후학교 프로그램에 대하여는 우선적으로 그 목표에 따른 내용이나 성격과 관련하여 정규교육과정과의 차이를 분명히 할 수 있도록 정체성 확립에 대한 노력이 필요하다. 이것은 과거 과외교육 금지에 대한 대안으로서 실시되었던 학교 내의 보충수업이 학생과 교사에게 부담만 가중시켰던 문제를 되풀이하지 않기 위해 가장 필요한 일이라 할 수 있다. 예컨대, 방과후학교 프로그램은 초등학생을 대상으로는 보육기능과 특기 · 적성계발을 중심으로, 교과에 대한 사교육 수요가 높은 중 · 고교생을 대상으로는 교과보충 및 심화단계의 교과수업을 중심으로 운영하는 것이 보다 바람직하다.

무엇보다도 방과후학교 프로그램이 정책의 의도대로 학교 밖의 과외에 대한 수요를 학교 안으로 흡수하기 위해서는 사교육과 비교하여 저렴한 비용이라는 장점 외에도 질적 우월성을 통해 학생과 학부모의 선택을 받을 수 있어야 한다. 이를 위해 수준별 교과수업과 다양한 선택과목별 심화수업을 제공한다든지 질 높은 강사를 확보하고 수업의 질 관리를 위한 지원체제를 마련하는 것이 필요하다. 그러나 이와 같은 수요자의 요구와 수준에 맞는 양질의 프로그램을 제공하는 데에는 단위학교의 인력과 재정으로 감당하기 어렵다. 이것은 단위학교 수준이 아니라 지역교육청별로 방과후학교 프로그램을 운영하는 것과 같은 다양한 방식의 행 · 재정적 지원체제를 통해 뒷받침되지 않는다면 실효성이 없는 요구이기도 하다.

② EBS 수능방송의 발전방향

EBS 수능방송 및 인터넷강의 확대사업은 사교육비 절감을 목적으로 시행된 것인 만큼 대학수학능력시험과 EBS 수능강의와의 연관성을 높이는 것이 중요하다. 그러나 이것은 어디까지나 EBS 수능강의를 통해 궁극적으로 공교육의 정상화를 도모하고 저소득층 자녀에 대한 지원의 수준에서 실시되어야 한다. 정부의 의도대로 입시경쟁에 쫓겨서 하는 사교육 수요를 EBS 방송으로 해결하여 사교육비 경감과 지역 간 교육격차를 해소시키려는 목적을 달성하기 위해서는 다양한 수준의 프로그램을 개발하고 EBS 방송의 접근성을 더욱 높일 수 있는 여건을 지원해 주는 데 보다 더 신경을 써야 할 것이다. 아울러 EBS 교육방송이 수능방송에 국한될 것이 아니라, 다양한 과외의 수요를 해결해 줄 수 있도록 프로그램의 영역을 확대하고 채널을 다양화하는 것도 장려할 사항이다.

2) 사회 · 문화적 풍토의 개선

그동안의 사교육비 경감대책의 실행과 결과를 통해 사교육비 경감을 위한 교육 내적인 노력들이 그 실효를 거두기 위해서는 우리 사회의 구조적 특성의 변화와 이에 따른 사회심리적 변화가 동반될 경우에 가능하다는 것을 확인하였다. 과열과외문제는 교육 내적인 문제뿐만 아니라 우리 사회의 구조적 특징과 이로부터 초래하는 문화적 풍토나 사회심리적 요인들이 복합적으로 어울려 발생한 현상이기 때문이다. 사교육에 대한 수요는 우리 사회에 오랜 역사를 통해 뿌리 깊이 자리 잡은 숭문사항과 학력 · 학벌주의, 교육을 출세의 수단으로 보는 전통적 교육관, 명문학교 입학을 위한 지나친 경쟁의식과 같은 사회 · 문화적 풍토와 대학서열화 구조나 학벌 중심의 고용관행 등 교육 외적인 여러 요소들과 복잡하게 관련되어 있다(윤정일 외, 2002: 107-140; 이수정, 2007b: 28-29). 따라서 과열과외문제는 단지 교육체제 및 입시정책의 변화나 공교육의 질 제고 등과 같은 교육 내적인 노력만으로 해결되기 어렵다는 사실을 인정하고, 사교육비 경감을 목표로 성급한 해결책을 내놓고 무리하게 추진하기보다는 장기적 효과를 기대하면서 사회의 구조적 특징이나 사회 · 문화적 풍토를 고려한 종합적인 대책을 추진해 가야 할 것이다. 과열과외문제와 관련 있는 바람직하지 못한 국민의식과 사회풍토, 고용관행의 변화를 유도할 수 있는 정책적 배려가 필요하다. 예컨대 고졸자의 취업기회를 확대하고 과도한 학력 간 임금격차를 완화하는 방향으로 산업 및 고용관행에서의 변화를 도모함으로써 학력 및 학벌주의 사회풍토를 개선해 갈 필요가 있다. 또한 출세를 위한 도구적 교육관과 이기적인 선점욕에 기초한 치열한 입학경쟁의식을 공정하고 바람직한 경쟁으로 전환시키는 노력을 통해 건전한 교육풍토를 조성하는 것도 과열과외 해소를 위한 기초적인 사회대책이 될 수 있다.

참 고 문 헌

강무섭 외(1991). 과외수업 실태분석 연구. 한국교육개발원.

고형일(1996). 교육투자 효율성 제고 방안 연구(중간보고서). 한국교육개발원.

고형일 · 천세영(1990). 한국의 교육비 수준. 한국교육개발원.

고형일 · 한유경 · 장수명 · 허순영(2001). 교육비 조사연구. 한국교육개발원.

고형일 외(1998). 2002학년도 이후의 입학제도개선에 관한 연구. 교육부.

곽병선(1997). 학교실패의 극복방안 탐색. 교육재정경제연구. 특집호.

국가보위비상대책위원회 문교공보분과위원회(1980. 7. 30). 교육정상화 및 과열과외 해소대책.

교육인적자원부(2000. 5). 공교육 내실화를 위한 교육재정확보대책(안).

______(2001). 2000년도 사교육비실태조사보고서.

______(2001. 4). 개인과외교습자 신고제 해설자료.

______(2004). 사교육비 경감 종합대책 백서.

______(2004. 2). 2.17 사교육비 경감대책(교육인적자원부 보도자료).

______(2006). 방과후학교 운영보고 자료.

______(2007). 방과후학교 성과보고회 자료(교육인적자원부 설명회자료).

______(2007. 3). 2007년 사교육 의존도 완화방안(교육인적자원부 보도자료).

______(2007. 6. 29). 국가수준의 사교육비 실태조사 실시(보도자료).

김경식(2003). 학업성적에 대한 과외학습의 효과. 교육사회학연구, 13(3).

김광억 · 김대일 · 서이종 · 이창용(2003). 입시제도의 변화: 누가 서울대학교에 들어오는가? 한국사회과학, 25(1 · 2).

김기석(2004). 실증적 분석 연구를 통하여 평준화 효과의 진실을 밝히자?: 최근 교육정책 논쟁에서 얻은 몇가지 교훈. KEDI Position Paper, 1(3). 한국교육개발원.

김기석 외 (2005). 평준화 정책이 학업성취에 미치는 영향에 대한 종단적 분석. 한국교육개발원.

김미숙 외(2006). 입시산업의 규모 및 추이분석: 대입정책과 사교육의 관계분석을 위한 기초 연구. 한국교육개발원.

김영철 외(1981). 학교교육 정상화를 위한 과열과외 해소 대책. 한국교육개발원.

김영철(1995). 고등학교 평준화 정책의 개선방안. 한국교육개발원.

___(2001). 사교육비 해소 방안-과열과외를 중심으로. 한국교육개발원.

김윤태 외(1978). 고등학교 평준화 정책의 평가연구. 한국교육개발원.

김태종 외(2003). 고교평준화 정책이 학업성취도에 미치는 효과에 관한 실증 분석. KDI 국제정책대학원 교육개혁연구소.

김현진(2004). 사교육비 지출 결정 변인 구조 분석. 교육행정학연구, 22(1).

김홍원 · 진미경(2007). 2006 방과후학교 성과분석 연구. 한국교육개발원.

김홍주(2000). 과외수업의 문제와 정책적 대책. 과외문제 대안 모색 심포지엄. 한국교육법학회 제7회 학술발표회 자료집.

문교부(1988). 문교40년사.

백일우(1999). 입시과외 수요 결정 요인에 관한 연구. 교육행정학연구, 17(4), 117-136

상경아 · 백순근 (2005). 고등학생의 수학 과외가 학업성취도, 태도, 자기조절학습에 미치는 영향. 교육평가연구, 18(3), 39-57.

서정화 외(1985). 학교교육 정상화 보완대책 연구. 한국교육개발원.

성기선(2004). 고등학교 평준화 정책의 효과에 대한 위계적 선형모형 분석. 교육사회학연구, 14(3).

송기창(1999a). 한국에서 사교육의 성장과 공교육과의 관계. 교육재정경제연구, 8(2).

_____(1999b). 한국에서 사교육의 성장과 공교육의 위기. 한국공교육체제의 평가와 전망(한국교육연구소 창립 10주년 기념 학술대회 논문집).

유한구 · 김양분 · 서상록(2005). 사교육비 조사 항목 및 조사 지표 표준화 방안 연구. 한국교육개발원.

윤정일(1980). 한국의 교육과제와 재정. 한국교육개발원.

_____(1997a). 사교육비의 개념. 증가원인 및 대책. 소비자문제연구, 19.

_____(1997b). 위성 TV과외의 문제점. 대학지성, 6. 한국대학총장협의회..

_____(1997c). 입시 및 재정정책을 통한 사교육비 경감방안. 교육재정경제연구. 특집호.

_____(1997d). 초 · 중등학교 과외실태 조사연구. 교육재정경제연구. 특집호.

_____(2000a). 과외금지위헌결정과 학교교육 내실화. 과외문제 심층 해부와 대책(2000년도 제2차 KEDI 교육정책포럼 자료집).

_____(2000b). 학교교육강화를 위한 정책과제. 교육과정, 3(2). 한국교육과정평가원.

윤정일 · 박종렬(1977). 교육재정의 현황과 문제: 교육비 분석 연구. 한국교육개발원.

윤정일 외(1997). 과외실태조사연구. 서울대학교 사범대학 교육연구소.

_____(2002). 한국 교육정책의 쟁점. 서울: 교육과학사.

_____(2003). 교육개혁론. 한국교육행정학회.

이수정(2007a). 명문대 중심 대입관과 사교육비 지출간의 관계 분석: 사교육 원인에 대한 사회심리적 접근. 교육행정학연구, 25(4).

_____(2007b). 명문대 중심 대입관과 한국의 섀도우 교육. 2007년도 한국교육재정경제학회 제46차 학술대회.

이정규(2003). 한국사회의 학력 · 학벌주의: 근원과 발달. 서울: 집문당.

이종각 · 김의수(2003). "교육열" 개념의 비교와 재정의. 교육학연구, 41(3), 191-214.

이종태 외(2002). 선행학습 효과에 관한 연구. 한국교육개발원.

이주호 · 홍성창(2000). 학교 대 과외: 한국교육의 선택과 형평. 경제학연구, 49(1).

전인식 외(2006). 사교육비 절감을 위한 EBS 수능 강의의 2주년 성과와 발전 방안 연구. 한국교육개발원.

정광희 외(2005). 고교교육정상화와 대학적격자선발을 위한 「고교-대학 연계」 방안 연구(II). 한국교육개발원.

채창균(2006). 고교평준화가 사교육비 지출에 미친 영향에 대한 실증분석. 교육사회학연구, 16(2).

최상근 외(2003). 사교육비 실태 및 사교육비 규모 분석 연구. 한국교육개발원.

한국교육30년편찬위원회(1980). 한국교육30년사. 문교부.

한국교육개발원(1998). 초중등 학생의 과외실태조사.

Baker, D., & LeTendre, G. (2005). *National Difference, Global similarities: World Culture and the Future of Schooling.* Palo Alto: Stanford.

Baker, D., Akiba, M., LeTendre, G., & Wiseman, A. Worldwide Shadow Education: Outside? School Learning, Institutional Quality of Schooling, and Cross? National Mathematics Achievement. *Educational Evaluation and Policy Analysis, 23.*

Bray, M. (1999). *The Shadow Education System: Private Tutoring and Its Implications for Planners.* Paris: IIEP, UNESCO.

_______(2003). *Adverse Effects of Private Supplementary Tutoring: Dimensions, implications and government responses. Paris: International Institute for Educational Planning.* UNESCO.

Lee, S. J. (2006). Prestige-oriented Views of College Entrance and Shadow Education in South Korea. Doctoral Dissertation. The Pennsylvania State University.

______ & Shouse, R. (2007. 4). *Does 'Low-Quality' Schooling Cause Students' Reliance on Private Tutoring?: Prestige-Orientation in the Korean K-12 education.* Chicago: 2007 American Educational Research Association Annual Meeting.

LeTendre, G. L. (1994). Distribution Table and Private Tests: The Failure of Middle School Reform in Japan. *International Journal of Educational Reform, 3.*

Seth, M. J. (2002). *Education Fever: Society, Politics, and the Pursuit of Schooling in South Korea.* Honolulu: University of Hawaii.

Stevenson, D. L., & David P. Baker (1992). Shadow Education and Allocation in Formal Schooling: Transition to University in Japan. *American Journal of Sociology, 97.*

Tsukada, M. (1991). *Yobiko Life: A Study of the Legitimation Process of Social Stratification in Japan.* Berkeley: University of California Press.

제 8 장

교육정보화

1998년 이후 본격적으로 시행되고 있는 교육정보화정책은 21세기 사회를 규정짓는 새로운 패러다임인 지식정보화사회를 주도하는 인간 양성을 교육목표로 내걸고 최첨단 정보통신기술을 활용한 교수-학습방법을 학교에 도입하고자 한 대규모 국가주도 정책이다. 1998년 이전에도 정보통기술을 활용한 교육 형태가 전혀 없었던 것은 아니었으나, 이전의 형태가 라디오나 TV 등의 교육매체를 도입하여 교과내용을 전달하는 소극적인 접근에 머물렀다면, 최근의 교육정보화정책은 정보통신기술을 활용하여 교수-학습방법뿐 아니라 전체 학교시스템을 변화시키고자 하는 총체적 접근이라는 특징을 지니고 있다.

그러나 교육정보화정책이 추구하는 목표를 효과적이고 효율적으로 달성하기 위하여 성과 중심의 정책으로 그 방향이 전환되고 있으며, 사회 일각에서는 새로운 정보통신기술을 활용한 유비쿼터스(ubiquitous)사회로의 진입을 위해 국가정보화정책이 운영되는 등 다양한 변화를 겪고 있다. 이러한 시점에서 지금까지의 교육정보화정책의 시행과정과 현황 및 문제점, 그리고 이를 둘러싼 쟁점을 정리하는 것은 향후 교육정보화정책의 발전방향을 제시하기 위한 의미 있는 작업이 될 것이다.

* 김민희(충북대학교, 한국교원대학교)

1. 교육정보화정책의 의의와 배경

교육정보화는 정보화사회로의 시대적 변화를 반영하고, ICT(Information Communication and Technology)를 도입해 교육의 시스템적 변화(교육의 내용과 방법, 교육의 형태, 교육구성원 개개인의 의식과 행태)를 이끌어내는 21세기 지식기반사회에 요구되는 인적자원 양성의 초석을 마련하는 것이다(교육인적자원부 · 한국교육학술정보원, 2001). 교육정보화를 통해 새로운 교육시스템을 구축하고자 하는 배경에는 21세기 지식정보화사회로의 세기적 변화가 있었다. 21세기 새로운 사회의 도래를 가능하게 한 첨단정보통신기술은 정치, 경제, 사회, 문화 등 사회적 구조뿐 아니라 개인과 집단의 생활양식까지 변화시키며 나아가 국가발전을 촉진하는 효율적인 도구로 작용하고 있다.

지식정보화사회에서 개인은 기본적인 정보통신기술 활용능력을 통해 고부가가치의 지식을 창출해 내고 이를 통해 현실의 문제를 해결해야 한다. 따라서 무한경쟁의 지식정보화사회에서는 창의적인 지식창조자, 자기주도적 평생학습자, 효율적인 정보처리자, 책임있는 정보사용자라는 새로운 인간상을 요구하게 되며, 이는 교육을 통해서만 길러질 수 있다고 본다. 새로운 사회가 요구하는 새로운 인재를 길러내기 위해서는 새로운 교육시스템의 변화가 이루어져야 한다는 사회적 요구가 증가하면서 이미 세계 각국에서는 국가생존전략을 위한 핵심사업으로 교육정보화를 추진하고 있다.

이러한 시대적 요구를 수용하고 지식정보화사회에서의 우위를 점하기 위해 국가에서는 1980년대 이후부터 국가정보화사업을 추진하였다(한국전산원, 2005). 1996년 제정 · 시행된 「정보화촉진기본법」에 따라 '제1차 정보화촉진 기본계획' (1996~1998), 'CYBER KOREA 21' (1999~2001), 'Broadband IT Korea Vision 2007' (2003~2007) 등 국가주도의 중장기 발전계획이 적시에 적절한 형태로 수립되어 체계적이고 일관성 있게 집행되었다. 이러한 노력의 결과, 정보화와 관련한 국제지표에서 IT강국으로서의 한국의 위상은 확실하게 자리매김하고 있다. 초고속인터넷 가입자 수는 2001년도부터 4년 연속 세계 1위를 차지하고 있으며, 1,000명당 인터넷 이용자 수가 세계 3위로 나타났다. ITU의 2003년 디지털 접근지수 4위, 2004년 UN의 전자정부준비지수(e-Government)에서 5위, EIU의 2005년 e-비즈니스 준비도에서 18위로 평가받고 있다. 우리나라의 주요 정보화지수별 국제순위를 살펴보면 아래 〈표 8-1〉과 같다.

정보화와 IT를 통한 국가사회 전반의 발전적 변화가 본격화되고 있고, 사회기반으로서의 정보기술은 u-IT라고 통칭되는 새로운 기술로 진화하고 있다. 이에 따라 국가정보화의 추진방향도 지능기반 선진사회 실현을 위해 사회 전반에 걸쳐 공통적으로 갖추어야

표 8-1 한국의 주요 정보화지수별 국제순위

지표명(기관)	발표일	한국순위/ 조사대상국가 수	상위권 국가
디지털 접근지수(ITU)	2003. 11	4/191	스웨덴, 덴마크, 아이슬란드, 노르웨이
전자정부 준비지수(UN)	2004. 12	5/191	미국, 덴마크, 영국, 스웨덴
정보사회지수 (IDC/World Times)	2004. 11	8/53	덴마크, 스웨덴, 미국, 스위스, 캐나다
e-비즈니스 준비도(EIU)	2005. 4	18/65	덴마크, 미국, 스웨덴, 영국, 핀란드
e-러닝 준비도(EIU)	2004. 1	5/60	스웨덴, 캐나다, 미국, 핀란드

주: ITU(International Telecommunication Union), IDC(Internal Data Corporation), EIU(Economic Intelligence Unit)

1. 디지털 접근지수 : ITU, 'World Telecommunication Development Report 2003'
2. 전자정부 준비지수 : UN, 'UN Global E-Government Readiness Report 2004'
3. 정보사회지수 : IDC, 'Information Society Index 2004'
4. e-비즈니스 준비도 : EIU, 'e-Readiness Rankings 2005'
5. e-러닝 준비도 : EIU, '2003 e-Learning Readiness Rankings'

출처: 한국전산원(2005). 국가정보화백서.

할 차세대 정보인프라를 확립하고, 이러한 토대위에서 지능기반의 선진사회 실현을 위해 필요한 구체적인 사회시스템을 설계 · 확산하는 방향으로 바뀌고 있다. 이것을 'u-Korea 전략' 이라고 부른다(한국전산원, 2005).

u-Korea 추진비전은 '세계 최고수준의 지능기반사회를 구현하는 것' 이다. u-Korea의 목표는 국가의 모든 자원을 지능화하여 네트워크화하고, 국민들이 언제 어디서나 일상생활에 필요한 서비스를 활용할 수 있는 사회를 건설함으로써, 국민 삶의 질, 산업생산성 및 공공서비스의 질이 세계최고인 지능기반사회를 건설하는 것이다.

교육정보화는 이러한 국가 · 사회적 변화와 진보에 힘입어 정보통신기술을 활용하여 교수-학습의 질을 높이고, 각종 교육행정업무를 신속 · 정확하게 할 수 있으며, 학교뿐만 아니라 가정과 직장 등 원하는 곳에서 언제든지 자신이 필요로 하는 학습을 할 수 있는 원격학습체제를 구현하기 위해 1997년도부터 본격적으로 추진되었다. 그러나 국가정보화사업이 각 부처별로 독자적으로 추진되면서 사업의 비효율성과 예산낭비 등의 문제가 지적됨에 따라 인적자원개발회의를 통한 교육혁신과 인적자원개발 관련 교육정보화사업의 총괄 · 조정이 그 어느 때보다 긴요하게 되었다. 이러한 배경과 교육정보화의 궁극적인 목표인 교육혁신 및 인적자원개발이라는 대명제를 달성하기 위해 정부에서는 '제2단계 교육정보화 종합발전방안' 을 마련하고 2005년도에 사업집행을 완료하였다. 제2단계 교육정보화정책이 완료된 이후 교육부문별 정보화가 추진되고 있는데, 초 · 중등교육정보화의 경우 상당 부분의 예산과 사업이 시 · 도교육청으로 이관되어 지방자치단체를 중심으로

운용되고 있다.

2. 교육정보화정책의 변천과정[1)]

1) 태동기(1970~1985)

사회적으로 컴퓨터교육의 필요성이 강조되면서 우리나라의 교육정보화는 전산교육 또는 컴퓨터교육이라는 이름으로 처음 출발하였다. 이미 사회 일각에서는 1960년대 경제기획원에서 인구조사 분석처리용으로 IBM1401을 도입하고, 1969년에는 서강대학교 등 4개 대학이 교육용 컴퓨터를 도입하는 등의 시도가 이루어지고 있었다.

1970년대는 1970년 7월 "고등학교 이상의 학교에서 전자계산기교육이 필요하다."라는 대통령의 지시에 따라 문교부과 관계부처와의 협의를 거쳐 '전자계산기교육계획'을 수립하여 발표함으로써 컴퓨터교육이 본격적으로 시작된 태동기라고 할 수 있다. 1971년 8월 문교부령 제286호로 교육과정이 공포되어 '전자계산일반'을 필수과목으로 지도하고, COBOL프로그래밍 등 4개 과목을 선택과목으로 지도할 수 있게 하였다. 1971년 12월 학교에서는 처음으로 서울 덕수상고에 KIST단말기를 설치했고, 1975년에는 서울시내 상고 실습용으로 CDC3100을 설치하였다. 그리고 문교부령 제350호로 고등학교 교육과정이 개정 고시됨에 따라 '기술' 과목의 전자계산기 단원에 '전자계산기 구성'과 '전자계산기의 활용'이 포함되었는데, 이는 컴퓨터교육이 직업전문교육이 아닌 일반보통교육으로서 다루어질 수 있는 계기가 마련되었다는 의의를 지니는 것이다.

2) 전개기(1986~1995)

1981년 문교부령 제442호로 고등학교 교육과정이 개정 고시됨에 따라 일반계고등학교 '산업기술'의 '전자계산기' 단원에 '전자계산기의 개요'와 '전자계산기의 응용'이 포함되었다. 또한 고등학교의 '수학 I'에 '순서도와 알고리즘' 내용이 포함되었으며, 중학교 '기술'에 정보화사회에서 컴퓨터의 역할이 잠시 언급되기도 하였다. 기존의 직업교육 중심의 전산교육이 일반보통교육 형태의 컴퓨터교육으로 도입되는 데에는 대통령자문기구인 교육개혁심의회의 역할이 매우 컸다.

1) '교육인적자원부 · 한국교육학술정보원(2001, 2003, 2005). 교육정보화백서'를 주로 참고하여 수정 · 보완하였다.

교육개혁심의회에서는 최종보고서인 '교육개혁 종합구상'(1987. 12)을 통해, 학교교육에 컴퓨터를 도입하여 초·중등학교의 교수-학습방법을 개선시키고 과학기술교육을 진흥하며 미래 정보화사회에 대비할 것을 건의하였다. 이러한 교육개혁심의회의 건의와 정부의 국가기간 전산망 구축의 일환으로 제기된 교육·연구전산망의 중요성, 연구기관의 컴퓨터도입 건의, 컴퓨터 관련부처와 업계의 요구 등 국가사회적 요구로 인해, 1987년 12월 제5차 교육과정 고시에서는 본격적으로 초·중·일반계고등학교에 컴퓨터를 도입·확산할 것을 밝히게 된다. 이에 따라 문교부에서는 컴퓨터교육을 효율적으로 추진하기 위해 1987년 12월 '학교 컴퓨터교육 강화방안'을 발표하였다. 이 강화방안에서는 컴퓨터교육의 기회확대와 컴퓨터를 이용한 학습방법 확대, 학교사무전산화 등을 실천의 기본방향으로 제시하였다.

1988년 국가전산망조정위원회에서는 학교 컴퓨터교육을 전산망조정위원회의 우선 추진사업으로 선정하여 범정부적 지원추진사업으로 의결하였는데, 1989년 7월 '학교 컴퓨터 지원·추진계획'이 성안됨으로써 학교 컴퓨터교육은 문교부 차원을 넘어 국가 차원에서 추진하는 대규모 지원사업의 성격을 띠기 시작하였다. 이 계획에서는 학교 컴퓨터교육과정의 목표를 성취하기 위한 여건조성에 해당하는 하드웨어와 소프트웨어의 보급·확대, 컴퓨터 담당교사 교육 및 행·재정적 지원을 강화하는 등 실질적인 방안 수립에 초점을 맞추었다.

이후 문교부가 교육인적자원부로 명칭을 바꾸면서 기존의 학교 컴퓨터교육 지원·추진계획이 수정·보완되었는데, 1992년에 개정 고시된 제6차 교육과정에는 당시 초등학교 5, 6학년 실과과목에 '컴퓨터 다루기' '컴퓨터로 글쓰기'가 포함되었으며, 학교 재량시간에 컴퓨터를 가르칠 수 있게 되었다. 고등학교 '기술' 과목에는 '정보통신' 단원, '상업' 과목에는 '컴퓨터' 단원, 그리고 선택과목으로 '정보산업'이 포함되었다.

이 시기에 마련된 '학교 컴퓨터교육 강화방안'은 일반보통교육으로서 컴퓨터교육을 초·중등학교에 도입하는 데 기여했으며, 이후 본격적인 교육정보화 확산을 위한 정책 기초를 마련했다는 데에서 그 의미를 찾을 수 있다.

3) 구축기(1996~2000)

1990년대 중반부터 기존의 학교 컴퓨터교육은 '교육정보화'라는 이름으로 새로운 전환기를 맞이했다. 정부에서는 1993년 4월 국가 차원의 정보화 추진의지를 강조하고 '신정보통신정책방향'을 수립했다. 정보화 관련 기본법이라고 할 수 있는 「정보화촉진기본법」이 1995년에 제정되어 1996년 1월에 공포되었으며, 이에 의거하여 1996년 4월에는 국무총리를 위원장으로 하는 범정부적 차원의 '정보화추진위원회' 가 구성되었다. 교육인적자원부에서도 '교육정보화추진분과위원회' 를 구성하고 2과 2담당관체제의 교육정보관리국을 설치하여 교육정보화를 효과적으로 추진하고자 하였다.

1997년 1월에는 '제1단계 교육정보화 촉진 시행계획' 을 수립하고 교육정보화 기반구축, 교육정보자료 개발 · 보급, 정보기술활용교육의 강화, 교육행정정보화사업, 학술 · 연구정보 기반의 고도화, 학술정보 DB구축사업 등 교육정보화 촉진 6대 실천과제를 구상하였다. 1997년 12월 고시된 제7차 교육과정에서는 5~8학년 실과(기술 · 가정) 각 1단원, 중학교교과 재량활동 선택과목으로 '컴퓨터' , 고등학교 일반선택과목으로 '정보사회와 컴퓨터' 를 채택함으로써 정보화교육 관련 내용을 구성하는 안을 마련하였다.

이후 국민의 정부가 출범하면서 21세기 10대 지식강국 진입을 목표로 한 정부의 강력한 의지에 따라 교육정보화 추진정책에도 새로운 전기가 마련되었다. 교육정보화사업을 종합적으로 추진하기 위한 전담기관으로 한국교육학술정보원을 설립하고, 고등학교과정에서 일정수준의 정보소양교육을 실시하고 이를 인증하는 제도로서 학생정보소양인증제 등의 정책을 시행하였다.

2000년 1월 대통령 신년사에서 교육정보화사업을 구체적으로 제안함에 따라 그 후속조치로 '세계에서 컴퓨터를 가장 잘 쓰는 나라' 를 만들기 위한 교육정보화 종합추진계획이 마련되었는데, 열린교육과 평생학습사회 실현을 위한 사이버학습체제 구현을 통해 지식정보화사회를 대비한 창조적 인재를 육성하는 데 그 목표를 두고 추진되었다. 이에 따라 교육정보화사업은 더욱 강력한 정부의 추진의지에 따라 2002년까지 완결하기로 한 '제1단계 교육정보화 종합계획' 을 2000년도로 앞당기면서 전국 초 · 중 · 고등학교에 인터넷을 활용할 수 있는 환경을 구축하는 등 물리적 기반을 다지는 계기를 마련하였다.

4) 확산기(2001~현재)

2001년 5월, 1990년대 후반부터 추진되어 온 교육정보화사업은 교육혁신과 인적자원개발을 포함한 '제2단계 교육정보화 종합발전방안' (2001~2005)으로 변화되었다. 제2단계 교육정보화 종합발전방안의 공식명칭은 '교육혁신과 인적자원개발을 위한 교육정보화 종합발전방안' 으로, 여기서는 지식 · 정보를 잘 활용하는 국민을 육성하고 가치를 창조 · 확산해가는 사회분위기를 조성하여 세계를 선도하는 지식강국을 건설하는 포괄적인 국가적 비전을 수립하였다. 이러한 비전을 실현하기 위해 지식기반사회 대처능력 함양, 창조적인 사업인력 양성, 함께하는 정보문화 창달을 목표로 설정하고, 10대 구체적 추진과제를 설정하였다.

이로써 교육정보화는 급물살을 타고 전국으로 확산되었으며, 우리나라는 세계적인 'e-러닝 강국'의 명성을 얻게 되었다(교육인적자원부 · 한국교육학술정보원, 2005). 이제 교육정보화는 기존의 'ICT 활용교육'에서 'e-러닝'으로, 그리고 'u-러닝'으로 변화하고 있다. 유선과 무선통신의 융합과 가전기기 안에 모두 장착되어 있는 컴퓨터칩은 물리적 공간과 사이버 공간의 자연스러운 이동을 가능하게 하는 'u(ubiquitous)'를 가능하게 하고 있다. 교수-학습활동에 있어서도 정보통신기술을 부분적으로 교육에 적용하는 ICT 활용교육과 컴퓨터와 인터넷을 활용한 e-러닝을 넘어서, 언제 어디서나 정보통신기술의 활용이 편재되어 있는 미래기술로 변화하는 u-러닝으로 그 방향을 조정해 나가고 있다.

3. 교육정보화정책의 현황 및 문제점

1) 교육정보화정책 현황

(1) 교육정보화의 비전 및 목표

교육정보화의 비전은 지식 · 정보를 잘 활용하는 국민을 육성하고 가치를 창조 · 확산해 나가는 사회 분위기를 조성함으로써 '세계를 선도하는 지식강국 건설'에 있다(교육인적자원부, 2002). 이러한 비전을 달성하기 위해 지식기반사회 대처능력 함양, 창조적인 산업인력 양성, 함께하는 정보문화 창달, 종합적 성과지원체제 구축의 네 가지 추진목표를 정하였다. 교육정보화 추진목표는 ① 추진주체간 역할정립 및 국가적 역량 결집, ② 정보화 발전추세를 반영한 유연하고 지속적인 교육정보화 추진, ③ 교육 · 훈련을 통한 정보격차 해소 및 정보문화의 고급화, ④ '인프라 구축'에서 ICT 활용 '성과 중심'으로 전환 등 네 가지 교육정보화사업 추진의 기본방향에 따라 구체적으로 규정 · 추진되었다.

(2) 제1단계 교육정보화정책 추진 현황

제1단계 교육정보화정책은 1997년부터 2000년까지 실시되었다. 당초 1997년부터 1999년까지 3개년 계획으로 추진되었으나, 1997년 말 IMF 경제위기로 인해 2002년으로 사업이 연장되었다(교육인적자원부 · 한국교육학술정보원, 2001). 그러나 교육정보화의 중요성을 강조한 정부 지원에 힘입어 2000년 말 1단계 목표를 완료하게 되었다. 1단계 교육정보화 종합계획의 완료로 전국 1만여 개의 모든 초 · 중 · 고교에 컴퓨터실습실을 1실 이상 설치 · 완료하여 모든 학생들이 컴퓨터와 인터넷교육을 받을 수 있는 기본적인 환경이 갖추어졌고, 전국 22만여 개의 교실에 인터넷에 연결된 PC를 비롯한 대형화면 장치, 실물화상기 등 멀티미디어 기자재가 설치되어 수업시간에 인터넷과 멀티미디어 교수-학습 자료를 활용할 수 있게 되었다. 또한 전국 34만여 교원에게 PC가 지급되고, 전국의 모든 학교에 학내 전산망이 구축되어 인터넷을 연결함으로써 국내외 다양한 교육정보를 활용할 수 있게 되는 등, 우리나라는 명실공히 세계수준의 정보인프라를 구축하게 되었다.

1단계 교육정보화정책은 교육정보화 기반구축, 교육정보자료 개발 · 보급, 정보활용기술교육 강화, 교육행정정보화, 학술 · 연구정보기반 고도화, 학술정보 DB구축 등의 6개의 실천과제로 구성되었는데, 이를 추진하기 위한 구체적인 과제는 〈표 8-2〉와 같다.

표 8-2 제1단계 교육정보화사업 및 주요 과제

사업명	주요 과제
교육정보화 기반구축	초 · 중등학교 교육용 · 교사용 컴퓨터 보급, 초 · 중등학교 인터넷 활용 환경 조성, 학교도서관 멀티미디어화, 위성방송교육기반 구축, 열린학교 시범사업, 교육정보화 관련법 · 제도 정비
교육정보자료 개발 · 보급	멀티미디어 교육지원센터 설립 · 운영, 교수 · 학습용 DB 및 SW 개발 · 보급
정보활용기술교육 강화	컴퓨터 관련 교육과정 강화, 정보교육담당 교원양성 및 연수
교육행정정보화	교육행정정보화 기반조성, 학교종합정보관리시스템 구축
학술 · 연구정보기반 고도화	교육전산망 구축, 대학내 전산망 구축
학술정보 DB구축	첨단 학술정보센터 설립 · 운영, 학술정보 DB구축, 대학도서관 전산화

출처: 교육인적자원부 · 한국교육학술정보원(2001). 교육정보화백서.

(3) 제2단계 교육정보화정책 추진 현황

교육인적자원부에서는 제1단계 교육정보화정책이 완료됨에 따라 교육정보화 인프라 활용도 제고와 평생교육 및 직업교육 정보화 지원, 정보격차 해소 전국민 ICT 활용능력 개발 등 종래 주로 교육내적 분야에 대한 정보화에서, 정보화를 통한 전국민 인적자원개발이라는 거시적 목표를 중점에 두고 제2단계 교육정보화의 비전을 새롭게 정립하였다. 교육정보화의 비전은 교육정보화지표 개발 및 평가, 교육정보인프라 고도화, 전자교육행정 구현이라는 종합성과지원체제(Total Performance Support System: ToPSS)를 구축함으로써 유아 · 특수 · 영재교육정보화, 초 · 중등교육정보화, 고등교육정보화, 평생교육정보화를 효과적으로 지원하며, 이를 통하여 지식기반사회 대처능력을 함양하고, 창조적인 산업인력을 양성하며, 함께 하는 정보문화 창달을 통하여 지식 · 정보를 잘 활용하는 국민을 육성하고 가치를 창조 · 확산해 나가는 사회분위기를 조성함으로써 우리나라가 세계를 선도하는 지식강국이 될 수 있도록 하는 것이다. 이러한 교육정보화 비전에 따라 교육정보화정책의 실천과제 수도 6개에서 10개로 늘어났으며 각 과제별 추진목표에 따른 과제별 세부추진목표를 정하였다. 이를 제시하면 아래 〈표 8-3〉과 같다.

표 8-3 2단계 교육정보화정책 과제별 추진목표 및 세부추진과제

과제명	2단계(2001~2005) 목표 및 세부추진과제
1. 국민 ICT 활용능력 개발 지원	• 일반국민(ISSA), 교원(ISST), 학생(ISSS)의 ICT 활용능력 기준교육과정 개발 및 교육훈련 지원
2. ICT 활용 초·중등학교 교수-학습방법 및 내용 혁신	• 제7차 교육과정의 국민공통기본교과 및 선택교과에 ICT 20% 이상 활용 확대 • 매년 전교과의 33%씩 제2단계 교육정보화 연수 실시, 교원의 ICT 활용능력평가인증제 실시 • 교과서(1 · 2종) 멀티미디어 교육자료 개발, 교수용 S/W 및 교수-학습과정안 개발
3. 평생교육 및 직업훈련의 정보화 지원	• 원격교육 훈련체제 활성화 지원 • 인력자원개발종합정보시스템(가칭) 구축을 통한 평생학습정보 One-Stop 서비스 제공
4. ICT 산업인력 양성	• 대학 및 대학원에서 경쟁력 있는 ICT 전문인력 양성 • '인적자원개발회의' 를 통한 국가 차원의 ICT 인력수급체제 구축
5. 교육지식 정보유통 · 활용체제 구축	• RISS 시스템을 통한 종합목록 및 상호대차 참여 대학 확대 -종합목록 DB: 450기관, 720만 건, 상호대차: 450기관, 월 24,000건 • 국가표준화, 지적재산권 보호를 통한 정보공유 및 공동활용기반 조성
6. 건전한 정보문화 환경 조성	• 정보통신윤리교육 강화를 통한 건전한 정보문화 조성, 불건전 정보유통 방지체제 구축
7. 정보화 혜택 확산	• 정보화 소외계층 및 지역에 대한 지원강화로 정보격차 해소 • 국제교육 협력 네트워크 운영
8. 교육정보화 지표 개발 및 평가	• 활용 · 성과지향적 정보화 지표 개발, 평가지원제도 정립 • ICT 활용의 교육적 효과 분석 및 정책 반영
9. 교육정보 인프라 고도화	• OECD 수준의 학교정보 인프라 고도화(1PC당 학생 수 5명, 통신속도 2Mbps 이상) • 교육전산망을 상용망 운영체제로 전환, 24시간 통신 서비스 제공
10. 전자교육행정 구현	• 교육행정정보화 기반확충으로 교육행정정보 공유 및 유통 활성화: 교육행정의 투명성 · 효율성 제고, Paperless 교육행정 구현, 교원업무 경감, 교육행정정보시스템 구축으로 온라인 민원서비스 제공

출처: 교육인적자원부 · 한국교육학술정보원(2001). 교육정보화백서.

(4) 교육정보화 예산 운용 현황

우리나라 국가정보화 투자규모를 보면, 1998년 7,100억 원에서 시작하여 2008년에는 3조 4,700억 원 규모의 예산편성을 계획하고 있다(기획예산처, 2007). 이는 사업 초기대비 20.5%의 성장을 기록한 것으로, 신규사업에 대한 투자규모가 점차 늘어났기 때문이다. 교육정보화 예산 규모는 [그림 8-1]에 제시된 바와 같이 1998년 168억 원에서 시작하여 2006년에는 600억 원의 규모로 증가했다. 그러나 2004년을 기점으로 교육정보화 예산이 줄어들고 있음을 볼 수 있는데, 이는 교육정보화 예산 초·중등교육 관련 정보화 사업기능의 상당 부분이 시·도교육청으로 이관되었기 때문이다(하연섭·하봉운·김영록, 2006).

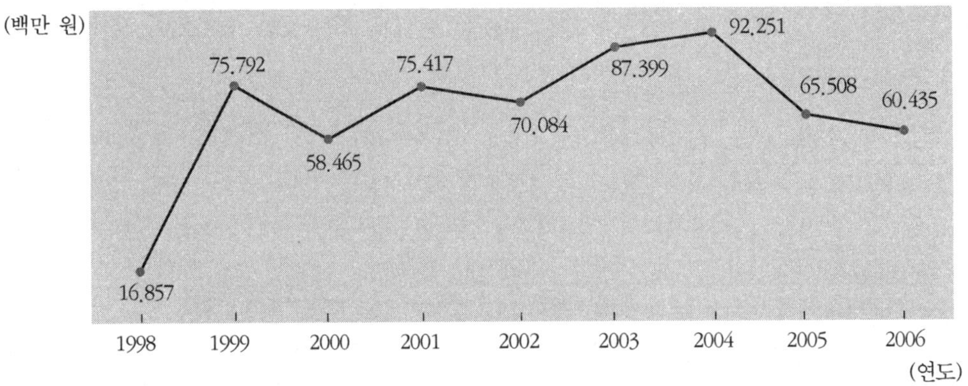

[그림 8-1] 연도별 교육(인적자원)부 정보화 예산 추이

주: 1) 1998~2000년도까지의 자료는, 한국전산원(2003). 정보화 예산의 운영추이 분석과 공공정보화 투자 전략. NCA I-RER-03092.
2) 2001~2003년도까지의 자료는, 하연섭·하봉운·김영록(2006). 교육정보화 재정 투입 현황 분석 및 개선방향 연구. 한국교육학술정보원. 연구보고 RR2006-7.

표 8-4 교육예산대비 교육정보화예산 및 부문별 예산 비중 추이

(단위: 백만 원, %)

구분	2001	2002	2003	2004	2005	2006
교육예산(A)	16,237,594	18,460,851	20,209,952	22,046,331	27,438,044	28,540,223
교육정보화예산(B)	75,417	70,084	87,399	92,251	65,505	60,435
초·중등정보화예산	58,392	54,950	66,403	71,003	48,814	34,831
대학정보화예산	17,025	14,694	19,954	18,908	15,936	24,848
평생교육정보화예산	-	440	104	2,340	755	755
B/A	0.46	0.38	0.43	0.42	0.24	0.21

출처: 하연섭·하봉운·김영록(2006). 교육정보화 재정투입 현황 분석 및 개선 방향 연구. 한국교육학술정보원. 연구보고 RR2006-7.

〈표 8-4〉에 의하면, 총 교육예산대비 교육정보화예산 및 부문별 예산 비중 추이를 보면, 전체 교육예산에서 차지하는 교육정보화예산의 비중은 그다지 높지 않다. 교육정보화예산의 비중은 2001년 0.46%에 달했으나 2005년 0.24%, 2006년 0.21%로 점차 낮아지는 추세이다. 각 부문별 교육정보화예산을 보면, 전체 교육정보화예산 중 초·중등교육정보화예산 비중이 가장 높고, 다음이 대학정보화예산, 평생교육정보화예산 순으로 나타나고 있다. 이 중 평생교육정보화예산은 2002년에 새로이 신설되어 투자규모가 늘어나다가 그 비중이 지속적으로 낮아지고 있음을 알 수 있다.

(5) 교육정보화 발전체계

제1단계와 제2단계 교육정보화정책을 종합적으로 분석하면 준비기, 구축기, 확산기를 거치는 3단계 발전을 이루었으며, ① 교육정보화 추진을 위한 법·제도·정책, ② 하드

표 8-5 단계별·영역별 주요 사업

영역	준비기(~1995)	구축기(1996~2000)	확산기(2001~2005)
법·제도·정책	• 교육정보화 종합추진계획	• 교육정보화 1단계 계획 수립 • 한국교육학술정보원 설립	• 교육정보화 2단계 계획 수립 • 공교육 내실화를 위한 e-러닝 종합발전방안 수립
교육정보 인프라	• 학생용·교사용 컴퓨터 보급	• 학내 전산망 및 인터넷 활용환경 구축 • 학교 인터넷통신비 지원	• 보안시스템 설치 • 전산보조원 지원
교육정보 표준화	-	-	• KEM 2.0 개발 • 사이버가정학습체제 적용 • e-러닝 표준화 질 관리 종합계획
교육용 콘텐츠	• CAI 프로그램 개발 • 저작도구 개발	• 사이버 학습교재 개발 • 멀티미디어 교육자료 개발	• 교육용 콘텐츠 활용실태 조사
교육과정 및 방법	-	• 초·중등학교 정보통신기술 교육운영지침	• 7차 교육과정 개편 • ICT 활용 교수-학습방법 연구
교육정보 인적자원	• 전국 교육용소프트웨어 공모전	• 원격교육연수원 설치 기본계획 • 학생정보소양인증제	• 교원 ICT 활용능력인증제
교육정보 서비스	-	• 에듀넷 개통 • 학교정보관리시스템 개발	• 중앙 및 시·도교수-학습센터 연계 서비스 • NEIS 개통

출처: 교육인적자원부·한국교육학술정보원(2005). 교육정보화백서.

웨어, 소프트웨어, 휴먼웨어로 구성된 '인프라', ③ 교육정보체계의 정립과 서비스의 효율화를 위한 '표준화', ④ 수업지원과 학습지원을 위한 '교육용 콘텐츠', ⑤ 정보화에 걸맞는 '교육과정 및 방법', ⑥ 교육정보화 발전에 핵심이 되는 '인적자원개발', ⑦ 교육정보화를 교사와 학생이 경험할 수 있도록 하는 '교육정보 서비스' 등 7개 영역에서 괄목할 만한 성장을 이루어 왔다(교육인적자원부 · 한국교육학술정보원, 2005: 1). 그동안 추진되어 온 교육정보화사업 중에서 오랜 기간 지속적으로 추진하고 있으며 아직도 큰 영향력을 발휘하고 있는 주요 사업을 각 단계별 · 영역별로 정리하면 〈표 8-5〉와 같다.

2) 교육정보화정책의 성과 및 문제점

(1) 교육정보화정책의 성과

교육정보화정책의 성과는 무엇보다도 전국의 초 · 중등학교에 컴퓨터를 보급하고 인터넷을 연결하여 언제, 어디서나 원하는 정보를 활용할 수 있는 교육정보화 기반을 구축한 데 있다고 할 수 있다. 나아가 교육정보자료 개발 · 보급을 확대하였으며, 초 · 중등학교에서 컴퓨터를 정규과목으로 편성하여 정보기술활용 강화교육을 실시하는 등 소프트웨어적인 측면에서의 기반구축을 동시에 진행하였다. 이러한 1단계 교육정보화정책의 성과와 더불어 사회 각 분야의 전반적인 정보화추세와 맞추어 추진된 2단계 교육정보화종합발전방안 추진으로 인해 교육분야 e-러닝 준비도 세계 4위 선정, OECD 국가별 컴퓨터 1대당 평균 학생 수(15세 기준, 2003) 비교에서도 우리나라가 OECD 국가 평균인 9명보다 낮은 6명으로 나타나는 등 놀라운 성과를 달성하였다.

이외에도 교육정보 서비스인 에듀넷을 중심으로 세계 최고수준의 전국 교육정보공유체제가 구축되어, 초 · 중등 교수-학습방법 및 내용혁신을 지원하고 있으며(2004년 12월 40만 건 공유, 일본 3만 건, 미국 4만 건, 호주 2만 건), 이에 활용된 교육정보 메타데이터 형식인 KEM 2.0은 2004년에 KS표준을 획득하여 향후 국제적인 교육정보표준화에 선도적 위치를 선점하는 성과를 얻었다. 대학교육분야에서는 2003년 11월, 전국의 모든 4년제 대학도서관이 학술연구정보 공동활용체제 구축을 완료하였다.

또한 e-러닝을 통한 공교육의 내실화기반을 조성하여 제7차 교육과정 도입에 따른 ICT 활용교육 정착, 교원정보화 연수 및 교원 ICT 활용능력인증제 실시, 국민공통기본교육과정 10개 교과의 멀티미디어 교육자료 개발, 에듀넷과 시 · 도 중심의 사이버가정학습 지원체제 구축을 통한 공교육 지평확대 등의 성과를 거두었다. 이를 기반으로 제27차 APEC 인적자원개발 실무그룹회의에서 e-러닝 연수센터 국내설립 인준을 받는 교육정보화분야에서 국제적인 리더십을 강화하고 있다.

교육행정정보화를 통해 대국민 서비스 및 교육행정 효율성을 제고하여 교육행정정보시스템(National Education Information System: 이하 NEIS) 회계영역의 수기장부 폐지로 교원의 행정업무가 경감되었으며, NEIS 민원처리를 통한 대국민 만족도를 제고하는 노력을 기울이고 있다. 2004년기준으로 업무처리절차 경감률이 81%에 이르고 있고, 이로 인한 예산절감효과가 48억 원으로 나타났으며, 2003년대비 2004년 NEIS 민원 발급률은 100% 증가하는 성과를 거두었다.

교육인적자원부의 자체평가결과를 바탕으로 국무조정실과 정보통신부주관 정보화평가위원회에서 실시했던 2005년도 교육정보화촉진 시행계획사업 확인 · 점검 평가결과에서도, 특히 초 · 중등교육분야의 성과가 매우 높은 것으로 나타났다. 평가대상사업이었던 총 10개[2]의 초 · 중등교육분야 정보화사업들은 모두 88.5~99.3점에 이르는 높은 점수를 받았는데, 이 중 NEIS 운영사업(99.3점)은 전체 평가대상사업 중 가장 높은 점수를 받았다.

(2) 문제점

앞서 제시한 교육정보화정책의 성과에도 불구하고 아직도 여러 문제점들이 상존하고 있다. 1단계 교육정보화정책 추진당시 문제점으로 지적되었던 교육정보화 기반조성이 미흡할 뿐 아니라 기구축된 인프라의 체계적인 유지 · 보수가 이루어지지 못한 점, 초 · 중등교육에서 ICT 활용이 투입된 예산과 노력에 비해 만족할 만한 성과를 거두지 못하고 있는 점, 그리고 대학교육에 대한 정부의 지원부족과 지식정보자원의 공유 · 유지 · 관리 등이 미흡한 점(교육인적자원부, 2003) 등은 2단계 교육정보화정책을 추진하면서 상당부분 해소되었다. 따라서 여기서는 주로 2단계 교육정보화정책 추진과정 이후 드러난 문제점을 제시하고자 한다.

먼저, 2단계 교육정보화사업은 과제별 추진율이 상당히 다른 문제를 지니고 있다. 이렇게 과제별로 추진율에서 차이를 보이는 것은 2001년 정책입안시 제안되었던 정책 내용 중 선언적 성격의 세부과제나 예산확보가 이루어지지 않은 과제, 추진체계가 정비되지 않은 과제, 추진방향이 변경된 과제 등이 존재했기 때문이다.

둘째, 교육정보화 예산 운용 측면에서도 문제점이 드러나고 있는데, 초 · 중등학교의 컴퓨터 유지 · 보수 예산을 별도의 예산항목으로 설정하지 않은 시 · 도교육청이 많아 새로운 인프라 구축을 어렵게 하고 있다. 현재는 컴퓨터 구입과 관련된 예산에 대한 책임이

2) 초 · 중등교육분야 평가대상 10개 사업: ICT 활용 학교교육 활성화, 사이버선생님 서비스 운영, 정보 격차 해소를 위한 지원강화, APEC 사이버 교육 협력 지원, 교육정보화 우수학교 지원, EBS 수능 인터넷 서비스 운영, 사이버 교수-학습 지원센터 구축, 에듀넷 운영, 장애인 교육복지정보센터 구축, 교육행정정보시스템 구축 · 운영.

중앙에서 지방으로, 지방에서 단위학교로 넘어가 있는 상태이므로 각 학교에서는 자구예산을 확보하고 있다. 그러나 이는 정보화의 빈익빈 부익부를 초래하여 학교 간 격차와 학생들의 정보화 격차로 이어지는 또 다른 문제점을 야기할 수 있다.

2단계 교육정보화종합발전방안의 문제점을 각 분야별로 제시하면 다음과 같다(교육인적자원부, 2006). 첫째, 초·중등교육분야의 경우 사교육비 경감이라는 국정현안에 따른 e-러닝 사업이 강화됨에 따라 당초 교육정보화의 마스터플랜인 2단계 교육정보화종합발전방안에 포함되지 않았던 사업들이 단위사업별로 추진되어 사업 간 연계성 및 통합적 전략계획이 다소 미흡하였다. 또한 저소득층 자녀 정보화 지원사업 등 지방예산 중심 사업의 경우 재원부족으로 목표달성이 미흡하였다.

둘째, 고등·평생교육분야의 경우 직업진로정보망사업과 노동부의 워크넷 사업, 두뇌한국 21사업과 정보통신부의 글로벌 IT 인력양성사업 등 일부사업의 경우 타 부처 사업과 내용 면에서의 중복성 회피노력이 다소 부족했다는 문제가 지적되고 있다. 또한 콘텐츠개발을 포함하는 사업(원격대학, e-러닝 지원센터, 방송통신고등학교, 평생학습정보망 등)의 경우 콘텐츠의 질 관리 노력과 오래된 콘텐츠의 지속적 갱신 및 유지보수전략이 미흡하다.

셋째, 지식정보화분야는 구축된 지식정보를 이용하려는 전문층을 고려한 검색체계 등 맞춤식 서비스 제공이 미흡하고 저술자가 제출한 학술자료를 안정적으로 서비스할 수 있는 표준화된 지식정보 디지털 유통체계 확립이 미흡하다. 한국학 정보화사업의 경우, 예산부족으로 인해 민간포털을 통해 서비스를 제공하고 있어 활용도를 제고한 측면이 있으나 공공자산으로 구축된 전문 정보 DB가 특정 포털로만 서비스가 제한되는 점이 문제가 되고 있다.

4. 교육정보화정책의 쟁점

1) 교육정보화 투자 규모와 효율성

교육정보화는 다른 분야에 비하여 상당히 많은 시간과 자원이 요구되는 분야이다. 정보접근, 정보이용, 정보생산으로 이어지는 정보화 능력을 갖추기 위해서는 정보접근이라는 기본 전제가 가장 먼저 충족되어야 하는데, 이는 컴퓨터, 인터넷 등과 같은 기술 인프라에의 접근을 의미한다. 그런데 이러한 인프라는 대규모의 재원을 요구하기 때문에 국가정책적 차원에서 이를 지원하게 된다. 이로 인해 교육정보화정책도 정책 추진 초기부터 정보화 인프라에 대한 초기 투자를 지속적으로 늘려왔다.

1단계 교육정보화정책 시행초기인 1998년도 예산에서는 전년대비 92%를 증액 편성했는데, 추경예산에서 감액되어 전년대비 50%를 증액하였다. 다른 부문의 경우 사업예산이 줄어들었던 것에 비추어보면 교육정보화정책의 비중은 매우 높게 책정되었음을 짐작할 수 있다. 이렇게 확보된 예산의 대부분은 교육용PC 보급, 교원용PC 보급, 학내 전산망 구축, 교단 선진화사업, S/W구입비 등의 인프라 구축에 지원되었다. 이러한 투자 규모의 확대로 인해 우리나라는 세계가 인정하는 정보화 수준을 달성하는 성과를 거두고 있다.

그러나 정보기기 및 기술은 고가이면서 순환주기가 짧기 때문에 유지 · 보수가 적절히 이루어져야 할 뿐 아니라 제대로 활용하지 않으면 오히려 커다란 손실을 가져와 효율성이 낮아질 수 있다. 정부에서도 이러한 사실을 감안하여 인프라 구축보다는 정보활용에 대한 평가비중을 높이고 있다. 일선 학교에서는 사용자의 기기사용 부족이나 무관심, 혹은 정보기기에 대한 부정적인 태도로 말미암아 고가의 정보화기기가 제대로 활용되지 않거나, 고장과 도난의 우려 때문에 컴퓨터실을 굳게 잠가놓는 경우도 여전히 발생하고 있다. 또한 관료체제의 경직성으로 인해 의사결정에 많은 시간을 요구하게 되어 예산집행이 지연되는 경우 비효율성은 더 높아질 것이다.

앞서 지적한 바와 같이, 컴퓨터 구입과 관련된 예산이 통합적으로 운영되지 못함으로 인해 학교간 정보화 격차와 비효율성이 발생하고 있다는 점에 대해서도 주목할 필요가 있다. 따라서 향후 교육정보화정책의 추진계획을 수립할 경우에는 정보화 투자 규모에 따른 효과가 어느 정도인지를 체계적으로 검증하는 과정을 정립해야 할 것이다.

2) ICT 활용 교육의 적절성

ICT 활용 교육은 전통적인 교수-학습방법의 한계를 극복할 수 있는 대안이 될 수 있는가? ICT 활용 교육이 교육의 질을 향상시킬 수 있다는 긍정적인 입장과 그러한 노력을 부정적으로 보는 입장간의 논쟁이 아직도 계속되고 있다. 컴퓨터의 등장이 전통적인 교육의 패러다임을 바꾸는 강력한 도구가 될 수 있다고 보는 반면, 오히려 우리의 교육체제를 해치는 위협적인 존재가 될 것이라고 경고하고 있는 것이다. 박승배(1994)와 박승배 · 나동진(1999)은 정보통신기술을 활용한 교육에 대한 긍정적, 회의적인 입장을 다음과 같이 정리하였다.

먼저 ICT 활용 교육을 긍정적으로 보는 입장에서는 개인교사로서 컴퓨터의 역할에 대해 언급한다. ICT 활용 교육은 그 성격상 학생 한 명씩을 상대하기 때문에 학생 개개인의 이해도를 지속적으로 확인하는 것이 가능하며, 학생 개개인의 필요에 부응하여 반응할 수 있고, 세분화된 전문기술을 가르칠 수 있으므로 개별화 수업이 가능하다는 것이다. 둘째, ICT 활용 교육은 미래의 교사-학생의 관계를 넘어서게 해 준다. 교사나 교과서가 일방적으로 전달하는 내용을 수동적으로 흡수하기만 하는 형태가 아니라 학생 스스로 기술자가 되어 무엇인가를 만들면서 배우는 활동 중심 교육과정을 이끌 수 있다는 것이다. Paper나 Schwartz, Weir 등은 미래에는 교사-학생 간의 관계가 그 구성원 각자의 의견이 진지하게 받아들여지는 '탐구자들의 공동체'가 될 것이라는 비전을 이루는 데 ICT 활용 교육이 기여할 것임을 확신하였다(Paper, 1992; Schwartz, 1989; Weir, 1989). 셋째, 교육기회가 확대된다. 현재의 교육제도는 일정한 시간에 특정한 장소에 출석할 것을 요구하고 있으나, 이제는 가상교육을 통해 모든 사람들이 시간과 장소에 구애받지 않고 자신에게 필요한 지식을 습득할 수 있는 길이 열리게 되었다. 또한 21세기 지식 · 정보화사회가 요구하는 창의적이고 생산적인 인간이 될 수 있도록 하는 데 가장 기본이 되는 ICT 활용 능력을 습득함으로써 자신의 진로를 개척하고 국가사회발전에 기여하는 결정적인 역할을 할 수 있게 될 것이다.

그러나 ICT 활용 교육이 가져올 낙관적인 전망에도 불구하고 부정적인 현상도 간과해서는 안 된다. ICT 활용 교육에 대한 비판적인 시각은 다음의 세 가지 정도로 정리해 볼 수 있다(박승배 · 나동진, 1999; Cuban, 1986).

첫째, ICT 활용 교육은 교실의 획일화와 비인간화를 초래할 수 있다. 교실에서 컴퓨터를 활용하여 수업을 할 경우, 개별화 교육이 가능하다고 하지만 교사와의 상호작용이 줄어듦에 따라 학생들의 학습경험이 획일화되어 스스로의 학습 스타일에 맞추어 학습하는 것을 방해할 수 있다는 것이다. 또한 교실내 컴퓨터의 존재는 교사와 학생간 관계를 악화시킬 뿐 아니라 학생들과의 접촉에서 생기는 교사들의 내적 기쁨(inner pleasure)을 빼앗아가는 비인간화를 초래한다.

둘째, 교사들의 탈숙련화와 단순노동자화를 가져온다. Apple 등의 교육사회학자들은 컴퓨터가 학교에 무비판적으로 받아들여진다면 학교 내의 몇몇 전문가들을 제외하고는 상당수의 교사들이 비숙련화(deskilled)되고 힘을 잃게(depowered)될 것이라고 우려하였다. 이미 우리 학교현장에서도 익숙하게 볼 수 있는 바와 같이, 교사들은 '이미 만들어져 배포되는 교재(pre-packaged sets of material)'에 의존하는 현상이 발생하여 교사들이 이에 의존하는 단순노동자화되어 간다는 것이다. 이미 만들어진 교재에 지나치게 의존하게 되면 교사들은 타인의 계획, 절차, 평가체제에서 고립된 실행자가 된다. 즉, 교사들 간에 가치 있는 기술로 여겨졌던 교육과정 입안 및 계획, 교수전략 설계 등은 더 이상 교사를 필요로 하지 않고 이 과정에서 교사들의 탈숙련화와 단순노동자화는 촉진되어 간다.

셋째, 교사 중심 교육의 놀라운 견고성으로 인해 개혁은 실패한다는 점이다. 교육에 있어 컴퓨터의 혁명적 역할에 대해 회의적인 입장을 견지하는 Cuban은 1920년대 이후 미국 학교에 등장했던 여러 교수매체들(영화, 라디오, TV 등)의 특징을 발견하였다. 각 교수매체는 '기대-선전-정책-제한적 사용' 의 사이클을 거치고 있는데, 그 결과 교실에서 교수매체를 활용한 혁신의 장애요인이 바로 '교사들 자신' 이라는 비난이 일게 된다. Cuban은 이러한 사이클을 '기대-과학적 연구-실망-비난' 의 사이클로 이름 붙이면서 오늘날 교실에 새로 등장한 컴퓨터도 이전의 교수매체들처럼 오직 제한적으로 이용될 것이라고 하였다. 즉, Cuban은 라디오, 영화, TV 등이 흥분된 기대 속에서 학교에 도입되었지만, 이 기계들의 교육적 이용은 극히 일부 교사들에 의해서 수업시간의 일부분에 한정되었듯이, 컴퓨터도 다르지 않을 것이라고 보았다. 나아가 교육개혁의 과정(process)에서 변화보다는 안정성이 훨씬 강력하게 작용하고 있고, 교사 및 교육행정가들의 거센 저항으로 인해 오늘날 활발히 논의되고 있는 컴퓨터의 교육적 이용방안에 관한 여러 논의도 결국 '희미한 흔적' 만을 남긴 채 사라질 것이라고 하였다.

3) 정보화 역기능

첨단 정보통신기술의 발달로 인해 시작된 21세기 정보화사회는 장소와 시간적 제약을 벗어나 사용자들로 하여금 필요에 따라 지식과 정보에 얼마든지 자유롭게 접근하고 활용할 것을 가능하게 해 주고 있다. 이로 인해 정보사회에서는 이전의 산업사회에서 기대할 수 없었던 다양한 사회문제가 해결되어 생활이 더욱 풍요로워질 것으로 기대할 수 있게 되었다.

그러나 정보사회는 긍정적이고 부정적인 사회적 영향의 측면을 동시에 지니고 있다. 최근에는 정보사회에 대한 낙관론적 전망에 대해, 사회 각 부문의 정보화가 진행될수록 기존의 사회적 문제가 해결되거나 정보화의 혜택이 모든 사람들에게 골고루 배분되지는 않을 것이라는 비판적 관점이 설득력을 얻고 있다. 정보화의 진전으로 인해 나타나는 역기능은 정보윤리의 부재로 인한 사생활 침해와 정보사회의 기본 생산요소인 지식과 정보의 획득 및 이용과 관련하여 나타나는 새로운 사회적 불평등의 원인으로 알려진 정보격차(digital divide) 현상이 주목을 받고 있다(서이종, 2001; 김민희, 2003; Castelles, 1989; Loader, 1998; OECD, 2001).

첫째, 정보화로 인해 발생하는 문제점 중 하나인 정보윤리 부재는 해킹이나 인터넷 침해사고로 인한 국가 · 사회적 정보침해, 개인정보 피해, 사이버 명예훼손, 저작권 침해 및 소프트웨어 불법복제, 스팸메일, 음란물과 불건전 정보의 유통, 인터넷 중독, 사이버 범죄 등 다양한 형태로 드러나고 있다(한국전산원, 2005). 특히, 온라인 게임, 채팅, 음란물

중독으로 드러나는 인터넷 중독은 인터넷 이용률이 96%가 넘는 청소년층(학생 98.1%)을 중심으로 가장 심각하게 나타나고 있다. 인터넷의 익명성과 개방성, 접근의 용이성 등으로 인해 음란물이 넘쳐나면서 미성년 인터넷 이용자들에게 무차별하게 배포되는 불건전 정보들은 큰 사회적 문제로 대두되고 있다. 건전한 정보사회 조성을 위해 국가에서는 인터넷 중독 예방상담센터 개관, 「정보화촉진기본법」 및 「정보통신기반보호법」 제·개정을 통한 법·제도 개정, 교원 정보통신 윤리교육 강화 등의 노력을 기울이고 있다.

둘째, 정보화의 진전으로 인해 나타나는 새로운 사회적 불평등으로 알려진 정보격차는 디지털 정보통신기술 환경에 접근할 수 있는 정보부자(haves)와 정보빈자(have-nots) 사이의 사회적 격차를 일컫는 개념이다(서이종, 2001; 윤영민, 2000). 정보격차는 사회적·구조적으로 그 격차가 심화될 수 있다는 점에서 정보불평등(information inequality) 개념과도 밀접한 관련을 지니고 있다. 정보사회에서의 정보격차는 적어도, 일정기간에, 정보접근 및 활용능력을 줄이고 정보를 활용하는 생활습관이나 양식을 만들지 못함으로써 교육을 받을 수 있는 기회와 다양한 문화생활의 기회 등 삶의 기회를 제약하고 이를 통해 삶 자체까지도 제약할 수 있다. 이러한 정보불평등은 경제적 불평등과 교육·문화적 불평등을 확대·재생산시키는 역할을 수행하게 된다. 따라서 정보격차가 정보불평등으로 경제·교육·문화적 불평등으로 구조화되어 가면서 취업기회와 교육기회를 제약하고 또 다른 사회·경제적 불평등을 재생산시키는 순환적 과정으로 이어진다.

결국 정보격차로 인해 야기되는 사회적 불평등을 해소하고 이를 넘어서 국민들의 삶의 질을 향상시키며 사회적 통합을 이루기 위해서는 보다 적극적인 정부정책의 개입을 요구하게 되는데, 이러한 측면에서 기존의 정보화정책 방향을 정보복지(information welfare) 쪽으로 전환시켜야 한다는 논의가 지배적이다. 세계 각국의 행정부와 UN, G-8 정상회담, OECD 등의 국제기구에서도 개인의 삶의 질을 향상시키고 사회적 통합을 도모함으로써 국가경쟁력 및 생산성을 향상시키는 데 목적을 두고 국가 간·국가 내의 정보격차 해소를 위한 다양한 실천적 방안을 모색하고 있다(정보통신부, 2001; 교육인적자원부 외, 2003; OECD, 2001).

이러한 정보격차 현상을 밝히려는 논의들 속에서 공통적으로 발견할 수 있는 특징은 정보격차를 해소하기 위한 최선의 실천적 대안을 '교육'에서 찾고 있다는 점이다. 학생들에게 정보사회가 요구하는 정보이용 및 정보활용 능력, 정보분석능력을 제공함으로써 기술적·문화적 결핍으로 인해 나타나게 될 정보격차를 해소하는 데 학교가 보상적 평등 역할(compensatory equalizing role)을 담당해야 한다는 논리이다. 2단계 교육정보화종합 발전방안 및 교육인적자원부 외 13개 부처에서 추진 중인 정보격차 해소대책 등은 학교가 이와 같은 역할을 수행할 수 있도록 인적·물적·제도적 정보화 지원체제를 구축하려는 국가적 차원의 노력이다. 그러나 교육정보화정책을 통한 정보격차 해소대상이 주로 소외계층이나 저소득층에 대한 소극적 지원 차원에 머무르고 있어, 교육정보화정책을 통한 정보격차 해소의 대상, 범위 등에 대한 적극적 차원의 논의가 더 이루어져야 할 필요가 있다(하연섭 · 하봉운 · 김영록, 2006; 김민희, 2003).

4) 정책 추진과정상의 갈등

교육정보화는 국가정보화의 틀 속에서 입안되고 집행되는 대규모 정책사업이다. 다시 말해 교육정보화는 범국가적 차원에서 정보화정책 목표 및 예산배분 등의 조정과정을 통해 정책이 집행되는 사업이다. 따라서 교육인적자원부에서는 교육정보화예산 배분시 초 · 중등부문, 고등교육부문, 지식정보화부문 등 부문별 조정 및 타 부처의 유사사업 간 협력체계도 구축해 나가야 한다. 그러나 한정된 예산 내에서 정책 추진과정의 우선순위를 정하는 것은 교육정보화 부문 간, 사업 간, 타 부처 사업 간 이해집단의 요구가 다름으로 인해 비효율과 갈등상황을 초래하게 된다.

하연섭 · 하봉운 · 김영록(2006)은 교육정보화 재정투입 현황을 분석하면서 다부처 간 수평적 조정의 문제, 교육부문 내 수평적 조정의 문제, 교육부문 내 수직적 조정의 문제 등을 제기하고 있다. 다부처 간 수평적 조정문제의 대표적인 예가 e-러닝 사업인데, 콘텐츠 인증, e-러닝 박람회, e-러닝 인력양성 등이 교육인적자원부, 노동부, 산업자원부, 정보통신부 등 각 부처별로 중복 추진되고 있고, 관련 사업들을 총괄 · 조정하는 기제가 없어 예산 운용상에도 비효율이 발생하고 있다는 것이다.

여기서 교육부문 내 수평적 조정의 문제는 교육인적자원부에서 담당하고 있는 정보화와 관련된 교육기능이 이원화되어 있는 문제이다. 즉, 초 · 중등교육정책과는 한국교육과정평가원(KICE)과, 지식정보정책과는 한국교육학술정보원(KERIS)과 파트너십을 유지하는 구조로 되어 있으나 부서 간, 기관 간 역할분담과 연계체계가 효과적으로 되어 있지 못하여 장학기능과 자료개발 · 보급상의 취약성을 드러내고 있다. 교육인적자원부문 내 수직적 조정의 문제는 교육정보화사업의 중앙-지역 간 종합 추진체제의 결여로 인해 드러나고 있다. 이에 대해 하연섭 · 하봉운 · 김영록은 시 · 도교육청이 단위가 되어 교육정보화사업을 추진하고 있는 현재의 구조는 정보화의 외부효과가 매우 크다는 점에 비추어 볼 때 예산 운영상의 비효율을 가져오게 되므로 시 · 도 간 조정 및 협력 메커니즘을 제도화시킬 필요가 있다고 제언하고 있다.

교육정보화정책의 방향이 기구축된 인프라를 활용하는 방향으로 바뀜에 따라 이해집단 간 갈등상황도 빚어지고 있다. 그 일례가 국가정보화 추진과정에서의 정부부처 간 예산

배분 갈등과 NEIS 구축 및 활용을 둘러싼 교직단체와 정부 간 마찰이었다(김용, 2003). NEIS는 현재 교육정보화사업 평가에서 가장 높은 점수를 받을 만큼 성과가 높은 사업이지만, 사업 시행 초기에는 이미 학교현장에 구축되어 있던 시스템과의 충돌, NEIS 사용으로 인한 전교조의 인증서 거부운동, 학부모들의 정보유출 반대집회, 학생들의 학적정리 부실에 따른 민원서류요구 발생, 교사들의 찬·반논쟁, 교사들과 관리직과의 갈등, 전교조 및 관련 단체의 집단행동 등으로 전국의 초·중등학교를 혼란상태로 빠지게 한 원인이 되기도 하였다.

심지어 전교조에서는 교육인적자원부에서 일부 수정된 내용으로 지시한 NEIS 사용지시에 대해 인권침해의 소지가 있다고 이를 국가인권위원회에 제소하였다. 국가인권위원회에서는 2003년 5월, NEIS가 인권침해의 소지가 있다며 대폭 수정을 권고하는 발표문을 냈다. 그 후 교육인적자원부의 몇 차례 모호한 발언으로 인해 16개 시·도교육감, 한국교총, 전교조, 학부모 단체 등에서 교육인적자원부총리의 퇴진을 운운할 정도로 전국이 혼란에 빠진 가운데, 6월 1일부터 학교실정에 따라 S·A, C/S, NEIS 중 현실적으로 가능한 방법을 골라 사용할 수 있게 하였다.

NEIS가 시행된 지 5년여가 지난 지금, 학교현장은 그동안의 혼란상황을 극복하고 안정적으로 NEIS를 활용하고 있다. 2005년도 정보화촉진시행계획사업 확인·점검 평가결과에서도 NEIS 운영은 교육정보화 평가대상사업 중 100점 만점에 99.3점을 받아 가장 높은 성과가 있는 것으로 인정받았다. NEIS는 국내 공공기관 중 최초로 ITA 적용 및 DA 구축환경 조성으로 정보시스템 관리의 국가표준화를 선도하고 있다. 또한 국무총리 자문 '교육정보화위원회' 를 설치·운영하면서 교무, 학사 등 3개 영역을 분리 구축키로 하여 NEIS를 둘러싼 교단 내 갈등을 해소한 점과 「교육기본법」 등 관련법률 개정 등으로 법적 기반을 구축한 점이 우수한 것으로 평가받았다. 나아가 2005학년도에는 대입전형자료 온라인 제공시스템을 구축, 학생과 학부모들의 대입비용 절감 및 대학들의 대입업무절차 간소화를 기하였다.

하나의 정보시스템이 구축·활용되면서 이와 같은 갈등상황들이 발생하는 것을 막을 수는 없다. 다만 정보 시스템을 구축하기 이전에 왜, 어떻게 이러한 시스템이 구축되어야 하는지에 대한 쟁점사항들을 둘러싸고 사회적 합의를 이루어내는 성숙한 과정이 요구된다.

5. 교육정보화정책의 과제와 전망

1) 교육정보화정책 추진을 위한 단계적 세부전략 마련

교육정보화정책이 성공적으로 추진되기 위해서는 무엇보다도 '교육정보화의 궁극적인 목적은 무엇인가? 어떤 인간상을 요구하는가?' 등에 대한 정책목표가 보다 구체화되어야 한다. 정보화가 가져오고 있는 부정적인 측면을 극복하고, 교육목적의 달성을 위해 활용되는 수단으로서 그 기능을 발휘하기 위해서는 가장 가치 있는 교육적 결과에 대한 합의가 먼저 이루어져야 한다. 이러한 정책목표가 제시되고 나면 각각의 정보화영역에서 이를 달성하기 위한 현실적인 전략이 요구된다. 이에 대해 교육정보화 각 분야별로 지적되고 있는 내용을 제시하면 다음과 같다(교육인적자원부, 2006).

먼저, 초·중등분야에서는 e-러닝 지원 시스템인 EBS 수능인터넷 서비스, 사이버 가정학습, 교수-학습센터 서비스 간 적절한 역할분담 및 콘텐츠 공유를 통해 수요자에게 더 양질의 서비스를 제공하는 방향으로 세부 전략이 마련되어야 한다.

둘째, 고등교육분야에서는 콘텐츠 개발 포함 사업의 경우, 콘텐츠 질 관리를 위해서 개발단계뿐만 아니라 콘텐츠의 지속적인 갱신 및 유지보수를 포함한 체계적이고 명문화된 질 관리 프로세스 확립이 필요하다. '두뇌한국 21사업'은 세계수준의 대학원 중심대학 육성을 위한 우수한 R&D 인력양성 및 대학의 교육·연구력을 강화하고자 한 국가적인 투자사업이라고 할 수 있다. 그러나 사업목적에서 제시된 취지와 달리 IT분야에 집중하지 못하고 인문사회, 지역대학육성분야 등이 추가되어 연구목적에서 이탈되고 있고, 궁극적인 결과 측면에 대한 검토가 필요하며, 장기적·종합적 차원에서 어떤 성과가 있고 개선점은 무엇인지 지속적으로 살펴야 할 것이다.

2) 교육정보화 고도화를 통한 ICT 활용 극대화

교육정보화는 ICT를 도입하여 교육의 내용과 방법, 교육형태, 나아가 구성원 개개인의 의식과 행태까지 변화시키는 교육의 시스템적 변화를 목적으로 한다. 따라서 이제는 단순히 교육의 수단이 되는 차원을 넘어서 모든 교육활동에 ICT가 자연스럽게 통합되어 교육적 변화가 일어나는 측면을 고려해야 한다(한국교육학술정보원, 2001). ICT의 교육적 활용효과가 어느 정도인지에 대한 논란이 여전히 존재하고 있지만, 기구축된 교육정보화 인프라를 바탕으로 교수-학습방법, 교육과정, 학교체제 등의 변화가 교육현장에서 일어나고 있음을 상기할 때, 교육정보화의 고도화를 통한 ICT 활용을 극대화시키는 방안을 강구해 나가야 할 것이다. 이를 분야별로 살펴보면 다음과 같다.

먼저, 초 · 중등분야에서는, e-러닝을 확대할 필요가 있다. 제7차 교육과정에서는 학생들을 수준별로 교육시키기 위한 개별화 교육을 시도하고 있는데, 이를 가장 적절하게 뒷받침하는 것이 인터넷을 기반으로 하여 개별적으로 다양한 유형과 범위의 학습활동 및 자원을 전달하는 활동인 e-러닝이라고 할 수 있다(교육인적자원부 · 한국교육학술정보원, 2005). e-러닝을 확대하기 위해 실시한 ICT 활용 교육 콘텐츠 개발사업의 경우, 교원의 참여확대를 통해 콘텐츠 개발 비용을 절감함과 동시에 연구학교 교원들이 콘텐츠 설계과정 참여를 통해 교과전문능력 향상과 현장 중심 콘텐츠 구현에 기여하고 있다. 그러나 기개발 교육자료 유지보수사업이 내용검토와 자료유지보수로 이원화되어 추진되는 것은 사업추진의 효율성을 위해 일원화하여 추진하는 것이 필요하다. 또한 각 시 · 도교육청의 포털시스템과 각 기관의 교육정보서비스 통합검색 지원, 사용자 계층별 정보이용 현황 및 행태를 분석하여 수요자 중심의 맞춤형 서비스로의 전환이 필요하다.

다음으로 지식정보화분야에서는 학술 및 전문정보에 대한 방대한 DB가 구축되었으나, OECD 수준과 비교하면 아직도 경쟁력이 떨어지므로 지속적으로 사업을 확대하되 전문층의 접근용이성을 높이고, 지식정보 디지털 유통체계 표준화방안을 마련하여 서비스의 효율성을 제고할 필요가 있다.

3) 정보화 역기능 극복을 위한 교육기회 확대

정보화의 진전과 더불어 시작된 정보화 역기능을 극복하기 위해 앞서 제시한 바와 같이 다양한 노력이 이루어지고 있으나 무엇보다 정보화 관련 교육기회를 확대하는 것이 필요조건이다. 정보화 역기능은 개인뿐 아니라 사회적으로도 엄청난 피해를 주고 있기 때문에 올바른 정보문화정착의 장애요인이 되고 있다. 정부 차원에서는 정보화 역기능 방지 사업 및 연구를 시행하고 있으며, 정보보호책임관(Chief Security Officer: CSO) 제도를 법제화하고, 각종 지침을 현실화하기 위하여 정보통신보안지침, 개인정보보호지침 등을 개정하여 지침을 현실화하는 등의 법적 · 제도적인 방안을 추진하고 있다. 또한 건전한 사이버문화 조성을 위해 인터넷 접속방식별 유해정보 차단규정을 마련하여 학교별로 시행하고, 기관별 정보화윤리규정을 만들어 기내 구성원의 올바른 인터넷 윤리의식 제고를 위해 노력해야 한다(교육인적자원부 · 한국교육학술정보원, 2005).

정보격차 해소정책의 경우는, 기존의 소외계층 · 취약계층 지원이라는 소극적 관점에서 벗어나 모든 계층의 국민이 정보화교육을 통해 풍요로운 삶을 누릴 수 있도록 하는 '복지적' 관점으로의 전환을 요구하므로 보다 장기적인 안목에서 체계적으로 접근할 필요가 있다(한국교육개발원, 2000). 이를 분야별로 살펴보면, 먼저 초·중등분야의 경우, 정보격차를 위한 지원강화사업 실시 전 수혜자 만족도 조사와 수혜자의 정보활용능력의 향상 정도가 실제 이루어졌는지를 보여주는 실증적인 자료조사가 이루어져야 사업의 효과성을 타당성 있게 평가할 수 있을 뿐 아니라 사업을 효율적으로 집행할 수 있을 것이다. 정보격차에 대한 논의가 정보접근에서 정보활용으로 옮겨감에 따라 소외계층에 대한 PC 보급이나 통신료 지원과 더불어 콘텐츠도 지원하며, 정보격차 대상자와 관련된 논의의 범주를 소외계층뿐 아니라 전체 학생에게로 확대해야 할 것이다. 이를 위해서는 동일사업을 추진 중인 타 정부산하기관과 긴밀하게 협조하여 상호 간의 시너지효과를 거둘 수 있도록 연계협력활동의 강화가 필요하다.

다음으로 고등교육부문은 초·중등분야에 비해 상대적으로 소외되었던 분야이다. 고등·평생교육 정보화 영역에서는 평생교육 정보제공과 함께 평생교육분야의 인력양성 현황 및 인력수요에 관한 정보를 제공하고 소외계층을 위한 콘텐츠 개발에 좀 더 노력을 기울이는 선택과 집중이 필요하다.

4) 교육정보화 성과지표를 활용한 주기적 평가 실시

최근 정부개혁은 성과 중심 평가가 중심이 되고 있다. 교육정보화 역시 다양한 성과평가 모형이 개발되고 있는 가운데(한국교육학술정보원, 2006), 정부에서는 2단계 교육정보화 사업에 대한 성과평가를 실시한 바 있다. 즉, 초·중등, 고등, 평생, 특수 교육별로 각각 현장에 적용가능한 지표개발과 이를 활용한 실태분석을 위한 평가를 실시하여 지표를 검증하고 향후 교육정보화사업의 효율적 계획과 실행에 기여하고 있다.

이미 정부에서는 2단계 교육정보화종합발전방안의 핵심사업 10대 과제의 하나로 교육정보화 지표개발 사업을 추진하고 있었다. 이 계획에 의거하여 2001년도 초·중등교육정보화 지표, 2002년도 고등교육정보화 지표, 2003년도 평생교육정보화 지표, 2004년도에는 특수교육정보화 지표가 각각 개발되었다(교육인적자원부·한국교육학술정보원, 2005). 이렇게 개발된 지표는 각 영역에서 교육정보화의 수준을 측정할 뿐 아니라 향후 정책개발 방향 및 사업의 우선순위를 결정하는 데 중요한 참고자료로 이용되고 있다.

교육정보화 지표 개발과 관련된 향후 과제는 다음의 세 가지로 제시할 수 있다(교육인적자원부·한국교육학술정보원, 2005). 먼저 질적 지표 등을 포함한 교육정보화 지표 개발을 확대해 나가야 한다. 이를 위해서는 지금까지의 국가주도적인 교육정보화의 추진보다는 학교와 지역특성이 반영된 차별화되고 자율적인 교육정보화 지표를 개발하여 추진하는 것이 필요하다. 지표의 내용 측면에서도 질적 방법을 포함하여 보다 심도깊은 수준 측정이 이루어져야 하며 결과의 신뢰도를 높이기 위해 지표개발과정의 타당성을 높일 필요가 있다. 둘째, 지속적인 교육정보화 수준 측정에 대한 행·재정적인 지원노력이 요구된다. 학교현장과 관련기관에서 지표를 활용한 자체평가를 주기적으로 실시하고 이를 토대로 개발된 지표의 지속적인 수정·보완 계획을 수립하여 궁극적으로 교육정보화 발전방안을 모색하고 추진하도록 권장하는 행·재정적 체제구축이 필요하다. 셋째, 국제수준의 교육정보화 경쟁력 강화를 위한 국제지표를 활성화해야 한다. OECD, APEC, UNESCO 등 국제기구와의 협력을 강화하여 국가 간 비교지표 개발 및 연구를 진행하여 우리나라가 국제적 수준의 교육정보화 경쟁력을 갖출 수 있도록 노력해야 할 것이다.

교육정보화 지표 개발과 관련하여 분야별로 개선해 나가야 할 부분을 구체적으로 살펴보면 다음과 같다. 먼저, 초·중등분야의 경우, 사이버선생님 서비스 운영사업에서 성과지표로 설정한 질의응답시간 및 질의응답 재구조화 자료 이용건수, 모바일서비스 이용건수 등의 주요 성과지표 확대 및 지속적인 관리가 필요하다. 둘째, 국제협력 및 정보격차 해소분야의 경우에는 각 사업의 필요성뿐 아니라 정책이 추구하고자 하는 교육복지의 기초가 형성된 것으로서 그 의의가 충분히 인정되지만, 각 사업의 계획을 얼마나 수행했는지의 달성도와 함께 수혜자 평가 또한 사업추진과정에서 서비스의 질을 측정하는 계량적 평가체계 구축이 요구된다.

5) 효율적이고 통합적인 법·제도적 지원체제 마련

교육정보화의 목적을 달성하기 위해서는 범정부 차원의 효율적이고 통합적인 법·제도적 지원체제를 구축해야 한다. 이를 위해서는 사업추진상의 문제점 분석을 통해 각 분야별 사업추진 우선순위를 정하고 이를 지원할 수 있는 체제를 마련해야 한다. 1～2차 교육정보화정책 추진을 거치면서 상당히 많은 부분의 법적·제도적 지원체제가 구축되었다(교육인적자원부·한국교육학술정보원, 2005). 교육정보화정책은 교육인적자원부장관의 자문기구인 교육인적자원부 정책자문위원회를 통하여 정책자문을 받으며, 대통령이 주재하는 정보화전략회의, 대통령직속의 교육인적자원정책위원회, 그리고 국무총리가 위원장인 정보화추진위원회를 통하여 국가수준의 정보화정책과 연계성을 갖도록 총괄·조정되고 있다. 한국교육학술정보원(KERIS), 한국전산원(NCA), 한국교육정보진흥협회(KEFA), 교육소프트웨어진흥센터, 한국소프트웨어진흥원, 한국정보문화진흥원, 한국교육정보방송학회, 한국소프트웨어산업협회, 한국정보산업연합회, 한국문화콘텐츠진흥원(KOCCA) 등은 교육정보화정책관련 단체로서의 역할을 수행하고 있다.

그러나 교육정보화정책을 보다 효율적이고 효과적으로 추진하기 위해서는 분야별로 다양한 법 · 제도적 지원체제가 마련되어야 할 것이다. 먼저 초 · 중등 교육정보화 영역은 공교육 내실화를 기하기 위해 ICT 활용 교수-학습방법 및 내용혁신에 중점을 두고, 2001년부터 지속적으로 추진되어 오면서 당초 목표대비 실적 달성에 대한 점검과 사업성과에 대한 체계적인 측정 및 분석이 요구되고 있으며, 본격적인 서비스 대상학생의 이용 확대와 다양한 수준별 교수-학습 지원체제 구축으로 사교육비 경감이라는 기대효과를 가시적으로 달성해야 하는 시점에 와 있다. 이를 위해 그동안 수행기관 위주로 진행되어 오던 사업들이 서로 연계성을 갖고 상호 협력체제를 구축하여 진행되어야 시너지효과를 누릴 수 있을 것이다.

둘째, 지방예산 중심 사업의 경우 다양한 지방의 예산투자 유도를 위한 대책 강구와 함께 기금 확보, 민자유치 등 다양한 재원확보 노력을 병행할 필요가 있다. ICT 활용 교육 활성화 지원을 위해 ICT 활용 연구 및 시범학교 운영에 대한 교육인적자원부 차원의 역할을 재정립하여 사업수행 여부를 검토할 필요가 있으며, 교육정보화 홍보사업도 그 방향 및 내용을 재정립할 필요가 있다. 교육정보화 우수학교 지원사업의 경우 그 지원이 선발된 당해연도에 국한되어 우수학교의 수준유지와 지속적인 발전모색이 어려운 실정이므로 최소한 3년 이상 지원할 수 있는 행 · 재정적 지원체제 구축이 요구된다.

셋째, 고등교육분야에서는 부처 간 중복을 최소화하고 사업효율을 높이기 위해 관련 기관 사업에 대한 충분한 사전분석과 함께 유기적 협력체제를 구축하여 역할분담을 통한 사업의 시너지효과를 극대화할 필요가 있다. 지식정보사업의 경우 한정된 재원문제 해결과 서비스 활용도 제고를 위해 민간업체와 협력체제를 구축하여 추진하되, 전 국민이 다양한 경로를 통해 접속할 수 있도록 서비스 제공을 희망하는 모든 민간 포털에 문호를 개방할 필요가 있다.

참 고 문 헌

강숙희(2001). 인터넷과 교육. 서울: 교육과학사.

교육인적자원부(2001). 교육혁신과 인적자원 개발을 위한 교육정보화 종합발전방안: K세대 육성과 국민의 지식 역량 향상.

__________(2002). 2003년도 교육정보화촉진시행계획(안).

__________(2005). 2006년도 교육정보화촉진시행계획(안).

__________(2006). 2006년 정보화사업 자체평가 결과.

교육인적자원부 · 한국교육학술정보원(2001). 교육정보화백서.

_______________________(2005). 교육정보화백서.

기획예산처(2007). 2008 정보화예산(안).

김민희(2003). 학생정보격차에 대한 학교효과 분석. 서울대학교 대학원 박사학위논문.

김영애 · 이준(2002). 디지털 시대와 학교문화와 교육정보화. 교육정보방송연구, 8(3).

김현진 · 임진호(2007). 초등학교의 교육정보화가 교수학습문화 변화에 미치는 효과 분석. 교육공학연구, 23(1).

나병현(1998). 교육정보화의 현황과 과제: 초 · 중등교육을 중심으로. 국회 현안분석 제167호.

박승배(1994). 교육에 있어서의 컴퓨터 이용에 관한 논쟁: 미국의 경우. 교육공학연구, 10(1).

_____(1998). 교육정보화 지체 원인과 그 촉진방안. 교육공학연구, 14(3).

박승배 · 나동진(1999). 교육정보화가 교사 및 학생에게 미칠 영향에 관한 비판적 검토. 한국교육, 26(2).

서이종(1998). 지식정보사회학. 서울대학교 출판부.

_____(2001). 디지털 환경에서 정보격차의 개념. 행정과 전산, 24(2).

윤영민(1996). 정보화의 병목: 정보불평등. 시민이 열어가는 정보사회. 대화출판사.

임연기(1996. 5). 초 · 중등학교 정보화의 현황과 과제. 교육월보. 교육부.

정보통신부(1997). 정보화 사업 평가 편람.

_________(2001～2005). 정보격차해소 종합계획.

조연주(1996). 교육개혁의 정보화에 대한 비판적 논의. 교육공학연구, 12(1).

하연섭 · 하봉운 · 김영록(2006). 교육정보화 재정투입 현황 분석 및 개선 방향 연구. 한국교육학술정보원. 연구보고 RR2006-7.

한국교육개발원(1996). 학교 컴퓨터교육, 그 추진성과와 발전 과제. 학교컴퓨터교육 발전과제 탐색 세미나 보고서. 연구자료 RM96-3.

한국교육학술정보원(1999). 미국 학교정보화 평가 안내서. 연구자료 RM1999-4.

________________(2001). 교육정보화를 통한 학교교육 내실화 방안 연구. 연구보고 RR2001.

________________(2002). 해외 교육정보화 정책 분석. 연구자료 RM2002-24.

________________(2003). 교육정보화 평가모형 개발 연구: 성과중심모형을 중심으로. 연구보고 RR2003-18.

한국전산원(2003). 정보화 예산의 운영추이 분석과 공공정보화 투자 전략. NCA I-RER-03092.

_________(2005). 국가정보화백서.

한만길 외(2000). 21세기 교육복지 발전방안 연구. 한국교육개발원. 연구보고 RR2000-3.

Becker, H. J. (1994). How exemplary computer-using teachers differ from other teachers: Implications for realizing the potential of computers in schools. *Journal of Research on Computing in Education, 26*(3).

Castelles, M. (1989). *The Information City.* Basil Blackwell.

Cuban, L. (1986). *Teachers and Machines: The classroom use of technology since 1920.* NY: Teachers College Press. 박승배 역(1997). 교사와 기계. 서울: 양서원.

________(1993). Computers meet classroom: Classroom wins. *Teacher College Records, 95*(2).

________(2001). *Oversold and underused: computers in classroom.* Cambridge, Mass: Havard University Press.

Cuban, L., Kirkpatrick, H., & Peck, C. (2001). High access and low use of technologies in high school classroom: explaining the apparent of paradox. *American Educational Research Journal, 38*(4).

Loader, B. D. (Ed) (1998). *Cyberspace Divide: Equality, Agency and Policy in the Information Society.* London & NY: Routledge.

OECD (2001). *Understanding Digital Divide.*

Paperts, S. (1992). *The Children' s machine: Rethinking school in the age of the computer.* NY: Basic Books.

Schwartz, J. (1989). Intellectual mirrors: A step in the direction of making schools knowledge-making places. *Havard Educational Review, 59.*

Weir, S. (1989). The computers in schools: Machine as humanizer. *Havard Educational Review, 59.*

제 9 장

교육개방

1. 서 론

21세기에 이르러 급격한 세계화의 진전은 전 세계의 무역장벽을 제거하고 외국인 직접투자나 자본의 국경 간 이동을 자유롭게 함으로써 세계경제를 하나의 시장으로 통합시켜 왔다. 가속화된 세계화는 사회 각 부문의 패러다임 변화를 가져옴으로써 교육부문 역시 이전과는 달리 시장을 통한 교역의 필요성이 강조되고 있는 실정이다. 교육개방의 필요성에 관한 사회적 논의는 1991년 우루과이라운드(Uruguay Round: UR) 교역협상에서 교육이 '시장'이나 '서비스' 또는 '산업'의 범주에 포함되면서부터 촉발되었다. 이후로 세계무역기구(World Trade Organization: WTO)의 도하개발의제(Doha Development Agenda: DDA), 자유무역협정(Free Trade Agreement: FTA)으로 이어지는 국제적 교역협상이 차례로 전개되면서 교육개방의 효과, 범위 및 요건 등은 국가·사회적으로 큰 쟁점이 되어 왔다.

교육개방의 의미는 교육을 바라보는 관점에 따라 크게 두 가지로 이해될 수 있다. 첫 번째 관점은 교육개방을 경제적 의미의 서비스 관점에서 이해하는 것으로서, 국제교역협상인 WTO, FTA 등에서 논의되는 교육서비스시장 개방을 말한다. 국제교역협상 측면에서 본다면, WTO 교육서비스시장의 개방이란 교육서비스의 교역에 있어서 '시장접근의

---

* 이정미(한국교육개발원)

제한' 이나 '내국민대우의 제한' 을 제거하는 것을 의미한다. 즉, 교육서비스시장 개방은 서비스 공급자가 다른 나라의 서비스 수요자에게 서비스를 공급하는 데 있어서의 제한 또는 장벽을 철폐하는 것을 의미하며, 또한 내국인 공급자와 외국인 공급자를 실질적으로 차별하는 모든 조치를 철폐하는 것을 의미한다.

또 다른 관점은 이를 국가 간 · 기관 간 협약에 따른 국가 간 교육적 교류의 방식으로 이해하는 것이다. 이러한 접근에서는 WTO협상과 같은 경제적 의미에서의 교육시장 개방의 불필요성을 지적하고, UNESCO를 비롯한 국제기구들을 통하여 이미 세계의 각 대학들이 연구, 교수활동에 있어서 활발하게 상호교류 및 협력을 해왔음을 강조한다. 교육은 서비스도 아니고 교역재도 아닌 공공재이므로 WTO의 주도하에 시장과 경쟁을 통해 거래되기보다는 교육의 국제화의 관점에서 국가 간 · 대학 간에 호혜적으로 교류되어야 한다는 주장이다.

교육개방에 관한 이와 같은 상반된 관점과 주장에도 불구하고 급속한 세계화의 변화 속에서 교육부문에서의 국제적 교류 및 글로벌 경쟁은 세계적 추세가 아닐 수 없다. 교육개방은 그것을 어떠한 관점에서 접근하든지 교육의 공공성의 본질을 훼손하지 않는 범위 내에서 궁극적으로 국가의 교육경쟁력을 제고하는 방향으로 전개되어야 한다. 이 장에서는 교육개방의 변천과정과 교육개방의 현황을 살펴보고, 교육개방과 관련된 쟁점을 고찰한 후 이를 토대로 앞으로의 교육개방을 효과적으로 전개하기 위한 구체적인 발전과제를 모색한다.

2. 교육개방의 변천과정

교육개방의 변천과정은 두 가지 측면에서 접근될 수 있다. 하나는 국제교역협상의 변화에 따른 교육개방의 변천과정이며, 다른 하나는 교육 국제화정책의 일환으로 추진된 경제자유구역을 통한 교육개방의 변천과정이다. 이하에서는 먼저 국제교역협상에 따른 교육개방과정으로서 UR협상, WTO협상 그리고 FTA를 통한 교육개방과정을 살펴보고, 다음에는 경제자유구역 내 외국교육기관의 설립을 통한 교육개방과정을 고찰한다. 마지막으로, 이러한 과정에서 정부가 어떻게 정책적으로 대응하면서 교육개방을 추진해 왔는지를 고찰한다.

1) 국제무역협상에 따른 교육개방과정

(1) UR협상과 교육개방(1990～1994)

1986년 9월 남미 우루과이에서 제8차 '관세 및 무역에 관한 일반협정(General Agreement on Tariffs and Trade: GATT)' 의 다자간 교역협상인 UR협상이 공식 출범하게 되었고, 123개국과 EC(당시) 등 많은 국가들이 참여했다. UR협상은 1993년 12월 15일에 최종 타결되었으며, 1995년에 '서비스 무역에 관한 일반협정(General Agreement on Trade in Service: GATS)' 의 발효와 함께 WTO체제가 출범하게 되면서 종료되었다.

UR협상 결과, 〈표 9-1〉에서 보는 바와 같이 106개 WTO 회원국 중 1/4 내지 1/5 정도가 초 · 중 · 고등교육 및 성인교육에 대하여 양허약속을 하였고, 기타 교육서비스의 경우는 오직 9개국만이 양허약속을 하였다. 초 · 중 · 고등교육 및 성인교육의 경우 25개 선진국 중 18～19개국이 양허약속을 한 반면, 77개 개도국 중에서 1～6개국만이 양허약속을 하였다. 우리나라는 교육부문을 양허하지 않았다.

표 9-1 UR 교육서비스 협상의 외국 양허 실태

구분	UR 최종협상결과(1993년 12월)				총 국가 수 (2000년 11월)
	선진국	개도국	체제전환국*	합계	
초등교육	18	4	4	26	35
중등교육	19	6	3	28	36
고등교육	18	3	4	25	34
성인교육	18	1	4	23	34
기타교육	3	4	2	9	11

주: * 체제전환국은 체코, 헝가리, 슬로바키아, 폴란드임.
출처: Atlinger & Enders (1996). WTO service database output.

(2) WTO/DDA 협상과 교육개방(1995～)

UR협상이 최종 타결된 후 WTO의 출범과 함께 발효된 GATS는 서비스교역을 자유화하기 위한 최초의 다자간 규범으로서 이로 인해 서비스산업 전 분야의 개방이 본격적으로 논의되기 시작하였다. GATS에서는 교육서비스의 교역이 이루어지는 방식을 다음과 같은 4가지 유형으로 분류하였다. 첫째, '국경 간 공급(cross-border supply)' 의 방식은 국경을 넘어 다른 국가로 교육과정(원격교육 또는 인터넷), 평가서비스, 그리고 교육자료 등이 제공되는 것을 의미한다. 둘째, '해외 소비(consumption abroad)' 의 방식은 학생이 한 국가에서 교육 공급자가 있는 다른 국가로 이동하여 교육 또는 훈련서비스를 받게 되

표 9-2 교육서비스의 교역방식

공급형태	정의	예시
Mode 1: 국경 간 공급	한 국가에서 다른 국가로의 서비스 공급	원격교육
Mode 2: 해외 소비	한 국가에서 다른 국가의 서비스 소비자에게 서비스 공급	해외 유학
Mode 3: 상업적 주재	서비스 공급자가 다른 국가에 상업적 주재를 통해 서비스 공급	분교 설립
Mode 4: 자연인 주재	다른 국가에 한 국가의 자연인이 주재함으로써 서비스 공급	외국인교사

출처: OECD (2002). *GATS: The Case For Open Services Market.*

는 것이다. 셋째, '상업적 주재(commercial presence)' 의 방식은 외국투자가가 실제 국경을 넘어 다른 국가에 투자하는 경우로서 해외에 학교를 설치하거나 교육과정을 개설하는 것을 포함한다. 마지막으로, '자연인 주재(presence of natural persons)' 의 방식은 교육서비스를 제공하기 위하여 교직원이 다른 국가로 이동하는 것을 말한다.

GATS는 교육서비스 협상을 진행하는 데 있어서 다음과 같은 가이드라인을 제공하고 있다. 교육서비스와 관련되는 각국의 규제를 시장접근(market access)의 제한, 내국민 대우(national treatment), 국내 규제(domestic regulation) 등으로 구분하고, 교육서비스 시장의 개방을 위해서 전자의 두 가지를 완화, 또는 철폐할 것을 요구하고 있다. 또한 국내 규제는 객관성 · 합리성 · 투명성을 갖추어야 하고, 필요 이상으로 규제적이어서는 안 된다는 원칙을 제시하고 있다. 이를 자세히 살펴보면 다음과 같다.

첫째, '시장접근의 제한' 이란 ① 서비스 공급자 수의 제한, ② 서비스 거래액 또는 자산 총액의 제한, ③ 서비스 총 영업량 또는 총 산출량의 제한, ④ 총 고용인력의 제한, ⑤ 서비스 공급기업의 형태 제한, ⑥ 외국자본의 참여 제한 등으로 외국시장에의 접근에 장애가 되어서는 안 된다는 것을 의미한다.

둘째, '내국민 대우' 란 자국 서비스 공급자에게 부여하는 대우보다 외국인을 불리하게 대우해서는 안 된다는 것을 의미한다. 내국민과 차별대우를 하기 쉬운 예로서, ① 내국민만 보조금을 신청하게 하는 경우, ② 차별적 세금징수, ③ 차별적 재정조치(수수료 등), ④ 국적 요구, ⑤ 거주요건, ⑥ 인가 및 자격요건상의 제한, ⑦ 등록요건상의 제한, ⑧ 인가요건의 제한, ⑨ 기술이전 및 훈련 요구, ⑩ 내국서비스의 우선적용, ⑪ 재산 및 토지소유 등을 제한하여 외국인이 교육시장 접근을 어렵게 해서는 안 된다는 것이다.

셋째, '국내 규제' 로 인해서 시장개방에 제한을 받아서는 안 된다는 것이다. 자국 정책

목표 달성을 위해서 정부가 기본적인 규제를 할 수 있도록 인정하고 있지만, 이런 경우 국내 규제가 객관적이고 공평하며 투명해야 한다는 것이다.

2001년 11월 카타르 도하에서 개최된 제4차 WTO각료회의에서 UR협상을 대체하는 새로운 다자간 협상으로서 도하개발의제(DDA)가 출범되었다. DDA협상에서는 특히 서비스 부문이 DDA협상의 포괄적 의제로 상정되면서 교육부문은 교육서비스 개방이 협상의 전면으로 부각되었다. 2002년 7월 미국, 호주, 뉴질랜드, 일본 등은 교육서비스 분야에 대한 자국의 전략을 제시하는 협상제안서를 제출하였는데, 주요 내용을 요약하면 〈표 9-3〉과 같다.

이후 DDA협상 일정에 따라 2002년 6월 이후 우리나라는 36개국에 양허요구안을 제출하였고, 반대로 24개국으로부터 양허요구안을 접수하였다(교육인적자원부 국제교육협력과,

표 9-3 WTO/DDA 교육서비스부문 협상제안서 내용

국가명	주요 내용
미국	• 고등교육은 모든 3차(tertiary) 교육(중등교육 이후의 교육), 성인교육, 훈련서비스를 포함 훈련서비스와 교육테스트서비스를 교육서비스 개념에 명시적으로 포함 • 고등교육, 성인교육 및 훈련서비스에 대한 시장접근, 내국민 대우상의 제한 폐지 • 무역장벽 제시 교육서비스 제공금지, 교육기관 설립기회 제한, 진입과 퇴출상의 제한, 학위수여 제한, 전자적 전송 제한, 국내 파트너 요구, 차별적 세금, 합작 시 외국인에 대한 차별, 프랜차이즈 차별, 불투명한 규제, 숨겨진 보조금, 비자요건, 환전 시 과도한 수수료 또는 세금 등
뉴질랜드	• 기타 교육서비스에 대한 정의의 명확화 • 성인교육에 community education(지역사회교육) 포함 • 교육에이전시서비스를 교육서비스에 포함 • 학문적 연구나 교수와 관계된 레크리에이션 관련 서비스를 교육서비스로 분류
호주	• 무역장벽 제시 비자요건, 외국인 교환요건, 자격인정 제한, 소유지분 제한, 계약 제한, 규제의 투명성 부족, 원격교육서비스 제공에 대한 제한 등 • 소비자의 교육서비스에의 접근성 제고 • 자국의 정책 및 규제 목적에 부합하는 교육용 공적자금의 공급금지 반대 • 포괄적인 서비스 맥락에서 교육서비스의 논의 필요 • 임시 입국 목적에 대한 선별권 인정 등
일본	• 교육서비스 질을 유지 또는 개선 가능 • 각국의 다양한 교육환경 고려 • 국경 간 공급을 통해 제공되는 고등교육의 질 유지 필요

출처: 교육인적자원부 국제교육협력과(2002). 각국의 협상제안서 요약.

표 9-4 **WTO/DDA 교육서비스 협상 양허요구안 제출 및 접수 현황**(2002. 12. 13 기준)

구분	상호 제출	일방 제출/접수
제출국 (36개국)	미국, EC, 일본, 캐나다, 호주, 브라질, 뉴질랜드, 중국, 대만, 홍콩, 싱가포르, 인도, 파키스탄, 스위스, 말레이시아, 노르웨이, 폴란드, 체코, 터키, 멕시코, 아르헨티나, 우루과이(22개국)	필리핀, 태국, 인도네시아, 스리랑카, 방글라데시, 몽골, 헝가리, 칠레, 이집트, 나이지리아, UAE, 쿠웨이트, 바레인, 오만(14개국)
접수국 (24개국)	미국, EC, 일본, 캐나다, 호주, 브라질, 뉴질랜드, 중국, 대만, 홍콩, 싱가포르, 인도, 파키스탄, 스위스, 말레이시아, 노르웨이, 폴란드, 체코, 터키, 멕시코, 아르헨티나, 우루과이(22개국)	파나마, 모리셔스(2개국)

출처: 대외경제정책연구원(2002). DDA협상의 주요 쟁점과 우리의 대응방향. DDA협상 대연찬회 토론자료.

2003). 각국의 우리나라에 대한 양허요청 내용은 주로 고등교육, 성인 기타교육에 집중되었으며, 일부 국가는 초·중등교육분야의 양허도 요구하였다. 반면, 우리나라는 국내 교육기관의 해외진출 현황 및 계획과 향후 가능성 등을 고려하여 양허요청 상대국을 선정하였으며, 양허요청 부문은 교육의 공공성 및 개방 현황 등을 고려하여 초·중등교육을 제외한 고등교육, 성인교육 및 기타교육의 일부로 국한하였다.

2002년 6월 각국에 양허요구안을 제출한 데 이어 2003년 3월 말에는 1차 양허안을 제출하였다. 초·중등교육은 국민기초공통 교육단계로서 공공성이 요구되므로 1차 양허안에서 제외하고, 사립교육기관에 의한 고등교육과 성인교육의 일부에 한해 현행 국내법상

표 9-5 **WTO/DDA 교육서비스 협상 1차 양허안 주요 내용**

고등교육부문	성인교육부문
• 해외유학: 제한 없이 양허 • 대학 등 고등교육기관 설립·운영 -비영리형태의 학교법인제도 유지 -보건·의료인력 및 교원양성기관, 방송통신대학, 원격대학 등 제외 -수도권지역 학교 신설 불가 -대학의 학생정원 제한 가능 • 외국인에 대한 보조금지급 제한 등 내·외국인 차별 가능 • 외국에서의 원격 또는 우편 등을 통한 교육서비스 제공 제외	• 성인대상 학원 및 평생교육시설의 설립 및 운영 양허 -학위과정과 관련된 과정은 제한 -정부 지원에 의한 직업훈련은 제외 • 학원 수강료 조정 가능 • 학원의 교습과정 제한 -보건·의료관련 미개방 등 • 성인의 해외유학: 제한 없음 • 외국인에 대한 보조금지급 제한 등 내·외국인 차별 가능

출처: 국회사무처 예산정책국(2003). 2003년도 국정감사자료집(8).

의 제한을 유지하는 범위 내에서 1차 양허안을 제출하였다. 1차 양허안의 내용은 〈표 9-5〉와 같다.

2005년 5월에는 1차 양허안을 수정한 2차 양허안을 제출하였는데, 1차 양허안과 2차 양허안의 변경사항은 〈표 9-6〉과 같다. 2차 양허안에서는 국경 간 공급(Mode 1)의 내국민대우에 관한 기술사항을 개선하였고, 외국대학과의 공동학위 운영 분야를 확대하였으며, 전문직서비스의 질 보장을 위한 각주를 추가하였다(교육인적자원부, 2005b).

각국의 양허안 제출 현황을 보면, 2005년 7월을 기준으로 WTO 148개 회원국 중 92개국(EC 25개국은 단일 양허안)이 양허안을 제출하였으며, 이 중에서 교육부문을 양허한 국가는 54개국이고, 제1차 양허안을 제출한 92개국 중 45개국(EC 25개국은 단일 양허안)이 수정양허안을 제출하였으며, 이 중 교육부문 양허국은 36개국이다.

표 9-6 WTO/DDA 교육서비스 협상 1차 및 2차 양허안 최종변경사항 비교

부문	변경 분야	제1차 양허안	제2차 양허안
고등교육	Mode 1 국경간 공급 내국민대우	제한 없음	미양허
	공동학위 운영분야 확대	첨단 과학기술, 기초과학, 국제학, 대학별 특성화 관련 분야	대학의 장이 필요하다고 정하는 분야
성인교육	Mode 1 내국민대우	제한 없음	보건·의료 관련 서비스는 미양허
공통	새로운 각주 추가	-	시장접근과 내국인 대우에 관한 양허사항은 한국에서 전문직 자격의 취득 및 개업을 위한 학위인정에는 적용되지 않음

출처: 교육인적자원부(2005a). WTO 제2차 양허안 관련 외교통상부 협의 결과. 2005년 국정감사자료.

(3) FTA와 교육개방(2002~)

국제교역협상에 있어서 WTO체제는 회원국이 많아 국가 간 협상이 장기간 소요됨에 따라, 협상이 용이하고 상대적으로 타결이 가능한 자유무역협정(FTA)이 최근 선호되고 있다. 자유무역협정은 체결국 간 상품 및 서비스 교역에 있어 관세와 기타 무역장벽들을 제거하여 무역 및 투자를 증대하기 위한 지역무역협정(Regional Trade Agreement: RTA)을 의미한다. FTA는 1950년대부터 등장하기 시작했으나 최근 각국에서 통상이익의 실현을 위해 FTA를 핵심적인 정책수단으로 활용함에 따라 2006년 9월 현재 211건의 지역무역협정이 GATT/WTO에 통보되고 발효되고 있다(한미자유무역협정체결지원위원회, 2007).

WTO는 모든 회원국들에게 최혜국대우(Most Favoured Nation Treatment: MFN)를 보장해주는 다자주의원칙의 존중을 기본으로 하는 세계무역체제인 반면, FTA는 기본적으로 WTO의 최혜국대우 및 다자주의원칙을 벗어난 양자주의 및 지역주의적인 특혜무역체제이다. 지역무역협정은 WTO체제가 전개되면서 감소할 것으로 예상되었으나, WTO출범 이후 오히려 확산되는 추세를 보인다.

우리나라는 칠레(04.4.1발효), 싱가포르(06.3.2발효), EFTA(06.9.1발효), ASEAN(07.6 상품협정 발효) 15개국과 FTA체결을 완료하고, 미국과의 FTA협상을 타결(07.4)하였으며, 2008년 현재 EU, ASEAN(서비스 투자), 캐나다, 인도, 멕시코, 일본 등 41개국과 협상을 진행 중이다. 현재까지 체결된 FTA 교육서비스 협상의 내용은 '유 · 초 · 중등교육 개방불허'와 '국내법상 현행수준에서 고등 및 성인교육 개방'이라는 WTO/DDA 교육서비스 협상결과의 큰 틀을 유지하고 있다. 이 중 한 · 미 FTA 교육서비스 부문의 주요 협상 결과는 다음과 같다.

- '유 · 초 · 중등교육'은 공교육제도 유지를 위하여 포괄유보(개방불허)
- '고등교육'은 현행 관련법상 제한수준에서 개방
  - 고등교육법, 사립학교법 등 국내 현행법상의 제한요건하에서 개방
  - 다만, 의료 · 보건 및 교원양성 관련 고등교육기관, 법학전문대학원, 방송통신대학, 원격대학 등은 개방대상에서 제외
- '성인교육'은 현행 관련법상 제한수준에서 개방
  - 학력인정 · 학위수여 등을 하지 않는 평생교육시설 설치 · 운영에 대하여는 현행법상 제한수준에서 개방
- '원격교육'은 성인 비학위과정을 제외한 모든 수준의 원격교육에 대해 포괄유보에 합의함에 따라 원격교육의 질 확보 관리, 소비자보호 등을 위한 정부 규제권한 확보
  - 성인 비학위과정: 학점, 졸업장 또는 학위 등을 부여하지 않은 성인 원격교육
- '기타교육'은 현재 사실상 개방상태에 있는 해외사용 목적의 교육테스팅서비스만 개방하되, 정부는 국내교육정책에 따라 교육테스팅서비스를 선택하고 적용하며, 관련 학교 교육과정도 규제할 수 있는 권한을 명시적으로 확보
  - 기타교육: 초 · 중등 학원서비스, 교육테스팅서비스 등 유 · 초 · 중등 및 고등 교육, 성인교육에 속하지 않는 교육영역

2) 경제자유구역 설립에 따른 교육개방과정

(1) 경제자유구역(Free Economic Zone)의 의미

2003년 8월 인천의 송도 신도시 및 영종지구, 청라지구 등이 최초로 경제자유구역으로 지정되었다. 경제자유구역에는 국내교육기관에 비해 운영의 자율성이 대폭적으로 허용되는 외국교육기관의 설립이 예정됨에 따라 교육개방의 또 다른 신호탄으로 받아들여지고 있다. 경제자유구역이란「경제자유구역의 지정 및 운영에 관한 법률」에 의하여 만들어진 개념으로, 경제특구(Special Economic Zone)의 한 유형이다. 즉, 국내의 다른 지역과 차별되는 제도를 특정지역에 적용함으로써 외국기업들이 선호하는 여건을 조성하기 위하여 설정된 특별경제지구를 의미한다.

(2) 경제자유구역 내 외국교육기관 설립과정

WTO/DDA 교육서비스 협상은 국내법상 존재하는 제한을 그대로 유지하는 선에서 타결되었기 때문에 실질적인 교육개방으로 이어지지는 못하였다. 이에 정부는 국제교역협상을 통한 교육개방이 아닌 교육국제화정책의 일환으로 경제자유구역 내 외국교육기관 설립을 허용하면서 우회적으로 교육개방을 추진하였는데, 그 과정은 다음과 같다(이정미, 2006).

동북아 비즈니스 중심 국가실현방안의 일환으로 2003년 7월 1일「경제자유구역의 지정 및 운영에 관한 법률」(이하 '경제자유구역법')이 시행되었고, 이 법에 의하여 2003년 8월 국내 최초로 인천의 송도 신도시 및 영종지구, 청라지구 등이 경제자유구역으로 지정되었다. 경제자유구역법의 제정으로 인해 경제자유구역 내 외국교육기관 설립이 가능해졌고, 내국인의 입학자격에 대한 제한이 철폐되었다. 또한 외국대학이 수도권에 설립될 수 있는 근거가 마련되었다. 교육인적자원부는 경제자유구역법을 바탕으로 하여 2003년 12월 27일「경제자유구역 및 제주국제자유도시의 외국교육기관 설립 · 운영에 관한 특별법안」및「동법 시행령안」을 입법예고하였다. 당시 이 특별법안에 대해 제기된 쟁점들은 경제자유구역 내 설립되는 외국교육기관에 있어서 '내국인 입학허용 여부', 외국교육기관 졸업생들의 '학력인정 여부', '결산잉여금의 송금허용 여부' 등이었다.

결국 오랜 논란을 거치면서 문제가 되었던 조항은 수정 · 삭제되어 2005년 5월 31일「경제자유구역 및 제주국제자유도시의 외국교육기관 설립 · 운영에 관한 특별법」(이하 '외국교육기관특별법')이 제정되었다. 이 특별법에 의해 외국교육기관의 설립주체는 외국학교법인에 한정되었고(제4조), 핵심적인 쟁점사항이었던 결산잉여금을 해외 본교회계에 전출할 수 있도록 허용한 조항은 삭제되었다.

표 9-7 「경제자유구역 및 제주국제자유도시의 외국교육기관 설립 · 운영에 관한 특별법」 주요 내용

항목	주요 내용
외국교육기관의 정의(제2조)	① "외국학교법인"이라 함은 외국에서 외국법령에 의하여 유아 · 초등 · 중등 · 고등교육기관을 설립 · 운영하고 있는 국가 · 지방자치단체 또는 영리를 목적으로 하지 아니하는 법인을 말한다.
설립주체(제4조)	외국교육기관을 설립할 수 있는 자는 외국학교법인에 한한다.
설립승인(제5조)	① 외국학교법인이 외국교육기관을 설립하고자 하는 경우에는 시설 · 설비 등 대통령령이 정하는 설립기준을 갖추어 다음 각호의 자의 추천을 받아 교육인적자원부의 승인을 얻어야 한다.
학생정원(제10조)	① 외국교육기관의 학생정원은 교원 및 의료인 · 약사 · 의료기사 등 대통령령이 정하는 인력의 양성과 관련된 정원을 제외하고는 외국교육기관의 장이 정한다. 다만, 고등학교 이하의 각급학교에 해당하는 외국교육기관에 입학할 수 있는 내국인의 수는 대통령령이 정하는 비율의 범위 내에서 외국교육기관의 장이 정한다.
학력인정(제11조)	① 교육인적자원부장관은 초 · 중등교육법 제2조의 규정에 의한 초등학교 · 중학교 또는 고등학교에 상응하는 외국교육기관이 대통령령이 정하는 교육과정을 운영하는 경우에는 당해 외국교육기관을 학력이 인정되는 교육기관으로 지정할 수 있다.

이후 외국교육기관특별법의 시행령은 2005년 11월 30일 제정되었다. 시행령에 의하면, 쟁점이 되었던 초 · 중등 외국교육기관의 내국인학생 입학비율은 국내교육에 미치는 영향 등을 고려하여 재학생 수의 10% 이내로 제한되었다. 다만, 설립 초기(개교 후 5년 이내)에는 교육인적자원부에 두는 내국인입학비율조정위원회에서 재학생 수의 30% 범위 내에서 조정할 수 있도록 하였다. 또한 국어, 사회 등 최소 2개 교과 이상의 과목을 주당 각 2시간 이상 내국인 학생이 이수할 경우 한국에서의 학력인정이 가능함을 규정하였다. 외국교육기관의 초기 설립투자 비용을 줄여주기 위하여 교지(校地) · 교사(校舍) 등에 대하여 임차가 가능하도록 하였으며, 수익용 기본재산은 보증보험 가입으로 대체가 가능하도록 하는 등 설립요건을 완화하였다.

이에 따라 인천경제자유구역에 외국투자자의 생활여건 개선을 위하여 외국투자자의 자녀를 대상으로 하는 초 · 중 · 고등학교 설립이 추진되고 있다. 이러한 외국교육기관에는 내국인도 외국거주요건의 제한 없이 자유롭게 입학이 가능하며, 입학이 가능한 내국인의 비율은 설립 후 5년까지는 재학생 수의 30%까지 허용될 예정이다. 이와 같이 경제자유구역 내 외국교육기관은 외국거주 경험이 없는 내국인 학생들도 입학이 가능하기 때문에 자녀의 조기유학 혹은 외국어고교 입학 등을 고려하고 있는 학부모의 높은 수요가 있을

것으로 예측되고 있다(윤정일 · 백순근, 2006).

경제자유구역 내 외국대학교 유치는 국내 관련분야의 경쟁력 강화 차원에서 일반대학교 과정보다는 물류 · 관광 · 첨단과학 등 특수대학(원) 위주로 추진되고 있으며, 현재 외국대학들과 협의를 진행 중에 있다. 재정경제부가 경제자유구역의 지속적 확대를 추진하고 있는 바, 이에 따라 외국교육기관 설립도 확대될 것으로 예상하고 있으며, 이는 결국 우리 교육에 적지 않은 파장을 가져올 것으로 보인다.

3) 정부의 교육개방 추진과정

앞에서 살펴본 바와 같이, 그동안 정부는 국제교역협상을 통한 교육서비스 협상에 지속적으로 참여하고, 교육국제화정책의 일환으로 경제자유구역 내 외국교육기관 설립을 추진하면서 관련 규제를 완화하거나 개방을 위한 정책적 조치를 취하는 등 교육개방을 추진해왔다. UR협상 출범 이후부터 현재까지 정부의 교육개방 추진과정을 간략히 살펴보면 다음과 같다.

UR협상 이후 1995년 이후부터 정부는 외국인 투자활성화와 국가경쟁력 제고를 위한 정책수단의 일환으로 교육시장 개방을 추진함으로써 우리나라의 교육시장은 단계적인 개방의 수순을 밟게 되었다. 1995년에는 기술계와 예 · 체능계 전문학원을, 1996년에는 외국어 및 일반고교과목의 일반학원을 개방하였다. 1998년 들어 학원에 대한 외국인 투자를 인가제에서 허가제로 전환하고 개방 제한규정을 폐지함으로써 학원을 전면개방하였다. 1997년에는 대학 이상의 교육기관에 대해서 각 시 · 도당 외국대학의 분교를 하나씩 유치할 수 있도록 허용하였다(김준동 외, 2002).

2002년 1월에는 대학설립과 운영상에 자율권을 부여하는 「제주국제자유도시특별법」을 제정하였고, 같은 해 7월에는 외국대학(원)의 국내진출을 쉽게 하는 특례규정의 제정을 예고한 '외국우수대학원 유치를 위한 계획안' 을 발표하였다. 이에 따라 「고등교육법」 및 「사립학교법」, 「외국대학과의 교육과정 공동운영규정」 등을 개정하였고, 기존의 규제를 부분적으로 완화하였다. 그러나 외국대학 설립에 있어서 과실송금, 잔여재산 귀속, 설립주체 등과 같은 핵심적인 제한이 남아 있었기 때문에 외국대학(원)의 설립은 이루어지지 않았다. 더욱이 2003년 3월 말에 제출된 WTO/DDA협상 1차 양허안은 당시 외국대학 설립에 관한 국내 규제를 그대로 유지함으로써 실질적으로 추가적인 개방이 포함되지는 않았다.

이후 2003년 8월 경제자유구역이 지정되고, 2005년 5월 31일 「경제자유구역 및 제주국제자유도시의 외국교육기관 설립 및 운영에 관한 특별법」이 제정 · 공포되면서 외국대학 분교 설립과 관련된 기존의 규제들은 추가적으로 완화될 수 있었다. 향후 이 법에 의해 설립되는 외국교육기관은 이 법에 따로 정한 경우를 제외하고는 「유아교육법」, 「초·중등교육법」, 「고등교육법」 및 「사립학교법」의 적용을 받지 않게 됨으로써 그 운영에 있어서 대폭적인 자율성을 허용받게 되었다. 이어 외국교육기관의 설립기준, 내국인학생비율, 학력인정방안 등을 주요내용으로 하는 동법시행령을 2005년 10월 11일 입법예고하였다. 한편, 2002년부터 2007년까지 칠레, 싱가포르, EFTA, ASEAN, 미국 등과 FTA를 체결하였다.

3. 교육개방의 현황

〈표 9-8〉은 교육서비스의 WTO/DDA 양허안 및 개방 현황을 보여주고 있다. FTA 교육서비스 협상내용 역시 WTO/DDA 교육서비스 협상결과의 큰 틀을 유지하고 있다는 점에서 큰 차이는 없다고 할 수 있다.

초·중등교육은 공공성 확보를 위해 WTO/DDA 양허상에 미개방의 원칙을 고수하고 있기 때문에 개방이 불허되어 있다. 초·중등교육은 국가마다 공교육 체제의 근간을 이루고, 국가가 원하는 교육이념을 구현하고 있는 단계이며, 사회통합기제로의 기능이 중요하게 고려되고 있기 때문에 개방에 있어 신중을 기하고 있는 것이다(유현숙 외, 2006).

고등교육부문에서는 인터넷 등 정보통신기술의 발달에 따라 국경 간 교육(Mode 1)에 의한 교육개방은 다른 방식에 비해 수월하게 이루어질 수 있기 때문에 향후 교육시장 개방을 선도할 것으로 예상된다. 해외 유학을 의미하는 해외 소비(Mode 2)의 방식은 현재

표 9-8 교육서비스의 WTO/DDA 양허안 및 개방 현황

구분		초·중등교육	고등교육(대학)	성인교육
Mode 1 (원격교육)	양허안	미양허	미양허	보건·의료 미양허
	규제현황	미개방	미개방	〃
Mode 2 (해외소비)	양허안	미양허	학점 이외 제한 없음	제한 없음
	규제현황	사실상 개방	〃	〃
Mode 3 (상업적 주재)	양허안	미양허	비수도권·비영리법인 가능	특정분야 학원 설립
	규제현황	경제자유구역 예외	〃	〃
Mode 4 (자연인 주재)	양허안	미양허	수평적 양허 외 미양허	수평적 양허 외 미양허
	규제현황	원어민 보조교사 채용	사실상 개방	사실상 개방

주: 초·중등교육서비스의 경우 양허대상에 포함되어 있지 않으나 여타 부문과의 비교를 위해 제시함.
출처: 유현숙 외(2006). 한·미 FTA 교육서비스 협상전략 및 사회·경제적 파급효과 연구. 한국교육개발원.

제한 없이 완전히 개방되어 있다. 자연인 주재(Mode 4)의 경우도 의사에 반한 휴직, 면직 등의 경우를 제외하고는 개방되어 있다. 해외 분교와 같은 상업적 주재(Mode 3)의 경우는 개방되어 있으나 비영리법인에 한정되어 있고, 수도권 설립이 제한되는 등 많은 국내 규제가 존재한다.

성인교육부문의 경우는 1993년 한미투자환경개선위원회에서 학원을 개방하기로 합의한 이후 지속적으로 개방되어 국경 간 공급(Mode 1)이나 해외소비(Mode 2)의 경우 규제가 거의 없으며, 대부분의 규제가 Mode 3인 상업적 주재에 집중되어 있다.

4. 교육개방의 쟁점

1) 교육개방의 효과와 관련된 쟁점

교육시장 개방의 효과와 관련된 쟁점들을 살펴보면, 교육시장 개방을 적극적으로 촉구하는 찬성론자들은 교육시장이 개방되면 상당한 경제적 파급효과가 발생하게 될 것이고 (김준동, 2002; 김준동 외, 2002; 박순찬, 2002a, 2002b), 교육의 국제화가 촉진되고, 국내 교육시장의 경쟁력이 제고되는 한편(김남순, 2002; 이만희, 2002), 해외유학으로 인한 외화 유출을 방지할 수 있으며(이만희, 2002), 교육수요자의 양질의 교육에 대한 선택권이 확대될 것(김남순, 2002; 박순찬, 2002a)이라고 예측하고 있다. 반면, 교육시장 개방의 반대론자들은 교육시장이 개방되면 영리만을 추구하는 질 낮은 교육기관에 의해 저질의 교육서비스가 유입될 것이며, 교육의 상업화와 교육 불평등을 심화시켜 교육의 공공성을 침해하게 된다(류미경, 2002; 한대동, 2002)고 주장하고 있다. 이상에서 제시된 효과들 중에서 교육개방의 효과와 관련된 주요한 쟁점들을 긍정적 효과와 부정적 효과로 구분하여 구체적으로 살펴보면 다음과 같다.

(1) 긍정적 효과

① 교육의 국제경쟁력 제고

스위스 국제경영대학원(IMD)이 발표한 2007년 한국의 교육부문 국제경쟁력은 조사대상 55개국 중 29위로서, 2006년 42위에 비해 크게 높아졌다. IMD는 한국 교육에 대해 25～34세 인구의 고등교육 이수율, 학생의 학업성취도(PISA성적)를 강점요인으로 지적한 반면, 초 · 중등학교 교사 1인당 학생 수와 언어능력이 약점요인이라고 평가하였다. 2003년 OECD에서 주관한 만 15세 학생(고등학교 1학년)의 학업성취도 국제비교연구

(PISA)에 따르면, 문제해결력 1위, 수학 3위, 읽기 2위, 과학 4위로서 중등교육의 경우 전반적인 학업성취도는 높게 나타나고 있다.

향후 교육개방을 통하여 외국의 우수한 교육 프로그램 및 교육기관을 유치하게 되면 국내외 교육기관 간 경쟁을 초래함으로써 교육의 질 제고에 기여하게 될 것이고, 궁극적으로 교육부문의 국제경쟁력이 향상될 것이다. 특히, 고등교육시장에 국제적 기준을 공급하여 국내 고등교육서비스 산업의 경쟁력을 높일 수 있다. 교육부문의 개방을 통한 경쟁력 제고는 지식기반사회에 필요한 양질의 고급인력을 공급함으로써 국민경제의 발전에 기여할 수 있다는 데 그 의의가 있다.

② 교육의 국제수지 개선

외국인의 국내 유학(고등교육기관)은 2005년 약 2만 3,000명에 불과한 데 비해, 내국인의 해외 유학은 외국인의 국내 유학의 규모를 크게 상회하고 있다. 〈표 9-9〉를 보면, 초 · 중 · 고등학생, 대학생 및 일반인의 해외유학 및 연수는 2004년 약 39만 4,000명에서 2005년년 약 43만 7,000명으로 큰 폭의 증가추세를 보이고 있다.

한국은행의 통계에 의하면, 2006년 국내 금융기관을 통해 공식적으로 송금된 유학 · 해외연수 목적(생활비 포함)의 해외지출 규모는 33억 8,000만 달러에 이르고 있으나 외국인 학생의 국내 유학에 따른 유학연수 수입 규모는 1,200만 달러에 불과한 것으로 나타나 심각한 유학수지 적자를 보이고 있다(〈표 9-10〉 참조).

표 9-9 유학 · 연수현황

(단위: 명)

구분	계		초 · 중 · 고등학생								대학생 · 일반	
			소계		초		중		고			
	2004	2005	2004	2005	2004	2005	2004	2005	2004	2005	2004	2005
계	393,998	436,815	30,146	35,762	13,663	16,139	9,814	11,924	6,669	7,699	363,852	401,053
유학	192,560	214,237	16,446	20,400	6,276	8,148	5,568	6,670	4,602	5,582	176,114	193,837
연수	201,438	222,578	13,700	15,362	7,387	7,991	4,246	5,254	2,067	2,117	187,738	207,216

출처: 국무조정실(2007). 제주 영어타운 조성 추진방향.

표 9-10 해외유학수지 현황

(단위: 백만 달러)

연도	2004	2005	2006
유학연수 수입	14.8	15.9	12.6
유학연수 지출	1,855	2,494	3,381

출처: 한국은행 통계자료.

이와 같은 유학수지 적자는 교육시장을 개방할 경우 상당 부분 해소될 수 있을 것으로 예측되고 있다. 유현숙 등(2006)의 연구에 의하면, 교육시장 개방으로 인한 유학생 수 감소율의 변화에 따른 국제수지 개선효과는 〈표 9-11〉에서와 같이 예측되었다. 초 · 중 · 고등학교 유학생이 10%, 대학 및 대학원 유학생이 30% 줄어들 경우, 국제수지 개선 효과는 약 5억 1,000만 달러로 예측되었다. 또한, 초 · 중 · 고등학교 유학생이 10%, 대학 및 대학원 유학생이 40% 줄어들 경우, 국제수지 개선효과는 약 6억 5,000만 달러인 것으로 예측되었다.

표 9-11 교육시장 개방에 따른 국제수지 개선효과

(단위: %, 달러)

개방에 따른 유학생 수 감소율		총 유학비용	국제수지 개선 효과
초 · 중 · 고등학생	10	1,939,727,472	513,970,608
대학생 · 대학원생	30		
초 · 중 · 고등학생	10	1,805,427,072	648,271,008
대학생 · 대학원생	40		

출처: 유현숙 외(2006). 한 · 미 FTA 교육서비스 협상전략 및 사회 · 경제적 파급효과 연구. 한국교육개발원.

③ 교육의 국제화 · 세계화

우리나라 대학의 국제화 수준은 평균적으로 매우 낮은 것으로 보고되고 있다. 한국교육개발원의 통계에 의하면, 2006년을 기준으로 4년제 149개 대학의 평균 외국어 전용 강의의 비율은 1.8%이며, 국제화 관련 강좌의 비율은 1.7%에 불과하다. 한편,, 국내대학의 외국대학과의 학술교류 추진 현황(이주호, 2005)을 보면, 2004년을 기준으로 국내 396개 대학에서 외국대학과 학술교류를 추진하는 것으로 파악되었다. 그러나 국내로 유입되는 인원에 비해 국외로 나가는 인원이 더 많은 것으로 나타났는데, 교수교류는 약 2배의 차이가 나고 학생교류는 약 4배의 차이가 나는 것으로 조사되었다.

내국인의 해외유학에 비해 외국인의 국내유학의 규모는 매우 작지만, 최근에는 외국인 유학생 수가 증가추세를 보이고 있다. 〈표 9-12〉를 보면, 2006년 4월 1일 기준으로 국내 고등교육기관에 재학 중인 외국인 유학생은 약 3만 3,000만 명으로서 2001년 약 1만 2,000명에 비해 5년 동안 178% 증가하였고, 2005년 약 2만 3,000명과 비교해서는 44.5% 증가한 수치이다.

대학교육의 국제화를 위해서 보다 적극적인 교육개방이 추진된다면 외국의 우수한 교육기관이 국내에 진출하게 되고, 이로 인해 선진화 · 국제화된 교육 프로그램 및 인력을

표 9-12 연도별 국내 외국인 유학생 현황 (단위: 명)

연도	2001	2003	2004	2005	2006
학생 수	11,646	12,314	16,832	22,526	32,557

주: 2002년에는 통계가 집계되지 않음.
출처: 교육인적자원부(2006). 2006년도 외국인 유학생 통계조사.

도입하게 됨으로써 교육의 국제화가 가속화될 것이다. 반대로 우리나라 교육기관의 해외 진출도 가능해질 것이다. 2002년을 기준으로 국내의 9개 고등교육기관이 다양한 형태로 해외에 진출해 있고, 앞으로 해외진출을 계획하고 있는 교육기관도 상당수 존재한다(이만희 외, 2002). 이로 인해 교육서비스의 질을 높이고 새로운 대체적 수요기반을 개척하기 위한 방안의 하나로서 국제화가 더욱 확대될 것이다.

(2) 부정적 효과

① 질 낮은 교육서비스 유입 가능성

질 높은 교육과 교육공공성을 확보하기 위해서는 기본적으로 교육시설이나 교원자격, 교육과정 등에 대한 제도적인 기준과 원칙이 필요하다. 그러나 WTO 및 FTA 등과 같은 교역협상에서는 그와 같은 법적 규정을 해외 서비스 공급자의 시장접근을 막는 규제로 보면서 철폐를 요구한다. 따라서 교육기관의 자격기준 설정, 교육개방에 필요한 제도정비 등과 관련하여 적절한 준비 없이 교육서비스의 급격한 개방이 이루어질 경우 해외 저질 교육서비스가 국내로 무분별하게 유입될 가능성이 있다.

특히, 영리법인에 의한 대학 설립이 허용될 경우, 교육서비스의 질은 보장하기 어렵다. 해외유학의 비중이 점점 높아지고 영어권 국가를 선호하는 국내 풍토 속에서 이러한 해외대학들이 영리추구를 목적으로 하여 부실한 교육내용과 여건을 가지고 국내에 진출하게 된다면 국내 소비자를 보호하기 어렵기 때문이다. 또한 경제자유구역 내 해외 유수대학을 유치하기 위한 외국대학의 설립요건 완화조치는 부실한 교육여건을 가진 대학의 유입을 허용하게 되는 결과를 낳을 수 있다. 「외국교육기관특별법」이 제정됨에 따라 교지(校地)·교사(校舍) 등에 대하여 임차가 가능하게 되었고, 수익용 기본재산은 보증보험 가입으로 대체가 가능하게 되었다. 이로 대학 설립 시뿐만 아니라 설립 이후에도 대학에 대한 지속적인 재정투자를 유인하는 장치가 약화되었다고 볼 수 있다. 따라서 이러한 규제완화는 안정적인 교육여건 조성을 보장하기 어려우며, 그렇게 되면 결과적으로 학생들에게 피해가 돌아갈 가능성이 있다. 이는 원격교육 및 자연인 주재의 경우도 마찬가지로 적용될 수 있다. 저질의 교육서비스 유입은 곧 교육소비자에게 피해를 주고, 이는 궁극적으로 국내 교육의 질을 저하시키는 결과를 초래하게 될 우려가 있다.

② 교육의 상업화

외국의 교육기관이 영리법인으로 학교를 세울 수 있도록 허용되면 합법적으로 이윤을 추구하는 외국계 학교들이 생겨나게 되는 것이다. 이렇게 되면 형평성에 비추어 우리나라 사학재단에게도 영리법인 설립을 허용하는 문제가 발생하게 된다. 또한 WTO 및 FTA 교육서비스 협상원칙에 의하면, 현재 사학에 제공되는 국가지원금은 '평등한 시장접근을 막는 보조금' 제도로 규정될 수 있다. 결국 외국교육기관에까지 정부가 지원금을 제공하거나 또는 똑같이 제공하지 않게 될 것이다. 이와 같이 학교의 영리법인화 또는 국가지원금 제공여부 등의 문제는 학교 운영 전반에 있어서 교육의 공공성보다는 상업적 이윤추구를 우선시하게 할 수 있으며, 과도한 상업적 경쟁을 초래할 수 있다는 점에서 교육의 본질 훼손이 크게 우려된다. 교육의 공공성을 추구해야 하는 교육기관이 상업적 이윤추구와 경쟁에 몰두하게 된다면, 교육의 목적 · 내용 · 방법 등에 있어서 교육적 가치를 상실하게 될 위험이 존재하기 때문이다.

③ 교육서비스 가격의 상승으로 인한 교육불평등 심화

개방과 경쟁은 교육서비스의 산업적 기초를 마련하는 데 기여할 수 있으나 다른 한편으로 교육기관 간 차별화와 교육서비스 가격의 차등화를 초래할 수 있다. 특히, 영리법인의 학교설립이 허용될 경우 수익성을 목적으로 하는 해외 우수교육기관의 국내 진출은 국내 교육비의 상승 및 교육서비스 소비의 양극화를 초래하는 계기가 될 수 있을 것으로 예상된다.

현재 영리법인에 의한 학교설립이 허용되지 않고 있지만 인천경제자유구역 내 설립예정인 외국교육기관의 경우 등록금, 선발, 교육과정 운영에 있어서 국내 교육기관에 비해 상당한 수준의 자율성이 부여되었다. 외국교육기관(초 · 중등)의 등록금 수준은 연간 2만 달러 이상이 될 것으로 발표되었는데, 이는 교육개방으로 인한 외국교육기관 유입의 혜택이 대부분 고소득층 자녀들에게 주어지는 것임을 의미하는 것이다. 이러한 교육서비스 가격은 연쇄적으로 국내 교육기관의 교육서비스 가격의 상승을 야기할 것이다. 결국 저소득층 자녀들은 양질의 교육서비스를 제공받을 가능성이 희박해짐으로써 교육불평등이 심화될 것으로 예상된다.

2) 교육개방의 범위 및 요건과 관련된 쟁점

(1) 초 · 중등교육부문

WTO/DDA 교육서비스 협상에서 초 · 중등교육은 국민기초공통교육단계임을 감안하여 양허되지 않았다. 그러나 외국의 원격교육기관의 국내 진출 허용, 초 · 중학생의 해외유학 규제완화, 국내 초 · 중등학교에 외국인교사 확대, 내국인의 외국인학교 입학자격 등의 문제들은 지속적으로 초 · 중등교육부문의 개방과 관련된 대안으로서 쟁점이 되어 왔다. 또한 WTO/DDA 교육서비스 협상에서 초 · 중등교육은 양허되지 않았지만, 「외국교육기관특별법」에 근거하여 경제자유구역 내에서는 외국 초 · 중등학교의 진출이 허용됨에 따라 내국인 입학허용 여부, 학력인정 여부, 결산잉여금의 송금허용 여부 등의 문제가 지속적으로 논란이 되어 왔다. 이에 따라 정부가 경제자유구역을 통해 자발적으로 각종 규제를 완화함으로써 실질적으로 초 · 중등교육 시장개방을 추진하고 있으며, 이는 곧 WTO/DDA 협상 또는 FTA에서 외국이 초 · 중등교육부문의 시장개방을 요구하는 계기가 될 수 있다는 비판이 강하게 제기되어 왔다.

이에 대해 정부는 경제자유구역 내 외국교육기관의 설립 문제는 WTO/DDA 협상 또는 FTA와 무관하게 단지 국제화 차원에서 정부가 적극적으로 추진하는 정책적 조치라고 설명하고 있다. 덧붙여 WTO/GATS 체제는 회원국들이 자국의 공교육을 보호할 권리가 있음을 명확히 밝히고 있으며, 한 · 미 FTA에서도 양국은 공교육단계인 초 · 중등교육의 미양허원칙에 합의하고 있다는 점을 강조하고 있다. 따라서 경제자유구역 내 외국교육기관 설립을 계기로 국제교역협상에서 초 · 중등학교 시장개방 논의가 전개될 가능성은 없다는 것이다.

(2) 고등교육부문

고등교육부문에서 Mode 1 형태인 원격교육의 개방은 최근 큰 쟁점이 되고 있다. 원격고등교육기관은 비교적 느슨한 형태의 규제와 질 관리시스템에 의해 운영됨으로써 저질의 교육서비스 유입가능성을 배제할 수 없기 때문이다.

수요자가 공급국으로 이동하는 해외 소비의 형태인 Mode 2의 대표적 예는 해외 유학으로서, 현재 완전개방 상태이다. 대학생들의 해외유학은 최근 급격하게 증가하여 미국 내 외국유학생들 중에서 한국 학생의 비중이 2위를 차지하고 있다. 이러한 상황 속에서 유학으로 인한 피해를 최소화하고 외국의 학생들의 국내 유입을 극대화하기 위한 대안 모색이 중요한 쟁점이 되고 있다.

Mode 3 형태의 대표적 예인 해외 분교의 국내 설립문제는 고등교육부문에 있어서 큰 쟁점이 되어 왔다. 그중 영리법인의 진출을 허용할 것인가의 문제는 그 경우 악덕 공급자의 양산이 우려되고, 이로 인한 질 낮은 교육서비스의 공급이 초래될 수 있기 때문에 가장 큰 논란이 되어 왔다. 또한 영리법인의 진입을 허용할 경우 내외국인 차별금지 조항에 따라 국내의 대학들에 대해서도 영리법인으로의 전환을 허용해야 하는 문제가 발생하게 된다. 이는 국내 사립교육기관에 대한 근본시스템을 전환하는 결과를 초래함으로써 파급효과가 매우 클 것으로 예상된다. 수도권지역에 외국대학의 설립을 허용하는 문제도 논란이 되어 왔다. 수도권에서는 「수도권정비계획법」에 의해 대학정원이 제한되어 있어서 대학 설립이 불가능한데 외국대학의 적극적인 유치를 위해서 대학의 수도권 설립을 허용해야 한다는 주장이 제기되어 왔다. 현재 「외국교육기관특별법」에 의해 예외적으로 수도권인 인천경제자유구역 내에서 해외대학 설립이 허용되고 있다. 그 밖에 학교설립 및 인가기준인 교사 및 교지의 소유, 수익용 기본재산 소유 등의 국내 규제완화와 관련된 쟁점이 있다.

Mode 4 형태의 대표적 예는 외국교원의 채용문제인데, 현행 대학교원은 외국인에게도 채용이 개방되어 있다. 「교육공무원법」 제10조 2항(외국인교원)은 대학은 교육 또는 연구를 위하여 외국인을 교원으로 임용할 수 있음을 규정하고 있다. 고등교육의 국제화 · 개방화추세를 고려할 때 우수 외국인교수의 국내 유치는 필수적이나, 그 자격기준은 쟁점사항이 되고 있다.

(3) 성인교육 및 기타교육 부문

성인교육과 관련된 주요 쟁점은 학원설립의 형태와 종류의 제한, 직업훈련기관의 자격 및 형태, 학원수강료문제, 자격증 상호인정문제 등이다. 기타교육은 초 · 중등학교 대상학원, 교습소 및 개인과외 등이 해당되나, 특히 미국의 입장에서 관심을 갖는 부문은 각종 어학시험 평가기관, 적성검사기관 등이다. 이 부분은 한국에 비하여 미국이 경쟁력을 갖고 있는 분야로서, 각종 어학시험에 관련된 부문이 개방될 경우 국내 어학교육 및 더 나아가 국내 교육과정에 지대한 영향을 미치게 될 것이므로 이는 큰 쟁점이 되고 있다.

5. 교육개방의 발전과제

1) 교육개방에 관한 전문적 연구체제 구축

그동안 교육개방과정에서 정부는 구체적인 대안들의 파급효과를 실증적으로 분석하고

자 한 노력이 미흡하였다. 이로 인해 교육개방을 둘러싼 다양한 대안들이 크게 쟁점화 되었고, 극렬한 사회적 혼란과 갈등이 야기되었다. 이러한 국가적 분열과 갈등을 방지하기 위해서는 국민들에게 교육개방과 관련된 대안에 대한 객관적인 정보를 사전제공함으로써 왜곡된 이해관계를 바탕으로 한 이익집단의 극단적인 요구를 차단할 필요가 있다. 정책의 이해관계자들이나 일반국민들은 종종 왜곡되거나 모호한 정보에 근거하여 어느 한쪽의 대안을 주장하게 될 수 있다. 그러나 대안에 대한 객관적이고 정확한 정보가 제공된다면 정책행위자들 역시 집단이기주의적 사고에 근거하여 왜곡된 주장을 하기는 어렵게 될 것이다.

교육개방은 일시적이고 단기적인 현상이 아니라 사회전체의 개방화 추세에 따라 지속적이고 장기적으로 추진이 요구되는 정책적 현상이라고 할 수 있다. 따라서 교육개방을 장기적 관점에서 체계적으로 연구할 수 있는 전문적 연구체제의 수립이 요청된다. 이러한 전문적 연구체제는 비적극적이고 형식적인 정부의 정책대응을 정당화해주는 상징적 역할을 하기보다는 교육시장 개방에 대처할 수 있는 구체적인 대안에 대한 탐색과 그러한 대안이 가져오는 파급효과에 대한 객관적 분석을 수행해야 할 것이다.

2) 이해관계자들 간의 의견수렴을 위한 절차 제도화

교육개방을 효과적으로 추진하기 위해서는 극단적으로 대립하고 갈등하는 정책 이해관계자들의 가치를 조정할 수 있는 완충장치가 필요하다. 교육개방과 관련된 그동안의 일시적인 설명회, 토론회, 협의회 등은 상충적인 이해관계를 갖는 집단들의 의견이 조정되거나 공통되는 가치가 도출되는 계기가 되지 못하였다. 따라서 먼저 정책과 관련된 이해관계자들 간의 교육개방과 관련된 공통적 가치를 창출함으로써 상반된 이해관계와 요구에 대한 조정이 실질적으로 이루어질 수 있는 새로운 제도적 장치를 수립해야 할 필요가 있다. 그리고 여기에 정책 이해관계자들의 조직화된 역량이 투입됨으로써, 보다 근본적이고 거시적으로 교육시장 개방을 바라보고 이에 대비하는 제도를 구안하는 데 활용될 수 있어야 할 것이다.

이러한 의미에서 새로운 제도적 장치는 대립하는 이해관계자들의 이해관계를 반영할 수 있는 공정한 토론절차의 설계가 중요하다. 공정한 절차에 따른 공개적인 의사소통은 정책행위자 간의 신뢰를 결정짓는 중요한 변수가 되기 때문이다. 또한 시장개방의 현안에 급급한 찬 · 반논의보다는 교육시장 개방에 근본적으로 대비할 수 있는 문제, 가령 교육체제의 글로벌 스탠더드를 구축하기 위해 요청되는 교육의 질 보장 및 인증체제, 자격의 상호인정체제 등에 대한 공동의 연구 및 논의가 새로운 제도적 장치내에서 이루어져야 할 것이다. 교육시장 개방에 관한 이러한 주제들에 대한 정책 이해관계자들간의 공동의 접근은 그들에게 공통적인 관심을 부여함으로써 대립과 갈등을 해소할 수 있는 계기가 될 수 있을 것이다.

3) 국내대학 분교 외국 설립 및 외국인학생의 국내 유치

적극적 교육개방을 위해서는 외국교육기관이나 교육서비스의 유입에만 몰두할 것이 아니라 국내대학의 분교를 외국에 설립하거나 외국인학생을 국내대학에 유치하는 문제에도 힘을 쏟아야 할 것이다. 최근 정부의 외국인 유학생 유치정책(Study Korea 프로젝트)과 국내대학의 적극적인 외국인유학생 유치활동 결과, 2006년 4월을 기준으로 국내 고등교육기관에 재학 중인 외국인유학생은 총 3만 2,557명으로서 2001년 1만 1,646명에 비해 5년 동안 178%가 증가하였고, 2005년 2만 2,526명과 대비할 경우 44.5% 증가하였다.

정부는 정부초청 외국인장학생을 확대하고 한국유학박람회 및 한국유학안내시스템을 통해 한국유학을 적극적으로 홍보하는 한편, 영어전용강좌 및 한국어 연수 프로그램 개설지원을 통해 대학의 유학생 유치여건을 지속적으로 개선해 나갈 계획을 밝히고 있다. 이와 같이 교육개방을 수세적 입장에서 관망하기보다는 공세적 입장에서 전략적으로 교육개방을 추진할 필요가 있다.

4) 교육인적자원부와 경제부처 간의 유기적 연계 및 협조체제 구축

현재 「외국교육기관특별법」 및 「동법 시행령」에서는 외국교육기관 설립 및 운영에 있어서 교육인적자원부, 지역교육청, 그리고 경제부처 간의 연계 및 상호협조체제 구축과 관련된 실질적인 규정이 미흡하다. 「외국교육기관특별법」에 의하면, 외국교육기관의 설립승인(제5조) 및 폐쇄승인(제16조), 지도 · 감독(제9조) 등에 대한 교육인적자원부 장관의 권한을 규정하고 있다. 외국교육기관의 설립 및 운영에 있어서 교육인적자원부처의 권한이 인정되고 있지만 이에 관한 실질적인 업무권한은 재정경제부에 있다. 즉, 현재 인천경제자유구역 내 외국교육기관의 설립에 관한 업무는 재정경제부 소속 인천경제자유구역청에 의해 주도적으로 추진되고 있으며, 인천광역시교육청 또는 교육인적자원부와는 거의 공조가 이루어지지 않고 있다.

경제자유구역의 특성상 외국교육기관의 설립 및 운영은 반드시 자율성이 전제되어야 한다. 그러나 교육인적자원부 또는 교육청에 의한 일방적인 감독 및 통제는 지양하되, 외국교육기관 및 경제부처와 교육청 및 교육인적자원부처 간의 상호유기적인 연계 및 협조체제 구축은 그 필요성이 충분히 인정된다. 이러한 상호연계 및 협조체제는 경제자유구역 내 외국교육기관과 유사한 교육기관을 경제자유구역이 아닌 다른 지역에서 설립 및 운영하고자 할 때 유용하게 활용되어 국가의 전체적인 행정력 낭비를 방지할 수 있다. 예컨대, 외국교육기관을 설립 및 운영하는 과정에서 활용된 실무적인 지침이나 자료들은 앞으로 설립될 가능성이 있는 유사한 국제학교들을 설립하는 과정에서도 활용가능하다.

5) 해외 유수대학 분교의 적극적 유치

현실적으로 많은 초 · 중등학생들이 조기유학의 형태로 외국에 나가고 있다는 점을 감안한다면 경제자유구역과 같은 특별한 구역에 한정적으로 양질의 교육조건을 제공하여 이러한 수요를 흡수할 필요가 있다. 현재 인천경제자유구역에서 설립이 추진되는 외국교육기관은 유치원에서부터 고등학교 과정이 운영될 예정이지만, 향후 경제자유구역 또는 제주국제자유도시 등에 해외 유수대학의 분교를 유치하여 운영할 필요가 있다. 윤정일 · 백순근(2006)의 연구에서는 자녀의 조기유학 또는 외국교육기관의 입학을 결정하는 데 있어서 명문대학, 특히 외국대학 진학의 가능여부가 크게 고려되고 있는 것으로 나타났다. 또한 급증하는 해외대학으로의 유학으로 인해 외화유출의 규모가 상당수준에 이름에 따라 해외 유수대학의 분교를 유치하고자 하는 국가적 차원의 노력이 요청된다.

앞에서 살펴본 바와 같이, 우리나라도 현재까지 외국대학의 유치를 위해 분교 설립과 관련된 규제들을 완화하는 노력을 기울여 왔다. 즉, 인천 등의 경제자유구역과 같은 수도권 내 외국대학 설립허용, 교지 · 교사 등의 임차허용, 수익용 기본재산의 보증보험가입 대체허용 등이 그것이다. 그러나 이러한 정도의 규제완화는 해외 유수대학에게는 실질적 유인책이 되지 못함에 따라 2008년 현재 외국대학 유치성과는 전무한 실정이다. 정부는 대신에 국제수준의 고등교육이 이루어질 수 있도록 국내대학과 외국대학과의 공동 · 복수 학위제를 운영하고, 학술교류를 확대하는 노력을 기울여 왔다. 앞으로 외국대학 유치의 실질적 성과를 얻기 위해서는 싱가포르와 같은 정부적 차원의 재정적 인센티브를 제공하는 방안을 적극적으로 검토할 필요가 있다.

6) 다양한 특성화학교의 설립 · 운영

윤정일 · 백순근(2006)의 연구에서 실시한 설문조사 결과, 해외 조기유학과 같은 효과를 얻을 수 있다는 기대로 인해 인천 외국교육기관에 대한 수요는 해외 조기유학 수요와 비교할 때 별 차이가 나지 않는 것으로 나타났지만, 경제자유구역 내 외국교육기관과 같은 형태의 외국인학교를 확대하는 데는 한계가 있다. 따라서 특성화학교의 형태로 외국인교사와 우수한 외국 프로그램을 도입하여 외국어로 수업하는 '국제학교'를 설립 · 운영하는 방안이 모색될 필요가 있다. 실제로 인천광역시교육청은 경제자유구역 내 외국교육기관의 설립에 대응하여 가칭 인천국제학교 설립을 추진하고 있다. '가칭 인천국제학교의 설립 · 운영방안 연구' (성열관 외, 2005)에 의하면, 인천국제학교는 공립 특성화학교의 형태로 운영하되 IB(International Baccalaureate) 교육과정의 도입을 신중히 검토하고 영어를 공용어로 사용하면서 국제화시대에 국제적 소양 및 자유로운 의사소통 능력을 가진 인재를 양성하게 된다. 한편, 이러한 형태의 특성화학교가 확대될 경우에는 현행 대학입시제도에서 특성화학교 졸업생들의 국내대학 진학을 위한 특별전형이 보완될 필요성이 제기된다. 또한 이러한 특성화학교의 교육의 질을 보장하기 위한 근본적인 방안으로서 지방자치단체로부터의 재정지원의 획기적 증대가 요청된다.

참 고 문 헌

교육인적자원부(2002). 민관합동WTO교육서비스협상협의회 1차 회의자료.

__________(2004). 한-칠레, 한-일본, 한-싱가포르 자유무역협정(FTA) 추진 현황.

__________(2005a). WTO 제2차 양허안 관련 외교통상부 협의 결과. 2005년 국정감사자료.

__________(2005b). DDA 협상 교육부문 진행상황. 2005년 국정감사자료.

__________(2007). 한미 FTA 협상결과 자료.

교육인적자원부 국제교육협력과(2002). 각 국의 협상제안서 요약.

교육인적자원부 국제교육협력과(2003). 대학기획(처)실장 대상 설명회 자료.

국회사무처(2005). 2005년도 재정경제부 경제자유구역기획단 국정감사자료.

국회사무처 예산정책국(2003). 2003년도 국정감사자료집(8).

김남순(2002). 교육서비스 개방에 대한 논의. 교육시장 개방에 대한 광주지역토론회 자료집. 교육인적자원부.

김신일(2000). 새 시대 교육에 대한 한 시각. 한국교육연구, 6(1).

김준동(2002). 교육서비스 분야 협상의 논의동향. 'WTO 도하 개발 아젠다 협상' 교육서비스 분야의 논의동향과 대응방향. 대외경제정책연구원.

김준동 · 박순찬 · 고준성 · 구문모(2002). DDA 서비스협상의 주요 쟁점 및 정책 대응방향: 법무 · 시청각 · 교육서비스를 중심으로. 대외경제정책연구원.

김홍원(2005). 조기유학에 관한 국민의식과 실태에 관한 설문조사. 한국교육개발원.

김환식 외(2002). 평생직업교육시장 개방에 따른 대응방안. 한국직업능력개발원.

대외경제정책연구원(2002). DDA 협상의 주요 쟁점과 우리의 대응 방향. DDA협상 대연찬회 토론자료.

류미경(2002). 도하개발의제에 따른 자유화 · 개방정책은 즉각 중단되어야 한다. 교육개방, 무엇이 문제인가?(2002 교육정책토론회자료집).

박순찬(2002a). 고등교육의 역할과 개방의 영향. 교육시장 개방에 대한 서울지역토론회자료집. 교육인적자원부.

박순찬(2002b). 도하개발아젠다(DDA) 협상에서의 교육서비스 논의 동향. 교육개방, 무엇이 문제인가?(2002 교육정책토론회자료집). 교육인적자원부.

성열관 · 김성기 · 하봉운 · 유진호(2005). 가칭 인천국제학교 설립 · 운영방안 연구. 인천광역시교육청.

왕한신 · 박철희 · 김성기 · 유진호(2004). 경제자유구역 지정이 인천광역시 초 · 중등교육에 미칠 영향에 관한 연구. 인천광역시교육청.

유현숙 외(2004). FTA 교육서비스 협상 정책 연구. 한국교육개발원.

________(2006). 한 · 미 FTA 교육서비스 협상 전략 및 사회 · 경제적 파급효과 연구. 한국교육개발원.

윤정일 · 백순근(2006). 인천 경제자유구역 내 외국교육기관 설립이 조기유학 수요에 미치는 영향 분석. 교육행정학연구, 24(2).

이만희(2002). 고등교육시장의 개방과 쟁점. 교육시장 개방에 대한 부산지역토론회 자료집. 교육인적자원부.

이만희 · 김규태 · 성극제 · 최돈민(2002). WTO 교육서비스 협상안에 관한 정책연구. 한국교육개발원.

이정미(2006). 교육시장 개방에 대한 정책대응 분석. 서울대학교 박사학위논문.

이주호(2005). 대학교육의 국제화 현황과 발전방안(2005년 국정감사 자료집, 5).

주경복(2002). 교육시장 개방의 문제 인식과 바람직한 교육정책. 교육시장 개방에 대한 서울지역토론회 자료집. 교육인적자원부.

주삼환(2002). 고등교육의 시장 개방과 선택. 교육시장 개방시대의 선택. 한국교육개발원.

최낙균 · 박순찬(2002). DDA 협상의 시나리오별 경제적 효과 분석. 대외경제정책연구원.

최돈민(1994). 교육시장 개방과 대책. 초등 우리교육.

______(2001). 세계화에 따른 교육시장 개방현실과 대응논리. 교육개발, 5-6.

최돈민 · 권두승 · 정민승(2002). WTO 교육서비스 시장 협상에 대비한 성인교육 협상 전략과 발전 방안 탐색. 한국교육개발원.

최운실(1994). 교육시장 개방의 함의와 대응전략. 연세 교육학 연구, 8.

최운실 · 최돈민(1991). 교육부문 시장개방의 전망과 대책 연구. 한국교육개발원.

한국은행 통계자료(2004-2006).

한대동(2002). 교육시장 개방에 대한 반대론. 교육시장 개방에 대한 부산지역토론회 자료집. 교육인적자원부.

한미자유무역협정체결지원위원회(2007). 한미 FTA 관련 통계.

Atlinger & Enders (1996). *WTO service database output.*

Knight, J. (2003). GATS, Trade and Higher Education Perspective 2003-Where are We?

The Observatory on Borderless Higher Education. London: United Kingdom.

OECD (2002). *GATS: The Cases for Open Services Markets.*

UNESCO (2006). *Higher Education Crossing Borders: A Guide to the Implications of the General Agreement on Trade in Service (GATS) for Cross-border Education.*

Van Damme, D. (2002). *Trends and Models in International Quality Assurance and Accreditation.*

Vläsceanu, L. (2002). *Copying with Uncertainties in Higher Education: The Clash between Academic Traditions, Markets and GATS.* UNESCO Paris.

제 10 장

학교체제의 다양화

1. 서 론

우리나라에서는 1974년부터 고등학교평준화제도를 도입하여 시행하고 있다. 고등학교평준화제도는 대학입시를 위한 과열경쟁을 해소하여 입시 위주의 파행적인 교육 운영을 정상화하고 국민의 사교육비를 경감하였으며, 고등학교의 서열화에 따른 학력차별과 사회적 위화감을 완화하는 데 크게 기여하였다. 특히, 입시경쟁 대신에 추첨배정방식을 통해 고등학교에 진학할 수 있도록 함으로써 중학교학생들을 극심한 입시지옥으로부터 해방시켜 건전한 심리적 · 정서적 · 신체적 발달을 도모하도록 하는 데 크게 기여하였다.

그러나 고교평준화제도는 교육여건과 환경이 다른 고등학교들을 인위적으로 평준화하는 과정에서 성과와 함께 많은 문제점들을 파생시켰다. 우선 추첨배정방식을 통한 획일적인 학생선발로 인해 학습경험과 능력의 차이가 큰 이질집단의 학생들을 한 학교에서 가르쳐야 하는 어려운 상황을 초래하여 수업의 효율성을 저해하고, 교수-학습분위기를 악화시키는 등의 문제가 생겨났다. 또 실력보다는 행운에 좌우되는 추첨에 의한 배정 방식으로 학생과 학부모의 학교선택권을 제한하여 국민들의 다양한 교육욕구를 좌절시키고 사교육과 조기유학을 부추기는 문제를 야기하였으며, 우수한 학생들의 학력이 저하되고 있다는 소위 '학력의 하향평준화' 논란을 일으키는 등 여러 가지 문제들을 초래하였다.

---

* 조동섭(경인교육대학교)

이에 따라 정부에서는 시행 초기부터 평준화제도 보완을 위한 정책적 노력들을 지속적으로 추진하였다. 교과별 · 수준별 이동수업의 실시와 과학고등학교의 설치(1982년), 외국어고등학교의 신설과 과학고등학교의 확충을 주요 내용으로 하는 고등학교체제의 다양화 정책 추진(1990년), '학군 내 선지원 후추첨 방식'을 통한 학생선발방식의 개선(1996년), 고등학교 설립 준칙주의 도입을 통한 학교유형의 다양화정책 추진(1997년), 특성화고등학교의 도입과 특수목적고등학교의 확대(1997년), 자율학교제도의 도입(1999년), 자립형 사립고등학교제도의 도입(2002년), 개방형 자율학교제도의 도입(2006년) 등이 그 대표적인 노력들이다. 그러나 이러한 노력들은 어느 정도 성과를 거두기는 했지만, 평준화제도의 기본 골격을 유지하는 선에서 이루어져 근본적인 문제점들을 해소하는 데는 여전히 한계를 지니고 있었다는 지적을 받고 있다.

이에 따라 최근에는 이러한 문제점들을 근본적으로 해결하기 위한 여러 가지 방안들이 다양하게 제기되고 있다. 즉, 평준화제도에서 벗어난 다양한 학교의 확대와 함께 새로운 학교의 설치를 통해 교육수요자의 다양한 교육욕구를 충족시키고 지식기반사회가 필요로 하는 우수한 인재들을 육성할 수 있는 기반을 갖추기 위한 여러 가지 방안들이 다각도로 모색되고 있다. 이 장에서는 이러한 방안들 가운데 고등학교유형의 다양화와 관련하여 최근에 추진되고 있는 학교체제의 다양화정책에 대해 살펴보기로 한다. 이를 위해 여기서는 우선 그러한 학교체제 다양화정책의 추진과정을 살펴보고, 다양한 학교체제의 현황과 문제점을 검토하여 주요 쟁점 및 개선을 위한 방향과 과제에 대해 논의해 보기로 한다.

2. 학교체제 다양화정책의 추진과정

앞서 살펴본 것처럼, 고교평준화제도는 많은 성과를 거두었지만 그와 함께 여러 가지 문제점을 파생시켰다. 이에 정부에서는 고등학교평준화제도의 문제점들을 해소하기 위해 다양한 보완방안을 마련하여 시행하였다. 그중 평준화제도가 지닌 획일성을 보완하기 위한 방안이 바로 고등학교체제의 다양화정책이다. 즉, 평준화제도가 지닌 획일성의 문제를 극복하고 교육수요자들의 다양한 욕구를 충족시키기 위해 여러 가지 유형의 다양한 학교체제를 마련한다는 정책이다.

이러한 학교체제의 다양화정책은 두 가지 방향에서 추진되었다. 그 하나는 새로운 학교들을 설립하여 점진적으로 확대하는 방향이었고, 다른 하나는 일반계고등학교를 새로운 학교유형으로 지정하여 확대하는 방향이었다. 전자의 대표적인 예로는 특수목적고등학교와 영재학교의 설립정책을 들 수 있으며, 후자의 예로는 특성화고등학교, 자율학교,

자립형 사립고등학교, 개방형 자율학교 지정 운영정책을 들 수 있다.

우선 새로운 학교유형의 설립을 통한 학교체제의 다양화정책은 특수분야의 전문적인 교육을 위해 도입한 특수목적고등학교의 설립으로 나타난다. 특수목적고등학교는 고교평준화제도가 도입된 1974년 이후 예술고등학교와 체육고등학교의 설립을 시작으로 1982년부터 과학고등학교, 1990년부터 외국어고등학교, 그리고 1998년 국제고등학교의 설립으로 이어져 왔다. 이들 외에도 공업고등학교를 포함한 일부 실업계(이하 전문계) 고등학교를 특수목적고등학교로 지정하여 운영하여 왔다. 이들은 학생과 학부모의 학교선택권을 확대하고 교육의 수월성을 추구한다는 취지에서 평준화제도의 틀에서 벗어나 학교를 자율적으로 운영할 수 있도록 했는데, 전국단위의 학생선발, 교육과정 편성 · 운영의 자율화 등이 그러한 자율 운영의 내용이라고 할 수 있다.

영재학교의 설립도 특수목적고등학교 확대정책의 일환으로 추진되었다. 2001년에 정부는 과학영재를 조기에 발굴하여 국가발전에 이바지할 우수한 과학인재로 육성함으로써 '과학기술한국'의 초석을 만들겠다는 취지로 부산에 영재학교를 설립하였다. 영재학교는 2002년에 부산과학고등학교에서 전환된 것으로 2005년에 다시 한국과학영재학교로 교명을 변경하여 본격적인 과학영재교육을 실시하고 있다. 이에 따라 학생선발방법과 교과과정이 전면 개편되고, 선택과목이 다양하게 개설되어 개인의 적성과 능력에 따른 맞춤식 수업을 실시함으로써 세계적인 과학영재학교로의 발전을 모색하고 있다.

한편 새로운 학교유형으로의 전환을 통한 학교체제의 다양화정책은 특성화고등학교의 운영으로 나타난다. 특성화고등학교는 1995년에 교육개혁위원회의 「신교육체제 수립을 위한 교육개혁방안(Ⅰ)」에서 제시한 '고교체제의 다양화 · 특성화 · 자율화' 정책이 추진되면서 도입되었고, 특히 1996년 「신교육체제 수립을 위한 교육개혁방안(Ⅱ)」에서 제시한 '고등학교단계 직업교육의 다양화' 방안에 의해 구체화 · 제도화되었다.

이 방안은 학생들이 자신의 능력과 적성에 따라 진로를 조기에 결정하여 전문가로 성장할 수 있도록 하기 위해 정보, 디자인, 전자통신, 대중음악 등 전문분야의 특성화고등학교를 설치하되, 기존의 전문계고교를 자율적인 결정에 따라 특성화고등학교로 전환시킨다는 것을 주요 내용으로 하고 있다. 이를 위해 1998년에 「초 · 중등교육법 시행령」을 제정하여 고등학교 설립 준칙주의를 법제화하고, 특성화고등학교를 전문계고교 육성방안의 하나로 확대 추진하게 되었다.

특성화고등학교는 소질과 적성 및 능력이 유사한 학생을 대상으로 특정분야의 인재양성을 목적으로 하는 교육 또는 자연현장실습 등 체험 위주의 교육을 전문적으로 실시하는 고등학교를 말한다. 이러한 특성화고등학교는 두 가지 유형으로 구분된다. 그 하나는 학생들의 능력 · 적성 · 흥미 · 요구에 맞는 특정분야에서 전문적이고 집중적인 직업교육을 실시하여 전문직업인력을 양성하는 직업분야의 특성화고등학교이며, 다른 하나는 정규학교에 적응하지 못하거나 만족하지 못해 중도탈락한 학생들을 대상으로 인성교육, 자연친화적 교육활동을 실시하여 건전한 시민으로 육성하기 위한 대안교육분야의 특성화고등학교이다. 이들 특성화고등학교는 학교 다양화의 취지에 따라 전국단위의 학생선발, 교육과정 편성 · 운영의 자율화, 교원임용의 자율화(정원의 1/3 내에서 교원자격증이 없는 산학겸임교사를 임용할 수 있음), 납입금의 자율책정(교육감의 지정을 받은 사립학교는 납입금을 자율적으로 책정할 수 있음) 등 자율권을 부여받아 교육을 실시하고 있다.

특성화고등학교 외에도 시 · 도교육감은 일반학교들을 다양한 유형의 학교로 지정하여 운영할 수 있다. 그러한 학교들로는 자율학교, 자립형 사립고등학교, 개방형 자율학교 등이 있다.

자율학교제도는 교육개혁위원회의 제안에 따라 1996년에 교육인적자원부에서 자율성을 부여할 수 있는 실험적 학교로 '탈규제 학교' (regulation-free school) 제도의 도입을 모색한데서 비롯되었다. 이것은 1998년에 교육인적자원부의 '자율학교 시범운영계획' 으로 구체화되어 1999년부터 특성화고등학교 7개교, 예 · 체능계고 8개교 등 15개교를 지정하여 시범운영을 한 후 2002년에 평가를 거쳐 2003년부터 확대되었다(김영철 외, 2003: 71-72). 자율학교는 전국단위의 학생선발, 교장 및 교사 임용의 자율, 교육과정 편성 · 운영의 자율, 교과용 도서의 자율사용, 납입금의 자율책정 등의 권한을 부여받아 자율적으로 제정한 학교헌장에 따라 학교를 운영하고 있다.

이러한 자율학교제도 외에도 2002년부터는 자립형 사립고등학교(자사고)제도가 시범도입되었다. 자사고는 교육개혁위원회와 새교육공동체위원회의 제안에 따라 2001년에 교육인적자원부에서 추진계획을 마련하여 시행된 것인데, 이는 재정이 건실한 사립고등학교에 건학이념에 맞는 특성화된 교육 프로그램을 운영할 수 있도록 학사 · 재정 운영상의 자율권을 폭넓게 부여하기 위한 것이었다. 이에 따라 자사고에는 전국단위의 학생선발권과 교육과정 편성 · 운영의 자율권, 교원임용의 제한적 자율권, 납입금의 자율책정권(일반학교의 3배 이내)과 함께, 법인전입금의 납부(학생납입금의 20% 이상) 및 장학금 지급(학생의 15% 이상)을 의무화하였다.

2007년부터는 개방형 자율학교제도가 도입되었다. 개방형 자율학교는 2006년에 공영형 혁신학교라는 이름으로 추진계획을 수립하여 2007년부터 시범학교를 지정하고 본격적인 확대를 준비하고 있다. 개방형 자율학교는 교육과정 등의 측면에서 기존의 자율학교의 틀을 유지하면서도 학교 운영주체를 대학, 민간단체, 공모 교장 등에 개방하고, 학교교육력의 극대화를 위해 지역사회와의 유기적인 연계를 강조하는 지역사회학교 형태의 새로운 학교라고 할 수 있다.

3. 학교체제의 다양화 현황과 문제점

1) 학교체제의 다양화 현황

앞서 살펴본 것처럼, 학교체제의 다양화정책에 의해 도입·운영되고 있는 대표적인 새로운 학교유형은 특수목적고등학교, 영재학교, 특성화고등학교, 자율학교, 자립형 사립고등학교, 개방형 자율학교 등이다. 이들은 학교의 성격, 교육대상, 교육과정과 교육내용 등에서 일반계고등학교나 전문계고등학교와는 다른 특징을 가지고 있다. 고등학교의 유형별 주요 특징을 요약 정리해 보면 〈표 10-1〉과 같다.

표 10-1 고등학교 유형별 특징

<table>
<tr><th>구분</th><th>일반계 고교</th><th>전문계 고교</th><th colspan="6">특수목적고등학교</th><th colspan="2">특성화 고등학교</th><th>영재학교</th><th>자율학교</th><th>자립형 사립고</th><th>개방형 자율학교</th></tr>
<tr><td>계열</td><td>일반계</td><td>전문계</td><td>전문계</td><td colspan="5">기타계</td><td>일반계</td><td>전문계</td><td>전계열</td><td rowspan="2">전학교</td><td rowspan="2">사립고</td><td rowspan="2">전학교</td></tr>
<tr><td>학교 종류</td><td>일반고</td><td>농고등</td><td>공업계 등</td><td>과학고</td><td>외고</td><td>예고</td><td>체고</td><td>국제고</td><td>대안 교육</td><td>직업 교육</td><td>영재학교</td></tr>
<tr><td>목적</td><td colspan="2">기초적인 전문 교육</td><td colspan="6">특수분야의 전문적인 교육</td><td colspan="2">인재양성, 체험 위주 교육</td><td>영재교육</td><td>학교교육 다양화</td><td>학교 선택권 확대</td><td>전인교육 실현</td></tr>
<tr><td>지정 권자</td><td colspan="10">시·도교육감</td><td>교육인적자원부장관</td><td>시·도교육감</td><td colspan="2">교육감 추천, 교육인적자원부장관 지정</td></tr>
<tr><td>학생 선발</td><td>평:배정
비:선발</td><td colspan="2">학교별/
전국단위</td><td colspan="2">학교별
광역(인근)</td><td colspan="2">학교별/
전국단위</td><td>광역
(인근)</td><td colspan="3">학교별/전국단위</td><td colspan="2">학교별/지역,전국 단위</td><td>협약</td></tr>
<tr><td>학생 진로</td><td>진학</td><td colspan="2">취업, 진학</td><td colspan="5">해당분야의 고등교육기관에 진학
* 대학선수, 실업, 프로 등 선수</td><td colspan="2">취업, 진학</td><td>진학</td><td colspan="3">진학, 취업</td></tr>
<tr><td>설립 운영</td><td colspan="10">설립·운영권자 동일(국·공·사립)</td><td>설립·운영 분리</td><td colspan="2">설립·운영권자 동일
(국·공·사립)</td><td>분리(민간 등 위탁)</td></tr>
<tr><td>교육 과정</td><td colspan="2">국가교육과정</td><td colspan="6">국가교육과정(전문교과 10% 증배 허용)</td><td colspan="2">국민공통기본교과 외 자율편성</td><td>학칙(무학년제 등)</td><td colspan="2">국민공통기본교과 외 자율편성</td><td>협약</td></tr>
<tr><td>교원</td><td colspan="8">학교장의 인사권 제약, 순환전보제에 의한 교원 임용(국·공립), 전문계·기타계 전문교과교사 장기근무 가능</td><td colspan="2">개방형교장, 산학 겸임교사 가능</td><td>협약</td><td colspan="2">공모교장 가능
산학겸임교사 가능</td><td>공모교장</td></tr>
<tr><td>법적 근거</td><td colspan="8">초·중등교육법 시행령 제90조</td><td colspan="2">초·중등교육법 시행령 제91조</td><td>영재교육 진흥법</td><td colspan="3">초·중등교육법 시행령 제105조, 지침(자사고, 개방형고)</td></tr>
<tr><td>학교 수</td><td>1,437</td><td>707</td><td>40</td><td>19</td><td>29</td><td>24</td><td>15</td><td>2</td><td>21</td><td>130</td><td>1</td><td>173</td><td>6</td><td>4</td></tr>
</table>

출처: 교육인적자원부(2007). 고등학교 운영개선 및 체제개편방안 보고서.

(1) 특수목적고등학교

특수목적고등학교는 특수분야의 전문적 교육을 실시하기 위한 목적으로 설치된 학교이다. 「초 · 중등교육법 시행령」 제90조에는 시 · 도교육감이 교육인적자원부 장관과 협의하여 일반계고등학교 중에서 특수분야의 전문적인 교육을 목적으로 하는 고등학교를 지정 · 고시하여 운영할 수 있도록 하고 있는데, 이러한 법적 근거를 바탕으로 공업 · 농업 · 수산 · 해양분야의 전문적 교육과 과학 · 외국어 · 예술 · 체육 · 국제분야의 영재교육 및 특수재능교육을 실시하기 위해 특별히 설립 · 지정 · 고시한 고등학교를 말한다.

① 기계 · 전기 · 전자 · 건설 등 공업계열의 고등학교
② 농업 자영자 양성을 위한 농업계열의 고등학교
③ 수산 자영자 양성을 위한 수산계열의 고등학교
④ 선원 양성을 위한 해양계열의 고등학교
⑤ 과학영재 양성을 위한 과학계열의 고등학교
⑥ 어학영재 양성을 위한 외국어계열의 고등학교
⑦ 예술인 양성을 위한 예술계열의 고등학교
⑧ 체육인 양성을 위한 체육계열의 고등학교
⑨ 국제관계 또는 외국의 특정지역에 관한 전문인의 양성을 위한 국제계열의 고등학교

특수목적고등학교는 2007년 현재 129개교가 있으며, 여기에 7만 7,121명의 학생이 재학하고 있다. 계열별로 볼 때, 학교수는 외국어계열 학교가 가장 많고, 다음으로 예술계열, 공업계열, 과학계열 순으로 많았다. 시도별 · 계열별 특수목적고등학교의 수는 〈표 10-2〉와 같다.

현재 특수목적고등학교는 학생선발, 교육과정 운영, 교원인사 등에서 일정한 자율성을 가지고 있다. 학생선발은 학교별로 선발하되 대체로 광역단위(전문계의 경우 전국단위)로 선발하고 있으며, 전형은 선발고사를 실시하기도 했으나 1996년부터 과열과외를 방지하고 사교육비 부담을 완화하기 위해 학교별 선발고사를 폐지하고 서류전형, 면접 및 구술고사, 예술 관련 실기고사를 통해 선발하고 있다. 교육과정 편성 · 운영에서도 국가수준의 교육과정을 중심으로 하되, 일반학교와는 달리 전문교과를 두어 특수재능을 개발할 수 있도록 허용하고 있다. 교원의 인사와 관련해서는 일반학교와 동일한 구조하에서 운영하고 있지만 인사상 특례를 적용하여 우수한 교사를 초빙할 수 있도록 하고, 일정범위 내에서 학교장이 전보 · 유예할 수 있도록 하고 있다.

표 10-2 **시도별 · 계열별 특수목적고등학교 수**

(단위: 개, 명)

구분	공업 계열	농업 계열	수산 계열	해양 계열	과학 계열	외국어 계열	예술 계열	체육 계열	국제 계열	계
서울	2	-	-	-	2	6	5	1	-	16
부산	1	-	-	1	1	3	2	1	1	10
대구	2	-	-	-	1	1	1	1	-	6
인천	2	-	1	1	1	1	1	1	-	8
광주	-	-	-	-	1	-	1	1	-	3
대전	2	-	-	-	1	1	1	1	-	6
울산	1	-	-	-	1	-	1	-	-	3
경기	-	1	-	-	2	9	4	1	1	18
강원	-	3	-	-	1	-	1	1	-	6
충북	1	1	-	-	1	2	1	1	-	7
충남	1	-	-	-	1	-	1	1	-	4
전북	3	1	-	-	1	1	1	1	-	8
전남	-	1	2	1	1	1	1	1	-	8
경북	3	1	1	-	2	1	2	1	-	11
경남	4	1	1	-	1	2	1	1	-	11
제주	-	1	-	-	1	1	-	1	-	4
합계	22 (24,329)	10 (2,498)	5 (1,382)	3 (1,357)	19 (3,724)	29 (23,776)	24 (15,804)	15 (3,601)	2 (650)	129 (77,121)

주: 합계의 ( )는 재학생 수임.
출처: 교육인적자원부(2007). 수월성 제고를 위한 고등학교 운영개선 및 체제개편방안 보고서.

(2) 영재학교

영재학교는 타고난 재능과 잠재력을 계발하기 위해 특별교육 프로그램이 필요한 영재들을 교육하는 학교를 말한다. 현재 영재학교는 과학영재학교 1개교가 운영되고 있는데, 법령상 분야의 제한은 없다. 다만, 「영재교육진흥법」 제6조에 "국가는 영재교육을 실시하기 위하여 고등학교 과정 이하의 각급학교 중 일부 학교를 지정하여 영재학교로 운영하거나 새로이 영재학교를 설립 · 운영할 수 있다."고 하여 다양한 영재학교들을 설립 · 지정할 수 있도록 하고 있어 앞으로 다양한 분야의 영재학교가 설치 · 운영될 것으로 보인다.

현재 영재학교는 한국과학영재학교 1개교뿐이다. 이 학교는 1990년에 부산과학고등학교로 출발하여 2002년에 과학영재학교로 지정받았고, 2005년에 한국과학영재학교로 변경되었다. 학년별 16학급으로 구성되어 있으며 전체 학생이 425명이다. 교육과정 운영은 3년을 원칙으로 하고 있으며 수업일수는 학기당 16주이다. 정규학기와 함께 하계 · 동계방학 기간에는 계절학기를 운영하고 있다. 학점제를 실시하여 한 학기 16시간(주당 1시간) 이수인 경우 1학점으로 하고, 학기당 최대 신청학점은 정규학기의 경우 교과영역에서 25학점까지 허용하며, 계절학기인 경우에는 최대 6학점까지 허용하고 있다.

또한 이 학교는 무학년제로 운영하고 있다. 교과과정은 교과, 연구활동, 특별활동으로 편성 · 운영하고 있는데, 교과는 일반교과와 전문교과가 필수, 기본선택, 심화선택으로 구분되어 있고, 연구활동은 자율연구, 현장연구 및 학습, 졸업논문연구 등으로 편성 · 운영하고 있다. 또 특별활동은 단체활동과 봉사활동으로 편성하여 3년간 각각 120시간 이상 이수토록 하고 있다. 졸업은 교과 135학점 이상, 자율연구 20학점 이상, 현장연구 및 학습 10학점, 졸업논문연구 5학점 등 총 170학점을 취득해야 하며, 외국어능력시험 기준을 충족해야만 한다.

이 학교 교육과정의 특징은 선택 중심의 맞춤식 교육과정으로 교과목선택의 자율성이 매우 크다는 것이다. 또한 PT(Placement Test)와 AP(Advanced Placement)제도를 운영하여 우수학생들에게 속진 · 심화기회를 주고 있으며, 관심과 능력에 따라 학습자주도의 자율연구 및 위탁교육 실시로 전문성과 연구능력을 배양하는 교육을 실시하고 있는 점도 중요한 특징이다.

(3) 특성화고등학교

특성화고등학교는 소질과 능력 및 적성이 유사한 학생들을 대상으로 특정분야의 인재를 양성하거나 자연현장실습 등 체험 위주의 교육을 전문적으로 실시하는 학교이다(「초 · 중등교육법 시행령」 제91조). 특성화고등학교는 직업분야 특성화고등학교와 대안교육 특성화고등학교로 구분되는데 직업분야 특성화고등학교는 다양한 학생들의 흥미 · 소질 · 능력 · 적성에 맞는 특정분야에서 집중적인 직업교육을 실시하여 전문인력을 조기에 양성하는 것을 목적으로 하고 있으며, 대안교육 특성화고등학교는 정규학교에 적응하지 못하거나 제도교육을 거부하는 학생들을 대상으로 인성교육, 노작교육 등 자연친화적인 교육을 실시하는 학교를 말한다(김영철, 2003: 59). 일반적으로 대안교육 특성화고등학교는 대안학교라고 부르기도 한다.

직업분야 특성화고등학교는 고교단계의 직업교육체제를 개선하기 위해 실업계(현 전문계) 고교를 다양화 · 특성화하는 제도적 방안으로 도입되었다. 1996년에 교육개혁위원회에서 제시한 방안을 토대로 교육인적자원부에서 시행방안을 마련하여 1998년부터 부산디자인고등학교 등 4개교를 지정하여 시범운영한 후 점진적으로 확대되고 있다. 학생은 전국적으로 선발할 수 있으며, 실기 · 적성 · 면접에 의해 선발하고 필기시험은 부과되지 않는다. 교육과정 운영은 국민공통교육과정 외에는 교육감의 승인을 얻어 이수단위를 조정할 수 있고, 교사는 정원의 1/3범위 내에서 산학겸임교사를 임용할 수 있으며, 자율학교로 지정되면 학교장은 자격증을 소지하지 않아도 임용될 수 있다.

현재 교육인적자원부에서는 정부부처와 공동으로 중견 산업기술인력 양성을 위하여 전문계고교의 특성화를 추진하고 있다. 2007년부터 산업자원부와 노동부에서 기계, 전자, e-biz, 자동차, 조선, 화학, 철강, 섬유, 반도체, 디스플레이분야 21개교, 중소기업청에서 제조업기반 기술과 지원업종분야 29개교, 해양수산부에서 자영 수산경영 및 수산해양 산업분야 9개교, 특허청에서 발명을 통한 창업 및 특허관리분야 실무인력 양성분야 4개교, 그리고 국방부에서 10개교, 농림부에서 10개교, 정보통신부에서 5개교, 문화관광부에서 2개교를 공모로 선정하여 학교, 교육청, 관련부처가 공동 참여하여 특성화고등학교를 획기적으로 발전시키기 위한 정책을 추진하고 있다. 이에 따라 특성화고등학교는 해당 부처(산업현장)에서 요구하는 맞춤형 교육을 실시하고, 정부부처와 함께 학생의 취업과 진로개발을 책임지는 체제로 발전할 것으로 예상된다.

대안교육 특성화고등학교는 대안학교로 불리는 학교지만, 2005년에 대안학교가 법제화되어 현재는 정규학교체제로 발전한 대안교육형 특성화고등학교이다. 일반적으로 대안학교는 정규학교가 아니고 정규학교를 대신할 수 있는 학교유형으로 평생학습 차원에서 학교의 기능을 수행하는 자연친화적인 학교를 말한다. 그러나 대안교육 특성화고등학교는 정규학교과정으로 대안교육을 실시하는 학교로서 교육목적이나 교육방법 등에서는 대안학교와 유사하지만 정규학교로 운영된다는 점이 다르다. 대안교육 특성화고등학교는 1998년에 충북의 양업고, 전남의 영산성지고, 한빛고, 경북의 화랑고, 경남의 간디학교, 원경고 등 6개교가 지정된 이래 2007년 현재 고등학교 21개교가 지정 · 운영되고 있다(대안교육 특성화중학교는 8개교이다). 학생선발은 교육감의 승인에 의해 학교가 자율적으로 정하며 전국적으로 모집할 수 있다. 선발 방법은 학교마다 다르며 학업성적을 고려하지 않고 선발하며 경우에 따라서는 하위성적순으로 선발하기도 한다. 수업일수는 일반학교보다 40일이 적은, 매 학년 180일 이상으로 완화하여 학교장이 정하도록 하고 있으며, 교육과정은 교육인적자원부장관이 정한 교육과정상의 교과별 수업시간 수의 100분의 50 이상으로 완화하여 이수하도록 하고 있고, 교과용 도서는 국정도서, 검 · 인정도서 외에 자체 개발한 도서를 사용할 수 있도록 허용하고 있다.

(4) 자율학교

자율학교는 학교의 유형이라기보다는 학교 운영의 형태를 의미한다고 할 수 있다. 따라서 어떠한 유형의 학교라도 운영의 자율권을 대폭 부여하는 자율학교로 지정되면 자율학교로 운영될 수 있다. 현재 일반계고, 전문계고, 특수목적고등학교, 특성화고등학교 등이 자율학교로 지정 · 운영되고 있다.

자율학교는 학교 운영의 자율성과 유연성 확대로 사회변화에 능동적으로 대응하고, 학생의 소질 · 적성 · 능력에 맞는 수요자 중심 교육체제를 구축하기 위해 도입되었다. 이 제도도 1995년에 교육개혁위원회에서 제안되어 1998년에 교육인적자원부에서 시범운영 계획을 수립하여 도입되었으며, 2001년에 「초 · 중등교육법 시행령」 제105조의 개정으로 법제화되었다.

자율학교는 학생선발, 교육과정 편성 · 운영, 교과용 도서 사용, 교원임용, 학기제 등에서 학교현장에 따라 자율적으로 학교를 운영할 수 있다. 1999년부터 3년간 시범운영 기간을 거쳐 2002년 32개교, 2003년 65개교, 2004년 83개교, 2005년 99개교가 지정 · 운영되고 있다. 현재 자율학교는 특성화고등학교 29개교, 농어촌 소재학교 29개교, 예 · 체능계학교 18개교, 통합형 학교 11개교, 열린교육 · 수준별 교육과정 운영학교 33개교, 기타 9개교로 운영되고 있다. 대부분이 예 · 체능계학교, 특성화고등학교, 그리고 농어촌학교의 열악한 교육환경을 개선하기 위해 자율권을 부여하여 특성화된 교육을 실시하기 위해 지정된 학교들이다.

자율학교로 지정되면 학생을 전국단위로 선발할 수 있고 필기시험을 제외한 다양한 전형방법을 사용하여 선발할 수 있다. 교육과정 운영은 국민공통기본교과목 56단위 외에는 학교 자율로 편성하여 운영할 수 있으며, 학년도 · 진급 · 수업 연한 · 교과용 도서 사용을 자율적으로 할 수 있다. 교장자격증이 없는 사람도 학교장으로 임명될 수 있고, 교사 정원의 1/3범위 내에서 산학겸임교사를 임용할 수 있다.

(5) 자립형 사립고등학교

자사고는 학교 운영의 자율권을 대폭적으로 부여받아 운영되는 일반계사립고등학교를 말한다. 1995년에 교육개혁위원회에서 고교체제의 다양화 · 자율화를 위해 제안된 제도로서, 2001년에 교육인적자원부에서 시범운영방안을 마련하고 2002년부터 시범운영학교를 지정하여 시행하고 있다. 현재 해운대고, 현대청운고, 민족사관고, 포항제철고, 광양제철고, 상산고 등 6개교가 시범학교로 지정받아 자사고로 운영되고 있다.

자사고는 건학이념이 분명하고, 재정이 건실하며, 특성화된 교육 프로그램을 운영하는 사립고등학교 중에서 심사를 거쳐 선정된다. 학생은 전국단위로 선발할 수 있으나 국 · 영 · 수 위주의 지필고사는 불허하고, 소질 · 적성 및 창의성을 반영할 수 있는 다양하고 특성화된 입학전형을 통해 선발하도록 하고 있다. 교장자격증이 없는 사람도 교장으로 임용할 수 있고, 교원정원의 1/3까지 산학겸임교사를 임용할 수 있다. 교육과정은 국민공통기본과정 외에는 자율적으로 조정 · 운영할 수 있으며, 수업일수는 일반학교의 220일보다 적은 198일 이상으로 정할 수 있고, 등록금도 일반계고교의 3배 이내에서 자율적으로 결정할 수 있다. 다만, 법인이 학생 납입금 대비 20% 이상을 전입금으로 부담해야 하며, 건학이념과 학교발전계획 등이 명시된 학교헌장을 제정 · 공개해야 하고, 학교재정 운영과 학사행정을 투명하게 공개해야 하는 의무를 지고 있다. 또한 저소득층의 진학기회 확대를 위해 학생의 15% 이상에게 장학금을 의무적으로 지급해야 하고, 매년 자체평가를 실시하여 발표회를 해야 한다. 일반사립고와 자립형 사립고의 차이점을 비교해 보면 다음과 같다.

표 10-3 일반사립고와 자립형 사립고 비교

구분		일반사립고	자립형 사립고
성격		• 일반사립고	• 건학이념이 분명하고 재정이 건실한 학교 중에서 심사를 거쳐 선정
학생선발	모집단위	• 평준화지역: 학군별 배정 • 비평준화지역: 시 · 도별 모집	• 전국, 지역단위 또는 전국 · 지역병행 가능(학교자율)
	방법	• 평준화지역: 학생배정 • 비평준화지역: 학교별 선발	• 학교별 선발 • 국 · 영 · 수 위주의 지필고사는 불허
교원자격		• 교원자격 필요 • 산학겸임교사, 강사 등 활용	• 학교장은 자격 불필요 • 산학겸임교사(교원정원의 1/3) 등 활용
교육과정		• 교육감 승인을 받아 이수단위 수 조정, 운영	• 국민공통과정 외에는 자율 조정, 운영
교 과 서		• 국정, 검 · 인정 교과서 사용	• 국민공통과정 과목 외에는 자율
수업일수		• 220일 이상	• 198일 이상
재정관리	법인전입금	• 수익용 기본재산 발생수익의 80% 이상	• 학생 납입금 대비 8:2 이상
	등록금	• 시 · 도교육감이 정함	• 당해지역 일반계고의 3배 이내에서 자율 결정
	장학생 비율	• 규정 없음	• 학생 15% 이상 장학금 지급 의무화
	재정결함보조	• 보조할 수 있음	• 없음
학교헌장		• 제정할 수 있음	• 제정 · 공개 의무화
학교평가		• 평가실시 가능	• 매년 평가 및 결과발표회 개최

출처: 교육인적자원부(2002). 자립형 사립고 시범운영 확대방안.

(6) 개방형 자율학교

개방형 자율학교는 교육혁신의지가 강한 운영주체에게 학교 운영권을 위탁하고 대폭적인 자율권과 책무성을 부여하여 교육과정 운영과 교수-학습방법 등을 혁신적으로 운영할 수 있도록 인가한 학교를 말한다. 2006년에 학교혁신을 통해 교육력을 획기적으로 제고한다는 취지로 세계 각국에서 공교육문제를 해결하기 위해 도입한 혁신적 학교인 미국의 협약학교(charter school), 영국의 아카데미(Academy), 스웨덴의 자율학교 등을 모델로 삼고 연구 · 검토과정을 거쳐 한국형 혁신학교로 도입되었다(김성열 외, 2006).

개방형 자율학교는 학교설립과 운영을 분리하여, 새로운 학교 운영방법을 적용할 의지와 역량을 가진 다양한 외부기관에 학교 운영권을 위탁한다. 국 · 공립학교를 개방형 자율학교로 전환하는 경우에는 대학, 민간단체(경제, 종교, 문화, 예술, 교육 등), 공모교장 등에게 협약을 통해 학교 운영권을 위탁하며, 민간단체 등은 학교 운영을 위한 비영리법인을 설립한 후 학교 운영에 참여할 수 있다. 사립학교를 개방형 자율학교로 전환하는 경우에는 기존 학교법인이 운영주체가 되고, 인가권자는 학교법인과 학교 운영계획에 대한 협약을 체결한 후 자율권을 대폭 부여한다. 이때, 학교 운영은 기존 이사회를 통해 운영하되, 학교장은 공모를 통해 임용한다.

개방형 자율학교는 학사 운영, 교원 인사, 학교예산 등 학교 운영 전반에 대해 대폭적인 자율권을 가지고 있다. 국민공통기본교육과정 외에는 교육과정을 자율적으로 편성 · 운영할 수 있고, 교과서도 자율적으로 선택 · 사용할 수 있다. 또한 학생별 수준 · 적성에 따라 무학년제를 운영할 수 있으며 수업일수도 10%를 감축 운영할 수 있다. 교원임용도 공모 · 초빙 임용을 원칙으로, 교장자격자 외에 자격증이 없는 사람도 학교장으로 임용할 수 있고, 교사를 순환전보제의 적용 없이 학교장의 요청에 의해 전보받아 임용할 수 있다. 학교예산 편성 · 운영의 자율성도 크다. 총액으로 지원된 예산을 자율적으로 편성 · 집행할 수 있고, 학교 특성에 따라 융통성 있게 교직원 인사를 할 수 있도록 학급규모에 따른 평균 교직원 인건비를 총액으로 지급하여, 예산 범위 내에서 학교가 자율 운영할 수 있도록 하고 있다. 학생은 평준화지역의 경우 학군 내에서 입학희망 학생들을 대상으로 선지원 후배정에 의해 모집하며, 비평준화지역의 경우 모집지역을 현행과 동일하게 광역자치단체 내로 설정하여 내신, 적성검사, 면접, 학교장 추천 등 다양한 방법에 의해 모집 · 선발할 수 있다.

개방형 자율학교는 학교 운영의 자율권 확대에 상응하여 학업성취도, 학생 · 학부모 만족도 제고 등에 대한 엄격한 평가를 통해 교육적 책무성을 제고해야 한다. 따라서 이들 학교는 협약사항을 학교 홈페이지 등을 통해 학교구성원에게 공개하고, 교육적 활동에

표 10-4 일반학교와 개방형 자율학교 비교

구분		일반학교	개방형 자율학교
운영주체		• 설립 · 운영권자 동일: 국가, 교육청, 사학법인	• 설립 · 운영 분리(운영주체 다양화): 민간기관 등에 학교운영 위탁
자율성	학생모집	• 평준화지역: 교육감 결정 • 비평준화지역: 학교별 선발	• 평준화원칙 유지하되, 협약에 의해 학교별 모집
자율성	교원인사	• 교원자격제 엄격 적용 • 학교장의 인사권 제약 • 순환전보제에 의한 교원임용	• 교원자격제 탄력적 적용 • 단위학교 인사권 확대: 공모(초빙)에 의해 우수교사 임용
자율성	교육과정	• 교육과정 운영상 자율제약	• 국민공통기본교육과정 외 학교 자율 • 무학년제 운영 가능
책무성		• 학교평가시스템 미흡: 관리적 책무성 위주	• 협약이행여부를 중심으로 평가: 교육적 책무성 강화
지역사회 관계		• 지방자치단체 등 지역사회와 협조체제 미흡	• 지방자치단체 등 지역사회와 제도적으로 협조체제 강화

출처: 교육인적자원부(2002). 자립형 사립고 시범운영 확대방안.

대한 자체평가를 매년 실시하여 학교발전에 활용하여야 한다. 또한 학업성취도, 학습부진 학생에 대한 특별교육 등 교육적 책무성을 중심으로 연차 및 종합(4년)평가를 받아야 한다. 평가결과 우수한 학교는 인센티브가 부여되지만 협약을 이행하지 않거나 부진한 학교는 운영주체의 교체 또는 기존학교로의 전환 등 엄정한 제재 조치를 받게 된다. 일반학교와는 다른 차이점을 살펴보면 〈표 10-4〉와 같다.

2) 학교체제 다양화정책의 문제점

학교체제 다양화정책은 평준화제도가 가진 문제점, 즉 교육의 수월성 문제, 학생 · 학부모의 학교선택권 보장 문제, 사학의 자율적 운영 문제 등을 해소하는 데 어느 정도 기여해 왔지만 당초 기대했던 고교체제의 다양화 · 특성화 · 자율화에는 크게 성공하지 못하고, 평준화제도의 보완에도 아직은 미흡하다는 평가들이 많다.

우선 특수목적고등학교의 경우 특수재능분야의 인재를 양성하기 위해 설립되어 특수한 소질과 능력을 가진 학생을 선발하고 일반학교와 차별화된 교육과정을 운영하고 있지만, 대학 진학을 위한 입시 위주 교육과 교원 및 시설 등 교육여건의 제약으로 특수목적에 부합하는 교육을 제대로 실시하고 있지 못하다는 지적들이 많다. 특히, 외국어고 등 일부

표 10-5 외국어고 및 과학고 졸업생의 대학진학 현황(2006)

(단위: %)

구분	어문계	인문사회계	이공계	의학계	기타	계
외국어고	25.0	43.6	17.6	5.1	8.7	100
과학고	0.0	0.2	83.8	9.7	6.3	100

출처: 교육인적자원부(2007a). 수월성 제고를 위한 고등학교 운영 개선 및 체제 개편방안.

특수목적고등학교가 입시전문학교로 변질되면서 특수재능분야의 전문인력 양성이라는 학교 설립목적과 다르게 운영되어 중등교육 전반에 부정적 영향을 끼치고 있다는 지적들이 제기되고 있다. 실제로 일부 과학고와 외국어고 등에서는 특수목적고등학교의 설립취지에 맞지 않는 교육과정 운영으로 동일계열 진학 외에 의대와 법대 등 타 계열 진학자들을 배출하여 대학입시기관화되는 현상이 나타나고 있다.

또한 학생선발에서도 중학교 3년 교육과정을 벗어나 고등학교 수준의 선행학습을 필요로 하는 입시전형으로 인해 과도한 사교육 수요를 조장하고 초등학생 때부터 특수목적고등학교와 자사고 진학에 대비하여 사교육을 받는 기현상이 나타날 정도로 심각한 사회적 문제를 야기하고 있다. 특히, 특수목적고등학교 입학생 가정의 사회 · 경제적 지위가 일반고등학교 입학생에 비해 월등히 높아 특수목적고등학교 학생들이 사회 · 경제적으로 배타적 집단을 형성할 우려가 있다는 지적까지 제기되고 있다(교육인적자원부, 2007a).

교육과정이 특성화 · 전문화되어 있지 않다는 점도 문제점으로 지적되고 있다. 직업계열, 즉 공업 · 농업 · 수산 · 해양계열 특수목적고등학교의 경우 직업분야 특성화고등학교와 큰 차이가 없으며, 과학고의 경우도 과학영재학교와 큰 차이가 없다. 뿐만 아니라 일부 외국어고의 경우 설립목적에서 벗어나 이과계 준비반, 의대 준비반 등을 편성하여 운영하고, 정규 및 방과후 프로그램에 유학반이나 SAT 준비수업을 운영하고 있는 등 교육과정을 비정상적으로 운영하는 사례들이 나타나고 있다. 예술고 · 체육고의 경우는 테크닉 위주의 입시 교육으로 예술영재나 미래의 체육지도자 자질 함양을 위한 교육을 제대로 하고 있지 못하는 학교들이 있고, 예술고는 과도한 교육비 부담으로 저소득층의 입학을 원천적으로 차단하는 문제들을 가지고 있다는 지적이 끊임없이 제기되고 있다.

이와 함께 학교체제 다양화정책이 단기적인 정책적 필요에 따라 임시적으로 이루어져 체계성을 잃고 혼란스럽다는 문제점도 제기되고 있다. 현재 고등학교들은 학교체제의 다양화정책에 따라 다양한 계열과 유형들로 구분 · 운영되고 있다. 일반계고와 전문계고 외에도 특수목적고등학교, 영재학교, 특성화고등학교, 자율학교, 자립형 사립고, 개방형 자율학교 등 여러 가지 유형의 고등학교들이 혼재하고 있다. 이에 따라 일관성 있는 학교관리를 방해하고 일반적 이해의 어려움을 가중시키는 문제점을 드러내고 있다. 이들 학교들은 고등학교체제의 획일성과 경직성을 완화하고, 다양화 · 특성화를 실현하는 차원에서 큰 의미를 가지기는 하지만, 그들 학교 간에 성격이나 정체성이 매우 모호하고 중복되어 있는 측면들이 많다. 이들 학교에 적용하는 법 규정도 매우 혼란된 상태에 있다.

무엇보다도 다양한 학교들이 평준화를 보완하는 측면을 넘어 학교 간 차별을 야기하여 사회적 위화감을 형성하고 있다는 점이 문제점으로 지적된다. 특수목적고등학교는 일반계고등학교보다 특별히 우수한 학교로 인식되어 있고, 특성화고등학교는 전문계고등학교보다 특별히 우수한 학교로 인식되어 있다. 자사고 역시 일반사립고등학교에 비해 월등한 지위에 있으며, 자율학교와 개방형 자율학교는 일반학교에 비해 특별한 지위를 가지고 있는 것으로 인식되고 있다. 문제는 그들이 다양한 특성을 반영하고 특성화된 교육 프로그램을 가지고 있는 학교로 인식되기보다는 사회 · 경제적 지위가 높은 계층의 자녀들만이 진학하고, 학교성적이 우수한 학생들만이 입학할 수 있는, 그야말로 특수한 계층과 집단에게만 접근이 가능한 학교로 인식되고 있다는 데 있다. 특수목적고등학교나 자사고의 경우 '귀족학교'라는 사회적 비판이 제기되고 있는 것이 대표적이다.

이에 따라 학교체제 다양화정책에 대한 전면적인 재검토가 필요하다는 비판이 일고 있다. 학교체제를 보다 단순화하고, 특수목적고등학교나 특성화고등학교가 아닌 일반학교에서도 학생 · 학부모들이 필요로 하는 교육욕구를 충족시킬 수 있도록 할 필요가 있다는 것이다. 특정한 학교에만 교육과정 운영, 교원임용, 학생선발의 자율권을 주기보다는 모든 학교에 그러한 자율권을 확대하여 질 높은 교육을 할 수 있도록 하고, 학교 간 선의의 경쟁을 촉진하여 고교교육의 질적 수준을 제고해야 한다는 것이다. 따라서 특혜성이 짙은 특정학교에 대한 자율성 부여보다는 모든 단위학교에 폭넓은 자율성을 부여하여 학교가 스스로 자율권을 가지고 교육을 운영하고 그에 대해 책임을 지는 단위학교 자율운영체제를 도입해야 한다는 주장이 설득력 있게 제시되고 있다.

4. 학교체제 다양화정책의 주요 쟁점

학교체제의 다양화정책은 평준화제도를 보완하기 위해 시행 초기부터 이루어져 온 정책이다. 따라서 이 정책은 평준화제도에 대한 보완적인 측면을 가지지만 동시에 서로 대립할 수밖에 없는 상충적인 면을 가지고 있다. 이에 따라 평준화제도 주창자들은 이 정책이 평준화제도가 가진 장점과 의미들을 훼손하는 정책이라는 주장을 끊임없이 제기하고 있고, 정책의 주창자들은 평준화제도가 가진 문제점을 개선하는 의미 있는 정책이라는 주장을 굽히지 않고 있다. 이 정책과 관련한 주요 논쟁을 살펴보면 다음과 같다.

1) 수월성과 평등성 논쟁

평준화정책은 기본적으로 그 근본이념과 가치 측면에서 기회균등과 평등성, 획일화와 통제를 기본 바탕으로 삼고 있다. 따라서 평준화제도를 보완하기 위한 방안으로 추진되고 있는 학교체제의 다양화정책은 평준화제도가 가지고 있는 정책적 논리와 기본 가치들을 부정하거나 극복한다는 점을 핵심전제로 삼고 있다. 즉, 평준화제도는 다양성과 경쟁력, 개방화와 자율화를 특징으로 하는 21세기 지식기반사회가 추구하는 가치들과는 상반되는 측면이 있기 때문에 그를 극복하는 것이 절대적으로 필요하다는 것이다.

이는 교육의 수월성과 평등성이라는 해묵은 논쟁과 연결되어 있다. 교육은 근본적으로 수월성을 추구하는 활동이다. 교육은 인간의 행동이나 사고를 바람직한 방향으로 변화시키는 일과 관련되어 있다. 이때 바람직한 방향으로의 변화란 우수하거나 한 차원 높은 방향으로의 변화를 의미한다. 따라서 교육이란 결국 지식이나 능력 혹은 행동 특성에서 평범한 사람을 우수한 사람으로 만드는 일과 깊은 관련을 가지고 있기 때문에 수월성을 추구하지 않는 교육은 교육이라고 할 수조차 없는 것이다.

그러나 현실적인 측면에서 볼 때, 교육활동을 통해 변화되는 인간의 능력과 행동은 사람마다 큰 차이가 있다. 어떤 사람은 교육을 통해 월등한 능력과 특성을 가지게 되지만 어떤 사람은 그 정도에서 미미한 수준에 머물거나 오히려 지체되는 경우가 비일비재하다. 그것이 개인적 특성에 의한 것이라고 하더라도 그 자체를 결코 바람직한 현상이라고 할 수는 없다. 그런데 그것이 만약 사회적 제도로서 교육제도에 의해 야기된다면 그것은 바람직하지 않은 정도가 아니라 사회적 해악이며 민주사회에서는 결코 있어서는 안 되는 죄악이다. 따라서 교육에 대한 균등한 기회제공과 그 과정과 결과에서의 평등은 문명사회의 기본적 교육원리라고 할 수 있다.

이러한 이상과 현실 사이의 모순적 현상 때문에 교육의 수월성과 평등성 논쟁은 풀리지 않는 논쟁이 되고 있다. 모든 사람이 질 높은 교육을 받을 수 있도록 하는 일은 교육의 기본이념이고 가치가 되어야 한다. 그렇지만 평준화제도의 운영 경험에서 볼 수 있는 바와 같이, 실제 현실에서는 그것이 현실화되기는 어렵다. 고등학교단계에서 우리나라 학생들의 능력과 선수학습의 차이는 매우 크게 나타난다. 동일한 제도와 교육프로그램을 통해 균등하게 교육받고 모두가 높은 학업성취를 이끌어낼 수 있다면 그것은 최상의 교육제도이고 방식이다. 그렇지만 그것은 이상일 뿐 현실이 아니다. 그래서 학교체제의 다양화를 주장하는 사람들은 이미 다양한 능력과 선수학습을 가진 학생들을 다양한 제도와 방식으로 교육해야만 한다는 입장을 견지한다. 그렇지만 평준화제도의 유지를 주장하는 사람들은 그것이 차별을 초래할 수 있고, 사회적 지위와 보상의 격차를 더욱 심화시킬 것이라고 주장한다.

이러한 점에서 이 논쟁은 해결되기 어려운 측면을 가지고 있고, 어느 한 가치를 다른 가치보다 우선하기가 어려운 난제 중의 난제라고 할 수 있다. 이에 따라 사람들은 평준화제도가 추구하는 평등성이라는 기본 가치를 살려나가면서도 미래사회의 변화와 인적자원 개발의 중요성에 부응하여 교육의 다양화 · 특성화 · 자율화를 통해 수월성의 측면을 점진적으로 보완하고 개선해 나가는 것만이 유일한 방안이라고 말하고 있다.

2) 엘리트교육과 대중교육 논쟁

우리나라는 만 15세 학생(고등학교 1학년)들을 대상으로 하는 OECD의 학업성취도 국제비교연구(PISA)에서 매년 우수한 성취를 보이는 국가로 인정받고 있다. 3년마다 실시하는 이 비교연구에서 우리나라는 읽기영역의 경우 2000년 6위, 2003년 2위, 2006년 1위를 차지해 성취도가 지속적으로 향상되고 있으며, 수학은 2000년 2위, 2003년 3위, 2006년 1～4위를 차지하여 최고 수준을 유지하고 있는 것으로 나타났다. 그러나 과학영역은 2000년 1위, 2003년 4위, 2006년 7～14위로 지속적으로 하락하고 있다. 최상위권 5% 학생에 대한 성취도 순위는 읽기영역의 경우 2000년 20위, 2003년 7위, 2006년 1위로, 수학은 2000년 5위, 2003년 3위, 2006년 2위로 해마다 향상되었다. 그러나 과학은 2000년 5위, 2003년 2위, 2006년 17위로 크게 하락하였다(OECD, 2007).

이러한 PISA 결과는 우리나라가 학업성취 측면에서 매우 우수하다는 점을 확인시켜 주고 있다. 이에 따라 평준화제도의 옹호론자들은 평준화제도가 학생들의 학업성취 하락이 아니라 오히려 평균적인 상승효과를 가져온다고 주장하면서 보편적이고 대중적인 평준화제도의 강점과 잠재력을 강조하고 있다. 따라서 엘리트주의교육을 강화하고 평준화제도의 근간을 흔드는 학교체제의 다양화정책은 폐지되어야 하며, 학교 내에서의 수준별 교육과정 운영과 프로그램의 다양화를 강화해야 한다고 주장한다.

반면 학교체제 다양화정책의 옹호론자들은 평균적인 학업성취 향상보다는 다양하고 개성 있는 미래 인재를 육성하기 위한 학교체제의 다양화 · 특성화 · 자율화에 정책의 초점을 맞추어야 한다고 주장한다. 획일적인 교육 때문에 공교육에 대한 불신이 높아지고 조기유학이 성행하고 있기 때문에 학교유형의 다양화를 통해 그러한 문제들을 해결하는 것이 시급하다는 것이다. 최근 우리나라 초 · 중 · 고등학교 조기유학생은 2002년에 1만 명 수준에서 2006년에는 약 3만 명으로 증가하였으며(한국교육개발원, 2006), 비록 국제적으로 높은 학업성취 수준을 보이고 있기는 하지만 공교육에 대한 불신은 나날이 커져가고 있다. 따라서 이들은 다양한 학교와 특성화된 교육을 통해 국민들의 다양한 교육수요를 충족해 주는 것이 시급하다고 주장하고 있다.

그렇지만 다양화된 학교들은 특수계층을 위한 귀족학교라는 시각이 여전히 존재한다. 특히, 특수목적고등학교와 자사고는 많은 사교육비를 지출해야 하는 특정입시학원을 다니지 않고는 입학하기 어렵고, 값비싼 등록금을 감당할 수 있는 부유층 아이들이 아니면 다니기 어려운 귀족학교라는 인식이 팽배하여 특권층을 위한 엘리트교육기관이라는 비판을 받고 있다. 실제로 이들 학교의 재학생 부모들의 사회 · 경제적 지위는 일반학교에 비해 월등히 높은 편이다.

이에 따라 학교체제의 다양화정책에 대해서는 그것이 학교유형의 다양화 · 자율화 · 특성화를 통해 국민들의 다양한 교육수요를 충족시키는 의미 있는 정책이라는 인식과 함께, 일부 특권층의 엘리트교육 수요를 충족시키기 위한 특수한 정책이라는 상반된 인식이 공존한다. 이 때문에 이 정책의 비판자들은 특수한 계층의 학생들만을 위한 엘리트교육을 철폐하고 대중교육의 바탕 위에서 모든 사람들에게 균등한 기회와 교육적 혜택을 제공할 수 있는 학교체제를 강구하고, 그를 지속적으로 발전시켜 나가야 한다는 주장을 펴고 있다. 이 점은 이 정책이 근본적으로 자유냐 평등이냐 라는 이념적 논쟁의 또 다른 전제에 바탕하고 있음을 보여주는 것이다.

3) 사학의 자율성과 공공성 논쟁

사립학교는 본래 뚜렷한 건학이념과 개성 있는 교육 프로그램을 가지고 자유롭고 창의적인 교육을 실시하기 위해 설립된 학교이다. 따라서 사립학교는 학생선발, 교육과정 운영, 학사 운영, 재정 운영 등 학교 운영 전반에 대한 폭넓은 자율권을 가지고 건학이념과 학교전통 등을 살려 독자적인 특성을 발전시켜 나갈 수 있도록 해야 한다.

그러나 중학교까지의 의무교육과 평준화제도의 시행으로 사립학교는 사학으로서의 독자성과 정체성을 상실하고 준공립화된 학교로 명맥을 유지하고 있다. 독자적인 건학이념을 가지고 출발한 사립학교가 의무교육과 평준화제도의 시행으로 학생선발과 교육과정 운영 등에서 획일적인 통제를 받음으로써 본래의 기능을 상실하고 국 · 공립학교와 유사한 학교로 유지되고 있는 것이다. 특히, 획일적인 평준화제도의 시행으로 학생의 인위적 배정과 재정결함보조금 지원으로 말미암아 많은 사학들이 정부의 재정 지원에 안주한 채 수동적인 사육조직(domesticated organization)으로 전락해 버린 상황이다.

이에 따라 사학의 경우 평준화 대상에서 제외하여 자율적인 운영이 가능하도록 해야 한다는 의견이 높아지고 있다. 준칙주의에 따라 학교설립을 자율화한 것처럼 학교 운영도 자율화하여 창의적이고 특징적인 다양한 교육을 실시할 수 있도록 해주어야 한다는 것이다. 이러한 취지에 따라 정부에서도 2002년에 자립형 사립고등학교 제도를 도입하여 건전한 사학에 대해 대폭적인 자율성을 부여함으로써 사학이 건학이념을 살려 특징적인 교육을 할 수 있는 기반을 마련한 바 있다.

그러나 사립학교 역시 사회적 · 공공적 활동인 교육을 담당하고 있는 만큼 자율성보다는 공공성이 더욱 강조되어야 한다는 주장도 큰 세를 얻고 있다. 현재 사립학교는 중학교의 약 23%, 고등학교의 약 45%를 차지할 만큼 우리 교육에서 큰 몫을 차지하고 있다. 따라서 사립학교는 특수한 학교형태라기보다는 우리나라 중등교육의 대종을 이루는 일반적인 학교형태라고 할 수 있기 때문에 단순히 사립이라는 차원에서만 바라볼 수 없는 특별한 측면을 가지고 있다. 특히, 대부분의 사학들이 재정적으로 열악하여 운영예산의 대부분을 정부의 지원이나 등록금으로 충당하고 있는 만큼 공적 기관의 성격이 강하기 때문에 자율성보다는 공공성이 보다 강화되어야 한다는 주장도 반박하기 어려운 실정이다.

이에 따라 사학의 자율성과 공공성에 대한 논쟁은 어느 한편의 우세를 판단하기 어려운 부분이 있다. 사학에 대해 사립기관으로서의 자율성을 무한정으로 준다면 평준화제도를 포함한 우리나라 교육체제 전반이 흔들릴 수밖에 없다. 그렇다고 사립의 기관에 대해 운영예산까지 보조하면서 공공성만을 강요하는 것 또한 근본적인 문제가 있다. 이에 따라 자율형 사학이 그 대안으로 부각되고 있다. 현행의 자사고와 같은 건전한 사학에 대해 특수한 지위를 인정하여 폭넓은 자율성을 부여하는 자율형 사학이 필요하다는 것이다.

학교체제 다양화정책은 이러한 사학의 자율성과 공공성에 대한 대안적 방안들을 제시하고 있다. 사립학교들을 다양화 · 특성화 · 자율화하여 다양한 학교유형으로 발전시켜 나가자는 것이다. 그렇지만 자사고제도 도입과정에서 본 것처럼 소수의 자사고만으로도 평준화제도의 근간을 흔들 수 있기 때문에 이에 대한 신중론 또한 만만치 않다. 정부에서 자사고 시범운영기간이 끝나는 2007년부터 자사고 확대 혹은 폐지를 결정하려 했지만, 그러한 논란 때문에 더 이상의 논의를 중지한 것은 이러한 어려움을 잘 보여주는 것이다.

4) 학교선택권과 특혜 논쟁

우리나라 공교육의 문제 중 심각한 쟁점 중의 또 하나는 학생과 학부모가 학교를 선택할 수 없다는 점이다. 교육은 헌법이 보장하는 기본권이며 행복추구권의 하나이다. 그럼에도 불구하고 교육수요자들이 그들이 다니고 싶어 하는 학교를 선택할 권한조차 없다는 것은 심각한 문제가 아닐 수 없다. 이에 따라 학교체제의 다양화정책은 학생 · 학부모들의 학교선택권을 확대하기 위한 목적이 가장 큰 '수요자 중심 교육정책'이라고 할 수 있다.

현재 학교체제의 다양화정책에 따라 설립되거나 전환된 학교들은 학생을 자율적으로 선발하고 있다. 이는 학생들이 희망에 따라 자신이 다니고 싶은 학교를 선택적으로 지원할 수 있다는 것을 의미한다. 평준화지역의 학생들도 전기로 전형하기 때문에 우선적으로 지원할 수 있고, 희망지역도 학군을 벗어나 전국 혹은 광역단위로 전형하기 때문에 폭넓게 지원할 수 있다. 이에 따라 학교체제의 다양화정책은 학생과 학부모의 학교선택권을 확대하고 학교의 학생선발권을 크게 확대한 것으로 볼 수 있다.

그러나 현재 학생 · 학부모들이 선호하는 외국어고, 과학고, 국제고 등 특수목적고등학교와 자사고는 학교 수에서 일반계고등학교 대비 3.4%, 학생 수에서 2.1%에 불과한 실정이다. 따라서 학교선택권을 보장했다고는 하지만 턱없이 부족하여 이들 학교에 진학을 희망하는 학생 중 극히 일부만이 그 선택권을 향유하고 있다. 따라서 이는 학교선택권이라기보다는 특수한 계층을 위한 특혜라는 주장이 설득력을 얻고 있다.

이와 함께 이들 학교에 부여한 학교 운영의 자율권도 일종의 특혜로 볼 수 있다. 사실 특수목적고등학교, 자사고, 영재학교, 자율학교, 개방형 자율학교와 같은 학교들의 자율권은 교육법규상의 특례규정에 의하고 있다. 특례규정이라는 것에서 알 수 있는 것처럼 이들 학교들은 일반학교들이 가지지 못하는 특별한 자율권을 가지고 있다. 이들 학교에 부여된 자율권을 일반학교에 부여하지 않은 것은 이들이 시범학교라는 특수한 지위를 가지고 있기 때문이기는 하다. 그러나 특수목적고등학교와 같은 경우 시범학교가 아니다. 그럼에도 불구하고 이들 학교에 대해 특혜적인 자율권을 부여하는 것은 아무리 특수분야의 교육을 위해서라도 문제의 소지가 있다. 또 자사고에 자율권을 부여한다면 다른 사립학교나 국 · 공립학교의 특정한 학교에 한해서라도 그러한 자율권을 부여하는 것이 필요하다. 일반학교와 학생 · 학부모들이 심각하게 제기하지 않은 것뿐이지 그것은 특혜라는 논란을 피하기 어렵다.

따라서 이 논쟁도 난제 중의 하나이다. 우리나라의 개방형 자율학교제도와 유사한 미국의 협약학교, 영국의 아카데미, 스웨덴의 자율학교제도 도입과정에서도 이러한 논란이 제시되어 이들 국가에서는 일반학교에 대해서도 폭넓은 자율권을 부여하고 있다. 그러나 우리나라에서는 일반학교에 대해서는 자율권을 크게 제한하고 있다. 비록 학교교육과정을 도입하고 학교회계를 설치하여 학교예산 운영의 자율권을 확대해 나가고는 있지만, 아직도 교육과정, 인사, 재정운영 등에 대한 실질적인 자율권은 지극히 미미한 상황에 있다(조동섭, 2006). 학교선택권과 특혜 논란은 그래서 의미 있는 논쟁이라고 할 수 있는 것이다.

5. 학교체제 다양화정책의 개선방향과 과제

학교교육을 다양화 · 특성화 · 자율화해야 한다는 주장에 대해 반대하는 사람은 없을 것이다. 다양화 · 개방화 · 세계화를 특징으로 하는 21세기 지식정보사회를 살아가기 위해서는 우리 학생들을 다양한 능력과 재능을 갖춘 미래의 우수인재로 개발하는 것이 필요하고, 그것은 학교교육의 다양화 · 특성화를 통해 가능하기 때문이다. 다만 그 방법론에 대해 이견이 있고, 학교별 다양화 · 특성화 · 자율화보다는 학교교육의 내용과 방법의 다양화 · 특성화를 통해 추구해야 한다는 입장과 관점의 차이가 있을 뿐이다.

앞서 살펴본 것처럼 현재 학교체제의 다양화정책은 소수의 학교들만을 설립 혹은 전환하여 다양한 학교유형으로 운영하고 있기 때문에 특수한 학생들만이 그 교육적 혜택을 누릴 수 있다는 문제가 있다. 그에 따라 특권층의 전유물이라는 인식이 팽배하고, 그들 학교에 진학하기 위한 치열한 경쟁과 사교육 수요를 야기하는 심각한 문제를 안고 있다. 따라서 학교체제의 다양화정책은 그 중요한 의미에도 불구하고 사회적 문제를 야기하고 논란을 일으키고 있기 때문에 점진적인 개선을 통해 그 의미들을 제대로 살려나가는 것이 필요하다. 정책의 개선방향과 과제들을 논의해 보면 다음과 같다.

첫째, 특정한 학교에만 특혜로 인식되는 자율성을 부여하기보다는 모든 학교에 대해 자율성을 부여하고 유사한 지원을 하는 것이 필요하다. 사실 자율학교나 자립형 사립고등학교와 같은 학교들은 소수의 학교를 지정하여 통제와 규제를 철폐하고 자율의 범위를 확대하여 보다 좋은 교육을 실현할 수 있도록 실험적으로 운영하고 있는 시범학교들이다. 시범운영 결과에 따르면, 그러한 학교들은 운영상의 문제점도 나타났지만 질 높은 교육을 이끌 수 있는 많은 장점과 강점을 보여주는 것으로 나타난다. 따라서 그러한 장점과 강점을 확산시켜 나가기 위해서는 다른 일반학교들에게도 그 학교들과 유사한 자율성을 부여하는 것이 필요하다. 특정사립학교에 자율성을 부여하여 자립형 사학으로 운영해 본 결과 그 성과가 높았다면 당연히 다른 사립학교에도 적용하는 것이 마땅하다. 특수목적고등학교 · 특성화고등학교 · 자립형 사립고등학교 · 자율학교가 아닌 일반계고등학교의 학생 · 학부모들도 다양화 · 특성화 · 자율화된 학교교육을 통해 질 높은 교육을 받을 수 있도록 해야 하는 것이다.

둘째, 학교체제 다양화정책의 추진에 따라 설립 · 전환된 학교들이 본연의 목적을 달성할 수 있도록 체계적으로 관리해 나가는 것이 필요하다. 특수목적고등학교나 자사고 등 일부학교들이 본래의 설립취지에서 벗어나 대학입시 명문기관이 되어 사회적 문제를 야기하고, 중학교뿐만 아니라 초등학교교육까지 파행으로 이끌고 있다는 비판은 어제 오늘의 일이 아니다. 특히, 중학교교육과정을 벗어난 고등학교 수준의 높은 선행학습을 필요로 하는 입학전형방식으로 과도한 사교육 수요를 조장하고, 사회 · 경제적 지위가 높은 계층의 자녀들만이 입학할 수 있다는 비판도 지속적으로 제기되고 있다. 따라서 특수목적고등학교 등 다양한 학교들의 지정 및 운영 관련 규정을 마련하여 그 설립목적에 부합하는 입시전형, 교육과정, 시설기준, 운영평가 등을 명료화하고 체계적인 관리를 통해 문제를 해소하는 것이 필요하다. 아울러 외국어고의 이과 진학반, 의대 준비반 등과 같은 설립목적에 부합하지 않는 편법 운영을 엄격하게 제한하고, 효과적인 장학지도 등을 통해 설립취지에 맞는 특수분야 영재교육기관으로서의 위상을 공고히 해나가는 것이 필요하다.

셋째, 혼란스러운 다양한 학교유형을 체계적으로 재정비하는 것이 필요하다. 사실 학교체제 다양화정책을 통해 설립 · 운영되고 있는 다양한 학교들은 전문학자들조차 그 성격과 특성을 명확하게 구분하기가 어려울 정도로 혼란스럽고 모호한 측면이 많다. 예컨대 특수목적고등학교의 경우 과학고, 외국어고, 국제고와 같은 학교들은 영재학교로서의 성격을 가지고 있는 반면, 공업 · 농업 · 수산 · 해양계열의 학교들은 직업분야 특성화고등학교와 유사하여 그 목적과 성격을 명확하게 구분하기가 어렵다. 과학고의 경우도 그 기능과 역할에서 과학영재학교와 명확하게 구분하기가 어렵고, 예 · 체능계열 특수목적고등학교의 경우 일반 예 · 체능계학교나 디자인 등 예술기능관련 특성화고등학교와 명확하게 구분하기가 어려운 것이 사실이다. 자율학교와 개방형 자율학교의 경우도 설립주체는 다를 수 있지만 성격상 운영의 형태를 나타낸 것이어서 상호 간에 성격구분이 애매하다. 따라서 이들 학교들의 목적과 기능을 보다 명료화하고 그를 기초로 혼란스럽고 모호한 학교유형을 재구조화할 필요가 있다. 이들을 목적과 기능에 따라 명확하게 구분하고 자율성 부여와 지원범위 등을 정비하여 재구조화하는 것이 필요한 것이다.

넷째, 사립학교에 대한 정책방향을 구체적으로 정립할 필요가 있다. 원래 사립학교는 국가의 규제와 간섭, 그리고 특별한 지원 없이 자율적으로 운영하는 것이 원칙이다. 영국의 이튼학교(Eaton school)나 미국의 필립스 아카데미(Pillips Academy) 등과 같이 선진국들의 사립학교는 학생선발, 교육과정 편성 · 운영, 재원 조달 등에서 자율권을 누리고 있는 대신에 국가의 재정 지원 없이 자율적으로 운영되고 있다(김영철 외, 2003). 우리나라의 경우 그들과는 다른 역사와 제도적 특성들을 가지고 있기는 하지만 획일적인 교육체제와 운영으로 국 · 공립학교들과 차별성이 거의 없는 사립학교들을 보다 다양화하고 자율화하여 특색 있는 학교로 발전시키는 것이 필요하다. 운영여건과 희망에 따라 자립형 학교, 자율형 학교, 보조형 학교, 관리형 학교 등으로 재조정하여 다양화하고, 점진적으로 보조형 학교나 관리형 학교는 국 · 공립학교로의 전환을 추진해야 한다.

다섯째, 영재학교를 보다 확대해 나가는 것이 필요하다. 지식기반사회에서는 우수한 인재의 개발이 국가경쟁력을 좌우한다. 그래서 선진국에서는 영재의 육성과 개발을 위해 많은 노력을 기울이고 있고, 우리나라에서도 다양한 분야의 영재육성을 위해 「영재교육진흥법」을 제정하여 범국가적 차원에서 영재의 교육과 육성을 위한 지원을 확대해 나가고 있다. 그러나 현재 우리나라에서는 법률에 의해 분야별로 영재학교를 설치 · 운영할 수 있도록 규정하고 있으나 아직까지 과학분야에 한정되어 있고, 그나마 한국과학영재학교가 유일한 영재학교로 설립 · 운영되고 있다. 따라서 다양한 분야의 영재교육기관을 설립하여 다양한 영재들을 육성할 필요가 있다. 필요하다면 현행 특수목적고등학교를 영재학교로 전환하는 방안도 고려해 볼 수 있다.

여섯째, 다양한 학교들의 교육여건을 개선하는 것이 필요하다. 학교체제 다양화정책을 통해 설립 · 전환된 학교들은 특별한 행 · 재정적 지원을 통해 수월성 높은 교육을 실시하는 학교로 육성하려는 의도가 있다. 그러나 이들 학교의 교육여건은 그리 좋은 편이 아니다. 외국어고의 경우 말하기 · 듣기 등 정상적인 외국어교육을 하기 어려운 35명 이상의 학급편성을 하고 있는 학교가 62%에 이르는 등(교육인적자원부, 2007a) 교육여건에서 아주 열악한 학교들도 많다. 교원의 경우도 관내 교원 중 우수한 교사들을 전보 발령하는 방식을 통해 우수교사를 확보하고 있지만, 순환근무제에 의해 일정기간이 지나면 일반학교로 전보되어야 하므로 전문성 확보가 되지 않아 교사의 질을 보장하기 어려운 측면이 있다. 따라서 그들 학교의 교육여건과 인사제도 등을 개선하여 교육력을 강화하고 우수학교로서의 위상을 지속적으로 확보 · 유지할 수 있는 방안을 강구할 필요가 있다.

참 고 문 헌

강성원 · 옥준필(2000). 특성화고등학교 발전 방안 연구. 한국직업능력개발원.

강영혜 외(2000). 자립형 사립고등학교 제도 도입 방안 연구. 한국교육개발원.

강태중 외(1999). 고등학교 체제 개편을 위한 정책연구. 한국교육개발원.

교육개혁위원회(1995). 신교육체제 수립을 위한 교육개혁방안(Ⅰ).

__________(1996). 신교육체제 수립을 위한 교육개혁방안(Ⅱ).

__________(2001). 자립형 사립고 시범 운영 방안.

__________(2002). 자립형 사립고 시범 운영 확대 방안.

__________(2007a). 수월성 제고를 위한 고등학교 운영 개선 및 체제 개편방안.

__________(2007b). 교육인적자원부 홈페이지 정보자료실(http://www.moe.go.kr).

김성열 외(2006). 학교운영 자율성 · 다양성 제고 방안 모색 및 제도화 지원에 관한 연구. 경기도 교육청.

김영철(2003). 특수목적형 고등학교 체제 연구(Ⅰ). 한국교육개발원.

김영화(1995). 외국의 학교 선택 정책. 교육정치학연구, 2(1), 152-184.

김재웅(2001). 정치로부터 자유로운 교육. 서울: 원미사.

김재춘(1998). 미국의 교육개혁 논의에 있어서 학교 선택권 담론: 차터 학교 운동을 중심으로. 교육과정연구, 16(2), 353-371.

김정래 외(2003). 사립고등학교의 평준화 정책 적합성 연구. 한국교육개발원.

김주후 외(2005). 자립형 사립고등학교 시범 운영 평가보고서. 한국교육개발원.

김중섭 외(2003). 국제고등학교 설립 · 운영방안 연구. 교육인적자원부.

김흥주 외(2003). 학교중심 지원체계 구축을 위한 지방교육행정체제 혁신 연구. 한국교육개발원.

노종희(2002). 교육행정기관의 행정실태 및 개선방안 연구. 한국교육개발원.

류상영(1997). 한국의 민영화 정책과 민영화 방식. 삼성경제연구소(편). 민영화와 한국경제. 서울: 삼성경제연구소. pp. 17-53.

박부권(2003). 고등학교 평준화 정책, 이제 바뀌어야 하는가? 교육환경의 변화와 교육정책의 과제. 아산사회복지재단.

박종필(2004). 학교단위 책임경영제: 이론과 실제. 서울: 원미사.

성경륭 외(2002). 자립형 사립고등학교 운영 보완 방안 연구. 교육인적자원부.

성기선 · 강태중(2001). 평준화 정책과 지적 수월성 교육의 관계에 대한 실증적 검토. KEDI 교육정책포럼. 한국교육의 현실과 대안(2). 한국교육개발원.

성열관(1998). 현장학교의 시장화 전략과 적합성 논의. 안암교육학연구, 4(2), 93-115.

송기창(2007). 학교선택제의 이상과 실상: 국내 적용 가능성 탐색을 위한 미국의 학교선택제 분석. 교육행정학연구, 25(3).

오인탁 외(1996). 고등학교 유형의 다양화 방안 연구. 교육부.

윤정일(2004). 고교평준화 정책의 이해와 오해. 한국교육개발원 고교평준화 디스커션 그룹 정책협의회 토론자료.

윤정일 · 송기창 · 조동섭 · 김병주(2002). 한국교육정책의 탐구. 서울: 학지사.

______________________________(2004). 교육행정학원론. 서울: 학지사.

______________________________(2006). 한국교육정책의 쟁점. 서울: 학지사.윤정일 · 윤홍주(1999). 교육민영화의 실현가능성과 한계. 교육행정학연구, 17(1), 249-282.

윤종혁 외(2003). 고교 평준화 정책의 적합성 연구. 한국교육개발원.

이일용(2004). 교육경쟁력 강화를 위한 사학운용체제 개선 방안: 자율학교 및 자립형 사립고등학교. 교육행정학연구, 22(2), 135-161.

이종재 외(1990). 고등학교 교육체제와 운영의 개선에 관한 연구. 교육부.

이종태 외(2000). 자율학교 운영 모델 개발 연구. 한국교육개발원.

이종태 · 정수현(2001). 자율학교 시범운영 결과 분석 및 제도화 방안 연구. 한국교육개발원.

이주호 · 이광준(2004). 협약학교 제도의 도입방안. 교육개혁포럼 월례세미나 자료집.

정유성 · 이종태(1999). 대안학교(특성화고등학교) 교육과정 및 교사양성 방안 연구. 교육부.

정일환 · 김경선(2002). 자립형 사립고등학교제도의 추진과정 분석과 보완방안 탐색. 교육행정학연구, 20(2), 259-281.

조동섭(2003). 참여정부 학교교육 개혁의 방향과 과제. 교육행정학연구, 21(2), 389-406.

조동섭(2004). 학교단위 책임경영 체제 발전방안 연구. 학교교육연구, 2(2). 한국학교교육연구원, pp. 133-152.

조동섭(2005). 경기도 자율형 학교 제도 도입방안 탐색. 김승보 외 편. 자율형 교육공동체를 위한 중등학교 설립방안 연구. 경기개발연구원, pp. 201-232.

조동섭 외(2004). 경기도 교육행정체제의 진단과 혁신방향. 한국교육개발원.

진동섭 외(2003). 단위학교 자율경영체제 연구. 한국교육개발원.

최봉섭(2005). 아카데미 도입, 그 대담한 시도와 논쟁. 교육개발, 32(2), 60-69.

최준렬(2000). 학교 재구조화의 의미 탐색. 교육학연구, 38(4), 245-257.

최준렬 외(1997). 자립형 사립고등학교 운영 모델 개발에 관한 연구. 교육부.

Adams, J. E. Jr., & Kirst, M. W. (1999). New demand and concepts for educational accountability: Striving and results in an era of excellence. In J. Murphy, & K. S. Louis (Eds.). *Handbook of Research on Educational Administration* (2nd ed.). San Francisco: Jossey-Bass Pubishers.

American Federation of Teachers (1999). *Redesigning Low-Performing Schools: It's Union Work.* Washington, DC.

______________________________(2004). *Charter School Achivement on the 2003 National Assessment of Educational Progress.* Washington, DC.

Beare, H., & Boyd, W. (1993). *Restructuring schools: An international perspective on the movement to transform the control and performance of schools.* The Falmer Press.

Belfield, R. B., & Levin, H. M. (2002). *Education privatization: Causes, consequences and planning implications.* Paris: International Planning for Educational Planning, UNESCO.

Brighouse, H. (2000). *School choice and social justice.* Oxford & New York: Oxford University Press.

Bush, T., Colman, M., & Glober, D. (1993). *Managing autonomous schools: The grant-maintained schools.* London: Kogan Page.

Clune, W. H., & White, P. A. (1998). *School-based management: Instructional variation, implementation, and issues for further research.* Center for Policy research in Education.

Duffy, F., Rogerson, L., & Blick, C. (2000). Redesigning American's schools: A system approach to improvement. ERIC.

Hirsch, W. Z. (1991). *Privatizing government services: An economic analysis of contracting out by local governments.* Los Angeles: University of California,

Institute of Industrial Relations.

Kean, T. H. (1994). Three privatization models for public schools. In S. Hakim, P. Seidenstat, & G. W. Bowman (Eds.), *Privatizing education and educational choice: Concepts, plans, and experiences.* Westport, CT & London: Praeger, pp. 91-103.

Merrifield, J. (2001). *The school choice wars.* Lanham, Maryland: Scarecrow Press.

OECD (2001). *Teachers for tomorrows schools: Analysis of the world education indicators.* Paris: OECD.

______ (2004). *Education at a glance 2004.* Paris: Author.

______ (2007). *OECD PISA 2000, 2003, 2006* (http://www.oecd.org).

Peterson, P. E. & Campbell, D. E. (Eds.) (2001). *Charters, vouchers & public education.* Washington, D.C.: Brookings Institution Press.

The Center for Education Reform (2005). *Charter Schools Today: Changing the Face of American Education.*

U.S. Department of Education Institute of Education Science (2005). National Assessment of Educational Progress. The Nation's Report Card. America's Charter Schools. Results from the NAEP 2003 Pilot Study.

Wohlstetter, P., & Oden, A. (1992). Rethinking school-based management policy and research. *Educational Administration Quarterly, 28.*

제 11 장

교원구조의 다원화

1. 서 론

오랫동안 단일성과 평등성을 특징으로 했던 교원의 구조를 이제는 변화시켜야 한다는 목소리가 높아지고 있다. 이것은 기존의 교원자격 및 직급체제의 문제점을 개선하기 위한 점진적 성격의 변화(incremental change) 요구와 새로운 교육과 학교, 교원의 상(像)에 대한 필요성에서 온 개혁적 성격의 변화(radical change) 요구 양쪽에서 촉발되고 있다. 실제적으로는 현행 교원자격제도에 관한 비판과 문제제기로 인하여 더욱 부상하게 되었다고 할 수 있다.

1949년「교육법」에 최초로 각급학교 교원의 종류와 직무 및 자격제도를 규정한 이래, 현재 교원의 직급 및 자격은「초 · 중등교육법」,「유아교육법」,「교육공무원법」,「교육공무원임용령」,「교원자격검정령」,「교수자격기준 등에 관한 규정」에 그 내용이 규정되어 있다. 현재 교원의 자격은 초 · 중등학교의 경우 교장, 교감, 정교사(1, 2급), 준교사, 전문상담교사(1, 2급), 사서교사(1, 2급), 실기교사, 보건교사(1, 2급), 영양교사(1, 2급) 등으로 구분되고, 유치원의 경우 원장, 원감, 정교사(1, 2급), 준교사로 구분된다. 일반적으로 초 · 중등학교 교원의 자격은 1급정교사-2급정교사-교감-교장의 4단계로 구분된다고 할 수 있다. 교원의 직급은 초 · 중등학교의 경우 교사-교감-교장의 3단계로 이루어지고 있

* 박수정(충북대학교 교육개발연구소)

으며, 유치원의 경우 교사-원감-원장의 3단계이다. 이러한 교사자격 및 직급제도의 골격은 반세기가 넘도록 유지되어 왔다.

현재와 같은 구조의 교원자격 및 직급제도에 대한 문제점과 비판은 그동안 학계와 교육계에서 꾸준히 제기되어 왔다. 행정관리 우위의 자격체계, 자격종별 직무의 성격 및 책임의 미분화(김선종 외, 1994: 6-7) 등이 문제점으로 지적되었고, 그로 인하여 교단교사 측면에서는 승진풍토 과열, 그리고 승진경쟁에서 탈락된 교사의 근무의욕 및 사기저하가, 교육행정 측면에서는 직무의 모호성으로 인한 교사의 역할기대 모호(김혜숙 외, 2000: 35-39)라는 부정적인 현상이 발생하였다. 또한 현행 교원자격 및 승진제도가 전반적으로 교원의 전문성 신장과 자극에 도움이 되지 못한다는 비판이 컸다. 이러한 문제를 개선할 대안으로 교원자격증의 기한 설정, 중학교와 고등학교 교원자격의 분리, 교원자격의 개방, 교장임용방식의 다양화 그리고 새로운 교원자격의 도입 등이 논의되고 있는 상황이다.

이 장에서는 그중에서 교원구조의 변화와 관련이 있는 새로운 교원자격의 도입에 한정하여 살펴보고자 한다. 이것은 이론적으로는 '직능분화 인사제도(differentiated staffing)', '직계제도(career ladder)' 등으로 뒷받침되면서 제안되었고, '교원자격 다단계화', '교원직급 다단계화', '교원구조 다원화' 라는 명칭으로 논의되고 있다. 현재 교원자격과 직급이 모두 변화의 대상으로 검토되고 있는 상황이고, '다단계화' 라는 용어가 내포하는 수직적인 이미지를 감안하여 '교원구조 다원화' 라는 명칭으로 관련 정책을 포괄적으로 지칭하도록 한다.

그 가운데 구체적인 정책방안으로 수습교사제와 수석교사제가 학계와 교육계에서 거론되고 있다. 특히, 수석교사제는 매우 활발하게 논의되고 있는데, 2006년 교육혁신위원회의 제안에 따라 교육인적자원부에서 시범운영계획을 마련하여 2008년 3월부터 1년간 시범적으로 운영될 예정이다. 이 장에서는 '교원구조 다원화' 의 대표적인 정책방안으로서 수습교사제와 수석교사제를 선정하고, 각각 논의의 배경 및 과정, 쟁점사항 등을 정리하여 정책방향을 제시하고자 한다. 현재 수습교사제에 비하여 수석교사제가 활발하게 논의되고 있는 상황이지만 교사발달(teacher development)의 단계를 고려하여 수습교사제부터 먼저 살펴보도록 한다.

2. 수습교사제의 현황 및 쟁점

1) 논의의 배경 및 과정

교단에 처음 발을 딛는 교원이 교단경력 수십 년의 교원과 똑같은 일을 수행하는 것은 '가르치는 일'의 공통된 속성 때문일 것이다. 그러나 신규교원이 입직 초기의 직무수행에 있어서 어려움과 혼란을 겪는 상황은 항상 되풀이되는 문제였고, 이에 대한 행정적 지원의 필요성이 제기되었다. 교원임용시험에 합격한 후 현장적응을 위한 체계적인 연수과정이나 수습과정을 거치지 않고 곧바로 학교에 배정됨으로써 신규교원들이 학교현장적응에 많은 어려움을 겪고 있고 업무수행에 대한 큰 부담을 느끼고 있기 때문이다(조동섭, 2005: 13).

이와 같이 신규교원의 교직적응력을 돕기 위한 제도로서 수습교사제의 도입이 제안되고 있다. 교사사회화이론 및 교사발달이론에 따르면 교직 첫 해를 포함한 몇 년간의 기간을 '생존(survival)', '형성(becoming)', '발견(discovery)' 등의 용어로 개념화할 수 있다(이윤식, 1999). 신규교원의 초기경험을 공통적으로 '입문' 또는 '적응' 단계로 본다면, 이러한 초기단계를 효과적으로 경험하고 다음 단계에 성공적으로 진입할 수 있도록 신임교원을 정책적으로 지원하는 것이 필요하다는 점에서 수습교사제의 이론적 논거를 찾을 수 있다.

한국교육개발원(1978: 160)은 수습교사제를 '교육실습의 내실화' 차원에서 제기한 바 있다. 교과학점을 모두 이수한 교육대학 졸업반 학생들에게 6개월 정도 교육실습을 하고 그 결과를 자격심사에 반영함으로써 시보(probation) 기관화하는 방식으로 중등교원 임용후보자에게도 적용될 수 있다고 하였다. 이것은 1980년에 교육대학의 수학연한이 2년에서 4년으로 연장됨에 따라 제기된 것으로, 국 · 공립 교대 및 사대 졸업자를 무시험 임용했던 당시의 상황에 근거하여 제안된 방안이었다고 할 수 있다.

안세근(1996: 235)은 수습교사제의 목적을 직전교육의 이론과 학교현장에서 벌어지는 실제 사이의 괴리감을 제거하여 학교활동에 적응할 수 있도록 함과 동시에, 실무실습을 통해 현장에서 직면하게 되는 실천적 과제를 자주적으로 해결함으로써 교사로서의 적격성을 인정받을 수 있는 것이라고 보았다. 수습교사의 신분은 임시교사로 하고, 10개월간 단위학교에서 여름과 겨울방학 기간에 교육청과 교육연수원에서 연수를 받고 적격자에 한해 정식교사로 임용하자는 것이다.

한국교원단체총연합회(이하 '한국교총')(1997: 126)에서는 공개전형에 합격한 사람들에게 임시교사의 신분으로 1년 동안의 수습과정을 거치도록 함으로써 현장실습과 실무경험을 충분히 쌓도록 하는 방안을 도입할 필요성을 제기하였다. 신규교원의 교직진입을 원활하게 하도록 도와주는 일종의 연수 프로그램으로서, 이 기간동안 교과지도에 대한 실질적인 연수를 받게 함으로써 전문성을 심화시키고 현장적응능력을 향상시킬 수 있는 기회를 갖게 될 것이라고 보았다.

이 같은 수습교사제의 도입을 정부에서 적극 검토한 바 있다. 1991년 교육정책자문회의에서는 교직의 전문성을 높이기 위해 1년 기한의 수습교사제를 도입, 양성과정에서 미흡했던 실무훈련을 충실히 하고 아울러 교사로서의 자질 및 적합성을 최종적으로 평가할 수 있게 할 것을 건의하였으며, 1996년 교육개혁위원회의 5.31 교육개혁안에서 수습교사제 실시를 언급하였다. 이에 따라 1998년 정부는 수습교사제의 도입을 내용으로 하는 「교육공무원법」 개정안을 입법예고하였다. 1년 동안 근무성적과 교육훈련성적이 양호하고 교사로서 적격성이 있다고 평가를 받으면 정규교사로 임용하고 그렇지 못하면 면직하게 되며, 국·공립뿐만 아니라 사립학교에도 적용하도록 하였다(조선일보, 1998년 10월 26일자). 그러나 교권침해를 주장하는 교대·사대생들의 반발이 크고 교육계에서 수습교사제를 적극 지지하는 의견도 없어 수습교사제는 법안심의과정에서 삭제되었다.

수습교사제는 시·도교육청 차원에서 한차례 시행된 바 있다. 1998년 대전광역시교육청은 신규임용교사의 실무수습을 충실히하여 교사의 자질을 향상시키겠다는 목표로 수습교사제 실시를 8월 14일자로 발표하고, 2학기 9월 1일자로 신규임용하여 초등 20명, 중등 19명 등 총 39명을 발령하였다. 이것은 시·도교육청 차원에서 유일하게 수습교사제를 실시한 사례로 기록되는데, 기존 신규임용자와의 형평성, 수습교사제 실시의 법적 근거 부족 등 논란이 일자 시행 6개월 만에 이들을 모두 정식발령한 후 수습교사제를 다시 실시하지 않았다(전국교직원노동조합대전지부, 2005).

최근에도 교원양성 또는 연수제도의 개선책으로서 수습교사제가 거론되는 경우가 있다. 노종희(2004: 16)는 공개전형에 합격한 사람들로 하여금 임시교사의 신분으로 1년 동안 수습과정(internship)을 거치도록 하여 현장실습과 실무경험을 충분히 쌓도록 하는 방안을, 조동섭(2005: 13)은 교사자격 취득 후 수습교사로 임용하여 6개월~1년 정도의 집중적인 수습과정을 거쳐 정규교사가 되도록 하는 방안을 강구할 필요성을 제기하였다. 이주호(2005: 53-54)는 일정한 임용시험을 거쳐 최종선발자 대비 1.2~1.3배수의 임용예정자를 대상으로 1년간 단위학교 내 실습과 연수기관의 교육을 통한 시보기간을 가진 후 정식 임용할 것을 제안하였다.

그런데 수석교사제에 대한 논의가 활발한 학계와 교육계에서 수습교사제에 대한 관심은 상대적으로 적은 편이다. 수습교사제를 단독으로 연구하거나 주장하는 연구논문은 안세근의 연구(1996) 외에는 찾기 어렵다. 교원양성이나 연수체제를 검토하면서 하나의 개선방안으로 수습교사제를 다루는 경우가 대부분이고, 최근 수석교사제가 활발히 검토되면서 교원자격 및 직급제도 개편안의 일환으로서 교원구조의 초기단계로 수습교사를 포함하는 정도로만 언급되고 있다. 현실적으로 수습교사제는 교대 · 사대생과 교원양성기관의 반대로 도입이 어려운 상황이라고 평가되고 있다(신상명, 2003).

2) 쟁점사항

(1) 교원양성과정 vs 교원연수과정

수습교사제를 논의함에 있어서 가장 먼저 발견되는 것은 수습교사의 목적과 기대효과가 불분명하다는 것이며, 논자에 따라 다른 맥락으로 논의하고 있으면서도 용어는 같은 용어를 쓰고 있다는 것이다. 예컨대 수습교사는 교원양성과정 중에 있는가, 아니면 교원연수과정 중에 있는가. 이것은 곧 수습교사제의 도입목적과 이를 통해 기대하는 바가 무엇인지 고민해야 할 필요성을 제기한다.

수습교사를 교원양성과정, 구체적으로 직전교육 중에 있다고 한다면 오랫동안 문제점으로 지적되어 왔던 예비교사의 교육실습을 강화하는 유용한 방안으로 생각할 수 있다. 교육실습의 기간이 충분치 못하고 활동이 형식에 그친다는 비판은 지속적으로 제기되어 온 문제점이다. 그런데 수습교사를 교원양성과정 중에 둔다면 교육실습을 충분히 할 수 있도록 교육기회를 제공하자는 것이며, 이 경우 수습교사는 학생이면서 일종의 예비교원이라고도 할 수 있다.

한편, 수습교사를 교원연수과정 중에 있다고 본다면 신임교원연수의 내실화를 의미하는 것으로 생각할 수 있다. 현재 신임교원의 연수는 시 · 도교육청마다 차이가 있지만 대체로 3~4일 정도의 직무연수를 거쳐 학교에 배치되고 있다. 이러한 단기간의 신임교원연수가 매우 불충분하다는 비판이 늘 있어 왔는데, 그 기간을 6개월 내지 1년으로 하여 교직에 적응할 수 있는 충분한 연수기회를 제공하자는 것이다. 이 경우 수습교사는 교원의 신분이며, 교원의 자격체계의 하나로 볼 수 있다.

수습교사의 목표를 '교직적응력 제고'라 본다면 양쪽 모두 타당한 방안이며 동시에 추구될 수 있는 방안이기도 한다. 그러나 교육실습의 강화(교원 양성과정) 또는 신임교원연수의 내실화(교원연수과정) 중 어느 한쪽을 주된 목적으로 하는 수습교사제는 각각 다른 형태의 수습교사제를 요구할 것이 분명하다.

예컨대 수습교사제의 제도적 형태를 살펴보자. 교육실습의 강화방안으로서 수습교사제를 논의한다면 교원양성체제에 관하여 논의하여야 한다. 6개월~2년간의 수습교사제 기간을 두어 교육실습을 하도록 한다면 현재 4학년의 교육과정을 변화시키거나, 현행의 4년 과정을 5~6년으로 늘리거나, 4+2와 같은 대학원 양성체제에서의 일정기간을 수습기간으로 만들 수 있다. 독일과 프랑스에서 최종시험 직전의 교원양성과정에서 수습기간을 두는 것과 같다. 한편, 신임교원연수의 내실화방안으로서 수습교사제를 논의한다면 교사양성의 직전교육단계가 아니라 현직교육단계가 되며, 교원연수체제, 교원자격체제와 함께 논의하여야 한다. 교원으로 이미 선발한 사람들에게 수습교사의 신분을 부여한다면 교직구조 안에서 이들의 위상과 연수방법이 논의되어야 하는 것이다.

수석교사제의 도입을 주장하는 연구는 대부분 신임교원의 연수과정으로 수습교사제를 설정하고 있다(안세근, 1996; 노종희, 2004; 조동섭, 2005; 이주호, 2005; 한국교총, 1997, 2006). 교육실습의 확대는 교직 희망자가 많은 상황에서 현실적으로 무리가 있고(이주호, 2005: 52), 대학교육의 파행이 우려되며 체험 위주의 현장실습 효과를 실질적으로 거두기는 어렵다(조동섭, 2005: 13)는 비판이 있다. 수습교사제를 도입하고자 하는 취지와 우리의 실정에 비추어 보아 과연 적합한 방안이 무엇인지 진지하게 탐색하고 체계적으로 구조화할 필요가 있다.

(2) 신분과 처우

수습교사제를 이야기할 때 신분과 처우를 반드시 명시적으로 논의하여야 한다. 그런데 수습교사제 자체가 활발하게 논의되고 있지는 못하기 때문에 이에 대해서도 구체적으로 논의되고 있지는 않은 상태다.

수습교사는 학생인가, 예비교원인가, 정식교원인가. 이것은 앞에서 살펴본 사항과도 관련이 깊다. 수습교사제를 교원양성과정으로 본다면 학생이요, 교원연수과정으로 본다면 교원이다. 후자의 경우 수습기간을 자격심사와 관계없는 연수과정으로 본다면 정식교원으로 볼 수 있고, 수습기간을 통해 일정한 심사를 거쳐 적격자를 걸러낸다면 예비교원으로도 볼 수 있다. 만약 현재와 다른 목적형 교사양성과정 속에서 수습교사를 둔다면 학생도 교원도 아닌 또 다른 신분형태를 생각할 수 있다. 현재 수습교사의 개념을 '유자격교사로 선발되기는 했지만 채용이 확정되지 않은 교사'(진동섭, 2000: 102)로 보는 것이 가장 일반적이라고 한다면, 수습교사의 신분은 정식교원이 되기 직전단계의 예비교원이라고 볼 수 있을 것이다.

교원양성과정에 있는 학생들이 수습교사제에 대하여 반감을 가지는 가장 큰 이유는 신분과 처우에 대한 불안감이다. 높은 경쟁률을 기록하는 시·도별 교원임용시험에 합격하여도 정식교원이 되지 못하고 다시 한 단계를 더 거쳐야만 정식발령이 이루어진다고 생각하기 때문이다. 실제로 대전광역시교육청에서 수습교사제를 시행하였던 방안을 살펴보면, 수습교사의 신분은 강사로서 학교장에 의하여 임용되고, 6개월간의 수습기간 중 수업실기와 학급경영을 비롯한 학생생활지도, 특별활동지도 등을 평가하며, 평균 60점 이상의 평점을 얻으면 수습을 한 학교에 정식교원으로 발령하고 평점이 낮을 경우 수습기간을 연장하도록 하였다(구혜영, 1998: 72). 6개월 만에 이들을 모두 정식교원으로 발령하면서 이 제도는 백지화되었는데, 이때 제기된 가장 큰 비판은 신분과 처우문제였다.

수습교사제를 제안하는 연구자들은 대부분 수습기간의 성과를 평가하여 정식임용을 결정하고, 경우에 따라 수습시간이 연장될 수 있다고 주장하였다(노종희, 2004; 조동섭, 2005; 이주호, 2005; 한국교총, 1997/2006). 그렇다면 수습교사제는 교사의 입장에서 '교직적응력 제고' 뿐만 아니라 임용권자의 입장에서 '교직적격자 선발' 의 목적도 크다고 할 수 있으며, 수습의 과정은 연수일 뿐만 아니라 정식임용(최종선발)을 위한 평가의 의미를 갖는 것이다.

수습교사제는 악용될 소지가 있다는 우려가 제기되는데, 현재 정식자격이 아님에도 불구하고 일부 사립학교에서 교원을 신규채용할 때 '수습교사' 라는 이름으로 교사를 채용하는 사례가 있다. 기간제강사로 교원을 임용하면서 신임교원의 적응력을 제고한다는 명분으로 수습교사라는 명칭을 붙이는 경우가 있는 것이다. 수습교사제가 실시된다면 사립학교의 경우에도 이를 채택하도록 유도하되, 악용되지 않도록 임용의 공개전형화와 평가의 공정성 유지를 위한 제도적 장치가 마련되어야 할 것이고(노종희, 2004: 17), 수습교사제의 좋은 목적에도 불구하고 교원통제의 수단으로 오인받을 수 있다는 점(안세근, 1996: 245)에서도 이에 대한 사전대책을 강구하여야 할 것이다.

이것은 수습교사제의 도입을 검토함에 있어서 신분과 처우에 대한 불안감 해소와 더불어 공정한 평가기준을 제시할 필요성을 제기하며, 악용방지와 교권 침해 및 통제에 대한 우려를 어떻게 해소할 것인지 그 대안 또한 함께 제시해야 함을 보여준다.

(3) 직무와 평가기준

교원구조를 다원화한다고 할 때 가장 중요한 것은 각 구조에 어떠한 직무를 부여할 것인가 하는 점이다. 직무에 차이가 없다면 새로운 구조를 만들 필요가 없기 때문이다. 이것은 수습교사제뿐만 아니라 후술하는 수석교사에 대해서도 마찬가지로 해당하는 문제이다.

수습교사제를 새롭게 만든다면 이들이 어떤 직무를 수행할 것이고, 이들을 어떠한 기준으로 평가하여 적격자를 가릴 것인가. 또한 단위학교에서 이들을 지도, 관리, 평가할 수 있는가. 이러한 역할을 누가 담당할 것인가. 직무 및 평가와 관련된 이러한 사항들에 대하여 상세하고 구체적인 논의가 필요하다.

교직적응력을 기르기 위하여 부여될 기간 동안 수습교사가 수행할 직무는 어떠한 것이어야 할까. 이에 대하여 대부분의 연구는 수습교사에게 제공되는 교육적 경험 및 훈련과정을 중심으로 설명하고 있다. 한국교총(1997: 126)에서는 교재연구, 모의수업, 학생지도, 학교실무 등에 많은 시간을 할애하고 정규수업은 최소한으로 제한하자고 하였고, 이주호(2005: 53-54)는 단위학교 내의 교육내용으로 실제수업과 학급담임으로서의 역할, 제반 교무업무, 학생지도 및 상담, 특별활동 등을 효과적으로 할 수 있는 방법을 배우고 실제로 경험하며, 동일 교과를 담당하는 선배교사의 수업을 참관하고 학교현장에서 유용한 교수법을 익히도록 하자고 하였다. 안세근(1996: 242-244)은 학교연수, 교육행정기관연수, 연수기관연수, 자기연수 등 연수 주체별로 나누어 제시하면서 수습교사가 받게 되는 연수경험을 중심으로 설명하되, 수습교사가 교과지도에 중점을 둘 것을 명시하였다.

수습교사를 누가 지도하고 관리하며 평가할 것인가도 중요한 문제이다. 단위학교에서 수습교사를 지도할만한 교사를 어떻게 선정할 것이며, 그가 어떠한 역할을 수행할 것인지 생각해야 한다. 또한 수습교사의 평가기준을 어떻게 세우고, 평가결과를 어떻게 활용할 것인지를 생각해야 한다.

수습교사의 지도를 담당하는 교사에 대해서 '전문성이 높은 교사'(노종희, 2004: 17), '교육경험이 풍부한 지도교사'(이주호, 2005: 53) 등 다소 추상적인 범주가 제시되었는데, 최근에는 새로운 교사자격으로서 예상되는 수석교사 또는 선임교사가 유력한 대안으로 떠오르고 있다. 수습교사는 수석교사가 지도하는 각종 연수를 받도록 하고, 수습교사를 담당하는 수석교사에게는 수업시수를 경감함으로써 실효성 있는 지도가 이루어질 수 있도록 한다(윤정일, 2002)는 주장에서 알 수 있는데, 이것은 수석교사의 직무 논의와도 관련이 있다. '교사를 지도하는 교사'로서 멘토(mentor)교사는 수습교사제에서 가장 필요한 인력이므로 이러한 지도교사의 선정과 역할 또한 세밀하게 규정되어야 할 것이다.

다음은 수습교사 평가의 문제다. 많은 연구들에서 수습교사에 대한 평가가 필요하다고 말하고 있지만 구체적인 평가방법에 대해서는 활발한 논의가 없는 상태이다. 참고로 1998년 대전광역시교육청에서 수습교사제를 실시할 때 평가방법으로 제시했던 내용은 다음과 같다. 학교장, 교감, 지도교사(교무부장 또는 연구부장)로 평가 위원회를 구성하고, 평가영역 및 비율은 ① 근무평정평가 40%, ② 수업평가 30%, ③ 학습지도·생활지도·특별활동지도 등 과제평가 30%로 이루어지며, 각 영역별 40% 이상, 평균 60% 이상 득점시 과정이수평가로 하도록 하였다(구혜영, 1998: 72). 평가는 학교단위에서 이루어지며, 교사 직무 대부분의 영역에서 평가가 이루어지도록 하였다.

수습기간 중의 평가를 어떻게 활용할 것인가 또한 첨예한 문제이다. 수습교사로서의 평가결과에 따라 기준도달 시에는 정규교원으로 임명하면 되지만 기준미달 시에는 어떻게 할 것인가? 이 경우 수습기간을 연장하여 기준에 도달하도록 만드는 방법이 있고 탈락시키는 방법도 있을 것이다. 대전광역시교육청에서 운영했던 방안에는 연장처분을, 교육인적자원부에서 발표했던 방안에는 면직처분을 할 수 있도록 규정한 바 있다. 수습교사제를 반대하는 측에서 이러한 부분에 대하여 임용시험을 두 번 치루는 것이며, 교원을 통제하기 위한 수단이라며 문제를 제기하고 있다. 수습교사제의 목적을 '초임교사의 현장적응 지원'에 오로지 충실하도록 운영할 것인지, '적격성 판정'의 개념을 포함하여 운영하는 것이 바람직한지 면밀하게 검토해야 할 것이다.

이와 같이 수습교사제의 목적, 직무, 신분, 평가, 평가결과의 활용 등 일련의 체계가 하나의 시스템으로 구조화되어야 하며, 이것은 다른 교원구조의 도입을 논의할 때에도 마찬가지일 것이다.

3. 수석교사제의 현황 및 쟁점

1) 논의의 배경 및 과정

교직에 있는 동안 '가르치는 일'에 직접 종사하는 교원의 전문성을 최대한 개발하는 것은 교원인사정책이 추구하는 가장 중요한 목표 가운데 하나일 것이다. 그런데 현행 교원승진체제하에서는 1급정교사 자격을 취득한 후 20년이 지나도록 상위자격을 취득할 기회가 없고, 교수활동에 있어서 더 이상 올라갈 만한 단계가 없다는 것이 문제점으로 지적되어 왔다. 교직에 경력의 단계가 부족하기 때문에 교사들이 미래지향성보다는 현재지향성이 강하며, 다른 교사들보다 많은 노력을 기울이고 있는 교사들은 상대적으로 피해의식을 가지게 된다(Lortie, 1973). 따라서 가르치는 일에 묵묵히 헌신하는 교사들을 격려하는 방안, 그리고 교수활동에 오랫동안 종사하는 평교사들로 하여금 전문성을 함양할 수 있는 동기를 제공하는 방안이 필요하다는 것이다.

교수활동에서 지도적인 역할을 수행하는 수석교사제는 실제적, 이론적 측면에서 그 도입이 제안되어 왔다. 실제적으로는 현행 교원직급 · 자격체제가 교원의 전문성 신장과 사기앙양에 효과적이지 못하다는 점, 이론적으로는 직능분화 인사제도(differentiated staffing)와 직계제도(career ladder), 학교 재구조화(school restructuring)운동과 전문적 공동체(professional community)이론 등이 논거로 제시되면서 좀 더 설득력을 지니게 되었다.

교원자격 및 직급체제에 대한 비판은 크게 두 가지로 요약할 수 있다. 첫 번째 비판은

2급정교사-1급정교사-교감-교장의 4단계 자격제도가 지나치게 완만하고 기간이 길다는 점이다. 특히, 2급정교사와 1급정교사는 직무상 별다른 차이가 없으므로 실질적으로는 3단계로 이루어진 셈이다. 이러한 상황에서는 교사의 근무의욕 고취와 전문성 신장 노력에 자극이 되지 않는다는 것이다. 두 번째 비판은 단선형의 직급체제에 집중된다. 교수활동에 종사하다가 관리직으로 승진하는 현행 승진제도하에는 교감, 교장으로의 승진경쟁이 심하고 관리직 우위의 풍토를 조성하는 부정적인 폐단을 야기하고 있다는 것이다. 따라서 1급정교사와 교감 사이에 새로운 자격 내지 직급이 필요하며, 그것은 교수직의 최고 지위로서 수석교사제의 도입으로 의견이 모아지고 있다.

1970년대에 미국에서 학교개혁의 모형으로 논의 · 실시되었던 직능분화 인사제도(differentiated staffing)는 교사의 책임을 확대하고 다양화함으로써 교사의 보수를 인상하고 일을 더욱 흥미롭게 하여, 전통적인 교직경력구조를 수정하는 것을 의미한다(윤정일, 2004: 546-548). 직계제도(career ladder) 및 수석교사제(master teacher plan)와 거의 같은 개념으로 쓰인다. 또한 1990년대에 이루어진 학교 재구조화(school restructuring) 논의는 교사의 직무도 더불어 재구조화하자는 움직임과 연결되었고, 새롭게 부상하기 시작한 전문적 공동체(professional community)이론은 협력적인 교직문화를 조장하고 교육전문가로서의 교사의 역할을 중시함에 따라 새로운 교원구조를 요청하였다(한국교총, 2006).

윤정일(1980: 29-30)은 직능분화 인사제도를 소개하면서 정규교사의 상위개념으로 '조정교사(coordinating teacher)', '팀 티처(team teacher)' 등의 신분을 소개하였다. 직능에 따라 여러 계층을 만든다면 교직만족요인을 극대화할 수 있고 대부분의 불만족요인도 제거할 수 있는 방안이라고 보았다. 서정화 등(1981: 79-81)은 교원자격의 세분화방안으로 선임교사 및 수석교사제의 도입을 제안하였다. 현행의 2급 및 1급정교사의 명칭을 부교사 및 정교사로 바꾸고 기간을 각각 5년 정도로 하며, 그 위에 교감 및 교장에 상응하는 선임교사 및 수석교사를 두자고 주장하였다.

교직단체인 한국교총은 수석교사제 도입을 가장 적극적으로 지지하였고 지금까지 여러 보고서와 의견 조사 등을 통하여 수석교사제 도입의 당위성을 주장해왔다. 정부에서도 수석교사제를 검토하여 1982년과 1995년 입법 직전까지 가기도 하였으나 예산문제와 반대여론 등으로 인해 무산되었다.[1] 1999년 교직발전종합방안의 시안에서는 수석교사제를 도입한다는 방안이 포함되었으나, 이듬해 확정 · 발표된 교직발전종합방안에서는 추후 검토할 과제로 분류되어 정책 채택단계에는 이르지 못했다.

1) 1982년에는 교원직급 신설 반대 및 예산확보 곤란, 1995년에는 학교현장의 지위체계 혼란(교장과의 위상정립), 인건비 과다 등의 이유로 교육법 개정이 중단되었다(교육인적자원부, 2007).

2003년 OECD 교원정책검토단의 지적사항 가운데 수석교사제의 도입 필요성과 연결되는 내용이 포함되어 수석교사제 논의는 더욱 탄력을 받게 되었다. 교직에 전문성 신장에 대한 유인기제(단위학교의 독립된 예산 및 시간 투자, 조직화된 전문성 개발활동)가 현저히 부족하고, 단위학교 내 초임교사 연수담당 · 학내 장학 등의 역할담당자가 없으며, 우수교사 지원대책 미비하다는 것이다.

한국교육개발원에서 '교원직급 및 자격체제 개편연구' (김혜숙 외, 2000)를 수행하면서 교단교사 우대방안으로 순수자격제로서의 수석교사제 도입을 제안하였고, '교원정책 혁신방안 연구' (이종재 외, 2004)를 수행하면서 수석교사제의 도입을 다시 검토 · 확인하였다. 수석교사제 도입에 앞장서고 있는 한국교총과 달리 전교조는 수석교사자격이 교직사회의 또 다른 계급이 될 것이라는 점에서 반대하고 있고, 한교조는 명칭을 대교사로 하는 것 외에는 대체로 동의하고 있다(이종재 외, 2004). 이 연구는 교직 관련단체들과 학부모단체 및 전문가의 의견을 여러 차례 수렴하여 나온 방안이라는 점에서 의미가 있으나 합의된 운영모델을 제시하지는 못했다.

수석교사제는 정부에서 도입을 긍정적으로 검토하고 있는 대표적인 교원정책의 하나이다. 2006년 교육혁신위원회(2006: 70)는 수석교사제의 도입을 교원승진, 교장임용제도 개선의 하나로 제안하였다. 배경으로는 수업과 학생지도에 탁월한 능력을 지닌 교사에 대한 우대방안의 필요성, 현행 승진제도의 과도한 경쟁풍토를 완화할 수 있는 인사제도 보완의 필요성을 들었다. 수석교사의 역할은 '교내 장학 및 멘토교사로서의 역할' 로 간단히 제시하였고, 수석교사의 신분, 역할, 처우 등에 대해서는 추후 연구 및 여론수렴을 통해 구체화할 것을 제안하였다.

이 제안에 따라 정부에서는 수석교사제의 도입을 추진하기로 하고, 이에 관한 구체적인 방안을 마련하기 위해 연구용역을 의뢰하였으며, 2007년 9월부터 시범 실시할 것을 발표하였다(교육인적자원부, 2007a). 그러나 발표가 지연되면서 다시 2008년 3월부터 1년간 시범운영을 한다는 계획을 발표하였다(교육인적자원부, 2007b). 16개 시 · 도교육청에서 총 180명 규모로 수석교사제를 시범운영해 본 후 정책평가를 통해 후속 시범운영 또는 일반화방안을 검토하게 된다. 처음으로 시도되는 수석교사제 시범운영의 모델을 정리하면 다음과 같다.

표 11-1 수석교사제 시범운영 모델(2008학년도)

구분	내용
역할	• 소속학교에서의 수업담당 (학교형편에 따라 경감가능) • 수업코칭, 현장연구, 교육과정 · 교수학습 · 평가방법 개발보급, 교내연수 주도, 신임교사 지도 등 해당교과의 수업지원활동 • 교원양성 · 연수기관에서의 강의 등 교과교육 관련 외부활동 • 기타 현장수요에 부응한 추가적인 역할 발굴 · 수행
지원요건	• 초 · 중등학교 교육경력 10년/15년 이상인 1급정교사 자격소지자로서 국 · 공 · 사립의 교사(2개의 안을 시 · 도별로 배분적용)
선발전형	• 시 · 도교육청에 '수석교사 심사위원회(7인~11인)' 를 구성하여 3단계 전형 실시 ※1단계(서류심사) → 2단계(수업능력심사, 심층면접) → 3단계(동료교사 등 면담)
연수	• 수석교사의 효과적인 역할수행을 위해 활동기간 전 연수 실시
활동지원	• 수석교사에게 교육인적자원부장관이 인증서 부여(인증기간: 2008. 3~2009. 2) • 학교형편에 따라 수석교사 수업시수 경감(약 20%) 가능 • 수석교사 업무지원을 위한 연구활동지원비 지급(월 15만 원) ※참고 : 교사보직수당(7만 원), 학급담임수당(11만 원), 교감직급보조비(25만 원) • 충실한 업무수행을 위해 부장교사를 겸임하지 않도록 함 ※담임은 원칙적으로 겸임하지 않되 본인이 적극 희망하거나 학교형편에 따라 불가피한 경우에 한해 가능 • 수석교사에 대한 해외연수, 특별연구 등 시 · 도교육청 차원의 인센티브 마련 장려

출처: 교육인적자원부(2007b. 11. 30). 보도자료(2008년 3월부터 수석교사 시범운영).

2) 쟁점사항

(1) 승진 · 보상 vs 직무 재설계

수석교사제를 포함하여 교원구조 다원화정책을 논의할 때 가장 우선적으로 생각해야 할 문제가 있다. 교원구조를 다원화하는 시도를 승진 · 보상과 같은 외적인 동기유발과 직무만족을 통한 내적인 동기유발 중 어느 쪽에 중점을 둘 것인가 하는 점이다(Herzberg, 1966; Hackman & Oldham, 1980). 교원구조 다원화의 가장 대표적인 방안으로 제기되는 수석교사제 또한 마찬가지이며, 이에 따라 제도도입의 목표와 기대효과가 달라질 수 있다.

교원구조 다원화를 승진 · 보상 측면에서 본다면 승진체제 및 보상체제의 일환으로 논의할 수 있다. 수석교사를 도입하는 목적이 승진과 보상을 통한 동기유발에 있다면, 승진과 보상체제 속에서 수석교사제의 내용과 운영체계를 만들어야 한다. 이때 승진과 보상에 있어서 수석교사제가 얼마나 강력한 유인가를 가질 수 있으며 효과성을 발휘할 수 있는가가 관건이 될 것이다(Porter & Lawler, 1968; Vroom, 1964).

교원구조 다원화를 직무만족 측면에서 본다면 직무 재설계 내지 직무 재구조화의 일환으로 논의할 수 있다. 수석교사제를 도입하는 목적이 직무만족을 통한 동기유발에 있다면, 직무를 재설계하거나 재구조화하는 움직임 속에서 수석교사제의 운영과 내용체계를 만들어야 한다. 이때 수석교사에게 어떠한 직무를 부여할 것이며 이를 통하여 과연 동기유발이 가능할 것인지가 관건이 될 것이다(김선종 외, 1994). 양자 모두 교원구조의 전반적인 승진 · 보상체계 그리고 직무체계와 어떻게 관련을 맺을 것인지를 주 논의대상으로 삼아야 할 것이다.

승진 · 보상은 외적인 동기를, 직무만족은 내적인 동기를 유발한다고 반드시 도식적으로 구분할 필요는 없으며, 실제로 양자는 서로 밀접하게 영향을 미치면서 상승효과를 발휘할 수 있을 것이다. 교원구조 다원화 그리고 그 하나의 방법으로서의 수석교사제가 양자를 모두 포함하여 논의가 진행된다고 할 수 있다. 실제로 수석교사제를 주장하는 측에서는 승진과 보상 그리고 직무에 대한 논의를 모두 함께하고 있는 상황이다. 그러나 어느 한쪽에 초점을 둔다면 방향이 보다 분명해질 것이며, 오히려 지금보다 논의가 좀 더 선명해질 수 있을 것이다. 수석교사제의 당위성을 강조하기 위하여 다양한 목적과 이론적 근거들을 혼란스럽게 제시하다보면 오히려 본질을 흐리게 할 수 있고, 체계성과 일관성이 없는 정책을 낳을 수도 있기 때문이다.

(2) 순수자격제 vs 정원제

수석교사제의 도입에 내하여 일난 동의하는 사람 중에도 수석교사를 구체적으로 어떻게 운영할 것인지에 대해서는 의견이 대립되는 경우가 많다. 수석교사를 자격으로 볼 것인가, 직급으로 볼 것인가에 대한 논란도 있으나 현재의 논의는 대체로 수석교사제를 직급제가 아닌 자격제로 운영하는 것에 대체로 의견이 통일된 것으로 보인다.[2)]

단, 수석교사제를 순수자격제로 할 것인가, '정원' 의 개념을 넣어 일정인원을 선발할 것인가에 대해서는 논란이 있다. 수석교사제를 순수자격제로 운영하자는 입장에서는 1급정교사와 마찬가지의 자격개념으로 수석교사를 운영해야 한다고 본다. 한국교총(1997)과 한국교육개발원(2000, 2004)에서는 수석교사제를 순수자격제로 하고, 교수직의 자격체계를 2급정교사 → 1급정교사 → 선임교사 → 수석교사로 구분하여, 수석교사와 선임교사

2) '직급' 이 아닌 '자격' 으로 수석교사제를 논의하면서 당면하는 어려움은, '자격' 이란 일정한 일을 하는 데 필요한 조건이나 능력을 뜻한다는 점이다. 무엇을 할 수 있는 요건을 갖추는 것과 직접 무엇을 하는 것과는 다르다. 현재 직급으로서의 수석교사제에 대한 논의는 원천적으로 배제된 상태이기 때문에 자격으로서의 수석교사를 논의하면서 '수석교사가 하는 일' 을 논하는 상황이 발생하게 된다.

모두 순수자격제로 운영해야 한다고 하였다.[3] 교사직의 자격발달체계에 따라 상위자격을 취득해 가고, 희망하는 자는 누구나 기본요건을 갖추면 상위자격을 취득할 수 있도록 정원을 제한하지 않는다는 것이다(이종재 외, 2004: 233).

이와 비교하여 수석교사제에 어느 정도 '선발'의 개념이 포함되어야만 제도를 도입하는 목적을 달성할 것이라고 보는 입장을 일컬어 '정원제'라고 할 수 있다. 미국에서 논의되어 온 수석교사는 교직에 입문하여 근무연수만 채운다고 해서 될 수 있는 교사가 아니며, 교직경력이 길고 나이가 많은 교사들을 예우해 주기 위한 제도가 결코 아니다(김선종 외, 1994: 57). 요건을 갖춘 교사에게 일괄적으로 수석교사의 자격을 부여하는 것은 전문성 향상을 위한 자발적 노력을 독려하는 효과도, 사기를 앙양하는 효과도 기대하기 어렵다. 교직종합발전방안(시안)에서는 수석교사의 비율로 총 교원의 10% 정도를 제시하였고, 김혜숙 외(2000: 184)는 순수자격제를 지지하면서도 소수정예주의를 지향할 것을 밝히고 있다.

현행 1급정교사 자격과 같이 누구나 요건을 충족한다면 일정한 자격연수 후에 수석교사 자격취득이 가능하도록 할 것인지, 아니면 교감자격과 같이 수석교사의 자격요건과 기회를 엄격하게 제한할 것인지에 대하여 보다 명확한 논의가 이루어져야 할 것이다. 이것은 구체적인 수석교사모형이 도출되어야 가능할 것이며, 사실상 수석교사제의 본질이 무엇인가에 대한 근본적인 논의로 귀결될 수 있는 문제이기도 하다.

(3) 직무와 선정기준

새로운 교사의 구조라 할 수 있는 수석교사제를 도입한다면 새로운 직무가 부여되어야 한다. 새로운 직무 없이 새로운 교사구조를 만든다면 무의미한 일이 될 것이며, 제도 도입의 설득력을 얻지 못할 것이다. 미국에서 시행된 직계제도(career ladder)의 문제점 가운데 하나가 교직사회에 새로운 역할을 효과적으로 도입하지 못하였다는 점을 상기할 필요가 있다(Sykes, 1999: 235).

수석교사는 어떠한 직무를 수행할 것인가. '직무'란 동일하거나 유사한 직위의 집단(a group of position)을 뜻하고, 직무는 내용(직무의 범위)과 목적(직무수행상의 책임)을 갖는다(최종태, 2000: 126-127). 수석교사의 직무를 규정함에 있어서 내용과 목적의 체계를 모두 갖추어야 한다. 즉, 일정한 범위의 업무를 독자적으로 수행하여야 하고, 그에 따른 책무성이 함께 부여되어야 한다. 지금까지 수석교사의 직무에 관해서는 내용과 목적의 체

3) '선임교사'는 수석교사제를 제안하면서 등장한 교원자격의 새로운 개념이다. 그러나 선임교사제만을 단독으로 연구하거나 주장한 연구물은 거의 찾아볼 수 없고, 대부분 수석교사제의 도입을 제안하는 맥락에서 수석교사의 전단계로만 취급하고 있다.

계를 완전히 갖추었다기보다는, 수석교사가 수행하는 역할과 기능이 무엇인지를 중심으로 논의가 전개되어 왔다.

김선종 외(1994: 62)는 수석교사는 교과전문가로서 교장의 관리하에 역할을 수행하되 ① 교내 장학에 관한 권한과 책임, ② 학생지도, 연구수업의 시범 및 보급, ③ 새로운 수업기술 및 방법과 자료의 개발, ④ 현장연구와 교내연수 주도 ⑤ 학교와 지역 수준의 교육과정 개발, ⑥ 학교교육프로그램의 평가 등을 주로 담당한다고 하였다. 한국교육개발원(2000: 176)에서는 수석교사란 '최고의 교수전문성을 가지고 가르치는 직무를 수행하는 교사에게 일정한 기준과 연수과정을 거쳐 선별적으로 부여하는 자격' 이라고 정의하였다. 교육혁신위원회(2006: 78)에서는 수석교사의 역할을 '교내 장학 및 멘토교사로의 역할' 로 보았다. 신규교원에 대한 연수를 책임감 있게 담당하기 위해서 수석교사제가 요청된다(신상명, 2003)는 점에서도 수석교사 직무의 중핵을 무엇으로 할 것인지 시사하는 바가 있다.

대체로 수석교사제에 대하여 교과전문성을 가진 자로서 교내 장학의 업무를 담당하도록 하는 데 의견이 모아지고 있다. 그런데 이 경우 순수자격제로 할 경우 교과전문성을 가진 교사를 어떻게 선별할 것인가 하는 의문점이 들며, 구체적인 교내 장학의 측면에서 수석교사가 어떠한 역할을 수행할 것인지 명확한 설명이 제시될 필요가 있다고 본다. '수석교사(master teacher)' 대신 '선도교수자(leading teacher)' 라는 명칭을 제시하는 김혜숙 등(2007)은 우수한 수업능력을 보유하는 동시에 교수활동에서의 리더십을 발휘하는 교사로 보면서, 학생지도 및 수업기법 등에서 탁월성 발휘, 장학활동을 통한 동료교원의 전문성 개발, 신임 교원의 멘토링 등을 구체적인 역할로 들고 있다.

수석교사를 선정하는 기준 및 방법은 어떤 것인가. 순수자격제가 되든 정원개념의 자격제가 되든 수석교사를 선정하는 일정한 기준과 방법이 있어야 한다. 수석교사 자격취득의 요건으로 대부분의 연구에서는 일정한 경력과 자격연수를 공통적으로 제시하고 있다(김선종 외, 1996: 63; 김혜숙 외, 2000: 185). 선임교사를 10년 이상의 교육경력을 가진 1급정교사로 할 때, 수석교사는 선임교사 경력 3년 이상 혹은 10년 이상으로 보고 있다. 자격연수에 대해서는 구체적으로 설명한 연구는 없는데, 이에 대해서도 체계적인 논의가 필요할 것이다. 이 밖에도 석사학위 취득 또는 연구대회 수상, 근무성적평정 또는 동료평가 등을 수석교사 선정요소에 포함하기도 한다.

수석교사의 선정 주체는 시·도교육청 또는 지역별로 자격검정을 위한 기구 또는 위원회를 두자는 의견이 대부분이고(김선종 외, 1996: 63; 김혜숙 외, 2000: 186), 국가수준의 자격인증위원회와 인증전담기구를 설치 운영하자는 의견도 있으며(이종재 외, 2004: 233), 단위학교에서 교사들이 해당학교에 재직 중인 선임교사들을 대상으로 수석교사를 선발하여 시·도교육청에서 임명하자는 의견도 있다(이주호, 2005: 59). 미국에서 실시된 직계제도에서 교사를 각 경력단계에 배치하는 평가절차를 교사들이 신뢰하지 않았다는 점(Johnson, 1990)을 상기할 필요가 있는데, 수석교사의 선정을 위한 평가는 수석교사의 직무설정과 더불어 매우 중요한 문제라는 점을 다시 한 번 확인할 수 있다.

(4) 관리직과의 관계

수석교사제가 대두하게 된 배경 중 하나는 현재의 승진체계가 교수직보다 관리직을 우위에 두는 풍토를 조장한다는 것이다. 교수직에서 출발하여 관리직으로 올라가는 단선형의 승진체계는 교감, 교장으로 승진하지 못한 교사들과 가르치는 일에 전념한 교사들에게는 사기저하를 넘어 패배감마저 준다는 것이다. 수석교사제는 기본적으로 교수직의 최고자격으로 설정된 것이기 때문에, 따라서 수석교사가 포함된 교수직과 교감, 교장이 포함된 관리직의 관계를 어떻게 할 것인가가 중요한 논쟁점으로 부각하게 된다.

교수직과 관리직의 관계 설정에 있어서 차이가 있는 수석교사제의 대표유형을 살펴보자. 이원화체제는 1안과 2안이고, 일원화체제는 3안이다.

이에 대하여 교수직과 관리직을 분리하여 운영하자는 데 대체로 공통된 의견이다. 수석교사제가 행정직 우위의 자격체제에 대한 비판과 교수직 우대의 방안으로 등장하였기 때문이다. 그런데 교수직과 관리직을 완전히 분리 · 운영할 것인지(제1안), 상호교류가 가능하도록 할 것인지(제2안)에 대해서는 의견이 엇갈리고 있다.

교수직과 관리직의 완전분리를 주장하는 경우에도 어느 시점에서 분리되는 것이 바람직한지에 대해서는 의견이 나뉜다. 1급정교사 단계에서(김선종 외, 1994: 64; 김혜숙 외,

제1안(이원화유형):

2급정교사 → 1급정교사 → ↗ 수 석 교 사 / ↘ 교감 → 교장

제2안(교차유형) :

2급정교사 → 1급정교사 → ↗ 수 석 교 사 / ⇅ ⇅ / ↘ 교감 → 교장

제3안(다단계화유형) :

2급정교사 → 1급정교사 → 수석교사 → 교감 → 교장

[그림 11-1] 수석교사제 모형

출처: 교육인적자원부(1999). 「교직발전종합방안(시안)」; 교육인적자원부(2007). 「수석교사 시범운영 계획 '안'」.

2000: 182) 또는 선임교사단계에서(한국교총, 1997: 123) 수석교사 계열이나 교감, 교장 계열로 진출할 수 있다고 보았다. 그러나 어느 경우에도 수석교사는 교감, 교장과 상호교류할 수 없다. 이러한 완전분리모형은 교수직과 관리직이 요구하는 능력이 다르며, 각각 전문화될수록 바람직하다는 점에서 근거를 찾고 있다(김혜숙 외, 2000: 180).

한편, 교수직과 관리직을 분리하되 상호교류가 가능한 방안을 지지하는 이주호(2005: 58)는 학생지도에서 그 능력을 인정받아 선임교사 및 수석교사가 된 자 중에서 학교경영에 참여하고자 하는 자에게 아예 기회조차 부여하지 않는 것은 바람직하지 않고, 현행 교장공모제에서는 교장자격증이 없는 교사나 부장교사도 지원가능하므로 이것이 선임교사 및 수석교사에게도 적용될 것을 고려한다면 양자 간의 교류를 원천 차단하는 방식은 현실성이 떨어진다고 보았다. 김혜숙 등(2007)도 관리직렬과 교수직렬의 상호교류를 인정하자는 입장을 취하고 있다.

조동섭(2005: 14)은 수석교사의 이원화방안 자체의 문제점을 지적한다. 궁극적으로 관리직 우위 풍토를 개선하기도 어렵고, 수석교사와 교장 · 교감의 직무, 그리고 장학직의 직무 등을 새롭게 정립해야 하는 어려움이 있으며, 별도의 비용과 시수부담을 가중시킬 수 있고, 별도 단계의 과도한 승진경쟁의 유발로 학생교육의 난점을 증폭시킬 가능성이 있다는 것이다. 그가 주장하는 '교직 다단계화'는 수석교사에서 교감, 교장으로 승진하는 단선형체계를 말하는 것으로 보인다.

정부에서는 이에 대한 결정을 유보한 채 2008학년도의 시범운영 결과 수석교사 모형을 선정하겠다고 밝히고 있다(교육인적자원부, 2007c). 수석교사제 시범운영계획을 마련하면서도 교수직과 관리직의 분리 및 상호교류여부를 확정짓지 못한 것이며, 그만큼 중요한 사안임을 반증하는 것이다. 장차 수석교사제를 도입하기로 확정한다면 이 부분이 교사들에게는 가장 첨예한 문제이며, 수석교사제가 성공적인 교원정책이 될 수 있을지 판가름하는 부분일 수도 있다. 이와 같이 수석교사제 도입으로 인한 교수직과 관리직의 관계설정과 아울러 수석교사와 교감 · 교장과의 관계, 수석교사제 도입 후 변화되는 교감 · 교장의 직무와 위상 등도 함께 논의되어야 할 문제라 하겠다.

4. 교원구조 다원화정책의 방향

1) 왜 교원구조를 다원화하는가

교원구조 다원화는 목적이 아니다. 특정한 정책목표를 달성하기 위하여 대두된 정책

수단이다(김선종 외, 1994: 54). 교원구조 다원화를 실시하고자 하는 목적은 무엇인가? 교원구조 다원화의 구체적인 방안으로서 수습교사제나 수석교사제는 과연 효과적이고 바람직한 방법이라고 할 수 있는가?

최근 교원구조 다원화정책이 부상하게 된 배경을 살펴보면, 이론적 논리보다는 실제적 논리가 강하다는 점을 알 수 있다. 문제점이 있는 현행 교원자격 · 승진제도를 개선하기 위한 최선의 현실적인 방안으로서 동원된 것이다. 수석교사제는 그러한 경향이 더욱 크다고 할 수 있는데, 제도를 도입하는 목적이 실제적이고 현실적인 문제의 개선에 있다 보니 정작 정책이 수단으로서 검토되는 것이 아니라 목적으로서 추구되는 경우도 없지 않아 보인다(Selznick, 1949; Meyer, 1997; Meyer & Rowan, 1997; Scott, 1995). 때로는 수석교사제 도입의 근거로 제시하는 여러 가지 이론적 논리와 목적들이 마구 뒤섞이면서 이것들이 오히려 수석교사제라는 정책수단을 정당화하기 위해 존재하고 있다는 느낌을 주기도 한다.

그렇다면 왜 교원구조 다원화를 도입하는가? 원론적이지만 조직적 관점에서 본다면 이것은 두 가지 측면에서 접근할 수 있다. 교원구조 다원화정책은 조직의 목표 차원에서 교원의 전문성 신장과 직무동기 유발을, 개인의 욕구 차원에서는 직무만족 제고와 성취욕구 자극 등을 기대한다고 볼 수 있다. 이를 위하여 수석교사 등 새로운 구조를 도입하고, 교원의 전체 구조 속에 배치하여 일정한 직무와 보상을 부여하는 것이다. 동시에 교사들로 하여금 자신의 직무에 보람을 느끼고 성취욕구를 가지게 될 것이라고 기대하는 것이다.

만약 수석교사제가 조직의 목표 차원에서도, 개인의 욕구 차원에서도 기대하는 바를 달성하지 못한다면 이 제도를 포함하여 교원구조 다원화정책은 도입할 필요가 없다. 또한 각각의 차원에서 수석교사제가 효과를 기대할 수 있다면 그 균형점을 맞추는 노력도 필요할 것이다(Barnard, 1938). 조직의 목표달성만 강조하고 개인의 욕구와 이해를 무시한다면 제도 도입의 성과를 거두기 어려울 것이요, 개인의 욕구와 이해에만 치중한다면 제도는 조직구성원에게 외면당할 것이다. 가장 활발하게 논의되고 있는 수석교사제가 조직과 개인 중 어느 하나의 측면에만 치우치는 일이 없도록 해야 할 것이다.

또한 이 제도가 각각의 차원에서 어떻게 하면 효과를 발휘할 수 있을지 면밀한 검토 끝에 구체적인 실행방안이 제시되어야 한다. 모형을 먼저 구안하고 나서 여기에 목표를 꿰어 맞추는 일은 없어야 한다. 현재 수석교사제를 시범운영하는 단계에 있기 때문에 구체적인 실행방안에 관심이 집중되는 것은 당연한 것이지만 지금이야말로 수석교사제의 본질을 근본적으로 재검토할 때이며, 거시적이고 장기적으로 바라볼 때라고 본다. 목적을 명확하게 정립하면 할수록 각론을 만드는데 더욱 용이할 것이며, 차후 정책의 도입목적에 근거하여 정책의 효과를 판단하는 데에도 도움이 될 것은 자명하다.

2) 어떻게 교원구조를 다원화하는가

교원구조 다원화의 정책목표에 일단 동의한다면 다음 문제는 방법이다. 교원구조를 어떻게 다원화하는 것이 목표를 달성하는데 가장 효과적일까?

교원구조 다원화를 위한 각각의 정책에 있어서 구체적인 내용과 방법을 마련하기 위해서는 정책 목표로부터 시작하여 선정방법과 평가, 기대효과로 이어지는 일련의 과정을 세심하게 구조화하여야 할 것이다. 수습교사제와 수석교사제 공히 어떠한 목표하에 어떠한 직무를 수행할 것을 요구할 것인가를 결정한 후에 평가기준 및 요소, 평가주체 및 평가결과의 활용 등이 일관성있게 제시될 수 있을 것이다.

예컨대 수습교사제의 경우 '적응력 제고'와 '적격자 판정' 가운데 어느 것을 주된 목표로 할 것인지 결정한다면 수습기간 평가결과의 활용방법을 구안하는데 일관성 있는 방안이 나올 것이다. 수석교사제의 경우 모든 교사들에게 개방적으로 문호를 열어둘 것인지, 아니면 능력 있는 교사를 선별적으로 선발할 것인지는 이 정책의 성격을 교원우대와 동기유발 가운데 무엇으로 만들 것인지와 연결된다. 개개의 교원구조 다원화정책으로 여러 목적을 동시에 달성하고자 하는 것보다는 좀 더 절실하고 뚜렷하게 달성하고자 하는 한 가지 측면에 초점을 두고 실행방안을 구안하는 것도 합리적일 것이다.

또한 각 제도의 세부적인 방법들이 논리적인 연결과 체계적인 일관성을 가져야 할 것이다. 이질적인 목표를 동시에 효과적으로 달성하는 방법은 존재하기 어렵다. 또한 후술하겠지만 교원구조 다원화 논의에서 수습교사제 또는 수석교사제를 주장할 때, 이 제도는 교원조직의 전체 구조 속에서 조명되어야 한다는 것 또한 잊지 말아야 한다. 각 제도는 독자적으로 존재하거나 기능할 수 없으므로(Kast & Rosenzweig, 1972), 교원조직의 전체 구조와 인사제도 속에서 살펴보아야 할 것이다.

3) 직무 재설계, 교사발달과의 관련성

교원구조 다원화정책이 최근 부상한 데에는 실제적인 논리와 배경이 강하지만, 다른 이론과의 관련성을 가지고 좀 더 심층적으로 논의를 전개할 필요가 있다. 가장 대표적으로 살펴보아야 할 이론으로는 직무관리이론과 교사발달 및 교직사회화이론 등을 들 수 있다.

기본적으로 교원구조 다원화를 논의하기 위해서는 교원의 직무에 관한 분석과 평가가 전제되어야 한다. 교원의 구조를 새롭게 재편한다는 것은 교원의 직무를 재정의할 필요성을 야기한다. 예컨대 조직에 있어서 새로운 직무단위를 뜻하는 수석교사제는 특정한 직무의 내용과 목적을 갖도록 설계되어야 하며, 일련의 직무관리 과정, 즉 직무분석-직무평가-직무설계와 깊은 관련을 맺어야 한다. 직무분석(job analysis)은 직무의 내용과 그 직무를 담당할 사람의 자격요건을 분석하는 과정이고, 직무평가(job evaluation)는 직무분석 자료를 기초로 하여 직무의 당대적 가치를 체계적으로 결정하는 것이며, 직무설계(job design)는 조직의 목적을 효과적으로 달성함과 동시에 개인의 욕구도 충족시킬 수 있도록 직무의 내용을 설계하는 것이다(최종태, 2000).

이러한 직무관리의 관점에서 수석교사를 비롯하여 교사의 직무를 전체적으로 재설계한다면 보다 체계적이고 설득력 있는 주장이 될 것이다. 수석교사제가 도입되려면 승진이나 보상체제와의 연결보다 '새로운 직무'와의 연결이 더욱 근본적인 논리가 될 수 있을 것이다. 특히, 학교 재구조화 논의의 맥락에서 새로운 학교조직, 교원조직의 상(象)을 명징하게 그려본다면 이에 대응하는 교원의 직무체계가 새롭게 부상할 수 있다. 전체적인 교원조직의 구조를 마련하고 교원의 직무를 재정의하는 과정에서 기존의 교원구조 다원화 관련논의가 더욱 근거를 갖추게 될 것이다.

또한 교원구조 다원화 논의는 교사발달 및 교직사회화이론과 관련이 있으며, 이와 연관지을 때 매우 설득력을 갖출 수 있다. 교사발달(teacher development)은 교직사회에서의 경력과 경험의 증가에 따라 나타나는 교사집단의 태도, 동기, 신념 등의 변화에 관심을 갖는 용어이다. 교직사회화(teacher socialization)란 교사로 임용되어 교직생활을 영위해 가는 과정에서의 교직사회로의 적응양상을 말하며, 교직생활의 내용영역을 구성하고 있는 교육관, 교사관, 교육과정관, 수업지도관, 학생관 등에서의 질적 성격의 변화과정을 의미한다(최상근, 2007: 130-131). 연구의 관심과 영역이 중복되는 이러한 이론들에서는 교사의 발달단계 및 사회화단계를 세부적으로 구분하고 있으며, 수습교사제 또는 수석교사제를 주장할 수 있는 단계를 확인할 수 있다. 이러한 이론들을 교원구조 다원화의 근거로 삼기 위해서는 좀 더 치밀한 연구와 논증이 있어야 할 것이며, 구체적으로는 교사발달단계와 대응되는 교원구조에 관한 분석적인 연구가 이루어질 필요가 있다.

4) 자격제도 및 다른 인사제도와의 관계

교원구조 다원화정책은 교원정책 가운데 교원자격제도와 밀접한 관계를 갖고 있으며, 교원자격제도 자체의 개혁이라고 해도 과언이 아니다. 수석교사제의 도입은 교원자격제도의 전반적인 수정을 의미하며, 수석교사자격뿐만 아니라 다른 자격, 즉 1·2급 정교사 자격과 교감·교장 등 관리직자격의 개념도 함께 재정의할 필요가 있다. 또한 자격이나 직급개념은 아니지만 보직교사와의 관계도 살펴보아야 한다. 단순히 하나의 자격을 새롭게 만드는 것에 그치는 것이 아니라 수석교사와 다른 교사자격과의 관계를 함께 연관지어 바라보아야 한다.

또한 새로운 구조의 도입은 승진, 보상, 평가, 연수 등 인사제도의 다른 부분과도 밀접한 관련을 맺게 될 것이다. 새로운 구조를 승진체계 속에서 어떻게 배치할 것이며 어떠한 보상을 지급하고 이에 필요한 재원을 어떻게 마련할 것인지, 어떠한 평가기준과 방법으로 선발할 것인지, 연수계획 및 프로그램은 어떻게 운영할 것인지 등이 함께 고민되어야 한다. 따라서 하나의 시스템으로 제시되어야 실질적으로 운영이 가능할 것이다. 그리고 이러한 인사제도 전반의 개혁은 국가인적자원관리(national human resource management)의 전반적인 구조 속에서 논의되는 것이 바람직하다.

교원인사행정 및 정책의 가장 큰 목표는 '교원의 전문성 개발(professional development)' 이며, 그 전제는 '교육의 질적 발전' 에 있다고 할 것이다(윤정일, 2002). 이러한 목표 아래 교원양성과 임용 · 승진 · 보수 · 연수 · 능력개발 등 일련의 정책과 행정이 유기적으로 연결되고, 교원구조 다원화정책도 그 하나가 되어야 할 것이다. 수습교사제를 통하여 신규교원으로 하여금 전문성을 효과적으로 갖추도록 지원하고, 수석교사제를 통하여 경력교원으로 하여금 전문성을 더욱 갖출 수 있도록 돕는 동시에 전문성 향상을 위해 노력하거나 탁월한 전문성을 보이는 교사를 보상하고 승진시킬 수 있다면 가장 이상적인 방향이 될 것이고, 궁극적으로는 교육의 질적 발전에 기여할 것이다.

따라서 수습교사, 수석교사 등의 새로운 구조를 논의할 때는 전반적인 인사제도 안에서 조망이 이루어져야 할 것이다. 이와 같이 교원구조 다원화정책은 교원정책의 일부이며, 더 나아가 교육정책의 일환이나. 교원정책의 전반적인 기조는 물론 우리나라가 지향하는 교육제도, 교육정책의 이념과 방향에도 부합되어야 한다는 점을 다시 한 번 상기할 필요가 있다.

참고문헌

교육부(1999). 교직발전종합방안(시안).

______(2000). 교직발전종합방안.

교육인적자원부(2007a. 4. 10). 보도자료(금년 9월부터 교장공모제 시범 실시-수석교사제 시범 적용도 9월 실시).

____________(2007b. 11. 30). 보도자료(내년 3월부터 수석교사 시범운영).

____________(2007c). 수석교사 시범운영 계획[안].

교육혁신위원회(2006). 교육력 제고를 위한 교원정책 개선방안.

구혜영(1998. 10). '수습교사제', 또 하나의 임용고시인가? 초등우리교육, 104, 72-25.

김선종 · 송광용 · 진동섭 · 허종열(1994). 교원자격제도 개편방안 연구. 한국교총 교육정책연구소.

김혜숙 · 백승관 · 김희규(2007). 수석교사제 도입에 관한 기초 정책 연구. 교육인적자원부.

김혜숙 · 양승실 · 김안나(2000). 교원 직급 및 자격체제 개편 연구. 한국교육개발원.

노종희(2004). 교원양성제도의 쟁점과 개선 방안. 2004년 한국교육행정학회 하계학술대회 자료집, 3-20.

서정화 · 노종희 · 정영수 · 강인수 · 서주원(1981). 교육공무원 인사행정제도 개선 방향. 한국교육개발원.

안세근(1996). 수습교사 제도 도입에 관한 탐색적 고찰. 교육행정학연구, 14(2), 228-254.

윤정일(1980). 직원활용을 위한 새로운 인사조직 형태-직능분화 인사제도. 한국교육개발원.

______(1995). 한 · 일간 교사교육제도 및 정책 비교연구. 서울대학교 사범대학교 교육연구소.

______(2002). 교육의 질적 향상을 위한 교사양성체제의 발전방향. 한국교원교육연구, 19(2), 5-24.

______(2004). 교육재정학원론. 서울: 세영사.

윤정일 외(2007). 교육행정학원론. 서울: 교육과학사.

이윤식(1999). 장학론. 서울: 교육과학사.

이종재 외(2004). 교원정책 혁신방안 연구. 한국교육개발원.

이주호(2005). 교육선진화를 위한 교원의 전문성 제고 방안. 교육정책포럼 자료집, pp. 45-76.

신상명(2003). 양성교육과의 연계 강화를 위한 현직교육의 발전방향. 2003년 초등교사의 전문성 함양을 위한 양성교육과 현직교육의 연계 강화 방안(초등교육학술대회 발표논문), pp. 151-172.

전국교직원노동조합대전지부(2005). 1997년-2004년 대전광역시교육청 주요 업무 및 시책에 대한 총괄평가와 제언.

조동섭(2005). 교사의 전문성 제고를 위한 정책방향과 과제. 교육정책포럼 자료집, pp. 1-18.

조선일보 1998년 10월 26일자.

진동섭(2000). 초등교사 자격체제의 개선 방안. 2000년 초등교사 양성 · 임용체제의 발전방향 초등교육 학술세미나 발표논문, pp. 87-114.

최상근(2007). 교직사회화 관련 이론. 한국교육학회 편. 교직과 교사. 서울: 학지사.

최종태(2000). 현대인사관리론. 박영사.

한국교원단체총연합회(1997). 우수교원확보를 위한 교원정책 종합연구.

__________________(2006). 교육력 제고를 위한 교원구조의 다원화 방안. 교원승진 · 임용제도 개선 방안 보고서.

한국교육개발원(1978). 교육발전의 전망과 과제. 서울: 교육과학사.

Barnard, C. I. (1938). *The functions of executive.* Cambridge, MA: Harvard University Press.

Hackman, J. R., & Oldhman, G. R. (1980). *Work redesign. Reading.* MA: Addison-

Wesley.

Herzberg, F. (1966). *Work and the nature of man.* Cleveland, Ohio: World Publishing.

Johnson, S. M. (1990). Restructuring schools: *The next generation of educations reform. Redesigning teacher's work.* San Francisco: Jossy-Bass, pp. 125-151.

Kast, F. E., & Rosenzweig, J. E. (1972). General systems theory: Applications for organization and management. *Academy of Management Journal, 15*(4), 447-465.

Lortie, D. C. (1975). *School teacher: A socialogy study.* Chicago; University of Chicago press.

Meyer, J. W. (1977). The effects of education as an institution. *American Journal of Sociology, 83*(1), 53-77.

Meyer, J. W., & Rowan, B. (1977). Institutionalized organizations: Formal structure as myth and ceremony. *American Journal of Sociology, 83*(2), 340-363.

Porter, L. W., & Lawler, III, E. E. (1968). *Managerial attitudes and performance.* Homewood, IL: Irwin-Dorsey.

Scott, W. R. (1995). *Institutions and organizations.* Thousand Oaks, CA: Sage.

Selznick, P. (1949). *TVA and the grass roots.* Berkely, CA: University of California.

Sykes, G. (1999). The "new professionalism" in education: an appraisal. *Handbook of research on educational administration,* pp. 227-249.

Vroom, V. H. (1964). *Work and motivation.* NY: John Wiley & Sons.

제 12 장

학교장임용정책의 다양화

1. 서 론

최근 세계 각국에서 추진하고 있는 교육개혁 동향에서 나타나는 공통적인 특징 중의 하나는 학교현장의 의미 있고 본질적인 변화를 강력하게 추구하고 있다는 점이다. 학교개선에 대한 관심은 그동안 여러 차례 추진되었던 교육개혁과 일련의 연속성을 가지고 있으면서도 그 강조점에 있어서 주목할 만한 차이를 나타내고 있다. 학교현장의 변화를 강조하는 최근의 동향은 지금까지의 교육개혁이 학교현장의 실질적인 변화를 이끄는 데 대체로 실패했다는 반성과도 무관하지 않을 것이다.

범세계적으로 학교변화를 추구하기 위한 이러한 노력은 결국 단위학교의 자율성을 확대하고, 동시에 그에 따른 책무성도 증대시키는 모습으로 나타나고 있다. 왜냐하면 미래사회의 특징은 사회적 분화와 다원화에 있기 때문이다. 향후 지식정보화사회에서는 기능의 분화와 구조적 복잡성이 더욱 증대될 전망이고, 이러한 사회에서는 중앙집권적이고 획일적인 통제에 의한 교육체제 운영은 부적합하다. 미래사회에서는 지역별, 학교별 특성이 고려되고 융통성이 발휘되는 분권화된 체제가 보다 적합하다.

단위학교가 교육체제의 중심축을 형성하도록 지배적 구조를 개편하는 일은 현재의 관료주의 고리를 절단하고, 실질적 분권화를 통해 단위학교가 행사할 수 있는 자유재량권

* 신상명(경북대학교)

의 넓은 공간을 확보해 주는 일이다. 단위학교에 인사와 재정에 관한 권한을 대폭 확대하고, 교육과정 운영에 있어서도 재량권을 갖도록 하는 학교단위의 자율경영체제가 정착되어야 한다.

단위학교 자율경영의 시대적 요청을 성공적으로 수용하기 위해서는 그 누구보다도 학교장이 새로운 패러다임의 리더십 개념을 적극적으로 수용해야 한다. 과거의 관료주의적 관리행태를 과감히 버리고 변화와 도전, 그리고 변화지향적 지도성을 발휘하지 않으면 안 된다. 이제까지 사용해 온 낡은 틀과 전통적인 사고방식으로는 변화를 유도할 수 없다. 학교장 스스로가 먼저 변화된 모습을 보여야 하며, 비전을 제시하여 교사들이 이를 실천할 수 있는 여건을 조성해 주어야 한다.

여기에서는 미래학교가 요구하는 교장제도를 알아보기 위해 교장임용정책을 탐색해 보고자 한다. 이를 위해 먼저 교장임용정책의 역사적 변천과정과 현황 그리고 문제점을 살피고, 이로부터 도출되는 주요 쟁점을 논의해 본 다음, 논의를 근거로 발전적 개선방향을 모색해 보고자 한다.

2. 교장임용정책의 변천과정

1) 임명제(정부수립 후~1991. 3. 7)

1948년 대한민국 정부수립 후 이듬해 「교육법」(제79조)이 제정되었지만 자격, 복무, 보수, 연금, 임면 등에 관한 사항을 「교육공무원법」으로 정한다고 규정하였을 뿐 교원의 승진에 대한 것은 명확하게 제시되지 않았다. 교원의 승진에 대한 규정이 명문화된 것은 1953년 4월 18일에 「교육공무원법」이 새롭게 제정되면서부터였다. 명문화된 「교육공무원법」에서는 초 · 중등학교 교장 및 교감의 자격에 대해 다음과 같이 규정하고 있는데, 교장은 초 · 중고등학교 교감자격증을 가지고 소정의 재교육강습을 받은 자, 대학졸업자로서 초 · 중등학교 정교사자격증을 가지고 소정의 재교육강습을 받은 자, 초급대학 이상을 졸업한 자로 5년 이상의 교육 또는 교육행정 경험이 있는 자, 학식과 덕망이 높은 자로서 중앙교원자격검정위원회의 추천에 의하여 문교부장관의 인가를 받은 자이며, 교감은 초 · 중등학교 정교사자격증을 가지고 소정의 재교육강습을 받은 자로 규정하였다.

이러한 자격에 의해 유지되어 오던 승진제도가 1963년 12월 5일에 「교육공무원법」이 개정되면서 기존의 교장 및 교감의 자격 사항이 보다 구체화되었다. 즉, 개정된 「교육공무원법」에서는 교장은 교감의 자격증을 가지고 중등의 경우 3년, 초등의 경우 5년(1974년 말에 3년으로 개정) 이상의 교육경력과 소정의 재교육을 받은 자, 학식과 덕망이 높은 자로서 교원자격검정위원회의 추천에 의하여 문교부장관의 인가를 받은 자로 규정하였으며, 교감은 초 · 중 · 고등학교 공히 1급정교사자격증을 가지고 3년 이상의 교육경력을 가지고 있거나 2급정교사자격증을 가지고 6년 이상의 교육경력을 가지고 소정의 재교육을 받은 자로 규정하였다.

1972년 12월 16일에는 다시 「교육공무원법」을 개정하여 교원의 자격기준을 삭제하고 이를 「교육법」에 규정하는 것으로 조정하였다. 이에 1973년 2월 22일에 개정된 「교육법」은 중등학교 교장자격기준으로 실업고등전문학교 또는 전문학교의 교장 또는 학장으로 근무한 경력이 있는 자를 추가하였고, 1976년 말 개정 「교육법」은 중등학교 교감자격기준에 교육대학의 교수, 부교수로서 6년 이상의 교육경력이 있는 자가 추가되었다. 1981년 2월 28일에는 「교육법시행령」이 개정되어 43학급 이상의 초등학교와 중학교에 복수 교감을 둘 수 있도록 규정하였다.

한편, 현행 「교육공무원법」과 「교육공무원승진규정」에 의하면, 교원의 승진임용기준은 경력평정, 근무성적평정, 연수성적평정, 가산점평정 등 4가지이다. 그러나 1953년에 제정된 「교육공무원임용령」에는 지금과 같은 승진임용방법이 구체적으로 규정되어 있지 않았다. 그러다가 1964년에 「교육공무원임용령」을 전면개정하면서 비로소 승진임용방법을 자세히 규정하게 되었다. 개정 「교육공무원임용령」은 임용권자 또는 임용제청권자가 소속 교육공무원을 승진임용하고자 할 때에는 승진후보자명부에 등재된 선순위자순으로 임용하거나 임용제청해야 한다고 규정하면서, 승진후보자명부는 근무성적평정, 경력평정, 재교육성적 및 연수성적, 기타 훈련성적에 의하여 작성하도록 하였다. 1964년 7월 8일에는 「교육공무원승진규정」이 제정되어 「교육공무원임용령」에 규정한 승진임용방법을 구체화하였다.

2) 임기제(1991. 3. 8~현재)

일반적인 교장임용제도라 볼 수 있는 임기제가 도입된 배경에는 1980년대 말의 민주화에 대한 거대한 사회적 흐름이 큰 기폭제가 되었다. 그전까지의 교직사회는 교원이 한 번 교장으로 임용되면 특별한 사유가 없는 한 법적으로 보장된 정년인 65세까지 계속 자리를 유지하였고, 대부분의 학교경영자들이 비민주적이고 권위적인 방식으로 학교를 경영하여 교원들의 불만이 날로 쌓여갔다.

이로 인한 교육민주화에 대한 욕구가 1986년 '5.10 교육민주화선언' 과 1987년 '6.29 민주화선언' 으로 표출되었으며, 이후 '전국교사회' 가 결성되어 교장임용제도에 대한 여러 가지 문제점을 지적하였다(안은희, 2006: 8).

이에 여야 정치권에서는 당시 교사들이 주장하던 교사들에게 교장선출권을 부여하는 교장선출임기제에 대한 논의를 받아들여 1998년 제13대 대통령선거공약으로서 교장임명임기제 및 선출임기제 등을 수용하면서 널리 공론화되었다고 할 수 있다. 이후 노태우 정부는 1988년 8월에 그간의 관련단체들의 주장과 한국교육개발원의 연구결과, 그리고 중앙교육심의회의 제안 등을 기초로 하여 임기제 시안을 발표하게 되었다. 당시 제안된 안은 세 가지였는데, 6년 단임안, 4년 안(1회 연임가능), 5년 안(1회 연임가능) 등이 제안되었다. 이 제안에서 임기제의 기대효과로는 민주적인 학교 운영의 달성, 교장승진 과열현상의 해소, 교단 중심의 풍토조성 등이었다(고전, 2002: 420).

1989년에 전국교직원노동조합이 결성된 후 그들의 근로 3권을 모두 보장해 주어야 하는가에 대한 공방이 이어졌고, 이런 흐름 속에서 당시 교육인적자원부는 교육민주화를 위한 일련의 조치로서 학교장의 임기제를 1991년 3월 8일부터 4년(1차 중임가능)임기형태로 시행하게 되었다.

3) 초빙제(1996. 9~2006. 9)

교장임기제는 임명제에서 비판받아 오던 승진적체에 대한 문제를 일부 해결하였으나, 원래 취지였던 비민주적이고 권위적인 학교경영방식을 개선하고 승진에 대한 기회를 확대하며, 기존 교장들의 장기재임에 따른 학교관료화와 같은 문제점들을 모두 해결하는 데는 한계가 있었다. 또한 대부분의 교원들이 정년에 맞추어서 교장으로 임용되기를 희망하여 학교에 비전을 제시하고 소신 있게 학교를 이끌어가기보다는 교장의 임기연장의 수단으로 이용되고 있다는 점에서 비판이 많았다. 이에 정부는 단위학교의 자율성 증진을 위한 정책의 일환으로 1996년 9월부터 초빙제를 도입하게 되었다. 초빙제는 학교장을 단위학교에서 초빙하는 제도로서 학교공동체가 원하는 교장을 초빙하여 학교의 자율성을 제고시키고 교육력을 신장시킨다는 취지에서 도입된 제도였다(「교육공무원법」 제31조 및 「동법 시행령」 제12조의4).

초빙제의 대상학교는 재직 중인 교장의 임기가 만료되거나 정년퇴임으로 인해 교장의 후임보충이 필요한 학교로서 초빙과정은 다음과 같았다. 대상학교가 초빙제를 실시할 것을 신청하면 시 · 도교육감(국립학교의 경우에는 교육인적자원부장관)은 실시학교를 지정하고 초빙공고를 낸다. 초빙교장 희망자는 해당학교에 개별적으로 지원하고, 그 학교의 학교운영위원회는 지원자의 적격성여부를 심사하여 초빙대상자를 복수로 추천(순위 명기)한다. 이 추천에 따라 임용권자는 '교장자격증을 소지하고 당해 시 · 도에 근무하는 교육공무원' 가운데 적격자를 4년 이내의 임기로 당해 학교의 교장으로 임용한다(이차영, 2006: 180-181).

그러나 이러한 초빙제는 전술한 바와 같이 대상학교와 대상자를 선정하는 데 상당한 제한을 두고 있었기 때문에 학교에서 대폭적으로 실시되지는 않았다. 초빙제를 실시한 학교의 수를 살펴보면, 전체학교에서 2000년 3월 1일 기준 초빙교장은 전체 교장재직자 중 1.96%, 2002년 3월 1일 기준으로 초빙교장으로 임용된 수는 전체 교장재직자 중 1.51%, 2005년에는 3.96% 정도였기 때문에 도입취지를 살리기에는 한계가 있었다. 또한 초빙된 교장의 임용당시 직전 직위가 교장인 경우가 많았으며, 초빙교장의 임기만료와 정년퇴직이 거의 일치하는 추세를 보여 악용될 여지가 많았다. 더구나 초빙대상자 추천이 능력보다는 학연 또는 지연 등으로 이루어지는 폐단이 발생하였다. 이에 교육인적자원부는 초빙제에 대한 개선방침을 2006년 6월에 발표하였으나 2007년 9월 공모제가 시범운영되면서 지속되지 못하고 있다.

4) 교장자격증 특례제

교장자격증 특례제는 교장자격증을 소지하지 않더라도 교장으로 임용하는 것으로(「초·중등교육법」 제21조제1항 및 제61조), 모든 학교에 적용하는 것이 아니라 예외적으로 자율학교의 교장에 한하여 실시하고 있다. 임용하는 형태로 보면 특별히 교장·교감자격증제도를 적용하지 않기 때문에 개방형 공모제라고도 볼 수 있다. 이러한 교장자격증 특례제가 적용되는 학교는 우선 시·도교육감이 국·공·사립 초·중·고를 대상으로 지정하나, 현재 자율학교 중 대안학교와 특성화고등학교에 한하여 지정하고 있다. 교장자격증 특례제가 지정되는 기간은 5년 이내로 하되, 필요시 연장가능하다. 이러한 교장자격증 특례제에 의해 교장으로 임용된 교원의 수는 2004년 9월 기준 전국에서 7명에 불과할 정도로 예외적으로 적용되고 있다(이차영, 2006: 179-180).

5) 공모제(2007. 9~현재)

공모제는 1990년대 후반에 사회 전반에 걸쳐 일어났던 '학교붕괴'에 대한 우려와 학교교육에 대한 학부모와 학생의 만족도 저하, 1990년 초반부터 수차례 개정되었던 승진제도의 한계, 지방분권화 가속으로 인한 학교장 역할의 중요성 증대 등으로 인해 도입된 제도이다.

공모제가 대두된 과정을 살펴보면, 국민의 정부에서는 교원존중풍토 조성, 처우개선

등을 통한 교원의 사기진작, 교원의 위상강화를 통한 전문성 신장을 목표로 '교직발전종합방안' 시안을 마련하였으나, 교원단체의 반발 등으로 최종안을 마련하지 못하여 교원승진 · 교장임용제도에 관한 종합적 개선안이 부재하였다. 이에 제16대 대통령선거과정에서 노무현 대통령후보가 대선공약(2002. 10)에서 약속한 '학교장임용제도 다양화' 와 '교원의 직급과 승진제의 합리적 개선' 을 참여정부 출범 후 개혁과제로 제시하였고, 2003년 8월부터 2004년 11월까지 한국교육개발원 주관으로 '교원인사제도 혁신을 위한 국민의견 수렴' 을 통해 '교원정책 혁신방안' 이 마련되었다. 이후 교육인적자원부는 한국교육개발원의 '교원정책 혁신방안' 을 토대로 2005년 8월 교장승진임용제도 개선시안을 마련하였으나, 학교현장의 요구였던 교장공모제와 선출보직제를 포함하지 못하여 인사제도 개혁과 공약 실현에 미흡하다는 비판이 제기되었다. 그래서 교육인적자원부는 교육혁신위원회(이하 '교육혁신위')에 시안에 대한 검토 및 방안을 마련해 줄 것을 의뢰하였다.

교육혁신위는 지역순회토론회 6회, 라디오방송토론회 2회, 온라인토론 등을 통해 교원정책에 대한 공론화를 추진하였고, 여러 차례의 회의 끝에 '교원특위 10인 합의안' 을 마련하여 추인하려고 하였으나 초기 공모제 적용학교 수, 제도선택방식, 공모교장이 임명하는 '부교장' 제 등의 쟁점에서 이견이 발생하여 합의안에 대한 추인에 실패하였다. 이와 같이 논의된 자료를 바탕으로 2006년 7월에 4차례에 걸친 전체회의에서 교원승진 및 교장임용제도 관련 쟁점 검토 및 '교원승진 · 교장임용제도 개선안(시안)' 을 마련하였다(교육혁신위원회, 2006: 1-7). 2006년 8월에는 교육혁신위가 쟁점에 대한 관련단체의 의견을 최종적으로 수렴하였고, 이를 통해 정책안을 조정된 '교원정책 개선방안' 을 내놓았다. 2007년에 '교원정책 개선방안' 에 따라 9월에 시행할 대상학교 63개 학교를 선정하려했으나, 지원자의 심사포기 또는 심사탈락으로 후보자를 선정하지 못해 총 55명의 교장공모제 임용후보자를 최종확정하였다.

한편, 2007년 9월 7일 교육인적자원부는 2009년부터 전국 초 · 중 · 고교에서 교장공모제를 실시할 수 있도록 한 「교육공무원법」 개정안을 입법예고하였다. 개정안에 따르면 초 · 중등학교의 교육경력 15년 이상인 교육공무원 또는 사립학교 교원이면 교장자격증이 없어도 교장으로 특별임용할 수 있도록 하는 규정이 신설되었다. 공모에 의해 뽑힌 교장은 임기만료 또는 임기 중 면직될 때까지 전직 및 전보되지 않고 '1차 중임제한' 적용도 받지 않는다. 개정안은 예정대로 국회를 통과할 경우 2009년 9월부터 시행에 들어갈 것으로 보인다. 교육인적자원부는 2007년 시범운영 결과를 바탕으로 2008년에 시범운영 학교를 100개 이상으로 늘리고 2009년부터는 전면 실시한다는 방침이다.

3. 교장임용정책의 현황 및 문제점

1) 승진임용제도

현재 교원의 자격구성은 준교사, 2급정교사, 1급정교사, 교감, 교장의 다섯 가지 자격으로 나누어져 있다. 준교사에서 2급정교사, 2급정교사에서 1급정교사는 일정기간의 교육경력이 쌓이면 자격연수나 대학원 학위를 통하여 대부분의 교사가 자격을 획득한다. 그러나 1급정교사에서 교감으로 가는 과정에서 소수(승진비율 6%)만이 승진을 하기 때문에 치열한 경쟁이 불가피하며, 교감에서 교장의 승진은 1.2배수로 교장임용대상자를 뽑아 임용시키기 때문에 거의 1:1 승진이 이루어진다고 볼 수 있다(교육혁신위원회, 2006: 9).

교장임용원칙은 자격 · 재교육성적(연수) · 근무성적 · 기타 능력의 실증에 의거하도록 하면서, 능력에 따른 균등한 임용기회가 보장되어야 함을 규정하고 있다(「교육공무원법」 제10조). 교장의 임용권은 국 · 공립학교의 경우 대통령이 임용하도록 되어 있으나, 대통령은 다시 이를 교육인적자원부장관에게 위임하고, 교육인적자원부장관은 다시 교육감에게 위임하고 있다. 단, 국 · 공립대학의 부속학교 교장의 임용은 대학의 장에게 위임된다. 국 · 공립학교의 경우 교장의 임기는 4년이며 1차에 한하여 중임(교장 중임제)할 수 있다. 한편, 사립학교의 경우 교장은 당해학교를 설립 · 경영하는 학교법인 또는 사립학교경영자가 임명한다. 그리고 교장의 임기에 대하여 다른 법률에 특별한 규정이 없는 한 학교법인 및 법인인 사립학교경영자는 정관으로, 사인인 사립학교경영자는 규칙으로 정할 수 있다(고전, 2002: 419).

(1) 현황

우리나라의 교장은 교장자격제도를 법으로 제도화하여 실시하고 있으며, 무시험자격검정으로 교장을 임명하고 있다. 「초 · 중등교육법」에 제시되어 있는 학교장의 자격은 〈표 12-1〉과 같다.

승진임용의 원칙은 '승진후보자명부' 의 고순위자순으로 '결원의 3배수 내' 에서 임용하고 동종 직무에 속하는 하위자 중에서 경력, 근무성적, 재교육성적, 기타 능력에 따라 승진하도록 되어 있다(「교육공무원법」 제13조 및 제14조, 동 임용령 제14조).

한편, 2007년 5월 25일 교육인적자원부는 기존의 승진임용제가 가지고 있던 문제점을 극복하고 승진구조를 연공서열식구조에서 능력과 실적 위주의 구조로 변화를 주었지만, 여전히 큰 틀의 시각에서 보면 개정된 승진임용제가 일정한 경력과 자격, 근무평정, 가산

표 12-1 **교장의 자격기준**(「초 · 중등교육법」 제21조제1항 관련)

구분	교장자격
중등학교	• 중등학교의 교감자격증을 가지고 3년 이상의 교육경력과 소정의 재교육을 받은 자 • 학식 · 덕망이 높은 자로서 대통령령이 정하는 기준에 해당한다고 교육인적자원부장관의 인정을 받은 자 • 교육대학 · 전문대학의 학장으로 근무한 경력이 있는 자 • 특수학교의 교장자격증을 가진 자
초등학교	• 초등학교의 교감자격증을 가지고 3년 이상의 교육경력과 소정의 재교육을 받은 자 • 학식 · 덕망이 높은 자로서 대통령령이 정하는 기준에 해당한다고 교육인적자원부장관의 인정을 받은 자 • 특수학교의 교장자격증을 가진 자

출처: 초 · 중등교육법 별표 1

점 등을 요구하고 있다는 점에서 공통된 부분도 있다는 것을 알 수 있다.

승진후보자명부 작성 시 반영하는 요소를 정리한 개정 「교육공무원 승진규정」의 주요 내용은 〈표 12-2〉와 같다.

표 12-2 **개정 교육공무원 승진규정 주요 내용**

개정 전	구분	개정 후
• 평정점수: 90점 • 평정기간: 25년	경력평정	• 평정점수: 70점 • 2008년부터 매년 1년씩 줄어 2011년에 20년 • 평정기간: 20년
• 평정점수: 80점 • 평정기간: 2년 • 평정방법: 교장 50% 교감 50% • 평정결과: 비공개	근무성적평정	• 평정점수: 100점(근무성적 70점+다면평가 30점) • 평정기간: 10년(평교사) • 평정방법: 교장 40%, 교감 30%, 동료교사 다면평가 30% • 평정결과: 교사 본인 근평 및 다면평가 합산점 공개
• 공통 가산점: 총점 3.5점 • 선택 가산점: 총점 15점	가산점	• 공통 가산점: 총점 3점 • 선택 가산점: 총점 10점

다음으로 교장임용심사의 일반적 절차를 살펴보면, 먼저 교육감 및 대학의 장이 소속 교장 충원계획을 수립하면, 임용대상자가 학교경영제안서를 작성하여 제출한다. 이후 시 · 도교육청은 '교장임용심사위원회' 를 설치 · 운영하게 되는데, 이때 교장임용대상자의 능력과 자질을 평가하여 그 결과를 시 · 도교육청인사위원회에 제출한다. 시 · 도교육청인사위원회는 '교장임용심사위원회' 에서 추천된 교장임용대상자의 능력과 자질을 심

표 12-3 교육청인사위원회 및 교장임용심사위원회

구분	교육청인사위원회	교장임용심사위원회
설치	시·도교육청 산하에 설치	시·도교육청 산하 또는 교육청인사위원회의 소위원회나 특별위원회로 설치가능
구성	위원장 포함 7~9인 위원 외부인사 3분의 1 이상	3인 이상 구성, 규모 조절가능, 외부인사 3분의 1 이상
심의사항	교장임용후보자 심의, 교장임용심사위원회 구성과 운영, 교장 중임 관련사항	학교경영제안서와 면접심사를 통해 교장임용대상자의 능력과 자질 심의·평가
결과처리	교육감에게 제출	인사위원회에 제출

출처: 교육혁신위원회(2006). 교장승진·교장임용제도 개선방안.

의·평가한 후, 교육감 및 대학의 장에게 추천한다. 교육감 및 대학의 장은 추천받은 대상자를 장관에게 보고하여 최종적으로 임용한다.

교육청인사위원회와 교장임용심사위원회에 관한 내용은 〈표 12-3〉과 같다.

전술한 교장임용절차를 거쳐 교장으로 임용이 되면 임용대상자는 교장자격연수를 받게 되는데, 교장자격연수는 연수원별 연수대상에 대하여 규정된 「교원 등의 연수에 관한 규정」 제3조 1, 3, 4항에 의해 실시되고 있다. 서울지역은 원래 서울대학교 교육행정연수원에서 초·중등교장연수를 실시하였으나 2004년 5월 초등교육의 전문성과 특수성을 연수에 반영하기 위한 서울교육대학교 요구를 서울특별시교육청에서 받아들인 결과 서울지역은 서울대학교 교육행정연수원(중등)과 서울교육대학교(초등)에서 분리 실시하고 있다. 그밖에 서울을 제외한 전 지역은 한국교원대학교 종합교육연수원(유·초·중등)에서 실시하고 있다.

법제적인 측면으로 보면 교장자격연수는 「교원 등의 연수에 관한 규정」과 시행규칙에 규정되어 있는데, 교원연수과정에 대한 내용이 있는 시행규칙 별표 2가 2004년 5월 29일 일부 개정되면서 일반교양교과에 30~40% 정도 이수시간이 배당이 되어 있던 것을 보다 현장에 필요한 내용 중심으로 과정이 이루어질 수 있도록 교육행정·교육재정 및 조직경영 등 학교 운영관리에 필요한 전문분야에 관한 교과에 시간 비중을 좀 더 두게 되었다. 개정된 유·초·중등교원의 교장자격과정 연수과정표는 〈표 12-4〉와 같다.

구체적인 연수기간 및 시간, 연수과정 등은 「교원 등의 연수에 관한 규정 시행규칙」 제3조 2항에 의해 연수원규칙으로 규정하도록 되어 있는데, 한국교원대학교 종합연수원에서 시행하고 있는 교장자격연수를 중심으로 살펴보면 다음과 같다.

종합연수원에서 실시하고 있는 교장자격연수과정은 크게 2단계로 나누어 볼 수 있는

표 12-4 유 · 초 · 중등교원의 교장자격과정 연수과정표

교과	이수시간 배당비율(%)
1. 일반교양교과	10~20
2. 교감과정 이수 후 계속 이수하여야 할 교직교과 및 특기 · 적성활동에 관한 교과	10
3. 교육행정 · 교육재정 및 조직경영 등 학교 운영관리에 필요한 전문분야에 관한 교과	70~80
합 계	100

출처: 「교원 등의 연수에 관한 규정 시행규칙」 별표 2.

데, 1단계는 시 · 도 연수과정으로 기간은 1주(30시간)이며 시 · 도 교육정책 소개, 시 · 도 교육의 실태파악, 학교경영 분석 및 계획서 작성을 중심으로 연수가 이루어진다. 이러한 연수가 끝나면 교원대에서 2단계 연수과정에 들어가게 되는데, 기간은 5주(168시간)로 교육개혁 선도자로서의 기본소양을 제고하고 교수-학습 지도자로서의 능력을 함양, 학교경영계획 실천의지를 배양하는 데 초점을 맞추고 연수과정이 이루어진다.

구체적인 영역별 시간편성과 평가 관련 내용은 〈표 12-5〉, 〈표 12-6〉과 같다.

표 12-5 교장자격연수 영역별 시간편성

		시 · 도 연수		교원대 연수		계	
		시수	비율(%)	시수	비율(%)	시수	비율(%)
교양		4	12	30	18	34	17
교육 기초		6	20	14	8	20	9
학교경영	학교경영	8	27	72	43	80	40
	민간연수(워크숍)			24	14	24	12
자율탐구	교육토론회			4	2	4	2
	교육 · 문화 탐방			8	5	8	4
	기타	8	27	8	5	16	8
평가		2	7	8	5	10	5
기타		2	7				3
계		30	100	168	100	198	100

출처: 한국교원대학교 종합교육연수원(2006). 초 · 중등 · 특수학교 교장자격연수 운영계획.

표 12-6 교장자격연수 평가 관련 내용

연수기관	평가방법	평가항목	배점	비율(%)	평가시수
시·도 연수 (10점)	과제/논술평가	학교경영과 관련된 문제	10	10	
	상황평가	근태상황			
교원대 연수 (90점)	논술평가	논술 I	25	25	2
		논술 II	25	25	2
	수행평가	분임토의과정·내용평가	10	10	
		학교경영 우수사례·훈화·경험담 중 택1 발표	10	10	4
		학교경영구상 연구보고서 평가	10	10	
	근태평가	근태상황	10	10	
		가점	해당자 가점		
합계			100	100	8

출처: 한국교원대학교 종합교육연수원(2006). 초·중등·특수학교 교장자격연수 운영계획.

(2) 문제점

① 소규모학교 근무자의 불이익

2007년 5월 25일 개정된 교원승진제도는 가산점을 기존 18.5점에서 13점으로 축소하여 도서벽지에 근무하던 교사의 가산점이 축소될 가능성이 있다. 2007년 초 농어촌학교 근무경력은 1.25점이고 도서벽지근무 가산점은 6점인데, 전체 가산점이 줄어들었기 때문에 농어촌 및 도서벽지근무 가산점이 줄어들 수밖에 없다. 또한 교원의 근무평정방식이 '수우미양가'의 상대평가방식이어서 아무리 기존 근무평정에서의 수의 비율을 증가하였다하더라도 소규모학교에 근무하는 교원들이 대규모학교에 근무하는 교원들보다 상대적으로 불리할 수밖에 없다.

② 과도한 근무평정기간

개정된 교원승진제도는 근무평정기간을 기존 2년에서 10년으로 확대적용하였다. 교육인적자원부는 개정이유로 2개 학교 이상에서 장기간 성실하게 근무한 교사가 승진에서 우대받을 수 있도록 하기 위함을 들고 있지만, 승진경쟁 풍토가 오히려 개정제도에 의해 심화될 가능성이 있다. 왜냐하면 개정 전에는 근무평정기간이 2년으로 근무평정자인 교장·교감으로부터 상대적으로 자유로웠지만, 개정 후에는 근무평정기간이 10년으로 늘어 교원들이 젊은 나이부터 승진으로 인한 경쟁에 뛰어들기를 바라는 구조로 바뀌었기 때문이다. 따라서 개정된 교원승진제도는 교원들이 본연의 역할인 교수-학습 및 생활지도 등에 신경을 쓰기보다는 승진경쟁에 집착하는 결과를 초래할 수도 있다.

③ 객관적 검증 곤란

여러 선행연구를 통해 교장의 자질 및 역할에 대해 정의하고 있지만 아직까지 우리나라에서는 교장의 자질과 역할이 무엇인지 명확하게 규명하고 있지는 않다. 따라서 앞으로 급격히 변화하는 사회에 적극적으로 대처하며 학교구성원을 이끌어갈 교장을 임용하기 위해 대상자가 교장의 자질을 가지고 있는지, 역할을 충분히 수행할 역량이 있는지 객관적이고 합리적인 기준으로 판단하기란 쉽지 않다. 또한 현행 근무평정의 초점이 학교행정가로서의 자질 및 역할을 할 수 있는지를 평가하는 것이 아니기 때문에 교장임용대상자를 선정할 때 경력평정, 근무평정, 연수성적, 가산점의 고득점만으로는 교장의 자질을 갖추고 있다고 보기에는 무리가 있다.

④ 형식적 중임심사

현행 승진임용제는 「교육공무원법」 제29조의2에 의하여 교장이 임용되고 있으며, 1차에 한하여 중임할 수 있다. 그런데 「교육공무원임용령」 제9조의3 제1항을 보면 교장으로 1차 임기를 마친 자에 대하여는 법 제47조의 규정에 의한 정년(62세) 잔여기간이 4년 미만인 경우에도 특별한 결격사유가 없는 한 교장으로 다시 임용한다고 되어 있다. 따라서 현행 법제가 교장이 학교를 위해 헌신하고 노력할 수 있도록 촉진시키고 동기화시키기보다는 재임기간 동안 근무하는 학교에 문제나 사고가 일어나지 않도록 주력하는 무사안일 풍조를 조장하고 있다고 볼 수 있다.

2) 공모제도

(1) 현황

교육인적자원부가 도입시행하려는 공모제는 단위학교에 교장공모제의 선택권을 부여하여 학부모들의 의사가 존중될 수 있도록 학교운영위원회에서 공모제 실시여부를 결정하도록 하였다. 즉, 교장의 임기만료 예정학교의 학교운영위원회가 학부모 전체회의를 소집하여 공모제 적용 및 유형을 결정하면 해당학교장은 이러한 결정을 교육감에게 신청하도록 되어 있다. 그러나 교육감이 필요하다고 판단한 학교는 학교운영위원회의 의결을 거치지 않더라도 교장공모제 지정이 가능하도록 하였다.

이러한 공모제의 유형은 학교단위 공모제와 지역단위 공모제로 크게 두 가지로 나누어 볼 수 있다. 먼저 학교단위 공모제는 단위학교 구성원들이 공모교장 심사위원회와 학교

운영위원회를 중심으로 교장공모와 심사절차를 진행하여 2인의 후보자를 교육감에게 추천하는 방식이다. 반면에 지역단위 공모제는 시 · 도교육청에 설치된 공모교장심사위원회를 중심으로 공모와 심사절차를 진행하여 최종적으로 단위학교 학교운영위원회의 의견을 수렴하여 2인의 후보자를 교육감에게 추천하는 방식이다(교육혁신위원회, 2006).

공모교장의 지원자격은 초 · 중 · 고 교육경력(교육전문직경력 포함) 15년 이상의 현직 교원 및 교육공무원이며, 임기는 4년으로 중임이 허용된다. 신분은 임기만료 후 퇴직을 원칙으로 하되, 교사로 근무를 희망할 경우 별도의 절차를 거쳐 교사복귀가 가능하도록 하였다(「교육공무원법」 제29조의2 제5항). 공모교장으로 임용된 자는 승진임용된 교장과는 달리 특정한 권한을 가지는데, 교감을 포함하여 해당학교 교원 정원의 30% 이내에서 초빙교사 요청권한을 부여하고 있다.

이러한 성격을 가지는 공모제는 여러 단계의 절차를 거쳐서 공모교장의 자질 및 능력을 검증할 수 있도록 구조화되어 있다. 학교단위 공모제의 경우에는 학교운영위원회가 심사주체가 되며, 지역단위 공모제의 경우는 지역단위심사위원회가 심사주체가 된다. 심사절차는 3차 심사를 하도록 되어 있으며, 1차 심사는 이력서, 추천서, 교육실적 증명자료(포트폴리오), 자기실적평가서, 각종 평가자료, 학교운영계획서 등의 서류심사를 통해 후보자를 5명 이내로 선발한다. 2차 심사는 학교운영계획서의 공개발표, 심층면접과 진단토론 등을 거쳐 3명을 선정하며 이때 경력평정, 근무평정, 연구점수, 가산점 등은 심사항목에 포함하지 않는다. 마지막 3차 심사는 학교단위 공모제의 경우에는 단위학교 심사위원회에서 추천된 3인에 대해 해당 학교운영위원회에서 최종심사 후 순위를 정하여 최고득표자 2인을 교육감에게 추천하도록 되어 있으며, 지역단위 공모제의 경우에는 교육청심사위원회에서 추천된 3인에 대해 해당 학교운영위원회에서 최종심사 후 순위를 정하여 최고득표자 2인을 교육감에게 추천하도록 되어 있다.

공모교장의 임용은 3차 심사에서 추천된 2인의 복수추천자 중 교육감이 교장임용후보자를 지정하고 교장직무연수를 거쳐 임용된다(교육혁신위원회, 2006). 2007년 7월 교육인적자원부는 55명을 교장공모제 임용후보자로 선정하여 발표하였다. 임용후보자들 중 현직 교장 · 교감 출신은 각각 16명, 26명으로 74% 정도가 해당하며, 평교사 출신은 8명이었고, 연령대별로는 56세 이상이 25명, 교직경력별로는 31～36년 미만이 19명으로 다수를 차지하였다.

(2) 문제점

① 선발과정의 정치성

공모제 교장임용후보자를 선정하는 과정에서 일반선거에서나 볼 수 있었던 부정적인 모습을 고스란히 보여주었다. 그 당시 대표적인 신문기사의 제목을 보면 더욱 확연히 알 수가 있는데, '불공정 편파시비 담합의혹', '심사위원 명단사전유출 및 자택 면접심사', '심사위원 금품수수검찰조사' 등으로 사태의 심각성이 크다고 할 수 있다. 왜냐하면 이러한 형태로 공모제가 이루어진다면 공모제에 응모하고자 하는 교원들이 학교를 위해 무엇을 준비하고 학교구성원들을 어떻게 이끌어 나가야 할까를 고민하는 것이 아니라, 학연이나 지연을 앞세워 각종 행사에 참석하며 청탁 압력이 발생하고, 지역폐쇄성이라는 장애로 교원 혹은 학부모들의 파벌조성에 관심을 갖기 쉽기 때문이다. 또한 이 경우 비전을 가지고 학교를 혁신하여 한 단계 높이 이끌어가기보다는 오히려 전술한 것과 같은 정치적인 모습들로 인하여 학교가 퇴보될 가능성이 크다는 점에서 우려할 만하다.

② 임기연장 수단화

현행 승진임용제는 중임제로서 정년 전 중임기간이 끝나면 명예퇴직 시까지 원로교사로 근무해야 한다. 이러한 교장들에게 있어 공모제는 단순히 교장의 임기를 연장시켜주는 수단으로 이용될 가능성이 있다. 실제로 현직교장들이 공모제에 응모하여 전원 공모교장 후보자로 선정되기도 하였다. 또한 공모교장 심사위원회의 구성이 교원 및 학부모, 지역인사로 이루어지게 되어 있으나 실제로는 주로 교육관료 위주로 구성되어 심사기준이 전·현직관료들에게 유리한 심사가 이루어지기도 하였다. 2007년 교육인적자원부가 발표한 공모제 교장임용후보자의 74%가 현직 교장·교감인 것을 보면 그러한 점이 보다 확연히 드러난다.

③ 형식적 심사절차

현재 공모제는 제도상으로만 보면 3차 심사로 이루어져 기존 승진임용제보다 학교지도자로서의 전문성과 능력 검증을 더욱 잘할 수 있을 것처럼 보이지만, 시범실시 결과 6~7쪽에 불과한 학교경영계획서가 제출되고도 공모제 교장임용후보자로 선정되는가 하면, 3~4시간에 불과한 심층면접시간만으로는 지역특성이 강조되고 단위학교 책임경영으로 더욱 강화된 학교장의 역할을 수행할 자질이 적합한지 판단하는 데에는 한계가 있다.

④ 교장의 리더십과 전문성 약화

공모제의 경우 보다 젊은 교사가 학교관리자의 역할을 수행할 수 있는 기회를 제공한다는 점에서는 긍정적이지만 교원들의 구조가 경력에 의해 비공식적으로 구조화되어 있다는 점에서 공모제로 임용된 교장이 경력교원들에게 리더십을 발휘하기 쉬운 환경은 아닐 것이다.

또한 교장으로서의 전문성은 조직을 맡아 운영해 보고 학교의 다양한 업무를 맡아 처리해 봄으로써 길러진다고 할 수 있다. 승진임용제에서는 부장교사 또는 교감이라는 중간관리 경험을 함으로써 이러한 전문성이 길러지도록 유도하고 있는데, 만약 이러한 과정 없이 교장의 역할을 수행하게 된다면 학교를 단편적인 시각으로 운영할 가능성도 없지 않다.

4. 교장임용정책의 쟁점

1) 교장의 역할

교장은 단위학교 자율경영체제가 추진되고 있는 현 상황에서 가장 중요한 위치를 차지하며 학교의 의사결정 과정과 실행에 큰 역할을 하고 있다. 1980년대의 사회 전반에 걸친 민주화의 흐름과 그에 따른 정부의 일련의 조치로 학교장의 지위와 역할은 시대에 따라 변화가 있었다. 최근 지방분권화의 흐름에 맞추어 지역사회와 단위학교의 특수성을 존중하는 분위기에 편승하여 학교에서 집권화되어 있는 권한을 학교운영위원회와 같은 학교 내 여러 기구에 분산함으로써 교장이 가지고 있는 권한을 견제하고 교장을 누구라도 자격만 가지고 있으면 그 역할을 수행할 수 있는 수평적 보직으로 바꾸자는 주장이 있다.

그러나 수직적 직급체제가 갖추어진 지금도 교사들은 '교수-학습'의 권한을 법으로 보장받고 있기 때문에 느슨한 구조가 고착화되어 있으며, 이로 인해 학교 내 업무가 원활하게 잘 처리된다고 보기 힘들다. 따라서 이러한 반작용을 생각하지 않은 채 교장의 지위와 역할을 계속 약화시키는 쪽으로 학교구조의 개선이 지속적으로 이루어진다면 오히려 학교구성원 간의 갈등을 더욱 초래할 수도 있으며, 교장이 소신을 가지고 학교구성원을 이끌어가지 못하는 상황도 존재할 수 있음을 고려해야만 한다. 따라서 교장이 적절한 권한을 가지고 단위학교의 다양한 의사를 민주적으로 수렴 · 조정하여 학교를 경영하며 교사의 교육활동을 지원할 수 있도록 교장임용대상자 선정 시 교장의 민주적 경영능력과 교육활동 지원능력에 대한 평가에 초점을 맞추거나 교장의 업무수행에 대한 학교구성원들의 실질적인 평가가 이루어지도록 해야 한다.

또한 단위학교 자율경영체제를 정착시키려는 현 시점에서 학교에 존재하고 있는 각종 지침과 규제는 교장의 능력 발휘를 원천적으로 차단시키는 역할을 한다. 상위기관들로부터의 이러한 지침과 규제는 교장의 창의적이고 전문적인 능력을 발휘할 수 있는 환경을 조성해 주는 것이 아니라 오히려 교장에게 학교가 지침과 규제에 어긋나지 않도록 관리하는 관리자의 역할에 초점을 맞추도록 조장하고 있다. 따라서 교장이 단위학교 책임경영자로서 권한과 책무성을 가지고 학교를 소신껏 운영할 수 있도록 상부기관으로부터의 불필요한 지침과 규제를 가급적 줄이고, 교장의 전문적인 판단으로 학교가 운영될 수 있도록 하는 환경을 조성해 줄 필요가 있다.

2) 교사들의 경쟁

현재 시행되고 있는 교원들의 승진구조는 '2급정교사-1급정교사-교감-교장'으로서 학교관리자로 승진하지 않으면 평교사로 정년까지 근무해야 하는 구조이다. 또한 교사들을 바라보는 시각이 승진을 하지 않으면 승진한 사람보다 능력이 없다고 생각하는 사회통념이 있기 때문에 자연스럽게 승진에 집착하여 경쟁하는 풍토가 학교에 만연되어 있다. 여기서 중요한 점은 학교 본연의 임무가 학교를 어떻게 하면 잘 관리하고 행정적인 사무처리를 잘 하는가에 있는 것이 아니라 학생들을 어떻게 하면 잘 가르칠 것인가에 있다는 점이다. 교사들이 승진을 하기 위해서는 경력평정, 근무평점, 연구점수, 가산점의 승진평정요소가 크게 작용하기 때문에 승진이라는 경쟁에서 승리하기 위해서 학생들을 가르치는 일을 소홀히 하거나 생활지도를 소홀히 할 가능성이 있다.

또한 2007년 5월 25일 개정된 교원승진제도에 의하면 근무평정기간이 10년으로 늘어나고 전체 가산점 점수가 줄어 도서 · 벽지에 근무하는 교사들에게 인센티브로 작용했던 농어촌 · 벽지점수가 줄어들 수밖에 없는 처지에 놓였다. 그로 인해 2007년 초에 농어촌 · 벽지에 근무하던 교사들이 대거 전근을 요청하기도 하였으며, 대도시와 농어촌 · 벽지의 교육력의 격차가 더 커질 우려를 낳고 있다.

3) 평가장치

현행 승진임용제는 법에 의해 교장이 1회에 한해서 중임할 수 있으며, 특별한 결격사유가 없는 한 중임을 할 수 있도록 보장하고 있다. 따라서 교장으로 임용이 되면 교장으로서의 전문적인 능력을 증명할 필요가 없으며, 단지 상부기관으로부터의 규정 및 지침만 잘 준수하면 된다는 무사안일주의가 팽배하고 있다. 그러나 단위학교 자율경영체제가 추진되고 있는 지금 교장이 전문적인 능력을 발휘하지 않고 수동적인 자세로 역할을 수행하게 된다면 급격하게 변화하는 시대의 흐름을 좇아갈 수 없을 뿐만 아니라 학교구성원 모두에게 기회비용을 증가시킨다는 점에서 부정적이다.

또한 2007년 교장공모제 시범실시 결과 55개 학교에서 공모제 교장임용자가 선정되었는데, 임용자 선정과정에서 여러가지 문제가 제기되었다. 다양한 평가요소를 가지고 3차에 걸쳐 시행하도록 되어 있던 심사절차가 형식적이며 단기간에 이루어져 교장임용대상자가 충분한 자질을 가지고 있는지 제대로 검증되었다기보다는 오히려 교장 임기의 연장수단으로 변질되었다는 비판이 일어나고 있다. 실제로 공모제 교장에 임용된 74%가 현직 교장 · 교감이어서 비판을 피할 수 없는 실정이다.

4) 학교경영 전문성

학교경영자로서 전문성을 확보하기 위해서는 무엇보다도 다양한 경험과 학교경영에 대한 폭넓은 지식, 교장직무에 대한 올바른 이해가 필요하다. 그러나 현행 승진구조에서 교원들은 학교경영자로서 전문성을 확보하기보다는 그들의 전문영역인 교수-학습, 생활지도, 학급경영 등에 치중하여 경험을 쌓고 있다. 교장임용과정에 있어 교사로서의 전문영역에서는 뛰어났다고 하더라도 그것이 학교경영능력을 보장해 주지는 않는다. 따라서 교사로서의 전문영역과 학교경영자로서의 전문영역인 학교경영능력이 상충하고 있으며, 이에 대한 보완이 요구되고 있다.

이러한 상황에서 현행 승진제도는 교장임용대상자에게 학교경영자로서 전문성을 확보시키기 위해 교장자격연수를 받도록 하고 있다. 여기서 문제시되는 것은 단시간에 다양한 내용을 학습하는 교장자격연수만으로는 학교경영의 전문성을 키우기에 불충분하다는 점이다. 왜냐하면 현재 시행하고 있는 교장자격연수는 약 200시간 정도로 연수를 진행하고 있기 때문에 학교경영능력을 키워주기에는 시간이 턱없이 부족한 실정이다. 또한 연수과정의 내용이 예전에 비하면 교육행정 · 교육재정 및 조직경영 등 학교 운영관리에 필요한 전문분야에 관한 교과가 많이 늘었지만 절대적인 시간부족으로 학교경영자로서 필요한 지식을 모두 가르치기에는 한계가 있기 때문에 연수가 백화점식으로 나열될 수밖에 없다. 이와 더불어 승진평정요소도 경력평정 · 근무평정 · 연구점수 · 가산점으로 이루어져 있어 학교경영의 전문성을 평가하는 것과는 거리가 있다.

5. 교장임용정책의 과제

1) 교장의 핵심역량 제시

시대적 요구에 맞는 교장을 승진임용 또는 공모하려면 우선 사회가 요구하는 교장의 역할이 무엇인지, 그리고 그러한 역할을 수행하는 데 필요한 자질과 능력이 무엇인지를 분명히 해야 한다. 왜냐하면 주어진 교원들 중에서 어떻게 교장을 뽑느냐에 초점을 맞추면 어떤 사람이 교장이 되어야 하는가에 대한 의문에 명확하게 대답할 수 없을 뿐만 아니라 교장이 학교에서 어떠한 역할을 해야 하는가에 대한 의문이 지속적으로 생길 수밖에 없기 때문이다. 따라서 교장에게 필요한 경험은 어떠한 것이며, 학교경영에 필요한 지식은 어떠한 것이 있는지, 학교에서 교장이 수행하여야할 직무를 면밀히 분석하여 역할수행에 적합한 교장의 자질과 능력을 명료화하여야 한다. 이렇게 직무 관련 요소를 명확히 하고 구체화하는 것은 단기적으로는 자질과 능력이 모두 갖추어진 교장을 선별할 수 있을 뿐만 아니라 장기적으로는 그러한 전문적인 능력을 기를 수 있도록 교장양성과 연수의 기초자료가 된다는 점에서 중요하다. 따라서 장기적이고 지속적인 연구과제로서 미래의 교장에게 필요한 자질과 능력, 직무를 명확히 해야만 한다.

2) 교원 승진구조 개선

현행 승진제도는 2급정교사에서 교장까지 단선적인 체제로 이루어져 있기 때문에 원하든 원하지 않든 교원들이 승진이라는 굴레에서 벗어날 수 없도록 구조화되어 있다. 그러나 교원 개개인이 가지고 있는 자질 및 능력은 차별성이 있기 때문에 단선적인 승진구조로는 승진집착 경쟁풍토를 개선할 수 없다. 따라서 현행 승진제도를 다양화하여 다선적인 체제로 변화시킬 필요성이 있다. 그 한 가지 예로 들 수 있는 것이 수석교사제인데, 수석교사제의 조속한 도입을 통해 학교 본연의 업무인 교수-학습 및 생활지도, 학급경영에 좀 더 뛰어난 교원을 우대하고, 교장은 학교경영능력이 좀 더 뛰어난 교원을 우대하여 교장이나 수석교사 모두 학교에서 인정받을 수 있는 환경을 만들어주는 것이 필요하다. 그러나 수석교사제의 도입은 학교에서뿐만 아니라 경제적인 처우에서도 동일한 대우를 받을 때 의미가 있다는 점에서 해당조치가 선행되어야 할 것이다.

3) 교장의 책무성 강화

현행 승진임용제는 4년의 임기가 끝나고 특별한 결격사유가 없으면 1차에 한하여 중임을 허용하고 있다. 이 과정에서 교장은 4년의 임기 동안 수행했던 직무에 대한 실질적인 평가를 받는 일이 없다. 물론 교원평가에 학교관리자에 대한 평가가 포함되어 학교경영 전반에 대한 평가를 교원 및 학부모로부터 받지만 이는 교장의 자질 및 능력에 대한 평가가 아니라 학교경영에 대한 개괄적인 평가로, 이러한 결과로 교장을 평가하기에는 무리가 있다.

따라서 현행 승진임용제에서 시행되는 것과 같이 특별한 사유가 없는 한 중임을 허용하는 것이 아니라 교장의 전문적인 능력을 발휘하여 일정수준 이상의 능력을 보였을 때 중임을 허용하는 것이 승진적체를 막을 뿐만 아니라 보다 교장임무에 적합한 교원을 임용할 수 있다고 하겠다. 이를 위해서는 전술한 바와 같이 학교장의 자질 및 능력, 역할에 대한 심도 있는 연구를 통해 직무를 명확히 규정하고 단위학교 책임경영이 정착될 수 있도록 학교장의 권한을 보장하며 책무성의 강화가 선행되어야 한다.

4) 교장의 전문성 확보

교사가 교장으로 임용되어 학교경영자로서 전문성을 발휘하기 위해서는 전문적인 능력을 갖출 수 있는 환경을 제공하는 것이 무엇보다 중요하다. 그런데 현재의 학교체제에서는 그러한 전문적인 능력을 체계적으로 갖추게 하는 기회가 상당히 제한되어 있으며, 있다하더라도 교장이 직무를 원활히 수행할 수 있도록 전문적인 능력을 키우기에는 미흡한 실정이다. 따라서 교사들이 학교경영능력을 키우기 위해서는 현행 전결위임규정을 개정하여 교감 및 교사들에게 대폭 권한을 위임하고, 이와 동시에 책무성도 가질 수 있도록 해야 한다. 현재와 같은 위임구조 속에서는 모든 책임이 교장에게 지워지기 때문에 교장이 교감 및 교사들에게 위임하기란 위험성이 크며, 이로 인해 학교경영에 교감 및 교사들의 참여가 제한적이 될 수밖에 없다.

또한 현행 교장자격연수 교육과정의 각 영역과 교과목의 내용을 다시 한 번 면밀히 검토하여 교장으로서 직무를 원활히 수행할 수 있도록 전문적인 능력을 배양하는 데 편성의 방향을 잡아야 할 것이다. 이를 위해서는 무엇보다 교장에게 필요한 경험과 지식, 직무를 명확히 규정하는 것이 필요하며, 이를 통하여 각 영역과 교과목의 내용을 조정·편성할 필요가 있다.

또한 현행 약 30일간 200시간 정도의 단기연수로 전문성을 갖춘 교장을 길러낸다는 것은 불가능한 일이기 때문에 단기적으로는 연수기간을 확대 · 시행하는 것이 바람직하며, 장기적으로는 대학원이나 해당 시 · 도교육청에서 장기연수과정을 개설하여 전문적 능력을 배양할 수 있도록 하는 것이 필요하다고 하겠다.

교장자격연수는 단위학교의 교육을 책임지는 전문가를 양성하는 과정이기 때문에 이론적 지식도 물론 중요하지만 탐구실습기간이 확대되어야 할 필요성이 있다. 왜냐하면 학교현장에서 벌어지는 일들이 이론적 지식이나 공식처럼 항상 똑같은 방식으로 일어나는 것은 아니며, 항상 이론으로만 접하던 지식들을 현장에 비추어봄으로써 앞으로 자신들이 갖추어야 할 능력이 무엇인지 고민하고, 폭넓은 시야와 비전, 지도성 및 문제해결력 등과 같은 전문적인 능력을 효과적으로 기를 수 있다. 따라서 현행 교장자격연수에서는 약 24% 정도가 자율탐구시간으로 배정되어 있는데, 교장자격연수 교육과정에 탐구 및 실습과정이 확대될 필요성이 있다.

참고문헌

강연심(2004). 교장 임용제도의 개선 방안에 관한 연구. 제주대학교 교육대학원 석사학위논문.

김명수(2004). 교장임용제도의 쟁점과 개선 방안. 교육행정학연구, 22(4).

고 전(2002). 한국교원과 교원정책. 서울: 하우출판사.

교육혁신위원회(2006). 교원승진 · 교장임용제도 개선방안.

노종희(2000). 교장의 임용체제. 한양대학교. 한국교원교육학회.

신상명(2002). 학교단위책임경영론. 서울: 교육과학사.

안은희(2006). 교장임용제도의 개선방안에 관한 연구. 울산대학교 교육대학원 석사학위논문.

이동성(2006). 조직문화 접근을 통한 한국과 OECD 5개국의 교장임용제도 비교분석. 비교교육연구, 16(4).

이정화(2007). 교장임용제도에 관한 서울 초 · 중등교사의 인식연구. 이화여자대학교 교육대학원 석사학위논문.

이차영(2006). 교장임용제도 개선 방안. 한서대학교.

조은혜(2005). 울산광역시 교장임용제도의 문제점과 개선방안에 관한 연구. 울산대학교 교육대학원 석사학위논문.

한국교원대학교 종합교육연수원(2006). 초 · 중등 · 특수학교 교장자격연수 운영계획.

제 13 장

교원평가와 성과급

1. 교원평가와 성과급의 배경

지난 10여년 동안 우리 사회에서 나타난 가장 큰 변화의 하나는 평가의 보편화 현상이다. 개인의 능력과 자질을 평가하려는 시험은 기업체는 물론 공공부문으로 점차 확대되었고 대통령중간평가, 장관평가라는 용어도 등장하였다. 이렇게 평가제도가 사회 각 부문으로 확산된 것은 인적자원관리의 중요성과 공공부문의 개혁동향 때문이다. 조직이나 국가발전을 위해서는 자본 · 시설 투자를 확대하고 기술을 개발하는 것도 중요하지만 지식기반사회에서는 우수한 인재를 선발하고 능력을 개발하는 것이 더 중요하다는 인식이 보편화되고 있다. 또 작은 정부론, 정부실패론이 확산되면서 분권화, 자율화, 민영화를 통한 공공부문의 개혁이 세계적인 현상으로 나타나면서 지방정부, 공기업, 단위학교 등의 자율권을 대폭 확대하고, 조직 차원에서도 구성원 각자에게 자율성을 부여하면서 그 운영이나 업무추진의 성과에 대한 책무성을 확인하는 방법으로 평가제도가 확산된 것이다. 평가와 보상 제도는 조직구성원의 동기를 유발하고 업무성과를 제고할 수 있는 핵심수단으로 인식되고 있다.

교원들을 대상으로 하는 평가는 「교육공무원승진규정」에 의한 근무성적평정제도를 근간으로 하였다. 1964년 동규정이 제정된 이래 큰 틀에서 변화가 없다가 1990년대 중반

* 나민주(충북대학교)

이후 학교교육에 대한 학부모, 정치권, 일반국민들의 불만과 개선의 목소리가 높아지면서 교원평가제는 교육개혁의 가장 중요한 의제의 하나로 다루어져 왔다. 다른 한편으로 공공부문의 전반적인 개혁분위기 속에서 일반행정을 대상으로 하는 개혁방안을 교육부문에도 적용해야 한다는 주장이 끊임없이 제기되었다. 이에 따라 1990년대 말부터 교원정년단축이 단행되었고 성과급제도가 시행되었으며 최근에는 새로운 교원평가제도가 시도되고 있다.

국제적으로도 교원평가제는 교육개혁의 초점과 논쟁의 대상이 되고 있다(박상완, 2005; 유균상 · 김이경, 2004; 이종재, 2004; 이차영 · 박찬주, 2005; 한만길 · 김이경, 2005). 각국의 교육개혁에서는 학교교육의 질을 높이고, 국가의 경쟁력을 강화하기 위해서는 교원이 가장 중요한 요인의 하나라는 점이 강조되어 왔다. 그동안 우수한 교원을 확보하고 교원의 질을 높이기 위한 방안으로 교원양성기관 입학요건 강화, 교사교육기간 연장, 교사자격의 유효기간 설정, 교사임용시험 도입, 임용과정의 다단계화와 같은 다양한 정책방안들이 제안되거나 실행되어 왔으나, 최근에는 교원평가에 대한 관심이 높아지고 있다. 이것은 단위학교 자율성 확대, 학교 및 교사의 교육적 책무성 강화와 같은 교육개혁의 방향과 관련되어 있다. 교육의 책무성이 강조되면서 교육의 결과를 확인하고 개별교사의 질을 확인하기 위한 핵심기제로서 교원평가가 강화되고 있다(박상완, 2005). 이 장에서는 교원평가와 성과급제도의 변천과정을 역사적으로 고찰하고, 현황과 문제를 분석하며, 쟁점과 개선방향에 관해서 논의한다. 교원에는 교장, 교감 등도 포함되어 있으나, 교사에 초점을 맞춘다.

2. 교원평가와 성과급의 역사적 고찰

1) 교원평가제의 변천과정

우리나라에서 교원평가제도가 시작된 것은 1964년 「교육공무원승진규정」(대통령령 제1863호)이 제정되면서부터라 할 수 있다(전제상, 2001). 「교육공무원승진규정」(이하 「승진규정」)은 지금까지 30차례 개정되었다. 평가목적, 평가기준 등은 커다란 변화가 없었으나 평가준거 및 배점, 평가분포 비율, 평가시기, 평가기간 등은 약간씩 변화가 있었다. 근무성적평정의 경우 평가준거 및 배점을 보면, 최초에는 근무실적(30), 직무수행(15), 직무수행태도(15)로 구성되었으나, 1990년에는 자질 및 태도(24), 근무실적(56)으로 개정되었고, 2002년에는 근무성적평정의 배점 및 평정기간은 종전대로 유지하되 평정요소 및 기준을

표 13-1 교원근무성적평정제도의 변천(1964~2002)

구분	1964년 제정	1972년 개정	1986년 개정	1990년 개정	2002년 개정
평가목적	• 승진임용에 있어서 인사행정의 공정을 기함				
평가내용	• 근무실적(30점) -학급운영(8점) -학습지도(8점) -생활지도(8점) -교육연구(6점) • 직무수행(15점) -기본실력(5점) -지도력(5점) -창의력(5점) • 직무수행태도(15점) -책임감(5점) -협조성(5점) -준법성(5점)	40점 20점 20점	• 평가요소별 배점을 일률적으로 8점으로 함	• 자질 및 태도(24점) -교육자로서의 품성(12점) -사명의식(12점) • 근무실적(56점) -학습지도(24점) -생활지도(16점) -학급경영(16점)	• 자질 및 태도(24점) -교육자로서의 품성(12점) -사명의식(12점) • 근무실적 및 근무수행능력(56점) -학습지도(24점) -생활지도(16점) -교육연구 및 업무담당(16점)
평가방법	우 : 20% 양 : 70% 가 : 10%	수: 10%(74점 이상) 우: 30%(58~73) 양: 50%(32~57) 가: 10%(31점 이하)	수: 10%(74점 이상) 우: 30%(58~73) 양: 50%(32~57) 가: 10%(31점 이하)	수: 20% 우: 40% 양: 30% 가: 10%	
평가결과	1년 단위 비공개 원칙		3년 단위 비공개 원칙	2년(1994년부터) 단위 비공개 원칙	

출처: 김희규(2005). 교사평가제도의 쟁점과 개선방안 연구. 교육행정학연구, 23(2).

세분화하였다. 2002년까지 근무성적평정의 변천과정을 정리하면 〈표 13-1〉과 같다.

그런데 2007년 5월 「승진규정」 개정에서는 연공서열 중심의 승진구조를 능력 중심으로 개선하기 위하여 경력평정의 기간 및 비중을 축소하고, 근무성적평정에 대한 평정점수 상향 조정, 반영기간 확대 및 평정결과의 공개 등을 통해 평정의 객관성 · 신뢰성 · 투명성을 확보하며, 교사의 경우에는 동료교사에 의한 다면평가제를 도입하는 등 「교육공무원승진규정」에 상당한 변화가 있었다. 그 주요 내용과 변경 이유는 다음과 같다.

첫째, 근무성적평정점을 상향 조정하고, 반영기간을 확대하였다(「승진규정」 제21조제1항, 제22조제1항, 제26조 및 제40조제1항부터 제4항까지). 근무성적평정점을 승진후보자명부에 반영하는 기간이 2년밖에 되지 않고 평가결과를 비공개로 하고 있어 평정결과의 객관성 및 타당성이 낮을뿐더러, 성실한 근무수행을 지속적으로 담보하는 데도 어려움이 있어 근무성적평정점(교사의 경우에는 근무성적평정 및 다면평가 합산점)을 80점에서 100점 만점으로 상향 조정하였다. 또 근무성적평정점의 산정기간을 교감, 장학사 및 교육연구사의 경우에는 3년으로, 교사의 경우에는 10년으로 확대하며, 평정대상자가 요구하는 경우 최종 근무성적평정점을 본인에게 공개하도록 하였다. 이것은 능력과 실적 중심의 승진제도를 구축하고, 평정결과의 객관성 및 타당성을 제고하는 데 목적이 있다. 평정요소는 이전과 동일하나 배점이 많이 바뀌었다. 자질 및 태도를 평가하기 위한 요소인 교육자로서의 품성, 공직자로서의 자세가 각각 12점에서 10점으로 축소되었다. 근무실적 및 근무수행능력을 평가하기 위한 요소인 학습지도는 24점에서 40점으로 대폭 확대되었고, 생활지도, 교육연구 및 담당업무도 각각 16점에서 20점으로 늘었다.

둘째, 교사에 대한 동료교사 다면평가제를 도입하였다(「승진규정」 제28조의2부터 제28조의9까지 신설, 「승진규정」 제40조제2항 및 제4항). 같은 학년 또는 같은 교과별로 교육과정의 편성, 운영 및 평가가 이루어지고, 교실 내의 활동이 주가 되는 교원업무의 특성상 교장·교감의 관리자 평가만으로는 근무성적평정의 객관성 및 타당성을 확보하기 어려우므로 교사에 한해 동료교사에 의한 다면평가를 실시하고, 다면평가와 근무성적평정점을 합산하여 승진후보자명부에 반영하도록 하였다. 근무성적평정과 다면평가의 합산점의 분포비율의 등급은 4등급 그대로이나, 등급별 비율은 수 20→30%, 미 30→20%로 각각 조정되고, 우 40%, 양 10%는 그대로 유지되었다(「승진규정」 제28조의6).

이 밖에도 경력평정기간(25→20년)과 점수(90→70점) 축소, 직무연수성적의 등급별 환산점수 반영, 연구실적요소별 평정점 상향 조정, 공통가산점 축소(3.5→3점), 선택가산점 축소(15→10점) 등을 통해서 경력보다는 능력과 근무실적 중심으로 승진제도의 전환을 도모하였다. 이에 따라 교원승진에서 근무성적평정의 중요성이 이전에 비해 높아졌다.

이러한 「교육공무원승진규정」에 의한 근무성적평정제도와는 별개로 정부에서는 새로운 교원평가제도를 추진하여 왔다. 교육인적자원부가 제시한 교육평가는 교원의 전문성 신장에 목적을 두고 교원들이 자신의 능력을 스스로 진단하고 개선하기 위하여 동료교원에게 수업평가를 받고, 학생과 학부모의 만족도를 확인하는 것으로 '교원능력개발평가제도'라 칭하고 있다. 새로운 교원평가제의 필요성은 이미 1995년 문민정부의 대통령 자문 교육개혁위원회의 보고서에서도 언급되었다. 교육개혁위원회에서는 '신교육체제 수립을 위한 교육개혁방안'에서 품위 있고 유능한 교원육성정책으로 능력 중심 승진·보수체계로의 전환, 교원에 대한 종합적인 평가, 우수교원 우대방안 등을 제안하였다. 이후 교육인적자원부는 1999년 '교육발전5개년계획시안'에서 새로운 교원평가 도입방안을 제시하였고, 2000년 '교직발전종합방안'에서는 교원승진·평가제도 개선을 위해 교원직무수행기준과 교원평가요소 및 기준을 재검토하고 학교별로 평가위원회를 구성하는 방안을 제시하였다(강인수, 2003).

교원능력개발평가에 관한 본격적인 논의는 2004년 2월 당시 안병영 교육인적자원부장관이 2.17 사교육비 경감대책 10대 추진과제의 하나로 교원평가제를 시행하겠다고 발표하면서부터다. 경감대책에는 우수교원을 확보하여 학교교육의 신뢰를 제고하기 위하여 근무여건의 개선과 더불어 교원평가체제를 개선하는 방안이 포함되었다. 그 주요 내용은 다음과 같다(교육인적자원부, 2004). 첫째, 교원의 자율성 확대와 함께 수업을 잘하고 학생지도에 열성을 다하는 교원이 대우받을 수 있도록 평가제도를 개선한다. 교원평가체제 개선 등 교원인사제도 혁신방안을 교원단체와 협의하여 점진적으로 추진한다. 둘째, 교장 · 교감뿐만 아니라 동료교사 및 학부모 등이 참여하는 교사 다면평가제를 도입한다. 평가결과는 교원의 자기계발과 교수 · 학습지도력 향상에 활용하고, 우수교원에게는 인센티브를 제공하는 등 우대방안을 강구한다. 누적 평가결과에 따른 '교수-학습지도력 부족 교원' 에 대해서는 특별연수 등 적절한 지원방안을 마련한다. 셋째, 학교경영 평가결과 등에 의한 교장평가제도를 도입하여 교장인사에 반영한다.

2004년부터 교원평가제를 추진하는 과정에서 교육인적자원부에서는 교총 · 교원노조와 교원평가 관련협의회를 개최하고, 관련학회들에 교원평가제도 개선을 위한 정책연구를 의뢰하였으며, 교원단체 외에 학부모단체, 열린우리당, 국무조정실, 교육혁신위 등과도 협의하였다. 그러나 교원단체의 강력한 반발로 여러 차례 공청회가 무산되곤 하였다. 반면, 학부모단체, 시민단체, 좋은 교사운동 등은 지속적으로 교원평가제 시행을 촉구하였다. 2005년 6월 교육인적자원부는 교원평가 시범사업을 학교교육력 제고사업으로 전환하고, 교육인적자원부, 교총, 전교조, 한교조, 학부모단체 대표 등 7명으로 특별협의회를 구성하였다.[1] 11월에는 48개 시범학교를 선정하여 다음 해 2월까지 1차, 2006년에는 19곳을 추가하여 총 67개에서 3월부터 8월까지 두 차례에 걸쳐 교원평가가 시범운영되었다(김갑성, 2006). 그 결과를 바탕으로 교육인적자원부에서는 교원능력개발평가 추진방향을 발표하였고, 2007년 3월에는 시범학교를 500개교로 확대하였으며, 2008년부터는 모든 학교에 실시할 계획이다.

2) 교원성과급의 도입과 변화

교원성과급은 단일호봉제를 바탕으로 한 교원보수제도의 문제점을 보완하기 위하여 도입된 것으로 직무성과에 따라 급여를 달리하는 보수제도를 말한다. 1995년부터 정부는 "공직사회에 경쟁원리를 도입하여 유능하고 근무실적이 우수한 공무원에게 보다 많은 인

1) 교원능력개발평가제 추진과정과 그 과정에서 나타난 관련단체 간 갈등에 관한 자세한 내용은 강인수(2003), 김희규(2005), 조혜진(2007) 등 참조.

센티브를 부여함으로써 행정의 생산성을 제고하고, 열심히 일하는 공직분위기를 조성한다."는 목적하에 공무원성과급제도를 도입하였다(전제상, 2001). 정부는 교직사회가 지나치게 연공서열을 중시하고 있어서 침체되어 있고, 일률적인 봉급인상은 교육의 질 향상에 한계가 있다고 보고 교원보수체계에도 능력별 성과급제를 도입하고자 하였다. 1995년 11월에는 중앙인사위원회의 '성과급 지급방침'을 통해 특별성과상여수당의 형태로 교원성과급제도가 도입되었다(이차영 외, 2003). 그러나 이 제도는 IMF 경제위기로 중단되었다(전제상, 2001).

국민의 정부는 공직사회의 활성화를 도모한다는 목적으로 100대 개혁과제의 하나로 공무원성과상여금제도를 다시 추진하였다(이차영 외, 2003). 1998년 12월 중앙인사위원회는 공무원수당규정에 성과상여금제를 도입하여 상위 50% 교원에 대한 교원성과급을 도입하려고 하였으나, 예산문제로 시행이 유보되었다. 이후 한국교총, 전교조, 한교조, 현장교원, 언론계, 중앙인사위원회 등으로 교육공무원 성과상여금제도 개선위원회가 구성되어 성과급제도의 기본취지를 살려 차등지급의 원칙을 지키되, 교직의 특수성 및 교원이 창출하는 서비스의 특성을 감안하여 전 교원에게 지급한다는 내용이 포함된 성과급제도 개선의 원칙을 확정하였다(신상명, 2001).

그러나 2001년 10월 교원노조는 교원성과상여금 반납투쟁을 전개하면서 교원성과급의 수당화 또는 폐지 등 전면적 개선안을 마련하기로 교육인적자원부와 교원노조 간 협약이 체결되었다. 2002년 2월에는 교원성과급을 폐지하고 자율연수비로 지급하는 방향으로 전환되어 전교조의 투쟁이 종료되었으나, 일부 언론, 학부모단체, 중앙인사위원회에서 이의를 제기하였다. 동년 4월에 중앙인사위원회는 10% 모범교원에게 포상금을 지급하는 방안을 제안하였으나 교원단체의 반대에 부딪혔다. 교육인적자원부는 2002년 8월 90%를 능력개발지원비로 균등지급하고, 10%를 차등지급하는 방안을 제안하였고, 중앙인사위원회와 교원단체 모두 수용하였다. 이에 따라 2002년부터 교원성과급이 지급되었다.

이후 2005년 중앙인사위원회는 교원성과급 차등지급 비율의 확대를 요구하였고, 교육인적자원부는 긍정적으로 방안을 검토하였다. 2006년 7월에는 차등지급 비율을 20%로 확대하는 방안을 중앙인사위원회와 협의하였으나, 전교조는 반대하고 자유교조는 찬성하였으며, 한국교총은 조건부 수용의사를 밝혔다. 2006년 8월 20% 차등지급방안이 시행되자 전교조는 차등지급액 반납투쟁을 전개하였다. 그러나 10월 국정감사에서 교원성과급의 차등지급기준 중 호봉반영비율이 높다는 문제가 지적되었고, 전교조는 교원성과급 반대 연가투쟁을 전개하였다(조혜진, 2007).

2001년 도입된 현행 교육공무원 성과상여금제도는 시행과정상 상당한 우여곡절을 겪었으나 그 내용상 큰 변화는 없었고, 지급방법이 조금씩 변화되었다. 지급등급과 비율은

표 13-2 교원성과상여금 차등지급기준(지급률)의 변화(2001~2006)

(단위: %)

연도	적용범위	S등급	A등급	B등급	C등급
		상위 10%	10% 초과 30% 이내	30% 초과 70% 이내	하위 30%
2001	전체 성과급	90	65	45	30
2002~2005	10% 성과급	100	70	50	35
2006 이후	20% 성과급	100	70	50	35

출처: 교육인적자원부(2006a). 2006년 교육공무원 성과상여금 지급 지침.

S등급(상위 10%), A등급(10~30%), B등급(30~70%), C등급(하위 30%)이 그대로 유지되었다. 등급별 지급률은 당초 등급별로 각각 150%, 100%, 50%, 0%로 지급하려던 것을 각각 90%, 65%, 45%, 30%로 조정하였다. 2002년부터 2005년까지 4년 동안 성과상여금의 90%는 각 교육공무원에게 균등지급하고, 나머지 10%를 차등지급하였다. 또 지급률 상하폭을 60%(2001년)에서 65%(2002년)로 늘리고 고생하는 교육공무원이 보다 많은 수혜를 받도록 최상위등급의 지급률을 90%에서 100%로 상향 조정하였다. 2006년에는 성과상여금 도입의 본래 취지를 살리고 교직사회의 경쟁력을 향상시키기 위하여 차등지급 비율을 20%로 상향 조정하였다. 차등지급방법(지급등급책정기준)은 보직・무보직, 수업시수, 교육경력(호봉), 담임・비담임, 포상실적 등을 고려하여 기관장(교육장 또는 학교장)이 정하도록 하였다.

3. 교원평가와 성과급의 현황과 문제

1) 교원평가와 성과급의 현황

(1) 교사근무성적평정의 현황

현행 교사근무성적평정(다면평가 포함)의 목적, 기준, 과정 및 절차, 평정방법, 결과활용 등을 정리하면 다음과 같다.[2] 「교육공무원승진규정」(대통령령 제20068호, 2007. 5. 25)에 의하면, 이 규정은 교육공무원의 경력, 근무성적 및 연수성적 등의 평정과 승진후보자 명부의 작성에 관한 사항을 규정함으로써 승진임용에 있어서의 인사행정의 공정을 기함

2) 교감, 장학사・교육연구사 등은 별도 기준과 절차에 의하여 평정한다.

을 목적으로 하고 있다(제1조). 또 제27조에서는 근무성적평정의 결과는 전보·포상 등 인사관리에 반영하도록 하였다. 따라서 현행 근무성적평정의 목적은 인사관리를 위한 공정한 평가자료의 확보라고 할 수 있다.

교사를 대상으로 하는 근무성적은 매년 12월 31일을 기준으로 하고, 해당교사의 근무실적·근무수행능력 및 근무수행태도에 관하여 근무성적평정과 다면평가를 정기적으로 실시하여 각각의 결과를 합산한다. 교사근무성적의 평가자는 평정자, 확인자, 다면평가자로 구성된다. 교사근무성적의 평정자(교감) 및 확인자(교장)는 승진후보자명부작성권자(교육감)가 정한다. 다면평가자는 근무성적의 확인자가 구성하되, 평가대상자의 근무실적·근무수행능력 및 근무수행태도를 잘 아는 동료교사 중에서 3인 이상으로 구성한다. 이 경우 다면평가자 구성에 관한 기준 및 절차 등에 관하여 필요한 사항은 승진후보자명부작성권자가 정한다. 근무성적평정과 다면평가 결과의 합산은 근무성적의 평정자와 확인자가 행한다.

교사근무성적평정의 기준은 크게 자질 및 태도, 근무실적 및 근무수행능력으로 구분된다. 자질 및 태도를 평가하기 위한 요소로는 교육자로서의 품성(10점), 공직자로서의 자세(10점)가 포함되어 있고, 근무실적 및 근무수행능력을 평가하기 위한 요소로는 학습지도(40점), 생활지도(20점), 교육연구 및 담당업무(20점)가 포함되어 있다. 교사다면평가의 평가사항, 평가요소, 평가점은 교사근무성적평정과 동일하다. 승진후보자명부작성권자는 필요하다고 인정되는 경우에는 교육인적자원부장관이 정하는 범위 안에서 조정위원회의 심의를 거쳐 근무성적평정표 및 다면평가표의 요소별 점수를 조정할 수 있다.

다음으로 평정과정 및 절차를 보면, 근무성적평정자는 평정대상자에게 평정대상기간 동안의 업무수행실적을 매년 12월 31일을 기준으로 자기실적평가서를 작성하여 제출하게 한다. 평정자와 확인자는 승진후보자명부작성권자가 정한다. 평정자는 근무성적평정 시 다음의 기준과 평정대상자가 작성한 자기실적평가서를 참작하여 평정한다. ① 직위별로 타당한 요소의 기준에 의하여 평정할 것, ② 평정자의 주관을 배제하고 객관적 근거에 의하여 평정할 것, ③ 신뢰성과 타당성을 보장하도록 할 것, ④ 평정대상자의 근무성적을 종합적으로 분석·평가할 것.

근무성적의 평정점은 평정자가 100점 만점으로 평정한 점수를 30%로, 확인자가 100점 만점으로 평정한 점수를 40%로 환산한 후 그 환산된 점수를 합산하여 70점 만점으로 산출한다. 다면평가점은 다면평가자가 100점 만점으로 평정한 점수를 30%로 환산하여 30점 만점으로 산출한다. 합산점은 근무성적평정점과 다면평가점을 합산하여 100점 만점으로 산출한다. 교사의 근무성적평정과 다면평가의 결과를 합산할 때에는 조정위원회의 심의·조정을 거쳐야 한다. 또 공무원수당 등에 관한 규정 제7조의2의 규정에 의한 성과상여금을 지급하기 위하여 근무성적평정결과 근무성적이 우수한 자에 대하여 특별근무성적평정을 실시할 수 있다. 특별근무성적평정 실시의 방법 · 시기 및 횟수 등에 관하여 필요한 사항은 교육인적자원부장관이 정한다.

근무성적평정점과 다면평가점을 합산한 결과는 수, 우, 미, 양의 4등급으로 하되, 그 분포비율은 각각 수(95점 이상) 30%, 우(64점 이상 72점 미만) 30%, 미(56점 이상 64점 미만) 30%, 양(56점 미만) 10%를 유지해야 한다(「승진규정」 제28조의6). 다만 근무성적평정 및 다면평가 합산점이 양에 해당하는 자가 없거나 그 비율 이하일 때에는 이를 미에 가산할 수 있다. 평정대상교사의 합산점은 특별한 사정이 없는 한 동일하지 않게 한다.

평정대상자의 요구가 있는 때에는 특별한 사정이 없는 한 본인의 최종근무성적평정점을 알려주어야 한다. 근무성적평정의 결과는 전보 · 포상 등 인사관리에 반영하여야 한다. 교육공무원의 승진후보자명부(이하 명부)는 해당자를 그 승진될 직위별로 나누어 작성하되, 경력평정점 70점, 합산점 100점, 연수성적평정점 30점을 각각 만점으로 평정하여 그 평정점을 합산한 점수가 높은 승진후보자의 순서대로 등재한다. 합산점(근무성적평정점+다면평가점)은 명부의 작성기준일부터 10년 이내에 해당직위에서 평정한 합산점을 대상으로 산정한다. 평정점 등을 계산함에 있어서 소수점 이하는 넷째자리에서 반올림하여 셋째자리까지 계산한다.

근무성적평정, 다면평가와 함께 초 · 중등교원 승진임용 시 기준이 되는 경력평정은 매년 12월 말에 정기적으로 실시한다.[3] 경력평정은 만점이 70점이고, 경력은 기본경력과 초과경력으로 나눈다. 기본경력은 교육경력 · 교육행정경력 · 교육연구경력 및 기타 경력으로서 평정시기로부터 15년을 평정기간으로 하고, 초과경력은 기본경력전 5년을 평정기간으로 한다. 경력내용에 따라 가, 나, 다의 3등급으로 구분하여 평정점을 차등적용한다. 경력평정기간 중 휴직, 직위해제 또는 정직기간이 있을 때에는 그 기간을 평정에서 제외한다. 휴직기간 등은 일정범위 내에서 재직기간으로 인정된다.

다음으로 연수성적평정은 교육성적평정과 연구실적평정으로 나눈다(「승진규정」 제4장). 교육성적평정점은 직무연수성적 18점, 자격연수성적 9점으로 만점이 27점이고, 연구실적평정은 3점이 만점으로 전체 연구성적평정은 30점이 만점이다. 연수성적의 평정은 매년 12월 31일을 기준으로 하여 실시하거나 또는 명부의 조정시기에 실시한다. 첫째, 교육성적평정은 직무연수성적과 자격연수성적으로 나누어 평정한 후 이를 합산한 성적으로 한다. 직무연수성적의 평정은 당해직위에서 교원 등의 연수에 관한 규정에 의한 연수기관 또는 교육인적자원부장관이 지정한 연수기관에서 10년 이내에 이수한 60시간 이상의 직

3) 「교육공무원승진규정」에 의하면 교감승진임용의 기준은 경력평정(70점), 근무성적평정(70점), 다면평가(30점), 연수성적평정(30점), 가산점평정의 네 가지다.

무연수성적 및 직무연수이수실적을 대상으로 한다. 직무연수성적평정점은 교감승진후보자명부 작성대상자의 경우 18점이다(60시간 이상의 직무연수 1회에 대한 연수성적의 평정점은 6점). 다음으로 자격연수성적은 장학사 또는 교육연구사로서 장학관 또는 교육연구관의 자격기준에 달한 자는 당해직위 또는 교원의 직위에서 받은 자격연수성적 중 최근에 이수한 자격연수성적으로서 평정점은 9점 만점이다.

교육공무원의 연구실적평정은 연구대회입상실적과 학위취득실적으로 나누어 평정한 후 이를 합산하되, 3점을 초과할 수 없다. 연구대회입상실적평정은 당해직위에서 ① 국가 · 공공기관 또는 공공단체가 개최하는 교육에 관한 연구대회로서 교육인적자원부장관이 인정하는 전국규모의 연구대회(이하 전국규모 연구대회), ② 특별시 · 광역시 · 도의 교육청 · 지방공공기관 및 공공단체 등이 개최하는 교육에 관한 연구대회로서 시 · 도교육감이 인정하는 시 · 도 규모의 연구대회(이하 시 · 도 규모 연구대회)에서 입상한 연구실적을 대상으로 한다. 연구대회입상실적이 2인 공동작인 경우에는 각각 입상실적의 7할로 평정하고, 3인 공동작인 경우에는 각각 그 입상실적의 5할로 평정하며, 4인 이상 공동작인 경우에는 그 입상실적의 3할로 평정한다. 연구대회입상실적은 1년에 1회의 연구대회입상실적에 한하여 평정한다.

학위취득실적평정은 교육공무원이 당해직위에서 석사 또는 박사학위를 취득하였을 경우 그 취득학위 중 하나를 평정의 대상으로 하고, 교육공무원이 전직된 경우에는 전직 이전의 직위 중의 학위취득실적(교육전문직원경력이 있는 교감의 학위취득실적은 교감자격증을 받은 후의 학위취득실적에 한하고, 교육전문직원은 교감 등 직위에서의 학위취득실적에 한한다)을 포함하여 평정한다. 다만, 자격연수성적으로 평정된 석사학위취득실적은 평정대상에서 제외한다. 연구실적평정점은 3점을, 학위취득실적평정점은 2점을 각각 초과할 수 없다.

마지막으로 가산점은 공통가산점과 선택가산점으로 구분한다. 공통가산점은 3점, 선택가산점은 10점이 한도로서 가산점 총점은 13점이다. 첫째, 공통가산점은 교육인적자원부장관이 지정한 연구학교(시범 · 실험학교 포함)의 교원으로 근무한 경력은 월 0.021점(총 1.25점 한도), 교육공무원으로 재외국민교육기관에 파견근무한 경력은 월 0.021점(총 0.75점 한도), 직무연수 중 연수이수실적이 학점으로 기록 · 관리되는 경우 1학점당 0.02점(이 경우 명부작성권자는 0.12점의 범위 안에서 연도별 상한점을 정할 수 있고, 1점의 범위 안에서 가산점의 총 합계를 정할 수 있음) 등이다. 둘째, 선택가산점은 도서벽지에 있는 교육기관 또는 교육행정기관 근무경력, 농어촌교육의 진흥을 위하여 특별히 지정한 지역의 학교 근무경력, 그 밖의 교육발전 또는 교육공무원의 전문성 신장 등을 위해 명부작성권자가 필요하다고 인정하는 경력이나 실적이 있는 경우에 부여된다. 한편, 명부작성권자는 가산점을 산정함에 있어서 동일한 평정기간 중 2 이상의 가산점 경력 또는 실적이 중복되는 경우에는 그중 유리한 경력 하나만을 인정하는 기준을 정할 수 있다. 다만 공통가산점의 경우에는 제3항 제1호에 따른 연구학교에 근무한 경력이 중복되는 경우에 한하고, 공통가산점과 선택가산점 간 경력 또는 실적이 중복되어 그중 하나만을 인정하는 경우에는 공통가산점이 우선한다.

(2) 교원능력개발평가의 현황

교육인적자원부가 발표한 교원능력개발평가제의 기본방향은 다음과 같다(강정길, 2006). 첫째, 교원평가제를 교원능력개발평가로 명명한다. 교원평가의 목적을 교원의 능력개발지원 및 전문성 신장에 두고, 정책의도를 분명히 하기 위해 「초 · 중등교육법」상에 근거규정을 마련한다. 둘째, 현행 교원근무성적평가제와 평가목적, 방법, 결과활용 면에 있어 분명하게 차별화하여 별개로 시행한다. 셋째, 평가방법 및 지표 등을 학교구성원들이 자율적으로 결정 · 운영할 수 있도록 단위학교 자율평가체제를 구축한다. 넷째, 교원평가 결과를 활용한 교원연수 지원 등 능력개발에 실질적으로 기여할 수 있도록 행 · 재정 지원대책을 마련한다.

추진체제로는 학교 및 교육청에 교원능력개발평가관리위원회를 두어 평가계획 수립, 평가실시 등 업무를 담당토록 하고, 학교에 평가전담 부장교사 및 교육청에 담당교육전문직을 배치하여 평가업무를 전담처리하도록 한다. 교원능력개발평가는 준비단계, 제도화단계, 정착단계로 점진적으로 확대해 나갈 계획이다(강정길, 2006). 첫째, 준비단계(2005~2006)에서는 시범운영 및 문제점을 보완하고, 일반화모델의 확대 및 제도화 등 정책추진방향을 결정한다. 둘째, 제도화단계(2007)에서는 전국 초 · 중 · 고 500여 개교를 선도학교로 지정 · 운영하고, 근거법률 및 시행에 필요한 법령을 제 · 개정하여 법제화를 완료한다. 셋째, 정착단계(2008)에서는 학교현장에 본격 적용할 예정이다.

이에 따라 2007년 2월 교육인적자원부 교원능력개발평가 선도학교를 확정하였다. 선도학교 공모에는 총 702개교가 응모하였고, 이 중에서 지역 및 학교규모 등을 고려해 총 506개교를 최종확정하였는데, 지정된 선도학교는 초등학교 237개교, 중학교 189개교, 고등학교 80개교이고, 설립별로는 국립 7개교, 공립 464개교, 사립 35개교이다. 선도학교는 대부분 시 · 도교육청지정 시범학교 등으로 운영되며, 전문가 및 교육관계자들로 구성된 '선도학교 운영지원팀'을 구성하여 교원능력개발평가 추진에 대한 자문 및 자료제공, 연수, 모니터링 등 행 · 재정적 지원을 추진할 계획이다. 선도학교 운영결과는 연구기관을 통해 공정하게 평가 · 분석한 후, 입법추진상황을 고려하여 공청회 등을 거쳐 교원능력개발평가 시행령을 마련할 계획이다.

교육인적자원부가 제시한 교원능력개발평가의 일반화모델은 〈표 13-3〉과 같다. 평가

표 13-3 교원능력개발평가 일반화모델 개요

구분	주 요 내 용
평가대상	• 초 · 중 · 고 교장, 교감, 교사
평가참여	• 교원(교장, 교감, 교사), 학생, 학부모
내용	• 교사: 수업지도 및 학생지도에 관한 사항 • 교장 · 교감: 학교운영 전반에 관한 사항
방법	• 교원: 평소관찰, 수업참관 등을 종합하여 교원상호(다면)평가 • 학생: 교사 수업지도에 관한 만족도 설문조사 • 학부모: 자녀 학교생활에 대한 만족도 설문조사 -평가표 및 설문조사지는 구성원 의견수렴, 단위학교 자율결정
평가기구	• 단위학교 및 교육청에 교원능력개발평가관리위원회 구성 · 운영
결과처리 및 활용	• 교원: 평가결과에 따른 자율연수 등 자기능력개발계획 작성 · 활용 • 학교장 · 교육감: 능력개발 연수프로그램 수립 · 시행 • 교육인적자원부 및 교육청: 교원양성 · 연수 지원 및 제도개선

출처: 교육인적자원부(2006b). 학교교육력 제고를 위한 "교원능력개발평가" 정책 추진 방향(시안).

대상은 국 · 공 · 사립 초등 · 중 · 고등학교 교원이고, 평가자는 학교장, 교감, 동료교사, 학생 · 학부모가 되며, 평가주기는 3년에 1회로 한다. 1년은 평가기간, 2년은 능력개발기간으로 정착시켜 나간다. 평가영역 및 영역별 평가지표는 교장 · 교감은 학교 운영 전반 사항을 평가하고, 교사는 수업계획 · 실행 · 평가에 관한 사항을 평가하되, 구체적인 평가영역과 지표는 단위학교에서 정한다. 평가표 및 평가척도로는 체크리스트와 자유반응식(서술형)을 병행한 평가표를 활용하되, 평가척도는 단위학교에서 정한다. 평가방법으로 동료교원은 평소관찰, 수업참관 등을 종합하여 학교에서 제공하는 평가표를 작성 제출하는 방법으로 평가하는데 평소 수업참관, 사이버수업 공개, 수업장면 CD제작활용 등을 적극 권장한다. 학부모 및 학생은 학교에서 제공하는 설문조사서를 작성 제출하는 방식으로 평가에 참여한다.

평가결과는 개별보고서를 작성하여 교원에게 통보하고, 개별교원은 부족한 부분에 대한 직무연수를 신청할 수 있다. 학교장 또는 교육감은 연수신청자를 우선 직무연수대상자로 인정하고 프로그램 정보제공 및 비용지급 등 필요한 조치를 시행한다. 평가제도 정착단계까지는 자율연수를 원칙으로 운영하되, 정착 후에는 평가결과가 극히 미흡한 교원에 대한 의무연수를 검토한다. 또한 교원평가제와 아울러 교육인적자원부에서는 학교교육력 제고를 위해서 수업시수 감축 및 중장기 교원수급계획 수립, 교원 양성 · 연수 · 승진제도 개선, 교원업무 경감방안을 추진하고 있다.

(3) 교원성과급의 현황

교육인적자원부는 공직사회에 활력을 불어넣고 열심히 일하는 공직문화를 조성한다는 성과상여금제 도입의 본래 취지를 살리고 교직사회의 경쟁력을 향상시키기 위하여 2006년부터는 차등지급비율을 기존의 10%에서 20%로 상향 조정하였다(교육인적자원부, 2006). 2006년에 두 차례에 걸쳐 지급된 성과상여금은 총 4,898억 원으로 2005년의 3,218억 원에 비해 52%가 늘어났다. 이에 따라 교사의 경우 최상 S등급을 2회 연속하여 받은 교사는 144만 2,350원의 성과상여금을 지급받게 되며 최하 C등급을 2회 연속 받은 교사는 125만 9,340을 지급받게 되어 교사간 최대 18만 3,010원의 차이가 나게 된다. 2005년의 경우 A등급과 C등급 간 차이는 6만 3,670원이었다.

교원성과상여금은 교육인적자원부의 「교육공무원 성과상여금 지급지침」에 의해 지급되는데, 이 지침은 「공무원 수당 등에 관한 규정」(대통령령)과 「성과상여금 업무처리지침」(중앙인사위원회 예규)을 근거로 한다. 지급대상은 ① 고등학교 이하 각급학교 교(원)장, 교(원)감, 교사, ② 국가기관에 근무하는 장학관, 교육연구관으로서 3급과장 상당 보직자 이하, 장학사, 교육연구사, ③ 각 시 · 도교육청 등에 근무하는 무보직의 장학관, 교육연구관, 장학사, 교육연구사 등이다.

교원성과상여금의 지급원칙은 다음과 같다. 첫째, 성과상여금예산의 80% 균등지급, 20% 차등지급한다(교육인적자원부, 2006). 둘째, 20% 차등지급방법(지급등급 책정기준)은 담임여부, 보직여부, 수업시수, 포상실적, 학습지도 및 생활지도능력 등을 고려하여 국가기관장 또는 시 · 도교육감(교육장 또는 단위학교장에 위임가능)이 결정한다. 셋째, 구체적인 해당등급대상자는 소속교육공무원의 의견을 수렴하고 성과급심사위원회 심의를 거쳐 결정한다. 교감, 교장, 교육전문직은 차등지급등급 책정기준(사례적용)을 교사와 달리할 수 있으며 근무성적 또는 목표관리제 등을 적용할 수 있다. 차등지급을 위한 등급은 앞의 〈표 13-2〉와 같이 4등급으로 구분된다. 단, 교육감 또는 교(육)장은 조직구성원들의 의견을 수렴하여 최상위 등급(S등급)의 인원을 차상위 등급(A등급)에 통합, 지급할 수 있다.

직무를 기준으로 평가하되 기존의 연공서열 중심의 획일적인 평가는 지양하고, 2006년도 성과급 지급부터는 지급대상기간 중 성범죄 · 폭력 · 성적조작 등 사회적 · 도덕적으로 물의를 빚어 징계 · 직위해제 처분을 받은 자를 성과급 지급대상에서 제외하였다. 또 지급대상기간 중 실근무기간이 2개월 미만인 자와 기간제교원은 종전과 동일하게 지급대상에서 제외된다.

정부는 2007년 이후 성과상여금 본래의 취지를 살리고 교원 간 건전한 경쟁을 통해 우리 교육을 향상시킬 수 있도록 하기 위하여 성과급 차등지급 비율을 점진적으로 확대해 나갈 방침이다. 사립학교교원에 대하여도 교육공무원에 준하여 성과상여금이 지급될 수 있도록 지도 · 권장하고 있다.

2) 교원평가와 성과급의 문제

(1) 근무성적평정의 문제

근무성적평정에 관해서는 그동안 많은 문제점들이 지적되어 왔다(강인수, 2003; 박남기, 2004; 이종재, 2004; 정영수, 2001). 그 주요 내용을 정리하면 다음과 같다. 첫째, 평가목적 차원에서 교원평가가 교사의 자질 및 능력개발, 그리고 전문성 향상과 연계되지 못함으로써 교원평가의 근본취지를 살리지 못하고 있다. 현행 근무성적평정제는 교육의 질이나 수업의 개선보다는 인사행정의 공정성 확보에 목적을 두고 있다. 따라서 승진이 안 된 젊은 교사, 승진에 관심이 없는 교사, 사립학교 교사 등은 근무성적평정에 대해 부정적인 인식을 갖거나 무관심하게 되어 교원평가가 교사들의 근무의욕과 전문성 향상을 위한 노력을 제고하는 데 한계가 있다. 둘째, 평가기준 측면에서 수업능력보다는 다른 분야에 초점을 맞추고 있고 평가의 내용과 기준이 모호하다. 그 결과 상당수 교사들은 열심히 잘 가르치는 교사가 오히려 손해를 볼 수 있다는 부정적 인식을 갖고 있다. 셋째, 평가주체의 측면에서 교장, 교감이 주된 역할을 담당하고 있으나 교사들의 능력을 제대로 평가할 수 있는 전문성이 부족하다. 넷째, 온정주의 풍토 속에서 정실과 주관, 승진을 앞둔 교사에 대한 우선적 배려, 때로는 학연과 지연에 얽매여 평가하는 관행이 있다. 다섯째, 평가방법의 차원에서 상대평가방식을 취하고 그 결과를 비공개를 원칙으로 하고 있어서 평가의 객관성과 공정성이 미흡하다. 여섯째, 결과활용 측면에서 현행 근무성적평정은 주로 승진예정자 결정자료로만 활용이 되고 교사들의 능력개발에는 제대로 활용되지 못하고 있다.

요컨대 현행 근무성적평정제는 승진평정 위주로 되어 있어서 평가기준의 타당성, 평가절차의 공정성, 평가결과 활용의 실효성이 미흡한 것으로 평가되고 있고, 승진을 위한 극히 일부 교사들을 제외하고는 대부분의 교사들에게 동기유발요인이 되지 못하고 있다(윤정일 외, 2007). 평정점수도 승진가능성이 있는 교사 위주로 부여되기 때문에 대부분의 교사들은 근무성적평정에 신경을 쓸 필요가 없게 된다. 또 교직경력이 짧은 교사들은 아무리 노력해도 좋은 등급을 받기 어렵다는 불만이 제기되고 있다.

(2) 교원능력개발평가의 문제

새로운 교원평가제도는 아직 실험단계에 있어 그 문제점을 체계적으로 정리하는 데는 한계가 있으나, 두 차례 시범운영 평가과정에서 평가주관기구, 평가자, 평가영역 및 지표, 평가방법 및 도구, 평가결과의 활용과 관련해서 다음과 같은 문제점들이 제기되었다(김이경, 2006; 김희규, 2005).

첫째, 평가주관기구의 측면에서 평가기본계획 수립, 평가기준 및 내용, 절차 등을 결정하는 중요한 역할을 담당하는 단위학교의 교원평가관리위원회에 누가 참여할 것인가가 확정되지 않음으로써 교원 · 학부모 간 갈등의 소지가 있다.

둘째, 평가관리업무 담당자의 전문성과 업무과중의 문제이다. 주로 연구부장교사가 평가관리자로 임명되어 기존 업무에 평가관리업무까지 추가되어 업무가 너무 과중하고, 평가지표 개발, 결과 처리 등을 원활하게 처리할 수 있는 전문적 능력도 충분하지 않다.

셋째, 학부모의 자녀학교생활 만족도 설문조사는 그 평가대상이 교장, 교감인지 교사인지, 그리고 특정교사인지 교사 전체인지 불분명해서 응답결과가 제대로 활용되기 어렵다. 또, 학부모들의 조사참여도가 그리 높지 않다.

넷째, 평가영역이 주로 수업에 초점을 두고 있어서 생활지도 및 인성교육에 대한 평가가 이루어지지 않고 있다. 수업에 초점을 두는 평가는 현행 근무성적평정과 중복평가의 문제가 발생한다.

다섯째, 동료평가를 위한 자료수집에는 수업참관이 필요하나 이로 인한 수업결손의 우려가 있고, 공개수업만으로는 평상시 수업을 관찰하기 어려워 평가가 형식화될 수 있다.

여섯째, 평가결과를 교사의 전문성 신장에 활용하기 위해서는 모든 교사가 평가결과에 따라 전문성 개발활동에 참여하도록 해야 하나, 교사 스스로 개선계획을 수립하고 학교장은 필요한 사항을 지원하도록 되어 있어서 한계가 있다. 희망하는 교사만 연수를 받게 할 경우 모든 교사의 전문성 개발이라는 취지가 퇴색되고, 평가결과가 나쁜 교사만 연수를 받게 할 경우에는 낙인효과로 전체 평가에 대한 부정적 인식을 확산시킬 수 있다.

새 교원평가제 자체를 반대하고 있는 입장에서는 전문성 평가로서의 한계점을 다음과 같이 지적하고 있다(이장원, 2006). 첫째, 교원의 능동적 참여 없이는 교육의 질 향상을 기대하기 어렵고 잡무만 증가시킨다. 현재 추진 중인 교원평가제는 기존의 연구수업과 유사한 것으로 수업의 질 향상과는 무관한 보여주기식 평가, 문서만의 평가가 될 가능성이 높다. 둘째, 전문성 평가에 부적합한 평가방식을 사용하고 있다. 일반적으로 전문성 평가는 전문가집단과 관리자들이 개별교사의 교육활동을 진단하여 조언 · 지도하는 방식으로 이루어진다. 그러나 새 교원평가는 비전문가인 학생과 학부모에 의한 만족도 평가,

평가전문가가 아닌 동료교사에 의한 일회성 수업참관이 주가 되고 있다.

(3) 교원성과상여금의 문제

성과에 따른 적절한 보상을 통하여 교원 간 선의의 경쟁과 조직의 활력을 불러일으키려는 성과급은 연공서열과 평등주의를 중시하는 교직풍토에서 여러 가지 문제점을 낳고 있다(신상명, 2001; 신상명 · 정수현, 2002; 전제상, 2001). 첫째, 성과급제는 공정한 평가를 전제로 하나, 무엇이 좋은 수업이고 어떤 교사가 우수한 교사인가에 대해서 아직까지 교직사회의 합의가 이루어지지 못하고 있다. 따라서 평가자마다, 학교마다 서로 다른 기준이 적용되고 있어서 교사들은 성과급 지급을 위한 평가결과를 신뢰하지 못하고 있다. 교사들은 성취보다는 평가자의 개인적 선입견과 편애가 성과급 평가의 공정성을 해치고 있다고 보고 있다.

둘째, 성과급은 비용효과성이 낮다. 성과급은 전체적인 교원보수의 향상보다는 적은 예산으로 교육의 질을 개선할 수 있다는 투자효율성 논리를 내포하고 있다. 그러나 현재 성과급은 수업의 개선을 보장하지 못하고 있다. 설문조사에 의하면 교사들은 성과급을 위한 평가에 대해서 제대로 이해하지 못하고 있고, 평가기준이 자신들이 생각하는 올바른 교사상과는 거리가 멀어서 수용하기 어려우며, 교사 개인의 수업과 업무수행에 별다른 영향을 끼치지 못한다고 응답하였다(신상명 · 정수현, 2002).

셋째, 성과급 지급으로 교사 간에 갈등이 발생하여 교원들의 사기가 떨어지고 동료의식을 약화시키고 있다. 교원들이 더 높은 등급을 받고 더 많은 금전적 보상을 추구하게 되면서 동료 간 정보와 자료의 공유가 줄어들고 상호신뢰도도 낮아지고 있다. 평가자를 신뢰하지 못하고 학교 안에 냉소주의가 만연될 수 있다.

넷째, 교사들의 성과급에 대한 불만이 줄어들지 않고 있다. 성과급이 성공하기 위해서는 제도에 대한 교원들의 인정과 적극적인 참여가 필요하나 교원들은 성과급에 대해서 대부분 불만을 표시하고 있고, 제도의 계속적인 시행에 대해서도 부정적인 입장을 보이고 있다. 성과급은 교원들의 심리적인 반발을 불러일으켜 교수활동에 긍정적인 효과보다는 부정적인 효과를 낳을 수 있다. 결과적으로 교원성과상여금은 애초에 의도했던 목적, 즉 성과상여금 차등지급을 통한 우수교원의 보상과 이를 통한 교직사회 활성화에 크게 기여하지 못하고 있다(이차영 외, 2003).

4. 교원평가와 성과급의 쟁점

지금까지 살펴본 교원근무성적평정, 교원능력개발평가, 교원성과급의 핵심은 교원평가를 어떻게 할 것인가에 있다. 제도별로 세부시행방안에 관한 이견도 많지만, 왜, 무엇을 위해서, 어떤 기준으로, 누가, 어떻게 교사들을 평가하고, 그 결과를 어떻게 활용할 것인가, 즉 교원평가의 목적과 방법, 평가자, 결과활용에 대해서, 그리고 평가제도간 상호관계 등과 관련해서 다음과 같은 다양한 쟁점들이 제기되고 있다.

1) 다면평가의 타당성

가장 논란이 되고 있는 것은 학생, 학부모가 교원평가에 참여하는 것이 타당하고 신뢰할 만한가다. 교원능력개발평가의 특징 가운데 하나는 다면평가로서 동료교사, 학부모, 학생을 평가자로 참여시키고 있는 점이다. 기존의 근무성적평정이 교장과 교감 등 상급자에 의한 일방적인 평가가 되다보니 평가결과에 대한 불신, 평가와 관련된 청탁과 로비, 행정통제 중심의 학교풍토 조성과 같은 문제점을 안고 있었다. 이를 해결하기 위해서 평가과정에 동료교사를 참여시켜서 평가과정의 공정성을 높이고 그 결과의 신뢰도를 제고하며, 동료교사 간 의사소통을 확대함으로써 교사 개인의 전문성 향상과 학교조직의 발전을 도모할 수 있을 것으로 기대하였다(이종재, 2004; 박상철, 2004). 동료교사의 평가참여 자체에 대해서는 커다란 이견은 없으나, 실제 평가에서 온정주의적 평가로 흐르기 쉽고, 동료간 위화감을 조성할 우려가 있다는 지적이 있다(김이경, 2006).

다면평가에서 특히 논란이 되는 것은 학부모와 학생의 평가참여 문제이다. 학부모단체에서는 학부모가 납세자요 자녀 교육의 최종적인 책임자이고, 학생은 교실에서 교사의 수업능력을 가장 잘 평가할 수 있는 위치에 있으므로 교원평가에 참여하는 것이 당연하다는 주장이다. 학부모의 교원평가 참여는 교원과 학교를 이해하고 학교 운영에 참여하는 계기가 되어 단위학교의 교육공동체 형성에도 도움을 줄 수 있다. 학부모들은 여러 교사를 거쳤기 때문에 나름대로 객관성을 가질 수 있다는 주장도 있다. 그러나 교원과 교원단체에서는 학생에 의한 교원평가가 교사의 수업활동보다는 인기투표화할 수 있고, 학부모간 정보교환을 통해 교사를 이해함에 따라 정보가 왜곡되거나 선입견이 크게 작용하기 쉬우며, 학생을 통한 간접적인 정보에 의존하여 교사를 제대로 평가할 수 있는 자료를 갖고 있지 못하다는 점 등 때문에 이들의 평가참여를 반대하고 있다(박상완, 2006; 박상철, 2004). 시범평가에서는 학생과 학부모 만족도 조사에 대한 실제 참여율이 낮고, 불성실한 응답이 있다는 점도 문제가 되었다(김이경, 2006). 특히, 학부모의 경우 입시위주의 교육 선호 등으로 교육활동을 제한하거나 왜곡시킬 수 있어서 학생에 의한 평가보다 더 큰 문제를 가져올 수 있다는 점도 지적되었다.

일부에서는 대학에서 이루어지는 학생에 의한 수업평가가 교수의 수업개선에 유용한 자료로 활용되고 있다는 점에서 초·중등학교에서도 학생참여제도가 정착될 것으로 기대하고 있다. 그러나 우리나라보다 교원평가제도가 더 정착된 선진국에서도 다면평가의 필요성이 강조되고 있으나, 실제로 학부모나 학생이 교원평가에 참여하는 경우는 매우 드물다는 점 때문에 교사들의 거부감과 불신이 해소되지 않고 있다. 반면, 학부모단체에서는 교사의 전문성 향상을 위해서 그 수업에 참여한 학생의 수업만족도보다 중요한 자료는 없으므로 이를 통해서 교사가 어떤 수업을 준비해 오는지, 준비한 수업내용을 학생이 얼마나 잘 이해하도록 전달하는지, 교사의 수업태도가 얼마나 교육적인지, 교사의 평가가 얼마나 공정한지, 학생의 성장과 발달에 얼마나 영향을 주었는지 등을 파악해야 한다고 주장한다(강윤봉, 2007). 학부모들에게 교원평가제는 교사의 전문성 향상뿐만 아니라 학생들이 양질의 교육을 받기 위한 선결과제로 인식되고 있다.

교원평가에는 다음 〈표 13-4〉에서 보는 바와 같이 상급자, 동료, 수요자, 자기 자신 등 다양한 평가자가 있을 수 있다. 우리나라의 경우 다면평가제도가 다른 공공부문과 민간

표 13-4 교원평가 참여자별 장점과 단점

평가참여자	장점	단점
상급자에 의한 평가	• 전통적으로 익숙 • 보다 폭넓은 안목 소유 • 책임의식	• 권위적 • 자세한 내부사정 파악 곤란
동료에 의한 평가	• 비교적 정확한 상황 파악 • 참여를 통한 공동체의식 고양 • 실제 도움이 되는 정보 제공	• 동료 간의 위화감 조성 우려 • 평가결과에 대한 책임의식 미흡
수요자에 의한 평가	• 비교적 정확한 상황 파악 • 수요자의 요구와 필요 반영 • 수요자에 의한 평가의 중요성 • 참여를 통한 소속감 증대 효과	• 요구사항이 개인적 • 평가자로서 훈련 부족 • 집단의 분위기에 영향 • 교원들의 거부감 • 학부모로서 평가반대급부의 두려움
자기 평가	• 스스로 장단점 파악 • 개선요소 직접 확인 • 참여를 통한 공동체의식 고양	• 스스로 약점 들춰내기를 꺼림 • 과대평가나 과소평가 경향 • 평가방법이 익숙치 않음 • 편견 작용

출처: 신상명(2003). 교원평가의 합리화방안. 국민참여정부 교원정책의 과제(한국교원교육학회 제39차 춘계학술대회 논문집)

기업에서도 다양한 방식으로 적용되고 있으나, 그 장단점과 적합성에 대해서는 아직까지 많은 논란이 벌어지고 있다(이우식, 2006). 전반적으로 조직내부의 다양한 구성원에 의한 다면평가는 널리 확산되어 있으나 외부고객의 만족도를 다면평가에 직접 반영하는 사례는, 특히 정부조직에서는 아직까지 일반화되어 있지는 않다.[4] 교원평가에 동료교사, 학생, 학부모가 어떤 단계에서, 어느 범위까지 참여하고, 그 평가결과를 어떻게 활용할 것인지에 관해서 좀 더 치밀한 논의와 접근이 필요하다.

2) 평가결과의 활용방안

교원평가의 결과는 교원인사와 교육행정에 다양한 형태로 활용할 수 있다. 기존의 근무성적평정은 주로 승진대상자 선발을 위한 인사자료로 활용되고 있어서 전문성 개발에 한계가 있다는 점이 지적되었다. 새로 도입된 교원능력개발평가는 전문성 개발을 목표로 하고 있으나 그것을 구체적으로 어떻게 활용할 것인지에 관해서 상당한 혼란이 있다. 또 성과상여금에 대해서도 실효성에 대한 의문이 제기되고, 성과급 자체에 대한 찬반론도 계속되고 있다.

교육인적자원부에서는 수업개선 및 전문성 신장이라는 당초의 취지를 살리고 평가에 대한 부담과 우려를 해소하기 위해서 기존의 근무성적평정과는 별도로 근거법령을 마련하고 있으나, 교원들은 교원능력개발평가의 결과가 승진, 인사, 보수 등의 목적으로 오용될 수 있다는 점을 우려하고 있다(김이경, 2006).

더 나아가서 전교조에서는 능력개발평가나 성과급을 위한 평가의 결과가 교원구조조정으로 연계될 것으로 예상하고 있다(송원재, 2005). 저출산이 지속되면서 학생 수가 감소하면 학급당 학생 수를 줄이지 않는 한 교원의 감원, 퇴출이 불가피하고, 선택과목이 대폭 늘어나면서 교원노동 유연화의 필요성이 점차 커지고 있으며, 지방교육자치제가 확대되어 지방의 교육재정부담이 늘어날 경우 재정난에 시달리는 지방자치단체들의 인건비 절감 압력이 늘어날 것이다. 또한 기업의 정리해고, 정부부처의 승진기회 제한이나 직권면직 시 성과급, 근무성적평정에서 2, 3년 연속 최하위 등급을 받은 사람이 그 대상자로 선정될 가능성이 높다는 것을 그 예로 들고 있다.

이에 대해서 교육인적자원부는 교원은 정년 등 신분을 법령으로 보장받고 있기 때문에 평가결과를 구조조정으로 연계하는 것은 불가능하다는 입장이고, 관련법령에 능력개발지원 등을 평가목적으로 분명하게 규정함으로써 교직사회의 불신을 해소하기 위해 노력하

4) 공무원 다면평가방식에 관해서는 「다면평가 운영요령」(중앙인사위원회 예규 제79호) 참조.

고 있다(교육인적자원부, 2006b). 평가를 인사 · 보수와 연계할 경우 공동체적 분위기를 저해하는 역효과를 낳을 수 있다는 주장에 대해서도 능력개발에만 활용할 것이므로 기우에 불과하다는 입장이다. 그러나 학부모단체에서는 교사의 전문성 신장을 위한 교원평가의 필요성은 인정하고 있으나, 평가결과 활용과 관련해서는 부적격교사를 발굴하여 그 대응책을 마련해야 한다는 요구가 더 강력하다(박상철, 2004).

어떤 의미에서는 교사들에게는 투철한 사명감과 학생성장을 통해서 얻는 보람이 금전적 보상보다도 더 중요한 것이다. 참고로 OECD의 고위공무원들을 대상으로 업무동기나 인센티브가 무엇인지에 관해서 조사한 결과 지적 도전, 정책에 영향을 미칠 수 있는 기회, 직장동료, 승진과 같은 요인들이 중요하고, 경제적 보상이나 직업적 안정성은 큰 의미가 없는 것으로 나타났다(전제상, 2001). 성과상여금의 경우 평가기준과 방법이 모호한 상황에서 교사들은 금전적인 보상보다는 해외연수기회 부여, 표창, 승진가산점 부여, 교사연구비 보조 등 비금전적인 보상을 선호하는 것으로 나타났다(신상명, 2001).

이에 따라 성과급 자체에 대한 찬반론도 계속되고 있다(신상명, 2001; 윤정일 외, 2007). 찬성하는 입장에서는 성과급보수체제는 우수한 교사를 유인하고 수업개선을 위한 보상을 제공하며 교사들이 자신의 분야에 대한 전문성을 신장시켜 교육의 생산성을 자극할 수 있다고 주장한다. 연공서열에 근거한 단일호봉제는 열심히 노력하는 교사보다는 현실에 안주하는 교사에게 더 매력적인 제도이고, 능력 있고 열심히 일하는 교사와 무능하고 나태한 교사에게 같은 보수를 지급하는 것은 불공정하다는 입장이다. 그러나 반대하는 쪽에서는 일부 우수한 교사에게 보상하는 것으로는 전반적인 교육의 질을 높이는 데 한계가 있고, 성과급이 확대되고 경쟁이 심화되면 교사 간 동료의식이 저하될 것으로 예상한다. 어떤 교사가 좋은 교사인지에 관한 합의가 어려워 성과급 지급을 위한 평가의 공정성 · 신뢰성을 확보하기 어렵고 평가자의 주관이나 정실에 따른 평가가 되기 쉽다는 평가 자체의 문제도 제시된다. 또 현재 시행되고 있는 성과급은 교사들의 전문성 신장을 위한 노력을 유발하는 데는 한계가 있다는 주장이다.

3) 평가제도 간 상호관계

기존의 근무성적평정, 교원성과상여금제도가 그대로 유지되면서 새로운 교원능력개발평가제도의 전면실시가 예고되어 새로운 교원평가제의 필요성, 근무성적평정제도의 존폐 문제, 새로 도입된 교원능력개발평가와 기존의 근무성적평정제도와의 관계가 점차 쟁점으로 부각되고 있다. 현행 근무성적평정제도는 주로 교감 및 교장 승진을 위한 자료로 활용되고 있어서 교원의 전문성 신장에는 별 도움을 주지 못하고 있으므로 개선이 필요하

표 13-5 교원승진제도의 폐지론과 보완론 비교

승진제도에 대한 입장	관점 또는 논리	대안
보완론 (승진구조 기본유지, 개선)	• 신뢰이익 보호 • 신중 접근 • 조직관리상 위계 · 승진의 필요성 • 승진을 통한 전문성 개발 유도	• 승진평정방법 개선 • 자격체제 개선: 이원론(수석교사제), 전문적 다양화(전문교사제) • 임용방식 다양화: 초빙제, 공모제
폐지론 (승진구조 폐지, 전면개혁)	• 학교자치의 구현 • 학교 운영의 비민주성 · 관료화 혁신 • 교직의 특성 • 교육공동체의 형성으로 학교 혁신	• 교장선출보직제

출처: 박상철(2004). 교원평가의 방향과 과제. 한국교육개발원.

다는 점에 대해서는 그동안 공감대가 형성되어 왔다. 그러나 그 개선방식과 강도에 대해서 폐지론과 보완론이 대립하고 있다(박상철, 2004; 이종재, 2004).

전교조 등에서는 현행 근무성적평정제도가 교직사회를 서열화, 관료화하는 부정적인 영향이 매우 크므로 이를 중심으로 운영되는 승진제도를 폐지하고 교장선출보직제도를 도입해야 한다고 주장한다. 반면, 교총, 교장회 등은 근무성적평정제도의 폐해는 제도 자체보다는 운영상의 문제가 대부분이고, 이 제도가 유능한 행정가를 발굴하는 데 기여해 왔으며, 급격한 제도변화는 교직사회에 미치는 부정적 영향이 크므로 기본골격은 유지하되 수석교사제를 도입하여 교원자격체제를 개선해야 한다는 입장이다(〈표 13-5〉 참조).

새 교원평가제를 도입하면서 교육인적자원부는 그 명칭을 '교원능력개발평가'로 하고, 현행 교원근무성적평정제도와 별개로 시행한다는 점을 강조하고 있다. 즉, 평가의 목적을 교원능력개발촉진 · 지원에 중점을 두고, 기존 근무성적평정제와는 평가목적, 방법, 결과활용 등의 면에서 구체적이고 분명하게 차별화한다는 것이다. 교육인적자원부가 제시한 두 제도의 특징은 〈표 13-6〉과 같다.

그러나 이에 대해서 두 가지 교원평가가 수업평가, 학생생활지도 등 주요 평가영역이 유사하고, 평가방식도 동료평가를 도입하는 등 근무성적평정과의 중복문제가 해결되지 못하여 승진에 반영되는 근무성적평정에 교원평가가 종속될 것이라는 비판이 있다(이장원, 2007). 새 교원평가제는 기존의 연구수업과 유사하다. 그러나 연구수업은 수업의 질 향상과는 무관하게 잡무로 전락하였다. 또 동일한 주체와 영역을 갖고 있는 근무성적평정과 능력개발평가의 결과가 서로 다르게 나타날 경우 평가제도의 신뢰성이 무너지고, 이 모순을 해결하지 않으면 양자 모두 실패할 것으로 보고 있다. 교육적 효과에 대한 충

표 13-6 교원근무성적평정제와 교원능력개발평가제의 비교

구분	교원근무성적평정제(현행)	교원능력개발평가제(시안)
목적	승진 · 전보 등 인사자료로 활용	교원능력개발 자료로 활용
철학	서열화, 차별화 평가/외재적 · 보상적 가치에 중점	기준부합 판별 평가/내재적 · 본질적 가치에 중점
대상	교사, 교감	교사, 교감 및 교장
평가자	상급자(교장, 교감)	동료(교장, 교감, 교사 상호간 관찰) 학생 · 학부모(만족도 조사)
평정 요소	교육자로서 품성, 공직자로서 자세, 학습지도, 생활지도, 교육연구(교감: 교육활동지원 등 기타 행정사무 관리)	교장, 교감: 장학활동, 교원의 능력개발 등 교사: 수업계획, 수업실행, 평가 등
기준	전국적으로 통일된 지표	지표 자율결정(단위학교 특성 반영)
방식	총괄(summative)평가	형성(formative)평가
방법	상대평가	절대평가
환류	결과 비공개→환류(feedback) 미흡	결과 통보→환류(feedback)조치 수반

출처: 교육인적자원부(2006b). **학교교육력 제고를 위한 "교원능력개발평가" 정책 추진 방향(시안).**

분한 검증 없이 새 교원평가를 전면적으로 확대하는 것은 교직사회에 소모적인 대립과 갈등, 그리고 불필요한 잡무를 증가시킬 가능성이 크다.

교원을 대상으로 하는 평가에는 다양한 목적이 있다. 그 초점을 어디에 두느냐에 따라 평가자, 평가대상, 평가내용, 활용방법이 달라진다(〈표 13-7〉 참조). 예컨대 교수능력 개선에 목적을 두는 교사개선모형의 경우 전문성 개발을 목적으로 교사의 장단점을 분석하

표 13-7 교원평가의 모형 비교

교원평가모형	교사개선모형	교사승진모형	학교개선모형	책무성 모형	연구/피드백 모형
평가 목적	교수능력의 개선	교사의 승진서열 및 신분상 이동 결정	수업팀/부서의 과업수행의 개선	자원의 효율성 및 효과성 제고	학생의 성취 및 학습의 질 개선
활용자	교사	인사권자	수업팀/부서 관리자	학교의 소유자	전문직
평가자	전문적 조언자	외부 평가자	수업팀/부서의 대리인	심사권자	전문적 분석가
평가의 성격	지도 조언	공식적 서열화 활용자에 대한 조언	평가 보고	효율성 및 생산성 심사	연구 보고

출처: 정영수(2001). 교원평가제도의 새로운 방향. **교육연구논총**, 5.

게 된다. 평가자는 숙련된 전문가나 동료가 될 수 있다. 교사승진모형에서는 어떤 교사를 승진시킬지 의사결정에 필요한 자료를 수집하는 것이다. 이때 교사들은 자신의 취약점은 가급적 드러내지 않고 강점을 부각시키려는 경향을 보이므로 교사개선모형과 커다란 차이가 있다. 책무성모형은 교사의 교육활동이 제대로 이루어지고 있는지를 평가하는 것으로 자원을 제공하는 자가 자원이 제공된 목적에 따라 적합하게, 효율적으로 사용되고 있는지, 그 결과는 어떠한지 등을 평가하고, 향후 자원배정과 정책결정에 참고하게 된다.

현행 근무성적평정제도는 인사행정(승진)에 필요한 자료획득, 새롭게 시도되고 있는 교원능력개발평가는 전문성 향상, 그리고 성과급은 교사의 능력과 실적에 대한 보상에 목적이 있다. 근무성적평정과 능력개발평가는 여러 면에서 차이가 있고, 그 근거가 되는 법령도 다르다. 그러나 세 가지 모두 교원을 대상으로 하는 것으로 평가자, 평가내용이 서로 중복될 가능성이 높다. 다른 한편으로 근무성적평정과 능력개발평가는 그 성격이 달라서 교직사회에 혼란을 줄 수 있다. 근무성적평정과 성과급은 책무성 확보를 위한 '관리중심 평가'로서 총괄평가적인 성격이 강한 반면, 능력개발평가는 교사의 성장과 발달을 지원하기 위한 '성장 중심 평가'로 형성평가적 성격이 강하다(유균상 · 김이경, 2004). 따라서 교원평가를 승진과 연계시키는 것은 전문성 향상이라는 교원평가의 본래 취지를 왜곡시킬 수도 있다.

5. 교원평가와 성과급의 전망과 과제

1) 교원평가와 성과급의 향후 전망

교원평가와 성과급에 대해서는 관련집단에 따라 상당한 시각차가 있고, 제시하는 대안도 커다란 차이가 있어서 앞으로도 상당기간 동안 갈등이 계속될 것으로 보인다. 교육인적자원부가 추진하고 있는 교원능력개발평가제도에 대해서 교원단체들은 반대 입장을 표명하고 있는 반면, 학부모단체에서는 적극적인 도입을 주장하고 있다. 정부는 현행 근무성적평정제도와 별도로 교원평가제도를 시행하고, 동료교사, 학생, 학부모가 참여하는 다면평가제를 도입하며, 무능력교사 등 부적격교사에 대한 대책은 교원평가와는 별도로 추진한다는 것이 기본입장이다. 교원단체에서는 교원인사제도의 문제점과 교육여건에 대한 부실화를 그대로 유지한 채 별도의 교원평가를 도입하는 것은 교직의 전문성과 특수성을 무시하는 것으로 보고 있다. 그러나 학부모 및 시민단체에서는 교원평가제 시행에 적극

찬성하면서 나아가 교원평가를 통해 부적격교사를 선별해야만 평가에 의미가 있고, 평가 주기를 3년이 아니라 1년으로 할 것을 주장하고 있다. 일부 학부모단체에서는 허상뿐인 교원평가제 법제화를 전면 거부한다는 입장이다(김동석, 2006). 언론에서는 정년이 보장된 교직의 지나친 안정성과 무사안일한 태도를 지적하면서 교원평가뿐만 아니라 더 높은 강도로 개혁할 것을 요구하고 있다.

교원평가에 대한 교원단체별 시각의 차이도 발견된다. 한국교원단체총연합회는 올바른 교원평가는 찬성하되, 충분한 시범운영을 통해서 문제점을 보완해야 한다는 입장이다. 한국교총은 교원평가의 전제조건으로 교원의 법정정원 확보 등 교육여건의 개선과 더불어 현행 근무성적평정제도의 개선 및 수석교사제의 도입을 통한 교내 자율장학의 활성화를 주장하고 있다. 반면, 전국교직원노동조합은 기존의 근무성적평정제도를 폐지하고 학교자치기구(교사회, 학생회, 학부모회)의 법제화 및 교장선출보직제 도입을 전제로 학교교육종합평가를 실시할 것을 주장하고 있다. 전교조는 교원평가를 노동유연화 및 구조조정의 출발점으로 인식하고 있다. 다만, 교원평가 이전에 학교교육력 제고를 위한 제반여건, 교원증원, 수업시수 법제화, 잡무 감축 등이 선행되어야 한다는 점에는 두 단체 모두 공감하고 있다(김동석, 2006; 김희규, 2005).

교원평가제와 성과급은 공공부문 전체의 개혁과 연계되면서 다양한 가치들이 서로 충돌하고 있다는 점도 해결책을 찾는 데 어려움을 가중시키고 있다. 두 정책은 모두 신자유주의 이념의 영향으로 교원인건비에 대한 투자의 효율성을 높여야 하고, 공공기관평가에 교육 역시 예외가 될 수 없다는 주장이 제기되면서 추진된 정책들이다. 또 공교육의 부실을 지적하는 학부모들의 질 높은 교육과 책무성에 대한 요구가 증대되고, 선진국에서도 교원평가와 성과급이 확대되는 추세에 있다는 점도 작용하였다. 교원평가제의 경우 교육의 책무성과 수월성, 교직의 특수성 및 교원의 자율성이라는 가치가, 성과급의 경우 경쟁을 통한 교육의 수월성, 타 공무원과의 형평성과 교직의 특수성이라는 가치가 서로 대립하면서 정책결정이 지연되는 일종의 딜레마 형상[5]이 초래되기도 하였다(조혜진, 2007). 앞으로도 교육개혁과 공공부문의 개혁은 지속될 것으로 예상된다. 공공부문에서도 성과를 평가하고 책무성을 확보하려는 요구가 강화되고 있어서 교원평가와 성과급의 시행에 대한 정치권과 일반국민의 관심도는 더욱 높아질 것이다.

---

5) 딜레마 이론에서는 정책대안에 대한 정보가 완전하다 하더라도 대안들 자체에 내재된 가치들을 서로 비교하기 어렵거나, 상충되는 가치와 대안, 그리고 이해집단들이 존재하는 상황에서는 어느 하나의 대안을 선택할 경우 그 결정의 사회적 파급효과와 초래할 기회손실이 너무 큰 상황에서는 정책결정자가 이러지도 저러지도 못하는 딜레마에 봉착하고, 결정의 지연, 책임전가, 정책의 비일관성, 형식주의적 집행, 혹은 돌파와 같은 정책적 대응방식이 나타난다고 한다(조혜진, 2007). 딜레마 이론은 이러한 정책현상이 정책결정자의 무능으로 인한 단순한 정책실패가 아니라는 점을 강조한다.

표 13-8 목적별로 분류한 교원평가의 유형별 비교

구분	전문성 신장 평가	승진 평가	우수교사 인정 평가	부적격 교사 판별 평가
목적	교직의 전문공동체 형성 및 자기 개발	유능한 관리직 후보자 선정	능력과 실적이 뛰어난 교사 발굴	문제교사와 무능력 교사 판별
평가대상	대다수 현직 교사	승진에 관심이 있는 일부 교사	승진에는 직접적 관심이 없으나 우수성을 인정받기 원하는 일부 교사	교단에서 물러나야 하는 일부 부적격 교사
결과에 따른 조치	연수요구 파악 및 연수 프로그램 배치	승진 가부 결정	인정 및 보상	연수 및 치료 명령

출처: 유균상 · 김이경(2004). 교사 평가 시스템 분석 및 향후 개선방향. 한국교육개발원.

이와 더불어 교원평가의 개념 자체가 너무 포괄적이라는 점도 논의와 합의를 어렵게 하는 한 요인이다. 교사를 대상으로 하는 평가는 〈표 13-8〉과 같이 그 목적에 따라 전문성 신장 평가, 승진 평가, 우수교사 인정평가, 부적격교사 판별평가로 구분되기도 한다(유균상 · 김이경, 2004). 교원평가는 이렇게 다양한 목적을 포함하고 있는 복합적인 현상으로서 상이한 목적을 달성하기 위해서는 각기 다른 평가체제가 필요하다. 교원평가가 제대로 이루어지기 위해서는 상충되는 목적들을 한 가지 평가제도로 모두 해결하기는 어렵기 때문이다. 이에 따라 목적별로 평가제가 분화되어야 한다는 주장이 설득력을 얻고 있고, 근무성적평정, 성과상여금과는 별도로 교원능력개발평가제가 도입되는 계기가 되었다.

학교현장에는 근무성적평정, 능력개발평가, 성과급 외에도 교원평가에 포함될 수 있는, 혹은 평가기능을 수행하고 있는 다양한 제도들이 있다(박남기, 2004: 28-30). 첫째, 교원평가제도와 직접 관련된 제도로는 공개수업 및 평가회, 수업장학 및 평가가 있다. 둘째, 교원평가와 유사한 제도로는 장학지도, 감사, 교육공무원징계, 학교평가가 있다. 교원평가는 다양한 목적을 가진 서로 다른 제도들이 포함될 수 있는 매우 광범위한 개념이다. 성과급도 마찬가지다. 제도화된 교원평가제나 성과급은 당초 도입목적도 중요하지만 관련당사자들이 그 제도를 어떻게 이해하느냐에 따라 운영방식과 내용이 크게 달라질 수 있다. 교원평가제를 합리화하기 위한 세부적인 방안과 더불어 앞으로는 이러한 다양한 제도 간 상호관계를 어떻게 설정하고, 조정해 나갈 것인가가 교원평가와 관련된 핵심문제로 부각될 것으로 전망된다.

2) 교원평가와 성과급의 방향

교원평가는 선발, 임용, 승진, 보상, 개발 등 교원인사제도 전반과 관련된 중핵요소일 뿐만 아니라 단위학교 경영, 교육자치단체의 행정, 국가교육제도 운영 차원에서 교육의 질적 수준 및 책무성에 영향을 주는 핵심요인이라 할 수 있다. 이렇게 다차원적이고 복합적인 문제들이 얽혀 있는 교원평가제도를 발전시키기 위해서는 현행 제도의 문제를 해결하기 위한 노력도 필요하지만 그 안에 내재된 쟁점을 조정하기 위한 선택도 중요하다. 교원평가제도를 정착시키기 위해서는 다음과 같은 기본방향에서 논의가 이루어져야 할 것이다.

첫째, 교원평가의 개념을 규정하고 논의범위를 한정할 필요가 있다. 앞에서 살펴본 것처럼 교원평가에 포함될 수 있는 제도는 매우 다양하고, 평가제도의 도입을 주장하는 근본목적도 상이하다. 교육인적자원부에서는 경쟁을 통한 교육개혁의 추진과 교육경쟁력의 강화를, 학부모들은 부적격교사의 퇴출을, 연구자들은 능력개발을 더 강조하고 있어서 교원평가제도는 주목적에 따라 더 분화될 가능성도 있다. 서로 다른 교원평가제는 나름대로 유용성이 있어서 다양한 평가에는 바람직할 수 있다. 그러나 교육제도 차원에서는 논의범위를 '모든 교원을 대상으로 주기적으로 이루어지는 것으로서 법제화되어 강제성을 띤 교원평가'로 한정하는 것이 바람직하다. 그 외 평가기능을 수행하는 제도나 실제는 기관이나 개인이 필요에 따라 자율적으로 선택하거나 개발해서 활용하도록 해야 할 것이다. 교원평가를 다양화할 수는 있으나 교원평가를 모두 법제화하거나, 특히 중앙정부 차원에서 제도화할 필요는 없다.

둘째, 교원평가제도의 실행과정상의 비용효과성을 고려한다. 모든 교원을 대상으로 정기적으로 평가를 실시하고 활용하기 위해서는 막대한 인적·물적자원이 소요된다. 기존의 근무성적평정의 경우에도 평가대상인 교사뿐만 아니라 교장과 교감, 교육청의 인사담당자 등 많은 인력이 시간과 노력을 투입하고 있다. 새로 도입된 교원능력개발평가제를 위해서는 교원뿐만 아니라 학부모와 학생이 적극적으로 시간을 할애해야 하고, 평가계획을 주관한 평가위원회에도 많은 인사들이 참여해야 한다. 또 교원성과급제도 마찬가지다. 교원평가의 기준이 세분화되고 시행모형이 자율화되어 다양화될수록 교원평가제를 유지하기 위한 비용은 더 증가할 것이다. 어떤 형태든 교원평가를 제대로 시행하기 위해서는 교사를 관찰하고 제대로 평가하도록 평가자들을 훈련시켜야 하고 수업관찰, 교사면담 등에 많은 시간을 할애해야 하기 때문이다(이차영 외, 2003). 이렇게 평가를 위해 사용되는 시간과 비용, 즉 관리비용의 증가가 교수-학습활동의 개선으로 바로 이어지는 것은 아니다. 모든 교사를 대상으로 하는 평가는 교원들에게 과중한 부담을 유발함으로써 오히려 수업자료 준비나 교육과정 개발과 같은 더 직접적인 부문에 투입되어야 할 시간과 비용을 축소시킬 수도 있다. 다양화, 다다익선을 강조하는 것보다는 꼭 필요한 핵심준거를 포함하는 교원평가제도로 일원화하고 운용에 적정한 인력과 비용이 소요되는 방향에서 접근할 필요가 있다.

셋째, 평가제도의 매력과 한계를 인식해야 한다. 최근 논의되고 있는 평가제도는 개인이나 집단의 능력이나 성과를 객관적으로 평가하여 그에 상응하는 보상과 벌을 통해서 조직운영의 효율성과 효과성을 높이는 데 근본목적이 있다. 평가제도는 존재 그 자체만으로도 구성원들에게 긴장감을 유발하여 조직전체에 활력을 줄 수 있다. 승진, 성과급 등 적절한 보상을 차등적으로 배분할 경우에는 구성원 간 선의의 경쟁을 유발할 수 있다. 그러나 이러한 외적 보상으로는 구성원들의 적극적이고 자발적인 노력과 업무에 대한 헌신을 유도하는 데는 한계가 있다.[6] 특히, 교사들은 승진, 보수와 같은 보상보다는 학생과의 교감, 학생의 성장발달을 통해서 만족을 얻고, 특별한 외적 보상과 관계없이 적극적으로 시간과 능력을 투입하는 경우가 많다(진동섭 외, 2004). 전통적으로 스승을 존중하고 사도정신을 강조해 온 한국사회의 교사에게 물질적 보상은 상당히 부차적인 동기요인이었다. 모든 교사를 대상으로 시행되는 평가제도에 포함된 평가지표나 기준, 그리고 차등적 보상은 교사들에게 새로운 업무수행의 표준으로 작동하여 결과적으로 평가에 포함되지 않는 활동에 대해서는 무관심하게 하고 자발적이고 독창적인 노력을 포기하게 할 가능성이 높다(박남기, 2004). 장기적으로 직무성과에 따른 보상이 강조될 경우, 규범에 의한 자율적 통제와 헌신, 동료 간 상호존중과 협력이 강조되어 온 전통적인 교육조직의 기본속성이 보상과 그에 따른 이해득실을 중시하는, 기업과 같이 이해타산적인 공리조직으로 전환될 가능성도 있다.

넷째, 교육활동의 특수성과 교직문화 · 풍토의 독특성이 반영되는 제도여야 한다. 교원평가제도가 정착되고 그 목적을 달성하기 위해서는 평가의 기준이나 방법이 적절하고 시행과정에서 공정성이 확보되어야 한다. 그러나 더 중요한 것은 평가대상인 교사가 평가의 목적, 방법, 과정, 결과에 대해서 충분히 이해하고 공감하며 수용하는 것이다. 열심히 노력하는 동료, 능력 있는 교사가 평가를 잘 받고 보상도 더 많이 받는, 즉 '받을 만한 사람'이 받았다고 대다수 교사들이 수긍할 수 있는 제도가 되어야지, 평가만 잘 받으려고 노력한 사람이나 '엉뚱한' 사람이 우수평가를 받는 제도가 되어서는 곤란하다. 후자의 경우 교원평가제는 교사들의 저항에 부딪히고 교육현장은 갈등과 분열에 휩싸이게 되며,

6) F. Herzberg의 이요인설(two-factor theory)에 의하면, 보수는 동기요인(motivation factor)이 아니라 위생요인(hygiene factor)으로 분류된다(윤정일 외, 2007: 76-79).

이것은 다시 교사들의 사기저하, 무기력으로 이어져서 당초 제도를 도입한 목적과는 상반된 결과를 낳을 수 있다(이차영 외, 2003). 교원평가가 지향하는 문화와 교사들이 지향하는 문화는 서로 차이가 있을 수 있기 때문이다(정수현, 2000). 교원평가에는 교육의 본질적 특성이 반영되고, 교원들이 중시하는 가치가 반영되어야 한다. 따라서 실효성 있는 교원평가제도를 정립하기 위해서는 교원평가에 대한 교원들의 인식과 태도, 그러한 인식과 태도를 형성하는 학교조직의 구조적, 문화적 특성에 심층적인 이해가 필요하다(박상완, 2006).

다섯째, 교원단체의 자발적인 참여와 적극적인 대안제시가 필요하다. 그동안 교원평가제는 정부와 학부모단체, 언론 등이 도입을 주창하고, 교원단체는 시행 반대에 적극적인 양상을 보여 왔다. 교원단체들은 교육활동의 장기성, 교육성과의 불가시성, 평가의 불공정성 등을 이유로 교원평가가 어렵다는 점을 강조했다. 그러나 이와 같은 교육의 속성이 곧바로 교원평가제 자체를 부정하는 것은 아니다. 또 그러한 속성들이 교육에서 두드러지게 나타나는 현상이기는 하나, 특히 보건 · 건강 · 복지 · 국방 등과 같은 공공부문의 활동과 성과는 교육과 마찬가지로 그것을 명확하게 측정하기가 어렵다. 평가의 곤란성이 평가 자체를 부정하는 근본적인 논거가 되기는 어렵다. 오히려 일반국민이나 정책담당자에게는 이것이 책임의 회피로 인식될 가능성이 높다. 교원평가의 가장 큰 난점은 교사가 담당하는 교육이 가치창조적인 전문적 활동으로서 객관화하거나 표준화하기가 어렵다는 데 있다. 교원이 해야 할 일에 대한 기대도 매우 다양하고 때로는 상반되기도 한다(신상명 · 정수현, 2002). 따라서 그 평가는 일반인들이 아니라 그 가치를 평가할 수 있는 전문성을 갖춘 구성원들이 담당하는 것이 바람직하다. 따라서 교원단체는 교원평가가 가능한 것인가, 왜 평가해야 하느냐라는 관점보다는 어떻게 평가할 것인가에 초점을 맞추어서 적극적으로 대안을 제시할 필요가 있다. 공교육은 막대한 세금이 투입되는 국민적 관심사이다. 공교육이 효율적이면서도 효과적으로 운영되고 있는지 지속적으로 점검할 사회적 책임이 교직사회 전체에 있다. 교원단체는 일반국민과 학부모들의 교육의 질 향상에 대한 요구에 어떻게 답변할지 고심해야 한다. 바람직한 교원평가제도를 구안하고 국민들을 안심시킬 책임은 정부뿐만 아니라 교원단체에도 있다.

3) 교원평가와 성과급의 과제

교원평가제의 구조, 목적, 평가자, 기준, 결과활용 등은 다음과 같이 개선할 필요가 있다. 첫째, 다양한 교원평가를 허용하되, 모든 교원들을 대상으로 국가적인 수준에서 법령을 바탕으로 시행되는 제도화된 교원평가제는 일원화한다. 이 교원평가제는 교원들이 역할을 제대로 수행하고 있는가, 그 결과는 어떠한가를 평가하는 책무성 확인에 초점을 맞춘다. 평가결과는 궁극적으로 교원의 전문성 향상을 촉진할 것이다. 즉, 법제화된 교원평가제는 일차적으로는 책무성 확인, 궁극적으로는 전문성 향상에 목적을 둔다. 그러나 교원의 전문성 향상을 위해서는 법제화된 교원평가제도와는 별도로 체계적이고 장기적인 장학이나 컨설팅이 필요하다. 이를 위해서는 더 정밀한 평가방법이 활용되어야 할 것이다. 전문성 향상을 위한 더 정밀한 교원평가는 일부 필요한 교사만을 대상으로 시행하되, 모든 교원을 대상으로 정기적으로 시행하는 평가에서 그 대상을 선발하는 단계적 활용방안도 바람직하다.

둘째, 교원평가의 항목은 핵심업무, 공통업무를 중심으로 체계화하되 가급적 단순화시킨다. 이를 위해서는 교원업무의 표준을 정하고 교사들이 수행해야 할 업무와 역할을 분명히 하는 것이 중요하다. 앞으로 이에 관한 본격적인 논의가 있겠지만, 예컨대 수업, 학급 운영, 행정업무, 연구개발 등으로 평가영역을 정하고 영역별로 세부항목을 포함시킬 수 있다. 세부평가항목에는 담당한 수업시수, 학생 수, 담당업무의 정도와 양, 학업성취수준 등 객관적인 지표를 개발하여 등급화한다. 또한 학교급, 직위, 교과, 지역 등의 특성과 차이를 고려하여 평가기준과 배점을 조정한다. 예컨대 초등학교는 생활지도, 기초교육을 중시하고, 중학교는 교과지도의 배점을 높인다. 이를 위해서 평가방식 역시 교사간 상호비교를 통한 상대평가보다는 교사로서 책무를 다하고 있는지에 초점을 둔 절대평가로 운영되어야 한다.

셋째, 동료교사나 학생, 학부모 등의 다면평가는 평가자의 전문성 확보 차원에서 신중하게 접근하고, 단계적으로 활용한다. 단기적으로는 다면평가제가 이미 도입되었으므로 동료평가는 교사 간 협력문화를 강화하는 차원에서 적극 활용한다. 학생, 학부모평가의 내용도 요구분석 차원에서 적극 활용한다. 장기적으로는 시행된 다면평가의 실제 성과를 점검하여 주체별로 참여범위와 활용방안을 조정할 필요가 있다. 동료평가 결과는 전문성 향상의 중요한 정보원이 될 수 있으나, 모든 교사들을 대상으로 주기적으로 정밀한 동료평가를 실시하는 것은 평가업무를 가중시키고 그에 따른 불성실한 평가, 우호적인 평가 혹은 악의적인 평가를 유발할 가능성도 있으므로 간소한 형태를 유지한다. 모든 교사를 대상으로 한 평가에서 개선할 필요성이 있는 것으로 일차 판정된 교사들을 대상으로 동료교사, 학생, 학부모, 외부 전문가를 활용한 집중적이고 다면적인 평가를 실시하는 것이 바람직할 것이다. 또 학생의 평가는 학생들의 연령을 고려하여 시행하고, 학생과 학부모의 평가결과는 개인 교사단위보다는 학년 · 교과 · 학교 등 집단평가, 혹은 교장 · 교감 등 학교를 운영하는 교육행정가평가에 우선 적용한다. 집단평가의 결과를 개인평가에 일부 반영하여 기관단위로 교사 간 협동적 노력을 유도한다.

마지막으로 교원평가의 결과는 성과급 지급, 우수교사 표창, 연수기회, 연구비 지원 등 교원인사에 다양하게 활용한다. 교원평가의 타당성과 신뢰성을 확보하는 것도 중요하지만 앞으로 평가결과를 어떻게 책무성과 전문성 향상, 교육발전에 활용할 것인가에 대해서 더 많은 논의가 필요하고, 적절한 보상체계와 보상체제의 실효성을 높이기 위한 자원확보에 주력할 필요가 있다. 평가영역별로 우수교사를 선발하여 현장장학, 시범수업 등에 적극 활용하고, 평가결과는 당사자에게 공개하며, 학교 전체에서 혹은 교육청이나 국가단위에서 자신의 위치를 점검할 수 있도록 항목별로 통계분석자료도 제공한다. 교원평가의 결과를 승진심사의 자료로 활용하되, 교감 · 교장, 장학직 · 연구직으로의 승진대상자 선발을 위해서는 교원평가결과를 기초자료로 부분적으로만 반영한다. 교사의 자질, 업무, 책임과 교육행정가로서 갖추어야 할 자질과 능력은 상당한 차이가 있으므로 장기적으로는 교육행정가 선발을 위해서 별도의 기준과 평가제도를 마련한다(주삼환, 2005). 이와 관련해서 교원, 특히 교사를 대상으로 한 평가제도는 「승진규정」과 별개로 법제화하는 방안을 검토할 필요가 있다. 현행 「승진규정」의 근무성적평정과 능력개발평가를 교원평가로 일원화하여 교원평가규정을 만들고, 교육행정가는 교직경력을 요구하되 이 평가와는 별도의 교육과 훈련을 통해서 자질과 능력을 갖춘 교사를 선발하여 임용하는 방안을 고려한다. 현행 '승진' 위주의 교육행정가 임용방식을 '양성' 후 임용방식으로 전환하는 것이 바람직하다.

참 ■ 고 ■ 문 ■ 헌

강윤봉(2007). 교원평가제 도입은 공교육 회복을 위한 선결과제이다. 교육정책포럼, 151.

강인수(2003). 한국에서 교원평가제의 문제점과 개선방안. 교육행정학연구, 21(4).

고영호 · 김병희(2005). 교사 평가제 쟁점 연구. 중등교육연구, 53(1).

교육인적자원부(2006a). 2006년 교육공무원 성과상여금 지급 지침.

_____________(2006b). 학교교육력 제고를 위한 "교원능력개발평가" 정책 추진 방향(시안).

김갑성(2006). 교원평가 시범학교 운영 현황 및 결과. 교원평가 정책포럼: 교원 평가제 시범운영 결과 및 개선방향. 한국교육개발원.

김광호(2007). '교원능력개발평가'의 이해. 교육정책포럼, 151.

김남순(1992). 교사근무평가제도 개선에 관한 연구. 교육행정학연구, 9(2).

______(2001). 교사들의 일과시간 활용에 대한 국제 비교. 한국교육학회 춘계학술대회 논문집.

김도기(2006). 교장 · 교감 평가의 쟁점 및 개선 방향. 교원평가 정책포럼: 교원 평가제 시범운영 결과 및 개선방향. 한국교육개발원.

김동석(2006). 교원평가의 쟁점과 과제. 새교육, 12월호.

김왕준(2004). '교장선출보직제' 제안의 논리적 구조 분석. 서울대학교 대학원 석사학위논문.

김이경(2006). 교사 평가의 쟁점과 개선방향. 교원평가 정책포럼: 교원 평가제 시범운영 결과 및 개선방향. 한국교육개발원.

김이경 · 박상완 · 이태상(2005). OECD 한국 교원정책 검토 결과에 대한 비판적 분석. 한국교육, 32(2).

김이경 외(2005). 교원의 직무 수행 실태 분석 및 기준 개발 연구. 한국교육개발원.

김희규(2005). 교사평가제도의 쟁점과 개선방안 연구. 교육행정학연구, 23(2).

나민주(2000). 국립대학 교수 연봉제의 설계방향. 고등교육연구, 11(1).

______(2005). 학생에 의한 대학 수업평가: 결과 분석 및 활용의 제도화 방안. 교육연구논총, 26(1).

박남기(2004). 초등학교 교사평가 논란 재분석. 교사평가 어떻게 할 것인가?(한국교육학회 춘계학술대회 논문집).

박상완(2005). 영국 교사평가제도의 운영실태 및 쟁점 분석. 한국교육, 32(1).

______(2006). 교사평가에 관한 교원의 인식에 나타난 학교조직의 특성. 초등교육연구, 19(1).

박상철(2004). 교원평가의 방향과 과제. 한국교육개발원.

박영숙(1994). 교원 근무성적 평가체제 개선 연구. 교육행정학연구, 11(2).

백순근(2004). 중 · 고등학교에서의 교사평가. 한국교육학회 춘계학술대회 논문집.

송원재(2005). 교원평가, '속설' 과 '진실'. 교육비평, 겨울, 19.

신상명(2001). 교원성과급의 쟁점과 과제. 2001 한국교육평론. 한국교육개발원.

______(2003). 교원평가의 합리화방안. 국민참여정부 교원정책의 과제(한국교원교육학회 제39차 춘계학술대회 논문집).

신상명 · 정수현(2002). 교원성과급을 위한 개인 및 학교단위 평가연구. 한국교육개발원.

원효원(1998). 수행중심의 교사평가 영역 및 요소의 분석. 교육평가연구, 11(1).

유균상 · 김이경(2004). 교사 평가 시스템 분석 및 향후 개선방향. 한국교육개발원.

윤정일 외(2002). 한국 교육정책의 쟁점. 서울: 교육과학사.

________(2007). 교육행정학원론. 학지사.

이복자(2004). 한국과 중국의 교사평가 비교 연구. 충북대학교 대학원 석사학위논문.

이우식(2006). 교원 다면평가제도의 도입에 관한 연구. 충북대학교 교육대학원 석사학위논문.

이윤식(2004). 무엇을 위한 교원평가여야 하나. 새교육, 594.

이장원(2007). 교원평가 반대에는 이유가 있다. The Eduforum, 151.

이종재(2004). 교원 인사제도의 방향과 과제. 교사평가 어떻게 할 것인가?(한국교육학회 춘계학술대회 논문집).

이차영 · 박찬주(2005). 교사평가의 쟁점: 평가주체 논쟁에 관한 외국 사례의 시사점. 비교교육연구, 15(3).

이차영 · 박찬주 · 김영철(2003). 한국 교원정책의 종합적 진단과 전망. 한국교육개발원.

이현청 · 나민주(1995). 대학교수업적평가의 운영체제와 평가기준. 고등교육연구, 7(1).

전국교직원노동조합(2006). 혁신위 다면평가 도입에 대한 의견서.

전제상(2001a). 교사평가의 준거개발 연구. 교육행정학연구, 19(2).

______(2001b). 교원평가와 교원성과급. 교육이론과 실천, 11(2).

정수현(2000). 학교현실에 대한 교사들의 인식-교원평가에 대한 반응을 중심으로. 서울대학교 대학원 박사학위논문.

정영수(2001). 교원평가제도의 새로운 방향. 교육연구논총, 5.

조혜진(2007). 교원평가제와 교원성과급제 정책결정의 딜레마 연구. 교육행정학연구, 25(1).

주삼환(2005). 미국의 교장. 학지사.

진동섭 외(2005). 한국 학교조직 탐구. 학지사.

최희선 · 권기욱 · 전제상(1999). 교원평가제도 개선에 관한 연구. 한국교원총연합회.

하봉운(2005). 교사성과급 지급을 위한 교사평가에 대한 교사들의 반응 분석 연구. 교육행정학연구, 23(1).

한국교원단체총연합회(2004). 교원평가 어떻게 봐야 할 것인가(교원정책현안토론회 자료집).

한만길 · 김이경(2005). 교사평가 시스템 분석 및 향후 개선방향. 한국교육개발원.

제 14 장

학교회계제도

1. 학교회계제도 도입의 배경

외국의 경우도 그러했지만, 우리나라의 경우에도 교육개혁의 하나의 방향은 단위학교에 보다 많은 자율권을 부여하는 데 있었다. 학교장의 행정적 권한을 확대해 왔으며, 교육과정에 관한 권한도 단위학교에 점진적으로 이양해 왔다. 그럼에도 불구하고 단위학교는 여전히 변하지 않고 있다는 비판을 들었다. 여러 가지 원인이 있겠지만 중요한 원인 중의 하나는 변하지 않은 단위학교의 재정운영체제에 있었다. 재정은 행정가의 정책의지를 반영하는 통로이며, 동시에 사람과 조직을 끌고가는 수단임에도 불구하고 재정운영체제가 변하지 않았기 때문에 학교예산에 학교장의 정책의지를 반영할 수 없었고, 따라서 학교도 변화시키는 데 한계가 있었던 것이다(송기창, 2000: 23-24).

학교회계가 도입되기 전까지만 해도 단위학교에서는 교육비특별회계의 일상경비 및 도급경비, 중 · 고등학교의 학교운영지원비, 학교운영위원회가 조성 · 운영하는 학교발전기금, 시 · 군 및 자치구의 교육경비보조금, 각종 세입세출외 현금 등으로 구분하여 재정운영을 함으로써 효율성이 떨어질 뿐만 아니라, 이들 재원에 적용되는 법규가 서로 달라 실무적으로도 어려움이 많았었다(이원근, 1999). 단위학교에 예산편성권이 없었기 때문에 교육계획과 예산의 연계가 이뤄지기 어려웠으며, 자체수입을 늘리기 위한 노력도 없었다.

---

* 송기창(숙명여자대학교)

이러한 상황에서 학교재정을 효율적으로 운영할 수 있도록 학교실정에 맞는 새로운 회계제도를 도입할 필요성이 제기되어 왔다.

2000년까지의 단위학교 재정운영의 문제점은 다음과 같이 요약할 수 있다(송기창, 2000: 28-35).

첫째, 학교운영위원회제도가 도입된 이후 단위학교 재정운영체제가 혼란스러웠다. 교육위원회와 시·도의회의 의결을 거쳐 배분된 일상경비를 학교운영위원회가 재심의하는 모순이 있었으며, 도급경비에 대한 견제장치가 없었고 학교운영지원회계 운영의 주체가 혼란스러운 상태였다.

둘째, 도급경비와 학교운영지원비의 분리 운영에 따른 비효율성이 문제였다. 도급경비는 도급경비대로, 일상경비는 일상경비대로, 학교운영지원비는 학교운영지원비대로 상이한 지침과 절차에 따라 집행되었기 때문에 종합적인 학교재정 운영계획을 세우는 데 장애요인으로 작용했다. 회계연도가 달라 운영에 어려움이 있으며, 교육비특별회계의 경우 학년도와 일치하지 않는 문제를 안고 있다(송기창, 1998a: 145-148).

셋째, 자체수입 증대노력 부족 및 제한으로 단위학교 재정에 한계가 있었다. 단위학교에 대하여 교육재정에 관한 권한이 거의 주어져 있지 않기 때문에 단위학교의 교육재정 확보를 위한 노력은 법적·제도적 장치의 미비로 용이하지 않았으며, 굳이 그러한 노력이 필요하지도 않았다(송기창, 1998a: 144-145).

넷째, 학교교육계획과 예산편성의 괴리로 예산에 교육계획이 반영되지 않는 문제가 있었다. 교비회계와 학교운영지원회계의 회계연도가 달라 학교교육계획서와 예산편성을 연계하는 데 어려움이 있었고, 학교교육계획의 핵심이 되는 교육과정운영비가 영세하기 때문에 교육계획 수립과 예산 편성을 통합할 필요성이 적었으며, 빈번한 추가경정예산 편성이 교육계획과 예산 편성의 연계를 어렵게 했고, 교감의 회계권한 배제도 장애요소 중 하나였다.

다섯째, 예·결산 편성 및 심의과정이 형식적이었다. 예산안이 편성되는 과정에 교직원의 참여가 매우 제한적으로 이루어졌고, 가용재원에 대한 정보도 공개되지 않는 경우가 많았으며, 전문지식이 부족한 학교운영위원들이 예·결산을 심의하는 데 한계가 있었다.

2001년 3월부터 도입된 학교회계제도는 이상의 문제들을 해결하고 단위학교의 자율적 재정운영을 보장하여 다양한 교육활동을 효과적으로 지원함으로써 학교교육의 질적 수준을 높이는 데 목적이 있었다. 즉, 일상경비, 도급경비, 학교운영지원비 등 세입재원을 구분하여 각 자금별로 지정된 목적에 따라 제한적으로 편성·집행해 오던 학교예산을 회계연도 개시 전에 총액으로 배분하고, 학교운영지원비, 학교발전기금으로부터의 전입금 등 다른 자금과 하나의 회계로 통합·운영하며, 교사의 참여와 학교운영위원회의 심의를 거쳐 하나로 통합된 세입재원을 학교에서 필요한 우선순위에 따라 자율적으로 세출예산을 편성·집행할 수 있도록 한 것이다.

2. 학교회계제도 도입 및 정착과정

학교회계제도는 갑자기 제안되어 2000년에 도입이 결정된 것은 아니다. 도입 이전부터 학교회계제도의 필요성에 대한 논의가 있었으며, 제도적으로도 학교회계를 도입할 수 있는 밑바탕이 형성되어 왔다. 학교회계제도는 멀리 거슬러 올라가면 1974년 소규모 초등학교에 도입되기 시작한 도급경비제도와 관련이 있지만, 도급경비제도가 단위학교를 위해 마련된 제도는 아니라는 점에서 관련성은 그리 크지 않다고 볼 수 있다. 그러나 1985년부터 초등학교 외에도 소규모의 유치원, 중학교, 고등학교 및 이에 준하는 각급학교까지 도급경비 지급관서에 포함시켰고, 1996년 4월부터 도급경비제도를 전국의 고등학교 이하 각급학교에 전면 실시함으로써 학교회계 도입의 필요성을 환기시키는 역할을 하였음은 부인할 수 없다.

학교회계제도와 직접적으로 관련된 제도는 1995년 5.31 교육개혁안에 의해 1996년부터 설치된 학교운영위원회제도라고 할 수 있다. 학교운영위원회는 예산안 및 결산을 심의하는 기능을 가지고 있어서 단위학교에 재정운영의 자율성을 부여할 수 있는 가능성을 열어놓았다. 학교운영위원회에 예·결산 심의기능을 부여한 것은 교육의 주체들(교원, 학부모, 지역사회인사 등)이 단위학교 재정운영에 공식적으로 참여하는 계기가 되었으며, 학교발전기금의 조성과 기부금 징수·관리기능을 부여한 것은 제한적으로나마 단위학교가 능동적으로 교육재원을 확보할 수 있는 길을 열어준 것이었다(송기창, 1998b: 345).

학교운영위원회제도가 도입됨에 따라 그동안 논란이 되어 왔던 단위학교의 기부금품 문제를 학교발전기금제도로 일단락시키는 성과를 거두었다. 1997년 12월에 제정·공포된 「초·중등교육법」은 학교운영위원회가 학교발전기금을 조성할 수 있도록 하는 근거를 마련하고, 1998년 2월 제정·공포된 「초·중등교육법시행령」은 학교발전기금의 조성 및 운용방법 등에 필요한 사항을 규정함으로써 단위학교가 학교발전기금을 조성할 수 있는 길을 터놓았다. 1998년 9월 15일 「학교발전기금의 조성·운용 및 회계관리에 관한 규칙」(교육부령 제724호)이 제정됨에 따라 1998년 2학기부터 단위학교에서 학교발전기금을 조성할 수 있게 되었다. 이렇게 됨으로써 단위학교가 자체재원을 조성하여 필요한 사업을 시행할 수 있게 되었고, 학교발전기금을 관리하기 위해 단위학교에 설치하도록 한 학교

발전기금회계는 단위학교에 법률에 의한 독립적인 '회계'를 설치한 입법례가 되어 학교회계 설치에 영향을 미쳤다(성삼제, 2002: 20).

교육재정 GNP 5% 확보방안과 관련하여 「지방교육재정교부금법」을 개정하는 과정에서 시·군 및 자치구도 관할구역 안에 있는 고등학교 이하의 각급학교의 교육에 소요되는 경비를 보조할 수 있도록 하는 조항(제11조 제5항)이 신설됨에 따라 새로이 제정된 「시·군 및 자치구의 교육경비보조에 관한 규정」(대통령령 제14981호, 1996. 4. 19)도 학교회계 도입의 기반이 되었다. 단위학교장의 능력여하에 따라서 시·군 및 자치구로부터 직접적인 교육비 보조를 받을 수 있는 길이 열렸기 때문에 똑같은 지역에 위치한 학교라도 학교장의 노력여하에 따라 시·군·자치구로부터 확보하는 교육재정 규모가 달라졌고, 직접 사업비를 지원받게 됨에 따라 이를 관리할 회계제도가 필요하게 되었다(송기창, 1998b: 347). 즉, 별도로 관리하는 재원이 추가됨에 따라 회계통합의 필요성을 증대시켜 학교회계 도입을 촉진한 것이다.

한편, 1995년 서울시교육청은 교육비특별회계와 학교운영지원회계를 통합하여 운영하는 방안을 학교운영위원회 시범운영학교에 제한적으로 적용하였다. 시범운영 결과, 문제점보다 장점이 더 많은 것으로 평가되자 회계를 통합 운영하는 교육청이 늘어나기 시작하였으나, 회계연도를 일치시키는 통합에까지 이르지는 못했다. 그러나 1998년 경북교육청은 교비회계와 학교운영지원회계의 회계연도를 일치시킨 통합 운영 실험을 전격적으로 단행하였다. 경북교육청의 회계통합운영 사례는 국회와 정부부처 관계자를 설득하는 데 유용한 자료로 활용되었다(송기창, 1998b: 347).

1998년 6월 19일에는 한국교육재정경제학회가 'IMF 관리체제에서의 교육재정 운영의 효율화'를 주제로 학술대회를 개최하였다. 이날 4개의 주제가 발표되었는데 송기창은 '초·중등학교 교육재정 운영의 효율화방안' 논문에서 단위학교 재정운영을 효율화하기 위해 단위학교의 교육비특별회계와 학교운영지원회계를 통합하여 '학교비회계'(가칭)로 운영할 필요가 있다고 제안하였다(송기창, 1998c: 76). 이러한 주장은 나중에 교육인적자원부가 학교회계 설치를 추진하는 이론적 근거로 활용되었다(성삼제, 2002: 159-160).

이상의 배경에 따라 학교회계제도 도입의 필요성을 인식한 교육인적자원부는 1999년 1월 '단위학교 재정운영 효율화대책'을 수립한 후, 3월까지 일부학교를 대상으로 재정운영 실태조사를 실시하였고, 1999년 4월에는 교육인적자원부에 단위학교 재정운영 효율화 실무작업팀을 구성하였으며, 1999년 6월 11일에는 '단위학교 재정효율화를 위한 재정실무자 워크숍'을 실시하였다. 이 워크숍에서 다뤄진 주제는 학교재무관리 개선방안(최준렬, 우석대 교수), 도급경비제하에서의 재무관리(김장현, 경북예산담당사무관), 사립학교 재정운영 개선방안(한보명, 부산가야고 행정실장), 학교예·결산 심의요령(차상철, 삼례공고

교사), 단위학교 재정운영 효율화 추진방향(성삼제, 교육인적자원부사무관) 등이었다(교육부·서울특별시교육청, 1999).

1999년 9월에는 「초·중등교육법」 개정법률안을 마련하여 입법예고한 후, 1999년 정기국회의 심의를 거쳐 2000년 1월 28일 국·공립의 초·중등학교와 특수학교에 학교회계를 둔다는 내용을 골자로 하는 「초·중등교육법」 개정법률을 공포하였다.

2000년 3월부터 25개 시범학교를 지정하여 운영하였으며, 6월 초에는 초·중등학교예산회계규칙을 마련하여 입법예고한 후, 공청회를 거쳐 11월 6일에 「국립 및 공립 초·중등학교 회계규칙」(교육부령 제774호)을 확정·공포함으로써 2001년 3월부터 학교회계제도가 도입되기에 이르렀다.

표 14-1 학교재정제도의 변천과정

학교재정제도	제도의 변천과정
도급경비제도	• 1965년 행정개혁조사위원회에서 각급학교에 도급경비제도 도입 건의 • 1974년 12월 31일 「지방재정법 시행령」 개정으로 도급경비 지급관서의 범위에 초등학교 포함 • 1985년에는 초등학교 외에도 유치원, 중학교, 고등학교 및 이에 준하는 각급학교까지 도급경비 지급관서에 포함(그러나 대부분의 교육청이 '사무직원을 배치하지 아니한' 제한된 학교만 시행) • 1996년부터 도급경비제도를 전국의 고등학교 이하 각급학교에 확대 실시
시·군 및 자치구의 교육경비보조제도	• 「시·군 및 자치구의 교육경비보조에 관한 규정」(대통령령 제14981호, 1996. 4. 19)이 공포되어 시장, 군수, 자치구의 구청장이 관할구역 안에 있는 고등학교 이하 각급학교의 교육에 소요되는 경비를 보조할 수 있는 교육경비보조제도 도입
학교발전기금제도	• 「초·중등교육법」 제33조(학교발전기금)의 규정과 「학교발전기금의 조성·운용 및 회계관리에 관한 규칙」(교육인적자원부령 제724호, 1998. 9. 15) 제정으로 학교운영위원회에서 학교발전기금을 조성·운용
학교회계제도	• 「초·중등교육법」 개정(법률 제6209호, 2000. 1. 28)으로 2001년부터 국·공립 초등학교, 중학교, 고등학교 및 특수학교에 학교회계제도 도입 • 「국립 및 공립 초·중등학교 회계규칙」(교육인적자원부령 제774호, 2000. 11. 6)이 제정되어 학교회계의 설치 및 운영에 관한 구체적 규정 제정 • 「초·중등교육법」 개정(법률 제7398호, 2005. 3. 24)으로 학교회계의 설치와 운영에 관하여 필요한 사항은 국립학교의 경우에는 교육인적자원부령으로, 공립학교의 경우에는 시·도의 교육규칙으로 정하도록 함

출처: 교육인적자원부(2003). 2003년 지방교육재정운용편람.

2005년 3월 24일에는 학교회계 설치와 운영의 근거규정인 「초 · 중등교육법」 제30조의2와 제30조의3을 개정하여 학교회계의 설치와 운영에 관하여 필요한 사항은 국립학교의 경우에는 교육인적자원부령으로, 공립학교의 경우에는 시 · 도의 교육규칙으로 정하도록 하였고, 제30조의2 제2항 학교회계의 세입항목에 제8호 '물품매각대금'을 신설하여 교육비특별회계의 수입으로 편성되어 있던 내구연한이 지난 물품의 매각대금을 학교회계 세입으로 처리하도록 했다(송기창 외, 2006: 291). 〈표 14-1〉은 학교재정제도의 변천과정을 정리한 것이다.

3. 학교회계제도의 개요 및 의의

1) 학교회계제도의 개요

학교회계제도란 단위학교 중심의 자율적이고 효율적인 재정운영을 통해 다양한 교육활동을 효과적으로 지원하여 학교교육의 질적 수준을 높이기 위한 하나로 통합된 세입재원을 학교장 책임하에 교직원 등의 예산요구를 받아 단위학교의 우선순위에 따라 자율적으로 세출예산안을 편성하고 학교운영위원회의 심의를 거쳐 집행하는 제도이다(교육인적자원부, 2003: 127).

「초 · 중등교육법」 제30조의2와 제30조의3에 의하면 학교회계는 국 · 공립의 초등학교 · 중학교 · 고등학교 및 특수학교에 설치되며, 국가의 일반회계 또는 지방자치단체의 교육비특별회계로부터의 전입금, 학교운영지원비, 학교발전기금으로부터의 전입금, 수업료 기타 납부금 및 학교운영지원비 외에 학교운영위원회의 심의를 거쳐 학부모가 부담하는 경비, 국가 또는 지방자치단체의 보조금 및 지원금, 사용료 및 수수료, 이월금, 물품매각대금, 기타 수입을 세입으로 하고, 학교운영 및 학교시설의 설치 등을 위하여 필요한 일체의 경비를 세출로 하고 있다. 학교회계는 예측할 수 없는 예산 외의 지출 또는 예산초과지출에 충당하기 위하여 예비비로서 상당한 금액을 세출예산에 계상할 수 있다.

학교회계의 회계연도는 매년 3월 1일에 시작하여 다음 해 2월 말일에 종료한다. 학교의 장은 회계연도마다 학교회계세입세출예산안을 편성하여 회계연도 개시 30일 전까지 제31조의 규정에 의한 학교운영위원회에 제출하여야 한다. 학교운영위원회는 학교회계세입세출예산안을 회계연도 개시 5일 전까지 심의하여야 한다. 학교의 장은 예산안이 새로운 회계연도가 개시될 때까지 확정되지 아니한 때에는 교직원 등의 인건비, 학교교육에 직접 사용되는 교육비, 학교시설의 유지관리비, 법령상 지급의무가 있는 경비, 이미 예산

표 14-2 학교회계의 세입 및 세출과목

세입과목			세출과목		
관	항	목	관	항	목
1. 교육비특별회계 전입금			1. 인건비		
	1) 교육비특별회계 전입금			1) 교직원 인건비	
		(1) 학교교육비			(1) 교원연구비
		(2) 목적사업비			(2) 제 수당
2. 학부모 부담수입				2) 기타직 인건비	
	1) 학교운영지원비				(1) 학교회계직원 인건비
		(1) 학교운영지원비			(2) 비정규직 인건비
	2) 수익자부담경비				(3) 퇴직적립금
		(1) 현장학습비	2. 학교운영비		
		(2) 학생수련활동비		1) 학생복리비	
		(3) 학교급식비			(1) 학생복리비
		(4) 특기적성교육활동비		2) 교수학습활동비	
		(5) 졸업앨범비			(1) 교수학습활동비
		(6) 청소년단체활동비		3) 일반운영비	
		(7) 기타 수익자부담경비			(1) 공통운영비
3. 자체수입					(2) 업무추진비
	1) 사용료 및 수수료				(3) 시설비
		(1) 사용료	3. 수익자부담경비		
		(2) 수수료		1) 수익자부담경비	
	2) 기타 수입				(1) 현장학습비
		(1) 기타 수입			(2) 학생수련활동비
4. 학교발전기금 전입금					(3) 학교급식비
	1) 학교발전기금 전입금				(4) 특기적성교육활동비
		(1) 학교발전기금 전입금			(5) 졸업앨범비
5. 보조금 및 지원금					(6) 청소년단체활동비
	1) 보조금 및 지원금				(7) 기타 수익자부담경비
		(1) 보조금	4. 예비비		
		(2) 지원금		1) 예비비	
6. 이월금					(1) 예비비
	1) 이월금				
		(1) 이월금			

으로 확정된 경비를 전년도 예산에 준하여 집행할 수 있다. 이 경우 전년도 예산에 준하여 집행된 예산은 당해연도의 예산이 확정되면 그 확정된 예산에 의하여 집행된 것으로 본다. 학교의 장은 회계연도마다 결산서를 작성하여 회계연도 종료 후 2월 이내에 학교운영위원회에 제출하여야 한다. 학교회계의 설치와 운영에 관하여 필요한 사항은 국립학교의 경우에는 교육인적자원부령으로, 공립학교의 경우에는 시·도의 교육규칙으로 정한다.

학교회계가 도입되기 전의 학교재정제도와 학교회계제도를 비교하면 〈표 14-3〉과 같다. 가장 큰 변화는 회계연도가 학년도에 맞춰졌다는 점이며, 예산배부 방식이 표준교육비를 기준으로 총액 배부하는 방식으로 바뀌었다. 학교시설 사용료, 수수료 수입 등을 국

표 14-3 과거의 회계제도와 새로운 학교회계제도의 비교

구분	과거의 회계제도	학교회계제도
회계연도	교육비특별회계: 1. 1~12. 31 학교운영지원회계: 3. 1~2월 말일	3. 1~2월 말일 (학년도에 일치)
예산배부방식	일상경비와 도급경비로 구분하여 사용목적을 정하여 배부	일상경비와 도급경비의 구분 없이 표준교육비를 기준으로 총액 배부
예산배부시기	수시 배부	학교회계연도 개시 전에 일괄 배부
세출예산 편성	세입재원별로 사용목적에 따라 세출예산 편성	재원에 따른 사용목적 구분 없이 학교실정에 따라 자율적으로 세출예산 편성 (보조금 제외)
사용료·수수료 수입처리	학교시설 사용료, 수수료 수입 등을 국고 및 교육비특별회계 금고로 납입	학교시설 사용료·수수료 수입 등을 학교 자체수입으로 처리
회계장부관리	경비의 종류에 따라 서로 다른 회계지침을 적용하여 자금별로 별도의 회계 및 장부관리	필요에 따라 통합장부 사용가능
자금의 이월	일상경비의 경우 잔액(불용액) 발생시 관할청에 모두 반납	집행잔액(불용액)은 자동적으로 이월
자금관리	국고 및 교육비특별회계금고 이용	학교 자율로 금융기관 지정 이용
회계직인 사용	담당사무별로 별도의 회계직인 사용 -징수관, 경리관(재무관) -일상경비출납원, 수입금출납원	회계직인 간소화 -징수 및 지출원인행위는 학교장 관인 -출납사무는 학교회계출납원 단일 직인
개산급의 범위	개산급 범위 제한	학교운영 또는 교육활동의 원활한 운영을 위하여 필요한 경우 개산급 지급가능
직원 신분	일용직, 학부모회 소속직원 등으로 분리	계약직 학교직원
직원 임용	직원 임용의 재량성이 거의 없음	학교장의 직원 임용 재량성 증대

출처: 성삼제(1999a); 교육인적자원부(2002: 139).

고 및 교육비특별회계 금고로 납입하지 아니하고 학교 자체수입으로 처리할 수 있도록 한 점도 큰 변화로 볼 수 있으며, 경비의 종류에 따라 서로 다른 회계지침을 적용하여 자금별로 별도의 회계 및 장부관리가 이루어졌으나 필요에 따라 통합장부를 사용할 수 있게 되었고, 집행잔액(불용액)이 발생하였을 경우 자동적으로 이월할 수 있게 되었다. 학교운영 또는 교육활동의 원활한 운영을 위하여 필요한 경우 개산급을 지급할 수 있게 되었고, 학부모회 소속직원의 신분이 계약직 학교직원으로 바뀌게 되었다.

2) 학교회계제도의 의의

학교회계제도는 단위학교 재정운영체제의 근본적인 변혁을 가져온 것으로 그 도입의의를 정리하면 다음과 같다(송기창, 2002: 192-193; 최준렬, 2006: 4).

첫째, 학교회계제도는 회계연도를 3월 1일에서 다음 해 2월 말일로 설정함으로써 학년도와 일치시켰다. 이전까지 경비별로 회계연도가 달라 재정운영과 평가에 어려움이 있었으나, 학사운영과 재정운영이 일치됨으로써 단위학교 재정이 효과적으로 교육과정 운영을 뒷받침할 수 있게 되었다.

둘째, 학교회계제도가 도입됨으로써 단위학교는 대부분의 사업비를 학년도 개시 이전에 교육인적자원부나 교육청으로부터 총액으로 배부받을 수 있게 되었다. 이전에는 학교에 배부되는 각종 경비가 아무런 예고 없이 학기 중에 갑자기 배부되어 이미 학교 자체예산으로 사업을 집행한 경우 중복투자가 되는 경우가 있었으나, 이제는 연간 지원될 예산의 총 규모를 학교가 미리 알 수 있어 효율적인 재정운영을 도모할 수 있게 되었다.

셋째, 학교회계제도 도입으로 단위학교가 예산편성권을 갖게 됨에 따라 자체수입을 직접 사용할 수 있게 되었다. 이전까지는 학교시설물을 외부기관이 사용할 경우 받은 사용료를 국고나 교육비특별회계금고로 직접 납부함으로써 대부분의 학교는 사용료를 학교에서 직접 사용할 수 없었다. 그러나 학교회계제도가 시행되면서 사용료의 전액을 학교에서 직접 사용할 수 있게 되어 학교가 자체수입 확보를 위해 노력할 동기를 갖도록 하였다.

넷째, 학교회계제도의 도입으로 학교의 실정에 따라 통합장부를 사용할 수 있게 됨에 따라 학교실정에 맞는 회계관리가 가능해졌고, 재원에 따른 사용목적 구분 없이 학교실정에 따라 자율적으로 세출예산을 편성할 수 있게 되었다. 이전까지는 경비의 종류에 따라 서로 다른 회계지침을 적용하여 자금별로 별도의 회계를 운영하고 장부관리를 해왔고, 세입재원별로 사용목적에 따라 세출예산을 편성해 왔다. 그러나 이제는 다양한 형태의 장부정리가 가능해졌고, 회계관리의 합법성보다 타당성을 추구할 수 있게 되었다.

다섯째, 학교회계제도의 도입으로 자금이월이 가능하게 되어 회계연도 말의 집중적인 예산집행으로 인한 낭비요인을 제거할 수 있게 되었다. 이전까지는 교육인적자원부나 교육청에서 지원되는 경비의 경우 교육청의 회계연도가 종료되면 잔액을 전액 반납하여 이월이 허용되지 않았다. 따라서 회계연도 말이 되면 자금을 반납하지 않기 위하여 우선순위가 뒤지는 학습기자재를 구입하는 경우 등 비효율적인 예산집행이 많았었다.

여섯째, 예산과정에 교원의 참여를 확대하였다. 예산을 편성하는 과정에 교원으로부터 예산요구서를 받도록 하고 있는데, 이렇게 함으로써 예산의 초기부터 교원이 참여하고, 이를 통해 교육활동과 연계된 예산운영을 가능하게 하였다. 동시에 집행과정에도 교원들이 적극 참여함으로써 교원의 요구와 교육활동에 관련이 높은 재정운영을 가능하게 하였다.

4. 학교회계제도의 성과

1) 당초의 기대효과

학교회계제도 도입당시 교육인적자원부가 예상했던 도입효과는 다음과 같다(교육인적자원부 · 한국교육개발원, 2000a: 13-15).

첫째, 학교의 자율적인 재정운영이 가능해질 것이다. 예산이 총액으로 배부되어 교육수요와 필요에 따라 개별학교가 주체적으로 교육비 투자 우선순위를 정하고 적절한 예산배정을 자유롭게 할 수 있어 학교에서의 재정운영에 대한 자율성이 대폭 높아질 것이다. 학교장의 교육철학과 방침에 따라 각 학교의 개별적 실정에 맞게 예산을 편성하여 학교를 자율적으로 경영할 수 있어 학교장의 교육리더십 발휘가 용이해질 것이다.

둘째, 학교재정 운영의 투명성과 신뢰성이 높아질 것이다. 일상경비, 도급경비, 학교운영지원비 등 여러 가지 회계로 나뉘어 운영되던 학교재정이 하나의 회계로 통합되어 복잡하던 학교재정을 한눈에 파악할 수 있고, 학교의 예 · 결산이 모두 공개되어 국민의 세금으로 운영되는 학교재정과 학부모가 부담하는 모든 돈들이 어디에 어떻게 쓰이는지 잘 알 수 있어 학교재정 운영의 투명성과 신뢰성이 높아질 것이다. 학교운영위원회의 실질적인 예 · 결산심의를 통해 학교재정이 교육계획과 교수-학습활동에 밀접하게 연계되었는지, 교직원과 교육수요자들의 요구를 잘 반영하였는지를 충분히 심의함으로써 학교재정 운영에 대한 내적 타당성과 외적 신뢰성이 높아질 것이다.

셋째, 학교재정 운영의 효율성이 높아질 것이다. 세입재원의 용도별로 지출하던 예산을 개별학교의 교육방침과 학교의 특성, 그리고 학생의 필요에 적합하게 우선순위에 따라 자유롭게 지출할 수 있어 재정운영의 효율성이 높아질 것이다. 또한 학교회계연도가 학년도와 일치하게 되어 학교의 교육활동을 적기에 지원할 수 있어 재정운영의 효율성이 증대될 것이며, 예산의 이월이 가능하여 융통성 있게 재정운영을 할 수 있으며 계획적인 예산집행이 가능해질 것이다.

넷째, 교사들의 예산참여권이 보장될 것이다. 학교운영비의 부족, 자금별 목적과 사용범위의 제한 등으로 교사들의 예산요구를 제대로 반영하지 못하여 교사들의 예산참여가 형식적으로 이루어져 왔으나 학교회계의 도입과 함께 학교운영비가 확충되고 예산의 목적 지정이 없어져 직접 수업현장을 담당하는 교사들의 요구를 예산에 적극 반영할 수 있어 교사들의 예산과정 참여가 현실화될 수 있다.

다섯째, 회계 관련 업무가 간편해질 것이다. 기존에 자금별로 장부를 별도로 관리하던 것을 하나의 장부로 통합 운영하게 되어 회계업무가 간소화될 것이다. 경비의 종류에 따라 서로 다른 회계지침을 적용해 오던 복잡성을 제거하여 단일한 회계규칙에 의하여 예산을 관리하게 되어 회계처리가 대폭 편리해지고, 회계처리과정을 모두 전산화하기가 용이해져 업무를 효과적으로 처리할 수 있는 기반이 마련될 수 있다.

여섯째, 학교의 교육활동수준이 개선될 것이다. 교육청으로부터 전입되는 학교운영비를 대폭 확대하여 과학교구 구입이나 특별교실 내부설비 등 교실현장에서 쓸 수 있는 직접교육경비가 늘어나 교육활동수준이 개선될 것이다. 학생들의 특별활동 및 자치활동 등에 필요한 예산을 충분히 확보하여 학생들이 자발적으로 참여하는 활동을 적극 지원하게 되어 학생들의 학교생활에 대한 만족도가 높아질 수 있다.

일곱째, 단위학교의 재정확보를 위한 자구노력을 지원하게 되고, 학교의 평생학습센터 기능을 촉진하게 될 것이다. 단위학교의 자구노력에 의해 사용료, 수수료 수입 등을 확보할 수 있는 인센티브가 부여되고, 이를 학교가 직접 관리 · 운용하게 되어 지역사회에 대한 학교시설 제공이 활성화되며, 지역주민은 학교시설을 저렴하게 사용할 수 있게 되어 학교가 지역사회 발전을 위한 핵심적인 평생학습센터로 발돋움할 수 있는 기반이 형성될 것이다.

2) 학교회계제도의 운용성과

교육인적자원부가 학교회계제도의 운용성과를 전국적으로 조사한 결과는 없다. 교육인적자원부의 시 · 도교육청에 대한 평가과정에서 학교회계의 운용과정에 대한 평가결과가 있을 뿐이다. 2001년 시 · 도교육청 평가보고서에 의하면 시 · 도교육청의 학교예산회계제도 실시를 위한 노력은 매우 체계적으로 이루어졌으며, 적절한 학교예산 편성을 위하여 모든 시 · 도가 학교예산회계규칙에 의한 학교회계예산 편성지침을 마련하는 등 학교 예산과정의 민주성 및 투명성 확보를 위한 노력과 함께 예 · 결산 공개가 확대되고 있고, 학교재정의 자율적 운영을 위한 학교운영비 편성이 적정하게 이루어지고 있으며, 학교운영비에서 목적사업비가 차지하는 비율이 2001년부터 줄어드는 추세였다. 그러나 아직 단위학교의 자율성에 제약이 있다고 밝히고 있다(시 · 도교육청평가위원회, 2001: 443-449).

2003년 시 · 도교육청 평가보고서에 의하면(시 · 도교육청평가위원회, 2003: 219-220), 학교회계제도 도입의 성과는 만족할 만한 수준이라고 전제한 후, 교육청이 가능한 한 목적사업비를 줄이고 학교교육비를 늘림으로써 단위학교의 재정운영의 자율성을 확대하려는 노력을 하고 있음을 밝히고 있다. 2005년 시 · 도교육청 평가보고서는 학교회계전출금 중 학교교육비 비중이 2003년 평가 시보다 개선되지 않았으나, 학교회계 예 · 결산 분석을 통해 예산편성의 적정성 · 효율성을 자체 평가하고 향후 학교회계 관련 각종 통계 및 학교 운영비 산정 등의 기초자료로 활용하는 등의 노력을 수행했다고 보고하고 있다(시 · 도교육청평가위원회, 2005: 248-250).

이러한 평가결과는 학교회계제도 자체의 성과라기보다는 시 · 도교육청이 학교회계제도 정착을 위해서 어떠한 정책적 노력을 기울였는지에 대한 정책과정 성과를 나타낸 것이다. 학교회계제도의 운용성과는 다를 수 있다는 것이다.

최준렬은 학교회계제도가 도입됨에 따라 얻게 된 성과를 다음과 같이 네 가지로 정리하고 있다(최준렬, 2006: 5).

첫째, 새로운 학교회계제도가 도입됨에 따라 학교의 자율성이 크게 신장되었다. 학교에 예산을 총액으로 배분하고 배분하는 재원을 확대함에 따라 학교에서 자율적으로 예산을 편성하여 집행할 수 있는 범위가 크게 확대되었다. 이에 따라 학교마다 다양한 교육활동이 가능해졌으며, 학교의 여건을 반영한 예산운영을 할 수 있게 되었다.

둘째, 예산활동에 교원의 참여를 확대하였다. 그동안 교원의 참여를 배제하여 온 관행을 깨고 교원이 중심이 되어 예산을 편성하고 집행할 수 있도록 제도화한 것은 학교회계제도의 커다란 성과라 할 수 있다. 교원이 교육활동에 필요한 예산을 편성하고 집행하도록 함으로써 교육효과를 높일 수 있는 계기를 마련하였다.

셋째, 학교재정 운영을 투명화하게 했다. 예산 편성과 집행과정에 교원이 참여하고 학교운영위원회에서 심의를 받게 하는 과정에서 예산과 결산이 공개됨에 따라 예산운영이 투명해졌다.

넷째, 예산을 통합하여 단일회계로 운영함에 따라 세입 · 세출 현황을 쉽게 파악할 수 있으며 이에 기초하여 다른 계획을 쉽게 세울 수 있게 되었다. 그동안 회계가 많고, 각 회계별로 사업예산이 분산되어 편성되었는데 이를 통일하여 단일회계로 운영함에 따라 세입과 세출 현황의 재무구조를 쉽게 파악할 수 있게 되었으며 이를 통해 학교 전체의 운영계획을 용이하게 세울 수 있게 되었다.

그러나 이러한 성과들은 객관적 근거에 의한 것이라기보다는 학교회계제도의 기대효과를 중심으로 논리적으로 추론한 것이라는 한계를 가진다. 객관적 근거에 의한 학교회계제도 운용성과를 다룬 연구는 주로 석사학위논문이었다. 2001년 이후 학교회계제도의 운용성과를 연구한 학위논문들이 많이 발표되고 있다. 전국 대상의 종합적인 평가연구는 없으나 시기별로 몇 편을 분석한 결과, 시간이 경과함에 따라 학교회계제도의 운용성과가 제고되고 있음을 알 수 있었다.

2001년 말 서울시내 초 · 중 · 고 행정직원, 교사, 교감, 교장을 대상으로 학교회계제도의 자율성, 민주성, 투명성, 효과성에 대한 구성원의 인식을 조사한 연구에 의하면(이영자, 2001), 자율성에 대하여는 긍정적이지 않았고, 민주성에 대하여는 교사들이 부정적이었으며, 투명성과 효과성에 대하여는 전반적으로 긍정적이었다. 그러나 2003년 8월, 전남지역 교직원 및 학교운영위원을 대상으로 한 학교회계의 도입효과에 관한 연구(김선복, 2003)에서는 학교회계제도 운영에 참여하는 사람들의 평가가 긍정적이었다고 밝히면서 학교의 자율적인 예산운영, 학교재정 운영의 투명성과 신뢰성, 효율성, 회계제도의 간소화, 학교예산 관계자들의 참여증대는 잘 실현되고 있으나, 평생학습센터로서의 학교역할은 잘 실현되고 있지 않은 것으로 보고하고 있다.

대전시에 근무하는 초 · 중등학교 교사를 대상으로 한 2004년 8월의 연구(김영철, 2004)에서는 교사들의 학교재정 운영의 자율성, 효율성, 민주성에 대한 만족도가 매우 높은 것으로 나타났으며, 재정운영에의 참여도와 만족도는 정적 상관이 있는 것으로 보고하고 있다.

전라북도 내 교직원을 대상으로 한 학교회계제도의 운영효과 분석연구(박해정, 2005)에서는 학교운영의 자율성은 69.3%가 신장되었다고 답했으며, 학교재정 운영의 투명성 확보와 관련하여 예산집행과정의 부정과 부조리가 줄었다는 응답이 72%였다. 82.3%는 예산집행과정이 공개되고 있다고 응답하였으며, 78.4%가 학교회계제도로 인하여 학교예산의 신뢰도가 높아졌다고 응답하였다. 교육활동이 효과적으로 이루어지고 있다는 응답은 66.2%였으며, 35.5%만이 학교회계업무 처리가 쉬워졌다고 응답하였다. 예산편성과정에 교직원의 의견이 충분히 반영되고 있다는 응답은 79.2%였으며, 학부모의 참여가 확대되었다는 응답은 32.1%였다. 한편, 학교회계 도입 이후 평생교육 프로그램이 활성화되었다는 응답은 20.2%에 불과하였다.

이상의 연구들을 종합할 때, 학교회계제도의 운용성과를 고찰한 결과 당초 교육인적자원부가 의도했던 성과와 완전히 일치하는 것은 아니지만 대체로 긍정적인 성과가 나타나고 있음을 알 수 있다. 이러한 결과는 학교회계제도가 완전히 정착되는 단계에 이르면 운용성과도 보다 긍정적으로 나타날 것이라는 기대를 갖게 한다(송기창 외, 2006: 305-308).

5. 학교회계제도의 쟁점

학교회계제도는 도입 당시 매우 많은 논란을 일으켰던 정책이었다. 학교회계 관련법령을 마련하는 과정에서 쟁점이 되었던 사항은 학교회계제도의 근거법령을 어디에 둘 것인지에 관한 것이었으며, 학교회계 설치대상을 국 · 공립 초 · 중 · 고등 · 특수학교로 할 것인지, 국 · 공립 유치원까지 확대할 것인지, 그리고 사립학교를 설치대상에 포함할 것인지 등도 쟁점이었다. 학교회계가 설치된 뒤에는 학교회계 수입과 지출의 상당부분을 차지하고 있는 수익자부담경비를 학교회계에 포함할 것인지 여부, 국 · 공립대학으로 학교회계제도를 확대할 것인지 여부 등이 쟁점이었다.

1) 학교회계의 근거법령

학교회계 설치방안을 논의하는 과정에서 4가지 방법이 검토되었다. 초 · 중 · 고등학교의 예산과 회계를 총괄할 수 있는 가칭 「초 · 중등학교재정법」을 제정하는 방안, 「초 · 중등교육법」에 학교회계 설치근거를 마련하는 방안, 「지방교육자치에 관한 법률」에 학교회계 설치근거를 마련하는 방안, 각 시 · 도 조례로 학교회계 설치근거를 마련하는 방안 등이 그것이다.

「초 · 중등학교재정법」을 제정하는 방안은 당시의 「예산회계법」이나 「지방재정법」을 뛰어넘어 초 · 중 · 고등학교의 예산회계만을 규율하는 특별법을 제정하는 것은 법률체계상이나 향후 입법 추진과정에서의 실익 등을 고려할 때 무리가 있다는 의견 때문에 제외되었다. 초 · 중 · 고등학교의 설립이 조례로 정하여 진다는 점을 고려하여 학교회계의 설치를 각 시 · 도 조례로 제정할 수 있다는 의견도 제시되었으나 시 · 도교육청단위에서 학교회계 설치조례를 제정할 경우 교육인적자원부에서 조례시안을 마련해준다 하더라도 실무적인 어려움이 만만치 않을 것이라는 우려가 있었으며, 상위법인 지방재정법이나 동법 시행령에서 규정된 사항의 제한을 받을 수밖에 없어 학교회계를 설치한다 하더라도 실제 운영면에서 제한점이 남아 있을 수 있다는 우려가 제기되었다(성삼제, 1999b: 63).

「지방교육자치에 관한 법률」에 학교회계 설치근거를 마련할 경우, 국립의 초 · 중 · 고등학교가 제외되는 문제가 있어서 결국 학교회계의 설치근거를 「초 · 중등교육법」 제30조의2와 제30조의3에 규정하게 되었다. 처음에는 '학교회계의 운영에 관하여 필요한 사항'을 교육인적자원부령으로 정했으나 지역실정을 반영하는 데 장애가 된다고 하여 2005년부터 국립학교에 대하여는 교육인적자원부령으로, 공립학교에 대하여는 시·도 교육규칙으로 정하도록 하였다. 그렇다고 교육인적자원부령 「공립학교회계규칙」이 폐지된 것은 아니다.

그러나 시·도교육비특별회계의 설치근거는 「지방교육자치에 관한 법률」인데 반해 학교회계의 설치근거는 「초·중등교육법」이어서 양자 간의 관계가 매우 모호하다는 문제가 있다. 법체계상 학교회계와 교육비특별회계는 동급의 회계라고 볼 수 있으나 현실적으로 학교회계의 주된 세입은 교육비특별회계로부터의 전입금이고, 공립학교는 「지방교육자치에 관한 법률」에 의하여 지방자치단체가 경영하는 교육기관이므로 공립학교의 재정은 교육비특별회계에 포함된다고 볼 수 있다. 즉, 법체계상으로는 양 회계가 동급의 회계이지만 실질적으로는 교육비특별회계 속에 학교회계가 포함된다고 볼 수 있다는 것이다(송기창, 2001: 99).

현실적으로 교육감이 「지방재정법」이나 동법 시행령, 「시·도 교육비특별회계재무회계규칙」 등에 근거하여 예산편성지침을 시달할 것이 분명하고 교육비특별회계로부터의 전입금을 재원으로 하기 때문에 「지방재정법」과 그 시행령의 규제를 받지 않을 수 없다.[1] 교육청이 단위학교를 통해 집행하는 시설비나 인건비의 경우 「학교회계규칙」보다는 「국가재정법」이나 「지방재정법」을 적용함으로써 표면적인 회계의 단순화에도 불구하고 실질적으로 회계 관계법령의 단순화는 달성되지 않고 있다.

따라서 학교회계의 특수성을 보장하기 위해서는 「국가재정법」과 「지방재정법」의 특례를 허용한다는 의미에서 가칭 「학교재정법」을 제정할 필요가 있다. 「학교재정법」에는 초·중등학교 및 특수학교회계뿐만 아니라 대학회계에 관한 사항까지 규정하는 것이다. 그러나 학교재정법의 제정은 대학회계도입이 확정되어야 가능하다. 따라서 현실적으로는 학교회계의 설치근거를 「지방교육자치에 관한 법률」에 규정하되, 국립학교의 경우에는 「국립학교설치령」에 「지방교육자치에 관한 법률」의 공립학교회계 근거규정을 준용하도록 규정하는 방안을 검토할 필요가 있다. 「지방교육자치에 관한 법률」에 학교회계 설치근거를 둘 경우, 학교회계와 교육비특별회계의 관계를 명확히 할 수 있고 학교회계는 학교회계규칙을, 교육비특별회계는 교육비특별회계재무회계규칙을 적용하며 양 규칙 간의 관계도 명시할 수 있을 것이다.

1) 「서울특별시 공립학교회계규칙」 제48조는 "이 규칙에 규정되지 아니한 사항은 「서울특별시 교육비특별회계재무회계규칙」을 준용한다."라고 되어 있어서 학교회계규칙은 교육비특별회계재무회계규칙의 특례규칙 성격임을 표명하고 있다.

2) 학교회계의 설치대상

학교회계는 국 · 공립 초 · 중 · 고등학교와 특수학교에만 설치하고 있다. 사립학교에 대하여는 「사립학교법」에 의하여 학교에 속하는 회계(교비회계와 부속병원회계)와 법인의 업무에 속하는 회계(일반업무회계, 수익사업회계)를 두고 있으며, 사립 초 · 중등학교에 대하여는 「사학기관재무회계규칙」을, 사립 고등교육기관에 대하여는 「사학기관재무회계규칙에 대한 특례규칙」을 적용하고 있다.

외형적으로 보면 사립의 교비회계와 국 · 공립의 학교회계 간에 큰 차이가 없다. 학교회계는 세출에 정규직 교직원인건비가 없고(학교회계직과 비정규직 인건비 별도), 세입에 입학금과 수업료가 없는 데 반하여, 교비회계의 경우에는 세출에 교직원인건비가 있고 입학금과 수업료가 세입에 포함되며, 사학의 특수성 때문에 재무 · 회계절차가 약간 다르다고 할 수 있다. 결정적으로 차이가 있다면 양 회계의 관 · 항 · 목체계이다. 이러한 차이는 교육재정 통계를 산출하고 교육비를 비교하는 데 많은 어려움을 가져온다.

이러한 문제의식에 따라 사립학교의 교비회계를 학교회계형식으로 운영해야 한다는 주장이 제기된 바 있다(송기창, 2004: 368). 단순히 명칭만을 바꾸는 것이 아니라 관 · 항 · 목체계까지 학교회계와 일치시켜야 한다는 것이다. 종래에는 교비회계와 학교운영지원회계가 구분되어 있었으나 학교회계의 설치를 계기로 학교운영지원회계가 교비회계에 통합되었다. 그러나 교비회계 세출항목을 조정하여 학교운영지원회계에 있던 세출항목을 통폐합한 시 · 도교육청도 있지만 대부분의 시 · 도교육청은 학교운영지원비를 별도의 관으로 구분하여 세출항목을 두고 있다. 이를 위하여 「사립학교법」과 「사학기관재무회계규칙」, 「초 · 중등교육법」을 개정하여 사립학교의 교비회계를 학교회계로 전환하는 것을 고려해야 할 것이다. 사립학교회계의 경우에도 국 · 공립학교회계의 관 · 항 · 목체계를 따르도록 하여 국 · 공 · 사립 간 교육비의 비교가 가능하도록 해야 할 것이다.

3) 수익자부담경비의 처리

현행 학교회계규칙에 의하면, 수익자부담경비는 학교회계 세입에 포함되고 이는 다시 학교회계 세출예산에 편성되어 지출되고 있다. 세입세출외 현금으로 관리되던 수익자부담경비를 학교회계 세입세출에 포함시킨 것은 수입의 직접사용금지의 원칙(학교회계규칙 제6조)과 예산총계주의(학교회계규칙 제8조)에 따른 것이다.

그러나 수익자부담경비가 학교회계 세입세출예산의 48%(2001년 예산기준)를 차지하고 있는 상황에서 학교회계에 관한 정보는 학교교육비에 관한 정보로 활용하는 데 한계가 있다. 수익자부담경비 중 특기적성교육비와 현장학습비의 비중은 25.4%에 불과하고 급식비가 66.5%를 차지하고 있어서 학교회계 세입세출규모가 왜곡되고 있다(송기창, 2002). 이런 문제를 해결하기 위하여 수익자부담경비 중 현장학습비와 특기적성교육비, 보충수업비 등 직접교육비에 해당하는 경비만 학교회계 세입세출에 반영하고, 급식비와 앨범비 등 교육과 직접적인 관련이 적은 경비는 수익자부담경비에서 제외하여 세입세출외현금으로 관리할 필요가 있다는 주장이 제기된 바 있다.

또한 수익자부담경비는 학교의 다른 예산과는 달리 경비집행 시 학교의 재량이 거의 없으며 수입한 만큼 그대로 지출되는 일시보관금에 불과하기 때문에 학교예산이라고 볼 수 없는 것인데, 이를 학교예산에 포함시킴으로써 예산의 집행이 복잡하게 되었으며 결국 현행 수익자부담경비 운영방식은 예산운영의 효율성 향상이라는 학교회계제도의 근본취지에 역행하고 있다는 것이다. 이러한 이유로 수익자부담경비 전체를 학교회계제도 시행 전과 같이 세입세출외현금으로 관리해야 한다는 주장이 학교회계실무자들로부터 제기되고 있다(정재균, 2002: 272).

그러나 수익자부담경비의 운영은 집행과정의 성격이나 복잡성보다는 경비의 본질적 성격에 따라 결정될 문제라는 관점에서 기존 수익자부담경비 관리방식을 개선한다는 조건하에 종전과 같이 학교회계에 포함하여 관리해야 한다는 주장도 있다(정재균, 2002: 283-285). 현행 학교의 수익자부담경비로 이루어지는 활동들은 학교의 교육과정 운영과 관련있거나 공익적 목적으로 운영되는 것들이 대부분이며, 다만 공부담재원이 부족하여 그 비용을 학부모에게 부담시키는 것을 원칙으로 하고 있을 뿐이므로 수익자부담경비는 학교의 정식예산으로 관리하는 것을 원칙으로 해야 한다는 것이다. 수익자부담경비가 정식예산에 편성되지 않으면 학교교육계획과 예산이 유기적으로 연계되기 어렵고, 예산집행 현황분석을 통해 학교교육계획의 달성정도 및 학교교육의 성과를 평가하는 것이 어려워지며, 수익자부담경비가 학교운영위원회의 예 · 결산심의에서 배제되는 문제가 있다는 것이다. 다만, 운영의 묘를 살려 업무부담을 가중시키는 미집행분 반환에 관한 지침을 합리적으로 조정하고, 수익자부담경비는 일단 성립 전 예산으로 집행한 후에 추가경정예산 편성요인이 발생할 경우 일괄적으로 추가경정예산에 반영하는 방향으로 처리하면 된다는 것이다.

수익자부담경비 전체를 세입세출외현금으로 관리하는 방식이든, 경비의 성격을 고려하여 일부를 세입세출외현금으로 관리하는 방식이든, 아니면 현행 관리방식에 운영의 묘를 살리든 수익자부담경비에 대한 재검토가 필요한 것만은 사실이다.

보다 근본적으로 단위학교에서 수익자부담경비로 이루어지는 활동 대부분이 학교에서 이루어지는 공통활동이기 때문에 수익자부담경비는 공부담화가 절실히 요청되는 비용이다. 시 · 도교육청에서 교육재원을 배분할 때 수익자부담경비를 고려하지 않기 때문에 지역적 · 경제적 여건에 따라 달라지는 학부모의 교육비용 부담능력이 결국 교육활동의 불공평성을 초래한다고 본다(이선호, 2006: 114). 학교회계제도가 어느 정도 안정적으로 정착되었기 때문에 수익자부담경비를 공공재원에서 충당하는 노력이 요청된다.

4) 대학회계제도 도입

2001년 국 · 공립 초 · 중등학교와 특수학교에 학교회계가 설치되자 국고회계와 기성회회계로 이원화되어 있는 국립대학에도 대학회계를 설치하여 예산 편성의 자율성을 보장하고, 자체수입 확보동기를 부여하며, 회계운영의 효율성을 제고하자는 논의가 제기되었다(송기창, 2003: 380).

2002년 11월에 「국립대학운영에 관한 특별법(안)」(황우여 의원 등 21인 발의, 2002. 11. 13)이 제출되어 국회에 계류 중에 있고, 2005년 5월 「국립대학 재정운영에 관한 특별법안」(이주호 의원 등 12인 발의, 2005. 5. 20)이 제출된 상황이다. 그러나 대학회계는 국립대학법인화의 한 부분으로 인식되면서 국립대학 측은 반대입장을 나타내고 있다.

그러나 대학회계의 도입이 반드시 국립대학 법인화와 직접적인 관련을 맺고 있는 것은 아니다. 국립대학 법인화가 추진된다면 대학회계가 반드시 도입되어야 하지만 국립대학 법인화가 추진되지 않는다 할지라도 대학회계의 필요성이 없는 것은 아니기 때문이다. 학교회계를 추진했던 방식대로 「고등교육법」에 근거규정을 마련한 후, 「국립대학회계규칙」을 교육인적자원부령으로 제정하여 재정운영의 자율성을 부여할 수 있을 것이다.

대학회계를 설치하면서 「국립대학회계규칙」을 별도로 만들지 않고 현행 「국립학교회계규칙」에 대학회계 운영에 관한 사항을 규정하는 것도 검토할 수 있는 대안 중의 하나이다. 공립대학의 경우에는 국립대학과 마찬가지로 현행 「공립학교회계규칙」에 통합하면 될 것이다. 이렇게 될 경우 학교의 회계에 관한 사항은 사학기관재무 · 회계규칙, 국립학교회계규칙, 공립학교회계규칙 등으로 정리될 수 있다. 대학회계가 도입된다 할지라도 초 · 중등학교회계와 달리 입학금과 수업료 수입을 대학회계 세입에 계상하여 각 대학이 책무성을 가지고 예산을 운용할 수 있도록 해야 할 것이다.

이주호 의원 등이 제안한 「국립대학 재정운영에 관한 특별법안」에 따르면, 대학회계를 설치하기 위한 전제로 대학재정 운영의 주요사항을 의결하기 위하여 대학의 교직원, 학생, 동문, 지역사회 인사 및 대학발전에 기여한 인사 등으로 구성된 대학재정운영위원회를 두도록 되어 있으며, 대학회계의 세입은 국가의 일반회계와 특별회계로부터의 전입금, 입학금 · 수업료 · 기성회비 및 그 밖의 납부금, 국가 또는 지방자치단체의 보조금 및 지원금, 사용료 · 수수료 및 물품매각 대금, 연구지원비 · 연구용역비 · 실용신안 · 특허권 등의 사용료 또는 수입금, 수익사업의 수익금, 이월금, 그 밖의 수입으로 하며 세출은 대학의 교육 · 연구 · 봉사활동 및 운영과 대학시설의 설치 등을 위하여 필요한 일체의 경비로 한다고 되어 있다.

현재, 대학회계의 필요성에 대하여는 대체로 공감하나 대학회계의 설치를 국립대법인화의 사전정지작업으로 인식함으로써 답보상태를 면치 못하고 있다. 그러나 국립대법인화가 추진되지 않는다 할지라도 대학회계는 설치될 필요가 있다는 점을 인식시킬 필요가 있다.

6. 학교회계제도의 과제

학교회계제도가 도입된 지 7년째가 되는 현재의 시점에서 학교회계제도의 공과를 성급하게 평가하기는 어렵다. 그러나 학교회계제도는 비교적 단시일 내에 정착되고 있는 제도로 볼 수 있으며, 일부 실무적인 문제가 있음에도 불구하고 도입 7년간의 실적을 평가할 때 비교적 성공적인 제도라 할 수 있다(시 · 도교육청평가위원회, 2005: 250).

학교회계제도 성패의 관건은 학교교육비를 어느 정도로 지원하며, 또 학교에서 교원들이 어느 정도로 운영과정에 참여하느냐에 달려 있다 해도 과언이 아니다. 따라서 학교 교육비를 총액으로 더 많이 교부할 수 있는 방안이 계속 강구되어야 하고, 단위학교의 평교사를 대상으로 한 연수가 필수적으로 요청된다(시 · 도교육청평가위원회, 2005: 250).

교육활동과 예산이 연계되도록 지속적인 노력이 이루어져야 하며, 예산집행의 결과를 분석하여 반성하고 차기 교육계획과 예산에 반영하는 노력도 필요하다. 또한 학교회계의 기본 틀을 바꿔 품목별 예산제도에서 사업예산제도나 성과주의예산제도로 변경하는 노력을 하여야 한다(최준렬, 2006: 5-6).

학교회계제도의 안정적인 정착을 위해서는 다음과 같은 몇 가지 제도적 과제를 안고 있다(송기창, 2000: 34-36).

첫째, 학교발전기금 조성 · 운영에 관한 사항과 마찬가지로 학교회계 예산안 및 결산에 관한 사항도 학교운영위원회의 의결사항으로 규정할 필요가 있다. 심의기구 성격의 학교운영위원회가 학교발전기금을 조성 · 운용하는 것은 논리적으로 맞지 않는다는 지적에 따라 1999년 8월 31일 「초 · 중등교육법」을 개정하면서 학교발전기금의 조성 · 운용에 관한 사항에 한하여 의결하도록 하였다. 따라서 현재에도 학교발전기금에 관한 한 학교운영위원회는 의결기관의 성격을 가지고 있다. 마찬가지로 학교회계에 대하여도 학교운영위원회는 당연히 의결기관이 되어야 한다. 학교운영위원회가 예산안과 결산에 대하여 의결하게 되면 독립회계인 학교회계예산을 심의만 거쳐 집행하는 문제를 해결할 수 있다.

둘째, 입학금과 수업료를 학교회계 세입에 포함시켜 운용하는 방안을 검토할 필요가 있다. 입학금과 수업료를 학교회계에 포함시키는 것이 예산총계주의원칙에 부합하고 공립학교 세입 규모에 대한 사립학교와의 비교를 용이하게 할 수 있다. 단위학교에서 발생하는 모든 수입을 학교회계 세입으로 하는 것은 교육비특별회계와 학교회계의 관계를 분명히 하는 효과가 있고, 교육비특별회계나 정부일반회계의 단위학교에 대한 재정지원 규모를 명확히 하는 효과도 있다. 입학금과 수업료를 교육비특별회계 세입으로 하고 있는 것은 향후 입학금과 수업료 책정권을 단위학교에 부여하는 데도 장애가 될 수 있다. 인건비예산도 단위학교에 편성할 경우 대규모학교에도 역교부 사태가 발생할 가능성은 없다.

셋째, 교감에게 재무 · 회계에 관한 책임과 권한을 부여해야 할 것이다. 학교회계의 도입으로 예산 편성과 교육계획의 연계가 더욱 중요해졌으나 교감이 예산 편성과 집행과정에 관여하지 않음으로써 양자 간의 괴리를 좁히지 못하고 있다. 교육계획 수립의 실질적인 책임자인 교감이 가용예산의 규모나 예산 편성원칙 등을 모르고, 예산 편성지침을 작성하고 심의 · 조정하는 데 참여할 수 없다는 것은 교육계획과 예산 편성의 연계를 어렵게 하는 근본적인 요인이다. 교감에게 재무 · 회계권한을 부여할 경우 교감의 위상을 높여 교육행정실과의 껄끄러운 관계를 정리해주는 효과가 있다.

넷째, 현행 겨울방학과 봄방학제도에 대한 근본적인 재검토가 필요하다. 현재에는 12월 15～20일경 겨울방학에 들어가 2월 1～5일경 개학하여 2월 15～20일경 종업식을 하고 있다. 2월 출석일수는 10일 정도에 불과하다. 2월에 수업을 하기 때문에 교원전보인사를 앞당기기 어렵고, 2월 20일 넘어 교원전보인사를 하는 한 학교회계예산안 편성주체와 집행주체가 달라지는 문제를 해결하기 어려우며, 학교교육계획과 예산안의 연계도 불가능하다. 따라서 2월의 수업일수를 12월에 소화하도록 하고 1월 중순까지 학사업무를 종결한 후, 1월 20일께 교원인사를 단행하면 이동한 교사들이 예산안 편성과정에 합류할 수 있고 지방교원들의 이사문제가 해결되며, 여유를 가지고 이동한 교사들의 참여 속에 교육계획을 수립할 수 있고, 교사들로 하여금 새 학년도를 미리 준비할 수 있게 함으로써 3월초의 혼란과 수업결손을 방지할 수 있다. 이렇게 할 경우 회계연도 종료와 함께 출납폐쇄를 할 수 있다는 이점도 있다.

다섯째, 학교회계의 성공여부는 구성원의 참여와 학교운영위원회의 실질적인 예 · 결산 심의에 달려 있다고 전제할 때, 교사들의 예산과정 참여에 대한 인식과 학교장의 학교운영위원회 심의에 대한 인식이 변해야 한다. 교사들은 교육계획이 예산 편성과정을 통해 구체적으로 실현될 수 있다는 점을 인식하여 예산 편성과정에 적극 참여해야 하며, 학교운영위원회를 통한 심의에도 관심을 가져야 한다.

참■고■문■헌

강병구(2000). 단위학교예산회계제도의 발전방안 연구-국립 및 공립 초 · 중등학교회계규칙을 중심으로-. 교육재정경제연구, 9(2).

교육부 · 서울특별시교육청(1999). 단위학교 재정운영 효율화 Workshop 자료집. 제3회 교육재정실무자 Workshop.

교육부 · 한국교육개발원(2000a). 단위학교경영 자율화를 위한 새로운 학교회계제도 도입. 리플릿.

____________________(2000b). 학교회계 길잡이.

교육인적자원부(2002). 2002년 지방교육재정운용편람.

____________(2003). 2003년 지방교육재정운용편람.

김남순 · 김경신(2007). 학교회계제도의 도입과 특수학교경영의 자율화 연구. 특수교육학연구, 41(4).

김병주(1999). 학교회계 결산의 과제와 전망. 교육재정경제연구, 8(2).

김선복(2003). 학교회계제도의 도입효과에 관한 연구. 전남대학교 행정대학원 석사학위논문.

김영철(2004). 학교회계제도의 운영성과 분석. 충남대학교 교육대학원 석사학위논문.

두창묵(2000). 새로운 학교회계제도의 이해와 농업고등학교 예산운용. 한국농업교육학회. 농업교육과 인적자원개발, 32(4).

박해정(2005). 학교회계제도의 운영효과 분석연구. 전북대학교 교육대학원 석사학위논문.

반상진(2004). 학교회계제도의 성과와 전망. 한국지방교육경영학회. 2004년 학술대회 자료집.

성삼제(1999a). 학교회계제도의 필요성과 발전방향. 미발표원고.

______(1999b). 단위학교 재정운영 효율화 추진방향. 단위학교 재정효율화방안 연구사례집. 교육부 · 서울특별시교육청.

______(2002). 학교예산회계제도의 이해. 서울: 교육과학사.

송기창(1998a). 초 · 중등교육재정 운영의 효율화 방안. 교육재정경제연구, 7(1).

______(1998b). 단위학교의 교육재정 책임증대와 그 대응방안. 교육행정학연구, 16(2).

______(1998c). 초 · 중등학교 교육재정 운영의 효율화 방안. 한국교육재정경제학회. IMF 관리체제에서의 교육재정 운영의 효율화(학술대회 자료집).

______(2000). 학교회계제도의 운용방향과 발전과제. 단위학교회계제도 도입을 위한 공청회 자료집. 교육부.

______(2002). 학교회계의 운영실태 조사연구. 교육재정경제연구, 11(1).

______(2003). 참여정부의 교육행 · 재정 개혁과제. 교육행정학연구, 23(2).

______(2004). 사학의 재정구조 개선을 위한 정부지원제도 모색. 교육행정학연구, 22(4).

송기창 외(2006). 2006 교육재정백서. 교육인적자원부.

시 · 도교육청평가위원회(2001). 2001년도 시 · 도교육청평가보고서.

____________________(2003). 2003년도 시 · 도교육청평가보고서.

____________________(2005). 2005년도 시 · 도교육청평가보고서.

양종만(2001). 단위학교예산회계제도 운영방안 연구. 서울특별시교육청.

오영수(1999). 학교회계에서의 발생주의 도입가능성 탐색. 교육재정경제연구, 8(2).
______(2000). 통합학교회계를 전제로 한 학교재정지표 개발. 교육재정경제연구, 9(1).
윤정일(2004). 교육재정학원론. 서울: 세영사.
이선호(2006). 학교회계 수익자부담경비의 실태 분석. 교육재정경제연구, 15(2).
이영자(2001). 학교예산회계제도의 효과에 관한 연구. 홍익대학교 교육경영관리대학원 석사학위논문
이원근(1999). 학교예산회계제도의 개선방향. 교육마당 21.
임유섭 · 정일환(2006). 미국과 호주의 단위학교 예산제도 운영과 시사점. 비교교육연구, 16(3).
정일환 · 임유섭(2005). 학교회계 예 · 결산 사례 분석-도시와 농촌지역 초등학교 비교-. 교육재정경제연구, 14(1).
정재균(2002). 초 · 중등학교 수익자 부담 경비 운영의 방향. 교육재정경제연구, 11(1).
최준렬(2006). 학교회계제도의 성과와 전망. 한국교육재정경제학회 제46차 학술대회 발표논문.
한국교육재정경제학회(2004). 학교재무관리 이론과 실제. 도서출판 하우.
한유경 · 권정훈(2003). 사례조사를 통한 학교회계제도의 발전 방향 모색. 교육행정학연구, 21(1).
한유경 외(1999). 단위학교 재정운영체제 확립방안 연구. 한국교육개발원.

제 15 장

학교신설정책

1. 서 론

우리나라의 초 · 중등 교육기회는 세계적으로 유래를 찾기 어려울 정도로 단기간에 확대되었다. 1970년에서 2006년 사이의 취학률을 살펴보면, 초등학교는 92.0%에서 99.0%, 중학교는 36.6%에서 95.7%, 일반계고등학교는 20.3%에서 91.0%로 높아졌다. 같은 기간 학급당 학생 수의 경우 초등학교는 62.1명에서 30.9명, 중학교는 65.1명에서 35.3명, 일반계고등학교는 60.1명에서 33.7명으로 거의 절반수준으로 낮아졌다. 주요 선진국에 비할 때 우리의 교육여건은 여전히 열악하지만 짧은 기간 교육기회의 양적 확대라는 측면에서 이룬 성과로는 손색이 없으며, 여기에는 지속적인 학교신설이 크게 기여하였다.

한편, 교육기회의 양적 확대 외에도 학교의 물리적 교육환경은 학생의 학업성취도, 가치관 형성, 그리고 교육만족도에 영향을 주고, 교사들의 교수행동, 직무수행, 조직헌신도, 직무만족도 등에도 영향을 끼친다. 아울러 학부모 및 지역사회의 학교에 대한 만족도는 교육에 대한 지원 및 참여도를 결정하고, 심지어는 주민의 거주지를 결정하는 데도 중요하게 영향을 미친다(송기창 외, 1999). 요컨대 학교는 교육활동을 위한 단순한 공간이나 물적 요소가 아니라 교육의 핵심인 교수-학습에도 영향을 미치고, 교사와 학생의 삶의 공간으로서 정서에도 영향을 미치며, 학부모와 지역사회의 중요한 생활공동체로서 기능

* 윤홍주(춘천교육대학교)

하기도 한다. 이러한 점에서 적절한 시기와 장소에 학교를 신설하는 정책은 교육의 질에 직·간접적으로 영향을 미치는 교육정책의 중요한 영역이라 할 수 있다. 이 장에서는 학교신설정책의 변천과정을 살펴보고, 학교신설의 현황과 문제점을 고찰하며, 학교신설정책의 쟁점을 검토한 후 발전과제를 모색해 보기로 한다.

2. 학교신설정책의 변천과정

교육정책은 사회적·공공적·조직적 활동으로서의 교육활동에 대하여 국가의 공권력을 배경으로 강행되는 기본 방침 내지 지침을 의미하며, 교육활동의 목적·수단·방법 등에 관한 최적의 대안을 의도적·합리적으로 선택한 것이라 할 수 있다(김종철, 1979: 10). 이와 같은 교육정책의 개념에 비추어 보면 학교신설정책은 국가의 공권력을 배경으로 교육활동을 위해 필요한 학교신설에 대한 기본 방침 내지 지침이라 할 수 있다.

우리나라의 학교신설정책의 경우 독자적인 교육정책의 한 영역으로 간주되어 수립·집행되었다기보다 '의무교육완성 6개년 계획(1954-1959)', '의무교육시설확충 5개년 계획', '7.20 교육여건 개선사업' 등 교육기회의 확대, 교육여건 개선사업 등과 연계하여 학교신설정책이 수립·추진되었다. 아울러 지방교육재정의 대부분이 중앙정부를 통해 배분되는 구조를 유지하여 왔기 때문에 지방교육재정제도는 학교신설정책과 가장 밀접하게 관련되어 있다. 이러한 연유로 학교신설과 관련된 대부분의 연구에서 학교신설정책은 지방교육재정제도의 틀 속에서 논의되는 것이 일반적이다(정재균 외, 2003; 반상진 외, 2005). 여기서도 지방교육재정제도의 변천과정을 중심으로 1959년부터 1990년까지의 항목별 배분기, 1991년부터 1995년까지의 총액교부금 배분기, 1996년부터 2000년까지의 시설교부금 운용기, 2001년부터 2004년까지의 사업재정 배분기, 2005년 이후에는 BTL 사업기로 구분하여 학교신설정책의 근간을 나누었으며, 교육환경개선특별회계, 「학교용지확보에 관한 특례법」제정, '7.20 교육여건 개선사업' 등 학교신설과 직·간접적으로 관련된 사업과 제도를 해당시기에 포함하는 방식을 취하였다.

1) 항목별 배분기(1959~1990)

이 시기는 단위사업별 산정, 경비별 교부시기로 각 시·도교육청에서 단위사업별로 교부금 산정자료를 제출하고, 인건비·행정기관운영비·학교운영비·시설비 등으로 교부금을 산정하여 교부하였다. 항목별로 소요경비를 산출하여 배분하는 항목별 배분방식은 당시 문교부가 시 · 도교육청의 예산을 일일이 편성해주는 결과를 가져와 시 · 도교육청은 예산편성의 자율성이 거의 없었다(송기창 외, 2005: 6-8). 시설비의 경우 교실신축, 교실매입, 부속시설 신축, 교실개축 등의 세부항목에 따라 각각 측정단위를 설정하고, 여기에 단위비용을 곱하여 소요경비를 산출하는 방식으로 교부하였다(문교부, 1985).

2) 총액교부금 배분기(1991~1995)

1991년부터 전면실시된 지방교육자치제도와 이를 뒷받침하기 위한 지방교육재정제도의 전면개편으로 종전까지 중앙정부가 교 · 급당 경비제도에 근간하여 정액으로 교부하던 지방교육재정교부금을 가중학생 수와 가중학생당 경비를 근간으로 배분하는 총액교부금 제도로 개편하게 되었다. 이에 따라 각 시 · 도별로 인건비와 운영비를 합한 경상비와 신설학교 경비를 포함한 시설비를 통합 집행하였다. 이러한 총액배분은 지방교육재정 운용의 자율성은 높였지만 교육여건의 변화를 반영하는 데는 미흡하여 대단위 택지개발지구의 학교 신 · 증설 수요 및 교원인건비 증가 등을 현실에 맞게 효율적으로 반영하지 못하였다(송기창 외, 1999: 31). 학교신설의 경우 인구가 급증한 경기도 및 대도시 지역은 신설학교 개교경비로 인해 경상비의 압박을 받고 있었던 반면, 일반 도지역에서는 인구급감으로 학교 통폐합 압박에 따른 시설재배치 문제가 발생하기도 하였다. 한마디로 학생 수를 기준으로 학교신설에 대한 소요를 판단함으로써 지역적 특성이나 여건을 고려하지 못하였다.

1980년대에는 교육환경과 교원처우 개선을 위한 교육세법의 제정으로 교육환경에 대한 집중적인 투자가 있었으나 늘어나는 교육수요에 따른 교육시설 부족을 해소하고 열악한 교육환경을 개선하는 데는 한계가 있었다(송기창 외, 2001: 117). 이러한 상황에서 1989년 「교육환경개선 특별회계법」이 제정되었으며, 1990년부터 1992년까지 매년 3,700억 원씩 총 1조 1,100억 원이 투입되었다. 교육환경개선 특별사업은 크게 노후시설 개선을 위한 사업과 교원근무환경 개선을 위한 사업으로 구분된다. 노후시설 개선사업으로는 노후교실 개축, 노후교실 중수, 책걸상 대체, 화장실 개량, 교실난방 개선, 이중창 설치, 부속시설 증 · 개축 등의 사업이며, 교원근무환경 개선사업은 교무실 확충, 전화 증설, 복사기 지원 등의 사업이다.

한편, 택지개발사업 등으로 학교설립 수요는 급증함에도 지방교육재정이 취약하고, 지가의 급격한 상승으로 인하여 학교용지확보가 어려워지자 학교용지의 조성, 개발, 공급 및 경비의 부담에 관한 특례를 규정하여 원활하게 학교용지를 확보하고자 1995년 12월 「학교용지확보에 관한 특례법」이 제정 · 공포되었다. 특례법 제정과 관련하여 당시 국회 전문위원이 검토한 의견서에 의하면 1996년부터 1998년까지 신설 학교 수는 총 383개교이며, 이에 소요되는 예산은 3조 640억 원이었다. 이 중 60%에 해당하는 1조 8,400억 원이 학교용지매입비로 소요될 것으로 추정되었다(국회 교육위원회, 1995: 24-26). 이처럼 막대한 비용이 소요되는 학교용지를 원활하게 확보함은 물론 과밀학급의 완화 및 2부제 수업의 해소를 기대하고 특례법을 제정하였다. 그러나 특례법이 제정된 이후 지방자치단체에서는 학교용지 확보비용을 전혀 부담하지 않았을 뿐만 아니라 학교용지확보부담금조차 징수하지 않았다. 당시 학교용지부담금 징수를 지방자치단체의 조례에 위임하였으나 조례를 제정하여 시행한 지방자치단체가 없었던 것이다. 이후 2000년이 되어서야 특례법을 개정하여 학교용지부담금의 부과 · 징수 및 산정기준을 법률에서 직접 규정하였고, 시행령을 개정하여 필요한 사항을 정하게 되었다.

3) 시설교부금 운용기(1996~2000)

지방교육재정교부금의 총액배분은 택지개발지역 등의 학교신설 소요에 따른 비용을 반영하지 못하는 문제가 있었다. 이러한 문제를 해소하기 위해 1995년 12월 기준재정수요액을 경상재정수요와 학생수용시설재정수요로 구분하여 산정하는 방식으로 지방교육재정교부금 배분방식을 변경하였다. 개정된 「지방교육재정교부금법 시행규칙」에 따라 신도시 및 택지개발지역의 학교신설과 과밀학급완화, 2부제수업해소 등을 위한 학교신설 및 교실증축에 필요한 재정수요를 기준으로 시설교부금을 산정하게 되었으며, 그 규모는 총 가용재원의 1/10 범위 내에서 교육인적자원부장관이 정하도록 하였다.

한편, 제1기 환경개선특별회계(이하 '환특회계')가 어느 정도 가시적인 성과를 거두었다고 판단되자 교육계에서는 환특회계 영구화의 필요성을 제기하였고, 1992년 국회의원과 대통령 선거에서 각 당은 환특회계의 영구화를 공약으로 내세웠다. 이러한 공약에 따라 환특회계의 부활 및 연장이 추진되었고, 1996년 정부의 교육재정 GNP 5% 확보계획 속에 환특회계의 설치가 결정되었다. 제2기 환특회계는 2000년까지 5년 동안 존속하였으며, 낙후된 학교의 시설 · 설비의 개선 및 확충을 목적으로 하였다. 구체적으로 교원편의시설 확충, 개축 및 증축, 대수선, 난방시설 개선, 화장실 개선, 정화조 개선, 급수시설 개선, 승압시설 개선, 외부환경 개선, 책 · 걸상 및 사물함 등의 10개 사업이 추진되었으며, 규모는 연간 7,000억 원씩 5년간 총 3조 5,000억 원이었다.

4) 사업재정 배분기(2001~2004)

1996년부터 적용한 지방교육재정교부금 교부방법은 지역별 교육여건의 차이에 대한 조정기능이 미흡하고, 교육환경 변화에 탄력적으로 대응하는 데 한계가 있었다. 이에 지방교육재정교부금 배분의 형평성과 자율성, 효율성 및 현장성 등을 극대화시키고 현행 제도의 운영과정에서 나타난 일부 미비점을 개선 · 보완하기 위하여 2001년부터 새로운 교부금 배분방법을 적용하게 되었다(송기창, 2002).

주요 골자는 교육비차이도계수에 의하여 산정하던 기준재정수요액 산정방식을 경비별 소요액 산정방식으로 전환하였고, 기준재정수요액을 경상재정수요와 사업재정수요로 구분한 것이다. 인건비, 기관운영비, 학교운영비 등의 경상재정수요는 표준단가로 산정하고, 학교신 · 증설비, 교육환경개선비, 제7차 교육과정대비시설비, 교육정보화비, 기타사업비 등 사업재정수요는 실소요액으로 산정하되, 총 가용재원의 10분의 3의 범위 안에서 교육인적자원부장관이 정하도록 하였다. 경상재정수요액은 총액으로, 사업재정수요액은 사업별로 교부하도록 하고, 시 · 도별로 교부하여야 할 금액이 교부금 규모를 초과할 경우 이를 조정하여 교부할 수 있도록 하였다. 학교신 · 증설비는 측정단위에 단가를 곱하여 산정하며, 측정단위는 부지매입비, 건축공사비, 시설부대비로 구성된다. 시설비 산정의 측정단위 및 단위비용은 〈표 15-1〉과 같다.

한편, 2001년부터 초 · 중 · 고등학교의 교육여건을 OECD 국가수준으로 개선하고 지식정보화사회에 부응하기 위하여 '7.20 교육여건개선사업'이 추진되었고, 이와 관련하여

표 15-1 측정단위와 단위비용 산정기준(2001. 4. 17)

측정항목	측정단위	단위비용
토지매입비	「고등학교이하 각급학교 설립 · 운영규정」에 의한 교사용대지 및 체육장의 기준면적(m^2)	「지가공시 및 토지 등의 평가에 관한 법률」 제4조에 의한 공시지가를 적용하고, 공시지가가 없는 경우 동법 제10조의 규정에 의하여 산정한 개별토지가격. 다른 법령에 의하여 부지가격이 결정나는 경우 그에 의한 가격. 학교용지확보부담금 납부해당학교는 동 부담금은 공제
건축공사비	교육인적자원부장관이 산정하는 면적(m^2)	단가는 전년도 시 · 도별 건축공사비 집행실적을 고려하여 정하는 단가. 교사면적은 「고등학교이하 각급학교 설립 · 운영규정」에 의한 기준면적 적용
시설부대경비	교육인적자원부장관이 산정하는 면적(m^2)	당해연도 정부예산 편성기준(2종) 적용

학교신설사업 규모가 크게 확대되었다. 당시 학급당 학생 수, 교원 1인당 학생 수 등 우리의 교육여건은 선진국에 비해 매우 열악하였으며, 2000년부터 단계적으로 적용되기 시작한 7차 교육과정에 따른 학습자 중심의 토론식 수업과 선택형 수업을 실제로 학교현장에 적용하기 어려운 실정이었다.

이러한 문제를 해결하기 위하여 학급당 학생 수를 고등학교는 2002년까지, 초 · 중학교는 2003년까지 OECD 국가수준인 35명 이하로 감축하기 위한 교육여건개선사업이 본격적으로 추진되었으며, 학교신설과 교실증축관련 사업추진 규모는 〈표 15-2〉와 같다.

표 15-2 연도별 학교신설 및 교실증축 사업규모

(단위: 개, 억 원)

연도	신설학교 수(금액)		교실증축 수(금액)		총액
2001	472	(32,943)	5,986	(4,789)	37,732
2002	219	(22,932)	3,824	(3,059)	25,991
2003	226	(24,341)	1,375	(1,100)	25,441
2004	213	(25,300)	1,000	(800)	26,100
합계	1,130	(105,516)	12,185	(9,748)	115,264

출처: 교육인적자원부(2004). 7.20 교육여건개선사업 추진상황 중간점검 보고.

5) BTL사업기(2005년~)

2005년 1월 「사회기반시설에 대한 민간투자법」이 개정되면서 도로 · 항만과 같은 사회간접자본에 한정되었던 민간투자사업대상이 학교, 복지시설 등을 포함한 생활기반시설로 확대되었다. 이를 계기로 학교신설에도 BTL사업제도라는 새로운 민간투자방식이 본격적으로 도입되었다. BTL(Build-Transfer-Lease)사업제도란 민간이 공공시설을 건설한 후 국가에 소유권을 넘기면 국가는 이에 상응하는 관리운영권을 민간사업자에게 보장하고, 민간사업자는 이러한 관리운영권을 근거로 20~30년간 시설관리, 청소, 경비 등 종합임대서비스를 제공하면서 정부로부터 임대료를 받아 투자비를 회수하는 방식이다(이종욱, 2006: 14).

민간투자사업방식은 시설의 건설(Build), 운영(Operate), 소유(Ownership), 정부이양(Transfer)의 순서와 방법에 따라 다양하게 운용될 수 있는데, BTL사업제도는 다른 민간투자방식과 다음과 같은 점에서 구별된다(기획예산처, 2005a: 1-2). 첫째, 민간이 건설한 시설을 정부소유로 이전한다는 점이다. 반면, BOO(Build-Own-Operate)방식은 민간이 투자한 시설에 대해 소유권을 갖는다. 둘째, 정부가 시설임대료를 지급하고 민간업체의 투자자금을 회수시켜 준다는 점이다. 이는 최종사용자에게 시설이용료를 부과하여 투자금을 회수하는 BTO(Build-Transfer-Operate)방식과는 구별되는 것으로, BTL은 최종사용자에게 사용료를 부과하기 어려운 시설들을 대상으로 민간투자를 유치하기에 적합한 방식이라 할 수 있다. 셋째, 정부가 민간투자에 대한 적정수익률을 임대료를 통해서 지급하기 때문에 최종사용자의 수요에 대한 위험을 배제할 수 있다는 점이다. BTO방식은 최종사용자의 이용이 적을 경우 목표수익을 실현하기 어렵게 되고, 이 경우 정부재정에서 보조금을 지급하여 사후적으로 보장해 주는 방법을 사용하고 있다. 이 때문에 민간업체는 위험으로 인한 투자를 기피하는 현상이 일어날 수 있고, 정부는 보조금 지급으로 예상하지 못하는 추가재정소요가 발생할 위험이 존재한다. 반면, BTL은 이러한 위험이 없기 때문에 민간업체뿐만 아니라 정부의 민간투자에 대한 합리적인 계획을 가능하게 하여 보다 적극적인 민간투자를 기대할 수 있다.

교육시설부문의 BTL사업은 기획예산처의 국가재정운용계획과 연계하여 추진되고 있으며, 사업대상으로는 초·중등학교 교사, 체육관 및 강당 그리고 대학기숙사 등이다. 2005~2007년을 1단계 사업기간으로 설정하여 국민생활과 밀접한 시설을 우선 확충하는데 중점을 두고 있으며, 2단계는 2008년 이후 국가재정운용계획과 연계하여 추진할 계획이다. 1단계 사업기간 중 교육부문 투자목표를 살펴보면 〈표 15-3〉과 같다.

표 15-3 BTL사업 교육부문 1단계 투자목표

구분	현재지표(2004)		1단계 목표(2007)
• 노후 초·중등학교 교사 비율 (30년 이상 시설면적/전체 학교면적)	17.2% (151천 교실)	→	14.8% (130천 교실)
• 초·중등학교 신축/학급당 학생 수	33.3명	→	30.3명
• 초·중등학교 체육관 보유율 (체육관 보유 학교 수/전체 학교 수)	20.5% (2,160개교)	→	25.9% (2,873개교)
• 특수교육 수혜율 (수혜학생수/특수교육대상 학생 수)	87.1% (86천 명)	→	100.0% (95천 명)
• 국립대 기숙사 수용률 (기숙사 수용학생 수/전체 학생 수)	11.3% (4.1만 명)	→	18.0% (6.6만 명)

출처: 기획예산처(2005b). BTL사업 추진상황 및 투자계획(안).

3. 학교신설의 현황 및 문제점

1) 학교신설 현황

(1) 학교신설 현황

〈표 15-4〉는 1965년 이후 초·중·고등학교 수의 변화추이를 제시한 것이다. 초등학교의 경우 1980년대 중반까지 완만하게 증가하다 이후 감소 및 유지추세를 보이고 있다. 반면, 중학교와 고등학교의 경우 1980년대 중반까지 가파르게 증가하였으며, 이후 매우 미미하게 증가하는 양상을 보이고 있다. 학교 수 증감요인은 다양하다. 학생 수는 학교 수 증감의 가장 직접적인 요인이며, 이외에도 진학률, 학급당 학생 수와 같은 교육정책적 변수, 인구증감 및 이동과 같은 인구경제적 요인 등이 있다. 연도별 학교 수 변화에는 이러한 요인들이 복합적으로 반영되어 있다고 볼 수 있다. 어떤 요인이 어느 시기에 얼마만큼의 영향을 미쳤는지를 분석하는 것은 매우 어려운 일이다. 그러나 대체로 초등학교의 경우 1970년대, 중학교의 경우 1980년대까지는 주로 교육기회 확대 및 학생 수 증가요인

표 15-4 연도별 학교 수 변화추이 (단위: 개교, %)

연도	초등학교	증감률	중학교	증감률	고등학교	증감률
1965	5,125	-	1,208	-	701	-
1970	5,961	16.3	1,608	33.1	889	26.8
1975	6,367	6.8	1,967	22.3	1,152	29.6
1980	6,487	1.9	2,121	7.8	1,353	17.4
1985	6,519	0.5	2,371	11.8	1,602	18.4
1990	6,335	-2.8	2,474	4.3	1,683	5.1
1995	5,772	-8.9	2,683	8.4	1,830	8.7
2000	5,267	-8.7	2,731	1.8	1,957	6.9
2001	5,322	1.0	2,770	1.4	1,969	0.6
2002	5,384	1.2	2,809	1.4	1,995	1.3
2003	5,463	1.5	2,850	1.5	2,031	1.8
2004	5,541	1.4	2,888	1.3	2,080	2.4
2005	5,646	1.9	2,935	1.6	2,095	0.7
2006	5,733	1.5	2,999	2.2	2,144	2.3

출처: 교육인적자원부·한국교육개발원(각 연도). 교육통계연보.

표 15-5 BTL사업 추진현황 및 향후 계획

(단위: 개교, %)

구분	2005	2006	2007(안)	2008~2010	합계
신축	134	194	115	377	820
개축	47	73	59	21	200
소규모	67	323	328	253	971
합계	248	590	502	651	1,991

이 주로 작용하였으며, 이후에는 학급당 학생 수 감소와 같은 교육여건 개선과 개발지역의 학교신설이 주로 작용하였다고 추정할 수 있다.

보다 구체적으로 1990년대 이후 신설된 학교 현황을 살펴보면 다음과 같다. 1996~2004년의 시기는 다시 '7.20 교육여건 개선사업'이 추진되었던 2001년을 전후로 나누어 볼 수 있다. 1996~2000년에는 615개의 학교가 신설되어 연평균 123개의 학교가 신설된 반면, '7.20 교육여건 개선사업'이 시작된 2001년 이후 4년 동안은 1,130개의 학교가 신설되어 연평균 283개의 학교가 신설되었다. '7.20 교육여건 개선사업'이 추진되면서 이전에 비해 2배 이상의 학교가 신설된 것이다.

〈표 15-5〉는 BTL사업방식이 전격 도입된 2005년 이후의 학교신설 현황 및 신설계획을 제시한 것이다. '7.20 교육여건 개선사업'이 추진되던 시기에 비해 신설 학교 수가 줄어들기는 하였지만 여전히 연평균 100개 이상의 학교가 지속적으로 신설되었다.

(2) 학교신설비 규모

〈표 15-6〉은 2001년 이후 지방교육재정 중 인건비와 시설비에 대한 현황을 제시한 것이다. 지방교육재정에서 인건비가 차지하는 비중은 2001년 51.0%에서 2005년 62.0%로

표 15-6 지방교육재정 중 인건비 및 시설비 결산액 변화추이

(단위: 억 원, %)

구분	2001		2002		2003		2004		2005	
	금액	구성비	금액	구성비	금액	구성비	금액	구성비	금액	구성비
세입총액	278,778	100.0	304,890	100.0	323,890	100.0	331,668	100.0	344,794	100.0
인건비	142,224	51.0	162,764	53.4	181,176	55.9	200,689	60.5	213,743	62.0
시설비	49,154	17.6	55,545	18.2	55,471	17.1	58,293	17.6	50,481	14.6
학교신설비	25,119	(51.1)	26,375	(47.5)	29,933	(54.0)	33,270	(57.1)	30,501	(60.4)

주: ( ) 안은 시설비대비 학교신설비 비중임.

출처: 교육인적자원부(각연도). 내부자료.

매년 꾸준히 증가하였다. 시설비가 차지하는 비중은 2004년까지 대략 17~18% 수준을 유지하다 2005년 14.6%로 낮아졌다. 2005년 시설비의 비중이 낮아진 이유는 학교신설에서 BTL사업제도를 도입한 데 있다. BTL제도의 경우 초기의 사업비에 대한 부담이 재정사업에 비해 현저히 낮기 때문에 한시적으로 재정부담을 완화하는 효과가 있으며 2005년의 경우는 이러한 영향으로 볼 수 있다. 반면, 시설비에서 학교신설비가 차지하는 비중은 매년 높아지고 있다. 즉, 학교신설에 대한 비용부담은 지속적으로 증가하고 있는 것이다.

2) 학교신설의 문제점

(1) 학교용지 확보의 어려움

학교신설에서 가장 어려운 일 중의 하나는 학교용지를 확보하는 일이다. 학교용지 확보가 어려운 이유는 학교용지 결정에 대한 책임은 지방자치단체에 있는 반면, 학교부지 확보책임은 교육청이 지고 있는 이원화된 자치행정 때문이다. 보다 구체적으로 학교용지 확보과정을 살펴보면, 먼저 교육청이 학교신설을 결정한 후 지방자치단체에 학교용지 확보요청을 한다. 지방자치단체에서 교육청의 요구를 수용하여 학교용지를 선정하고, 시설을 결정하면 학교를 신설할 수 있다. 그러나 많은 경우 교육청에서 원하는 곳에 학교용지를 확보하지 못하고 있다. 토지소유자의 반발, 시방사치단체, 지방의회, 이해관계자 등의 학교용지 수용거부로 학교용지 결정이 늦어지기도 하고, 학교용지로 적합하지 않은 토지를 결정하여 추후 토목공사비가 증가하기도 하며, 진입로 공사 등 학교시설 이외의 사업비를 교육비특별회계에서 부담하는 문제 등이 발생하고 있다(반상진 외, 2002: 35).

이외에도 주택입주와 학교설립의 불일치에 따른 공사 중 개교, 과대학교, 과밀학급, 원거리 통학 등의 문제가 발생하고 있다. 특히, 학교용지 확보를 위해 공원시설 등의 해제가 필요한 경우 그 절차가 지나치게 복잡하며, 관계기관의 원활한 협조를 이끌어 낼 수 있는 방편의 부족 등이 개교 지연요소로 작용하고 있다. 또한 시책사업이나 「지역균형개발 및 중소기업 육성정책에 관한 법률」 등에 따른 개발사업의 경우 교육청과 협의 없이 개발계획을 변경 · 승인하여 공동주택 입주학생의 수용에 차질이 빚어지기도 하며, 산발적으로 주택건설사업이 진행되는 경우 학교용지 확보 및 계획적인 학교설립이 어렵다(하봉운, 2004: 299).

(2) 과다한 학교신설비

과다하게 높은 학교신설비는 운영비와 교육사업비 등의 잠식을 초래하며, 결국 교육활동과 직접 관련된 교육비 규모가 줄어들게 된다. 2006년 지방교육재정예산은 34조 6,841

표 15-7 2006년 지방교육재정 세출예산 규모

(단위: 억 원, %)

인건비	운영비	교육사업비	시설비	기채상환	예비비	합계
238,465 (68.8)	26,818 (7.7)	24,150 (7.0)	47,375 (13.7)	8,413 (2.4)	1,620 (0.5)	346,841 (100.0)

억 원이며, 이 중 인건비가 68.8%로 가장 높은 비중을 차지한다. 다음은 교육시설비가 13.7%를 차지한다. 교육시설비 규모는 4조 7,375억 원이며, 이의 63.5%인 3조 68억 원이 학교신설에 소요되었다. 이처럼 막대한 규모의 학교신설비용을 충당하기 위해 시·도 교육청은 지방채를 발행하고, 이는 다시 빚이 되어 돌아오는 악순환이 반복되고 있다.

〈표 15-8〉은 2002년 1월 이후 개교한 671개 학교에 대한 신설사업비를 재원별로 분석한 것이다. 총 사업비는 약 9조 4,956억 원인 데 비해 교육인적자원부의 학교신설교부금

표 15-8 학교신설교부금대비 실제 집행액

(단위: 백만 원, %)

구분	교부금	교육청 집행액	초과금액	초과비율
합계	7,342,474	9,495,767	2,153,293	29.3
서울	491,188	720,524	229,336	46.7
부산	408,732	579,306	170,574	41.7
대구	444,008	519,148	75,140	16.9
인천	746,620	748,617	1,997	0.3
광주	244,848	333,610	88,762	36.3
대전	221,318	322,337	101,019	45.6
울산	370,527	445,743	75,216	20.3
경기	2,713,378	3,667,819	954,441	35.2
강원	85,314	140,357	55,043	64.5
충북	195,886	212,442	16,556	8.5
충남	310,341	346,443	36,102	11.6
전북	173,955	231,167	57,212	32.9
전남	127,283	176,242	48,959	38.5
경북	243,181	321,198	78,017	32.1
경남	540,828	702,610	161,782	29.9
제주	25,067	28,204	3,137	12.5

주: 2002년 이후 개교한 671개 학교를 분석한 것임.

출처: 감사원(2005). 감사결과 처분요구서. 교육인적자원부.

은 약 7조 3,425억 원에 불과하여 시 · 도교육청에서 2조 1,533억 원을 별도로 투입하여 학교신설사업을 수행하였다. 즉, 학교신설에 교육인적자원부의 교부금대비 평균 29.3% 정도를 자체재원으로 투자하고 있다. 시 · 도교육청의 입장에서 볼 때 지방교육재정에서 인건비 등 경직성 경비의 비중이 매우 높고, 자체수입 규모가 크지 않아 재원확보의 여력이 거의 없음에도 학교신설비 비용을 추가적으로 부담해야 하는 어려움을 겪는 것이다.

(3) 신설 수요예측의 정확성 결여

학교신설사업의 경우 재정규모가 클 뿐만 아니라 매몰비용의 성격을 지니기 때문에 정확한 학생수용계획을 수립하여 유휴 또는 부족 없이 시설을 최대한 활용하는 것이 매우 중요하다. 즉, 통학구역 내 학생 수를 얼마나 정확하게 예측하느냐에 따라 사업의 성패가 결정된다. 그런데 문제는 이러한 예측이 쉽지 않다는 데 있다. 특히, 경기도와 같이 택지개발이나 인구가 급격히 증가하는 지역에서는 정확하게 학생수용계획을 수립하는 데 많은 어려움을 겪는다. 그동안 학생 수를 추정하면서 계획당시의 인구통계가 아닌 산출근거가 불분명하거나 관행적인 수치를 적용함으로써 재정적 낭비를 초래하는 경우가 많았다. 실제 2004년 수립된 133개의 초등학교 신설계획을 검토한 결과 계획수립 시 적용한 세대당 초등학생 수가 당해지역의 인구통계에 부합되는 경우는 〈표 15-9〉와 같이 7개

표 15-9 초등학교 신설계획상 세대당 초등학생 수 적용 현황

(단위: 명, 교)

구분	인구통계상 세대당 초등학생 수	교육청이 적용한 세대당 초등학생 수별 학교 수					
		0.25 미만	0.25~0.29	0.30~0.34	0.35~0.39	0.40 이상	계
서울	0.221	2	2	1			5
부산	0.224	1	1	17	5		24
대구	0.293				1	2	3
인천	0.245		1			7	8
대전	0.269			3			7
경기	0.249			2	30	29	61
충남	0.229		3	1			7
전북	0.300				2		2
강원	0.240		1	1			2
경남	0.246	2	1	1	3		7
경북	0.247	2		2	1	2	7
계	2.763	7	9	28	42	47	133

출처: 감사원(2005). 감사결과 처분요구서. 교육인적자원부.

(5%)에 불과하였다(감사원, 2005). 특히, BTL사업방식의 경우 장기간 임대료와 운영비를 민간에 지불해야 하기 때문에 이와 같이 부정확한 학생수용계획으로 야기되는 재정손실액이 재정사업에 비해 더욱 커질 가능성이 있다.

(4) 지방자치단체의 학교신설 비용부담 책임불이행

「학교용지확보 등에 관한 특례법」에 따르면 개발사업지 내 학교신설에 필요한 학교용지를 매입할 때는 지방자치단체와 교육청이 1/2씩 비용을 부담하도록 되어 있다. 그러나 학교용지 매입비용을 온전하게 부담하는 지방자치단체는 없다. 〈표 15-10〉은 2001~2005년 시·도별 학교용지 매입비용 부담 현황을 제시한 것이다. 5년 동안 시·도의 일반회계에서 부담해야 할 학교용지 매입비용은 총 1조 7,644억 원이나 실제 부담한 비용

표 15-10 2001~2005년 시·도별 학교용지매입비 부담 현황

시·도	학교용지확보		매입비용 부담					
			각 회계별 분담 대상액(백만 원)			실제부담액(백만 원)		시·도 일반회계 부담률 (B/A) (%)
	학교 수 (개)	부지면적 (m^2)	계	교육비 특별회계	시·도 일반회계 (A)	교육비 특별회계	시·도 일반회계 (B)	
서울	21	196,113	299,902	280,310	19,593	299,902	-	0.0
부산	32	413,246	216,200	108,100	108,100	216,200	-	0.0
대구	8	94,740	53,277	26,633	26,644	49,823	3,454	13.0
인천	47	554,029	272,312	136,156	136,156	234,009	38,303	18.1
광주	33	405,041	111,490	55,745	55,745	111,490	-	0.0
대전	31	399,371	171,888	99,813	72,075	147,892	23,996	33.3
울산	3	46,281	18,552	9,276	9,276	9,276	9,276	100.0
경기	237	3,040,123	1,888,574	944,287	944,287	1,664,654	223,920	23.7
강원	8	126,397	28,829	14,415	14,415	23,929	4,901	34.0
충북	19	255,404	76,045	38,024	38,021	64,980	3,121	8.2
충남	28	407,935	140,111	70,058	70,053	128,558	11,553	16.5
전북	23	379,984	80,485	40,243	40,243	52,850	2,696	6.7
전남	14	183,290	73,114	59,048	14,066	59,048	-	0.0
경북	14	192,113	42,460	21,231	21,229	42,460	-	0.0
경남	149	2,762,824	462,170	267,670	194,500	323,903	46,644	24.0
제주	4	33,030	10,449	10,449	-	10,449	-	0.0
계	671	9,489,921	3,945,858	2,181,456	1,764,402	3,439,423	367,864	20.8

출처: 교육인적자원부(2006). 내부자료.

은 3,678억 원에 불과하다. 심지어 서울, 부산, 광주, 전남, 경북 등은 5년 동안 학교용지 매입비용을 전혀 부담하지 않았다. 개발사업이 가장 활발하게 이루어진 경기도의 경우 지난 5년 동안 신설된 학교가 237개에 이르며, 이에 따른 학교용지 매입비용만 1조 8,886억 원이 소요되었다. 그러나 경기도는 부담대상액의 23.7%에 불과한 2,239억 원만을 부담하였다.

4. 학교신설정책의 쟁점

학교신설정책의 쟁점은 크게 학교신설의 책임, 학교신설방식, 학교신설 비용부담방식 등으로 나누어 볼 수 있다.

1) 학교신설의 책임

현재 학교를 신설할 수 있는 주체는 국가와 지방자치단체 및 학교법인이다. 국가에서 설립하는 학교는 국립학교이며, 주로 중앙부서에서 설립·운영하는 학교들이 여기에 속한다. 공립힉교는 지방자치단체에서 설립하며, 유·초등하교의 대부분과 중학교의 절반 이상이 여기에 속한다. 사립학교의 경우 학교법인이 설립·운영주체이다. 이 중 학교설립 주체와 관련하여 주로 쟁점이 되는 것은 공립학교이다. 법령상 지방자치단체는 공립학교를 설립하는 주체로 형식상 무한책임이 있으나 현실은 지방자치와 교육자치가 분리되어 있고 회계가 독립되어 있어 학교설립에 대한 실질적인 무한책임은 시·도교육청이 지고 있다(장수명, 2004: 111-112). 지방자치단체의 별도사무로 교육·학예에 관한 사항은 교육감이 관장하도록 하며, 이에 따라 공립학교의 설치 및 운영에 관한 사항을 교육감의 권한과 책임 아래 두고 있는 것이다.

명목상의 설립주체와 실질적인 설립주체가 분리되어 있기 때문에 학교설립 책임소재, 관련된 권한의 분산 등의 문제가 발생한다. 학교용지 확보과정은 이러한 문제를 잘 보여주고 있다. 학교용지를 확보하는 일은 학교신설 과정에서 가장 어려운 일 중의 하나이다. 도시계획과 건축허가권은 지방자치단체에 있는 반면, 학교신설에 관한 실제적 권한은 시·도교육청에 있어 두 기관의 유기적이고 긴밀한 협조가 쉽지 않기 때문이다. 이와 같은 문제를 해소하기 위해 두 기관에 분산되어 있는 권한과 책임에 대한 소재를 개편하는 방안을 생각해 볼 수 있다.

먼저 학교신설과 관련된 일체의 권한과 책임을 시·도교육청이 갖는 방식이다. 이는 현재 학교신설방식을 골간으로 유지하되 시 · 도교육청의 권한과 책임을 강화하는 방식이다. 구체적으로 도시계획 수립, 개발허가 등의 과정에 시 · 도교육청의 의견이 실질적으로 반영될 수 있도록 하는 것이다. 도시계획 수립권 및 건축허가권 등은 지방자치단체의 고유사무이기 때문에 학교설립이 관련되어 있더라도 이를 시 · 도교육청에 이관하는 것은 논리상 불가능하다. 그러나 형식적이고 불합리한 시 · 도교육청의 협의에 관한 권한은 개선될 필요가 있다. 예를 들어, 택지개발지역에서 교육적으로 적절한 곳에 학교가 세워지기 위해서는 택지개발 계획수립단계부터 학교수용계획에 대한 의견문의가 이루어져야 함에도 불구하고, 택지개발사업 실시계획단계에서 이루어지기 때문에 학교용지에 대한 비용부담과 도시계획 관계법령에 의한 학교기준을 제대로 이행받지 못하고 있다. 이러한 문제점을 해소하기 위해서 시 · 도교육청의 학교설립에 대한 의견이 택지개발 수립단계에서 결정하도록 변경하는 등 시 · 도교육청의 권한을 실질적으로 강화하는 것이다.

이에 반하여 학교신설에 대한 책임을 법령상 공립학교 설립주체인 지방자치단체에 전적으로 부여하자는 입장이 있을 수 있다. 이러한 입장은 현행 학교신설제도의 전면적인 개편을 의미한다(천세영 외, 2006). 즉, 학교신설의 주체를 교육감에서 지방자치단체로 변경하고, 학교용지부담금 및 건축비의 전부를 지방자치단체에서 부담하도록 한다. 이 경우 지방자치단체장은 학교용지를 무상으로 제공하여야 하며, 건축비는 새롭게 신설된 개발부담금 등을 활용하도록 한다. 학교용지 및 건축비 확보에 대해 책임이 있는 만큼 신설학교 재산에 대한 소유권은 지방자치단체장이 가지며, 교육활동을 위해 교육감에게 무상으로 양여하도록 하는 것이다. 요컨대, 교육감은 교수-학습 등 교육의 본질적인 부분에 대해 책임지며, 지방자치단체장은 학교신설 등 교육여건 마련에 책임을 지도록 역할을 명확하게 구분하자는 것이다.

2) 학교신설방식

학교를 신설하는 방식은 크게 재정사업방식과 BTL사업방식으로 구분된다. 재정사업방식은 학교신설의 모든 과정을 정부가 주도하여 추진하는 방식이며, 그동안 대부분의 학교는 이 방식에 의해 신설되었다. 한편, BTL사업방식은 민간을 학교신설사업에 참여시키는 방식으로 2005년부터 본격적으로 도입되었다. 재정사업과 BTL사업 등 학교를 신설하는 방식은 학교신설정책에서 가장 뜨거운 쟁점이다. 먼저 BTL사업방식을 선호하는 입장에서는 〈표 15-11〉과 같이 BTL사업방식의 장점을 제시한다.

첫째, BTL방식은 민간자본을 유치하여 국민생활에 긴요하고 시급한 학교나 복지, 문화시설 등을 조기에 확충함으로써 국민의 복지를 보다 증진시킨다(이영건, 2006: 33).

표 15-11 재정사업과 BTL사업의 비교

구분	재정사업	BTL사업
사업수요 해소	• 재정여건에 영향	• 조기해소 가능
설계의 다양성	• 발주처 의도에 따라 설계가 이루어져 설계자의 창의성 제한	• 민간의 창의성, 효율성 반영 • 성과요구수준서에 영향을 받음
시공품질	• 발주처 기준에 의해 결정	• 신기술, 신공법 적용 등 양질의 품질 기대
공사기간 준수율	• 공사기간 준수율 낮음	• 공사기간내 공사완료 기대
시설운영 효율성 및 서비스 수준	• 교직원에 의한 비전문적 시설운영으로 서비스 수준 낮음	• 민간의 효율적인 시설운영으로 서비스 수준 증대
재정적 측면	• 재정절감효과 적음 • 설계내역 적산, 물량산출	• 재정절감효과 큼 • 실적공사비로 산출
사업리스크	• 발주처 부담	• 민간사업자 부담
건설업체 참여	• 지방중소건설업체중심	• 대기업을 포함한 컨소시엄 구성 – 재무적투자자의 대기업 참여 요구
행정처리	• 행정절차 간편 • 공사감독업무 과다	• 행정절차 복잡 • 공사감독업무 경감
사용자 의견수렴	• 설계단계에서부터 참여	• 민간제안사업으로 사용자의견 배제
사업자 선정	• 제한적 최저가 낙찰	• 1, 2단계 사업평가방식 • 기술 및 가격평가에 모두 반영 • 기술보다는 가격에 의해 사업자 선정 경향

출처: 기획예산처(2005). 2005년 BTL사업 시행지침(안).

둘째, 민간의 창의와 경영기법을 활용하여 공공투자의 효율성과 생산성을 높일 수 있다. BTL방식에서는 사전에 정해진 공사기간이 연장되거나 총 사업비가 늘어날 염려가 적고, 민간사업자가 건설뿐만 아니라 향후 20~30년 동안 시설의 관리 · 운영도 담당하기 때문에 부실공사의 가능성은 낮은 반면, 이용자에 대한 서비스 수준은 높다(기획예산처, 2006: 6).

셋째, 재정사업은 투입수단을 통제하였으나 BTL방식에서는 성과를 통제한다. 정부는 요구하는 목적물, 성과를 제시하고 구체적인 방법이나 수단에 대해서는 민간이 자율과 창의를 활용하여 자유로이 제시하도록 하며, 정부는 사후평가시스템을 통하여 이러한 성과를 담보한다.

넷째, 재정사업에서는 정부가 사업추진과정의 모든 위험을 부담하지만 BTL방식은 각자 잘하는 분야의 위험을 책임지고 관리하는 구조이기 때문에 위험이 분산된다(이종욱, 2006: 15-16). 예를 들어, 공연관을 지을 경우 공연관의 필요성, 적정 규모 및 관람객 추정 등은 정부가 책임지고 결정하는 반면, 건설에 필요한 공법, 사업비, 공사기간 등은 민간이 제시하고 책임진다. 따라서 재정사업에서 빈번한 사업비 증가, 공사기간연장 등의 비효율 사례는 BTL방식에서 상당부분 제거될 수 있다.

한편, 재정사업에 비해 BTL사업방식은 여러 가지 문제들이 나타날 수 있다. 첫째, 사업이 장기화될 경우 교육재정에 커다란 부담을 초래할 것이라는 점이다. 시간이 경과함에 따라 BTL사업의 임대료 상환액은 급격하게 증가하게 될 것이고, 여기에 운영비에 대한 지출까지 더해지면 교육재정에 상당한 압박요인이 될 것이다. 요컨대 BTL사업은 교육재정의 부담을 줄이는 방법이라기보다는 기간별 부담형태를 달리하는 방법이며, 순전히 재무적 관점에서 볼 때 재정사업에 비해 교육재정에 대한 부담을 가중시키는 결과만을 초래한다(윤홍주, 2006).

둘째, BTL사업에서는 학교시설 운영주체의 변경으로 도덕적 해이 문제가 발생할 가능성이 존재한다. 도덕적 해이의 문제는 주인-대리인(principal-agent)의 관계에서 흔히 발생할 수 있는 문제이다. 주인-대리인 관계는 한 사람(주인)이 다른 사람(대리인)에게 자신의 권한을 위임하여 자신의 이익과 관련된 행위를 해 줄 것을 내용으로 하는 계약이 있을 때 성립한다(이준구, 1998: 643-652). 주인-대리인 관계에서 대리인들은 위임받은 업무의 상세한 내용, 자신의 능력과 선호에 대하여 주인보다 더 많은 정보를 가지고 있다. 즉, 정보의 비대칭성이 존재한다. 만약 주인에 비해 더 많은 정보를 가진 대리인이 자신의 이익을 극대화하는 방식으로 행위를 할 경우 발생하는 문제를 도덕적 해이라 한다. BTL사업은 주인-대리인의 문제를 방지하기 위하여 정부지급금을 민간사업자의 시설운영서비스 성과와 연계하여 조정이 가능하도록 하고 있다(기획예산처, 2006: 109). 그러나 실제 성과요구서의 내용을 살펴보면 구체적인 건물의 성능과 관리를 위한 표준화와 전문성이 결여되어 있다. 이처럼 구체화되지 못한 성과요구서를 그대로 시행하게 된다면 건축계획 및 설계에 대한 잘잘못을 구별하기 힘들고, 건설에 대한 감리 역시 추상적으로 이루어지게 되며, 완공 후에도 그 지침이 애매모호하기 때문에 담당자의 주관적인 판단에 의해 허가를 내주게 되는 등 합리적인 평가를 할 수 없게 된다(김승제, 2005: 4). 특히, 20년이라는 장기간의 운영과정을 고려할 때 교육시설의 생애비용에 대한 분석이 체계적으로 이루어져야 하지만 경험부족 등으로 운영부문의 성과요구를 구체적으로 제시하지 못하고 있다(유웅상, 2006: 11). 이러한 문제들은 운영과정에서 나타날 수 있는 도덕적 해이 문제뿐만 아니라 이에 대한 상당한 정도의 감독비용도 지불하게 될 가능성이 크다.

셋째, 학교시설 복합화에 따른 문제가 발생할 수 있다. 정부는 BTL사업에서 학교시설 복합화를 적극 권장 · 추진하고 있다. 복합시설이란 민간투자법상 민자사업대상이 되는 기반시설 중 기능적으로 연관되는 2개 이상의 기반시설을 일단의 토지에 복합적 · 입체적으로 건설 · 운영하는 것을 말한다. 학교시설 복합화사업이 여러 가지 장점을 지니고 있지만 문제점 역시 예견되고 있다. 먼저, 시설사용으로 인해 발생할 수 있는 교육활동과의 마찰이 있을 수 있다. 예컨대, 수익사업을 충분히 보장할 경우 교육활동에 제한을 그만큼 가할 수밖에 없다. 이와 관련된 기준이 명확히 마련되지 않는다면 운영과정에서 사업자와 학교, 학교와 학생, 학교와 지역주민 사이에 불필요한 갈등과 마찰이 발생할 가능성이 높다(이금천, 2006: 98). 또한 학교시설 복합화로 인하여 설립시기가 길어지는 문제를 해결할 필요가 있다. BTL사업의 중요한 목적 중 하나는 필요시설의 조기제공이다. 그런데 학교시설 복합화의 경우 다양한 이해당사자의 의견조율문제 등으로 재정사업에 비해 공사기간이 과다하게 길어지는 문제가 발생하기도 한다.

3) 학교신설비용 부담방식

학교신설비용을 부담하는 방식에 대한 문제이다. 공공서비스의 제공에 소요되는 재원

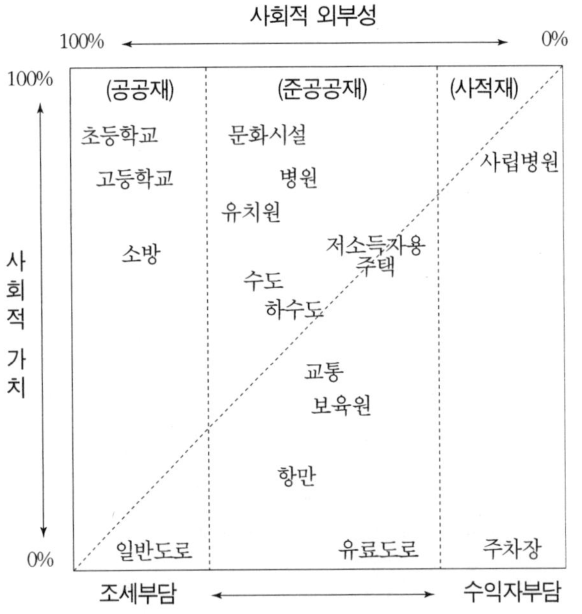

[그림 15-1] 공공서비스 비용부담원칙

출처: 能勢哲也(1981). 高島 博. 地方自治團體のサービスと受益者負擔. 都市問題, 72(6); 신해룡(1995). 지방재정론. 서울: 세명서관, p. 860에서 재인용.

은 당해 공공재가 갖는 사회적 외부성의 강도와 사회적 가치의 정도라는 두 가지 관점에서 그 조달방법과 부과수준이 결정되어야 한다. 사회적 외부성과 사회적 가치가 높은 공공서비스일수록 조세 등 공통비용 형태로 그 재원을 조달하는 것이 바람직하며, 사회적 외부성과 사회적 가치가 낮은 공공서비스일수록 수익자부담의 원칙으로 조달 · 공급되는 것이 바람직하다(신해룡, 1995: 860). [그림 15-1]과 같이 학교는 대체로 사회적 외부성과 사회적 가치가 높은 공공서비스로 간주되며, 따라서 일반재정, 즉 조세에 의해 그 비용을 조달하는 것이 합당하다. 그러나 최근 학교신설의 주된 요인이 교육기회의 확대라는 공공적 측면보다는 개발사업에 따른 인구이동 및 집중에 있다는 점에서 신설요인을 유발한 자에게 비용을 부담시켜야 한다는 주장도 설득력을 얻고 있다.

먼저 일반재정을 통해 학교신설비용을 조달해야 한다는 입장은 국가의 교육에 대한 책임을 주된 근거로 삼고 있다. 특히, 헌법에 무상성과 의무성이 규정된 의무교육의 경우 일반재정에 의한 비용부담원칙이 보다 강하게 요구된다. 2005년 「학교용지확보에 관한 특례법」에 관한 헌법재판소의 판결에는 이러한 원칙이 잘 드러나 있는데, 개발사업지역에서 공동주택을 분양받은 자에게 학교용지확보를 위하여 부담금을 부과 · 징수할 수 있도록 규정한 「학교용지확보에 관한 특례법」이 위헌이라는 것이다(헌법재판소, 2005). 의무교육에 필요한 학교시설은 국가의 일반적 과제이고, 학교용지는 의무교육을 시행하기 위한 필수적인 물적기반이므로 이에 대한 비용은 국가의 일반재정으로 충당하여야 한다는 것이다. 헌법 제31조 제6항은 교육재정에 관한 기본적인 사항을 법률로 정하도록 하고 있는바, 이는 무상에 의한 교육을 받을 권리의 실효성을 보장하기 위한 최소한의 국가적 책무를 헌법이 정한 것으로서 무상의 의무교육제도가 국민보다는 국가에 대한 의무부과의 측면이 더 강하다. 따라서 적어도 의무교육에 관한 한 일반재정이 아닌 부담금과 같은 별도의 재정수단을 동원하여 특정한 집단으로부터 그 비용을 추가로 징수하여 충당하는 것은 의무교육의 무상성을 선언한 헌법에 반한다는 것이다.

반면, 학교신설요인을 유발하거나 학교신설의 혜택을 보는 집단에 비용을 부담시켜야 한다고 보는 입장이 있다. 이러한 입장에서는 원칙상 학교신설비용은 일반재정으로 부담하는 것이 바람직하지만 학교신설요인을 고려하여 원칙을 탄력적으로 적용할 필요가 있다는 것이다. 국민의 교육기회를 보장하고 확대하기 위한 의무교육의 경우 일반재정에 의한 비용부담원칙이 철저하게 견지되어야 하지만 개발사업 등에 따른 인구이동이 원인인 학교신설은 이 원칙을 다소 완화하여 일반재정 외에도 부담금 등을 통하여 재원을 조달할 필요가 있다. 보다 구체적으로 부담금을 통하여 학교신설비용을 충당하는 방식은 수익자 부담원칙과 원인자부담원칙으로 입장이 나뉜다. 먼저, 수익자부담 원칙은 공공시설로부터 직접적으로 편익을 받는 자들이 그 설치에 필요한 비용을 부담하되 그 부담의 정도는 편익을 받는 정도에 비례해야 한다는 원칙이다. 수익자부담원칙이 갖는 이점은 다음과 같다(심대식 외, 1995: 25-26). 첫째, 공공재의 공급으로 발생하는 서비스의 규모가 수익자의 수요에 의해서 결정되며, 가격 또한 시장원리에 의해 결정되므로 공공재의 공급량과 공급비용의 측면에서 가장 효율적이다. 둘째, 공공재를 공급함에 있어 공공기반시설의 설치에 따른 비용과 편익을 직접적으로 연계시킬 수 있다. 따라서 공공서비스에 대한 소비를 주민 스스로가 선택 · 통제하게 되며, 비용을 부담할 주민의 수요에만 서비스를 제공하는 효과가 있어 과도한 서비스요구를 방지할 수 있다. 셋째, 응익원칙(應益原則)에 입각한 가격수입을 통하여 추가적인 재정수요의 상당부분을 분담할 수 있으며, 지방재정의 세입구조를 건실화하고 재정기반을 강화할 수 있다.

그러나 수익자부담원칙에서 공공시설 자체가 비용부담자들에게 배타적으로 이용가능한지의 문제는 매우 중요하다. 공공시설의 비용부담자가 그 시설을 배타적으로 이용할 수 있다면 수익자부담으로서의 비용부담은 정당하다. 그러나 도로, 학교시설 등의 공공시설은 그 성격상 비용부담자 이외의 사람들의 이용을 배제하기가 곤란할 뿐만 아니라 설령 이용배제가 가능하더라도 그에 따르는 비용이 더 많이 소요되거나 배제 자체가 도덕적 · 사회적으로 문제가 될 수 있다. 따라서 공공시설의 비용부담에 있어 외부편익 발생에 따른 무임승차자가 있을 경우 단지 편익기준만으로 비용부담주체를 결정하는 것은 부담의 공평성 문제를 야기할 수 있다.

반면, 원인자부담원칙은 특정한 공사시행의 필요 및 원인을 조성한 자에 대하여 그 공사비용의 전부 또는 일부를 부담시키는 것이다(손진상, 1993: 43). 즉, 공공시설의 설치를 유발한 원인제공자가 그 설치비용을 부담하여야 한다는 원칙이다. 구체적인 수단은 원인자부담금의 형태를 취한다. 원인자부담원칙은 도시개발 사업이 혼잡과 같은 외부불경제를 유발하는 경우에 그 해소비용을 원인자에게 책임을 지운다는 의미에서 보다 더 설득력을 가질 수 있다. 그러나 설치되는 공공시설을 그 비용부담자 이외의 자들이 이용하거나 또 그렇게 하는 것이 사회적으로 바람직하다면, 원인자에게만 시설부담금을 부과하는 것은 정당화될 수 없다는 문제가 있다.

5. 학교신설정책의 발전방향

1) 저출산, 고령화시대를 대비한 장기계획 수립

우리나라의 저출산현상은 이미 1990년대 중반부터 시작되어 해가 갈수록 심해지고 있

표 15-12 2005~2030년 학생 수, 학급 수 추계

연도	학생 수		학급 수	
2005	7,796,438	100.0	236,897	100.0
2010	7,310,384	93.8	262,907	111.0
2015	6,145,083	78.8	251,849	106.3
2020	5,290,730	67.9	230,650	97.4
2025	4,871,422	62.5	218,281	92.1
2030	4,488,381	57.6	207,767	87.7

주: 1. ( ) 안은 2005년을 기준으로 한 증감지수임.
2. 유치원은 제외하였음.
출처: 박종렬 외(2005). 고령화 사회에서의 교육체제의 전망과 과제. 한국교육개발원.

다. 이 여파로 2000년대 들어 초등학생 수가 감소하기 시작하였고, 중 · 고등학생 수도 순차적으로 감소될 전망이다. 〈표 15-12〉는 초 · 중등학교 학생 수, 학급 수에 대한 장래추계이다.[1] 먼저 학생 수의 경우 2005년 780만 명에서 2030년에는 449만 명으로, 학급 수의 경우 236,897학급에서 207,767학급으로 감소될 전망이다. 2005년을 기준으로 학생 수, 학급 수를 증감지수로 나타낼 경우 2030년에는 각각 57.6, 87.7이다. 즉, 학생 수의 감소율이 가장 급격하게 나타날 전망이며, 학급 수는 학생 수에 비해 다소 감소율이 완화되어 나타나게 될 것으로 전망된다. 물론 학급 수의 경우 학급당 학생 수를 어떻게 설정하느냐에 따라 달라질 수 있는 변인이다(박종렬 외, 2005).[2] 이러한 점을 감안하더라도 장차 학생 수와 학급 수가 늘어날 가능성보다는 줄어들 가능성이 보다 높은 것이 분명해 보인다.

학교신설정책에서 교육환경 변화는 가장 중요하게 고려되어야 할 사항이다. 특히, 학생 수의 변화는 학교신설의 가장 중요한 변수임에도 지금까지 거주지의 인구나 졸업생, 진학률에 주로 의존하여 학생 수를 추정하여 왔다. 더욱이 택지개발지역의 학생 수 추정시 실질적인 인구통계가 아닌 불명료한 세대당 학생 수 지수가 산출근거로 사용되기도 한다. 학교신설은 3~5년 전부터 예상하고 추진해야 할 사안이다. 따라서 행정구역의 인구조사와 학교의 재학생 수만을 조사해서는 최근의 저출산과 세대당 인구수 감소현상과 택지개발이나 인구의 급격한 이동현상으로 인해 발생하는 학교신설 수요를 예측하기 어렵다(반

1) 통계청에서 2005년 1월 발표한 장래인구 특별추계결과에서 각 교육단계별 해당연령의 학령인구를 도출해 내고, 여기에서 특정연령에 해당하는 학년별 학생수, 진급률 및 진학률에 근거하여 일정비율로 학생 수를 산출하였으며, 학생수에 근거하여 학급 수, 학교 수를 예측하였다(박종렬 외, 2005).
2) 여기에서는 2030년에 초등학교의 경우 학급당 학생 수를 20명, 중학교와 고등학교의 경우 학급당 학생 수를 각각 22.5명, 25.0명(실업계는 23.0명)으로 설정하였다.

상진 외, 2005: 122-123). 학교신설예정지구 학생 수의 정확한 예측뿐만 아니라 거시적인 인구통계적 변화를 반영하는 학교신설의 장기계획을 마련하여 신설학교의 과잉 또는 부족현상을 방지해야 한다.

2) 학교의 공공시설 지정

2005년 「기반시설부담금에 관한 법률」이 제정되면서 학교는 도로, 공원, 상수도 등과 같이 지역주민의 생활에 반드시 필요한 기본시설인 기반시설로 지정되었으며, 이에 따라 기반시설부담금의 일정비율을 학교신설에 지원할 수 있는 근거도 마련되었다. 그런데 「국토의 계획 및 이용에 관한 법률」에서는 도로, 공원, 수도 등을 공공시설로 지정하면서 학교만은 제외하고 있다. 공공시설은 도로, 철도, 공원처럼 일반공중의 공공사용에 제공되는 시설로 「국유재산법」상 공공용 재산이 여기에 해당한다. 문제는 학교가 일반공중의 공공사용에 제공되는 시설인가이다. 여기에는 학교시설은 일반공중의 이용시설이 아니므로 공공시설에 해당한다고 보기 어렵다는 견해와 최근 학교시설은 당사자인 학생 · 교사만이 이용주체가 아니라 해당 지역사회에 개방되는 공동체 공간으로서의 기능을 수행하고 있기 때문에 국토계획법상의 공공시설에 포함되어야 한다는 견해가 대립하고 있다(유병권, 2007: 15).

「초 · 중등교육법」 제11조에서는 "모든 국민은 학교교육에 지장이 없는 범위 안에서 국립학교의 경우에는 학교의 장이, 공립 및 사립학교의 경우에는 시 · 도의 교육규칙이 정하는 바에 의하여 학교시설 등을 이용할 수 있다."라고 규정되어 있다. 법적으로 학교를 개방하여 주민이 이용하도록 허용하고 있는 것이다. 과거와 달리 이제 학교는 학생의 교육만을 위한 전용공간이 아니라 지역주민이 함께 이용하는 공공시설의 기능을 수행하고 있으며, 갈수록 지역사회에 개방되어 주민공동체 공간으로서의 기능을 확대해 갈 것이다. 이러한 현실과 추세를 고려하면 학교를 공공시설에 포함시키는 것이 마땅하다.

「학교용지확보 등에 관한 특례법」 제4조에 의하면 토지공사나 주택공사 등 공공부문이 개발사업을 시행하는 경우 초 · 중등학교는 학교용지 조성원가의 50%, 고등학교의 경우 조성원가의 70% 가격으로 공급하도록 규정하고 있으며, 민간이 개발사업시행자가 되는 경우에는 감정평가액으로 공급하도록 규정되어 있다. 시 · 도교육청의 열악한 교육재정여건을 감안할 때 이러한 학교부지 매입비용부담과 학교건물의 설치비용은 상당한 부담으로 작용한다. 「국토의 계획 및 이용에 관한 법률」에서 학교가 공공시설로 지정되면 택지개발을 담당하는 사업자는 공공시설, 즉 학교의 설치를 책임져야 하며, 새로이 설치한 공공시설은 그 시설을 관리할 관리청에 무상으로 귀속되어 학교신설비에 대한 부담을 크게 해소할 수 있게 될 것이다.

3) BTL사업의 부작용 최소화

BTL사업제도가 도입되면서 지금까지 정부와 지방자치단체 등 공공영역에서 독점적으로 시행하던 교육시설사업의 전체적인 사업주체가 민간으로 바뀌고 있다. BTL사업제도는 사업초기부터 설계자, 시공자, 유지관리자가 공동으로 교육시설의 각 단계에 참여하여 종합적인 시설수준을 높일 수 있으며, 그동안 설계, 시공, 유지, 관리 등 각 사업단계별로 주관자가 달라 전체에 대한 책임과 권한이 모호하고 이로 인해 시설의 완성도가 미흡했던 현실을 감안할 때 교육시설에 획기적 변화를 가져올 수 있는 제도로 평가받기도 한다(유웅상, 2006: 38). 그러나 BTL사업제도는 교육시설사업에서 전대미문의 새로운 제도이며, 그만큼 부작용에 대한 우려의 목소리도 높다. BTL사업제도가 소기의 성과를 거두기 위해서는 몇 가지 점들이 충분히 고려되어야 한다.

첫째, BTL사업 상한제 도입 등 사업규모의 적정화가 필요하다. BTL사업을 지속적으로 추진할 경우 필연적으로 재정부담이 가중될 수밖에 없다. 실제 2007년부터 BTL방식의 학교들이 개교하기 시작함에 따라 임대료와 운영비에 대한 지급이 본격적으로 이루어지고 있으며, 정부에서 추정하고 있는 임대료 규모만도 2007년 1,385억 원, 2008년 4,557억 원, 2009년 6,497억 원 등으로 해마다 급격히 증가할 전망이다(교육인적자원부, 2007). 아울러 임대료 외의 운영비는 시 · 도교육청이 자체부담해야 하기 때문에 BTL사업의 비용은 시간이 지날수록 지방교육재정에 큰 부담으로 작용할 가능성이 높다. 따라서 학교신설을 원칙적으로 BTL사업으로 추진하는 정책은 재검토되어야 한다.

둘째, 사업에 대한 명확한 책무성체제를 확립할 필요가 있다. 투자 중심의 관점에서 보면 BTL사업은 리스크가 많이 잠재되어 있는 사업이다(이현수, 2006: 77-79). 이는 사업주체가 민간으로 바뀐다는 점 때문이기도 하지만 사업의 장기성 때문이기도 하다. 사업의 장기성으로 인해 수익률, 물가상승률 등 거시적 경제변수에 대한 예측이 어렵고, 하나의 단위사업에 대한 성과를 판단하는 데도 최소한 20년 이상의 시간이 필요하다. 따라서 사업을 추진했던 주체와 사업결과를 평가받는 주체가 동일할 가능성이 낮으며, 결과적으로 책임소재를 명확히 하는 데 한계가 있다. 이러한 특성을 고려할 때 사업추진 및 운영 전반에 대한 명확한 책무성체제가 마련되어야 한다.

셋째, 재무적 관점보다는 교육적 관점이 우선 고려될 수 있도록 BTL사업제도를 운영해야 한다. BTL사업제도는 보다 나은 교육환경을 만들기 위한 수단이지 그 자체가 목적이 아니다. 민간의 창의와 효율, 교육시설의 조기제공에 따른 편익은 극대화하되 성급한 성과주의, 교육적 관점보다는 재무적 관점이 우선하는 운영 및 평가, 다양한 이해당사자의 참여로 인한 교육활동 저해 등은 지양되어야 한다.

4) 지방자치단체의 학교신설에 대한 책임이행

지방자치단체에서 학교신설의 책임을 이행해야 한다. 지방자치단체는 개발지역의 학교신설에 필요한 학교용지매입비의 1/2을 부담해야 하지만 이를 완전하게 부담하는 지방자치단체는 없다. 2006년도 교육인적자원부 소관예산 결산자료에 따르면 지난해 학교용지매입비는 4조 6,201억 원이었다. 지방자치단체에서는 이 금액의 1/2인 2조 3,100억 원을 부담해야 하지만 실제로는 5,170억 원만 부담한 것으로 집계되었다. 미납액이 1조 7,930억 원에 이르며, 이는 2005년 미납액인 1조 5,335억 원보다 2,227억 원이 늘어난 수치이다.[3] 특히, 학교용지부담금의 경우 2005년 「학교용지확보에 관한 특례법」의 관련조항이 위헌결정된 후 심리적 저항 때문에 〈표 15-13〉과 같이 징수액과 징수율이 급감하고 있다. 심지어 일부 시 · 도에서는 징수한 학교용지부담금조차 교육비특별회계로 전출하지 않고 있다.

문제는 지방자치단체가 학교신설에 대한 책임을 이행하지 않아도 이를 강제할 별다른 방법이 없다는 데 있다. 교육은 지방자치단체의 중요한 사업의 하나이고, 주민들의 최대 관심사라고 말하면서도 정작 비용부담에 대한 책임은 이행하지 않고 있다. 지방자치단체의 비용부담에 대한 책임불이행이 일회적인 것이 아니라 지속적이라면 법적, 제도적 이행장치를 마련할 필요가 있다.

표 15-13 연도별 학교용지부담금 부과 및 징수 현황

(단위: 건, 억원, %)

연도	건수	부과액	징수액	징수율
2001	13	10,507	7,711	73.4
2002	103	87,477	75,826	86.7
2003	252	228,141	196,105	86.0
2004	272	241,327	190,827	79.1
2005	186	99,537	49,236	49.5
합계	826	666,989	519,705	77.9

출처: 기획예산처(각 연도). 부담금운용종합보고서.

3) 한국교육신문, 2007년 6월 27일.

아울러 지방자치단체로 귀속되는 기반시설부담금의 일정률을 학교신설비로 전출하도록 명문화해야 한다. 「기반시설부담금에 관한 법률」에 의하면 징수한 기반시설부담금의 70/100을 지방자치단체에 귀속하여 기반시설의 설치 또는 그에 필요한 용지확보 등에 사용하도록 되어 있다. 그런데 문제는 기반시설부담금이 기반시설로 규정되어 있는 학교신설에는 전혀 사용되지 않는다는 점이다. 실제 2006년 징수한 기반시설부담금 253억 8,900만 원 중 교육청으로의 전출 실적은 전무하다.[4] 따라서 지방자치단체가 편성하는 기반시설특별회계의 세입액의 일정률을 의무적으로 시·도교육비특별회계로 전출토록 법령을 정비할 필요가 있다.

5) 사립학교 관련 BTL제도 정비

정부는 사립 중등학교에 대한 재정결함 보조를 통해 인건비와 경상운영비는 지원해 왔으나 시설비 지원은 억제해 왔다. 이러한 정책기조는 1996년 「교육환경개선 특별회계」가 설치·운영되면서 사립 중학교 개축사업 지원이 이루어지고, 2001~2004년까지 사립 중학교 개축수요가 지방교육재정교부금 사업재정수요에 반영됨으로써 제한적으로 시설비 지원이 이루어지면서 다소 수정되었다. 그러나 2005년 이후 BTL제도가 도입되면서 시설비에 대한 지원은 다시 중단되고 있다. BTL사업의 법적 근거인 「사회기반시설에 대한 민간투자법」에 사립학교에 대한 BTL사업의 근거규정이 없으며, 「공유재산 및 물품관리법」 제5조 및 제19조에 따르면 학교시설은 행정재산 중 공용재산에 해당하여 무상양여가 불가하다. 따라서 준공된 시설물의 소유권이 국가와 지방자치단체에 귀속될 수 없는 사립학교시설을 BTL방식으로 추진하는 데 어려움이 크다. 한편, 2005년 11월 「고등학교이하 각급학교 설립·운영규정」을 개정하여 학교복합화시설을 가능하게 하는 규정을 두게 되었다.[5] 그러나 교육기본시설은 여기에 해당되지 않아 사립 중학교의 교사(校舍)가 BTL사업의 대상이 된다고 보기는 어렵다(송기창 외, 2007).

우리나라에서 사학, 특히 중등사학은 교육적 기능과 역할에서 공립학교와 하등 차이가 없다. 역사적으로 볼 때 사립학교는 제한된 공립학교의 학생수용능력을 보완하여 왔다. 즉, 국가나 지방자치단체가 수행하여야 할 교육사업을 사립학교가 분담하여 왔던 것이다.

---

4) 한국교육신문, 2007년 7월 4일.

5) 제7조 (사립학교 교사 및 교지의 소유주체 등) 사립의 각급학교의 교사 및 교지는 당해학교를 설립·경영하는 자(이하 "설립주체"라 한다)의 소유이어야 하며, 교지 안에는 설립주체 외의 자가 소유하는 건축물을 둘 수 없다. 다만, 문화 및 복지시설, 생활체육시설, 평생교육시설, 주차장 등 교육 및 공공의 목적에 부합하는 시설중 설립주체에게 그 소유권이 이전되는 경우에는 설립주체 외의 자가 소유하는 건축물을 교지 안에 둘 수 있다.

이렇듯 사학이 공학과 마찬가지로 국민의 교육기회 확대에 기여해 왔음을 인정한다면 사학에 대한 제도적 지원 역시 공학에 대한 수준에 상응해야 한다. 국 · 공립학교가 사회기반시설이라면 당연히 사립학교도 사회기반시설이다. 따라서 사립학교도 BTL사업대상에 포함될 수 있도록 관련법령과 제도를 정비해야 할 것이다.

참 고 문 헌

감사원(2005). 감사결과 처분요구서. 교육인적자원부.

교육인적자원부(2004). 7.20 교육여건개선사업 추진상황 중간점검 보고.

____________(2007). 2007년 교육시설 BTL사업 계획(안).

교육인적자원부 · 한국교육개발원(2001-2005). 교육통계연보.

국회 교육위원회(2005). 학교용지확보에관한특례법 중 개정법률안 심사보고서.

기획예산처(2001-2005). 부담금운용종합보고서.

_________(2005a). '05년 BTL사업 시행지침(안).

_________(2005b). BTL사업 추진상황 및 투자계획(안).

_________(2006). 더 나은 미래를 위한 21세기 희망 프로젝트 임대형 민자사업.

_________(2007). 민간투자사업기본계획변경. 기획예산처공고 제2007-25호. 기획예산처.

김승제(2005). 교육시설 BTL사업과 우리 학회의 역할. 교육시설, 12(5), 3-4.

김종철(1979). 교육정책의 개념. 한국교육행정학회편. 한국교육정책의 탐색. 서울: 배영사.

문교부(1985). '85 지방교육재정교부금 배정계획 및 시 · 도교육비 특별회계 예산편성 지침. 미간행물.

박종렬 외(2005). 고령화 사회에서의 교육체제의 전망과 과제. 한국교육개발원.

반상진 외(2002). 학교신설비 적기배분 및 효율적 운용을 위한 방안연구. 교육정책연구 2002-일-25. 교육인적자원부.

________(2005). 초 · 중등학교 신설의 투자방향과 효율화 방안 연구. 정책연구과제 2005-지정-39. 교육인적자원부.

손진상(1993). 부담금에 관한 연구. 논문집, 15집, 39-47. 안동대학교.

송기창(2002). 지방교육재정운용제도 변경에 따른 영향 연구. 교육인적자원부.

송기창 외(1999). 교육재정백서. 교육재정백서 연구위원회.

________(2001). 교육환경개선특별회계 종결에 따른 평가연구. 교육재정경제연구, 10(1), 115-150.

________(2005). 보통교부금의 합리적인 교부기준 개발 연구. 서울특별시 교육청.

________(2006). 교육재정백서. 교육인적자원부.

________(2007). 사립 중등학교 BTL사업 적용방안 연구. 한국교육개발원.

송기창 · 조석훈 · 최병관(2007). 사립 중등학교 BTL사업 적용방안 연구. 한국교육개발원 교육시설 민간투자지원센터.
심대식 외(1995). 공공시설부담금제의 도입에 관한 연구(Ⅰ). 국토개발연구원.
울산광역시교육청(2006). BTL 사업 업무 매뉴얼.
유병권(2007). 국토의 계획 및 이용에 관한 법률 일부개정법률안 검토보고. 국회 건설교통위원회.
유웅상(2006). BTL과 교육시설의 발전. 교육정책포럼, 126, 7-13.
이금천(2006). 우리교육과 BTL. 건축, 50(2), 98-101.
이영건(2006). 임대형 민자사업(BTL)의 정책방향. 건축, 50(2), 33-36.
이종욱(2006). 왜 BTL사업인가? 임대형 민자사업(BTL)의 추진현황 및 과제. 교육정책포럼, 126, 14-17.
이준구(1998). 미시경제학. 서울: 법문사.
이현수(2006). BTL 건설사업의 성공적 관리방안. 건축, 50(2), 77-79.
이화룡 외(2005). 학교신설 타당성 현장 실태 조사연구. 교육인적자원부.
장수명(2004). 학교용지 확보 및 용지 비용 부담금 제도의 문제점과 개선 방안. 한국교육, 31(2). 107-136.
정재균 외(2003). 학교신설비 적기 배분을 위한 방안 연구. 교육재정경제연구, 12(2), 65-89.
천세영 외(2006). 지방교육재정 구조 혁신 전략 연구. 교육인적자원부.
하운봉(2004). 학교 적기설립을 위한 관련 법령개선 연구: 경기도를 중심으로. 교육법학연구, 16(2), 283-312.
한국교육행정학회(1995). 교육시설행정론(교육행정학전문서 7). 도서출판 하우.
헌법재판소(2005). 구 학교용지확보에 관한 특례법 위헌 제청. 판례집, 17(1), 294-311.

能勢哲也(1981). 高島 博. 地方自治團體のサ一ビスと受益者負擔. 都市問題, 72(6). 신해룡(1995). 지방재정론. 서울: 세명서관.

제 16 장

고등교육 재정지원

1. 서 론

4년제 대학과 산업대학, 전문대학 등 우리나라 고등교육기관 전체의 재정규모는 2005년 이후 20조 원을 넘어서고 있다. 이는 GDP의 2.5%에 해당하는 금액으로서 언뜻 보면 대단히 큰 금액이다. 하지만 200여 개의 4년제 대학을 포함한 400여 개의 각종 고등교육기관을 생각하면, 한 개 고등교육기관당 500억 원에 불과한 것으로서 결코 큰 규모가 아님을 쉽게 알 수 있다.

이 중에서 정부가 지원하는 금액은 4조 4,488억 원(2005년 기준)[1] 으로 전체 대학재정의 22.7%에 불과하다. 이는 OECD 평균 78.1%(OECD, 2005)에 크게 미치지 못하는 수준이다. OECD 국가들은 평균 21.9%만을 민간이 부담하는 반면, 우리나라 대학재정의 경우 77.4%를 민간이 부담하고 있는 것이다. 사정이 이러하다 보니 구매력을 고려하여 수정한 학생 1인당 고등교육비는 6,047달러(PPP)로서 OECD 평균 1만 655달러(PPP)의 60% 수준에 불과하다. 1인당 GDP대비 학생 1인당 고등교육비 비율 역시 33%로서 OECD 평균 43%에 미달한다(OECD, 2005).[2] 결국 이처럼 부족한 대학재정과 정부의 대학재정 지원은

* 김병주(영남대학교)

1) 교육인적자원부를 포함하여 과학기술부, 산업자원부, 노동부, 정보통신부, 보건복지부, 중소기업청, 농촌진흥청, 환경부, 농림부, 해양수산부, 문화관광부, 여성부 등 각 정부부처에서 대학에 지원하는 금액이다.

2) 반면, 구매력을 고려하여 수정한 우리나라의 학생 1인당 중등교육비는 PPP$5,882로서 OECD 평균 PPP$7,002의 84%에 육박하여 고등교육보다 훨씬 양호한 모습을 보여주고 있다.

고등교육여건의 상대적 낙후를 가져왔다.

이러한 사정을 인식한 정부는 최근 들어 대학에 대한 재정지원을 점차 늘리고 있다. 지난 5년간 정부의 대학에 대한 재정지원 증가율은 10%를 훨씬 초과하여 정부재정의 증가율을 앞서고 있다. 그러나 최근에는 교육예산 중 고등교육부문의 절대 규모는 증가추세에 있으나, 그 비중은 12%대에서 답보상태에 있다.

아직은 초·중등교육에 대한 투자를 더욱 확대해야 한다는 주장, 고등교육에 대해서는 수익자부담원칙 및 설립자부담원칙이 지켜져야 한다는 주장 등에 따라 고등교육에 대한 재정지원을 늘리기는 쉽지 않은 형편이다. 특히, 「고등교육재정지원법」과 고등교육세, 지방대학 지원, 사립대학 지원 등에 대해서는 찬반논란이 끊이지 않고 있다.

따라서 여기서는 고등교육 재정지원의 현황과 문제를 살펴보고, 고등교육 재정지원과 관련된 쟁점을 정리해 보고자 한다.

2. 고등교육 재정지원의 법적 근거와 지원방식

1) 고등교육 재정지원의 법적 근거

법적으로 보면, 국가는 대학에 대하여 적어도 세 가지의 역할을 가지고 있다(송기창, 2000). 첫째는 국립대학 설립자로서의 역할이며, 둘째는 국·공·사립대학의 교육에 대한 지도·감독자로서의 역할이고, 셋째는 국·공·사립대학의 교육에 대한 지원·육성자로서의 역할이다.

국가와 지방자치단체는 대학을 포함한 학교를 설립 경영할 수 있고(「교육기본법」 제11조제1항), 학교의 설립·경영자는 시설설비 등 대통령령이 정하는 설립기준을 갖추어야 하기 때문에(「교육기본법」 제16조제1항, 「고등교육법」 제4조제1항), 국립대학의 설립자로서 국가는 그동안 일정한 역할을 수행해 온 것으로 볼 수 있다. 또한 국가는 대학을 포함한 학교를 지도·감독하도록 되어 있고(「교육기본법」 제17조), 대학은 교육인적자원부장관의 지도·감독을 받도록 되어 있기 때문에(「고등교육법」 제5조, 「사립학교법」 제4조제3항), 국가는 대학에 대한 지도·감독자로서의 역할도 수행해 왔으며, 국·공·사립을 막론하고 모든 대학은 교육인적자원부의 지도·감독에서 벗어날 수 없었다.

그러나 대학교육에 대한 지원·육성자로서의 국가의 역할은 상대적으로 소홀히 취급되어 왔다고 볼 수 있다. 대학에 대한 지원·육성의 관건은 대학재정이라고 볼 때, 지원·육성자로서의 역할이란 대학교육 진흥을 위한 국가의 재정지원을 의미한다(송기창, 2000).

「교육기본법」에 지방교육재정에 관한 사항은 특별히 법제화되어 있으나 대학재정에 관하여는 언급하지 않고 있다.[3] 「교육기본법」 제25조에서 "국가 및 지방자치단체는 사립학교를 지원 · 육성하여야 하며, 사립학교의 다양하고 특성 있는 설립목적이 존중되도록 하여야 한다."라고 규정하고 있지만 이는 상징적인 규정일 뿐, 어떠한 재원으로 어떻게 지원할 것인지에 관한 언급은 없다.

「사립학교법」 제43조제1항에서는 "국가 또는 지방자치단체는 교육의 진흥상 필요하다고 인정할 때에는 사립학교교육의 지원을 위하여 대통령령 또는 당해 지방자치단체의 조례가 정하는 바에 의하여 보조를 신청한 학교법인 또는 사학지원단체에 대하여 보조금을 교부하거나 기타의 지원을 할 수 있다."라고 하여 사립대학을 포함한 사학에 대한 재정지원을 규정하고 있으나, 이는 강제적인 규정이 아니라 "지원을 할 수 있다."라는 임의규정에 불과하다.

「고등교육법」 제7조에서도 "국가 및 지방자치단체는 학교가 그 목적을 달성하는 데 필요한 재원을 지원 · 보조할 수 있다."라고 규정하여 국 · 공 · 사립을 막론하고 대학에 대한 국가의 재정지원을 규정하고 있지만, 역시 임의규정에 불과하다. 「고등교육법」 제8조에서는 "국가는 학술 · 학문연구의 진흥과 교육의 연구를 조장하기 위하여 실험실습비, 연구조성비, 또는 장학금의 지급 기타 필요한 조치를 강구하여야 한다."라고 하여 대학의 실험실습비, 연구조성비, 장학금 등에 관하여는 국가의 책임이 있음을 명확히 하고 있다.

이상에서 볼 때 국립대학에 대한 재정지원을 제외하고는 대학교육에 대한 국가 재정지원의 법적 근거는 다소 임의적임을 알 수 있다. 특히, 대학재정 지원을 위한 재원이 명확하게 확보되지 않은 상황에서 국가가 대학에 대하여 재정지원을 할 수는 있으나, 이는 어디까지나 형편에 의해서 할 수도 있고 안 할 수도 있는 것이다. 국가는 학술 · 학문연구의 진흥과 교육의 연구를 조장하기 위하여 실험실습비, 연구조성비, 또는 장학금의 지급 기타 필요한 조치를 강구하여야 한다고 규정되어 있지만, 이 역시 어느 정도까지 강구해야 하는지가 명확하지 않음으로써 지원의 한계가 불분명한 상황이다.

사립대학에 대해서는 포괄적으로 지원 · 육성하여야 한다고만 규정하고 있을 뿐, 재원이나 범위를 명확히 하지 않고 있기 때문에 재정지원여부와 지원규모는 어디까지나 국가의 재량사항에 속한다. 특히, 우리나라 고등교육의 재원은 지금까지 수익자부담원칙에 의한 사적 지원에 크게 의존해 왔는데, 이제는 학생납입금, 재단, 사회적 기부 등 어느 것에

3) 「교육기본법」 제7조(교육재정) 제1항에서 "국가 및 지방자치단체는 교육재정을 안정적으로 확보하기 위하여 필요한 시책을 수립 · 실시하여야 한다."고 규정하고, 제2항에서 "교육재정의 안정적 확보를 위한 지방교육재정교부금 등에 관하여 필요한 사항은 따로 법률로 정한다."고 규정하고 있는데, 이는 기본적으로 초 · 중등교육에 해당하는 지방교육재정에 관한 사항이다.

도 대학재정을 기대하기 힘든 상황에서 국가 지원의 필요성이 제기되고 있다.

2) 국가의 고등교육 재정지원방식

고등교육에 대하여 국가가 재정지원을 하는 가장 큰 필요성은 고등교육이 국가발전에 기여하는 바가 크다는 점이다. 21세기 지식기반사회의 도래에 따라 지식기반형 인적자원이 국가발전의 핵심적 요인이고, 이러한 인적자원개발에 중심적인 역할을 수행하는 것이 바로 고등교육이기 때문이다. 고등교육에 의한 인적자원 투자는 개인적으로는 고용가능성 및 수입증대, 사회적으로는 경제적 번영과 사회복지를 향상시키는 데 필수적으로 작용한다.

이에 더하여 고등교육의 경제적 효과에서 고등교육에 대한 국가 지원의 필요성을 찾을 수 있다. 대학은 교육의 수혜자에게는 개인의 자아실현, 신분상승, 고소득 보장 등 사회적·경제적 혜택을 가져다주고, 개별 기업체에는 그들이 필요로 하는 인적자원을 충원해 준다. 국가 사회적으로도 금전적 또는 비금전적인 경제적 외부효과를 지니고 있는 것이다.

이러한 필요성에 따라 각국은 대학에 대한 재정지원을 하고 있는데, 각국의 고등교육 재정에 대한 지원방식은 다음과 같이 다양하게 분류된다. Harrold(1992)는 총괄배분형(block grants), 관료형(bureaucratic approach), 시장형(market approach)으로 구분하였고, OECD는 학생지원형, 기관지원형으로 분류하였다. 학생지원형에는 보조금(grant)과 학자금대여금(loan)이 포함되며, 기관지원형에는 점증형(incremental funding), 수식형(formula funding), 계약형(contractual funding)이 포함된다.

Ziderman과 Albrecht(1995)는 직접지원형, 간접지원형으로 구분하였는데 직접지원형에는 협상형(negotiated funding), 투입기준형(input based funding), 산출기준형(output based funding)이, 간접지원형에는 지불보증제(voucher)가 포함된다. 윤정일(2004)은 재정지원의 대상과 규모에 관한 의사결정이 이루어지는 방식을 중심으로 정부의 대학재정지원 의사결정방식을 협상형, 수식형, 시장형으로 구분하였다. 이러한 고등교육 재정지원방식을 재분류하면 재원종류(공적재원, 사적재원), 지원방법(총괄지원, 수식기준지원, 시장경쟁지원), 지원대상(학생, 대학)에 따라 분류할 수 있다. 몇 가지 중요한 재정지원방식의 장단점을 정리하면 다음과 같다(반상진 외, 2006).

포뮬러펀딩(formula funding system) 지원방식은 교원 수나 학생 수 등의 중요지표를 통한 수식에 의하여 대학재정을 지원하는 방식이다. 이는 부실사학의 구조조정을 지연시키는 부작용을 우려하는 목소리가 크지만, 대학재정 운영의 자율성을 도모한다는 측면에서 장점을 지닌다. 비용분담(cost-sharing) 지원방식은 정부와 수요자 간 비용을 분담하여 지원하는 방식이다. 이는 정부와 수요자 간의 사회적 합의가 사전에 논의되지 않은 채 도입된다면 고등교육에 대한 재정적 수요는 증대되고 정부의 재원은 한정되어 있는 상황에서 정부의 노력보다는 수요자인 학생과 학부모의 재정적 부담만 가중될 가능성이 크다.

성과 중심(performance-based approach) 지원방식은 성과에 근거하여 지원하는 방식이다. 이는 성과 중심 재정지원부분을 어느 정도 확보할 것인가 하는 점과, 성과 중심 재정지원이 그 의도하는 바대로 재정지원의 효율성을 달성할 수 있도록 그 내용을 구성하는 것이 중요하다. 바우처(voucher) 지원방식은 바우처(교육비 지불권)를 수요자에게 제공하여 선택하도록 하는 것이다. 이는 대학선택권, 소외계층의 고등교육 균등기회 확보, 대학 학령인구 변화 등의 요인에 따라 도입여부를 검토해야 할 것이다.

3. 고등교육 재정지원의 현황과 문제

1) 고등교육 재정지원의 현황

2005년을 기준으로 할 때, 대학에 대한 정부의 재정지원액은 4조 4,878억 원에 달한다. 이 중에서 가장 큰 비중을 차지하는 것은 교육인적자원부로서 73.4%를 담당하며, 다음은 과학기술부 11.6%, 산업자원부 5.1%, 노동부 3.2%, 정보통신부 1.8%, 보건복지부 1.6%의 순으로 나타났다(교육인적자원부, 2006). 그 외에 중소기업청, 농촌진흥청, 환경부, 농림부, 해양수산부, 문화관광부, 여성부 등이 1% 미만의 비중으로 대학에 대한 재정지원을 하고 있다.

대학에 대한 정부의 재정지원은 크게 특정목적을 위한 사업단위 지원과 장학금 등 학생단위 지원, 국·공립대학에 대한 경상비 및 시설비 지원 등의 기관단위 지원으로 구분이 가능하다. 2005년을 기준으로 사업단위 지원은 42.0%, 학생단위 지원은 3.4%, 기관단위 지원은 54.6%를 차지하고 있다.[4] 사업단위 지원은 대학들이 국가정책에 부합하도록 사업별 평가를 통하여 지원하는 것이다. 기관단위 지원은 일종의 경직성 경비이며, 학생단위 지원은 주로 개인에 대한 학비보조이다.

---

4) 이를 다시 교육기관에 대한 직접지원과 학생에 대한 지원으로 구분하면, 우리나라의 경우 교육기관 직접지원이 96.6%, 학생에 대한 지원이 3.4%인 반면, OECD 국가 평균의 경우 교육기관 직접지원이 83.0%, 학생에 대한 지원이 16.5%, 기타 지원이 0.5%이다. 이는 최근 학생에 대한 직접지원 비율을 높여야 한다는 주장의 근거가 된다.

표 16-1 단위별 · 연도별 정부 재정지원 현황

(단위: 백만 원, %)

구분	2003		2004		2005	
	지원액	비율	지원액	비율	지원액	비율
사업단위 지원	1,200,446	33.2	1,629,692	40.0	1,886,666	42.0
학생단위 지원	61,429	1.7	120,393	3.0	150,702	3.4
기관단위 지원	2,358,444	65.1	2,319,841	57.0	2,450,447	54.6
합계	3,620,319	100.0	4,069,926	100.0	4,487,815	100.0

출처: 교육인적자원부(2006). 대학재정지원사업 자료집. 내부자료(2006. 2～4 조사).

정부의 대학재정지원사업은 사업목적 및 지원내역에 따라 크게 HRD와 R&D로 분류될 수 있다(교육인적자원부, 2006). 세부적으로는 HRD의 경우 교육력 강화 및 산업인력 양성, R&D의 경우는 연구개발과 기반조성으로 구분된다. 이를 정리하면 〈표 16-2〉와 같다. 사업단위 재정지원사업에 대하여 HRD와 R&D 등으로 분류하면 HRD로 분류되는 사업의 예산비중은 증가하고 있으나, R&D사업 및 HRD/R&D 공통영역사업 예산비중은 감소추세에 있다. 2005년을 기준으로 사업단위 재정지원비율은 HRD사업 37.6%, R&D사업 45.5%, 그리고 공통영역 16.8%로 나타났다.

표 16-2 사업목적 및 지원내역에 따른 분류

구분		분류기준
HRD	교육력 강화	• 대학전체 또는 특정분야에 대한 교육력 제고를 목표로 하는 사업(국 · 공립대 지원 시설비, 경상비 및 장학금 사업 등 제외)
	산업인력 양성	• 산업체가 요구하는 특정분야의 인력양성사업 • 졸업생의 취업촉진을 위한 각종 지원사업
R&D	연구개발	• 기초연구, 응용연구, 개발연구 등
	기반조성	• 연구 인프라확충 및 연구수행주체의 능력 제고를 위한 각종 지원사업
HRD/R&D 공통		• 교육 및 연구 인프라확충사업 • 기술개발과 인력양성을 동시에 수행하는 사업

출처: 교육인적자원부(2006). 대학재정지원사업 자료집. 내부자료.

부처별로는 교육인적자원부의 경우, HRD 비율이 57.9%를 차지하여 HRD의 비중이 높은 반면, 과학기술부, 보건복지부, 환경부, 농림부 등의 경우 R&D가 90% 이상을 차지하고 있는 것으로 나타났다. 산업자원부의 경우, 사업 대부분이 시설장비지원 등 인프라 구

표 16-3 사업목적 및 지원내역별 사업단위 재정지원 현황

(단위: 백만 원, %)

구분		2003		2004		2005	
		지원액	비율	지원액	비율	지원액	비율
HRD	교육력 강화	35,320	2.9	100,833	6.2	180,075	9.5
	산업인력 양성	201,303	16.8	483,607	29.7	529,931	28.1
	소계	236,623	19.7	584,440	35.9	710,006	37.6
R&D	연구개발	575,735	48.	598,915	36.8	690,698	36.6
	기반조성	134,456	11.2	157,883	9.7	168,202	8.9
	소계	710,191	59.2	756,798	46.4	858,900	45.5
공통		253,632	21.1	288,454	17.7	317,860	16.8
합계		1,200,446	100.0	1,629,692	100.0	1,886,766	100.0

주: 사업단위 지원만을 분석대상으로 함.
출처: 교육인적자원부(2006). 대학재정지원사업 자료집. 내부자료.

축과 관련된 내용이 많아 HRD/R&D 공통영역이 50% 가까운 비중을 차지하고 있다.

이와 함께 수도권 대학 및 지방대학 지원비율은 지역균형발전 차원에서 볼 때, 지방대에 대한 지원액과 지원비율이 꾸준히 증가하고 있다. 지원액의 경우, 2003년 6,280억 원, 2004년 9,385억 원, 2005년 1조 778억 원으로 증가하고 있으며, 지원비율은 2003년 52.4.%, 2004년 57.6%, 2005년 57.3%를 차지하고 있는 것으로 나타났다. 그러나 지방대학의 학교 수 및 학생 수 비율로 볼 때, 지방대학에 대한 지원비율은 증가시킬 필요가 있으며, 이를 위해서는 예산증액을 통한 신규사업 개발 및 기존사업 중 지방대 지원분을 별도로 확보하는 것이 필요하다.

표 16-4 수도권대학 및 지방대학 지원액 및 지원비율

(단위: 백만 원, 명, %)

구분	지원액(비율)			학교수 (비율)	학생수 (비율)
	2003	2004	2005		
수도권	570,477 (47.6)	691,233 (42.4)	805,045 (42.7)	126 (35)	1,098,561 (37.5)
지방	627,970 (52.4)	938,459 (57.6)	1,077,889 (57.3)	234 (65)	1,828,061 (62.5)
합계	1,198,446 (100)	1,629,692 (100)	1,886,666 (100)	-	-

출처: 교육인적자원부(2006). 대학재정지원사업 자료집. 내부자료.

정부의 대학재정지원액 중 국 · 공립대학에 대한 인건비 · 경상비 등의 법정 지원액이 54.6%에 달하여 국가경쟁력 강화, 양극화 해소 및 지역균형발전 등 국가정책방향에 맞도록 대학지원사업을 설계할 수 있는 여지가 부족하다. 또한 정부의 예산은 전반적으로 연구분야에 비하여 HRD분야의 예산이 과소한 한편, HRD내부에서도 산업인력 양성에 비하여 교육력 강화와 관련된 예산이 과소하여 전체적으로 교육력 강화의 예산이 10%에도 미달하는 상황이다.

지역균형발전 차원에서 정부는 지방대학 재정지원사업의 확대 및 기존사업에 대한 효율적 관리를 강화할 필요가 있다. 특히, 정부가 지방대학 재정지원의 효율성을 높이기 위해서는 산업자원부, 교육인적자원부 등 각 부처에서 진행되는 지방대학 재정지원사업의 종합연계를 검토하여야 할 것이다.

교육인적자원부의 대학재정지원사업은 기존에는 지원목적에 따라 특수목적지원사업과 일반지원사업으로 구분하여 세부사업 중심으로 지원하였던 것을 현재는 대상에 따라 기관지원(지방대혁신역량강화사업, BK21사업, 수도권대학특성화사업, 산학협력사업 등), 교원지원(학술연구조성지원비 지원), 학생지원(이공계열장학금, 정부보증학자금대출) 등으로 구분할 수 있다. 고등교육 재정지원방식은 정부주도의 대학평가에 의해 대학간 경쟁을 유발하고, 그 결과에 따라 차등적으로 재정지원하는 이른바 선택과 집중에 의한 재정지원방식을 확대하고 있다(반상진 외, 2006).

개별 고등교육기관의 입장에서 수입 현황을 보면, 국 · 공립대학에서조차 국고지원이 적음을 알 수 있다. 고등교육기관의 등록금 의존도는 48.6%(국 · 공립 23.3%, 사립 57.3%)이며, 국고보조금 수입은 14.5%(국 · 공립 37.7%, 사립 6.4%)에 불과하다. 정부의 대학재정 지원의 절대적인 규모는 증가하고 있으나 OECD 국가와 비교할 경우 아직도 낮은 수준

표 16-5 국 · 공 · 사립고등교육기관 수입 현황(2005년 결산)

(단위: 억 원, %)

구분	등록금 수입	국고보조금	전입금	기부금	이월금	자산 및 부채수입	기타	계
국 · 공립	13,898 (23.3)	22,499 (37.7)	-	5,118 (8.6)	1,499 (2.5)	-	16,594 (27.8)	59,608 (100.0)
사립	99,317 (57.3)	11,143 (6.4)	10,299 (5.9)	5,958 (3.4)	15,408 (8.9)	13,584 (7.8)	17,497 (10.1)	173,206 (100.0)
합계	113,215 (48.6)	33,642 (14.5)	10,299 (4.4)	11,076 (4.8)	16,907 (7.3)	13,584 (5.8)	34,091 (14.6)	232,814 (100.0)

주: 교비회계와 산학협력단회계를 합한 금액임.
출처: 박현철 외(2007). 고등교육기관의 재정분석연구. 교육인적자원부.

표 16-6 GDP대비 교육단계별 교육비 구성

(단위: %)

구 분			전체 교육단계			초·중등교육단계			고등교육단계		
발표 연도	기준 연도	국가	정부 부담	민간 부담	계	정부 부담	민간 부담	계	정부 부담	민간 부담	계
2002	1999	한국	4.1	2.7	6.8	3.2	0.8	4.0	0.5	1.9	2.4
		OECD평균	4.9	0.6	5.5	3.4	0.3	3.6	1.0	0.3	1.3
2003	2000	한국	4.3	2.8	7.1	3.3	0.7	4.0	0.6	1.9	2.6
		OECD평균	4.8	0.6	5.5	3.4	0.3	3.6	1.0	0.3	1.3
2004	2001	한국	4.8	3.4	8.2	3.5	1.0	4.6	0.4	2.3	2.7
		OECD평균	5.0	0.7	5.6	3.5	0.3	3.8	1.0	0.3	1.4
2005	2002	한국	4.2	2.9	7.1	3.3	0.9	4.1	0.3	1.9	2.2
		OECD평균	5.1	0.7	5.8	3.6	0.3	3.8	1.1	0.3	1.4
2006	2003	한국	4.6	2.9	7.5	3.5	0.9	4.4	0.6	2.0	2.6
		OECD평균	5.2	0.7	5.9	3.6	0.3	3.9	1.1	0.4	1.4
2007	2004	한국	4.4	2.8	7.2	3.5	0.9	4.4	0.5	1.8	2.3
		OECD평균	5.0	0.7	5.7	3.6	0.3	3.8	1.0	0.4	1.4

출처: OECD(각 연도). *Education at a Glance*.

에 머물고 있다. 2004년 기준으로 한국은 GDP대비 고등교육비 투자비율이 2.3%로 OECD 평균인 1.4%에 비해 높은 수준이지만, 공부담 비율은 0.5%로서 OECD 평균 1.0%에 크게 못 미치는 수준이다. 고등교육기관 학생 1인당 교육비는 $7,068로 OECD 국가 평균 $11,100의 63.7%에 불과하며, 미국 $22,476의 31.4%에 불과하다.

2) 고등교육 재정지원의 문제

정부의 고등교육 재정지원의 문제는 다음과 같이 몇 가지로 요약할 수 있다.

첫째, 정부의 고등교육 재정지원 총량규모가 적다는 것이다. 2006년도 교육인적자원부의 고등교육예산은 약 3조 5,697억 원 규모로서 국내총생산대비 약 0.44%인데, 이는 OECD 평균인 1%의 절반에도 미치지 못하는 수준이다. 특히, 고등교육예산 가운데 60%인 2조 1,413억 원은 국립대 인건비와 운영비, 대학생 학자금으로 지원되고, 나머지 대학정책 관련 지원사업예산은 1조 4,284억 원 정도이다.

고등교육예산은 전체 교육예산 중 12.5%에 불과한데, 이는 일본의 24% 수준에 훨씬 못 미치고 전체 학생대비 20%를 초과하는 고등교육 학생 수 비중에 비해서도 매우 낮은 수준이다. 따라서 한국의 대학교육비의 공공부담 비율은 23%로서 OECD 국가 평균(76%)의 1/3도 안 된다(OECD, 2006). 낮은 공공부담 비율은 곧 민간부담 교육비의 과중을 의미하는데, 이는 그동안 한국의 고등교육이 수혜자부담원칙에 크게 의존해 왔음을 보여주는 것이다. 전체 대학의 86%(학생 수 기준 75%)를 차지하는 한국 사립대학의 재원 중 등록금이 차지하는 비중은 70%에 달하며, 국 · 공립대학에서조차 그 비중은 40%를 넘어선다. 이처럼 사부담 재정의 비율이 높음에도 불구하고 학생당 공교육비는 낮다.

학생당 교육비를 기준으로 할 때 한국의 중등교육비는 OECD 평균의 약 92%에 이르는 반면, 고등교육비는 OECD 평균의 63%에 그치고 있다. 1인당 GDP대비 학생당 고등교육비 비율 역시 37%로 OECD 평균인 43%에 미달한다. 한국의 학생당 교육비가 낮다는 것은 한국의 대학들이 선진국만큼의 교육의 질을 담보할 수 있는 여건을 갖추고 있지 못함을 말해주는 것이다(OECD, 2006). 이는 대학에 대한 정부의 재정지원이 증액되어야 함을 보여준다.

둘째, 우리나라 고등교육 재정지원사업은 정부부처 간 유사한 사업을 추진함으로써 여전히 중복투자의 비효율성을 벗어나지 못하고 있다. 교육인적자원부, 산업자원부, 과학기술부 등이 부처와 상관없이 산 · 학협력과 지역전략산업과의 연계성에 초점을 맞춘 대학재정지원사업들을 추진하고 있다. 각각의 사업마다 '지역인력양성', '연구개발 및 기술지원', '산학협력체제 구축' 등 조금씩 다른 목적을 띠기는 하지만 궁극적으로는 예산배분의 주체만 다를 뿐 중복사업인 경우가 많다.[5] 이러한 대부분의 사업이 상호상승효과를 불러일으킬 수도 있지만 유사한 사업들이 동시에 진행될 경우 행정적 과부하는 물론 비효과적인 사업성과가 나타날 수 있어 정부부처간에 산발적으로 진행되고 있는 사업들을 통합 · 조정할 필요성이 제기되고 있다.

유사한 성격의 사업이 개별적으로 추진됨에 따라 대학입장에서는 사업별 지원액의 과소로 인해 대형연구 및 교육과정 혁신 등 장기적인 사업을 추진하기가 어렵고, 유사한 성격의 사업계획서 반복작성, 개별적 사업관리 등으로 인한 운영상 비효율문제가 발생하는 한편, 사업별로 각기 다른 분야를 응모하여 한정된 대학자원의 집중을 통한 대학특성화를 저해하는 결과를 초래할 우려가 있다. 실제로 대학관계자를 대상으로 설문조사를 실시한 결과, 특성화 추진의 장애요인 중 하나로 '정부재정지원사업 간의 연계부족으로 인

5) 비교적 지원규모가 큰 교육부의 '지방대학 혁신역량 강화사업(NURI사업)' 과 교육부와 산자부의 '산 · 학협력 중심대학 육성사업', 산자부의 '지역혁신 특성화시범사업(RIS사업)', 과기부의 '지역 R&D 클러스터 구축사업' 에서부터, 지원규모가 작은 '학교기업지원사업', '대학보유기술이전사업', '공학교육지원사업' 에 이르기까지 산 · 학협력이라는 목적에 통합할 수 있는 사업이라고 할 수 있다. 또한 현재 산자부의 '지역혁신 인력양성사업', 과기부의 '지방연구중심대학 육성사업' 도 산 · 학협력이라는 큰 틀에서 함께 묶일 수 있는 사업이라고 할 수 있다(반상진 외, 2006).

한 투자효율성 저하'를 들고 있으며, 대학특성화 촉진을 위해 대학에 대한 정부재정지원 확대, 대학특성화에 대한 각 부처의 재정지원 간 연계강화를 우선 해결해야 할 문제로 보고 있다.

셋째, 고등교육 재정지원의 대상 간, 즉 기관지원, 교원지원, 학생지원, 국·사립 간 지원의 형평성 문제가 제기될 수 있다. 2006년도 고등교육예산 중 학생지원은 4.2%에 불과하고, 사립대학 지원비중은 10% 미만에 불과하다. 효과적인 재정지원을 위해서는 기관, 교원, 학생 간의 이상적인 지원비율은 어떠한 수준인지, 고등교육의 3/4 이상을 차지하는 사립대학에 대한 재정지원은 지금보다 확대될 필요가 있는지, 확대된다면 어느 정도가 바람직한지에 대한 해답은 없다. 다만, 학생단위 지원의 확대는 국가재정의 한계와 대학재정의 규모를 감안하여 지원해야 할 것이다. 대학에 대한 직접지원을 확대하지 않은 상태에서 학생단위 지원만을 확대할 경우 학생들의 부담은 줄어들겠지만, 자칫 대학재정의 어려움을 가중시킬 수 있기 때문이다.

넷째, 현재와 같이 사업별 지원을 평가에 의해 차등적으로 하는 체제가 과연 효율적이냐 하는 문제이다. 평가에 의한 차등적 재정지원방식에 대해 대학에 대한 교육인적자원부의 간접적인 통제라는 인식이 강하고, 이에 대한 대학 내 정책저항의 인식이 팽배해 있는 것도 사실이다(반상진 외, 2006).

다섯째, 수도권대학과 지방소재대학 간의 학생 수 비율을 고려할 때 지방소재대학에 대한 재정지원이 다소 낮다는 것이다. 2005년 기준으로 지방소재대학의 학생 수는 62.5%인 반면, 정부의 지원액은 57.3%에 머무르고 있다. 특히, NURI사업을 추진하고 있는 교육인적자원부와 국가균형회계에서 가장 큰 비중을 차지하는 산업자원부를 제외하면 수도권 대학의 지원비율은 매우 높아진다. 따라서 지방소재대학에 대학재정지원의 증가를 고려할 필요가 있다.

여섯째, 정부의 예산은 전반적으로 연구분야에 비하여 HRD분야의 예산이 과소한 한편, HRD내부에서도 산업인력 양성에 비하여 교육력 강화와 관련된 예산이 과소하여, 전체적으로 교육력 강화의 예산이 10%에도 못 미친다. 대학의 연구역량 강화를 위한 지원 못지 않게 교육역량 강화를 위한 재정지원을 증대할 필요가 있다.

일곱째, 그동안 상당수의 사업지원이 이공계에 편중되어 있다는 것이다. 지금까지 교육분야 대학재정지원사업은 대부분 이공계 인력양성을 지향하고 있다. 그러나 미래사회는 이공계의 인력만으로는 복지사회를 건설하기 어렵다. 인문사회분야에 대한 재정지원도 검토해야 할 것이다.

여덟째, 그동안의 사업지원들은 대부분 대학전체의 질 제고보다는 분야별 특성화를 지향하는 경향이 있었다. 이에 따라 일부대학의 경우 정부의 재정지원사업에 따라 특성화의 방향을 달리하는 모순을 보이기도 하였다. 분야별 특성화도 중요하지만 대학전체의 특성화 혹은 대학전체의 질 제고를 위한 재정지원으로 방향을 전환해야 할 것이다. 특히, 교육인적자원부의 대학재정지원사업의 상당부분이 2008년에 종료되는 바, 종료된 이후에는 분야별 특성화 지원보다는 대학전체의 특성화 지원방식으로 방향전환하는 것이 필요하다.

4. 고등교육 재정지원과 관련된 쟁점

이러한 맥락에서 고등교육의 추가소요재정 확보를 위해 안정적인 재원 확보를 위한 다음과 같은 제도적 장치를 검토할 필요가 있다.

1) 고등교육재정교부금제도의 도입

이는 대학재원의 법적 독립성 확보를 도모하는 것이다. 고등교육재정교부금을 통해 대학재정지원의 목적, 범위, 기준, 재원조달방법 등 국가의 고등교육 재정지원에 대한 책무성을 법제화하고, 재원규모의 안정화를 도모하기 위해 내국세의 일정부분을 고등교육재원으로 확보할 수 있는 법적장치를 마련하자는 것이다.[6)]

고등교육재정교부금제도의 찬성의견은 다음과 같다.

첫째, 21세기 지식정보화사회를 맞이하여 대학경쟁력이 곧 국가의 경쟁력인 현실에서 우리 대학들은 고등교육시장 개방, 대학학령인구의 지속적인 감소, 고등교육에 대한 정부지원의 미흡 등 대·내외 대학교육환경의 급격한 변화로 대학경영에 상당한 어려움을 겪고 있다. 국가발전을 위해서라도 대학의 경쟁력을 높이려는 노력이 필요하며, 이를 위해서는 안정적인 재원확보가 필수적이다.

둘째, 국가발전을 도모하고, 대학구조개혁을 통하여 산업수요에 부응하는 인재양성과

---

6) 박찬석 의원 등 4명은 다음의 내용을 골자로 하는 고등교육재정교부금법안을 2004년 11월 24일 발의하였으나 통과되지 못하였다.

가. 고등교육기관의 운영에 소요되는 재원의 일부를 국가가 지원하도록 하여 고등교육의 지역 간 균형 있는 발전과 국제경쟁력을 강화하는 데 그 목적을 둠(안 제1조).

나. 교부금의 재원은 당해연도의 내국세 총액의 100분의 7.6(GDP의 1% 상당액, 저자 주)에 해당하는 금액으로 함(안 제2조).

다. 교육인적자원부장관으로 하여금 교부금을 교부할 때 대학평가 결과, 대학의 특성화 및 구조조정, 지역사회와의 협력, 지역균형발전 등의 요소를 고려하도록 함(안 제4조).

라. 지방자치단체도 고등교육기관의 교육 및 연구 등에 소요되는 경비를 지원할 수 있도록 함(안 제6조).

국가발전을 선도해 나갈 핵심전략분야의 고급전문인력 양성시스템 구축을 위해서는 무엇보다도 안정적인 고등교육재정의 확보와 지원이 절실하다.

셋째, 현재 교육예산의 대부분이 초 · 중등교육에 투자되고, 고등교육에 투자되는 예산은 전체의 12%에 머무르고 있다. 인적자본의 확충을 통한 새로운 부가가치 창출만이 국가경쟁력 제고의 유일한 수단인 우리나라에서는 더 이상 현재와 같이 고등교육에 대한 투자를 민간영역에만 의존할 수는 없다. 이제는 국가재정투자의 우선순위를 조정하여 고등교육에 대한 재정투자를 확대하고 안정화할 수 있는 전향적인 대책마련이 시급하다.

그러나 고등교육재정교부금에 대해서는 다음과 같은 반대의견이 제기될 수 있다(천명호, 2005).

첫째, 정부재정과 교육재정이 부족하고 경직되어 있는 현재의 재정여건 및 규모에서 추가적인 교부금의 확보가 가능한 것인지에 대한 의문제기이다. 즉, 내국세 총액의 일정비율을 못 박는 것은 현재의 재정여건상 그 실현이 불가능하다. 향후 25년간 매년 2조 원의 공적자금을 상환해야 하는 상황에서 추가적인 대규모 의무비율 확보는 지나치게 재정부담을 가중하게 할 우려가 있기 때문이다.

둘째, 이 제도는 초 · 중등교육을 대상으로 하고 있는 지방교육재정교부금법의 교부금 개념 및 운영방식을 차용하고 있으나, 고등교육재정교부금을 지방교육재정교부금법상의 교부금제도와 동일하게 운영하는 것이 가능하지도 않고 바람직하지도 않다.

셋째, 국민의 조세부담으로 대학을 지원하는 것은 대학의 책임성과 자율성에 배치된다. 즉,, 대학은 설립주체가 자기책임하에 설립운영하는 것이 원칙인 바, 국민의 세금으로 대학운영비를 충당하도록 하는 것은 이러한 원칙에 위배된다.

넷째, 교부금은 국가와 지방 간 또는 지방 상호 간 재원의 불균형을 조정하기 위한 지방재정조정제도의 일환으로, 고등교육기관을 지원하기 위한 예산을 편성하는 방식으로 교부금제도의 도입은 적절하지 아니하다.

다섯째, 교부금 형태의 대학재원 확보방안은 재정배분에 있어서 특정 세입과 세출을 연계하여 칸막이를 만드는 경우 재정배분의 효율성이 저해되는 단점이 발생할 가능성도 있다.

여섯째, 보통교육과는 달리 대학교육은 수혜자가 한정되어 있는 만큼 형평성에 문제가 될 수 있다.

일곱째, 고등교육재정교부금을 통하여 확보된 추가예산을 일정 수식에 따라 균등배분할 경우 부실대학을 양산할 수 있다.

고등교육재정교부금제도는 고등교육기관의 안정적 지원을 위한 방법으로서 내국세 총액의 일정률을 의무적으로 할당하는 방식인 교부금제도를 도입하는 것이 타당한 것인가,

도입하는 경우 그 교부율을 어떻게 정할 것인가에 대하여 관계부처와의 충분한 협의 및 여론 수렴을 통한 심도있는 논의가 우선되어야 할 것이다.

2) 고등교육세의 신설 혹은 전환

현행 교육세는 국세분 교육세와 지방교육세로 이원화되어 있다. 교육세가 이원화되었다는 것은 각각의 교육세가 별도의 용도에 쓰여야 함을 의미한다. 그러나 현행 교육세와 지방교육세는 세금징수 주체만 다를 뿐, 목적은 똑같이 지방교육의 질적 향상 도모이다(「교육세법」 제1조, 「지방세법」 제260조의2). 교육세는 1982년부터 25년 넘게 징수해 왔기 때문에 교육세가 지방교육발전에 기여해야 한다는 목적은 충실히 달성되었다고 볼 수 있다. 이제는 새롭게 고등교육 재정지원의 필요성이 대두되고 있기 때문에 차제에 국세교육세는 고등교육세로 개편하여 고등교육을 지원하는 고등교육세와 지방교육을 지원하는 지방교육세로 역할을 명료화하는 것이 필요하다(송기창, 2006).

2001년에 교육세가 국세교육세와 지방교육세로 이원화된 이후 교육세 징수실적을 보면 2001년을 제외하고는 징수실적이 예산에 훨씬 못 미치고 있을 뿐만 아니라 2004년 이후 예산액 자체도 계속 줄어들고 있다. 교육세구조를 그대로 유지할 경우 몇 년 지나지 않아 교육세 존폐의 문제가 대두될 가능성이 높다. 고등교육 재정지원 확대의 필요성이 제기되는 상황에서 고등교육세로 전환할 경우 지방교육재정 입장에서는 명분과 실리를 얻을 수 있을 것이다(송기창, 2006).

국세교육세의 규모는 연간 4조 원 정도이나, 특별소비세, 교통세, 주세 등 경기에 민감한 세원의 성격상 신장 가능성이 떨어진다. 세원이 신장되지 않을 경우 세율을 올리거나 세원을 교체하여 세수를 확대해야 하는데, 지방교육재정교부금 재원에 편입되어 있기 때문에 세율인상이나 세원교체논리의 설득력이 떨어지는 문제가 있다. 교육세를 고등교육세로 개편할 경우 고등교육의 질적 개선논리로 교육세원을 바꾸거나 세율을 인상할 여지가 생기며, 지방교육재정교부금은 내국세 교부율을 교육세만큼 인상함으로써 재원을 안정적으로 확보할 수 있게 된다(송기창, 2006).

국세교육세를 고등교육세로 개편하는 것은 중앙정부가 고등교육에 대한, 그리고 지방정부가 초·중등교육에 대한 책무성을 강화한다는 원칙에 부합하는 측면이 있다. 그러나 이 경우에도 국세교육세가 지원하던 초·중등교육재정의 부족분에 대한 추가적인 제도적 조치가 마련되어야 한다. 따라서 고등교육 재원 확보를 위한 제도적 장치는 필요하지만 지원목적, 대상, 확보방법 등에 대해서는 좀 더 구체적인 의견수렴이 필요하다.

3) 대학평가를 통한 사업비 지원방식 대 포뮬러펀딩

사업지원비는 대부분 대학평가에 의한 차등적 재정지원방식에 의한다. 이는 그동안 정부가 추진해 온 선택과 집중원칙과 맥을 같이 한다. 선택과 집중은 형평성과 효율성에서 효율성에 치우친 원칙이다. 효율성이 강조되는 사업에서는 선택과 집중원칙의 적용이 타당하지만, 형평성이 중요한 사업에까지 선택과 집중원칙을 강조하는 것은 한계가 있다.

대학의 정원이 많고 대학교육의 질에 대한 사회적 논란이 존재하고 있는 현 상황에서 선택과 집중원칙의 적용은 설득력을 발휘할 수 있다. 하지만 지금처럼 무차별하게 모든 사업에 적용하는 것은 부작용을 초래할 수 있다. 학생들의 학습권을 보호하기 위해서는 현실적으로 평등성을 강조할 수밖에 없으며, 고등교육기관 간(전문대학과 4년제 대학), 교육 프로그램 간(고등교육 프로그램과 평생교육 프로그램, 연구개발지원과 교육지원, 인력양성과 기술개발), 설립별 간(국립, 공립, 사립), 지원대상간(기관지원, 프로그램지원, 교수지원, 학생지원), 지역 간(수도권과 비수도권), 부처별 간(교육인적자원부, 노동부, 기타 부처), 지원기준별(성과 중심, 투입 중심 등), 지원내역별 간(경상비지원과 사업비지원)의 격차가 더욱 심화되어 효율성과 형평성의 조화문제가 제기되고 있는 실정이다.

사업지원비 등의 기관평가에 의한 차등적 재정지원은 지원효과에 대한 검증이 용이하지 않고, 평가과정에서도 대학의 규모나 명성 등이 평가결과에 직·간접적으로 작용하여 빈익빈 부익부라는 부작용이 발생하게 된다. 따라서 기관에 대한 지원방식을 지양하고, 학생·교수·프로그램 등을 중심으로 투입대비 성과 중심의 직접적인 지원방식을 확대할 필요가 있다. 연구자 프로그램 중심의 지원방식은 평가에 의한 차등적 재정지원이 갖는 역기능을 해소할 수 있는 대안으로 고려될 수 있다.

근본적으로 고등교육의 '사업비' 보다는 고등교육 '재원' 을 늘려야 한다. 사업비와 교육비는 다르다. 사업비가 늘면 '사업' 의 성과는 나타날지 몰라도 '교육' 은 달라지지 않을 수 있다. 지금 대학에 필요한 것은 '사업비' 가 아니라 자율적인 집행이 가능한 '교육재원' 이다. 대학에 대한 신뢰를 바탕으로 공식(formula)에 의해 지원되는 교부금제도를 도입해야 할 것이다(송기창, 2007).

4) 지방대학 지원

대학재정의 균형적 지원을 위해서는 보상적 지원과 조성적 지원을 모두 고려해야 한다. 경쟁력 있는 대학에 지원하는 보상적 지원은 유지하되, 조성적 차원에서 지방대학의 연구력 강화를 위한 차등적 지원체제를 구축할 필요가 있다는 주장이 제기된다. 이러한 조성적 지원방식의 도입은 우리나라 고등교육체제의 저변을 공고히 한다는 차원에서 그 필요성이 대두된다. 지방대학 지원의 필요성은 다음과 같다.

첫째, 지방대학의 인구비중에 걸맞은 지원이 필요하다. 전국 전문대학과 4년제 대학 중 비수도권소재 대학이 차지하는 비중은 학교 수와 재학생 수를 기준으로 할 때, 각각 전문대학은 67.9%와 62.7%, 대학은 59.5%와 60.7%이다. 우리나라 전체인구의 53.8%, 지역내 총생산액의 52.8%, 사업체의 55.2%, 그리고 사업체 종사자 수의 51.1%가 비수도권에 분포하고 있다는 사실에 비추어 볼 때, 대학과 대학생이 상대적으로 비수도권지역에 많이 분포하고 있음을 알 수 있다. 따라서 우리나라 대학인구의 절반을 훨씬 넘는 비수도권소재대학에 대한 재정지원은 꼭 필요하다.

둘째, 지방대학의 중요 기능 중 하나는 지역 및 국가산업발전에 필요한 우수인력을 양성 · 공급하는 것이다. 지방대학이 지역 및 국가가 필요로 하는 우수한 인력을 양성 · 공급하게 될 때 지방대학졸업자의 취업률 및 활용도가 높아지고, 이는 지방대학신입생의 유인가로 작용하게 된다. 지방대학졸업자의 활용도 및 신입생 유인가를 제고하기 위하여 우수인력 양성 · 공급 등을 위한 노력이 필요하다(백성준, 2003).

셋째, 국가의 균형발전을 위하여 지역발전 및 지역경제 활성화의 핵심 축을 담당하고 있는 지방대학에 대한 지원이 필요하다.

넷째, 학령인구 감소를 통한 고등교육의 초과공급현상은 수도권소재 대학에 비하여 상대적으로 기반이 취약한 지방대학의 존립을 구조적으로 크게 위협하고 있다. 지방대학의 공동화위기를 극복하기 위한 재정지원 등 근본대책마련이 필요하다.

그러나 지방대학에 대한 차별지원은 수도권대학에 대한 역차별을 가져오게 되며, 부실대학에 대한 지원을 통하여 구조조정을 어렵게 할 수 있다는 지적이 제기된다.

5) 사립대학 지원

사립대학에 대한 국가의 재정지원여부와 지원규모는 어디까지나 국가의 재량사항에 속한다. 특히, 사립대학을 단지 공학의 보조수단으로 인식한다면 국고보조는 필요 없다는 결론 도출도 가능하다. 그러나 사립대학이 국 · 공립대학과 대등한 지위에서 그 역할을 대신하고 있고, 국민의 교육기회 확대라는 측면에서 기여하고 있음을 인정한다면 사립대학에 대한 국가의 보조는 당연한 것이다. 이는 사학재단에 대한 지원이라기보다는 사립대학 학생에 대한 지원이며, 국민의 교육권 보호 차원의 지원이라 할 수 있다. 사립대학에 다니는 학생들도 똑같은 국민일진대 국가는 그들을 교육할 당연한 의무를 져야 하며, 그들은 국가에 대하여 권리를 주장할 충분한 근거가 있는 것이다. 이러한 측면에서 최근

들어 사립대학에 대한 국고지원이 조금씩 증가하고 있는 것이 사실이다. 사립대학에 대한 국고지원의 찬성주장을 요약하면 다음과 같다(김병주, 1996).

첫째, 국 · 공 · 사립대학이 다같이 "법령이 정하는 기준에 의하여 설립된" 국가의 공기(公器)이고, 동등한 자격을 갖는 졸업자 또는 수료자를 국가사회에 배출하는 기관이기 때문이다. 사립대학의 지위는 법적으로 국 · 공립대학과 하등 차이 없는 공공교육기관이기 때문에 사립대학에 대한 국가지원은 국 · 공립대학에 준해야 한다.

둘째, 사립대학도 우리나라 교육의 목적과 교육이념을 규정하고 있는 「교육기본법」 제1조 및 제2조의 정신을 구현하는 교육기관이기 때문이다. '능력에 따라 균등하게 교육을 받을 권리' 는 학교의 설치자가 다르다고 하는 이유 때문에 제한을 받아서는 안 된다.

셋째, 사립대학은 공익성을 지니며 국가사회 발전에 이바지한 바 매우 크다. 공익성과 기여도를 고려할 때 국 · 공립대학에만 지원하는 것은 모순이다.

넷째, 우리 대학교육의 3/4 이상을 사립대학이 담당하고 있어 그 역할의 국가 · 사회적 중요성은 결코 과소평가될 수 없다. 사립대학이 차지하는 비중으로 보아 사립대학교육의 질이 바로 우리나라 대학교육의 질을 대변하는 것이며, 사립대학의 질 저하는 바로 대학교육의 질 저하를 의미한다. 따라서 교육과 국가발전이라는 측면에서 보면 사립대학에 대한 지원이 절실히 요청된다.

다섯째, 정부는 대학교육의 공공성 보장을 위해서도 재정상태가 열악한 사립대학에 재정적 지원을 해야 한다. 사립대학에 대한 정부의 통제와 감독은 광범위한데, 이는 이들이 공공성을 갖는 기관이므로 인정되는 것이다. 정부의 공공성 보장을 위한 통제 · 감독은 재정적 지원을 전제로 할 때 설득력이 있다.

여섯째, 학교법인의 재무구조가 열악하여 재정적 기여를 거의 하지 못하고 있다. 현실적으로 사립대학에 대한 국고보조의 확대 외에는 별다른 대안이 없다.

일곱째, 사립대학에 대한 국고지원은 세계적인 추세이며, 대부분의 국가들은 대학교육을 포함한 교육 전반을 국가가 지원한다.

반면에 사립대학에 대한 국고지원의 반대논리를 요약하면 다음과 같다(이만형, 1996).

첫째, 설립자부담원칙에 근거해 볼 때 사립대학의 경비는 설립자인 학교법인이 부담함이 마땅하다. 국립대학은 애초에 국가의 필요에 의해 설립되었으므로 국가가 지원하는 것이 당연하다.

둘째, 수익자부담원칙에 근거해 볼 때, 대학교육의 수익자인 학생이 교육비를 부담하는 것이 당연하다.

셋째, 사립대학에 대하여 국고지원을 하게 되면, 결국 부실사학에 대해서도 지원을 하게 될 것이고, 그러한 부실사학에 대한 국고보조는 낭비가 될 수 있다.

넷째, 국가재원의 한계로 사립대학에 대한 국고지원은 결국 국 · 공립대학의 손해를 초래하게 될 것이다.

다섯째, 우리나라 대학교육에서 사립대학의 구성비가 매우 크기 때문에 사립대학에 대한 지원을 하게 되면 국가의 부담이 과중될 것이다.

6) 수요자에 대한 지원을 통한 대학재정 지원

고등교육에 대한 정부의 재정지원방식은 사회 · 경제의 발전에 따라 대학단위의 공급자에 대한 지원에서[7] 학생, 연구자/연구팀 단위의 수요자에 대한 지원으로 전환하는 것이 바람직하다는 주장이 제기된다(이영 외, 2006). 사회발전 초기에는 고등교육의 여건이 미약하고 고등교육시장 자체도 발전하지 못한 상태이기 때문에 정부가 주도적으로 국립대학을 통해서, 그리고 대학단위의 정책적 지원을 통해서 고등교육을 육성하는 것이 바람직할 수 있다. 하지만 사회 · 경제가 발전해 감에 따라 고등교육시장이 제 기능을 하기 시작하고 전공과 수업방식에 대한 다양한 수요가 나타나게 됨에 따라 정부 개입의 비용이 점점 더 커지게 되는데, 이러한 사회 · 경제발전과 여건변화에 따라 지원방식을 대학단위가 아닌 학생과 연구자/연구팀 단위로 전환할 필요성이 있다는 것이다(이영 외, 2006). BK21사업의 성격은 대학단위와 학생/연구자 단위의 중간형태로 볼 수 있으며, 현재의 사회 · 경제발전단계에 부합되는 사업으로 볼 수 있으나 2단계 사업이 종료되는 2012년 이후에 3단계 사업은 시행하지 않고 대신에 학생에 대한 장학금과 학자금 융자 지원, 그리고 연구자와 소규모 연구팀에 대한 지원으로 대체하는 것이 필요하다는 주장이다. 대학에 대한 국고지원은 연구자/연구팀에 대한 연구비의 간접경비 징수율을 확대함으로써 가능하다는 것이다.

이는 소규모대학의 우수연구자들에게 연구비 수혜를 줄 수 있는 장점과, 정부의 개입비용을 최소화할 수 있다는 장점이 있다. 그러나 근본적으로 우수 대학원생의 많고 적음이 연구비를 수주하는 데 결정적인 역할을 함을 고려할 때, 자칫 지금보다 더 심한 빈익빈 부익부를 가져올 우려가 있다.

이와 함께 2006년 봄 정치권에서는 학부모의 과다한 등록금 부담을 덜어주기 위한 다양한 방안이 마련되었다. 3월 3일 교수노조가 등록금후불제 쟁취와 교육공공성 강화를

7) 기본적으로 대학단위의 직접적인 지원은 그 성과를 측정하기 어려우며 교수와 학생들의 성과개선 유인이 적고, 대학단위 지원금을 받기 위한 비생산적인 지대추구행위를 유도할 수 있다. 이러한 대학단위의 직접적인 지원사업에는 각종 특성화지원사업, 교육개혁 우수대학 지원, 공 · 사립대학 시설 · 설비 확장 등이 존재한다(이영 외, 2006).

위한 '전국교수 서명운동'을 시작한 이후, 열린우리당의 '대학 先 무상교육제', 민주노동당의 '가계수지연동 등록금상한제', 한나라당의 '대학등록금 부담 반으로 줄이기'가 제안되었다.

이들은 서로 제안하는 바는 다르지만, 대학등록금 인상을 둘러싸고 벌어지는 대학당국과 학생회의 소모적인 갈등이 매년 되풀이되는 상황에서 이를 끊을 수 있는 방법이 국고지원을 통한 등록금부담 완화라는 데는 맥을 같이 한다. 즉, 대학에 대하여 지원하기보다 학생에 대한 학자금 지원을 확대하여 학생부담을 완화하자는 것이다.

학생들에 대한 학자금 지원의 획기적 증액은 고등교육에 있어서의 공부담과 사부담의 균형을 찾아감과 동시에, 기회의 형평성과 사회이동성을 제고시켜 사회통합에도 큰 역할을 할 수 있을 것으로 기대한다. 또한 학자금 지원은 학생의 선택을 받기 위한 학교의 구조조정노력을 가속화시킬 것이며 등록금 현실화를 가능하게 해 대학의 구조조정의 여건을 조성하게 될 것이다. 더욱이 학자금 지원은 사립학교 지원, 이공계 지원, 지방대 육성, 전문대 육성 등 여러 고등교육 관련 현안들을 하나의 틀에서 더욱 시장친화적으로 해결할 수 있는 수단이 될 것이라고 기대한다(이영 외, 2006).

그러나 대학재정의 총량규모가 크게 증가하지 않는 한 학자금 위주의 지원은 대학재정을 크게 위축시킬 것이라는 주장이 대두된다. 학자금 지원은 결국 학생들의 부담만 줄여줄 뿐 대학재정에는 긍정적인 영향을 미치지 않으며, 특히 대학재정의 총량규모가 증가하지 않는 한 학자금 지원의 확대는 대학재정의 축소로 이어질 것으로 예상되기 때문이다.

5. 전망과 개선방안

고등교육을 포함한 교육의 근본적인 책임은 국가에 있음을 인식할 때 고등교육에 대한 국가의 책임은 면할 수 없다. 국가적 차원에서 고등교육재정의 확보를 위한 다양한 방안들이 마련되어야 한다. 대학에 대한 각종 재정적 규제를 완화하고 세제상의 혜택을 부여함은 물론 학생 수 비중에 맞는 수준의 국고지원이 이루어져야 할 것이다.

그동안 각 정부부처에서 고등교육에 대한 다양한 지원을 해 오고 있는 것이 사실이다. 하지만 대학에 대한 국가의 재정지원은 타 분야 혹은 외국에 비추어 상대적으로 부족함을 알 수 있다. 이에 따라 고등교육재정을 안정적으로 확보하기 위한 다양한 시도와 노력이 있어 왔다.

대학재정의 궁극적인 책임은 대학 스스로에 있음을 고려할 때 대학의 자체적인 재원

확보방안이 다양하게 마련되어야 함도 물론이다. 대학등록금의 합리적인 책정, 재단과 대학 스스로의 다양한 재원 확보방안 모색 및 재정운영의 효율화 노력은 지속적으로 이루어져야 할 것이다. 그러나 현실적으로 국가예산의 경직성으로 대학재정에 대한 국고의 획기적인 증대를 기대하기도 어렵고, 대학등록금을 포함한 개별대학의 자체적인 수입을 늘리기도 쉽지 않다.

그렇다면 다른 방향을 모색해야 하는데, 현실적으로 고려해 볼 수 있는 것 중의 하나가 지방자치단체와 민간을 통한 대학재정의 확보방안이다. 그동안 대학교육에 대해서는 국가와 학부모라는 두 가지 큰 재원에만 의존해 왔다. 최근 들어 민간 혹은 기업체를 통한 재원확보 노력이 있기도 하지만, 아직은 일부대학에 제한적이다. 우리나라의 경우 초·중등교육에 대해서는 중앙과 지방이 재정적 책임을 공유하고 있는 것과 달리 고등교육재정에 대해서는 중앙정부가 책임을 지고 있다. 따라서 대학재정에 대해서는 지방자치단체는 거의 국외자였다. 그러나 고등교육 역시 지역주민의 삶, 지역발전과 관련된 핵심요인이라는 점에서 지방자치단체의 재정적 책임을 배제하기는 어렵다. 오히려 지방수준에서도 고등교육을 발전시키기 위해서 다양한 지원방안을 적극 추진할 필요가 있다.

지방자치단체의 고등교육에 대한 재정지원이 강화되어야 하는 이유는 지역발전을 위한 대학의 위상과 역할이 변화되고 있고, 지역발전의 중추기지로서 대학의 역할이 강화되고 있기 때문이다. 대학은 지역발전의 능동적 주체로서 그리고 지역의 정체성과 이미지의 제고자로서 지역발전을 위한 네트워크의 중심적 결정체이다.

지역대학은 교육, 연구, 봉사의 측면에서 다양한 방식으로 지역발전에 기여할 수 있다. 교육의 측면에서 대학은 지역발전에 필요한 인력을 공급하고, 지역의 특수성을 반영하는 교육과정을 운영하며, 성인들에게 직업교육·평생교육을 제공한다. 연구 측면에서 대학은 지역산업에 필요한 연구활동을 통해 기술혁신을 도모하고, 지역과 연계를 강화하여 연구재원을 지원받을 수 있다. 사회봉사 측면에서 학생, 교수 등 대학구성원은 자신의 전문성을 활용하여 각종 봉사활동에 참여한다. 또한 도서관, 체육관, 문화관 등 대학이 학 보유한 각종 인프라를 지역주민들에게 개방함으로써 지역에 다양한 문화적 인프라를 제공하고 지역주민의 삶의 질을 높이고 있다.

대학재정의 궁극적인 책임은 대학뿐 아니라 국가와 사회 모두에 있다. 그러나 현실적으로 어느 영역이 선뜻 대학재정을 획기적으로 확대하는 역할을 담당하기 쉽지 않은 것이 현실이다. 그러나 이러한 한계에도 불구하고 대학과 국가, 지방자치단체 및 민간 모두가 공동으로 노력한다면 대학의 재정난은 점차 해결될 것이며, 대학재정지원과 관련된 논쟁 역시 줄어들 것으로 기대한다.

참■고■문■헌

교육인적자원부(2006). 대학재정지원사업 자료집. 내부자료(2006. 2~4 조사).

김두식(1996). 정부의 대학재정 지원: 기본방향과 내용. 대학교육, 84.

김병주(1996). 사립대학에 대한 국고 보조는 확대되어야 한다. 대학교육, 84.

______(1998). 사립대학 재정의 구조와 문제 분석. 고등교육연구, 9(2).

______(2000). 사립대학 재정운영의 효율화 방안. 교육재정경제연구, 9(2).

김병주, 나민주, 이 영(2007). 지방자치단체를 통한 고등교육재정 확보방안. 교육재정경제연구, 16(1).

김인제 외(2000). 대학의 재정지원에 대한 효과성 측정 연구: 자료포락분석을 중심으로. 교육인적자원부 정책연구비지원 연구보고서.

김진영(2001). 대학재정 지원정책의 현황과 평가. 한국조세연구원.

김화진(1999). 대학에 대한 국가의 재정지원과 배분의 정책방향. 대학교육, 87.

나민주(1998). 대학재정 지원정책 분석 연구. 서울대학교 대학원 박사학위논문.

______(2003). 영국의 대학재정 지원제도에 관한 연구. 교육재정경제연구, 12(2).

나성린 외(2002). 고등교육재정의 안정적 지원을 위한 재원확보 방안. 교육인적자원부 정책연구비 지원 연구보고서.

박부권 외(1998). 대학평가에 의한 재정지원제도 개선 연구. 교육부 정책연구과제.

반상진 · 김환식 · 오호영 · 채창균(2006). 고등교육 재정지원제도 개선방안. 2005년도 교육인적자원부 정책연구.

백성준(2000). 사립대학 재정확보 방안. 한국교육재정경제학회 제27차 학술대회논문집.

______(2003). 지역 인적자원개발을 위한 지방대학 육성방안. 한국직업능력개발원.

송광용 외(1998). 대학재정 국고지원 현황에 관한 연구. 한국대학교육협의회.

송기창(2000). 대학재정 지원정책의 과제와 개선방향. 교육재정경제연구, 9(2), 1-25.

______(2006). 지방교육재정교부금법의 운용성과와 개정방향. 교육재정경제연구, 15(2).

______(2007). 대학예산 왜 깎였나. 한국교육신문, 2007년 10월 16일.

송기창 외(2002). 국가의 대학교육 투자실태 분석. 교육인적자원부 정책연구비지원 연구보고서.

안종석(2004). 지방대학에 대한 재정지원 현황 및 개편방안. 한국조세연구원.

유현숙 외(2001). 정부부처의 고등교육기관에 대한 재정지원 분석 및 효율화 방안. 2001년도 교육인적자원부 정책연구비 지원 연구보고서.

윤정일(2000). 교육재정의 이론과 실제. 서울: 세영사.

윤정일(2001). 대학재정 지원방식 개선: 포뮬러펀딩에 의한 사립대 운영비 지원을 중심으로. 교육재정경제연구, 10(2).

윤정일 외(2001). 대학지원 예산구조 및 지원방식 개선연구. 교육인적자원부 교육정책 연구과제

이만형(1996). 사립대학 재정은 스스로 해결해야 한다. 대학교육, 84.

이 영(2003. 9). 중기 교육예산의 발전 방향. 제3차 재정포럼. 한국개발연구원.

이 영 · 우천식(2001). 정부부처의 고등교육기관에 대한 재정지원 분석 및 효율화 방안. 한국개발연

구원.

장수명 외(2004). 고등교육 재정지원 성과분석 및 효율화 방안 연구. 교육인적자원부 정책연구지원 연구보고서.

주철안(2003). 한국의 고등교육재정 지원정책에 관한 분석연구. 교육재정경제연구, 12(1).

천병호(2005). 고등교육재정교부금법안 검토 보고. 국회 교육위원회.

최청일 외(2002). 고등교육 재정규모 및 지원방식 등에 관한 국제비교 연구. 교육인적자원부 정책연구지원 연구보고서.

Hauptman, A. M. (2001). Reforming the ways in which states finance higher education, In D. E. (Ed.), Heller. *The states and public higher education policy: Affordability, access, and accountability.* Baltimore, MA: The Johns Hopkins University Press.

Johnstone, D. B. (2004). The economics and politics of cost sharing in higher education: Cpmparative perspectives. *Economics of Education Review, 23*, 403-410.

Kezar, A. J., Chambers, T. C., & Burkhardt, J. C. (2005). *Higher education for the public good: Emerging voices from a national movement.* San Francisco, CA: Jossey-Bass.

Mayston, D. J. (1998). Devolved budgeting, formula funding and equity. *Management Accounting Research, 9*(1), 37-54.

OECD (2005/2006). *Education at a Glance.*

Williams, G. (1992). *Changing Patterns of Finance in Higher Education.* The Society for Research into Higher Education & Open University Press.

Ziderman, A., & Albrecht, D. (1995). *Financing Universities in Developing Countries.* New York: The Falmer Press.

제 17 장

대학생 학자금 지원

1. 서 론

지식기반경제사회, 국제화 · 세계화 사회의 도래와 함께 세계 각국은 강력한 고등교육의 개혁정책과 고등교육에 대한 보다 적극적 투자정책을 시행하고 있다. 우리나라에서도 총 교육예산대비 고등교육의 투자비중이 1995년 5.3% 정도에서 2005년 결산기준 9.3%로 크게 증가하였으며, BK21사업, NURI사업, 수도권대학 특성화사업 등의 대규모 국책지원사업을 통해 중 · 장기적 차원에서 대학교육에 대한 투자를 확대하고 있다. 더욱이 고등교육에 대한 추가적인 투자재원을 마련하기 위하여 '고등교육재정교부금제도' 를 도입하자, 국세교육세를 '고등교육세' 로 전환하자는 등의 논의가 확산되고 있다.

투자재원의 확대와 더불어 최근 고등교육재정에서 중요한 변화의 흐름은, 기관단위 재정지원에서 학생단위 재정지원으로 지원의 방식이 변하고 있다는 것이다. 기관단위 재정지원과 학생단위 재정지원의 비중은 2003년 각각 65.1%와 1.7% 수준에서 2005년 54.6%와 3.4%로 학생단위 재정지원이 확대되고 있다(이용균, 2007: 10). 특히, 사회양극화 해소 등을 중요 정책목표로 하는 노무현정부에서는 대학생 학자금 지원사업을 고등교육재정에서 핵심과제의 하나로 삼았다. 대학생 학자금 대출사업은 2006년 교육인적자원부 정책평가사업에서 가장 우수한 사업으로 평가될 만큼 그 성과가 인정되고 있으며, 고등교육재

---

* 남수경(강원대학교)

정정책의 패러다임이 대학생에 대한 직접 지원으로 변화하고 있다.

고등교육기관의 학생에 대한 재정지원제도가 비교적 안정적으로 시행되고 있는 선진국의 경우에도 학생에 대한 공적 지출규모는 기관에 대한 직접 지원금의 5분의 1수준에 지나지 않는다. 그러나 고등교육재정이 봉착한 문제의 기저가 취학률의 증가라는 점에서 볼 때, 학생에 대한 재정지원은 계속하여 확대될 수밖에 없을 것으로 보인다(Hauptman, 2004: 96). 우리나라 역시 이러한 세계적 변화환경과 동일선상에 있다. 2006년 현재 고등교육기관의 취학률은 65.6%이며, 일반계고교와 전문계고교의 졸업생 중 각각 10명 중에 9명(진학률 87.5%)과 7명(진학률 69.8%)이 대학에 진학하고 있다. 대학생 수는 물론 대학원생 수 역시 급속히 증가하여, 대학교 전체학생 수에서 대학원생이 차지하는 비중은 1970년 4.3%에서 1995년 8.7%로, 2006년에는 13.3%로 확대되는 추세이다.

대학생 및 대학원생 수의 지속적 증가추세와 더불어 국립대학 법인화, 등록금책정에 대한 대학자율권의 확대 등으로 인하여 등록금을 포함한 학생부담비용은 더욱더 증가할 것으로 전망된다. 대학생 학자금 지원사업에 대한 수요의 지속적 증가에 따라 정부 차원에서는 정부와 학생 또는 학부모 간에 균형 있는 교육비 분담체제를 마련하는 것이 고등교육 재정의 중요 해결과제로 부상하고 있다(Chapman, 2006).

고등교육단계에서 학생과 학부모에 대한 교육비 지원방법은 크게 정부의 직접 지원 또는 후원, 고등교육기관으로부터의 지원, 개인이나 민간기관에 의한 지원 등의 세 가지로 살펴볼 수 있다. 대학생 학자금 지원정책은 정부의 직접 지원 또는 후원에 의한 지원방법에 대한 종합적 설계로서, 대학교육에 참여하는 동안 학생들이 부담해야 하는 교육비용을 정부가 무상장학금, 근로장학금, 대출, 교육비 세금감면혜택 등의 형태로 직접 또는 간접 지원하는 것이다. 따라서 잠재력을 가진 학생들이 대학에 입학하고 교육기간동안 교육활동에 안정적으로 참여할 수 있도록 최대한 지원하는 것이며, 대학에 입학한 학생들이 중도탈락 없이 질적으로 우수한 교육을 받고 사회에 진출함으로써 고등교육의 외부효과를 극대화할 수 있도록 정책을 시행해야 한다.

이 장에서는 대학생 학자금 지원제도의 유형과 주요 쟁점을 이론적으로 고찰하고, 우리나라 정부의 대학생 학자금 지원정책의 운영 현황과 문제점을 살펴본 후, 우리나라 대학생 학자금 지원정책의 개선방안을 탐색하고자 한다.

2. 대학생 학자금 지원제도의 유형과 주요 쟁점

1) 대학생 학자금 지원의 유형

고등교육에 대한 정부의 재정 지원은 1차 지원 대상에 따라서 고등교육기관에 대한 지원, 연구나 사업에 대한 지원, 대학생에 대한 지원으로 구분할 수 있다. 이 가운데 대학생에 대한 재정 지원은 전통적으로 상환하지 않아도 되는 무상 지원, 상환을 전제로 한 지원으로서 학자금 대출, 학생의 교육비 지불을 돕는 취업기회 제공형태의 근로장학 지원, 각종 세금감면 혜택 등의 4가지 유형으로 구분되어 왔다.[1] 한편, [그림 17-1]에 제시한 바와 같이 고등교육기관에 대한 지원이나 연구 및 사업에 대한 지원의 경우에도 최종적으로는 정부 재원의 일부가 학생에게 유입된다. 즉, BK21사업이나 NURI사업에서 나타나는 바와 같이 대학에서는 정부로부터 지원받은 재원의 일부를 학생에 대한 장학금으로 활용할 수 있으며, 연구나 사업에 대하여 지원된 재원의 경우에도 연구나 사업에 참여하는 학부 및 대학원 학생에 대한 학비 지원의 목적으로 활용할 수 있다.

첫째, 무상 지원의 유형은 재정적 필요나 학업 능력 등의 기준에 의해 무상장학금(grants or bursaries)과 성적우수장학금(scholarships or fellowships)으로 구분된다. 필요

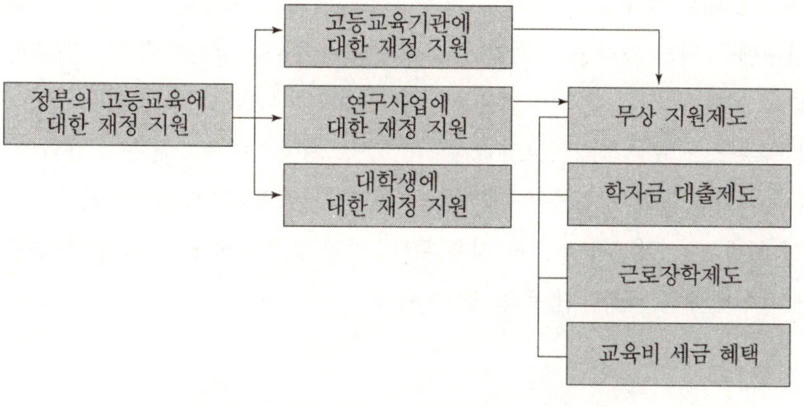

[그림 17-1] 대학생에 대한 학자금 지원의 유형

1) Woodhall(1995)과 같이 보다 세분화된 10가지 유형으로 구분하거나, Barr(2001)의 가격보조(price subsidy)와 소득보조(income subsidy), Patrinos(2002)의 비용공유기제(cost-sharing mechanism)와 보조금 지급 기제(subsidization mechanism)와 같이 이분적인 방법으로 구분하기도 하지만 전통적인 4가지 유형구분 방식의 틀에서 벗어나지 않는다.

기준 무상 지원은 전통적으로 학생이나 학부모에게 현금으로 지불되어 왔지만, 최근 들어 교육활동 이외의 목적으로 전용되는 것을 막기 위하여 교육비지불보증서(Vouchers), 교육저축계좌(Education Savings Accounts; 캐나다), 개인학습계좌(Individual Learning Accounts; 네덜란드, 스웨덴, 스페인, 스위스, 영국) 등의 새로운 유형이 등장하고 있다(Patrinos, 2002).

둘째, 학자금 대출제도 역시 전통적인 모기지형 대출(Mortgage-style loans) 또는 은행대출(Bank loans)에서, 소득연동 상환형 대출(Income-contingent loans)이나 학위세(Graduate Tax), 인적자원계약(Human Capital Contracts) 등과 같이 다양화되고 있다. 이들 새로운 유형의 학자금 대출제도는 은행자금 기반의 모기지형 대출을 대체하기보다는 보완적 성격을 띠고 있다. 우선 소득연동 상환형 대출제도와 학위세는 무상 지원의 역진성과 전통적 모기지 대출의 채무부담을 보완하는 장점을 가졌다는 점에서 최근 각국의 관심을 받고 있다.[2] 이 두 유형은 공공기금으로 재원을 조성하고 정부가 직접 대출 및 상환업무를 담당한다. 이로 인하여 대출제도의 운용비용을 절감함으로써 이자율을 낮추는데 기여하고 전통적인 모기지형 대출보다 저소득층 자녀의 채무부담을 최소화하는 데 기여하는 것으로 평가받는다(남수경, 2004/2005; Chapman, 2006; Barr, 2001).

소득연동 상환형 대출이나 학위세의 경우 고등교육의 취학률 증가에 따라 정부의 공공기금 조성과 상환업무의 부담을 가중시키는 문제를 야기한다. 이러한 문제를 보완하기 위한 목적으로 가장 최근에 등장한 유형이 인적자원계약이다. 인적자원계약은 사기업의 민간재원을 토대로 학교성적, 학교나 교육 프로그램 등의 학생능력에 대한 재정 지원을 하되, 사전에 정해진 기간동안 졸업생 소득의 일정비율을 상환하겠다는 계약을 토대로 운영된다.[3] 셋째, 학생의 교육비 지불을 돕는 취업이나 서비스기회의 제공으로, 근로장학금과 같은 것을 들 수 있다. 근로장학제도는 특별고용계획하에서 정부와 대학이 각각 일정 비율의 재정을 함께 지원하는 시간제 근로수당 지원제도라고 할 수 있다. 넷째, 각종 세금감면 혜택으로, 학생과 부모의 지출부분에 대한 소득공제나 고등교육 비용을 마련하기 위한 저축에 대한 세액감면 등을 들 수 있다.

---

2) 소득연동 상환형 대출은 일정수준 이상의 소득이 발생한 시점 이후 소득의 일정비율 또는 기준 소득 초과분의 일정비율을 상환 완료시점까지 갚아나가는 상환제도이다. 학위세는 대학교육비에 대해서는 국가가 전액 책임지되 대졸자의 경우 평생에 걸쳐 소득의 일정비율을 추가세금으로 납부해야 하는 세금형태의 후납부형 교육지원제도를 말한다.

3) 인적자원계약의 실제 운영사례로는 MyRichUncle사업이 있는데(Chapman, 2006: 48), 본격적으로 학자금 대출사업이 시작된 것은 2006년 4월부터이다(http://www.myrichuncle.com/WhoWeAre.aspx 2007. 12. 10 다운로드).

2) 대학생 학자금 지원정책의 주요 쟁점

대학생 학자금 지원정책의 주요 쟁점은 누구에게 얼마나 어떻게 학자금을 지원할 것인지에 관하여 정책을 설계할 때 중요하게 고려해야 할 구성요소들이다. 주요 쟁점으로는 재정 지원유형의 선택, 학자금 지원범위의 결정, 재정 지원기준의 선정, 지원사업의 담당조직의 위상, 학자금 지원을 위한 재원의 성격 등을 들 수 있다.

(1) 재정 지원유형의 선택

고등교육 단계의 재정 지원은 교육의 외부효과(externalities)나 교육의 사회적 수익의 관점에서 정당화되어 왔다. 가장 대표적인 고등교육의 외부효과 또는 사회적 수익으로는 새로운 지식이나 기술의 창출을 통한 사회적 부가가치의 창출이나 국가생산력의 증가, 경쟁력의 향상을 들 수 있다. 정부 입장에서는 예산의 제한성을 고려할 때 고등교육기관에 대한 지원, 연구 및 사업에 대한 지원, 학생에 대한 지원 가운데 어느 것이 보다 사회적으로 큰 수익을 가져올 수 있는지를 고려하여 예산을 배분할 수밖에 없다. 따라서 정부 재정 지원유형의 선택과 관련하여 첫 번째 쟁점은 학생에 대한 재정 지원액의 증가에 따른 기관이나 연구 및 사업에 대한 재정 지원액의 감소라는 상충관계(trade-off)를 해결하는 것이다.

대학생 학자금 지원정책의 목적은 가정의 경제적 어려움으로 인한 대학의 입학 및 재학상의 장애요인을 제거해 주는 것, 즉 교육기회의 공평성(equity) 증진에 있다. 공평성 증진이라는 목적에서 보면 무상 지원을 확대하는 것이 가장 효과적이다. 그러나 정부의 한정된 예산으로 수혜대상을 확대하고, 고등교육의 사회적 수익과 사적 수익의 비중을 고려하여 정책을 설계하고자 할 때, 무상 지원, 학자금 대출, 근로장학 지원, 세금 혜택 등의 4가지 유형의 비중을 결정하는 것이 바로 학자금 지원유형과 관련한 두 번째 쟁점이 된다.

Archibald(2002: 8)는 특히 무상장학금의 주요 쟁점으로서 학생에 대한 재정 지원을 할 때 휴대가능성(portability)을 부여할 것인가의 문제가 중요하다고 지적하였다. 휴대가능한 무상장학금을 받은 학생은 어느 대학이든 자신이 원하는 대학을 선택할 수 있는 반면, 휴대가능하지 않은 지원은 대학기반 지원(campus-based aid)으로 무상장학금이 대학을 통하여 지원되기 때문에 입학 또는 재학 중인 대학에서 받은 무상장학금을 가지고 다른 대학으로 이동할 수 없다. 휴대가능하지 않은 학자금 지원은 달리 표현하면 1차적으로 대학에 대하여 재정 지원을 하고 대학에서 학생에게 학자금을 지원하도록 하는 것이다.

[그림 17-2]에서 정부가 학생에게 직접 지급하는 A경로 지원의 경우 휴대가능성이 있

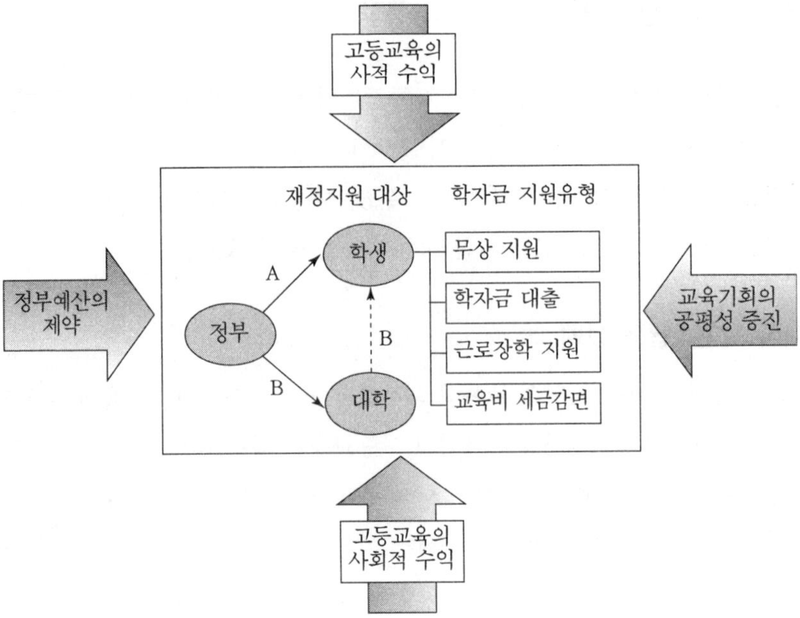

[그림 17-2] 학자금 지원 유형과 영향요인

는 반면, B경로 지원의 경우 휴대가능성이 없다고 볼 수 있다. 지원된 학자금의 성격과 관련하여 휴대가능성 문제는 대학에 학자금 지원업무에 대한 권한을 어느 정도 부여할 것인가 하는 운영조직체제의 설계문제와도 관련된다. 즉, 휴대가능성이 클수록 학자금 지원업무를 중앙에서 통합 관리하는 반면, 휴대가능성이 없을수록 학자금 지원업무에 대한 대학의 권한이 크다고 볼 수 있다.

(2) 학자금 지원범위의 결정

대학생 학자금 지원제도를 설계할 때 중요하게 결정해야 하는 두 번째 쟁점으로 재정지원대상으로서 학자금의 범위와 규모를 무엇으로 규정하느냐를 들 수 있다. 대학생이 학교를 졸업하는 데 실질적으로 필요한 비용으로서 학자금은, [그림 17-3]과 같이 크게 교육비와 생활비로 구분된다. 교육비는 수업료와 기성회비로 구성되는 등록금과 기타 교육활동에 직접 관련되는 사교육비를, 생활비는 교육활동을 하기 위해 기본적으로 영위해야 하는 의식주기반 비용을 의미한다.

학자금 지원정책을 설계할 때 첫 번째 쟁점은 교육비와 생활비를 포함한 광의의 학자금 범위에서 지원할 것인지, 수업료와 기성회비로 구성되는 등록금에 한정하는 협의의 학자금 범위에서 지원할 것인지를 결정하는 것이다. 또한 고등교육의 국제화, 원격교육의

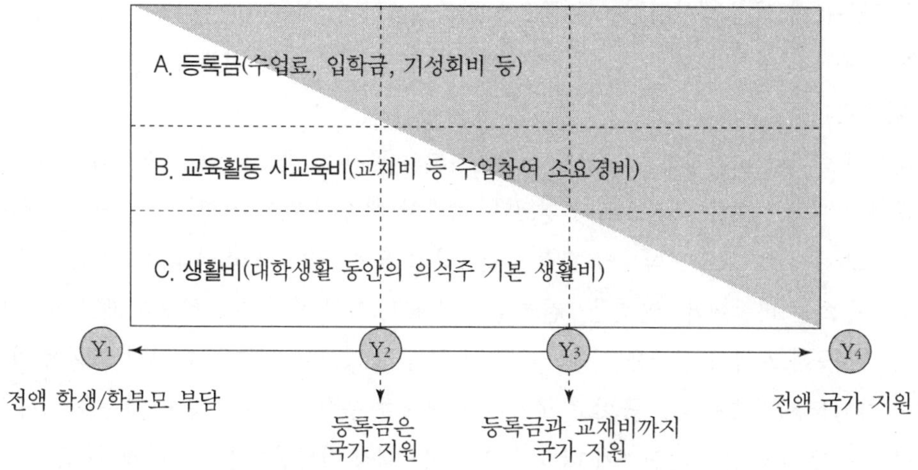

[그림 17-3] 대학생의 총 교육비와 정부의 재정 지원범위

보편화 등 환경의 변화와 더불어 대학교육의 장(場)이 세계로 확장됨에 따라 수업료나 생활비의 지원범위를 어디까지로 할 것인지도 주요 쟁점이 되고 있다. 즉, 교환학생의 해외 대학 체류나 정규교육과정의 일부를 반드시 외국에서 체류하여 체험해야 하는 경우, 해외 원격교육을 이수하는 경우 등에 대해서도 수업료나 생활비를 추가 지원할 것인가 여부 또는 어느 정도나 지원할 것인가 등도 곧 결정할 시점이 되었다.

대학의 취학률이 증가하고 정부의 재원이 한정되어 있는 현실을 고려할 때, 소수학생에 대한 재정적 충족성(adequacy)을 우선시할 것인지, 다수학생에 대한 재정적 혜택의 확대를 우선시할 것인지를 결정하는 문제와도 연계된다. 재정적 충족성을 우선시할 경우 재정 지원범위는 광의의 학자금이 되고([그림 17-3]의 Y_3 또는 Y_4), 재정적 혜택의 확대를 우선시할 경우 재정 지원범위는 협의의 학자금이 될 수밖에 없다([그림 17-3]의 Y_2).

(3) 재정 지원기준의 선정

대학생 학자금 지원정책에 대하여 정책결정자는 학생이나 부모의 재정적 필요를 우선적으로 고려하여 지원할 것인지, 학생의 학업능력을 우선적으로 고려하여 지원할 것인지, 또는 이 둘을 모두 활용할 것인지를 결정해야 한다(Hauptman, 2004: 97). Wilkinson (2005: 176-177)은 재정적 필요에 우선적으로 지출할 것인지, 그 외 교육적 지출, 즉 학생의 학업능력 또는 시설이나 프로그램에 대한 지출을 우선시할 것인지를 결정해야 한다고 지적하였다. 거시적으로 볼 때는 정부 차원에서 학생에 대한 지원과 기관에 대한 지원, 대학 차원에서 학생에 대한 지출과 시설이나 프로그램에 대한 지출이라는 이분법적 지원

유형 구분문제 역시 의사결정에서 중요하게 고려해야 할 부분이다. 이러한 재정 지원기준이나 유형 구분의 문제는 학자금 지원제도 운영의 목적 또는 정책의 지향 가치문제와도 관련된다.

대학생 학자금 지원정책은 무엇보다 교육기회의 공평성, 즉 저소득층 학생의 교육기회 확대에 기여하기 위한 목적으로 운영된다. 따라서 재정 지원의 기준으로서 가장 우선적으로 고려해야 할 요소는 학생의 재정적 필요라고 할 수 있다. 그러나 대학생들은 위험을 피하고자 하는 바람에서 '안전한' 전공을 선택하고, 자신의 재능을 최대한 개발할 수 있음에도 불구하고 특정 전공을 피하는 경향이 있다(Shiller, 2003: 36). 따라서 사회적 차원에서 자원활용의 효율성을 높이고 국가에서 필요한 우수인력의 충분한 배출을 위하여, 능력 기준의 특정 전공 출신자에 대하여 우대하는 재정 지원정책을 시행하게 된다.

일반적으로 무상 지원의 경우 지원목적에 따라서 필요 또는 능력 재정 지원 기준이 분리 운영되는 경향이 있다. 그러나 학자금 대출의 경우 이 두 가지 기준이 함께 적용되기도 한다. 예컨대 이공계 무상장학금의 경우 성적을 기준으로 학자금을 지원하지만, 이공계 학생을 대상으로 한 무이자 학자금 대출사업의 경우 주로 부모나 학생의 소득을 지원기준으로 하되, 학생이 계속하여 좋은 성취도를 유지할 것을 조건으로 한다. 특히, 대학차원에서 시행하는 학자금 지원은 우수학생 유치의 목적으로 능력기준을 우선시하는 경향이 있다(Archibald, 2002: 7).

(4) 학자금 지원사업 담당조직의 위상

대학생 학자금 지원정책의 또 다른 주요 쟁점은 정부가 학생 지원사업의 운영에 대하여 직접적인 책임을 질 것인지, 독립기관에 책임을 이양할 것인지, 또는 대학으로 책임을 완전 분권화할 것인지 하는 것이다. 우선 정부의 직접 운영과 독립기관으로의 책임 이양 간에 어느 것을 선택할 것인지는 주로 정부의 권력집중도나 재정 지원의 규모에 영향을 받는다. 중앙정부의 권한이 약한 국가일수록 그리고 학자금 지원규모가 큰 국가일수록 사업을 관리하는 독립기관을 둠으로써 책임을 분권화하는 경향이 있다(Hauptman, 2004: 97).

전담기관을 통하여 학자금 지원사업을 운영할 경우 사업의 운영에 대해서만 중요 역할을 부여할 것인지 법인화하여 재정적 측면까지 책임경영하도록 할 것인지를 또한 결정해야 한다. 독립법인화된 조직의 경우 고객경쟁력과 독립채산성을 유지하기 위해 대학생 고객의 필요에 맞는 상담기능의 강화나 새로운 학자금 지원사업의 지속적 개발, 재정의 효율적 관리노력 등의 장점이 있다. 그러나 일정규모 이상의 학자금 지원사업으로 확대되기 이전에 섣불리 독립법인화를 할 경우 행정관리비용의 과다발생이나 기금관리 능력의 미숙 등으로 인하여 오히려 사업이 비효율적으로 운영될 수 있다.

학생의 교육적 성과에 대한 책임이 1차적으로 대학에 있다는 점에서 볼 때, 학자금 지원사업에 대한 운영책임을 대학으로 이양하는 것 역시 효과적인 운영전략이 될 수 있다. 대학은 학생에 대한 재정적 지원을 우수학생 유치의 전략으로 사용할 수 있고, 교육적 책무성을 높이기 위해 노력할 수 있다는 점에서 재정 지원의 효과를 극대화할 수 있다. 그러나 대학에 학자금 지원에 대한 권한을 부여하는 것에 대해서 반대하는 의견도 있다.

우선 대학조직 내 관리인력의 부족, 학자금 대출사업의 경우 졸업생에 대한 상환의 강제력을 행사하기 어렵다는 점 등으로 인하여 업무의 지속성과 효율성을 유지하기 어렵다는 단점이 있다는 것이다. 한편, Archibald(2002)는 다음의 두 가지 이유에서 대학에 학자금 지원 관련 권한을 확대하는 것에 대해서 반대하고 있다. 첫째, 필요기준 재정 지원보다는 능력기준 재정 지원을 보다 확대할 가능성이 있다. 둘째, 학자금 지원을 우수학생 유치 전략으로 적극 활용하는 과정에서 추가적인 재원을 마련하기 위한 방법의 하나로 등록금 인상을 유발할 수 있다.[4)]

(5) 학자금 지원을 위한 재원의 성격

정부의 학자금 지원사업을 효율적으로 운영하기 위해서는 무엇보다 안정적인 재원 확보와 효율적인 재정관리방안을 마련할 필요가 있다. 정부예산의 제한성을 고려할 때 학자금 지원을 위한 재원 확보방법과 관련하여 공적 자금을 기반으로 할 것이냐 사적 자금을 기반으로 할 것이냐의 문제는 최근 들어 더욱 큰 쟁점이 되고 있다(Chapman, 2006: 39-40). 우선 정부 재원에 의해 정책을 운영할 경우 대출금리를 자유롭게 조정할 수 있다는 점, 정부의 인재양성정책과 연동하여 무상 지원이나 학자금 대출의 유형을 효과적으로 설계 · 운영할 수 있다는 점 등의 장점이 있다. 특히, 학자금 대출의 경우 정부부처, 예를 들어 교육인적자원부와 기획예산처, 국세청, 국민연금관리공단 간에 정보체제를 공유함으로써 대출 및 상환업무를 보다 효율적으로 운영할 수 있다.

상대적으로 경제발전수준이 낮은 개발도상국 이하 국가의 경우 민간금융기관의 사적 자금을 통하여 학자금을 지원하는 것이 일반적이다. 즉, 학생에 대한 1차적인 지원액은 은행을 통한 민간 재원으로 운영하되 정부는 이자부분이나 보증의 형태로 간접 지원하는 형태로 운영할 수 있다. 민간 재원을 기반으로 하고 정부가 보증을 서는 방식은 충분한

4) Long(2006)은 선행연구에 대한 문헌분석방법을 통하여 대학이 연방정부의 재정 지원의 증가나 세금 혜택정책의 시행에 대응하여 등록금 인상을 하였는지를 분석하였다. 4년제 대학보다는 2년제 대학의 경우, 공립대학보다는 사립대학의 경우 반응한다는 실증적 연구가 있기는 하지만, 연방정부의 재정 지원정책이 등록금 인상을 유발한다는 결론을 내릴 수 있는 증거를 발견하기는 어렵다고 지적하였다.

자금을 확보하고 수혜대상을 확대할 수 있다는 점에서 효율적이다(Chapman, 2006; Hauptman, 2004; Barr, 2001). 그러나 은행구조가 약하고 소비자 대출제도를 운영한 경험이 없는 국가의 경우 민간자금에 의한 학자금 대출을 효율적으로 운영하기가 어렵다.

교육기관의 기금을 기반으로 한 학자금 지원제도는 상당부분 무상 지원과 학자금 대출이 혼합되어 있으며, 비상업적 상환 방법을 갖추고 있다. 대학수입의 일부를 학자금 지원에 사용하는 것은 학생에 대한 재정적 지원을 우수학생 유치의 전략으로 사용할 수 있는 장점이 있다. 그러나 무상장학금의 증가를 대학등록금 인상으로 전가시킬 수 있다는 점(Archibald, 2002: 14), 대학의 재정구조가 취약하고 자발적 상환문화가 조성되지 않은 경우 학자금 대출을 받은 졸업생에 대한 상환의 강제력을 갖추고 있지 못하다는 점(Hauptman, 2004: 99) 등의 한계가 있다.

3. 대학생 학자금 지원정책의 운영 현황

2007년 9월 현재 정부에서 지원하는 대학생 학자금사업은 크게 교육인적자원부, 과학기술부, 국가보훈처, 국방부, 노동부, 농림부, 통일부 등 총 7개 부처에서 운영하고 있으며, 유형별로는 크게 무상장학금, 근로장학금, 학자금 대출의 세 가지가 있다. 그리고 1978년부터 시행해 온 근로소득자 교육비 공제제도가 있다.

1) 정부 대학생 학자금 지원제도의 유형

(1) 무상장학금

정부에서 지원하는 무상장학금으로는 국가보훈처의 보훈장학금, 과학기술부(한국과학재단)의 이공계 국가장학금, 대통령의 과학장학생 지원, 농림부의 농촌희망재단 학자금 지원(영농희망 장학금과 성적우수 장학금) 등이 있다. 첫째, 국가보훈처의 보훈장학금은, 국가유공자 및 자녀 중에서 중·고교재학생 및 대학교재학생(약 4만 명)을 대상으로 하며, 대학생의 경우 입학금, 수업료, 기성회비를 포함한 등록금 전액과 교재비 등에 대한 보조금으로 매년 21만 8,000원이 지원된다.

둘째, 과학기술부(한국과학재단 위탁시행)의 이공계 국가장학사업은 국내 이공계열 대학(원) 입학성적 우수자(연간 약 4,000여 명 내외)를 대상으로, 이공계 국가장학생의 경우 소속대학 연간 학비수준을 고려하여 정액 차등 지원(800만 원 이내)하며, 이공계 대학원 연구장학생의 경우 학기별 500만 원씩 2회 지원한다. 셋째, 대통령 과학장학생 지원사업은, 국내 고등학교 졸업예정자 가운데 수학 · 과학분야 우수자(연간 약 150여 명 내외)를 대상으로 국내 장학생은 연간 1,000만 원 이내이며, 해외 장학생은 연간 5만 불 이내이다.

넷째, 농림부의 농촌희망재단 학자금 지원사업은 영농희망 장학금과 성적우수 장학금의 두 가지가 있다. 영농희망 장학금은 농과대 2학년 이상 재학생 중 졸업 후 영농종사 희망자(비농 · 어업인 자녀 포함)로서, 학기당 2,000명에 대해서 120만 원씩 지원되며, 성적우수 장학금은 대학(교) 1학년 2학기 이상 재학 중인 농 · 어업인의 대학생 자녀(지원대상학과는 농과계열 포함한 전 계열)로서 학기당 2,000명에 대해서 100만 원씩 지원된다.

그 외 정부지원 장학금사업으로는 교육인적자원부의 두뇌한국 21사업(BK21사업)과 지방대학혁신 역량강화사업(NURI사업), 통일부의 하나원 북한이탈주민 사립대학공과금 국고보조사업, 해양경찰청의 해성장학회 사업, 국제교육진흥원의 국비유학 지원사업, 학술진흥재단의 인문학 장학금사업 등이 있다.

(2) 근로장학금

2007년 현재 정부에서 지원하는 근로장학금은 교육인적자원부의 전문대학 근로장학금이 있다. 이 사업의 목적은 가정 형편이 곤란한 전문대학 재학생을 위하여 정부가 전공과 관련된 일자리를 제공함으로써 전공 관련 근로경험을 쌓을 수 있도록 지원하는 데 있다. 지원대상은 전국 전문대학 재학생으로, 연간 약 5,000여 명(수도권 50개교 평균 20명, 지방 91개교 평균 44명)씩 지원한다.

학생근로 대상기관은 교내시설(도서관, 실험 · 실습 시설, 전공 관련 연구소, 시험 · 측정기관, 학교 기업, 학교행정실, 창업보육센터 등)과 교외시설(장애자 · 아동복지 · 노인복지 등 사회복지시설, 전공 관련 사업체)이 있다. 근로장학생은 학생의 근로장학금 지원신청을 받아 지원선정기준에 따라 대학이 선정하되, 지원대상의 일차적 선정 기준은 기초생활수급권자, 건강보험료 납부금액이 전국 평균 이하인 세대의 학생으로 한다. 지원금액은 시간당 5,000원(근로기준법상 최저임금 이상)이다.

(3) 학자금 대출

정부에서 지원하는 학자금대출 사업으로는, 교육인적자원부의 정부보증 학자금 대출, 노동부 지원 재직근로자 학자금 대출사업, 농림부(학술진흥재단 위탁)의 농촌출신 대학생 학자금융자 지원사업, 공무원연금관리공단의 공무원자녀 무이자 학자금 대출사업, 사립학교교직원연금관리공단의 사립학교교직원자녀 무이자 학자금 대출사업 등이 있다.

첫째, 교육인적자원부의 정부보증 학자금 대출사업은 가장 규모가 큰 정부 학자금 대출사업으로서, 「고등교육법」에서 정하는 전문대학, 대학, 원격대학 등과 기능대학 등 타 부처 관할 대학에 재학 중인 학생(신입, 복학, 편입, 재입학생 포함)을 대상으로 하며, 직전 학기 12학점 이상 이수, 성적이 100점 환산 시 70점(C학점) 이상, 최소의 신용심사요건을 갖춘 대학(원)생(연 50만 명)이면 누구나 신청할 수 있다. 1인당 총 대출한도(재학기간 중)는 학부 및 일반대학원생은 4천만 원, 6년제 학과(의 · 치학, 한의학 등) 학생은 6천만 원, 전문대학원(의학, 경영, 법학) 학생은 9천만 원이다. 대출의 범위는 등록금(입학금 포함), 생활비, 보증료 등으로 생활비는 학기당 100만 원 이내로 소득분위 5분위 이내(소득수준이 전국 평균 이하)인 경우에만 지원된다.

둘째, 노동부 지원 재직근로자 학자금 대출사업은 고용보험 피보험자인 재직근로자로서 기능대학, 원격대학 또는 전문대학 이상의 학교에 입학하거나 재학 중인 자(연 3만 2,000명)를 대상으로 실 납부등록금(입학금, 수업료, 기성회비 등) 전액을 지원한다.

셋째, 농림부(학술진흥재단 위탁)의 농촌출신 대학생 학자금융자 지원사업은 농촌지역에 주소를 둔 학부모의 자녀로서 대학(교)에 재학 중인 학생(연 2만 6,000명)을 대상으로 매 학기 등록금(입학금, 수업료, 기성회비)을 지원한다.

넷째, 행정자치부와 교육인적자원부의 국고대여사업으로서 공무원연금관리공단과 사립학교교직원연금관리공단의 공무원자녀 무이자 학자금 대출사업은 「공무원연금법」 또는 「사학연금법」의 적용대상 현직 공무원 또는 교직원 본인 및 그 자녀에 대해서 국내대학의 경우 실제 등록금 납부액(입학금, 수업료, 기성회비), 해외대학의 경우 연간 1만 불 이내 실제 등록금 소요액(원화 환산 지급)에 대해서 지원한다.

그 외 기타 정부 지원 학자금 대출사업으로는 국가보훈처의 제대군인 학자금 대부사업, 국방부의 군인대학 학자금 대부사업, 근로복지공단의 산재근로자 및 자녀 대학학자금 대부사업 등이 있다.

(4) 교육비 공제제도

「소득세법」[일부개정 2007.7.23 법률 제8541호] 제52조(특별공제) 제1항 4와 5에는 근로소득자의 교육비 공제의 대상과 범위가 규정되어 있다. 고등교육 관련 항목을 중심으로 교육비 공제제도를 정리하면 다음과 같다.

첫째, 공제대상 고등교육기관으로는 「고등교육법」 및 특별법에 따른 학교, 「평생교육법」에 따른 원격대학, 「학점인정 등에 관한 법률」 및 「독학에 의한 학위취득에 관한 법률」에 따른 교육과정 중 대통령령이 정하는 학위취득과정, 대통령령이 정하는 국외교육기관 등이다.

둘째, 공제대상 교육비로는 위의 기관에 지급한 수업료 · 입학금 · 보육비용 · 수강료 및 그 밖의 공납금이다. 다만, 소득세 또는 증여세가 비과세되는 대통령령이 정하는 수업료 등이 있는 경우에는 이를 차감한 금액으로 한다.

셋째, 공제대상 교육비 한도액은, 근로소득자 본인의 경우 대학(원격대학 및 학위취득과정 포함) 또는 대학원의 1학기 이상에 상당하는 교육과정과 시간제 과정에 등록하여 지급하는 수업료 등을 포함한다. 또한 직업능력개발훈련시설에서 실시하는 직업능력개발훈련을 위하여 지급한 수강료도 포함한다. 다만, 대통령령이 정하는 지원금 등을 받는 경우에는 이를 차감한 금액으로 한다. 그러나 기본공제대상자인 배우자 · 직계비속 · 형제자매 및 입양자를 위하여 지급한 수업료의 경우 대학원 수업료는 제외한다. 대학생인 경우에는 1인당 연 700만 원을 한도액으로 한다.

2) 정부 대학생 학자금 지원제도의 운영 현황

이 절에서는 무상장학금, 근로장학금, 학자금 대출의 세 가지 유형을 중심으로 정부 대학생 학자금 지원제도의 운영 현황을 고찰하였다.

(1) 대학생 학자금 지원유형별 운영 현황

대학생 학자금 지원의 유형별 운영실태를 살펴보면, 우선 무상장학금 지원사업은 6개 정부부처에서 총 12개 사업을 운영하였고, 근로장학금 지원사업은 교육인적자원부에서 전문대학 학생을 대상으로 운영하는 1개 사업만 있었으며, 학자금 대출사업은 6개 정부부처에서 총 7개 사업을 운영하였다. 지원사업의 숫자 면에서는 무상장학금 지원사업이 가장 많았으며, 근로장학금 지원사업은 1개에 불과했다. 2006년을 기준으로 보았을 때, 무상장학금, 근로장학금, 학자금 대출에 투입된 정부예산은 총 1조 4,889억 원이었다. 이 가운데 학자금 대출이 1조 45억 원으로 67.5%를 차지하였고, 다음으로 무상장학금이 4,744억 원으로 31.9%였으며, 근로장학금은 100억 원으로 0.3% 수준이었다.

교육인적자원부의 정부보증 학자금 대출사업을 제외한 나머지 사업의 경우 대체로 해당부처에서 원하는 인재를 양성하거나 조직구성원의 복지증진 차원에서 학자금 지원사업을 운영하는 것으로 나타났다. 과기부나 농림부의 경우 각각 이공계 인재양성이나 영농후계자양성을 목적으로 하는 경우는 해당부처의 인재양성이 목적이라고 볼 수 있다. 또한 공무원, 군인, 교원, 근로자 등 기금을 조성하는 조직내 구성원 또는 그 자녀의 학자금을 지원하는 경우는 조직구성원의 복지증진 차원에서 시행되는 사업이라고 볼 수 있다.

표 17-1 정부 대학생 학자금 지원사업의 운영 현황(2006)

(단위: 억 원, 명)

구분	사업명	소관 부처	재원	지원조건	지원내용	예산	수혜자
무상 장학금 (Grant)	이공계 장학사업	과학 기술부	일반회계	이공계 성적우수자	등록금	807	15,991
	대통령 과학 장학생		과학기술 진흥기금	이공계 진학생 중 수학·과학 우수자	등록금, 생활비	72	551
	국비유학사업	교육 인적 자원부	국제교육 진흥원	학부 이상 졸업자 중 성적우수자	$16,709~ $38,000	22	106
	인문학 장학금 사업		학술진흥재단	인문학 전공자	등록금	15	428
	BK21사업		일반회계	분야별 사업참여 교수 기준수 충족	박사 90만 원 석사 50만 원	1,634	21,440
	NURI사업			사업단 소속학생	등록금	950	109,593
	군 장학생 지원	국방부		졸업후 초급장교로 의무복무	등록금	282	5,115
	국가유공자 자녀 지원	보훈처		국가유공자자녀 중 성적우수자	등록금	893	40,107
	장기복무군인 자녀 지원			10년 이상 복무 제대자	등록금 50%	13	1,012
	북한이탈주민 국고보조	통일부		만 35세 이하	등록금 50%	12	388
	영농희망 장학금	농림부		농대 2학년 이상 재학생 중 영농종사 희망자	학기당 120만 원	24	2,000
	농림부 성적우수 장학금			농·어업인 대학생 자녀	학기당 100만 원	20	2,000
	소계 (%)					4,744 (31.9)	198,731 (9.9)
근로장학금 (Work-Study)	전문대 근로장학금 지원	교육인적 자원부	일반회계	전문대생 전공 관련 일자리 제공	연 200만 원 (시간당 5천원)	100 (0.7)	5,463 (0.3)
학자금 대출 (Loan)	정부보증 학자금 대출	교육인적 자원부	일반회계	제한 없음	대출보증	850	514,000
	학자금대출 이차보전	교육인적 자원부	일반회계	저소득층 자녀	대출금이자	1,240	980,000
	국고대여 학자금	교육인적 자원부	사학연금	교원 및 자녀	등록금	225	30,000
		행자부	공무원연금	공무원 및 자녀	등록금	5,616	202,627
	군인대학 학자금 대부	국방부	군인복지기금	군인 본인 및 자녀	무이자대출	550	20,278

학자금 대출 (Loan)	농·어촌 자녀 학자금 대부	농림부	일반회계	농·어촌 출신	등록금	676	25,000
	근로자 학자금 대부	노동부		고용보험 피보험자인 재직근로자	등록금	816	28,000
	산재근로자 학자금 대부		근로복지공단	산재근로자 및 자녀	등록금	45	2,000
	제대군인 학자금 대부	보훈처	국가보훈기금	제대군인 및 자녀	등록금	27	988
	소계 (%)					10,045 (67.5)	1,802,893 (89.8)
총계 (%)						14,889 (100.0)	2,007,087 (100.0)

출처: 교육인적자원부 내부자료.

(2) 정부 부처별 대학생 학자금 지원사업의 운영 현황

정부 부처별 대학생 학자금 지원사업의 운영 현황을 살펴보면, 행자부가 5조 1,616억 원(수혜자 기준 비율 10.1%)의 예산을 운용함으로써, 정부 부처 중에서 가장 높은 예산 운영 비중(37.7%)을 나타냈다. 다음으로 무상장학금, 근로장학금, 학자금 대출의 세 사업을 모두 운영하는 교육부의 학자금 지원사업이 예산액 5,036억 원(수혜자 기준 비율 82.8%)으로 높은 비중(33.8%)을 차지하였다. 그 다음으로 예산 비중 기준 보훈처(6.3%), 과기부(5.9%), 노동부(5.8%), 국방부(5.6%) 등의 순으로 예산 규모가 큰 것으로 나타났다.

한편, 수혜자 수를 기준으로 보았을 때는 교육부의 학자금 지원사업이 82.8%로 가장 높은 비중을 차지하였으며, 그 다음으로 행자부(10.1%), 보훈처(2.1%), 노동부(1.5%)의 순으로 높은 비중을 차지하는 것으로 나타났다.

표 17-2 정부 부처별 대학생 학자금 지원 사업 운영 현황(2006)

지원 부처	유형	예산		수혜자	
		억원	비율(%)	명	비율(%)
행자부	학자금대출	5,616	37.7	202,627	10.1
교육부	무상장학금	2,621		131,567	
	근로장학금	100		5,463	
	학자금대출	2,315		1,524,000	
	소계	5,036	33.8	1,661,030	82.8

보훈처	무상장학금	906		41,119	
	학자금대출	27		988	
	소계	933	6.3	42,107	2.1
과기부	무상장학금	879	5.9	16,542	0.8
노동부	학자금대출	861	5.8	30,000	1.5
국방부	무상장학금	282		5,115	
	학자금대출	550		20,278	
	소계	831	5.6	25,393	1.3
농림부	무상장학금	44		4,000	
	학자금대출	676		25,000	
	소계	720	4.8	29,000	1.4
통일부	무상장학금	12	0.1	388	0.0
총계		14,889	100.0	2,007,087	100.0

출처: 교육인적자원부 내부자료.

(3) 재원별 대학생 학자금 지원사업의 운영 현황

재원별 대학생 학자금 지원사업의 운영 현황을 살펴보면, 대학생 학자금 지원의 재원은 일반회계와 총 8개의 기금, 즉 총 9개의 재원에서 재정이 관리, 운영되는 것으로 나타

표 17-3 재원별 학자금 지원사업 운영 현황(2006)

재원	예산		수혜자 수	
	억 원	비율(%)	명	비율(%)
일반회계	8,317	55.9	1,750,109	87.2
공무원연금	5,616	37.7	202,627	10.1
군인복지기금	550	3.7	20,278	1.0
사학연금	225	1.5	30,000	1.5
과학기술진흥기금	72	0.5	551	0.0
근로복지공단	45	0.3	2,000	0.1
국가보훈기금	27	0.2	988	0.0
국제교육진흥원	22	0.1	106	0.0
한국학술진흥재단	15	0.1	551	0.0
계	14,889	100.0	2,007,087	100.0

출처: 한국주택금융공사 내부자료.

났다. 재원별로는 일반회계의 비중이 55.9%로 가장 높았으며, 다음으로 공무원연금 37.7%, 사학연금 1.5%의 순으로 높았다. 한편, 수혜자 수를 기준으로 보면 일반회계의 비중이 87.2%로 가장 높았으며, 다음으로 공무원연금과 사학연금의 재원비중이 각각 10.1%와 1.5%로 높았다.

4. 정부 대학생 학자금 지원정책의 문제점과 개선방안

1) 정부 대학생 학자금 지원정책의 문제점

(1) 저소득층 학생을 위한 학자금 지원사업의 부족

정부 대학생 학자금 지원사업의 목적은 1차적으로 저소득층 학생의 대학교육기회를 보장하는 데 있다. 특히, 저소득층 학생의 등록금과 생활비에 대해서는 정부 차원에서 무상장학금정책을 시행하는 것이 일반적이다. 그러나 우리나라 정부 부처의 학자금 지원사업 가운데 무상장학금사업은 대체로 해당부처에서 원하는 우수인재를 양성하는 데 목적을 두고 있으며, 저소득층 학생을 위한 특별 지원사업은 부재한 상태이다. 더욱이 무이자 학자금 대출의 경우에는 기금 관련 조직구성원, 예컨대 공무원, 군인, 교원, 근로자 등의 복지증진 차원에서 학자금 지원사업을 운영하는 것으로 나타났다.

정부 대학생 학자금 지원사업에서 가장 큰 비중을 차지하는 것은 교육인적자원부의 정부보증 학자금 대출사업이다. 정부보증 학자금 대출사업은 2005학년도 2학기부터 시행된 것으로, 1985년부터 2005학년도 1학기까지는 이차(利差)보전방식으로 시행되었다. 연간 대출금 수혜인원의 측면에서 보면, 이차 보전 방식하에서 30만 명이었으나 정부 보증방식에서는 62만 명(2007년 예산기준)으로 2배 이상 증가하였다. 정부보증방식이 도입된 이후 대출인원은 과거 이차보전방식보다 획기적으로 늘었으나, 저소득층 학생들을 위한 이차보전은 상대적으로 감소하였다. 이차보전방식의 제도하에서는 학기당 평균 16만 5천 명 정도(2003~2005년 1학기까지)가 4.0% 이하의 저리이자의 혜택을 받았다. 그러나 정부보증 학자금 대출제도하에서는 학기당 평균 3만 7,000명 정도의 학생만이 이차보전에 따른 2%의 저리이자 학자금 대출의 혜택을 보고 있다. 따라서 저소득층 학생을 위한 특별 지원 무상장학금제도와 무이자 또는 저리의 학자금 대출제도를 확대, 시행할 필요가 있다.

(2) 대학생 학자금 지원 행·재정적 관리체제의 통합성·전문성 결여

2006년 기준 정부 대학생 학자금 지원사업은 무상장학금사업(12개), 근로장학금사업

(1개), 학자금 대출사업(7개) 등 총 20개 사업이 운영되고 있다. 이들 사업은 일반회계를 통하여 해당부처에서 직접 지원하거나, 학술진흥재단이나 과학재단을 통해 위탁운영하거나, 한국주택금융공사를 통해 위탁관리하는 등 사업 지원부서와 운영부서가 매우 다양하고 복잡한 실정이다. 2006년 기준, 무상장학금, 근로장학금, 학자금 대출에 투입된 정부 일반회계나 공적기금이 약 총 2조 3,774억 원, 수혜인원이 약 102만 4,460명에 이르고 있다. 그러나 이를 통합적이고 체계적으로 관리, 운영하는 행 · 재정적 관리체제가 갖추어져 있지 않다.

미국, 영국, 일본 등 대부분의 선진국에서는 학자금 지원규모가 확대됨에 따라 학자금 지원사업을 총괄운영하는 독립적인 전담기구를 설치, 운영하고 있다. 미국의 연방학생지원국(Office of Federal Student Aid: FSA), 영국의 학자금관리공사(Student Loans Company: SLC), 일본의 일본학생지원기구(Japan Student Services Organization: JASSO)는 모두 교육부 산하의 한 부서이지만 각각 독립행정법인으로 발전된 대규모 조직이다. 사업 전반의 행정관리는 물론 새로운 사업의 개발, 재정관리까지 독자적으로 담당하고 있다. 일본의 경우 고등교육 단계의 학생은 내국학생이든 외국 유학생이든, 또는 내국학생 가운데 외국대학으로의 유학을 준비하는 학생이든 누구나 JASSO라는 단일 창구를 통하여 자신이 어떤 유형을 어느 정도나 지원받을 수 있는지에 관한 정보를 얻을 수 있다. 영국의 SLC와 미국의 FSA도 무상 지원사업이든 학자금 대출사업이든 대학생의 필요에 맞는 장학사업을 종합적이고 효율적으로 관리 · 운영하기 위하여 채산성 등 재정관리 측면을 특히 강조하는 방향으로 개편되었다.

우리나라의 경우 통합적이고 체계적인 행 · 재정적 관리체제의 부재로 인하여, 정부 차원에서는 학자금이 필요한 학생에게 효율적으로 배분되고 있는지를 확인하기 어렵고, 학생의 입장에서는 자신의 처지와 필요에 가장 적절한 학자금 지원사업의 내용이 무엇인지 실질적으로 얼마나 지원받을 수 있는지를 확인하기가 어렵다. 또한 운영기구의 입장에서는 책임 있는 자세로 사업을 관리하거나 재정을 효율적으로 운영하기가 어렵다.

2007년 현재 학자금 대출업무를 직접 운영하는 부서는 한국주택금융공사의 학자금보증사업단이다. 또한 기금의 유동화 운영부서와 학자금 포털을 관리하는 외주사업단 4인을 포함하여 총 35명이 62만 명에 관한 업무를 총괄하고 있는 것이다. 학생대상 대출사업의 운영에 대해서는 학자금부서에서 담당하지만, 재정관리는 한국주택금융공사에서 총괄적으로 담당하고 있다. 학자금 대출사업부서는 학자금신용보증기금에 대한 관리, 운영 경험의 부재로 인하여 주택금융공사의 하위부서로 시작하여 현재와 같은 상태를 유지하고 있다. 재정관리부서가 중심이 되고, 학자금 대출사업부서가 보조조직과 같은 형상이라고 볼 수 있다. 이와 같은 운영체제로 인하여 학자금신용보증기금의 유동화 채권 운용에서 발생하는 수익에 대해서는 공사 차원에서 관리하고 있으며, 학자금 지원사업으로의 수익 전환이나 새로운 사업으로의 투자 등에 대한 권리를 행사하지 못하고 있다.

(3) 교육 필요경비로서 학자금 지원수준의 미흡

미국, 영국, 일본의 경우 무상장학금은 물론 학자금 대출의 지원범위를 구체적인 수치로 제공하고 있다. 이때 지원금의 구체적인 수치는 고등교육기관 유형별 평균 등록금수준(미국이나 일본)이나 등록금 상한액(영국)에 근거하여 산출된 것이다. 더욱이 일본의 학생지원기구(JASSO)에서는 매년 등록금 및 생활비 등을 포함 대학교육비를 조사 · 분석하고, 학자금 대출규모의 산출근거로 제시하고 있다.

우리나라의 학자금 지원사업은 실질적인 교육 필요경비에 근거하여 학자금을 산출하고 지원하는 체제를 갖추고 있지 못하다. 우선 학자금 대출사업은 학생이 실제 납부해야 하는 등록금, 즉 대학이나 외부장학금으로 인해 면제받는 등록금을 제외한 부분에 대해서만 지원을 받을 수 있다. 다음으로 무상장학금사업의 경우에도 이공계 국가장학생사업(연간 800만 원 이내), 대통령 과학장학생 지원사업(연간 1,000만 원 이내), 영농희망장학금(학기당 120만 원), 농림부 성적우수장학금(학기당 100만 원) 등과 같이 다양하다.

〈표 17-4〉에 제시된 대학유형별 평균등록금 현황에서 알 수 있듯이 이공계 지원 무상장학금의 경우 상대적으로 생활비의 일부까지 충당할 수 있는 수준인 반면, 농림부의 장학금은 일반대학교의 평균 등록금에도 훨씬 미치지 못하는 수준이다. 따라서 교육 필요경비로서 학자금의 수준을 조사 · 분석하고, 이를 토대로 등록금과 생활비 등에 대한 지원액을 산출, 제시할 필요가 있다.

표 17-4 우리나라 대학유형별 평균 등록금 현황(2006)

(단위: 천 원)

구분		평균	전문대	대학교	대학원	방통대	기능대	사이버대
신입	사립	3,649	3,255	3,955	4,562	552	1,378	1,375
	공립	2,182	2,126	2,697	2,824			
	국립	2,153	1,430	2,077	2,682			
	평균	3,476	3,231	3,649	4,094			
재학	사립	3,138	2,676	3,260	3,876	463	1,095	1,241
	공립	1,842	1,719	2,069	2,650			
	국립	1,810	1,077	1,730	2,574			
	평균	2,942	2,656	3,598	2,989			
전체 평균		3,129	2,947	3,169	3,795	528	1,214	1,302

출처: 한국주택금융공사 내부자료.

(4) 재원규모의 제한성과 민간기금의 유치노력 부족

우리나라의 학자금 지원사업은 일반회계와 공공기금으로 운영되고 있다. 일반회계로 운영되는 사업의 경우 정부예산의 제한성 등을 고려할 때 획기적으로 늘어나기 어렵다. 이러한 사정은 공공기금의 경우에도 마찬가지이다. 예컨대 현재 가장 비중이 큰 학자금 대출신용보증기금은 중기적으로 2009년까지 자금조달계획이 정해져 있는 상태로 학자금 대출에 대한 새로운 이차보전 지원은 저소득층 학생들을 대상으로 한 이공계 무이자(연 4만명) 및 비이공계 학생(연 3만 명)들에게 소규모로 지원하고 있다. 따라서 정부출연금과 보증료 수입 이외의 민간기금에 대한 추가적 확보 노력이 필요하다.

앞서 살펴본 바와 같이 학자금 지원사업의 재원은 일반회계 외에 총 8개의 기금으로 각각 구분되어 별도로 관리, 운영되고 있다. 이와 같이 칸막이식 학자금 기금체제는 효율적인 운영을 방해하는 요인이 되고 있다. 따라서 새로운 기금 확보방안을 마련하거나 기금을 통합 관리함으로써 수익창출의 통로를 마련하지 않는 한 가정형편이 어려운 학생들에게조차 제대로 된 이차보전의 저리학자금 대출을 시행할 수 없는 실정이다.

표 17-5 학자금신용보증기금 중기 자금 조달계획

(단위: 억 원)

구분	2006	2007	2008	2009	2010
정부출연금* (기본재산 출연금)	850	1,077	1,240	1,359	1,437
보증료 수입	375	375	375	375	375
계	1,225	1,452	1,615	1,734	1,812

주: * 정부출연금은 기획예산처 중기 재정계획임. 2007년 예산은 이에 못 미치는 수준임.
출처: 한국주택금융공사 내부자료.

2) 대학생 학자금 지원정책의 개선방안

(1) 대학생 학자금 지원 전담기구의 설치

2006년 기준 정부의 대학생 학자금 지원사업을 살펴보면, 총 8개 정부부처에서 20개 이상의 사업을 운영하고 있다. 무상장학금 지원사업은 6개 정부부처에서 총 12개 사업을, 근로장학금 지원사업은 교육인적자원부에서 전문대학 학생을 대상으로 운영하는 1개 사업을, 학자금 대출사업은 6개 정부부처에서 총 7개 사업을 운영하고 있다. 이들 사업을 운영하는 재원은 일반회계와 총 8개의 공적기금으로 나뉘어져 있다. 이와 같이 담당 정부부처나 위탁기관이 상이하고, 기금이 각각 구분되어 별도로 관리, 운영되는 것은 재정 운영의 비효율성을 초래한다.

효율적인 학자금 지원제도를 운영하기 위해서는 무엇보다 먼저 우리나라의 대학생 학자금 지원사업을 총괄담당할 독립된 전담기구를 설치 · 운영할 필요가 있다. 이 기구를 중심으로 현재 흩어져 있는 학자금 지원사업을 모두 통합운영한다면, 사업의 개발과 운영은 물론 재정관리의 측면에서도 보다 효율적인 학자금 지원체제로 발전할 수 있을 것이다. 학자금 지원사업을 통합, 관리하는 기구로서 현재 정부보증 학자금 대출사업을 운영하는 한국주택금융공사의 학자금보증사업단과 한국학술진흥재단의 대학(원)생 지원업무를 위탁운영하는 부서를 통합하여 교육인적자원부 산하의 비영리기관으로 독립시키는 방안을 검토해 볼 수 있다. 학자금 지원을 위한 전담기구로서 '한국학생지원기구(가칭 KOSSI; Korean Student Support Institute)'를 설립, 운영할 수 있다.

KOSSI(가칭)는 장차 성과관리기구 또는 독립행정기구로 발전하여 다양한 정부부처의 학자금 지원사업과 이들 사업을 위탁 관리, 운영하는 각종 재단의 학생재정 지원사업을 모두 통합관리할 수 있다. 단기적으로는 사업의 주관부서나 공적기금의 주체는 별도로 두고 재정과 정보체제만 통합관리할 수 있다. 장기적으로는 주관부서와 기금을 점차 통합하고 사업의 유형을 보다 단순화 · 체계화할 필요가 있다. 그리고 사업의 대상을 고등학생이나 외국 유학생까지 확대하여 종합적인 학생지원기구로서 위상을 높일 필요가 있다.

현재 학자금보증사업단은 자금유동화사업을 핵심으로 하는 주택금융공사라는 상위 조직의 하위부서의 하나이다. 주택금융공사에서 학자금 대출사업을 통해 창출한 수익에 대해서 학자금보증사업단이 재원을 재투자하기 위한 사업을 개발, 시행할 수 있는 자율권이 없다. 새롭게 설립되는 KOSSI(가칭)의 핵심기능은 학자금 지원사업에 대한 기획과 집행이다. 그리고 KOSSI(가칭)에서는 통합한 학자금 기금을 재정적으로 관리, 운영할 외부 금융기관, 예를 들면 보증료 등 수수료율이 가장 낮은 자금유동화 지원기관을 선택할 수 있다. 이렇게 할 경우 학자금 대출의 금리를 보다 낮출 수 있기 때문에 보다 많은 학생들이 보다 적은 부담으로 학자금 대출 프로그램을 이용할 수 있을 것이다. 또한 유동화사업에서 발생한 수익의 일부를 무상장학금사업으로 전환하여 일본 JASSO에서 운영되는 것과 같이 '올해의 KOSSI 학생상' 등을 개발, 운영할 수 있다.

이와 같이 전담기구를 설치 · 운영할 경우, 학생과 학부모의 입장에서는 이 기구에 접근하기만 하면 각자의 처지에서 어떠한 유형의 학자금 지원을 어느 정도나 받을 수 있는지를 알 수 있다. 온라인상의 이 기구의 정보관리체제는 개별 대학과도 연결되어 대학관계자는 대학 재학생은 물론 대학에 관심을 갖는 고교생을 대상으로도 대학에서 지급하는 장학금 유형과 정부지원 무상장학금이나 학자금 대출의 총액에 관한 정보를 제공할 수 있을 것이다.

(2) 대학생의 필요에 맞는 학자금 지원유형의 재정비

미국, 영국, 일본 등의 선진국에서는 학자금 지원사업을 통합적으로 관리함과 동시에 학자금 지원의 유형이 보다 단순화·체계화되고 있다. 대학생 학자금 지원제도가 궁극적으로 학생이 경제적인 어려움 없이 대학교육을 충실히 받는 데 있다고 할 때, 교육활동에 소요되는 필요경비가 적절한 수준에서 어려움을 겪는 학생에게 지원되어야 한다. 따라서 대학등록금과 생활비를 구분하여 각각 학생의 처지에 맞는 적정수준의 지원체제를 갖출 필요가 있다. 우선 학자금 지원대상을 등록금과 생활비로 구분하되, 각각에 대한 지원 유형을 학생의 필요조건에 따라서 무상장학금과 학자금 대출, 또는 세부기준에 따라 무상지원의 상한액 또는 학자금 대출의 상한액 등으로 구분할 필요가 있다.

영국의 경우 대학의 수업료와 생활비를 구분하여 학자금 대출제도를 운영하고 있다. 우선 대학의 수업료에 대해서는 '수업료 후불제' 또는 '졸업생 기부금제도'라는 이름으로 무이자 학자금 대출제도를 운영하고 있다. 반면, 생활비에 대해서는 저소득층 학생의 경우 무상 또는 저리학자금 대출사업을, 일반학생의 경우에는 금리가 좀 더 높은 수준의 학자금 대출사업을 운영하고 있다. 또한 일본에서는 JASSO를 중심으로 정부의 학생지원사업을 통합관리하고 있다. 일본의 대학에 다니는 내국학생은 물론 외국 유학생도, 내국학생 가운데 외국대학으로의 유학을 준비하는 학생까지 누구나 JASSO라는 단일창구를 통하여 자신이 어떤 유형을 어느 정도나 지원받을 수 있는지에 관한 정보를 얻을 수 있다.

학자금 지원체제를 단순화함과 동시에 학자금 지원유형별 또는 지원기준별로 지원금액을 구체적인 수치로 제공할 필요가 있다. 이를 위해서는 무엇보다 대학교육비에 대한 조사를 정기적으로 실시함으로써 신뢰할 수 있는 정보를 얻을 수 있을 것이다. 이것은 JASSO의 정책기획부와 같이 KOSSI(가칭)의 하위부서에서 담당할 수도 있고, 통계청의 가계조사를 활용할 수도 있다. 현재와 같이 '등록금 실 납부액'을 지원규모로 정하는 경우보다 실질적인 필요경비를 조사하여 분석결과를 토대로 지원규모를 구체적인 수치로 제공하는 것은, 수혜자인 대학생은 물론 정부당국이나 운영기관 모두에게 장점이 된다.

우선 정부당국이나 운영기관의 입장에서는 학자금 지원사업의 운영을 위한 총 필요 자금을 파악하여 중·장기적인 재정계획을 세울 수 있다. 그리고 대학생의 입장에서는 자신에게 지원가능한 학자금 총 규모를 파악함으로써 자신의 교육비 조달계획을 세울 수 있다. 따라서 대학생 필요교육비에 대한 조사, 학자금 지원유형별, 지원규모별 총액에 관한 구체적인 정보의 제공 등의 정보관리체제를 만들 필요가 있다.

(3) 대학교육의 비용과 수익에 관한 충분한 정보의 제공

대학생에 대한 재정 지원의 목적은 크게 대학교육에 대한 접근기회 보장, 대학 및 전공에 대한 선택기회 보장, 학업의 지속과 능력향상 등의 3가지로 정리할 수 있다. 이와 같은 목적이 실현되기 위해서는 무엇보다 학생이나 부모가 자신에게 가장 적합한 대학이나 전공을 선택할 수 있는 충분한 그리고 유의미한 정보를 가지고 있으며, 그 정보를 충분히 활용할 수 있어야 한다. 따라서 재정 지원제도는 다양한 대학교의 재학비용에 관하여 신뢰할 만한 정보를 제공해야 하고, 시의적절하게 정보를 제공해야 한다(Archibald, 2002: 80; Long, 2006: 8). 첫째, 대학별 등록금 수준과 기타 대학생활에 소요되는 비용, 둘째, 정부, 지방자치단체, 대학 차원의 각종 학자금 지원 정도, 셋째, 대학 및 전공별 입학 준비에 필요한 전형요소에 관한 정보 등이 제공되어야 한다.

대학의 입학준비나 비용 및 재정 지원과 관련된 정보뿐만 아니라 노동시장의 정보 역시 중요하다(Jongbloed, 2006: 45). 따라서 정부에서는 교육 프로그램의 다양한 측면, 프로그램의 질, 선택가능한 경력(career options) 등에 대한 노동시장정보를 학생에게 제공함으로써, 학생들이 자신의 상황이나 선호와 정보를 연결하여 의사결정을 할 수 있도록 충분히 활용하는 체제를 구축하여야 한다. 이는 대학교육의 수익이나 비용분담체제에 관한 논의와도 관련된다.

정부는 의무교육제도를 통하여 초·중등학생의 교육비를 적극적으로 확대, 지원해 오고 있다. 반면, 대학생에 대해서는 수익자부담원칙이라는 명목하에서 매우 소극적으로 지원해 왔다. 상대적으로 사적 수익보다는 사회적 수익이 큰 초·중등교육의 경우 무상교육을 실현해야 할 대상으로 보는 반면, 대학교육은 장차 높은 생애소득이라는 사적 수익을 발생시키기 때문에 교육받는 당사자가 그 비용을 부담하는 것이 당연하다는 논리가 지배적이었던 것이다.

대학교육의 비용부담에 관한 한 제1의 운영원리가 수익자부담원칙이다. 그러나 수익자부담원칙에 의해 대학교육 비용의 1차적 부담자가 교육받는 당사자라는 것은 매우 불완전한 논란의 소지가 있는 해석이라고 볼 수 있다. 대학교육의 수익자가 누구인가 하는 것은 문화와 전통, 사회·경제적 상황에 의해 서로 다른 답을 할 수 있는 질문이며, 상대주의적 관점에서 접근할 수 있기 때문이다. 단적인 예로 오랫동안 대학에 대한 무상교육을 실시해 온 유럽의 나라들도 수익자부담원칙에서 무상교육의 이유를 설명하고 있다. 즉, 유럽의 경우 소득세율이 매우 높다. 나라마다 약간의 차이는 있지만 높은 나라는 소득의 50%를 넘어서기도 한다. 고졸의 직장인보다 대졸의 직장인이, 또한 소위 유명대학 출신의 직장인일수록 고소득자이고 소득세를 많이 낸다. 그런데 정부는 소득세를 가지고 국민을 위한 다양한 복지사업을 한다. 결국 대학교육의 궁극적 수익은 국민 모두가 향유하고 있기 때문에 수익자부담원칙에 의해서 대학교육의 비용은 국민이 부담하고 대학생은 무상교육을 받는 것이 당연하다. 따라서 대학의 학부, 석사학위, 박사학위에 대한 전체적인 수익률 분석이나 전공유형별 수익률 분석을 통하여 교육받는 개인과 사회 간에 보다 합리적인 비용분담체제를 갖출 필요가 있다.

(4) 대학생 학자금 재원의 안정적 확충 및 효율적 운용

정부의 대학생 학자금 지원사업은 정부보증 학자금 대출사업의 운영 등으로 재학생의 50%에 달하는 학생이 혜택을 보는 등 수혜율의 측면에서 급격히 확대되어 온 것이 사실이다. 그러나 저소득층을 위한 무상장학금사업이나 저리의 학자금 대출사업은 오히려 감소하였다. 따라서 저소득층 학생을 위한 사업을 확대, 운영하기 위한 재원을 안정적으로 확충할 필요가 있다.

〈표 17-6〉은 저소득층 학생(소득 1～3분위) 3만 5,000명(2006년 1학기 기준)을 대상으로 무이자 · 저리대출금리를 보전해 준다고 가정했을 때, 총 소요예산을 산출한 것이다. 분석 결과 5차년도까지 총 1,350억 원이 소요될 예정이다. 5년차 이후에는 같은 수준의 예산이 계속하여 소요될 예정이다.

표 17-6 무이자 · 저리대출 보전 시(1～3분위) 소요예산(평균 거치기간 5년)

(단위: 억 원)

구 분		1차년도	2차년도	3차년도	4차년도	5차년도 (피크)	계
소요 예산	무이자	60	120	180	240	300	900
	저리	30	60	90	120	150	450
	계	90	180	270	360	450	1,350

주: 2006년 1학기, 평균 거치기간 52개월, 소요예산은 5차년도 이후 같은 수준 유지를 가정함.
출처: 한국주택금융공사 내부자료.

이상에서 분석한 추가재원을 마련하는 방법은 크게 두 가지로 접근할 수 있다. 하나는 정부예산으로부터의 확충방법이고, 다른 하나는 민간출연금을 통한 확충방법이다.

우선 정부예산으로부터의 확충방법으로는 교육세의 일정비율을 대학생 학자금 지원금으로 전환시키는 방법을 검토해 볼 수 있다. 최근 들어 목적세로서 교육세의 타당성문제가 끊임없이 거론됨에 따라 교육세를 고등교육세로 전환하자는 논의가 제기되어 왔다(송기창 외, 2006). 따라서 이와 같은 방법은 상당부분 적용가능성이 있을 것으로 보인다. 2005년 결산기준 교육세가 약 3조 5,266억 원 정도였음을 고려할 때, 매년 교육세의 1%

정도, 약 353억 원(2005년 기준)을 대학생 학자금 지원에 투자할 경우 저소득층 학생의 무이자 또는 저리 대출사업 재원은 충분히 확보할 수 있을 것이다.

다음으로 일반회계와 공공기금 중심 재원조달의 한계를 극복하기 위해서는 무엇보다 민간출연금을 적극적으로 유치, 활용해야 한다. 공익법인으로부터 출연근거로서, 「공익법인의 설립·운영에 관한 법률」 제1조는 법인으로 하여금 그 공익성을 유지하며 건전한 활동을 할 수 있도록 하게 함을 목적으로 하고 있다. 동법 제2조에는 공익법인은 사회일반의 이익에 공여하기 위하여 학자금·장학금 또는 연구비의 보조나 지급, 학술·자선에 관한 사업을 목적으로 한다고 명시되어 있다.

민간출연금 모금방안은 장학사업에 관심이 많은 기업체, 기업체대표 또는 대학으로부터 출연하는 방안을 들 수 있다. 출연금을 지원하는 기업이나 기업체대표, 대학의 명칭으로 무이자 또는 저리대출지원을 할 수 있다. 민간출연금을 통해 확보한 재원은 새로운 금리상품을 개발하는 데 활용할 수 있다. 현재 일반대출, 이공계학생 무이자대출, 비이공계학생 저리대출 등 3가지 대출종류가 있는데, 그중 무이자·저리대출상품에 대해 기업 명칭을 사용한 새로운 금리상품을 개발할 수 있다. 즉, 일반대출 학생 중 가정형편이 어려운 1～3분위 소득계층 학생들을 대상으로 한 금리대출을 일정비율 기금에서 부담하고, 기금출연 등의 추이를 살펴보면서 5～6분위까지 확대하되 나머지 학생들은 시장금리대로 대출하는 방안을 적용할 수 있다.

또한 민간 대기업의 사회복지 헌금 및 대학의 장학금 일부를 기금에 출연할 경우, 기업의 대학지정, 관련학과 지정 지원 등 상품다양화가 가능하다. 예컨대, 특정지역 조선 관련 기업에서 출연금을 기부할 경우 조선 관련 전공분야에 기업의 이름을 딴 학자금 대출 또는 우수학생 무상지원사업을 시행할 수 있다. 또는 기금출연자가 원하는 특정지역의 대학을 지정하여 학자금을 지원하는 사업도 개발할 수 있다. 장학사업에 관심 있는 일반인들을 접촉하여 기금을 조성할 수도 있다. 학자금 대출을 받은 학생들이 취직 후 스스로 일정금액의 기부를 유도하는 방안 또한 검토해 볼 수 있다. 이와 유사한 사례로는 영국의 졸업생 기부금 제도나 일본 JASSO의 기부금 확대제도를 들 수 있다. 현재 한국학술진흥재단의 경우 대출받은 학생들이 취직 후 자발적으로 학진장학금에 기부하는 방안을 시행하고 있다.

끝으로 새로운 재원의 확충방안과 더불어 효과적인 학자금 대출의 상환방안을 강구할 필요가 있다. 이를 위해서는 영국을 비롯한 유럽의 여러 국가에서 시행하고 있는 소득연동 상환방식을 보다 적극적으로 검토해 볼 필요가 있다. 조세 관리 시스템이 전산화됨에 따라 소득에 대한 정부의 포착능력이 향상되고 있다. 단기적으로 저리 학자금 대출사업 일부의 상환방식으로 적용하면서 그 효과를 검토한 후, 장차 학자금 대출 전반에서 상환방법의 하나로 제시할 수 있다. 소득연동 상환방식은 각자의 소득세 납부체제와 자동연계시킴으로써 관리비용을 최소화해야 그 효과를 극대화할 수 있을 것이다.

참 고 문 헌

강경석(2001). 장학금. 한국교육재정경제학회 편. 교육재정경제학 백과사전. 서울: 하우동설.

김안나 외(2004). 인적자원투자 촉진을 위한 대학(원)생 학자금 융자제도 활성화 연구. 교육인적자원부.

남수경(2004). 소득연동형 대여장학금 제도의 적용가능성과 한계. 교육재정경제연구, 13(2).

______(2005). 호주의 소득연동 대여장학금제도의 운영원리와 구조에 관한 연구. 교육재정경제연구, 14(2).

______(2007. 7. 12-13). 대학생 학자금의 확충 및 효율적 관리 방안. 3만불 시대의 교육재정 확보와 운영의 방향. 2007 교육재정경제학회 하계 학술대회. 한국학술정보원 대회의실.

남수경 · 류가윤(2007). 대학생 학자금 및 장학금 통합방안에 관한 연구. 교육인적자원부.

송기창 · 강경석 · 남수경(2003). 한국학술진흥재단의 장학사업 발전방안 연구. 한국학술진흥재단.

송기창 외(2006). 교육재정백서. 교육인적자원부.

이 영(2005). 고등교육 재정지원의 현황과 발전 방향. 대학교육, 134.

이용균(2007. 4. 26-27). 대학 장학금 현황과 개선방향. 정부보증 학자금대출(보증) 대학담당자 간담회 자료집. 교육인적자원부 · 학자금대출신용보증기금.

채재은(2005). OECD 주요국의 대학 학자금 지원제도 비교 분석 연구. 비교교육연구, 15(1).

한국주택금융공사. 내부자료.

KPMG 삼정회계법인(2006. 8). 학자금대출신용보증기금 중장기발전방안. 한국주택금융공사.

Albrecht, D., & Ziderman, A. (1995). *Financing Universities in Developing Countries. Washington.* DC.: Falmer Press.

Archibald, R. B. (2002). *Redesigning the Financial Aid System: Why Colleges and Universities Should Switch Roles with the Federal Government.* Baltimore and London: The Johns Hopkins University Press.

Avery, C., & Hoxby, C. M. (2003). *Do and Should Financial Aid Packages Affect Students' College Choices?* NBER Working Paper Series, National Bureau of Economic Research. http://www.nber.org/papers/w9482.pdf

Barr, N. (2001). *The Welfare State as Piggy Bank.* Cambridge: Cambridge University Press.

Burdman, P. (2005). *The Student Debt Dilemma: Debt Aversion as a Barrier to College Access.* Center for Studies in Higher Education. http://repositories.cdlib.org/cshe/CSHE_13_05.

Chapman, B. (2006). *Government Managing Risk: Income contingent loans for social and economic progress.* Abingdon: Routledge.

DIUS[UK] (2007a). *Increased Support for Students in Higher Education.* http://www.dius.gov.uk/publications/he-impact.pdf

________ (2007b). *New Higher Education Funding Incentives 2008-11.* http://www.dius.gov.uk/publications/hefce-letter.pdf

Finnie, R. (2004). *Student Financial Aid: The Whys, Whens, and Hows of Loans and Grants.* Woking Paper. Kingston, ON: Queen's University. http://www.utoronto.ca/president/04conference/down loads/finnie.pdf.

Grubb, W. N. et. al. (2006). *Thematic Review of Tertiary Education: Korea Country Note.* OECD Education and Training Policy Division.

Hauptman, A. M. (2004). Higher education finance: trends and issues, *International Handbook of Higher Education,* Part one. Springer.

JASSO (2006). *JASSO Outline 2006-2007.*

Johnstone, D. B. (2006). *Financing Higher Education: Cost-Sharing in International Perspective.* Rotterdam: Sense Publishers.

Jongbloed, B.(2006). Strengthening consumer choice in higher education, In P. N. Teixeira,D. B. Johnstone, M. J. Rosa, & H. Vossensteyn (Ed.), *Cost-sharing and Accessibility in Higher Education: A Fairer Deal?* Dordrecht: Springer.

Long, B. T. (2006). *College Tuition Pricing and Federal Financing Aid: Is There a Connection.* Testimony before the U.S. Senate Committee on Finance. December 5.

Patrinos, H. A. (2002). *Financing Education in the Global Knowledge Economy.* Upgrading Korean Education in the Age of Knowledge Economy workshop, Korea Development Institute, Seoul, 14-15 Oct.

Shiller, R. J. (2003). *The new financial order: Risk in the 21st century.* New Jersey: Princeton University Press.

Studentfinancedirect/Aimhigher (2006). *A Guide to Financial Suppport for Higher Education Students in 2006/2007.*

The College Board (2007). *Trends in Student Aid 2007.*

U.S. Department of Education/Federal Student Aid (2006. 12.). T*he Guide of Federal Student Aid: 2007-08.*

U.S. Department of Education (2005). *Cohort Default Rate Effects,* Chapter 2.2, URL:http://ifap.ed.gov/drmaterials/attachments/03Chapter22.pdf) 〔Accessed 10/07/07〕

Wilkinson, R. (2005). *Aiding students, buying students: financial aid in America.* Nashville: Vanderbilt University Press.

Woodhall, M. (2001). Financing higher education, The Boston College Center for International Higher Education. *International Higher Education,* No. 22, Winter,

12-14.

Woodhall, M. (1995). Student loans. In M. Carnoy (Ed.), *International Encyclopedia of Economics of Education* (2nd). Elsevier Science Ltd, pp. 420-425.

www.ed.gov(미국 교육부 홈페이지)

www.myrichuncle.com(미국 MyRichUncle 홈페이지)

구, www.dfes.uk.go/신, www.dius.gov.uk(영국 교육부 홈페이지)

www.scl.or.uk(영국 학자금관리공사 홈페이지)

www.jasso.go.jp(일본 학생지원기구 홈페이지)

제 18 장

미래 교육정책의 방향: 창의적 인재양성전략

1. 서 론

과학뿐만 아니라 정치 · 경제 · 문화 · 사회 · 예술 등 모든 분야 발전의 양적 · 질적 수준을 좌우하는 창의적 인재의 육성은 동서고금을 막론하고 국가의 핵심적 과제이다. 그러나 미래사회가 지식기반사회, 정보화사회, 개방화 · 세계화사회로 전망되기 때문에 창의적 인재양성이 그 어느 때보다도 상대적으로 중요시되고 있다. 특히, 국가경쟁력 제고라는 측면에서 볼 때 창의적 인재양성은 교육정책의 최우선 과제가 되어야 할 것이다.

선진국을 지향한다면, 우리는 그들의 발자취를 뒤늦게 답습하는 것을 포기하고 새로운 지름길을 개척하려는 모험정신에 투철해야 한다. 따라서 "보이는 것은 포기하고 보이지 않는 것만을 추구하자."라는 W이론은 창의적 인재의 필요성을 단적으로 표현하고 있다(이면우, 1999). Blue Ocean전략은 기업에만 필요한 것이 아니라 교육을 포함한 모든 영역에서 필요하다고 본다. 선진정치 · 경제 · 교육 등을 벤치마킹하여 Red Ocean 속에서 치열한 경쟁을 통하여 비교우위를 차지하려고 노력하기보다는 경쟁이 없는 광활한 영역을 개척하여 선진 · 첨단의 위치를 확보해야 한다는 Blue Ocean 전략 역시 창의적 인재의 중요성을 강조하고 있다(Kim & Mauborgne, 2005).

46년 전 필자의 경험담을 하나 소개하고자 한다. 사범학교 시절에 부속초등학교에서

* 윤정일(민족사관고등학교)

교생 대표수업을 맡았는데 가르칠 교과내용은 자연과의 '전기배선과 두꺼비집' 이었다. 1개월 이상 수업준비를 철저히 하여 분단별 실험학습을 계획하였다. 실험에 들어가기 전에 옥내배선도, 퓨즈의 성분 등에 대하여 설명하고, 퓨즈를 S자형으로 연결해야 나사를 조일 때 퓨즈가 풀어지지 않는다는 것 등을 가르쳤다. 그리고 분단별로 여러 가지 실험을 하였는데 학생들도 흥미를 가지고 열심히 수업에 참여하였으며, 실험수업은 성공적이었다. 사범학교 교장선생님은 수업강평에서 사범학교 역사상 최고의 교생수업이었다고 최고의 칭찬을 하였다. 교장선생님은 자신의 강평을 끝내고, 그 수업을 참관한 Peabody 교육사절단 단장에게 참관소감을 말해달라고 부탁하였다. 사절단 단장이 극구 사양함에도 불구하고 계속 부탁을 하니, 단장은 마지못해 앞으로 나오더니 흑판에 '0점' 이라고 쓰고는 "과학은 가르쳐야 할 것이 아니라 발견되어야 한다."라고 하였다. 즉, 퓨즈를 연결할 때 S자 형태로 연결하라고 가르쳐 줄 것이 아니라 학생들 스스로가 시행착오를 하면서 발견했어야 한다는 것이다. 필자는 "교사가 정답을 가르쳐 주기보다는 학생 스스로가 탐구하고 발견해야 한다."라는 값진 경험을 체득하였으며, 지금까지도 이 원칙을 철저히 지키고 있다.

어떤 의미에서 우리 교육은 일제학습을 통하여 '나 닮아라.' 는 식의 교육을 해 왔다. 모든 학습에 있어서 정답은 하나이며, 정답을 찾는 과정도 교사가 가르쳐 준 과정 하나만이 인정되고 그 외의 과정은 인정되지 않았다. 창의적인 문제해결방법은 인정되지 않았으며 높은 평가를 받을 수 없었다. 탐구학습, 발견학습, 토론학습이 강의학습방법보다 좋다고는 알고 있으면서도 학급당 학생 수 과다, 정해진 시간 내에 가르쳐야 할 내용의 과다 등을 이유로 교사가 강의하면 학생들은 수동적으로 듣고 이해하는 방식이 주류를 이루어 왔다. 이러한 교수학습 관행 속에서는 '나를 닮지 않는 학생' 은 낮은 평가를 받고, '나를 닮은 학생' 은 높은 평가를 받게 된다. 이러한 방식으로 평가받는 이유는 교사가 가르쳐 준 것만이 정답이고 학생이 탐구하고 발견한 해답은 정답으로 인정될 수 없기 때문이다. 또한 교사를 답습해야 옳고, 교사와 다른 길이나 새로운 길을 찾아가면 오답으로 평가받기 때문이다. 교사가 가르쳐 준대로 암기하고, 얼마나 많은 정답을 암기하고 있는가를 평가하는 체제 속에서는 창의력이 발휘될 수 없다.

창의적 인간을 육성하기 위하여 가장 중점적으로 노력을 기울여야 할 영역은 교육과정 영역이다. 교육내용, 방법, 평가에 있어서 창의력이 길러질 수 있도록 변화되어야 한다. 예를 들면, 교과서의 내용도 과제나 문제 중심으로 구성되어야 하고, 교육방법도 획일적인 일제학습이 아닌 탐구학습, 토론학습 위주로 변화되어야 하며, 학습결과의 평가도 시험보다는 학습 참여도, 참신한 아이디어나 해결책을 적극적으로 제시한 정도나 과제물을 중심으로 이루어져야 할 것이다. 창의력 중시의 교육을 교육현장은 물론 사회 전반에 일시에 광범하게 파급시키기를 원한다면 대학입시에서 창의력을 측정하고, 이를 입시에 반영토록 해야 할 것이다. 대학입시는 고등학교는 물론 중학교, 초등학교, 유치원 교육에도 지대한 영향을 미치고 있기 때문이다. 대학입시에서 논술고사를 실시함으로써 초·중등교육에서 논술을 가르치고, 학원에서마저 논술을 중점적으로 가르치고 있는 것이 우리의 현실이다.

2. 미래사회의 특징

교육은 본질적으로 미래를 대비한 활동이다. 왜냐하면 현재 학교에서 교육을 받고 있는 학생들의 활동무대는 현재의 사회가 아니고 다가올 미래의 사회이기 때문이다. 사회변화가 심하지 않았던 때에는 축적된 지식·기술을 전수하는 것으로 충분하였으나 지식기술이 급속도로 발전하고 있는 현대사회에 있어서는 이러한 교육기능만으로는 불충분하다. 미래사회가 어떻게 변모할 것인가에 대한 예측이 있어야 하며, 교육은 학생들로 하여금 예측된 변화에 대응할 수 있는 능력을 갖추도록 해야 할 것이다(윤정일 외, 2002). 비록 다가올 미래가 불확실하다고는 하지만 교육의 효용성과 적절성을 제고하기 위해서 가능한 모든 방법을 동원하여 미래사회를 그려보아야 할 것이다.

인류사회는 지금 근본적인 변화를 경험하고 있다. 정보혁명, 세계화, 인터넷을 통한 e-혁명에 의해서 전 세계의 장벽과 경계가 철거되고 있다. Drucker는 인류가 대전환시대를 맞이하고 있다고 말한다. 이 대전환은 2010년 또는 2020년쯤에야 완료될 것이므로 아직 그 전모가 드러나고 있지는 않지만, 확실한 것은 '새로운 세상은 오늘날 어느 누가 상상하는 그 무엇과도 다른 세상일 것' 이라는 점이다(황주홍, 2002). 이런 변화가 앞으로 어떤 모습으로 인류를 당황스럽게 할 것인지 혹은 풍요롭게 할 것인지를 예측하기란 쉬운 일이 아니다.

미래사회는 현재와 여러 가지로 다른 특징적 모습을 보여주게 될 것이다. Toffler는 「제3의 물결」에서 인류가 정보화사회로 나갈 것이라고 예측하고, 제4의 물결에서는 우주개발과 생명공학을 핵심기술로 발전해 나갈 것이라고 예측하고 있다. 이를 바탕으로 Toffler는 21세기에 대하여 다음과 같은 10대 예측을 내놓았다(Toffler, 1999).

① 21세기의 본질은 지식과 정보 싸움이다. 디지털 기호로 구성된 지식과 정보가 자본을 대체한다.
② 세계 금융개편 투쟁이 절정에 달하면 권력당국들이 쓰러질 수 있다.

③ 대통령제와 내각제, 관료제도가 무의미해지고, 미디어와 영상정치가 권력투쟁의 새로운 원천이 된다.
④ 권위주의정권이 힘을 잃고, 교육받은 중산층이 국가를 이끈다.
⑤ 미디어도 인터넷 등으로 특화되지 않으면 살아남기 어렵다.
⑥ 기술 없는 인력의 대규모 실업이 발생할 수 있다.
⑦ 재택근무자가 늘어나고, 가정의 역할이 더 중요해진다.
⑧ 유전공학의 발전으로 인류 전체가 충분히 먹을 수 있다.
⑨ 아시아가 제3의 물결을 타고 유럽을 휩쓸지도 모른다.
⑩ 인류의 다음 거주지는 우주다.

미래사회의 모습을 예측 전망한 보고서들이 국내외에서 끊임없이 출판되고 있다. 그 중 주요한 몇 가지 보고서와 자료들을 중심으로 미래사회의 주요 특징들을 요약해 보면 대체로 다음과 같이 정리될 수 있다(한국교육개발원, 1985; 교육개혁심의회, 1987; 윤정일 외, 2000; Bell, 1973; 권영설 외, 2002, 배규환, 1995; 황주홍, 2002).

1) 지식기반사회

지식기반사회는 자본주의사회 이후의 사회로서 Drucker는 1993년에 내놓은 탈자본주의사회(post-capitalist society)에서 이 새로운 사회의 모습과 특징들을 제시하고 있다(Drucker, 1993). 탈자본주의사회는 더 이상 자본이나 토지나 노동이 기본적인 경제자원 혹은 생산수단이 아니라 지식이 사회의 생산수단이라고 강조하고, 이러한 지식사회의 주도적인 사회집단은 지식근로자들이라고 말하고 있다. 지식사회의 지식은 초기사회에서 지식으로 간주된 것과는 근본적으로 다르며, 사실 아직도 지식으로 널리 인정되는 것과도 근본적으로 다르다. Drucker는 지식이란 "오직 응용(적용)을 위해 존재하는 것"이라고 설명한다.

지식기반사회를 주도하는 과학기술도 획기적인 발달을 하게 될 것이다. 자연과학은 지난 20세기 이후 점차 빠르게 발달하고 있으며, 질적 변화의 조짐 역시 빼놓을 수 없다. 19세기 이전이 '과학적 사실의 탐구' 또는 '물리학의 시대', 20세기가 '과학적 지식의 응용' 또는 '화학의 시대' 였다면, 21세기는 '과학적 방법(know-how)의 탐구' 또는 '생물학의 시대'가 될 것이다.

지식기반사회는 창조적 지식의 창출 · 확산 · 공유 · 활용이 일반화되는 사회로서, 지식이 다른 어떤 생산요소보다 큰 부가가치를 창출하는 사회이다. 그러므로 지식기반사회에서는 창조적 지식의 창출 및 활용이 그 사회의 경제적, 사회적, 문화적 풍요를 결정하게 된다. 지식기반사회에서의 지식은 암기해서 얻게 되는 고정불변의 '죽은 지식'이 아니고, 실제 생활에 적용 가능한 유용성을 지닌 '살아 있는 지식'이다. 지식기반사회는 지식의 양이 폭발적으로 늘어나고 그 소멸주기가 매우 짧아지는 시대라고 볼 수 있다. 창출되는 새로운 지식들이 불과 수초 만에 전 세계로 전파되고, 그 전파된 지식들이 인간의 경험, 가치관, 안목, 통찰, 또는 다른 지식들과 만나 순식간에 더 창의적이고 더 가치 있는 지식으로 전환되는 시대이다.

2) 정보화사회

전기 산업사회에서는 천연자원이, 산업사회에서는 에너지가 모든 경제 · 사회활동에서 핵심적인 기능을 담당한 반면에, 탈산업사회에서는 정보가 핵심적인 기능을 담당하게 된다는 의미에서 정보화사회라고도 한다. 정보화사회란 컴퓨터와 통신기술의 혁신적 발전에 따라 정보이용의 균점, 지역 간 정보격차의 해소와 함께 동시생활권이 이루어지는 사회라고 할 수 있다. 즉, 첨단과학기술을 활용한 지식정보의 생산, 정리, 저장, 배분, 활용이 주된 산업이 되어 있는 사회를 말하며, 정치 · 경제 · 사회 · 문화 등 모든 분야에서 정보의 가치가 가장 우선시되는 그러한 사회를 말한다.

지식정보량이 폭발적으로 증가하고, 정보통신기술이 급속히 발달하게 되면서 정보혁명이 일어나고 있다. 최근 지식정보량의 폭발적 증가는 인류역사에서 인간이 창출한 지식정보의 수명을 계속 단축시키고 있다. 또한 첨단정보통신기술의 발달은 폭발적으로 창출되는 방대한 지식정보를 저장하고, 즉시에 전달하여 활용할 수 있을 정도로 발달하고 있다. 디지털혁명에 따라 신(新)개척지, 사이버공간이 열리고 있다. 이 새로운 공간의 출현은 전통적인 학교체제에 넓고도 깊은 변화를 가져오게 될 것이다. 재택근무와 홈뱅킹의 발달을 촉진하고, 교육분야에서는 개별화된 학습 프로그램에 의한 다양한 수업, 전자도서관, 원격교육을 등장시키고, 경제분야에서는 인터넷을 이용한 전자상거래 발달과 전자화폐의 등장을 유도하였다.

정보화는 정보의 집중으로 공간적으로 멀리 떨어져 있는 개인들을 집합시킬 수도 있지만, 동시에 일상생활 및 노동에서의 개인화도 가능하게 만든다. 따라서 집권화를 통하여 통제력을 더욱 강화시킬 수도 있을 것이다. 그러나 일의 전문성이 높아지고 더욱 인간화되는 추세를 감안한다면, 오히려 정보화는 일의 장소를 분산시킴으로써 분권화의 효과를 가져 올 것으로 기대된다. 사회변동의 속도가 더욱 빨라짐에 따라 시간성의 주기도 그만큼 짧아지고 있다. 농경사회 시간의 단위는 자연의 주기였으나, 산업사회에서는 기계리듬에 따라 시간이 분단위로 나뉘어졌다. 현대는 전자리듬에 따라 초단위로 시간이 계산되고 있다. 미래에는 시간의 단위가 더욱 세분화되고, 그에 따라 생활의 리듬도 보다 짧아질 것이며, 시간의 희소성은 더욱 커지게 될 것이다.

3) 개방화 · 세계화사회

냉전종식과 WTO의 출범으로 국가간의 교역과 투자를 가로막던 장벽들이 사라지고, 하나의 시장 속에서 경쟁하는 시대로 돌입하였다. 오늘날의 세계경쟁은 종래의 당해 국가의 보호를 받으면서 국지적으로 치러지는 세계경쟁과는 달리 국경 없는 무한경쟁이다. 자본의 이동이 정보통신기술의 발달과 WTO협정으로 인해 가속화되면서 세계경쟁은 더욱 심화되고 있다. 하나의 시장으로 통합된 세계경제질서에 각 국가들은 EU(유럽연합)나 NAFTA(북미자유무역협정)와 같은 지역블록화를 형성하면서 새로운 시장질서를 형성하고 있다.

세계화란 각 국가경제의 세계경제로의 통합을 의미한다. 즉, 세계화란 국가 및 지역 간에 존재하던 상품, 서비스, 자본, 노동, 정보 등에 대한 인위적 장벽이 제거되어 세계가 일종의 거대한 단일시장으로 통합되어 나가는 추세를 말하는 것이다. 세계화 속에서는 정치력, 경제력 등 힘의 이동이 한 나라 국경 내의 일정한 영역에서 세계 모든 나라의 영역으로 촉진된다. 따라서 세계화는 경제적 의사결정이 국가의 국경이 고려되지 않고 단행된다. 세계화는 이른바 '국경 없는 세계(borderless world)'를 창출해 나가고 있다(신현종, 1998).

미래사회는 현재와 비교하여 세계화의 시대가 그 폭과 깊이를 더할 것으로 기대된다. 최근 들어 세계화의 과정은 피부로 느낄 수 있을 만큼 현실의 문제가 되고 있고, 그 속도가 가속화되고 있다. 이의 원인은 바로 정보화라고 할 수 있다. 이와 같은 세계화 과정이 전면적으로 등장하게 된 배경은 다국적기업의 활동을 통한 경제적 탈지역화 현상과 긴밀한 관계가 있다. 정보통신기술의 발전으로 인한 신속한 정보의 흐름, 생산기술의 향상, 그리고 공산주의체제의 붕괴로 인한 자본주의체제로의 통합 등이 세계화를 촉진시켰다고 볼 수 있다. 이제 한 나라의 문제는 더 이상 한 나라의 과제로 남아 있지 않고, 범세계적인 문제로 전환되고 있다. 지구상의 모든 사람은 지구촌의 공동운명체로서 국가와 민족을 위한 경쟁보다는 쾌적한 지구촌을 건설하고 그 속에서 보람된 생활을 영위하기 위하여 상호협력해야 한다. 특히, 인구와 식량문제, 남북격차의 문제, 군비경쟁의 문제, 자연훼손의 문제 등에 대해서는 공동으로 대처하는 노력을 보여야 한다.

4) 인간존중사회

18세기 이전까지를 도구화시대, 18세기 이후를 기계화시대라고 부른다면, 21세기는 인간화의 시대가 될 것이다. 지금까지는 도구나 기계의 발명이 생산력 향상의 지름길이었지만, 21세기의 생산력은 인간의 능력이 얼마나 더 발휘될 수 있도록 하느냐에 좌우될 것이기 때문이다. 에너지보다는 정보가, 하드웨어보다는 소프트웨어가, 조직의 효율성보다는 조직의 인간화가 생산성 향상의 관건이 될 것이다. 인간존중의 윤리의식은 인간의 존엄성을 인식하고 인격을 존중하는 태도로 표현된다. 인간존중의식은 개개 민족성원의 존재가치와 존엄성을 무엇보다도 귀하게 여기는 정신, 즉 인간 중심 사상이며, 복지사회를 구현하는 데 있어서 바탕이 되는 정신이라고 할 수 있다. 인간존엄의식에는 자연을 보살피는 마음과 이웃사랑이라는 개념이 포함된다. 인류가 영원히 그 속에서 생활해야 할 자연을 보살피지 않고 이를 파괴한다면, 이는 곧 인류의 멸망을 자초하는 것이기 때문이다. 따라서 지구촌의 환경을 쾌적하게 보호하고자 하는 공동인식이 모든 사람의 인격 속에 내면화되어야 한다.

개인 중심의 가치관이 확산되면서 사람들의 신념, 직업, 취미가 다양해지고, 경제적 생활수준이 향상되면서 문화와 예술, 쾌적한 환경 등 보다 나은 삶의 질을 추구하게 된다. 개인 중심의 가치관의 변화가 한편으로는 다양한 개성의 발현으로 21세기 지식기반사회에 필요한 창조적 역동성을 발휘할 수 있는 바탕을 제공하지만, 다른 한편으로는 다양한 이익집단의 출현과 갈등구조의 다변화를 동반함으로써 이익을 원만히 조정하지 못하면 전에 볼 수 없었던 강도와 형태로 사회적 갈등이 심화될 수도 있다.

물질적 풍요와 더불어 생태계에도 중요한 변화가 초래될 것이다. 그동안 인간은 삶에 필요한 도구 및 제품들을 생산해 내는 일에 열중하여 왔다. 인구가 증가하고 소비수준이 높아짐에 따라 이러한 생산 위주의 사고방식에 한계가 드러나고 있다. 자연의 자정능력을 초과함으로써 생태계의 변화를 유발하게 된 것이다. 생태계의 변화는 인간생활에 심각한 위협이 될 수도 있으므로 새로운 형태의 사고방식과 생활태도가 불가피하다. 따라서 자연생태학적 휴머니즘을 강조하는 환경주의가 새로운 신념과 가치관으로 등장할 것이며, 복지 및 여가를 보다 귀중한 가치덕목으로 여기게 될 것이다.

5) 평생학습사회

지식 · 정보의 폭발적 증가와 정보통신기술의 급속한 발전은 평생학습체제로의 전환을 요구하고 있다. 학습은 지식의 습득뿐만 아니라 지식을 생산하는 과정까지 포함하며 자신만의 현장지식을 창출하는 과정이다. 평생학습이란 이러한 학습이 평생에 걸쳐 지속되고 있음을 일깨우는 말이다. 평생학습을 통해서 인간은 자신의 외부에 존재하는 지식을 섭취하고 그에 더하여 새로운 지식을 생산하는 학습의 양 측면을 생명력 있게 추동해 간다(한숭희, 2000). 또한 평생학습은 변화하는 직업세계에 적응할 수 있는 능력을 갖게 해 줄 뿐 아니라 국민의 앎에 대한 욕구를 충족시켜 줌으로써 삶의 질을 향상시키는 데에도 공헌할 수 있다.

컴퓨터를 이용해 시간과 공간에 구애받지 않고 교사와 학생, 학생과 학생이 쌍방향으로 대화할 수 있는 사이버교육이 활성화될 것이다. 사이버공간의 출현으로 공간개념이 확장되었고, 일 대 다수, 다수 대 다수의 상호작용이 가능해졌다. 이러한 사이버교육은 학교뿐만 아니라 기업 등에도 적용되고 있으며, 차세대 교육방식으로 각광을 받고 있다. 사이버교육의 출현은 지역 파괴, 학교 파괴, 정원(定員) 파괴, 연령 파괴를 가져오고 사이버학교에서는 학습자가 학교, 교과목, 교수를 임의로 선택할 수 있다.

3. 창의성과 창의적 인재

1) 창의성의 개념

우리 사회는 미래학자들이 예측하고 있는 방향으로 빠르게 변화하고 있다. 이미 지식기반사회, 정보화사회로 깊게 진행되고 있으며, 미래를 준비시키는 교육이 감당하기 어려울 정도로 변화가 가속화되고 있다. 불확실한 미래의 변화를 따라갈 수 있거나 변화를 주도할 수 있도록 하기 위하여 창의적인 방식으로 사고하고 행동하는 것을 교육해야 한다. 미래사회가 창의적 인재를 필요로 한다고 할 때 창의성이란 무엇이며, 창의적 인재는 어떠한 특성을 지니고 있는가를 규명할 필요가 있다.

인간이 만물의 영장이 될 수 있었던 것은 인간이 창조적 능력을 가지고 있기 때문이다. 인간 문화의 역사는 지속적인 창조적 활동의 결과로서 오늘 우리가 향유하는 모든 문명의 이기가 창조적 활동의 소산인 것이다. 과학과 기술에서부터 예술과 종교에 이르기까지 모두가 인간생활을 편리하고 풍요롭게 하기 위하여 창조된 것이다. 따라서 창의성이라는 말은 갑자기 생겨난 개념이 아니라 인류가 생존하기 시작하면서부터 현재까지 부단히 이어진 것이다. 인간의 다양한 능력 중에서 최근에 창의적 사고력에 대한 관심이 과거 어느 때보다 강조되는 까닭은 급변하는 미래사회에 효과적 · 능동적으로 대처할 수 있는 능력이 요구되고 있기 때문이다.

창의성에 대한 연구는 1950년대 Guilford가 미국 심리학회 회장 취임연설에서 창의성의 중요성을 강조한 후 심리학과 교육학분야에서 활발하게 이루어져 왔다. 창의성에 대한 연구가 많은 연구자에 의해 진행됨에 따라 창의성에 대한 개념이 연구자의 수만큼 다양하게 정의되고 있다. 창의성은 창의력, 독창력, 독창성, 창조성, 문제해결력, 창의적 사고력 등과 혼용되기도 한다.

창의성은 발견이나 발명과 같이 결과의 측면에서 정의되기도 하고, 과정의 측면, 개인의 특성, 조건의 측면에서 정의되기도 한다. 창의성은 협의로는 발산적 사고 또는 확산적 사고를 말하며, 광의로는 새롭고 유용한 어떤 것을 생산해 내는 행동이나 정신과정을 말한다. 새롭다는 것은 통상적인 것이 아니라 기발하거나 신기하며 독창적인 것을 말하며, 유용하다는 것은 무엇엔가 적절하고 가치 있고, 어떤 문제에 대하여 적절하게 대답하는 것을 말한다. 이는 일상생활 문제에 대한 것일 수도 있고, 학술적인 것일 수도 있다. 전자의 경우는 해결책, 발명, 계획 등을 창의적으로 만들어 내는 것이며, 후자는 새로운 사실을 발견하고, 실험방법이나 설계를 새롭게 하거나 새로운 개념, 이론 혹은 모형을 개발하는 것이다(김영채, 2001).

Guilford(1959)는 창의성이란 사회와 문화에 가치를 부여할 수 있는 물건을 만들어 내거나 문제를 해결하기 위해 적절한 아이디어를 창출해 내는 것뿐만 아니라 문제를 해결하기 위해 적절한 아이디어를 생산해 내는 능력이나 그것을 기초화하는 인격적 특성이라고 하였다. Osborn(1953, 1963)은 창의성이란 인간 모두가 가지고 있는 보편적 능력이며 특성으로서, 일상생활에서 당면하는 제반사태나 문제를 개인 나름의 새롭고 특유한 방법으로 해결해 나가는 활동이라고 정의하였다. Taylor(1988)는 인간에게는 학문적 재능과 창의적인 재능이 있다고 보고, 창의성이란 생산적 사고와 창의적 사고를 표현하는 복잡한 심리적 과정으로, 인내성과 성취, 변화, 개선을 구하는 태도, 그리고 아주 큰 소신을 낳게 하는 정열과 같은 것이라고 정의하였다. 이성진(1985)은 창의성이란 당면하는 과제를 해결하기 위하여 기존 정보(과거의 경험과 지식)를 끌어내고(해체), 새로이 조립(조합)함으로써 가치(효용) 있는 어떤 사물이나 아이디어를 만들어 내는 능력이라고 정의하였다.

Torrance(1995)는 창의성의 사용용도에 따라 창의성을 연구용 정의, 예술적 정의, 생존적 정의로 구분하여 설명하고 있다. 연구용 정의에서 창의적 사고는 어려움, 문제, 지식상의 괴리, 또는 빠져 있는 요소들을 지각하고, 그러한 결손에 대하여 추측하거나 가설을 형성하며, 그러한 추측을 검증하고, 필요하면 수정하거나 재검증하며, 그 결과를 커뮤니케이션하는 것이라 하였다. 예술적 정의에서는 창의성을 알기를 원하는 것, 안으로 파고드는 것, 내일과 악수하는 것, 냄새를 맡으려고 귀를 기울이는 것, 여러 곳을 거쳐 어느 하나를 깊게 파는 것, 모래성을 쌓는 것, 밖으로 벗어나는 것 등과 같이 은유적으로 정의

하였다. 생존적 정의에서는 창의성을 생존을 위하여 기존의 지식요소들을 현재의 장면에서 요구되고 있는 새로운 형태의 것으로 상상하여 재조합하는 것으로서 창의적 해결요소는 가르칠 수 있으나 창의적 사고 자체는 스스로 발견하고 훈련해야 한다고 하였다.

창의성을 보는 견해는 연구자의 관점에 따라서 여러 가지로 구분되고 있다. 어떤 학문적 배경을 따르느냐에 따라서 철학적 관점, 사회학적 관점, 심리학적 관점으로 나뉘기도 한다. 또 창의성은 최종적 소산 혹은 혁신, 심미적 · 표현적 능력, 문제해결력, 다양성으로 정의되기도 한다. 최종적 소산 혹은 혁신이란 가치 있고 유용하고 만족스러운 일을 만들어 내는 것을 말하며, 심미적 · 표현적 능력이란 과거의 관행이나 관례에 영향 받지 않고 사고하는 능력을 말한다. 문제해결력이란 문제의 실제적 해결보다 사고과정 자체에 중점을 두는 것으로서 발견적 사고와 확산적 사고를 내포하고 있고, 다양성이란 현존의 지식에 무엇인가를 첨가하는 과정을 말한다.

창의성에 대한 접근은 일반적으로 다음과 같이 네 가지가 있다(홍순정, 1999).

- 인지적 접근: 창의적인 사람들은 과거와 현재를 통해 오랫동안 지속적으로 또한 열심히 작업함으로써 그 분야의 전문성을 갖게 된다. 아는 것으로부터 새로운 접근과 결과를 창조해 낼 수 있다.
- 성격과 동기 측면에서의 접근: 창의적인 사람은 보다 독립적이고 자신감이 있으며, 비범하고, 주도면밀하며, 무의식과정에 심취하고, 의욕적이며, 일에 대한 집념과 책임이 강하다. 내적 동기는 문제해결에 대한 개인적 욕구나 창의적 과정의 즐거움 등으로서 창의성에 기본적인 것이며, 외적 동기는 명성이나 행운에 대한 욕구로서 창의성을 방해하는 요소로 작용한다.
- 역사적 접근: 창의성이 가장 활발한 시기는 35~39세인데, 시인과 수학자의 경우는 20, 30세에 정점에 오르나 역사가나 철학자 등은 그보다 10년 후에 정점에 이른다.
- 통합적 접근: 창의성은 어떠한 한 특성이라기보다는 환경적 맥락, 지식, 동기, 성격요인, 지적 과정, 인지양식의 복합적 작용에 의한 것이다.

창의성에 대해서 다양한 정의와 견해들이 존재하지만 거의 모든 정의에 3가지 요인이 들어 있다. 즉, 창의력은 '새로운', '보람 있는' 것을 '만들어 내는' 힘이다(정범모, 2003). '새로운' 이란 남들이 생각한 대로 생각하거나 만드는 것이 아니라 새로운 생각, 새로운 작품이라야 한다. 전인미답의 문제, 방법, 해답을 찾을 경우 더욱 창의적이라 할 수 있다. '보람 있는' 이란 발견, 발명, 창작이 문제해결에 도움이 된다든지 학문, 예술 등의 발전에 기여하는 바가 있어야 한다는 것이다. '만들어 낸다' 는 것은 물건을 만들어 내고, 해결책을 생각해 내고 답을 찾아내는 것을 말한다. 피동적으로 환경의 지배만 받는 것이 아니라 능동적으로 환경을 바꾸는 것을 의미한다.

2) 창의적 인재의 특성

창의적 인재의 성격 · 동기 특성을 다루고 있는 많은 문헌들에 제시된 창의적 인재의 특성을 종합해 보면 독립적, 자신감, 위험 감수, 정력적, 열성적, 자발성, 모험심, 호기심, 유머감각, 다양한 관심, 반성적 등이다. 이러한 요소들 가운데 어떤 것은 경험과 학습으로 길러질 수 있지만 어떤 것은 유전적 요소이고, 환경적 요소이다. 한국교육개발원의 사고력 프로그램 개발모형에 의하면 사고력은 비판적 사고와 창의적 사고로 구분되고, 창의적 사고는 다시 창의적 사고기능과 창의적 사고성향으로 구분되고 있다(성일제 외, 1988). 창의적 인재는 창의적 사고기능인 유창성, 융통성, 독창성, 정교성과 창의적 사고성향인 민감성, 자발성, 독자성, 근면성, 지적 호기심, 변화에 대한 개방성 등을 소유한 사람이라고 말할 수 있다.

창의적 인간은 지금까지 없던 새로운 보람 있는 것을 생각해 내고 만들어 내는 역량을 지닌 사람을 말한다. 고정적인 사고의 틀을 깨고 발상자체를 전환시켜 유연하고 융통성 있게 생각하고, 변화에 능동적으로 대응하며, 진취적이며 개척정신이 충만한 것도 창의적 인간의 특성이다. 창의적 인간의 대표적 특성을 보다 구체적으로 살펴보면 다음과 같은 몇 가지로 요약될 수 있다(교육개혁심의회, 1986; 홍순정, 1999).

- **독창성**: 주어진 자극에 대하여 대부분의 사람들이 생각지 못하는 비범한 반응을 나타내는 능력을 말한다. 즉, 기존의 것에서 탈피하여 참신하고 독특한 아이디어를 산출하는 것을 의미한다. 독창성이 높은 사람은 비범한 발상을 하고, 그 결과 나타나는 소산은 기존의 산물에 대한 모방적 요소가 배제되어 있다.
- **융통성**: 사고과정의 유연성을 의미하는 것으로서 고정적인 사고방식이나 시각자체를 변화시켜서 다양한 해결책을 찾아내는 것을 말한다. 주어진 자극에 대하여 기계적 반응을 보이는 것이 아니라 폭넓은 영역에 걸쳐 다양한 반응을 생산하는 능력이다. 우리는 사회의 지배적인 사고방식이나 자신에게 익숙한 관점에 고착해서 문제를 해결하려는 경향이 있다. 융통성은 복합적 문제상황에서 특히 요구되는 것으로 유창한 사고와 독창적인 사고의 관건이라 할 수 있다.
- **유창성**: 창의성이 높은 사람은 특정한 문제상황에서 가능한 많은 양의 아이디어를 산출해낸다. 일반적으로 가장 훌륭하고 우수한 아이디어를 산출하려는 의식적 · 무의식

강박관념 때문에 많은 양의 아이디어를 창출하지 못한다. 창의성이 높은 사람은 사고의 과정에서 우선은 사고의 한계를 설정하지 않고 다양한 측면에서 가능한 많은 아이디어를 산출하고, 산출된 많은 아이디어를 재료로 해서 '좋은' 이나 '실현가능성' 등의 평가적 준거를 적용하여 거친 아이디어를 정교하게 다듬는다.

- 호기심: 주변환경에 대하여 민감한 관심과 의문을 가지고 끊임없이 질문하고, 문제를 해결하기 위하여 가능한 다양한 정보를 수집하여 문제를 해결할 때까지 끈질기게 물고 늘어진다. 주변의 사물이나 사태에 대하여는 물론 교실에서 이루어지는 교육내용에 대하여도 '왜 그럴까?' 라는 의문을 가지며, 어떤 사물이나 현상의 이면에 대하여도 궁금증을 갖고 이를 해결하려고 노력한다.
- 생산성: 생산적 능력은 성취동기, 노동의 가치 중시, 기능과 기술을 포함한다. 성취동기는 창의적 인간에게 필요한 기본조건이다. 무엇을 성취하고 산출하려는 의욕이 없으면 생산이 불가능하다. 생산은 노동에 의해서만 가능하다는 점에서 일의 신성함을 의식하고 일에서 보람을 찾는 태도 역시 중요하다. 기능이란 단순기능에서부터 고도의 숙련을 요하는 기능은 물론 예술, 체육 등 전문적 기능에 이르기까지 광범하고 다양한 의미를 포괄하는 것이다.
- 대응성: 창의적 인간은 변화에 직면할 때 당황하거나 좌절하지 않고 슬기롭게 대응하는 자세를 갖는다. 변화에 수동적으로 대처할 뿐만 아니라 그러한 변화에 도전정신을 갖고 능동적으로 대처하여 변화를 새로운 창조를 위한 계기로 삼는다. 항상 미래를 계획하고, 실천한 것을 평가하여 새로운 계획에 의해 미래의 변화에 능동적으로 대처해 나간다. 이점에서 창조적 인간은 진취적이며, 개혁정신에 충만해 있고 미래지향적이다. 과거나 현재보다 미래에 다가올 변화에 보다 높은 가치를 부여하고 미래를 창조하는 사람이다.
- 합리성: 이는 논리적으로 사고하는 능력이며, 과학적 사고라고도 한다. 어떤 진술에 대하여 일단 회의를 하고, 진술이나 주장의 옳고 그름을 주창자의 권위에 의해서가 아니라 자신의 냉철한 판단에 의해서 정한다. 선험적인 관념이나 기존의 권위에 의존하기보다는 엄밀한 관찰, 검토, 실증의 기초 위에서 판단한다. 이 합리성의 개념에는 합리적인 문제해결 또는 생활방식의 의미가 내포되어 있다. 합리적인 생활방식은 이치에 부합하는 행동양식을 취하고, 전통이나 관습을 전제로 행해지는 비합리적인 생활방식을 배격한다.

4. 창의력 개발의 기본전략

창의력은 누구나 가지고 있는 능력이다. 따라서 창의력이 '많다, 적다' 혹은 '높다, 낮다' 고는 말할 수 있으나 창의력이 '있다, 없다' 고는 할 수 없다(정범모, 2003). 각자가 소유하고 있는 자신의 노력에 의하여 개발될 수도 있고, 환경에 의해서도 개발될 수 있다. 자신의 노력에 의한 개발이란 자신의 생각, 태도, 가치관, 행동을 변화시킴으로써 내재되어 있는 창의력을 일깨우고 향상시키는 것이며, 환경적 · 외적 노력에 의한 개발이란 부모의 태도, 가정환경, 학교교육, 사회환경 등의 의도적 변화를 통하여 창의력을 개발하는 것이다.

베스트셀러인 『행복한 이기주의자』의 작가인 Dyer는 '행복한 이기주의자 10계명' 을 제시하였다(Dyer, 2006). 교육학적 측면에서 보면 이 10계명은 약간의 수정 · 보완을 하게 되면 창의력 개발의 전략이 될 수 있다. 창의성이 높은 사람은 행복한 사람이기 때문인지, 행복한 사람은 높은 창의력을 발휘할 수 있기 때문인지는 모르지만, Dyer의 '행복한 이기주의자 10계명' 은 자신의 노력에 의하여 창의력을 개발하기 위한 전략으로 활용될 수 있다. 그는 행복한 이기주의자가 되기 위하여 "다른 사람의 눈치를 보지 말라." "미지의 세계를 즐겨라." "의무에 끌려 다니지 말라." 등의 10가지 사항을 제시하였다. Dyer가 제시한 원칙들을 참조하여 창의력 개발의 기본전략을 제시하면 다음과 같다.

① 자신의 인생은 자신이 지휘하라

'빛나는 졸업장' 을 더 많이 가진 사람이나 어떤 학문분야에 귀재인 사람보다는 스스로를 통제할 수 있는 사람이 똑똑한 사람이다. 자신의 생각은 나 자신의 것으로 오로지 자신만이 유지하고 바꾸고 통제할 수 있다. 생각을 바꾸면 어떤 경험도 즐겁고 도전할만한 것으로 만들 수 있다. 현재를 회피하는 것은 우리 문화의 병폐다. 우리는 끝도 없이 미래를 위해 현재를 희생하도록 강요당하고 있다. 이미 끝난 과거나 아직 오지 않은 미래에 대해서는 신경을 끄고 현재의 매 순간을 힘껏 살아야 한다. 성장을 동기로 삼는다는 것은 내가 인생의 모든 현재의 순간을 직접 지휘한다는 의미이다. 이 세상에서 성공한 사람들은 스스로 일어서서 자신이 원하는 환경을 찾는 사람들이다.

② 먼저 자신을 사랑하라

사회는 다른 사람들을 배려하라고 가르치고, 교회는 이웃을 사랑하라고 설교하지만 진정 중요한 것은 자신을 사랑하는 법부터 배우는 것이다. 다른 사람들은 중요하고 자신은 중요하지 않다면 창의력은 발휘될 수 없다. 자신의 가치는 자신이 결정하는 것이며, 육체적 · 지적 · 사회적 · 감정적 측면에서 자기 자신에 대하여 긍정적인 자아상을 가져야 한다. 사회는 있는 그대로의 아름다운 자신을 마땅치 않게 여기도록 부추기고 있는데 이에 과감히 맞서 자기수용을 할 수 있어야 한다. 하나의 기술을 완전히 숙달하기 위해 다른 사람보다 시간이 더 많이 걸린다는 이유만으로 '성적부진아'나 열등하다는 생각을 하지 말아야 한다. 충분한 시간을 들여 노력만 하면, 그리고 마음만 먹으면 거의 모든 학문상의 기술을 숙달할 수 있다. 따라서 자기거부나 자기비하는 금물이다.

③ **다른 사람의 눈치를 보지 말라**

다른 사람의 눈치를 살피는 행동의 바탕에는 "자신을 믿지 말라. 먼저 다른 사람에게 확인하라."라는 가정이 깔려 있다. 우리 문화는 남의 눈치를 살피는 행동을 하나의 생활방식으로 강화하고 있다. 틀에 얽매이지 않는 자주적 사고는 사회제도나 관습과 자주 충돌한다. 어른들의 인정을 필요로 하는 태도에서 벗어날 수 있도록 아이에게 많은 칭찬을 해주어야 하며, 칭찬은 착한 행동에만 주어져서는 안 된다. 학교입학은 동조를 구하는 사고와 행위를 드러내놓고 주입시키려는 제도에 입문하는 일이다. 학생은 스스로 생각하는 법이 아닌 생각하지 않는 법을 배운다. 수업 중에는 배운 내용에 대하여 토를 달지 않는 법을 배운다. 학생은 다른 사람을 위해 공부하도록, 교수의 마음에 들도록, 다른 사람의 기대에 차도록 훈련받는다. 사회도 눈치쟁이 양성소다. 사람이 도덕적으로 행동하는 이유는 그런 행동이 자신에게 타당하다고 판단해서가 아니라 하느님이 바라는 행위이기 때문이다. 정부 역시 인정을 구하는 사람들의 욕구를 체제순응의 수단으로 삼는 제도의 또 다른 예이다. 우리는 인정을 탐하는 태도를 높이 사고 장려하는 문화에 노출되어 있다. 그러나 인정은 애타게 구할수록 멀어진다. 따라서 솔직하고 뒤끝 없고 단도직입적이며, 다른 사람이 뭐라 하든 개의치 않고 자신의 역량을 충분히 발휘해야 한다.

④ **자신에게 붙어 있는 꼬리표를 떼어라**

자신에게서 성장가능성을 보지 못하고 꼬리표대로만 행동하려 드는 것은 자신의 존재를 부정하는 것이다. 항상 그런 식으로 행동해왔다는 과거의 경험에서 비롯된 꼬리표는 창의력 개발에 걸림돌이다. 꼬리표는 다른 사람들이 붙여준 것과 자신이 귀찮거나 어려운 일을 해야 하는 의무에서 도망가기 위해 스스로 붙인 것의 두 가지가 있다. 꼬리표의 유형은 "나는 수학, 작문, 독해, 언어 등에 약해, 다른 스포츠, 그림, 연기 등의 분야에 무척 서툴러, 나는 내성적이고 겁이 많아." 등과 같은 것이다. 피해망상적인 꼬리표는 자신에게 면죄부를 주고 왜 자신을 망치는 행동을 반복적으로 고집하는가를 다른 사람들에게 설명하기 위해 스스로 불러내는 것이다. 그러나 '타고난 본성' 같은 것은 없다. 그 말 자체는 사람들을 멋대로 분류하고 구실을 만들어 내기 위한 것이다. 창의력은 스스로 갈고 닦기 나름이다.

⑤ 자책과 걱정을 버려라

자책감은 과거에 행한 어떤 행위의 결과 옴짝달싹 못한 채 현재의 순간들을 잡아먹는 것이며, 걱정은 미래에 일어날지도 모르는 어떤 일 때문에 현재 안절부절못하고 있는 상태이다. 자책감을 느끼지 않으면 어쩐지 나쁜 것 같고, 걱정하지 않으면 어쩐지 매정하게 여겨지기 때문이다. 이는 배려와 관계가 있다. 자책감은 어릴 때부터 부모가 주입하고, 사회도 자책감을 키운다. 특히, 교사들은 가장 강력한 자책감 유발 주체다. 걱정은 우리 문화에 만연해 있다. 많은 사람들이 터무니없이 많은 현재의 시간을 미래에 대해 걱정하는 데 허비하고 있다. 그러나 현재는 미래에 대해 집착하고 있는 다리가 아니라 충실하게 살아야 할 때인 것이다.

⑥ 미지의 세계를 즐겨라

가장 아름다운 경험은 신비이며, 신비야말로 모든 예술과 과학의 진정한 원천이다. 따라서 새로운 경험에 가슴을 열어야 한다. 일단 확실하지 않은 영역에 용기 있게 발을 내디뎌 보겠다고 마음먹으면 인간에게 허용된 경험을 모조리 즐길 수 있다. 원하는 것은 무엇이나 할 수 있다고 생각하면 새로운 경험의 지평이 열리고, 생활방식이 되어버린 듯 미지의 것에 대한 두려움이 없어진다. 오늘이 어제의 재탕이 되어서는 안 된다. 경직된 사람들은 창의성을 발휘하지 못한다. 늘 해오던 방식대로 일을 처리하려는 경향이 있기 때문이다. 생각하고 말하고 행동하는 방식에 대한 약정된 지침만을 따르게 되면 창의성을 상실하게 된다. 선입견을 버려야 한다. 선입견은 자신에게 불리하게 작용하고, 미지의 것을 탐색하지 못하도록 방해하기 때문이다. 선입견은 애매하고 아리송한 영역으로의 진입을 막는, 그리하여 창의력 발휘를 막는 벽이다. 계획의 노예가 되어서는 안 된다. 실패는 단지 특정행위가 어떤 식으로 마무리 됐어야 한다는 다른 사람의 의견일 뿐이다. 구체적으로 정해진 방식대로 행해져야 할 일 따위는 없다고 믿는다면 실패란 있을 수 없다. 안전이란 앞으로 무슨 일이 일어날지 미리 알고 있는 것이며, 자극이나 위험, 도전이 없다는 것이다. 일단 해보면 즐거울지 모르는 일을 완벽주의 때문에 기피하면서 방관자적인 입장을 취하지 말라. 우리가 교훈을 얻을 수 있는 유일한 것은 실패다. 성공은 우리의 미래에 대한 두려움을 더욱 다지게 해줄 뿐이다. 새로운 경험 기피, 편견, 계획의 노예 되기, 외적 안전 추구, 실패에 대한 두려움, 완벽주의, 미지에 대한 두려움 등은 모두 자신의 창의력 발휘에 한계를 지우는 광활한 오류지대의 항목들이다.

⑦ 의무에 끌려 다니지 말라

이 세상은 눈길 닿는 곳마다 의무천지다. 사람들은 무턱대고 이런저런 의무를 자신의 행동에 적용시킨다. 늘 이치에 들어맞고, 모든 경우에 최고의 선을 실현하는 법이나 규칙 따위는 없다. 그보다는 융통성이 훨씬 높이 살만한 덕목이다. 법은 없어서는 안 되며, 질서는 문명사회를 구성하는 중요한 요소이다. 의무와 전통은 대부분 외부세력, 즉 외부의 사람이나 상황이 부과하는 것이다. 운명론자, 결정론자, 또는 재수 운운하는 사람들은 외부지향적인 사람들이다. 외부지향적인 사람은 비난이나 영웅숭배에 빠진다. 자신의 행위를 지나치리만큼 다른 사람의 기준에 맞추려하면 자기실현에 방해가 되고, 창의성이 발휘되지 않는다. 에티켓은 쓸모없고 바람직하지 못한 사회의 절묘한 예다. 좋은 에티켓에는 다른 사람에 대한 배려가 들어 있지만 그중 90% 정도는 일회성의 임시적이며 의미 없는 규칙들이다.

개인도 그렇지만 세상이 발전하는 것은 사회에 적응하고 무슨 일이든 그대로 받아들이는 사람이 아니라 일탈하는 사람들 덕택이다. 변화는 관습을 거부하고 자신의 세계를 만들어가는 혁신가들에게 달려 있다. 전통을 그대로 답습하는 사람이 아니라 사회화나 순응과 관련된 무수한 압력을 거부하는 법을 배워야 한다. 항상 문화가 기대하는 방식대로 처신할 필요는 없다. 만약 그렇게 처신하며 곁눈 한 번 돌릴 수 없다면 그 사람은 추종자밖에 될 수 없다. 우리 사회에 변화를 가져온 새로운 아이디어들은 대개 한때 비난을 받았다. 그 가운데 상당수는 법에 어긋나기까지 했다. 외적인 보장에 기대지 말고 자신을 믿고 결정을 내려라. 만족시켜야 하는 것은 외부기준이 아니라 자신이다.

⑧ 정의의 덫을 피하라

정의라고 하는 것은 비현실적인 개념이다. 정의는 지금껏 존재한 적도 없고 앞으로도 존재하지 않을 것이다. 우리 사회는 정의를 약속한다. 법제도는 "국민들은 정의구현을 요구한다." 면서 정의를 약속한다. 그러나 날이 바뀌어도 세대가 바뀌어도 정의의 부재는 계속된다. 다른 사람과 비교할 때마다 '불공평해' 게임을 하는 사람은 스스로를 신뢰하지 않는 사람이며 타율적인 외부지향적 사고에 지배되고 있는 사람이다. 불공평하다고 생각하지 말고, 대신 자신이 진실로 원하는 것이 무엇인지 결정하고 그것을 달성하기 위해 전략을 짜라. 다른 사람이 무엇을 원하고 무엇을 하고 있는가와 상관없이 자신이 하고 싶은 일에 전념하라.

⑨ 결코 뒤로 미루지 말라

해야겠다고 마음만 먹으면 무엇이든 해낼 수 있다. 그러나 자꾸 나중으로 일을 미루다 보면 현실도피, 자기불신, 자기기만에 빠질 수 있다. "기다리자, 그럼 좋아질 거야." 이렇게 중얼거리다 보면 계속 무기력하게 두 손 놓고 있게 된다. 일이 저절로 해결되는 법은 없다. 일이 잘 풀리고 있다면, 그것은 자신이 그렇게 하기 위해 건실한 노력을 기울이고 있기 때문이다. 실행하지 않는 사람은 비평가인 경우가 많다. 비평가가 되기는 쉽지만 행동가가 되기 위해서는 남다른 노력과 위험을 무릅쓰는 용기와 자신을 변화시킬 의지가 필요하다. 지금 당장 자신이 원하는 것을 실행하거나 창의적이고 새롭게 머리를 쓰면 따분함을 선택할 일은 절대 없다. 선택은 언제나 그렇듯 나에게 달려 있다.

⑩ 다른 사람에게 의존하지 말라

정신적 자립이란 온갖 의무관계, 그리고 타인의 지시를 받아서 행동하는 일에서 온전히 자유롭다는 것을 의미한다. 둥지를 떠나는 것은 자기 자신을 찾는 것, 그리고 자신이 원하는 방식대로 행동하며 살아가는 것을 의미한다. 사회는 부모를 비롯해 무수히 많은 사람들에게 정신적으로 의존하라고 가르친다. 의존에서 벗어나는 일은 가정에서, 그리고 어렸을 적 부모가 나를 대했던 방식이나 내가 현재 자녀를 대하고 있는 방식에서 출발한다. 동물의 왕국 어디에서든 어미 노릇이란 새끼들이 자립하는 데 반드시 필요한 기술을 가르친 뒤 새끼 곁을 떠나는 것을 의미한다. 인간들도 마찬가지로 자립본능을 가지고 있지만, 자식을 소유하고 자신의 삶의 보람으로 여기는 집착에 가까운 욕구가 더 우세하다. 부모도 자기 자신을 가장 소중하게 생각하고, 자녀들을 위해 늘 스스로를 희생하지 않음으로써 자녀들이 자신감을 갖도록 가르쳐야 한다. 어머니는 기대야 할 존재가 아니라 기대는 것을 불필요하게 만들어 주는 존재이다.

5. 창의적 인재양성을 위한 교육정책

창의성이란 새로운 정보 및 기존의 지식을 조합하는 능력, 어떤 문제와 새로운 상황을 민감하게 지각하고 기존의 고정관념 및 해결방법으로부터 탈피하여 참신하고 독특한 아이디어를 통한 문제해결방법을 모색하는 것을 포함하는 개념이다. 창의적 인재의 주요 특징은 독창성, 융통성, 유창성, 호기심, 생산성, 대응성, 합리성 등이다. 따라서 학교교육에서는 다양한 교수-학습방법을 활용하여 학생들로 하여금 창의적 사고를 발휘하도록 하고, 교육과정 내용을 융통성 있게 운영하면서 주변에서 발생하는 현상에 관심과 호기심을 갖도록 하는 등 창의력 신장에 초점을 두어야 한다.

'제3의 물결' 사회를 촉진하기 위하여 한국 교육은 어떻게 바뀌어야 하는가에 대한 Toffler의 대답은 창의적 인재양성을 위해 우리 교육에서 무엇이 어떻게 변화되어야 하는가에 많은 시사를 준다.

> "교육은 한국이 제3의 물결에서 매우 앞설 수도, 처질 수도 있는 분야이다. 한국은 다행히 교육을 강조하는 문화를 갖고 있으나, 어제의 교육을 강조하고 있다. 이제 새로운 형태의 교육체제를 창안해야 한다. 현재의 교육체제는 '공장생산방식' 이다. 자녀들은 마치 원료처럼 똑같이 원료검사-생산-품질검사-시중판매와 같은 과정을 밟는다. '숙제를 더 많이 내라', '수업시간을 늘려라', '교실 학생 수를 줄이자' 등의 개혁안은 '공장' 얘기다. 이런 것들은 학생들의 사고방식을 바꾸지 못한다. 내 주장은 언론의 힘과 컴퓨터의 위력, 교사와의 사회 내 각종 교육 받은 이들의 힘을 한 데 모으자는 것이다. 교육구조 개혁 속에서 창의성과 혁신능력, 어떻게 사고할 것인가 등을 강조해야 할 것이다."(Toffler, 1999)

창의력은 하나의 지적인 기술능력이 아니라 호기심, 상상력, 감수성, 성취동기, 내재적 동기 등 여러 가지 지적 · 정적 · 사회적인 특성들의 종합이기 때문에 창의력 훈련 프로그램으로 그 전부를 배양할 수 없다. Osborn의 '브레인 스토밍' 프로그램이나 de Bono의 CoRT프로그램이 창의력 제고를 위한 프로그램으로 활용되고는 있으나 그 효과에 대하여는 많은 학자들이 비판적이고 회의적이다. 창의력은 다양성, 이질성, 자율성, 비관례성을 장려하는 분위기에서 조장되고, 일탈행동마저도 수용되는 풍토에서 발휘될 수 있다. 그러나 대부분의 가정, 학교, 사회에서 어린이들이 자라면서 받는 사회화의 과정과 교육의 과정에서 아이들의 호기심, 상상력 등은 관습에 맞지 않는다는 이유로 여지없이 꺾이고 있다(정범모, 2003). 사회적 · 교육적으로 인정되고 존중되는 사고와 행동만을 하도록 훈련시키고 습관화시키기 때문이다. 돈키호테와 같은 엉뚱한 생각과 행동, 길들여지지 않은 야생마와 같은 행동도 수용될 수 있고, 부모의 가정교육방식과 교사의 교육내용과 방법에 대하여도 회의를 품고 반기를 들 수 있는 풍토에서 창의력은 폭과 깊이를 더할 수 있다.

현재와 같은 가정교육, 학교교육, 사회교육체제 내에서 창의적 인재를 육성하기는 매우 어렵다. 교육철학, 교육제도와 정책, 교육방법 등 전반적인 영역에서 변화와 개혁이 있어야 한다. Blue Ocean Strategy의 네 가지 action framework에 따라 ERRC (Eliminate, Reduce, Raise, Create)를 제시하면 [그림 18-1]과 같다.

첫째, '제거' 는 현재 교육에서 당연한 것으로 받아들이고 실시하고 있는 요소들 가운데 제거할 요소들이다. 구체적으로는 교육활동에 대한 지나친 행정규제와 통제, 개인차를 무시한 획일적 교육, 교과성적 중심의 서열 위주의 교육이다.

둘째, '감소' 는 현재의 교육활동에서 축소시켜야 할 요소들이다. 예를 들면, 정답 위주의 암기식 교육, 표현의 자유 · 외모의 자유 등이 허용되지 않는 표준화된 행동양식, 교육

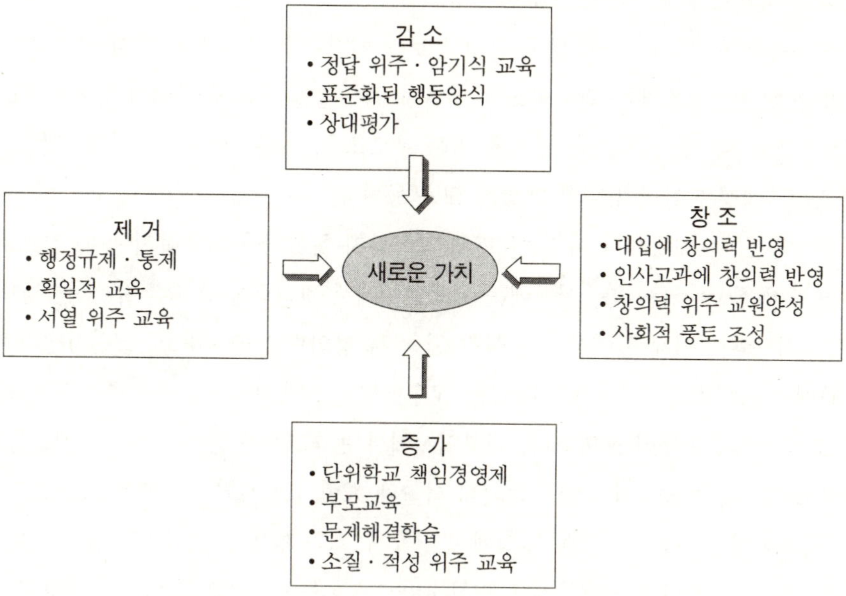

[그림 18-1] 창의적 인재양성을 위한 ERRC구성표

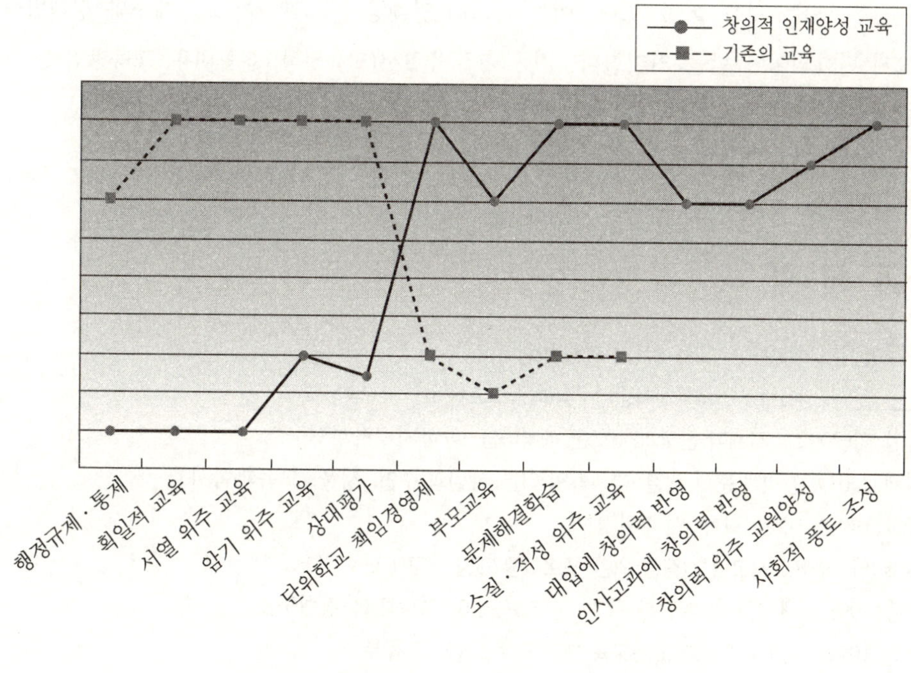

[그림 18-2] 창의적 인재 양성을 위한 가치전략곡선

의 결과를 강제로 분포시키는 상대평가 등이다.

셋째, '증가'는 현재의 교육활동 중에서 보다 역점을 두고 강화해야 할 요소들이다. 증가시켜야 할 활동요소에는 단위학교에 자율과 책무성을 동시에 부여하기 위한 단위학교 책임경영제, 육아 및 가정교육 개선을 위한 부모교육, 토론 · 탐구 · 문제해결학습, 각 개인의 소질 · 적성을 살리기 위한 개별화 교육 등이다.

넷째, '창조'는 교육에서 아직 한 번도 제공하지 못했거나 적용하지 못한 것으로 새롭게 도입해야 할 요소들이다. 여기에는 대학입시에서 창의력을 측정할 수 있는 방법을 도입하고, 회사와 기업체 등에서 신규사원 채용 시 창의력을 중시하고, 교원양성기관과 연수기관에서 창의력을 신장시킬 수 있는 교수방법을 교육하고, 창의력 중시의 사회적 풍토를 조성하는 활동들이 포함된다. 대학입시에서 논술고사를 통해서 어느 정도 창의력을 반영하고 있으나 논술고사에서는 논리적 사고와 표현이 중시되고 있으므로 논술고사와는 다른 형식의 창의력을 측정하여 입시에 반영할 수 있는 방법을 도입해야 할 것이다.

[그림 18-2]는 창의적 인재양성을 위한 ERRC구성표를 바탕으로 현재의 교육과 창의적 인재양성을 위한 새로운 교육체제의 가치곡선을 나타내고 있다. 기존의 교육에서 중시되고 습관화된 활동들의 가치가 하락하고, 경시되던 활동들의 가치는 상승하며, 새로운 활동들이 추가되는 것을 알 수 있다. 이는 창의적 인재양성을 위하여 교육제도와 정책방향이 크게 변화되어야 함을 의미한다. 기존의 교육질서(교육정책, 교육내용, 교육방법 등)를 창의성을 효과적으로 개발할 수 있는 방향으로 대폭적으로 전환시켜야 할 것이다.

참 고 문 헌

교육개혁심의회(1986). 교육개혁의 기본 방향.

__________(1987). 교육개혁종합구상(최종보고서 II).

권영설 외(2002). 21세기 한국과 새로운 패러다임. 한국지역사회연구소.

김영채(2001). 창의적 문제 해결: 창의력의 이론, 개발과 수업. 서울: 교육과학사.

배규한(1995). 미래사회학. 사회비평사.

성일제 외(1988). 사고력 신장을 위한 프로그램 개발 연구(II). 한국교육개발원.

신현종(1998). 세계화의 본질과 특성. 산경연구, 6. 영남대 산경연구소.

윤정일(1999). 지식기반사회 고등교육 재정 확보 방안. 교육부.

윤정일 외(2000). 21세기 교육 발전 전략. 한국교원단체총연합회.

_______(2002). 신교육의 이해. 학지사.

이면우(1999). W이론을 만들자. 지식산업사.

이성진(1985). 교육심리학서설. 서울: 교육과학사.

정범모(2003). 창의력이란: 그 실체와 육성. 교육포럼21, 8. 서울: 교육과학사.

조선일보(1999. 3. 5). 21세기 전망: 미래학자 앨빈 토플러 인터뷰 기사.

한국교육개발원(1985). 2000년을 향한 국가장기발전 구상 중 교육부문보고서.

한숭희 · 매일경제지식부(2000). 학습혁명. 매일경제신문사.

홍순정(1999). 지능과 창의성: 인간의 지적 능력에 대한 심리학적 탐구. 서울: 양서원.

황주홍(2002). 황주홍 교수의 미래학 산책. 조선일보사.

Bell, D. (1973). *The Coming of Post-Industrial Society: A Venture in Social Forecasting.* New York: Basic Books.

Drucker, P. F. (1992). 자본주의 이후의 사회. 이재규 역. 한국경제신문사.

_____________(1993). *Post-Capitalist Society.* New York: Harper Business.

Dyer, W. W. (2006). 행복한 이기주의자. 오현정 역. 21세기북스.

Guilford, J. P. (1959). Three Face of Intellect. *American Psychologist, 14.*

Kim, W. C. & René Mauborgne (2005). *Blue Ocean Strategy.* 강혜구 역. 블루오션 전략. 교보문고.

Osborn, A. (1953). *Applied Imagination.* New York: Scribner' s.

__________(1963). *Applied Imagination: Principles and Procedures of Creative Thinking.* New York: Scribner's.

Taylor, C. W. (1988). Various Approaches and Definitions of Creativity. In R. J. Sternberg (Ed.), *The Nature of Creativity.* New York: Cambridge University Press.

Toffler, A. (1980). *The Third Wave.* New York: William Morrow and Company.

Torrance, E. P. (1995). *Why Fly?* Norwood, N.J.: Ablex Publishing Corporation.

찾아보기

《인 명》

《내 용》

저자 소개

• 윤정일

서울대학교 교육학과

서울대학교 교육대학원 교육학 석사

미국 일리노리대학교 철학박사(교육학)

서울대학교 교육학과 교수

현, 민족사관고등학교장

• 김민희

한양대학교 교육학과

서울대학교 대학원 교육학석사

서울대학교 대학원 교육학박사

중부대학교 원격대학원 전임강사

현, 충북대학교, 한국교원대학교 강사

• 김병주

서울대학교 교육학과

서울대학교 대학원 교육학석사

서울대학교 대학원 교육학박사

한국대학교육협의회 연구원

현, 영남대학교 교육학과 교수

• 나민주

서울대학교 교육학과

서울대학교 대학원 교육학석사

서울대학교 대학원 교육학박사

한국대학교육협의회 연구원

현, 충북대학교 교육학과 부교수

• 남수경

서울대학교 윤리교육학과

서울대학교 대학원 교육학석사

서울대학교 대학원 교육학박사

한국교육개발원 부연구위원

현, 강원대학교 교육학과 조교수

• 박수정

서울대학교 역사교육학과

서울대학교 대학원 교육학석사

서울대학교 대학원 교육학박사

부곡중학교, 도장중학교 교사

현, 충북대학교 교육개발연구소 연구교수

• 송기창

서울대학교 교육학과

서울대학교 대학원 교육학석사

서울대학교 대학원 교육학박사

인제대 교육대학원 조교수

현, 숙명여자대학교 교육학과 교수

• 신상명

서울교육대학교 교육학과

서울대학교 대학원 교육학석사

미국 피츠버그대학교 철학박사(교육학)

한국교육개발원 연구위원

현, 경북대학교 교육학과 교수

오범호

서울대학교 교육학과

서울대학교 대학원 교육학석사

서울대학교 대학원 교육학박사

서울대학교, 경인교육대학교 강사

현, 한국교육개발원 연구원

• 윤홍주

서울교육대학교 교육학과

서울대학교 대학원 교육학석사

서울대학교 대학원 교육학박사

한국방송통신대 연구원

현, 춘천교육대학교 교육학과 조교수

• 이수정
서울대학교 교육학과
서울대학교 대학원 교육학석사
미국 펜실베이니아주립대학교 철학박사(교육학)
서울대학교, 성균관대학교 강사
현, 한국교육개발원 연구위원

• 이정미
이화여자대학교 경영학과
서울대학교 대학원 교육학석사
서울대학교 대학원 교육학박사
서울대학교, 숙명여자대학교 강사
현, 한국교육개발원 연구위원

• 이희숙
서울대학교 수학교육학과
서울대학교 대학원 교육학석사
서울대학교 대학원 교육학박사
한국교육개발원 전문연구원
현, 미국 연수중

• 정성수
경북대학교 교육학과
경북대학교 대학원 교육학석사
서울대학교 대학원 교육학박사
교육부 교원양성과 연구원
현, 인제대학교 교육대학원 전임강사

• 정제영
서울대학교 교육학과
서울대학교 대학원 교육학석사
서울대학교 대학원 교육학박사
한국교육개발원 전문연구원
현, 교육과학기술부 교육행정사무관

• 조동섭
서울대학교 교육학과
서울대학교 대학원 교육학석사
서울대학교 대학원 교육학박사
춘천교육대학교 교육학과 부교수
현, 경인교육대학교 교육학과 교수

• 조석훈
서울대학교 법학과
서울대학교 대학원 교육학석사
서울대학교 대학원 교육학박사
인제대학교 교육대학원 부교수
현, 청주교육대학교 교육학과 부교수

• 주현준
경희대학교 국어국문학과
미국 미시간주립대학교 교육학석사
서울대학교 대학원 교육학박사
서울대 입학관리본부 전문위원
현, 서울대학교 강사

전환기의 한국교육정책

2008년 3월 14일 1판 1쇄 발행
2009년 11월 10일 1판 2쇄 발행

지은이 • 윤정일 김민희 김병주 나민주 남수경 박수정 송기창 신상명 오범호
윤홍주 이수정 이정미 이희숙 정성수 정제영 조동섭 조석훈 주현준

펴낸이 • 김 진 환
펴낸곳 • ㈜ 학지사
121-837 서울시 마포구 서교동 352-29 마인드월드빌딩 5층
대표전화 • 02) 330-5114 팩스 • 02) 324-2345
등록번호 • 제313-2006-000265호
홈페이지 • http://www.hakjisa.co.kr
커뮤니티 • http://cafe.naver.com/hakjisa

ISBN 978-89-5891-635-2 93370

정가 **20,000**원

저자와의 협약으로 인지는 생략합니다.
파본은 구입처에서 교환하여 드립니다.

이 책을 무단 전재 또는 복제 행위 시 저작권법에 따라 처벌을 받게 됩니다.

인터넷 학술논문원문서비스 **뉴논문** www.newnonmun.com

역자 서문

이 책은 W. H. Schubert의 저작 가운데 주목할 만한 저술 중의 하나이다. 이 책이 어떤 의도로 집필되었는지, 집중적으로 조명하는 것이 무엇인지에 관해서는 W. H. Schubert가 책의 서문에 자세히 설명하고 있다. 또한 이 책의 내용은 제목에서 알 수 있듯이 교육과정의 100년 역사를 다루는 역사서 혹은 평전(評傳)의 성격이 강하기 때문에 책의 내용에 관해 번역자가 별도의 해제를 싣는 것은 사족에 불과하다. 이 책은 교육과정이 하나의 탐구 분야로 태동하기 시작한 이래 현재까지 많은 학자들의 이론과 저서를 방대하게 다루고 있다는 데서 의미를 찾을 수 있다. 즉, 3,481권의 책에 대한 서지 정보만으로도 이 책은 매우 값지다.

W. H. Schubert는 인디애나 주의 작은 시골 마을에서 교육자 집안의 아들로 태어났다. 그는 작은 자유교양대학인 맨체스터에서 공부를 마친 후 인디애나 대학교에서 1년여 동안 교육사와 교육철학을 연구하였다. 그 후 시카고에서 7년간 공립학교 교사 생활을 하였으며, 1975년 일리노이 대학교 어버너 샘페인 캠퍼스에서 J. Harlan Shores의 지도 아래 박사학위를 취득하였다. 이 책보다 20년 일찍 나온 초판(*Curriculum Books: The first Eighty Years*)은 바로 그의 박사학위 논문을 토대로 한 것이었다.

그의 교육학적 관심은 교육과정 이론, 교육과정사, 교육과정 개발, 교육과정 설계, 교육과정 비평, 교육과정 재구조화 등이다. 그의 연구 관심은 보다 근본적으로 교육과정의 핵심질문이라고 할 수 있는 '무엇이 가치 있고, 왜 그러한가?' '어떻게 이를 묻고, 추구하고, 획득할 수 있을까?' '언제 어디에서, 누가 이로부터 이익을 얻을 수 있고 또 배제되는가?' 등에 초점을 두고 있다. 이러한 질문들은 무엇을 가르치고 배워야 하며, 평가할 가치가 있는 것은 무엇인가에 관한 것으로, 결국 무엇이 가치 있는 삶인가를 탐구하는 것과 연관된다. 그는 교육과정이 학습자 개개인의 정체성 및 관점의 형성에 영향을 미치며 행동을 촉발하는 삶의 모든 영역들을 포함하고 있다는 점에서, 그 개념의 범위를 학교교육을 포함하여 또래 집단, 지역사회, 미디어 등으로 확장시키고 있다. 즉, W. H. Schubert에 따르면, 교육과정학은 간학문적이어야 하며 예술, 인문학, 사회학, 철학, 역사, 과학, 직업 등의 영역으로부터 통찰력을 도출할 수 있어야 한다.

이러한 W. H. Schubert의 교육과정에 대한 확장된 인식은 우리 사회의 교육과정의 위상과 역할에 대해서도 많은 시사점을 준다. 즉, 현대의 교육과정 탐구는 개발 측면이든 이해 측면이든 확장되거나 정교화되고 있다. 교육과정은 거시적 교육제도나 교육문화와 미시적인 교실을 중개하는 역할을 수행한다. 교육과정을 좁게 보면 잘 만든 교육기준문서(a document)라고 할 수 있지만, 교육과정문서의 쓰임(curriculum in use)을 따라가면 교실이나 학교와 같은 교육상황에서 교수자와 학습자의 상호작용으로 나타난다. 이때 상호작용이란 교육목표-교육과정-수업-교육평가의 발전적 선순환을 의미한다. 따라서 질서와 운동이 끊임없이 교차되는 교육활동이 고품질로 이루어진다면 교육과정은 좁은 의미의 제 역할을 다하는 것이다. 나아가 교육활동이 더 나은 교육제도와 교육문화를 창출하는 데 기여하려면 교육과정은 교원 수급, 학생 수용, 시설설비 확충, 각종 법규, 교육재정, 인사 문제와도 조응하여야 할 것이다. 또한 교육활동의 기준으로서 교육과정이 제 구실을 하려면 교실과 학교 수준 교육은 지역, 국가, 세계 수준의 교육과 광범위하게 연결되어야 한다.

특히 이 책은 역사적 관점에서 교육과정학을 조망하고 있다. 역사는 본질상 진보의 기록이다. E. H. Carr가 설파한 대로 역사는 과거와 현재의 끊임없는 대화이며, 나아가 미래 목적과의 대화이다. 그래서 오늘을 사는 사람들은 미래의 목적 달성을 전망하는 거울로서 종종 역사를 되돌아본다. 교육학은 역사학보다 훨씬 미래지향적이다. 교육은 처음부터 미래 세대를 겨냥한 것이다. 미래 세대를 제대로 길러 내기 위한 지형도(地形圖)로서 교육과정은 그간 지나온 궤적에 대한 점검을 요구한다. 그래야 올바른 방향으로 나아갈 수 있다. 이 책에서는 각 시대의 사회적 맥락 속에서 교육과정 이론과 실제를 보여 주려고 노력하였다. 각 장의 앞부분에 그 시대의 두드러진 사건과 특징을 개략적으로 설명하여 그 당시 교육의 사회적 배경과 시대적 상황을 알 수 있다. 아울러 W. H. Schubert는 교육과정학파를 지적 전통주의, 사회적 행동주의, 경험주의로 구분하여 당시의 사회적 배경에 따라 각 학파를 대표하는 기본 사상과 문헌들의 영향력이 어떻게 변화하고 있는지를 다루고 있다. 그러나 독자들은 이 책의 내용이 단순히 교육과정 학파의 사조에 관한 추상적 설명에 불과한 것으로 받아들여서는 안 된다. 교육과정학자들은 교육의 실제나 이론의 측면에서 이전까지 형성되어 온 학교의 전통을 면밀히 분석하여 새로운 아이디어를 제시하고, 교육이 시대와 사회의 요구에 응하여 사회 발전의 도구로 활용되기를 희망하였다. 교육과정학이 다양한 형태로 발전한 것은 위대한 교육과정학자들의 반성적(reflective) 문헌과 창의적(creative) 사고에 의한 것으로, 이 책은 그 궤적을 잘 보여 주고 있다.

이 책은 방대한 교육과정 문헌들과 대표적인 교육과정학자들의 사상을 내용으로 하기에 역자들에게 각각의 문헌과 학자에 대한 충분한 배경지식을 요구하였다. 또한 대표 저자인 W. H. Schubert의 의도에 충실함은 물론 각각의 문헌들을 원저자의 의도를 벗어나지 않는 한도 내에서 가능한 한 어색하지 않게 우리말로 번역해야 하는 이중의 노력이 요구되었다. 교육과정학의 역사가 50년인 우리가 저들의 100년을 압축적으로 소화해야 한다는 역자 모두의 의욕이, 부족함에도 불구하고 번역에 착수하게 한 원동력이었다. 독자 여러분들께 한 가지 양해를 구할 것은, 원서의 각 장에서는 앞부분에 사회적 배경을 개략적으로 설명하고 교육과정 문헌과 사상을 제시하고 있으나, 이 책에서는 미국적 색채가 지나치게 강한 각 장의 사회적 배경은 과감히 생략하였다는 점이다. 그렇지만 다행스럽게도 교육과정사의 내용 부분에서도 각 시대의 대표적인 사회적 사건이나 배경을 적절히 다루고 있어, 이런 생략이 학습을 방해하지는 않을 것이라고 생각한다.

번역 작업에 참여한 역자 일동은 이 책이 교육과정에 대한 통사(通史)로서 훌륭한 가치를 가지면서 동시에 교육과정 문헌들에 대한 서지학 정보를 획득할 수 있는 귀중한 자료로서 가치를 지니고 있어 교육과정학을 연구하는 학자나 학생들에게 큰 도움이 되리라 생각한다. 번역 자체가 방대한 작업이어서 처음부터 많은 역자들이 참여했지만 부족한 부분이 적지 않을 것이다. 앞으로 부족한 부분은 질정을 들어 고칠 것이며, 잘된 것은 소장 학자들의 발전적 면모로, 못난 부분은 책임 감수자의 안목이 흐릿해졌기 때문으로 이해해 주기를 기대한다. 이 책을 출간하는 데 있어 인내심을 가지고 기다려 주시고 잘 엮어 주신 학지사 김진환 사장님과 관계자들께도 감사를 드린다.

2009년 5월

기축(己丑)년에 우보천리(牛步千里)를 내디디며

역자 일동

저자 서문

오늘날 많은 연구 분야에서 역사적인 뿌리를 찾아야 할 필요성을 깨닫고 있다. 수학, 생물, 화학 그리고 물리를 전공하는 학자들은 그들 학문의 선조들의 생각을 점점 더 알고 싶어 한다. 매우 오랫동안 의학, 공업, 운송, 통신 등의 과학과 그 기술혁신으로 인한 파생물이 거의 완벽한 발전 체계로 인정되었다. 즉, 그러한 과학에서는 활력을 잃은 사상은 자동적으로 소멸되었으며, 과거를 연구할 필요는 거의 없다고 인식되었다. 그러나 오늘날 이러한 입장은 어리석은 것으로 인정되고 있다. 많은 학문 영역의 기원을 날조한 학자들이 연구에서 발표한, 실제의 지식이 아닌 사고 유형과 기술로부터 중요한 많은 것들이 수집될 수 있다. 역사를 무시하는 것은 정당화될 수 없다.

이것은 교육의 역사 분야에서 교육과정 연구의 사례이다.[1] 교육과정학자, 행정가 그리고 교사들은 그들 자신을 발전하고 있는 역사적 맥락의 일부분으로 이해했다. 그들은 다른 시대와 상황에서, 유사한 문제와 직면한 이들의

1) 이 책의 초판 서문은 1970년대 말에 쓰였다. 과거 20년 동안 교육과정 연구가 발전하면서 많은 저서가 출간되었다. 1977년 Laurel Tanner가 주도해서 창설한 교육과정사학회는 교육과정 연구의 역사적 기원에 관한 연구를 계속 장려하고 있다(Kridel, 1988 참조). 더욱이 이 개정판은 Kliebard(1986, 1992), Franklin(1986), Goodson(1992, 1993, 1997), Kridel(2000), Tanner와 Tanner(1990), Willis, Schubert, Bullough, Kridel 그리고 Holton(1993), Marshall, Sears 그리고 Schubert(2000), 그리고 이 책의 9장과 10장의 곳곳에서 열거된 다른 학자들의 연구가 중요함을 입증하고 있다.

식견, 결점과 성취에 대해 알 필요가 있다. 많은 사람들이 이러한 요구를 인식하고 있다. 하고 싶다는 욕망만으로 역사적 인식이 이루어질 수는 없다. 교육과정 기원을 알고 분석하기 위해서는 필수적으로 교육과정에 대한 문헌을 한곳에 모아야 한다. 그리고 교육과정의 기원을 안다는 것은 그것의 현재를 알고, 미래를 창조할 수 있다는 것이다.

목적과 조직

이 책은 대략 1900년부터 2000년까지 미국에서 출간된 교육과정 저서의 연대기라 할 수 있다. 따라서 이 책은 교육에 대한 관심을 갖고 전문적인 연구를 하는 사람을 위해 기획된 것이다. 이 책은 과거 100년 동안의 교육과정에 대해 학교 행정가, 교사, 교육에 뜻을 둔 사람, 교육학자와 더 넓게는 대중을 교육하기 위해 활용된 저서들의 흐름을 그려 내고 있다. 이것은 정통한 역사책이 아니라, 오히려 책에 대해 비평을 한 연대기라 하는 것이 타당할 것이다. 각 장은 두 종류의 배경 지식으로 구성된 10년간의 역사를 다루고 있다. 그 첫 번째는 사회문화적, 지적, 예술적, 과학적 발전에 관해 기억할 만한 사건과 생각들로 구성되어 있다. 두 번째는 주요한 교육과정 동향, 경향, 저서와 저자들에 대해 논의하고 있다. 이렇게 역사적 맥락의 배경이 되는 부분에 이어 각각의 10년 동안에 출간된 교육과정 저서들의 연도별 목록이 제시되었다.

이 책은 영어로 출간된 교육과정 저서에 관한 포괄적인 자료를 제공하면서, 보다 나은 교육과정을 결정하고 실행하도록, 교육과정의 어려움을 덜어주고자 기획되었다. 각 장에서 교육과정 논문을 논의하는 데 사용된 분류가 항상 동일하지는 않다. 왜냐하면 각 10년간의 사건들이 상당히 다르기 때문이다. 그러나 경험주의, 지적 전통주의와 사회적 행동주의라는 교육과정 사상 학파는 계속해서 똑같이 언급되고 있는데, 이 학파들의 특징은 1장에서 서술하고 있다. 이러한 학파들은 교육과정에서 네 번째 관점인 1980년대의 비판적 재건주의의 등장으로 연결된다. 또한 이러한 다양한 관점과 학자들 사이에서 일치점을 찾으려고 했던, 절충주의자의 등장으로 이어진다. 그들은 어느 하나의 지배적인 방법으로는 확실하게 말할 수 없다는 것을 알고, 다른 담론으로부터 교육과정에 대한 새로운 관점을 받아들였다.

이 책은 교육과정 분야에 대해 더 역사적인 관점을 가지도록 도우려는 목적이 있기 때문에, 초판 *Curriculum Books: The First Eighty Years*를 집필하게 된 과정을 다음 내용에서 소개하고자 한다.

초판은 어떻게 발전되었는가: 이야기체로 된 W. H. Schubert의 회상

나는 박사과정 1년차에 실행 가능한 교육과정 연구 방향을 숙고했다. 나는 학위과정을 이행하면서 특히 필요한 것을 한 가지 절감했는데, 그것은 교육과정 연구에서의 포괄적인 문헌 목록에 대한 것이었다. 나는 교육과정 연구 문헌 목록을 정리하는 데 대단히 큰 어려움을 겪었으며, 다른 학생들도 같은 어려움을 겪고 있다는 것을 알았다. 곧이어 나는 교육과정 분야의 학자들도 똑같이 어려움을 겪고 있으며, 심지어 탁월한 학자들도 마찬가지라는 것을 알았다. 나는 이미 인용된 문헌의 수집을 시작했기 때문에, 이렇게 문헌 목록이 부재한 것은 생산적으로 개선해야 할 문제라고 느꼈다. 일리노이 대학교의 박사과정 초기에, 나의 지도교수인 J. Harlan Shores는 내게, 연구하면서 모든 자료의 카드 목록을 만들어야 한다는 지혜로운 제안을 했다. 그 프로그램을 마칠 때 나는 대략 600권의 책, 논문, 갖가지 문서와 다른 자료에 대한 카드를 축적했다.

이 카드를 보관하고 있었기 때문에, 나는 1976년 The American Educational Research Association(이하 AERA)의 연차 학술대회에서 발표할 논문을 제출할 수 있다고 판단했다. 나는 과감하게 1900년부터 1976년까지의 교육과정 개발을 다룬 모든 문헌을 모아서 분류할 것을 제안했다. 다행스럽게도 나는 규칙 체계를 활용해서 인용 문헌의 종류를 제한할 수 있었다. 기본적인 규칙은 연구의 범위를 영어로 기록된 교육과정 문헌으로 제한하는 것이었다. 그 제안은 수용되었으나, 과제가 진행됨에 따라 점점 더 수행할 수 없는 것으로 여겨졌다. 그러나 의도적으로 무리한 약속을 하고서도 그것을 달성할 수 있다는 것에 놀라고 있다. 나는 적어도 과제의 수량에 가깝게 근접시켜야 했다.

실제 비유적으로 말하면, 내 여행이 시작된 것은 바로 그 시점이었다. 나는 주요한 교육과정 교재와 그것에 실려 있는 참고문헌 목록을 두루 살펴보았다. 과제가 방대하다는 것에 공감하면서, Caswell과 Campbell(1935), Smith, Stanley 그리고 Shores(1950), Stratemeyer, Forkner 그리고 McKim(1947), Seguel(1966), Trillingham(1934), Taba(1962)의 저서에서 정교하게 만들어진 인용 사례를 추출할 필요가 있었다.[2] 수많은 다른 저서도 똑같이 조사했다. 나의 논문 「The Literature of Curriculum Development: Toward Centralization and Analysis」는 1976년 4월 샌프란시스코에서 발표되었다.[3] 그것은 책이 대부분인 753권의 교육과정 출판물에 대한 참고문헌 목록을 포함하고 있다. 이 논문에서 인용 문헌은 ① 교육과정을 처방적으로 다루는가 혹은 설명적으로 다루는가 하는 경향, ② 저자들의 학문적인 입장, 그리고 ③ 그 저서가 다루었던 교육의 주요한 하위 영역 등 세 가지 방식으로 분류되었다. 몇 가지 경향이 이러한 영역에서 나타나고 있었지만, 나는 생산적인 분석이 되려면 역사적인 상황에서는 상당히 더 복잡하고 간혹 구체적이어야 한다는 것을 알았다.

논문 발표 후에 편지와 개인적 연락을 통해 상당히 긍정적인 논평을 들을 수 있었는데, 그 모두가 보다 더 큰 규모로 연구를 계속할 것을 격려하는 것

2) 각 장을 마무리하는 *Curriculum Books*의 참고 문헌목록 부분에 포함된 저서들은 최종적인 참고문헌 목록으로 열거되지 않는다. 독자는 인용을 완벽히 하기 위해 제시된 연도만을 참고하면 된다. 또 다른 참고문헌과 부가적인 설명은 각주로 되어 있다.

3) Schubert, W. H. "The Literature of Curriculum Development: Toward Centralization and Analysis(I단계)", 92쪽. 1976년 4월, 샌프란시스코, 전미교육학회(AERA)의 연차 학술대회에서 발표된 논문. 이것은 ERIC에서 이용할 수 있다. 마이크로필름 카드가 교육 분야 자료로 열거되어 있으며, 문서로는 ERIC 문서복사 서비스에서 이용가능하다. P. O. Box 190; Arlington, Virginia 22210.(ED 163617).

이었다. 교육과정 교재의 참고문헌 목록에 열거된 자료들은 서로 빈번히 상충하였기 때문에, 참고문헌을 수집한 것 중 표준이 되는 것으로 인용을 점검하는 또 다른 모험을 감행했다. 초판에서, 인용한 것을 점검하고 참고문헌을 증가시키는 데 가장 도움이 된 것은 다음과 같다.

Books in Print (과거와 현재의 판본, 특히 주제가 지표가 되고 있다). New York: R. R. Bowker Company.

Broudy, H. S. et al., (1967). *Philosipby of Education: An Organization of topics and selected sources.* Urbana: University of Illinois Press. (1969년과 1971년 증보판, 교육과정 부분).

Columbia University. (1970). *Dictionary catalogue-Teachers College Library.* Boston: G. K. Hall. (이후 수년간의 증보판 활용)

Harvard University Library, Widener Library Shelflist Service. (1968). *Education* (1, 2권). Cambridge, MA: Havard University Press.

Library of Congress Catalog-Books: Subject indexes. (1943년 이후). Washington, DC: Library of Congress.

United States Deparment of Health, Education, and Welfare. (1965). *Subject catalogue of the deparment library* (4권). Boston: G. K. Hall.

이와 같은 참고문헌 구성작업은 불완전하고 때로는 부정확한 것으로 입증되기도 했다. 그래서 나는 도서관을 반드시 방문하기로 결정했다. 그다음 해 몇 개의 도서관을 조사했다. 이런 시도를 하게 되자, 단순히 인용만이 아닌 교육과정 문헌에 대해 많은 연구를 하게 되었다. 사서들은 내가 거기 있었다는 것을 기억하지 못하겠지만, 다음에 제시한 도서관은 매우 큰 도움을 주었다.

- University of Illinois-Urbana, Illinois
- Northwestern University-Evanston, Illinois
- National College of Education-Evanston, Illinois

- University of Illinois at Chicago Circle–Chicago, Illinois
- University of Chicago–Chicago, Illinois
- Chicago Public Library–Chicago, Illinois
- Washington University–St. Louis, Missouri
- University of Rochester–Rochester, New York
- Waterloo University–Waterloo, Ontario
- Johns Hopkins University–Baltimore, Maryland
- University of Houston–Houston, Texas
- Teachers College, Columbia University–New York, Pennsylvania
- Pennsylvania State University–University Park, Pennsylvania
- Stanford University–Palo Alto, California
- Ontario Institute for Studies in Education–Toronto, Ontario

갱신된 조사 결과는 1977년 뉴욕 시에서 열린 AERA 연차 학술대회에서 발표되었다.[4] 이것은 회원들에게 참고문헌 목록을 복사하고 배부하도록 허가해 주는 the Creation and Utilization of Curriculum Knowledge에 관한 AERA Special Interest Group이 요청한 결과였다. 이것을 약간 개정한 *A Chronology of Curriculum Development Literature*[5]는 1977년 이후 수년간 유포되었다. 미국과 세계 각국의 학자들이 20세기 교육과정 사상의 발전을 그려 낸 더 풍부한 자료를 담은 출판물이 나오기를 바란다는 답신을 보내 왔다. 그래서 이 책의 초판이 나오게 되었다.

4) Schubert, W. H. "The Literature of Curriculum Development: Toward Centralization and Analysis(II단계)". 1977년 4월 6일 뉴욕시에서 열린 AERA 연차 학술대회에서 발표된 논문이다.

5) Schubert, W. H. "A Chronology of Curriculum Development Literature". 1977년 AERA Special Interest Group on the Creation and Utilization of Curriculum Knowledge가 인쇄해서 배부하였다.

이 책의 개정: Tom Thomas의 논평

이 책의 개정은 1980년대 중반에 논의되었다. 학계에서의 판매도 긍정적이었고, 다양한 교육과정학자들이 친절한 의견을 보내 주었는데, 이와 같은 긍정적인 반응으로 인해 1990년대 말에 이 교재를 개정하는 것을 고려하게 되었다. 초판에 대한 논평과 비평 중에 연구의 두 번째 판을 내도록 고무시킨 견해는 다음과 같다.

Edmund Short는 "10년 단위의 논평들 중에 가장 도움이 된 것은 비슷한 접근이나 주제로 이어지는 저서를 분류하고 인용한 것" 이라고 주장하였다. 그는 또한 *Educational Leadership* (39: 1, 79-80)의 한 논평에서 그렇게 분류하는 것을 지지하였다. 그는 "교육과정 사상의 정리, 그리고 많은 특별한 저서와 저자에 정통한 학자가 Schubert의 분류 방법과 특정 저자를 배치하는 것에 대해 논할 수는 있지만, Schubert의 분석은 대체적으로 정확하며 많은 새로운 통찰력을 보여 주고 있다." 고 주장했다.

George S. Tomkins는 *Newsletter of the Canadian Association for Curriculum Studies* 1982년 11월호에 쓴 글에서 20세기 초에 출간된 교재에 대한 연구의 가치에 주목했다. 그는 "초기 수십 년 동안 저서의 수가 비록 적긴 하지만, Schubert 교수는 우리에게 지금까지 잘 알려지지 않은 수많은 저서를 발굴했으며, 그 때문에 교육과정 탐구에서 역사적 인식을 촉진하려는 그의 중요한 목적을 달성했다." 고 기술했다. 그는 "이 책은 모든 교육과정 학자의 바로 옆에, 그리고 모든 전문 도서관에 비치되어야 한다. 또한 그것은 대학원 과정과 세미나에서 매우 유용한 참고문헌 연구로 활용되어야 한다." 고 말했다.

David Silvernail은 *Phi Delta Kappan* (63: 6, 423)에서 다음과 같은 결론을 내렸다.

교육자들은 교육과정 역사에 대해 이처럼 명확하고, 간결하게 개관한 문헌이 그들의 도서관에 비치된 것을 매우 유용하다고 생각하게 될 것이다. 이 책으로 인해 독자들은 최근 수십 년간 교육과정의 발전을 더욱 잘 이해하게 될 것이다. 문화적 사건과 교육철학의 주요한 관점의 맥락에서 문헌과 교육과정의 동향을 논의하는 것은 지나친 단순화가 될 수 있다. 그러나 그것은 20세기 교육과정 개발의 전설에 대한 통찰력을 독자에게 부여하는 유익한 방법이다.

Rob Walker는 *Journal of Curriculum Studies* (15: 3, 350)에서 이 책이 각 문헌에 대한 '심오한' 지식을 제공한 것은 아니며, 역사적 사건들의 발전을 보여 주지 않은 채 빠르게 제시되어 있다고 주장했다. 그럼에도 불구하고 그는 다음과 같이 호평했다.

교육과정은 그 자신이 펼친 논리에 의하면 변화하는 양식이 앞서 가고 있을 뿐 아니라 문화의 다른 측면에서의 변화를 밀접하게 반영하는 분야이다. 이러한 분야의 학문 연구에 열중하고 있는 학자들은 문화와의 이와 같은 상호연결을 너무 쉽게 잊어버리는데 이 책은 우리에게 이러한 사실을 기억하게 하는 유용한 역할을 하고 있다. 이 책은 그러한 결점에도 불구하고, '교육과정의 교육과정' 에 대한 통찰력을 가진 책이며, 그것은 학자의 교육과정에 대한 기여를 입증할 뿐 아니라 교육과정 분야의 시대가 도래하고 있음에 주목하고 있는 것 같다.

William F. Connell은 *Curriculum Perspectives* (2: 3, 93)에서 이 책의 각 장을 구성하고 있는 두 부분 중 역사적 맥락에서 제한적으로 다루고 있는 부분과 그가 '흐름의 요약' 으로 간주한 교육과정 분석 부분을 대조하였다. 한편 교육과정은 "오히려 치밀하지 못했기 때문에, 대략 1930년까지는 무리 없이 잘 되어 갔으며" 그는 이 책의 교육과정 관점에 대한 분류는 교육과정에 대한 저술을 체계화하기 위해 적용했다고 주장했다.

Paul Klohr는 *Journal of Curriculum Theorizing* (1981, 3:2, 229-230)

의 논평에서 이 연구를 "교수와 학문 연구에 있어서 매우 유용한 수단이며, 이 책은 교육과정 분야의 전문적인 문헌에 매우 뛰어난 것으로 추가할 필요가 있다."고 인정했다. 그는 또한 교육과정 사상에서의 새로운 방향이 교육과정 저술을 분류하기 위해 이 책에서 사용한 세 가지 입장에 문제제기를 할 것이라고 인정했다. 그는 다음과 같이 기술했다.

> 정신분석학, 정치학 이론 그리고 사회적인 성(gender) 정체성의 분석으로부터 나온 견해는 Schubert가 경험주의자라고 부르는 사람들의 사고를 뒷받침하는 공통의 견해와는 뚜렷하게 구분된다. 교육과정 이론가에게 이 문제는 실험주의와 실존주의 간의 대결보다 더 복잡한 것이다. 나는 이 문제를 교육과정 분야가 계속 발달함에 따라 1980년대 교육과정학자들이 직면하고 있는 가장 절박한 문제로 생각하고 있다.

W. H. Schubert와 A. L. L. Schubert가 이 책의 개정을 위해 인용 문헌의 수집에 착수했을 때, 과거에 대한 역사적 연구와 급격히 확대되고 있는 교육과정 분야 연구에서 당대의 연대기를 저술해야 한다는 요구가 동시에 있었다. 출판 기술로 인해 적은 부수의 책을 인쇄하고도 약간의 이익금을 얻을 수 있었다. 이것은 제한된 수의 독자를 가진 교재도 출간되기를 기대하는 학자에게 큰 도움이 되었다. 게다가 비판적 재건주의 또는 '재개념주의자'(1980년대 유용한 것으로 입증된 William Pinar가 제안한 용어를 사용하는)의 관점에서 교육과정을 고찰한 저서가 급증하면서, 보다 전통적인 담론으로 교육과정 개발을 다루었던 저서의 출간도 계속해서 증가하였다. 이렇게 해서 교육과정을 다룬 저서의 수가 상당히 많이 증가하게 되었다.

문헌 목록에 관한 연구를 하기 위해 W. H. Schubert는 1980년대 후반 대학원 연구조교에게 도움을 청하였다. Marcia Chaimowitz, Michael Costigan, Shannon Hart, Leslie Herzog, Anne Isaacson, Fred Klonsky, Patty McGuiness, Jackie Pawelek, Bonnie Strykowski, Dana Welte 그리

고 Norman Weston 등이 연구를 도왔다. 초고를 세심하게 교정하고 사려 깊게 비평해 준 Patrick Roberts에게 감사한다. 두 명의 연구 조교, Wayne Carroll과 Tom Thomas는 인용 문헌을 수집하고 편집하는 데 계속해서 도움을 주었으며, 아울러 초판 원고를 개정하고 1980년대와 1990년대의 역사적 맥락 부분을 집필하는 데 참가하였다.

저서 목록의 인용 문헌을 선정하려면 연구자는 도서관으로 돌아가야 했다. 그러나 인터넷의 출현으로 책을 찾는 새로운 방법이 사용되었다. 요즈음은 개인용 컴퓨터로 일리노이 대학교는 물론 전국 도서관을 검색해서 책을 찾을 수 있다. 온라인 서점도 유용한 정보를 제공하고 있다. 1990년대 등장한 출판사 웹사이트는 새로운 책을 찾는 또 다른 수단을 제공하고 있다. 정보는 국회 도서관 데이터베이스를 대조해서 점검할 수 있다. 교육학 교재를 전문으로 다루는 출판사가 보낸 목록은 유용한 자료였으며, AERA와 ASCD의 연차 회의 때문에 Bill Schubert는 출판사를 순회하고 팸플릿과 새로운 저서를 찾느라 바빴다. 마침내 Tom Thomas는 20세기 초부터 1960년대까지의 교육과정 철학의 기초가 되는 도덕적 구조에 관한 논문을 완성하면서 수행한 연구에서 새로운 저자와 저서를 밝혀냈다.

Ann은 1990년대 자택 학습(home schooling) 연구에 전념했는데 불행히도 만성적 건강 문제를 많이 겪었다. 그래서 그녀가 맡은 역할은 적다. 결국 교육과정 저서에 대한 논평의 초안을 저술하는 일은 Thomas가 맡게 되었다. Carroll은 역사적 맥락 부분을 개정하고 갱신하는 것을 도왔으며 색인을 개정하는 일을 맡아서 했다. Bill은 주 저자, 편집자 그리고 현자의 역할을 맡아서 이 연구 전체의 최종적인 편집을 했으며, 결론 부분을 새롭게 집필했다.

인용 문헌 선정에 대하여

원본이 모양을 갖추게 되자, 어느 책을 포함시키고 배제할 것인지에 대한 지침이 정해졌다. 인용 문헌을 선정하는 규칙을 설명하기는 어려운 일이다. 어떤 규칙을 사용한다는 것은 엄격한 법률에 입각한 것일지라도 인간의 판단을 필연적으로 수반하게 된다. 여기 이 경우가 그렇다. 그럼에도 불구하고 규칙은 반복해서 사용될 것이다.

초판에는 전공 논문과 연감을 비롯해서 영어로 출간된 교육과정 저서에 국한해서 포함하기로 결정했다. 그러나 공식적으로 출판되지 않았거나 전국적, 혹은 국제적으로 배포되지 않은, 제한적으로 배포된 논문, 연구보고서, 교육과정 안내서는 배제하였다. 이러한 규칙은 개정판에서도 유지되었다. 학술 논문이 교육과정 선집에 나타나지 않는다면 배제하였다. 드문 경우지만 전적으로 교육과정 문제를 논한 교육학 학술지는 포함되었다(*Review of Educational Research*의 몇 가지 발행물이 적절한 사례다). 그러나 다음과 같은 교육과정 학술지는 전형적으로 교육과정 문제를 다루고 있지만 포함되지는 않았다. 그것은 *The Curriculum Journal, Educational leadership, Curriculum Inquiry* (과거 *Curriculum Theory Network*), *The Journal of Curriculum Studies, Journal of Curriculum and Supervision, The Journal of Curriculum Theorizing* (나중에 JCT로 개명됨) 등이다.

인용 문헌을 선정하는 주요 준거가 문제였다. '20세기 저서는 교육과정 철학에 직접적으로 혹은 간접적으로 무슨 공헌을 하였는가?' 교육과정을 직접 다루지 않았지만 교육과정 논쟁에 일부 참여한 영향력 있는 저서를 포함하기로 결정하면 훨씬 더 긴 목록이 만들어질 것이다. 그러나 우리는 과거의 논쟁을 더욱 효과적으로 설명하고 싶기도 하다. 다음 질문에 의해 논평 부분이 기술되었다. '이 저서들은 교육과정 철학에서 전해 내려오는 개념과 강조점을 어떻게 설명하고 있는가?' 물론 이러한 질문에 대한 답은 전문용어와 결정구조에 의해 분명히 설명되어야 할 것이다.

교육과정, 즉 교육활동의 실체 혹은 주제를 다루고 있다면 그러한 책은 적절한 것으로 판단해서 포함시켰다. 더 구체적으로 말하면 다음과 같은 문제를 기술하고, 처방하며, 논의한다면 포함되는 것이다. '인간은 다른 사람에게 무엇을 가르칠 것인가를 어떻게 결정하고, 결정해야 하는가?' '그들은 그것을 어떻게 지지하고 정당화하는가?' '가르치고 배우는 것을 결정함에 있어서 어떤 문제가 관련이 있는가?' '우리는 그러한 일을 어떻게 배우고, 배워야 하는가?' 본래 교육과정, 그 뿌리는 유서가 깊은 것이다. 무엇이 우리가 가르치는 사람에게 베푸는 과정 혹은 여행의 본질이 되는가? 교육과정 연구는 공식적으로 보편적인 학교교육을 위한 압력을 해결하고자 발전한 것이기 때문에, 대개 학교교육과 관계가 있다. 그러나 대중매체와 과학기술의 교육과정인 대중문화와 학교 외 교육과정에 대한 관심이 커지면서 새로운 통찰력과 더 많은 저서를 수용하게 되었다. 연구의 제목에 나타나 있는 것과 같이 저자 자신이 교육과정으로 분류한다면 인정된다. 즉, 교육과정이 제목에 등장하면, 그 책은 포함되는 것이다. 그러나 책 제목에 교육과정이 있다 해도, 수학 교육과정, 체육 교육과정, 특수교육 교육과정과 같이 주로 특수한 주제 영역을 다룬다면 배제된다. 그러나 1990년대 내용 기준과 학과의 표현에 대한 관심이 증가하면서, 교육과정에 대한 저술에서 무엇이 일어나고 있는가를 확실히 하기 위하여 이러한 제한을 완화시켰다. 앞에서의 질문을 직접적으로 다루면서 교육과정이란 이름이 붙은 책에 영향을 미치고 있지만, 제목에 교육과정이 없는 책들도 생겨났다. 따라서 그것들은 모두 포함되었다.

마지막으로 포함시키는 것이 적절할 것으로 판단되지만 배제된 몇 가지 영역이 있었다. 그것들은 저자들이 자료, 시간과 전문지식이 부족해서 목록에서 탈락된 것이다. 예를 들면, 영어로 저술되지 않은 교육과정 저서들이 교육과정 문제에 대한 철저한 전망에 필요하지만, 아직 많은 책들이 영어로 번역되지 않았다. 이 책은 미국과 캐나다 이외의 교육과정에 대한 저서를 참작하려고 노력하고 있지만 그러한 관점들은 불충분하게 반영되어 있다. 학술논문, 학위 논문과 제한적으로 유포된 연구 보고서들에 있는 훌륭한 기고문들은 입수할 수 있었다. 그러나 그것은 이 연구에 포함되지 않는다. 미래에 대한 올바른 교육과정 전망을 위해서는 영어로 저술되지 않은 학술 자료를 참작하는 것이 반드시 필요하다.

그럼에도 불구하고 책에 대해 진지하게 연구함으로써 교육과정 문헌의 유산을 철저하게 드러낼 수 있었다. 많은 유력한 교육과정 논문, 보고서와 문서들은 결국 책으로 만들어진다.

몇몇 독자들은 저자들이 설명을 위한 개관에서 언급한 책들을 모두 읽었을까 하는 의문을 가질 것이다. 우리는 많이는 읽었지만 다 읽은 것은 아니다. 책을 대강 읽고서 논평을 하거나 다른 책들의 설명을 참작한 것도 분명히 있다. 결국 우리가 저자의 견해를 설명하지 않거나, 소극적으로 표현하거나, 잘못 표현할 수도 있다. 우리 연구에 책임을 져야 한다고 우리는 믿고 있으며, 오류의 지적도 받아들일 것이다. 우리는 참고 목록 자료를 수집하면서 포괄적이고 빈틈없이 하고자 노력했다. 앞서 기술한 지침을 활용하면서도 학자들은 포함할 것인가 배제할 것인가를 놓고 분명히 다시 토론할 것이다. 또한 그들은 논평에 쓰인 책의 선택과 논평의 특성, 분류, 범위에서 우리와 다를 수 있다. 초판에서와 같이 우리는 관련된 다른 것들로 관심을 확대하면서 더 많은 지식과 설명을 보태고자 한다. 오로지 공동의 노력을 통해서 교육과정 유산에 대한 인식이 성장할 수 있다. 동의하고 비판하는 일은 진지한 연구, 사색, 조사를 촉진할 수 있다. 이와 같은 목적으로 이 책은 다시 쓰일 것이다.

차 례

차 례

서 론

1. 교육과정 연구의 터 잡기

교육과정학자와 실천가가 흥미를 가지고 노력하는 관심사는 매우 중요한 교육과정 사안이다. 교육과정 분야에서 의견 차이는 많지만, 교육의 본질에 대한 관심사, 즉 무엇을 배우고, 왜 그것을 배워야 하는가라는 문제의식은 같다. 문자 그대로, 교육과정학자들은 배움으로 귀결되는 인간의 여정에 관련하여 다음과 같은 질문을 한다. 인간에게 느낌, 앎, 행동으로 이어지는 생활사태는 무엇인가? 학습자들이 필요로 하는 것은 무엇인가? 왜 그것을 필요로 하는가? 어떤 종류의 내용과 활동이 생산적인 발달을 가져오는 경험으로 연결되는가? 생산적인 발달이란 무엇이고, 그것은 어떻게 확인할 수 있는가?

이러한 질문들은 교육과정 지침, 강좌 목록, 교수요목, 매일의 수업계획서 등에 대한 더 깊고 넓은 관심을 포함하고 있다. 이런 문서들은 학습과 학습을 위해 마련된 생각, 지식, 느낌, 태도, 기술, 개념, 행동, 상호관계의 그림자를 반영할 뿐이다. 이런 주체들은 기본적으로 교육과정 연구의 중심이 된다. 교육과정 연구는 다양한 형태로 나타나며, 이런 연구를 통해 학습자들이 하게 될 의미 있는 탐구와 활동의 범위(limit)를 찾아낼 수 있다.

W. H. Schubert는 교육과정에 관한 글을 쓰고 토론에 참여하기 위한 접근법으로 자유롭게 생각나는 대로 대답할 수 있는 질문을 사용한다. 그는 훌륭한 가르침(teaching)은 정답을 주는 것이 아니라 탐구의 요점을 제기하는 것이라고 강조한다.[1)]

2. 비공식적인 탐구 영역으로서의 교육과정

앞서의 성격 규정에 따르면, 인간이 후손에게 축적된 유산을 가르칠 방법을 찾는 한, 비공식적인 교육과정 연구는 언제나 있기 마련이다. 선사시대에는 아이들이 사회의 성원이 되기 위해서 무엇을 배워야 하는지를 성인들이 결정했다. 큰 강과 계곡을 따라 문명이 발전함에 따라 인간도 점차 세분화된 역할을 맡게 되었다. 사회 성원이 갖고 있는 모든 지식을 모을 수도 없었겠지만 사실상 그럴 필요도 없었다. 성인의 역할이 분화되면서 아이들은 더 이상 일상생활에서 부모를 따라 행동하는 것만으로는 문화 양식에 대한 전체적인 인식을 얻을 수가 없었다. 그러므로 전문가와 교사들이 그들 유산의 본질적 요소를 아이들에게 가르쳐야 했다. 전문가들도 학습자가 장차 수행하게 될 독특한 역할에 대한 지식을 가르치는 임무를 부여받았다. 초기 문명사회의

1) 우리는 원본의 본문을 많이 개정하기보다는 지난 20년 동안에 일어난 생활과 교육과정에 대한 사고의 변화에 맞게 W. H. Schubert와 A. L. L. Schubert가 20년 전에 쓴 원본에 T. P. Thomas의 논평을 달기로 결정했다. 논평은 본문 중 작은 크기의 밑줄 친 문장들이다.

교육은 추상적이고 형식적이기보다는 기술적이고 구체적이었지만, 그들의 노력은 분명히 교육과정에 따른 것이었다. 그들은 학습의 내용이 무엇이 되어야 하는지를 결정했다. 대개 이러한 결정은 학교와 유사한 기관에서 이루어졌다. 문화사, 교육사, 전기문학들은 고대부터 현대까지 학교교육의 형태와 그 영향에 대해 많은 것을 전해 주고 있다.

초기 사회가 추상적이기보다는 기술적이고 구체적이란 설에는 Piaget의 개인 발달이론이 인류사에도 그대로 많이 적용되는 듯하다. 고대사회에서 신화는 단순화된 방식으로 자연현상을 설명하기 위한 시도로, 인간의 본성과 우주를 훌륭하게, 영속적으로 그리고 추상적이고 질서정연하게 고찰한 것으로 간주된다. 고대사회의 젊은이들은 실용적인 기술을 배웠으며 다른 한편 그들은 기도문, 성가, 시 그리고 그들 문화의 중심적인 전설들을 배워야 했다. 이것은 때로 '비과학적' 또는 '원시적' 인 것으로 폄하되고 있지만 사실상 주목할 만한 교육과정이다. 지식과 학습에 대한 포스트모더니즘적인 전망은 이러한 기여를 무시하는 것에 대해 이의를 제기하고 있다.

고대 그리스에서의 서양철학의 출현은 교육과정 철학의 발전에서 새로운 국면을 예고하고 있다. 교육의 본질과 기여에 대한 철학적 담론은 그 모습을 드러낸 후 수 세기 동안 매우 규범적인 논문에 나타났다. Plato, Aristotle, Plutarch, Quintillion, Saint Augustine, Luther, Bacon, Descartes, Locke, Rousseau, Kant가 쓴 저서들은 중요한 사례다. 이 저서들은 여러 세대를 거치면서 학교에서 발전한 교육과정과 교육사상에도 깊은 영향을 미쳤다.

또 다른 자료로는 시, 희곡, 소설, 전기, 기사, 일기, 이야기 등의 예술작품으로, 인간 경험을 관념적이고 실존적으로 묘사한 것이 있다. 이러한 자료는 생활에서 학습할 만한 내용에 대해 인간이 어떻게 반응하였는가를 잘 드러내고 있으며, 그것은 오늘날 말하는, 삶 자체를 교육과정으로 보는 견해와 일맥상통한다. Homer, Sophocles, Aristophanes, Dante, Goethe, Milton,

Shakespeare, Donne, Blake, Pope, Dickens, Tolstoy, Dostoevski, Twain, Chekhov, Cervantes, Balzac, Faulkner, Steinbeck, Hesse, Joyce, Kafka, Ibsen, Vonnegut, Chaucer, Whitman, Dickinson 그리고 다른 많은 작가들의 작품을 생각해 보자. 이 작가들은 인간 삶 속 경험을 통하여 학습하는 것으로서의 교육과정을 잘 드러내고 있다. 작가들은 철학자, 과학자, 사회과학자와 마찬가지로, Mortimer Adler가 '위대한 대화(Great Conversation)'[2]라고 부르는 것에 상당히 기여한다. 문학작품 속의 위대한 인물들은 인간의 지식, 감정, 행동의 근원과 본질을 다루고 있다. 그들은 때때로 학교를, 대물림되는 가치, 신념, 기술과 미심쩍은 사실을 재생산하고 분배하려는 집단들의 조직적인 시도라고 비판적으로 묘사한다. 인간 경험의 비극, 희극, 곤경과 영광을 묘사한 예술 작품 속에는 아직 충분히 조명되지 않은 풍성한 학습거리가 숨겨져 있다. 교육과정을 연구하려는 사람들은 인류의 교육과정인 이와 같은 작품들을 무시해서는 안 된다.

그런데 철학과 문학작품에서 교육과정은 더 큰 어떤 것의 부산물로 다루어지기도 한다. 예를 들면, 저자들은 정교한 철학적 체계의 작은 부분으로 교육과정에 충고를 하거나, 등장인물의 행위와 감정을 다루는 일화 또는 작가의 개인적인 논평으로 교육과정을 비판하고 있다. 따라서 그들의 작품은 교육과정 연구에 유용하게 쓰일 수 있지만, 그것만으로는 교육과정의 전문적 연구 영역에 포함되지 않는다.

이 책의 저자들은 교육과정에 대한 사고를 개발함에 있어서 John Dewey가 확립한 경험주의자의 입장에 기본 토대를 두고 있지만, 위의 글로만 보면 지적 전통주의자가 장려한 인본주의의 기원에 대해서도 똑같이 높이 평가하고 있다. Robert Ulich(1954)는 인문학으로 훌륭한 교육과정을 어떻게 만드는가에 대한 영감을 주는 불후의 저서를 남겼다. 이러한 공헌을 기록하고 있지만 이 글

2) Adler에게 헌정한 Fadiman(1978)의 책을 보라. 주 8에 인용되었다.

은 종종 지적 전통주의자들에 대한 비판도 숨기지 않고 있다. 위에서 열거한 저자들을 살펴보면, 순결한 Emily와 불결한 Kurt를 제외하면, 모두 고인으로 서양 백인 남자들이다. 이들 외에도 추가할 수 있는 저자들은 무수히 많다. 예컨대 Sappho, Bingen의 Hildegard로부터 Brontë 자매, George Eliot를 거쳐 Barbara Kingsolver, Laura Esquivel, Toni Morrison, Maya Angelou, Jamaica Kincaid, Louise Erdrich, Alice Walker와 같은 현대적 작가들에 이르기까지의 여성작가와, 소외되고 억압된 문화를 다룬 남성작가들(예를 들면 Mohandas Gandhi, Black Elk, Richard Wright, Jorge Luis Borges, Gabriel Garcia Marquez, N. Scott Momaday, Chinua Achebe, Claude Mckay)의 작품은 추가로 강조되어야 한다.

철학적 저술이 교육과정 연구의 전문적 영역으로 정당화된 것은, Comenius, Pestalozzi, Herbart, Froebel 같은 학자들이 교육을 주제로 저술하면서부터이다. 그렇지만 교육과정은 교육의 전체적인 주제와 뒤섞여 있었다. 그것은 그 학자들이 주창한 교육에 관한 관념이 여전히 종합적이었기 때문이다. 교육이라는 학문 분야는 1800년대 초에서 중반까지 어느 정도 독립된 학문 영역으로 발전했다. Pestalozzi가 1804년에 시작한 유명한 Yverdon의 실험학교는 유럽에서의 교사 교육에 대한 전통이 어느 정도 확립되었음을 입증하였다. Tolstoy도 Yverdon의 영향을 받았다. 그는 학교교육에 대해 배우기 위해 스위스, 프랑스, 독일을 여행했으며, 그 결과 1861년 그의 고향 야스나야폴랴나에 초등학교를 재설계하였다. 보편적인(universal), 무종파의, 무상 공교육의 창시자로 알려진 Horace Mann은 1839년에서 1840년 사이에 미국 교사들의 교육을 위해 최초로 3개의 사범학교를 설립했다. 독립된 학문 영역으로서 교사 교육뿐 아니라, 교육에 대한 전문적 연구는 19세기 후반 미국과 유럽 전역에 확산되었다. 1902년 John Dewey는 *The Child and Curriculum*을 출판했다. 그는 시카고 대학교의 실험학교에서 얻은 실천적 경험으로 교육학과를 설립하고, 이 책에서 그의 학문에서의 총체적인 업적을 표현했다. 또한 이로써 연구 영역으로서의 교육과정이 최초로 그 모습을 드러냈으며 정당화되었다. 1900년대에 교육과정 연구는 교육학의 독특한 하위 영역으로 형태를 갖추기 시작했다.

> 이러한 초기 교육과정의 제안들은, 학습자의 본성과 환경에 대하여 과학적 이해가 아닌 동정적인 이해에 기초한 교육이념을 진술하고 있다. 이 책들은 기본적으로 학습자들이 스스로의 세계를 탐구하도록 하는 교육과정을 제시하는 체계에서 비롯된 것이다. 교육사상의 선구자들이 쓴 저서는 문체에서나 부수적인 것에 있어서 시대에 뒤떨어진 것이 사실이다. 그래도 그들의 저서는 교육과정 사상의 중심적 문제를 고찰하는 데 유익하기 때문에 매력적이다. 무엇이 알 만하고, 나눌 만하고, 존재할 만하고, 될 만한 가치가 있는가? 그러나 굳이 토를 달자면, 역사적으로 Horace Mann은 성공하지 못했다. 이민자를 미국화하려고 한 그의 선교 열정(그에게 무종파의 교육이란 공립학교의 교육과정에서 개신교 신앙을 다양하게 해석하는 것만을 감수할 수 있다는 것을 의미)은 오늘날의 시각에서 의심스런 의제였다.

3. 공식적인 탐구 영역으로서의 교육과정

이제 교육과정과 관련한 모든 연구는 더 이상 철학, 문학, 사회과학, 교육이론 등의 단순한 분파가 아니다. 20세기 초, 어떤 교육자들은 교육과정의 물음에 직접적으로 관심을 집중했다. 얼마 후, 그들은 교육과정학자로 알려졌다. 학교 행정가들도 참모의 직무를 교육과정 감독자, 조정자, 협의자 등으로 구분하기 시작했다. 교육과정학자와 실천가들 모두 학교에서 무엇을 가르쳐야 하는지에 관심을 가졌다. 학교에서 제안되고 실천된 교육활동은 그들의 직접적인 관심사가 되었다. 이것은 학교교육의 보편화가 매우 강조되었기 때문이다. 학교교육에 대한 관심이 증가하면서 대안적인 교육과정 관점이 발표되고 논의되었다. 대안적인 논의에 대한 가설적 근거도 더 깊이 탐구되었다. 의도한 것은 아니었지만 교육과정학자들은 교육 내용에 관해 끊임없이 새로운 질문을 만들어 냈다. 본래 그들은 학교교육에 필요한 교육과정을 어떻게 개발해야 하는지를 알고 싶어 했다. 교육학 내의 독립된 하위 전문 영역으로서 교육과정 개발의 시대는 그렇게 시작되었다.

1870년부터 1920년까지 미국의 공립학교는 모든 어린이를 위한 사회 기관으로 괄목할 만한 성장을 이루었다. 1870년 이전에는 단지 두 개의 주(1852년에 매사추세츠, 1867년에 버몬트)와 워싱턴 D.C.(1864)가 의무교육법을 제정했다. 1870년과 1918년 사이에는 모든 주가 의무교육법을 제정했다. 정책 입안자들이 전례 없이 의무교육법을 승인하자 학자와 학교 관계자들은 학교교육의 가능성을 열심히 숙고했다. 학교는 새로운 사회적 발명품이 아니라, 미국의 어느 지역(특히 미국 동부)의 젊은이들을 조직하고 평가하는 수단을 확대시킨 것이었다. 교육과정은 그 학교의 정체성을 나타냈으며, 학문(언어, 수학. 처음에는 역사, 나중에 지리, 과학 그리고 예술을 포함해서)적 지식을 강조했다. 교육과정은, 예를 들면 William Torrey Harris 같은 학교 관계자를 통해 합법화되었다. 미국 공립초등학교의 발전과 관련하여 Harris는 1867년 세인트루이스의 교육장으로 시작해서 1889년부터 1906년까지 교육부 장관으로 승진하여 임기 동안 학교교육 사업에서 탁월한 업적을 남겼다. 그는 1893년 중등학교 교육과정 개정을 위한 국가교육 10인 위원회에서 일했으며, 1895년 초등교육 15인 위원회의 의장을 맡았다. 그는 지속적으로 NEA(The National Education Association)에 영향을 미쳤으며, 동시대의 사람들은 대체적으로 그의 의도대로 위원회가 운영되었다는 것을 인정했다(Leidecker, 1946: 527).

Amos Bronson Alcott의 영향을 받은 Harris는 미국 선험론에 잠깐 입문했다가 독일 관념론으로 전환하였다. 그리고 오랫동안 Frederick Hegel의 첫 미국인 제자로 활약했다. Harris는 유명한 작가며 강사였지만, 단 한 권의 긴 필사본을 남겼다. 1898년에 출간된 *The Psychologic Foundations of Education*

에는 그의 교육사상이 집약되어 있다. Harris는 학교교육이 올바른 습관의 형성과 교양 교육과정을 통해 시대의 지혜를 소개하는 역할을 해야 한다고 주장했다. Harris가 문화의 기본적인 학과로 언급한 '영혼의 다섯 개의 창' 은 개인에게 문화적 유산을 밝히는 수단을 제공하고 통찰력을 길러 주며 지적 발달을 가능케 하는 수단으로 옹호되었다. 그것은 다음과 같다. ① 언어의 기술적이고 과학적 연구인 문법, ② 문학과 예술, ③ 수학과 물리, ④ 생물, ⑤ 사회, 지리, 역사. 이 학과들은 지적인 도구를 갖추게 하며 문명의 유산인 지식을 인간 정신에 심어 준다. Harris는 배운 사람은 문화적으로 새로운 시대를 매우 갈망하기 때문에 도덕적이고 지적으로 행동한다고 주장했다.

각 개인이 도덕성에서 자주적으로 행동할 수 있는 문화적 계몽의 여명기에 이르기까지는, 사회는 사회의 안녕뿐만 아니라 개인의 이익을 위해서도 인간의 행동을 통제해야 하는 책무를 지닌다. 다섯 개의 학과를 학습하는 동안 교사들은 학생들을 '네 개의 기본적인 임무' 로 훈련시키게 된다. 습관 훈련의 목표는 의지에 따라 스스로 통제하는 것을 가르치는 것이다(Harris in McMurry, 1897: 59). 장려된 4개의 임무는 ① 질서, ② 시간엄수, ③ 침묵, ④ 근면(Harris in McMurry, 1897: 60)이었다. 각각의 덕목은 나름대로, 학생들이 학교의 의도에 복종해야 한다는 것을 의미한다.

Harris는 많은 공립학교에서 이미 시행되고 있던 교육과정을 강력히 변호하였다. Harris의 교육과정이 적절했다는 것은 아니다. 대부분의 학교에서는 학문을 도야해야 한다는 Harris의 제안에 적합한 교육과정을 가르치고 있었다는 것이다. 그것은 학교의 실천 영역 내에 있었던 하나의 교육과정 이론이었다. Harris의 공로는 기존의 제도적 상황에 학문적 정당성을 부여한 것이었다. 학교교육을 개선하려는 모든 노력은 합법적인 학교 실천으로 해석되는 지적 전통주의자들의 교육과정과 충돌했다. 전국 교육협회는 10인 위원회와 15인 위원회의 보고서를 통해 이러한 학교 교육과정을 인가해 주었던 것이다.

어떤 학문 영역에서도 거시적 관점과 미시적 관점은 모두 장점과 단점을 가지고 있다는 것을 좀 더 강조하고자 한다. 이 문제는 그럴 만한 가치가 있다. 교육과정 연구도 예외는 아니다. 교육과정은 20세기 이전에는 주로 철학, 사회학, 역사, 심리학, 문학의 방대한 체계의 작은 부분으로 간접적으로 다루어졌다. 예를 들면, 교육과정은 전체적인 전후관계의 구성에서나 거시적 관점에서 고찰되었을 뿐, 전문적 연구를 해야 하는 미시적인 분야가 아니었다. 특히 문학의 특성과 같은 거시적 관점에 따르면, 학교교육과 반드시 관련시키지 않더라도 학습할 내용이 드러난다. 거시적 관점의 단점은 제한된 분야에서의 연구 주제를 상세히 분석하지 않는다는 데 있다. 교육학이 문학, 사회과학, 철학과 구별되면서, 19세기에는 불분명했던 영역들도 교육적 탐구의 대상으로 취급되기 시작했다. 교육과정 연구도 20세기에 비슷한 분화를 보이기 시작했다. 그래서 미시적 관점도 등장하여 지속되었다. 그렇지만 교육과정은 삶의 교육적 여정으로서는 적게 연구되었고 학교교육과 관련하여 더 상세히 연구되었다.

교육과정 개발론자와 교육과정 이해론자들 사이에 교육과정에 대한 미시적 혹은 거시적인 관점의 가치에 대한 논쟁이 지속되고 있다. 교육과정 개발론자들은 세기 초에 학교교육의 제도화에 공헌하기 위해 새롭게 등장한 과학적 방법인 교육과정 개발의 조건 내에서 꾸준히 일해 온 사람들이다. Pinar와 동료들은 이러한 인사들의 활동을 '제도적 담론(Institutional Discourse)'이라 불렀다(Pinar, Reynolds, Slattery, & Taubman, 1995). 교육과정 이해론자들은 개발론자들의 관점이 탐구에 대한 그들의 관심과 열정을 옥죄고 있으며 몸에 맞지 않는다는 것을 지각했던 사람들이다. 그들은 개발론자들의 미시적 관점에서 벗어나기 위해 다른 학문 분야, 예컨대 비판적 사회 연구와 이것과 결합된 문학과 철학이나 사회적 정체성, 즉 인종, 性, 성적 취향, 장애 여부와 관련된 대응 담론을 내세웠다. Pinar와 그의 동료들은 미시적 관점이 이제는 교육과정학의 주류가 아니며, 교육과정학의 유력한 강령으로 확립된 거시적 관점이 결국 학교 교육과정을 재구성하게 될 것이라고 설득력 있게 주장한다. 미시적인 개발론자와 거시적인 이해론자들 사이의 논쟁은 지속되고 있다.

이 책에서는 1900년 이전의 책들을 교육과정 연구서로 간주하지 않는다. 예외가 있는데, 그것은 최초의 교육과정 연구서인 Claude Fleury의 *The History of Choice and Method of Studies*[3]이다. 또 한 가지는, McMurry 형제와 다른 Herbart 신봉자들이, 교육과정 대신에 '방법' 이라고 칭했지만, 1800년대 후반에 교육과정에 관하여 쓴 책이다. 이 두 권의 책에 의해서 교육과정 분야가 돌발적으로 발전했다고 보기는 어렵기 때문에, 이 책에서는 논의하지 않는다. 1900년부터 1917년 사이에 이 책을 인용한 42권의 책들이 고르게 출판되었다. 이 책들은 교육과정 연구서의 기원으로 인정되고 있는 Bobbitt의 *The Curriculum*과 *Cardinal Principles of Secondary Education*이 등장한 1918년보다 앞선 것이었다.

Harris의 *Psychologic Foundations of Education*도 교육과정에 관한 초기 저작으로 간주될 수 있다. 교육과정에 직 · 간접으로 영향을 준 것으로 꼽히는 또 다른 학자는 G. Stanley Hall이다. 그의 업적은 1장에서 논의될 것이다.

그래서 20세기 초에는 교육학의 전체적인 연구 내에서 별개의 하위 영역으로서 교육과정의 발전을 그려 낸 저서들이 점차 증가하였다. 이 분야가 발전함에 따라, 확대일로에 있는 교육과정 연구 그룹의 합법적 회원이 되는 데 불문율이 생겨났다. 예를 들면, 어떤 교육과정학자를 자신의 지도 교수로 삼게 되면 그는 교육과정학자 또는 실천가로 이름을 날릴 수 있는 기회가 더 많아진 것이다. 만일 누군가가 교육과정이란 제목을 가진 책이나 논문을 출판한다면 그는 교육과정의 권위자로 알려지게 되었다. 1929년에 학회지 *Curriculum Journal*이 등장하고, 이것은 학회지 *Educational Method*와

3) Fleury, C. (1695). *The History of Choice and Method of Studies.*

통합되어 'The Association for Supervision and Curriculum Development (이하 ASCD)' 의 대표적 기관지인 *Educational Leadership*이 발간되기 시작한 1943년까지 번성하였다. 교육내용에 관한 질문은 학교교육에 초점을 맞춘 책과 논문에서 점차 특수한 것이 되었다. 사회과학과 교육학에 이어서 교육과정 분야에서도 자연과학의 성공을 촉진한 연구 방법을 경쟁적으로 도입하게 되었다. 교육과정의 개념이 상세하게 분석되었는데, 그 결과로 용어가 통일된 것이 아니라, 그 반대로 교육과정을 논의하는 방법이 교육과정학자 수만큼 많아져서 교육과정 연구가 어려워졌다. 그러나 교육과정학자들 사이에는 분석을 통하여 원인을 규명하고 현상을 설명하려는 경향이 생겨났다. 자연과학적 방법의 도입은 교육과정 탐구와 제안에 대해 정당한 근거를 제공하기 위한 모종의 시도였다.

적어도 세 개의 유력한 학파가 경쟁했다. 우리는 그들을 지적 전통주의자(intellectual traditionalists), 사회적 행동주의자(social behaviorists), 경험주의자(experientialists)로 부를 것이다. 존속한 시기가 서로 다르기는 하지만, 이런 구분은 초기 교육과정 사상을 구분해 주고 20세기 초반부터 80년 동안 전개된 교육과정의 변화를 잘 설명해 주는 편리한 범주라고 할 수 있다. 이런 구분에 대해서는 1장에서 더 상세히 설명할 것이다. 과학적 분석을 강조하는 것과 아울러 미시적 관점의 다른 특징도 주목해야 한다. 사회의 전문화가 확대되고 보편 교육을 공고히 하려는 압력이 커지면서, 교육과정 연구는 교육을 보다 넓게 고려하기보다는 학교교육을 중심으로 사고하게 되었다. 20세기 이전의 교육과정 연구는 거시적 입장 아래 교육을 보다 넓게 고려하는 것이었다. 이 책의 결론 부분에서 내가 거듭 강조하겠지만, 다원적인 문화에서 아동과 청소년의 성장에 깊은 영향을 미치는 학교 외의 영역, 예를 들어 가정, 또래 문화, 미디어와 직장에서의 여러 학습을 포함하지 않는다면 교육과정 연구는 생산적이거나 창의적이지 못할 것이다. 교육과정 탐구에 필요한 관점은 교육과정 문제에 직접 초점을 맞추는 전문화된 다양한 관점들을 통합한, 즉 거시적이면서 동시에 미시적인 관점이다.

이러한 내용의 주장은 계속된다. 초판에서 제안된 교육과정에 관한 입장은 다른 학자들에 의해 폭넓게 수용되었으며, Bill Schubert는 그의 저서 *Curriculum: Perspectives, Paradigmes, and Possibilities* (1986)에서 그것들을 효과적으로 사용했다. 이 책에서 우리는 Tom Thomas가 절충주의자(conciliarists)[4)]로 명명한 입장에서 세 가지 관점을 수정한다. 절충주의자는 기존의 주류로 여겨진 둘 이상의 입장과 1980년대에 등장한 비판적 재건주의자의 입장을 융합하려고 노력해 왔다.

교육과정 사상이나 실천의 특징을 밝히기 위해, 개별적으로 또는 의미 있는 담론을 이용해서 주장하는 학자들 사이에 생기는 차이를 드러내는 것은 모두에게 유익하다. 마찬가지로 이러한 차이들이 하나의 담론 내에서든 여러 담론에 걸쳐서든 논쟁점이 되면 토론의 기폭제가 될 수 있다. 차이로 인해 분열되거나 상호 조롱거리로 삼고 해결하고자 노력하지 않을 때, 교육과정에 대한 토론은 망치게 된다. 교육과정 연구는 학교 교육과정 개발이나 내용 기준 혹은 학문 분야 이상의 것으로, 계속 바뀌고, 구체화되고, 재구성되는 것이다. 그것은 교육과정이 무엇이고 어떠해야 하는가에 대한 폭넓은 전망뿐만 아니라 앞에서 언급한 제안들을 고려한 것이어야 한다.

교육과정 연구가 짧은 기간에 이루어진 것임에도 불구하고 많은 저서가 출판되었다. 하지만 적지 않은 저서들은 대학교 도서관의 어두운 구석에서 없어지거나 방치되었다. 참고문헌들은 헤지고 흩어졌으며 기억은 희미해지고 있다. 20세기 교육과정 연구의 유산을 구성하고 있는 많은 것들은 현재 문제와 관련해서나 역사적인 조명을 하는 데 있어서도 연구할 가치가 충분히 있다. 지난 20년 동안 안목이 뛰어난 교육과정학자들은 교육과정 분야의 종사자들로 하여금 역사적인 선구자들을 더 많이 연구할 것을 권고하였다.

4) Thomas, T. P. (1990). The Ethical Dimensions of American Schooling: Curriculum Proposals and Programs for Moral Education, 1887-1996. 시카고 일리노이 주립대학교 박사학위 논문.

교육과정 분야의 12권 정도의 고전[5]을 빼고는, 1950년대와 1960년대 교육과정 저자들이 1900년부터 1940년 사이의 저작물에 대한 출처를 거의 언급하지 않은 것은 놀라운 일이다. 1974년 Ponder[6]는 교육과정 분야의 이러한 특징을 몰역사성(ahistorical)이란 용어로 표현했다. 이전의 학자들도 이러한 성향에 대해서 언급하였다.[7] 1970년대에는 교육과정 역사를 다룬 논문, 전문적인 보고서, 교육과정 교재가 증가하였다. 결국 1977년 Laurel Tanner와 다른 창립 회원들은 The Society for the Study of Curriculum History를 설립하였다. 이 학회는 매년 The American Educational Research Association(이하 AERA)의 연차 학술대회에 앞서서 모임을 갖는다. 회원들은 교육과정사에 관한 논문을 발표하고 토론한다.

이 책은 교육과정 탐구에 대한 역사적 인식을 촉진하기 위해 마련된 것이다. 근본적으로는 교육과정에 대한 흥미를 자극하고 연구를 더욱 진전시키기 위해 시도되었다. 이런 연구는 이 책의 내용을 확인하거나 논평을 반론하는 것이 될 수도 있겠지만, 중요한 목표는 교육과정사를 학문적으로 견고하게 다져서 교육과정 분야를 확대하기 위함이다. 그러므로 이 책은 풍부한 교

5) 1976년 Ann Fraley는 플로리다 주 마이애미에서의 ASCD의 연차회의 기간 동안 교육과정 교수들을 대상으로 여론조사를 했으며 28권의 교육과정 고전 목록을 생성해 냈다. 1900년부터 1940년 사이에 등재된 14권의 고전은 Dewey, Bagley, Bobbitt, Kilpatrick, Charters, Morrison, Counts, Caswell과 Campbell 등 9명의 저자와 2개의 전문직 단체가 썼다. 1950년대와 1960년대에 교육과정 저술가들이 앞선 시기의 많은 교육과정 저자들에 대해 실질적으로 언급하는 경우는 매우 드물다.

6) Ponder, G. A. (1974. 2). The Curriculum: Field Without a Past? *Educational Leadership*, *31*: 461-464.

7) 예를 들어 보자. Cremin, L. (1971). Curriculum-making in the United States. *Teachers College Record*, *73*(2): 207-220; Bellack, A. (1969. 6). History of Curriculum and Practice. *Review of Educational Research*, *39*: 283-292; Kliebard, H. (1970). Persistent Curriculum Issues in Historical Perspective. in E. E. Short (Ed.), *A Search for Valid Content for Curriculum Development* (Toledo, OH: College of Education, University of Toledo); Tanner, D. and Tanner, L. N. (1980). *Curriculum Development: Theory into Practice* (historical sections), New York: Macmillan. 이들과 다른 교육과정학자들이 교육과정 유산으로의 진지한 탐구를 요구했다.

육과정 문헌에 대해 더 많은 것을 배우고자 하는 사람들을 위해 기획되었다. 또 대학원 학위 과정에서 교육과정 과목을 수강하는 학생들의 학습을 도와주는 참고서로 계획되었다.[8] 학자들이 이 책을 소지하면 도서관에서 번거롭게 검색하는 것을 어느 정도는 피할 수 있다. 인류의 여명기부터 발전되어 온 사회생활에 입문해야 하는 새로운 사회구성원인 아동과 젊은이들에게 이 책이 간접적으로나마 도움이 되기를 희망한다. 소년 소녀가 손을 맞잡고, 걱정하면서도 자신 있게, 흥분과 호기심으로, 조심스럽게 숲으로 걸어가는 W. E. Smith의 입체 사진을 보면서, 나는 교육과정에 대해 생각한다. 나에게 숲은 그들 앞에 펼쳐질 인생을 의미한다. 교육과정은 그들의 여행을 도와주려는 교육자들의 시도이다. 그들은 무엇을 알고, 느끼고, 해야 할 필요가 있는가? 그들은 왜 그것을 필요로 하는가? 그들은 인생에 대해 어떤 자료로부터 무엇을 배우고 있는가? 그들은 인생에 대해 어떤 자료로부터 무엇을 배워야 하는가? 일상생활로부터 필요로 하지만 얻지 못하고 있는 것을 제공하기로 되어 있는 학교라는 전문적인 서비스 기관으로부터 아동은 무엇을 제공받아야 하

8) 20세기 이전의 교육과정 철학을 수강할 학생에게는, 뛰어난 철학자와 다른 학자들이 집필한 교육적 주제에 관한 원본 저작의 예로 Robert Ulich의 *Three thousand Years of Educational Wisdom* (Cambridge: Havard University Press, 1954)과 Ronald Gross의 *The Teacher and The Taught* (New York: Delta, 1963)를 추천한다. 또한 학생들이 하나 이상의 교육에 관한 훌륭한 역사책을 보기를 권한다. 그것들은 교육에 관한 학문적 견해(고로 어느 정도는 교육과정)와 학교 및 다른 교육적 시도에서 성공했던 실천 사례를 설명하고 있다. 그와 같은 역사책의 예는 다음과 같다. William Boyd의 *The History of Western Education* (New York: Barnes and Noble, 1965), R. Freeman Butts의 *A Cultural History of Education* (New York: McGraw-Hill, 1947), Lawrence Cremin의 *The Transformation of the School* (New York: Alfred A. Knopf, 1961), S. J. Curtis와 M. E. A Boultwood의 *A Short History of Educational Thought* (London: University Tutorial Press, 1965), Robert Ulich의 *History of Educational Thought* (New York: American Book Company, 1950). 이것들은 교육과정 사상과 실천의 기술에 관련된 많은 것을 포함하고 있다. 문학적이고 철학적인 원전에 관심 있는 사람은 고대에서 현대에 이르는 문학 고전에 깃든 수많은 교육과정 사상에 대한 훌륭한 입문서인 Clifton Fadiman의 *The Lifetime Reading Plan* (New York: Crowell, 1978)이나 Abraham Kaplan의 *In Pursuit of Wisdom* (New York: Glencoe Press, 1977)로 시작하는 것이 좋다.

는가?

교육과정학자와 실천가들은 이런 질문에 답하기 위해 100년을 노력했으며 3,000권 이상의 책을 만들었다. 교육과정 분야의 유산을 아는 것은 현재와 미래의 교육과정학자와 실천가들의 의무이며, 그 유산을 쌓고, 비판하고, 새롭게 하는 것은 그들의 책임이다.

1980년대와 1990년대에 나온 교육과정 서적들을 살펴보면, 교육과정사가 교육과정 연구에서 지극히 중요한 담론으로 부상하고 있음을 알 수 있다. 초판은 교육과정의 현대적 논의에서 역사적 맥락을 수립하는 최초의 노력으로 인정되었다. 해결되지 않은 문제 중의 하나는 다음 10년 동안의 교육과정사를 계속해서 기록해 나갈 것인지 또는 전문화된 제도적 교육과정 개발로부터 비켜나서 학문을 확장하는 교육과정사로 귀결될 것인지 하는 것이다. 후자가 되면 교육과정사는 결과적으로 교육사 혹은 사회사라는 보다 넓은 영역에 포섭되고 만다. Ivor Goodson은 교과발달사라는 분야를 개척함으로써 교육과정을 역사적으로 연구하는 데 있어서 흥미로운 연구 방법을 제시한 바 있다. 교육과정 사상의 역사가 21세기에도 가능할 것인지는 심사숙고해 볼 문제다.

제1장 1900~1909년의 교육과정 사상과 문헌

1900년대의 사회 사건과 교육 발전 사이에 직접적인 인과관계를 찾기는 어렵지만, 교육의 발전이 사회의 여러 사건에 영향을 받은 것만은 확실하다.[1] 과학, 기술, 산업화는 교육과 사람들의 인생행로에 깊은 영향을 미쳤다. 도시화가 확산되면서 가정, 직장, 여가 등 모든 사회제도에 변화가 왔다. '빠른 것이 더 좋은 것이다.' 라는 공장 생산 모형의 법칙은 학교를 짓는 데도 영향을 미쳤다. 학교도 공장처럼 튼튼하고, 크고, 직육면체의 건물로 지어졌으며 칸막이로 구분되었다. 주로 법적, 경제적, 인도주의적인 목적의 교육을 실행하기 위해, 이 칸막이 방들은 길거리와 작업장의 원자재와 같이 다듬어

1) 이것은 다른 장도 마찬가지다. 인과관계에 대한 단정은 좀처럼 하지 못할 것이다. 역사적 배경 부분의 주목적은 독자에게 그 시대의 주요 사건을 보이려는 것이다. 아마 독자들은 교육과정 사상과 역사적 배경 사이에 흥미로운 관계를 확인하게 될 것이다. 또한 독자들은 그러한 관련성을 조사하여 교육과정에 대해 더 깊이 이해하게 될 것이다.

지지 않은 학생들로 채워졌다. 학생들의 나이를 기준으로 학급이 편성되었고 교과서가 공급되었다. 이렇게 급속한 변화 속에서 교과서는 가치 있는 내용으로 구성되어야 했으며, 보다 중요한 것은 학생들이 학교에서의 경험을 통해 그 내용을 깨달아야 했다는 점이다.

학교에서 학습할 '내용'을 어떻게 결정할 것인가 하는 중대한 문제를 독자적으로 결정할 수가 없었음은 분명하다. 물론 이전에도 이 문제를 다루었지만 이렇게 논의가 활발하지는 않았다. 전문적인 의사결정에 종사하는 전문가가 많은 직종에서 계속적으로 필요했다. 따라서 교육과정 개발로 알려진 교육 전문 영역의 등장은 어쩌면 당연한 것이었다. 그들은 자격을 갖춘 교육과정 개발자로 아직 인정을 받지는 못했지만 그런 조짐을 보였고, 1910년대에는 교육과정 개발자로 스스로의 존재를 확연히 드러냈다. 그럼에도 불구하고 그 이전의 연구자들은 교육과정 분야에서 많은 공헌을 하였다.

이들 교육과정학자들은 독특한 교육과정 위에 별개의 학파를 만들어 내는 초석을 놓았다. 물론 각 교육과정의 입장은 학생을 위한 학습내용을 만드는 데 크게 유익한 것으로 간주되었다. 앞에서 언급한 것처럼 지적 전통주의자, 경험주의자, 사회적 행동주의자란 명칭은 일반적인 입장을 논하는 데 사용될 것이다. 이 명칭들은 신성불가침한 것이 아니며, 탐구 영역으로서 교육과정을 논할 때 의사소통을 쉽게 하거나 전체적인 틀을 전달하기 위해서 붙인 것이다. 이 책의 곳곳에서 각 입장과 사상을 추가적으로 언급하게 될 것이다.

서문에서 언급한 대로, 지적 전통주의는 가장 오래되었으며, 20세기 초에는 제도화된 학교교육의 가장 흔한 교육과정으로 인정되었다. 지적 전통주의는 고대 그리스, 로마, 고전주의적 전통에서 유래한다. 그들은 소위 문법, 수학, 음악, 연설, 고전 읽기를 하고 학생이 이런 과목에 정통한 후에는 모든 학문의 전형인 철학과 같은 과목들이 인간의 지성(mind)을 개발하고 미덕을 기르며 온전한 인간으로 키우는 데 가장 좋다고 주장한다. 중세에는 7자유학과를 구성하는 고전적 3학과 4과를 강조했다. 3학은 문법, 수사학, 논리학으로, 4과는 산수, 기하, 천문, 음악으로 구성되었다(Wagner, 1983). 몇 가지 예외를 빼고, 1900년대까지 학교는 부자들의 요구에 부응하여 이 전통을 고수하였다. 19세기와 20세기에 퍼진 보통 교육운동으로 더 많은 사회 계층이 교육을 받았다. 읽기, 쓰기, 산수, 작은 비중의 역사 또는 공민 등이 아동을 위한 초기 교육과정의 주요한 구성요소였다. 읽기는 나중에 고전(라틴어, 영어 때로는 그리스어 고전)을 읽는 것으로 변하며, 쓰기는 에세이 형태로 발전하며 간혹 읽기의 나중 단계인 고전 읽기와 결합되기도 하였다. 산수는 대수와 기하로 발전했다. 이 과목들은 인간 만사의 기초로 간주되었으며 인격을 형성하고 예리한 논리적 사고력을 개발하며 일반적으로 삶의 대부분에 적절하다고 간주되었다.

흥미롭게도 20세기 초에는 색다른 혼합물이 출현했다. 그것은 '능력심리학'[2)]으로 알려진 심리학 분파에 고전적 전통이 합류한 것이었다. 즉, 능력 심리학자들은 지성(mind)을 고전적 교육과정의 교과를 배우면 개발될 수 있는 근육에 비유했다. 예를 들면 그리스어, 라틴어, 기하학 같은 과목에 정통하면 추리력과 논리적 사고력을 기를 수 있다고 믿었다. 학자에 따라 개발되는 능력의 유형이 다르긴 했지만, 특별한 '연습(exercise)'을 통해서 관찰, 지각, 상상, 기억 같은 정신 능력을 기를 수 있다고 보았다. 19세기 대부분과 20세기 상당 기간 동안 지배적인 '교육과정 이론'은 길러져야 할 습관을 중심으로 확립되었다. 이것들은 정신 도야라고 알려져 왔다. 이처럼 오랜 시간을 견뎌 낸 전통 인문 교양교육에 대한 훈련을 통해 지적 능력을 개발하는 데 관심을 둔 사람들을 지적 전통주의자라고 한다.

2) 역자 주: 정신현상을 여러 가지 능력으로 분석 · 기술(記述)하는 심리학으로 Aristotle는, 인간에게 영양능력 · 감각능력 · 상상능력 · 운동능력 · 사고능력이 있으며 이들은 욕구(欲求)에 의해 움직인다고 생각하였다. 중세에는 T. Aquinas가 이 설을 이어받았고, 다시 근세에 와서는 능력심리학의 시조로 불리는 C. Wolf가 이와 같은 생각에서 심리학의 체계를 세웠다. 그는 능력을 크게 나누어 지적(知的) 능력과 감정능력으로 나누었고, 다시 이를 각각 여러 능력으로 분류하였다. J. F. Herbart는 능력심리학에 반대하여 만일 이와 같은 능력의 가설을 허용하여 모든 정신작용에 각각 독특한 능력을 대응시킨다면 보행(步行)은 보행능력에 의해서, 계산은 계산능력에 의한다는 말이 되는데, 이것으로는 아무런 설명이 되지 않는다고 주장하였다.

그러나 지적 전통주의자들의 영향력은 20세기 초에 지적 · 사회적 변화의 결과로 약화되었다. W. James와 E. L. Thorndike 같은 유명한 학자들은 과학적 방법을 적용하여 능력심리학의 가설을 검증하기로 하였다. 1890년대에 James는 기억력은 훈련으로 향상되는 게 아니라고 결론을 내렸다. 나중에 James는 철학적 연구로 전환한 반면에, Thorndike는 라틴어나 수학 같은 전통적 교과가 새로운 교과보다 지성을 더욱 발달시키지는 않는다는 결론에 이르렀다. 이러한 연구의 영향으로 전통적 교과들이 교육과정에서 쇠퇴하였다.

이런 연구들은 엘리트가 아닌 대중을 위한 교육의 발달에 크게 기여하였다. 보편 교육이 이루어짐에 따라 학교교육의 실제적 결과에 대한 관심이 고조되었다. 이러한 실제적 결과를 낳기 위해서 교육과정은 과거 고급문화를 향유하는 집단에서 요구되었던 지성 이상의 것을 발전시키는 실제적 수단이 되어야 했다. 사회경제적 압력에 따라 학교교육은 사회계층 상승, 취업 그리고 일상의 실용적인 요구를 만족시킬 수 있어야 했다. 1910년대의 문학이나 예술에서 보여 주듯이, 대중은 삶의 복잡한 과정을 헤쳐 나가는 데 지성의 도야만으로 충분하다고 생각하지 않았다. *Education: Intellectual, Moral, and Physical*(1861)이라는 Spencer의 책 제목에 나타나 있듯이, 보다 넓은 관점이 다시 부각되었다.

사람들은 일상의 경험과 그 경험에서 비롯된 문제, 느낌, 만족감에도 주의를 기울였다. 그리고 좋은 학교교육은 일상의 삶을 외면할 수 없다고 결론지었다. 그래서 지적 전통주의자들은 주요 교과의 범주를 더 넓히기로 입장을 바꾸었다. 그러나 그들은 여전히 교과의 효용으로 정신 도야를 내세웠다. 이는 1890년 후반의 '10인 위원회', '15인 위원회'의 연구 활동에도 이런 입장이 잘 드러났다.[3] 대학교수 위주로 구성된 이 위원회는 교과중심 교육과정

3) The National Education Association(이하 NEA)는 1890년대에 중등교육연구를 위한 10인 위원회(하버드 대학교 총장인 Charles W. Eliot이 의장을 맡았음)와 15인 위원회를 조직하였다. 두 위원회에 의해 학교 교육과정은 수십 년 동안 지적 전통주의자들의 방향을 따르게 되었다. 위원회 보고서에 대해서는 Willis 등이 쓴 책(1993)을 보라.

을 장려하였다. 그 교과들이 고전적 원형과는 조금 다르긴 했지만 교과가 올바른 인간으로 성장하는 데 기본이라는 생각에는 변함이 없었다.

W. C. Bagley(1905)와 H. Horne(1906)의 저서는 지적 전통주의가 지속적으로 변형된 사례이다. Horne은 W. T. Harris처럼 Hegel 관념론의 추종자였다. 그는 '유신론적 관념론'으로 명명한 교육철학을 전개하였다. 그는 인간의 의지와 정신을 기르는 전통적 학문이 당시에 적절한지에 대해서 예증할 필요가 없었는데, 그 이유는 전통 학문이 인간본성의 기본적인 특성을 다루고 있다고 보았기 때문이다. Bagley의 전통 학문의 가치에 관한 주장은 당시의 사회적인 요구에 대한 적절성에 근거하고 있었다. Bagley의 평가에 따르면 '사회적으로 유능한' 사람은 규정된 교과를 배워서 능력을 획득한 사람이다. Bagley의 *The educative process*(1905)는 교육과정 저서로서의 명칭을 갖고 있지 않았지만, 당시의 교육과정과 다른 교육적 사고에 중대한 영향을 미칠 만큼 상당히 포괄적이었다. Bagley가 '본질주의자'의 입장에서 지적 전통주의자들에 대해 주장한 내용은 경험주의자와 사회적 행동주의자의 주장과는 근본적으로 다른 것이었다.

지적 전통주의자들의 교육적 입장을 사회적으로 보수적이라고 단정 짓기 전에 *The Souls of Black Folk*에 나타난 W. E. B. Du Bois의 주장을 살펴보자. 그와 Booker T. Washington은 흑인에게 가장 알맞은 교육과정이 무엇인가에 관한 논쟁을 벌였다. Washington은 흑인학교에서는 실제적이고 사회적인 혜택을 받을 수 있는 직업교육이 촉진되어야 한다고 주장하였는데, Du Bois는 이에 반대하였다. 그는 엄격한 교양 교육과정을 주장하였다. 이러한 교육과정을 통해 흑인들의 사고를 계발하고, 자신의 정체성을 확립하며, 흑인 인구의 1/10을 교육하여 지적 직업을 가지도록 해서, 인종차별과 같은 사회구조적 부조리에 맞서게 해야 한다고 주장했다. 그 자신이 교양 교육의 산물인 Du Bois는 어떤 집단이 이 교육과정을 거부한다면 상류층에 종속될 수밖에 없다고 믿었다.

두 가지의 서로 다른 교육적 입장에 대한 공통의 배경 지식은 Herbart의 저작에서 나온 일련의 신념을 받아들인 결과라고 할 수 있다. Herbart는 1841년 죽었지만, 그의 사상을 추종한 미국 학자(예를 들면, Charles와 McMurry, Charles de Garmo, C. C. Van Liew)들은 20세기 초에 Herbart적 교육과정 개발 방안을 고안하였다. 근본적으로 이 입장은 앞서의 Locke, Pestalozzi와 같은 초기 교육이론가로부터 얻어진 것인데, 이는 정신은 경험을 통해 형식과 내용이 주어지는 백지상태(tabula rasa)라는 입장이었다. 경험과 지식이 축적되면 그것들은 유화체제(類化體制; aperceptive mass)[4] 또는 저장고를 구성하는데 이를 통해 세상을 인식하고 해석한다. 학습은 밖으로부터의 지식이나 경험이 유화체제와 관계할 때만 이루어진다. 이러한 시각이 함축하고 있는 중요한 교육과정적 의미는 방법(method)이 가장 중요하다는 것이다. 학생들이 학습한 내용이나 대상을 유화체제와 연결짓기 위해 그것을 조직하는 필수적인 절차를 방법이라고 보았다. 학생들에게 바람직한 교육과정을 제공하는 방법을 구안하는 데에는 아동발달에 대한 연구가 매우 중요하였다. 하지만 20세기 초까지의 교육과정 연구에서 아동발달에 대한 연구가 가장 중요하다고 한 교육 이론가는 거의 없었다.

20세기 초, 사회적 행동주의와 경험주의는 아동에 대한 '과학적' 연구의 '충실한' 이해에서 태동하였다. '과학적 방법' 에 대한 사회적 행동주의자들의 관점은 자연과학의 기법을 모방한 것이다. 과학자는 기술적 관찰의 객관적이고 분석적인 해석을 통해 일반적 원칙을 발견하는 냉철한 연구자이다. 그러한 해석은 자연현상에 관한 연구를 통해서 얻어진다. 연구자들은 추출한 문제에 관해 끈기 있게 연구하고, 타당하고 확실한 도구를 이용해서 관찰결과를 다루며, 결과를 계량화하여 마침내 일반화를 도출한다. 통계적 분석은 가장 강력한 입증 도구이다. 만일 아동이 어떻게 사고하는지, 성장과정에 있는 학습자의 나이에 가장 알맞은 학습자료는 무엇인지, 학습자에게 어떤 교육과정이 가장 적합한지를 알기 원한다면 자연과학적 연구 모형을 응용하

4) 역자 주: Herbart의 이론에 따르면, 새로운 지식이 학생들에게 적절하게 제시되면 이는 기존의 지식과 연결되어 유화체제라 불리는 조직적 사고 체제를 형성하게 된다.

면 답을 얻을 수 있다고 보았다.

초기 사회적 행동주의자인 미국 심리학자 G. S. Hall은 독일인 W. Wundt의 제자였다. Wundt는 심리 행동을 연구하기 위해 라이프치히에 처음으로 실험실을 만들었으며 탐구방법으로 내성법(introspection)[5]을 사용했다. 미국 Herbart 주의자들의, 아동의 발달은 인류 진화의 문화적 신기원을 이루어 온 역사와 유사하다는, '발생반복설' 은 Hall의 제안에 기초가 되었다. 이 가설은 교육과정에 적용되어 1897년 출간된 *National Herbart Society*의 세 번째 연감에 게재되었다. Hall의 동시대 교육학자 중 상당수가 문화적 신기원설을 전파시켰고 이 이론에 적합한 교육과정 모델을 개발했다. Charles와 McMurry, Charles De Garmo, C. F. Parker, 심지어 Dewey도 한때는 이 문화적 신기원설에 경의를 표했다. 어쨌든 Hall은 발생반복 과정을 완벽하게 설명했으며, 철학적 가설이 아닌 아동 연구에 근거해서 새로운 교육의 시대를 기대하게 만들었다. Hall의 주장에 근거해서 아동 연구의 기초가 세워졌고, 아동발달 이론이 힘을 얻고 그 뒤로 쭉 이어졌으며(Hall, 1905), 행동주의 심리학자와 활동분석가들이 반론을 제기할 때까지 교육과정 구성에서 하나의 패러다임이 되었다. Hall은 "일반적으로 아동의 거의 모든 실태, 감각, 감정, 의지와 생각은 홀로 있거나 성인들의 영향으로부터 떨어져 있는 정도에 따라 원시적 자연 상태(paleophysic)가 되는 경향이 있다. 성인들이 개입하면 이러한 원시적인(archaic) 요소는 제거된다. 따라서 이런 관점에서 볼 때 유아기, 아동기, 청소년기는 인류의 과거사를 여는 3개의 큰 열쇠 다발이다." (Hall, 1965: 46-47)라고 하였다.

5) 역자 주: 정신을 지배하는 법칙을 발견하기 위해 자신의 정신작용을 관찰하는 과정. '내부를 본다' 는 의미의 라틴어 'introspicere' 에서 온 말이다. 의식 내용을 자연계의 질료(質料: 신체를 포함한 물질)와 구분하는 이원론 철학에서는 내성법이 심리학의 주요방법이다. 그러므로 내성법은 19세기 실험심리학 선구자들, 특히 W. Wundt, O. Kuelpe, E. B. Titchener 등 많은 철학자들에게 중요한 방법이었다. 이들은 의식의 내용은 직접적인 경험으로 이루어진다고 여겼으며, 경험한다는 것은 바로 경험한다는 것을 아는 것이라고 했다. 이런 의미에서 내성법은 자기정당성을 가진, 오류가 없는 것으로 보았다.

유아는 동물, 아동은 야만인, 청소년은 원시인으로 규정한 것은 Hall의 입장에서는 결코 비유가 아니다. 이것은 현재와 같은 문명적 삶의 단계로 나아가는 청소년의 발달단계를 기술한 것이다.

이 문화적 신기원 모형은 효과적인 교육의 초석이며, 교육과정의 적절한 범위와 계열을 규정해 주었다. Hall은 심리측정을 통해 인간본성의 사회적 유형이 드러날 수 있다고 주장하였다. 즉, 심리검사를 통해 발달단계를 알 수 있으며, 완전한 문명인의 단계에 이르지 못할 사람들을 판정할 수 있다고 보았다. 사회 질서 속에서 지능이 발달되지 못한 이들도 능력에 맞는 사회적 역할을 준비할 수 있다. 이것은 어떤 사람에게는 의무적이고 보편적인 학교교육이 비생산적임을 의미한다. Hall은 "세상에는 교육을 받지 않아도 될 사람들이 많으며, 만약 학교에 가지 않았다면 정신적, 육체적, 도덕적으로 보다 더 나았을 사람들이 있다. 아동이 지식을 얻고 건강을 잃는다면, 무슨 이득이 있는가?"라고 주장하였다(Hall, 1965: 116).

비록 과학이 참된 연구만큼 허구도 많았지만, Hall은 교육에서 의미 있는 학문의 기초가 된 행동주의 과학(심리학과 사회학)에 대하여 굳은 신념을 가지고 있었다. 그는 당시 행동주의 과학의 원칙에 주목하면서 과학적으로 교육과정을 구성하는 것도 가능하다고 주장한 교육과정의 선구자였다. 오늘날의 교육심리학에 비하면 미숙했지만, Hall은 20세기 초 일부 교육자들의 희망을 반영하여, 아동 연구를 교육과정 구성 절차의 핵심적 연구로 끌어올렸다.

사회적 행동주의자들이 특히 모방하고 싶었던 경험과학적 연구의 한 측면은, 엄밀한 과학적 관찰과 측정을 촉진하는 과학기술적인 도구의 사용이었다. J. M. Rice는 학교현장을 주의 깊게 관찰한 것을 토대로 쓴 논문을 *The Forum*에 발표하면서 교육개혁가로 유명해졌다. 이 논문은 대중의 폭넓은 반향을 불러일으켜 1893년에 책으로 출간되었다. Rice는 검사가 교육의 질을 잘 드러내준다고 믿고 실천에 옮겼다. 그는 어떤 철자 학습법이 가장 효과적이며 효율적인지를 '과학적인' 방법으로 결정하기 위해 맞춤법 검사를 여러 곳에서 시행하였다. Rice의 노력이 증명되지는 못하였으나, 이러한 과정을 통해 좋은 과학적 도구가 효과적인 교육의 실천을 낳는다는 생각이 널리 퍼지게 되었다. 이런 가운데 A. Binet와 T. Simon은 1906년 최초로 지능을 측정할 수 있는 검사를 개발하였다. 이것은 교육에서 과학의 숭상을 가장 극대화시킨 전형적인 사건이며, 이후에도 오랫동안 교육에 영향을 미쳤다.

가장 효율적이고 적절한 교육과정을 결정하기 위한 과학적 관심은 효과적인 교수를 위한 아동 연구에서 사회통계 연구로 옮겨갔다. Hall이나 Rice 등의 교육이론가들은 학교 교육과정이 '과학적인' 방법으로 결정되어야 한다고 생각했다. Bobbitt은 일반 성인의 삶에서 일상적 활동을 자세히 관찰하고 꼼꼼하게 분석하여 이를 가능하게 했다. 그리고 그런 활동에 내재해 있는 특정한 과업을 청소년들에게 가르쳐 그들을 사회로 안내하였다. 이런 교육과정 구성 절차를 흔히 '활동분석', '과학적 교육과정 구성' 이라 한다(Bobbitt, 1915, 1918, 1922, 1924 참고). 교육과정 구성 방향의 하나인 이 절차는 사회적 효율성 운동과 관계 깊다. 이 운동은 사회에서 수용될 수 있는 방식으로 행동을 형성하고 처리하는 것을 의미하기 때문에, 흔히 '사회적 행동주의자' 로 불린다. 사회적 행동주의자들은 자연과학과 기술의 성공을 모방하고, 능률적인 방식으로 삶을 준비하기를 희망하는 사람들에게 호응을 얻었다. 더 자세한 것은 다음 장에서 다룬다.

Herbart 주의자들이 그의 저서에서 5단계 교수법(준비, 제시, 비교, 일반화, 적용)을 도출하였는데, 이것은 20세기 내내 교수전략에 대한 판단에 강력한 영향을 미쳤다. 5단계 교수법은 교육과정이 학교교육을 위해 개발되어야 하는 방식에 대한 단순한 처방에 그치지 않는다. 그것은 주로 일상생활의 경험[6] 가운데 유화체제에 의한 지식 획득 과정의 단계를 설명하는 것이었다. 이러한 가정은 매우 중요하다. 일상생활의 경험에서 이루어지는 학습은 학교에서 학습을 개발하는 방식에 커다란 통찰력을 준다. 또한 Herbart가 제시한 학습의

6) Herbart 주의자들이 교육에 대한 Herbart의 제안의 특징으로서 수업계획을 어떻게 강조했는지에 대한 상세한 논의는 Dunkel(1984)를 보라. Herbart의 저서를 조사해 보면 그의 설계에서 수업계획이 경험에 기초한 교육으로서의 최우선이 아니었음이 밝혀진다.

목적은 윤리적으로 선한 것이어야 한다는 입장을 내포하고 있었다.

교육과정 사상의 제3학파인 경험주의 입장은 교육이 윤리적인 것을 포함해야 한다는 것을 중심에 두고 있다. Dewey는 Herbart 주의자들의 이러한 인본주의적 차원을 계승하고 정교화하여 재구성했다. 아동 연구는 사회적 행동주의자들보다 더 실제적이고 사회적으로 투자할 만하며 문제해결적인 방식이라는 점에서 '과학적' 이어야 했다. 교육자는 아동이 어떻게 배울까 뿐만 아니라, '왜, 어디서, 무엇을, 누구와 함께' 배워야 하는가까지도 고려해야 한다. 아동의 지적 발달은 아동의 흥미에 대한 이해와 밀접한 관련이 있다. 마찬가지로 어떤 '수업' 이 아동의 문화적 성장에 가장 적합한지를 결정하려면, 사회제도를 '과학적으로' 탐구해야 한다. 이런 점에서 1897년에 출판된 Dewey의 *My Pedagogic Creed*는 주목할 만한 것이다. 이 저작은 Dewey의 수많은 교육과정 관련 저서 중에서, 그의 초기 교육사상을 아주 간략하게 잘 안내하고 있다. 교육과정에 관해서 폭넓게 이해하려면 반드시 Dewey의 몇몇 저서를 탐독해야 한다. 이에 대해서는 뒤에 소개되는 문헌에서 더 많이 언급할 것이지만, 이 점에서 Dewey와 그의 지지자들이 그 뒤에 나타난 경험주의 교육과정 사상의 주춧돌이 되었다는 점은 명확하다.

Dewey는 1902년 *The Child and the Curriculum*의 출간으로 교육과정사에 큰 획을 그었다. 그는 이 책에서 시카고 대학교의 실험학교 활동을 종합하여 이론과 실제를 접목시켰다. Dewey는 교육과정을 결정하기 위한, 3개의 개념 모형을 제시했다. 첫 번째 모형은 '구교육' 이라 명명되는 교과중심 접근이다. 이 모형에 반하여, Dewey는 '새교육' 이라 칭하는 교육의 관점을 설명하였다. 새교육은 아동의 흥미에 기초한 모형인 반면, 구교육은 앞에 설명한 '지적 전통주의' 와 잘 부합한다. 새교육은 McMurry와 Hall의 저서에서 드러났듯이 Herbart 학파에서 유래한 것이다. Dewey 자신은 교과중심 교육과 흥미중심 교육 양쪽 모두로부터 거리가 있다고 주장했다. 그는 시카고 대학교의 실험학교 교장으로 일하면서 자신의 교육 사상을 발전시켰다. Dewey는 학교의 실천 면에서는 E. F. Young, J. Addams와 그의 부인인

Alice. C. Dewey, 사회사상 면에서는 W. James, L. F. Ward, A. Small에게서 영향을 받았으며, 그것을 배경으로 교육에 대한 새로운 이해인 경험주의를 발전시켰다. 이 책은 *The School and Society*(1900)[7]와 함께 경험주의자의 사상을 이해하는 초석이 되었으며, 이 책들은 1920년대와 1930년대의 진보주의 교육의 '황금기' 라 부르는 시기까지 영향을 끼쳤다.

Dewey는 그의 잘 알려지지 않은 저서 *The Educational Situation* (1902)에서 특수한 환경에서 문제를 해결하는 실제적 기술과 과학을 다루고 있다. 단순화시켜 볼 때 이 책의 주요 논지는 인간을 생물학적 · 사회적 유기체로 인식한다는 것인데, 인간 유기체는 환경에 적응하고 환경과 조화롭게 살기 위해 지능을 사용함으로써 성장할 수 있는 잠재력을 가진 존재라는 것이다. 역사적으로 인간은 이러한 과정을 통해 경험을 터득하며, 이러한 경험은 다음 세대에게도 전수된다. 학교의 책임은, 학교 밖의 교육적 상황(맥락)에서는 일어날 수 없는 경험을 학생들에게 제공하는 데 있다. 학생들의 학습은 성인중심의 조직화된 지식을 교훈적인 훈화식 강의로 전달한다고 해서 이루어지지는 않는다. 학문에서 조직화된 지식이나 기술을 얻는 것도 바람직하다고 할 수 있지만, 가장 바람직한 방법은 학생들의 참된 홍미를 바탕으로 학습내용을 심리학적으로 구축하여 학습이 이루어지도록 하는 것이다. 문제 해결력은 사람들 사이의 경험을 다루는 의사소통의 훈련이나 모둠 학습에 의해 가장 잘 얻어질 수 있다. 우리는 이것을 간단히 상호존중에 바탕한 민주적 생활이라 부를 수 있을 것이다. '아동중심 교육과정' 과 '전인적 아동교육' 이라는 명칭은 Deweyan의 사상에서 기원했고, '문제 해결' , '행함으로써 배운다.' 는 것도 여기서 발전되었다. 그는 그의 책 *The Child and the Curriculum*과 *The School and Society*에서 도구를 만들고 실을 잣는 것과 같은 옛 사람들의 생활을 재현해 보는 활동을 통해서, 아동이 과거 인류의 문

7) *The Child and the Curriculum*과 *The School and Society*는 자주 함께 언급된다. 그것은 1990년에 Philip Jackson이 새롭게 발표한 판본과 함께 1956년 시카고 대학교 출판부에서 같은 표지로 출판되었기 때문이다.

제 해결 능력에 대해 학습한다는 것을 묘사하고 있다. 교육에 대한 Dewey의 공헌은 너무나 광범위해서 여기서 다 요약할 수가 없다. 우리는 다음 장에서 그의 이론이 발전한 과정과, 그가 기초한 경험주의 전통에 대한 1930년대 그의 반응을 살펴볼 것이다.

경험주의자 입장에 반대하는 주장에 관심이 있는 사람들은 Bagley, Judd, Horne, Morrison과 이후 30년 동안의 다른 이들의 저서를 참고할 필요가 있다. Dewey는 50년 동안 경험주의 운동의 지도자로서 활동했으며, 당대의 교육과정 이론에 가장 중요한 기여를 했음에 틀림없다.[8] 이 책에서 우리는 교육과정 분야의 새로운 운동이 등장할 때마다 Dewey의 입장을 빌어 비평할 것이다. 사실상 모든 저자들이 각자의 교육적 입장에서 다른 이들의 주장을 계승하겠지만, Dewey는 항상 경험주의를 대변했다. 오늘날까지도 그는 경험주의적 관점의 자세를 견지하고 있는 가장 중요하고도 유일한 인물이다.

이 책은 20세기 초 10년 동안 출간된 교육과정 문헌 연구에 대한 흥미를 불러일으키고, 교육과정의 맥락을 알 수 있도록 쓰였다. 이 시기에 지적 전통주의, 사회적 행동주의, 경험주의의 3가지 교육사조가 전개되었는데, 우리는 이후의 수십 년에 걸친 그 후계자들을 추적해 갈 것이다.

교육과정 연구가 본격적으로 시작되었다고 여겨지기 전에 출판된 저서들을 잠깐 살펴보자. 1900년에서 1909년 사이 출판된 19권의 책은 그 당시 책 제목에 교육과정이란 용어를 붙이는 것이 널리 행해졌음을 보여 준다. 그 이전에는 교육과정이라는 용어가 교육학 서적에 뒤섞여 사용되어서 잘 드러나지 않았다. 1900년 C. Bowsher의 책 제목에 처음으로 교육과정이란 용어가 사용되었다. 그러나 이 책은 출판 부수가 적어서 거의 영향을 주지 못했다. Bowsher는 오늘날에도 보기 드물게 철학적 세계관으로부터 교육과정적 원

8) 오늘날 Dewey의 교육적 · 사회적 철학에 대한 타당성은 그의 사상을 더 잘 이해하고 비판하려 했던 연구들에 나타나 있다. Boisvert(1977), Cuffaro(1995), Garrison(1997), Paringer(1990), Ryan(1995), Simpson과 Jackson(1997), Laurel Tanner(1997), Westbrook(1991)을 보라.

칙을 개발했다. 미국의 교육과정 저서들은 사범학교의 예비 교사를 양성하고 교육과정 개발자들이나 교육행정가들에게 영향을 끼쳤는데, 그것들은 주로 무엇을 가르쳐야 하는가와 교육과정을 결정하는 지침을 소개하였다. 이 시기에 학교 관계자들에게 영향을 미친 책 중 하나는 C. H. Henderson의 *Education and the Large Life*(1902)이다. 이 책은 Dewey도 비판한 바 있는 구교육에 대한 비판서이다. Thompson(1905)의 책도 그랬듯이 이 시기 영국에서 출간된 저서들은 교육과정을 논쟁의 주제로 다루었다. 19권의 책 중 8권의 책이 기본적이고 초보적인 수준에서 교육과정을 강조했다. Meriwether(1907)의 책은 교육과정을 역사적으로 다루었다.

학자들이 계속 언급함으로써 지속적인 영향을 미친 교육과정 저서는 Dewey(1900, 1902), McMurry(1906), Bagley(1905)의 것이다. Du Bois의 책은 특별히 교육과정에 관한 것은 아니었지만, 교육과정 사상과 소외 계층 교육에 지속적으로 영향을 미쳤다. 20세기 초의 중요한 신 Herbart 주의자인 McMurry는 주로 방법을 강조했다. 그의 책 제목에 나타나 있듯이 교과과정(course of study)이란 용어는 교육과정(curriculum)을 대신해 사용되었다. 이는 '마차 길' 을 의미하는 라틴어에서 기원한 것이다. 이것은 인류의 축적된 지혜의 땅을 여행할 때, 유경험자에 의해 안내되는 초심자의 행로를 의미한다. 그래서 McMurry는 8학년 동안 배워야 할 필수적인 인간의 경험에 관해 추천할 만한 것을 언급하고 논의했다. 20세기 상당한 시기 동안, 특히 비공식적 담론에서 교과과정이 교육과정과 동의어로 사용된 것은 흥미롭다.

20세기 첫 10년 동안의 토론을 마무리하면서 1918년을 교육과정 분야의 원년으로 간주해도 무방할 것 같다. 발달로 비유하자면 20세기 초 10년은 교육과정 분야가 미숙하게 발달한 단계라 할 수 있다. 서문에서 언급했듯이 임신부터 출생까지의 시간은 참으로 길었다. 교육과정은 인류가 다른 사람을 가르치겠다고 생각한 그때부터 계속되었으나, 1915년 이후가 되어서야 비로소 탄생하였다. 코끼리의 잉태기간이 초파리의 그것과 비교할 수 없을 정도로 긴 것처럼, 교육과정의 잉태기간은 코끼리의 그것과 비교할 수 없을 정도로 길었다. 교육과정의 역사적 뿌리를 연구한다 함은, 인류가 그 후손에게 살아가는 법을 안내해 온 이래로 나타난 모든 사상, 예술, 행위를 규명해야 하는 것이다.

참고문헌

1860-1899

Spencer, H. (1861). *Education Intellectual, moral, and physical*. New York: D. Appleton & Co.

National Education Association Committee of Ten on Secondary School Studies. (1893). *Report*. (Chaired by C. Eliot). Washington, DC: Government Printing Office.

Rice, J. M. (1893). *The public school system of the United States*. New York: The Century Company.

Parker, F. W. (1894). *Talks on pedagogics*. New York: E. L. Kellogg.

De Garmo, C. (1895). *Herbert and the Herbartians*. London: Heinemann.

National Educational Association Committee of Fifteen Report. (1895). *Addresses and proceedings*. (Chaired by W. T. Harris.). Washington, DC: The Association.

National Educational Association. (1895). *Report of the committee of fifteen on elementary education*. New York: American Book Company.

Dewey, J. (1897). My pedagogic creed. *School Journal, 54*(3), 77-80.

McMurry, C. (Ed.). (1897). *Third yearbook of the National Herbart Society for the Scientific Study of Teaching*. Chicago: University of Chicago Press.

Harris, W. T. (1898). *Psychologic foundations of education*. New York: D. Appleton and Company.

James, W. (1899). *Talks to teachers on psychology; and to students on some of life's ideals*. New York: W. W. Norton.

1900

Bowsher, C. A. (1900). *The absolute curriculum*. Champaign: The University of Illinois.

Dewey, J. (1900). *The school and society*. Chicago: University of Chicago Press.

1901

Weet, H. S. (1901). *The curriculum in elementary education*. Rochester, NY: University of Rochester Press.

1902

Dewey, J. (1902a). *The child and the curriculum*. Chicago: University of Chicago Press.

Dewey, J. (1902b). *The educational situation*. Chicago: University of Chicago Press.

Henderson, C. H. (1902). *Education and the large life*. Boston: Houghton Mifflin.

1903

Du Bois, W. E. B. (1903). *The Souls of Black Folk: Essays and sketches*. Chicago: A. C. McClurg & Company.

1904

Columbia University Press. (1904). *The curriculum of the elementary school*. New York: Author. (Also reports intermittently to 1915).

1905

Bagley, W. C. (1905). *The educative process*. New York: Macmillan.

Hall, G. S. (1905). *Adolescence*. New York: Appleton.

Lodge, O. J. (1905). *School teacher and school reform: A course of four lectures on school curriculum and methods*. London: Williams and Norgate.

Payne, B. R. (1905). *Public elementary school curricula*. New York: Silver Burdett.

Thompson, H. M. (1905). *Essays in revolt; being a discussion of what should be taught at school*. London: J. M. Dent.

1906

Dodd, C. (1906). *The child and the curriculum.* London: S. Sonneschein.

Horne, H. (1906). *The philosophy of education.* New York: Macmillan.

McMurry, C. A. (1906). *Course of study in the eight grades (Vols. I and II).* New York: Macmillan.

1907

Meriwether, C. (1907). *The colonial curriculum 1607–1776.* Washington, DC: Capital.

1908

Horace Mann School. (1908). *The curriculum of the elementary school of Horace Mann School.* New York: Teachers College, Columbia University.

1909

Hayward, F. H. (Ed.). (1909). *Primary curriculum.* London: Ralph.

제2장 1910~1919년의 교육과정 사상과 문헌

교육과정 사상에서 사회적 행동주의 학파는 자연과학의 성공과 Bobbitt의 저서의 영향을 받아 매우 발전하였다. 그 시대의 경향은 학교에서 무엇을 가르쳐야 하는가를 결정하는 데 과학적이고 기술적인 접근을 장려하였기에 학교 공교육의 결과가 관찰 가능하고 실제적이어야 했다. 1913년 클리블랜드 회의에서 사회적 행동주의자들은 권력과 밝은 전망을 얻었다. Thorndike, Judd, Gray의 지휘 아래 클리블랜드 회의는 교육과정의 과학적 연구를 촉진시키는 연차대회가 되었다.[1)]

Bobbitt은 학교에서 가르칠 필요가 있는 소재는 사회에서 성인이 수행하는 과제와 거의 일치한다고 주장하였으며, 생활 속의 활동들을 절차에 따라

1) W. H. Schubert는 1979년 5월 18일 Ralph Tyler와의 인터뷰에서 이 회의에 대한 정보를 준 것에 감사하였다.

자세하게 분석한 '활동 분석'을 제안하였다. 특히 생산적이고 효율적인 생활에서 늘 필요한 활동들은 학교에서 학생을 위한 학습경험으로 분류되고 해석되었다. 분명한 것은 효율적이고 성공적이며 생산적인 생활의 특성에 관한 가설들이 만들어져야 했다는 것이다. 그런데 이 사실은 주관성에 토대를 두었으며, 이 주관성은 객관적으로 정해진 교육과정 개발 순서 중 하나의 과정으로 제시되었다. Bobbitt은 그의 저서 *What the Schools Teach and Might Teach*(1915)에서 사실과 당위의 문제를 제기하였다. 이 책은 1910년대에 싹트기 시작했던 교육과정 사상의 발전을 보여 주었다. 즉, '어떠해야 하는가(당위)'를 '어떠한가(사실)'와 비교하면서 당위를 규정하고 미리 계획하는 경향이었다. 그리고 이러한 전자의 규범적인 관점과 후자의 기술적인 관점은 모두 대규모로 전개된 학교교육을 상정한 것이었다.

Gray(1911)는 중등학교 교육과정 개정에 관여하였다. Gilbert(1913)는 초등학교에서 가르치려고 선정한 교과의 결정에 내재된 가치의 이면적 근거를 조사하였다. Weeks(1913)는 미래를 설계하면서, 경제적 민주주의와 일치하는 교육과정을 지지하였다. 1917년 Herkert의 강조로 교육과정과 방법을 연계하는 1900년 이전의 추세가 널리 유행했는데, 그것은 교수 자료의 구성과 초등 교육과정의 관계를 설명하는 것이었다. 그 이후에 교수 자료 구성은 교육과정의 지속적인 관심사가 되었다. 또한 교육과정과 수업의 관계도 끊임없이 논의되었다.

경험주의 학파는 Dewey의 걸작인 *Democracy and Education*(1916)에 견고한 뿌리를 두게 되었다. 이 책은 교육과정 저서에 국한된 것은 아니지만, 정치적 · 과학적 · 철학적 · 심리학적 · 교육적 맥락에서 교육과정 문제를 다루고 있다. 이 책이 직 · 간접적으로 교육과정 사상과 실행에 미친 영향은 엄청나다. Dewey는 개인의 일상적 삶이 작용하는 측면과 사회문제 해결에 대한 요구를 관련지어서, 민주주의 사회의 교육이라는 개념을 만들었다. 민주주의 교육의 목표는 교육받은 사람의 행동이 사회생활에 이어지는 식으로 나타난다. 그는 구체적인 맥락 속에서 과학적 탐구를 통하여 성장과 가르침이 이루어진다고 주장했으며 그의 책 *How We Think*(1910)에서 교육자와 일반 대중에게 이 같은 '반성적 사고'의 과정을 설명했다. Dewey에 따르면, 효과적 논리의 특징인 경험적 · 합리적 · 민주적 사고는 추측, 지적 엄격성, 비판적 관찰, 자료의 통제, 결과의 검증뿐만 아니라 사전 지식, 놀이, 호기심, 언어에서의 의미구성, 체제, 판단을 담보로 할 때 강력한 힘을 갖게 된다. 숙고의 확장된 개념은 사회적으로도 중요한 문제를 고려하는 것인데, 이러한 숙고는 관습적, 제한적, 기술적인 과학적 사고의 개념보다 더 포괄적이며 설득력이 있다. Dewey는 관심과 훈육, 독립과 의존, 일과 놀이, 경험과 반성, 노동과 여가, 지적인 것과 실제적인 것, 흥미와 요구 등의 외견상 대립적인 것의 상호관계를 주장하여, 학교와 삶을 통합하고, 미래의 준비와 현재의 삶을 통합한 교육과정의 개념에 토대를 제공했다.

1918년에 Kilpatrick은 방법과 교육과정에 대한 함의를 상술하면서, Dewey의 주장에 대한 그의 설명을 열정적으로 알리기 시작하였다. 그의 '프로젝트 학습법' 은 교육과정학자와 실천가들 사이에 널리 알려졌다. Kilpatrick은 1918년 재판된 18쪽 분량의 논문에서 학습활동이 학생의 공통 관심사를 중심으로 이루어져야 하며 모든 교과영역은 중심적인 관심사와 관련되고 통합될 수 있다고 주장했다. 1919년 M. Branom의 연구는 프로젝트 학습법을 당시 학교의 실천적 활동에 통합하려는 최초의 노력이었다. 어떤 학자들은 이 방법을 Dewey 사상의 연장으로 인정하였으나, 다른 이들은 그것이 다르다고 반대하였다. 반대하는 사람들은 경험주의 철학을 더 철저하게 표방하고 있던 Horace Mann 학교(1913, 1917)의 해석적인 보고서를 지지하였다. 컬럼비아 대학교의 Teachers College에 소재한 그 학교가 Dewey 사상의 경험과 반성에 철저하게 뿌리를 두고 있었기 때문이다. 경험주의 교육이론이 실천된 학교현장에 대한 Dewey 자신의 고찰은 그의 딸 Evelyn과 함께 저술한 *Schools of Tomorrow*(1915)에 담겨 있다.

이 시기에는 교육정책과 학교 현장에 여성 교육자들의 영향이 커지고 있었으며, 교육과정에 대한 그들의 생각이 책으로 출판되기도 했다. 이탈리아의 의사인 Montessori는 정신적으로 무능력자라 불렸던 미숙아들의 교육에서 놀라운 성공을 거두어, 유럽 교육개혁에서 중요한 인물로 떠올랐다. 그녀의 교육방법은 Pestalozzi, Froebel, Itard, Seguin의 발달주의적 전통을 따르고 있었지만, 그녀 자신의 독특한 이론적 체계에 맞게 변형하였다. Montessori의 성과는 로마 빈민가인 San Lorenzo의 Casa dei Bambini에서 빈민 아동들과 함께 일하면서 더욱 발전했다. Montessori 교육방법의 특징이라 할 수 있는, 아동 개인의 발달을 촉진시키는 활동을 강조하는 훈련에 대해 여론이 분분하자, 마침내 자신의 철학과 실천에 관한 최초의 보고서인 *The Montessori Method*(1912)를 출판하였다.

미국의 Parkhurst는 Montessori 교육법에 대해 초기의 열렬한 지지자이며 후원자 중의 한 사람이었다. Montessori가 1913년에 미국을 방문했을 때, Parkhurst는 그녀의 통역사였고 협조자였다. 또한 미국에서의 Montessori 교육 운동을 주도했다. A. G. Bell(그의 부인은 Montessori 교육협회의 공동발기인이었음)과 T. A. Edison은 Montessori 교육방법을 교육개혁 방안으로 전파하였다. Montessori는 The National Education Association(이하 NEA)에서 연설을 했고, 백악관을 방문했으며, 카네기 홀에서 강연도 하였다. 언론은 아동교육에 관한 Montessori 교육방법을 특집 기사로 실었다. Montessori는 초판을 개정하여 *The Advanced Montessori Method*(1913)를 출판했으며, 그녀의 교육방법은 대학교의 정규 강좌와 교원 연수 과정에 활용되었다. Montessori의 대중적 인기 덕분에 유치원에 대한 공공예산이 증가하였다. 어머니회는 6세 이전의 아동에게까지 교육을 확장하도록 주 의회 의원들에게 압력을 가했다.

그러나 Montessori 개혁의 특징은 일시적으로 유행했을 뿐이다. 1918년에 이르러 Montessori 교육협회는 해체되었고, 그녀는 미국을 떠나 다시 돌아오지 않았다.

Montessori 교육방법은 주로 사립유치원 교육에 도입되었다. 유럽과 달리, 미국에서는 왜 Montessori 교육방법이 지속되지 못했는지에 대해 여러 가지 이유를 찾을 수 있다. 그녀의 책은 일반인들을 위해 저술되었지만 그녀의 방법을 진실로 믿는 사람들조차도 이해하기 어려웠다. 그녀의 문체는 화려하고 간접적이며 추상적이고 반복적이었다. 그녀는 그 방법을 보급하는 과정을 자신이 직접 통제하고자 했는데, 그렇게 하려면 비용이 많이 들고 적용 범위도 제한되었다. 미국이 아닌 다른 곳에서 유래된 제안이기에 의심을 받았으며, 그 당시 미국에서는 '미국에서 만들어진' 다양한 대안들이 장려되고 있었다. Kilpatrick은 Montessori의 교육방법이 진보주의 교육의 사회적 입장과는 반대되고, 아동들의 사회적 요구를 적절히 반영하는 데 실패하였다고 강하게 비판하였다.[2] P. S. Hill(1915)은 그 대안으로 실험 유치원을 제안했다. 실험 유치원은 사회적 상호작용을 강조하고 있는데, 이것은 오히려 경험주의자 또는 진보적인 이상에 더 적절한 것이었다.

A. Barrows라는 이름은 Montessori만큼 잘 알려지지 않았으며, 당시의 학교교육에 특별한 것을 남기지는 못했다. 그러나 그 당시 그녀는 모든 학생들이 폭넓은 직업교육의 혜택을 받을 수 있다고 믿은 활동적인 학교개혁가였다. 그녀는 Gary 공립학교에서 사회적 효율성을 도모하면서 교육과정에서의 진보적 개념을 혼합한 형태의 platoon system[3]을 운영한 것으로 잘 알

2) Maria Montessori의 생애와 사상에 대한 소개는 E. Hainstock의 *The essential Montessori: An introduction to the woman, the writings, the method, and the movement*(Revised edition) (New York: Plume, 1997)을 보라.

3) 역자 주: 급격한 학생수의 증가에 따라 시설이 불충분하게 되자 효율적인 시설 활용을 위한 학급 조직이 생겨났다. 첫째, Gary system은 1906년 시카고 근교의 Gary 시에서 시행된 것으로 철강회사에 몰려드는 미국 및 유럽 각지에서 이주해 온 아동들을 수용하기 위해 실시되었다. 교육과정을 전통적 교과목과 자연, 가사, 미술, 음악, 체조 등 특수과목으로 구분하고 전체 학생을 A, B 두 집단으로 나누어 A집단이 보통과정을 공부하면 B집단은 특수과목을 공부하게 하고 적당한 때 교체하도록 하였다. 둘째, platoon system으로 이것은 Gary system을 더욱 조직화한 것이다. 즉, 전체 학생을 대략 동수의 2개 그룹으로 나누고 한 그룹이 보통교실에서 기초 교과를 학습하는 동안 다른 한 그룹은 특별 교과를 학습하게 하는 것이다. 이 그룹은 오전과 오후에 한 번씩 교체하여 학교시설을 최대한 활용하게 한다. Gary system과 다른 점은 1학년은 교체되는 집단에서 제외, 보통수업을 하는 점과 학급담임제를 주로 하면서 교과담임제를 병용하는 점이다.

려졌다.[4] 그녀는 직업교육의 개념을 제한적이고 특수한 형태로 규정하는 것에 반대했으며, 대신 다양한 산업활동에서 널리 쓰일 수 있는 일반적이고 이론적인 교육을 주장했다. 그녀의 이러한 생각은 *Report of the Vocational Guidance Survey*(Barrows, 1912)에 잘 나타나 있다.

당시 학교에서 유행하던 교육과정을 연구해 보면, 이 시기에 지적 전통주의자들이 활동하였다는 증거를 충분히 얻을 수 있다. 적절한 교육과정 자료를 결정하는 데 있어서 교단 교사들의 실태를 살펴보면, 특히 중등학교 수준에서는 지적 전통주의자들이 대부분 교사들의 정신과 실천에 영향을 주고 있었다. Bagley(1910)는 교육과정 사상에서 지적 전통주의자를 계속 옹호하였다. 동시에 교육과정을 어떻게 만들 것인가 하는 토론에서는 지적 전통주의는 구교육으로 인식되고 있었으며, 이것은 갱신될 필요가 있는 것으로 받아들여지고 있었다. NEA는 고등학교에 적합한 교육과정 정책을 갱신하기 위해 고등교육과 중등교육의 행정가들을 중심으로 교육위원회를 구성 운영했다.

NEA가 펴낸 *Cardinal Principles of Secondary Education*(1918)은 교육과정 사상에 대한 새로운 관점을 제창했다. 이 보고서는 논쟁을 조장하기보다는 당대의 관점들을 혼합한 것이었다. 이것은 교육과정 사상에서 합의를 이루기 위한 노력이 반영된 것으로, 앞서 기술한 세 가지 입장과 마찬가지로 교육과정 사상의 발전에서 매우 중요한 변화였다. Dewey, Bobbitt, Bagley가 조심스럽게 제기했던 많은 차이점들은 모호해지고 무시되었다. 당대 교육에 대한 일정한 정치적 입장을 드러낸 이 보고서는 어느 한 학파에 치우치지 않고 각 학파의 장점을 부각시키면서, 중등교육 목표에 대한 폭넓은 관점을 제공함으로써 타협점을 찾도록 하는 데 공헌하였다. 예를 들면, 어느 누가

4) R. D. Cohen과 R. A. Mohl의 책 *The paradox of progressive education: The Gary plan and urban schooling* (Port Washington, NY: Kennikat Press, 1979)를 보라. 이 실험을 구성하고 있던 개혁 원칙들과 Barrows가 개입함으로써 만들어진 기묘한 조합에 대한 토론이 있다.

① 건강한 사람 기르기, ② 기초 학습능력 기르기, ③ 가족 구성원으로서의 역할 익히기, ④ 직업수행 능력 준비하기, ⑤ 시민성 함양하기, ⑥ 여가 선용하기, ⑦ 윤리적 품성 기르기 등의 목표에 반대 입장을 표명하겠는가?

이런 원칙이나 일반교육 목표는 이전에도 있었다. 그것은 Eliot이 주도했던 1893년 NEA의 10인 위원회에서 유래를 찾을 수 있다. 그는 순수과학 및 응용과학, 현대 언어, 수학과 같은 실용적인 결과를 얻을 수 있는 실제적인 학문들을 교육에 포함시켜야 한다고 끈질기게 설득하였다. 이것은 초등교육에 초점을 맞춘 15인 위원회의 보고서에도 반영되었다. 둘 다 대단히 교과지향적이었다.[5] 7대 기본 원리는 Spencer(1861)의 온전한 삶으로 이끄는 5개의 교육적 영역에서 쉽게 찾아볼 수 있는데, 그것은 ① 직접적인 자기 보전, ② 의식주에 필요한 상품 · 용역의 조달, ③ 자녀 양육과 가족관계, ④ 적절한 정치적 · 사회적 관계, ⑤ 취미 · 예술 · 여가의 만족 등이다. 우리는 이렇게 큰 영향을 미친 두 가지 문건 사이의 연관성을 올바르게 인식할 필요가 있다. 나아가 이런 보고서들은 폭넓게 해석하는 것이 가능하므로, 교육과정의 세 학파는 각자 이 보고서가 자신의 입장을 대변하는 것으로 받아들일 수 있었다. 예컨대, 앞의 7대 기본 원리에서 전통적인 교과가 배제된 듯하지만, 이 보고서의 저자들은 지적 전통주의자들에게 그렇게 염려할 필요는 없다고 안심시켰다. 저자들은 이 목표 달성에 각 교과가 어떻게 활용되는지를 예시해 주었다. 사회과는 직업사, 가족생활사, 시민 의무의 역사를 강조할 것이며, 영문학을 가르치는 교사는 문학이 어떻게 여가 선용에 잘 어울리는지, 어떻게 윤리적 품성을 함양하는 도구가 될 수 있는지 또는 어떻게 건전한 가정생활을 영위하게 하는지를 보여 줄 수 있다. 보고서의 저자들 중에는 학자는 물론 교육실천가와 행정가도 포함되어 있었는데, 이는 교육과정에 관한 토론을 통해 당대의 다양한 관점을 통합하려는 노력과 모든 관점이 고루 반영된

5) NEA는 1890년대에, 당시 하버드 대학교의 총장이었던 Charles W. Eliot을 의장으로 하는 중등교육 10인 위원회와 초등교육 15인 위원회를 구성하였다. 위원회의 활동 결과, 그 후 수십 년 동안 많은 학교의 교육과정은 지적 전통주의의 입장을 갖게 되었다.

보고서를 만들기 위함이었다. 그 결과 각계각층의 주장이 조화를 이룬 절충적 보고서가 되었다.

교육 정책이나 실천에 변형 가능한 유용한 공통점을 찾으면서 세 가지 입장의 조화를 위해 노력한 결과 '절충적(conciliar)' 으로 명명된, 취사 선택적이고 유동적인 교육과정 관점이 확립되었다. 절충주의자들이 교육공동체 내에서 영향력이 없다고 무시되거나, 내용이 빈약한 저술가로 여겨서는 안 된다. 또한 논쟁에 대한 이해가 부족하거나 자신의 입장을 명확히 밝히지 않고 격식이나 차리는 천박한 사상가나 타협자로 비하할 수도 없다. 비록 교육혁명을 추구한 것은 아니었지만, 이들은 교수법, 학교 운영 구조, 지역 사회의 기대를 고려해서 현행 학교교육 활동에 필요한 양질의 교육과정을 제공하고자 했다. 또한 이들은 실질적인 교육과정 개발 계획을 형성하는 데 힘을 쏟아 태동하고 있던 미국 공립학교의 정체성 확립에도 도움을 주었다.

1920년이 시작될 무렵에 교육과정학을 유력한 학문분야로 인정하는 데 모종의 연대가 이루어졌다. 그러나 그것은 논쟁거리로 가득 찬 학문분야였다. 이 학문분야가 오늘날까지 장수하는 데 기여한 것은 학교 학습내용에 관한 교육과정학자들의 지대한 관심이었다. *Cardinal principles of secondary Education*(1918)은 교육과정학 분야의 장수에 적지 않은 역할을 하였다. 이 보고서는 학계와 학교현장 양쪽으로부터 적지 않은 주목을 받았다. 통합력을 가진 이 보고서가 없었더라면 각각의 교육과정학파들은 분열되고, 위축되다가, 사라졌을지도 모른다.

참고문헌

1910

Bagley, W. C. (1910). *Educational values.* New York: Macmillan.

Dewey, J. (1910). *How we think: A restatement of the relation of reflective thinking to the educative process.* New York: D. C. Heath.

1911

Gray, E. D. McQ. (1911). *How the curriculum of the secondary school might be reconstructed.* Albuquerque, NM: University of New Mexico Bulletin.

1912

Barrows, A. (1912). *Report of the vocational guidance survey.* New York: Public Education Association.

Montessori, M. (1912). *The Montessori method: Scientific pedagogy as applied to child education in "the children's houses" with additions and revisions by the author.* New York: F. A. Stokes Company.

Smith, T. L. (1912). *The Montessori system in theory and practice.* New York: Harper and Brothers.

1913

Dewey, J. (1913). *Interest and effort in education.* Boston: Houghton Mifflin.

Gilbert, C. B. (1913). *What children study and why: A discussion of educational values in elementary course of study.* New York: Silver Burdett

Greenberg, D. S. (1913). *Socialist Sunday school curriculum.* New York: Socialist Sunday Schools Publishing Association.

Horace Mann School. (1913). *The curriculum of the Horace Mann elementary school.* New York: Teachers College, Columbia University.

Montessori, M. (1913). *The advanced Montessori method.* New York: F. A. Stokes Company.

Rice, J. M. (1913). *Scientific management in education.* New York: Nobel and Eldridge.

United States Bureau of Education. (1913). *Report of the committee of the national council of education on economy of time in education.* Washington, DC: United States Government Printing Office.

Weeks, A. D. (1913). *The education of tomorrow: The adaptation of school curriculum to economic democracy.* New York: Sturgis & Walton.

1914

Davis, C. O. (1914). *High school courses of study.* Yonkers-on-Hudson, NY: World Book Company.

Montessori, M. (1914). *Dr. Montessori's own hand book.* New York: F. A. Stokes Company.

1915

Bobbitt, F. (1915). *What the schools teach and might teach.* Cleveland, OH: The Survey Committee of the Cleveland Foundation.

Dewey, J. (1915). *The school and society* (Revised edition). Chicago: University of Chicago Press.

Dewey, J. & Dewey, E. (1915). *Schools of tomorrow.* New York: E. P. Dutton.

Hill, P. S. (11915). *Experimental studies in kindergarten theory and practice.* New York: Bureau of Publications, Teachers College, Columbia University.

1916

Dewey, J. (1916). *Democracy and education.* New York: Macmillan.

1917

Heckert, J. W. (1917). *Organization of instruction*

materials, with special relation to the elementary school curriculum. New York: Teachers College, Columbia University. (AMS Reprint Avaliable)

Horace Mann School. (1917). *The curriculum of the Horace Mann elementary school.* New York: Teachers College, Columbia University.

1918

Bobbitt, F. (1918). *The curriculum.* Boston: Houghton Mifflin. (Reprint 1972 by Aron Press and Norwood Editions)

Commission on the Reorganization of Secondary Education. (1918). *Cardinal principles of secondary education.* Washington, DC: Government Printing Office.

Judd, C. H. (1918). The evolution of a democratic school system. Boston: Houghton Mifflin.

Kilpatrick, W. H. (1918). *The project method.* New York: Teachers College, Columbia University (Reprinted from the Teachers College Record, 19(4), 18).

1919

Branom, M. (1919). *The project method in education.* Boston: R. G. Badger.

Richmond, K. (1919). *The curriculum.* London: Constable & Company.

제3장

1920~1929년의 교육과정 사상과 문헌

1920년 초 사회적 번영은 교육과정 영역으로 이어졌다. 1900년부터 1919년까지 총 48권이 출판된 것에 비해 1920년대에는 127권이나 되는 책이 출판되었다. 교육과정은 점점 더 독특하고 생산적인 연구의 영역으로 부상하기 시작했다. 1920년에 F. Bonser는 교육과정을 학교에서 학생들이 얻을 것으로 기대되는 경험으로 특징짓고, 연속적인 경험의 순서를 상술했다(1920: 1). 경험에 대한 이와 같은 기술은 그 후 수년 동안 다른 교육과정학자들의 저서와 활동에서 등장한다. 교육과정학자들은 학생들이 학교에서 얻을 것으로 기대되는 경험을 연구했다. 게다가 교육과정 문헌에서 주류를 이루고 있던 논조는 서술적이라기보다는 처방적이었다. 교육과정학자들은 학교가 실제로 제공한 것을 서술하려 하기보다는 학교가 제공해야 한다고 생각하는 것, 즉 학습경험의 본질과 순서에 대해 주장하고 전파했다. 그렇다고 초기 교육과정 저서부터 현장에 대한 기술이 전혀 없는 것은 아니었다. 20세기 초

20년 동안 시카고 대학교 실험학교에 대한 Dewey의 저술과 Horace Mann 학교의 장문의 보고서 3권이 이를 입증한다. 또한 시카고의 Francis W. Parker 학교 교사들이 1920년에 저술한 *Studies in Education*도 있다. 이 특별한 저서들이 대부분 서술적이라 예상하겠지만 학교가 제공한 것에 대한 서술은 저서의 일부분에 불과하다. 그 책들도 실제로 학교를 운영하는 상호작용의 과정에서 출간되었다는 점에서 처방적이었다. 특히 진보주의 교육을 실천했던 학교의 경우에 더욱 처방적이었다. 교육과정 사상에서 경험주의 학파는 1920년대에 그 학문적 영향이 사회적 행동주의만큼 두드러지지는 않았지만, '황금기' 로 부를 수 있을 만큼 분명히 발전하고 있었다. 1920년에 Francis W. Parker 학교의 교사들이 쓴 *Studies in Education*은 아동중심 경험주의의 좋은 사례로서 개별 학생에 대한 관심을 강조하고, 학생의 요구와 흥미에 따라 교육과정을 만들었다.

1920년대에는 초등학교, 중학교 또는 중등학교라는 특정한 제도적 수준에 따라 교육과정을 제시하는 경향이 계속되었고 확대되었다. 1920년대 이전의 일부 저서들은 중등학교나 초등학교에 맞추어져 있었다. 1920년대에 중학교는 별개의 관심영역으로 간주되었는데 그 예가 Koos(1920, second edition., 1927b), Glass(1924), Hines(1924), The American Association of School Administrators(1927), The National Education Association Department of Superintendence(1927a), NEA(1928a), Cox(1929) 등이다. Gray(1929)는 고등학교 이후의 교육에 대해 증대되는 시장의 요구를 수용하려는 새로운 제도적 접근으로 전문대 교육과정을 다루었다. 많은 교육과정 저서는 명확히 특정 학교급별로 초점을 맞추었는데, 그것은 이전에 설립된 다양한 수준의 학교교육에서 교육과정 문제를 다루는 것이었다.

일부 저서는 유치원과 초등학교 저학년 교육과정을 강조했다. The International Kindergarten Union(1922), Burke 등(1923), Salisbury (1924), Keelor(1925), Carmichael(1927), Skinner와 Chappell(1929) 등이 그 예이다. 중등학교 교육과정을 다룬 저서는 계속 많이 출간되었는데 대표적인

것은 Stout(1921), Clement(1923), Cox(1925), Counts(1926), Morrison(1926), Davis(1927), Koos(1927a), Uhl(1927), Monroe와 Herriott(1928), NEA(1929) 등이다. 초등학교 교육과정에 관한 저서 역시 많았는데 Bonser(1920), Meriam(1920), Wells(1921), Phillips(1923), NEA(1924), 컬럼비아 대학교 사범대학 부속 Lincoln 학교의 교사진(Columbia University, 1927) 외에도 많다.

1920년대 교육과정 저서는 특별히 다음과 같은 두 가지 내용에 관심을 두었다. 첫 번째는 학교 현장에 관한 연구이고, 두 번째는 실천가들에게 지침을 제공하려는 시도이다. 초기 교육과정 저자들이 당시의 교육과정 실천을 인식하지 못하고 상아탑에만 머물렀던 것과는 대조적으로, 이 시기의 많은 저서들은 교육과정 실천을 제시하고 있었다. 그 예로 교육과정이 적용되는 방식을 다룬 Fransis W. Parker 학교 교사진의 *A Look at Themselves*, Stout의 북중부 주에서의 교육과정개발에 관한 연구(1921), Bobbitt의 LA연구(1922), Collings의 프로젝트 중심 교육과정 실험 연구(1923), Glass의 중학교 교육과정 실천에 관한 연구(1924), Keelor의 초등학교 2학년 교육과정에 관한 연구(1925), Bagley와 Kyte의 캘리포니아 교육과정 연구(1926), 앞에서 언급된 Bobbitt의 연구들(1926), 컬럼비아 대학교 부속 Lincoln 학교 교직원들의 상세한 자체 연구(Columbia University, 1927), 성 도미니크 수녀단의 실제 교육과정 적용에 관한 연구(1929), The National Society for the Study of Education(이하 NSSE)의 26번째 연감 1장에 제시된 혁신적 교육과정에 대한 탁월한 연구(1927a) 등이 있다.

실천가들에게 지침을 제공하려는 것은 실천가들의 요구에 답을 해야 하는 어려운 문제를 야기했다. 실천가들은 상세히 기술된 논문에 대해 숙고할 시간이 없었다. 그들은 교육과정을 만들어 교실에 있는 학생들에게 실행해야만 했다. 대중교육의 대상인 학생들은 지금 바로 배우기 위해 학교에 온 것이다. 따라서 논문을 단순화하여 그 정수를 뽑아내는 것이 이 요구에 답하는 유일한 방안이다. 교육과정 개발을 위한 '원칙' 으로 알려진 책들이 1920년대에 등장하여 그 후 수십 년간 이어졌다. 교육과정 지식에서 이론과 실제를 모두 '수용하는' 이와 같은 접근법은 Clement(1923), Bobbitt(1924), Herriott(1926), Monroe(1925), Craig(1927), Harap(1928), Acheson(1929), Wisehart(1929) 등의 학자들에 근거를 둔다. 이 중, 특히 실천가를 위한 교육과정을 설명하는 데 큰 공헌을 한 Hopkins가 노련한 절충주의자로 칭송한 Harap에 주목할 필요가 있다. Hopkins는 Harap의 저서를 교육과정 문헌에서 중요하고 진보적인 발전으로 여겼다. Hopkins는 "1928년까지 저술된 교육과정 저서들은 이론에 대해서는 장황하게, 현장 적용에 대해서는 너무 간략하게 언급했다. 그러나 Harap은 최초로 이 간극을 메우려 하였다. 그는 이론과 실천을 접목시켜 교육과정 개발자들이 교육목표를 수업의 단원과 연결지으려고 할 때 따라야 할 구체적인 단계를 제시하였다."[1]라고 말했다. 요리책의 조리 순서와 같은 방식으로 간결히 하고 표준화한다면 분명히 문제가 발생할 것이다. 그리고 좋지 않은 결과로 이어질 수 있다. 그러나 Harap의 저서와 같은 책들은 교육과정을 어떤 공식에 맞추어 짤 것인가 하는 실천가들의 요구에 직면하였다. 실천가들에게 있어 교육과정의 개발과 같은 일이 갖는 가치를 폄하해서는 안 된다.

교육과정 연구는 부분적으로는 Herbart 주의자들이 강조하는 방법으로 발달하였으나, 교육과정학자들은 교육과정 이론과 실천의 영역 사이에 인위적이긴 하지만 분명한 경계선을 그었다. 그러나 Phillips(1923)의 저서에 나타난 교육과정과 방법의 재결합은 이후의 문헌에 자주 등장하며, 교육과정과 교수의 관계에 관한 끊임없는 논란을 불러일으켰다.

*Religious Education*이란 학술지의 편집자인 H. Cope는 그의 저서 *Education for Democracy*(1920)에서 민주적인 삶에 대한 유신론적 관점을 확립시켰다. 민주주의를 열망한 Cope는 사랑하고 봉사하는 공동체적 삶의 이상과 자유로운 신교의 교리를 통합하려 했다. 그는 민주주의 생활방식

1) Hopkins, L. T. (1931). Curriculum making: General. *Review of Educational Research*, *1*(1): 5.

은 공립학교에서 가장 효과적으로 가르칠 수 있으며 '의도된 경험의 경로'를 통해야 한다고 제안했다. 젊은이들에게 민주주의를 교육하는 다음과 같은 두 개의 수단이 있다. 그 하나는 사회적 선을 추구하기 위해 공동으로 참여하는 이상적이고 진취적인 사업이고, 다른 하나는 젊은이들에게 단체 활동을 이끌 힘을 기꺼이 부여함으로써 얻게 될 민주적인 자기 절제이다. A. Burke와 그녀의 동료들(1923)은 도덕적 발달에서 학생의 행동과 학교의 역할에 관한 오래된 문제를 다뤘다. Carmichael(1927)이 쓴 논문은 E. Starbuck이 주도한 아이오와 대학교의 인성 교육 프로젝트의 결과물이었다.

뉴욕 주가가 폭락하기 몇 년 전, 소비자 운동이 고조되었는데, Harap(1924, 1927)은 교육과정 자료를 개발하여 소비자교육을 강조하여 유명해졌다. Bower(1925), Betts(1924), Acheson(1929)이 예시한 많은 책들은 종교교육 관점에서 교육과정에 관심을 보였다. Flanders(1925)와 Hamilton(1927)은 교육과정 저서를 비롯한 어떤 종류의 주장이든 항상 법적인 논쟁거리를 안고 있다고 하였다. 마찬가지로 책에서 개략적으로 기술한 생각을 실천가들에게 제공할 때는 상황에 맞게 다듬어져야 한다. 그래서 교육과정 저서들이 많이 출판된 1920년대에는 적용의 문제가 주목을 받았고(예를 들면 Sharp, 1925; Briggs, 1926), 상황에 따라 조정해야 할 필요성이 인식되었다(예를 들면 Cox, 1925).

The National Education Association Department of Superintendence에서 발간한 1926년 연감은 공립학교 교육과정 개발에서 일반인의 역할을 강조하였다. Stratemeyer와 Bruner(1926)는 교육목표를 설정하고 그 목표들에 기초하여 교육과정이 구성되고 실행된다면 그 교육과정은 평가되어야 한다는 주장에 대하여 책 전편에 걸쳐 상세한 실현방안을 제시하였다. 목적과 수단을 연결짓는 책무성의 기술은 그 출발이 더뎠지만, 점차 학교교육에는 편만하게 되었고, 특히 오늘날에는 교육목표-교육과정-수업-교육평가를 유기적으로 연계시키는 것이 보편적인 요구가 되었다. 교육과정 연구의 강조로 상당량의 교육과정 교재가 출판되었다. Knox(1927)는 교육과정을 실천하는 사람들은 도움을 받을 수 있는 자료들과 다양한 활동들을 알아야 한다고 보고, 그 주제에 대하여 두꺼운 개론서를 출간하였다.

1920년대를 지나면서 교실이 하나뿐인 소규모 학교는 감소되는 추세였으나, 미국 시골에 산재해 있는 수천 개의 소규모 학교에서 어떻게 교육과정이 온전하게 개발되고 실행될 것인가를 결정하는 특수한 문제가 교육과정에서 새롭게 강조되었다. 이 문제를 제기한 Holloway(1928)는 교육과정의 영역 또는 인근 영역에 장학을 포함시켜야 한다고 주장하였다. 장학의 개념은 W. Burton(1929)이 편집한 소논문에서 더 발전되었다.

실제의 학교 활동에서는 지적 전통주의자들이 계속 주도하였으나, 경험주의자들과 사회적 행동주의자들은 학교구에서 자문역을 하고 사범대학에서 가르치는 등 그 세력을 확장하였다. 사회적 행동주의자들은 특정한 교육과정의 목적들을 계속 다루었으며, 때때로 그 관심사를 책으로 펴냈다. 이런 경향은 앞장에서 언급한 10인 위원회와 The Commission on Reorganization of Secondary Education와 같은 단체가 진술한 목표로부터 유래한 것이라고 볼 수도 있다. 학생들을 각각의 일신상의 자료에 근거하여 '사례별 그룹' 으로 배치해야 하며 교육과정을 학생의 배경과 능력에 적합하게 다양화해야 한다는 Snedden(1921)의 주장은 그 단체들 사이에서 새로운 논란을 불러일으켰다. 일부 교육학자들은 사회학적인 자료를 이용하여 학생들을 분류하여 그들이 지닌 잠재력의 의미를 규명하고 직업과 교육의 영역에서 노력의 한계를 정하는 등, 학생을 엄격하게 선별할 것을 권고하였다. Bobbitt은 활동분석 방법을 계속 다루었는데, 이번에는 *Curriculum Making in Los Angeles*(1922)에서 서술한 방법을 적용하였다. W. W. Charters는 *Curriculum Construction*(1923)으로 교육과정학자로서의 명성을 얻었는데, 그 책에서 그는 초기 사회적 행동주의자들의 저서 가운데 가장 견고하다고 여겨지는 이론적 구조를 내보였다. 즉, 교육과정 구성은 기존 활동의 특징이 아니라 지식과 기술의 바탕이 되는 이상을 분석하는 데서 출발해야 한다고 하였다. 1924년 Bobbitt은 보다 실천 지향적인 저서 *How to make a*

*Curriculum*을 발간하였는데, 이것은 1918년 저서의 주장을 실현하는 방법을 규정하는 데 초점을 맞춘 것이었다. 그는 *Curriculum Investigation*(1926)에서 학교 전 직원이 교육과정 개발을 사회적 효율성에 근거해 실제로 적용하는 방법을 한층 더 발전시켰다. Snedden(1927a)은 교육과정 구성에서 사회학적인 기초를 철저하게 설명했다. 1920년대 말에 Snedden(1921)이 목표를 강조한 것을 Cox와 Peters(1929)가 더욱 상세하게 설명하여, 교육은 물론 특별히 교육과정에서 목표의 역할에 대하여 증대되는 관점을 제공하는 중요한 보고서를 펴냈다. 위와 같이 초창기 교육과정 개발의 발전상은, 오늘날 우리가 '누더기(patchwork) 교육과정' 이라고 부르는 것에 한 땀 한 땀 바느질을 해 온 모습을 잘 드러내 주고 있다.

1920년대 교육과정 연구의 새로운 영역들이 등장하였다. 그 영역들은 1920년대의 경향일지 모르나 실제로는 교육과정 영역을 공고히 하는 데 도움이 되었다. Hartman(1923)은 교육과정을 가정과 지역사회 생활의 맥락에서 다루었는데 이는 학생이 생활하는 학교 내의 교육과정에 항상 초점을 맞추던 기존의 성향에서 약간 벗어난 것이다. McMurry(1923)는 교육과정의 가장 중요한 관심사로 학습경험 조직을 강조했다. NEA는 실태 조사에 대한 과학적 연구 방식의 경향에 따라 교육과정을 연구하기 위해 필요한 기초 조사를 매우 중요시하였다(1923).

Meriam(1920)의 저서와 Rugg와 Shumaker의 명저인 *The Child-Centered School*(1928)에서 볼 수 있듯이, 당시 경험주의 교육가들의 주요 관심은 아동의 생활이었다. Rugg와 Shumaker는 진보주의 성향을 지닌 많은 학자와 실천가들에게 학문적 배경과 실천적 동기를 부여하였다. 경험주의를 독특하게 해석한 Hopkins는 1929년 *Curriculum Principles and Practices*를 출판하였다. 이 책에서 그는 교육과정의 원칙과 절차에 대한 요구를 교육과정에 대한 Dewey의 해석과 연결짓고자 하였다. 이 책의 목차는 당시의 교육과정 관심사로 널리 퍼져 있던 중요한 질문에 따라 조직되었다는 점에서 주목할 만하다. 더욱이 당시의 관심사를 오늘날 교육과정학자들이 제기하고 있는 여러 질문과 관련지어 생각하면 더욱 흥미롭다.

Kilpatrick(1925)은 교육방법을 정교하게 재해석하였다. 이 연구에서 그는 이후에 실현된 진보주의적 사고와 활동에 상당한 기초를 마련하였다. 1920년대 후반 활동중심 교육과정[2)]은 진보주의 학파에서 만개했다. 1928년 Ferriere는 처음으로 활동중심 교육과정의 특징을 광범위하게 서술했다. Kilpatrick(1918)이 개발한 프로젝트 학습법은 Wells(1921)와 Collings(1923, 1926)의 저서에 인용되었다. McMurry(1923)는 Herbart에 뿌리를 두고 발전된 교육과정의 조직을 강조하였다. Salisbury(1924)와 Ferriere(1928)는 활동중심 교육과정을 연구하면서, Dewey식의 사고와 경험주의 전통이 오랜 기간 동안 연관되었다는 논제를 제기하였다. 여기에서는 Counts의 고등학교 교육과정에 대한 초기 연구(1926)를 언급하여야 할 필요가 있다. 그는 후에 진보주의 교육을 통합하는 차원에서 정치적 행동주의를 촉진한 것으로 인정받았다.

진보주의 교육자들에게 아동연구는 유목적적인 활동이다. 교육과정은 어린 학습자의 생활을 탐구함으로써 아동 발달에 따라 대처할 수 있게 되었다. A. Burke와 그의 동료들(1923)은 유치원에서 아동의 흥미와 요구를 다룬 행동 교육과정(conduct curriculum)을 규정했다. C. Pratt(1924)는 초등학교 학생에 대한 경험주의 교육과정을 기술한 자료를 모아 책을 출판하였다. 당시에 거의 알려지지 않았던 스위스 아동심리학자 Piaget가 쓴 저서들도 번역되

2) 학생의 흥미나 요구가 무엇이냐에 따라서 달리 학습시키는 학생활동으로, 학교교육의 기초는 아동의 경험이고 활동이며, 교육과정이란 학교활동에 포함되는 학습자의 모든 활동경험이라고 본다. 이러한 활동중심 교육과정은 1870년대에 Parker가 자발성의 원리에 입각하여 시도한 후 1896년 Dewey의 실험학교 운영에서 활발히 전개되었다. 활동중심 교육과정의 기본 견해는 다음과 같다. 첫째, 학습은 여러 활동이 학습자에게 유목적적이고 흥미가 있을 때 가장 효과적이다. 둘째, 아동 · 학생은 능동적이고 창조적인 존재이므로 자발적으로 학습활동을 선택하고 비판할 수 있는 기회를 주어야 한다. 셋째, 아동 · 학생의 성장은 전체적이고 학습은 언제나 다방면적인 노력이며 전 인격에 관련되므로 단순히 지적인 것으로만 생각해서는 안 된다. 넷째, 아동 · 학생의 각기 다른 지적 능력, 정서적 경향, 사회성 등의 개인차를 고려한 교육과정에 입각한 학습이 진행되어야 한다.

어 출간되었다. Piaget의 언어발달(1926), 추론과 판단(1928), 인지(1929)에 관한 이론이 영어권 학자들에게 소개된 것은 1920년대였으나, 이후 10년이 지나도록 교육과정 사상에 영향을 미치지 못하였다. 당시에는 Piaget의 아동발달이론 대신 사회적 발생반복이라는 사이비 과학이 학문적으로 유행하였다. 그 예로 J. Lee(1921)는 교육과정에서 놀이활동을 인류 문명의 발달단계(cultural age)와 관련하여 지지하였다. 교육심리학자들이 오랫동안 강조한 청년기의 중요성도 이 시기의 교육과정 문헌에서 등장한다(예를 들면, NEA, 1928a와 1928b; Owen, 1929이 있다).

앞에서 언급했듯이 1920년대에는 문헌이나 학교현장에도 진보주의 교육이 강력하게 부상하였다. 그래서 진보주의 교육이 경험주의자 사상을 대표하는 것으로 여겨지며 다양하게 번성했다. 따라서 학교에서의 실천적 경험에 근거한 저서들을 볼 수 있는데, 시카고의 Francis W. Parker 학교나 컬럼비아 대학교 사범대학 부속인 Lincoln 및 Horace Mann 학교의 교수진들이 저술한 책이 바로 그 예이다. H. Parkhurst는 개별 아동의 욕구를 반영한 계약학습을 고안했는데, 이는 Montessori 이론에 입각한 그녀의 초기 저서를 발전시킨 것이었다. Parkhust의 모형은 그것이 처음 시행된 매사추세츠의 도시 이름을 본 따 'Dalton Plan' 이라 불렸다. Parkhurst(1922)는 아동이 자유로운 환경 속에서 책임감을 배워야 한다고 주장했다. 교사와 학생이 협의하여 결정하는 월별 계약과 학습센터 덕분에, 모든 아동들에게 고정적으로 배당된 시간표가 사라졌다. 학생은 양적 · 질적으로 자신의 성취를 보여 주고 등급을 받았다. Dalton Plan을 진보주의 교육이라고 표현하지만, 그것은 교과중심이고 교과서로 진행되는 학교교육에 거의 영향을 주지 못하였다.

Goodsell은 여성교육에 새로운 방향을 제시했다. 컬럼비아 대학교 출신이자 이 대학의 교수(Dewey가 그녀의 학위논문 심사위원장이었음)였던 Goodsell(1923)은 여성의 지적 능력이 남성보다 열등하다는 당시의 인식과 Thorndike 및 Hall의 학문적 견해에 반대했다. Thorndike와 Hall은 여성은 많은 교육을 받아도 지적으로 성장하지 않는다고 주장했다. 그러나 Goodsell은 여성도 질 높은 교육, 남성과 평등한 교육을 받아야 한다고 주장했다.

경험주의자나 사회적 행동주의자들이 저술한 문헌들이 많아질수록, [그리고 현대적인(modern-Phillips, 1923), 학습자의 발달 보조를 맞추는(keeping pace-NEA, 1925), 발전하는(evolving-Davis, 1925)과 같은 표현들이 혁신의 분위기를 고조시킬수록] 대부분의 학교들이 Bagley(1925)나 Russell(1926)이 주장한 지적 전통주의자들의 입장을 반영하고 있었다는 것은 다소 모순된 일이다. 그러나 많은 학교들은 진보주의가 말하는 프로젝트와 활동 그리고 사회적 효율성에 관한 과학적 분석을 도입해야 한다고 느꼈다. 대부분의 학교들이 사회적 행동주의자와 진보주의자의 제안을 무시한 것은 아니다. 진보주의 교육은 추종자가 매우 많았다. 지적 전통주의자의 지지자와 비교해서 많지는 않았지만, 진보주의 교육 지지자는 학교 현장에 영향을 미치고 있던 학자들을 설득할 만큼 그 수가 충분했다.

Boyd H. Bode는 *Modern Educational Theories*(1927)를 저술했는데 이 책은 아마 교육과정 사상에 관한 다양한 입장을 가장 잘 다루었다고 할 수 있다. 그는 이 책 전반부에서 교육과정 사상의 다양한 입장의 근거가 되는 가정을 분석했다. 물론 Bode가 교육과정과 관련된 사상 학파를 범주화한 것은 이 책과는 다르지만, Bode의 책은 1920년대 교육과정 이론을 이해함에 있어 이론적으로 타당하고 정당하게 구성되었다고 할 수 있다.

1929년 처음 출간된 Whitehead의 *The Aims of Education and Other Essays*는 이제 교육의 고전이 되었다. 특별히 교육과정학자를 위해 쓰인 것은 아니었지만, 이 책은 교육과정 문헌에서 자주 인용되고 있다. 이 책에서 전개된 많은 개념들이 경험주의적인 특징을 가졌는데 지식의 상호의존성을 강조한다든가, 교육은 지식을 활용하는 기술이라는 신념, 추동력이 없는 지식에 대한 경멸, 교육의 리듬이라는(his idea of rhythms of education) 생각에 내재해 있는 흥미와 발달에 대한 관심 등이 그 예이다. 그렇다고 해서 Whitehead를 경험주의의 추종자로 분류해서는 안 된다. 그는 교육의 '종교적' 성격을 강조하고, 교육의 근본을 탐구하는 것을 장려하는 독특한 입장을 갖는다. Whitehead는 어느 교육과정 입장과도 제휴하지 않고, 또한 입장들을 통합하지도 않는 교육과정 이론가 집단에 속한다. 이들은 교육과정을 연구할 때 일어날 수 있는 철학적 · 사회적 · 심리학적 문제를 깊이 숙고한다. 이들은 지적 전통주의, 사회적 행동주의, 경험주의라는 3가지 입장과 학교 현장에 적합하도록 관점을 조화시키고 구성하려는 절충주의자들에게도 참신하고 흥미로운 대안을 제시하였다.

1920년대 후반에 이르러 교육과정 이론의 영향력이 증대될 수 있다고 일시적이나마 결론을 내린 것 같다. 그래서 경험주의를 주도하고 있던 Rugg(1927)의 지도 아래 NSSE는 26번째 연감을 2부작으로 만들었는데, 이것은 주장이 다른 교육과정학자들의 종합적인 보고서였다. 이 책은 첫 부분에 교육과정 구성의 기초가 되는 18가지 중심적인 질문을 제기한다. 그리고 뒤에는 Bagley, Bobbitt, Bonser, Charters, Counts, Courtis, Horn, Judd, Kelly, Kilpatrick, Rugg, Works가 서명한 17쪽 분량의 종합적인 보고서가 제시되었다.

1975년 D. Walker는 이 26번째 연감을 "교육과정 분야를 창시한 사람들의 생각과 희망, 두려움에 관한 유일한 기록"이라고 호평했다.[3] 그것은 교육과정 분야를 창시한 학자들이 2년 반 동안 숙고한 결과였다. 총론에 이어 개별 학자들의 각론이 이어진다. 그 연감에는 이 책에서 설명된 교육과정 사상의 세 학파인 경험주의자, 사회적 행동주의자, 지적 전통주의자의 경향이 각각 예시되어 있다. 아울러 연감에는 교육과정 창시자들이 논의한 본질적인 문제들을 학자들이 개별적으로 언급하고 있다. 만일 우리가 이 보고서를 인용해서 교육과정 전공 학생들에게 소개한다면, 학생들은 이 보고서가 지금이 아닌 1927년 출간되었다는 데 매우 놀랄 것이다. 그렇다고 이 책의 저자들이 26번째 연감이 완벽하다고 보는 것은 아니다. Walker는 교육과정 사상

---

3) Walker, D. F. (1975). The curriculum field in information. *Curriculum Theory Network*, *4*(4): 264.

에 대해 이 보고서가 공헌한 바를 지나치게 신성시하려는 경향을 비판하였다. 그렇지만 이것은 중요한 보고서이며, 1930년 이전의 교육과정 개발을 이해하는 데 필수적이다. 하지만 이 보고서의 내용보다 더 중요한 것은, 주요 교육과정학자들이 함께 일하면서 상호의존적으로 노력했다는 점인데, 그 이후로 이런 사례는 거의 없었으며, 그와 비슷한 노력도 없었다.

참고문헌

1920

Bonser, F. G. (1920). *The elementary school curriculum.* New York: Macmillan. (Also 1921, 1922, 1923, 1927 and a 1978 reprinted by Telegraph).

Cope, H. (1920). *Education for democracy.* New York: Macmillan.

Francis W. Parker School (Faculty). (1920). *Studies in education: The individual and the curriculum: Experiments in adaptation.* Chicago: Author.

Koos, L. V. (1920). *The junior high school.* New York: Harcourt, Brace and Howe, Inc.

McMurry, C. (1920). *Teaching by projects: A basis for purposeful study.* New York: Macmillan.

Meriam, J. L. (1920). *Child life and the curriculum.* Yonkers-on-the-Hudson, New York: World Book.

Parker, S. C. (1920). *Methods of teaching in high schools* (Revised edition). New York: Ginn.

Stockton, J. L. (1920). *Project work in education.* Boston: Houghton Mifflin.

1921

Bode, B. H. (1921). *Fundamentals of education.* New York: Macmillan.

Lee, J. (1921). *Play in education.* New York: Macmillan.

Snedden, D. S. (1921). *Sociological determination of objectives in education.* Philadelphia: Lippincott.

Stout, J. E. (1921). *The development of high school curricula in the North Central states from 1860–1918 (Monograph Number 15).* Chicago: University of Chicago Press.

Wells, M. E. (1921). *A project curriculum, dealing with the project as means of organizing the curriculum of the elementary school.* Philadelphia: Lippincott.

1922

Bobbitt, F. (1922). *Curriculum making in Los Angeles.* Chicago: University of Chicago Press.

Bonser, F. G. (1922). *The elementary school curriculum.* New York: Macmillan.

International Kindergarten Union. (1922). Bureau of Education Committee. *A kindergarten-first-grade curriculum.* Washington, DC: Government Printing Office.

Parkhurst, H. (1922). *Education in the Dalton Plan.* New York: E. P. Dutton.

Strayer, G. D., & Norsworthy, N. (1922). *How to teach.* New York: Macmillan.

1923

Burke, A., Conrad, E. U., Dagliesh, A., Hughes, E. V., Rankin, M. E., Thorn, A. G., & Garrison, C. G. (1923). *A conduct curriculum for kindergarten and first grade.* New York: Charles Scribner's Sons.

Charters, W. W. (1923). *Curriculum construction.* New York: The Macmillan Company. (Also 1924, 1925, 1929, 1938 and 1971 by Arno Press, New York).

Clement, J. A. (1923). *Curriculum making in secondary schools.* New York: Henry Holt & Company. (Also 1924, 1927).

Collings, E. (1923). *An experiment with a project curriculum.* New York: Macmillan.

Goodsell, W. (1923). *The education of women: Its social background and its problems.* New York: Macmillan.

Hartman, C. (1923). *Home and community life, curriculum studies for the elementary schools.* New York: E. P. Dutton.

McMurry, C. A. (1923). *How to organize the curriculum.* New York: The Macmillan Company.

National Education Association. (1923 November). *Facts on the public school curriculum.* Research Bulletin.

Phillips, C. A. (1923). *Modern methods and the*

elementary curriculum. New York: Century. (Also 1931).

1924

Betts, G. H. (1924). *The curriculum of religious education.* New York: Abingdon.

Bobbitt, F. (1924). *How to make a curriculum.* Boston: Houghton Mifflin. (Also Norwood Editions).

Collings, E. (1924). *An experiment with a project curriculum.* New York: Macmillan.

Glass, J. M. (1924). *Curriculum practice in the junior high school and grades five and six.* Chicago: University of Chicago Department of Education Supplementary Educational Monographs, Number 25.

Harap, H. (1924). *Education of the consumer: A study in curriculum material.* New York: Macmillan.

Hines, H. C. (1924). *Junior high school curricula.* New York: Macmillan.

Kilpatrick, W. H. (1924). *Sourcebook in the philosophy of education.* New York: Macmillan.

National Education Association. (1924). *The elementary school curriculum: Department of Superintendence second yearbook.* Washington, DC: American Association of School Administrators.

Pratt, C. (Ed.). (1924). *Experimental practice in the city and country school.* New York: E. P. Dutton and Company.

Salisbury, E. (1924). *An activity curriculum for the kindergarten and primary grades.* San Francisco: Harr Wagner Publishing Company.

Smith, E. E. (1924). *The heart of the curriculum.* New York: Doubleday, Page & Company.

Spain, C. L. (1924). *The platoon school.* New York: Macmillan.

Stormzand, M. J. (1924). *Progressive methods of teaching.* Boston, MA: Houghton Mifflin.

1925

Bagley, W. C. (1925). *Determinism in education.* Baltimore: Warwick and York.

Bower, W. C. (1925). *The curriculum of religious education.* New York: Charles Scribner's Sons.

Collings, E. (1925). *An experiment with a project curriculum.* New York: Macmillan.

Cox, P. W. L. (1925). *Curriculum adjustment in the elementary school.* Philadelphia: J. B. Lippincott.

Flanders, J. K. (1925). *Legislative control of the elementary curriculum.* Contributions to Education Number 195. New York: Bureau of Publications, Teachers College, Columbia University.

Herriott, M. E. (1925). *How to make a course in arithmetic.* Urbana: University of Illinois.

Keelor, K. L. (1925). *Curriculum studies in the second grade.* New York: Teachers College, Columbia University.

Kilpatrick, W. H. (1925). *The foundations of method.* New York: Macmillan.

Monroe, W. S. (1925). *Making a course of study.* Urbana: University of Illinois.

National Education Association. (1925). *Research in constructing the elementary school curriculum: Department of Superintendence third yearbook.* American Association of School Administrators. Washington, DC: Author.

National Education Association, Research Division. (1925 September and November). *Keeping pace with the advancing curriculum.* Research Bulletin, 3.

Sharp, L. A. (1925). *Problems in curriculum construction.* Boulder, CO: University Extension Division.

1926

Bagley, W. C., & Kyte, G. C. (1926). *The California curriculum study.* Berkeley: University of California Printing Office.

Bobbitt, F. (1926). *Curriculum investigations.* Chicago: University of Chicago Press. (Also 1927).

Briggs, T. H. (1926). *Curriculum problems.* New York: Macmillan.

Collings, E. (1926). *An experiment with a project curriculum.* New York: Macmillan.

Counts, G. S. (1926). *The senior high school curriculum.* Chicago: University of Chicago Press.

Herriott, M. E. (1926). *How to make a course in reading.* Urbana: University of Illinois.

Herriott, M. E. (1926). *How to make a course in social studies.* Urbana: University of Illinois.

Hosic, J. F., & Chase, F. E. (1926). *Brief guide to the project method.* Yonkers-on-Hudson, NY: World Book.

Kilpatrick, W. H. (1926a). *Education for a changing civilization.* New York: Macmillan.

Koos, L. V. (Ed.). (1926). *Part II, Extracurricular activities-25th Yearbook.* Bloomington: National Society for the Study of Secondary Education.

Morrison, H. C. (1926). *The practice of teaching in the secondary school.* Chicago: University of Chicago Press.

National Education Association. (1926). *The nation at work on the public school curriculum:* Department of Superintendence Fourth Yearbook. Washington, DC: Author.

Piaget, J. (1926). *The language and thought of the child.* London: Kegan Paul, Trench, Trubner.

Pratt, C., & Stanton, J. (1926). *Before books.* New York: Adelphi.

Russell, B. (1926). *Education and the good life.* New York: Boni and Liveright.

Stratemeyer, F. B., & Bruner, H. B. (1926). *Rating elementary courses of study.* New York: Teachers College, Columbia University.

Yearbooks of the Department of Superintendence. (1926). *The nation at work on the public school curriculum-Fourth yearbook.* Washington, DC: National Education Association.

1927

American Association of School Administrators. (1927). *The junior high school curriculum.* Washington, DC: The Department of Superintendence of the National Education Association of the United States.

Bode, B. H. (1927). *Modern educational theories.* New York: Macmillan.

Carmichael, A. M. (1927). Moral situations of six-year old children as a basis for curriculum construction. Studies in Education: University of Iowa, 4(6).

Columbia University, Teachers College, Lincoln school. (1927). *Curriculum making in an elementary school,* by the staff of the elementary division of the Lincoln School of Teachers College. Boston: Ginn.

Craig, G. S. (1927). *Certain techniques used in developing a course of study in science for the Horace Mann elementary school.* New York: Teachers College, Columbia University.

Davis, C. O. (1927). *Our evolving high curriculum.* New York: World Book.

Denver Public Schools. (1927). *The Denver program of curriculum revision.* Denver, CO: Board of Education.

Douglas, A. A. (1927). *A secondary education.* Boston: Houghton Mifflin.

Freeland, G. E., Adams, R. M., & Hall, K. H. (1927). *Teaching in the intermediate grades: A study of curricula and methods of teaching in grades four, five and six.* Boston: Houghton-Mifflin.

Hamilton, O. T. (1927). *The courts and the curriculum. Contributions to Education Number 250.* New York: Bureau of Publications, Teachers College, Columbia University (AMS Reprint Available).

Harap, H. (1927). *Economic life and the curriculum.* New York: Macmillan.

Knox, R. B. (1927). *A guide to materials and equipment for elementary schools.* School Activities and Equipment. Boston: Houghton Mifflin.

Koos, L. V. (1927a). *The American secondary school.* Boston: Ginn and Company (Reprinted by Norwood).

Koos, L. V. (1927b). *The junior high school.* (Second edition). Boston: Ginn and Company.

National Education Association. (1927a). *The junior high school curriculum: Department of Superintendence Fifth Yearbook.* Washington, DC: Author.

National Education Association, Research Division. (1927b). *Creating a curriculum for adolescent youth.* Research Bulletin Number 5.

National Society for the Study of Education. (1927a). *Curriculum making: Past and present. Twenty-sixth Yearbook, Part I (Harold o. Rugg Chairman).* Bloomington, IL: Public School Publishing

Company. (Also published in 1969 by Arno Press, New York).

National Society for the Study of Education. (1927b). *The foundation of curriculum making. Twenty-sixth Yearbook, Part II (Harold o. Rugg Chairman).* Bloomington, IL: Public School Publishing Company. (Also published in 1969 by Arno Press, New York).

Smith, M. (1927). Education and the integration of behavior. Contributions to Education, No. 261. New York: Teachers College, Columbia University.

Snedden, D. S. (1927a). *Foundation of curricula: Sociological analysis.* New York: Columbia Teachers College, Columbia University.

Snedden, D. S. (1927b). *What 's wrong with American education?* Philadelphia: J. B. Lippincott.

Uhl, W. L. (1927). *Secondary school curricula.* New York: Macmillan.

Yearbooks of the Department of Superintendence. (1927). *The junior high curriculum+Fifth yearbook.* Washington, DC: National Education Association.

1928

Cocking, W. D. (1928). *Administrative procedures in curriculum making for public schools.* New York: Teachers College, Columbia University. (Also published in 1972 by AMS Press, New York).

Ferriere, A. (1928). *The activity school.* New York: The John Day Company.

Harap, H. (1928). *The techniques of curriculum making.* New York: Macmillan.

Holloway, W. J. (1928). *Participation in curriculum planning as a means of supervision in rural schools.* New York: Teachers College, Columbia University.

Lewis, M. H. (1928). *An adventure with children.* New York: Macmillan.

Monroe, W. S., & Herriott, M. E. (1928). *Reconstruction of the secondary school curriculum: Its meaning and trends. Bureau of Educational Research, Number 41.* Urbana: University of Illinois.

National Education Association. (1928a). *The development of the high school curriculum: Department of Superintendence Sixth Yearbook.* Washington, DC: Author.

National Education Association, Research Division. (1928b). *Creating a curriculum for adolescent youth.* Research Bulletin Number 6, January.

Naumburg, M. (1928). *The child and the curriculum: Dialogues in modern education.* New York: Harcourt, Brace, & Co.

Piaget, J. (1928). *Judgment and reasoning in the child.* New York: Humanities Press (1962 reprint).

Rugg, E. (1928).*Curriculum studies in the social sciences and citizenship.* Greeley, CO: Colorado State Teachers College.

Rugg, H. O., & Shumaker, A. (1928). *The child-centered school.* Yonkers, New York: World Book.

Williams, L. A. (1928). *The making of high-school curricula.* New York: Ginn.

Yearbooks of the Department of Superintendence. (1928). *Development of the high school curriculum-Sixth yearbook.* Washington, DC: National Education Association.

1929

Acheson, E. L. (1929). *Construction of junior church school curricula.* New York: Teachers College, Columbia University.

Bower, W. C. (1929). *Character through creative experience.* Chicago: University of Chicago.

Burton, W. H. (Ed.). (1929). *The supervision of elementary subjects.* New York: Appleton.

Cox, P. W. L. (1929). *The junior high school and its curriculum.* New York: Charles Scribner's Sons.

Cox, P. W. L., Peter, C. C., & Snedden, D. (1929). *Objectives of education.* New York: Teachers College, Columbia University.

Dewey, J. (1929). *The sources of a science of education.* New York: H. Liveright.

Gray, W. S. (Ed.). (1929). *Junior college curriculum.* Chicago: University of Chicago Press.

Hopkins, L. T. (1929). *Curriculum principles and practices.* New York: Benjamin H. Sanborn & Company.

Indiana Department of Public Instruction. (1929).

Guiding principles of elementary curriculum revision for the state of Indiana. Indianapolis, IN: Department of Public Instruction.

National Education Association, Research Division. (1929). *Vitalizing the high school curriculum*. Research Bulletin Number 7, September.

Owen, R. A. D. (1929). *Principles of adolescent education*. New York: Ronald Press.

Palmer, A. H. (1929). *Progressive practices in directing learning*. New York: Macmillan.

Piaget, J. (1929). *The child's conception of the world*. Totowa, NJ: Littlefield, Adams, and Co.; New York: Humanities. (1960 reprint)

Sisters of the Order of Saint Dominic. (1929). *Curricular studies: Practical application of the principles of Catholic education*. New York: Macmillan.

Skinner, M E., & Chappell, E. P. (Eds.). (1929). *A curriculum study for teachers of beginners: A manual for use in standard training courses*. Nashiville, TN: Cokesbury Press.

Whitehead, A. N. (1929). *The aims of education and other essays*. New York: Macmillan.

Wisehart, R. P. (1929). *Guiding principles of elementary curriculum revision for the state of Indiana: Bulletin Number 107*. Indianapolis, IN: Department of Public Instruction.

제4장

1930~1939년의 교육과정 사상과 문헌

1920년대에 출판된 교육과정 사상 문헌들은 서로 다른 입장을 담고 있기 때문에 이해하기 쉽지 않다. 예를 들어, Bobbitt, Charters, Snedden, Finney 등은 사회적 행동주의자의 노선에 속하였으며, Dewey, Kilpatrick, Counts, Rugg, Shumaker 등은 경험주의 학파였고, Bagley, Morrison, Horne, Russell 등은 지적 전통주의의 입장을 옹호하였다. 그리고 각 입장에 대하여 통합적 설명을 시도한 교육과정학자들도 있었는데, 그들의 노력으로 NSSE의 1926년 연감이 2부작으로 발간되었다. 이 연감에 따르면, 저자들의 주요 관심은 학교교육에서의 교육과정 개발에 있었다. 이것은 교육과정 연구가 주로 학교교육을 지원 · 확대하기 위해 출현한 것이라는 주장을 상징적으로 보여 준다.

1920년대와 1930년대의 교육과정 사상은, 겉으로 보기에 교육과정에 관한 것은 아니지만 교육과정에 대한 중요한 의미를 가진 다음 세 저서의 출간에 큰 영향을 받았다. 첫 번째는 1918년 *Teachers College Record*에 '*The Project Method*' 라는 제목으로 실린 Kilpatrick의 논문이 책으로 재발간된 것이다. 이 책은 경험주의 사상을 지닌 일부 사람들에게는 학교 현장에서 실천적 가치를 지녔는데, 그 가치는 1920년대에 '프로젝트' 라는 용어가 책의 제목으로 사용되었다는 것에서 증명된다. 나머지 두 저서는 각각 1925년과 1926년에 발간되었다. 1925년에 발간된 Morrison의 *The Practice of Teaching in Secondary School*에 따르면, 교육과정의 실천적인 논리는 학문적인 교과 기반 위에 형성된다. 마지막으로 1926년에는 Kilpatrick의 *Foundation of Method*가 발간되었다.[1]

1930년대는 교육과정 이론과 교수 방법을 결합한 저서가 등장하여, '교육과정 개발' 이라는 교육과정 개발 절차가 만들어졌다. 당시 몇몇 저서의 제목에서는 '교육과정' 대신에 '프로그램' 이라는 용어를 사용하기 시작하였는데, Caswell(1930)과 Harrington(1930)의 경우가 그 대표적인 사례이다. 특정한 주나 도시의 '교육과정' 을 다루는 저서도 더 많이 발행되었다. 프로그램과 더불어 상세한 세부설명도 부가되었으나, Hopkins(1929)와 NSSE의 1926년 연감(1927)에서 제시된 질문에서 풀리지 않았던 문제가 제대로 해결된 것은 아니었다. Harap(1928)이 간략하게 제시한 바와 같이 당시에는 개발 절차를 더 강조하였다. Broady, Platt 그리고 Bell(1931), Lide(1933), Carolina(1934), Woody(1934), Draper(1936), Stigler(1936), Shearer(1937) 등이 그러한 경우이다.

앞에서 언급한 것처럼 당시에는 개발 절차가 강조되었으나, 절차 이면의 가설을 다룬 문헌도 있었다. McCall(1930)은 1900년에서 1930년의 교육과정 문헌에서 사용되는 개념의 토대를 검토하였다. Bonser(1932)는 삶의 요구라는 개념에 기초한 교육의 교육과정을 설명하였다. Milligan(1937)은 교육과정 내용과 학습활동 간의 철학적 관계를 정밀하게 검토하였다. Patty(1938)

1) 이 세 권의 간행물들은 그 책들이 출판된 시대 동안 다른 도서의 참고문헌으로 인용되었다.

는 이론과 실천에서 교육을 지원하는 방식을 확대된 시각으로 살펴보았다. 그 연구는 교육과 관련된 구조 문제를 일반적으로 다룬 것이지만, 교육과정에 대한 독특한 함의를 지녔다.

통합적 시각은 이전과 마찬가지로 1930년대 교육과정 사상에서 또 다른 의미를 지니고 있다. 교육과정 사상을 구분하지 않으면서, 지금까지 별개로 나뉘어 있던 영역을 상호 관련하여 통합된 것으로 보려는 경향이 다양하게 발전되었다. 통합의 개념은 Dewey 등의 경험주의 교육자들의 저서에서 유래되었다. 즉, 각각의 교과를 서로 연결지어야 한다고 강조한 것이다. Dewey는 지식이 나뉘어 있는 것을 통합해야 하며 학교생활을 학교 밖의 경험과 통합하여야 한다고 주장하였다. 이 주장은 때로 교과를 통합해야 한다는 권고로 이해되었다. 이러한 경향은 Tuttle(1935), The National Council of the Teachers of English(1936), Connole(1937), Oberholtzer(1937), Weeks(1938)의 글에 나타나 있다.

Jones(1939)는 통합의 수단으로 상호관련성(correlation)의 개념을 주창했으며 특히 통합과정을 실현시키는 주된 방법으로 단원 구성을 주장하였다. 오늘날 우리에게는 익숙하게 되었지만, '주제 단원(thematic unit)' 은 Kilpatrick의 프로젝트 방법을 절충적으로 적용한 것으로, 전통적인 교사뿐만 아니라 과학과 기술이 결합되어 체계화되기를 기대해 온 교사들의 호응을 얻었다. 주제 단원은 Dewey의 본래 의도와는 달리 조직화되었으며, 학습집단에 관심을 두는 경험주의자들보다는 사회적 행동주의자나 지적 전통주의자들의 호응을 받았다. 이렇게 주제 단원을 설명하는 것은 조직화하고 통계 처리하는 과학의 실증주의적 견해와 매우 근접해 있다. 그러나 아이러니하게도 실증주의자들은 자신들의 연구를, Dewey가 *Sources of a Science of Education*(1929)에서 주장한 바와 같이 물 흐르듯 상황에 맞게 수단적으로 현장의 문제를 해결한다는 측면에서 정당화하였다. 1930년대 Hopkins(1937)의 저서는 Dewey 사상의 측면에서 통합을 가장 정확하게 해석한 것으로, 교과 영역들 간에 억지로 결합시키거나 상관관련성을 갖게 하는 것에는 반대하는 입장이다.

교육과정의 관심은 철학적인 것에서 절차적 · 해석적 · 활동 지향적인 것에 이르기까지 다양하다. 즉, 교수를 강조한 Morrison과 방법을 강조한 Kilpatrick의 영향을 받아 이처럼 다양한 교육과정의 요소들이 증가하였다. 그 결과, 교육과정 문헌의 범위에 교사의 교수, 학습지도, 교수법, 지침, 교재, 행정, 조직, 교과외 활동 등의 범주가 추가되었다. 그 예로 교수법에 관한 것으로는 Philips(1931), 교재에 관해서는 Stratemeyer(1931), 지침에 관해서는 Brewer(1932), 조직과 행정에 대해서는 Trillingham(1934), 교과외 활동에 대해서는 Jones(1935)와 McKowan(1938), 스포츠에는 Staley(1935), 교사에 관해서는 Wynne(1937), 학생과 교사에 관해서는 Hopkins(1938), 학생에 대해서는 미시간 대학교(1938), 교사와 교육과정위원회에 대해서는 Melvin(1939), 아동에 관해서는 Stretch(1939) 등이 있다. 교육과정 문헌에 포함되는 영역이 증가함에 따라 교육과정 연구의 범위는 방대해졌으나, 탐구 영역에 대한 교육과정의 정의는 불분명해졌다. 교육과정 연구와 일반적인 교육 연구를 구분하기 어렵다는 점은 여전히 해결하기 어려운 문제였다.

학교 수준에 따른 교육과정 문헌은 이전보다 그 영역이 더욱 확대되었다. 초등교육과정은 Caswell(1930), Ireland(1931), Philips(1931), Stevens(1931), Caswell(1932), Woody(1934) 등에 의해 별도로 다루어졌다. 중등교육과정은 이 시기에도 특별히 주목받았는데, Lull(1932), Weersing과 Ricciardi(1932), The North Central Association(1933), The NEA's Society for Curriculum Study(1938), Prosser(1939) 등이 그 예이다. 1920년에 주목받았던 중학교 교육과정 연구는 Harrington(1930)에 의해 계속되었다. 전문대학과 대학교의 교육과정 설계는 1930년대에 더 많은 주목을 받았다. 교사교육에 대해서는 Dewey(1931)가 의장이었던 롤린스 대학교에서 열린 학회, Deyoe(1934), 교장협의회(1935), Rugg et al.(1935), Heaton과 Koopman(1936), Colvert (1937, 1939), Minnesota(1937) 등이 탁월하게 설명하였다.

1930년대에 상당히 강조되었던 흥미로운 학교교육 운동으로 '작은 학교' 가 있는데, 이것은 현재와는 꽤 다르지만 오늘날 작은 학교 운동의 선례로 볼 수 있다. 이 영역에서는 Caswell(1930), Broady, Platt 그리고 Bell(1931), Caswell(1932), NEA(1933), Broady(1936) 등의 연구가 의미 있다.

당시의 교육과정 저서 가운데에는 현장의 교육과정 개발에 초점을 둔 연구도 상당히 많은데, 선구적인 사례 연구로 볼 수 있다. 그 예로는 Houston (1930), South Dakota(1930), Rollins College(1931), Jacob(1932), The National College of Education(1932), The Columbia University Teachers College Survey of the Schools of Chicago(1932), Wright(1932), Adams(1934), Sanguinet(1934), North Carolina(1935), Heaton과 Koopman(1936), Pennsylvania(1936), Henderson(1937), Glencoe(1938) 등이 있으며, Spears(1937)는 교육과정 개발 전략의 윤곽을 드러내기 위하여 교육과정 개발 당시의 행정적 경험을 그려 냈다.

당시의 교육과정 문헌에는 다방면의 연구가 등장했는데, 그중 일부는 나중에 일반화되기도 하였다. 예를 들어 1930년 Ricciardi는 교육과정 구성을 위한 협의체 운영방법을 제안하였으며, Reisner는 모든 아동에게 균등한 교육기회를 제공하는 공립초등학교(common school)를 강조하였다. Stratemeyer(1931)는 교육과정 자료의 관리법에 대해 언급하면서, 자료의 효과적인 사용을 위한 연구를 주장하였다. 이와 유사하게 Ruth Andrus 등(1936)은 교육과정 지침에 대한 연구를 강조하였다. McKowan(1938), Jones(1935), Staley(1935)는 교과외 활동에 대해 교육과정이 그 역할을 수행해야 한다고 주장하였다. Broady, Platt 그리고 Bell(1931), NEA(1934), Broady(1936)는 교육과정에서 법적인 조항이 더욱 많이 필요하다는 것에 초점을 두었다. NSSE(1937)는 교육과정의 가치 있는 목표 중 하나로 국제 협력을 강조하였다. Marshall과 Goetz(1936)는 사회과와 관련하여 교육과정 구성을 다루었다. Leary(1938)는 교육과정 실험실이라는 연구 주제를 1934년에서 1938년까지의 일련의 소책자를 통해 정교화하였다.

폭넓은 정보가 요구됨에 따라 교육과정 사상과 실천에 대한 다양한 접근 방법이 등장하여 교육과정 지식이 쉽게 형성될 수 있었다. 그중에서 학교에 강조를 둔 연구로는 Caswell(1930), The Conference on Curriculum-making and Revision(1931), Langvick(1931), Caswell(1932), The Columbia University's Teachers College Survey of the Schools of Chicago(1932), The California Elementary School Principal's Association(1937), Milligan(1937), Shearer(1937) 등이 있다.

교육과정 연구 조사는 당시의 학교 정책과 실천에 하나의 전망을 제공하였다. 그 사례로는 활동중심 운동(activity movement)에 대한 NSSE의 1933년 연감(1934)과 1935년 현장 개혁 사례, 사회적 경향, 주와 국가의 경향과 관련된 미시간 대학교의 교육과정 연구 등이 있다. 교육과정 연구와 사상에 대한 조사는 McCall(1930), 특정 주제에 관한 *Review of Educational Research* (1931, 1934), Trillingham(1934), Caswell과 Campbell(1937)의 교육과정 읽기 모음집 등이 그 사례이다. 그 질에 대해서는 논란의 여지가 있지만, 이 교육과정 모음집은 교육과정 전집의 최초 사례이다.

이상과 같이 교육과정 문헌에서 다양한 시도가 이루어지고 있지만, 여기에서는 3장에서 소개한 세 가지 교육과정 사상을 좀 더 언급하고자 한다. 우선, 사회적 행동주의자들의 저서는 일시적으로 감소되었다. 그러나 Snedden(1931), 교육과정에 관한 권고를 담고 있는 Finney(1933)의 교육사회철학, Judd(1934)의 논문, 1938년 Charters의 *Curriculum Construction*의 개정판, Charles Prosser(1939)의 중등교육을 위한 '생활 적응' 교육과정안 등이 발간되었다. 정확히 말하자면, 사회적 행동주의자들의 연구가 감소하였다기보다는 실천을 우선시하는 절충주의에 대부분 통합되었던 것이다. 절충주의에 통합된 사회적 행동주의자들은 더 이상 자신의 관심사를 설명할 필요가 없었다.

지적 전통주의자들은 교과중심 교육과정 기준이 시대에 뒤떨어진 것이 아니라는 점을 계속 강조하였으나, 지지를 얻지는 못하였다. Horne은 *The New Education*(1931)에서 사회적 행동주의에 대하여 일반적이며 이해하기 쉬운 비판을 제시하였다. 그리고 그는 그 후속 연구로 *The Democratic Philosophy of Education*(1932)에서 Dewey를 비판적으로 해석하였다. B.

Russell은 *Education and the Modern World*(1932)에서 사회적 선(善)을 추구하기 위해서는 교육에서 보수적이며 전통적인 방향을 취해야 하지만, 성과 종교적 문제에 관해서는 근본적으로 논쟁할 수 있는 태도를 가져야 한다고 주장하였다. Bagley(1934)는 1938년에 지적 전통주의자들로 구성된 위원회를 소집하여 진보주의 교육과 맞대결을 선언하였다. 지적 전통주의의 현장 유용성에 대한 Bagley의 논쟁은 'The Essentialist's Platform for the Advancement of American Education(미국 교육의 발전을 위한 본질주의자의 강령)' 이라는 새로운 명칭을 얻게 되었다. Morrison(1934)은 단원 구성을 할 때 교과 지식에 대한 교수학습방법 관련 개정판을 냈는데, 그 영향력이 1930년대 후반까지 지속되었다.

경험주의자들은 1930년대에 엄청나게 많은 저서들을 쏟아냈다. Herbart 주의나 Dewey 주의의 본래 견해와 상당히 다르기는 했지만, 20세기에 가장 영향력 있는 다양한 문헌들이 이 시기에 쏟아져 나왔다. 진보주의라는 명목으로 활동중심 교육과정에 대하여 쓴 사람들 중 대부분이 교육과정, 프로젝트, 단원을 연관지었다. 활동중심 교육과정의 범주에 속하는 연구는 실질적으로든 명목상으로든 일반적으로 Dewey의 '행함으로써 배운다'는 개념을 중요시한다. Montessori의 활동중심 교육과정(1939)은 그 예외라 할 수 있는데, 그녀의 개인 발달적 관점의 활동중심 교육과정은 당시의 활동중심 교육과정과는 거리가 멀었다. 그녀의 경험주의는 교육과정의 전체적인 그림을 그리기보다는 주로 진보적인 교수학습방법에 관심을 두었다.

Kilpatrick, Rugg, Hopkins의 저서들은 1930년대 경험주의에 중요한 영향을 미쳤다. Kilpatrick(1936)은 Dewey 학파의 교수학을 해석하여 교육과정을 재구성하는 내용을 담은 소책자를 출간하였다. 그의 글 혹은 강연을 접한 많은 이들은 Dewey에 대한 그의 해석에 매우 큰 영향을 받았다. 그러나 사회적 측면을 지나치게 단순화시키고 거의 다루지 않은 것에 대한 비판도 컸다. 이처럼 경험주의를 다양하게 해석한 연구에는 Clement(1931), Stevens(1931), Hissong(1932), Adams(1934), NSSE(1934), Sanguinet(1934),

Melvin(1936), Mossman(1938) 등이 있다. Dewey는 자신의 입장을 분명히 밝히기 위하여 조심스럽게 *The Way Out of Educational Confusion*(1931)을 발간하였으나 큰 주목을 받지는 못하였다.

1932년 G. S. Counts[2]는 "학교는 과연 새로운 사회 질서를 세울 수 있는가?" 라는 유명한 질문을 던지고, Dewey 주의의 이념 가운데 재건주의에 기반한 해답을 제시하였다. 그는 이 질문과 동일한 제목의 책을 출간하였는데, 이 책이 시발점이 되어 경험주의 교육과정의 목적을 경제 체제에서 민주주의를 확장시키는 것에 초점을 두는 사회적 개혁, 즉 사회 재건주의의 입장으로 해석하는 것으로 확장되었다. 그는 1930년대에 사회적 · 경제적 불평등에 대하여 강도 높은 비판을 하여 '비판적 재건주의' 의 선구자가 되었는데, 그 관점은 1970년대 교육과정 이해라는 형태로 나타났다. Newlon(1939)과 Beard(1937)는 동일한 관점에서 설득력 있는 글을 썼는데, 그들은 학교의 사회적 책임을 강조하였다. 1935년 Curti는 미국 교육이론가들의 사회적 이상을 다룬 저서를 출간하여 호평을 받았다. 흑인 학자 Woodson의 *The Miseducation of the Negro*(1933)도 의미가 있다. 그는 백인 위주의 사회에서 소외된 흑인 계층은 '잘못된 교육을 받을 수 있으며' , 흑인이 시민으로서의 권리와 경제력을 향상시킬 수 있는 교육과정이 제시되어야 한다고 주장하였다. 이 책은 흑인 교육자들에게는 널리 알려졌으나, 유감스럽게도 주류인 백인 교육과정 진영에는 그가 인종적 · 정치적 · 경제적인 부당함을 강조한 것이 거의 알려지지 않았다. 지금도 출판되고 있는 *The Miseducation of the Negro*는 소외 계층의 교육에 관한 초기 저작이라 할 수 있다.

그 밖에도 이 시기에는 경험주의에 대한 다양한 접근방식이 등장하여 Dewey의 연구를 다양하게 해석하였다. Coe(1932)는 경험주의를 자유분방

2) 역자 주: 그는 본래 사회적 행동주의의 입장에 있었으나 후에 진보주의를 옹호하기 시작하였다. 그러다가 진보주의의 한 분파로서 사회 재건주의를 수면에 떠오르도록 하는 역할을 하게 된다. 그의 사상은 '교육적 진보주의자' 들과 '사회 재건주의자' 들이 도저히 화해할 수 없도록 골을 깊게 만들었고, 결과적으로 진보주의 운동이 쇠퇴하는 결과를 초래하였다.

한 신교도의 입장에서 접근하였는데, 이 접근은 Bower(1929)의 아이디어와 상당히 잘 어울린다. P. Harris(1937)는 사회적 · 개인적으로 적절한 교육이 되어야 한다고 주장하였는데, 이것은 Dewey의 사상을 확대한 것이었지만 널리 알려지지는 않았다.

Bode(1938)는 경험주의를 명확히 이해하고 있었으며, 30년대의 다양한 교육과정 제안에 대한 평론을 출간하였다. 오하이오 주립대학교 교수였던 Bode는 형식에 있어서는 Bagley의 문체를, 내용에 있어서는 Dewey의 철학을 종합한 학자로 알려져 있다. Dewey는 경험주의자들 중 Bode가 교육에 대한 그의 제안을 가장 잘 이해한다고 인정하였다. 그러나 Bode가 Dewey의 제자라는 의미는 아니다. 오히려 Bode는 비판적 입장을 견지하면서 Dewey로부터 탈피해 무엇이 민주적인 교육인가에 대한 독자적인 견해를 정립하였다.

지적 전통주의자인 Bagley가 진보주의 교육에 맞대결할 것을 주장한 것과 버금갈 정도로, Bode는 경험주의 이외의 지적 전통주의나 사회적 행동주의의 제안에는 철학적으로 결점이 있다고 신랄하게 비판하였다. 교육의 목적으로서 민주주의, 사회적 염원인 민주주의를 실현하는 방법으로서 창의적 사고에 대한 끝없는 열정을 가진 그는 Dewey적 특성을 그의 책에서 잘 드러내고 있다. 그러나 Dewey가 철학의 과정과 과학의 과정이 여러 가지 현상에 대한 통합적 숙의 과정이라고 주장한 반면, Bode는 철학과 과학은 사고의 체계가 다른데 철학은 사회적 · 정치적 논쟁의 과정이고 과학은 기술적 과정이라고 역설하였다. 그러므로 Bode의 입장에서 민주주의는 철학적 논의를 통해 구축된 신념 체계인 반면, 과학은 민주주의를 갈망하는 개인과 사회가 그들의 이상을 실현할 수 있는 능력을 얻게 되는 사고의 과정이었다. 한편 Dewey는 민주주의를 집단의 과학적 숙의 과정으로 보았다. Bode는 '과학적 방법', 즉 사회적 행동주의에서의 교육은 명확한 목표나 목적 없이 교육을 방치하는 것이라고 주장했다. 민주주의는 이상적인 사회질서를 추구하기 때문에 교육의 적절한 목적이 된다(Bode, 1937). Bode는 목적으로서 민주주의와 수단으로서 과학을 적절하게 조화시킬 것을 강조하는 교육철학을 정립하였다. 그는 학교에서 요구되는 것은 가르쳐지고 실천되는 '민주주의의 복음(gospel of democracy)' 이라고 주장하였다(Bode, 1938: 58-59). 그러므로 그는 실천적 행동을 통해 민주주의의 의미가 저절로 나타날 수 있는 방식으로 민주주의의 개념을 확장할 여지를 남겨 둠으로써, 민주주의에 대한 기초를 세웠다(Bode, 1938).

Bode는 어떤 규칙, 법 또는 기준을 고정된 신념으로 가르치거나, 심지어 구조적으로 민주적이라고 알려진 제도를 장려한다면 교육은 실패한다고 보았다. 그러므로 애국심, 윤리 규범, 무분별한 도덕적 훈련을 장려하는 것은 민주적 교육과는 반대되는 것이다. "건전한 교육은 믿음이나 행위를 규정하려고 노력하는 것이 아니라, 새로운 상황과 요구에 일치하는 기준을 새롭게 만드는 것이다."(Bode, 1938: 234) 세상은 그 자체가 끊임없이 재조정되며, 이 세상의 학생들은 문화가 존엄하다고 생각하는 해석을 다시 생각해 볼 수 있도록 준비시켜야 한다. Bode는 "민주적 사회 질서 내에서 학교는 고유한 책무가 있는데, 그것은 '시간이 지나면 고대의 선(good)은 진부한 것이 된다' 는 것을 전제로 전통적인 믿음과 실천을 끊임없이 고찰해야 한다."라고 하였다(Bode in Alberty & Bode, 1938: 5).

Bode는 교육에서 소위 '과학적 접근' 이라는 것이 교육적 경험이 시행되기 전에 교육적 결과를 규정한다면 자가당착이라고 주장했다. 그는 학생들에게 과학적 탐구를 지도할 때 무엇으로 구성해야 하는가를 결정함에 있어 순수과학과 응용과학의 전통적인 구분이 도움이 된다고 보았다. 그는 *Modern Educational Theories*(1927)에서 이러한 차이를 화학자와 배관공의 일을 비교하며 설명하였다. 화학자는 관찰된 현상을 이해하는 데 있어 가설이 도움이 될 것인지 아닌지를 검증하고 확정하기 위해 연구한다. 배관공은 관례적인 문제를 해결하기 위해 응용과학으로서의 기술을 배운다. Bode에 따르면 행동이 과학적이려면, 학생들이 응용할 수 있도록 훈련시키는 것으로는 충분하지 않다. 교육자는 구체적인 기술적 절차가 필요한 문제를 해결하는 데 학습자를 직접적으로 참여시켜야 한다고 주장했다.

Bode에게 있어 자연현상을 연구하는 것으로부터 인간의 고충을 고찰하는 것으로 전환하는 것은 간단한 일이었다. 모든 과학적 탐구에서, 상호작용의 모든 측면을 충분히 고려하는 개방성은 중요하다. 인간의 행위에서, 요구되는 것은 지성의 안내를 받는 상상력과 동정심인데, 이것들은 어떤 결론이 참가자에게 가장 최선의 이익이 되는가를 정해 준다. 바로 민주적인 해결인 것이다. 이런 것은 진리에 대한 탐색이 아니라, 의미를 추구하는 탐구인 것이다.

당대의 교육적 현실을 탐구함에 있어, Bode는 그의 교육철학으로 보아 활동 계획을 세우기보다는 당대 이론에 대한 비판을 더욱 잘 수행할 수 있었다(Bode, 1927, 1938). 이후 10년간 H. Alberty가 Bode의 철학에 구체적인 행동계획을 덧입혀 주게 된다. Bode는 사회적 행동주의자들을 끊임없이 비판하였으나, 일부 경험주의자들과 지적 전통주의자들의 제안에도 나름대로의 결점이 있다고 보았다.

Bode는 사회적 행동주의자들에 반대하였는데, 그들에게는 확실히 구별되는 철학이 없었으며, 과학적 연구에서 확실한 방법을 주장하면서 과학을 잘못 이해했기 때문이다. 철학이 제기하는 질문을 회피하면 원래의 현상에 대한 긍정으로 되돌아갈 수밖에 없다. 이러한 점에서 사회적 행동주의자들은 교육과정 정책 결정에 있어서 미래 지향적이라기보다 오히려 후퇴하고 있었다. 문명이 진보하려면 사람들은 끊임없이 문제를 과학적으로 재고해야 한다. 학습자가 현 사회제도가 지닌 기술만을 배운다면 그것은 기존 사회제도를 유지시킬 뿐이다(Bode in Kilpatrick, 1933).

그는 또한 지적 전통주의자들에게 한계가 있음을 발견하였다. 즉, 철학이 부족한 것은 아니지만, 지적 전통주의자들은 철학적 결론을 너무 신성시하여 사고가 진보하지 못하고 있다고 보았다. 지적 전통주의자 중 특히 Morrison은 교과의 구분을 강조하였는데, Bode는 이것을 서류함에 들어 있는 분절된 지식이라며 거부하였다. 그에 따르면 전통적인 교과에서 지식은 조화를 이루지 못하고, 실용적이지 못하다. 왜냐하면 학생들의 통합된 삶의 경험과 관련되지 않기 때문이다.

한편, 그는 *Progressive Education at the Crossroads*에서 경험주의들은 이론과 실천이 미약하다고 비판하였다. 그에 따르면, 어떤 경험주의자들은 더 아동중심으로 가르치는 지도방법에만 관심을 한정시킴으로써, 그것이 진정으로 민주적인지 아닌지를 비판적으로 평가하지 못하였다고 보았다. 그는 다음과 같이 서술하였다.

> 진보주의 교육은 민주주의의 진정한 대표자가 되느냐, 아니면 어린 학생을 좀 더 부드럽게 돌보는 독특한 교육체계가 되느냐 하는 선택에 직면하였다. 만약 민주주의가 깊고 포괄적으로 인간을 이해하는 것이라면 분명 보다 특별한 교육체계를 가져야 한다(Bode, 1938).

그는 일부 진보주의 교육자들이 교과를 절대시하는 지적 전통주의에서 아동의 특성에 집착하는 새로운 입장으로 방향을 바꾸었다는 것에 관심을 기울였다. "그것은 아동교육에서 민주주의 이상에 관심을 기울이는 것이 아니라, 과도하게 아동 개인에게 관심을 기울이는 것이었다." (Bode, 1938)

그는 현대사회의 문제에 직면할 때 보다 지성적이고 과학적인 견해를 가지고, 진보적인 입장에서 정교한 교육철학적 교육조건을 만족시키는 해결책을 내는 민주적인 교육제도를 지지했다. 그는 민주적인 학교가 무엇인지에 대해 정확하게 이야기한 적이 없었는데, 이것은 그가 교육이론에서 철학의 중요성을 재확립하는 데 몰두했기 때문이다. 각 개인은 진술된 문제 해결에 자신의 독특함으로 기여할 수 있기 때문에, 민주주의적 교육과정에서 개인은 중요하다. 그는 협소한 의미의 직업교육이 궁극적으로는 사회 구성원의 삶에 기여하지 못하기 때문에 옳지 않다고 보았다. 사람들은 개인적 잠재력으로 공동체에 기여하기 때문에 고유의 가치가 있다. 이러한 잠재력을 무시하거나 잠재력으로 자기 이익만 추구하도록 하는 것은 민주주의의 이상에 큰 손실이 된다.

Dewey의 교육철학을 토대로 경험주의 교육과정 지도자나 교사들에게 도움을 준 사례는 다음과 같다. Rugg, Axtelle, Caswell, 그리고 Count의 *American Life and the School Curriculum*(1936), Hopkins(1937)의 통합 교육의 의미와 적용에 대한 해설, 아동발달과 Herbart에 토대를 둔 교육과정 사이의 관련성을 탐구하는 데 기여한 NSSE(1939)의 38차 연감, 교육과정과 민주주의 사이의 관련성에 대해 탐구한 간행물인 John Dewey Society의 3차 연감(1939)이 그것이다. NSSE의 38차 연감 2장은 Dewey 철학의 다양한 차원과 그것의 확대 · 적용을 설명하려는 매우 의미 있는 연구들을 담고 있다.

비유를 동원한 저서는 진지하고 신중한 논의가 부족한 경우에 경박해지고, 풍자에 그칠 수 있다. J. Abner Peddiwell이라는 필명으로 활동한 Harold Benjamin은 *The Saber-Tooth Curriculum*(1939)을 통하여 이미 유용성이 쇠퇴한 도구적 기술과 개념을 강조해 온 지적 전통주의자들을 풍자하였다. 그것은 지적 전통주의자들의 교육과정을 폐기하고자 하는 경험주의자들에게 크게 기여하였다. 선사시대를 연구하는 교육과정학자인 Posing은, 빙하시대가 오면서 물고기와 하천은 얼어붙고 호랑이는 남쪽으로 이동하였지만 '불을 이용해서 검치 호랑이 추격하기', '맨손으로 물고기 잡기'와 같은 내용을 포괄하는 교육과정이 지속되어야 한다고 주장하였다. 왜냐하면 선사시대를 연구하는 교육과정학자들 대부분은 이러한 교육과정이 잘 훈련된 원시인에게 도움이 된다고 여겼기 때문이다.

앞서의 저자들은 다양하게 접근했으며 Dewey의 고유한 견해와는 다른 점이 있었다. 하지만 Dewey와 같이 복잡한 관점에서 수많은 교육과정 실천가들을 교육하는 것은 중요한 과제이다. 예를 들어 Schwab은 1959년 진보주의 교사들과 교육과정 개발자들을 교육시키는 것에 대해 직접적으로 언급하지 않았지만, 진보적인 교사가 되는 것이 얼마나 어려운가에 대하여 설득력 있게 기술하였다.[3)]

사상의 창시자를 부정하지 않으면서 사상을 해석할 수 있다면 더없이 좋을 것이다. Dewey가 그의 사상과 경쟁적인 사람들로부터 공격받는 것은 흥미로운 일이다. *Experience and Education*(1938)에서 그는 그의 사상에 대한 잘못된 해석을 밝히려고 하였다. 그는 필생의 역작인 *Democracy and Education*(1916)을 출간한 이래 20여 년 동안 주로 철학에 몰두하였으며, 그 후에 자신의 입장을 명확히 하기 위해 교육에 관한 저서를 다시 집필하였다. 그는 교육을 철학의 시험장으로 여겼기 때문에, 그 사이에도 철학에 관한 저서를 발간하여 교육적 노력이 의미를 갖도록 하였다. 그는 철학 저서를 통해 그의 교육적 입장을 강화하였다. Dewey의 *Art as Experience*(1934)는 보통 미학 영역으로 분류되는데, 광범위한 의미에서 교육에 대한 가장 통찰력 있는 저술로 논의되고 있다. 최근 Philip Jackson(1998)은 *Art as Experience*에 근거해서, 예술이 교육자들에게 주는 중요한 교훈을 설명했다. 그것은 학교교육을 넘어 더 광범위한 교육과 교육과정의 개념을 가리킨다.

Dewey의 저서 *Experience and Education*(1938)에는 그의 교육적 사상이 간명하게 잘 드러나 있다. 그 책은 교육적 실천에 관한 그의 생각을 간결하고 명확하게 나타내어, 창조적 생각을 가진 후학들이 그의 사상을 잘 이해하도록 하였다. 교육과정 사상과 실천 분야에서 당대와 그 이후의 발전에 대한 연구는 1931년 Dewey의 저서 제목처럼 '*The way out of educational confusion*' 을 제시하기에는 터무니없이 부족하다는 것을 잘 드러내고 있다. 이것은 그 영역의 논문들을 비난하고자 하는 것이 아니다. 그 길을 제시하는 것이 이상을 실현하는 것보다 수월한 일임을 지적하고자 한 것이었다. *Experience and Education*은 Dewey를 비판하는 전통적인 교육자들과, 그를 지지하지만 피상적으로 해석하는 사람들 간의 논쟁에 대한 답변을 제시하고 있다.

3) Schwab, J. J. (Summer, 1959) The Impossible Role of the Teacher in Progressive Education. *School Review*, *67*: 139-160.

교육에 대한 탁월한 이론은 갈등의 원인을 확인하고 어느 한 측면을 선택하는 대신, 의견이 다른 집단이 나타내는 행위와 사상보다도 더 깊고 더 포괄적인 행동을 계획하는 것이다.

Dewey는 *Experience and Education*에서 이러한 이론의 입장을 명쾌하게 설명하였고, *Democracy and Education*에서 그 이론의 주된 맥락을 다시 설명하였다. *Experience and Education*에서 제안된 30년대의 진보주의와 전통주의 교육 사이의 논의는 계속되고 있다. 예를 들어, 1960년대 후반 전통 교육과 열린 교육, 1970년대 '기본으로 돌아가자' 는 운동과 인본주의 교육, 1980년대 *A Nation at Risk*와 *Our Children at Risk* 논쟁, 오늘날의 국가 목표, 기준, 성취기준중심 교육과정과 평가의 가치에 대한 논쟁 등이 있다.

경험주의자들의 문헌에서 나타난 질문들과 관련지어 볼 때 교육과정 영역에 새로운 주제가 등장했다. 그것은 30년대 교육과정 문헌에 새로운 현상을 불러일으켰다. 즉, 많은 학자들이 경향, 현대화, 교육과정 사상과 실천의 빠른 변화를 강조하였다. 이 당시 책 제목은 변화와 관련된 교육과정 사상과 실천에 대한 가정들을 잘 보여 주고 있다. 만약 교육자가 책을 읽지 않는다면 교육과정 발전을 따라가기 어렵다. Reisner의 *The Evolution of the Curriculum School*(1930), Browne의 *The Case for Curriculum Revision*(1932), Flavius의 *The Selection and Organization of Personnel for Curriculum Revision*(1932), North Central Association의 *High School Curriculum Reorganization*(1933), 미시간 대학교의 개혁과 경향에 관한 세 개의 보고서(1935), Zirbes의 *Curriculum Trends*(1935), Harap의 *The Changing Curriculum*(1937), Harris의 *The Curriculum and Cultural Change*(1937), NEA와 ASCD의 *The Changing Curriculum*(1937), Shearer의 *Procedures in Curriculum Revision Programs of selected States*(1937), The Society for Curriculum Stydy의 *A Challenge to Secondary*

Education: Plans for the Reconstruction of the American High School(1938) 등이 그 문헌들이다.

The Educational Policies Commission의 *The Purposes of Education in a Democracy*(1938)에서는 절차에 앞서 목적이 강조되었다. 이것은 교육과 관련된 민주주의에 대해 깊이 있게 연구한 문헌은 아니지만, 교육과정 문헌에서 적어도 세 가지의 현저한 발전을 보여 주고 있다. 첫째, 경험주의자, 특히 Dewey의 *Democracy and Education*(1916)이 교육과정 사상에 미친 영향을 은연중에 인정하였다. 둘째, 교육목적을 사회적-정치적 가치에 부속되는 것으로 보려는 경향이 증가하였다. 셋째, 완전히 이질적인 교육적 사상을 통합하려는 시도가 있었다. 이런 측면에서 이것은 The Commission of the Reorganization of Secondary Education(1918)의 논의와 NSSE의 26차 연감위원회(1927)의 논의를 상기시킨다. The Educational Policies Commission(1938)의 간행물은 미국 민주사회에서 잘 교육받은 사람이 획득해야 하는 43가지의 목표를 제시하였다. 이것은 네 가지 범주로 나눌 수 있는데, 자아실현, 인간관계, 경제적 효용성 그리고 시민의 책무가 바로 그것이다. 이것은 당시의 절충주의가 어떻게 변화되었는지, 또 더 광범위해진 당대 학문의 흐름을 담은 교육과정의 방향을 잘 보여 주고 있다. 1930년대는 경험주의자들의 시대였으며, 절충적인 문헌들이 그들의 영향력을 드러낸 때이기도 하다.

마지막으로, 30년대에 새로운 형태의 교육과정 저서가 발간되었다. 그것은 근대화의 필요성을 강조한 것인데, 당시 사회적 추세의 급속한 확산에 대한 반응으로 볼 수 있다. 사회적 추세에 대한 연구, 실험 결과물, 특정지역에서 실시된 교육혁신안, 행정 · 수업 · 평가 · 교수방법 · 교수학습자료 · 진로지도 · 학생에 대한 연구 등을 포함한 다양한 방식을 통합할 수 있는 체제를 개발할 필요성이 대두되었다. 이런 요소들은 교육과정에 대해 알고자 하는 사람들과 효과적으로 교육과정 영역에 참여하고자 하는 사람들이 연구해야 하는 것이었다. 교육과정 저서들은 이러한 필요에 의해 쓰였고, 개론을 제시하였으며, 모든 방면에서 교육과정 지식이 급격하게 증가하면서 백과사전적 설명을 하고자 하였다. 이러한 책들의 주요 기능은 교육과정 영역의 새로운 요소들을 소개하는 것이었다. 기념비적 예로는 Norton과 Norton의 *Foundations of Curriculum Building*(1936), Caswell과 Campbell의 *Curriculum Development*(1935)가 있다. Caswell과 Campbell(1935)의 책은 당대 생활에서 학교의 기능, 학교의 사회적 책임, 교육과정에 영향을 주는 것, 교육과정 개발의 원리, 교육과정에서 목적과 범위, 학습자에 대한 연구, 목적을 실현하기 위한 활동, 교과, 학년과 시간 배당, 수업절차, 평가, 학습내용 조직, 수업, 단원, 교수요목 그리고 이와 관련된 교육과정 행정과 같은 주요 주제들을 다루고 있다. 이것은 더 많은 연구에 의해 보완되었다. 2년 후 발간된 *Readings in Curriculum Development*(1937)는 좀 더 보강된 내용을 담고 있다.

*Curriculum Development*라는 용어는 다음 20년 동안 교육과정 연구라는 용어와 동의어로 사용된다는 점에 유념해야 한다. 다음 30년간 이 영역에서 뛰어난 책들은 백과사전적 특징을 지닌다는 것을 발견할 수 있다. 이러한 문헌들은 교수, 장학사, 자문위원 또는 교원과 같은 인사들을 교육과정 분야로 사회화시키는 데 사용되었다. 이러한 책들은 다음 장에서 '개론서' 로서 다루어진다.

참고문헌

1930

Caswell, H. L. (1930). *Program making in small elementary schools.* Nashville, TN: George Peabody College.

Counts, G. S. (1930). *The American road to culture.* New York: John Day.

Garretson, O. K. (1930). *Relationship between expressed preferences and curricular abilities of ninth grade boys.* New York: Columbia University, Teachers College (Reprinted by AMS).

Harrington, H. L. (1930). *Program making for junior high schools.* New York: The Macmillan Company.

Houston, Texas Independent School District. (1930). *Curriculum revision and development in Houston, Texas, 1924-30, Part II.* Houston, TX: Board of Education.

McCall, W. M. (1930). *A critical review of various conceptions underlying curriculum-making since 1900.* Columbia: University of Missouri.

Peters, C. C. (1930). *Objectives and procedures in civic education.* New York: Longmans, Green.

Reisner, E. H. (1930). *The evolution of the common school.* New York: Macmillan.

Ricciardi, N. (1930). *The application of the conference method to curriculum making.* Bulletin Number G-5. Sacramento: California Department of Education.

South Dakota. (1930). *Preliminary reports of approach to and theories regarding curriculum construction, general aims and guiding principles of education for the state of South Dakota.* Bulletin Number 1. Pierre, SD: State Department of Education.

1931

American Educational Research Association. (1931, January). *The curriculum. A special issue of the Review of Educational Research.* Washington, DC: Author.

Bonser, F. G. (1931). *The effective use of curriculum materials.* New York: Teachers College, Columbia University.

Broady, K. O., Platt, E. T., & Bell, M. D. (1931). *Practical procedures for enriching the curriculum of small schools. University of Nebraska Publication Number 84.* Educational Monographs Number 2. Lincoln: University of Nebraska.

Clement, J. A. (1931, February 24). *Progressive trends in the external organization and in the curriculum content of our schools.* Urbana: University of Illinois Bulletin Number 54.

Conference in Curriculum-making and Revision. (1936, October 30-31). *Curriculum-making in current practice.* Evanston, IL: Northwestern University.

Dewey, J. (1931). *The way out of educational confusion.* Cambridge, MA: Harvard University Press. (Also printed by Greenwood Press, New York, 1970).

Horne, H. H. (1931). *The new education.* New York: Abingdon.

Langvick, M. M. (1931). *Current practices in the construction of state courses of study.* Washington, DC: U.S. Government Printing Office.

Morrison, H. C. (1931). *Practice teaching in the secondary school* (Revised edition). Chicago: University of Chicago Press.

Northern Ireland. (1931). *Committee of inquiry on the program of instruction in public elementary schools.* Belfast, Northern Ireland: Her Majesty's Stationery Office.

Phillips, C. A. (1931). *Modern methods and the elementary curriculum (Revised edition).* New York: Century.

Rollins College. (1931). *The curriculum for the liberal arts college, being the report of the curriculum conference held at Rollins College, January 19–24, 1931.* (John Dewey, Chairman, together with the reports of Rollins College committees on curriculum.) Winter Park, FL: Rollins College.

Rugg, H. (1931). *Culture and education in America.* New York: Harcourt, Brace.

Scottish, Council for Research in Education. (1931). *Curriculum for pupils of twelve to fifteen years (advanced division).* London: University of London Press.

Snedden, D. S. (1931). *Cultural education and common sense: A study of some sociological foundations of education designed to refine, increase, and render more functional the personal the personal cultures of men.* New York: Macmillan.

Stevens, M. P. (1931). *The activities curriculum in the primary grades.* Boston: D. C. Heath.

Stratemeyer, F. B. (1931). *The effective use of curriculum materials.* New York: Teachers College, Columbia University. (Reprinted in 1972 by AMS, New York).

1932

Bonser, F. G. (1932). *Life needs and education.* New York: Bureau of Publications, Teachers College, Columbia University.

Brewer, J. M. (1932). *Education as guidances; an examination of the possibilities of a curriculum in terms of life activities, in elementary and secondary school and college.* New York: Macmillan.

Browne, G. S. (1932). *The case for curriculum revision.* Melbourne, Australia: Melbourne University Press.

Caswell, H. L. (1932). *Program making in small elementary schools. Field Studies Number 1* (Revised edition), Division of Surveys and Field Studies. Nashville, TN: George Peabody College for Teachers.

Coe, G. (1932). *Educating for citizenship.* New York: Charles Scribner's.

Columbia University, Teachers College, Institute of Educational Research, Division of Field Studies. (1932). *The curricula of the schools.* Report of the Survey of the Schools of Chicago, Illinois, Volume III. New York: Bureau of Publications, Teachers College, Columbia University.

Counts, G. S. (1932). *Dare the school build a new social order?* New York: John Day. (Reprinted by Arno Press, 1969).

Flavius, L. D. (1932). *The selection and organization of personnel for curriculum revision.* Cleveland, OH: Western Reserve University.

Hissong, C. (1932). *The activity moment.* Baltimore: Warick & York.

Horne, H. H. (1932). *The democratic philosophy of education.* New York: Macmillan.

Jacob, T. N. (1932). *The reconstruction of the curriculum of the elementary schools of India.* Calcutta, India: Association Press, Y.M.C.A.

Lide, E. S. (1932). *Procedures in curriculum making. National Survey of Secondary Education, Bulletin Number 17, Monograph Number 18.* Washington, DC: Government Printing Office.

Lull, H. G. (1932). *Secondary education: Organization and program.* New York: W. W. Norton.

Meiklejohn, A. (1932). *The experimental college.* New York: Harper and Brothers.

National College of Education. (1932). *Children's School Staff.* Curriculum records of the Children's School, National College of Education. Evanston, IL: Bureau of Publications, National College of Education.

Russell, B. (1932). *Education and the modern world.* New York: W. W. Norton.

Virginia State Board of Education. (1932). *Study course for Virginia State Curriculum Program.* Richmond, VA: Division of Purchasing and Printing.

Weersing, F. J., & Ricciardi, N. (1932). *Curriculum making in secondary schools. Syllabus for course in Education 254B.* Los Angeles: University of Southern California.

Wright, L. E. (1932). *Units of work. A first grade at work; a non-reading curriculum.* New York: Bureau of Publications, Teachers College, Columbia University, for Lincoln School of Teachers College.

1933

Dewey, John. (1933). *How we think: A restatement of the*

relation of reflective thinking to the educative process. (Revised edition). Chicago: D. C. Heath.

Finney, R. L. (1933). *A sociological philosophy of education.* New York: Macmillan.

Kilpatrick, W. H. (Ed.). (1933). *Educational frontier.* New York: D. Appleton Century Co.

Lide, E. S. (1933). *Procedures in curriculum-making.* Washington, DC: U.S. Government Printing Office.

National Education Association of the United States. Department of Rural Education. (1933). *Organization of curriculum for one-teacher schools.* Washington, DC: National Education Association.

North Central Association of College and Secondary Schools. (1933). *High school curriculum reorganization.* The North Central Association of College and Secondary Schools. Ann Arbor, MI: Author.

Woodson, C. G. (1933). *The miseducation of the negro.* Washington, DC: Associated Publishers.

1934

Adams, F. (1934). *The initiation of an activity program into a public school. Contributions to Education Number 598.* New York: Bureau of Publications, Teachers, College, Columbia University.

American Educational Research Association. (April, 1934). *Review of educational research, the curriculum.* Washington, DC: National Education Association.

Bagley, W. C. (1934). *Education and emergent man.* New York: T. Nelson and Sons.

Counts, G. S. (1934). *The social foundations of education.* New York: Charles Scribner's Sons.

Dewey, J. (1934). *Art as experience.* New York: Minton, Balch & Co.

Deyoe, G. P. (1934). *Certain trends in curriculum practices and policies in state and normal schools and teachers colleges.* New York: Teachers College, Columbia University.

Judd, C. (1934). *Education and social progress.* New York: Harcourt Brace.

Morrison, H. C. (1934). *Basic principles in education.* Boston: Houghton-Mifflin.

National Education Association of the United States. Department of Rural Education. (1934). *Economical enrichment of the small secondary-school curriculum.* Washington, DC: Department of Rural Education, National Education Association.

National Society for the Study of Education. (1934). *The activity movement: Thirty-third Yearbook, Part II* (Lois C. Mossman, Chair). Bloomington, IL: Public School Publishing Company.

North Carolina. (1934). *Suggested procedures for curriculum construction and course of study building, 1934-1935. Publication Number 179.* Raleigh: State Superintendent of Public Instruction.

Sanguinet, E. H. (1934). *An approach to curriculum construction based on a child activity survey in the Philippine Islands.* Manila, Philippine Islands: Philippine Teacher's Digest.

Stanford Education Conference. (1934). *Curriculum and instruction.* Stanford, CA.

Stewart H. H. (1934). *Comparative study of the concentration and regular plans of organization in the senior high school.* New York: Columbia University, Teachers College. (Reprinted by AMS).

Trillingham, C. C. (1934). *The organization and administration of curriculum programs.* Los Angeles: University of Southern California Press.

Woody, C. (1934). *Syllabus for the construction of the elementary school curriculum.* Ann Arbor, MI: Brumfield & Brumfield.

1935

Caswell, H. L., & Campbell, D. S. *Curriculum development:* New York: American Book Company. (Reprint by R. West 1978).

Curti, M. (1935). *Social ideas of American educators.* New York: Charles Scribner's Sons.

Jones, G. (1935). *Extra curricular activities in relation to the curriculum.* New York: Teachers College, Columbia University (AMS reprint available).

Michigan, University of. (1935a). *Innovative practices in the curriculum.* Ann Arbor, MI: School of Education.

Michigan, University of. (1935b). *Social trends and curriculum revision*. Ann Arbor, MI: School of Education.

Michigan, University of. (1935c). *State and national trends in education*. Ann Arbor, MI: School of Education.

New York (State) University. (1935). *Secondary school curriculum reorganization. Suggestion relative to sequences*. Albany: The University of the State of New York Press.

North Carolina Department of Public Instruction. (1935). *A study in curriculum problems of the North Carolina public school. Suggestions and practices*. Raleigh: North Carolina State Superintendent of Public Instruction.

Rugg, E. U., Peik, W. E., Foster, F. K., John, W. C., & Raup, B. R. (1935). *Teacher education curricula*. U.S. Department of the Interior, Harold L. Ickes, Secretary. Office of Education, George F. Zook, Commissioner. Washington, DC: U.S. Government Printing Office.

Staley, S. C. (1935). *The curriculum in sports*. Philadelphia: W. B. Saunders. (Also by Stipes Publishing Company, Champaign, Illinois).

Standing Joint Commission Committee of the Headmasters' Conference and Incorporated Association of Preparatory Schools. (1935). *Curriculum for the preparatory schools; being the report of the Standing Joint Committee of the Headmasters' Conference and Incorporated Association of Preparatory Schools*. Winchester, England: Warren & Sons, Ltd.

Tuttle, F. P. (1935). *Correlated curriculum activities*. Mankato, MN: Creative Educational Society.

Zirbes, L. (1935). *Curriculum trends: A preliminary report and challenge*. Washington, DC: Association for Childhood Education.

1936

Andrus, R., and Associates (1936). *Curriculum guides for teachers of children from two to six years of age*. New York: Reynal and Hitchcock (A John Day Book).

Broady, K. O. (1936). *Enriched curriculum for small schools*. Lincoln: University of Nebraska.

Bruner, H. B. (1936). *A tentative list of approaches to curriculum and course of study construction with selected bibliographies*. New York: Teachers College, Columbia University.

Draper, E. M. (1936). *Principles and techniques of curriculum making*. New York: D. Appleton-Century,

Hanna, P. (1936). *Youth serves the community*. New York: D. Appleton-Century,

Heaton, K. L., & Koopman, G. R. (1936). *A college curriculum based on functional needs of students; an experiment with the general curriculum at Central State Teachers College, Mount Pleasant, Michigan*. Chicago: University of Chicago Press.

Kilpatrick, W. H. (1936). *Remaking the curriculum*. New York: Newson and Company.

Marshall, L. C., & Goetz, R. M. (1936). *Curriculum-making in the social studies*. New York: Charles Scribner's Sons.

Melvin, A. G. (1936). *The activity program*. New York: Reynal and Hitchcock.

National Council of the Teachers of English. (1936). *A correlated curriculum*. New York: D. Appleton-Century.

Norton, J. K., & Norton, M. A. (1936). *Foundations of curriculum building*. Boston: Ginn and Company.

Pennsylvania Department of Public Instruction. (1936). *Suggestions for the development and use of curriculum materials in the elementary school*. Harrisburg: Pennsylvania Department of Public Instruction.

Rugg, H. O., Axtelle, G., Caswell, H., & Counts, G. S. (1936). *American life and the school curriculum: Next steps toward schools of living*. New York: Ginn and Company.

Stigler, W. A. (1936). *Handbook for curriculum development*. Austin: Texas State Department of Education.

1937

Beard, C. A. (1937). *The unique function of education in*

a democracy. Washington, DC: Educational Policies Commission.

Bode, B. H. (1937). *Democracy as a way of life.* New York: Macmillan.

California Elementary School Principals' Association. (1937). *Current curricular practices in elementary education.* Los Angeles: Elementary School Principals' Association.

Caswell, H. L., & Campbell, D. S. (Eds.). (1937). *Readings in curriculum development.* New York: American Book Company.

Colvert, C. C. (1937). *A critical analysis of the public junior college curriculum.* Nashville, TN: George Peabody College for Teachers.

Connole, R. J. (1937). *A study of the concept of integration in present day curriculum thinking.* Washington, DC: Catholic University of America.

Harap, H. (Ed.). (1937). *The changing curriculum.* New York: D. Appleton-Century.

Harris, P. E. (1937). *The curriculum and cultural change.* New York: D. Appleton-Century.

Henderson, H. R. (1937). *A curriculum study in a mountain district.* New York: Teachers College, Columbia University.

Hoban, C. F., Hoban, C. F. Jr., & Zisman, S. B. (1937). *Visualizing the curriculum.* New York: Cordon. (Also reprint by R. West).

Hopkins, L. T. (1937). *Integration, its meaning and application.* New York: D. Appleton-Century.

Joint Committee on Curriculum of the Department of Supervisors and Directors of Instruction of the National Education Association and the Society for Curriculum Study. (1937). *The changing curriculum.* New York: D. Appleton-Century. (Reprinted in 1972 by AMS, New York).

Milligan, N. G. (1937). *Relationship of the professed philosophy to the suggested educational experiences; a study in current elementary school curriculum making.* New York: Teachers College, Columbia University. (Reprinted in 1972 by AMS, New York).

Minnesota-University Committee on Educational Research. (1937). *The effective general college curriculum as revealed by examinations.* Minneapolis: University of Minnesota Press.

National Society for the Study of Education. (1937). *International understanding through public school curriculum (I. L. Kandel and G. W. Whipple, Editors). Thirty-sixth Yearbook.* Bloomington, IL: Public School Publishing Company.

Oberholtzer, E. E. (1937). *Integrated curriculum in practice. Contributions to Education Number 694.* New York: Teachers College, Columbia University. (AMS reprint available).

Shearer, A. E. (1937). *Procedures in curriculum revision programs of selected states.* Nashville, TN: George Peabody College for Teachers.

Spears, H. (1937). *Experiences in building a curriculum.* New York: Macmillan.

Wynne, J. P. (1937). *The teacher and the curriculum.* New York: Prentice-Hall.

1938

Alberty, H., & Bode, B. H. (Eds.). (1938). *Educational freedom and democracy: The John Dewey Society second yearbook.* New York: Appleton, Century, Crofts.

Bode, B. H. (1938). *Progressive education at the crossroads.* New York: Newson.

Charters, W. W. (1938). *Curriculum construction* (Revised edition). New York: Macmillan.

Dewey, J. (1938). *Experience and education.* New York: Macmillan.

Educational Policies Commission. (1938). *The purposes of education in American democracy.* Washington, DC: The Educational Policies Commission of the NEA and AASA.

Glencoe Public Schools. (1938). *A guide for curriculum planning.* Glencoe, IL: Board of Education.

Hopkins, L. T. (1938). *Pupil-teacher learning.* Wilmington, DE: The Delaware Citizens Association.

Leary, B. E. (1938). *Curriculum Laboratories and divisions: Their organization and functions in state departments of education, city school systems, and institutions of higher education. Surveys of courses of study and other curriculum materials-A series*

(1934-1938) of bulletins. Washington, DC: Office of Education.

McKowan, B. C. (1938). *Extra-curricular activities*. New York: Macmillan.

Michigan, University of. (1938). *Pupil development and the curriculum*. Ann Arbor, MI: School of Education.

Mossman, L. C. (1938). *The activity concept*. New York: Macmillan.

Ohio State University, Columbus. University School. (1938). *Were we guinea pigs? By the Class of 1938, University High School, the Ohio State University*. New York: H. Holt and Company.

Patty, W. L. (1938). *A study of mechanism in education*. New York: Bureau of Publications, Teachers College, Columbia University. (Reprint 1972, AMS, New York).

Society for Curriculum Study. (1938). *A challenge to secondary education: Plans for the reconstruction of the American high school (Samuel Everett, Editor)*. New York: D. Appleton-Century.

Weeks, R. M. (1938). *A correlated curriculum. Report of the National Council of Teachers of English*. New York: Appleton-Century-Crofts.

1939

Benjamin, H. (Peddiwell, J.A., psuedonym). (1939). *The saber-tooth curriculum*. New York: McGraw-Hill. (Also 1959 reprint).

Colvert, C. C. (1939). *The public junior college curriculum; an analysis*. Baton Rouge, LA: Louisiana State University Press.

Department of Elementary School Principals. (1939). *Enriching curriculum for the elementary school child. Eighteenth Yearbook*. Washington, DC: National Educational Association.

Dix, L. (1939). *A charter for progressive education*. New York: Teachers College, Columbia University.

Heffernan, H. (Ed.). (1939). *Newer instructional practices of promise*. Washington, DC: Association for Supervision and Curriculum Development.

John Dewey Society. (1939). *Democracy and the curriculum. Third Yearbook*. New York: D. Appleton-Century.

Jones, A. J. (1939). *Principles of unit construction*. New York: McGraw-Hill.

Melvin, A. G. (1939). *Activated curriculum: A method and a model for class teachers and curriculum committees*. New York: John Day Company.

Montessori, M. (1939). *The secret of childhood*. New York: F. A. Stokes Company.

National Society for the Study of Education. (1939). *Child development and the curriculum (Guy Whipple, Editor). Thirty-Eighth Yearbook, Part I*. Chicago: University of Chicago Press.

Newlon, J. (1939). *Education for democracy in our time*. New York: McGraw-Hill.

Prosser, C. A. (1939). *Secondary education and life*. Cambridge, MA: Harvard University Press.

Rugg, H. O. (Ed.). (1939). *Democracy and the curriculum: The life and program of the American school*. New York: D. Appleton-Century.

Stretch, L. B. (1939). *The curriculum and the child*. Minneapolis, MN: Educational Publishers.

Thayer, V. T., Zachry, C. B., & Kotinsky, R. (1939). *Reorganizing secondary education*. New York: D. Appleton-Century.

제5장 1940~1949년의 교육과정 사상과 문헌

다른 분야와 마찬가지로 교육 및 그 관련 분야에서도 제2차 세계 대전의 발발과 그에 따른 경제 악화로 인해 난항을 겪었다. 그 예로 1940년대에는 102권의 교육과정 관련 도서가 출간되었는데, 제2차 세계 대전 기간이었던 1943~1945년 사이에는 겨우 21권의 책이 출간되었다. 1940년대는 미국 역사의 전환기이며, 교육과정 분야의 전환기이기도 했다. 1920년대에는 사회적 행동주의자의 연구가, 1930년대는 경험주의자의 사상이 우위를 점하였으나, 1940년대는 어떤 한 가지 교육과정의 관점으로 특징지을 수 없다. 사회적 행동주의는 아동중심 교육과정과 결합하여 '생활 요구' 교육(주로 경험주의자)이나 '생활 적응' 교육(주로 사회적 행동주의자)으로 명명된 교육과정을 형성하였다. 지적 전통주의는 Jacques Maritain의 신 Thomas 주의(Thomistic)[1]의 관점에 힘입어 주장을 펼쳐 나갔다. 경험주의는 Kelly의 철저하게 개별화된 교육과 Brameld의 사회 재건 교육의 주장으로 지평을 넓혀 나갔다. 절충주의의 활동은 주로 위원회 보고서와 개론서의 출간으로 나타났다. 이처럼 1940년대에는 특정 관점이 우위를 차지하지는 않았지만, 주요한 몇 명의 학자가 등장하였다. 그러나 냉전기간 동안에 경험주의는 자유민주주의와 관련을 맺어 정치적 위기를 자초하기도 하였다. 즉, 반공주의자들의 타겟이 되었던 것이다.

1940년, The American Council on Education이 중등학교에서 무엇을 가르쳐야 하는지에 관하여 재평가하였는데, 이에 따라 교육목표를 재고하게 되었다. 1940년 The White House Conference에서는 아동을 위한 학교교육 목표를 공표하였다. 이 성명서는 민주주의를 강조하는 진보주의 교육자들의 영향을 받아 아동의 성장과 관련된 민주주의에 관심을 두었다. 이 외에 많은 교육과정 관련 도서에서 경험주의 사상을 찾아볼 수 있다. 예를 들어, 협동학습의 선구자인 Kilpatrick(1940)은 교육방법을 발전시켰고, Wood(1940)는 교육과정을 지역사회 생활과 학교의 상호작용 측면에서 다루었으며, Goggan(1940)은 교육과정을 구성하는 요소로서 단원과 흥미를 중심에 두었다. 1940년대에 많은 자료들은 당시의 여러 가지 관점을 통합하여 제시하였는데, 이것은 세 입장의 아이디어를 함께 엮은 절충주의적 관점으로 분류된다. 절충적 관점의 예는 다음과 같다. Spears(1940)는 고등학교 교육과정에 대한 온건한 개혁안의 토대를 마련하는 데 있어 교장으로서의 경험을 십분 발휘하였다. Caswell(1946)은 미국 고등학교의 책무성과 전망을 다루어 교육과정 사상에 영향을 미쳤다.

J. M. Lee와 D. M. Lee(1940)는 초등학교 교육에 관한 개론서 초판을 내었는데, 이 저서는 이후에도 계속 호응을 얻었다. 이것은 Morrison이나 Kilpatrick의 견해로부터 영향을 받았으며, Piaget의 아동 발달 단계에 관한

1) Thomas Aquinas의 철학을 미국의 가톨릭 철학자 Maritain이 현대 문제와 관련해 연구해 새로운 해명을 제시했고, 이는 항존주의 교육의 철학적 배경이 되었다. 창의성을 계발하고 지성을 도야하는 것을 교육의 으뜸 목표로 세우고 있으며, 권위에 너무 의존하려는 가톨릭의 경향을 비판하였다.

주장도 수용하였다. 또한 그 핵심 내용은 1938년에 발간된 *The Purposes of Education in American Democracy*의 도움을 받았다. 아동중심적인 Kilpatrick의 전통을 이어받은 J. M. Lee와 D. M. Lee는 아동의 본성을 교육과정 개발을 위한 주요 원리로 삼는 교육과정을 장려하였으며, 그 외의 다른 관점들도 포괄하였다.

Lorenzen(1940)은 사회문제 연구를 위하여 교과영역들을 통합한 '중핵 교육과정' 을 주장하였으며, 중핵 교육과정의 출현으로 경험주의에서 다루는 주제도 새롭게 변화되었다. 중핵 교육과정의 주요 특징은 아동의 관심이나 아동이 인식한 문제들을 사회문제와 통합하는 것에 있었으며, 이것은 그 이후 15년간 매우 강조되었다. 탐구의 중심으로서 학습과제는 사회적 적합성과 학생의 적합성 양쪽의 측면에서 옹호될 수 있는 것이다. 이러한 탐구는 첫째, 학생들이 자신의 관점을 확장시키고 둘째, 통합 교과의 관점에서 문제를 파악하게 한다. 중핵 교육과정을 정당화하기 위하여 Dewey의 지식에 관한 이론이 자주 이용되었다. 그러나 그러한 경험주의 사상은 점점 보편 교육과 통합되었으며, H. Mann과 T. Jefferson의 주장에 토대를 둔 미국의 위대한 교육적 저서들로 발전되었다

교육에 대한 Dewey 주의의 해석의 범주인 교육과정 연구는 학교교육과정으로 제한되었다. 지적 전통주의자들의 관점에 있는 Morrison은 공립초등학교 교육과정에 관한 저서에서 이 사실을 강조하였다. 이 저서는 문명의 구성요소인 기본적인 '보편적 제도' 에 관한 연구를 촉진하는 계기가 되었다. 그가 제시한 사상체계와 구체화된 행동계획은 ① 지성, ② 양심, ③ 취향인데, 이 세 가지 기본 영역은 각각 인문학, 과학, 예술을 의미한다. 이 저서는 초등학교부터 전문대학까지의 기간 동안 시민으로 성장시켜 주는 앞의 세 가지 학문의 발달을 다루었다.

R. Ulich(1940)는 자신이 '자기초월 경험주의' 라고 명명한 철학을 처음 다룬 저서를 출간하였다. 그는 Dewey와 W. James의 주장을 수용하고, 지적 전통주의의 요소를 적용하였으며, Whitehead의 정신을 따랐다. 또한 교육

이란 인간다움에 대한 심오하고 도전적인 것이 무엇인지에 대해 대화하도록, 시간과 공간을 관통하는 의미와 목적에 대한 질문을 숙고하게 할 책임이 있다고 주장하였다. 교육은 학습자가 사상과 업적을 기꺼이 나누고 싶어 하는 철학자, 시인, 신비주의자, 과학자이기를 바라는 사람들과 함께 했을 때 가장 잘 이루어질 수 있는 것으로 보았다.

사회적 행동주의자 Bobbitt은 *The Curriculum of Modern Education*(1941)을 출간하였다. 이 책은 20여 년 전의 그의 저서와 다른 특징을 보이지만 잘 알려지지는 않았다. 이 책에 나오는 다음의 진술문에는 그의 변화된 관점이 잘 집약되어 있다. "교육과정 '개발' 은 지금은 멸종해 버린 도도새나 큰 바다쇠오리 부류에 속한다." 1924년에 발간된 *How to Make a Curriculum*이 교육과정 개발에 관심을 두었다는 점을 고려하면, 1941년의 저서에서 그의 입장은 아주 상이하다고 할 수 있다. 그러한 입장 차이는 다음 두 가지를 고려할 때 좀 더 명확해진다. ① Bobbitt은 초기의 사회적 행동주의 저술들과는 다른 시각을 가지고 교육을 사실상 학교교육 이상의 것으로 다루었다. ② 그는 학습자의 지적이고 정서적인 준비에 대한 과학적 검토를 수행하지 않는 교육과정을 비판하였다. 즉, 모든 학생에게 일괄 적용되는 잘 다듬어진 교육과정(packaged curriculum proposals)만은 버려야 한다고 보았다. 그는 교육과정이 다음의 방안을 제공할 수 있어야 한다고 하였다. "교육과정 개발은 개별적인 아동과 젊은이를 위하여 마련되어야 한다." Bobbitt은 아이들이 많은 개인과 사회적 영향력 하에 고유한 개성이 형성되면서 자라난다고 생각하였다. 그러나 일반화된 교육과정 개발에서는 그 독특함을 놓치고 있다. 또한 교육과정이 개별화된다고 해도 여전히 과학적으로 개발될 필요가 있다. 하지만 Bobbitt이 1940년대의 개별화 교육 운동과 생활 적응 및 생활 요구 교육의 등장에 미친 영향은 문서에 잘 나타나있지 않다. 그러나 이 분야에서의 그의 명성으로 보아, 그의 마지막 저서가 중요하다는 것은 일견 수긍할 만한 부분이 있다.

Charles C. Peters도 자신의 초기 저작물에 경험주의적 요소를 가미한 개정판을 내었는데, 그 책에서 '민주적인 행동에 대한 효과적인 교수-학습 방안' 을 제공하는 상세한 계획이 필요하다고 주장하였다(Peters, 1942, p. 130). Stratemeyer, Forkner 그리고 McKim(1947) 등의 경험주의자들도 1940년대 말에 교육에서 학생의 특수성을 더욱 강조한 반면, Peters는 교육에서 개인의 발달보다 사회적 기능을 강조했다. 그는 학습 공동체 안에서 민주주의의 사회적 실천에 초점을 둔 것이 아니라, 민주주의이면서 자본주의의 사회의 생활을 아동에게 지도하는 '생활 적응' 교육과정에 전념했다.

1941년 Hopkins는 교육에서 민주적 절차의 역할을 논의한 저서 *Interaction*의 출판으로 다시 두각을 나타내었다. 그 이후의 많은 저서들은 교육과정 의사 결정이 가장 공정하게 이루어질 수 있는 집단 숙의에 대해 다루었다. 그 가운데 Saylor의 등장도 주목할 만하다. 그는 교육과정을 개발하는 협동적 프로그램의 참여와 관련된 요인들을 연구하였고, 그 이후 30여 년간 발표한 논문에서 계속 민주적인 교육과정 계획 마련을 강조하였다. 1941년에 협동적 프로그램 계획은 The National Commission on Cooperative Curriculum Planning에서 출판물로 발간되었다. 이 단체는 교과 영역에 특별한 관심을 두었다. 경험주의자들이 융합, 연관, 통합, '중핵화' 를 시도한 것은 교과가 별개로 존재하고 있었기 때문이다. 따라서 교육과정 개발에서의 협력과 교과 간의 상호작용은 교과와 교과를 결정하는 절차 양쪽과 관련되어 있다.

1940년대 초반에는 실제 학교 교육과정 분석이 중요하게 다루어졌다. Bruner, Evans, Hutchcroft 그리고 Wood(1941)는 사회, 과학, 실과의 교수요목을 분석하여 학교가 무엇을 가르치고 있는지 알아내고자 하였다. Morrison(1941)은 뉴욕 시 초등학교의 활동중심 교육과정 사례를 조사하였다. The National College of Education(1940)은 그 부속학교인 Children' s School의 발전을 기록한 또 다른 저서를 출간하였다.

1942년에 발행된 '8년 연구' (1933~1941)는 20세기 전반의 가장 방대한 교육과정 연구였다. 진보교육학회가 주도한 이 연구는 Tyler의 지휘 아래 다양한 평가 기법과 도구를 사용하여 전통적 학교와 진보적 학교를 비교하였으며, 5권의 보고서로 출간되었다. 제1권에서 Aikin은 8년 연구를 개관하였고, Giles는 제2권에서 교육과정 컨설턴트의 입장에서 그 연구에 참여한 30개 학교를 조망했으며, Smith와 Tyler는 제3권에서 평가방법과 결과를 논의하였다.

자료의 해석은 다양하게 이루어졌으나 일반적으로는 3,000여 명의 고등학교 학생들의 대학교 생활을 인종, 가족배경, 나이, 성격, 시험점수와 같은 요소와 관련하여 비교하였다. 그 결과 성적, 학급 석차, 필수과목과 같은 일반적으로 대학교에서 제시하는 입학 조건을 교육내용으로 다루지 않은 실험학교 출신 학생들이 오히려 전통학교 출신의 학생들과 비교하여 대학교의 학점, 과외활동, 판단, 비판적 사고, 지식의 측면에서 우수하였다.

그런데 8년 연구의 한 가지 중요한 문제는 실험학교들 간의 프로그램이 상당히 달랐다는 점이다. 실험학교에서 제공하는 교육경험은 학교마다 다양하여서 최선의 교육과정을 조직, 설계, 개발하는 것을 일반화하기는 어려웠다. 하지만 분명한 것은 교육과정이 참신할수록, 다시 말해서 전통적인 교육에서 많이 탈피할수록 대학교에서 학생들의 성공도가 높았다는 사실이다. 가장 참신한 교육과정에서는 학생들을 지역사회와 연계된 활동에 참여시키고, 학교에서 지역사회 인적자원을 적극 활용하였으며, 교사와 학생이 개별적으로 만날 수 있는 기회를 더 많이 제공하였고, 그 외에 동료학습, 교과통합, 문제 해결 등이 포함되어 있었다. 8년 연구에서 개발된 상당수의 진보적 교육과정과 교수학습 활동은 Thayer, Zachry 그리고 Kotinsk(1939)의 중등학교 재설계안의 토대가 되었다. 이와 함께 8년 연구는 전통적 평점과 시험점수 대신에 학생들이 작성한 포트폴리오를 폭넓게 활용하였다.

오하이오 주립대학교 실험학교 학생들은 *Were We Guinea Pigs?* 에서 8년 연구에 참여한 자신들의 입장을 나타냈다(1938). 그 이후 8년 연구의 후속 연구에서 Willis(1961)는 상당히 흥미로운 결과를 발표하였다. 그녀는 1938년 8년 연구에서도 참신한 실험학교로 평가받은 오하이오 주립대학교 실험학교 졸업생들에 대한 설문조사를 통하여 보면, 그들이 상당한 자기만족, 안정된 가정생활, 전문적 지도력을 갖춘 아주 성공적인 삶을 살고 있다는 결론을 내렸다. 게다가 Willis의 연구는 Terman의 유명한 영재아 연구와 비교된다. Willis의 연구대상자들은 Terman의 연구대상자보다 자기만족, 가정생활, 지도력 등에서 더 높은 평가를 받았다.

1942년에는 이전에 교육과정 문헌에서 강조된 영역들이 계속 다루어졌다. Corey는 중등학교와 관련하여 일반교육에 대한 논문을 썼다. Menge와 Rice는 교육과정과 관련하여 중등교육을 다루었다. Pierce는 Caswell과 Campbell(1935)이 교육과정 개발에서 강조했던 견해를 고등학교 관련 저서에 반영하였다. 1950년대 교육과정과 장학 분야에서 탁월한 성과를 나타낸 Gwynn은 1943년 *Curriculum Principles and Social Trends*의 발간으로 자신의 광범위한 교육과정과 장학 관련 저술을 시작하였다. 그의 책은 Caswell과 Campbell의 맥락에서 개관한 것으로, Harap의 'How-To(방법에서의 다양함)' 의 원칙을 수용하였으며, 교육과정의 개정과 변화에 관한 저술들을 광범위하게 다루면서 근대성의 개념을 이어 나갔다. 그러나 전체적으로 보면, Gwynn의 제안은 Morrison의 '단원 구성법(unit method)' 을 수용한 것이었다. 즉, 그는 대부분의 절충주의자들이 쉽게 순응할 수 있는 지적 전통주의적 접근방법을 제공하였는데, 그것은 그 접근방법이 당시의 학교 수업에서 '단원 구성법' 과 긴밀하게 연결되어 있었기 때문이다.

특정 지역에서는 일반적 경향(standard trends)과 당시에 발간된 개론서의 명확하지 않은 과학적 용어가 동시에 나타난 보고서가 출간되었다. 예를 들면, 1930년대의 작은 학교의 약진과 대비하여 도시 학교들을 다룬 Lawson(1940)을 포함하여, The National College of Education(1940)의 *Children' s School Staff Report*, The California Elementary School Principals' Association의 교육과정과 관련된 학교 환경 저서(1941), Santa Barbara School의 발전적인 교육과정에 대한 논의(1941), 플로리다 대학교와 오리건 대학교의 협동학교 프로젝트에 관한 보고서(1942), 뉴욕 시 교육국이 작성한 교육과정 안내서(1943) 등이 있다. 특정한 지역을 다룬 저서 중에는 국제적 관심사를 다룬 것도 있는데, 중국 교육부의 교육과정 기준(1942, 1944, 1946a, 1946b)과 교육과정과 평가에 관한 The British Secondary School Examinations Council의 지침이 그 사례이다.

1940년대 초반, Doane(1942)과 Burton(1944)은 새로운 방향으로 교육과정 사상이 변해야 한다는 논문을 썼다. Doane의 논문은 보다 효과적으로 목적을 설정하기 위해 청소년들의 요구 사정을 한 초기 사례이다. Burton은 아동의 요구와 흥미에 맞는 맞춤형 교육과정과 학습경험에서 교사가 어떻게 상호작용을 하고 개입하는가를 다루었다. 그는 학생들의 학교활동에서 상호작용을 계속적으로 모니터하였다. 이를 통해 학생들이 학습내용을 이해하는 정도를 측정하는 데 노력을 기울여야 한다고 지적하였다.

1943년에는 지적 전통주의자들의 변화를 지적한 2권의 책이 출판되었다. Isaac Leon Kandel은 *The Cult of Uncertainty*에서 경험주의를 비판했는데, 이는 Bagley의 본질주의 운동의 결과였다. 이와는 대조적으로 Maritain은 *Education at the Crossroads*에서 인간의 본성에는 근본적인 특성이 있으며, 이것은 의미 있는 교육에 반응한다고 주장하였다. 또한 이러한 일반적인 인간 특성을 가장 잘 기를 수 있는 교육과정으로 자유학과, 즉 3學(문법, 논리, 수사학)과 4科(산수, 기하, 천문, 음악)를 현대화시킬 것을 주장하였다.

Herbert Read의 저서인 *Education through Art*는 제2차 세계 대전 중 영국에서 첫선을 보였다. Read는 미적 감수성의 성숙을 통한 다중지능의 개념과 아동발달에 있어서 통찰력 있는 이해를 보인 괄목할 만한 저서를 출간하였다. 그는 C. Jung의 사상을 발전시켜 교육에 접목시킨 최초의 저술가 중 한 사람이다. 그는 초등교육은 사실의 축적에 중점을 두기보다 자기표현력을 길러 아동의 감수성에 반응할 수 있도록 해야 한다고 주장하였다. 교육의 통합적 중심은 시각적 · 음악적 · 유연성 · 활동성 · 언어적 · 구성적 · 예술적 노력을 하는 작업(Edmond Holmes와 Dewey가 제안한 구인)에 있다. 그는 "교육은 성장을 촉진하는 것이지만 신체적 성숙과는 구분된다. 성장은 표현—듣고 보는 표시나 상징— 속에서만 분명히 이루어진다. 그러므로 교육의 목적은 다양한 표현 양식에 유능한 사람, 즉 예술가(artists)의 창조에 있다." 라고 하였다(Read, 1943: 11).

1940년대 중반에는 '일반교육' 이라는 주제 하에, Mann의 공립(일반)학교 개념이 등장했다. 주된 관심사는 미국 안에 공립학교의 이상이 존재하는가와 만약 대부분의 아동과 청소년이 학교에 다닌다면, 지성적인 시민이 되기 위하여 함양해야 할 공통의 핵심적인 지식, 기능, 태도는 무엇인가 하는 것이었다. 1938년 발간된 *Purposes of Education in American Democracy*에 기초해, The Educational Policies Commission of the NEA는 전후(postwar) 공통 학습의 전범(典範)을 고안하였고, *Education for All American Youth*(1944)에서는 젊은이들의 필수적 요구사항으로서 앞의 질문들을 진술했으며, The National Association of Secondary School Principals에서는 이 저서를 지지하였다. 10가지 필수 요구사항에서는 적절한 기능, 건강, 합법적 시민의 의무, 가족애, 현명한 소비생활, 과학적 방법론, 미적 감상, 여가 시간의 현명한 활용, 민주적 가치, 합리적 사고 등을 다루고 있다. 이러한 필수적 요구사항들에 대한 진술을 피상적으로 보면 다양한 교육과정 학파를 암묵적으로 종합한 것으로 보일 것이다. 당시 주류를 이룬 사례들은 사회적 행동주의자들이 제기한 당대의 요구와 지적 전통주의자의 전통에서 유래한 덕목을 강조하고 있었다. 경험주의 사상은 1938년의 보고서에서는 중요한 부분이었으나 1940년대 들어 그 중요성이 떨어졌다. 경험주의 사상이 약화된 것은 절충적 산물인 정책이 당대의 논의에 얼마나 민감하게 반응하는가를 보여 주고 있다. 다양한 관점을 통합하려는 이러한 시도가 세 가지 학파를 별개로 취급하는 것보다 더 확대된 보고서를 산출한 것인지 또는 세 가지 학파의 관점을 포함시킴으로써 각 학파의 지지자들을 회유하려는 시도였는지 불분명하다. 하지만 이 보고서는 어떠한 방식으로든 통합하려는 경향이 진전되고 있음을 보여 주고 있다. 민주사회에서 당시 젊은이들의 요구에 대한 경험주의자들의 해석을 서술한 교육과정 제안으로는 Thayer, Zachry 그리고 Kotinsky(1939)의 초기 저작이 두드러진다.

1945년 The Harvard Committee on the Objectives of a General Education in a Free Society(1945)는 요약 보고서를 발표하였다. 위원회는 고등학교 졸업생의 4분의 3이 대학교에 진학하지 않는다는 것을 인정했으나, 직업 준비 교육으로 인해서 대학교 진학 교육이 제약을 받는 교육과정이 되어서는 안 된다고 보았다. 위원회는 모든 고교생들에게 일반교육으로 영어(최소 3년), 사회과학(최소 2년), 자연과학, 수학(최소 3년)을 가르쳐야 한다고 제안하였다. 이러한 일반교육은 학생들의 각기 다른 능력과 학습방법에 맞는 방식으로 제공되어야 한다. 위원회는 학생들이 효율적으로 생각하고, 의사소통을 원활하게 하며, 적절한 판단을 하고, 가치를 개발할 수 있는 방식으로 위의 교과들이 제시되어야 한다고 주장하였다. 미술, 체육, 보건은 교육의 중요 영역으로 인식되지만, 특별한 교육과정 지침이 제공되지 않았다. 위원회는 선택과정에 대해, 대학교에 진학하려고 하는 학생들은 학구적 교과를 더 많이 선택하여 배우도록 하고, 대학교 진학을 고려하지 않는 학생들에게는 직업훈련을 받을 수 있는 기회를 제공해야 한다고 제안하였다. 그 결과 미국 내 많은 고등학교는 현실을 인정하면서, 위원회의 제안에 따르게 되었다. 1938년 The Educational Policies Commission의 보고서 중 목표 진술에 관한 보고서는 *Policies for Education in American Democracy*라는 이름으로 확대되어 1946년 재발간되었는데, 이것은 일반교육을 더욱 강조한 것이었다.

제2차 세계 대전 이후, 교육에 대한 새로운 견해들이 등장하면서 다양하게 설명되었다. 1944년, ASCD는 연감에서 *Toward a New Curriculum*을 발표하였다. 같은 해 Offner는 사범대학 내의 교육과정과 관련된 혁신의 문제를 다루었다. 또한 영국에서는 The Council for Curriculum Reform(1945)이 '개혁' 을 강조하였다. 동시에 NSSE의 44번째 연감 1장(1945)에서는 전후 미국 교육에서 교육과정의 재구성을 주장했다. 이러한 작업에 공헌한 많은 학자들은 이후 수십 년간 교육과정 문헌에 큰 영향을 주었다. 그 영향에서 주목할 만한 학자는 Tyler와 Taba이다. Tyler는 8년 연구의 핵심 평가자이고,

Taba는 이 책의 한 장에서 나중에 그녀의 연구를 위한 토대를 제시했다. 새로움과 변화에 대한 이러한 관심은 1930년대부터 그녀의 관심사였던 의사결정과 결합되었다. 1946년 A. Miel은 두 사람의 관심을 종합하여 저서를 발표하였는데, 교육과정의 변화를 다루고 있다. 그녀는 교육과정 의사결정을 합리적인 실천 이상의 것으로 보았으며 그것은 또한 사회적 과정이다. 그녀의 책이 상당한 영향을 끼쳤음에도 불구하고, 그녀가 발전시킨 중요한 메시지들은 오랜 시간이 흐른 후에 교육과정학자들의 관심사가 되었다. 하지만 Storen은 같은 해 사회적 과정으로서 교육과정 계획에 참여를 요구하는 논문을 ASCD에 발표하였다.

미네소타 대학교의 Brameld는 1940년대의 여러 제안들 중 가장 급진적인 제안을 했다(Brameld, Hovet, O' Shaughnessy & Traphagen, 1945). 그것은 학교 행정가 및 Floodwood 미네소타 고교 교사들과 협력해서, 사회 재건주의 원리를 실천에 옮긴 실험적인 민주주의 교육에 대한 보고서였다. Counts는 미국 교육과정의 사회적 목적을 강조하는 그의 시각에 대한 정치적 비난을 감수하면서도 사회 개혁을 위한 교육과정을 진행시켜야 한다고 주장했다(1946). Dewey의 교육에 대한 제안에 전적으로 동조하는 관점에서 Sidney Hook(1946)는 교육과정에서 학생들에게 당대의 사회 문제를 비판적으로 평가할 기회를 제공해야 한다고 제안했다.

1940년대 중반의 중요한 교육과정 관련 사항으로는 Baker(1945)의 아동이 제기한 질문에 기초한 교육과정 계획에 관한 보고서, Marten(1946)의 영재학생을 위한 교육과정을 조정할 것을 요구했고, 교육과정 개정에 지방정부가 참여하도록 한 펜실베이니아(1946) 계획 등이 있다. 그리고 교육과정의 영속적인 주제를 새롭게 다룬 몇 가지 방안이 40년대 중반에 구상되었다. Cole(1946)은 교과 영역을 특별히 강조하는 초등학교 교육과정에 대한 연구서를 발표했고 Jersild(1946)는 아동발달에서의 광범위한 배경 지식을 그려내어 교육과정에 시사하는 바가 컸다.

1940년대 후반에는 개론적이거나 포괄적인 교육과정 관련 저서와는 다른 것이 나왔는데, 백과사전식으로 몇 가지의 교육과정 입장을 표명한 책들이 그것이다. 그 책들로부터 교육과정 개발자들이 따라야 하는 지침들이 유래하게 되었다. 1947년에 교육대학의 Stratemeyer, Forkner 그리고 McKim은 개론서를 출간하였다. 그것은 새로운 양상으로 발전된 것이었는데 개발과 근대성의 개념이 시종일관 강조되었다. 그들은 교육과정 개발의 목적과 전략인 기초와 근거를 논의했으며, 문헌에서 관례적으로 다루어진 사람보다는 교육과정 개발 과정에 기여한 사람들을 더 많이 밝혀 냈다. 그들은 책의 많은 부분을 할애하여 교육과정 개발에서 아동기의 활동에 관심을 기울여야 한다고 강조했다. 다시 말해, 교육과정 경험은 아동과 젊은이들이 직면하는 항상적 생활 사태에 관한 분석에서 나와야 한다는 것이다. '항상적 생활 요구' 교육과정의 수행에 대해 설명하기 위해 거의 200쪽에 가까운 구체적인 사례가 제시되었다. 그들은 정교한 목록과 방향을 제시했는데, 사회적 행동주의자들이 전성기에 만들어 낸 세부 목표만큼 복잡한 것이었다. 하지만 Stratemeyer, Forkner 그리고 Mckim은 교육과정 개발에서 학습자들이 가장 중요하며, 실제 교수학습 상황이 그 자체로 교육과정에서 고려되어야 한다고 주장했다.

Federal Security Agency(FSA, 1947)는 사회적 행동주의 강령에서 유래된, 당대의 생활을 위한 교육과 대비되는 시각을 제시했다. *Life Adjustment Education for Every Youth*는 Charles Prosser가 The American Vocational Association의 40번째 연례 모임에서 한 연설을 확대시킨 것이었다. Prosser는 교육제도가 현재 대학교에 진학하는 20%의 젊은이와 직업교육의 결과로 기능직에 가는 20%의 젊은이들의 삶을 준비하고 있지만, 60%의 젊은이들에게는 도움이 되지 않고 있다고 주장했다. 이 문서에서는 1918년의 중등교육의 기본목표와 1938년 뒤이어 나온 The Educational Policies Commission의 교육목표에서 장려한 교육과정에 새로운 임무를 요구하였다. 분명한 것은 직업교육을 강조했다는 것이다. Prosser는 T. Quigley와 함께 쓴 책(Prosser & Quigley, 1949)에서 민주시민을 육성하기 위해, 사회가 학생들을 산업에 대해 준비시키고 사회가 지적 노동자를 위한 산업을 준비하는 것이 필요하다고 주장했다. 교육자는 여가를 즐기는 교육이라는 귀족적 개념을 버려야 하고, 젊은이들이 사회에 공헌하도록 훈련시킬 필요가 있다. 그들의 결론은 '사회가 더 민주적일수록 그 문명은 더 산업화된다.' 는 것이다(Prosser & Quigley, 1949: 16).

상당히 오랫동안 영향을 준 변형된 개론서가 1940년대에 소개되었다. 변형된 개론서의 주된 유형은 먼저 그 분야에 대해 포괄적인 조망을 시도하고 나서 중등학교나 초등학교 교육과정에 대해 전문적으로 조망하는 것이었다. J. P. Leonard의 *Developing the Secondary School Curriculum*(1946)이 그 예이다. 그 책은 역사적 맥락에 학교교육과 교육과정을 설정하는 관점에서 시작해 사회적 추세, 이론적 관점, 평가에 대한 논의를 전개하였다. 이러한 포괄적인 조망을 한 후에, 중핵 교육과정 아이디어와 관련짓고, 교육과정 개정과 현대화를 위한 수단을 제안함으로써 중등학교 교육과정에 초점을 맞추었다.

1947년 Douglass는 중등학교 교육과정에 관한 논문을 모아 편집했는데, 논문을 구성하면서 먼저 사회와 학교교육에 관련된 관점을 확립하였고, 나중에 중등학교 수준에서의 일반적인 교육과정 개발의 쟁점과 특정한 교과 영역에 관한 논문을 다루었다. 같은 해 Alberty는 *Reorganizing the High School Curriculum*을 출판했는데, 이 책은 은사인 Bode에게 헌정된 책으로 많은 점에서 그를 표방하고 있다. Alberty는 교육과정 기초에 대해 논의하고 설계와 실행의 단계로 이동해서 계획과 숙고의 과정을 광범위하게 다루었다. Alberty는 당시 사회문제를 비판적으로 검증하도록 설계된 중등학교 교육과정인 '자원 단원(resource unit)' 을 제안했다. Alberty의 '자원 단원' 은 1950년대 차세대 사회 재건 경험주의자들이 도구로 사용하면서 폭넓은 인기를 얻게 되었다(예를 들면, Smith, Stanley, & Shores, 1950; Brameld, 1956). Spears는 *The Emerging High School Curriculum and Its Direction*의 개정판에서 특징적인 실천 지향의 교육과정을 드러내면서 당시 증대하고 있던 포괄적인 개론서 대열에 합류했다.

1940년대 후반에도 다방면의 주제를 분리해서 다루고 있었는데, 그중 몇몇은 차후 교육과정 문헌에 상당한 영향을 준 것으로 드러났다. 1947년에 ASCD는 초등학교와 관련해서 조직이라는 주제에 더 많은 관심을 가졌다. Noar(1948)는 단원을 강조했고, Bathurst 등(1949)은 교육과정에서 교과 영역의 지위를 다루면서 이러한 조직의 문제를 다루었다. Drag(1947)는 미국에서의 교육과정 실험을 재조명하면서 실제 사례에 대한 관심을 나타내었다. 특정지역, 예를 들면 The California Elementary School Principles' Association(1948), Loftus(1948), NEA(1948), The Tasmanian Education Department(1948), The Wisconsin Cooperat Edcational Planning Program(1948), The New York City Board of Education(1949), The Ohio State University College of Education(1949)의 교육과정 개발에 대한 보고서도 실제 사례에 대한 관심을 나타낸 것이었다.

1890년부터 1949년까지 초등학교 조직에 관한 비평적 연구를 한 Shores는 1949년, 교육과정 개발 영역에서 무엇이 일어났는지를 알려 주었다. 전쟁에 대한 반성은, 사실상 군대가 전쟁을 위한 군인을 양성하기 위해 개발된 교육과정을 갖고 있었다는 깨달음을 가져왔고, 교육과정 개발은 학교와 연계하여 연구되어야 한다는 결론에 이르게 되었다. Goodman(1947)은 그러한 연구를 추구했다. 1948년, The Association for Childhood Education은 매우 다른 유형의 학교 수업을 소개함으로써 교육과정 구성에서 활동중심적 측면을 강조했다.

전후의 이런 생각(의견)들은 진보주의 교육의 몰락을 가져왔다. 전쟁에 대한 반성은 부상하고 있던 보수주의와 연계되어, 진보주의 교육이 처한 교육과정의 지평으로부터 신속하게 벗어나게 만들었다. 제2차 세계 대전 이후에 진보주의 교육의 유력한 지위는 급락했는데, 그 이유는 당시 사회적 병폐를 불러온 원인으로 진보주의가 지목되었기 때문이다. 따라서 경험주의 교육과정 사상은 발전을 멈출 수밖에 없었다. 이것은 실질적 성과가 없는 진보주의 대신에 기초기능, 즉 직업교육에 대한 관심에 따른 것이었다. '직업으로 돌아가

자.' 는 것은 계속되는 전쟁의 결과였다. 그러한 것들은 Hildreth(1947)의 *Learning the 3R's*와 M. Smith(1949)의 *And Madly Teach*로 상징된다. Lynd는 *Knowledge for What*(1948)에서 지식 자체를 목적으로 하는 교육과정에 대한 보수적인 인식을 고무시켰다. 일반교육을 제공함에 있어서 기본으로 돌아가는 것은 적지 않은 비중이었다. The Educational Policies Commission은 1948년 *Education for All American Children*이라는 책 제목과 마찬가지로 모든 어린이를 위한 교육이 우선임을 분명히 하였다.

경험주의에 관한 문헌들이 계속 출간되면서 Harold Rugg(1947)는 미국 교육의 목표에 관한 논의를 진지하게 제기하였다. 헌신적인 초등학교 교사였다가 후에 교수가 된 Carolyn Pratt은 *I Learn from Children*(1948)이라는 책을 썼다. 이 책은 실천가의 관점에서 쓰여 큰 호응을 얻었는데, 이는 개별 아동보다는 학습자 전체를 위한 교육과정을 구성하였기 때문이다. Inglis 강연에서 Herold Benjamin이 한 계도적인 '동물' 학교 이야기는 *The Cultivation of Idiosyncrasy*라는 책으로 출판되었는데, 교육은 각 학생들의 강점에 기초해 구성해야 한다는 주제로 재미있게 쓴 책이다. 그는 일반교육이 개인의 재능을 살리기보다는 편의성과 동일함(conformity)을 추구해야 한다는 대중적 요구를 거부하였다. Earl Kelly도 당시 지배적인 견해에 반하여 자기의 주장을 편 사람이다. 그는 *Education for What Is Real*(1947)에서 모든 실재는 개인적 구성물임을 구현할 수 있는 교육과정의 개별화를 주장하였다. The Hanover Institute에서 Adelbert Ames가 수행한 인식에 관한 연구에 기초하여, Kelly는 지식이란 교육자들이 가르칠 수 없고 단지 학습자들이 비판적 인식을 하도록 돕는 수단일 뿐이라고 결론지었다. 그 책은 경험주의와 실존주의의 입장을 모두 대변하면서, 훗날 포스트모더니즘으로 발전하는 데 단초를 제공하였다.

마지막으로 1940년대뿐만 아니라 모든 교육과정 문헌에 광범위한 영향을 끼친 Ralph Tyler의 *Basic Principles of Curriculum and Instruction*이 1949년에 출판되었다. 원래 이것은 시카고 대학교의 한 강좌의 교수요목으로 만들어진 것이었다. 이 책은 Dewey 이전의 학자들을 포함하여 Dewey, Bobbitt, Harap, Hopkins, Charters, Caswell, Bode, Stratemeyer 등이 생각했던 교육과정의 쟁점들을 다루었다. 이 책에서는 교육과정과 수업의 요소와 기본 원리들을 합리적으로 조직하고 간결하게 진술하여, 이 분야의 사고와 학습을 위한 강력한 수단이 되었다. Tyler는 교육과정 개발에서 기본이 되는 목표, 경험, 조직, 평가의 네 가지 항목을 거론하였다. 이 책의 주제는 다음 네 가지로 요약된다. ① 학교가 목표를 결정하기 위해 사용하는 자료와 절차, ② 목표를 달성하게 하는 학습경험을 연구하고 개발하는 데 있어서의 원리와 실례, ③ 학습경험을 조직하는 데 있어서 고려사항, ④ 학습경험의 효과를 평가하는 데 있어서의 절차이다.

이후 30년간 나온 수많은 교육과정 지침서, 교사용 지도서, 수업계획서, 인정기관에 의한 평가도구, 교수요목과 교육과정 관련 저서들은 Tyler의 네 가지 주제를 중심으로 조직되었다.

교육과정 연구에 영향을 끼쳤던 다른 사람들처럼 Tyler의 저서도 비판의 대상이 되었다. 그중의 한 가지는 Tyler가 제시한 네 가지 단계가 차례대로 진행된다고 맹신하는 것이다. 이런 종류의 잘못된 해석을 예상한 Tyler는 책의 마지막 장에서 다음과 같이 경고하였다. 그는 네 가지 단계는 다양한 상황적 속성에 따라 유연하고 변화 가능한 것이라고 분명히 밝혔다. 또 다른 비판은 그가 정치적 · 사회적 · 경제적 조건보다는 교육과정과 교수학습의 합리성만을 지나치게 강조하였다고 주장하는 것이다. 교육과정 현상을 모두 설명하려면 위에 제시된 조건들은 교육과정의 또 다른 범주를 필요로 한다. 그러나 한 가지는 분명하다. 이후 30년간의 문헌을 살펴보면 Tyler의 책이 끼친 지대한 영향력을 이해할 것이다. 그는 교육과정의 여러 가지 쟁점들을 훌륭하게 중재한 사람이다. 교육과정에 관한 세 가지 관점 중 어떤 것에도 치우치지 않았으며, Whitehead나 Ulich처럼 철학적 관심만 고집하지 않았고, 또한 절충주의 저술가들처럼 현실에 영합하지도 않았다. 어떤 관점도 수용할 수 있는 명쾌한 구조로 앞으로 30년간의 관점을 모두 포괄하는 논의의 틀을 마련하였다. 이 분야에서 Tyler의 뛰어난 지적 공헌을 망각하거나 왜곡해서는 안 되겠다.

교육과정을 연구하는 사람들은 교육과정과 수업의 통합된 관점을 가진 Tyler의 주장을 마음에 잘 새겨 두어야 한다. 그는 분명히 교육과정과 수업 모두에 적용할 수 있는 동일하거나 비슷한 원리들을 가정했다. 교육과정과 수업의 관계는 초기에 언급했듯이 교육과정을 연구하는 집단 사이에서 명약관화한 주제였다. 따라서 1940년대 교육과정 문헌은 다음과 같은 교육과정학 분야의 특징을 잘 드러내 주었다. ① 교육과정 연구를 위한 좋은 전례들의 구축, ② 학회나 위원회의 연구 성과물을 통한 교육과정 지식과 탐구의 우선순위를 부각시킨 점, ③ 교육과정 개론서의 꾸준한 간행, ④ 향후 30년 이상 지속된, 교육과정 실제와 이론의 연구 범위와 영역의 뚜렷한 확립이다.

참고문헌

1940

American Council on Education, American Youth Commission. (1940). *What the high schools ought to teach; the report of a special committee on the secondary school curriculum* (Ben G. Graham, Chairman; Thomas H. Briggs, Will French, et al.). Washington, DC: American Council on Education.

Ch'en, T. H. (1940). *Developing patterns of the college curriculum in the United States.* Los Angeles: The University of Southern California Press.

Dale, E. (1940). *Building a learning environment.* Bloomington, IN: Phi Delta Kappa Educational Foundation.

Goggans, S. (1940). *Units of work and centers of interest in the organization of the elementary school curriculum.* New York: Teachers College, Columbia University, (Reprinted by AMS 1972, New York).

Kilpatrick, W. H. (1940). *Group education for a democracy.* New York: Association Press.

Lawson, D. E. (1940). *Curriculum development in city school systems.* Chicago: University of Chicago Press.

Lee, J. M., & Lee, D. M. (1940). *The child and his curriculum.* New York: Appleton-Century-Crofts.

Lorenzen, S. (1940). *Planning a core curriculum.* Bulletin Number 9. Connecticut Curriculum Center. Storrs: Connecticut Curriculum Center.

Morrison, H. C. (1940). *The curriculum of the common school, from the beginning of the primary school to the junior college.* Chicago: University of Chicago Press. (Reprinted by Folcroft, 1977).

National College of Education, Children's School Staff. (1940). *Curriculum records of the children's school, National College of Education.* Evanston, IL: Bureau of publications, National College of Education.

Spears, H. (1940). *The emerging high school curriculum and its direction.* New York: American Book Company.

Ulich, R. (1940). *Fundamentals of democratic education.* New York: American Book Company.

Umstattd, J. G., & Hammock, R. (1940). *Proceeding of the 1939 curriculum conference and study group.* Austin: University of Texas.

White House Conference on Children in a Democracy. (1940). *Final Report.* United States Children's Bureau. Washington, DC: Government Printing Office.

Wood, H. B. (1940). *The school curriculum and community life.* Eugene: University of Oregon.

1941

Bobbitt, F. (1941). *The curriculum of modern education.* New York: McGraw-Hill. (Also Norwood Editions).

Bruner, H. B., Evans, H. M., Hutchcroft, C. R., Wieting, C. M., & Wood, H. B. (1941). *What our schools are teaching: An analysis of the content of selected courses of study with special reference to science, social studies, and industrial arts.* New York: Bureau of Publications, Teachers College, Columbia University.

California Elementary School Principals' Association. (1941). *The elementary school environment and the modern curriculum.* Los Angeles: Elementary School Principals' Association.

Hopkins, L. T. (1941). *Interaction: The democratic process.* Boston: D. C. Heath.

Morrison, H. C., et al. (1941). *The activity program: A survey of the curriculum experiment with the activity program in the elementary schools of the New York.* Albany, NY: State Department of

Education.

National Commission on Cooperative Curriculum Planning. (1941). *The subject fields in general education*. New York: D. Appleton-Century Company, Inc.

Santa Barbara (California) Schools. (1941). *Developmental curriculum*. Bulletin Number One, Revision Number One, November.

Saylor, J. G. (1941). *Factors associated with participation in cooperative programs of curriculum development*. New York: Bureau of Publications, Teachers College, Columbia University. (Reprinted by AMS, 1972, New York).

1942

Aikin, W. M. (1942). *The story of the eight year study*. New York: Harper and Brothers.

Chamberlin, C. D., Chamberlin, E. S., Drought, N. F., & Scott, W. E. (1942). *Did they succeed in college? The follow-up study of the graduates of the thirty schools*. New York: Harper and Brothers.

Chinese Ministry of Education. (1942). *Curriculum standards for the elementary school*. Shanghai, China: Cheng Chung Book Company.

Corey, S. M. (1942). *General education and the American high school*. Chicago: Scott Foresman.

Doane, D. C. (1942). *The needs of youth: An evaluation for curriculum purposes*. New York: Teachers College, Columbia University. (Reprinted by AMS, 1972, New York).

Educational Policies Commission. (1942). *A war policy for American schools*. Washington, DC: National Education Association.

Eight Year Study. (1942). *Adventures in American education series, volumes I-V*. New York: Harper Brothers. (Volume I, by W. M. Aikin, cited above; Volume II, by H. H. Giles, S. P. McCutchen & A. M. Zechiel, cited below; Volume III, by E. R. Smith, R. W. Tyler, and the Evaluation Staff, cited below; Volume IV, by D. Chamberlin, E. S. Chamberlin, N. F. Drought & W. E. Scott, *Did they succeed in college?* ; and Volume V, by the thirty schools, *Thirty schools tell their story*.)

Florida, University of, & Oregon, University of. (1942). *Cooperating school projects as a technique of curriculum improvement*. Gainesville, FL: University of Florida.

Giles, H. H., et al. (1942). *Exploring the curriculum: The work of thirty schools from the viewpoint of curriculum consultants*. Eight Year Study, Volume II. New York: Harper and Brothers.

Parker, J. C., Menge, W., & Rice, T. D. (1942). *The first five years of the secondary schools curriculum, 1937-1942*. Lansing, MI: Michigan Study of the Secondary School Curriculum. State Board of Education.

Peters, C. C. (1942). *The curriculum of democratic education*. New York: McGraw-Hill.

Pierce, P. R. (1942). *Developing a high school curriculum*. New York; The American Book Company.

Smith, E. R., Tylor, R. W., & the Evaluation Staff. (1942). *Appraising and recording student progress*. New York: Harper and Brothers.

1943

Berkson, I. B. (1943). *Education faces the future*. New York: Harper and Bros.

Britain Secondary School Examinations Council. (1943). *Curriculum and examinations in secondary schools*. London: Her Majesty's Stationery Office.

Educational Policies Commission. (1943). *Education and the people's peace*. Washington, DC: National Education Association.

Gwynn, J. M. (1943). *Curriculum principles and social trends*. New York: Macmillan.

Kandel, I. L. (1942). *The cult of uncertainty*. New York: Macmillan.

Maritain, J. (1943). *Education at the crossroads*. New Haven, CT: Yale University Press.

New York City Department of Education. (1943). *Guiding principles in curriculum development*. Brooklyn, NY: Department of Education.

Norwood, C. (1943). *Curriculum and instruction in secondary schools*. London: His Majesty's Stationary Office.

Read, H. (1943). *Education through art.* New York: Pantheon.

Thirty Schools. (1943). *Thirty schools tell their story.* New York: Harper and Brothers.

1944

Association for Supervision and Curriculum Development. (1944). *Toward a new curriculum. 1944 Yearbook.* Washington, DC: Author.

Burton, W. H. (1944). *The guidance of learning activities.* New York: D. Appleton-Century.

Chinese Ministry of Education. (1944). *A plan for the six years' curriculum standard in secondary schools.* Shanghai, China: Cheng Chung Book Company.

Educational Policies Commission. (1944). *Education for all American youth.* Washington, DC: National Education Association.

Indiana Department of Public Instruction. (1944). *A good start in school; a curriculum handbook for primary teachers.* Indianapolis, IN: Department of Public Instruction.

Offner, H. L. (1944). *Administrative procedures for changing curriculum patterns for selected state teachers colleges; with special reference to New Jersey, New York and Pennsylvania.* New York: Bureau of Publications Teachers College, Columbia University.

1945

Baker, E. V. (1945). *Children's questions and their implications for planning the curriculum with special reference to the contribution of the natural and social sciences in the intermediate grade curriculum.* New York: Teachers College, Columbia University.

Brameld, T., Hovet, K., O'Shaughnesey, D., & Traphagen, D. (1945). *Design for America: An educational exploration of the future of democracy for senior high schools and junior colleges.* New York: Hinds, Hayden and Eldridge.

Council for Curriculum Reform. (1945). *The content of education; proposals for the school curriculum, being the interim report of the Council for Curriculum Reform.* Bickley, Kent: University of London Press, Ltd.

Harvard Committee on the Objectives of a General Education in a Free Society. (1945). *General education in a free society.* Cambridge, MA: Harvard University Press.

National Society for the Study of Education. (1945). *American education in the postwar period: Curriculum reconstruction.* (N. B. Henry, Ed.). Forty-Fourth Yearbook, Part I. Chicago: University of Chicago Press.

1946

Caswell, H. L. (Ed.). (1946). *The American high school: Its responsibility and opportunity* (Eighth Yearbook of the John Dewey Society). New York: Harper and Brothers.

Chinese Ministry of Education. (1946a). *Curriculum standards for the normal school.* Shanghai, China: Cheng Chung Book Company.

Chinese Ministry of Education. (1946b). *Revised curriculum standards for junior and senior high schools.* Shanghai, China: Cheng Chung Book Company.

Cole, L. (1946). *The elementary school subjects.* New York: Rinehart and Company, Incorporated.

Counts, G .S. (1946). *Education and the promise of America.* New York: Macmillan.

Educational Policies Commission. (1946). *Policies for Education in American democracy.* Washington, DC: The Educational Policies Commission of the NEA and the AASA.

Fleming, C. M. (1946). *Research and the basic curriculum.* London: University of London Press.

Hook, S. (1946). *Education for modern man.* New York: Dial Press.

Jersild, A. T. (1946). *Child development and the curriculum.* New York: Teachers College, Columbia University.

Leidecker, K. F. (1946). *Yankee teacher: The life of William Torrey Harris.* New York: Philosophical Library.

Leonard, J. P. (1946). *Developing the secondary school*

curriculum. New York: Rinehart and Company.

Martens, E. H. (1946). *Curriculum adjustments for gifted children.* Washington, DC: U.S. Office of Education.

Miel, A. (1946). *Changing the curriculum: A social process.* New York: Appleton-Century.

Pennsylvania Department of Public Instruction. (1946). *Local participation in state-wide revision of the elementary school curriculum.* Harrisburg: Pennsylvania Department of Public Instruction.

Storen, H. F. (1946). *Laymen help plan for the curriculum.* Washington, DC: Association for Supervision and Curriculum Development.

1947

Alberty, H. (1947). *Recognizing the high school curriculum.* New York: Macmillan.

Association for Supervision and Curriculum Development. (1947). *Organizing the elementary school for living and learning.* Washington, DC: National Education Association.

Benjamin, H. (1947). *The cultivation of idiosyncrasy.* The Inglis Lecture, Cambridge, MA: Harvard University.

Douglass, H. R. (Ed.). (1947). *The high school curriculum.* New York: Ronald Press.

Drag, F. L. (1947). *Curriculum Laboratories in the United States.* San Diego, CA: Office of the County Superintendent of Schools.

Federal Security Agency. (1947). *Life adjustment education for every youth.* Washington, DC: Federal Security Agency.

Goodman, S. M. (1947). *Curriculum implications of armed services education programs.* Washington, DC: American Council on Education.

Hildreth, G. H. (1947). *Learning the three R's* (Second edition). Minneapolis, MN: Educational Publishers.

Kelley, E. C. (1947). *Education for what is real.* New York: Harper and Bros.

Rugg, H. O. (1947). *Foundations for American education.* Yonkers-on-the-Hudson, NY: World Book Company.

Stratemeyer, F. B., Forkner, H. L., & McKin, M. G. (1947). *Developing a curriculum for modern living.* New York: Bureau of Publications, Teachers College, Columbia University.

1948

Association for Childhood Education. (1948). *Curriculum at work* (F. Mayfarth, Ed.). Washington, DC: Association for Childhood Education.

California Elementary School Principals' Association. (1948). *Principal and curriculum building.* Twentieth Yearbook.

Chu, Chih-hsien. (1948). *Curriculum for elementary schools.* Shanghai, China: Commercial Press.

Educational Policies Commission. (1948). *Education for all American children.* Washington, DC: National Education Association.

Loftus, J. J. (1948). *The story of how a great school system developed a new educational program.* Chicago: F. E. Compton.

Lynd, R. S. (1948). *Knowledge for what?* Princeton, NJ: Princeton University Press.

National Education Association of the United States, Department of Secondary School Principals. (1948). *Curriculum trends in the secondary school: A series of articles that describe curriculum provision and developments for youth in many sections of the country.* Washington, DC: National Association of Secondary School Principals.

Noar, G. (1948). *Freedom to live and learn: Techniques for selecting and developing units of learning in the modern classroom.* Philadelphia: Franklin.

Pratt, C. (1948). *I learn from children.* New York: Harper & Row.

Spears, H. (1948). *The emerging high school curriculum and its direction* (Second edition). New York: American Book Company.

Tasmanian Education Department. (1948). *Curriculum for primary schools.* Hobart, Tasmania: H.H. Pimblett, Government Printer.

Wisconsin Cooperative Educational Planning Program. (1948). *Underlying principles and implementations.* Madison, WI: State Superintendent, J. Calahan.

1949

Bathurst, E. G., Blackwood, P. E., Mackintosh, H. K., & Schneider, E. (1949). *The place of subjects in the curriculum. Educational Bulletin Number 12.* Washington, DC: Office of Education.

Central New York Study Council Committee on Flexibility. (1949). *Toward a more flexible elementary school curriculum: A second report* (Prepared by Arthur E. Smith). Syracuse, NY: Central New York School Study Council.

Montessori, M. (1949). *Education and peace.* Chicago: Henry Regnery Company.

New York City Board of Education. (1949). *Source materials in curriculum development.* Brooklyn, NY: New York City Board of Education.

Ohio State University College of Education. (1949). *How to develop a core program in the high school* (Directed by H. Alberty). Columbus: Ohio State University, College of Education.

Prosser, C. A., & Quigley, T. H. (1949). *Vocational education in a democracy.* Chicago: American Technical Society.

Shores, J. H. (1949). *A critical review of the research on elementary school curriculum organization 1890–1949.* Urbana, IL: College of Education, Bureau of Research and Service, University of Illinois.

Smith, M. (1949). *And madly teach: A layman looks at public school education.* Chicago: Henry Regnery.

Tyler, R. W. (1949). *Basic principles of curriculum and instruction.* Chicago: University of Chicago Press.

제6장 1950~1959년의 교육과정 사상과 문헌

142권의 교육과정 문헌이 출간된 1950년대에는, 1940년대 개론서라는 형태의 교육과정 저술활동이 계속되었다. 1950년대에 전성기를 맞이한 개론서 형태의 교육과정 저서들은, 가끔은 피상적이고 뒤죽박죽이라고 비난을 받았지만, 많은 이들에게 교육연구에서 교육과정 연구가 실용적인 전문분야라는 생각을 심어 주었다. 개론서는 교육과정을 탐구의 영역으로 정당화하는 저서로 제시되었다. 개론서의 영향력을 측정할 수는 없지만, 교육학 문헌에서 교육과정의 위치를 공고히 하는 데 기여한 것은 분명하다. 교육과정 개론서는 교육 실천가와 학자를 준비시키는 데 사용된 주요한 수단이었다. 따라서 학교교육제도 속에서 교육과정 개론서는 교육과정의 역할을 만들어 내고, 특성을 규정하며, 역할을 유지하는 데 기여하였다. 1950년대 학교에서는 교육과정 개론서가 보편적으로 교육과정 분야의 교육장, 국장, 장학사와 같은 역할을 수행하였다.

개론서는 1940년대 절충주의자들의 주요 도구였으나, Harold Alberty, Florence Stratemeyer와 그의 동료들은 예외였다. 개론서가 교육과정 담론의 주요 수단으로 등장하자, 다양한 입장을 가진 교육과정학자들은 각기 개론서가 그들의 관점을 효과적으로 표현하는 것이 가능한지 탐색하기 시작했다. Smith, Stanley 그리고 Shores가 쓴 유명한 개론서 *Fundamentals of Curriculum Development*가 1950년 출간되었으며 1957년 개정되었다. 이 책은 교육과정 분야에 관한 백과사전식 배경 지식을 제공했으며, 저자들은 미래 교육과정 저서의 토대를 이룰 몇 가지 범주를 추가하였다. 그들에 따르면, 교육과정 개발은 문화의 의미와 구조에 대한 해석, 지역사회의 변화, 경제적인 고려, 사회적 가치 등과 교육과정 쟁점을 연결시키는 사회문화적 맥락에서 이루어진다. 그들은 목표, 교과 또는 경험, 내용, 계열과 학년 배정, 시간표 작성을 결정하는 준거를 설명하였는데, 이것은 1930년대 교육과정 문헌에 기초가 되었던 개발의 개념과 원칙을 확대한 것이다. 또한 교육과정 구성을 위한 3가지 방안(주제, 활동, 중핵 교육과정)이 소개되었고 각각에 대한 특징, 문제, 실천, 비판이 논의되었다.

그들이 논의하였던 교육과정의 범주와 Tyler(1949)가 다루었던 교육과정 범주는 목표, 경험, 조직, 평가로서 서로 유사하다. 그러나 Smith, Stanley 그리고 Shores가 각 범주 내에서 고심한 종류와 정도는 Tyler의 노력과는 다르다. 그들의 저서는 교육과정의 변화, 개정, 의사결정에서의 인간관계와 인간 상호 간의 정치적인 역할에 상당한 관심을 기울였다. 결국, 그들은 교육과정의 이론적 쟁점 사항들에 대한 대안적 관점을 확인하고 논의한 것이었다. 이러한 논의는 오늘날 교육과정 이론에서 흔히 사용되는 개념 분석과 비교하면 다소 개괄적이다. 그럼에도 불구하고 많은 개론서에서는 '원리'를 개발 절차에 처방하는 식으로 다루는 데 비하여, 그들은 보다 더 든든한 철학적인 토대에서 논의했다. 또한 다른 교육과정 저자들이 교육과정 관련 문제를 다룰 때 가정을 세우도록 하기 위해 쟁점에 대한 자신들의 논의를 이론적으로 언급하였다(특히 5부, 1957). 이후의 많은 교육과정 개론서의 저자들도 이렇게 가정을 세우도록 하였으며, Smith, Stanley 그리고 Shores가 '교육과정 이론'으로 명명한 일에 몰두하기도 하였다.

또한 저자들이 교육과정 설명의 토대로 경험주의의 사회 재건주의적 관점과 결합된 교육과정 입장을 주장하였다는 점도 주목할 필요가 있다. 이 개론서는 더 이상 교육과정과 수업에 관한 경쟁적인 관점들을 통합하려고 노력하지 않았다. 이들은 Harry Alberty가 제안한 자원 단원을 사용해서 사회문제를 검토하는 교육과정에 대해 비판적으로 분석할 것을 주장하는 당시의 시도를 설명하고 평가했다.

1947년 시카고 대학교에서 열린 교육과정 이론에 관한 학회에서는 교육과정 이론을 개발하고자 시도하였다. 이 회의를 주도적으로 소집한 사람은 후에 회의보고서를 출간(Herrick & Tyler, 1950)한 Virgil Herrick과 Ralph Tyler였다. 회의 참석자들(B. Othanel Smith, Harman Frick, George E. Barton, Virgil Herrick, Gordon Nackenzie, Ralph Tyler, J. Paul Leonard, Edagr Dale, G. Max Wingo, William M. Alexander, Hollis L. Caswell)은 단순히 아이디어를 제공하는 차원을 넘어 야심찬 성과를 기대하였다. 30년 후에 Tyler[1)]는 당시의 회의 참석자들이 교육과정 활동 및 연구를 보다 효과적으로 설명하고 정당하게 제안할 수 있는 원리를 개발하려 한 것이라고 회고하였다. 그는 이 회의가 온전한 교육과정 이론이 포함해야 하는 요소가 무엇인가에 대해 확신할 수 있었다는 점에 만족하였다. 동시에 그러한 이론이 체계화되지 않았다는 점에 대해 애석해했다.

이처럼 1950년에는 많은 면에서 본보기라 여겨진 개론서가 출간되었다. 또한 이 글에서 그 예를 다루지는 않았지만, 교육과정 이론을 개발하고자 하는 시도도 있었다. 교육과정의 이런저런 문헌의 가치에 대하여 교육과정학

1) Tyler, R. W. (1977). Toward improved curriculum theory: The inside story. *Curriculum Inquiry, 6*(4): 251-256. 이 회고를 포함해서 Curriculum Inquiry의 나머지 쟁점은 이론 구축 영역에서의 교육과정 분야의 발전을 논의하는 회의인 1976년 뉴욕, 제네서의 예술 및 과학 대학에서 개최된 교육과정 회의 보고서로 출판되었다는 사실에 주목해야 한다.

자들 간에 다양한 의견이 존재하였으나, 앞에서 소개한 두 저서(Smith, Stanley, & Shores, 1950; Herrick & Tyler, 1950)로 인해 교육과정 영역에 상당한 발전 여지가 생겼다고 볼 수 있다.

두 저서는 다른 저자들에게도 크게 영향을 주었는데, 그 영향력은 1950년에만 국한된 것이 아니었다. 이 외에 1950년에 출간된 또 다른 중요한 저서들이 1950년대를 주도하였다. 첫 번째는 앞서 출간된 책들을 개정하는 것이었다. 새로운 판본을 요구한다는 것은 책과 그 사상의 유용성을 폭넓게 평가하고 있다는 것을 의미한다. Jersild(1950)와 Lee와 Lee(1950)는 아동에 대한 이해와 교육과정 경험의 개발의 관련성을 강조하는 개정판을 출간하였다. 경험주의의 지지자인 이들은 교육과정 개발의 가장 중요한 기초로 아동 연구를 강조하였다. J. M. Gwynn(1950)은 *Curriculum Principles and Social Trends*를 개정하면서, 교육과정 개발 원리에 대한 초기 개념과 교육과정 사상의 근대성을 계속 강조하였다. Edward A. Krug가 펴낸 또 다른 개론서인 *Curriculum Planning*(1950)은 지역 상황에 적합한 교육과정을 연구하였다. 그 책에서는 교육과정 목표와 관련해서 총체적 학교 교육(all-school) 계획, 교육과정 지침, 특정한 교수-학습 보조 자료의 개발, 교육과정 개발과 교수-학습 과정과의 관련성, 교육자치체제에서 교육과정 개발 구성에 대한 특별한 방안을 다루었다.

이때에는 특정한 학파의 입장을 대변한 것도 있었지만, 교육과정에 대한 보다 폭넓은 연구도 유행하였다. 대학을 진학하려는 학생만이 아닌 모든 사람에게 교육을 제공하려는 국가의 노력은 교육과정의 유용성에 대한 관심을 불러일으켰다. 미 교육부는 고등학교 교육과정에서 지난 30년의 특징인 대학과 직업 교육에 한정된 것을 보완하기 위해 생활적응교육을 꾸준히 장려하였다. 이러한 움직임은 1950년대에도 계속되었고, The National Association of Secondary School Principals는 이에 대한 지지를 표명하였다.

교육과정 개발에서 협동적인 노력은 1940년대 후반에 나타나는데, Taba (1950)와 Evans(1950)는 이를 촉진시켰다. Taba는 초등학교에서 집단 간 상호 관계에 초점을 두었으며, Evans는 교육과정 개선에 관한 연구와 프로그램에서 협력을 다루었다. 두 사람은 협력적 조직을 통해서 교육과정 개발 영역에서 혁신적이라고 여겨지는 부분들을 상당히 많이 개척하였다.

1950년에 발간된 저서들의 상당수는 기술(記述)보다 제안 혹은 처방하려고 하였다. 그렇지만 1940년대 널리 행해진 학교 실천에 관한 연구의 선례는 Caswell 등(1950)에 의해 지속되었다. 그들의 연구는 ① 교육과정 개선 사례를 평가하는 관점, ② 광범위한 교육과정 프로그램에 관한 보고서들, ③ 교육과정 교재에 관한 보고서 등을 제안하였다. 그들의 실제 교육과정 사례에 대한 기술과 그에 따른 토론은 현재 교육과정의 실제를 분석하는 데 중대한 기여를 하였다.

Smith, Stanley 그리고 Shores(1950, 1957), G. S. Wright(1950, 1958), Ovsiew(1951)는 중핵 교육과정에 대한 다양한 연구로 주목을 받았다. 중핵 교육과정은 많은 사람들이 과거의 활동 또는 상관 교육과정보다 더 독특한 Dewey적 해석이라고 생각하였다. Faunce와 Bossing(1951, 1958)도 상당한 노력을 하였다. 그들 연구의 핵심은 실천가를 대상으로 한 문헌에서 Dewey를 잘못 해석하는 것을 바로 잡으려는 시도였다. 그것은 활동중심 교육과정이 전후에 결합되었다는 오점을 씻어 내기 위해 붙여진 새로운 명칭이었다. 여하튼 중핵 교육과정을 지지하는 이들은 학생의 흥미와 간학문적인 지식과의 밀접한 관계를 강조했다. 이는 진보주의 교육자들이 수시로 변하는 학생의 흥미와 일시적인 충동에 집착한다는 오해를 불식시켰다.

ASCD는 교육과정 개정(이를 '개선' 이라 칭하면서)을 계속해서 강조하였다. 협회는 1951년의 연례보고서 및 연차 대회에서 이런 신조를 설명하였다. 그리고 교육과정 개정에 필요한 재정과 일정 등에 대해 다룬 그들의 보고서는 그러한 작업이 이루어지도록 실제적으로 고려한 것이었다. Harold Hand는 교육과정 개정을 할 수 있는 프로그램을 지지하며 이 운동에 동참하였다(1951). 같은 목적을 갖지만 Benne과 Muntyan은 위의 연구자들보다 더 철저하였다. 그들은 교육과정 개발에서의 협력을 다룬 문헌에서 교육과정 개정의 개념을 '변화(change)' 라고 부르면서, 함축적인 인간 관계도 함께 다루었다. 그들의 저서인 *Human Relations in Curriculum Change*(1951)는 조직적인 개발과 관련하여 동시대의 선구적인 저서로 간주될 수 있다. 이 저서는 교육과정 개정을 다룬 문헌과 교육과정 문헌을 연결시킨 중요한 것이었다.

변화, 혁신, 근대성 그리고 관련 영역에 관한 교육과정 저서들은 필요와 상관없이 시대를 따라 가고픈 소망으로 때때로 시류에 편승했다. 이러한 예로 Shane과 McSwain의 저서 *Evaluation and the Elementary Curriculum*(1951)이 있는데, 이것은 조심스럽게 기존의 교육과정을 평가해야 할 필요성과 정당하다고 인정되는 변화 혹은 개정이 불가피하다고 강조하였다. 그들의 저서는 주목할 만한 두 가지 기여를 하였다. 하나는 개론서의 개념을 초등학교 교육과정과 평가에 맞추는 것이었고, 다른 하나는 평가의 맥락에서 교과 영역을 독립적으로 다루었다. 후자는 개개의 교과 영역은 '규정된 것' 이라는 지적 전통주의 사상으로부터 수용된 것이다. 이것은 사회적 행동주의 평가 기법인 '업무 분석' 에 내재하는 직선적이고 체계적인 사고와 결합한다. 그것은 또 진보주의 시대로부터 이어져 내려온 인본주의적 경험주의와도 결합한다. 종합하면, 그 세 가지 강조점은 어떤 교육적 수준이나 교과영역에도 적용될 수 있다고 여겨지는 성숙하고 복합적인 교육과정 지식을 나타낸다.

개론서는 이전 20년 동안 논의된 교육과정 사상의 다양한 관점을 조화시키려 했던 절충주의자들이 더욱 선호하던 것이었다. 이 개론서들은 50년대 교육과정 지식의 보존 수단이자 전달 수단이었다. 일반적인 교육과정 개론서에서는 세 가지 교육과정 사상의 입장이 다르다는 것을 확실히 알 수 있다. 그럼에도 불구하고 거의 예외 없이 대부분의 개론서가 지적 전통주의, 사회적 행동주의, 경험주의 학파의 융합을 시도한 것도 분명하다. 개별 학파의 입장에서는 이러한 융합을 매우 생산적이라 여기며 절충적인 통합이라 언급하기도 하지만, 반대로 매우 비생산적이며 또 그들 각각의 주제와 입장을 희석해서 지나치게 단순화했다고 보는 경향도 있다. 그러한 개론서는 학교와 교실의 다양한 요구를 통합하기 위해, 즉 공통의 목표에 도달하기 위해 제안된 것이 분명하다. 대신 이런 개론서는 특정한 교육과정 입장을 옹호하는 구조화되고 일관된 주장을 빠뜨리고 있었다.

그러나 몇몇 저자들은 기존 학파의 입장을 고수하고 있었다. 한 가지 사례로 Carlton Washburne(1952)의 아동중심 경험주의 교육의 특성에 관한 연구가 있다. 50년대 전반기 Arthur Bestor(1953, 1955), Robert Maynard Hutchins(1953), Earl Kelly와 Marie Rasey(1952)는 특정한 교육과정 입장을 옹호하는 저서들을 썼다. L. Thomas Hopkins는 아동중심 경험주의에 대한 저서(1954)를 저술했으며, Theodore Brameld(1955, 1956)는 재건주의의 틀을 확립하였다.

일리노이 대학교의 역사 교수인 Arthur Bestor는 사범대학과 교육과정 전문가들이 '교육적 황무지'를 만든 데 대해 책임을 져야 한다고 공격하였다. 그는 가장 좋은 교육은 교과의 학자들에 의해 구축된 것이며, 학교에서 가르쳐야 하는 교과들은 사회의 요구에 가장 유용한 것들이어야 한다고 주장하였다. 그는 *The Restoration of Learning*(1955)에서 자신의 제안을 상기시키며 폭넓은 지지를 얻었다. 그는 생활 요구와 생활 적응 교육과정이 무지를 부추긴다면서, 다른 보수적인 비판가(Lynd, 1953; Flesch, 1955)의 대열에 합류하였다.

시카고 대학교 총장인 Robert Maynard Hutchins는 당시 교육철학에 대해 비판적인 평가를 하는 글을 썼다(1953). 그는 Aristotle 학파의 Thomas 주의의 관점에서 연구하면서, 교육의 목적은 학생들로 하여금 인류사의 위대한 사상을 생각하는 능력을 갖도록 준비시키는 것이어야 한다고 주장했다(Hutchins, 1952). 오늘날에도 통용되는 고전(Great Books) 교육과정은 고전적인 지적 전통주의자의 관점과 관련된다. 이러한 '위대한 사상'의 입장과 잘 어울리는 것으로 Robert Ulich(1954)의 선집이 있는데, 그것은 교육에 관한 위대한 사상이라고 할 수 있는 철학적이고 종교적인 고전들로부터 비롯된 것이다.

Earl Kelly와 Marie Rasey는 Kelly가 그의 초기 저서(1947)에서 소개한 경험주의에 관한 독특한 해석을 보다 구체화하였다. 이들은 동시대의 생물학적·심리학적 그리고 다른 과학적 연구로부터 진보적 함의를 끌어냈으며, Dewey도 이를 지지하였다. Kelly는 그의 생각을 교사들과 함께 운영한 워크숍에서 실천적으로 적용하고, 이를 보고서에 담았다(1951). 그는 전문적인 개발 활동으로서의 워크숍은 교사가 교실수업에 적용되는 교수도구를 사용하는 방법을 훈련해야 한다고 주장했다. 그는 교사가 워크숍 과정에 적응하도록 격려했고, 참가자들이 새로운 지식을 구축하는 데 자기의 재능과 삶의 경험을 활용하도록 권고하였다.

Thomas Hopkins는 *The Emerging Self in School and Home*(1954)에서 교육과정이 인간의 경험 구조 내에서 깊은 반향을 불러일으켜야 한다고 설명했다. 그는 세포의 생물학적 발달과 마찬가지로 모든 인간의 성장은(예를 들면 지적·사회적·정서적·도덕적) 확대, 분화, 통합의 단계를 거치면서 계속된다고 주장했다. 교육과정의 개념을 확대하면 가정을 학교와 같이 교육을 위한 실용적인 공간으로 만들 수 있다고 주장하였다. 이 저서는 Hopkins의 다른 저서인 1929, 1937, 1941년의 고전과 함께 가장 권위 있는 보고서이다.

Theodore Brameld(1955)는 Kilpatrick과 John Brubacker가 유형화한 교육철학 개론서를, 새로운 사회질서를 창출하도록 교육과정을 설계해야 한다고 주장하기 위해 인용하였다. 또한 중등학교 및 전문대 교육과정을 주로 연구한 Brameld는 Alberty가 제안한 것과 매우 흡사한 핵심적인 사회문제를 제안했다. Brameld와 Alberty의 차이는 사회 문제에 대한 조사가 지적인 훈련이 아니라 사회적 행동으로 귀결되는 정치적 역동성에 있다. 이 계획은 George Counts의 제안보다 더 상세하게 설명되었다. Brameld(1956)는 이를 후기진보주의적 재건주의라 주장했다. 그 책에는 Smith, Stanley 그리고 Shores의 교육과정 개론서에서 그들이 지지한 강력한 사회적 논평과 그 시대의 정치적인 흐름이 부각되어 대중적인 호응을 얻었다.

Sharp의 *Curriculum Development as Re-education of the Teacher*

(1951), Spears의 *The Teacher and Curriculum Planning*(1951), Stratemeyer의 1947년 저서를 보충하고 구체화한 지침서, Ragan의 초등학교 수준의 교육과정 개론서(1953)들은 모두 교육과정 실천에서 교사의 중요성을 강조했다. Ragan의 저서가 중요한 출발의 신호가 되었다. 그의 저서는 교육과정 개발에서 교과의 관점을 제시하고 교육과정의 창조자로서 교사에게 권한을 부여하고자 하였다. 교육과정에서 교사의 권한만 강조함으로써 지나치게 단순화한다는 위험이 있긴 했지만 아무런 강조가 없는 것도 위험하기는 마찬가지이다.

Ragan이 예시한 교과 지향을 확대한 저서들이 나타났다. 이러한 책들은 모두 중등학교나 초등학교 수준에서 교사에게 수학과 교육과정, 언어 교육과정, 사회과 교육과정, 과학과 교육과정 그리고 일련의 다른 전문 교과 영역을 소개하였다. 이들 저서는 교육과정 개발을 다룬 저서보다 더욱 광범위하게 방법과 교과를 다루고 있었다. 만약 그 저서들이 교육과정을 검토하고 연구하는 방식에서 특별하게 앞서 있다고 여겨지지 않으면, 여기에서 제외시켰다. 하지만 시민성 교육을 다룬 Meier, Cleary 그리고 Davis(1952)의 저서는 확실히 예외라 할 수 있다. 시민성 교육은 전적으로 사회과에 속하는 것으로 볼 수도 있지만, 교육과정 개발에서의 집단적인 숙의 과정뿐만 아니라 기초, 내용, 결과라는 측면에서 시민성을 다루었다. Henry Harap(1952)의 저서 또한 마찬가지로 예외이다. 그 책은 사회생활을 단순히 축적된 지식으로 활용하지 않았다. 오히려 사회생활을 교육과정을 구성하는 주제나 중핵으로 활용했으며, 그것으로부터 교육과정을 끌어내고 실행하고 평가했다.

위에 언급된 저서들의 특징인 민주적인 숙의는 학회에서 강조될 뿐만 아니라 때때로 실천으로도 옮겨졌다. 학교와 대학에서 일반교육의 쟁점에 관해 자문하기 위해 소집된 교수위원회(Andover, Exeter, Lawrenceville, Harvard, Princeton, Yale의 대표자들)가 전형적인 예이다. 그들의 노력으로 협력적인 의사결정의 가치는 신뢰를 얻어 *General Education in School and College*(1952)라는 책으로 출판되었다. 같은 해 NSSE의 51번째 연감 1

권에서는 전후 교육기관에 대한 거대한 사회적 요구의 시기인 1950년대에 일반교육의 의미에 대해 탐구했다. 비록 모두가 수용할 수 있는 독특한 결론은 없었지만 진학준비나 직업준비에만 초점을 맞추는 차원을 넘어, 계몽된 시민을 길러 내는 교육의 본질에 관한 질문이 상당히 자세하게 연구되었다. 1950년대 초반에는 중등교육에 관한 대부분의 책에서 일반교육이라는 주제가 뚜렷이 기술되었다. 또한 이 시기는 중등교육에 대한 개론서가 결실을 맺은 시기이기도 하다. 탁월하지는 않았지만 Briggs(1951), Hand(1951)의 저서가 그 길을 놓았다.

1953년 Harry Alberty의 *Reorganizing the High School Curriculum* 개정판과 J. P. Leonard의 *Developing the Secondary School Curriculum*은 개론서의 영향력을 확대시켰다. 같은 해 Ragan의 전술한 *Modern Elementary Curriculum*이 그랬듯이 Beck, Cook 그리고 Kearney도 *Curriculum in the Modern Elementary School*(1953)을 출간하면서 초등학교 수준에서의 영향력을 증진시켰다. 같은 해 McNerney 및 The American Association of School Administrators가 출간한 개론서도 각급 학교의 교육과정 개발에 적용할 수 있도록 고안된 백과사전적 배경지식과 쟁점을 다루는 법을 제공하였다.

개론서에서는 조직이 공통의 연구 영역인데 그것은 Harap(1928), Hopkins (1929), Caswell과 Campbell(1955), Gwynn(1943), Tyler(1949), Smith, Stanly 그리고 Shores(1950, 1957) 등의 저서에서 연원을 찾을 수 있다. 1950년대 Krug, Liddle 그리고 Schenk(1952), Doll, Passow 그리고 Corey (1953)는 효과적인 학습을 위해 교육과정에서 경험을 어떻게 구성할 것인가 하는 문제를 장문의 보고서로 다루었다. 이러한 문헌들은 조직을 교육과정 연구의 탐구 영역으로 확실히 자리매김하는 데 도움을 주었다. 1956년 Herrick, Goodlad, Estvan 그리고 Eberman은 교육과정 개발과 설계에는 '조직 중심(Organizing Center)' 이 있어야 한다는 개념을 도입하였다. 즉, 조직 중심을 중심축으로 하여 교육과정 조직과 수업이 진행되어야 한다는 것이다.

1950년대 중반 상당한 관심을 끌었던 또 다른 주제는 민주주의였다. 민주적인 교육과정에 대한 견해는 여러 가지 다양한 해석이 가능하다. 이 중 하나가 1930년대 Kilpatrick이 장려한 것으로, 지역사회에 완전히 통합되어 제 역할을 하는(Olsen, 1953; NSSE, 1953a와 b) 지역사회 학교(community school)였다. 이것은 많은 교육과정 저서에서 거듭 강조된 것처럼 숙의와 협동을 포함하여 학교교육을 민주적으로 해석했다. 1950년대 개론서에서 어느 정도 언급된 현장연구(action research)는 교육과정에서 민주주의가 확대된 것으로 볼 수 있다. 그것은 교사와 학교 직원들이 자신들이 처한 상황에서 특수한 교육적 연구를 수행할 기회를 가졌기 때문이다. Stephen Corey(1953)는 교육과정 개정의 중요한 필수요건인 현장연구에 대한 논의를 담은 선구적인 저서를 출간했다. 1955년 그는 교육과정 학문과 실천의 영역에서 서로 다른 역할을 수행하는 연구자를 통합하는 공동연구를 Passow, Miles와 함께 수행하였다. 이처럼 특정한 교육적 환경에 초점을 맞추게 되자 아동과 청소년들의 특징과 요구를 보다 명확하게 볼 수 있게 되었다. 이는 NSSE의 52차 연감의 제1권과 분명히 연결된다. 이것은 경험주의자의 관점인 바람직한 목표에 따라 청소년의 인격을 도야하기보다 오히려 교육과정을 청소년들에게 알맞게 적용하는 데 중심을 두었다.

1950년대 초 다양한 개발을 주제로 한 교육과정 문헌은 그 동향을 논의하고 있었다. Henry Harap(1953)은 20세기 중반이 진보를 숙고하기 적당한 시기라면서, '균형 잡힌 학교생활' 을 강조하는 절충적 교육과정을 주장하고 진보를 주제로 한 책을 출간했다. Campbell(1953)은 캐나다 교육과정의 동향을 다뤘고, The Association for Student Teaching(1953)은 교사교육과 관련된 교육과정의 동향을 논의했다. Koos는 자신이 자주 주도하고 영향을 주었던 중학교 교육과정 개발의 동향을 분석했다(1955). 같은 해 Merritt와 Harap은 교육과정 지침을 분석했다. Harold Shane이 John Dewey Society 학회의 13번째 연례 보고서(1953)를 감수함으로써, 미래를 위해 지금까지 개발된 것과 새롭게 개발할 것을 제시한 여러 유명한 교육자들(예를 들면 John Childs, Arthur Foshay, Henry Otto, Edgar Dale, Walter Moore, Celia Stendler)의 교육과정을 검토하는 계기를 가졌다.

1954년 Adams는 *Educating America's Child*의 재판에서 Ragan과 다른 학자들이 촉진시킨 교육과정과 교수법을 재결합해야 한다는 요구가 증가하고 있음을 호소했다. 같은 해에 청소년을 위한 교육과정을 어떻게 개발할 것인가를 설명하려는 Romine과 ASCD의 두 가지 시도가 있었다. Saylor와 Alexander의 *Curriculum Planning for Better Teaching and Learning*은 그때부터 오랫동안 크게 영향을 미치면서 교육과정을 활성화시켰다. 이 저서는 개론서로 뿐만 아니라 교육과정에 관심 있는 교사와 행정가를 양성하는 교재로 교육과정 전문가를 위한 교육에서 널리 사용되었다. Kirk(1953), Columbia University Teachers College(1955)는 학교에서 교육과정 전문가의 직무를 서술하고 더 나아가 교육 공무원의 정체성에 대해 언급한 저서를 출간하였다.

1950년대 후반부의 교육과정 저서들은 1950년대 초나 그 이전에 나타난 교육과정 주제들에 대해 계속해서 논의했다. Otto(1955)는 정규 초등학교 수업에서 영재 학생을 위해 심화된 교육과정을 모색했다. Kelly(1955)와 ASCD(1955)의 연감은 교육과정과 진로지도의 관계를 탐구했다. Jackson(1956)은 교직원 인식, Lurry와 Alberty(1957)는 중등학교에 초점을 맞추어 중핵 교육과정에 대한 제안을 계속하였으며, Hoppe(1957)는 중학교의 중핵 교육과정을 발전시켰다. 1958년에 Faunce와 Bossing의 *Developing the Core Curriculum* 개정판과 Wright의 *Core Curriculum Development*는 이러한 경험주의적 연구 주제가 1950년대 후반까지 이어지도록 했다.

1955년부터 1950년대 말까지 교육과정 저서의 주요한 형식은 여러 가지 유형의 개론서였다. Fitzgerald(1955), Beauchamp(1956), Hurley(1957), Shane와 McSwain(1958)은 초등학교 수준, Douglass의 *The High School Curriculum* 2판(1956), 중등 수준에서의 Venable(1958), 교육행정 계획을 다룬 Krug 등

(1956)이 있다. 다른 저자들은 학교급별로 상세히 기술하지 않고 교육과정 개발의 일반적 관점을 내놓았다. Anderson(1956), Smith, Stanley 그리고 Shores의 개정판(1957), Stratemeyer의 개정판(1957), Krug의 *Curriculum Planning* 개정판(1957)이 그 예이다.

ASCD의 1956년 연감은 고등학교가 무엇을 가르쳐야 하는가라는 질문에 적극적으로 응답함으로써 고교 교육과정의 목표를 제시했다. Nisbet(1957)은 20세기가 시작된 이래 국제적으로 영향력을 발휘한 최초의 중요한 영국 교육과정 저서를 출간했다. 그 책은 교육과정이 시사하는 교육의 목적이나 목표 개념에 시종일관 중점을 둔다.

그러나 교육과정학자가 계속 관심을 두고 있었던 것은 내용보다는 교육목표의 형태에 대한 것이었다. 교육과정 목적을 고려한 문법에 맞는 구조를 가진 학습 목표는 교사 양성 교육의 주요한 테마가 되어 지속적인 영향을 미쳤다. 이런 문법에 맞는 구조를 만드는 데 제일 먼저 기여한 것은 Benjamin Bloom과 다른 학자들이 만든 인지적 영역에 대한 1956년의 교육목표 분류였다. 이 책은 학문적인 인용이나 교육적 실천을 나타내는 용어 사용 모두에서 적어도 Tyler(1949)의 영향에 견줄 만한 것이었다. 수많은 실천가들은 Bloom의 목표 분류와 그의 6가지의 인지 단계(기억, 해석 또는 이해, 적용, 분석, 종합, 평가)를 접하게 되었다. 수업 계획, 학교 교육과정 문서, 설문 기법, 기술관리체제 등 여러 분야에 응용될 만큼 광범위하게 적용되었다. 저자들이 이렇게까지 기대한 것은 아니었지만, 이런 적용으로 인해 그 저서가 교육이론이나 실천에서 우상이 된 것은 분명하다.

교육목표를 정확하게 제시하려고 학자들이 관심을 쏟고 있는 동안 1957년 소련이 스푸트닉(Sputnik)호를 쏘아 올리자, 교육 목표를 재검토하라는 대중의 강력한 항의가 있었다. 이 사건에 대해 많은 사람들은 이러한 기술적 성취로 보아 소련의 교육이 미국과 다른 나라들보다 우월하다는 것을 입증했다고 해석했다. 그러자 해군제독 Hyman Rickover(1959)의 쓴소리를 포함해서 미국 교육에 대한 광범위한 비판과 함께 고민 속에 희망을 주는 대책이 나왔다. 이는 1960년대 교육과정 개발의 주축이 되는 '교육과정 프로젝트'라 불리는 프로그램을 서둘러 낳게 했다. 초기에는 대부분의 계획이 저널이나 회의에서 발표되었다. 스푸트닉 이전에는 재원도 없이 기이한 연구로 간주되던 제안들이 '정치적 필요'라는 방편에 따라 정부와 민간 재단의 대규모 자금 지원을 받게 되었다. 사회적 압력에 교육의 변화가 따라가지 못할 정도로 지체가 커지면서 대부분의 교육과정 프로젝트가 바로 출현하기는 어려웠다. 그 결과 1950년대 말에 시작된 스푸트닉 이후의 교육과정 프로젝트는 1960년대 초까지도 실현되지 못했다.

1950년대 말미에는 교육과정 저서에서 주목받은 사건들이 있었다. 1950년대를 마무리하기 위해 몇 가지 사건을 살펴보자. Edwards(1957)는 협동적인 중등학교 교육과정 개발 프로그램을 평가했다. French 등(1957)은 20세기 초 사회적 행동주의가 제시한 교육에서의 행동주의 목표를 다룬 장문의 책을 처음 출간했는데, 이 해석은 1960년대 말과 1970년대 초 팽배했던 행동주의 목표 운동의 개념과는 상당히 다른 것이었다. Spears(1957)는 교육과정 개발에서 현직 연수 계획을 도입할 것을 언급했는데, 이것은 1960년대 교육과정 프로젝트에 대한 광범위한 기금 조성이 그 특징이었다. 국제연합은 국제 협력을 통해 교육과정 문헌을 출간하였다. 유네스코의 후원으로 여러 사례가 생겼는데, 심리학적 기초를 강조한 Olson(1957), 라틴아메리카의 초등교육과정을 다룬 Lourengo(1957), 초등학교 교육과정을 비교 연구한 국제학술대회(1958), 교육과정 연구와 개정에 관한 유네스코의 책(1958)이 그러하다. 1958년 ASCD의 연감은 수준별 교육과정에 대한 학교 계획에서의 연속성을 주제로 다루었다. Goodlad와 Anderson(1959)은 이런 교육과정의 조직과 관련된 문제에 대안적인 해결책을 제시했다. 연령에 따른 학년을 폐지하려는 계획은 학계를 뜨겁게 달구었으며, 학교 현장의 사고와 활동에 큰 반향을 일으켰다. 그런데 이 두 권의 책에 대한 해석은 상당히 애매모호했다. Helen Heffernan과 Charles Bursch(1958)는 교육과정 조직과 관련해서 교육과정과 학교설비의 관계를 문제로 다루었다. 같은 해에 NSSE는 1930년대

Hopkins와 다른 학자들이 발전시킨 교육 경험을 통합하는 조직 유형에 대해 다시 논의하기 시작했다. 이는 교육과정에서의 조직 유형이라는 주제에 관한 또 다른 변형이었다.

때때로 교육과정학자들은 교육과정 상담역으로서의 자신들의 역할을 책의 주제로 다루었다. 그들의 직업적인 역할이 점점 증가하고 있었으나 많은 요인들이 연구에 방해되고 있음을 어렵지 않게 간파했다. 이 문제와 관련해서 Lawler(1958)는 교육과정 상담을 성공적으로 이끄는 요인을 설명했다. 교육과정에서 생기는 쟁점과 주제는 많았는데 이와 관련해 Alcorn과 Linley는 교육과정 쟁점에 관한 논문들을 편집해서 1954년과 1959년에 출간했다. 이 책은 당대의 치열한 논쟁을 불러일으켰던 문제들을 철저하게 표집했으며, 뒤이어 소개되는 당대 교육과정의 논쟁에 관한 많은 선집들의 예가 되었다. 교육과정은 반세기 동안 연구 영역으로 존재하면서 역사적으로 기술되고 수집되기도 하였다. 예를 들면 1857년부터 1957년까지의 교육과정 개선에 대한 토론을 다룬 ASCD의 보고서가 있다(ASCD, 1957). Ulich(1954)의 교육에 관한 고전 모음집과 더불어 이러한 당대의 고전들은 교육과정 사상(즉, 무엇이 알 만한 가치가 있는가 하는 개념)의 방대한 역사에 관한 개요를 알 수 있게 한다.

Laura Zirbes는 생애 마지막 저서를 통하여, 교육과정을 치밀하게 구성하고 개발하는 식의 무미건조한 일에서 벗어나, 학습자들과 함께 하는 생성하는 교육과정을 제안하였다. Zirbes는 다음과 같이 주장했다.

> 창의적으로 생각하면 교육과정은 계속 진행 중인 상황에 따른 변화 가능하고 활기찬 '학교' 경험이다. 그 속에서 교사는 학습자들의 요구, 가능성, 성향의 측면에서, 그리고 문화적 조건, 학습자료, 상호작용 과정의 측면에서 학습자들과 상호작용한다. 이때 학습자들은 능동적으로 도전감을 갖고 학습에 열심히 참여한다. 그래서 그들은 자신들의 존재를 완성해 가고 교육과정을 하나의 매개수단으로 하여 창의적인 개인, 집단의 참여자로 발전해 간다. 그들의 삶에서 그 가치들이 결실을 맺도록 함으로써 가치와 동화된다(Zirbes, 1959: 90-91).

Zirbes는 *Spurs to Creative Teaching*에서 함께 창조해 가는 교육과정의 절차에 대하여 대화체로 설명하였다. 교육과정과 교수를 하나의 유동적인 과정으로 규정하고, 학생들이 학습에서 끊임없이 상상하고 능동적으로 발견하는 방법을 제시하면서 각각의 학구적 교과에 대해 숙고했다.

P. T. Pritzkau의 *Dynamics of Curriculum Improvement*(1959)는 교육과정 담론에서 보기 드문 실존주의 철학과 크게 관련 있기 때문에 따로 분류하기가 어렵다. 그의 저서는 많은 개론서가 보여 주고 있는 일반화로부터 출발하고 있다. 그러한 개론서는 지침이나 '원리'의 개념을 활용하고 있다. 그는 의사결정과정을 구조화하려 했지만, 각 상황의 본질적인 독자성에 주의를 기울일 필요가 있다고 보았다. 그래서 이론이 복잡해졌고 실천가들이 바라는 즉답은 주지 못했다. 상황에 따른 복잡성을 인정하는 이런 입장은 Dewey가 그 전례라 할 수 있다. 더 나아가 1960년대의 Phenix와 Schwab, 1970년대와 그 후의 재개념주의자 등에서 유사한 사례가 더 많이 발견된다.

마지막으로 1950년대를 마감하는 책이 출간되었는데, 이 책으로 인해 이후 고등학교의 제도적이고 교육과정적인 특징이 형성되었다. James Bryant Conant의 *The American High School Today*(1959)가 바로 그것인데, 이 책은 카네기재단의 후원으로 많은 교육위원회에 충분히 보급되었다. 이 책에서 그는 고교 교육과정의 윤곽을 제시했는데, 그 교육과정은 대학준비교육, 직업교육, 일반교육을 완비한 것으로 대중들은 그것을 미국 고교의 영구적인 특징으로 받아들이고 있다. 지금은 보편화되었지만 수학, 영어, 외국어, 과학, 사회과학, 인문학 등의 많은 필수학점과 카네기 단위들은 그의 책의 영향을 받아 상당히 지속되었다. 그는 학교 통합으로 소규모 학교를 줄일 것을 제안했으며, 상담 제도, 개별화된 과목 이수 체계, 필수과목과 선택과목, 교과에 따른 능력별 집단 구성, 성적표, 논술에 대한 강조, 취업에 유용한 기능에 대해서도 포괄적으로 강조했다. 그 외에도 고교 심화과목, 대학인정과목, 하루 6～8시간 수업, 외국어와 과학에 대한 강조, 직업준비 및 가사를 강조하는 과정, 12학년에서의 미국인으로서 정체성 확립을 위한 연방정부에 대한 학습과 같은 내용도 포함되었다. 고등학교는 학사관리를 더욱 엄격하게 했다. Conant는 학생능력을 구분하고 적성에 따라 교육과정을 계획할 것을 주장했는데, 이는 매우 시의적절한 제안이었다. 독서능력이 떨어지는 아동을 위한 특별 프로그램도 포함되었지만, 상당량의 재원이 수재를 위한 특별 프로그램과 영재를 위한 특별 규정에 공공연하게 배당되었다. 학교가 영재 학생의 주도성과 능력을 오랫동안 감추어 왔다는 것이 일반적인 인식이었다. 각 학교가 가장 능력 있는 학생들을 발전시킬 수 있는 기술적인 방안을 가졌다는 사실을 확신함으로써, 미국은 다음 10년의 지적으로 우수한 지도자를 육성할 수 있게 되었다. 다시 말해 Conant는 가장 뛰어난 학생을 기른다는 의도와 더불어 일반교육, 대학준비교육과 전반적인 직업교육을 용이하게 하는 종합 고등학교의 발달을 촉진시켰다.

1950년대는 교육과정 개론서의 출간이 절정에 이르렀으며, 목적에 대한 이론적 정당성의 요구, 중핵 교육과정의 지속, 교육과정 평가에 대한 요구, 교육과정 연구 영역의 확대, 사회적응에 대한 지속적인 관심이 있었던 시기였다. 하지만 이 주제들 중 상당수는 스푸트닉의 충격으로 가볍게 다루어졌다. 그러나 이것은 1960년대에 더 중요하게 다루어졌다. 1950년대 교육과정 저서들의 주요 형태인 개론서가 계속 출간된 것은 미국에 독특한 종합학교가 부각된 것과 결부시킬 수 있으며, 더 나아가 교육과정 사상 학파의 융합을 더욱 공고히 했다. 교육과정 저서와 실제 간의 다양성이 존재하고 그것이 가치 있다는 것을 폄하하려는 것은 아니지만, 개론서는 교육에 필요한 대부분의 것이 한 권의 책에 포함될 수 있다는 것을 가정하고 있다. 다시 말하면 교육과정 의사결정자들이 필요로 하는 것은 개론서에 표현될 수 있으며, 학생들이 필요로 하는 것은 종합고등학교가 제공할 수 있다는 것이다. 개론서가 지식을 대량 생산하고 효율적으로 전파하는 이점은 있지만, 무비판적인 종합, 사상의 지나친 분류, 진로 지도의 단순화, 검증되지 않은 내용을 화려한 수사로 포장하는 경향, 사회 지배집단의 가치와 활동을 전파하려는 경향에 비추어 평가되어야 한다.

참고문헌

1950

Bathrust, E. G. (1950). *Where children live affects the children*. Educational Bulletin Number 7. Washington, DC: Government Printing Office.

Caswell, H. L., & Associates. (1950). *Curriculum improvement in public school systems*. New York: Teachers College, Columbia University.

Columbia University Teachers College. (1950). Institute of Field Studies. *Public education and the future of Puerto Rico, a curriculum survey 1948-1949* (Gordon N. Mackenzie, survey director). New York: Bureau of Publications, Teachers College, Columbia University.

Conference on Problems of Curriculum Development. (1950). *Problems of curriculum development*. Salem, OR: Author.

Evans, H. M. (Ed.). (1950). *Cooperative research and curriculum improvement*. New York: Bureau of Publications. Teachers College, Columbia University.

Featherstone, W. B. (1950). *A functional curriculum for youth*. New York: American Book Company.

Gwynn, J. M. (1950). *Curriculum principles and social trends* (Second edition). New York: Macmillan.

Herrick, V. E., & Tyler, R. W. (Eds.). (1950). *Toward improved curriculum theory. Supplementary Educational Monographs*. Chicago: University of Chicago Press.

Jersild, A. T. (1950). *Child development and the curriculum*. New York: Teachers College, Columbia University.

Jobe, E. R. (1950). *Curriculum development in Mississippi public white high schools, 1900-1945*. Nashville, TN: Bureau of Publications, George Peabody College for Teachers.

Kobayashi, T. (1950). *Our curriculum*. Ikarashi, Japan: Niigata University, Department of Education, Elementary School.

Krug, E. A. (1950). *Curriculum planning*. New York: Harper and Brothers.

Lee, J. M., & Lee, D. M. (1950). *The child and his curriculum* (Second edition). New York: Appleton-Century-Crofts.

Mitchell, L. S. (1950). *Our children and our schools*. New York: Simon and Schuster.

National Association of Secondary School Principals. (1950). *Life adjustment in the secondary school curriculum. Number 171*. Washington, DC: Author.

Rasey, M. I. (1950). *This is teaching*. New York: Harper and Brothers.

Scottish Education Department. (1950). *The primary school in Scotland: A memorandum on the curriculum*. Edinburgh, Scotland: Her Majesty's Stationary Office.

Smith, B. O., Stanley, W. O., & Shores, J. H. (1950). *Fundamentals of curriculum development*. Yonkers-on-the-Hudson, New York: World Book Company.

Taba. H. (Director). (1950). *Elementary curriculum in intergroup relation*. Washington, DC: American Council on Education.

Tennessee Department of Education, Division of Public Schools. (1950). *Curriculum planning for our schools; a unified plan for curriculum improvement developed during the summer of 1949 by workshop groups at the University of Tennessee and the A and I State College*. Nashville, TN: Department of Education.

Western Illinois State College, Macomb. (1950). *Curriculum revision for more effective living*. Macomb, IL: Western Illinois University.

Wright, G. S. (1950). *Core curriculum in public high*

schools: An inquiry into practices, 1949. Washington, DC: Government Printing Office.

1951

Association for Supervision and Curriculum Development. (1951a). *Action for curriculum improvement.* 1951 Yearbook. Washington, DC: Author.

Association for Supervision and Curriculum Development. (1951b). *Curriculum improvement in the world crisis; highlights of the 1951 ASCD convention, sixth annual meeting, February 10-15, 1951; Detroit, Michigan.* Washington, DC: Author.

Association for Supervision and Curriculum Development. (1951c). *Time and funds for curriculum development.* Washington, DC: Author.

Benne, K. D., & Muntyan, B. (1951). *Human relations in curriculum change: Selected readings with special emphasis on group development.* New York: The Dryden Press.

Briggs, T. H. (1951). *The secondary school curriculum: Yesterday, today, and tomorrow.* New York: Teachers College, Columbia University.

Burton, W. H. (1951). *The guidance of learning activities (Second edition).* New York: Appleton-Century.

Faunce, R. C., & Bossing, N. L. (1951). *Developing the core curriculum.* New York: Prentice-Hall.

Hand, H. C. (1951). *How the Illinois secondary school curriculum program in basic studies can help you improve your high school.* Springfield, IL: Superintendent of Public Instruction.

Harap, H. (Ed.). (1951). *Preparation of teachers in the area of curriculum and instruction (monograph number two).* Austin (University of Texas): National Society of College Teachers of Education.

Harvard University. (1951). Graduate School of Education Center for Field Studies. *Pittsfield junior high school; stages in curriculum design, 1951-1960.* Pittsfield, MA: Harvard University.

Kelley, E. C. (1951). *The workshop way of learning.* New York: Harper and Row.

Ovsiew, L., & a Committee of Teachers from Elizabeth, New Jersey schools. (1951). *Making the core work.* New York: Metropolitan School Study Council.

Parkhurst, H. (1951). *Exploring the child's world.* New York: Appleton.

Shane, H. G., & McSwain, E. T. (1951). *Evaluation and the elementary curriculum.* New York: Bureau of Publications, Teachers College, Columbia University.

Sharp, G. (1951). *Curriculum development as re-education of the teacher.* New York: Teachers College Press.

Spears, H. (1951). *The teacher and curriculum planning.* Englewood Cliffs, NJ: Prentice-Hall, Inc.

Tannenbaum, S. (1951). *William Heard Kilpatrick: Trail blazer in education.* Columbus: Ohio State University Press.

1952

Association for Supervision and Curriculum Development. (1952a). *Bibliography on supervision and curriculum development (prepared by Thelma Byars and others).* Washington, DC: Author.

Association for Supervision and Curriculum Development. (1952a). *Time and funds for curriculum development.* Washington, DC: Iowa Association chapter.

Blackmer, A. R. (Chairman). (1952). *General education in school and college.* Cambridge: Harvard University Press.

Committee on General Education. (1952). *General education in school and college: A committee report by members of the faculty of Andover, Exeter, Lawrenceville, Harvard, Princeton, and Yale.* Cambridge: Harvard University Press, 1952.

England, Ministry of Education, Welsh Department. (1952). *The curriculum and community in Wales.* London: Her Majesty's Stationary Office.

Harap, H. (1952). *Social living in curriculum: A critical study of the core in action in grades one through twelve.* Nashville, TN: George Peabody College for Teachers.

Hutchins, R. M. (1952). *The great conversation.* Chicago: Encyclopedia Britannica.

Jones, L. (1952). *Curriculum aids in continuation*

education. Sacramento, CA: California Department of Education. Bulletin V 21, Number 12.

Kelley, E. (1952). *Education and the nature of man.* New York: Harper and B겠. (1970 Edition with Marie Rasey).

Krug, E. A., Liddle, C. S., & Schenk, Q. (1952). *Multiple period curriculum organization in Wisconsin secondary schools.* Madison, WI: University of Wisconsin.

Meier, A. R., Cleary, F. D., & Davis, A. M. (1952). *A curriculum for citizenship.* Detroit, MI: Wayne State University Press (Reprinted by Greenwood Press, New York, 1969).

Miel, A., & Associates. (1952). *Cooperative procedures in learning.* New York: Bureau of Publications, Teachers College, Columbia University.

National Society for the Study of Education. (1952). *General education. Fifty-First Yearbook, Part I.* Chicago: University of Chicago Press.

National Union of Teachers, London. (1952). *The curriculum of the secondary school; report of a consultative committee appointed by the Executive of the National Union of Teachers.* London: Efans Brothers.

Piaget, J. (1952). *The origins of intelligence in children.* New York: Norton and Company.

Rugg, H. O. (1952). *The education of teachers.* New York: Harper and Brothers.

Stratemeyer, F. B., Frokner, H. L., & McKin, M. G. (1952). *Guides to a curriculum for modern living.* New York: Teachers College, Columbia University.

Washburne, C. (1952). *What is progressive education?* New York: John Day Company.

1953

Alberty, H. (1953). *Reorganizing the high school curriculum (Second edition).* New York: Macmillan.

American Association of School Administrators. (1953). *American school curriculum.* Washington, DC: National Education Association Yearbook.

Association for Student Teaching. (1953). *Curriculum trends and teacher education.* 1953 Yearbook (J.A. Bond and J.A. Hockett, Eds.). Lock Haven, PA: Author.

Beck, R. H., Cook, W. W., & Kearney, N. C. (1953). *Curriculum in the modern elementary school.* Englewood Cliffs, NJ: Prentice-Hall.

Bestor, A. (1953). *Educational wastelands.* Urbana: University of Illinois Press.

Campbell, H. L. (1953). *Curriculum trends in Canadian education.* Toronto: W. J. Gege.

Corey, S. M. (1953). *Action research to improve school practice.* New York: Bureau of Publications. Teachers College, Columbia University.

Doll, R., Passow, H., & Corey, S. (1953). *Organization for curriculum improvement.* New York: Bureau of Publications, Teachers College, Columbia University.

Harap, H. (1953). *Curriculum trends at mid-century.* Cincinnati, OH: Southwestern Publishing Comapny.

Hutchins, R. M. (1953). *The conflict in education in a democratic society.* New York: Harper and Bros.

Kearney, N. C. (1953). *Elementary school objectives: A report prepared for the mid-century committee on outcomes in elementary education.* New York: Russell Sage Foundation.

Kirk, D. L. (1953). *The role of the curriculum director of administration of American public school programs.* Austin: School of Education, University of Texas.

Leonard, J. P. (1953). *Developing the secondary school curriculum.* (Revised edition). New York: Rinehart and Company.

Lynd, A. (1953). *Quackery in the public schools.* Boston: Little, Brown.

McNerney, C. T. (1953). *The curriculum.* New York: McGraw-Hill.

National Society for the Study of Education. (1953a). *Adapting the secondary school program to the needs of youth. Fifty-Second Yearbook, Part I.* Chicago: University of Chicago Press.

National Society for the Study of Education. (1953b). *The community school. Fifty-Second Yearbook, Part II.* Chicago: University of Chicago Press.

Olsen, E. G. (Ed.). (1953). *The modern community school.* New York: Appleton-Century-Crofts.

Ragan, W. B. (1953). *Modern elementary curriculum.* New York: Holt, Rinehart and Winston.

Shane, H. G. (Ed.). (1953). *The American elementary school.* Thirteenth Yearbook of the John Dewey Society. New York: Harper and Brothers.

Western Illinois State College. (1953). *Curriculum revision and development.* Macomb, Illinois: Western Illinois State College.

1954

Adams, F. (Greene). (1954). *Educating America's children; elementary school curriculum and methods (Second Edition).* New York: Ronald Press Company.

Alcorn, M. D., & Linley, J. M. (Eds.). (1954). *Issues in curriculum development.* New York: World Book Company.

Association for Supervision and Curriculum Development. (1954). *Developing programs for young adolescents; a booklet prepared for ASCD by the Department of Supervision and Curriculum Development of the Florida Education Association.* Washington, DC: Author.

Cassidy, R. F. (1954). *Curriculum development in physical education.* New York: Harper.

Hopkins, L. T. (1954). *The emerging self in school and home.* New York: Harper and Brothers. (also 1970).

New York (State) University, Bureau of Elementary Curriculum Development. (1954). *The elementary school curriculum; an overview.* Albany, NY: New York (State) University.

Ohio State University, University School. (1954). *A description of curriculum experiences: the lower school...kindergarten through grade six.* (Revised Edition). Columbus, OH: Ohio State University.

Romine, S. (1954). *Building the high school curriculum.* New York: Ronald Press.

Saylor, J. G., & Alexander, W. (1954). *Curriculum planning for better teaching and learning.* New York: Holt, Rinehart and Winston.

Ulich, R. (Ed.). (1954). *Three thousand years of educational wisdom.* Cambridge: Harvard University Press.

1955

Association for Supervision and Curriculum Development. (1955). *Guidance in the curriculum.* Yearbook, Washington, DC: Author.

Bestor, A. (1955). *The restoration of learning.* New York: A. Knopf.

Brameld, T. (1955). *Philosophies of education in cultural perspective.* New York: Holt, Rinehart and Winston.

Columbia University Teachers College. Seminar in Supervision and Curriculum Improvement. (1955). *The work of the curriculum coordinator in selected New Jersey schools; a report to the New Jersey curriculum coordinators.* New York: Bureau of Publications, Teachers College, Columbia University.

Fitzgerald, J. A., & Fitzgerald, P. G. (1955). *Methods and curricula in elementary education.* Milwaukee, WI: Bruce Publishing Company.

Flesch, R. (1955). *Why Johnny can't read: And what you can do about it.* New York: Harper.

Kelly, J. A. (1955). *Guidance and the curriculum.* Englewood Cliffs, NJ: Prentice-Hall.

Koos, L. V. (1955). *Junior high school trends.* New York: Harper and Brothers.

Lee, J. M. (Ed.). (1955). *Selected bibliography for curriculum workers.* Washington, DC: Association for Supervision and Curriculum Development. (Briefer versions were published in 1953 and 1954 under similar titles.)

Merritt, E., & Harap, H. (1955). *Trends in the production of curriculum guides.* Nashville, TN: George Peabody College for Teachers.

National Council of Churches. (1955). *A guide for curriculum in Christian education.* Chicago: Division of Christian Education, National Council of Churches.

Otto, H. J. (Ed.). (1955). *Curriculum enrichment for gifted elementary school children in regular classes.* Austin, TX: University of Texas.

Passow, A. H., Miles, M. B., & Corey, S. M. (1955). *Training curriculum leaders for cooperative research.* New York: Teachers College, Columbia University.

1956

Anderson, V. E. (1956). *Principles and procedures of curriculum improvement.* New York: Ronald Press.

Association for Supervision and Curriculum Development. (1956). *What shall high schools teach? 1956 Yearbook.* Washington, DC: Author.

Beauchamp, G. A. (1956). *Planning the elementary school curriculum development.* New York: Allyn & Bacon.

Bloom, B. S. (Ed.). (1956). *Taxonomy of educational objectives, handbook I: Cognitive domain.* New York: David McKay & Company.

Brameld, T. (1956). *Toward a reconstructed philosophy of education.* New York: Dryden Press.

Douglass, H. R. (Ed.). (1956). *The high school curriculum* (Second edition). New York: Ronald Press.

Edwards, T. B. (1956). *The regional project in secondary education; evaluation of a program of cooperative curriculum development.* Berkeley: University of California Press.

Herrick, V. E., Goodlad, J., Estvan, F. J., & Eberman, P. W. (1956). *The elementary school.* Englewood Cliffs, NJ: Prentice-Hall.

Hoppe, A. A. (1956). *Students help improve the curriculum in Indiana.* Bloomington, IN: Division of Research and Field Services, Indiana University.

Jackson, D. M. (1956). *Staff perceptions of developing core programs.* Chicago: University of Chicago.

Krug, E. A., et al. (1956). *Administering curriculum planning.* New York: Harper and Brothers.

1957

Association for Supervision and Curriculum Development. (1957). *One hundred years of curriculum improvement, 1857-1957.* Washington ,DC: Author.

French, W., et al. (1957). *Behavioral goals of general education in high school.* New York: Russell Sage Foundation.

Hoppe, A. A. (1957). *The core in junior high school.* Bloomington, IN: Division of Research and Field Services, Indiana University.

Hurley, B. J. (1957). *Curriculum for elementary school children.* New York: Ronald Press.

Krug, E. A. (1957). *Curriculum planning.* New York: Harper and Brothers.

Lourengo, M. B. (1957). *Primary school curricula in Latin America.* Paris: UNESCO.

Lurry, L., & Alberty, E. J. (1957). *Developing a high school core program.* New York: Macmillan.

Nisbet, S. D. (1957). *Purpose in the curriculum.* London, England: University of London Press.

Olson, W. C. (1957). *Psychological foundations of the curriculum.* Paris: UNESCO.

Smith, B. O., Stanley, W. O., & Shores, J. H. (1957). *Fundamentals of curriculum development* (Revised edition). New York: Harcourt, Brace and World.

Spears, H. (1957). *Curriculum planning through in-service programs.* Englewood Cliffs, NJ: Prentice-Hall.

Stratemeyer, F. B., Forkner, H. L., McKim, M. G., & Passow, A. H. (1957). *Developing a curriculum for modern living* (Second edition, revised and enlarged). New York: Bureau of Publications, Teachers College, Columbia University.

1958

Association for Supervision and Curriculum Development. (1958). *A look at continuity in the school program.* 1958 yearbook. Washington, DC: Author.

Bereday, G. Z. F., & Lauwerys, J. A. (Eds). (1958). *The secondary school curriculum: The yearbook of education.* New York: Harcourt, Brace, Jovanovich.

Conference Internationale De L'Instruction Publique. (1958). *Preparation and issuing of the primary school curriculum: A comparative study.* Paris: UNESCO.

Cummings, H. H., & Mackintosh, H. K. (1958). *Curriculum responsibilities of state departments of education*. Washington, DC: U.S. Department of Health, Education, and Welfare, Office of Education.

Faunce, R. C., & Bossing, N. L. (1958). *Developing the core curriculum (Second edition)*. Englewood Cliffs, NJ: Prentice-Hall.

Heffernan, H., & Bursch, C. (1958). *Curriculum and the elementary school plant*. Washington, DC: Association for Supervision and Curriculum Development.

Lawler, M. R. (1958). *Curriculum consultants at work: Factors affecting their success*. New York: Teachers College, Columbia University.

National Society for the Study of Education. (1958). *The integration of educational experience. Fifty-seventh Yearbook, Part III*. Chicago: University of Chicago Press.

Shane, H. G., & McSwain, E. T. (1958). *Evaluation and the elementary curriculum (Revised edition)*. New York: Henry Holt.

UNESCO. (1958). *Curriculum revision and research*. Paris: UNESCO.

Venable, T. C. (1958). *Patterns in secondary school curriculum*. New York: Harper.

Wright, G. S. (1958). *Core curriculum development: Problems and practices*. Bulletin Number 5. Washington, DC: U.S. Office of Education.

1959

Alcorn, M. D., & Linley, J. M. (Eds.). (1959). *Issues in curriculum development*. Yonkers-on-the-Hudson, NY: World Book Company.

Conant, J. B. (1959). *The American high school today*. New York: McGraw-Hill.

Frederick, R. W. (1959). *The third curriculum: Student activities in American education*. New York: Appleton-Century-Crofts.

Goodlad, J. I., & Anderson, R. H. (1959). *The nongraded elementary school*. New York: Harcourt, Brace and World.

Pritzkau, P. T. (1959). *Dynamics of curriculum improvement*. Englewood Cliffs, NJ: Prentice-Hall.

Rickover, H. (1959). *Education and freedom*. New York: Dutton.

Zirbes, L. (1959). *Spurs to creative teaching*. New York: G. P. Putnam.

제7장 1960~1969년의 교육과정 사상과 문헌

1950년대에 교육과정 관련 문헌들이 과거보다 많이 출간되었다면, 이러한 경향은 1960년대에 더 확대되었다. 이 시기에는 1950년대보다 180권 이상의 책들이 더 출판되었다. 이는 교육기금이 막대하게 증가한 데서 일부 기인한다. 스푸트닉 충격의 결과 1958년 국가방위교육법(The National Defense Education Act)에 의해 조성된 기금은 1960년대 초반에 성과를 보게 된다. 1965년, 초중등교육법안으로 추가 기금이 조성되었다. 대중매체로 인해 교육에 대한 관심이 증가하고, 공사를 막론하고 교육 연구와 개발을 위한 기금이 광범위하게 승인되었으며 가난을 해결하는 방법이 학교교육에 있다고 믿는 등, 이 모든 것들로 인해 교육에 전례 없는 재정적 지원이 이루어지게 되었다. 1920년대가 사회적 행동주의가 우세한 시기였다면, 1920년대와 1930년대는 진보주의 교육과정의 황금기였고, 1950년대는 개론서와 학교에서의 교육과정 전문가들의 황금기였으며, 1960년대는 문자 그대로 교육과정 프로젝트의 '황금기' 였다. 보통 과학, 수학, 언어 등 학문기반형 교과 전문가들은 이러한 프로젝트를 교수절차와 교수자료의 구조화된 조합으로 이해하고 설계하였다.

교육과정 프로젝트에 대한 기금은 종종 앞에 기술한 연방정부 프로그램 및 이것에서 파생된 프로그램과 보건복지부와 교육부의 많은 지원, 전미과학재단(National Science Foundation), 인류에 대한 국가원조기금(The National Endowment for the Humanities) 등의 공공기금과 카네기, 포드와 같은 민간 재단의 지원을 받아 조성되었다. 많은 프로젝트 연구자들의 희망은 '교사의 추가적 손질이 필요 없는' 교재를 만들어 내는 것인데, 그러한 교재들로 해서 교사가 수업에서 범할 수 있는 오류 없이 교육목표가 성취되기를 바랐다. 미국의 교육정책 입안이나 집행은 주정부나 지방 정부의 소관이었으므로, 연방정부의 교육기금 조성은 위헌으로 여겨질 수 있다. 하지만 당시의 교육기금 조성은 국가 방위를 목적으로 한 것이기 때문에 정당화되었다.

인지심리학 이론은 종종 그러한 프로젝트의 조직적인 특성을 설계하는 데 이용되었다. Jean Piaget, Jerome Bruner는 가장 많이 언급되었다. Piaget는 아동의 사고에 인지적인 발달구조가 있다는 이론으로 많이 인용되었다(Piaget, 1929, 1952; Piaget & Inhelder, 1969). 그의 인지 발달단계는 학습 경험을 배열하는 계열성을 확립하는 데 쓰였다. Bruner는 '학문의 구조' 에 대한 접근법으로 알려진 구조주의자의 입장을 지지하였다. 1977년 새로운 서문으로 다시 쟁점화된 그의 유명한 책 *The Process of Education*(1960)에서, Bruner는 각 학문은 고유한 구조가 있다고 주장하였다. 그것이 잘 이해되었을 때, 학습자에게 학문의 구성 요소들을 쉽게 종합할 수 있는 기본 능력이 제공된다는 것이다. Piaget가 아동을 연구한 반면, Bruner는 학습자의 인지 발달에 가장 적합한 학습 경험을 결정하기 위해 학문적 교과의 조직을 연구하였다. 학문적 교과는 규칙적인 형태로 반복 학습하게 되는데, 그것을 '나선형' 교육과정이라고 부른다. 왜냐하면 학생들이 교과를 연속적으로 체험함으로써 이해를 넓히고 이해를 깊게 하기 때문이다. '심리적인 것에서 논리적인 것으로' 라고 하는 Dewey의 의견을 수용한 두 이론은 이것을 기초로 다른 연구 과제를 확립했다. Dewey와 Herbart를 따르는 Piaget와 Bruner는 지식이라는 구조물을 경험하려면 환경과의 상호작용에서 아동의 흥미와 활동이 최우선이 되어야 하며, 결과적으로 이것이 학문적 교과에서 구조화된 지식을 축적할 수 있게 한다고 하였다.

이론적 주장이 복잡하였고, 교육적으로 뛰어난 견해를 대중에게 대량 전파해야 한다는 요구도 있어 이 둘 사이에는 종종 어긋장이 생겼다. 그처럼 복잡한 아이디어들을 짧은 시간에 수십만 명의 실천가들에게 효과적으로 전달하는 것은 불가능한 것처럼 보였다. 1960년대 교육과정 프로젝트의 연구자들이 교사와 학생의 필요나 흥미를 반영하지 않은 채 엄격하게 구조화된 교재를 제공한 것은 분명하다. 프로젝트 설계 중에는 훌륭한 것도 있었고, 교수자료(instructional materials)가 교육과정 내용의 가장 중요한 원천이라는 가정은 분명히 정당한 것이었지만, 이후의 연구는 계획과 실행 간에 현저한 차이가 있음을 드러냈다.[1] Schaffarzick와 다른 학자들은 새로운 교육과정 프로젝트와 전통적 교육과정의 결과를 비교해 보았는데, 그 두 가지 중 어느 것을 지향하느냐 하는 평가도구의 특성에 따라 결과가 달라진다고 지적하였다. 1960년대와 1970년대의 개론서를 포함하여 수많은 저술에서 교육과정 프로젝트를 기술하고 있다. 보다 상세한 내용을 보려면 프로젝트 문서 원본, 학술 논문, 연구 보고서, Heath(1964)의 책 등을 참고할 수 있다.

위 내용으로부터 도출된 핵심 사항은 그동안 발전된 교육과정 사상 학파의 상황과 깊은 관련이 있다. 1950년대 개론서에 나타난 교육과정 문헌의 경향은 경험주의, 사회적 행동주의, 지적 전통주의의 사상을 절충적으로 혼합하는 것이었다. 이러한 융합의 한 가지 효과는 교육과정 문헌이 통일된 모습

1) Goodlad, J. I. (1964). *School Curriculum Reform in the United States*; Goodlad et al. (1966). *The Changing School Curriculum;* Walker, D. F. & Schaffarzick, J. J. (Winter, 1974). *Comparing Curricula, Review of Educational Research*, *44*: 83-111; Schaffarzick, J. J. & Hampson, D. H. (1975).

을 갖게 되었다는 것, 그리고 교육과정 학문이 인정된 연구 영역으로서 엄격하게 통제되고 있음을 보여 준 것이었다. 동시에, 그것은 세 가지 입장 각각을 희석시키는 경향이 있다. 통합이 긍정적인 영향을 갖는다는 주장이 있을 수 있다. 즉, 한 학파의 사상에 근시안적으로 집착하면서 다른 것을 비방하는 경향을 줄여 줄 수 있다. 그러나 반대로, 부분들이 서로 잘 조화될 수 없는데도 통합을 위해 절충주의를 시도하는 것은 지나치게 단순화시킨다는 논쟁을 불러일으킬 수 있다.

1950년대 초반, 유명한 연구자들로부터 진보주의가 공격을 받게 되자, 학교에서 교육과정은 대체로 경험주의의 변형인 기본적 생활에 대한 요구를 거부하였다. 1920년대 말부터 1940년대 중반까지 여러 문헌에서 진보주의가 다루어진 것은 명백한 사실이지만, 실제로는 경험주의 교육과정이 지적 전통주의보다 우선순위에서 밀려 있었다. 진보주의 시대에도 경험주의 입장을 명확히 갖고 있던 수많은 학교와 교육구가 실천적인 면에서는 동요하고 있었다는 것은 주지의 사실이다. 8년 연구의 결과에도 불구하고, 1950년대 초반 교육과정의 추는 경험주의에서 멀어져 갔다. 정확성, 효율성, 사전 준비를 특징으로 하는 사회적 행동주의는 1950년대에 현실에서 그 영향력을 조금씩 넓혀 나갔다. 이런 추세가 교육과정 프로젝트 운동의 주요한 특징이 되었다.

우주 경쟁에 내몰리면서, 사회적 행동주의를 지지하는 사람들은 1960년대 교육과정 프로젝트라는 시류에 편승해서 안주하고 있었다. 기묘하게도 그들은 프로젝트 운동의 초기에 주요 특징이었던 '학문의 구조' 라는 접근법과 비교하여 약간 변형된 구조를 구체화시켰다. Dewey, Piaget, Bruner에서 출발하여 Elam(1964), Ford와 Pugno(1964)가 밝혀낸 학문의 구조는 상호작용과 발견을 통하여 학습된다. 지식을 구성하는 것은 외부 전문가가 아닌 학습자, 사회, 환경 사이의 상호작용을 통해 발달한다는 것을 의미한다. 그러나 이러한 지향에도 불구하고, 사회적 행동주의자들은 발견은 자연 발생한다거나 협력을 통해 목표를 생성하는 것을 자신들의 이론을 설명하는 방법으로 삼았다. 사전에 합리적으로 결정된 목적이 있어야 방법에 따라 결과가 도출된다는 이론을 근거로 학습 활동을 체계적으로 설계하는 것이었다. 많은 개론서에서 이와 같은 방향 전환을 발견할 수 있다. 일부에서는 그러한 방향 전환이 명백하지 않더라도, 광범위한 부분에서 함축적으로 간결하게 암시되어 있었다. 그 결과 행동주의자의 기법(technology)과 적용체계가 구체화되었다. 그것은 사회적 행동주의와 적용체계의 새로운 형태를 예고하고 있었다. 사회적으로 정부의 책무성에 대한 요구가 크게 증가하면서 무엇을 달성해야 하는지, 그것을 달성하기 위해 어떤 노력을 기울여야 하는지, 그 결과를 증명하기 위해 무엇을 계획해야 하는지에 대해 교육과정학자들이 미리 상술해야 한다는 요구가 증가하였다. 그래서 명세적인 행동 목표가 교육과정에 등장하게 되었다. 그것은 Bobbitt과 Charters의 행동주의 목표와는 다른 사회적 행동주의로, 직업이나 성인의 이상적인 활동이 아닌 학문적 지식에 초점을 두고 있었다. Bruner의 통찰력 있는 구조에 대한 해석이 지적 전통주의자와 사회적 행동주의자를 화해시키고 있음을 알 수 있다. 20세기의 세 가지 관점을 가장 탁월하게 종합한 것으로 여겨지는 Bruner의 절충주의는 전문가의 꿈이었고 지적인 퍼즐이었으나, 많은 교사들에게는 행정적으로 큰 부담이 되었다.

성취행동, 성취상황, 성취준거를 중시하는 행동적 목표를 장려한 것으로 유명한 Robert Mager는 교육 문헌에 널리 퍼져 있는 일반적 · 포괄적인 목표의 사용을 비난하였다. 많은 교육과정 문헌에 포괄적인 목표가 기술되어 있는 것을 볼 수 있다. 예를 들어, '원리' 를 기술해 놓은 개론서, 진보주의 열광자들에 의한 모호한 견해, 정부위원회, NEA와 같은 교육협회에서 진술하는 목표 등에서 찾아볼 수 있다. Mager와 다른 학자들은 관찰 가능한 행동이라는 의미에서, 실현에 소요되는 시간의 제한과 성취를 평가하는 준거로 목표를 상세화하여 진술해야 한다고 주장하였다. 그의 재미있고 감각적이지만 오히려 단순한 설명은, 모호한 용어를 사용하여 초래할 수 있는 다양한 해석을 피하려는 것이었다(*Preparing Instructional Objectives*, 1962). 이 책의 엄청난 인기로 인해 새로운 접근법에 대해 전적으로 동조하는 사람들이 생겨났다. 그들은 목표에 조금이라도 모호한 점이 있다거나 시간에 대한 진술이 부족하거나, 평가에 대한 명확한 기준이 부족하거나, 그 결과를 관찰 가능한 행동으로 묘사하는 데 실패한 목표 진술은 받아들이지 않았다.

이런 견해는 교육과정 문헌에서 특별히 새로운 것은 아니었지만 유용한 설명을 제공해 주었다. 그러나 그것이 지나치게 확대 해석되면 우스꽝스럽고 피상적이며 성가신 일이 되어 버린다. 우리는 베토벤의 6번 교향곡을 감상할 때 관찰 가능한 행동이 무엇인가 고민하는 교사, 또, 수학에서 행렬을 배우기 위해 필수적으로 요구되는 특별한 행동이 무엇인가에 관해 고심하는 위원회를 상상해 볼 수 있다. 문제는 이러한 임무를 철저히 수행하기 위해 필요한 시간이 턱없이 모자란 데 반해, 그것이 수행되어야 한다는 압력은 높다는 것이다. 그래서 이러한 일들이 피상적으로만 이루어진다. 어떤 출판업자들은 이러한 문제를 구체화하여 수행 목표로 알려진 행동적 목표를 엮어 책으로 만들어 제공하였다. 목표를 만들어야 한다는 요구에 대해 수행할 시간도, 열정도, 능력도 없는 학교가 할 수 있는 일은 그저 그들의 요구를 담은 다양하고 수많은 목표가 담긴 문헌을 구입하는 것이었다.

이러한 흐름에도 변형된 사례가 있었는데, 그것은 수행능력(competencies)을 상세화하면서 과정의 내용을 숙달하면 똑같은 능력을 갖출 수 있게 된다고 가정하는 것이었다. 때로 수행능력은 목표를 대신하기도 하였다. 예를 들면, 교사 양성 교육과정은 수천 개의 수행능력으로 구성되었다. 그래서 효과적인 지도란 상당한 정도의 수행능력을 보여 주는 것과 같았다.

초기 사회적 행동주의자 Bobbitt, Chatters, Snedden 그리고 이전의 Hall은 당시의 과학과 과학기술을 모방하고자 하였다. 1960년대의 많은 행동주의적 목표 지지자들은 체제 분석과 행동주의 심리학의 용어를 빌려 그들의 주장을 설명하였다. 복합적인 정신분석학으로 결과를 정당화시키는 것은 오늘날에는 비교적 익숙한 것들이다. 이것은 표면적으로는 여러 정부기관을 만족시키기에 충분했고, 많은 정부기관은 점차적으로 업무와 과학기술의 용어를 지향하게 되었다. 성공의 사례를 양적으로 보여 주는 프로그램을 정당화하려는 정부의 업무는 성취 증거, 또는 미리 상세하게 제시된 목적과 관련된 가치만을 인정하는 인식론에 근거하고 있었다. 그래서 교육과정 프로젝트에 행동주의 심리학자와 다른 사회과학자들의 관여가 증가하였다. 그리고 그들은 생산성에 대한 양적인 평가를 위한 요구가 생겨나게 만들었다. 이 시기부터 1980년대까지 교육과정 연구는 주로 사회과학적 방법으로 이루어졌다. 결과적으로, 양적 수행능력이 현저하게 증가되었고, 박사과정에서 양적 평가가 거의 필수가 되면서 그것을 촉진하였다. 이러한 움직임은 생산과 책무성에 대한 목적-수단 모형이 널리 확산된 우주 경쟁의 사회적 환경에서 출현하였다.

양적 수행평가를 통한 행동주의 목표와 교육과정 평가는 분명히 사회적 행동주의자의 전통에 속하는 것이다. 그것들은 교육과정 프로젝트의 초기에 나온 경험주의적 인식론과는 매우 다르다. 지식의 내적 구조, 아동 연구의 중요성, 학생 흥미, 경험, 그리고 순수한 발견에 대한 경험주의자들의 가정은, 이때에 이르러 격식화와 대량 생산으로 쇠퇴하였다. 일정한 형식, 행동적 목표, 그리고 그것을 사전에 준비하는 것이 학습 활동과 교육과정적 제안을 정당화하는 것보다 더 강조되었다. 수단이 상세화된 목적을 이끌어 낼 수 있는지에 초점을 맞추는 것이 핵심이 되면서, 목적과 그 가정의 가치에 대한 숙고의 필요성이 모호해졌다.

이상의 배경은 1960년대에 나타난 교육과정 문헌의 범주를 고찰하는 데 도움이 된다. 이러한 바탕 위에 당시 출간된 교육과정 문헌들을 검토해 보기로 한다.

1960년대에 나타난 교육과정 문헌은 초기 개론서의 개정판이 주된 흐름이다. 보편적 다양성과 학교급별로 초등 또는 중등 수준에 강조점을 둔 개정판이 계속해서 나왔다. Beck, Cook 그리고 Kearney(1960), Gwynn(1960), Gwynn과 Chase(1969), Lee와 Lee(1960), Stendler와 Ragan(1960, 1966), Alberty와 Alberty(1962), Burton(1962), Douglas(1964), 1954년판을 제목을

포함해서 상당한 정도로 개정한 Saylor와 Alexander(1966), Van Til, Vars 그리고 Lounsbury(1967), Sowards와 Scobey(1968), 여러 차례 인쇄를 거듭한 Tyler(1969) 등이 있다. 재인쇄, 개정판, 그리고 내용을 대폭 수정한 개정판이 출현한 것은 이러한 문헌들이 교육과정에 공헌하였다는 것을 의미한다. 즉, 책이 판매가 된다는 것은 같거나 비슷한 요구가 계속하여 있다는 증거이다. 또한 책의 판매는 교육과정학자들이 가르치는 과목의 교재를 주문하는 것에 따라 좌우된다. 다시 말해서, 이러한 주문 체제는 교재의 계속적인 개정에 대한 요구와 맞물려 있다.

이러한 주문 체제에서는 저널(교육과정학 분야의 주요 연구 성과를 엮은 것)의 독자도 고려되어야 한다. 이 책에서는 특정 쟁점을 다룬 주요 저널의 논문들만 간접적으로 다루고 있다. 학술지의 주요 논문들은 새 교육과정 책을 꾸미는 재료가 되었다. 즉, 교육과정 주제와 관련한 선집들이 발간되는 것이다. 그러한 선집들은 종종 가장 우수하고 독창적인 논문들을 선별해서 제공한다. 그러므로 교육과정 사상을 보여 주는 저널에 실린 주요 논문을 모두 안내하고자 한다. 비록 선집이 Caswell과 Campbell(1937)의 교육과정 문헌에서 시작되기는 하지만, 1960년대까지 그러한 선집이 흔하게 간행된 것은 아니었다. 원문을 제공했거나 저널에서 선정한 논문을 실은 책들은 다음과 같다. Passow(1962), Sowards(1963), Wright(1963), Chasenoff(1964), Douglas(1964), Ether(1964), Huebner(1964), Passow(1964), Passow와 Leeper(1964), Rosenbloom(1964), Hass와 Wiles(1965), Leeper(1965a), Leeper(1965b), Unruh(1965), Callaway(1966), Halverson(1966), Leeper(1966), Macdonald와 Leeper(1966), Martin과 Pinck(1966), Robison(1966), Alexander(1967), Alpren(1967), Berman(1967), Leeper(1967), Heller와 Rosenthal(1968), Kerr(1968), Kopp(1968), Leeper(1968), Short와 Marconnit(1968), Steeves(1968), Unruh와 Leeper(1968), Witt(1968), Bar(1969), Dragositz(1969), Frazier(1969), Guttchene과 Bandman(1969), Hamilton과 Saylor(1969), Jones(1969),

Rubin(1969), Vars(1969) 등이다. 학술지에 실린 논문을 연구하는 것은 교육과정을 공부하는 학생들과 교육과정학자들에게 매우 가치 있는 일이다. 직접적인 저널 연구는 역사적 관점의 흐름을 이해할 수 있게 하고, 어떤 시기의 중요한 특징이 무엇인지 알 수 있게 한다.[2)]

1960년대에는 새로운 형태의 교육과정 개론서와 논문이 등장하였다. 논문 중 주목할 만한 것은 다양한 조직 유형과 그 조직 유형의 교육과정적 함의를 다룬 책들이었다. 문헌에 의해 교육과정 영역이 규정되는 것은 결코 아니다. 이 시기에는 철학적 분석, 실천적 제안, 역사적인 탐구 등의 논문도 등장하였다. 그것들은 매우 다양하고 도전적이어서, 이 장에서는 1960년대의 연구 문헌들을 1년 단위로 다룰 것이다.

1960년, 개론서에는 Brown의 *Curriculum Development*와 Wood의 *Foundations of Curriculum Planning and Development*가 있다. 초등학교 수준의 교육과정을 다룬 개론서에는 Jameson과 Hicks의 *Elementary School Curriculum*, Rucker의 *Curriculum Development in The Elementary School*이 있다. 중등학교 수준을 다룬 것으로는 Krug의 *The Secondary School Curriculum*과 유네스코의 국제교육사무국의 *Preparation of Secondary School Curriculum*이 있다. McNally, Passow 등은 *Improving the Quality of Public School Programs*(1960)를 출간하였는데, 이 책은 실제적인 교육과정 개발 프로그램에 관한 일곱 가지 사례뿐 아니라, 교육과정 변화에 대한 조망, 교육과정 개선을 위한 과정, 행정적 고려와 절차 등을 제시하고 있다. 1960년도에 발간된 다른 사례 접근법

2) 보다 큰 범위의 교육적 사상 안에서 교육과정 관점을 얻을 수 있는 또 다른 방법은 교육연구회의 연감과 특별 간행물을 조사하는 것이다. 교육과정에 직접적으로 기여한 두 개의 연구회로는 The Association for Supervision and Curriculum Development(ASCD)와 The National Society for the Study Education(NSSE)이 있다. 각 연구회의 연감은 당시의 주요 관심사를 보여 준다. 각각의 연구회는 특별 간행물, 전공 논문, 문고판 등을 출간한다. 그러한 간행물들이 직접적으로 교육과정을 다루면 이 책의 참고문헌에 포함시켰다. 뿐만 아니라 각 장의 논의에서도 중요한 부분을 차지한다.

으로는 Butterweck과 Spessart의 융합 교육과정, Ewing의 뉴질랜드의 초등 교육과정, 영국교사노조(The National Union of Teachers)가 수행한 런던의 중학교 교육과정, 일본에서의 교육과정 개정의 해설서 등이 있다.

1960년에 몇몇 연구자들은 이전에 주류를 이루었던 교육과정 연구주제들을 현대화하였다. 예를 들면, Carlin과 Blackman의 일반교육, Anderson의 협동적 교육과정 개선, Rudy의 자유 예술 교육과정, Ward, Suttle 그리고 Oho의 통합 교육 등이 있다. Snyder는 일체의 시설이 갖추어진 교실을 제공해야 한다고 주장하였다. 그의 모형은 가장 보편적인 초등학교 조직 유형이었으나, 집단화 전략을 주장하는 이들로부터 지속적인 비난을 받았다. Nancy McCormich Rambusch(1962)는 Montessori의 연구에 다시 관심을 가졌다. 그 결과 어린 학생을 위한 사립학교 네트워크가 급격하게 커졌다. Rambusch는 유아 교육에서 당시에 우세하였던 Montessori의 교육방법을 취하였으며, 그 방법이 개성과 창의적인 성장에 얼마나 많은 기여를 하는지 증명하였다.

Thelen의 *Education and the Human Quest*(1960)는 엄격하게 보면 교육과정 문헌은 아니다. 그러나 이 책은 경험주의 교육이 교과 지식을 강조하는 것과 양립한다는 변론을 제공하였다. Thelen에 의하면 교육은 반성적 탐구를 촉진하기 위한 동인이어야 한다. 사회적 문제를 고려하여 통합을 이루고자 한 Dewey의 주장과는 다소 다르게, 숙의(deliberation)는 신체적 영역, 생물학적 영역, 사회적 영역, 개인적 영역의 네 가지로 나누어진다. 마지막 범주인 개인적 영역은 인간에 관련된 포괄적인 영역을 가리킨다. 그는 이 영역을 학습자에게 '인류의 보편적인 경험' 을 제공하는 것으로 보았다(Thelen, 1960). 교수학습에서 각각의 영역 내에 탐구 주제가 적합하다면, 이러한 교과는 개인을 성숙시켜 지적인 삶을 영위하도록 만들어 준다. 기능 개발은 반성적 탐구의 다섯 번째 형태로, 앞서 네 가지 탐구 영역의 학습을 쉽게 해 준다. 그의 모형은 반성적 사고와 통합되지만, 전통 교육에서 구조화된 교과도 인정한다. 그는 교육은 반성적 탐구를 촉진하기 위한 동인이어야 한다는 전제 위에서, 교육과정, 교수, 학습 환경, 활동의 흐름 사이에 역동적인 관련성을 설명하였다. Dewey와 같이, Thelen은 인간의 성장에 대한 탐색에서 탐구와 활동이 종합되어야 한다고 주장하였다.

1961년 NEA가 주정부와 전문가 협회의 지원을 받아 교육목표에 대한 국가적 보고서를 남겼다. 이들이 만든 보고서는 보편적인 목표를 예시한 것으로, 보편적인 목표의 뛰어난 예시가 되었다. 그러나 그 목표들은 후에 행동적 목표 지지자들의 비판 대상이 되었고, 주 정부와 전문가들로부터 대체로 심도 있는 이론적 정당화가 부족하다는 평가를 받았다. 많은 사람들이 1947년 시카고 회의에서 선언된 심도 깊은 교육과정 이론에 대한 필요성을 제기하였으나, 제대로 실현되지는 못하였다.

1961년에 출간된 새 책은 교육과정 이론에 관한 것이었다. George A. Beauchamp가 쓴 *Curriculum Theory*는 자연과학에서 유래한 시스템 이론과 공학 모델을 응용한 것이었다. 교육 문제를 지나치게 단순화하였고, 특수한 상황에 적용하기 어렵다는 비판을 받았음에도 1968년과 1975년 개정판이 출간되었다. 게다가 그가 지향한 바는 1960년대의 교육과정 연구에서 주류였던 사회적 행동주의 스타일에 적합한 교육과정 이론 양식을 보여 주었다. 이론과 연구의 결합을 강조한 것은 Haan(1961)의 책을 비롯한 여러 문헌에서 찾아볼 수 있다. 공학이 강조되자 교육과정 결정에 참여해야 하는 사람들이 누구여야 하는가에 대한 의문이 제기되었다. 연구와 이론은 하향식을 대표하고, 학교는 교사가 중심이 된 위원회 조직을 대표한다. Leese, Frasure 그리고 Johnson(1961), Sowards와 Scobey(1961)에서는 교육과정을 만드는 데 교사의 역할과 하향식을 균형 있게 다루었다.

균형에 대한 또 다른 해석은 ASCD의 1961년 연감, *Balance in Curriculum*에 나타난다. 저자들은 학교 경험이 학생들에게 주는 다양한 강조점에 대해 의문을 제기한다. 다양한 경험은 또한 Phenix(1961)의 관심사이기도 했다. 그는 교육과정을 단단하게 묶고 있는 가설의 구조를 깊게 탐색하고, 교육하려는 욕구에는 공공선에 대한 도덕적 지지를 함축하고 있다는 것을 강조했다. Phenix의 독특한 관점은 세 가지 학파(지적 전통주의, 경험주의, 사회적 행동주의)와는 다른 입장에서 생각했던 이전 연구자들과 연결된다. 그의 관점은 1970년대 재개념주의가 출현하는 배경이 된다. 분석철학의 관점에서, Smith와 Ennis의 저서는 교육적이고 교육과정적인 개념을 면밀히 탐구할 필요가 있음을 강조하였다. 1961년 Nietz는 *Old textbooks*를 출간하였다.

Stoddard(1961), Trump와 Baynham(1961)은 학교 조직과 교육과정을 주요 관심사로 다룬 책을 썼다. 진보주의 교육의 성쇠(1876~1957)를 특별하게 다룬 교육과 교육과정의 역사는 Lawrence Cremin의 *The Transformation of the School*에 잘 드러나 있다. 또 다른 중요한 역사적 문헌인 Raymond Callahan의 *Education and the Cult of Efficiency*(1962)는 교육과정과 교육의 사회적 효율성의 측면을 일반적인 시각에서 비판했다. Krug(1964)의 고등학교에 대한 역사적 기록은 탁월한 고전이 되었다.

1962년 출판된 Hilda Taba의 *Curriculum Development: Theory and Practice*는 특정한 교과를 넘어 일반 교육과정 개발을 다룬 개론서로 높은 평가를 받았다. 그녀의 책은 다양한 교과로부터 도출되었고, 교육과정에 영향을 미치는 힘에 대해 설명하고 있으며, Tyler의 교육과정 개발 모형을 논의했고, 진단과 단원 구성에 특별한 강조점을 두었다. 저서에는 그녀의 스승인 Tyler뿐 아니라 Dewey의 경험주의 영향이 곳곳에 나타나 있다. 교육과정의 토대, 교육과정의 계획 절차, 교육과정 설계, 교육과정 개정 전략에 이르는 광범위한 내용을 다루었고, 1971년 재판본이 나왔다.

Parker, Edwards 그리고 Stegeman(1962)은 미국 교육과정의 상황을 상세하게 설명하였다. 같은 해 Fraser는 학문적 교과에서 교육과정 연구에 대한 관점을 제시하였다. Harry Passow는 서로 대립하던 과거의 교육과정 개론서와 현재의 교육과정 프로젝트를 결합시켜 교육과정을 새롭게 해석하여 발전시켰다. Virgil Herrick은 교육과정 이론의 발전에 기여한 자신의 연구물을 모아 논문 모음집을 발간하였다. 1962년 Northrop Frye는 *Design for Learning*이라는 제목으로 에세이 모음집을 발간하였다. 이 밖에도 1962년에는 다음과 같은 문헌들이 발간되었다. ASCD의 교육과정 원천에 대한 심포지엄 보고서, NEA의 학교교육에 대한 학문적 관점의 보고서, Waetjen의 학습에 대한 다양한 분야의 접근, Cole의 대학교 교육과정 유연성, Durham의 중핵 교육과정 등이 있다.

교육과정과 관련 있는 많은 것들이 사회적 행동주의였지만, 인간화 또는 개별화 교육은 유명한 *Perceiving, Behaving, Becoming*이라는 제목의 1962년 ASCD의 연감에서 다시 등장하였다. Carl Rogers, Abraham Maslow, Arthur Combs 같은 유명한 학자들은 새로운 경험주의 입장에서 많은 글을 썼다. 그들은 전인으로서의 아동중심, 흥미에 기초한 경험주의 사상의 특징에 실존적이고 현상학적인 관점을 추가하였다.

1963년 문헌에서 교육과정 개발이라는 주제에는 대안적 교육과정 조직에 대한 관심이 증가하고 있음을 보여 준다. 초등학교 무학년제에 대해 Goodlad와 Anderson이 개념화한 개정판과 중등에서 같은 주제를 다룬 Brown의 저서가 함께 등장했다. Hanna, Potter 그리고 Hagaman의 *Unit Teaching*과 Wright의 중핵적 접근, Manning의 인본주의 교육과정을 강조한 저서 등에 의해 교육과정 조직에 대한 새로운 접근들이 등장하였다. 이후 등장하는 대부분의 문헌들은 교육과정 조직에 깊은 영향을 주었다. 개별화 학습, 열린 교육, 능력별 학급편성, 다 학년 학급 편성, 팀 티칭, 학과별 조직(departmentalization), 다양한 종류의 교원 구성(differentiated staffing), 미니 코스, 동료 학습, 열린 공간 학교교육(open space school), 벽 없는 학교, 학교 내 학교, 대안 학교 등과 같은 주제를 다룬 다양한 문헌들이 나타났다. 이러한 주제들 중 어떤 것들은 Frazier가 편집한 1963년의 ASCD의 연감, *New Insights and the Curriculum*에서 강조되었다.

교육과정 조직에 대한 또 다른 관점이 ASCD에 의해 *The Unstudied Curriculum*으로 출간되었다. 이 책은 잠재적 교육과정의 서곡이라고 할 수 있다. 즉, 의도한 교육과정은 부수적인 효과를 가져올 수 있으며, 의도하지 않았건 은밀히 설계된 것이건 이러한 영향은 교육에 의미 있는 시사를 줄 수 있다고 주장하였다. 1963년의 개론서들은 여전히 교육과정 계획에 대한 지침서였다. Davis, Flrming, Fraser, Leese, Shuster와 Ploghoft, Thorton, Wright, Wiles, Wood 등이 그 예이다. Goodlad는 특별히 교사들에게 관심을 가졌으며, Leese는 교육과정 변화에서 교육장의 역할을 강조했다. ASCD와 The American Association of School Administration은 협력하여 교육과정 개선에 대한 제안만이 아닌 실천을 강조했다. Kimball Wiles는 같은 해에 고등학교 수준에서 교육과정 개정의 영향을 논하였다. 이런 교육과정 변화에 대해서는 1964년 문헌에서 심도 있게 다루어진다. Alexander는 내용의 변화를 다루었다. Anderson은 교육과정 변화가 의미 있게 이루어질 수 있는 새로운 통로를 모색할 필요가 있다고 언급했다. Doll은 개론서인 *Curriculum Improvement: Decision making and Process*에 변화에 대한 강조를 추가하였다. 이 저서는 30년 넘게 개정을 거듭하였다. Goodlad는 교육과정 프로젝트를 둘러싼 조직화된 최근의 개혁 운동을 종합 평가하였다. Beggs, Blocker, McCabe와 Bush, Allen, Hanson은 개념을 조직화하는 것에 기여하였다. Elam, Ford와 Pugno는 인식론적 조직의 예를 제시하였는데, 이런 예시는 교육과정 프로젝트 운동이 지향한 '학문의 구조' 논의를 촉진시켰다.

코넬 대학교에서 열린 교육과정학회에서는 구조주의 입장에서 Piaget의 연구와 이론이 교육과정 조직에 주는 함의를 다루었다. Krathwohl 등은 Bloom 등(1956)이 제기한 인지적 수준에 대한 분석적 접근을 계속하여 분류학적 구조를 정의적 영역까지 확장시켰다. 이 연구와 Bloom의 이전 분류학은 모두 교육과정 프로젝트와 행동목표에 조직적 구조를 제공하였다. Rosenbloom, de Grazia와 Sohn이 만든 전집들은 최근의 교육과정 관점과 조직 패턴 및 수행기술에 관하여 연구한 것이다. Huebner(1964), Passow(1964), Passow와 Leeper(1964)가 만든 전집들에서는 그러한 움직임에 대하여 상당히 비판적으로 평가하였다. Harold Rugg는 구조에 대한 일반적인 강조를 완화시키고자, 한때는 학습자중심의 경험주의 입장을 받아들였고, 후에는 사회적 구성주의의 입장을 받아들였다. 그러나 그 이후의 활동시기 동안에는 다른 어떤 주요한 경향과도 협력하지 않고, 교육적 노력에서 인간의 상상력과 그 가치를 철저하게 연구하였다.

초등수준에서는 Beauchamp와 Crosby, 중등수준에서는 '일리노이 대학교'의 제2진이라고 할 수 있는 Broudy, Smith 그리고 Burnett에 의해 예시된 대로, 1964년에는 개론서의 출간이 계속되었다. 그들의 책은, 일반적인 개론서에 대한 백과사전적인 취급방식을 훨씬 능가하였기 때문에, 교육과정 사상을 생성하는 것에서 한 발짝 더 나아가 이론적 관점을 형성할 수 있었다. 바로 이 점에서 후자는 일리노이 대학교 제1진이라고 할 수 있는 Smith, Stanley 그리고 Shores의 책(1950, 1957)과 비슷하다. 따라서 Broudy, Smith 그리고 Burnett의 *Democracy and Excellence in American Secondary Education*은 교육과정에 관한 고전적 현실주의와 실용주의 이론의 통합에 기여하였다. 경험주의 사상에 대한 통합은 공식적으로 표명되지는 않았지만, 그 지향성에서는 그것을 솔직하게 드러내고 있다. 그것은 Philip Phenix가 교육과정에 제공한 또 다른 철학적 입장을 상기시킨다. 그는 교육과정의 철학적 기초라는 통상적 입장을 한참 벗어나 있었다. 그의 *Realms of Meaning*(1964)은 대안적인 인식론적 기초와 그것의 일반교육을 증진시키는 교육과정에 주는 시사점을 탐구하였다.

Elson의 *Guardians of Tradition*은 역사적 관점에서 미국적 가치를 학교교육 기관을 통해 전수하는 데 있어서 교재와 그 역할에 대한 논쟁점을 제시하였다. 이 책은 학습자료의 연구를 통하여 학교교육의 기능을 분석하려는 최초의 시도 중의 하나인데, 학습자료는 지역의 실질적인 계획과 상상력이 부재한 곳에서 교육과정을 대신하였다. 여성교육자들의 역사적 회고는 생활경험을 통해 구성되는 교육과정의 가치에 대한 확실한 증거가 되었다. Rackhorn Holt(1964)는 20세기 초 미국의 흑인 여성 교육에 선구자적인 역할을 한 Mary McLeon Bethune의 전기문을 출간하였다. 이 책에는 여성교육자들에 의한 여러 가지 중요한 자서전적 회고도 담고 있다. 아프리카계 미국인 교사이며 시민학교 Highlander Center를 조직하는 데 중요한 공헌자인 Septima Poinsette Clark(1962)는 자신의 일대기를 담은 책을 출간하였다. Sylvia Ashton Warner(1963)는 뉴질랜드 마오리족 어린이들의 교육에 교사로서 개발했던 문화적으로 적절한 교육과정과 수업을 적용하였다. 호피족 출신 교육자인 Polingaytsi Qoyanayma(1964)는 자신의 회고록에서 뉴멕시코 주에 사는 동안 그녀가 자신의 인종적 정체성을 유지하기 위해 투쟁했던 것을 자세히 묘사하였다.

1965년 Vernon E. Anderson과 A. I. Oliver는 교육과정 개발자들에 대한 전반적인 개관과 지침을 제시할 목적으로 개론서를 발간하였다. Clark, Klein 그리고 Burks(1965)는 중등수준에서 적용할 개론서를 발간하였다. 전문가의 역할에 관한 ASCD에서 출판된 두 권의 책은 장학과 교육과정 개발과 관련된 것이었다. Gladys Unruh와 온타리오 교육과정연구소에서 발간된 책들은 교육과정에서의 새로움과 빠른 변화를 강조했다. Leeper는 교육과정 변화에 대한 좋은 논문들을 모아 *Strategy for Curriculum Change*를 출간하였다. Daniel Tanner는 학교는 젊은이들의 필요를 충족시켜야 한다고 주장했고, B. F. Brown은 무학년 개념의 변형인 '능력에 따른 학년 배치 학교' 를 지지하였다. Shack은 *Armed with a Primer*에서 실제 교수에서 나온 교육과정을 서술하였다. James B. Macdonald, John Goodlad, Dwayne Huebner 등의 스승이었던 Virgil Herrick의 교육과정에 대한 논문들은 Anderson, Macdonald 그리고 May가 편집하여 *Strategies of Curriculum Development*로 출간하여 널리 알려지게 되었다. 이 문헌들은 교육과정 개발에서 조직 중심(organizing center)의 역할, 교육과정과 수업계획과 교수 사이의 상호관련성, 교육과정과 교수에 관한 다른 이론적 관점에 대한 Herrick의 사상에 초점을 두었다. Leeper는 ASCD의 후원을 받아 출간한 그의 책에서 교육과정 평가의 목적을 자신의 책의 가장 앞부분에 제시하였다. Hass와 Wiles의 선집은 교육과정 사상에 대해 신뢰할 만한 관점을 제공하였고, 여러 차례 개정판이 출간되었다.

1966년 Bruner는 *The Process of Education*(1960)에서 제시된 교육적 함의를 *Toward a Theory of Instruction*에서 확대하여 제시하였다. 같은 해 NEA는 The American Association of School Administration을 통해 '절실한' 교육 목적에 초점을 맞춘 보고서를 출간하였다. 점차 그 영향력이 확대되어 가고 있던 대학입학시험위원회는 교육과정적 변화에 의해 나타난 요구에 관한 책을 출간하였다. 교육과정 변화 문제를 다룬 두 책은 모두 Goodlad가 책임을 맡았다. 한 권은 Von Stoephasius와 Klein과 함께 저술한 *The Changing School Curriculum*이고, 다른 한 권은 NSSE의 65번째 연감이다. Haney, Inlow, Jarvis와 Wootton, Leeper, Martin과 Pinck, 온타리오 교육과정연구소, OECD, Sand와 Wilson, Unruh와 Leeper도 교육과정 변화에 관한 책들을 저술하였다.

Goodlad와 Richter는 교육과정과 수업 문제에 관련하여 개념적 체제를 고안했다. 그리고 Goodlad는 그의 저서 *School, Curriculum, and the Individual*에서 교과과정 안에서 사회, 제도, 개인이라는 세 요소의 밀접한 연관성에 관해 썼다. 이들 세 요소는 교육과정 문제를 연구하는 데 있어 큰 영향을 준다. 이외에 몇 가지의 중요한 이슈들이 제기되었는데, 교육과정 사상에 관한 대안적인 관점으로서 고찰된 것이었다. Aceland는 교육과정과 삶의 관계에 대해 계속적인 의문을 제기했다. King과 Brownell은 교육과정 이론 문헌의 한 분야를 차지하고 있는 인식론적 구조로부터 교육과정을 개발할 필요가 있다고 예시하였다.

Macdonald와 Leeper는 교육 및 교육과정 담론과 실제에서 언어와 의미에 대한 문제 제기를 하였는데, 이는 1970년대와 1980년대에 등장한 교육과정 탐구 영역의 확대와 관련이 있다. Parker와 Rubin은 경험주의자들의 관점에서 과정(process)이 교육과정의 내용이 될 수 있다고 주장했다. 그들은 내용을 중시하는 사람들과 과정을 중시하는 사람들 사이에 격렬한 논쟁이 일어났을 때, 교육과정 연구자들로 하여금 내용과 과정의 통합을 고려하도록 하였다. Rosenbaum과 Toepfer는 교육과정 개발과 학교심리학(school psychology) 사이의 관계에 대하여 논했다. Lindvall과 Scriven은 평가에 대한 진지한 숙고가 필요하다고 강조한 책을 출간하였다. 교육과정 조직 유형에 관해서는 다음과 같은 문헌들이 있다. 분권화에 관한 The Ontario Association for Curriculum Development, 중핵교육과정에 관한 Callway, 융통성 있는 시간표 운영에 관한 Swenson과 Keys의 문헌이 있다. 영국의 P. H. Taylor는 교육과정에서의 목적과 구조의 이원적 관계를 소개했다. 한편 1966년에는 40권이 넘는 교육과정 개론서들이 출판되었다. 그 예로는 Saylor와 Alexander, Ragan과 Stendler, Cay, Koopman, Jarvis와 Wootton 등의 저서가 있다.

교육과정에 대한 새로운 접근들을 다룬 문헌들이 다수 등장함에 따라, 한편에서는 이미 개발된 교육과정으로 '선회' 하려는 경향도 나타났다. 그리하여 이 시기는 교육과정 연구영역에 있어서 초기의 성과들을 재검토하려는 경향이 강했다. 예를 들어 Mary Louis Seguel은 1900년대부터 대략 1940년대까지 있었던 여러 가지 성과들을 고찰하고자 하였다. 그녀는 역사연구에서 Frank와 Charles McMurry, Dewey, Bobbitt, Charters, Rugg, Caswell의 교육과정 연구 업적을 고찰하였다. Dewey는 컬럼비아 대학교로 옮기기 전에 실험학교를 운영하였는데(1896~1903) Mayhew와 Edward는 Dewey의 사상을 잘 드러내는 시카고 대학교의 실험학교에 대해 상세화하였다(1936, 1966에 재출판됨). Wirth(1966)는 Dewey의 논문을 심도 있게 재조명하였다.

1967년에는 몇 가지 새로운 시도가 교육과정 문헌에 등장하였다. The American Educational Research Association(이하 AERA)의 후원 아래 교육과정 평가의 중요성을 보여 주는 연구가 잇달았다. Scriven(1966)의 평가방법론 논문을 바탕으로, 1967년에는 그 연구시리즈의 첫 번째로, Ralph Tyler, Robert Gagne, Michael Scriven이 교육과정 평가의 관점을 제시하였으며, 이것은 그 후에 계속 영향을 미쳤다. AERA의 취지는 주로 학자들의 관점을 확대시키고자 한 것이었으나, Fred T. Wilhelms는 ASCD의 1967년 연감에서 학자뿐만 아니라 실천가의 입장에서, 평가의 피드백과 길잡이 역할을 강조하였다. Beauchamp과 Beauchamp는 외국의 교육과정 제도를 분석하면서 비교 교육을 도입하여 교육과정 평가의 가능성을 확대시켰다. 1967년 Burnham, Michaelis, Gagne의 책은 교육과정 문헌을 작성하는 데 있어서 용어를 정교화할 것을 제안하였다. Glaser는 교육과정 적용에 관심을 두고, 체계를 중시하는 사회적 행동주의와 독특한 존재로서의 인간을 중시하는 경험주의를 결합시키는 관점을 보여 주었다.

Robert Gagne는 *The Conditions of Learning*에서 수업 설계의 기초로서 단순하고 구체적인 것으로부터 복잡하고 일반적인 것까지 진행되는 학습의 위계 구조를 제시하였다. Gagne는 Bloom의 분류학을 더 확대하여, 복합적인 구별에서부터 개념 학습, 원리 학습, 문제 해결에 이르는 일련의 능력을 학습 과정이라고 하였다. 개념 분석, 행동적 목표, 체계이론, 구조주의적 접근, 사회과학 지향의 경험주의적 연구방법론 등을 통해 학습이론을 체계화하였다. Sullivan은 교육과정 조직에 쓰이는 Piaget의 발달이론을 신랄하게 비판하였다.

1967년에는 소소하지만 의미 있는 교육과정 문헌들이 출간되었다. Conner와 Ellena, Neagley와 Evans의 책들은 학교에서 교육과정 개발에 참여하는 행정가들을 위한 개론적인 지침서였다. Berman과 Leeper는 교육과정에서 인본주의적 관점을 더욱 발전시켰다. Aceland는 교육과정 통합에 관하여, Tewksbury는 무학년제에 관한 책을 발간하였다. Kerr는 영국에서 새로운 교육과정을 개념적으로 설명하였고, 영국학교위원회는 실천적 프로젝트에 관한 문헌을 발간하였다. Verduin은 협력적 교육과정 개선에 관하여, Miel, Benne, Lawler 등은 그룹 오리엔테이션 과정을 논하였다. Venable은 교육과정의 철학적 기원을 다룬 책에서 많은 개론서들이 단지 피상적으로 다루고 있는 생각들을 보완하고자 하였다. D. K. Wheeler는 *Curriculum Process*에서 Hida Taba의 사상을 반영하여 상황 분석의 개념을 창안함으로써 새로운 공헌을 하였다.

1968년에 Louise Berman은 *New Priorities in the Curriculum*에서 언어, 수학, 과학, 사회와 같은 보통의 교과영역에 사랑하기, 인지하기, 가치화하기의 특징들이 어떻게 통합되는지를 보여 주면서 그녀의 인본주의적 입장을 계속 발전시켰다. 이러한 통합에 대한 제안을 보다 급진적으로 해석하면 그 과정들이 전통적 학과를 대체하는 대안적 교육과정을 제공할 수 있다는 것이다. 영국에서 출현한 경험주의적 교육과정의 또 다른 영역은 미국에서도 경쟁력을 갖게 되었는데, 그것이 곧 영국식 초등학교이다. R. F. Dearden은 *The Philosophy of Primary Education*에서 영국식 초등학교의 이상을 공고히 하는 철학적 사조를 종합하였다. H. G. Grobman과 R. Karplus는 교육과정 평가에 대한 관점을 확장시켰다. H. T. Johnson은 교육과정 사상의 기본적인 토대가 되는 학문에 대한 평가를 강조하였다. Short와 Marconnit는 1968년에 가장 종합적이고 꼼꼼하게 구성된 당시의 교육과정 선집을 편집하였다.

중학교에서의 교육과정 조직에 주요한 형태는 Trump와 Miller의 책과 Alexander 등(1968)의 책에서 구상되었다. Trump는 1970년대 이후에 모듈과 블록과 같은 시간 운영의 선구적 형태라 할 수 있는 대그룹과 소그룹, 개인별 연구를 조합해서 유연하게 조직할 것을 주장하였다. Alexander는 청소년들의 요구에 주의를 기울이고 조언할 것을 장려하는 중학교(middle school) 운동의 창시자이다. 혁신과 변화의 새로운 방안이 Beck, Meadows, Shane 그리고 Balen-Saylor, Cave, Frazier, Keith, Blake와 Tiedt, Kerr, Leeper, Maclure, Sowards와 Scobey, Thoms, Sands와 Brubaker, Unrul과 Leeper 등의 저서에서 강조되었다. Witt, Bangs와 Hillestad의 저서들은 교육과정 개발에서의 과학적 기법의 영향을 조명하였다. 영국 교육과정 저서의 대표적 개정판인 Nisbet의 *Purpose in the Curriculum*은 미국에서 기금 조성 방안이 다양해져서 다양한 교육과정안이 제안되던 시점에 출판되었다. 그의 저서는 혁신을 위한 혁신이 아니라, 진정한 의미의 혁신을 도모하려는 경향을 가진 교육과정학자들에게 합리적인 근거가 되었다. 이 책을 분석해 보면, 행동 목표에서 철학적인 엄밀함이 부족하고, 변화에 대해서는 피상적인 제안이 많음을 비교를 통해 보여 주고 있다. Philip Jackson은 *Life in Classrooms*에서 학생들의 실제 학습 경험에 대한 의도된 교육과정과 학교교육(schooling process)의 과정의 부수 효과가 강력한 영향을 주고 있다는 점에 교육과정학자들이 민감해져야 한다고 제안하였다. 그의 저서는 잠재적 교육과정과 그것의 다양한 해석들에 대한 관심을 크게 불러 일으켰다.

1969년에는 미래를 위한 조언과 경고를 제시하거나, 과거의 발전을 조망하고 이전의 연구 성과들을 다시 강조한 책들이 계속하여 출간되었다. 예를 들어, Anderson은 변화의 시기에 있어 교육과정의 지침을 제시하였다. Frost와 Rowland는 1970년대를 준비할 필요가 있음을 지적한 개론서를 펴냈다. Gwynn과 Chase의 *Curriculum Principles and Social Trends*의 네 번째 개정판에도 미래 대비에 관한 유사한 내용을 담았다. H. T. James 등과 H. L. Jones, W. G. A. Rudd, S. S. Symmes의 저서에서도 미래에 대한 준비를 강조하였다. Crary, Frazier, Hamilton과 Saylor는 인본주의적 논의를 펼쳤다. James Popham(Popham & Baker, 1969)은 Mager(1962)의 목표 진술 방법을 발달 · 개선 · 확대시켰다. 그의 저서는 교육과정 체계화, 행동의 산출물 및 올바른 평가를 통해 책무성을 밝혀 내야 한다는 것을 강조하여 Mager를 돋보이게 만들었다. Wilson은 모든 교육과정 영역에서 도덕교육이 최우선적으로 확산되어야 한다고 주장하였다. ASCD는 Stake, Stufflebeam 등의 학자들의 주요한 진술이 담겨 있는 평가에 대한 논문을 펴냈고, H. Grobman도 교육과정 평가에 관한 저서를 출판하였다. 평가에 관한 관심이 지속되고 있음은 Tyler의 *Basic Principles of Curriculum and Instruction*(1969)이 재인쇄가 된 것에서도 확인할 수 있다. Vars는 간학문적이고 팀 구성에 의한 접근법을 중핵 교육과정에 결부시켰다. Bent와 Unruh는 중등교육과정에 대한 개론서를 출간하였고, Springer는 비교 교육과정의 아이디어를 발전시켰다.

1969년에는 교육과정 사상에 대한 새로운 연구가 이루어졌다. 잘 알려지지 않았지만, Cassidy는 효과적인 교육에서의 지식, 경험, 활동의 역할에 대해 분석한 책을 출간하였다. 또한 Guttchen과 Bandman이 편집한 저서는 교육과정 문제에 대한 철학적 관점을 제공하였다. 철학적 흐름에서 영향을 준 것으로는 Meeker의 지적 구조에 대한 인식론이 있다. Stockmeyer는 Rudolf Steiner의 발도르프 학교 교육과정을 해석하여 교육과정에 철학적 관점을 더하였다. Bruce Joyce는 초등교육의 대안적 모형이 가진 교육과정적 의미를 제시하였다. Hass는 학업 성취가 지속적으로 향상된다는 개념을 교육과정과 수업에 관련지었는데, 이러한 적용은 1970년대의 수업 관련 문헌에서 빈번하게 등장하였다. Schwab은 학생들의 시위, Walton은 인권 운동과 관련된 교육과정 관점을 제공하여 1960년대 주요한 사회적 쟁점에 답하였다.

또한, 주요한 교육 단체의 지원을 받아 두 권의 책이 출판되었다. 이 책들은 1960년대를 마감하는 시점에 당시 교육과정 사상의 주요 특징을 잘 드러내고 있다. 그 중의 한 권은 AERA가 발간하는 *Review of Educational Research*에서 교육과정 연구에 대한 특집이었다. 다른 한 권은 ASCD의 지원을 받아 Louis Rubin이 준비한 것으로, 학교와 사회 모두에서 효과적인 삶을 영위할 수 있는 생활 기술에 초점을 둔 것이었다.

결론적으로, 1960년대 교육과정에 관련된 문헌은 대단히 많았다. 교육과정의 세 가지 학파를 통합하는 경향은 1950년대의 개론서에서 많이 등장하였던 것으로, 이 경향은 1960년대에도 지속되었다. 우주 경쟁의 결과 발주된 교육과정 프로젝트는 상업, 산업, 과학 기술의 특징과 수사법을 구사하였다. 이것은 여러 교육과정 사상을 혼합한 것이었으며, 외견상으로는 사회적 행동주의의 경향을 띠고 있었다.

이전 시대처럼, '본질주의적' 인 지적 전통주의가 정책과 실천을 지배하였다. 전통주의 교육과정을 주장하는 와중에도 새로운 경험주의적 운동이 다양한 모습으로 변화되어 등장하였다. 예를 들면, 중핵 교육과정, 열린 교육, 자유 학교(free schools), 인본주의, 실존주의적 입장의 경향이 반복되었다. A. S. Neill이 *Summerhill*(1960)에서 설명한 교육은 젊은이들의 반체제 문화의 가치에 적합한 것이라 할 수 있다. 그는 청소년들의 성적 정체성을 포함하여 그들이 흥미를 가지는 것을 사회적으로 통제하면 본능이 손상된다고 보고, 그러한 억압이 없는 교육을 제공하기 위하여 대안학교를 설립하였다. 그런데 진보주의 교육의 재건에 강력한 동인이 된 것은 Jon Holt(1964, 1967), Jonathon Kozol(1967), Herbert Kohl(1967, 1969), James Herndon (1969), George Dennison(1969) 등과 같은 교사들의 1인칭 내러티브 연구였다. 그들의 저서는 비학문적이고 일화적이며 이념적이고 개인적 가정에 치우친 측면도 있지만, 다음 세대의 교사들에게 영감을 주었다. 그 저서들은 교사양성기관이 요구하는 다소 무미건조하고 이론에 근거한 실습이 줄 수 없는 것을 제공하였다. 이러한 경험주의의 다양한 모습은 1960년대 교육과정 문헌의 주요한 흐름과는 거리가 멀었지만, 그 저서들은 1970년대에 새롭게, 진보주의 시대의 경험주의 전통과는 완전히 다른 방식으로 강조되었다. 1960년대 말, William Galsser(1969), Neil Postman과 Charles Weingartner(1969)의 유명한 저서들은 교육과정과 수업에 대한 새로운 접근법을 이끄는 가정들을 정교화하려고 시도하였다. 그러나 그러한 노력은 사회적 행동주의자들이 기술적이고 체계적인 수사학과 실천을 지속적으로 사용함으로써 사실상 압도되었다.

연구에서도 형편은 비슷했다. 교육과정 문헌에서 지배적이었으며, 교육과정 프로젝트, 행동적 목표, 책무성 프로젝트의 출현에 일조한 학문연구방법은 사회과학과 행동주의 심리학의 방법론을 포함하고 있었다. 정교한 양적 연구방법론이 교육과정 문헌에서 용인된 언어인 학교로부터 유래된 지침서를 점차 대신하고 있었다. 양적 연구가 교육의 다른 영역과는 달리 교육과정학에는 뚜렷하게 활용되지 않았지만, 일반화를 추구하는 양적 연구의 이론적 경향은 매우 뚜렷하게 나타났다. 1970년대에는, 1960년대 후반에 싹튼 철학, 상황주의, 인본주의와 조화를 이루는 대안적 언어들이 새로운 종류의 경험주의적 특징을 가진 교육과정학의 발전에 기여할 것이다. Joseph Schwab은 *School Review*에 쓴 논문(1969)에서 교육과정 연구와 그것의 일반화 경향에 근본적인 문제제기를 하였다. 그는, 상세한 귀납법이 아니라, 상호작용에 의해 탐구된 개별적 상황에 초점을 둔 실제적 탐구를 주장하였다. 즉, 특정한 맥락에서의 통찰력을 추구하고, 도덕적으로 정당한 결정과 행위로 귀결되는 실제적 탐구인 것이다. 더욱이 그는 이론과 연구를 상황에 일치시키고, 맥락적인 요구에 이론과 연구를 조절해서 적용하며, 실천가들의 연구를 이끄는 경험을 개발하도록 고무하는 절충적 기술을 주장하였다. 결론적으로는 교사, 학생, 교과, 환경의 역동적 상호관계로서 교육과정을 보아야 한다고 제안하였다. 그가 초기에 주장한 것은 1970년대와 1980년대에 걸쳐 그에게 영향을 받은 사람들이 저술한 핵심 논문에서 구체화되었다. 시카고 대학교에서 Schwab의 제자였던 F. Michael Connelly는 *Curriculum Theory Network*를 창간하고 편집하였는데 후에 *Curriculum Inquiry*로 발전하였다. 또한 토론토 대학교의 온타리오 교육연구소를 주도하였다.

참고문헌

1960

American Educational Research Association. (1960, June). Curriculum planning and development. *Review of Educational Research*, (30).

Anderson, R. H. (1960). *Cooperative action program for curriculum improvement*. Washington, DC: Association for Supervision and Curriculum Development.

Beck, R. H., Cook, W. W., & Kearney, N. C. (1960). *Curriculum in the modern elementary school* (second edition). Englewood Cliffs, NJ: Prentice-Hall.

Brown, A. F. (1960). *Curriculum development*. Philadelphia: Saunders.

Bruner, J. S. (1960). *The process of education*. Cambridge: Harvard University Press.

Butterweck, J. S., & Spessart, K. H. (1960). *The unified curriculum; a case study grades 7-8*. New York: Rinehart.

Carlin, E. A., & Blackman, E. B. (1960). *Curriculum building in general education*. Dubuque, IA: W. C. Brown.

Downey, L. W. (1960). *The task of public education: The perceptions of people*. Chicago: Midwest Advisory Center of the University of Chicago.

Ewing, J. L. (1960). *Origins of the New Zealand primary school curriculum, 1840-1878*. Wellington, New Zealand: New Zealand Council for Educational Research.

Gwynn, J. M. (1960). *Curriculum principles and social trends*. (third edition). New York: Macmillan.

International Bureau of Education. (1960). *Preparation of secondary school curriculum*. Paris: UNESCO.

Jameson, M. C., & Hicks, W. V. (1960). *Elementary school curriculum: From theory to practice*. New York: American Book Company.

Japan Department of Education. (1960). *Research and Publications Bureau. Revised curriculum in Japan for elementary and lower secondary schools*. Tokyo, Japan: Department of Education.

Krug, E. A. (1960). *The secondary school curriculum*. New York: Harper and Row.

Lee, J. M., & Lee, D. M. (1960). *The child and his curriculum* (third edition). New York: Appleton-Century-Crofts.

McNally, H. J., Passow, A. H., & Associates. (1960). *Improving the quality of public school programs: Approaches to curriculum development*. New York: Bureau of Publications, Teachers College, Columbia University.

Meriam, J. L. (1960). *The traditional and the modern curriculum: An emerging philosophy*. Berkeley, CA: Mechanics and Design.

National Union of Teachers, London. (1960). *The curriculum of the junior school; a report of a consultive committee*. London: Schoolmaster.

Neill, A. S. (1960). *Summerhill: A radical approach to child rearing*. New York: Hart.

Ragan, W., & Stendler, C. B. (1960). *Modern elementary curriculum* (second edition). New York: Holt, Rinehart and Winston.

Rucker, W. (1960). *Curriculum development in the elementary school*. New York: Harper and Row.

Rudy, S. W. (1960). *The evolving liberal arts curriculum; a historical review of basic themes*. New York: Published for the Institute of Higher Education by the Bureau of Publications, Teachers College, Columbia University.

Synder, E. R. (Ed.). (1960). *The self-contained classroom*. Washington, DC: Association for Supervision and Curriculum Development.

Thelen, H. (1960). *Education and the human quest*.

New York: Harper and Brothers.

Traxler, A. E. (Ed.). (1960). *Curriculum planning to meet tomorrow's needs.* New York: American Council on Education.

Ward, J. M., Suttle, J. E., & Oho, H. J. (1960). *The curriculum integration concept applied in the elementary school.* Austin: University of Texas.

Wood, H. B. (1960). *Foundations of curriculum planning and development.* Seattle, WA: Cascade-Pacific Books (also 1963).

1961

Association for Supervision and Curriculum Development. (1961). *Balance in the curriculum.* 1961 Yearbook. Washington, DC: Author.

Baughman, M. D. (Ed.). (1961). *Junior high school curriculum.* Danville, IL: Interstate Press.

Beauchamp, G. A. (1961). *Curriculum theory.* Wilmette, IL: The Kagg Press (also 1968 and 1975).

Cremin, L. A. (1961). *The transformation of the school: Progressivism in American education 1876-1957.* New York: Alfred A. Knopf.

Educational Leadership. (1961). *Who should plan the curriculum?* Washington, DC: Association for Supervision and Curriculum Development.

Educational Policies Commission. (1961). *The central purpose of American education.* Washington, DC: National Education Association.

Fliegler, L. A. (1961). *Curriculum planning for the gifted.* Englewood Cliffs, NJ: Prentice-Hall.

Haan, A. E. (1961). *Elementary school curriculum: Theory and research.* Boston: Allyn & Bacon.

Japan. National Commission for UNESCO. (1961). *Development of school curriculum in Japan* (by Takeo Miyata). Toyko, Japan: UNESCO.

Kitzhaber, A. R., Gorrell, R. M., and Roberts, P. (1961). *Education for college: Improving the high school curriculum.* New York: Ronald Press Company.

Lapati, A. D. (1961). *A high school curriculum for leadership.* New Haven, CT: College and University Press.

Leese, J., Fracure, K., & Johnson, M. Jr. (1961). *The teacher in curriculum making.* New York: Harper and Row.

McGrath, E. J. (1961). *Analysis of the curricular offerings in several independent liberal arts colleges; a report to the U.S. Commissioner of Education on contract number 8AE 8193, project number 647, Public Law 531, Eighty-third Congress.* New York: Teachers College, Columbia University.

Nietz, J. A. (1961). *Old textbooks.* Pittsburgh, PA: University of Pittsburgh Press.

Pennsylvania Department of Public Instruction. (1961). *Pennsylvania curriculum improvement series, Number 1.* Harrisburg, PA: Author.

Phenix, P. H. (1961). *Education and the common good: A moral philosophy of the curriculum.* New York: Harper and Brothers.

Smith, B. O., & Ennis, R. H. (Eds). (1961). *Language and concepts in education.* Chicago: Rand McNally.

Sowards, G. W., & Scobey, M. M. (1961). *The changing curriculum and the elementary teacher.* Belmont, CA: Wadsworth.

Stoddard, G. D. (1961). *The dual progress plan: A new philosophy and program in elementary education.* New York: Harper and Row.

Trump, J. L., & Baynham, D. (1961). *Focus on change: Guide to better schools.* Chicago: Rand McNally.

Van Til, W., Vars, G. F., & Lounsbury, J. H. (1961). *Modern education for the junior high school years.* Indianapolis, IN: Bobbs-Merrill.

Willis, M. (1961). *The guinea pigs after twenty years.* Columbus: Ohio State University.

Wright, G. S. (1961). *The core program: One hundred selected references, 1956-1960; with an addendum of some basic references predating 1956.* Washington, DC: U.S. Department of Health, Education, and Welfare, Office of Education.

Wyckoff, D. C. (1961). *Theory and design in Christian education curriculum.* Philadelphia: Westminister Press.

1962

Alberty, H. B., & Alberty, E. J. (1962). *Reorganizing the high school curriculum* (third edition). New York: Macmillan.

Association for Supervision and Curriculum Development. (A. W. Combs, Ed.). (1962a). *Perceiving, behaving, becoming: A new focus in education. 1962 Yearbook*. Washington, DC: Author.

Association for Supervision and Curriculum Development. (R. R. Leeper, Ed.). (1962b). *What are the sources of curriculum? A symposium*. Washington, DC: National Education Association.

Burton, W. H. (1962). *The guidance of learning activities*. (third edition). New York: Appleton-Century-Crofts.

Callahan, R. (1962). *Education and the cult of efficiency*. Chicago: University of Chicago Press.

Clark, S. P. (1962). *Echo in my soul*. New York: E. P. Dutton.

Clift, V. A., Anderson, A. W., & Hullfish, H. G. (Eds.). (1962). *Negro education in America: Its adequacy, problems, and needs*. New York: Harper.

Cole, C. C. (1962). *Flexibility in the undergraduate curriculum*. Washington, DC: U.S. Government Printing Office.

Dotterns, R. (1962). *The primary school curriculum*. Paris: UNESCO.

Durham, J. T. (1962). *An analysis and critique of core policies and programs*. New York: Teachers College.

Fraser, D. M. (Ed.). (1962). *Current curriculum studies in academic subjects*. Washington, DC: National Education Association.

Frye, N. (Ed.). (1962). *Design for learning*. Toronto: University of Toronto Press.

Herrick, V. E. (1962). *Collected papers and source materials on curriculum operations and structure*. Madison, WI: College Printing and Typing Company.

Mager, R. F. (1962). *Preparing instructional objectives*. Palo Alto, CA: Fearon.

National Education Association. (1962). *The scholars look at the schools: A report of the Disciplines Seminar*. Washington, DC: Author.

Parker, J. C., Edwards, T. B., & Stegeman, W. H. (1962). *Curriculum in America*. New York: Thomas Crowell Company.

Passow, A. H. (Ed.). (1962). *Curriculum crossroads*. New York: Teachers College, Columbia University.

Rambusch, N. M. (1962). *Learning how to learn: An American approach to Montessori*. Baltimore: Helicon Press.

Taba, H. (1962). *Curriculum development: Theory and practice*. New York: Harcourt, Brace and World (also British reprint, 1971).

Waetjen, W. B. (Ed.). (1962). *New dimensions in learning: A multidisciplinary approach*. Washington, DC: Association for Supervision and Curriculum Development.

1963

American Association of School Administrators and the Association for Supervision and Curriculum Development. (1963). *Action for curriculum improvement*. Washington, DC: Author.

American Educational Research Association. (1963, June). *Curriculum planning and development*. *Review of Educational Research* (33).

Ashton-Warner, S. (1963). *Teacher*. New York: Bantam.

Association for Supervision and Curriculum Development, Commission on Teacher Education. (1963). *Criteria for curriculum decisions in teacher education; a report*. (George W. Denemark, Chair & Ed.). Washington, DC: Author.

Association for Supervision and Curriculum Development Elementary Education Council. (N. V. Overly, Ed.). (1963). *The unstudied curriculum: Its impact on children*. Washington, DC: Association for Supervision and Curriculum Development.

Brown, B. F. (1963). *The nongraded high school*. Englewood Cliffs, NJ: Prentice-Hall.

Chambliss, J. J. (1963). *Boyd H. Bode's philosophy of education*. Columbus: Ohio State University Press.

Colloquium on Curricular Change: Foreign Language. (1963). *Curricular change in the foreign language*. Princeton, NJ: College Entrance Examination Board.

Davis, R. A. (1963). *Planning learning programs in secondary schools*. Nashville, TN: George Peabody

College for Teachers.

Fleming, R. S. (Ed.). (1963). *Curriculum for today's boys and girls*. Columbus, OH: C. E. Merrill.

Fraser, D. M. (1963). *Deciding what to teach*. Washington, DC: National Education Association.

Frazier, A. (Ed.). (1963). *New insights and the curriculum. 1963 Yearbook*. Washington, DC: Association for Supervision and Curriculum Development.

Gilchist, R. S. (1963). *Using current curriculum developments: A report*. Washington, DC: Association for Supervision and Curriculum Development.

Goodlad, J. I. (1963). *Planning and organizing for teaching*. Washington, DC: National Education Association.

Goodlad, J. I., & Anderson, R. H. (1963). *The non-graded elementary school* (revised edition). New York: Harcourt, Brace and World.

Hanna, L. A., Potter, G. L., & Hagaman, N. (1963). *Unit teaching in the elementary school; social sciences and related sciences*. New York: Holt, Rinehart and Winston.

Leese, J. (1963). *The superintendent and curriculum changes*. Albany: State University of New York.

Manning, D. (1963). *The qualitative elementary school: Characteristics of excellent curriculum*. New York: Harper and Row.

National Education Association. (1963). *Schools for the sixties: A report of the Project on Instruction*. New York: McGraw-Hill.

Rugg, H. O. (1963). *Imagination*. New York: Harper and Row.

Shuster, A. H., & Ploghoft, M. E. (1963). *The emerging elementary curriculum: Methods and procedures*. Columbus, OH: Charles E. Merrill.

Sowards, G. W. (Ed.). (1963). *The social studies: Curriculum proposals for the future*. Chicago: Scott Foresman.

Thorton, J. W., Jr., &7 Wright, J. R. (1963). *Secondary school curriculum*. Columbus, OH: Charles E. Merrill.

Wiles, K. (1963). *The changing curriculum of the American high school*. Englewood Cliffs, NJ: Prentice-Hall.

Wood, H. B. (1963). *Foundation of curriculum planning and development*. Eugene, OR: The American-Nepal Educational Foundation.

Wright, G. (1963). *The core program: Unpublished research 1956-1962*. Washington, DC: U.S. Department of Health, Education and Welfare, Office of Education.

Wright, J. R. (Ed.). (1963). *Secondary school curriculum*. Columbus, OH: Merrill.

1964

Alexander, W. M. (1964). *Changing curriculum content*. Washington ,DC: Association for Supervision and Curriculum Development.

Anderson, V. E. (1964). *Man must find new coupaths*. Portland, OR: Portland State College.

Association for Supervision and Curriculum Development. (R. C. Doll, Ed.). (1964). *Individualizing instruction*. 1964 Yearbook. Washington, DC: Author.

Beauchamp, G. A. (1964). *The curriculum of the elementary school*. Boston: Allyn & Bacon.

Beggs, D. W. (1964). *Decatur-Lakeview high school: A practical application of the Trump plan*. Englewood Cliffs, NJ: Prentice-Hall.

Blocker, C. E., & McCabe, R. H. (1964). *Relationships between the informal organization and the curriculum in six junior colleges*. Austin: College of Education, University of Texas.

Broudy, H. S., Smith, B. O., & Burnett, J. (1964). *Democracy and excellence in American secondary education: A study in curriculum theory*. Chicago: Rand McNally (Reprinted by Krieger 1978).

Bush, R. N., & Allen D. W. (1964). *A new design for high school education*. New York: McGarw-Hill.

Center for Educational Research and Innovation. (1964). *Handbook on curriculum development*. London: OECD, Her Majesty's Stationery Office.

Chasnoff, R. E. (Ed.). (1964). *Elementary curriculum: A book of readings*. New York: Pitman Publishing.

Cornell University & University of California. (1964).

Piaget rediscovered. Ithaca, NY: Conference on Cognitive Studies and Curriculum Development.

Crosby, M. E. (1964). *Curriculum development for elementary schools in a changing society*. Boston: D. C. Heath.

Curriculum Study Center Conference. (1964). *Curriculum development and evaluation in English and social studies*. Pittsburgh, PA: Carnegie Institute of Technology.

de Grazia, A., & Sohn, D. A. (Ed.). (1964). *Revolution in teaching: New theory technology, and curricular*. New York: Bantam Books.

Doll, R. C. (1964). *Curriculum improvement: Decision-making and process*. Boston: Allyn & Bacon (Also 1979 and 1974).

Douglass, H. R. (Ed.). (1964). *The high school curriculum*. (third edition). New York: Ronald Press.

Elam, S. (Ed.). (1964). *Education and the structure of knowledge*. Chicago: Rand McNally.

Elson, R. M. (1964). *Guardians of tradition*. Lincoln: University of Nebraska Press.

Ether, J. A. (Ed.). (1964). *Current curricular issues: Three dimensions+Technology, morality, aesthetic*. Albany: Center for Curriculum Research and Service, State University of New York at Albany.

Evans, W. G. E. (1964). *Class of '84*. Tenth Winter Conference. Toronto: University of Toronto Press.

Ford, G. W., & Pugno, L. (1964). *The structure of knowledge and the curriculum*. Chicago: Rand McNally.

Fulbright, E. R., & Bolmeier, E. C. (1964). *Courts and the curriculum*. American School Law Series, Cincinnati, OH: W. H. Anderson Company.

Goodlad, J. I. (1964). *School curriculum reform in the United States*. New York: Fund for the Advancement of Education.

Hanson, C. F. (1964). *Four track curriculum for today's high schools*. Englewood Cliffs, NJ: Prentice-Hall.

Heath, R. W. (Ed.). (1964). *New curricular*. New York: Harper and Row.

Holt, J. (1964). *How children fail*. New Yok: Dell Publishing Co.

Holt, R. (1964). *Mary McLeod Bethune: A biography*. Garden City, NY: Doubleday.

Huebner, D. E. (Ed.). (1964). *A reassessment of the curriculum*. New York: Teachers College, Columbia University.

Krathwohl, D. R., et al. (1964). *Taxonomy of educational objectives, handbook II: Affective domain*. New York: David McKay.

Krug, E. A. (1964). *The shaping of the American high school*. New York: Harper.

Passow, A. H. (Ed.). (1964). *Nurturing individual potential*. Washington, DC: Association for Supervision and Curriculum Development.

Passow, A. H., & Leeper, R. R. (1964). *Intellectual development: Another look*. Papers of Eighth Curriculum Research Institute, Anaheim, CA and Washington, DC. Washington, DC: Association for Supervision and Curriculum Development.

Phenix, P. H. (1964). *Realms of meaning: A philosophy of the curriculum for general education*. New York: McGraw-Hill.

Qoyanayma, P. (1964). *No turning back: A hopi woman's struggle to live in two worlds*. As told to Vada F. Carlson. Albuquerque: University of New Mexico.

Rosenbloom, P. C. (Ed.). (1964). *Modern viewpoints in the curriculum*. New York: McGarw-Hill.

Schiil, W. J. (1964). *Curricular content for technical education*. Urbana: College of Education, University of Illinois.

1965

Anderson, D. W., Macdonald, J. B., & May, F. B. (Eds.). (1965). *Strategies of curriculum development: The works of Virgil E. Herrick*. Columbus, OH: Charles E. Merrill.

Anderson, V. E. (1965). *Principles and procedures of curriculum improvement* (second edition). New York: Ronald Press.

Association for Supervision and Curriculum Development. (1965a). *The humanities and the curriculum*. Washington, DC: Author.

Association for Supervision and Curriculum

Development. (R. R. Leeper, Ed.). (1965b). *Role of supervisor and curriculum director in a climate of change. 1965 Yearbook.* Washington, DC: Author.

Association for Supervision and Curriculum Development. (1965c). *Toward professional maturity of supervisors and curriculum workers.* Washington, DC: Author.

Brown, B. F. (1965). *The appropriate placement school: A sophisticated non-graded curriculum.* West Nyack, NY: Parker Publishing Company.

California State Department of Education. Patterns for the administration of curriculum development and instructional improvement. (1965). *Proceedings of a conference in Sacramento, California, January 25–26.* Sacramento: Author.

Clark, L. H., Klein, R. L., & Burks, J. B. (1965). *American secondary school curriculum.* New York: Macmillan.

Columbia University Teachers College, Department of Curriculum and Teaching. (1965). *Papers from the seminars on advanced study in curriculum and teaching.* New York: Teachers College, Columbia University.

Cooperative Curriculum Project. (1965). *The church's educational ministry: A curriculum plan.* St. Louis, MO: The Bethany Press.

Hall, G. S. (1965). *Health, growth, and heredity: G. Stanley Hall on natural education.* (C. E. Strickland and C. Burgess, Eds.). New York: Teachers College Press.

Hass, G., & Wiles, K. (Eds.). (1965). *Readings in curriculum.* Boston: Allyn & Bacon.

Leeper, R. R. (Ed.). (1965a). *Assessing and using curriculum content.* Washington, DC: Association for Supervision and Curriculum Development, National Education Association.

Leeper, R. R. (Ed.). (1965b). *Strategy for curriculum change.* Washington, DC: Association for Supervision and Curriculum Development.

Maccia, E. S. (1965). *Methodological considerations in curriculum theory building.* Columbus: Ohio State University.

Macon, R. E., & Haines, P.G. (1965). *Cooperative occupational education and work experience in the curriculum.* New York: Dodd, Mead and Company; Danville, IL: Interstate Printers and Publishers.

Oliver, A. I. (1965). *Curriculum improvement: A guide to problems, principles, and procedures.* New York: Dodd, Mead and Company.

Ontario Curriculum Institute. (1965). *New dynamics in curriculum development.* Toronto: Author.

Shack, S. (1965). *Armed with a primer.* Toronto/ Montreal: McClelland and Stewart, Ltd.

Stearns, F. K. (1965). *Knowledge and the school curriculum.* Eugene, OR: University of Oregon (Oregon School Study Council).

Tanner, D. (1965). *Schools for youth–Change and challenge in secondary education.* New York: Macmillan.

Unruh, G. G. (Ed.). (1965). *New curriculum developments.* Washington, DC: Association for Supervision and Curriculum Development.

Wooten, W. (1965). *SMSG, the making of a curriculum.* New Haven, CT: Yale University Press.

1966

Aceland, R. (1966). *Curriculum or Life!* London: Victor Gollancz, Ltd.

American Association of School Administrators. (1966). *Imperatives in education.* Washington, DC: National Education Association.

Bruner, J. S. (1966). *Toward a theory of instruction.* Cambridge, MA: Harvard University Press.

Callaway, R. (Ed.). (1966). *Core curriculum: The why and the what.* Milwaukee, WI: University of Wisconsin+Milwaukee, School of Education.

Cay, D. F. (1966). *Curriculum: Design for learning.* Indianapolis, IN: Bobbs–Merrill.

Coleman, J. S. (1966). *Equality of educational opportunity.* Washington, DC: Government Printing Office.

College Entrance Examination Board. (1966). *The challenge of curricular change.* (Ed. by S. K. Bailey, et al.). New York: Author.

Goodlad, J. I. (Ed.). (1966a). *The changing American*

school. Sixty-fifth Yearbook of the National Society for the Study of Education, Part II. Chicago, IL: University of Chicago Press.

Goodlad, J. I. (1966b). *School, curriculum, and the individual*. Waltham, MA: Blaisdell Publishing Company.

Goodlad, J. I., & Richter, M. M. (1966). *The development of a conceptual system for dealing with problems of curriculum and instruction*. Los Angeles: Institute for Development of Educational Activities, University of California.

Goodlad, J. I., Von Stoephasius, R., & Klein, M. F. (1966). *The changing school curriculum*. New York: Fund for the Advancement of Education.

Halverson, P. M. (Ed.). (1966). *Curriculum innovations in 1966: Trends and issues*. Syracuse, NY: Syracuse University.

Haney, R. E. (1966). *The changing curriculum: Science*. Washington, DC: Association for Supervision and Curriculum Development.

Inlow, G. M. (1966). *The emergent in curriculum*. New York: John Wiley and Sons.

International Curriculum Conference (Second). (1966). *New Dimensions in curriculum development: Proceedings*. Toronto: Ontario Curriculum Institute.

Jarvis, O. T., & Wootton, L. R. (1966). *The transitional elementary school and its curriculum*. Dubuque, IA: William C. Brown.

King, A. R., & Brownell, J. A. (1966). *The curriculum and the disciplines of knowledge: A theory of curriculum practice*. New York: John Wiley and Sons. (Reprinted in 1976).

Koopman, G. R. (1966). *Curriculum development*. New York: The Center for Applied Research in Education.

Leeper, R. R. (Ed.). (1966). *Curriculum change: Direction and process*. Washington, DC: Association for Supervision and Curriculum Development.

Lindvall, C. M. (1966). *The task of evaluation in curriculum development projects: A rationale and case study*. Pittsburgh, PA: Learning Research and Development Center University of Pittsburgh.

Macdonald, J. B., & Leeper, R. R. (Eds.). (1966). *Language and meaning*. Washington, DC: Association for Supervision and Curriculum Development, National Education Association.

Martin, W. T., & Pinck, D. C. (Eds.). (1966). *Curriculum improvement and innovation: A partnership of students, school teachers, and research scholars*. Cambridge, MA: Robert Bently.

Matthew, C. V., & Roam, J. E. (1966). *A curriculum demonstration program for drop-out-prone students*. Edwardsville: Southern Illinois University.

Mayhew, K. C., & Edwards, A. C. (1966). *The Dewey Society: The laboratory school of the University of Chicago, 1896–1903*. New York: Atherton. (originally published 1936).

National Education Association. (1966). *The way teaching is*. Washington, DC: Association for Supervision and Curriculum Development and the Center for the Study of Instruction.

Ontario Association for Curriculum Development. (1966). *Curriculum development in a decentralized educational system (Fifteenth Annual Conference, November)*. (R. Luxford, Ed.). Toronto: Author.

Ontario Curriculum Institute. (1966a). *Children, classrooms, curriculum and change; a report of the Committee on the scope and Organization of the Curriculum*. Toronto: Ontario Curriculum Institute.

Ontario Curriculum Institute. (1966b). *New dimensions in curriculum development (Proceedings of the Second International Conference)*. Toronto: Ontario Curriculum Institute.

Organization for Economic Cooperation and Development. (1966). *Curriculum improvement and educational development: Modernizing our schools*. Paris: Author.

Parker, J. C., & Rubin, L. J. (1966). *Process as content: Curriculum design and the application of knowledge*. Chicago: Rand McNally.

Ragan, W. B., & Stendler, C. B. (1966). *Modern elementary curriculum* (third edition). New York: Holt, Rinehart and Winston.

Robison, H. F. (Ed.). (1966). *Precedents and promise in the curriculum field*. New York: Teachers College

Press.

Rosenbaum, D. S., & Toepfer, C. F. (1966). *Curriculum planning and school psychology: The coordinated approach.* Buffalo, NY: Hertillon Press.

Sachs, B. M. (1966). *The students, the interviews, and the curriculum.* Boston: Houghton Mifflin.

Sand, O., & Wilson, E. (1966). *Innovation in planning school curricula.* Washington, DC: National Education Association.

Saylor, J. G., & Alexander, W. M. (1966). *Curriculum planning for modern schools.* New York: Holt, Rinehart and Winston.

Scriven, M. (1966). *The methodology of evaluation (Publication 110 of the Social Science Consortium).* Washington, DC: U.S. Department of Health, Education, and Welfare.

Seguel, M. L. (1966). *The curriculum field: Its formative years.* New York: Teachers College, Columbia University Press.

Swenson, G., & Keys, D. (1966). *Providing for flexibility in scheduling and instruction.* Englewood Cliffs, NJ: Prentice-Hall.

Taylor, P. H. (1966). *Purpose and structure in the curriculum (Inaugural address).* Birmingham, England: University of Birmingham.

U.S. National Science Foundation. (1966). *Course and curriculum improvement projects: Mathematics, science, engineering.* Washington, DC: National Science Foundation.

Unruh, G. G., & Leeper, R. R. (1966). *Influences in curriculum change.* Washington, DC: Association for Supervision and Curriculum Development.

Wirth, A. G. (1966). *John Dewey as educator: His design for work in education (1894-1904).* Melbourne, FL: Krieger Publishing.

1967

Aceland, R. (1967). *A move to the integrated curriculum.* Exeter, England: University of Exeter, Institute of Education.

Alexander, W. M. (Ed.). (1967). *The changing secondary school curriculum: Readings.* New York: Holt, Rinehart and Winston.

Alpren, M. (Ed.). (1967). *The subject curriculum: Grades K-12.* Columbus, OH: Charles E. Merrill.

American Educational Research Association Monograph Series on Curriculum Evaluation, Number 1. (1967). *Perspectives of curriculum evaluation* (by R. W. Tylor, R. M. Gagbe, & M. Scriven). Chicago: Rnad McNally.

Anderson, W. G. (1967). *What are the subject matter boundaries?* Danville, IL: Interstate Printers and Publishers.

Association for Supervision and Curriculum Development. (1967). *Curriculum materials.* Washington, DC: National Education Association.

Beauchamp, G. A., & Beauchamp, K. E. (1967). *Comparative analysis of curriculum systems.* Wilmette, IL: The Kagg Press.

Berman, L. M. (Ed.). (1967). *The humanities and the curriculum.* Washington, DC: Association for Supervision and Curriculum Development.

Bishop, L. J. (1967). *Collective negotiation in curriculum and instruction: Questions and concerns.* Washington, DC: Association for Supervision and Curriculum Development.

Burnham, D. (1967). *New designs for learning: Highlights of the reports of the Ontario Institute 1963-1966.* Toronto: University of Toronto Press.

Conner, F., & Ellena, W. (1967). *Curriculum handbook for school administrators.* Washington, DC: American Association of School Administrators (also 1973).

Cooperative Curriculum Project. (1967). *Tools of curriculum development for the church's educational ministry.* Anderson, IN: Warner Press.

Davis, R. B. (1967). *The changing curriculum: Mathematics.* Washington, DC: Association for Supervision and Curriculum Development.

Fantini, M. D., & Weinstein, G. (1967). *Toward a contact curriculum.* New York: Anti-Defamation Leahue of B'nai B'tirh.

Florida State Department of Education. (1967). *Report on strategies for curriculum change.* Tallahassee, FL: Author.

Frymier, J. R. (Ed.). (1967). Curriculum theory

development: Work in progress. *Theory into Practice, Volume 6, Number 4* (October), Ohio State University.

Gagne, R. M. M. (1967). *The conditions of learning*. New York: Holt, Rinehart and Winston.

Glaser, R. (1967). *Adapting the elementary school curriculum to individual performance*. Pittsburgh, PA: Learning Research and Development Center, University of Pittsburgh.

Great Britain Schools Council. (1967). *The new curriculum: A presentation of ideas, experiments and practical developments (Selected from Schools Council Publications over the past three years)*. London: Her Majesty's Stationery Office.

Holt, J. (1967). *How children learn*. New York: Dell.

Kerr, J. F. (1967). *The problem of curriculum reform*. Leicester, England: Leicester University Press.

Kohl, H. (1967). *36 children*. New York: New American Library.

Kozol, J. (1967). *Death at an early age: The destruction of the hearts and minds of Negro children in the Boston public schools*. Boston: Houghton Mifflin Company.

Leeper, R. R. (Ed.). (1967). *Humanizing education: The person in the process*. Washington, DC: Association for Supervision and Curriculum Development.

Michaelis, J. U., Grossman, R. H., & Scott, L. F. (1967). *New designs for elementary curriculum and instruction*. New York: McGarw-Hill.

Minnesota, University of. (1967). *Working clinic in modern curriculum (Addresses)*. Minneapolis: University of Minnesota.

National Education Association, Center for the Study of Instruction. (1967). *Rational planning in curriculum and instruction: Eight essays*. Washington, DC: National Education Association.

Neagley, R. L., & Evans, N. D. (1967). *Handbook for effective curriculum development*. Englewood Cliffs, NJ: Prentice-Hall.

Newfoundland Teachers Association, Curriculum Seminar. (1967). *The curriculum process-A basic for action*. St. John's Newfoundland: Author.

Raths, L. E., Wassermann, S., Jonas, A., & Rothstein, A. (1967). *Teaching for thinking: Theory and application*. Columbus, OH: C. E. Merrill.

School Health Education Study. (1967). *Health education: A conceptual approach to curriculum design: K-12*. St. Paul: Minnesota Mining and Manufacturing Company Education Press.

School Council. (1967). *Curriculum development: Teacher's group and centers. Working Paper Number 10*. London: Her Majesty's Stationery Office.

Sullivan, E. V. (1967). *Piaget and the school curriculum: A critical appraisal*. Toronto: Ontario Institute for Studies in Education, Bulletin Number 2.

Tewksbury, J. L. (1967). *Nongrading in the elementary school*. Columbus, OH: Charles E. Merrill.

Theory into Practice. (1967, October). Curriculum theory development: Work in progress (J. Frymier, Ed.). Volume 6, Number 4. Ohio State University.

Van Til, W., Vars, G. F., & Lounsbury, J. H. (1967). *Modern education for the junior high school years*. (second edition). Indianapolis, IN: Bobbs-Merrill.

Venable, T. C. (1967). *Philosophical foundations of the curriculum*. Chicago: Rand McNally.

Verduin, J. R. (1967). *Cooperative curriculum improvement*. Englewood Cliffs, NJ: Prentice-Hall.

Wahle, R. P. (Ed.). (1967). *Toward professional maturity of supervisors and curriculum workers*. Washington, DC: Association for Supervision and Curriculum Development.

Wheeler, D. K. (1967). *Curriculum process*. London: University of London Press (Also 1971 by University of London Press+Unibrooks).

Wilhelms, F. T. (Ed.). (1967). *Evaluation as feedback and guide. 1967 Yearbook*. Washington, DC: Association for Supervision and Curriculum Development.

1968

Alexander, W. M., Williams, E. L., Compton, M., Hines, V. A., Prescott, D., & Kealy, R. (1968). *The emergent middle school*. New York: Holt, Rinehart and Winston.

Allen, E. D. (1968). *The changing curriculum: Modern*

foreign language. Washington, DC: Association for Supervision and Curriculum Development.

Bangs, F. K., & Hillestad, M. C. (1968). *Curricular implication of automated data processing for educational institutions.* Boulder, CO: University of Colorado.

Beauchamp, G. A. (1968). *Curriculum theory.* Wilmette, IL: The Kagg Press.

Beck, R. H., Meadows, P. Shane, H. G., & Galen-Saylor, J. (1968). *Curriculum imperative: Survival of self in society.* Lincoln: University of Nebraska, Department of Secondary Education.

Beckner, W., & Cornett, J. D. (1968). *The secondary school curriculum.* Columbus, OH: Charles E. Merrill.

Berman, L. M. (1968). *New priories in the curriculum.* Columbus, OH: Charles E. Merrill.

Cave, R. G. (1968). *All their future.* Harmondsworth, England: Penguin.

Center for Curriculum Renewal and Educational Development Overseas. (1968). *Modern curriculum developments in Britain.* London: The Center.

Dearden, R. F. (1968). *The philosophy of primary education.* London: Routledge and Kegan Paul.

Dreeben, R. (1968). *On what is learned in school.* Reading, MA: Addison-Wesley.

Dressel, P. L. (1968). *College and university curriculum.* Berkeley, CA: McCutchan.

Education Development Center. (1968). *African education programme.* Essex, England: E.T. Heron.

Frazier, A. (1968). *The new elementary school.* Washington, DC: Association for Supervision and Curriculum Development.

Great Britain Schools Council. (1968). *Practical support for curriculum change; the young school leaver.* London: Her Majesty's Stationery Office.

Grobman, H. G. (1968). *Evaluation activities of curriculum projects: A starting point.* Chicago, IL: Rand McNally.

Heller, R. W., & Rosenthal, A. M. (Eds.). (1968). *The child and the articulated curriculum.* New York: Western New York Council; Danville, IL: Interstate Printers and Publishers.

Jackson, P. W. (1968). *Life in classrooms.* New York: Holt, Rinehart and Winston.

Jarvis, O. T., & Wootton, L. R. (1968). *The elementary school and its curriculum.* Dubuque, IA: William C. Brown.

Johnson, H. T. (1968). *Foundations of curriculum.* Columbus, OH: Charles E. Merrill.

Karplus, R. (Ed.). (1968). *What is curriculum evaluation? Six answers.* Berkeley, CA: Science Curriculum Improvement Study, University of California.

Keith, L. G., Blake, P., & Tiedt, S. (1968). *Contemporary curriculum in the elementary school.* New York: Harper and Row.

Kerr, J. F. (Ed.). (1968). *Changing the curriculum.* London: University of London Press.

Kopp, H. G., (Ed.). (1968). *Curriculum, cognition and content.* Washington, DC: Alexander Graham Bell Association for the Deaf.

Leeper, R. R. (Ed.). (1968). *Curriculum decisions: Social realities.* Washington, DC: Association for Supervision and Curriculum Development.

Maclure, J. S. (1968). *Curriculum innovation in practice. Report of the Third International Curriculum Conference.* London: Her Majesty's Stationery Office.

Martinson, R. A. (1968). *Curriculum enrichment for the gifted in the primary grades.* Englewood Cliffs, NJ: Prentice-Hall.

Nisbet, S. (1968). *Purpose in the curriculum* (second edition). London: University of London Press.

Ontario Association for Curriculum Development. (1968). *Reconciliation of means and ends in education* (R. Luxford and K. Pold, Eds.). Toronto: Ontario Association for Curriculum Development.

Short, E. C., & Marconnit, G. D. (Eds.). (1968). *Contemporary thought in public school curriculum.* Dubuque, IA: William C. Brown.

Sowards, G. W., & Scobey, M. M. (1968). *The changing curriculum and the elementary teacher* (second edition). Belmont, CA: Wadsworth.

Steeves, F. L. (Ed.). (1968). *The subjects in the curriculum: Selected readings.* New York: Odyssey

Press.

Thomas, R. M., Sands, L. B., & Brubaker, D. L. (1968). *Strategies for curriculum improvement: Proposal and procedures.* Boston: Allyn & Bacon.

Trump, J. L., & Miller, D. F. (1968). *Secondary school curriculum improvement: Proposals and procedures.* Boston: Allyn & Bacon.

Unruh, G. G., & Leeper, R. R. (Eds.). (1968). *Influences in curriculum change.* Washington, DC: Association for Supervision and Curriculum Development.

Witt, P. W. F. (Ed.). (1968). *Technology and the curriculum.* New York: Teachers College Press.

1969

American Educational Research Association. (1969). *Curriculum Review of Educational Research,* 39, June.

Anderson, V. E. (1969). *Curriculum guidelines in an ear of change.* New York: Ronald Press.

Association for Supervision and Curriculum Development (W. H. Beatty, Ed.). (1969). *Improving educational assessment and an inventory of measures of affective behavior.* Washington, DC: Author.

Bar, M. R. (Ed.). (1969). *Curriculum innovation in practice in relation to colleges of education.* Report of the study conference at Edge Hill College of Education: Ormsirk, Lancashire.

Bent, R. K. & Unruh, A. (1969). *Secondary school curriculum.* Lexington, MA: Heath.

Cassidy, H. G. (1969). *Knowledge, experience and action: An essay on education.* New York: Teachers College Press.

Crary, R. W. (1969). *Humanizing the school: Curriculum development and theory.* New York: Random House.

Dennison, G. (1969). *The lives of children.* New York: Random House.

Dragositz, A. (Ed.). (1969). *Curriculum innovations and evaluation. Proceedings of Association for Supervision and Curriculum Development pre-conference seminar, March 1968.* Princeton, NJ: Educational Testing Service.

Ellis, E. V. (1969). *The role of the curriculum laboratory in the preparation of quality teachers.* Tallahassee, FL: Florida A & M University Foundation.

Frazier, A. (Ed.). (1969). *A curriculum for children.* Washington, DC: Association for Supervision and Curriculum Development

Frost, J. L., & Rowland, G. T. (1969). *Curriculum for the seventies.* New York: Houghton Mifflin.

Glasser, W. (1969). *Schools without failure.* New York: Harper and Row.

Grobman, A. B. (1969). *The changing classroom: The role of the Biological Sciences Curriculum Study, First Edition.* Garden City, NY: Doubleday.

Grobman, H. (1969). *Evaluation activities of curriculum projects.* London: McGraw-Hill.

Guttchen, R. S., & Bandman, B. (Eds.). (1969). *Philosophical essays on curriculum.* Philadelphia: J. B. Lippincott.

Gwynn, J. M., & Chase, J. B. (1969). *Curriculum principles and social trends.* (Fourth Edition). New York: Macmillan.

Hamilton, N. K., & Saylor, J. G. (Eds.). (1969). *Humanizing the secondary curriculum.* Washington, DC: Association for Supervision and Curriculum Development.

Hass, G. (1969). *Curriculum and instruction practices for continuous learner progress.* Clearwater, FL: Clearwater Research and Development Council.

Herndon, J. (1969). *The way it spozed to be.* New York: Bantam.

Hooper, M. (Ed.). (1969). *The curriculum: Context design and development.* Edinburgh, Scotland: Oliver and Boyd.

James, H. T., et al. (1969). *The schools and the challenge of innovation.* Washington, DC: Committee for Economic Development.

Jones, H. L. (Ed.). (1969). *Curriculum development in a changing world.* Syracuse, NY: School of Education, Syracuse University.

Joyce, B. (11969). *Alternative models of elementary education.* Waltham, MA: Blaisdell Publishing Company.

Kohl, H. (1969). *The open classroom*. New York: The New York Review.

Krug, E. A. (1969). *The shaping of the American high school: 1880–1920*. Madison: University of Wisconsin Press.

Larson, M. E. (1969). *Review and synthesis of research: Analysis for curriculum development in vocational education*. Columbus, OH: Center for Vocational and Technical Education.

Meeker, M. N. 91969). *The structure of intellect: Its interpretation and uses*. Columbus, OH: Charles E. Merrill.

Morphet, E. J., & Ryan, C. O. (1969). *Designing education for the future: An eight-state project* (Seven Volumes). New York: Scholastic.

Ohliger, J. (Ed.). (1969). *Project to train teachers in adult basic education curriculum development, July 21-August 8; final report*. Columbus, OH: Center for Adult Education, College of Education, Ohio State University.

Payne, A. (1969). *The study of curriculum plans*. Washington, DC: National Education Association.

Phillips, C. M. (1969). *Changes in subject choice at school and university*. London: Weidenfeld and Nicolson.

Piaget, J., & Inhelder, B. (1969). *The psychology of the child*. New York: Basic Books.

Popham, W. J., & Baker, E. V. (1969). *Establishing instructional goals*. Englewood Cliffs, NJ: Prentice-Hall.

Popham, W. J., Eisner, E. W., Sullivan, H. J., & Tyler, L. L. (1969). *Instructional objectives*. AERA monograph series on curriculum evaluation. Chicago: Rand McNally.

Postman, N., & Weingartner, C. (1969). *Teaching as a subrersive activity*. New York: Delacorte.

Rogers, C. (1969). *Freedom to learn*. New York: Bell and Howell.

Rogers, L. R. (1969). *Use of organized knowledge*. Clearwater, FL: Florida Educational Research and Development Council.

Rubin, L. J. (Ed.). (1969). *Life skills in school and society. 1969 Yearbook*. Washington, DC: Association for Supervision and Curriculum Development.

Rudd, W. G. A. (1969). *Curriculum innovation: Regional and local efforts in curriculum practice*. Ormskrik, England: Edge Hill College of Education.

Schwab, J. J. (1969). *College curriculum and student protest*. Chicago: University of Chicago Press.

Skolnick, I. H. (1969). *A guide to curriculum construction for the religious school*. Chicago: Chicago College of Jewish Studies Press.

Springer, U. K. (1969). *Recent curriculum development in France, West Germany and Italy: A study of trends at the middle level of education*. New York: Teachers College, Columbia University Center for Education in Industrial Nations.

Stockmeyer, E. A. K. (1969). *Rudolf Steiner's curriculum for Waldorf schools*. London: Rudolf Steiner Press.

Symmes, S. S. (Ed.). (1969). *Developmental economic education programs: Handbook for curriculum change; guidelines*. New York: Joint Council on Economic Education.

Tyler, R. W. (1969). *Basic principles of curriculum and instruction* (Reprint). Chicago: University of Chicago Press.

Vars, G. F. (Ed.). (1969). *Common learning: Core and interdisciplinary team approaches*. Scranton, PA: International Textbook Company.

Walton, S. F. (1969). *The Black curriculum*. East Palo Alto, CA: Black Liberation Publishers.

Wilson, J. (1969). *Moral education and the curriculum*. Oxford, England: Pergamon Press.

제8장

1970~1979년의 교육과정 사상과 문헌

1960년대 후반과 1970년대 초반은 위기의 시대이자 거대한 잠재력의 시대였다. 과학자, 시민 단체, 심지어 정치가나 일반인들도 환경, 기술 개발, 소비자운동, 고용, 여성의 권리, 소수 인종과 민족의 권리, 기업의 힘, 국제 관계, 정치가의 활동 등에 관한 정책과 실제에서의 변화를 목격했으며 다양한 요구를 하였다. 1960년대의 반체제 문화에서 시작된 많은 비판들은 1970년대 의식의 주류가 되었다. 공공연한 저항은 덜 일어났지만 사회의 전 분야에서 평등에 대한 불같은 요구가 있었으며 책무성에 관한 문제로 많은 비판을 받았다.

교육도 이러한 사건들의 영향에서 벗어날 수 없었다. 예를 들어 1960년대에 Herb Kohl, George Dennison, Jonathan Kozol, John Holt가 쓴 학교교육에 대한 비판적인 문헌들은 Charles Silberman의 *Crisis in the Classroom* (1970)이 나온 후에 학계에서 더 많은 주목을 받았다. 그렇지만 일반 대중, 실천가,

학자들은 반체제 문화를 다룬 이 책을 그다지 중요하게 생각하지 않았다. 그러나 이 책은 교육이 흥미를 가진 학습자 집단에게 의미를 탐구하고 창조하고 구성할 기회를 제공해야 한다는 경험주의적 개념이 다시 부각되면서 많은 교사에게 깊은 영향을 주었다. Silberman의 책이 출간되면서 교사들은 학교가 교육적으로 붕괴되었다는 생각을 더욱 확신하게 되었다. 그는 이미 사회학자로서 높은 평가를 받았지만, 그의 연구는 많은 신진보주의 교육 문헌과 같은 일인칭 유형은 아니었다. 이 책에는 사회적 행동주의자들이 사회과학을 통해 일반대중들이 가치 있게 받아들이도록 프로그램해 놓은 교육에서의 지식이 포함되어 있다.

사회적 행동주의자들의 저서들과는 다르게, 반체제 문화적인 신진보주의 교육자들의 글쓰기 유형은 직관적이었으며, 대개 흔치 않은 상황에서의 심층적인 상호작용에 기초하고 있었다. 이는 과학을 지배하고 있던 개념인 객관성과 일반화와는 거리가 멀었다. 이러한 문제는 교육과정 탐구에 있어서 대안적인 입장을 취한 Schwab, Pinar, Reid, Apple, Greene을 비롯한 학자들의 교육과정 문헌에 대한 논의에서 다시 다루게 될 것이다. 여기서는 반체제문화 교육자와 Silberman이 전통적인 교육과정 저서에 대해 대안적인 사례를 내놓았다는 사실과 비판적 재건주의자들이 사회 · 정치 · 경제적 정의는 물론 도덕적 목적을 강조해 온 경험주의적 전통의 흥미를 환기시켰다는 점을 지적해 둔다.

교육 기금의 '황금기' 였던 1960년대와는 달리 1970년대는 불확실한 경제 때문에 대규모의 기금이 줄어들었다. 의심의 여지가 없던 공립학교에 대한 신뢰도 줄어들었다. 그러나 출판과 연구가 침체되었던 것은 아니다. 규모가 작은 기금 단체는 증가했으며, 1960년대 후반의 대규모 프로그램을 지원한 연방 기금과 결합되었다. 학문적 연구에서 한 제안이 출판되는 과정은 지체되기도 하였다. 교육과정학자들이 늘어나고 전문성의 상징으로서 출판을 더욱 강조하면서 1970년대에 출간된 교육과정 서적의 수량은 1960년대보다 150권 이상 더 많아졌다.

James Coleman이 주도한 연방정부 기금에 의한 연구와 같은 대규모의 경험적 연구들은 그 영향력이 대단했다. 많은 교육과정학자들은 Coleman 보고서(1966)를 학교 교육과정, 수업 등과 같은 것들이 사회경제적 지위, 가정생활, 또래 문화 등에 비해 학업 성취에 별로 영향을 주지 못한다는 증거로 해석하였다. 대규모 검사에서 가정의 사회경제적 지위는 학생들의 성공을 예측하는 결정적인 변수라는 것이 계속 확인되었다. 약 20여 개국에서 시행된 교육 조사인 국제교육평가(The International Educational Assessment)에서 학생들이 학교에서 무엇을 배울 것인가를 가장 잘 드러내는 지표는 가정환경에 의해 크게 영향을 받는다는 공통된 결론에 이르렀다. 게다가 학습과제에 몰두하는 시간(time on task)이 성취에 중요한 것으로 나타나, 몇 개 학문 영역에서 과제 몰두 시간에 대한 다양한 연구가 이루어졌다. Tyler가 책임자였던 미국교육향상평가(The National Assessment of Educational Progress)는 명세화된 연령 급간별로 미국 학생들의 지식과 기능을 측정한 최초의 대규모 평가였다. 성취기준검사에 의해 나타난 결과, 높은 순위에 들지 못한 주 정부는 신랄한 비난을 받게 되었다. 학자들과 일반 대중 모두에게 양적으로 자료를 설명한 경험적 연구들이 가장 옹호할 만한 연구물로 여겨지게 되었다.

한편, 경험적 연구와는 다른 종류의 논문이 교육학으로 서서히 등장하기 시작했다. 교육사에서 '수정주의(revisionism)' 라고 하는 운동은 미국사에서 백인, 영국계, 게르만족이 아닌 사람들의 참상에 대한 의식이 커진 데서 유래하고 있다. 어느 누구도 이 수정주의적인 교육사학자들의 조사에 의한 고발로부터 벗어날 수 없었다.[1] 심지어 교육과정 저자들에게 영향을 준 철학자

1) 다음과 같은 예가 있다. Bowles, S., & Gintis, M. (1975). *Schooling in Capitalist America*. New York: Basic Books; Greer, C. (1972). *The Great School Legend*. New York: Basic Books; Karier, C. J., Violas, P., & Spring, J. (1973). *Roots of Crisis*. Chicago: Rand McNally; Katz, M. (1971). *Class, Bureaucracy, and Schools*. New York: Praeger; Sharp, R., & Green, A. (1975). *Education and Social Control*. London: Routledge and Kegan Paul; Spring, J. (1972). *Education and the Rise of the Corporate State*. Boston:

들 가운데 가장 주목할 만한 Dewey조차도 사회경제적 계급이 낮은 사람들과 성(gender), 소수민족, 인종 측면에서 소외된 사람들이 계속해서 종속될 수 있는 여지를 주었다고 고발되었다.

1970년대 말에는 영국에서 발달한 사회학적이고 철학적인 탐구 분야에 대한 관심으로 선진 산업사회의 지배 계급에 의해 지속되는 지식의 종류에 대해 진지하게 고찰하기 시작했다. Thomas Kuhn은 특정 시대의 하나의 학문 패러다임은 더 완전하게 표면화되기 시작한 다양한 가능성 중의 하나일 뿐이라는 사상을 담은 *Structure of Scientific Revolutions*[2]로 학계에 영향을 주었다. 더욱이 어느 시대에 유행하는 학문의 인식론적 기초는 비록 어떤 법칙 체계가 객관성을 입증한다 할지라도, 보편적이고 객관적인 탐구를 위한 언어로 더 이상 간주될 수는 없었다. 그 대신 가능한 대안들 중 널리 수용된 사회과학 패러다임이 우세한 것이 되었다. 이처럼 학자들의 의식 속에 있지만 그들의 통제를 벗어나는 이념적 · 경제적 · 지적 · 사회정치적 권한의 구성물에 따라 우세한 패러다임이 결정된다.

이러한 비판적인 흐름에서 1970년대의 교육과정 문헌들은 Schwab의 작지만 영향력 있는 책인 *The Practical: A Language for Curriculum*과 함께 시작한다. 이것은 7장에서 1960년대를 마감한 같은 제목의 1969년도 논문을 심도 있게 재검토하여 책으로 발간한 것이다.[3] Schwab은 교육과정 분야가 학교를 개선하는 일과 맞지 않는 연구 방법에 집착하면서 죽어가고 있다고 주장하였다. 그의 비판은 연구의 언어나 원칙의 가설적 기초에 초점이 맞추어졌다. 이론과 실제의 인식론적 기초 간의 Aristotle적 구분에 근거해서 그는 당시의 이론적 혹은 사회과학적 패러다임이 학교의 교육과정 실제를 개

Beacon. 독자들이 약간 대조적으로 보아야 하는 예가 있다. Burnett, J. R. (1980). John Dewey and the Ploys of Revisionism. *Educational Considerations*, 7(2): 208.

2) Kuhn, T. S. (1970). *The Structure of Scientific Revolutions*. Chicago: University of Chicago Press.

3) The Practical: A Language for Curriculum. (Nov. 1969). *School Review*, *78*: 1-23.

선하는 일과는 대체로 무관하다고 하였다. 그는 교육과정에서 학문적 노력은 Dewey의 인식론과 일치하는 탐구 방법인 실제적 패러다임으로 변화해야 한다고 주장하였다. 이론적 연구의 문제 원천은 연구자들의 개념화에 자리하고 있는 반면에, 실제적 연구의 문제 원천은 사건과 상황적 갈등에 자리하고 있다. 이론적 패러다임의 연구 방법은 객관성이 존재한다는 점과 Heiseuberg의 불확정성 원칙의 사실상의 부재를 가정하는 귀납법이다. 반대로, 실제적 탐구에서의 가설은 뛰어난 통찰은 문제 상황에 대한 귀납보다는 문제 상황과의 상호작용에서 유래하는 것이라고 주장한다. 게다가, 이론적 탐구의 주제는 보편적이고 그 목적은 공개할 만한 지식을 생산하는 것이다. 한편, 실제적 탐구는 상황이 독특한 주제를 택한다. 또한 특정 문제를 개선하는 도덕적으로 정당한 결정과 행동의 목적을 장려하는 데 필요한 지식을 일반화하기는 어렵지만 인과적 요인의 상호의존성은 볼 필요가 있다고 인정한다.

이후의 논문에서, Schwab은 이론적 지식을 상황에 조화시키거나 맞추며, 그것이 적용되지 않는 수많은 환경에 적용하기 위해 부가적인 조치를 취하는 절충적 기술(eclectic arts)을 주장했다.[4] 그는 또한 교육과정 경험의 네 가지 공통요소인 교과, 학습자, 교사, 환경의 상호의존성을 밝혀 주는 숙고에 기초한 교육과정 연구를 주장함으로써 맥락을 강조하는 입장을 드러냈다. 즉, 문제가 생겨나는 교실 상황에서 이러한 네 요소들 사이의 상호작용으로 인해 실제적인 교육과정이 탄생되는 것이다. Schwab의 뛰어난 저작들은 Westbury와 Wilkof(1978)에 의해 수집되고 소개되었다. 그의 저작은 교육과

4) Schwab이 쓴 The Practical: Arts of Eclectic. (1971). *School Review, 79*(4): 493-542; The Practical 3: Yranslation into Curriculum. (1973). School Review, *81*(4): 501-522, 두 가지를 참조하라. Schwab이 쓴 위의 것과 다른 에세이는 Westbury와 Wilkof(1978)에 Schwab의 업적에 대한 뛰어난 소개와 함께 제시되어 있다. Schwab의 연구 관점은 다음의 유사한 입장과 관계가 있다. Schubert, W. H. (1980). Recalibrating Educational Research Toward a Focus on Practice. *Educational Reseracher, 9*(1): 17-24, 31; Schubert, W. H. (1986)의 *Curriculum: Perspectives, paradigms, and possibilities.*

정 문제의 본질과 연구 방향에 대한 관심을 증가시켰다. 1970년대 말에 W. A. Reid는 교육과정에 대해 어떻게 사고하는 것이 가장 좋은 것인가 하는 전체적인 관점에서 도발적인 질문을 하고 논쟁을 일으켰으며(1978), 합리주의적이면서도 인본주의적인 방법론을 제안함으로써 교육과정 정책 연구에 기여하였다.

Schwab의 비판과 제안은 전적으로 독특한 것은 아니었다. 1970년대에 교육과정 저자들은 William Pinar(1975)가 만든 신조어인 '재개념주의자(reconceptualists)' 라는 이름 아래에 산발적으로 활동하고 있었다. 이러한 학자들은 같은 생각을 가졌지만, 더 중요한 것은 그들이 학교를 위한 교육과정 개발에 기초한 교육과정 학문의 지배적인 모형이 쇠퇴하고 있다고 확신했다는 것이었다. 재개념주의자들은 현상학적, 실존주의적, 정신분석학적, 역사적, Marx 주의 담론 등에 다양하게 관여하고 있었다. 1970년대 후반, Schwab과 재개념주의자들은 간혹 부분적으로 유사하다고 언급되지만, 사실 그들은 지적인 토대를 공유하고 있다고 인식하지는 않았다. 다양한 재개념주의자들의 입장 등에 대해서는 나중에 더 많이 언급될 것이다. 여기서는 예를 들어 1962년의 ASCD의 연감, James B. Macdonold와 Dwayne Huebner와 같은 학자들의 논문 등 교육과정에 대한 대안적 방식을 세우는 데에 영향을 준 1960년대 초반의 참신한 인본주의 입장들과 Schwab의 사상을 다룰 것이다.

이러한 관점이 성장하고 있었음은 분명하지만, 인본주의적인 교육 탐구에 관심을 가진 관점들은 빛을 잃고 있었다. 그 이유는 사회적 행동주의 교육과정 사상이라는 이름으로 여전히 남아 있었고, Pinar가 '개념적 경험주의(conceptual empiricism)' 라고 불렀던 이론적 편향이 우세했기 때문이었다. 그럼에도 불구하고 인본주의적 신념을 가진 사람들은 다음 가설들에 의해 연계되어 있었다. 즉, 상황에 따른 문제에 집중하는 것, 지식 생성을 위한 환경과의 필수적인 상호활동, 지식의 교환과 성장을 위한 사람들 간의 변증법적 대화, 현재와 미래의 상황에서 전인적 존재로서의 인간에 대한 강조, 보다 넓은 사회 기능과 제도화된 학습의 결속에 대한 요구, 흥미가 우선적으로 수반되는 것 또는 교과에 대한 Dewey 주의자의 심리학적 조직, 다양한 대안의 수용과 아는 것을 옹호하는 방법, 개인을 인정하고 양육하는 것의 중요성 등이다. 이러한 가정들은 교육과정 사상에서 새로운 변형의 특징을 나타내준다. 새로운 사상은 경험주의 전통을 존중하지만 교육에 대해 다른 방식으로 생각하는 것에도 관심을 기울인다. 그렇다고 이러한 가설들은 어떤 저자가 교육과정에 대한 인본주의적 입장에서 반드시 고수해야 하는 준거는 아니다.

위의 집단이 어떤 결속력을 가지고 있었던 것은 아니라는 점을 다시 강조하고자 한다. 실천 중심의 문헌이라 할 수 있는 그 저작들이 교육과정 영역에 속하는 것으로 인정받지는 못했다. 그들은 책의 제목에서 '교육과정' 을 사용하는 대신에 대부분 인본주의 교육이나 교수, 정의적 교육, 통합(confluent) 교육, 열린 교육, 인성 교육(personalized education), 가치 명료화라고 언급한다. 그러나 일부 교육과정학자들의 저서는 실천을 위한 경험주의적 제안과 실천에 대한 보고서와 비슷한 해석으로 간주되기도 한다. Bremer와 Van Moschzisher(1971), Buffie와 Jenkins(1971), Featherstone(1971), Kopp와 Zufelt(1971), Manning(1971), Dale(1972), Miller(1972), Harmin, Kirschenbaum 그리고 Simon(1973), Silberman(1973), Goodlad(1974), Murphy(1974), Hollaway(1975), UNESCO(1975), Fantini(1976), Frazier(1976), Margolin(1976), Berman과 Roderick(1977), Olsen과 Clark(1977), Jelinek (1978), Weston(1978)가 그 예이다. 이러한 저서 중에 일부는 분명히 교육과정과 직접적인 관련이 없다. 그러나 그것들은 교육과정 사상과 실천에 대한 숙고에 깊은 영향을 준 저서들이므로 여기에 포함하였다. 기원과 주장이 가지각색이긴 하지만 이러한 저서들은 중요한 경험주의 문헌들을 대표하고 있다.

앞서의 재개념주의자들은 교육과정 사상과 문헌에는 상당한 영향을 주었지만 학교제도에는 거의 영향을 주지 못하였다. Macdonold와 Huebner, 그들의 스승이었던 Virgil Herrick 등에 교육과정적 뿌리를 둔 재개념주의자들은 인본주의, 인본주의 심리학, 현대 사회학, 역사, 철학 등 다양한 배경을 가지고 있다. 그들 저서의 기조는 서로 달랐지만, Schwab의 실제(practical), Dewey의 도구적 진보주의, 실천중심의 인본주의자들과 완전히 반대되는 것은 아니었다. 그러나 결정적으로 그 기원에는 차이가 있다. 그들은 Pinar의 1974, 1975, 1976년도(Grumet과 공동으로 집필) 저서, 1973년 Rochester 대학의 연차대회, 1979년 발간된 *The Journal of Curriculum Theorizing*에서 처음으로 개념적인 일치를 이루었다. 그 외에 John S. Mann, Michael Apple, Madeleine Grumet, Henry Giroux, Janet Miller, Paul R. Klohr, Alex Molnar, Max Van Manen, David C. Williams, George Wills 등이 재개념주의 학파에 속하는 유명한 학자들이다. James Macdonald와 Esther Zaret의 *Schools in Search of Meaning*(1975)은 ASCD에 의해 출간되었고, George Willis의 *Qualitative Evaluation: Concepts and Cases in Curriculum Criticism*(1979), Michael Apple의 *Ideology and Curriculum*도 출간되었다. 이러한 저서들에 몇 가지 다른 입장들이 모이면서 재개념주의의 특징이 명료해졌다. 다음과 같이 유사한 지적인 뿌리를 두었다는 점에서, 재개념주의자들의 기원은 다음의 세 가지로 명료하게 구분할 수 있다. 첫째, 일부 재개념주의자들은 Maurice Merleau-Ponty와 유명한 Jurgen Habermas와 같은 유럽계 철학자들의 저서와 함께 Sartre, Camus, Kafka 등의 실존주의 저서들에 주요한 지적 기반을 두었다. 둘째, 다른 재개념주의자들은 Basil Bernstein 및 영국과 유럽대륙 출신의 지식 사회학자들의 저서를 지적 기반으로 하고 있다. 예를 들면, 영국의 Michael F. D. Young의 *Knowledge and Control*(1971)과 P. W. Musgrave의 *Knowledge, Curriculum and Change*(1973)가 대표적이다. 셋째, 또 다른 재개념주의자들은 Jurgen Habermas가 해석한 비판 이론으로 알려진 신마르크스주의 사상을 바탕으로 책을 출간하였다.

재개념주의자들은 기본적으로 교육과정학에 새로운 담론을 불러일으키는 데 많은 노력을 기울였으나, 실제 적용에 주된 관심을 두지는 않았다. 하지만, Paulo Freire는 그의 저서 *Pedagogy of the Oppressed*(1970)에서 매우 예외적인 주장을 하였다. 다른 재개념주의자들은 이 주장을 새로운 사고방식이 새로운 교육적 활동을 낳는 방식을 이해하기 위한 중요한 첫 시도로 여겼다. 그는 저서에서 브라질의 억압받는 소작농들에게 문맹 퇴치 프로그램을 적용하고자 하는 의도를 다음과 같이 설명하였다. 즉, 교수-학습 상황에서 학습을 잘 하는 사람들과 그렇지 못한 사람들의 역할에 관련된 일상적인 어려움을 피할 수 있는 방법을 다음의 두 가지로 설명한 것이다. 첫째, 모두의 참여가 가치 있다는 점을 강조하며 소작농을 대화에 참여시키고, 둘째, 함께 힘을 모아 불공평한 것에 대해 문제를 제기하도록 기회를 활용하게 한다.

Pinar와 Grumet의 *Toward a Poor Curriculum*(1976)은 재개념주의자들의 사상에서 철학적 적용은 물론 실제적 적용을 확실한 중심 개념으로 자리잡게 하였다. 이 저자들이 언급한 '소박한(poor) 교육과정' 이란, 장식적인 요소 때문에 본래의 취지와 달라진 것을 제거한 교육과정, 즉 학습의 과정에서 나타나는 인간 내면의 감정에 관한 교육과정을 의미한다. 그 교육과정은 다음과 같은 것이다. 반추하여 자신의 과거를 감지하고, 진보적으로 자신의 미래를 투영하며, 분석에 의해 자신의 현재를 인식한다. 그리고 자아실현을 위해 이상의 세 가지를 꾸준히 점진적으로 종합한다. 교육과정 분야에서 기존의 입장과 관련된 Pinar의 입장과 해석의 개요는 AERA의 1978년 연차 대회에서 'State of the Arts' 라는 강연으로 발표되었고, 이어서 *Educational Researcher*[5]에 게재되었다. 재개념주의자라는 이름이 붙여진 저자들 간에 뚜렷한 차이가 있었던 것은 분명하다. 그들은 당시에 주류를 이루고 있던 입장과는 달랐기 때문에 결속을 강화하였다. 1970년대 말까지 초기 입장이 지속되자, Pinar와 그의 동료들의 의도보다 재개념주의의 범주가 엄격해졌다.

Michael Apple과 그의 동료들은 앞서 Philip Jackson이 *Life in Classroom*

5) Pinar, W. F. (1978). Notes on the Curriculum Field 1978. *Educational Researcher, 7*(8): 5-12. 재개념주의자들의 저술에 관한 비판적 고찰을 위해 다음을 참조하라. van Manen, M. (1978). Reconceptualization in Curriculum Inquiry. *Curriculum Inquiry, 8*(4): 365-375.

(1968)에서 쟁점화한 잠재적 교육과정에 대한 책을 저술하였다. 재개념주의자는 아니지만, 1970년대에 발간된 Overly와 Snyder의 문헌에서도 잠재적 교육과정의 중요성을 인정하고 있다. 이때, 교육과정 재개념주의자들이 현저하게 발전한 반면, 이들은 경험주의자들을 포함하여 과거 30년 동안의 교육과정 저자들과는 근본적으로 달랐다. 과학에 대한 Dewey의 생각은 철저하게 실제적이고 실용적이며 인본주의적이었다. 그러나 Dewey가 원칙적으로 재개념주의자들이 주장한 정치적 혹은 인식론적 측면에서 자유로운 것은 아니었다. 경험주의는 몇몇 재개념주의자들, 특히 비판적 재건주의자들의 입장을 확립시킨 Freire, Apple, Giroux 등의 사상 발달에 영향을 주었다. 이들은 경험주의 담론을 비판적으로 재구조화함으로써 이전의 교육학 연구에서는 다루지 않은 것을 드러냈고, 교육학 연구에도 큰 영향을 미쳤다.

교육과정 사상에 대한 이러한 새로운 접근의 예는 Elliot Eisner의 *The Educational Imagination*(1979)이다. 그것은 사회적 행동주의자들이나 지적 전통주의자의 입장보다는 경험주의자의 사상과 맥락이 더 잘 통한다. 그러나 그 기원은 전혀 다르다. Dewey와 그 제자들의 생각이 실용주의 철학에서 나온 반면에, Eisner는 유럽의 현상학, 실존주의, 정신분석에서 시작되는 다양한 담론이 아닌, 예술가로서 미학적 관점에서 교육에 대해 저술하였다. Eisner는 교육과정의 내용에 비판적인 인식과 대안적인 표현 방법을 반영하는 것이 의미 있는 교육의 핵심이라고 주장했다. 그는 질적 평가 방법을 제안하였는데, 이는 예술에서의 비평과 감식안의 기능과 유사하다. 이러한 맥락에서, Eisner는 지배적 입장과는 거리를 두고 있던 교육과정 저자인 Harry Broudy와 입장을 같이 하였다.

1970년대 다른 교육과정 입장을 살펴보기 전에 한 가지 짚고 넘어갈 것이 있다. 이 당시 교육과정 개발에 대해 글을 썼던 사회적 행동주의자나 개론서의 저자들과 비교할 때, 재개념주의자들이 그렇게 많은 책을 발간한 것은 아니라는 점이다. 그들은 대부분 학문적 경력이 짧았고, 주로 학술지나 학회에서 그들의 생각을 표현하였다. 하지만 교육과정 개발에 대해 글을 쓴 학자들은 기본적으로 20년이 넘게 같은 학문적 틀 속에서 연구하며 그들의 전통을 유지해 왔다. 재개념주의자와 교육과정 개발론자들을 포함하여 몇 개의 집단을 살펴보자.

첫 번째는 개론서의 저자들로, 이들은 진보주의 운동에서 출현하였지만 그들의 의견을 표현하는 데 있어 절충주의적 입장을 추구하였다. 그들은 신진 교육과정학자들을 교육과정학에 입문시키고자, 백과사전적 교육과정 지식을 산출해 냈다. 이 시기 교육과정 개발의 하위 주제는 기초, 목적, 개발, 설계, 실행, 평가, 조직, 수업, 자료, 계획, 개정 등으로 매우 친숙한 것들이다. 개론서의 저자들은 신진 교육과정학자들이 실제에 영향을 줄 수 있도록 지침을 제공하였고, 그것을 '원리(principles)' 라고 불렀다. 그러나 그들은 그러한 원리들이 Dewey의 실천적 지식을 실행하는 데 거의 쓰이지 않음을 분명히 알고 있었다. 하지만 역설적이게도 그들은 다른 학자들보다도 Dewey를 더 많이 인용하고 있다. 그러나 장래에 교육과정학자가 되기 위한 한정된 준비 기간에 그들이 도대체 어떤 대안을 얻을 수 있었겠는가? 개론서의 저자들은 미래의 교육과정학자들이 최근의 교육과정 혁신과 필수적인 수사법에 대해 알기를 기대하였다.

따라서 어떤 개론서는 미래 교육과정학자들이 아이들과 젊은이들이 생활하는 것을 돕거나 방해할 수 있는 교육과정 경험을 만들고자 한다면 불확실한 미래에 대해 준비가 되어 있어야 한다고 주장하였다. 그들은 미래학자 Alvin Toffler의 저서인 *Future Shock*의 예측으로부터 영향을 받았다. 급속한 기술 발달로 개인적 불안정성이 증가하게 되자, 많은 책들은 불확실한 미래를 위한 혁신과 준비를 강조하였다. 개론서는 '우리는 우리 자신을 준비해야 한다.' 라는 방향으로 수정되었다. 교육과정 지식의 새로운 측면에 대한 강조는, 계속적으로 발달하고 있던 연구 영역으로서 교육과정학을 정당화하였다. 이것이 만일 정당화된 형태로 인정된다면 논란의 여지가 있다. 다음은 새로움을 추구한 교육과정 저서들의 예이며, 괄호 안의 단어는 이러한 입장의 특징을 나타내는 제목에서 추출한 것이다. 1970년의 Billett(개선하는),

Burns & Brooks(변화하는), Doll(개선), Feyereisen 등(쇄신), Foshay(창안), Frymier & Hawn(개선), Hicks 등(쇄신), Shuster & Ploghoft(새롭게 등장하는), 1971년의 Alexander와 Saylor(미래의), Oliver(개선). 1972년의 Lee와 Lee(미래의), OECD(80년대 이후), 1973년의 Beck 등(현대의), Inlow(새로운 추세의), Morley(현대의), 1974년의 Hass 등(새로운), 1977년의 Oliver(개선), 1978년의 Steeves와 English(변화하는), 1979년의 Trump와 Miller(개선) 등이다.

많은 광범위한 개론서들이 교육과정 개발과 연구의 일반적 영역을 소개하거나 개관하기 위해 출간되었다. 그러나 그것들은 앞서 제시되었던 현대화하려는 교육과정만큼 새로운 아이디어들을 제시하지는 못했다. 중요한 예들은 다음과 같다. Bell(1971), Cave(1971), Christine과 Christine(1971), Nicholls와 Nicholls(1972, 1978), Firth와 Kimpston(1973), Owen(1973), Hass 등(1974), Saylor와 Alexander(1974), Stenhouse(1975), Tanner와 Tanner(1975), Unruh(1975), Barrow(1976), Jenkins와 Shipman(1976), Zais(1976), Chandra(1977), Hass(1977), Kelly(1977), McNeil(1977), Gress와 Purpel(1978), Lawton 등(1978), Taylor와 Richards(1979) 등이 그것이다. 몇 개의 예를 제외하고, 이 저서들은 과거의 개론서들과는 중요한 점에서 한 가지 차이가 있다. 1970년대의 개론서들이 다양한 중요 문제들을 표집한다는 생각에서 종종 백과사전적인 시도를 보인 반면, 위의 저서들은 실천을 위한 처방으로서 대규모로 목록화된 원리나 지침을 포함하고 있지 않았다.

예를 들어, Kelly는 책에서 교육과정 계획, 목표, 내용 선정, 통합 또는 조직과 평가로 표현되는 Tyler의 모형을 이용하고 있다. 교육과정의 합리적 구성에 대해 논의하고 나서 교육과정 개발의 사회적 · 정치적 절차가 논의되었다. 그는 영국에서 학교를 위한 국가 수준 교육과정의 가능한 형태에 대한 시의적절한 논의로 결론을 맺었다. 학자로서 그의 역할은 교사를 교육과정에 대한 의사 결정의 주체로 설 수 있도록 힘을 보태 주는 것이라고 주장하며, 저서에서 절충주의적 입장을 드러냈다. 그는 교육과정 이론을 교사가 직면하는 책무성에 역효과를 내는 것으로 보고, 이론을 확립하는 것을 인정하지 않았다. 그는 “사실상, 정반대와 양극단은 교육과정 실제보다 교육과정 이론가의 마음속에 더 많이 존재한다.”라고 경고하였다(Kelly, 1977: 76). 특정하고 상세화된 처방은 없다. Kelly는 교육과정 논쟁에 대한 당시의 관점을 제공하고, 실천가들이 합리적이고, 정치적으로 예민하며, 효과적인 방법을 택해 절충적이 되도록 고무하였다.

Bell, Cave, Firth와 Kimpston, Owen, Lawton, Barrow, Jenkins와 Shipman, Stenhouse, Taylor와 Richards, Zais의 저서는 대다수의 초기 개론서보다 분석에 있어서 더 날카로운 편이다. Zais(1976)의 저서에서는 교육과정 사상과 실행에 대한 역사를 중요한 부분으로 다루고 있다. Tanner와 Tanner(1975)의 저서는 특히 역사적 접근에 기초한 것으로 주목할 만하다. 저서의 2/3가 미국 학교를 위한 교육과정에서의 사상과 실제의 역사를 서술하고 있다. 특별히 역사적 연대기가 아닌 부분(예를 들면, 일반교육, 기술교육, 직업교육에 관한 논의)도 해석의 틀로 역사적 연구 방법을 적용하고 있다. 이들은 교육과정 분야에서 거시적 관점을 회복했고, 당대의 독창성과 실험 정신을 이전의 역사적 연구물과 관련지었다. 이들의 저서는 학문적으로도 특별했고 매우 세세한 부분까지 다룬다는 특징이 있다. 이들이 잡다하고 자기 본위로 이론화하거나 연구한 것은 날카롭게 고찰한 것인데 당시로는 도발적이었고, 논쟁의 여지가 있었다. 교육과정에 대한 이들의 관점은 Dewey에 대한 학문적이고 학교 본위의 해석과 20세기 교육에 대한 Dewey의 제안에 많은 영향을 받았다.

학교급별로 교육과정을 고려한 개론서가 1970년대에 양산되었다. Becker와 Cornett(1972), Clark 등(1972), Trump와 Miller(1979)의 중등학교 수준, Lavatelli 등(1972), Rodgers(1975), Wiles와 Bondi(1979)의 초등학교 수준, Parker(1972), Cook과 Doll(1973), Margolin(1976), Seefeldt(1976), Jones(1977)의 유치원 수준, Kindred와 Wolotkiewicz(1976), Curtis와 Bidwell(1977), Lounsbury와 Vars(1978)의 초등학교의 연장으로서 새롭게

발전하는 중학교(middle school)와 고등학교의 하위단계로서의 중학교(junior high school)를 강조하는 수준을 다루고 있다.

앞에서 논의되었던 개론서 유형과는 달리 1970년대의 교육과정 저서에서 강조한 것은 혁신에 관한 관심이었다. 이러한 저서는 변화와 혁신의 절차와 변화에 대한 사례연구를 빈번하게 다루고 있었다. 이러한 사례는 다음과 같다. Lawler(1970), Pharis, Robison 그리고 Walden(1970), Skeel과 Hagen(1971), Hoyle(1972), Hoyle와 Bell(1972), Leithwood와 Russell(1972), Mayhew와 Ford(1973), Dickson과 Saxe(1974), Kingsford(1974), Reagan과 Leithwood (1974), Wass(1974), Goodlad(1975), Harris 등(1975), Reid와 Walker(1975), Roberts(1975), Leithwood 등(1976a), Leithwood 등(1976b), Werner(1979)가 있다.

결국, 다양한 학교 유형을 새롭게 다루는 것과 학교 교육과정이 선정되고 조직되는 방식을 강조하는 또 다른 형태의 개론서들이 여전히 존재했다. 이러한 저서는 제안과 보고서 둘 다를 포함하는데, 대개 연구라기보다는 논평의 형태를 취하고 있었다. 이러한 영역의 소재는 다음과 같이 매우 다양하였다. Turner(1971)의 학습을 자유롭게 하는 학교, Wilson(1971)의 다양한 방법의 지식 습득을 가능하게 하는 교육과정, Miller(1972)의 인본주의에 기초한 중등교육과정, Purple과 Belanger(1972)의 1960년대 문화혁명기간 중에 발전한 몇 가지 종류의 교육과정, Saylor(1972)의 미래지향적 학교에 대한 요구, Trump와 Miller(1972)의 좀 더 조직화된 모듈수업 계획, Frymier(1973)의 미래의 학교 창조를 위한 절차, Moffet(1973)의 학생중심 교육과정, Silberman(1973)의 열린 교육, Talmage(1975)의 개별화 교육의 조직, Michealis 등(1975)의 초등학교 교육에서의 교육과정과 교수의 다양한 개념 등이다. Frazier(1976)의 과감한 시도, 숙달, 연합을 포함하는 교수전략에 대해서 썼다. 즉, Kauffman(1976)의 미래지향적 교수 프로그램 개발, Frymier (1977)의 특별한 유형의 개별화 교육, Oliver(1977b)의 단기과정, Shane (1977)의 미래지향적 교육과정, Holt(1978)의 종합고등학교에서의 공통교육과정, Bloomer와 Shaw(1979)의 개혁적 교육과정 조직의 한계에 대해 논하였다. Egan(1979)은 교육과정 선정과 조직에서 주요한 요인으로서 아동발달에 대한 새로운 이해를 드러냈는데, 아동의 발달은 이야기 형식에 초점을 맞춘 것으로 환상에서 현실적 숙고로 나아간다. 이것은 오랫동안 당연시되어 온 교육과정을 벗어난 즉각적이고 상식적인 것으로 시작되는 '지평을 넓혀가는' 것이다.

개론서, 교육과정 조직의 절차와 사례, 새로운 형태의 교육과정 조직을 위한 제안들과 같은 교육과정에서의 새로움을 강조한 다양한 유형들이 있었다. 그것들은 제한적이기는 하지만 중요한 공통의 의제로 전통적인 개론서와 약간은 관련이 있었다. 이러한 소재들은 언뜻 보기에는 결합되어 있는 것처럼 보이지만 실제로는 분리되어 있다. 그러나 대부분의 관점은 학교를 돕는 것을 목적으로 하는 교육과정 사상의 오랜 전통에서 도출되었다. 대부분의 저자들은 이전에 교사였거나 교육 행정가 출신이었다. 그래서 그들은 낡은 교육과정 유형을 새로운 것으로 교체함으로써 학교가 문제를 극복하도록 하는 실천적 옹호자로서 스스로를 생각했다. 앞에서 언급된 것처럼, 새로움을 추구하였던 개론서의 저자들과 그 후학들은 새로운 전통이 되었다. 이것이 바로 그들이 지적 전통주의자라는 것은 아니다. 지적 전통주의자들은 교양 교육적 지식의 주창자로서 인생의 위대한 신비와 사상, 기능에 대한 교양 교육적 지식을 옹호하는 사람들이다. 이러한 교양 교육적 지식은 정신도야 이론이 유행한 19세기 후반에 재등장하였고, 20세기의 대부분 초중등학교의 교육과정 계획에 주류를 이루었다. 개론서의 저자들은 절충주의 전통을 이어받고 있었다. 보편적 학교교육이 등장하면서 교육과정 분야가 성장하였고, 이에 따라 절충주의 전통도 함께 성장하였다.

시대가 발전하고 교육과정이라 불리는 책들이 다량 출간되면서 교육과정 지식은 특별한 종류의 구성된 지식이 되었다. 1930년대에 개론서는 편람 형태였으며, 때로는 최신 교육과정 지식을 만들어 냈다. 교육과정학자들 수만큼 그 사상도 증가되었다. 그 사상은 때로 탐구 또는 철학적 논쟁에 기반하였으며, 점차 경험주의, 사회적 행동주의, 지적 전통주의의 사조에 대한 대립되는 논의로부터 형성되었다. 절충은 학교에 대한 처방으로서 나온 것이다. 오랫동안 여러 문헌들은 학문적 업적을 냈는데 그것은 학교에서 교육과정을 개발하는 사람들이 마음에 새기고 따라야만 하는 '원리'나 지침이 되었다. 1970년대에는 이러한 지침이 줄어들었다. 그것은 쟁점에 대한 논의, 잡다한 사상의 제시, 최근의 실천 사례, 새로운 것이라고 여겨지는 그 밖의 사상을 강조하는 것으로 대체되었다. 그리하여 1950, 1960년대의 개론서에서 절정이라 할 수 있는 교육과정 개발 문헌의 주류는 절충적 관점으로부터 나온 '교육과정 지식의 전통'이 되었다. 이 전통은 개론서 형태로 주어졌는데, 개론서들은 대개 Tyler가 주장하였던 논의에 대해 계속해서 강력한 의문을 제기하고 있었고, 부분적으로 Bruner로부터 고무된 교육과정 지식을 형성하는 데 유용한 뼈대가 되었다.

그러나 아마도 교육과정 분야의 지적 전통에 가장 중요한 기여를 한 사람들은 학교 관련자일 것이다. 지식의 원천은 다양했지만 학교가 그 주된 초점이었다. 학교에서 이러한 지식을 생성하는 것은 체계적인 연구 형태를 띠는 대신에 학교에서 매일 부딪히면서 획득되었다. 애초에 많은 교육과정 저서의 저자들은 학교 교사였다. 그러나 나중에는 교육과정 컨설턴트나 학교 행정가들이 교육과정 책들을 출간하였다. 곧이어 그들은 대학과 연결되었고, 학교 관련자들을 가르쳤고, 학교에 조언하였고, 학교에 대하여 저술하였다. 교육에 대해서 그들이 말하는 경험, 기초 지식, 그들이 교육에 관해 말하는 방법 등은 학문적 담론이 아닌 학교로부터 유래된 것이다. 비록 그들은 지적 전통주의자의 내용을 영속시키지 않았지만, 지적 전통주의가 학교에서 드러난 형식을 영속시키는 데 많은 기여를 하였다.

다음으로 1970년대에 출현했던 경험주의자나 사회적 행동주의자를 살펴보자. 경험주의자들은 Dewey와 그의 제자들의 제안에 부합되는 교육과정 개혁을 주장하였다. 그럼에도 불구하고, 실존주의적 · 현상학적 · 정신분석적이며 인본주의적 경향 또한 발견된다. 예를 들어, ASCD(1970)는 인간성을 기르는 것을 강조했다. Nerbovig(1970)의 통합교육과정 개발을 위한 단원 구성법, Weinstein과 Fantini(1970)의 사회적으로 용인된 교육과정 목표와 활동 안에서 인본주의적이고 정의적인 활동의 통합, Bremer와 Van Moschzisher(1971)의 청소년 교육에서의 학교와 지역사회 간의 장벽 허물기, Buffie와 Jenkins(1971)의 무학년제, Kopp과 Zufelt(1971)의 개별 맞춤 교육과정 옹호, Manning(1971)의 인본주의 해석, Walton(1971a)의 영국 초등학교의 통합교육과정, Dale(1972)의 학습 환경에 대한 해석, Thelen(1972)의 활동과 탐구가 통합된 목표로 교육과정과 수업을 상호연관 시키기, Moffett(1973)의 학생중심 강조, Silberman(1973)의 열린교실에 대한 다양한 관점의 제시, Bowers(1974)의 민주적 활동에 기초가 되는 교사와 학생 간의 대화의 교육과정을 촉발시키는 교수, 학습, 정책에 대한 실존적 관점, Holly(1974)의 교육과정 경험은 기초기능을 개발하는 것을 넘어서서 민주주의의 필수불가결한 요소인 자아실현과 해방을 고무시키는 것이어야 한다는 주장이 두드러진다. Haigh(1975)의 교육과정 통합에 대한 해석, Hendricks와 Fadiman(1975)의 인간을 명상, 환상, 변화된 의식상태, 동양적 사고·행동과 같은 새로운 의사소통 유형(modes)에 접하게 하는 교육과정, Hollaway(1975)의 문제해결을 위한 인본주의적 관점, 지각, 의사소통, 행동을 포함하는 유네스코(UNESCO, 1975)의 경험주의 교육과정, Timmerman (1976)의 10대를 위한 통합 교육과정, Berman과 Rodericks(1977)의 생활의 향상을 위한 의사결정, 의사소통, '인간 만들기(peopling)' 에 초점을 둔 과정중심 교육과정, Olsen과 Clark(1977)의 생활중심 교육과정의 중요성에 대한 강조, 유네스코(UNESCO, 1977)의 통합 교육과정 개발에 대한 사례 연구, Greene(1978)의 학습에 대한 분석적 관점, Reid(1978)의 실제성의 개념에 인본주의적 요소 첨가, Overly(1979)의 평생 학습에의 요청 등이다.

당시에 사회적 행동주의자들의 활동도 결코 둔화되지는 않았다. 1960년대에 교육과정 프로젝트에 사회과학자의 참여에서 기인한 사회과학적 방법론이 널리 수용됨으로써, 이러한 신념의 교육과정학자들이 당시의 학문을 주도하였다. 그들의 경향은 사람과 동물의 행동을 양적으로 관찰 가능하다고 생각하는 Thorndike의 믿음에 뿌리를 두고 있다. 이런 입장은 인과관계에 대한 행동주의적 탐구를 포함한다. 통찰에 의해 지식과 행동에 대한 설명이 가능하다는 논리적 실증주의의 믿음도 가지고 있다. 그러면서도 중요한 지식 또는 행동 영역의 수수께끼를 점진적으로 풀어갈 가능성이 있는 결론을 통제하고 검증하려는 것이다.

간단히 말하면, 이러한 믿음은 인간행동에 대한 설명을 과학적 탐구의 적절한 대상으로 본 Hobbes의 주장에서 발견된다. 그러한 믿음은 근대 정치학의 발전을 자극하고 사회과학을 다양화하는 데 도움을 주었다. 이러한 과학적 방법론의 개념은 Dewey의 제안과 구별된다. 기술관리체제를 구축해 온 교육과정 개발은 이러한 과학적 절차를 예시하고 있다. 목표와 능력을 세분화해서 조직하면 더 나은 인간을 육성하려는 학교의 기술적 전략이 되는 개념체계를 구축할 수 있다.

능력, 행동주의적 목표, 컴퓨터화, 체제적 요구 사정 등에 대한 결합을 강조하는 것은 인본주의적 요소를 행동주의적 요소에 결합하려는 시도이다. 그리고 체제이론, 조직개발, 경영이론에서 나온 많은 표현양식은 다음과 같은 저서에서 쉽게 발견할 수 있다. Ammerman(1970), Bernabei와 Leles(1970), Feyereisen(1970), Harnack(1970), Drumheller(1971), Eisele(1971), Kapfer (1971), Utz(1971), Drumheller(1972), Hauenstein(1972), Razik(1972), Vargas (1972), Baker와 Popham(1973), Ogletree와 Hawkins(1973), Stradely(1973), Gilchrist와 Roberts(1974), Beauchamp(1975), English와 Kaufman(1975), Hug(1975), Mager(1975), Casciano-Savignano(1978) 등이 그 예이다. Mager (1975)의 저서는 교육과정 공학에 대한 영향으로 인해 특히 주목된다. 그는 기업, 산업, 군대와 같은 분야의 훈련프로그램에 대해서 관심을 가졌으며, 교육과정 목표로서 미리 상술될 수 있는 과제의 수행 결과에 주목하였다. 이는 1920년대 사회적 행동주의의 특징인 Bobbitt의 활동분석을 연상시킨다. English(1978)는 교육과정에서의 질 관리를 강조하면서 기업 윤리에 주목했다.

교육과정 저서에서 경쟁적으로 공학을 다루던 경향은 1970년대 후반부에 쇠퇴하였다. 상기한 대부분의 저서들은 때로는 학문적으로 연구된 것이지만, 적용을 염두에 둔 것이었다. 비록, 저자들은 연구에 기초가 되는 수사학이나 형식을 통해 독자들을 확신시키려 하였지만, 실제로 그들의 제안을 확실히 지지해 주는 결정적인 교육과정 연구는 없었다. 게다가 교육과정에 사회적 행동주의의 적용을 지지한 사람들이 적지 않았다. 경험주의적 또는 행동주의적 방법론을 활용한 교육연구자들은 1970년대에 교육학의 주류가 되었다. 그 분야의 많은 학술지들이 거의 예외 없이 실증적 경험적 연구물을 실었다. 이는 또한 대학원생들이 통계적 방법과 더욱 세련된 연구 설계를 교육받았다는 사실과 맥락을 같이한다. 모든 교육과정 사상은 '탁상공론'이 많았고, 그들의 제안을 지지해 주는 '과학적' 탐구는 부족하다는 비판에 직면해 있었다. 이것은 사회적 행동주의 방법론을 지지하는 사람들이 주장한 것이다. 하지만 사회적 행동주의 방법론 역시 교육과정 문헌에 있어서 많은 수단-목적 규칙의 효율성을 입증하는 일반화된 증거가 거의 없었다.

이 새로운 사회적 행동주의자의 탐구 노력 이면에는 학습자, 학습과정, 학습조건, 지식습득의 인과적 요인, 교육과정의 수단과 목적, 투입과 산출 등의 사실을 경험적으로 입증하고자 하는 희망이 숨어 있다. 많은 교육적 연구와 학술 논문들은 이러한 사회과학적 입장을 반영한다. 이중 몇 가지는 중요한 교육과정적 함의를 갖고 있지만, 전통적인 교육과정 학계로부터 나온 것은 거의 없었다. 행동주의자들의 다양한 연구는 교육과정 평가 영역에서 가장 많이 나타났으며, 뒤에 논의될 것이다.

그러나 교육과정 탐구에 관한 저서는 가설을 입증하는 연역법이라기보다는 좀 더 상황적이고 분석적이며, 해석적인 경향을 띠고 있었다. 어떤 저서들은 양자를 포섭하는 경우도 있었지만, 대부분은 경험적이고 실험적이라기보다는 개념적이거나 규범적인 경향을 더 많이 보였다. 교육과정 연구 문헌의 예는 다음과 같다. Johnston과 Burns(1970)의 초등학교 교육과정에 연구결과의 적용, Lavatelli(1970)의 유아기 교육과정에 대한 Piaget 이론의 적용,

Taylor(1970)의 교사들이 교수요목을 계획하는 방법에 대한 분석, Dahllof(1971)의 교육과정 절차에서의 집단 구성 유형, 내용 타당도와 요인 분석, McClure(1971a)의 교육과정 개발의 현장 연구, Smith와 Keith(1971)의 교육개혁에서의 조직 요인 분석, Grobman(1972)의 발전적 교육과정 프로젝트의 의사결정 차원, Harrow(1972)의 Bloom과 Krathwohl의 목표분류학에 따른 심동적 영역의 분류, Ulf Lundgren(1972)의 교육과정을 지배하는 '틀(frame factors)' 로서 이론적 구성의 일체화를 주도한 Dahllof가 시작한 교육과정 절차에 대한 연구, Derr(1973)의 학교교육의 사회적 목적분류학 제시 등이 있다.

연구나 논의로 수행된 탐구에 대한 또 다른 관점은 다음과 같다. Taylor와 Walton(1973)의 교육과정 연구, 혁신, 개정에 대한 몇 가지 관점, Shipman, Bolam 그리고 Jenkins(1974)의 교육과정 개정에 대한 사례연구, Taylor, Reid 그리고 Holly(1974)의 영국의 '대입 준비 과정(sixth form)' 의 사례연구, Botel과 Botel(1975)의 목표분류학에 대한 비판적 평가, Eaton(1975)의 교육과정 용어의 활용에 대한 사례 연구, Musgrave(1975)의 경험적 방법과 철학적 · 사회적 분석 방법을 결합시킨 교육과정 연구, Reid와 Walker(1975)의 교육과정 혁신사례연구, Stenhouse(1975)의 교육과정 개발자를 위한 실천중심 연구의 관점, Rudduck과 Kelly(1976)의 교육과정 개발을 확산시키는 문제, Hamilton 등(1977)의 양적 연구가 아닌 교육과정 현상을 설명하는 방식, Reid(1978)의 교육과정 문제를 생각하거나 다루는 방법, Willis(1978)의 교육과정 연구와 평가에 대한 질적 접근, Apple(1979)의 교육과정이 영속화시키는 몇 가지 지식과 계층에 관한 조사, Schaffarzik과 Sykes(1979)의 가치가 내재된 교육과정 쟁점을 다룬 연구와 경험, Goodlad 등(1979)의 학교의 교육과정 실천 탐구, Bremer(1979)의 지역 사회와 개인의 발달에 대한 연구가 있다.

'교육과정에 영향을 미치는 기본 틀과 요인(framework factor)' 에 관한 Dahloff(1971), Lundgren(1972)의 저서는 사회과학적 방법론과 이론 구성을 결합시킨 좋은 사례이다. 앞서 언급된 학습과제 몰두 시간(time-on-task)과 관련해서 그들이 틀을 다룬 것은 그러한 연구의 이론적 기초가 된다. 전체 학습 시간 계획, 목표의 다양한 수준, 교수법은 교사들이 통제할 수 있는 요소이다. 교사들은 학생들이 교육과정 경험에서 배울 수 있는 지식의 종류와 질에 상당히 영향을 미친다. 그러나 학생의 지능, 학생의 성취수준, 학급의 크기, 학년의 기간, 지역사회에서 학교의 위치, 학생의 학급편성, 교육과정에서 정책적으로 강조하는 필수사항 등은 개별 교사의 통제를 벗어나 있다.

교육과정 평가는 사회적 행동주의자와 밀접한 관계가 있다. 그런데 그 연구는 1970년대의 교육과정 저서들보다 훨씬 더 과학적인 Schwab의 '이론적' 유형의 전형적인 영역이었다. 때로 교육과정 연구와 평가 사이에는 상당히 중복되는 부분이 있다. 이상에서 언급된 교육과정 평가 서적은 매우 다양했고, 행동주의자의 가설의 형식과는 상당한 차이가 있었다. 사례연구법이 그 주요한 예이다. 주요 교육과정 평가자들도 다양했다. Baker, Bloom, Cronhach, Dahllof, Eash, Ebel, Eisner, Gagne, Goodlad, Kallos, Lundgren, Parlett, Popham, Provus, Scriven, Stake, Stenhouse, Stufflebeam, Talmage, Tyler, Walker, Westbury와 Willis 등의 친숙한 저서들이 그 예이다. 비록 이들 모두가 1970년대 교육과정 평가 문헌의 저자는 아니었지만 그들은 논문도 집필했으며, 연구기관도 이끌었고, 주도적으로 뛰어난 연구를 했으며, 교육과정 관련 기금을 제공하는 정부나 민간 재단이 사용하는 평가 양식을 발전시켰다.

교육과정 개발의 차원으로서 평가를 직접적으로 다룬 저서들의 예는 다음과 같다. Lindvall과 Cox(1970), Wiseman과 Pidgeon(1970), Olsen과 Richardson(1972), Taylor와 Cowley(1972), Weiss(1972), Wiseman과 Pidgeon(1972), Great Britain Schools Council(1973a and b), G. G. Greene(1973), Worner(1973), Zenger와 Zenger(1973), Shipman, Bolam 그리고 Jenkins(1974), Payne(1974), Case와 Lowry(1975), Stenhouse(1975), Hamilton(1976), Mathews(1976), Tyler 등(1976), Bellack과 Kliebard(1977),

Hamilton 등(1977), Lewy(1977), Willis(1978), Eisner(1979)가 그 예이다.

위의 저서들 중 몇몇의 장점을 상술하면 다음과 같다. Taylor와 Cowley(1972)의 책은 교육과정 평가에 관한 좋은 저술의 사례이다. Bellack과 Kliebard(1977)는 교육과정 평가의 보다 전체적인 개념에 관한 폭넓은 관점을 일깨우는 고전적 논문을 편집했다. Hamilton 등(1977), Willis(1978), Eisner(1979)는 교육과정 평가의 사회적 행동주의자적 해석에 대한 대안을 제시하였다. 그들은 Hamilton과 그의 동료들이 '숫자놀이' 라고 불렀던 것을 뛰어넘는 교육과정 현상을 설명하는 양식을 제공하였다. 이는 사실적이며, 문해적이고, 예술적인 방법을 검토함으로써 가능하였으며, Willis는 그것을 '질적 평가' 라고 하였다. Wilson(1971)은 이들 학자들에게 필요한 것을 다음과 같이 지적하였다. 즉, 그들은 과학적 연구에 대한 제한적 개념으로, 1950~1960년대에 나타났던 지적 성장을 간과했다. 교육과정과 평가 연구는 심리학, 철학, 자연과학의 연구 동향에서 뒤처져 있었다. 그러한 영역에서 사용된 방법론은 앎에 이르는 개인적, 상황적, 직관적, 상호작용적, 감정적 통로의 가치를 인정했다.

비록, 무엇이 가치 있는 교육과정 연구인가에 관한 시각이 확산되어 있었지만 예외도 있었다. R. Stake, E. Eisner 등은 합당한 지식으로서 직관적·예술적·인간적 판단의 많은 사례를 논의했다. 지배적인 사회적 행동주의자의 평가 형태와 이에 대항하거나 보충할 목적으로 나타난 질적 연구가 있었을지라도, 이것들은 모두 학교의 책무성에 대한 요구가 증가되었기에 나타난 성과물이었다. 어떤 이들은 제대로 된 양호한 평가가 교육과정 개발 과정의 필수적인 출발점이라고 주장한다. 과거와 현재를 안다는 것은 무엇이 되어야 할지를 결정하는 중요한 요건이 된다. 많은 이들은 현재의 평가 방식이 긴 안목에서 실태를 충분하게 묘사하지 못한다고 주장한다. 그러한 주장은 때로 피상적인 분석적 범주체계에 근거하고 있다. 더 날카로운 비판은 현실에 대한 지식이 당위를 결정하는 데 충분한가에 대한 것이다. 당위에 관한 질문이 그 기초가 윤리적이거나 규범적인 것은 물론이다. 경험적 자료는 필요하지만 교육과정 처방을 위한 기초로는 불충분하다.

처방은 반드시 윤리적이고 미학적인 목적의식 위에 세워진다. 잘 설정된 목적은 최고의 교육과정 개발이 되는 데 필요하며, 이것은 또 다른 초점의 교육과정 문헌에 대한 관심을 불러일으켰다. 목적을 강조하는 사람들은 정교한 이론적 · 철학적 도구를 사용하려는 경향이 많다. Pinar(1974, 1975, 1976), Macdonald와 Zaret(1975), M. Greene(1976)의 저서는 교육 활동과 연구의 목적에 대한 현상학적 · 실존학적 관점을 제공하였다. Schwab(Westbury & Wilkof, 1978)과 Reid(1978)는 실제적인 탐구와 활동을 요구하는 논문을 썼다. Armentrout(1971), Krug(1972), Wilhelms(1972)는 특히 미국 교육의 미래의 방향을 제시하는 목적과 내용을 정교화하였다. Levit(1971), Martin(1970), Jenkins(1972)는 교육과정의 선집을 만들었는데 그것들은 일련의 철학적 형태, 특히 분석 철학을 의미하는 교육철학에 기초한 것이다.

Jenkins의 연구는 교육과정 사상의 몇 가지 모습을 학생들에게 소개하기 위해 구안된 야심적인 저서였다. 또한 그 자체로는 보통 제시된 발췌문에 대한 중요한 맥락적 설명, 그 이상의 것을 제공했다. Morris(1972)는 1955년부터 1970년까지의 교육 문헌에서 목표의 본질과 이론적 관점을 탐구하였다. 그런데 그의 연구는 확실히 영국식이었다. Dixon(1972)은 철학과 교육과정의 관계를 고찰하였고, Garcia(1973)는 교육과정 이론의 적용을 논의하였다. White(1973)는 영국적 참고문헌 안에서 필수 교육과정에 대한 의미를 심각하게 살펴보았으며, Broudy(1974)는 미국에서 유사한 연구를 수행하였는데, 이는 국가 범위보다 더 넓은 관점을 제공하였다.

철학과 이론의 관련성에 대한 탐구는 보다 넓은 범위에서 계속되었다. Hooly(1974)는 지금까지의 교육과정의 관례적인 개념을 넘어서서 일반적인 인간의 성장과 복지의 철학에 공헌하는 중등교육의 유형을 상세히 연구하였다. Beauchamp는 1975년에 *Curriculum Thoery* 3판을 출간하고 체제 중심 접근을 지속했는데, 여기에는 그의 이론화의 방식에서 유래한 명제들을 예시하고 있다. 1977년에 M. Johnson은 *Intentionality in Education*에서 자신의 분석적 접근법을 교육과정 이론에 결합시킬 것을 주장하였다. P. H. Hirst(1975)도 역시 분석 철학을 교육과정에 적용했는데, 일련의 논문(1975)에서 지식과 교육과정의 관계를 설명하였다. S. Hook는 같은 해에 일반교육이 강조된 교육과정을 지지하는 입장에서 연구물을 집필하였다. Barrow(1976)는 자유 교양 교육에 대한 상식에 기초한 철학을 다루었다. I. K. Davies(1976)는 교육 목표를 보다 기술적으로 다룬 글을 발표했다.

1976년에 밀워키에서 개최된 교육과정 이론 학술대회에서 발표된 논문은 교육과정 이론에서의 목적, 인식, 의견 차이를 보여 주는 일련의 관점을 제공하였다(Molnar & Zahorik, 1977). 1978년에 Brent는 *Philisophical Foundation for the Curriculum*을 출간했다. 그는 여기에서 두 가지를 제시하였다. 첫째는 교육과정의 기초로서 철학적 분석에 대한 중요성이 커지고 있음을 인식한 것이고, 둘째는 철학적 분석이 교육과정 탐구의 필수적인 기초의 하나라는 견해를 지지한다는 것이다. 같은 해에, M. Schiro는 학문, 사회적 효율성, 아동 연구, 사회 재건 등 네 가지의 이념적 기초와 관련된 교육과정 유형을 다루었다. 그의 분석은 교육과정을 공부하는 학생과 학자들에게 각각의 논의와 의미를 평가하는 많은 개념적 배경 지식을 제공한다.

교육과정의 탄탄한 개념들이 복합적인 맥락에서 생성되어야 한다는 것은 분명하다. 교육과정은 철학적이거나 이론적 담론에서만 유래할 수는 없다. 그것은 교육자들이 학생 집단의 조건과 교육과정을 조율하려고 노력한 것이 종종 수포로 돌아간 데서도 분명해졌다. 교육과정의 분명한 개념을 다듬어 내는 일은 몇 개의 학문과 실제적 배경에서 유래된 폭넓은 기초 지식 없이는 불가능하다. 이런 노력을 기울인 세 가지 범주의 문헌은 다음과 같다. ① 변화하는 다원론적 문화의 교육과정 함의를 논의하고, ② 교육과정의 차원을 포함한 교육 기초 연구를 계속하려는 경향과 ③ 교육과정 사상과 실제에 관한 정치적이고 이념적인 요인의 영향을 드러내어 분석하는 것이다.

문화적 변화의 교육과정적 시사를 시도한 저서는 다음과 같다. 대중문화에 대한 Browne과 Ambrosetti(1970, 1972)의 연구, 인종과 그것의 가치에 대한 Dunfee(1970)의 연구, 학교 중도 탈락자에 대한 The Schools Council for Curriculum and Examinations(1971)의 연구, 문화쇄신과 그 가치에 대한 Purpel과 Belanger(1972)의 연구, 다양한 사회적 경향에 대한 Wootton과 Reynolds(1972, 1974, 1977)의 연구, 아프리카계 미국인의 역사와 문화에 대한 Ford(1973)의 연구, 페미니스트 운동과 그 가치에 대한 Ahlum과 Fralley(1974)의 연구, 모국어가 스페인어인 학생에 대한 Way(1974)의 연구, 시민 활동에 대한 Newman(1976)의 연구, 의사소통의 효과에 대한 Barnes (1976)의 연구, Newton(1976)의 흑인 역사와 문화에 대한 연구, 종일 육아에 관한 Langenbach와 Neskora(1977)의 연구, 텔레비전에 대한 Lesser(1977)의 연구, 교육과정에서 경제적인 사고를 확대하는 것에 대한 Robinson과 Wilson(1977)의 연구, 대학교 교육과정에 대한 관심의 증가를 보여 주는 카네기 재단(The Carnegie Foundation for the Advancement of Teaching, 1978)과 Levine(1978)의 연구, 법적인 관점을 강조하는 교과서 논쟁에 대한 Hefley(1978)의 연구, Jelinek(1978)의 비판적 사회 현실에 대한 교육과정에서의 대응 방안 연구, Becker(1979)의 세계화 시대의 교육과정 연구, Jelinek(1979)의 안정성이 없는 변화무쌍한 교육적 가치 속의 교육과정에 대한 연구가 있으며, 발전하고 있는 특수교육 분야의 교육과정 저서의 예로는 Sniff(1973), Fredericks(1978), Wechman(1979), Rumanoff(1979)의 연구들이 있다.

Becker(1979)는 국제적 협력의 중요성이 커지고 있음을 설명하였다. 다원주의를 강조한 교육과정 문헌에서는 여러 나라의 교육과정을 비교하는 연구가 등장하였고, 국제 이해를 제공하는 교육과정에 대한 제안이 늘어났다. Miel과 Berman(1970)은 국제 이해 교육과정을, Beauchamp과 Beauchamp(1972), Taylor와 Johnson(1974)은 교육과정 국제 비교를 예시하였다. 미국 외의 교육과정에 대한 추가적인 보고서나 제안문은 다음과 같다. Achtenhagen과 Meyer(1970), Janzen(1970), 유네스코(UNESCO, 1971, 1975, 1976), Hawes(1972), Southeast Asia Ministers of Education Orgarnization(1972),

Holmes와 Ryba(1973), Netherlands(1973), The Centre for Educational Research and Innovation(1975), Kallos(1975), Posner와 De Keijzer(1976), The Curriculum Development Centre of Malaysia(1978), Musgrave(1979). 이들 가운데 미국에서 자국의 문화 이외에 다른 나라의 문화에 대한 연구와 이론이 너무나 부족하다는 Kallos의 연구를 주목해야 한다. 또한 북미학자들에게 네덜란드의 Utrecht 학파와 함께 연구를 수행한 Max van Manen의 연구도 있다.

1970년대는 통신 기술의 발달로 미국과 영국의 교육학자들이 최초로 교육과정 저서들을 함께 편집했다. 국적이 다른 저자들이 함께 쓴 책이나 논문들이 출간되었다. 그 논문들의 대부분은 영국, 미국, 호주, 캐나다의 학자들이 집필하였다. 다른 나라의 예로는, 스웨덴 출신의 Dahllof, Kallos, Lundgren의 저서가 미국 교육과정 문헌에 등장하였다. 다른 나라의 교육과정학자들을 모두 다 언급하기는 어렵다. 가장 큰 장애요인은 영어로 기록되지 않은 뛰어난 저서를 번역하기 위한 재정이 부족하기 때문이다. 그러나 이러한 이유로 학문적 고립이 정당화되는 것은 아니다. 영국의 경우를 제외하고, 교육과정 연구의 역사상 미국의 교육과정 문헌에서 다른 나라의 교육과정학자들을 참고한 것은 매우 드물다. Herbart, Froebel, Pastalozzi, Montessori와 같은 기념비적 교육학자에 대한 참고문헌은 자주 인용되었지만, Piaget를 제외하고는 당대의 비영어권 참고문헌은 현저히 드물었다. 1960년대에 비해, 1970년대에는 영어를 사용하지 않는 교육과정학자들의 영어 번역물이 약간이라도 있었다는 것은 작지만 긍정적인 진전이라 할 수 있다.

앞에서 현대의 쟁점과 국제적인 관점에서 변화하는 다원적 문화로부터 유래된 저술이 출간되었다는 것을 언급하였다. 이에 더하여 기초적인 교육학에 근거하여 교육과정 연구에 광범위한 맥락을 제공한 또 다른 책들이 출간되었다. 대개, 기초적인 교육학은 교육연구에 기반으로서 제공되는 사회학, 인류학, 역사, 철학, 심리학과 같은 영역으로부터 가져온 지식을 소개하는 것이다. 특히 다양한 분야를 포괄한 개론서는 그러한 배경 지식을 간략하게 언급한 부분들을 포함하고 있다. 교육과정 개발과 사상에 있어 교육적 기초를 정교하게 연구한 사례는 Smith, Stanley 그리고 Shores(1950, 1957)의 저서 첫 장에 제시되어 있다. 대다수의 책들은 교육의 기초라는 주제를 보다 간략하게 다루었다. 1970년대에는 교육과정 쟁점의 기본 가정을 책 전체를 통해서 다루었다. 이러한 저서로는 Short(1970), Whitfield(1971), Zais(1976), Brent(1978), Schiro(1978)의 예가 있다. 동료 연구자들로부터 역사에 무관심하다는 비판을 종종 받았지만, 1970년대의 교육과정 연구자들은 자신이 관심 있는 분야의 과거를 진지하게 탐구하기 시작하였다. 이러한 정밀한 연구는 다음의 사례에 잘 예시된다. The History of Education Society(1971)의 *The Changing Curriculum*, 교과서에 대한 Elson(1972)의 연구, 200주년 기념으로 O. L. Davis(1976)가 편집한 ASCD 연감, 대학교 교육과정의 역사에 대한 Rudolph(1978)의 연구가 있다. 1977년에 L. Tanner가 주도한 The Society for the Study of Curriculum History의 연구물에도 예시되어 있다.

교육과정 연구자가 문화적 변화에 대응하는 세 번째 경향은 교육과정 문헌에 꽤 새로운 관점을 제공해 주었다. 이러한 입장은 학교교육, 교육과정 연구, 교육과정 실행을 구체화하는 정치적이고 이념적인 힘과 관련이 있다. 이 주제에 대해 일부 저자들은 교육자의 행동과 의사결정은 학교에 내재되어 있는 이념적인 맥락에 포함된 사회 계층, 인종, 성, 가치와 같은 요인들에 의해 결정된다고 주장하였다. 게다가, 그들은 교육과정이 순수하게 합리적인 활동을 통해 계획될 수 없고, 정치적 요인은 여전히 우세하며, 'Tyler 논리'에 따른 것들은 지나치게 합리적인 문서라고 주장하였다.

이 같은 논평은 다음 저자들의 저작에 기초하고 있다. Freire(1970)는 지배자와 피지배자 간의 권력에 대해 연구하였다. 특히 그는 피지배자가 해방을 달성하도록 자신들의 세계를 스스로의 눈으로 명명할 필요가 있다고 강조한다. 지배적인 사회 계층 이념의 영향에 대한 Young(1971)의 연구, 교육과정 이론에 대한 Kliebard의 논문에 기대어 만든, 학교교육에 대한 관료주의와 자유의 영향에 관한 ASCD(1971)의 연구, 초등 교육과정에서의 관료주의의 영향에 대한 Gracey(1972)의 연구, 이데올로기와 혁신의 관련성에 대한 Seaman 등(1972)의 연구, 교육 이론, 사회적 변화, 교육과정 계획 사이의 상호작용에 대한 Lawton(1973)의 연구, 변화, 지식, 교육과정 사이의 관계에 대한 Musgrave(1973)의 연구, 개방 사회에서의 교육에 관한 설계를 다룬 ASCD의 1974년 연감(Della-Dora & House), 자유의 실존적 문제와 교육과정, 수업, 사회 정책과의 관련 속에서 문해력을 다룬 Bowers(1974)의 연구, 교육과정 계획에서 지역사회의 실질적인 참여의 신뢰도 결정에 관한 Speiker(1974)의 연구, 교육과정 계획에서 목적, 권력, 제한점에 대한 분석을 다룬 Taylor 등(1974)의 연구, 미국인과 유럽인의 교육과정 연구 입장을 비교한 Kallos(1975)의 연구, 교육과정에 대한 학급과 문화의 영향은 그리 크지 않음을 주장한 Lawton(1975)의 연구, 학교와 교육과정에 대한 사회적 결정 요소를 다룬 Taylor와 Tye(1975)의 연구, 공공 대중을 실제적이고 잠재적으로 이끄는 많은 교육 세력의 상호작용을 인식하고 연구할 필요가 있다는 Cremin(1976)의 연구, 학교교육과 지식의 관련성에 대한 Pring(1976)의 연구, 교육과정과 교실 생활에서 문화적 영향에 관한 Reynolds와 Skilbeck(1976)의 연구, 교육과정 쟁점 사항에 대한 사회학적인 관점에서의 Comer(1977)의 연구, 교육과정에 있어서의 다원주의 문화와 사회에 대한 함축적 의미를 다룬 Claydon 등(1979)의 연구, 교육과정의 법적 영향력과 결과에 대한 Nelson(1978)의 연구, 지역 사회를 기반으로 성장하는 교육과정에 대한 Bremer(1979)의 연구, 학교 지식과 이데올로기의 관계에 대한 Apple(1979)의 연구, 가치 갈등과 교육과정에 대한 Schaffarzick과 Sykes(1979)의 연구가 있다.

교육과정에 대해 이데올로기적이고 사회학적인 해석을 하였던 책들의 대부분은 사회경제적 계급이 학교교육, 교육과정, 학교에서 재생산되는 지식의 종류와 그것이 받아들여지는 방법 등에 막대한 영향을 미친다는 것을 강조했다. 또 다른 저명한 학자들, 예컨대 Walker, Kliebard, Kirst, Pinar, Franklin, Selden, Doll 등은 교육과정 연구, 의사 결정 및 실행에서의 정치적 요인의 중요성을 지적했다.

적절한 연구 방법론, 학교에서 제공되는 지식의 종류를 결정하기 위한 이데올로기의 역할, 교육과정의 의사결정에서 정치적 영향력 등에 관한 철학적인 논쟁이 존재하고, 그 논쟁에 관심을 기울이는 것이 가치 있다고 해도, 지금 이 순간 학교 행정가와 교사는 그들의 교육적 역할 수행에 따른 보수를 받고 있다는 것은 엄연한 현실이다. 그들은 자신의 결정과 행위가 여타의 정치적인 영향력으로 모호해진다는 것을 잘 알고 있지만, 매일 등교하는 학생들을 위한 적절한 일상적 조치는 언제나 필요하다. 이러한 교사와 행정가들에게는 실질적인 도움이 필요하지만, 거의 도움을 받지 못한다. 이와 같은 필요성에 따라, 이전의 수십 년간 그랬던 것처럼, 교육과정학자들은 실무가들을 위하여 교육과정 행정, 리더십, 장학, 교수방법에 관한 저서를 출간하였다. 이러한 책들은 교육과정 설계, 실행 자료에 관한 실용적 경향을 보였다. 출판업자들은 '오랜 시간 동안 검증받아 온' 책을 거듭하여 재발행하여 이러한 문헌 유형에 가세하였다. 즉, 교재(texts)는 학자와 실무자 모두의 필요로 되살아난 것이다.

지난 수십 년 동안 개론서와 같은 유형의 저서들은 복잡한 문제를 지나치게 단순하게 다루었다. 어떤 이들은 그와 같이 단순하게 제시하는 것이 어떤 안내도 제공하지 않는 것보다는 더 낫다고 여기기도 한다. 그러나 대다수 실무자들은 복잡하고 장황한 논쟁을 충분히 숙고할 만한 시간적 여유를 지니지는 못한다. 그런데 많은 저자들은 학교에서 아동과 청소년에게 직접적으로 영향을 미칠 수 있는 실무자들에게 영향력을 행사하려는 것을 저서의 주요 목표로 삼았다. 따라서 교사가 논의를 철저하게 다룰 시간을 부여받지 못하였다면, 당시의 저서들에서 제시된 간략한 논의는 교육과정에서 고려해야 할 문제에 대한 풍부한 설명을 담고 있어야 했다. 이러한 유형의 책들은 몇 가지 주제에서 발견된다.

학교라는 공식적 조직을 통해서 행정적이고 장학적인 영향력을 형성하려는 시도로 행정, 리더십, 장학의 영역에서 다음과 같은 교육과정 저서들이 산출되었다. Lewis와 Miel(1972), Olson과 Richardson(1972), Conner와 Ellena(1973), Ellena(1973), G. G. Greene(1973), Stradley(1973), Worner(1973), Kopp와 Zufelt(1974), Tankard(1974), Newfield(1975), Staples(1975), Speiker(1976), Van Geel(1976), Gran(1977), Rubin(1977b), Rubin(1977c), Speiker(1977). 교육의 실제에 영향을 미치고자 하는 학자들은, 또 다른 시도로서, 교육과정 설계에 관한 저서들을 편찬하였다. 교육과정 개발자들은 그 저서들로부터 교육과정 구성에 필요한 요소와 그 관련들을 체계적으로 고려하는 방안들을 얻을 수 있었다. 잘 알다시피 다음에 제시된 저서들의 엄밀성과 실용성의 수준은 서로 다르다. Burns와 Brooks(1970), Kemp(1971), Merritt와 Harris(1972), Michaelis 등(1975), Davies(1976), Gow(1976), McNeil(1976), Sockett(1976), Gower와 Scott(1977), Hannah와 Michaelis(1977), Johnson(1977), Posner와 Rudnitsky(1978). 비슷한 입장에서 쓰여진 마지막 두 저서는 한 강좌를 상세하게 설계하려는 교사들을 대상으로 한 것으로서 분석적이고 명확하게 기술되었으며, 교육과정 개발 과정에서 교사의 중요성을 인정하였다. 이와 마찬가지로 다른 저자들도 교사들이 교육과정을 만들고 실행하는 데 있어서 중심이라고 생각했다. 이 생각은 다음과 같은 책에서 그 근거를 찾을 수 있다. Beechhold(1971), Burdin과 McAulay(1971), Christine과 Christine(1971), Gracey(1972), Merritt과 Harris(1972), Nicholls과 Nicholls(1972), Hughes (1973), Blazier(1974), Murphy(1974), Hendricks과 Fadiman(1975), Frymier (1977), Marbach(1977), Joyce(1978), Nicholls과 Nicholls(1978), Postman (1979). Postman의 *Teaching as a Conserving Activity*는 그의 유명한 *Teaching as a Subversive Activity*(Postman & Weingartner, 1969)의 후속편이면서 전편의 주장을 철회한 저서이다. 두 저서 모두에서 Postman은 학생들을 현재의 억압에서 해방시키는 교육과정에 대한 실제적인 철학과 사상을 제공하였다.

교과서와 그 외의 교수자료들은 많은 교수활동의 주요 이정표 역할을 수행하였다. 이 점을 고려할 때, 교육과정 문헌이 그 자료들을 정교하게 검토하거나 분석하지 않은 것은 참으로 이상한 일이다. 1970년대에는 다음과 같은 몇몇 책에서 이 주제를 다루긴 하였으나, 그 수는 매우 드물다. Seferian과 Cole(1970), Elson(1972), Zenger(1973), Farguhar(1974), Tyler 등(1976), Hefley(1978) 등이다.

1970년대에는 변화에 초점을 둔 신간들이 쏟아져 나오고, 개정 또는 재간행된 책도 많았는데, 많은 독자들이 그 책들을 지속적으로 높이 평가하였기 때문이다. 이들 중에서 두드러진 것으로는 Ragan과 Shepherd(1971, 1977), Miel(1972), Trump와 Miller(1972), Doll(1974 and 1978), Virgil Herrick의 저술에 관한 Anderson과 Macdonald(1975), Beauchamp(1975)가 있다. Foshay(1975), Mager(1975), King과 Brownell(1976), Shuster와Ploghoft (1977)는 자신들의 주요 논문들을 재출간하였다. 또한 Arno Press, Greenwood Press, AMS 등의 출판업자들은 원본을 구하기가 어려운 교육학의 고전을 상당수 재발간하였다. 재판된 책 가운데에는 교육과정학자들이 상당히 관심을 두어야 하는 Dewey, Rugg, Kilpatrick, Hopkins, Counts, Bobbitt, Charters 등의 저서들이 포함되어 있었다. 이 책의 참고도서 목록 부분에는 최근에 재판된 책들이 언급되어 있다.

이미 알고 있겠지만, 1970년대에는 1960년대와 마찬가지로 매우 많은 교육과정 서적들이 출판되었다. 사회과학이나 자연과학을 뒤따라 교육학에서도 학문이 융성하면서 연구 공동체 내에서 다른 학문연구자들과 교육학자의 출판, 지위, 가치가 동등해졌다. 따라서 새로운 학술지가 등장하고 전통적인 학술지가 확장되었으며, 학술지에 기고하라는 압박이 강하였다. 학술지를 통한 활발한 의사소통은 회의에서 발표된 논문들과 그 외의 다양한 원고들과 연구 보고서들을 찾을 수 있는 ERIC과 같이 컴퓨터화된 정보센터의 출현과 더불어 이루어졌다.

교육과정에 대한 정보가 너무나 많아서 교육과정학자들도 이를 모두 알 수는 없었다. 그러나 1960년대에 그랬던 것처럼, 1970년대 교육과정학자들은 더 큰 열정으로 문헌을 찾아내고, 최고의 저작들을 선택하고, 읽을 만한 책들을 편집하였다.

1970년대에는 선집(readings)과 관련하여 중요한 변화가 이루어졌다. 즉, 몇 권의 책들은 대조와 논평을 제공하였던 것이다. 대조 측면에서 볼 때, 선택된 소논문을 상세히 범주화하여 제공하였는데, 때로 교육과정 사상과 활동의 주요한 노선을 제시하기도 하였다(예를 들면, Eisner & Vallance, 1974). 편집자들의 논평은 선택된 저자들 간의 공통점과 차이점을 명확히 밝히고 후속 연구가 필요한 문제 영역을 명료하게 제시하였다. 게다가 당시의 선집들은 주제별로 조직되어 그 분야에 대한 주요한 관심을 형성하는 데 일조하였다. Bellack과 Kliebard(1977)은 ① 교육과정 문제들이 어떻게 연구되어야 하는지에 관한 관점, ② 지식과 교육과정의 관계, ③ 교육과정 평가에 관한 관점, ④ 변화와 교육과정 사이의 관계 등 네 가지 주제로 선집을 조직하였다. 이 외에도 교육과정 논문 선집에는 Hass 등(1970), Martin(1970), Eisner(1971), Hillson과 Hyman(1971), Hooper(1971), Leeper(1971), Levit(1971), McClure(1971b), Parlardy(1971), Van Til(1971), Alexander(1972), Heidenreich(1972), DeCarlo와 Madon(1973), Edward(1974), Hass 등(1974), Van Til(1974), Curriculum Design and Development Course Team(1975a, 1975b), Taylor와 Tye(1975), Petty(1976), Rubin(1977a, 1977b, 1977c), Willis(1978), Tayor와 Reid(1979), Schaffarzick와 Sykes(1979)가 있다.

선집 가운데 몇몇은 선집의 주요 목적으로 개관(overview)을 제공하기도 하였다. 다른 선집들은 초등교육, 중등교육, 교육과정 비평, 평가, 지식의 문제와 같은 특정 분야에 초점을 맞추었다. 각각의 선집들은 표명한 영역 안에서 다양한 관점들을 제공하였다. 또한, Willis(1978), Rubin(1977a, 1977b, 1977c), McClure(1971b) 등의 경우에는 선집뿐 아니라 처음 쓴 논문도 상당량 포함하고 있었다.

선집에 대하여 한 가지 더 짚고 넘어가자면, 몇몇 책은 단순히 선정된 논문들을 제공하는 수준을 능가한다. G. Willis(1978)의 경우, 평가의 개념에서 새로운 영역을 개척하였다. Eisner와 Vallance(1974)는 평범한 선집의 수준을 능가하여 다음과 같이 교육과정 개발에 대한 상충된 다섯 가지 개념을 밝히고자 하였다. ① 인지 과정의 발달, ② 기술, ③ 완전한 경험, ④ 사회적 재건을 위한 도약판, ⑤ 학문적인 합리주의로서의 교육과정이 그것이다. Orlosky과 Smith(1978)는 중요한 교육과정 저술에서 정교하게 발췌한 내용에 상당량의 논평을 더하였다. 그 논평은 관련된 저작들을 묶어 주고 동시에 해석, 비판, 분석을 제공하였다. Orlosky와 Smith(1978)는 다섯 가지의 일반적인 관심 주제를 밝혔는데, 그 내용은 앞서 언급한 Bellack과 Kliebard (1977)의 연구와 완전히 다른 것은 아니다. 그 주제들은 ① 교육과정 연구의 개관, ② 교육과정 이론의 유형, ③ 운영상의 개념과 원칙, ④ 교육과정 변화, ⑤ 평가이다. 또한 그들은 교육과정 이론의 유형이라는 주제를 인문학적 · 학문적 · 기술적 · 미래적 주제 등 네 가지로 제시하였다. 여기서 지적하고자 하는 것은 서로 다른 점이 교육과정 분야의 여러 분야를 모두 포괄하지는 못한다는 것이다.

주요 교육과정 사상, 제안, 실천에 대하여 목록을 만들고 해석하고 비판한 선집 가운데, 가장 야심찬 저서는 영국에서 출판된 다음의 두 가지 선집이라고 할 수 있다. 그 첫 번째 책은 개방대학교(Open University)와 연계하여 개발되었다. 그 책은 원래 개방대학 출판부에서 발간되었으며, 후에 Harper and Row에 의하여 미국에서도 발간되었다. 그 책의 초판은 교육과정 맥락, 설계, 개발에 관한 내용을 9책, 17개 단원으로 다루었으며, 영국과 미국의 학자들을 모두 다루었다. 발췌물은 실제적인 해석, 비판에 따라 제공되었다. 개방대학 출판부는 1976년에 또 다른 일련의 저서들을 출간하였는데, 그 목록들을 이 장의 참고문헌에 제시하였다.

또 다른 일련의 상세한 교육과정 관점들은 D. Jenkins가 총괄 감수한 다섯 권의 책으로 제공되었다. 이 전집은 1976년에 Open Books에서 *Curriculum Studies*라는 제목으로 출판되었다. 다섯 권의 책은 Jenkins와 Shipman의 *Curriculum: An Introduction*, Sockett의 *Designing the Curriculum*, MacDonald와 Walker의 *Changing the Curriculum*, Hamilton의

Curriculum Evaluation, Pring의 *Knowledge and Schooling*, Reynolds와 Skilbeck의 *Culture and the Classroom*이다. 각각의 책은 주어진 주제에 대하여 중요한 논문들을 매우 상세하게 소개하면서도 간결하였으며 상당량의 참고문헌이 제시되었다. 이 저서들은 1970년대 중반까지의 교육과정 사조를 훌륭하게 소개하였다.

교육과정 책들의 선집이나 전집 외에도, 주요 저서들, 특히 다양한 개론서들에 제시되어 있는 참고문헌 목록에서 교육과정 저술들의 목록을 찾아볼 수 있다. 1970년대에는 참고문헌 목록을 직접 다룬 책이 2권 발간되었다. L. Tyler(1970)는 저술들을 선별하여 주석을 달아 안내하였다. Brickman(1974, 1976)은 교육과정과 수업에 대한 서지학적인 논문을 발행하였다. 그 외에 McNeil과 Pinar의 'State of the Art', Walker의 *Review of Research in Education*의 교육과정 저작물에 대한 검토, P. Jackon의 1979년의 교육과정 연구 및 이론에 대한 개관과 논평에는 1970년대의 교육과정 저술 현황에 대한 더 많은 개관이 담겨 있다.

1970년대의 교육과정 문헌은 양적인 면에서 가히 기념비적이다. 동시에 교육과정 문헌에서의 새로운 질적인 면도 발견된다. 교육과정 문헌의 성장과 다양성을 고려하여 보면, 1970년대 초기에 교육과정 분야가 '침체되었다는' 꼬리표는 다소 극복되었다고 할 수 있다.

물론 한 분야의 가치는 생산물의 양만 가지고 판단할 수 없다. 그렇기 때문에 우리는 많은 질문들에 대해서 진지하게 숙고할 필요가 있다. 그러한 숙고가 학문적이든 실제적이든 이전의 노력에 대한 지식에 뿌리를 둔다면, 그 타당성을 확보하기 용이할 것이다. 어떻게 그 시대의 상황과 우세한 가치가 교육과정 사상과 문헌을 성장시켰는가? 축적된 교육과정 문헌의 질과 가치는 무엇인가? 의미 있는 방식으로 서로 부합하는 측면은 무엇인가? 독자적으로 가치가 있는 측면은 무엇인가? 교육과정이라는 학문이 학교교육이나 그 외의 교육계획에 직접적인 이익을 제공하는가? 이제 그 활동력을 잃어 버린 사상, 제안, 실천에 관련된 기록은 어느 정도까지 문헌에 포함되어야 하는가?

교육과정학은 미래에 지적이고 효과적인 교육과정 활동을 명확하게 지시할 수 있는 사상, 제안, 실천, 미래 예측을 포함하는가? 교육과정학은 교육을 행하고 있는가? Dewey가 교육에 대하여 설명한 것처럼, 교육과정학은 교육과정 탐구와 활동에서 경험에 의미를 부여하고, 후속하는 경험들에 대한 과정을 이끌 수 있도록 돕는가?

참고문헌

1970

Achtenhagen, F., & Meyer, H. (1970). *Curriculum revision*. Munich, Germany: Kosel.

Ammerman, H. L. (1970). *Systematic approaches for identifying and organizing content for training programs*. Alexandria, VA: Human Resources Research Organization.

Association for Supervision and Curriculum Development (M. M. Scoby & G. Graham, Eds.). (1970). *To nurture humaneness: Commitment for the 70's: Yearbook*. Washington, DC: Author.

Bernabei, R., & Leles, S. (1970). *Behavioral objectives in curriculum and evaluation*. Dubuque, IA: Kendall/Hunt/

Billett, R. O. (1970). *Improving the secondary-school curriculum: A guide to effective curriculum planning*. New York: Atherton Press.

Browne, R. B., & Ambrosetti, R. J. (1970). *Popular culture and curricular*. Bowling Green, OH: Bowling Green University Popular Press.

Burns, R. W., & Brooks, G. D. (Eds.). (1970). *Curriculum design in a changing society*. Englewood Cliffs, NJ: Educational Technology Publishers.

Carr, W. G. (1970). *Values and the curriculum: A report*. Washington, DC: National Education Association, Center for the Study of Instruction.

Cremin, L. A. (1970). *American education: The colonial experience, 1607-1783*. New York: Harper & Row.

Dillon, E. J, Heath, E. J., & Biggs, C. W. (1970). *Comprehensive programming for the success of learning*. Columbus, OH: C. E. Merrill.

Dittman, L. L. (Ed.). (1970). *Curriculum is what happens; planning is the key*. Washington, DC: National Association for the Education of Young Children.

Doll, R. C. (1970). *Curriculum improvement: Decision-making and process* (second edition). Boston: Allyn & Bacon.

Dunfee, M. (1970). *Ethnic modifications of the curriculum*. Washington, DC: National Education Association.

Dunkel, H. B. (1970). *Herbart and Herbartianism: An educational ghost story*. Chicago: University of Chicago Press.

Exeter Curriculum Conference Report. (1970). *Curriculum development*. Exeter, England: University of Exeter.

Feyereisen, K. V., Fiorino, A. J., & Nowak, A. T. (1970). *Supervision and curriculum renewal: A systems approach*. New York: Appleton-Century-Crofts.

Foshay, A. W. (1970). *Curriculum for the seventies: An agenda for invention*. Washington, DC: National Education Association (CSI).

Freire, P. (1970). *Pedagogy of the oppressed*. New York: Continuum.

Frymier, J. R., & Hawn, H. C. (1970). *Curriculum improvement for better schools*. Worthington, OH: Charles A. Jones.

Gattegno, C. (1970). *What we owe children: The subordination of teaching to learning*. New York: Outerbrodge and Dienstfrey.

Grobman, H. G. (1970). *Developmental curriculum projects: Decision points and processes*. Itasca, IL: F. E. Peacock.

Harnack, R. S. (1970). *Evaluation of ac innovation-Computer-based curriculum planning*. Buffalo: State University of New York at Buffalo.

Hass, G., Wiles, K., & Bondi, J. (Eds.). (1970). *Readings in curriculum*. Boston: Allyn & Bacon.

Hicks, W. V., Houston, W. R., Cheney, B. D., & Marquard, R. L. (1970). *The new elementary school curriculum*. New York: Van Nostrand Reinhold

Company.

Howson, G. (Ed.). (1970). *Developing a new curriculum*. London: Heinemann.

Janzen, H. (1970). *Curriculum change in a Canadian context*. Toronto: Cage Educational Publications.

Johnston, A. M., & Burns, P. C. (1970). *Research in elementary school curriculum*. Boston: Allyn & Bacon.

Knowles, M. S. (1970). *The modern practice of adult education: Andragogy versus pedagogy*. New York: Association Press. (Revised and reissued as *The modern practice of adult education: From pedagogy to andragony* in 1980, Chicago, Follett.)

Lavatelli, C. S. (1970). *Piaget's theory applied to an early childhood curriculum*. Boston: American Science and Engineering, Inc.

Lawler, M. R. (Ed.). (1970). *Strategies for planned curricular innovation*. New York: Teachers College Press, Columbia University.

Lindvall, C. M., Cox, R. C. (1970). *Evaluation as a tool in curriculum development*. Chicago: Rand McNally.

Martin, J. R. (Ed.). (1970). *Readings in the philosophy of education: A study of the curriculum*. Boston: Allyn & Bacon.

Miel, A., & Berman, L. M. (1970). *Educating the young people of the world*. Washington, DC: Association for Supervision and Curriculum Development, National Education Association.

Myers, D. A. (1970). *Decision making in curriculum and instruction*. Dayton, OH: Institute for Development of Educational Activities.

Nerbovig, M. (1970). *Unit planning: A model for curriculum development*. Worthington, OH: A. Jones Publishing.

Neufeld, K. A. (Ed.). (1970). *Invitational Conference on Elementary Education, Third, Banff, Alberta, 1969. Individualized curriculum and instruction: Proceedings*. Edmonton: The University of Alberta, Department of Elementary Education.

Overly, N. V. (Ed.). (1970). *The unstudied curriculum: Its impact on children*. Washington, DC: Association for Supervision and Curriculum Development.

Parker, D. H. (1970). *Schooling for what? Sex, money, war, peace*. New York: McGraw-Hill.

Pharis, W. L., Robinson, L. E., & Walden, J. C. (1970). *Decision making and schools for the seventies*. Washington, DC: National Education Association.

Pritzkau, P. T. (1970). *On education for the authentic*. Scranton, PA: International Textbook Company.

Schwab, J. J. (1970). *The practical: A language for curriculum*. Washington, DC: National Education Association.

Seferian, A., & Cole, H. P. (1970). *Encounters in thinking: A compendium of curricula for process education*. Buffalo, NY: Creative Education Foundation.

Short, E. C. (Ed.). (19770). *A search for valid content for curriculum courses*. Toledo, OH: College of Education, University of Toledo.

Shuster, A. H., & Ploghoft, M. E. (1970). *The emerging elementary curriculum* (second edition). Columbus, OH: Charles E. Merrill.

Silberman, C. E. (1970). *Crisis in the classroom: The remaking of American education*. New York: Random House.

Snyder, B. R. (1970). *The hidden curriculum*. New York: Knopf.

Taylor, P. H. (1970). *How teachers plan their courses*. London: The National Foundation for Educational Research in England and Wales.

Tyler, L. (1970). *A selected guide to curriculum literature: An annotated bibliography*. Washington, DC: National Education Association.

Weinstein, G., & Fantini, M. D. (1970). *Toward a humanistic education: A curriculum of affect*. New York: Praeger.

Wiseman, S., & Pidgeon, D. (1970). *Curriculum evaluation*. Slough, England: Slough National Foundation for Educational Research in England and Wales.

1971

Alexander, W. M., & Saylor, J. G. (1971). *The high school today and tomorrow*. New York: Holt, Rinehart, and Winston.

Armentrout, W. W. (Ed.). (1971). *What should the purposes of American education be?* Dubuque, IA: Kendall/Hunt.

Association for Supervision and Curriculum Development. (1971). *Freedom, bureaucracy and schooling* 1971 Yearbook. (V. F. Haubrich, Editor). Washington, DC: Author.

Beechhold, H. F. (1971). *The creative classroom.* New York: Charles Scribner's Sons.

Bell, R. (Ed.). (1971). *Thinking about the curriculum.* Bletchley, Bucks, England: The Open University Press.

Bishop, L. K., & Hartley, H. J. (Eds.). (1971). *Individualizing educational systems, the elementary and secondary school: Implications for curriculum, professional staff, and students.* New York: Harper and Row.

Bremer, J., & Van Moschzisher, M. (1971). *The school without walls.* New York: Holt, Rinehart, and Winston.

Buffie, E. G., & Kenkins, J. M. (Eds.). (1971). *Curriculum development in non-graded schools: Bold new venture.* Bloomington: Indiana University Press.

Burdin, J. L., & McAulay, J. D. (1971). *Elementary school curriculum and instruction: The teacher's role.* New York: Wiley.

Cave, R. G. (1971). *An introduction to curriculum development.* London: Ward Lock Educational.

Chai, Hon-Chan. (1971). *Planning education for a plural society.* Paris: UNESCO, International Institute for Education Planning.

Charters, W. W. (1971). *Curriculum construction.* (Reprint of 1923 edition). New York: Arno Press.

Christine, C. T., & Christine, D. W. (1971). *Practical guide to curriculum and instruction.* West Nyack, NT: Parker Publishing Co.

Connelly, F. M., Herbert, J., & Weiss, J. (Eds.). (1971). *Elements of curriculum development.* Toronto: Ontario Institute for Studies in Education.

Dahllof, U. S. (1971). *Ability grouping, content validity and curriculum process analysis.* New York: Teachers College, Columbia University.

Drumheller, S. J. (1971). *Handbook of curriculum design for individualized instruction: A systems approach.* England Cliffs, NJ: Educational Technology Publishers.

Eisele, J. E. (1971). *Computer assisted planning of curriculum and instruction: How to use computer-based resource units to individualize instruction.* England Cliffs, NJ: Educational Technology Publishers.

Eisner, E. W. (Ed.). (1971). *Confronting curriculum reform.* Boston: Little, Brown and Co.

Featherstone, J. (1971). *Schools where children learn.* New York: Liveright Publishing Company.

Ford Foundation. (1971). *A foundation goes to school: The Ford Foundation comprehensive school improvement program 1960-1970.* New York: Ford Foundation.

Green, T. (1971). *The activities of teaching.* New York: McGraw-Hill.

Hathway, W. E. (1971). *A network-based approach to curriculum development.* Edmonton, Alberta: Author.

Hawkins, E. W. (1971). *Modern languages in the curriculum.* Cambridge, England: Cambridge University Press.

Hillson, M., & Hyman, R. T. (Eds.). (1971). *Changes and innovation in elementary and secondary organization: Selected readings.* New York: Holt, Rinehart and Winston.

History of Education Society. (1971). *The changing curriculum.* London: Methuen Company.

Hooper, R. (Ed.). (1971). *The curriculum: Context, design and development.* Edinburgh, Scotland: Oliver and Boyd.

Hunt, F. J. (1971). *Social science and the school curriculum.* Sydney. Australia: Angus and Robertson.

Kapfer, M. B. (1971). *Behavioral objectives in curriculum development.* Englewood Cliffs, NJ: Educational Technology Publications.

Kemp, J. E. (1971). *Instructional design: A plan for unit and course development.* Belmont, CA: Fearon.

Kopp, O. W., & Zufelt, D. L. (1971). *Personalized*

curriculum: Method and design. Columbus, OH: Merrill.

Lawler, M. R. (Ed.). (1971). *Strategies for planned curricular innovation*. New York: Teachers College Press.

Leeper, R. R. (Ed.). (1971). *Curricular concerns in a revolutionary era*. Washington, DC: Association for Supervision and Curriculum Development.

Levit, M. (Ed.). (1971). *Curriculum: Readings in the philosophy of education*. Urbana: University of Illinois Press.

Manning, D. (1971). *A humanistic curriculum*. New York: Harper and Row.

McClure, R. M. (1971a). *Field studies in curriculum development*. Washington, DC: National Education Association.

McClure, R. M. (Ed.). (1971b). *The curriculum: Retrospect and prospect. The Seventieth Yearbook of the National Society for the Study of Education: Part I*. Chicago: University of Chicago Press.

National Education Association Staff Report. (1971). *Schools for the seventies and beyond: A call to action*. Washington, DC: National Education Association.

Oliver, A. (1971). *Curriculum improvement*. New York: Dodd, Mead & Co.

Parlardy, J. M. (Ed.). (1971). *Elementary school curriculum-An anthology of trends and challenges*. New York: Macmillan.

Ragan, W. B., & Shepherd, G. D. (1971). *Modern elementary curriculum* (fourth edition). New York: Rinehart and Winston.

Richmond, K. W. (1971). *The school curriculum*. London: Methuen and Company.

Schools Council for Curriculum and Examinations. (Eds.). (1971). *Choosing a curriculum for the young school leaver*. Englewood Cliffs, NJ: Scholastic Book Services.

Skeel, D. J., & Hagen, O. A. (1971). *The process of curriculum change*. Pacific Palisades, CA: Goodyear Publishing Company.

Smith, L. M., & Keith, P. M. (1971). *Anatomy of educational innovation: An organizational analysis of an elementary school*. New York: Wiley.

Tanner, D. (1971). *Secondary curriculum: Theory and development*. New York: Macmillan.

Turner, J. (1971). *Making new schools: The liberation of learning*. New York: David McKay Company.

UNESCO. (1971). *Curriculum revision*. Nendeln, Liechtenstein: Kraus Reprint.

Utz, R. T., & Leonard, L. D. (1971). *A competency based curriculum*. Dubuque, IA: Kendall/Hunt Publishing Co.

Van Til, W. (Ed.). (1971). *Curriculum: Quest for relevance*. Boston: Houghton Mifflin.

Walton, J. (1971a). *The integrated day in theory and practice*. London: Ward Lock Educational.

Walton, J. (Ed.). (1971b). *Curriculum: Organization and design*. London: Ward Lock Educational.

Weikart, D. P., Rogers, L., Adcock, C., & McClelland, D. (1971). *The cognitively oriented curriculum: A framework for preschool teachers*. Urbana: University of Illinois Press.

Whitfield, R. (Ed.). (1971). *Disciplines of the curriculum*. London: McGraw-Hill.

Wilson, L. C. (1971). *The open access curriculum*. New York: Allyn & Bacon.

Wright, B. A., Camp, L. T., Stosberg, W. K., & Fleming, B. L. (1971). *The elementary school curriculum: Better teaching now*. New York: Macmillan.

Young, M. F. D. (Ed.). (1971). *Knowledge and control: New directions for the sociology of education*. London: Collier-Macmillan.

1972

Alexander, W. M. (Ed.). (1972). *Changing secondary school curriculum: Readings* (second edition). New York: Holt, Rinehart and Winston.

Beauchamp, G. A., & Beauchamp, K. E. (1972). *Comparative analysis of curriculum systems* (second edition). Wilmette, IL: The Kagg Press.

Beckner, W., & Cornett, J. D. (1972). *The secondary school curriculum, content and structure*. Scranton, PA: Intext Educational Publishers.

Browne, R. B., & Ambrosetti, R. J. (Eds.). (1972). *Popular culture and curricular*. Bowling Green,

OH: Bowling Green University Press.

Clark, L. H., Klein, R. L., & Burks, J. B. (1972). *The American secondary school curriculum* (second edition). New York: Macmillan.

Dale, E. (1972). *Building a learning environment.* Bloomington, IN: Phi Delta Kappa.

Dixon, K. (Ed.). (1972). *Philosophy of education and the curriculum.* Oxford, NY: Pergamon Press.

Drumheller, S. J. (1972). *Teacher's handbook for a functional behavior-based curriculum.* Englewood Cliffs, NJ: Educational Technology Publications.

Eastern Regional Institute for Education. (1972). *How to get new programs into elementary schools.* Englewood Cliffs, NJ: Educational Technology Publications.

Eisenberg, J. A., & MacQueen, G. (1972). *Don't teach us that!* Don Mills, Ontario: Paper Jacks.

Elson, R. M. (1972). *Guardians of tradition.* Lincoln: University of Nebraska Press. (A reprint of 1964 version).

Engle, S., & Longstreet, W. S. (1972). *A design for social education in the open curriculum.* New York: Harper and Row.

Gracey, H. L. (1972). *Curriculum or craftsmanship: Elementary school teachers in a bureaucratic system.* Chicago: University of Chicago Press.

Grobman, H. (1972). *Developmental curriculum projects: Decision points and processes.* Itasca, IL: F.E. Peacock.

Harrow, A. J. (1972). *A taxonomy of the psychomotor domain: A guide for developing behavioral objectives.* New York: David McKay.

Hauenstein, A. D. (1972). *Curriculum planning for behavioral development.* Worthington, OH: Charles A. Jones.

Hawes, H. W. (1972). *Planning the primary school curriculum in developing countries.* Paris: UNESCO.

Heidenreich, R. R. (Ed.). (1972). *Current readings in improvements in curriculum.* Arlington, VA: College Readings.

Hoyle, E. (1972). *Problems of curriculum innovation II.* Bletchley, Bucks, England: The Open University Press.

Hoyle, E., & Bell, R. (1972). *Problems of curriculum innovation I.* Bletchley, Bucks, England: The Open University Press.

Illich, I. (1972). *De-schooling society.* New York: Harper and Row.

Jenkins, D. (Ed.). (1972). *Curriculum philosophy and design.* Bletchley, Bucks, England: The Open University Press.

Joyce, B. R., & Weil, M. (1972). *Models of teaching.* Englewood Cliffs, NJ: Prentice Hall.

Krug, M. M. (Ed.). (1972). *What will be taught: The next decade.* Itasca, IL: F. E. Peacock.

Lavatelli, C. S., Kaltsounis, T., & Moore, W. J. (1972). *Elementary school curriculum.* New York: Holt, Rinehart and Winston.

Lee, J. M., & Lee, D. M. (1972). *Elementary education: Today and tomorrow* (second edition). Boston: Allyn & Bacon.

Leithwood, K. A., & Russell, H. H. (1972). *Planned educational change: Developing an operational model.* Peterborough, Canada: Ontario Institute for Studies in Education, Trent Valley Center.

Lewis, A. J., & Miel, A. (1972). *Supervision for improved instruction: New challenges and new responses.* Belmont, CA: Wadsworth Publishing Company.

Lundgren, U. P. (1972). *Frame factors and the teaching process: A contribution to curriculum theory and theory on teaching.* Stockholm: Almqvist and Wiksell.

Malcure, S. (1972). *Styles of curriculum development.* Washington, DC: Organization for Economic Cooperation and Development.

Merritt, J., & Harris, A. (1972). *Curriculum design and implementation.* Bletchley, Bucks, England: The Open University Press.

Miel, A., & Associates. (1972). *Cooperative procedures in learning.* Westport, CT: Greenwood. (Reprinted of 1952 edition.)

Miller, B. (1972). *The humanities approach to the modern secondary school curriculum.* New York: Center for Applied Research in Education.

Morris, B. (1972). *Objectives and perspectives in*

education: Studies in educational theory (1955–1970)*. London: Routledge and Kegan Paul.

Nicholls, A., & Nicholls, S. H. (1972). *Developing a curriculum: A practical guide*. London: Allen and Unwin.

Olson, A. V., & Richardson, J. (1972). *Accountability: Curricular applications*. San Francisco, CA: Intext Educational Publishers.

Ontario Association for Curriculum Development. (1972). *Relevance in the curriculum. Twenty-first Annual Conference*. (S. Dubois, Editor). Toronto: Ontario Association for Curriculum Development.

Organization for Economic Cooperation and Development, Center for Educational Research and Innovation. (1972). *The nature of the curriculum for the eighties and onwards*. Paris: Organization of Economic Cooperation and Development.

Parker, R. K. (Ed.). (1972). *The preschool in action: Exploring early childhood programs*. Boston: Allyn & Bacon.

Purpel, D. E., & Belanger, N. (Eds.). (1972). *Curriculum and the cultural revolution*. Berkeley, CA: McCutchan Publishing Company.

Raynor, J., & Grant, N. (1972). *Patterns of curriculum*. Bletchley, Bucks, England: The Open University Press.

Razik, T. A. (1972). *Systems approach to teacher training and curriculum development: The case of developing countries*. Paris: UNESCO, International Institute for Educational Planning.

Reid, W. A. (1972). *The university and the sixth form curriculum*. London: Macmillan.

Rubin, L. J. (1972). *Curriculum and instruction study guide*. Fort Lauderdale, FL: Nova University Press.

Saylor, J. G. (Ed.). (1972). *The school of the future, now*. Washington, DC: Association for Supervision and Curriculum Development.

Seaman, P., Esland, G., & Gosin, B. (1972). *Innovation and ideology*. Bletchley, Bucks, England: The Open University Press.

Segal, R. (1972). *Got no time to fool around: A motivation program for education*. Philadelphia: Westminster Press.

Shipman, M., & Raynor, J. (1972). *Perspectives on the curriculum*. Bletchley, Bucks, England: The Open University Press.

Southeast Asia Ministers of Education Organization. (1972). *Seminar on strategies for curriculum development in Southeast Asia: Final report*. Glugor, Penang, Malaysia: Author.

Tanner, D. (1972). *Secondary education: Perspectives and prospects*. New York: Macmillan.

Taylor, P. A., & Cowley, D. M. (Eds.). (1972). *Readings in curriculum evaluation*. Dubuque, IA: William C. Brown.

Thelen, H. (1972). *Education and the human quest: Four designs for education* (revised edition). Chicago: University of Chicago Press.

Trump, J. L., & Miller, D. F. (1972). *Secondary school curriculum improvement* (second edition). Boston: Allyn & Bacon.

Vance, B. (1972). *Teaching the prekindergarten child: Instructional design and curriculum*. Belmont, CA: Brooke-Cole.

Vargas, J. S. (1972). *Writing worthwhile behavioral objectives*. New York: Harper and Row.

Weiss, J. (1972). *Curriculum evaluation: Potentiality and reality*. Toronto: Ontario Institute for Studies in Education.

Wilhelms, F. (1972). *What should schools teach?* Bloomington, IN: Phi Delta Kappa.

Wiseman, S., & Pidgeon, D. (1972). *Curriculum evaluation*. Briston, England: J. W. Arrowsmith.

Wootton, L. R., & Reynolds, J. C. (Eds.). (1972). *Trends influence curriculum*. New York: MSS Information.

1973

Baker, E. L., & Popham, W. J. (1973). *Expanding dimensions of instructional objectives*. Englewood Cliffs, NJ: Prentice-Hall.

Beck, R. H., Cock, W. W., & Kearney, N. C. (1973). *Curriculum in the modern elementary school*. Englewood Cliffs, NJ: Prentice-Hall.

Center for Educational Research and Innovation. (1973). *Styles of curriculum development*. Paris: Organization for Economic Cooperation and

Development.

Conner, F., & Ellena, W. (1973). *Curriculum handbook for school administrators* (second edition). Washington, DC: American Association of School Administrators.

Cook, R. C., & Doll, R. C. (1973). *The elementary school curriculum.* Boston: Allyn & Bacon.

DeCarlo, J. E., & Madon, C. A. (Eds.). (1973). *Innovations in education for the seventies: Selected readings.* New York: Behavioral Publications.

Derr, R. L. (1973). *A taxonomy of social purposes of public schools.* New York: David McKay.

Dykhuizen, G. (1973). *The life and mind of John Dewey.* Carbondale, IL: Southern Illinois University Press.

Educational Technology Reviews Series (Twelve Volume): Various Titles Relating to Curriculum Development. (1973). Englewood Cliffs, NJ: Educational Technology Publications.

Ellena, W. J. (1973). *Curriculum handbook for school executives.* Arlington, VA: American Association of School Administrators.

Firth, G. R., & Kimpston, R. D. (1973). *The curriculum continuum in perspectives.* Itasca, IL: F. E. Peacock.

Ford, N. A. (1973). *Black studies: Threat or challenge.* London: Kennikat Press.

Freire, P. (1973). *Education for critical consciousness.* New York: Seabury.

Frymier, J. R. (1973). *A school for tomorrow.* Berkeley, CA: McCutchan Publishing.

Garcia, D. S. (1973). *Curriculum theory and application.* Manila, Philippines: Alemar-Phoenix.

Goodlad, J. L., & Shane, H. G. (Eds.). (1973). *The elementary school in the U.S.: Seventy-second Yearbook of the National Society for the Study of Education: Part II.* Chicago: University of Chicago Press.

Great Britain Schools Council. (1973a). *Evaluation in curriculum development: Twelve case studies.* London: Macmillan.

Great Britain Schools Council. (1973b). *Pattern and variation in curriculum development projects.* Houndmills, Busingstoke, Hampshire, England: Macmillan Education, Ltd.

Greene, G. G. (1973). *Accountability in the elementary school curriculum.* Dubuque, IA: Kendall/Hunt Publishing Company.

Greene, M. (1973). *Teachers as stranger.* Berkeley, CA: Wadsworth.

Harmin, H., Kirschenbaum, H., & Simon, S. (1973). *Clarifying values through subject matter.* Minneapolis, MN: Winston Press.

Hemphill, J. K., && Roseman, F. S. (1973). *Educational development: A new discipline for self-renewal.* Eugene, OR: Center for the Study of Educational Administrators.

Holmes, B., & Ryba, R. (Eds.). (1973). *Curriculum development at the second level of education.* Papers read at the fourth general meeting, Prague, Czechoslovakia: Comparative Education Society in Europe.

Hughes, D. (1973). *Social change, educational theory and curriculum.* London: University of London Press.

Hughes, P. W. (Ed.). (1973). *The teacher's role in curriculum.* London: Angus and Robertson.

Hyman, R. T. (Ed.). (1973). *Approaches in curriculum.* Englewood Cliffs, NJ: Prentice-Hall.

Inlow, G. (1973). *The emergent in curriculum* (second edition). New York: John Wiley and Sons.

Lawton, D. (1973). *Social change, educational theory, and curriculum planning.* London: University of London Press.

Lewy, A. (1973). *Using experts' judgments in the process of curriculum evaluation.* Los Angeles: UCLA Graduate School of Education.

Macdonald, J. B., Wolfson, B. J., & Zaret, E. (1973). *Reschooling society: A conceptual model.* Washington, DC: Association for Supervision and Curriculum Development.

Mayhew, L. B., & Ford, P. J. (1973). *Changing the curriculum.* San Francisco: Jossey-Bass.

Moffett, J. (1973). *A student-centered language arts curriculum, grades K-13: A handbook for teachers.* Boston: Houghton-Mifflin.

Morley, F. P. (1973). *A modern guide to effective K-12 curriculum planning.* West Nyack, NY: Parker

Publishing.

Musgrave, P. W. (1973). *Knowledge, curriculum, and change*. Carlton, Australia: Melbourne University Press.

Netherlands Workshop on Curriculum Research, Vierhouten, Netherlands. (1973). *Curriculum research and development*. The Hague: Netherlands Foundations for Educational Research.

New Zealand Department of Education. (1973). *Human development and relationships in the school curriculum*. Wellington, New Zealand: Government Printer.

Ogletree, E. J., & Hawkins, M. (1973). *Writing instructional objectives and activities for modern curriculum: A programmed approach*. New York: MSS Information Corporation.

Owen, J. G. (1973). *The management of curriculum development*. Cambridge: Harvard University Press.

Robertson, J. H. (1973). *Courses of study*. Folcroft, PA: Folcroft Library Editions.

Robinson, Y., Bagnal, R. D., & Recchia, M. (1973). *The basis of the curriculum: Curriculum theory and development*. Unpublished doctoral dissertation. Philadelphia: Temple University.

Shane, H. G. (1973). *The educational significance of the future*. Bloomington, IN: Phi Delta Kappa Educational Foundation.

Silberman, C. E. (Ed.). (1973). *The open classroom reader*. New York: Vintage Books.

Sniff, W. F. (1973). *A curriculum of the mentally retarded young adult*. Springfield, IL: Charles C. Thomas.

Stradley, W. (1973). *Administrator's guide to an individualized performance results curriculum*. New York: Center for Applied Research in Education.

Taylor, P. H., & Walton, J. (Eds.). (1973). *The curriculum: Research, innovation, and change*. London: Ward Lock Educational.

Trump, J. L., & Miller, D. (1973). *Secondary school curriculum improvement: Challenges, humanism, accountability* (second edition). Boston: Allyn & Bacon.

White, J. P. (1973). *Towards a compulsory curriculum*. London: Routlege and Kegan Paul.

Worner, R. B. (1973). *Designing curriculum for educational accountability: From continuous progress education through PPBS*. New York: Random House.

Zenger, S., & Zenger, W. (1973). *Writing and evaluating curriculum guides*. Belmont, CA: Fearon.

1974

Ahlum, C., & Fralley, J. M. (Eds.). (1974). *Feminist resources for school and colleges: A guide to curriculum materials*. Old Westbury, NY: Feminist Press.

Blazier, W. H. (1974). *Lights! Action! Camera! Learn!* Allison Park, PA: Allison.

Bowers, C. W. (1974). *Cultural literacy for freedom: An existential perspective on teaching, curriculum and school policy*. Eugene, OR: Elan Publishers, Inc.

Brickman, W. W. (1974). *Bibliographical essays on curriculum and instruction*. Folcroft, PA: Flocroft Library Edition. (Reprint of 1948 edition.)

Broudy, H. S. (1974). *General education: The search for a rationale*. Bloomington, IN: Phi Delta Kappa Educational Foundation.

Cawelti, G. (1974). *Vitalizing the high school: A curriculum critique of major reform proposals*. Washington, DC: Association for Supervision and Curriculum Development.

Cohen, D., & Simpaon, G. (1974). *Destination debatable: On education objectives*. Sydney, Australia: Ashton Scholastic.

Cross, K. P., Vallet, J. R., and Association. (1974). *Planning non-tradition programs: An analysis of the issues for post-secondary education*. San Francisco: Jossey-Bass.

Della-Dora, D., & House, J. E. (Eds.). (1974). *Education and an open society. 1974 Yearbook*. Washington, DC: Association for Supervision and Curriculum Development.

Dickson, G. E., & Saxe, R. E. (1974). *Patterns for educational reform and renewal*. Berkeley, CA: McCutchan.

Doll, R. C. (1974). *Curriculum improvement: Decision making and process* (third edition). Boston: Allyn & Bacon.

Edward, C. H. (Ed.). (1974). *Readings in curriculum: A process approach*. Champaign, IL: Stipes.

Eisner, E. W., & Vallance, E. (Eds.). (1974). *Conflicting conceptions of curriculum*. Berkeley, CA: McCutchan.

Faculty of Education, British Columbia University. (1974). *Program development in education (monograph)*. Vancouver, British Columbia: British Columbia University.

Farguhar, E. E. (1974). *Curriculum materials*. Washington, DC: Association for Supervision and Curriculum Development.

Gilchrist, R. S., & Roberts, B. R. (1974). *Curriculum development: A humanized systems approach*. Belmont, CA: Fearon.

Goodlad, F. I. (1974). *Toward a mankind school: An adventure in humanistic education*. New York: McGraw-Hill.

Hass, G., Bondi, J., & Wiles, J. (Eds.). (1974). *Curriculum planning-A new approach*. Boston: Allyn & Bacon.

Hirst, P. (1974). *Knowledge and the curriculum*. London: Routledge & Kegan Paul.

Holly, D. (1974). *Beyond curriculum: Changing secondary education*. Frogmore, St. Albans, England: Paladin.

Kingsford, R. C. (1974). *Compulsory education and curriculum reconstruction: A brief enquiry into the philosophy and practice of raising the school leaving age*. Exeter, England: University of Exeter School of Education.

Kopp, O. W., & Zufeld, D. L. (1974). *Personalized curriculum through excellence in leadership*. Danville, IL: Interest Printers and Publishers.

Macintosh, H. G., & Smith, L. A. (1974). *Toward a free curriculum*. London: University of London Press.

Murphy, R. (1974). *Imaginary worlds: Notes on a new curriculum*. New York: Virgil Books.

Ontario Association for Curriculum Development. (1974). *Action and reaction in the curriculum. Proceeding of the 22nd Annual Conference*. Ottawa, Canada: Author.

Payne, D. A. (Ed.). (1974). *Curriculum evaluation: Commentaries on purpose, process, product*. Lexington, MA: D. C. Heath.

Pinar, W. (Ed.). (1974). *Heightened consciousness, cultural revolution, and curriculum theory*. Berkeley, CA: McCutchan.

Regan, E. M., & Leithwood, K. A. (1974). *Effecting curriculum change: Experiences with the conceptional skills*. Toronto: Institute for Studies in Education.

Rowntree, D. (1974). *Educational technology in curriculum development*. London: Harper and Row.

Saylor, J. G., & Alexander, W. M. (1974). *Planning curriculum for schools*. New York: Holt, Rinehart and Winston.

Schools Council Research Service. (1974a). *Evaluation in curriculum development: Twelve case studies*. New York: Also Publishers. (Also by Macmillan Education, Ltd., London, 1973.)

Schools Council Research Service. (1974b). *Pattern and variation in curriculum development projects*. New York: Also Publishers. (Also by Macmillan Education, Ltd., Hampshire, England, 1973.)

Shipman, M. D., Bolam, D., & Jenkins, D. R. (1974). *Inside a curriculum project: A case study in the process of curriculum change*. Scranton, PA: Barnes and Noble. (Also by Methuen, London, 1974.)

Speiker, C. A. (1974). *A study to determine the reliability of community involvement in curriculum planning*. Minneapolis: University of Minnesota.

Tankard, G. G. (1974). *Curriculum development: An administrator's guide*. West Nyack, NY: Parker.

Taylor, P., Reid, W., & Holley, B. J. (1974). *The English sixth form: A case study in curriculum research*. London: Routledge and Kegan Paul.

Taylor, P. H., & Johnson, M. (Eds.). (1974). *Curriculum development: A comparative study*. Windsor, England: National Foundation for Educational Research.

Taylor, P. H., Reid, W. A., Holley, B. J., & Exon, G.

(1974). *Purpose, power, and constraint in the primary school curriculum.* London: Macmillan Education, Ltd.

Van Til, W. (Ed.). (1974). *Curriculum: Quest for relevance* (second edition). Boston: Houghton Mifflin.

Wass, H., et al. (1974). *Humanistic teacher education: An experiment in systematic curriculum innovation.* Fort Collins, CO: Shields Publishing Company.

Way, R. V. (1974). *Adapting the curriculum of an elementary school to serve the language needs of Spanish speaking children.* San Francisco: R & E Research Associates.

Wootton, L. R., & Reynolds, J. C. (Eds.). (1974). *Trends influence curriculum* (second edition). New York: MSS Information Corporation.

Yarbrough, V. E., Bruce, W. C., & Hubright, R. L. (Eds.). (1974). *Readings in curriculum and supervision.* New York: MSS Information Corporation.

1975

Anderson, D. W., &7 Macdonald, J. B. (Eds.). (1975). *Strategies in curriculum development: The works of virgil E. Herrick.* Westport, CT: Greenwood. (Reprint of 1965 edition).

Barnes, J. (Ed.). (1975). *Curriculum innovation in London's E.P.A.s.* London: H.M.S.O.

Beauchamp, G. A. (1975). *Curriculum theory* (third edition). Willmette, IL: The kagg Press.

Botel, M., & Botel, N. (1975). *A critical analysis of the taxonomy of educational objectives.* Washington, DC: Curriculum Development Association.

Case, P. N., & Lowry, A. M. (1975). *Evaluation of alternative curricula.* Chicago: American Library Association.

Center for Educational Research and Innovation. (1975). *Handbook on curriculum development.* Paris: Organization for Economic Cooperation and Development.

Curriculum Design and Development Course Team. (1975a). *Curriculum design.* New York: Halsted Press.

Curriculum Design and Development Course Team. (1975b). *Curriculum innovation.* New York: Halsted Press.

Eaton, J. M. (1975). *An ABC of the curriculum.* Edinburgh, Scotland: Oliver and Boyd.

English, F. W., & Kaufman, R. A. (1975). *Needs assessment: A focus for curriculum development.* Washington, DC: Association for Supervision and Curriculum Development.

Foshay, A. W. (1975). *Essays on curriculum: Selected papers.* New York: Teachers College, Columbia University.

Glatthorn, A. A. (1975). *Alternatives in education: Schools and programs.* New York: Dodd Mead and Company.

Godby, M., Greenwald, J., & West, R. (Eds.). (1975). *Curriculum design.* London: Croom Helm.

Goodlad, J. I. (1975). *The dynamics of educational change: Toward responsive schools.* New York: McGraw-Hill.

Great Britain Schools Council. (1975). *The whole curriculum. Working Paper 53.* London: Evans/Methuen.

Haigh, G. (1975). *Integrate: Curriculum integration in the school.* New York: Beekman.

Harris, A., Lawn, M., & Prescott, W. (1975). *Curriculum innovation.* New York: John Wiley, A. Halsted Press Book.

Hendricks, G., & Fadiman, J. (Eds.). (1975). *Transpersonal education: A curriculum for feeling and being.* Englewood Cliffs, NJ: Prentice-Hall (Spectrum Books).

Hirst, P. H. (1975). *Knowledge and the curriculum: A collection of philosophical papers.* London: Routledge and Kegan Paul.

Hollaway, O. (1975). *Problem solving: Toward a more humanizing curriculum.* Philadelphia: Franklin.

Hook, S. (Ed.). (1975). *The philosophy of the curriculum: The need for general education.* Buffalo, NY: Prometheus Books.

Hug, W. E. (1975). *Instructional design and the media program.* Chicago: American Library Association.

Kallos, D. (1975). *Curriculum and teaching: An*

unAmerian view. Lund, Sweden: Institute of Education.

Lawton, D. (1975). *Class, culture and the curriculum*. London: Routledge and Kegan Paul.

Macdonald, J. B., &7 Zaret, E. (Eds.). (1975). *Schools in search of meaning*. Washington, DC: Association for Supervision and Curriculum Development.

Mager, R. F. (1975). *Preparing instructional objectives* (second edition). Belmont, CA: Fearon.

Martin, J. R. (1975). *Choice, chance, and curriculum (Boyd H. Bode Memorial Lecture Series: Number Three)*. Columbus: Ohio State University Press.

Mayer, W. V. (Ed.). (1975). *Planning curriculum development (with examples from projects for the mentally retarded)*. Boulder, CO: Biological Sciences Curriculum Study.

Michaelis, J. U., Grossman, R. H., & Scott, L. F. (1975). *New Designs for elementary curriculum and instruction* (second edition). New York: McGraw-Hill.

Musgrave, P. W. (Ed.). (1975). *Contemporary studies in the curriculum*. Sydney, Australia: Angus and Robertson.

Newfield, J. W. (1975). *Information demands of curriculum supervisors: Final report, Part I* (NIE Project Number G-74-0056). Washington, DC: National Institute of Education.

Newmann, F. M. (1975). *Education for citizen action: Challenge for the secondary curriculum*. Berkeley, CA: McCuthan.

Pinar, W. (Ed.). (1975). *Curriculum theorizing: The reconceptualists*. Berkeley, CA: McCuthan.

Ponder, G. A., & Davis, O. L. (Eds.). (1975). *Curriculum perspectives*. Austin, TX: Texan House, Incorporated.

Reid, W. A., & Walker, D. F. (Eds.). (1975). *Case studies in curriculum change: Great Britain and the United States*. London: Routledge and Kegan Paul.

Roberts, A. (Ed.). (1975). *Educational innovation: Alternatives in curriculum and instruction*. Boston: Allyn & Bacon.

Rodgers, F. A. (1975). *Curriculum and instruction in the elementary school*. New York: Macmillan.

Rogers, V. R., & Church, B. (1975). *Open education: Critique and assessment*. Washington, DC: Association for Supervision and Curriculum Development.

Schaffarzick, J., & Hampson, D. H. (Eds.). (1975). *Strategies for curriculum development*. Berkeley, CA: McCutchan.

Sharp, R., & Green, A. (1975). *Education and social control: A study in progressive primary education*. London: Routledge and Kegan Paul.

Staples, I. E. (Ed.). (1975). Impact of decentralization on curriculum: Selected viewpoints. Washington, D C: Association for supervision and Curriculum Development

Stenhouse, L (1975). *Introduction to curriculum research and development*. New York: Holmes and Meier.

Talmage, H. (Ed.). (1975). *Systems of individualized education*. Berkeley, CA: McCutchan.

Tanner, D., & Tanner, L. (1975). *Curriculum development: Theory into practice*. New York: Macmillan.

Taylor, P. H. (Ed.). (1975). *Aims, influence and change in the primary school curriculum*. Windsor, Berkshire: National Foundation for Educational Research.

Taylor, P. H., & Tye, K. A. (Eds.). (1975). *Curriculum, school and society: An introduction to curriculum studies*. Atlantic Highlands, NJ: Humanities Press.

Thompson, K., & White, J. (1975). *Curriculum development: A dialogue*. London: Pitman.

UNESCO. (1975). *An experience-centered curriculum: Exercises in perception, communication, and action (Educational Studies and Document Set Number Seventeen)*. New York: Unipub, Incorporated.

University of London Institute of Education. (1975). *The curriculum. The Doris Lee Lectures delivered at the Institute of Education, University of London*. London: Author.

Unruh, G. G. (1975). *Responsive curriculum development: Theory and action*. Berkeley, CA: McCutchan.

Warwick, D. (1975). *Curriculum structure and design.* Mystic, CT: Lawrence Verry, Incorporated.

Wolsk, D. (1975). *An experience centered curriculum: Exercises in personal and social reality.* Paris: UNESCO.

1976

Barnes, D. (1976). *From communication to curriculum.* New York: Penguin Books, Ltd.

Barrow, R. (1976). *Common sense and the curriculum.* Hamden, CT: Shoe String Press.

Bennis, W., Benne, K., & Chin, R. (1976). *The planning of change.* New York: Holt, Rinehart and Winston (earlier edition, 1969).

Bowles, S., & Gintis, H. (1976). *Schooling in capitalist America.* New York Basic Books.

Brickman, W. W. (1976). *Bibliographical essays on curriculum and instruction.* Folcroft, PA: Folcroft.

Bussis, A. M., Chittenden, E. A., & Amarel, M. (1976). *Beyond surface curriculum.* Boulder, CO: Westview Press.

Cremin, L. A. (1976). *Public education.* New York: Basic Books, Inc.

Curriculum Design and Development Course Team. (Open University). (1976a). *Curriculum Design.* New York: Halsted Press.

Curriculum Design and Development Course Team. (Open University). (1976b). *Curriculum Innovation.* New York: John Wiley and Sons, Inc.

Curriculum for development: Analysis and review of processes, products, and outcomes: Final report subregional curriculum workshop, Colombo, Sri Lanka 1-30 October, 1976. Bangkok, Thailand: UNSECO Regional Office for Education in Asia.

Davies, I. K. (1976). *Objectives in curriculum design.* New York: McGarw-Hill.

Davis, O. L. (Ed.). (1976). *Perspectives on curriculum development 1776-1976.* 1976 Yearbook. Washington, DC: Association for Supervision and Curriculum Development.

Fantini, M. D. (Ed.). (1976). *Alternative education: A source book for parents, teachers, students, and administrators.* Garden City, NY: Doubleday.

Frazier, A. (1976). *Adventuring, mastering, associating-New strategies for teaching children.* Washington, DC: Association for Supervision and Curriculum Development.

Fullan, M., & Pomfret, A. (1976). *Review of research on curriculum and instruction implementation.* Toronto: Department of Sociology of Education, Toronto Institute for Studies in Education.

Gow, D. T. (1976). *Design and development of curriculum materials; (Vols. 1-2).* Pittsburgh, PA: University Center for International Studies, University of Pittsburgh.

Great Britain Schools Council. (1976). *Curriculum in the middle school years.* London: Methurn Educational and Evans Brothers.

Hamilton, D. (1976). *Curriculum evaluation.* London: Open Books.

Holland, J. G. (1976). *The analysis of behavior in planning instruction.* Reading, MA: Addison-Wesley Publishing.

Holt, J. (1976). *Instead of education.* New York: Delta.

Jenkins, D., & Shipman, M. D. (1976). *Curriculum: An introduction.* London: Open Books.

Kallos, D., & Lundgren, U. P. (1976). *An enquiry concerning curriculum: Foundations for curriculum change.* Molndal, Sweden: Pedagogiske Instutionen, Goteborgs Univrsitite.

Kallos, D., & Lundgren, U. P. (1976). *Lessons from a comprehensive school system for theory and research on curriculum.* Research Report, Stockholm, Sweden: Department of Educational Research, School of Education.

Kane, J. (Ed.). (1976). *Curriculum development in physical education.* New York: Beekman Publishers.

Kauffman, D. L., Jr. (1976). *Teaching the future: A guide to future-orientated education.* Palm Springs, CA: ETC Publications.

Kindred, L. W., & Wolotkiewicz, R. J., Mickelson, J. M., Coplien, L. E., & Dyson, E. (1976). *The middle school curriculum: A practitioner's handbook.* Boston: Allyn & Bacon.

King, A. R. Jr., & Brownell, J. A. (1976). *Curriculum and*

the disciplines of knowledge: A theory of curriculum practice. (Reprint of 1966 edition). Huntington, NY: Krieger.

Leithwood, K. A., Clipsham, J. S., Maynes, F., Baxter, R. P., & McNabb, J. D. (1976). *Planning curriculum change: A model and case study.* Toronto: Ontario Institute for Studies in Education.

MacDonald, B., & Walker, R. (1976). *Changing the curriculum.* London: Open Books.

MacDonald, M., & Rogers, D. (1976). *Culture, class, and the curriculum / The politics of curriculum reform.* London: Open University Press.

Margolin, E. (1976). *Young children: Their curriculum and learning processes.* New York: Macmillan.

Mathews, J. (1976). *Examinations: Their use in curriculum evaluation and development.* London: Evans Metheun Educational.

McNeil, J. D. (1976). *Designing curriculum: Self-instructional modules.* Boston: Little, Brown and Company.

Newton, J. E. (1976). *Curriculum evaluation of black studies in relation to student knowledge of Afro-American history and culture.* San Francisco: R & E Research Association.

Open University Press (England). (1976). *Curriculum design and development; Units 1-2, Scope of curriculum study; Units 3-4, Culture ideology and knowledge; Units 5-8, The child, the school, and society; Case Study 1, Tanzania: Education for self-reliance; Units 9-10, Towards the whole curriculum; Units 11-13, Curriculum organization; Units 14-15, Design issues; Units 16-18, Rationality and artistry; Units 19-21, Curriculum evaluation; Case Study 3, Stantonbury, Campus; Units 22-33, Innovation-problems and possibilities; Case Study 4, A middle school; Units 24-26, Supporting curriculum development; Case Study 5, Portrait of Countesthorpe College; Case Study 6, Library Guide-using the literature.* London: Open University Press.

Petty, W. T. (Ed.). (1976). *Curriculum for the modern elementary school.* Chicago: Rand McNally and Company.

Pinar, W. F., & Grumet, M. R. (1976). *Toward a poor curriculum: Introduction to the theory and practice of currere.* Dubuque, IA: Kendall/Hunt Publishing Company.

Posner, A., & De Keijzer, A. J. (1976). *China: A resource and curriculum guide* (second edition). Chicago: University of Chicago Press.

Prescott, W., & Bolam, R. (1976). *Supporting curriculum development.* Milton Keynes, Great Britain: Open University Press.

Pring, R. (1976). *Knowledge and schooling.* London: Open Books Publishing, Ltd.

Reynolds, J., & Skilbeck, M. (1976). *Culture and the classroom.* London: Open Books Publishing, Ltd.

Rosenbaum, J. (1976). *Making inequality: The hidden curriculum of high school tracking.* New York: Wiley.

Rudduck, J., & Kelly, P. (1976). *The dissemination of curriculum development.* (J. Wrigley and F. Sparrow, Eds.). Windsor, England: National Foundation for Educational Research.

Seefeldt, S. (Ed.). (1976). *Curriculum for the preschool-primary child: A review of the research (New Edition-Elementary Education Set).* Columbus, OH: Charles Merrill.

Sockett, H. (1976). *Designing the curriculum.* London: Open Books.

Speiker, C. A. (Ed.). (1976). *Curriculum leaders: Improving their influence.* Alexandria, VA: Association for Supervision and Curriculum Development,

Spring, J. H. (1976). *The sorting machine: National educational policy since 1945.* New York: David McKay.

Tawney, D. (1976). *Curriculum evaluation today: Trends and implications.* London: Macmillan.

Timmerman, T. (1976). *Finding a way: Integrated curriculum for the pre-teen.* Amherst, MA: Kandala.

Tyler, L., Klien, M. F., & Associates, Halperin, M., et al. (1976). *Evaluating and choosing curriculum and instructional materials.* Los Angeles: Educational Resource Associates.

UNESCO. (1976). *Co-operation in curriculum explorations: Report of a high-level personal exchange workshop*. New York: Unipub.

Van Geel, T. (1976). *Authority to control the school program*. Lexington, MA: Lexington Books.

Walton, J., & Welaton, J. (Eds.). (1976). *Rational curriculum planning: Four case studies*. London: Ward Lock.

Zais, R. S. (1976). *Curriculum: Principles and foundations*. New York: Thomas Y. Crowell.

1977

Anderson, R. C., Spiro, R. J., & Montague, W. E. (Eds.). (1977). *Schooling and the acquisition of knowledge*. Hillsdale, NJ: Lawrence Erlbaum Associates.

Australian Curriculum Development Center. (1977). *Core curriculum of the Australian schools*. Canberra, Australia: Author.

Bellack, A. A., &7 Kliebard, H. (Ed.). (1977). *Curriculum and evaluation*. New York: McCutchan.

Berman, L. M., & Roderick, J. A. (1977). *Curriculum: Teaching the what, how, and why of living*. Columbus, OH: Charles E. Merrill.

Berntein, B. (1977). *Class, codes, and control* (Three volumes). London: Routledge and Kegan Paul.

Bourdieu, P., & Passeron, J. C. (1977). *Reproduction in education, society, and culture*. Beverly Hills, CA: Sage.

Bruner, J. (1977). *The process of education* (revised edition). Cambridge, MA: Harvard University Press.

Chandra, A. (1977). *Curriculum development and evaluation in education*. Mytic, CT: Verry.

Comer, J. P. (1977). *Forces affecting curriculum*. Washington, DC: Association for Supervision and Curriculum Development.

Curriculum Design and Development Course Team (The Open University). (1977). *Curriculum design*. New York: John Wiley and Sons, Incorporated.

Curtis, T. E., & Bidwell, W. W. (1977). *Curriculum and instruction for emerging adolescents*. Reading, MA: Addison-Wesley.

Edward, C. H. (Ed.). (1977). *Readings in curriculum: A process approach*. Danville, IL: Stipes.

Eggleston, J. (1977). *The sociology of the school curriculum*. London: Routledge and Kegan Paul.

Frymier, J. (1977). *Annehurst curriculum classification system: A practical way to individualize instruction*. Bloomington, IN: Kappa Delta Pi.

Glatter, R. (1977). *Control over the curriculum*. London: University of London Institute of Education.

Glatthorn, A. A. (1977). *Alternatives in education: Schools and programs*. New York: Harper and Row.

Gower, R. R., & Scott, M. B. (1977). *Five essential dimensions of curriculum design: A handbook for teachers*. Dubuque, IA: Kendall-Hunt.

Gran, E. (1977). *Notes from a board of education: Ways to individualize your basic program*. Amherst, MA: Mandala.

Hamilton, D., MacDonald, B., King, C., Jenkins, D., & Parlett, M. (Eds.). (1977). *Beyond the numbers game: A reader in educational evaluation*. Berkeley, CA: McCutchan.

Hannah, L. S., & Michaelis, J. U. (1977). *Comprehensive framework for instructional objectives: A guide to systematic planning and evaluation*. Reading, MA: Addison-Wesley.

Hass, G. (Ed.). (1977). *Curriculum planning: A new approach* (second edition). Boston: Allyn & Bacon.

Johnson, M. (1977). *Intentionality in education*. Albany, NY: Center for Curricular Research and Services.

Jones, D. M. (1977). *Curriculum targets in the elementary school*. Englewood Cliffs, NJ: Prentice-Hall.

Kelly, A. V. (1977). *The curriculum: Theory and practice*. New York: Harper and Row.

Kemp, J. E. (1977). *Instructional design: A plan for unit and course development*. Belmont, CA: Fearon.

Klausmeier, H. J. (1977). *Individually guided education in elementary and middle schools: A handbook for implementers and college instructors*. Reading, MA: Addison-Wesley.

Langgenback, M., & Neskora, T. W. (1977). *Day care: Curriculum considerations*. Columbus, OH: Merrill.

Lesser, H. (Ed.). (1977). *Television and the preschool child: A psychological theory of instruction and curriculum development*. New York: Academic Press.

Lewy, A. (1977). *Handbook of curriculum evaluation.* New York: Longman, Inc.

Lundgren, U. P. (1977). *Model analysis of pedagogical processes.* Lund, Sweden: Liberlaromedel/Gleerup.

MacDonald, M. (1977a). *Culture, class, and the curriculum.* London: Open University.

MacDonald, M. (1977b). *The curriculum and cultural reproduction.* Milton Keynes, England: The Open University Press.

Marbach, E. S. (1977). *Creative curriculum: Kindergarten through grade three.* Provo, UT: Brigham Young University Press.

McNeil, J. D. (1977). *Curriculum: A comprehensive introduction.* Boston: Little, Brown and Company.

Molnar, A., & Zahorik, J. A. (Eds.). (1977). *Curriculum theory.* Washington, DC: Association for Supervision and Curriculum Development.

Oliver, A. I. (1977a). *Curriculum improvement: A guide to problems, principles, and process* (second edition). New York: Harper and Row.

Oliver, A. I. (1977b). *Maximizing minicourses: A curriculum alternative.* New York: Teachers College, Columbia University.

Olsen, E. G., & Clark, P. A. (1977). *Life-centering education.* Midland, MI: Pendell Publishing Company.

Open University Press (England). (1977). *Curriculum design and development: Unit 17-18, Innovation, the school and the teacher; Unit 29-30, Innovation, the school and the teacher, two.* London: Open University Press.

Ragan, W. B., & Shepherd, G. D. (1977). *Modern elementary curriculum* (fifth edition). New York: Holt, Rinehart and Winston.

Richards, C. (Ed.). (1977). *New contexts-for teaching, learning, and curriculum studies.* Horwich: Association for the Study of the Curriculum.

Robinson, K., & Wilson, R. (Eds.). (1977). *Extending economics within the curriculum.* London: Kegan Paul.

Rubin, L. (Ed.). (1977a). *Curriculum handbook: Administration and theory.* Boston: Allyn & Bacon.

Rubin, L. (Ed.). (1977b). *Curriculum handbook: The disciplines, current movements, and instructional methodology.* Boston: Allyn & Bacon.

Rubin, L. (Ed.). (1977c). Curriculum handbook, *The disciplines, current movements, instructional methodology, administration, and theory* (Abridged edition), Boston: Allyn & Bacon.

Shane, H. G. (1977). *Curriculum change toward the twenty-first century.* Washington, DC: National Education Association.

Shuster, A. H., & Ploghoft, M. E. (1977). *The emerging elementary curriculum* (third edition). Columbus, OH: Merrill.

Speiker, C. (1977). *Standards and guidelines for the evaluation of graduate programs preparing curriculum leaders.* Washington, DC: Association for Supervision and Curriculum Development.

UNESCO. (1977). *Integrated approach to curriculum development in primary education in Sri Lanka.* New York: Unipub.

Willis, P. (1977). *Learning to labor.* Lexington, MA: D. C. Heath.

Wootton, L. R., & Reynolds, J. C. (1977). *Trends and issues affecting curriculum.* Washington, DC: University Press of America.

1978

Becher, T., & Maclure, S. (1978). *The politics of curriculum change.* London: Hutchinson.

Bourne, P., & Eisenberg, J. (1978). *Social issues in the curriculum: Teaching Canadian Literature in high school.* Toronto: Ontario Institute for Studies in Education.

Brent, A. (1978). *Philosophical foundations for the curriculum.* Winchester, MA: Allen and Unwin.

Brown, S. J., & Dittman, L. L. (1978). *Curriculum is what happens: Planning is the key.* Washington, DC: National Association for Education of Young Children.

Carnegie Foundation for the Advancement of Teaching. (1978). *Missions of the college curriculum.* San Francisco: Jessey-Bass.

Casciano Savignano, C. J. (1978). *Systems approach to curriculum and instructional improvement.*

Columbus, OH: Merrill.

Claydon, L., Knight, T., & Rado, M. (1978). *Curriculum and culture: Schooling in a pluralist society.* Winchester, MA: Allen and Unwin.

Cohen, D., & Harrison, M. (1978). *Curriculum decision making in Australian schools. Project report no. 4.* Sydney, Australia: Macquarie University.

Conrad, C. F. (1978). *The undergraduate curriculum: A guide to innovation and reform.* Boulder, CO: Westview Press.

Curriculum Design and Development Course Team. (1978). *Curriculum innovation.* New York: Halsted Press.

Curriculum Development Center of Malaysia. (1978). *Studies of curriculum development centers.* New York: Unipub.

Doll, R. C. (1978). *Curriculum improvement: Decision making and process* (fourth edition). Boston: Allyn & Bacon.

English, F. W. (1978). *Quality control in curriculum development.* Washington, DC: American Association of School Administrators.

Fredericks, H. D. B., & the staff of Teaching Research Infant and Child Center. (1978). *The teaching research curriculum for moderately and severely handicapped: Self-help and cognitive.* Springfield, IL: Charles C. Thomas.

Freire, P. (1978). *Pedagogy in process.* New York: Seabury.

Goodlad, J. I. (1978). *Accountability: An alternative perspective.* The De Garmo Lecture, Society of Professors of Education, February 23, 1978.

Gordon, P., & Lawton, D. (1978). *Curriculum change in the 19th and 20th centuries.* London: Hodder and Stoughton.

Greene, M. (1978). *Landscapes of learning.* New York: Teachers College Press.

Gress, J. R., & Purlel, D. E. (Ed.). (1978). *Curriculum: An introduction to the field.* Berkeley, CA: McCutchan.

Harris, A., Lawn, M., & Prescott, W. (Eds.). (1978). *Curriculum innovation.* London: Croom Helm.

Hefley, J. (1978). *Textbooks in trial.* Milford, MI: Mott Media.

Holt, M. (1978). *The common curriculum: Its structure and style in the comprehensive school.* London: Routledge and Kegan Paul.

Jelinek, J. J. (Ed.). (1978). *Improving the human condition: A curricular response to critical realities: 1978 Yearbook.* Washington, DC: Association for Supervision and Curriculum Development.

Joyce, B. (1978). *Selected learning experiences: Linking theory and practice.* Washington, DC: Association for Supervision and Curriculum Development.

Kapfer, M. B. (Ed.). (1978). *Behavioral objectives: The position of the pendulum.* Englewood Cliffs, NJ: Educational Technology Publications.

Lawton, D., Gordon, P., Ing, M., Gibby, B., Pring, R., & Moore, T. (1978). *Theory and practice of curriculum studies.* London: Routledge and Kegan Paul.

Levine, A. (1978). *Handbook on undergraduate curriculum.* San Francisco: Jossey-Bass.

Lounsbury, J. H., & Vars, G. F. (1978). *A curriculum for the middle school years.* New York: Harper and Row.

Nelson, M. (1978). *Law in the curriculum.* Bloomington, IN: Phi Delta Kappa.

Nicholls, A., & Nicholls, H. (1978). *Developing a curriculum: A practical guide* (second edition). London: Allyn and Unwin.

Oliver, A. I. (1978). *Maximizing minicourses: A practical guide to a curriculum innovation.* New York: New York: Teachers College Press.

Orlosky, D. E., & Smith, B. O. (1978). *Curriculum development: Issues and insights.* Chicago: Rand McNally.

Posner, G. J., & Rudnitsky, A. N. (1978). *Course design: A guide to curriculum development for teachers.* New York: Longman. (second edition, 1982; third edition, 1986.)

Raths, L. E., Harmin, M., & Simon, S. B. (1978). *Values and teaching* (second edition). Columbus, OH: Charles E. Merrill.

Reid, W. A. (1978). *Thinking about the curriculum: The nature and treatment of curriculum problems.* London: Routledge and Kegan Paul.

Rudolph, F. (1978). *Curriculum: A history of the American undergraduate course of study since 1636*. San Francisco: Jossey-Bass.

Schiro, M. (1978). *Curriculum for better schools: The great ideological debate*. Englewood Cliffs, NJ: Educational Technology Publications.

Stake, R., & Easley, J. (1978). *Case studies in science education*. Urbana, IL: Center for Instructional Research and Curriculum Evaluation.

Steeves, F. L., & English, F. W. (1978). *Secondary curriculum for a changing world*. Columbus, OH: Charles E. Merrill.

Tanner, L. N. (1978). *Classroom discipline for effective teaching and learning*. New York: Holt, Rinehart and Winston.

Taylor, P. H. (1978). *The English sixth form: A case study in curriculum research*. Boston: Routledge and Kegan Paul.

Westbury, I., & Wilkof, N. J. (Eds.). (1978). *Science, curriculum, and liberal education: Selected essays, Joeph J. Schwab*. Chicago: University of Chicago Press.

Weston, P. B. (1978). *Framework for the curriculum*. New York: Humanities Press.

Willis, G. (Ed.). (1978). *Qualitative evaluation: Concepts and cases in curriculum criticism*. Berkeley, CA: McCutchan Publishing Company.

1979

Apple, M. W. (1979). *Ideology and curriculum*. London: Routledge and Kegan Paul.

Becker, J. M. (1979). *Schooling for a global age*. New York: McGraw-Hill.

Bloomer, M., & Shaw, K. E. (1979). *Constraint and innovation: The content and organization of schooling*. New York: Pergamon.

Bremer, J. (1979). *Education and community*. Shepparton, Australia: Waterwheel Press.

Crone, R., & Malone, J. (1979). *Continuities in education: The Northern Ireland schools curriculum project*. Windsor, Ontario: NFER; Atlantic Highlands, NJ: distributed by Humanities Press.

Egan, K. (1979). *Educational development*. New York: Oxford University Press.

Eisner, E. (1979). *The educational imagination: On the design and evaluation of school programs*. New York: Macmillan.

Finch, C. R., & Crunkilton, J. R. (1979). *Curriculum development in vocational and technical education: Planning, content, and implementation*. Boston: Allyn & Bacon. (second edition, 1984; third edition, 1989; fourth edition, 1993.)

Goodlad, J. I., and Associates. (1979). *Curriculum inquiry: The study of curriculum practice*. New York: McGraw-Hill.

Harty, S. (1979). *Hucksters in the classroom*. Washington, DC: Center for the Study of Responsive Law.

Hawes, H. W. (1979). *Curriculum and reality in African primary schools*. London: Longman.

Holt, M. (1979). *Regenerating the curriculum*. Boston: Routledge and Kegan Paul.

Hug, W. E. (1979). *40 years of research in curriculum and teaching*. New York: Teachers College, Columbia University.

Jenlinek, J. J. (Ed.). (1979). *Education in flux: Implications for curriculum development*. Tempe, AZ: Professors of Curriculum and Arizona State University.

Kallos, D., & Lundgren, U. P. (1979). *Curriculum as a pedagogical problem*. Lund, Sweden: Liber Laromedel/Gleerup.

Lundgren, U. P. (1979). *Organizing the world about us: An introduction to curriculum theory*. Stockholm, Sweden: Liber.

Lundgren, U. P., & Psttersson, S. (Eds.). (1979). *Code, context, and curriculum processes*. Stockholm, Sweden: Stockholm Institute of Education.

Marti, J. (1979). *On education*. (Essays edited by P. S. Foner). New York: Monthly Review Press.

Musgrave, P. W. (1979). *Society and the curriculum in Australia*. Winchester, MA: Allen and Unwin.

Ogletree, E. J. (Ed.). (1979). *Introduction to Waldorf education. Curriculum and methods*. Washington, DC: University Press of America.

Overly, N. V. (Ed.). (1979). *Lifelong learning: 1979*

Yearbook. Washington, DC: Association for Supervision and Curriculum Development.

Postman, N. (1979). *Teaching as a conserving activity*. New York: Delacorte Press.

Richards, C. (1979a). *Curriculum studies: An introductory, annotated bibliography*. Driffield, England: Nafferton Books, Studies in Education printing.

Richards, C. (Ed.). (1979a). *Power and the curriculum: Issues in curriculum studies*. Driffield, England: Nafferton Books, Studies in Education printing.

Richmond, K. W. (1979). *The school curriculum*. London: Methuen.

Rumanoff, L. A. (1979). *A curriculum model for individuals with severe learning and behavior disorders*. Baltimore, MD: University Park.

Schaffarzick, J., & Sykes, G. (Eds.). (1979). *Values conflicts and curriculum issues*. Berkeley, CA: McCutchan.

Tamir, P. (Ed.). (1979). *Curriculum implementation and its relationship to curriculum development in science*. Jerusalem, Israel: Israel Science Teaching Center, Hebrew University.

Taylor, P. (Ed.). (1979). *New directions in curriculum studies*. London: Galmer Press.

Taylor, P. H., & Reid, W. A. (Eds.). (1979). *Curriculum, culture, and classroom: Trends in curriculum studies*. New York: Humanities Press.

Taylor, P. H., & Richards, C. M. (1979). *An introduction to curriculum studies*. New York: Humanities Press. (second edition, 1985.)

Tomkins, G. (1979). *The curriculum in Canada in historical perspective: Sixth Yearbook of the Canadian Society for the Study of Education*. Vancouver, British Columbia: Canadian Society for the Study of Education.

Trump, J. L., Miller, D. F. (1979). *Secondary school curriculum improvement: Meeting challenges of the times* (third edition). Boston: Allyn & Bacon.

Waring, M. (1979). *Social pressures on curriculum innovations: A study of the Nuffield Foundation science teaching project*. London: Methuen.

Wechman, P. H. (1979). *Curriculum design for severely and profoundly handicapped*. New York: Human Sciences Press.

Werner, W. (Ed.). (1979). *Curriculum Canada: Perspectives, practices, prospects*. Vancouver, British Columbia: University of British Columbia Center for the Study of Curriculum and Instruction.

Weston, P. B. (1979). *Negotiating the curriculum: A study in secondary schooling*. Windsor, England: National Foundation for Educational Research.

Wiles, J., & Bondi, J. (1979). *Curriculum development: A guide to practice elementary education*. Columbus, OH: Merrill.

Wise, A. (1979). *Legislated learning*. Berkeley: University of California Press.

제9장

1980~1989년의 교육과정 사상과 문헌

1. 미국의 교육위기론(A Nation at Risk)

1980년 Reagan 대통령이 취임하고 교육에 대한 연방정부의 역할은 축소되는 듯했다. 그는 선거 유세에서 교육부를 해체하고 주 정부로 교육에 대한 권한을 이양할 것이라고 강력하게 암시하였다. 하지만 놀랍게도 Reagan 정부의 교육부 장관인 William Bennett는 공교육에서 지적 전통주의의 부활을 강력히 지지하고 있었으며 교육과정과 교수에 대한 국가적인 논쟁을 촉발함으로써 교육부의 지위를 격상시켰다. 1983년 교육의 수월성을 위한 국가 위원회(National Commission on Excellence in Education)가 발표한 '*A Nation at Risk*' 라는 제목의 보고서는 수학과 과학에 대한 국제평가에서 학생의 학업성취와 산업국가의 경제력 사이에 상관관계가 있다고 단정하였다. 그 보고서는 미국 경제의 미래는 정보 · 기술 시대에 젊은이들이 경쟁력을 갖출 수 있도록 공교육을 개혁할 수 있는지에 달려 있다고 결론을 내렸다. 공교육 '쇠퇴' 는 경험주의 교육자들이 1960년대 후반과 1970년대에 걸쳐 분명치도 않은 인본주의적 사회 발전을 위해 학문적 엄격함을 희생시켰기 때문이라고 인정되어 그들에 대한 비난이 쏟아졌다. 그 결과는 국가적인 비극으로 표현되었다. 그 보고서는 "만일 우호적이지 않은 외국 세력이 오늘날과 같은 평범한 학업성취를 미국에 강요한다면 우리는 그것을 전쟁을 결의한 것으로 간주해야 한다."라고 선언한다. 공교육 쇠퇴가 경험주의자들 때문이라는 가상적 인과관계 설정과 지난 20년간의 학교 실제에 대한 역사를 색다르게 재기술한 것은 별개로 하고, 그 보고서에서 주목할 만한 것은 지적된 문제와 관계가 적은 처방을 제안했다는 것이다. Bennett 장관은 사회적 행동주의자와 협력을 도모하면서, 교과중심의 교육원리, 인격교육, 책무성에 근거한 고부담 시험으로 방향을 전환해야 미국 학생들의 지적 성취를 향상시킬 수 있다고 주장했다. 사회적 행동주의자들은 평가 방안을 고안하고 효과적인 교수법을 연마해 냈다. 그러나 그러한 교육과정 개혁은 Harris의 '영혼의 다섯 개의 창'이 재현된 언어, 역사, 지리, 수학, 과학에 뿌리를 둔 것이었고, 지적 기능과 경제적 효율성을 배양하는 도구로서 기술의 사용을 강화한 것이었다. 그래서 지적 전통주의자에게 기회가 주어졌으며, 다양한 정책 집단이 공공정책에 영향을 끼치게 되었다.

같은 해인 1983년, The Education Commission of the States(이하 ECS)는 읽기, 쓰기, 말하기, 듣기, 추론하기와 경제에서의 능력기준을 설정할 것을 제안하면서 '경제 성장을 위한 교육정책' 태스크포스 팀의 보고서 *Action for Excellence*를 쟁점화시켰다. 영재교육을 위한 특별한 법조항이 제정되었고, 대학입학자격 기준에서 학생들의 더 많은 학습이 요구되었다. 이후 ECS는 특정 학문의 내용 기준을 설정하고 학생의 성취도 검사를 단계적으로 증가시키도록 권장하였다. 대학교육협의회(College Board)는 이러한 제안의 대부분을 The College Entrance Examination Board가 펴낸 *Academic Preparation for College*(1983)에서 찬성했다. 획기적인 세 번째 보고서는 교수 성취를 위한 카네기재단의 연구로 Ernest Boyer(1983)가 주도하였으며 고등학교의 현재 실태에 대해 강한 인상을 남겼다. 그것은 Boyer의 일반교육에 관한 앞선 제안(Boyer & Levine, 1981)과 마찬가지로 언어의 숙달을 강조했지만, 선택과정, 직업교육에 대한 규정, 지역봉사 1단위를 필수로 부과하는 종합고등학교의 설계를 재확인하는 것이었다.

The U. S. National Science Board(이하 NSB, 1983)는 모든 학문 교과의 혁신을 요구하는 것과는 별개로 더 엄격한 대학입학기준을 주장했다. NSB는 모든 학생들에게 수학과 과학 교육과정을 확대 적용하고, 고등학교 교육과정에 더 고급의 수학, 과학 수업이 포함되어야 한다고 주장했다. The Conference Board of the Mathematical Sciences(1983)는 모든 학생들에게 더 많은 수학을 가르치고, 학업이 뛰어난 수재를 위한 고급 과정을 강조하였다.

*A Nation at Risk*와 같은 관점을 가진 보수적인 보고서를 지지하는 경우는 거의 없었다. 비판가들은 교육적 형평을 담보할 수 없고, 보통 사람의 시대를 연 진보주의와 신진보주의 교육에 대한 근거 없는 비난이라고 비판하였다. 그리고 그러한 보고서들이 제안하듯이 일반교육에서 특정 교과를 강조하는 것은 바로 공립학교 학생을 괴롭히는 처방이라고 비판했다. 이러한 비판적인 관점의 사례로 Passow(1984)와 National Board of Inquiry(1985)의 보고서가 있다. Gross와 Gross(1985)는 그 논의를 개관하면서 비판하였고, Herb Kohl(1982)은 진보주의 관점에서 '기본 기능(basic skills)'을 재정의하면서 흥미롭게 비교하였다. John Holt는 가치 있는 교육에 대한 대안적인 개념을 명확히 했는데, 학습의 역동성에 대한 그의 고전적 저서를 개정해서 진보주의 원칙을 재진술하였고(1982, 1983), 재택학습의 선택을 지지하였으며(1981), 사후에 출판된 그의 선집(1989)도 같은 입장이었다. Alexander와 Pallas(1983)는 새로운 기술을 강조하는 것이 더 좋은 학교로 변화시킬 수 있는지를 조사하였다. Stanley Aronowitz와 Henry Giroux(1985)는 보고서에 대해 비판적 재건주의자로서의 입장을 밝혔다. Linda Darling-Hammond(1984)는

그러한 보고서들이 정당한 문제를 다루고 있는지에 대해 의문을 제기했다. 그녀는 개혁 정책이 교사 양성과 발달을 더 비판적으로 응시해야 한다고 주장했다. Edmund Short(1984)는 '능력(competence)' 이란 용어가 다양한 의미를 가질 수 있다는 것을 훌륭하게 보여 준 책을 편집했는데, 기준에 대한 논의에서 선구적인 것이었다. Arthur Wise(1983)도 미국 학교의 교육과정 의사결정에 관료주의가 더욱 침투하고 있음을 경고하였다.

최소한 하나 이상의 학회가 두 개의 문서에서 이러한 보수적 입장을 적극적으로 비판했다. The American Education Studies Association은 교육의 철학적 · 역사적 · 사회적 · 문화적 기초인 인간성의 부활(1983)과 진보주의적인 특색이 뚜렷한 예비교사 교육을 요구했다(Raywid, Tesconi, & Warren, 1984).

1980년대 나온 몇 개의 보고서는 공립학교에 가장 적합한 교육과정이 무엇인가에 대해 직접적으로 고찰한 것은 아니었지만, 그것들은 교육 사상에 영향을 미쳐 학교교육에 관한 사고를 확실히 구체화시켰다. Coleman은 학교교육의 효과에 대한 그의 연구를 확대시켜 공립학교와 사립학교를 비교했는데(Coleman, 1981, Coleman, Hoffer, & Kilgore, 1982), 시간과 관심에서 사립학교 학생의 가정이 투자하는 것이 기본 자질의 한계를 능가하기 때문에 사립학교가 공립학교의 성취를 능가한다고 결론지었다. 이것은 학교 외적인 요소의 영향이 학생 학업성취의 주요한 결정 요인이라는 Coleman의 앞서의 주장과 맥을 같이한다. The Twentieth Century Fund(1983)는 ESEA가 제정한 초중등 교육법에서의 연방정부 발의권에 대한 보고서를 발행했다. 카네기 포럼(Carnegie Forum's Task Force on Teaching as a Profession, 1986)과 Holmes Group(1986)은 교사 양성 프로그램의 재구조화를 요구했는데, 4년 이상으로 준비기간을 확장하고, 대학교 수준에서는 대부분의 교육을 삭제하며, 예비교사의 현장 실습을 확대하는 것을 포함하고 있었다(Soltis, 1987).

*A Nation at Risk*가 일으킨 소동과는 대조적으로 *A Place Called School* 이란 제목으로 출간된 Goodlad의 학교교육에 대한 연구는 훌륭한 연구였으

며, 그 결과도 매우 가치 있는 것이었다. 하지만 1984년에 발표되었을 때 공영 언론은 그 내용을 충분히 보도하지 않았다. 그 보고서는 학생들이 제도상의 절차를 수행하면서 교사가 말한 것에 과도한 시간을 낭비하고 있음을 확인해 주었다. 현 실태를 바꾸기 위해서 Goodlad는 총 수업시간의 36%를 언어, 수학, 과학에, 사회, 미술, 실용적 기술은 30%까지, 체육은 10%까지 중점을 둘 것을 권고했다. 학생들이 개인적 흥미를 추구할 수 있는 선택과목에 시간을 할당하여 학교 수업시수의 균형을 이루고자 하였다. 학문적 연계가 이루어지도록 공통 중핵과정이 제안되었다. Frances Klein(1989)은 지역 학교에 적절한 구성주의 교육과정의 확립을 지지하기 위해 Goodlad의 학교교육 연구 자료를 활용하면서 초등교육의 개혁을 주장했다.

학교교육 연구로부터 나온 또 다른 중요한 연구물은 적성 또는 능력별 학급 편성이 특히 학업성취가 낮은 학생에 대해 학생이 자기를 인식함에 있어서는 물론 학업성취에 대한 교사의 기대에도 영향을 준다는 것이었다. Goodlad는 능력별 집단 편성(tracking)을 무시할 것을 권유했다. 학교교육 연구에 기여한 Jeannie Oakes의 동질 집단 학습 편성의 효과에 관한 연구인 *Keeping Track*은 1985년에 출간되었는데, 이로 인해 오랜 전통의 능력별 학급 편성에 대한 달갑지 않은 토론이 재개되었다(Schubert in Rubin, 1977b, pp. 544-555를 참고). *Keeping Track*은 국가가 시장경제에서 우위를 점하기 위해 젊은 지식인 집단을 만들려는 연방정부의 요구에 특히 상응하는 것이었다. 교육과정과 수업을 조직하는 데 있어서 능력별 집단 편성을 무시해야 한다는 Oakes의 제안은 뜻하지 않은 논쟁을 불러일으켰다. Oakes의 결론과는 대조적으로 높은 성적을 받은 학생들을 위한 마그넷스쿨이 1980년대 후반 많은 도시에 설립되었다. 주 정부가 지원하는 지역 내 영재 학생을 위한 수학과 과학 고등학교가 설립된 것이다.

지적 전통주의 기초에 경험주의적 요소를 통합시킨 흥미로운 대안적 개혁안이 The National Association of Secondary School Principal과 The Commission on Educational Issues of the National Association on

Independent Schools가 공동으로 후원한 *A Study of High Schools*의 첫 번째 보고서에 제시되었다. 저자인 Theodore Sizer는 전형적인 미국 공립 고등학교의 중년의 노련한 교사로서 가상의 인물인 Horace Smith의 목소리를 빌어 과거 고등학교와 바람직한 고등학교를 기술하였다. *Horace' s Compromise*라는 부제가 붙은 이 보고서에서 Sizer(1984)는 당시 고등학교의 핵심적인 문제를 분리시켜서 지적이고 도덕적인 습관의 개발을 강조한 개혁 강령을 발전시켰다. *Horace' s Compromise*를 권고하고 장려하기 위해 설립된 조직인 The Coalition of Essential Schools(이하 CES)는 교육과정을 탐구와 표현의 기초 기술, 수학과 과학, 문학과 예술, 역사와 철학이라는 네 개의 영역에 집중시켰다. CES에 따르면 학생의 학습에 대한 평가는 능력을 공개적으로 입증하도록 학생의 지식과 기술을 엮어 내는 대규모의 공개 시험을 중심으로 이루어져야 한다. 고등학교에서의 교육은 지식의 전달자인 교사로부터 지적 활동을 하는 학생에게로 중심을 이동시켜야 하며, 수업은 보편적인 목표에 기초해서 개별 학생의 요구를 다루어야 한다.

4년 뒤에 Reagan 정권의 교육부는 정부 출판국과 언론을 통한 '공직의 권위(bully pulpit)' 를 철저히 활용하여 교육개혁에 관한 교육부의 의견을 제시한 교육과정 제안서를 출간했다. 보고서는 가장 훌륭한 고등학교 교육과정에 대해 다루었는데(Bennett, 1987), 그것은 'what works' (United States Department of Education, 1986)라는 양적 연구 결과물에 의해 옹호된 전통적인 교육 실제였으며, 보수적인 교육개혁운동의 성공에 관한 보고서였다(Bennett, 1988).

국가단위의 통일된 국제비교평가에 대한 정치적인 해석의 가치를 알게 되고, 미국 학생들이 산업국가 중 최하위를 했다는 제2회 국제수학실력비교연구에 대한 국가 보고서(McKnight et al., 1987)의 결과가 공개되자, 개혁의 중요성을 깨닫게 되었다. '*The Underachieving Curriculum*' 이란 제목의 그 보고서는 바로 낮은 학업성취가 원인이라는 것을 보여 주었다. Travers와 Westbury(1988)는 이러한 평가 결과에 기초해서 교육과정을 상세하게 분석하였다. 이듬해 The National Council of Teachers of Mathematics는 수학교육에서 주제를 개정하는 중대한 활동을 주도하면서 수학교과의 개혁을 위해 내용기준의 진술을 쟁점화했다(NCTM, 1989). Ravitch와 Finn은 사회교과에 대한 최초의 국제비교평가 연구물에 기초한 저서(1987)를 출간했는데, 그들이 개탄스러울 정도라고 해석한 9학년의 학업성취를 개선하기 위해서는 역사와 지리 과목을 개정해야 한다고 강조했다. 평가에 관한 연구물은 그들이 요구한 인문학의 개정이 급박함을 주장하는 데 활용되었다(Finn, Ravitch, & Fancher, 1984).

중요한 관점의 저서와 제안서가 지적 전통주의의 부활을 내세우며 대량으로 출간되었다. Allan Bloom의 *The Closing of the American Mind*(1987)는 약 30년 전 Arthur Bestor(1953, 1955)의 공격을 상기시키는 것이었다. 그는 현재 대학생이 대학교 강의를 듣기에는 지적 능력이 부족하다고 비난하면서, 기초적인 학문 연구가 부활되고 가정생활이 일신되어야 한다고 주장하였다. 시카고 대학교의 우상이었던 Adler는 '파이데이아(paideia)' 교육을 상세화한 3부작을 출간하였다(1982, 1983, 1984). 그것은 기본 지식과 기술을 습득하는 것에서 시작해서, 젊은이에게 지적 습관을 개발하도록 안내하고, 역동적인 현대 생활에서 지적인 내용을 훈련하고 확대함으로써 절정에 이르는 교육과정을 말한다.

대중은 특정 교과를 학습하는 전통 교육에 대한 제안을 수용하게 되었고, E. D. Hirsch의 *Cultural Literacy*(1987)가 눈부시게 성공함으로써 확인되었다. 그의 교육과정에 대한 제안은 Adler와 비슷했지만, 그는 지적 교과를 사회적으로 관련시켜서 실제적으로 이해해야 한다고 주장했다. Hirsch는 다른 두 명의 버지니아 대학교 동료와 함께 모든 미국인이 인문학, 역사, 과학에서 효과적인 읽기, 듣기, 토론을 하기 위해서 무엇을 기초 지식으로 습득해야 하는지를 결정하는 연구에 착수했다. 5,000개에 달하는 이름, 문장, 날짜, 개념으로 만들어진 그들의 최종 목록은 국가적인 관심을 끌었으며, 이로 인해 Hirsch는 기초교육 부활의 창시자로 명성을 드높이게 되었다. 중요한 것은 교육과정을 결정하는 그의 방법론이 Adler나 Bloom보다는 Charters와 더욱 유사하다는 점이다. Adler나 Bloom은 학생을 '위대한 대화(great conversation)' 에 참여시키는 항존주의 교육철학을 주장했지만, Hirsch는 모든 학생들에게 역사, 전설, 신화, 문학의 공통 핵심사항을 가르칠 것을 제안했다. 학생들은 이러한 기본 지식을 수단으로 해서 현대 사회에서 효과적으로 활동할 수 있으며, 사회가 발전하면 그 목록은 새로운 문화적 필수사항을 다루기 위해 재구성된다. 이러한 개혁을 효과적으로 추진하기 위해서 학교 교과서와 학력고사에서도 그 제안의 영향력이 확대되어야 한다고 주장했다. 여러 가지 면에서 그의 저서는 미국의 교육위기를 고안한 사람들이 설계한 지적 전통주의와 사회적 행동주의를 결합한 것임을 보여 준다. G. Miller(1988)와 NSSE의 1988년 연감(Westbury & Purves, 1988)은 '일반교육'과 '문화적 문해력' 의 개념을 다루었다. Baldwin, Carlos Fuentes, 다른 학자(Simonson & Walker, 1988)들은 논문에서 문화적 차이를 이해하는 개방성으로부터 생기는 풍요함을 제시하면서 '다문화에 대한 문해력' 의 개념을 대조적인 관점에서 명료하게 표현했다.

2. 교육과정 통합에 대한 제안

학생의 학습이 전통적 학문분과를 통해 이루어져야 한다는 것을 교육부의 교육과정안이 암묵적으로 수용하고 있었지만, 여러 의견을 가진 저자들은 어느 교과가 부차적인 것인지에 초점을 맞출 것을 제안했다. 하지만 그러한 제안들 가운데 학습자의 진정한 흥미와 관심을 중심으로 학교 교육과정을 통합하려는, Dewey의 *The way out of educational Confusion* (1931)을 새롭게 해석한 것은 없었다. 그 제안들은 미래를 준비하고, 기술을 이용하며, 민주주의나 세계인의 확대, 혹은 적어도 표준이 되는 학문적 교과들의 관련성이나 수업 효율성을 높이기 위해 그 교과들 간의 관계를 그리면서 교육과정을 조정하는 것이었다.

McGuire와 Priestley(1981), Wilcox, Lavercombe 그리고 Burn(1984)은 현대사회에서 삶의 실제적인 관심으로부터 구성된 학교 교육과정을 제안했는데, 이것은 1940년대 후반의 생활적응 교육과정을 연상시키는 것이었다. Cumming(1988)은 현대 직업생활과 교육과정을 연계시켰다. 또 다른 저자들은 현대가 급속히 변하고 있으며 학교 교육과정이 젊은이들의 미래를 효과적으로 대비하도록 해야 한다고 인식했다. 많은 저자들이 다음 세기의 젊은이들이 마주할 세계를 예견했는데, Tonkin과 Edwards(1981)는 다음 세기의 특징으로 지구상의 국가 간 상호의존을 강조했고, White(1987)는 후기 산업사회의 '정보화 시대'를 위한 교육과정을 고찰했으며, Haas(1980)와 Fisher(1980)는 미래 세계를 위해 교육과정의 개혁을 장려하였다.

많은 저자들이 발전하고 있는 기술의 역할에 관심을 가졌으며, 학교 교육과정에서 기술의 영향력이 확대될 것임을 주장하였다. Pappert의 *Mindstorms*(1980)는 교육에서 컴퓨터의 창조적 활용 가능성을 언급하여 사람들을 흥분시켰다. 그런데 학자들은 예부터 전자정보를 제도적으로 활용하는 데 관심이 있었다. 수많은 저자들이 교육과정 계획의 구성요소로서 컴퓨터와 다른 전자매체의 활용에 대해 썼는데, 예를 들면 Eraut, Connors 그리고 Hewton(1981), Gillespie(1980), Kelly(1984), Mamidi와 Ravishankar (1984), Potter(1984), Rowntree(1982, 1985), Schostak(1988), Tucker(1986)가 있다. 또한 어떤 저자들은 기술이 수업전달방식을 어떻게 변화시킬 것인가에 대해 논했는데, Collis(1988), Crompton(1989), Grady와 Gawronski (1983), Kepner(1982), O' Shea와 Self(1983), O' Neil(1981), Pappert(1980) 등이 있다. 인간 사회가 학습과 생활의 동반자로서 기술을 포용하는 데 드는 총체적인 비용과 혜택에 대해 극적인 질문을 던진 것도 있었다. Sloan(1985)은 컴퓨터가 교육에 초래할 가능성에 대해 비판적으로 평가할 것을 제안했으며, Bullough, Goldstein 그리고 Holt(1984)는 인간사회의 요구에 비추어 교육과정과 기술에 대한 도덕적이고 사회적인 평가를 했다.

1980년대 교육과정 문헌에서 좀 더 많은 지지를 얻은 관점은 공립학교 교육과정을 조정하는 중심으로서 민주주의를 장려하는 것이었다. 존경할 만한 교육자인 R. Freeman Butts(1980, 1988), Herbert Thelen(1981), Harry Broudy(1981)뿐만 아니라, 당시 태동하고 있던 비판적 재건주의자 Peter McLaren과 Ira Shor는 미국 공립학교 교육과정이 민주적인 생활을 존중하고 육성하며 확장해야 한다고 주장했다. 민주주의는 교육과정의 핵심으로 강조되고 있었다. Campbell(1980), Reid와 Filby(1982), Gutmann(1987)은 민주사회에서 학교교육이 어떤 변화를 초래했는가를 명확하게 표현하려 했다. 예를 들어 Gutmann은 민주적인 모든 교육은 억압적이지 않고 차별이 없어야 한다는 필수적인 요구에 근거하여 사회적으로 정당화된 목적과 실천을 공유하는 것이라고 주장했다. 또한 교사 교육과 전문성 개발이 교육에 대한 이러한 접근을 촉진한다고 충고했다.

어떤 저자들은 민주적인 교육을 위한 실제적인 방법을 명료하게 표현했다. Eliot Wigginton(1985)의 *Foxfire* 교육과정은 지역 사회의 요구와 주장에 기반을 둔 풀뿌리 민주 교육을 제안한 것이다. Mayberry(1980)는 살아 있는 교육과정으로서 도시에 대한 연구를 고무했다. Thelen(1981)은 교실 운영에 있어 민주적인 실천이 이루어져야 함을 강조하였다. Stewart(1985)는 교실 수준에서 학생들을 의사결정에 포함시킬 것을 제안했다. Bricker(1989)는 교실활동이 어떻게 공민교육으로 전환되는지를 고찰했다. Nicholls(1989)는 교육 내부와 교육을 둘러싼 가운데 동기부여를 신장시키는 경쟁적 구조와 민주적 가치 사이의 충돌을 탐구했다. Gordon(1986)은 의사결정에 대한 참여가 어떻게 학교 공동체에서 확대되었는가 하는 사례 연구를 했다. Boomer(1982)는 교육과정 구성에서 학생들을 직접적으로 포함시키는 방법을 탐구한 책을 편집했다. Kemmis, Cole 그리고 Suggett(1983)는 민주적인 학교를 사회적 비판을 배우는 장소로 간주했다. Ochoa(1988)는 사회과학 교육과정과 민주시민의식 사이의 관계를 탐구했다. 이것은 비판적 재건주의자가 주장하고 있던 생각과 일치하는 개념이었다. Carnoy와 Levin(1985)의 노동을 위한 학교

교육 연구, Ira Shor(1980)의 비판적 교수, Peter McLaren(1989)의 교육과 교육적 기초에 대한 연구에서 비판적 이론의 적용, 이 모든 연구들은 민주주의와 교육 사이의 새로운 방향을 제시하였다.

어떤 저자들은 교육과정 구성을 올바르게 안내하기 위해서는 도덕적 목적에 대한 재구조화된 인식이 요구된다고 주장했다. 학교에서 가치의 위상에 대한 탐구(Frazier, 1980; Tomlinson & Quinton, 1986; Yates, 1981), 대학교 교육과정에서의 윤리학(Rosen & Caplan, 1980) 또는 특정 종파의 신앙과 교육의 관계(Cully, 1983; Rose, 1988)와 같은 몇 권의 저서는 한계가 있었지만, David Purpel은 교육의 윤리적 근거에 대한 새로운 관점을 제공했는데, 도덕적 교육에 대한 동 시대의 사상을 조망하고(Giroux & Purpel, 1983), 영성과 도덕성에 대한 새로운 이해를 중심으로 교육과정을 재구성해야 한다는 주장(Purpel, 1988) 등이 그것이다. Gabriel Moran(1981)은 관습과 특정 종파를 벗어난 인식으로 이해한 종교적 표현과 교육과의 관계에 대해 고찰했다. Noddings는 돌봄의 윤리를 중심으로 교육과정을 정향시켰다. 그것은 여성의 도덕적 발달과 우위에 관한 연구(Noddings, 1984)에 근거한 통합적 개념으로, 1990년대에는 이러한 내용을 더욱 완벽하게 발전시킨 제안을 내놓았다.

다른 저자들은 교육과정이 도덕적 통합을 정립할 필요가 있다고 주장했다. 하지만 그것은 세계시민의식의 관점과 그 역할에 수반된 책임감으로부터 나온 견해를 표현한 것이었다. Hicks와 Townley(1982)는 교육과정에서 세계적인 관점을 안내하는 책을 편집했다. Louise Berman과 Alice Miel(1983), Elise Boulding(1988)은 세계적인 상호의존과 협력을 옹호하는 교육을 주장했다. Heater(1984)는 The Council for Education in World Citizenship의 논문을 논의했다. 마지막으로, Betty Reardon은 교육이 평화를 만드는 주체적 역할을 해야 한다고 강조했다. 남성우월주의와 전쟁 체제에 대한 자신의 책에서, 성 정체성과 도덕적 발달 사이의 관계 및 그것이 폭력에 관한 관점으로 어떻게 전환하는가를 조사하였다. 폭력적인 대결에서 전 세계에 대한 책임감으로 전환하고, 정의로운 세계 질서를 장려하는 것은 교육과정을 통합하는 초점이 되어야 한다. 그것은 미덕과 사리분별력을 강조하는 교육적 모범이 된다(Reardon, 1988a, 1988b).

경험주의, 지적 전통주의, 사회적 행동주의의 생각과 수업설계를 실천적으로 얽어 짜려는 절충주의적 제안은 교과 간의 연결을 고무하는 것이었다. 그것은 젊은이들의 학습을 사회적으로 더 관련시키고, 교육적으로 더 효과적이며, 구성체제에서 더 흥미롭게 하기 위한 것이다. Maurer(1981, 1985)는 중학교 및 고등학교에서의 학제적 접근을 제안했으며, Driscoll(1986)은 통합의 관점으로 인문학에 대한 지적 전통주의 개념을 활용할 것을 제안했다. 경험주의자의 견해와 연결된 접근 중에서 Katz와 Chard(1989)는 프로젝트 학습법을 되살려 냈으며, Heidi Hayes Jacob(1989)은 주제별로 학제적 교육과정을 설계하고 실행하는 연구를 했는데, 이는 ASCD의 폭넓은 지지를 받았다.

또 다른 절충적인 접근은 전 교과에 걸쳐 공통적인 강조점을 밝혀내는 것이었다. 가장 많았던 제안은 내용 영역에서 언어를 다루어야 한다는 것이었다. Moffet(1981), Spencer(1983), Myers(1984), McLeod(1988)는 학문을 이해하는 도구로 작문을 어떻게 활용할 것인가에 대해 안내했으며, Chilver와 Gould(1982)는 언어 표현에 구술을 포함시켰다. Thaiss(1986)는 초등학교 수준의 다양한 교과 내에서 언어를 다루었고, Robertson은 교육과정 전체에서 언어 발달에 관해 썼다(1980). Poole(1980)은 창의성을, Nixson(1982)은 연극을 강조했다.

위와 같은 절충주의 접근들은 공통점을 만들거나 발견하려고 했던 것이다. 그러나 교육과정의 방향을 학문적 지식에서 대안적인 구성으로 돌리려고 시도한 학파는 없었다. 이에 비해 McPeck(1981)은 표준이 되는 교과 교육과정이 비판적 사고를 촉진하도록 보조적인 것이 되어야 한다고 제안했다. Hyde와 Bizar(1989)는 교육과정에서 모든 교과는 우선적으로 인지과정을 가르쳐야 한다고 강조했다. Marzano 등(Marzano, 1985; Marzano et al., 1988)은 핵심적인 사고 기능과 학습 전략을 중심으로 교육과정을 개념적으로 재구성할 것을 주장했다. 이것은 교육자들이 초점 맞추기, 정보 수집하기, 기억하기, 조직하기, 분석하기, 창안하기, 지식을 통합하고 요약하기 등의 핵심 사고기능을 중심으로 학습 경험을 구축하도록 하는 것이었으며, 오랫동안 명성을 지켜 온 Bloom의 목표분류학(Bloom, 1956)에 대한 도전이었다. Bloom과는 달리 Marzano와 그의 동료들은 이러한 인지기능이 위계적이 아니며, 각각의 기능 내에는 낮거나 높은 수준의 인지적인 개입이 있을 수 있다고 주장했다. ASCD는 이 제안에 대해 찬성했으며, 이것은 교사의 전문성 개발의 논거로 전파되었다.

3. 교육과정 이론의 번성

교육과정을 통합하려는 제안과는 대조적으로, 1980년대 교육과정 이론의 많은 저서들은, 교육과정이 어떻게 경험되는가를 고찰하고 논하는 방식 혹은 관점이라 할 수 있는 '담론'을 확대시키는 특징이 있었다. Giroux, Penna 그리고 Pinar(1981)는 동 시대의 교육과정 저자들에 대한 영향력 있는 저서를 출간했는데, 그들은 저서에서 교육과정 연구와 저서에 세 가지 지배적인 관점이 있음을 제안했다. 그것은 Habermas의 사회적 지식에 관한 저서를 인용한 것으로, '전통주의', '개념적 경험주의', '재개념주의' 였다. 이러한 구분으로 인해 동 시대의 담론을 어떻게 특징지을 것인가에 대한 토론이 시작되었다. 예를 들면 '재개념적' 이란 용어는 하나의 부류를 완전히 포함하고 있는가? 그것은 교육과정 분야의 새로운 풍부함이나 다양성을 포착한 것인가? 이러한 관점들은 재개념주의 자체를 조장하고자 표현된 것이 아닌가? 등이다. 그렇지만 이러한 구분은 교육과정에 대한 사고에서 급격히 증가하고 있는 접근방법을 이해하는 조직적인 설계로 광범위하게 적용되었다. 각각의 세 가지 범주 내에서 사용된 담론의 중요한 차이점을 언급하면서, 그 저서는 다양한 탐구 자세가 교육과정 이론에 적용되고 있음을 보여 주었다. 그것은 제도화된 학교교육에 대한 협소한 기술공학적 · 분석적 경험주의로부터, 교육과정의 실제적인 개발과 실행에 대해 관심을 갖는 전통주의와 보다 폭넓게 개인과 사회에 대한 이론의 맥락 속에 교육과정을 위치시키는 재개념주의에 이르는 것이었다.

이러한 세 가지 탐구 자세가 교육과정 저서를 쓰는 데 어떻게 반영되었는지를 고찰함에 있어서, Giroux, Penna 그리고 Pinar(1981)의 실행과는 달리, 학교 교육과정 개발에 중점을 두는 전통적인 관점에 의해 출간된 책이 계속 우위를 점하고 있었음은 틀림이 없다. 교육과정 이론에서 볼 때 개념적 경험주의는 1980년대 출판된 단행본 수보다 학회지와 학술지에서는 조금 더 많이 발표되었지만, 상대적으로 그 영역은 작았다. 1980년대는 재개념주의자들이 넓게 형성되어 지배하고 있었지만, 그들은 다방면으로 분산되어 소수 그룹으로서의 관점을 유지하고 있었다. 이 시대에 출간된 교육과정 이론서가 입증하고 있듯이 당시의 경향은 전통적인 교육철학, 실제 정책, 학습자에 대한 연구에 기초하고 있던 교육과정 이론으로부터 무엇을 위한 교육과정인가라는 더 넓은 문제를 조사하는 연구로 전환하고 있었다. Stoughton(1981)은 교육과정 쟁점에 관한 책을 편집했으며, Barnes(1982), Barrow(1981, 1984), Dearden(1984)은 교육과정을 이론화하는 기존의 관례적인 접근방법을 연구했다. Louis Rubin(1984)의 기예에 대한 상상력 넘치는 연구와 고찰은 탐구가 어떻게 통제와 예측으로부터 벗어나 무신론적 특징과 이해로 재정립될 수 있는가를 잘 보여 주었다. 이에 비해 유대교 실존주의자인 Martin Buber와 Bernstein의 포스트모던 사상에 관한 논문(1983)의 통찰력을 적용한 Feinberg(1985)의 논문과 Lawn과 Barton(1981)의 교육과정 연구는 교육과정 이론의 새로운 방향을 제시하였다. *Contemporary Curriculum Discourses*에서 Pinar(1988)는 교육과정을 고찰하고 논하는 다양한 '담론' 이나 방법이 1980년대 태동하고 있음을 확인했다. 그것은 역사, 정치, 미학, 현상학, 여성해방에 관한 것들이었다. 1989년 Reynolds는 포스트모더니즘의 관점에서 중요한 교육과정 이론서를 출간했으며, 같은 해 Oliver와 Gershman은 포스트모던 사상에 호응하는 교수학습 과정 이론을 발표하여 다른 담론의 정립에 도움을 주었다.

4. 새로운 입장의 출현: 비판적 재건주의

비판 이론에 영향을 받은 탁월한 재개념주의 담론이 1980년대 교육과정에 새롭고도 중요한 이야기를 꺼냈다. 그것은 교육과정의 이해와 대화에 기여한 점에서도 중요했을 뿐 아니라 억압받는 자의 평등과 정의와 관련한 통찰력 있는 비판을 유발시켰다. 비판적 재건주의 관점의 공통적인 전제는 미국 공립학교의 교육과정이 자본주의적 이해관계에 의해 확립된 통합적인 관점을 고집하고 있다는 것이다. 학자들은 공식적, 잠재적, 영 교육과정과 같은 모든 유형의 교육과정에서 이러한 이데올로기가 학교에서 어떻게 실천으로 변형되는지를 결정하는 연구에 전념하였다. 다수의 교육과정 저서를 쓰고 학문적인 그룹을 형성한 이들은 미국 공립학교가 민주적인 사회제도 가운데 가장 뒤떨어진 곳이라는 결론을 제시하였다. 그렇게 그들은 비판적 재건주의를 토대로 교육과정의 뚜렷한 입장을 확립했으며, 교육과 사회 전체의 민주적인 재건을 주장했다. 비판적 재건주의자들은, 1930년대 경험주의자의 범주에 포함된 Counts나 Woodson과 같은 사회적 재건주의자의 제안과 관심은 물론, 1945년부터 1960년 사이에 사회적 재건주의자로 활동한 Brameld의 제안도 공유하고 있었다. 그러나 이것이 그들 간의 연속성이나 직접적인 계승을 의미하지는 않는다. 그보다는 공립학교 교육의 경제와 정치 구조에의 참여라는 시각에서 분석되어야 한다는 뜻이며, 그것은 1960년대 후반과 1970년대의 잠재적 교육과정 연구를 통해 흥미로운 진전을 이루어 냈다.

이러한 탐구는 1980년대 초의 신마르크스주의의 구조적 일치 이론으로부터 사회 · 역사적 수정주의 학파와 연계되어, 삶의 경험 안에서의 학교 제도의 역동성으로 그 탐구 노선을 이동하게 된다. Apple과 Giroux는 이러한 노선의 연구자들 중 가장 큰 영향력을 가지고 있었다. Giroux의 *Ideology, Culture, and the Process of Schooling*(1981)과 Apple의 *Cultural and Economic Reproduction in Education*(1982a), *Education and Power* (1982b)에서 그들은 미국 공립학교가 교육과정의 설계와 실제에서 사회적 계층화와 경제적 불평등을 영속화시키고 있다고 강력하게 주장하였다. 그것은 Apple(1979)이 1970년대 형성하기 시작한 이론이었다. 이 저서들은 학교 수업에서 사회적 지배권력(hegemony)이 재생산되고 있음을 명료하게 표현하였다. 지배권력은 지배적인 사회 문화나 권력 문화가 불평등의 유형을 재생산하는 과정이다. 각각의 사회 제도, 특히 학교는 이러한 위계적인 사회 구조를 널리 유포시키고 있다. 예를 들어 특정의 인종, 사회계급, 성 정체성을 가진 학생들은 공식적, 잠재적, 영 교육과정을 통해서 사회적 불평등을 강화시키는 메시지를 받게 된다는 것이다. 교사들이 지배 계급과 의식적으로 음모해서 재생산 프로그램을 계획하고 실행한다는 것이 아니라, 지배 계급의 시각이 사회적 실재로 암묵적으로 수용된다는 것이다. 교사들은 학생들과의 관계를 형성함에 있어 이러한 실재를 수행해 내는 셈이다. Apple의 이러한 주장(1982a, 1982b)은 전 세계의 관심을 끌었으며 여러 나라 언어로 번역되어 출간되었다. 그의 저서는 학교 교육과정을 통해 사회적 지배 권력이 유지되는 방식을 파악하는 연구의 의제가 되었다. Lois Weis는 Apple과 협력하여 이데올로기와 학교교육의 실제에 관한 책(Apple과 Weis, 1983)을 편집했는데, 비판적 재건주의의 주장을 지지하는 실천을 기록한 것이었다.

Giroux와 Apple은 제도적인 조직이 사회의 경제적이고 정치적인 질서를 재생산한다는 '재생산론'을 연구했다. Giroux는 *Theory and Resistance in Education*(1983)에서 학교 교육과정이 자본가의 이해를 영속화시키고 있지만, 학생들은 지배권력 재생산에 저항하는 방식을 발견한다고 지적했다. Giroux의 관심은 학교 교육과정을 넘어서서 같은 시기에 두 가지 방향으로 확대된다. 하나는 대중문화가 젊은이들의 교육에서 맡은 역할에 관한 것이었고(1989), 다른 하나는 비판 이론과 양립하는 교육 모형을 확립하려는 시도였는데, '비판 교육' 이란 이름의 접근이었다(1988b). Peter McLaren은 학교교육에 대한 자신의 독특한 분석(1986)을 출간했는데, 비판 이론을 넘어선 개념을 활용하였다. 그는 Giroux와 함께 비판 교육의 정치적 가능성에 대해 고찰했다(Giroux & McLaren, 1989).

어떤 저자들은 이데올로기가 교육과정과 학교 실제에서 어떻게 변모하는가에 대한 비판적 분석에 참여하였다. Sharp(1980)는 신 Marx 주의 관점에서 학교교육을 분석했으며, Barton과 Walker(1981) 및 Barton, Meighan 그리고 Walker(1981), Gilbert(1984)는 이데올로기와 공립학교 교육과정 사이의 관계를 조사했다.

교육의 주된 재료인 학교 교과서는 비판적 분석의 초점이 되었다. Fitzgerald는 역사 교과서와 역사 다시보기에 관한 연구를 했는데, 교과서에서 강조되고 있던 것과 묵살된 것을 모두 비판적으로 조사하였다. Sewall의 미국 역사 교과서에 대한 비판(1987)은 동 시대 교과서에 대한 Tyson-Bernstein의 분석과 견줄 만한 것이었다. 그들은 출판사가 만인에게 최고가 되는 교과서를 만들려고 하고 있으며 그 과정에 학문을 희생시키고 있다고 혹평했다. Apple은 그의 중요한 저서인 *Teachers and Texts*(1986)에서 출판 산업과 교과서의 정치적인 통제로 관심을 돌려, 문화적 대표성과 학문적 성격의 쟁점에 관한 비판적 재건주의의 관점을 제시했다. Decastell, Luke 그리고 Luke(1989)도 포스트모던 사상과 관련된 도구를 사용해서 교과서에 관한 논의에 기여했다.

브라질로 돌아온 Freire는 미국과 전 세계의 교육자들과 연계하여 미국 학교와 관련된 교육과정에서 민주주의를 확대시켜 사회적 재건을 옹호하는 교육 유형을 개발했다. 제3세계를 넘어서 해방을 위한 교육을 확장하려는 그의 이상을 펼친 많은 저서를 썼다(Freire, 1985; Freire & Macedo, 1987; Freire & Faundez, 1989). Ira Shor는 *Culture Wars*(Shor, 1986)를 출간해서 비판적 재건주의 분석에 대한 대중적 지지를 얻었는데 그것은 지난 20년간의 교육정책과 실제를 신랄하게 평가한 것이었다. Shor는 Freire와 함께 인간 해방을 촉진하는 교육 실제를 확립하는 것이 가능한지에 대해 연구했다(Shor & Freire, 1986). 그는 또한 미국에서의 교실 수업에 대한 Freire의 생각을 번역한 책(1987)을 편집하기도 했다.

5. 비판가들과 색다른 주장들

비판적 재건주의자들이 구조주의적인 Marx 주의를 수용하자 즉각적인 비판이 일어났다. 이러한 비판가들 중 가장 주목할 만한 사람이 C. A. Bowers이다. 그는 정치 이론이 교육과정에 관한 사고를 어떻게 해명해 주는지에 대한 진술에서(Bowers, 1984), 교육에서 변하고 있는 세 가지 자유로운 접근, 즉 기술 관료적 입장, 낭만적 자유학교를 옹호하는 입장, 신 Marx 주의 입장을 밝혔다. 본질적으로 다른 관점들이 구조적 변형을 통한 개인주의, 자기주도성, 변화에 관해 공통된 신화를 공유하고 있다. 이와는 대조적으로, 그는 '의사소통 능력' 을 위한 교육과정이 반성적 사고를 더 많이 권하는 교육과정의 대안적 이해가 될 것이라고 하였다. 그는 후기구조주의와 포스트모던적 교육과정 읽을거리를 암시하는 다섯 가지 제안을 했다. 그는 암묵적 사회화에 도전하는 다음과 같은 질문을 교육자들이 생각할 것을 요구했다.

- 교육과정은 학생들이 이미 경험하고 있는 것을 당연한 것으로 여기고 이것을 반영하고 있는가?
- 교육과정의 내용은 구체화된 실재로 제시되고 있는가?
- 교육과정에서 들을 수 있는 침묵의 영역은 무엇인가?
- 교육과정은 제한된 혹은 복잡한 언어기호가 특징인가?
- 사회화는 학생을 무기력하게 만드는 합법화 과정을 활용하는 것과 관련이 있는가?

- 교육과정이 사회계층화와 기회의 불평등에 영향을 주고 있는가?
- 학교 지식의 가능성을 열어 주는 데 있어 유목적적이고 합리적인 사고 체계의 영향은 무엇인가?

(출처: Bowers, 1984: 57-69)

Cleo Cherryholmes(1988)는 교육과정 연구와 성찰에서 포스트모던과 후기구조주의 사상이 제시한 새로운 방향을 체계화했다. 저서 *Power and Criticism: Poststructural Investigations in Education*에서 Tyler, Bloom, Schwab과 같은 과거의 전통적이고 개념적 경험주의의 실천 이론가뿐만 아니라, 1980년대 초에 나온 비판적 이론가의 저서를 비판적인 맥락에서 다루었다. Lynch의 문화적 재생산 이론의 정당성 여부를 다룬 연구는 비판적 이론 분석에 대한 또 하나의 도전이었다(1989). 교육이 현재보다는 미래를 위한 것이어야 한다는 경험주의자의 주장에 대한 비판에 Bowers를 합류시킨 것은 Kieran Egan이었다. 그는 가장 매력적이고 심리학적으로 건강한 교육과정은 즉각적이고 구체적이고 국지적인 것에서 추상적이고, 일반적이고, 이론적인 것으로 진행된 것이라는 고전적 개발 이론 개념에 이의를 제기했다. (Hollis Caswell과 다른 이들이 1920년대 Virginia 교육과정 개정을 도와준 이후) 초등학교 현장에는 '지평을 확대한(expanding horizons)' 교육과정이 널리 퍼져 있었는데, Egan은 그러한 교육과정에 있어서는 이미 한계가 분명한 환상이나 가능성이 학생들을 사로잡고 있기 때문에 그들의 삶에 그저 흔하고 편협한 정보만 제공할 뿐이라고 주장하였다(Egan, 1986a, 1988a). 사실 매일의 일상은 그다지 흥미롭지 않다. 흥미롭고 의미 있는 교육과정은 환상 속에서 가능할 수 있다. 그래서 그는 문학, 고고학, 철학에 근거해서, Piaget나 Dewey와는 다른 발달 단계를 설정했다. 그는 신화에서 낭만, 철학, 반어(ironic)로 이동하는 단계를 제안했다. 그는 교육과정 개발자가 인간의 관심과 견해에 대해 영향을 미치는 이야기가 갖고 있는 힘에 유의할 것을 강조했으며, 교육과정 설계와 교수를 위해 이야기 형식(story form)을 적용할 것을 제안했다(Egan, 1986b, 1988b). 교육과정의 핵심적인 관점으로서 이야기를 부활시키자는 그의 주장은 지적 전통주의로부터 유래한 것은 아니지만, 그로부터 영향을 받은 것으로 새로운 교육과정 이론을 확립시켰다.

6. 개인과 교육과정

1980년대는 또한 교육과정과 개인의 관계에 대한 사고에 극적인 변화가 일어났다. 이전에는 개인적 존재를 쉽게 파악할 수 있는 몇 가지 제한된 특징을 가진 존재로, 또 적절한 교육과정의 반대편에 놓인 존재로 이해하였다. 그러나 이제 그러한 관점은 개인을 독특하고 쉽게 결론내릴 수 없는 행위자로서 이해하는 실존주의적 · 현상학적 · 포스트모던적 사상에 의해 영향을 받은 관점으로 대체되었다. 여기서 개인은 스스로에 대해 부분적으로 혹은 자서전적으로 말해 주어야 조금 이해할 수 있는 존재가 된다. 그러한 과거의 관점은 Fenstermacher와 Goodlad(1984)가 편집한 NSSE의 1982년 연감에서 감지되었다. 그 대조가 되는 것은 'currerre' 에 대한 Madeleine Grumet의 자서전적 탐구와 교육과정이 한 개인에게 어떻게 영향을 미칠 수 있는가이다.

학생과 교사가 삶의 사건과 관계로부터 개별적인 교육과정을 어떻게 창조하는가에 대한 생각의 변화를 초래하는 데 영향을 미친 것 중의 하나가 앨버타 대학교의 Ted Aoki와 그의 동료 및 학생들의 저서였다. Martin Heidegger, M. J. Langeveld, M. Merleau-Ponty 등의 현상학적 사상에 영향을 받은 Terry Carson(1988)과 Max van Manen(1986)은 학생과 교사를 위해 교육적 행위의 의미를 밝히기 위해서는 개별 행위를 염두에 두고 관심과 주의를 기울일 필요가 있음을 환기시켰다. Chamberlin(1981) 및 Aoki, Carson, Favaro 그리고 Berman(1984)의 저서는 삶의 경험에서 의미를 읽고 발견하는 개인으로서 학생에 대한 인식을 수정하는 데 기여했다. 다른 방식으로 Beane과 Lipka(1986)는 교육과정을 읽는 렌즈로 자아개념과 자기평가를 활용함으로써 '개별화된 교육과정(individual curriculum)'을 재정의하였다. Noddings와 Shore는 교육에서 직관(intuition)이라고 하는 좀처럼 연구되지 않은 영역에 대한 저서를 출간했다(1984).

학교 교육과정에서 여성의 정체성은 1980년대 중반까지 교육과정 저서에서 광범위하고 명확하게 다루어지지 않았다. Abram의 중등학교에서의 여성 연구(1981)와 Parker의 성차별 없는 교육과정 개발에 대한 성찰과는 별도로, The National Association of Independent Schools는 교육에서 성 정체성의 영향에 관한 책을 출간했다(Chapman, 1988). 그러나 이러한 책들이 여성해방론을 환기시킨 것으로 분류하기는 어렵다. 교육받은 여성에 대한 전통적인 이해를 재고하는 데 있어서 중대한 진전을 보인 것은 Jane Roland Martin의 *Reclaiming a Conversation*(1985)이었다. 같은 해 Schuster와 Van Dyne(1985)은 교양 교육과정의 여성화에 관해 저술하였으며, Portuges와 Culley는 여성해방론의 교수에 관한 최초의 선집을 편집하였다. 1988년이 되자 여성해방과 관련된 담론은 보다 완전하게 확립되었다. Aiken, Anderson, Dinnerstein, Lensink 그리고 MacCorquodale(1988), Belenky, Clinchy, Goldberg 그리고 Tarule(1988), Weiler(1988)는 교육과정에서 여성해방론의 사고에 관해 편집한 저서를 출간하였다. Grumet의 *Bitter Milk*(1988)는 자서전적인 여성해방론 연구에 근거해 교수와 교육과정에 대해 탐구한 개인적인 기록물이다. Noddings는 여성의 의식에 관해 다른 입장을 보였는데, 그것은 여성의 도덕성에 관한 이해라는 일관된 흐름이었다. 이것은 1989년 출간된 저서 *Women and Evil*에 잘 나타나 있다.

개인의 교육과정을 읽는 데 성 정체성이 어떻게 영향을 미치는가에 대한 이해는 문화에 대한 관심을 증가시켰고, 학교와 교사가 교육과정을 선택하는 데 있어서 문화의 영향, 즉 문화는 어떻게 수업으로 구체화되는가, 그리고 학생들은 교육과정을 어떻게 읽고 있는가 하는 문제를 생각하게 했다. 학교 교육과정에 영향을 미치는 요소들에 대한 관심이 높아져 1980년대에는 문화적 다양성에 대한 연구가 급속히 늘어났다. 인종, 민족에 관한 쟁점을 다룬 초기 저작에 비해, 공통 교육과정에 평등하게 참가할 권리라는 쟁점에 초점을 둔, 공립학교에서 가르쳐지는 것이 무엇인가의 문제를 다루었다(Kirp, 1982). 그리고 동시대 사회질서에 적합한 그와 같은 종류의 교육과정에 대한 연구는 새로운 방향을 정립했다. 특히 James Banks의 저서는 이러한 교육과정 연구와 개발의 영역에 관심을 촉구한 것이었다. 그는 다민족 교육에 관한 저서(1981)에서 교육과정이 현대 미국 사회를 구성하고 있는 많은 이질적인 문화에 관심을 가져야 한다고 처음으로 명확하게 제안했다. 그리고 그는 1987년 출간된 *Teaching Strategies for Ethnic Studies*에서 수업 문제에 대한 관심을 확장하였다. 이러한 주제를 제목으로 해서 영국 사회(Lynch, 1983)와 호주 사회(Bullivant, 1981)를 다룬 책들도 출간되었다.

이와 같은 양상의 교육과정 사상에서 서로 다른 입장을 보인 두 사람이 있었는데, Christine Sleeter와 Carl Grant(1988)였다. 그들은 학교에서 다문화 교육을 실행하기 위해 학생들이 선택할 수 있는 다양한 접근법을 제안했다. 그것은 주류를 이루는 문화에 학생들을 진입시키기 위해 보충 교육을 제공하는 것에서부터, 다문화적 다양성에서의 인간관계 접근 방법 및 다문화 교육이 사회 재건을 위한 교육과정이라는 그들의 제안을 제공하는 것에 이르기까지 다양하였다.

명확한 문화적 정체성에 대한 개발 요구로 인해 교육과정이 민족의 유산을 명확하게 다룰 필요가 있음을 주장하는 대안이 제시되었다. 이러한 대안은 흑인만 있는 학교에서 실행되었다. Asante(1987)는 영국계 유럽중심의 교육과정(Anglo-Eurocentric curriculum)이 강요한 위계질서가 없는 다원주의가 가능한 교육을 주장했다. 그의 아프리카중심 교육과정(Afrocentric curriculum)은 대중 매체의 관심과 비판을 동시에 받았으며 종종 오해를 받았다. 이러한 논의와 관련된 저서로는 계급, 인종, 성 정체성에 관한 Craft와 Bardell(1984)의 책과 Weis(1988)가 편집한 선집이 있다.

1980년대에 와서 개인과 교육과정의 관계에 대한 생각이 새로운 정의를 내리게 되자 교사를 교육과정 창조의 핵심 주체로 정의하게 되었다. 그리고 다양한 저서가 교육과정을 형성하는 데 있어서 교사의 영향력 있는 역할을 탐구하였다. 교사가 교육과정과 어떻게 관련되는가를 보는 한 가지 관점은 교사가 무엇을 하는가를 연구하는 것이다. Lieberman과 Miller(1984), Connell(1985)은 교사들의 일과 그것이 교육과정을 어떻게 구체화하는가에 초점을 두었다. Davis는 교육과정 평가자로서 교사를 연구했다(1980). Powell은 교사의 기예에 관해 고찰했으며(1985), 반면 Alan Tom의 도덕적 기예로서 교수에 관한 저서(1984)는 교수가 윤리적 특성, 의사 결정, 궁극적으로 책임감을 낳는다는 것을 설득력 있게 보여 주었다.

교사 교육과 전문성 개발은 교육과정 개혁을 실행하는 수단으로 장려되었다. Beyer 등(1989)은 교사 양성 교육의 가능성을 탐구하였다. Nissen은 그의 편저(1981)에서 교사가 어떻게 자격증을 받는가 하는 것이 교육적 변화를 초래하는 계기가 될 수 있음을 주장하였다. Wideen과 Andrews(1987)가 편집한 선집은 교사의 정체성 형성에 초점을 두는 교사개발론을 조망했다.

1980년대 교육과정 저서에서는 다음과 같은 개념을 수용하는 경향이 증가하고 있었다. 그것은 교육과정이 ① 학교나 학문 내용의 공식적인 목록에 국한된 것이 아니고, ② 교사와 학생들에 의해 개별적으로 표현되는 것이며, ③ 교사나 학생들이 개별적으로 읽고 해석하는 것이라는 개념이었다. Dewey(1910)의 숙고 과정에 영향을 받은 두 가지 양립적인 접근으로 인해 '반성적 실천'에 열중하게 되었다. 그리고 Schwab(1970)의 실천적인 것에 대한 강조는 Michael Connelly와 Jean Clandinin의 연구(1988) 및 Clandinin(1986)의 교사의 자아상과 실천에서 그것의 변모에 대한 연구에서 확대되었다. 그들의 기념비적 연구에서는 문제 해결에서 교사의 개인적·실천적 지식(personal practical knowledge)을 강조했다. Connelly의 제자인 Elbaz(1983)는 교사들이 어떻게 문제를 해결하며, 전문적인 의사결정을 하는가에 대한 연구를 했다. 그런데 Connelly, Clandinin과 Elbaz가 생각한 반성(reflection)의 개념은 실제의 개혁에 직접적으로 영향을 미치는 숙고(deliberation)로 구조화되었다. Donald

Schön(1983)은 생각하고 동시에 행동하는 반성적 실천가(reflective practitioner)로서 교사의 능력을 연구했다. 실제로 쓰이는 지식, 기예의 지성적 활용은 역동적이고, 상황적이며, 쉽게 목차별로 정리되거나 따라하면 되는 실천목록으로 환원되지 않는다. 그는 기술을 숙고하고, 문제의 틀을 잡고, 해결방안을 모색하고, 숙고하여 행동하고, 결과를 평가하는 등의 능력을 개발하는 가장 좋은 방안은 초임교사에게 가상으로 훈련시킨 진정한 교수 경험을 제공하는 것이라고 주장하였다(Schön, 1987). Ashton과 Webb(1986)은 관련 논문에서 교사의 자기효능감에 대한 인식과 학생의 학업 성취 간의 관계를 설정하였다. W. H. Schubert와 A. L. L. Schubert(1982)는 교사와 학생에 의해 개념화된 교육과정 지식에 관한 저서를 편집했는데 그것은 나중에 '교사지식(teacher lore)'과 '학생지식(student lore)'에 대한 관심으로 발전한 선구적인 것이었다. Jackson과 Haroutunian(1989)이 편집한 NSSE의 88번째 연감도 역시 교수(teaching)와 교사 정체성을 고찰하였다. NSSE의 84번째 연감의 1부(Fantini & Sinclair, 1985)는 학교가 아닌 환경에서의 교육을 고찰했으며, Squires(1987)도 학교교육의 영역을 넘어선 교육과정을 연구했다.

7. 교육과정 연구의 확장

교육과정 사상에서 새로운 담론이 확립되자 연구와 평가에 영향을 미쳤다. Leithwood의 교육과정 결정에 관한 연구(1983), Barr와 Dreeben의 학교교육의 역동성에 관한 연구(1983), Klausmeier 등의 프로그램 개선을 위해 교직원들이 연구를 어떻게 활용했는가에 대한 사례 연구(1983) 등은 현재의 실천들을 향상시키기 위해서 설계된 교육과정 연구와 맥을 같이하는 것이었다. Philip Jackson(1988)이 편집한 저서는 현재 연구들이 교육적 변화에 미친 영향을 개관한 것이었다. 학교 실천의 역동성에 초점을 맞춘 질적 연구와 연구를 위한 지지가 증가하게 되자 Lawrence Stenhouse의 연구는 새로운 관심을 불러일으켰다. Stenhouse의 저서를 Rudduck과 Hopkins가 편집한 책(1985)은 실천적 연구의 역동성에 관한 배경이 되었다. Carr와 Kemmis(1986)는 비판적 현장 연구(critical action research)의 가치를 주장했다. Milburn 등(1989)은 교육과정 연구 방향의 재설정을 가리키는 저서를 편집했는데, 그것은 실천을 세밀하게 구별해서 교육과정에 대해 비판적이고 사회적인 이해를 얻는 것이었다.

사회학에서 사용된 연구 모형의 적용은 새로운 종류의 교육과정 탐구로 가는 또 다른 길을 열었다. Hammersley과 Hargreaves(1983)는 교육과정 실제에 관한 사회학적 사례연구를 편집한 서적을 출간했다. 또 다른 주요한 사회학적 주장을 제기한 사람은 Philip Wexler였는데, 그는 교육을 비판적으로 분석하는 연구를 했다(1987). Roth 등(1986)은 사회학적 틀을 활용한 과학과 수업에서의 사례 연구를 했다(1986). Whitty(1985)는 교육과정의 보다 나은 이해를 위해 비판적 사회학을 도구로 사용하는 것에 대한 논쟁을 확장시켰다.

Landon Beyer는 비판이론과 포스트모던 사상에 의해 영향을 받은 교육과정 연구에 관한 저서(1988)에서 탐구의 도구로서 비판적 문화인류학을 사용하였으며, 1980년대 그와 같은 교육과정 연구의 새로운 방향에 관한 유용한 해석을 제공했다. Dalton의 두 학교의 교육과정 이데올로기에 관한 비교(1981)와 교육과정 혁신과 이데올로기의 관계 비교(1988)는 교육과정 연구에서 비판이론을 사용한 최초의 연구에 속하는 것들이었다. Popkewitz 등(1982)은 교육 개혁에 관한 연구에 공헌했으며, Everhart(1983)는 중학생들의 저항을 조사하는 데 비판적 재건주의의 관점을 활용했다. Lois Weis(1985)와 Linda McNeil(1986)은 비판적 재건주의 관점을 적용한 두 개의 연구로 높은 평가를 받았다. 이러한 연구들은 비판이론이 경쟁적으로 적용되어 나타난 많은 사례들이었다.

이러한 사례 연구들은 또한 개정되어 예술적 기교를 강조하게 되었다. Sarah Lightfoot는 '초상화법' 이라고 명명한 연구 모형을 확립했다. 이 방법을 사용한 책인 *The Good High School: Portraits of Character and Culture*(1983)

는 1980년대 교육학 서적 중 가장 널리 읽혀진 책 중의 하나이다.

1980년대에 이루어진 교육과정사 연구는 가지각색이었다. 연대별로 교육과 교육과정에 대한 많은 수의 인상적인 대규모 연구들이 이루어졌다. Ivor Goodson은 특수한 제도 혹은 학과목에 대한 자세한 기술적 분석에 초점을 맞추었다. 학회 학술대회를 통해 수많은 전기문, 회고물, 논문들이 수집되었다.

아마도 1980년대 교육에 관한 역사적 연구에서 William Connell의 *History of Education in the Twentieth Century World*(1980)와 Lawrence Cremin의 3부작(1970, 1980, 1988)은 가장 열정적으로 노력을 쏟은 저서라 할 수 있다. Connell은 앞서 이루어진 어느 연구보다 더 세계적인 관점에서 역사를 기술하면서 교육의 발전에 관한 정보와 통찰력을 제공하였다. Cremin은 미국의 교육을 학교교육 자체보다 교육 제도와 관계의 보다 광범위한 맥락에 놓고 보았다. 그의 *The National Experience*(1980)는 역사 분야에서 퓰리처상을 수상하였다. Cremin과 Connell의 저서는 1980년대 이후의 교육과정학자들에게 주요한 연구 원천이 되었다. 또 다른 중요한 연구는 Larry Cuban의 *How Teachers Taught*(1984)였는데, 이 연구는 교육과정과 수업을 개혁하려는 다양한 노력에도 불구하고, 기본 교과들이 암기와 주입을 통해 가르쳐지고 있음을 입증하면서 20세기의 교수법을 그려 내고 있다. 또한 Cuban(1986)은 1920년대 이래로 교실에서 교사들이 수업에 사용해 온 공학과 관련된 연구에 기여했다. Fraley(1981)는 20세기에 제안된 과감한 혁신안이 공언한 것과는 달리 학교 교육의 역동성에 끼친 영향은 미미했다는 것을 밝혀 냈다.

20세기 미국 공립학교의 교육과정 사상의 형성을 조사한 세 가지의 다른 연구가 있었다. Herbert Kliebard의 *Struggle for the American Curriculum* (1986)은 20세기 미국의 교육과정에 관한 사상과 행동을 주도했던 네 가지의 주요한 교육과정 관점을 정립했는데, 그것들은 인문주의자, 사회적 효율성, 아동발달 중심 및 사회개혁론이었다. Barry Franklin(1986)은 교육과정에 관한 사상과 저서를 이해하는 대안적인 틀을 제공하였는데, 그것은 범주화를 위한 기초로서 사회 통제(social control)를 어떻게 보았는가였다. 20세기 교육과정 사상의 세 번째 범주화는 *Curriculum Books*(1980)의 초판에서 W. H. Schubert와 A. L. L. Schubert가 제공했는데, 그들은 지적 전통주의자, 사회적 행동주의자, 경험주의자라는 교육과정 사상의 세 가지 입장을 확인했다.

지방 교육기관 또는 특정 교과의 교육과정에 대한 역사적 사례 연구에서 괄목할 만한 성장이 있었다. Ivor Goodson은 특별히 이러한 유형의 교육과정 역사와 관련된 연구물을 많이 산출하였다. 그는 학교 교과목에 관한 저서를 출간했고(1983), 교과목의 역사에 관한 책을 편집 또는 공동편집했으며(1985; Goodson & Ball, 1984), 국제적인 관점의 자료를 수집해서 편집하고(1988a), 이러한 형태의 학문적 연구를 주장하고 제시한 논문들을 수집했다(1988b). Tom Popkewitz(1987)는 학교 교과목의 형성에 관한 관련 연구를 편집했다.

교육과정 사상에 영향을 끼친 거장들의 전기문은 역사적 이해를 확장시켰다. Robert Bullough는 Bode의 삶과 사상들을 조사했고(1981), L. J. Dennis는 George Counts와 Charles Beard의 공통의 사상과 노력에 관한 비판적 연구를 했으며, William Van Til의 자서전적인 고찰은 20세기에 벌어졌던 교육과정에 관한 학문적 논의에 대한 자신의 통찰을 보여 주었다(1983). Madaus와 Stufflebeam은 Tyler의 저술들을 수집해서 편집했다(1989). 또한 학교별 혁신에 관한 개인적인 고찰도 있었다(Grant, 1988; Puckett, 1989; Lloyd, 1987).

The Society for the Study of Curriculum History는 1977년에 Laurel Tanner가 주도하였고 Lawrence Cremin, O. L. Davis, Arthur Foshay, Arno Bellack, Hollis Caswell, Daniel Tanner와 그 밖의 동료의 지원으로 설립되었다. 설립 1년 후에 토론토에서 첫 모임을 가짐으로써, 역사로서의 학문의 영역과 연구 의제를 확장시켰다. 이 학회에서 발표된 논문들은 1980

년대 전반에 걸쳐 출판되었다(Tanner, 1981; Nelson, 1983; Jorgenson, Schubert & Seguel, 1985; Kridel, 1989). 학회나 단체의 역사를 다룬 책들이 출간되어 교육과정에 관한 공개 토론을 활성화시켰다. 특별히 Louise Berman의 교육과정과 수업을 위한 세계협의회의 초기의 역사(1982)와 William Van Til의 ASCD에 관한 회고(1986)가 있다. Short 등(1985)은 교육과정 지식의 생성과 활용에 있어서 AERA의 특별연구분과(SIG)의 연구 관심 분야별 역사에 관해 출간하였다.

다양한 주제별 역사는 교육과정사 연구를 풍성하게 만든다. 예를 들면 Wagner의 중세 시대 교양과목에 대한 논의(1983), Albisetti의 독일제국의 중등학교 개혁에 대한 조사(1983), Monaghan의 Webster' s Blue-Back Speller의 영향에 관한 분석(1983) 등이 그것이다. Carl Kaestle의 *Pillars of the Republic*(1983)은 미국 공립학교의 성장에 관한 학문적 개관이다. Travers(1983)의 19세기의 미국 학교에서의 교육과정, 수업 및 평가에 관한 학문적 연구의 영향에 대한 역사는 분명히 사회적 행동주의자의 입장에서 연구되었다.

특정 연구들은 미국의 20세기 교육의 양상에 관한 것이었다. Romberg는 위스콘신 대학교의 실험적인 개별화 교육을 조망했고(1985), Valentine은 학교 교육과정에 관한 대학위원회(Colleage Board)의 영향을 분석했으며, Woolnough는 물리학 교수의 역사를 출간했다(1987). 그 밖에 주일학교(Boylan, 1988), Welsh county의 중학교(Davies, 1989)와 미국 초등학교의 교육과정 개정에 관한 연구들이 있다(Cunningham, 1988).

8. 통상적 업무로서 계속된 교육과정 개발

교육과정에 관해 새로운 언어로 논의하는 비판적 재건주의자와 다른 연구자들의 영향력이 커지고 있음에도 불구하고, 교육과정 개발에 관한 저서들은 1980년대에도 대학교 강의 교재로, 학교 행정가들을 위한 안내서로, 또는 가장 보편적 출판 형태로 나온 현재 교육과정 저서들에 대한 비판적 개관서로서 출간되었다. 교육과정 개발과 관련되어 출판된 엄청난 양의 저서들은 일정 기준에 따라 분류될 필요가 있다. 교육과정 개발을 개관했던 서적들은 특정하게 수업이나 평가의 쟁점을 다룬 것들과는 구별된다. 어떤 책들은 능력별, 나이별, 교과별 교육과정을 다루어 학교 교원들의 요구를 인지하고 이에 부응했다. 다른 나라에서 교육과정에 관한 학문의 대부분은 학업성취 국가 기준 운동의 영향을 받았다는 것을 검토하게 될 것이다. 끝으로, 1980년대에 출간된 개론서는 성격이 조금 다르다.

1980년대 교육과정 프로그램의 계획 · 설계 및 실행에 관한 연구들은 많았는데, 정평이 있는 저서를 개정하거나 처음으로 개발에 참가한 경우도 있었다. Posner와 Rudnitsky(1982, 1986), Print(1988), Unruh와 Unruh(1984), Brady(1983, 1987)에 의한 개정판들이 일군의 새로운 참가자들(예를 들어 Allman et al., 1980; Armstrong, 1989; Bagnall et al., 1980; Bellon & Handler, 1982; Brubaker, 1982; Cohen & Fraser, 1987; Ellis et al., 1987; Frey, 1982; Garnet, 1980; Glatthorn, 1980a, 1987b; Hass, 1980, 1983, 1987; Hunkins, 1980; Kelley, 1986; Pratt, 1980; Robinson & Hedges, 1982; Robinson et al., 1985; Romizowski, 1981; Skilbeck, 1984b; Wulf & Schave, 1984; Zenger & Zenger, 1983, 1986)과 합류했다. 또한 Brandt(1988), Lawton(1986), Lee와 Zeldin(1982), Leithwood(1986), Simkin과 Simkin(1984), Skilbeck(1984c) 및 Soliman(1981) 등은 교육과정 개발을 고찰한 많은 논문을 편집했다.

Connelly 등(1980)은 교실 수준에서의 교육과정 계획에 관한 연구를 출판했는데, 그것은 Funkhouser 등(1981), Rowntree(1981)와 Carkhuff(1984)도 고찰한 바 있는 주제였다. 교육과정 개발의 특정 단계가 고찰되었는데, Ron Brandt(1980)는 교육과정 실행, Wilcox와 Eustace는 교육과정 평가 절차(1983), Anderson과 Tomkins는 교재의 선정이 교육과정 개발에 미치는 영향(1981), Gall은 교육과정 교재의 평가와 선정(1981)을 고찰하였다.

Rowntree(1985)는 교육공학이 교육과정 개발의 역동성에 미치는 영향에 관해 고찰했다.

교육과정 개발의 한 요소로서 수업 방식은 인기 있는 주제였다. Madeline Hunter는 많은 학교 행정가에게 있어 효과적인 수업 계획의 후원자였다(Hunter, 1982). 교사 양성교육과 교원 개발 모두에서 가치가 있는 수업 계획에 대한 또 다른 접근은 Joyce와 Weil(1986)에 의해 검증된 교수모형이었는데, 이것은 수업을 위해 선택하는 교수모형을 학문적으로 분류한 것이다. Melton(1982)과 Reigeluth(1983)는 수업과 관련된 분류를 연구했다. Gagne 등(1988)의 개정판과 Dick과 Carey(1985), Romizowski(1989)에 의한 새로운 저서를 비롯하여, 교수체제를 세우는 데 있어서 교육자들을 안내하는 저서들이 출간되었다. 단원 계획을 구성하는 법을 다룬 책은 직전 교사교육의 근간이 되어 계속 출간되었다. 이러한 책들은 교육자들로 하여금 수업목표를 기술하게 하였으며(Kibler, 1981; Pope, 1983), 단원 계획을 설계하게 했다(Ogletree, 1983). Earl(1987)은 강좌 설계의 구체적 특성을 상술했다.

1980년대 교육 프로그램의 평가는 교육 연구가 경험하고 있던 것과 동일한 변모를 하고 있었는데, 지식과 통찰의 근거로서 질적 연구 방법(예를 들어 Guba & Lincoln, 1981)의 가치를 더욱더 받아들이는 것이었다. Cronbach(1982)와 그 동료들(1980)은 탁월한 프로그램 평가 방법을 기술했는데, 그것은 현재의 혁신적 평가 모형과 연결되었다(House, 1986). Eisner(1985b)는 교육평가에서 '감식안'의 중요성을 소개했는데, 이것은 사례연구를 사회적 탐구에서뿐만 아니라, 예술적 비평에 근거한 질적 조사로 재정의한 것이었다.

수많은 연구들이 교육과정 평가와 관련된 당시의 여러 입장들을 조사했다(예를 들어 Boruch et al, 1981; Fraser, 1981; Kemmis & Stake, 1988; McCormick & James, 1983; Norris & Sanger, 1984; Russell et al., 1982). Brandt(1981), Skilbeck(1984), Tamir(1984)는 교육과정 평가에 관한 당시의 연구를 모은 선집을 편집했다. Fraser(1985)는 교육과정 평가에 있어서 일련의 사례연구들을 수집했다. 관련된 연구들은 효과성에 관한 정보를 제공하기 위해 어떻게 하면 학생에 대한 평가가 좀 더 밀접하게 교육과정과 연동될 수 있는가에 관심을 두고 있었다(예를 들어, Bagnato, 1981; Hargis, 1987; Idol, 1986; Pelgrum, 1989). Fraser와 Houghton(1982)은 1980년대 초 사용되고 있던 실천과 이론에 대해 개관했다. Davis(1980)는 교육과정 평가의 실제를 지역 특성에 맞게 적용시켰으며, 이러한 과정에서 교사의 역할을 서술하였다.

오래된 학교의 관례로서 능력과 학업성취에 의해서 학급을 편성하는 구조도 계속되었다. 신체적, 인지적 혹은 행동적 문제를 지닌 학생들을 위한 교육과정 계획에 대해 안내한 다양한 저서들이 출간되었다(예를 들어 Adams, 1980; Crawford, 1980; Ruxanoff, 1980; Teaching Research Infant and Child Center, 1980; Goldstein, 1981; Hinson & Hughes, 1981; Kissinger & Stewart, 1981; Popovich & Laham, 1981; Radabaugh & Yukish, 1982; Brennan, 1985; Ferguson, 1987; Solity & Bull, 1987; Ford et al., 1989; Center, 1989). 또한 Maker(1982), Clendening과 Davies(1983), Tuttle 등(1988), Van Tassell-Baska 등(1988)은 영재로 확인된 학생들에 주목했다. Jeter(1980)는 모든 학생들이 우수한 점(exceptionality)을 가지고 있으므로 교육 프로그램은 반드시 개별화되어야 한다고 주장했다. 사립 기숙학교의 사회적 · 정치적 영향에 관한 Cookson과 Persell(1985)의 연구는 엘리트주의와 특권층이 되기 위한 준비교육으로서의 영재 교육과정에 또 다른 측면을 밝혀 냈다.

또한 교육과정 개발은 통상적으로 아동의 나이에 따라 학급을 편성하는 것에 주목했다. 유아 교육과정의 설계, 조직과 평가에 관한 많은 저서들이 출간되었다(예를 들어 Brown, 1982; Curtis, 1986; Day & Drake, 1983; Eliason & Jenkins, 1981; Fowler, 1980; Hendrick, 1980; Lombardo, 1983; Robison & Schwartz, 1982). Seefeldt는 유아 교육과정에 관한 당시의 연구들을 논평하는 저서를 편집했다(1987). Regan과 Harris(1980)는 유치원 교육과정을 고찰했으며, Spodek(1986)은 유치원 교육과정에 대한 저서를 편집했다.

초등 교육과정에 대한 고찰은 원칙적으로 수업 방법을 위한 대학교 교재의 형태였거나(예를 들어 Blenkin, 1981; Blenkin & Kelly, 1987; Lemlech,

1984), 영국 초등학교 교육과정을 고찰한 것이었다(Blyth, 1984; Boyd, 1984; Campbell, 1985). Richards와 Lofthouse(1985)는 초등교육에 관한 연구를 책으로 펴냈다.

청소년 전기를 위한 교육 기관으로 보다 선호되었던 중학교(middle school)가 발전하자, 교육과정 설계와 실행에 관한 다양한 교재들이 나타났다(예를 들어 Kindred et al., 1981; Wiles & Bondi, 1981; Lounsbury, 1984). Derricott는 초등학교와 중학교 교육과정의 유기적인 통합을 정립하는 저서를 편집했다.

영국의 중등학교 교육과정에 관한 Price(1986)의 연구와는 달리, 1980년대 출간된 중등 교육과정에 관한 저서는 미국의 전통적인 고등학교에 대한 비판적 평가였다. Powell 등(1985)의 *The Shopping Mall High School*은 고등학교가 오로지 가장 재능 있고 도전적인 학생들만을 위해 구조화되어 있으며, 나머지 학생들에게는 학문 내용이나 엄격함에서 거의 주는 것이 없다고 주장했다. 개혁에 대한 그들의 제안은 앞에서 언급한 Sizer가 진척시킨 생각과 맥을 같이하는 것이다. Brown(1984)과 Sedlak 등(1986)은 특히 고등학교가 학생들을 얼마나 과소평가하고 있는지에 주목하는 개혁안을 제시한 바 있다. Cusick(1983)은 또한 교육 평등(equity)과 고등학교에 관한 연구에 기여했다.

대학교 교육과정에 관한 교재들 또한 대부분 개혁적 제안들이었다. Miller의 강좌(course) 설계에 대한 안내(1987), Bergquist 등의 대학원 교육과정에 관한 연구(1981), Levine의 대학원 교육과정에 관한 논문집(1981)과는 달리, Dressel의 대학교 교육과정의 개선에 관한 연구(1981), Keller의 하버드 대학교 교육과정 개혁에 관한 서술(1982), Hall과 Kelvel의 중핵 교육과정에서의 대안 연구(1981)가 있었다. 성인교육 또는 성인교육학에 대한 관심이 증가했으며, 이를 위한 교육과정 개발에 대한 여러 연구가 있었다(Griffin, 1983; Knowles, 1980; Knowles et al., 1984; Knox, 1986; Langenbach, 1988).

다른 영어권 국가에서는 국가교육과정에서 학업 내용 기준이 이미 설정되어 있었다. 국가교육과정 개발은 1980년대에 영국, 캐나다, 북아일랜드와 오스트레일리아에서 확립되었다. 이러한 나라에서 국가교육과정은 교육과정 저자들에게는 중요한 주제였다. 잉글랜드에서 대학교수, 정부 기구, 위원회 및 협의회에 의해 산출된 연구들은 학교교육 과정의 실행 전략을 5세 아동(form 5)을 위한 것부터 18세까지 상세하게 제안했다(Brockington, White, & Pring, 1983, 1985; Department of Education and Science, 1981; Northumberland Education Committee, 1982; Plunkett, 1983; Pring, 1987; School Councils, 1981). 어떤 학자들은 1970년대의 교육과정 개정(Galton, 1980)과 학교중심 교육과정 개발(Eggleston, 1980; Saber et al, 1987)을 조사했다. 학자들은 영국 초등학교의 역동성을 연구하거나(Galton et al., 1980), 중핵 교육과정에 대해 고찰했다(Skilbeck, 1982). 국가교육과정의 개혁은 또한 평가 연구의 영향을 받고 있었다(Kushner & Logan, 1980; Lawton, 1989).

캐나다에서는 Fullan과 Park(1981)의 *Curriculum implementation: A resource booklet*, Anderson과 Tompkins(1981)의 *Understanding materials: The role of materials in Curriculum development*, Robinson 등(1983)의 *Curriculum analysis for effective instruction*과 같은 책들이 출판되었다. Babin은 1970년대 캐나다에서의 교육과정 쟁점을 역사적인 맥락에서 고찰했고(1981), Milburn과 Enns(1985)는 캐나다 국가교육과정에 관한 책을 편집했다.

1980년대 오스트레일리아 교육과정학자들에 의한 연구는 정부의 교육과정 정책에 대한 학자들의 반응이었다. 오스트레일리아 중핵 교육과정(ACDC, 1980), 중핵 교육과정과 가치교육(Yates, 1981), 오스트레일리아 학교에서 독특한 교육과정 개발(Cohen & Harrison, 1980; Marsh & Stafford, 1984; Rawlinson, 1982; Soliman, 1981), 사회과와 수학을 위한 교육과정 자료(Marsh et al., 1981), 교육과정 평가(Fraser, 1986; Russell et al., 1982)와 오스트레일리아 과학 교육 프로젝트와 관련된 교육과정 개발과 평가(Fraser & Cohen, 1987) 등에 대한 교재가 출간되었다. Caldwell과 Spinks(1986)는 태즈메이니아 학교교육 과정에 대한 저서를 출간했다. 아일랜드와 북아일랜드에서 Mulcahy(1981),

Sutherland(1981; Sutherland et al., 1983)는 초등교육과 그 이후의 교육에 관한 관점을 제공했다. Kirk(1982)는 스코틀랜드 중등학교에 대해 개관했다.

이러한 연구는 영어로 기록된 교육과정 저서에 국한된 것이지만, 비영어권 나라의 교육과정을 고찰한 연구도 있었다. 중핵 교육과정은 네덜란드에서 국가 정책으로 논의되었는데, Jozefzoon(1986), Jozefzoon과 Gorter(1985), Gorter(1986), van Bruggen(1985)의 논문은 정책과 실제를 연구했다. Salia-Bao(1989)는 교육과정 개발과 아프리카 문화 사이의 관계에 관한 책을 출판했으며, Onwuka(1981)는 아프리카 대륙의 나라를 위해 교육과정 개발에 대한 저서를 편집했다. Hunter Ashley와 Millar(1983)는 남아프리카 교육과정에 관한 저서를 출간했다.

학교구의 학교 교육과정을 경영하는 학교 행정가들의 책임과 이 과업에 관련된 주제들은 교육과정 저서에서 다룰 만한 범주였다. 실천가를 위한 교육 행정 코스와 안내서를 출간한 Fenwick English(1980, 1983, 1987, 1988)는 교육과정 운영 및 조정과 관련해서 가장 인정받은 저자였다. 교육계 지도자들에게 교육과정을 가르치는 데 활용된 또 다른 인기 있는 저서는 Alan Glatthorn의 교육과정 지도력에 대한 개관이었다(1987a). Bradley(1985), Pajak(1989)과 Preedy(1989)는 교육과정 운영에 대한 또 다른 연구물을 출간했다. Westmeyer(1981)는 학교 또는 지역구 수준에서의 교육과정 계획을 위한 안내서를 만들었다. Musgrave(1985), Print(1986)와 Walker(1987)는 오스트레일리아의 입장에서 교육과정 행정에 대한 관점을 제공했다. 교육과정 개발과 운영에 책임이 있는 행정가들에게 관심을 가진 또 다른 저서들은 교육과정의 역할 축소에 관한 National Association of Secondary School Principals(NASSP)의 책(1982), 교육과정 개선에 있어서 교장의 역할에 관한 NASSP 교육과정 협회의 보고서(Tanner & Keefe, 1988), 영국 학교를 위한 인사와 교육과정 요구에 관한 Butterworth의 보고서(1983), 전체적인 교육과정 지도를 만드는 기술에 대한 Weinstein의 안내서(1986) 및 교육과정 지도력에 관한 Martin 등(1989)의 저서가 있다.

교육과정 개론서를 통해 학자들은 동시대의 경향, 쟁점과 사고를 요약하게 된다. 현존하는 교재의 개정판과 함께 새로운 책과 편집된 선집들은, 전통적이거나 제도적인(Pinar et al., 1995) 교육과정 연구의 관점이 1980년대에도 강력한 힘을 유지했다는 또 다른 증거가 된다. Tanner와 Tanner는 1975년판 교육과정 교재를 새롭게 개정해서 출간했는데(1980), 그것은 쟁점을 맥락으로 사회적 기초 내에서 교육과정의 역사와 다른 쟁점을 지속적으로 강조하는 것이었다. Saylor 등의 1954년, 1966년, 1974년판에 이어 4번째 판이 마지막으로 출간되었다(1981). Tanner와 Tanner의 저서와 비교하면 Saylor 등은 역사와 동시대의 쟁점에 초점을 두었으며 개발을 강조했다. 그것은 Tyler의 설계모형을 적용했는데, 교육과정 분야에서 널리 유포되었고, 교육과정 실천의 지침이 되어 교육과정 학문을 통합시켰다.

개론서에서 오랫동안 사용된 제목 중 또 다른 것은 Shepherd와 Ragan의 *Modern Elementary Curriculum*(1982)이었다. 이것은 현존하는 학교 제도를 구성하는 변인들을 고찰한 것이다. 이러한 변인들에는 환경(아동, 학교의 조직 유형, 교육과정 환경, 전달 매체 및 전략들), 각 교과 영역과 근본적 관점들에 대한 고찰(역사, 사회학 및 현재와 미래의 경향) 등이 포함된다. Doll의 *Curriculum Improvement: Decision Making and Process*는 두 번이나 개정되어 1982년에 5판, 1986년에 6판이 출간되었다. 이 책은 Tyler가 윤곽을 제시한 교육과정 개발의 요소들 내의 선택 사항들을 폭넓게 고찰하는 것으로 시작하는데, 후반부에 가서는 교육과정 변화 과정을 상술하고 있다.

McNeil의 1977년 원전은 1981년과 1985년 두 차례에 걸쳐 개정 및 갱신되었는데, Eisner의 입장과 양립 가능한 범주인 인문주의, 사회적 재건주의, 기술공학주의 및 학문적 교과로 교육과정 사조를 분류했다. McNeil의 책 후반부는 교육과정 개발의 차원, 예를 들어 학습기회, 경영, 실행, 평가, 정책, 이론과 연구에 중점을 둔다(McNeil, 1981, 1985).

많은 수의 새로운 교육과정 개론서가 1980년대에 출간되었다. 어떤 개론서는 주로 교육과정 개발을 위한 안내서 역할을 하였지만, 일부는 당시 교육과정 사상에 대한 개관을 포함하고 있었다. Oliva(1982, 1988)의 *Developing the Curriculum*은 교육과정에 대해 책임을 지는 학교 행정가들의 전문적 요구에 부응해서 고안된 것이었다. 이 책의 구조는 그 자체가 사회적 행동주의 교육과정 구성 모형이다. 각 장은 인지적 목표의 진술로 시작되고, 그 목표를 달성하면서 얻게 되는 능력을 수록한 부록이 있다. 책은 4부로 나누어진다. 도입부는 실천 지향적인데, 그 분야에 대한 실제적이고 제도적인 이해를 익숙하게 하는 이론을 고찰하면서, 교육과정 개발에서 구성원의 역할을 규정하고 있다. 2부는 교육과정 개발의 정치적 측면과 학교 내 여러 이해당사자들이 교육과정 계획에서 어떻게 상호작용하는지를 고찰하고 있다. Oliva의 교육과정 개발 모형은 동시대의 Tyler, Taba, Saylor 그리고 Alexander 등의 교육과정 설계와 비교된다. Oliva는 이러한 교육과정 설계의 다양한 측면을 조화시켜 12단계의 개발 과정을 제안하였다. 12단계는 계획 단계(1~4단계 및 6~9단계), 계획 및 실천 단계(5단계), 실천적 단계(10~12단계)로 구분되는데, 그중 계획 및 실천 단계는 개발이 실행과 동시에 진행되며 실행으로부터 시사점을 얻는다는 것을 나타낸다. 3부에서는 이러한 모형을 상세하게 설명하고 있다. 계획 단계는 ① 목적과 철학의 진술, ② 학생, 지역 사회 및 교과에 대한 요구 사정, ③ 교육과정 목적의 상세화, ④ 일단의 학생을 위한 특정한 교육과정 목표로 전환, ⑤ 계획 및 조작 단계, ⑥ 수업 목표로 보다 상세화, ⑦ 개별 학생의 성취에 맞춘 수업 목표, ⑧ 목표를 달성하기 위해 선택된 수업 전략과 그 결과물, ⑨ 평가 체제 설명 등으로 구성된다. 이후 ⑩ 선택된 전략의 실행 및 ⑪~⑫ 학생과 집단의 성취도 평가 실시가 있게 된다. 그는 마지막으로 교육과정 개발자들이 지속적으로 직면하고 있는 문제와 계획에 활용되는 일반적인 자료들을 고찰하면서 끝을 맺는다.

Allan Glatthorn의 *Curriculum Leadership*(1987a)은 교육과정 분야에 대한 개론적인 관점을 가진 동시에 교육과정에 대한 책임을 지고 있는 학교 행정가들의 실천을 안내하는 것이다. 그럼에도 불구하고, 책의 시작부에서 근본적인 쟁점을 고찰함으로써 개론적인 특성을 지니고 있으며, 책의 나머지 부분에서는 교육과정 개발, 행정에서의 쟁점사항 및 그 당시의 경향 등을 다루고 있다.

Beane 등(1986)은 교육과정 계획의 틀을 제시하는 데 미국 학교들의 제도적 구조를 활용하면서 교육과정 계획 및 개발에 주로 초점을 두었다. 그러나 책의 상당 부분이 교육과정 기초에 대한 이해를 위한 것이다. 이와 유사하게 Ellis 등(1988)의 *The School Curriculum*은 교육과정 개발보다는 주로 교육과정과 수업 설계에 영향을 미치는 사회적 · 정치적 쟁점을 겨냥한 것이었다. 이들은 교육과정은 효율성(여기서 학생은 사회적으로 받아들일 만한 산출물로 간주), 기회균등, 선택의 자유라는 세 가지 경쟁적인 사회적 가치에 의해 결정되는 중요한 공공 정책 중 하나라고 주장하였다. 가치에 대한 긴장관계를 드러내고 있는 현안들은 교육과정에 대해 실생활에 접근한 사고를 하게 한다. 교사는 이러한 사회적 드라마에서 중심인물로 표현되고 있다. 이 책은 독자에게 수업계획을 안내하며, 태동하고 있는 교육적 관심사를 개관하면서 결론짓고 있다. 온타리오 주 퀸스 대학교의 David Pratt(1980)과 웨스턴오스트레일리아 대학교의 Murray Print(1986, 1988)는 그들 국가의 제도적 요구에 부응하는 실천적 연구를 했다. Pratt은 교육과정 이론에 대한 역사적 관점과 현재의 논의에 대한 인식을 제공하면서, 학교 교육과정 설계에서 실천가를 안내하기 위해 사회적 행동주의 모형에 의존하고 있다. 그는 실제적 기예의 필수요소로서 체제적인 절차가 필요하다는 것을 옹호하면서, 수요자가 확인한 그들의 현재 및 미래의 요구에 기초한 교육과정에서의 자세한 과정을 상술하고 있다. 이러한 요구는 Maslow의 욕구위계설(즉, 자아실현, 의미, 사회적 욕구, 심미적 욕구, 생존 욕구)을 적용하고, 특정 학습자의 교육에서 이해당사자들의 특정한 요구 사정을 통해 인식되었다. 그는 하나의 교육과정 개발을 수행할 때 인적 자원과 다른 자원을 조직하는 방법을 설명하고 있다. 교육과정 구성에는 적절한 배경 지식, 목적 및 목표의 확인, 성공적인 수행기준의 구체화, 학생들의 목표 달성여부를 결정하는 검사도구의 파악 등이 포함된다. 수업은 접근방법을 결정하게 될 학생들의 지식과 기술 수준을 진단하는 것으로부터 시작된다. 그는 수업이 교육과정 개발자의 주요 관심사는 아니며, 진술된 목표를 달성하는 데 가장 적합한 방법을 찾는 것은 교사의 책임이어야 한다고 주장한다. 교육과정을 실행하기 위해, 그는 교육과정 계획을 적합하게 하고 정교화하는 데 필요한 정보를 얻기 위해 여러 가지의 자료 출처를 활용하면서, 시험 적용하고 현장을 검증하는 순환과정을 제안하고 있다.

Print의 저서는 주로 교육과정 개발을 위한 지침서이다. 교육과정 개발에서 합리적(Tyler와 Taba), 순환적(Nicholls) 또는 역동적(Walker와 Skilbeck) 모형과 같은 그 당시의 선택 가능한 모형에 대한 간략한 설명이 제시되어 있다. 그는 이러한 모든 요소들을 결합한 절충적 접근방법을 개발했다고 주장한다. 그는 목적에 대한 폭넓은 숙의와 함께 Tyler 논리의 기본 구조를 채택하고, 교육과정 '전조', 또는 자기성찰의 맥락에서 절차상 잘 구조화된 환경을 적용하였다. 이때 교육과정의 '전조' 나 자기성찰이란 교육과정의 구성에서 배치를 적절하게 하는 것, 교육과정 변경을 위한 피드백을 제공하는 평가를 확대한 개념이다.

Colin Marsh(1986)는 오스트레일리아의 학교 구성원이 가진 특별한 관심사를 상술했는데, 교육과정 개발 모형과 당대 교육과정 이론을 해석한 그 서술로 인해 그의 연구는 국제적인 중요성을 갖게 되었다. 그는 교육과정을 계획, 실행 및 평가를 포함하는 것으로 접근했다. 그는 사회적 상호작용, 개인의 발달, 정보 처리, 행동 수정이라는 교육과정에서의 네 가지 대안적 입장을 제시하고, 이러한 대안들을 절충할 것을 권장하였다. 개발 모형을 검토하면서, 그는 Tyler의 구성, Goodlad의 계획의 각 수준에서 가치에 대한 강조, Stenhouse의 계획에서 대안적인 교사 중심적인 접근, Huberman의 기술적 모형을 기술하였다. 또한 그는 Walker, Skilbeck, Posner 등이 '교육과정 알고리즘' 이라고 명명한 특정 단계별 접근방법을 상술하였다. Marsh는 교육과정 개혁과 개정의 모형 및 전략에 대한 구체적인 사례를 들면서 교육과정 실행에 대하여 자세히 설명하였다. 그것은 Tyler와 Stake의 교육과정 평가

방안에 Parlett, Hamilton 및 Eisner의 견해를 결합한 것이다. Marsh 책의 결론 부분은 20세기 교육과정과 그 이론화에 있어 역사적 발달에 대하여 학문적으로 흥미로운 해석을 하고 있다.

John Miller의 *The Educational Spectrum: Orientations to Curriculum*(1983)은 주로 교육과정에 대한 현대적 사고를 이해하는 데 초점을 둔 연구들 중의 하나다. Miller는 교육과정에 관한 사조를 행동주의적, 교과, 사회적, 발달적, 인지 과정, 인본주의 및 초인격적(transpersonal) 접근으로 범주화하였다. Miller와 Seller는 *Curriculum, Perspectives and Practice*(1985)에서 교육과정에 대한 위와 같은 입장을 확장했는데, 그러한 입장들을 개인의 전달, 상호작용, 개조에의 의지에 따라 분류하고 있다. 그리고 Miller와 Seller는 특정의 교육과정학자들에게 선택된 관점들을 적용함으로써 그들의 입장이 교육의 목적에 어떻게 영향을 주는지를 나타냈다.

Wiles와 Bondi(1984)는 교재의 구성을 기술하기 위해 'p'로 시작하는 단어들을 활용한 여러 저서들(Apple & Beyer, 1988; Brady, 1983; Schubert, 1986) 중의 하나를 출간했다. 첫 부분에 해당하는 관점(perspectives)은 교육과정 분야, 역사적 기초의 정의와 교육 철학 논문에 대해 고찰했다. 절차(procedures) 부분은 Tyler 논리의 구성요소를 면밀히 검토한 것이다. 실천(practices)은 미국의 학교급별로 구분되었다. 전망(prospectives)은 정치, 정책 및 미래의 대안 등을 고찰하였다.

Ornstein과 Hunkins(1987)는 교육과정 사상에 대한 개괄적인 입문서를 출간했다. 이 책은 철학, 역사, 심리 및 사회학 등의 교육과정 기초를 중심으로 조직되었으며, 책의 후반부에서는 Tyler 논리 내에서 접근방법들에 대하여 폭넓게 논의하고 있다.

한편 교육과정 분야에 개론적인 관점을 제공했던 선집을 편집한 많은 책들도 출간되었다. Gress와 Purpel(1988)은 그들의 1978년 저서를 갱신한 판본을 내서 1980년대 교육과정과 관련된 학문을 효과적으로 조망하였다. 이 책은 교육과정 분야를 정의하는 주제, 교육과정 조직을 위한 대안적인 틀,

공식적인 학교 교육과정의 계획 및 설계, 잠재적 교육과정의 차원들, 교육과정 실행, 평가와 개정, 이론과 연구 입장을 중심으로 단원별로 구성되어 있다. Beyer와 Apple의 *The Curriculum: Problems, Politics, and Possibilities*(1988)는 교육과정 연구에 적절한 현대적 주제들에 대한 논문을 모아서 특별히 출간된 책이었다. 사회변화와 학교에 대한 비판적 분석에서 편집자들의 입장은 주제와 초청 저자들에서 명확하게 드러나고 있다. 이 책에서는 교육과정 역사, 현재의 학교 실천, 교육과정 계획, 지식의 선정, 교육과정 계획에서 교사의 역할, 교육과정에 미치는 기술(공학)의 영향, 평가 등을 고찰하고 있다.

Glen Hass는 교육과정 사상에 관한 선집을 판을 바꾸어 세 번 출간했다(1980, 1983, 1987). 이 선집들은 개론서를 비교하는 맥락을 정립하는 실질적인 통로로 소개되었다. 주제들은 가치, 사회적 요구, 학습의 역동성 및 아동발달 등에서 교육과정을 정립하는 대안적인 입장들을 다루고 있다. 또한 이 책은 다양한 학교제도에서 학생을 연령에 따라 집단화하는 근거가 되었다.

이 책에서 1920년대 이후의 각 장을 검토해 보면 대개는 교육과정 문헌과 교육연구의 미래를 정향시키는 데 있어서 대단한 영향을 준 연구를 고찰하는 것으로 결론짓고 있다. 이 책의 3장에서 중등교육의 기본원리(The Cardinal Principles)는 그 이전의 20년에 걸쳐서 발달된 경쟁적인 교육과정 입장들인 지적 전통주의자, 사회적 행동주의자, 경험주의자를 절충하는 것은 물론 중등교육에 대한 확대된 전망으로 제시되었다. 1920년대에, NSSE의 26번째 연감의 II부는 교육과정 연구에서 공통의 방향을 찾는 데 실패한 노력을 열거하였다. 최초의 개론서인 Caswell과 Campbell의 *Curriculum Development*(1935)는 교육과정 분야에 대한 집필과 교육과정 전문가를 양성하는 새로운 방법을 창안했다. 제2차 세계 대전과 재건의 시기인 1940년대는 Tyler(1949)의 교육과정 개발과 수업에서의 영속적인 질문에 대한 논의로 마감되었다. Conant의 *The American High School Today*(1959)는 냉전과 스푸트닉 사건에 대한 답과, '베이비붐으로 태어난 아이들' 이 살면서 학습하게 될 고등학교의 유형에 대한 청사진을 제시하였다. 교육과정 연구 방향을 실천적인 것으로 전환해야 한다는 Schwab의 제안과 Ashton-Warner, Dennison, Glasser, Herdon, Holt, Kohl, Postman, Weingartner 및 다른 사람들의 신진보주의적 설명에서, 학습자와 함께 교육과정을 개인적으로 구성하는 것에 대한 다양한 일인칭 사고가 공표됨으로써 1960년대의 사고는 10년간 진행된 변화를 마감하게 되었다. 1970년대 마지막에는 개론서와 교육과정 독자들이 10년간 채택하고 있던 방향의 다양성에 대해 고찰했다. 이 책의 초판이 나왔을 때 교육과정 분야에서 단일 연구나 유형이 1980년대 교육과정의 방향을 제공하기에는 무리가 있다는 것이 명백하게 발견되었다. 일부 사람들은 교육과정 연구가 경쟁하는 무리들로 분열되고 있음을 지적하였다.

1990년대의 방향을 설정함에 있어서, 교육과정 사상의 여러 가지 새롭고 중요한 목소리(예를 들면, Apple, Giroux, Pinar, van Manen, Grumet) 중 어느 연구를 선택하고 싶지만, 하나의 연구를 1990년대의 정점으로 삼으면 역사를 왜곡하는 것이 될 것이다. 대신에 세 권의 저서를 독자들에게 추천한다. 이것들은 모두 1990년대 교육과정 분야의 개념화를 제시하고 있지만, 유형이나 내용에서 차이가 있다. 교육과정 교수들은 세 권 모두가 교육과정에서 가장 영향력을 지닌 당대의 10권의 책에 속한다고 언급하고 있다(Behar, 1994). 이들을 서로 비교하면서 1990년대에 이 분야에서 어떤 전환이 일어났는지를 파악할 수 있다. 왜냐하면 각각의 저서는 교육과정 연구상의 중요한 핵심 요소를 포착하고자 노력하고 있기 때문이다. 각 저서는 개론서적인 접근도 시도하였다.

Eisner의 *The Educational Imagination* 개정판(1985c)은 교육과정 분야를 역사적 맥락에 놓고 동시대적인 이해를 가정했으며, 교육과정에서의 5가지 입장을 인지 과정, 학문적 합리주의, 개인적 적합성, 사회적 적응 및 재건, 기술로서의 교육과정으로 재진술하였다. 이것은 1970년대에 설정된 주요한 학파의 틀 내에서 연구하면서도 학문자가 어떻게 새로운 정체성과 방향을 여는가에 대한 통찰력을 제공하였다. Pinar의 *Contemporary Curriculum Discourses*(1988)는 다양한 사회적 · 학문적 공동체로부터 채택되고 수정된 담론을 동원하여 독자들로 하여금 교육과정을 읽는 많은 새로운 방법들을 고려해 보도록 독려했다. 이 책에는 역사적 탐구, 정치적 분석, 미학적 비판, 현상학, 여성해방론적 의식 및 학술 언어 형태로 기록된 것은 물론 교육과정에서 이론/실천/경험의 해석학에 대한 학술 논문들도 포함되어 있다.

Schubert의 *Curriculum: Perspective, Paradigm, and Possibility*(1986)는 1980년대 교육과정 학문을 해석적으로 묘사하려는 노력이었다. Behar의 연구에서, Schubert의 책은 교육과정 설문에 참여한 교수들의 25.5%가 당대에 영향을 미친 책으로 언급했다(Tanner와 Tanner의 *Curriculum Development*는 17.8%로 두 번째였다). 교육과정 사상이 어떻게 발전해 왔는지를 조망하고, 교육과정 탐구에서 현재의 대안 분석과 미래의 방향을 고찰하였다. 또한 이 책은 Schubert가 *Curriculum Books*(Schubert & Lopez Schubert, 1980)에서 설정한 지적 전통주의자, 사회적 행동주의자, 경험주의자라는 세 가지 교육과정 입장을 확장시켰다. 책 전반에서 토론자로서 이러한 관점을 적용하면서, Schubert는 현대의 교육과정 분야가 역사, 철학 및 정책으로부터 어떻게 발달되었는지에 대한 관점을 제공하고, 탐구의 세 가지 패러다임을 경험적 분석, 해석적/실천적, 비판적 실천으로 기술하였으며, 교육과정 쟁점, 경향 및 교원개발에의 적용 등에 대하여 고찰하였다. Pinar 등(1995)에 따르면, *Curriculum: Perspective, Paradigm, and Possibility*는 때로 재개념주의의 범주에 포함되는 사람들을 포함해서, 학교 교육과정 개발의 전통 밖에서 사고하던 비판적 재건주의자와 다른 저자들의 논문을 교육과정 목표, 조직, 수업, 평가 및 탐구에 대한 논의에 참여시킨 최초의 개론서이다.

교육학 교수들과 대학원생들은 Eisner, Pinar 그리고 Schubert가 집필한 책에 제시된 새로운 방향을 생성하고, 대응하고, 때로는 거부하면서, 이 책들과 그 밖의 많은 연구물을 읽고 있었다. 그러나 이러한 새로운 학문은 이전

세대로부터 이어져 온 교육과정 개발의 장기간의 실천적 노력을 대체하지는 못했다. 대중들이 가까이서 지켜본 국가적 논쟁은 대규모 평가의 비중은 어느 정도여야 하는지 그리고 내용 기준에는 무엇을 담아야 할 것인지에 대한 것이었다. 지적 전통주의자들은 교과 기준에 대해 마음 편하게 숙의하는 것으로 옮아갔고, 사회적 행동주의자들은 교육과정 개발에서 벗어나 평가를 개발하는 곳으로 휩쓸려 갔으며, 경험주의자들은 정책 및 실천에 대한 비판자로서의 전통적인 역할을 맡았다. 이제 교육과정 연구 내에서 각 학파 간의 논쟁은 학교를 기반으로 한 많은 단체들에서 그 빛을 잃었다. 즉, 무엇이 유의미한 교육과정 연구를 구성하는지에 대한 논쟁은 도발적이고 심오하며 생산적이었지만, 1990년대의 학교 실천에 미치는 영향은 제한적이었다.

참고문헌

1980

Abbs, P. (1980). *Reclamations: Essays on mass culture and the curriculum*. Exeter, NH: Heinemann Educational Books. (Previous edition: 1979 by Heinemann, London).

Adams, J. L. (1980). *An education curriculum for the moderately, severely, and profoundly mentally handicapped pupil*. Springfield, IL: Charles C. Thomas.

Al-Afendi, M. H., & Baloch, N. A. (1980). *Curriculum and teacher education*. Islamic Education Series. London: Hodder and Stoughton.

Allman, S. A., Kopp, O. W., & Zufelt, D. L. (1980). *Curriculum development: A reflection of programmatic trends*. Boston: American Press.

Annarino, A. A., Cowell, C. C., & Hazelton, H. W. (1980). *Curriculum theory and design in physical education*. St. Louis, MO: Mosby.

Aoki, T. T. (1980). *Toward a curriculum inquiry in a new key*. Edmonton, Alberta: Department of Secondary Education, University of Alberta.

Australian Curriculum Development Center (ACDC). (1980). *Core curriculum for Australian schools*. Canberra, Australia: Author.

Bagnall, R. D., Recchia, M. A., & Robinson, Y. (1980). *The basis of the curriculum: Theory and development*. Lake Grove, NY: Distributed by CurrDelCo.

Bantock, G. H. (1980). *Dilemmas of the curriculum*. London: Halstead Press.

Biological Science Curriculum Study (BSCS). (1980). *Biological science: An inquiry into life*, (fourth edition). New York: Harcourt Brace Jovanovich.

Brandt, R. S. (Eds.). (1980). *Curriculum implementation*. Washington, DC: Association for Supervision and Curriculum Development.

Butts, R. F. (1980). *The revival of civic learning: A rationale for citizenship education in American schools*. Bloomington, IN: Phi Delta Kappa.

Campbell, D. E. (1980). *Education for a democratic society: Curriculum ideas for teachers*. Cambridge, MA: Schenkman Publishing Company.

Cohen, D., & Harrison, M. (Eds.). (1980). *Curriculum developments in Australia: Descriptive profiles*. Canberra, Australia: Curriculum Development Centre. (Second printing 1985).

Comer, J. P. (1980). *School power: Implications of an intervention project*. New York: The Free Press.

Connell, W. F. (1980). *A history of education in the twentieth-century world*. New York: Teachers College Press and the Curriculum Development Centre of Australia.

Connelly, F. M., Dukacz, A. S., & Quinlan, F. (Eds.). (1980). *Curriculum planning for the classroom*. Toronto: Ontario Institute for Studies in Education.

Courtney, R. (1980). *The dramatic curriculum*. New York: Drama Book Specialists; Toronto: The Ontario Institute for Studies in Education.

Crawford, N. B. (1980). *Curriculum planning for the educationally subnormal child: Workshop proceedings*. Kidderminster, Worcshester, England: British Institute of Mental Handicap.

Cremin, L. (1980). *American education: The national experience, 1783-1876*. New York: Harper and Row.

Cronbach, L. J., & Associates. (1980). *Toward reform of program evaluation: Aims, methods and institutional arrangements*. San Francisco: Jossey-Bass.

Curriculum Development Center of Australia. (1980). *Core curriculum for Australian schools*. Canberra, Australia: Author.

Davis, E. (1980). *Teachers as curriculum evaluators*. Sydney, Australia: Allen & Unwin.

Dove, L. A. (1980). *Curriculum reform in secondary schools: A commonwealth survey*. London: Commonwealth Secretariat.

Dressel, P. L. (1980). *Improving degree programs: A guide to curriculum development, administration, and review*. San Francisco: Jossey-Bass.

Dukacz, A. S., & Quinlan, F. (Eds.). (1980). *Curriculum planning for the classroom*. Toronto: Ontario Institute for Studies in Education.

Eggleston, J. (Ed.). (1980). *School-based curriculum development in Britain: A collection of case studies*. London; Boston: Routledge and Kegan Paul.

English, F. W. (1980). *Improving curriculum management in the schools*. Washington, DC: Council for Basic Education.

Fisher, S., in collaboration with F. Magee & J. Wetz. (Ed.). (1980). *"Ideas into action": Curriculum for a changing world*. London: One World Trust.

Fitzgerald, F. (1980). *America revised: History schoolbooks in the twentieth century*. New York: Random House.

Foshay, A. W. (Ed.). (1980a). *Considered action for curriculum improvement*. Alexandria, VA: Association for Supervision and Curriculum Development.

Foshay, A. W. (Ed.). (1980b). *Curriculum development: A guide to effective practice*. Alexandria, VA: Association for Supervision and Curriculum Development.

Fowler, W. (1980). *Curriculum and assessment guides for infant and child care*. Boston: Allyn & Bacon.

Frazier, A. (1980). *Values, curriculum, and the elementary school*. Boston: Houghton Mifflin.

Galton, M. (Ed.). (1980). *Curriculum change: The lessons of a decade*. Leicester, England: Leicester University Press.

Galton, M., Simon, B., & Croll, P. (1980). *Inside the primary classroom*. London: Routledge and Kegan Paul.

Garnet, A. E. (1980). *Curriculum for better schools*. Dubuque, IA: Kendall/Hunt.

Gillespie, J. (1980). *Media resources in curriculum development*. Glasgow, Scotland: Scottish Council for Educational Technology.

Giroux, H., Penna, A., & Pinar, W. (Eds.). (1980). *Introduction to curriculum*. Berkeley, CA: McCutchan.

Glatthorn, A. A. (1980a). *Curriculum development and reform: A practical resource*. Urbana, IL: National Council of Teachers of English.

Glatthorn, A. A. (1980b). *A guide for developing an English curriculum for the eighties*. Urbana, IL: National Council of Teachers of English.

Great Britain Department of Education and Science. (1980). *A view of the curriculum*. HMI Series: Matters for Discussion No. 11, HMSO.

Haas, J. D. (1980). *Future studies in the K-12 curriculum*. Boulder, CO: Social Science Education Consortium, Inc.

Hass, G. (1980). *Curriculum planning: A new approach* (third edition). Boston: Allyn & Bacon.

Hendrick, J. (1980). *Total learning for the whole child: Holistic curriculum for children ages 2-5*. St. Louis, MO: Mosby.

Holt, M. (1980). *The common curriculum: Its structure and style in the comprehensive school*. London: Routledge and Kegan Paul.

Holt, M. (1980). *Schools and curriculum change*. New York: McGraw-Hill.

Hunkins, F. P. (1980). *Curriculum development: Program improvement*. Columbus, OH: Charles E. Merrill.

Jeter, J. (Ed.). (1980). *Approaches to individualized education*. Alexandria, VA: Association for Supervision and Curriculum Development.

Joint Committee on Standards for Educational Evaluation (Daniel L. Stufflebeam, Director). (1980). *Standards for evaluation of educational programs, policies, and materials*. Hightstown, NJ: McGraw-Hill.

Joyce, B., & Weil, M. (1980). *Models of teaching* (second edition). Englewood Cliffs, NJ: Prentice-Hall. (Previous edition, 1972).

Kelly, A. V. (Ed.). (1980). *Curriculum context*. London: Harper and Row.

Knowles, M. S. (1980). *The modern practice of adult education: From pedagogy to andragogy*. New

York: Follett.

Lawton, D. (1980). *The politics of the school curriculum.* London: Routledge and Kegan Paul.

Mandel, B. J. (1980). *Three language-arts curriculum models: Pre-kindergarten through college.* Urbana, IL: National Council of Teachers of English.

Marsh, C. J. (1980). *Curriculum process in the primary school.* Sydney, Australia: Ian Novak Publishing Co.

Mayberry, C. (Ed.). (1980). *Urban education: The city as a lining curriculum.* Washington, DC: Association for Supervision and Curriculum Development.

Munby, H., Orpwood, G., & Russell, T. (Eds.). (1980). *Seeing curriculum in a new light: Essays from science education.* Toronto: Ontario Institute for Studies in Education.

Ogilvie, E. (1980). *The Schools Council curriculum enrichment project.* London: Schools Council.

Ogletree, E. J., Gebauer, P., & Ujlaki, V. E. (1980). *The unit plan: A plan for curriculum organizing and teaching.* Lanham, MD: University Press of America.

Pain, L., & Tollifson, J. (1980). *What's an art curriculum for, anyway?* Columbus, OH: Department of Education.

Pappert, S. (1980). *Mindstorms: Children, computers, and powerful ideas.* New York: Basic Books, Inc.

Pinar, W. F. (1980). Life history and educational experience. *The Journal of Curriculum Theorizing,* 2(2), 159–212.

Poole, M. (1980). *Creativity across the curriculum.* Sydney, Australia: Allyn & Unwin.

Pratt, D. (1980). *Curriculum design and development.* New York: Harcourt, Brace, Jovanovich.

Regan, E., & Harris, M. (1980). *To learn/to think: Curriculum materials for the kindergarten.* Toronto: The Ontario Institute for Studies in Education.

Robertson, I. (1980). *Language across the curriculum: Four case studies. Schools Council Working Paper 78.* New York: Methuen Education.

Rosen, B., & Caplan, A. L. (1980). *Ethics in the undergraduate curriculum.* New York: The Hastings Center.

Ruxanoff, L. A. (1980). *A curriculum model for individuals with severe learning and behavior disorders.* Baltimore: University Park Press.

Schubert, W. H., & Lopez Schubert, A. L. (1980). *Curriculum books: The first eighty years.* Lanham, MD: University Press of America.

Sharp, R. (1980). *Knowledge, ideology and the politics of schooling: Towards a Marxist analysis of education.* London: Routledge.

Shor, I. (1980). *Critical teaching and everyday life.* Boston: South End Press.

Stenhouse, L. (Ed.). (1980). *Curriculum research and development in action.* London: Hinemann.

Tanner, D., & Tanner, L. N. (1980). *Curriculum development: Theory into practice.* New York: Macmillan. (Previous edition: 1975).

Teaching Research Infant and Child Center. (1980). *The teaching research curriculum for moderately and severely handicapped: Gross and fine motor.* Springfield, IL: Charles Thomas.

Tronick, E., & Greenfield, P. M. (1980). *Infant curriculum: The Broomley Heath guide to the care of infants in groups* (Revised edition). Santa Monica, CA: Goodyear Publishing Company.

Tuttle, F. B., & Becker, L. A. (1980). *Program design and development for gifted and talented students.* Washington, DC: National Education Association.

Verduin, J. R., Jr. (1980). *Curriculum building for adult learning.* Carbondale: Southern Illinois Press.

Westbury, I., & Wilkof, N. J. (Eds.). (1980). *Science, curriculum and liberal education: Selected essays Joseph J. Schwab.* Chicago: University of Chicago Press.

Woodbury, M. (1980). *Selecting materials for instruction (in three volumes): Issues and policies, Media and the curriculum; and Subject matter areas and implementation.* Littleton, CO: Libraries Unlimited, Inc.

Wootton, L. R., Reynolds, J. C., Jr., & Gifford, C. S. (Eds.). (1980). *Trends and issues affecting curriculum: Programs and practices.* Lanham, MD: University Press of America.

1981

Abrams, E. (1981). *A curriculum guide to women's studies for the middle school: Grade 5-9.* Old Westbury, NY: Feminist Press.

Anderson, D. C. (1981). *Evaluating curriculum proposals: A critical guide.* London: Croom Helm.

Anderson, R., & Tompkins, G. (Eds.). (1981). *Understanding materials: The role of materials in curriculum development.* Vancouver, British Columbia: Center for the Study of Curriculum and Instruction.

Association for Supervision and Curriculum Development. (1981). *Staff development: Organization development* (B. Dillon-Peterson, Editor). 1981 Yearbook. Washington, DC: Author.

Babin, P. (1981). *Canadian curriculum issues in perspective (1970-1980).* Ottawa, Ontario: University of Ottawa Press.

Bagnato, S. J. (1981). *Linking development assessment and curricula.* Rockville, MD: Aspen Systems Corporation.

Bank, A., Henderson, M., & Eu, L. (1981). *A practical guide to program planning: A teaching models approach.* New York: Teachers College Press.

Banks, J. (1981). *Multiethnic education: Theory and practice.* Boston: Allyn & Bacon.

Barrow, R. (1981). *Educational and curriculum theory.* Vancouver, British Columbia: Canada: University of British Columbia.

Barton, L., Meighan, R., & Walker, S. (Eds.). (1981). *Schooling, ideology and the curriculum.* London: Falmer Press.

Barton, L., & Walker, S. (Eds.). (1981). *Schools, teachers, and teaching.* London: England: Falmer.

Beauchamp, G. A. (1981). *Curriculum theory* (fourth edition). Itasca, IL: F. E. Peacock Publishers. (Previous editions: 1975, 1968, 1961 by Kagg Press, Wilmette, IL)

Beckett, L. (1981). *Maintaining choice in the secondary curricula: Report of an investigation into the problems caused by falling rolls.* London: Center for Educational Technology.

Berquist, W. H., Gould, R. A., & Greenberg, E. M. (1981). *Designing undergraduate education: A systematic guide.* San Francisco: Jossey-Bass.

Berlak, A., & Berlak, H. (1981). *Dilemmas of schooling: Teaching and social change.* London: Methuen.

Blenkin, G. M. (1981). *The primary curriculum.* New York: Harper and Row.

Bloom, B. S. (1981). *All our children learning: A primer for parents, teachers, and other educators.* New York: McGraw-Hill.

Boruch, R. F., Wortman, P. M., & Cordray, D. S. (1981). *Reanalyzing program evaluation.* San Francisco: Josesey-Bass.

Boyer, E. L., & Levine, A. (1981). *A quest for common learning: The aims of general education.* Washington, DC: Carnegie Foundation for the Advancement of Teaching.

Boyle, P. G. (1981). *Planning better programs.* New York: McGraw-Hill.

Brandt, R. S. (Ed.). (1981). *Applied strategies for curriculum evaluation.* Alexandria, VA: Association for Supervision and Curriculum Development.

Broudy, H. S. (1981). *Truth and credibility: The citizen's dilemma.* New York: Longman.

Bullivant, B. (1981). *Race, ethnicity and curriculum.* Melbourne, Australia: Macmillan.

Bullough, R. V. (1981). *Democracy in education: Boyd H. Bode.* Bayside, NY: General Hall.

Bullough, R. V., Goldstein, S., & Holt, L. (1981). *Human interests in the curriculum: Teaching and learning in a technological society.* New York: Teachers College Press.

Chamberlin, J. G. (1981). *The education act: A phenomenological view.* Lanham, MD: University Press of America.

Christensen, J. E. (1981). *Curriculum, education, and educology.* Sydney, Australia: Educology Research Associates.

Clark, C. M., & Elmore, J. L. (1981). *Transforming curriculum in mathematics, science, and writing: A case-study of teacher yearly planning.* East Lansing: Michigan State University Institute for Research on Teaching.

Coleman, J. S. (1981). *Public and private schools.*

Washington, DC: National Center for Educational Statistics.

Colson, H. P., & Rigdon, R. M. (1981). *Understanding your church's curriculum.* (Revised edition). Nashville, TN: Broadman Press.

Dalton, T. (1981). *The challenge of curriculum change: A study of curriculum ideologies and practice in two secondary schools.* London: Falmer Press.

Davis, E. (1981). *Teachers as curriculum evaluators.* (Classroom and Curriculum in Australia Series, No. 4). London: Allen and Unwin.

Department of Education and Science. (1981). *Curriculum 11–16: A review of progress.* London: HMSO.

Dressel, P. (1981). *Guide to curriculum development: "Improving Degree Programmes."* San Francisco: Jossey–Bass.

Edinger, L. V., Houts, P. L., & Meyer, D. V. (Eds.). (1981). *Education in the 80s: Curricular challenges.* Washington: DC: National Education Association.

Eliason, C. F., & Jenkins, L. R. (1981). *A practical guide to early childhood curriculum* (second edition). St. Louis, MD: C. V. Mosby.

Eraut, M., Connors, B., & Hewton, E. (1981). *Training in curriculum development and educational technology.* Windsor, England: NFER–Nelson.

Fraley, A. E. (1981). *Schooling and innovation: The rhetoric and the reality.* New York: Tyler Gibson.

Fraser, B. J. (1981). *Learning environment in curriculum evaluation: A review. Evaluation in Education Series.* London: Pergamon.

Fullan, M., & Park, P. (1981). *Curriculum implementation: A resource booklet.* Toronto: Ontario Ministry of Education Publication.

Funkhouser, C. W., Beach, D. M., Ryan, G. T., & Fifer, F. L. (1981). *Classroom applications of the curriculum: A systems approach.* Dubuque, IA: Kendall–Hunt.

Gall, M. D. (1981). *Handbook for evaluating and selecting curriculum materials.* Boston: Allyn & Bacon.

Giles, H. H., & McCutchen, S. P. (1981). *Exploring the curriculum.* Norwood, PA: Telegraph Books. (Reprint of 1942 Edition).

Giroux, H. A. (1981). *Ideology, culture, and the process of schooling.* Philadelphia: Temple University Press.

Giroux, H. A., Penna, A. N., & Pinar, W. F. (Eds.). (1981). *Curriculum and instruction: Alternatives in education.* Berkeley, CA: McCutchan.

Goldstein, H. (Ed.). (1981). *Curriculum development for exceptional children.* San Francisco: Jossey–Bass.

Gordon, P. (Ed.). (1981). *The study of the curriculum.* London: Batsford Academic and Educational Ltd.

Gowin, D. B. (1981). *Educating.* Ithaca, NY: Cornell University Press.

Guba, E. G., & Lincoln, Y. S. (1981). *Effective evaluation: Improving the usefulness of evaluation results through responsive and naturalistic approaches.* San Francisco: Jossey–Bass.

Hall, J. W., & Kelvels, B. L. (Eds.). (1981). *In opposition to core curriculum: Alternative models for undergraduate education.* Westport, CT: Greenwood.

Hawkins, E. W. (1981). *Modern languages in the curriculum.* New York: Cambridge University Press.

Hinson, M., & Hughes, M. (Ed.). (1981). *Planning effective progress: Planning and implementing the curriculum for children with learning difficulties.* Amersham, England: Hulton Educational and The National Association for Remedial Education.

Holt, J. (1981). *Teach your own.* New York: Dell.

Howson, A. G., Kilpatrick, J., & Keitel, C. (1981). *Curriculum development in mathematics.* Cambridge, England: Cambridge University Press.

Kibler, R. J. (1981). *Objectives for instruction and evaluation* (second edition). Boston: Allyn & Bacon.

Kindred, L. W., Wolotkiewicz, R. J., Michelson, J. M., & Coplein, L. (1981). *The middle school curriculum: A practioner's handbook* (Second edition). Boston: Allyn & Bacon. (Previous Edition, 1976).

Kissinger, E. M., & Stewart, J. (1981). *A sequential curriculum for the severly and profoundly mentally retarded multi-handicapped.* Springfield, IL: Charles C. Thomas.

Kissock, C. (1981). *Curriculum planning for social*

studies and teaching cultural approach. New York: John Wiley.

Lawn, M., & Barton, L. (Eds.). (1981). *Rethinking curriculum studies: A radical approach*. London: Croom Helm.

Levine, A. (1981). *Handbook on undergraduate curriculum*. San Francisco: Jossey-Bass.

Marsh, C., Willis, S., Newby, J. H., Deschamp, P., & Davis, B. P. (1981). *Selection, distribution and use of social studies and mathematics curriculum materials in government primary schools of Western Australia* (Co-operative Research Series Report No. 5). Crawley, Australia: Education Department of Western Australia.

Mason, R. E., Haines, P. G., & Furtado, L. T. (1981). *Cooperative occupational education and work experience in the curriculum* (third edition). Danville, IL: Interstate Printers and Publishers.

Maurer, R. E. (1981). *Designing interdisciplinary curriculum in middle, junior high, and high schools*. Dubuque, IA: Kendall-Hunt. (second edition published, 1985; third edition published, 1995, Champaign, IL: Human Kinetics).

McGuire, J., & Priestley, P. (1981). *Life after school: A social skills curriculum*. Oxford, England: Pergamon Press.

McNeil, J. D. (1981). *Curriculum: A comprehensive introduction* (second edition). Boston: Little, Brown and Company.

McPeck, J. (1981). *Critical thinking and education*. New York: St. Martin's Press.

Meiklejohn, A. (1981). *The experimental college* (Edited and abridged by J. W. Powell from 1932 edition by Harper and Brothers). Washington, DC: Seven Locks Press.

Moffett, J. (1981). *Active voice: A writing program across the curriculum*. Montclair, NJ: Boynton/Cook.

Moran, G. (1981). *Interplay: A theory of religion and education*. Winona, MN: St. Mary's Press.

Mulcahy, D. G. (1981). *Curriculum and policy in Irish post-primary education*. Dublin: Institute of Public Administration.

Nissen, G. (Ed.). (1981). *Curriculum change through qualification and requalification of teachers*. London: Swets Publishing Service.

O'Neil, H. F., Jr. (Ed.). (1981). *Computer-based instruction: A state-of-the-art assessment*. New York: Academic Press.

Onwuka, U. (Ed.). (1981). *Curriculum development for Africa*. Onitsha, Nigeria: Africana-FEP Publishers.

Open University Courses. (1981). *Curriculum evaluation and assessment in educational institutions. Case study 4 and Units 3, 4, 5.* Buckingham, England: Open University Press.

Pinar, W. F. (1981). Life history and educational experience: Part two. *The Journal of Curriculum Theorizing*, 3(1), 259-286.

Popovich, D., & Laham, S. L. (Eds.). (1981). *The adaptive behavior curriculum (ABC): Prescriptive behavior analyses for moderately, severly, and profoundly handicapped persons*. Baltimore: P. H. Brookes.

Romiszowski, A. J. (1981). *Designing instructional systems: Decision making in course planning and curriculum design*. New York: Nichols. (Second edition, 1984 as Producing instructional systems).

Rowntree, D. (1981). *Developing courses for students*. New York: McGraw-Hill.

Saylor, J. G., Alexander, W. M., & Lewis, A. J. (1981). *Curriculum planning for better teaching and learning* (fourth edition). New York: Holt, Rinehart and Winston. (Previous editions by Saylor and Alexander, 1974, 1966, and 1954 under similar titles.)

Schools Council. (1981). *The practical curriculum: Schools Council working paper 70*. London: Methuen Educational.

Shane, H. G., & Tabler, M. B. (1981). *Educating for a new millennium: Views of 132 international scholars*. Bloomington, IN: Phi Delta Kappa.

Soliman, I. (Ed.). (1981). *A model for school-based curriculum planning*. Canberra, Australia: Curriculum Development Centre.

Stieglitz, M. N. (1981). *Self-concept curriculum (K-8)*. Albertson, NY: Research and Training Institute, National Center on Employment of the

Handicapped at Human Resources Center.

Stoughton, C. R. (Ed.). (1981). *Issues in curriculum theory*. Lanham, MD: University Press of America.

Sutherland, A. E. (1981). *Curriculum projects in Northern Ireland primary schools: An investigation of project adoption and implementation in 185 Northern Ireland schools*. Belfast: Northern Ireland Council for Educational Research.

Tanner, L. N. (Ed.). (1981). *Papers of the Society for the Study of Curriculum History*. University Park: Pennsylvania State University.

Thelen, H. A. (1981). *The classroom society: The construction of educational experience*. New York: John Wiley.

Thomason, N. W. (Ed.). (1981). *The library media specialist in curriculum development*. Methuen, NJ: Scarecrow Press.

Tonkin, H., & Edwards, J. (1981). *The world in the curriculum: Curricular strategies for the 21st century*. New Rochelle, NY: Change Magazine Press.

UNESCO. (1981). *Curricula and lifelong education*. London: HMSO.

Westmeyer, P. (1981). *Curriculum planning on the local, school, or district level: A guide for committees or individuals*. Springfield, IL: Charles C. Thomas.

Wiles, J., & Bondi, J. (1981). *The essential middle school*. Columbus, OH: Charles E. Merrill.

Winter, D. G., McClelland, D. C., & Stewart, A. J. (1981). *A new case for the liberal arts: Assessing institutional goals and student development*. San Francisco: Jossey-Bass.

Yates, C. (1981). *Core curriculum and values education: A literature review*. Canberra, Australia: Curriculum Development Centre.

1982

Abbs, P. (1982). *English within the arts: A radical alternative for English and the arts in the curriculum*. Sevenoaks, UK: Hodder and Stoughton Educational.

ACO/DSE Review Conference and Study Tour. (1982). *Curriculum development in Africa*. Bonn, Germany: German Foundation for International Development.

Adler, M. J. (1982). *The paideia proposal: An educational manifesto*. New York: Macmillan.

Apple, M. W. (Ed.). (1982a). *Cultural and economic reproduction in education*. London: Routledge and Kegan Paul.

Apple, M. W. (1982b). *Education and power*. Boston: Routledge and Kegan Paul.

Barnes, D. (1982). *Practical curriculum study*. London: Routledge and Kegan Paul.

Bellon, J., & Handler, J. R. (1982). *Curriculum development and evaluation: A design for improvement*. Dubuque, IA: Kendall-Humt.

Berman, L. (1982). *The world council for curriculum and instruction: The story of its early years*. Bloomington, IN: World Council for Curriculum and Instruction.

Bevis, E. O. (1982). *Curriculum planning in nursing* (third edition). St. Louis, MO: C. V. Mosby.

Boomer, G. (Ed.). (1982). *Negotiating the curriculum: A teacher-student partnership*. Gosford, New South Wales, Australia: Teachers Assistant Trust, Ashton Scholastic.

Brown, J. R. (Ed.). (1982). *Curriculum planning for young children*. Washington, DC: Association for Supervision and Curriculum Development.

Brubaker, D. L. (1982). *Curriculum planning: The dynamics of theory and practice*. Glenview, IL: Scott, Foresman.

Butt, R. L., & Olson, J. K. (Eds.). (1982). *Insiders realities, outsiders dreams: Prospects for curriculum change (Curriculum Canada IV)*. Vancouver: Centre for the Study of Curriculum and Institution, University of British Columbia.

Chapman, L. (1982). *Instant art, instant culture: The unspoken policy for America schools*. New York: Teachers College Press.

Chilver, P., & Gould, G. (1982). *Learning and language in the classroom: Discursive talking and writing across the curriculum*. Oxford, England: Pergamon Press.

Clark, A. S. (1982). *Managing curriculum materials in*

the academic library. Metuchen, NJ: Scarecrow Press.

Cohen, B. (1982). *Means and ends in education*. Winchester, MA: Allen and Unwin, Inc.

Cohen, D., & Harrison, M. (1982). *Curriculum action project: A report of curriculum decision-making in Australian secondary schools*. Sydney, Australia: Macquarie University.

Coleman, J. S., Hoffer, T., & Kilgore, S. (1982). *High school achievement: Public, Catholic, and private schools compared*. New York: Basic Books.

Connell, R. F., Ashenden, D. J., Kessler, S., & Dowsett, G. W. (1982). *Making the difference: Schools, families and social division*. Sydney, Australia: Allen and Unwin.

Cronbach, L. J. (1982). *Designing evaluation of educational and social program*. San Francisco: Jossey-Bass.

Doll, R. C. (1982). *Curriculum improvement: Decision making and process* (fifth edition). Boston: Allyn & Bacon. (Previous editions: 1978, 1974, 1970, and 1964.)

Dow, G. (1982). *Teacher learning*. London: Routledge and Kegan Paul.

Eisner, E. W. (1982). *Cognition and curriculum: A basic for deciding what to teach*. New York: Longman.

Fraser, B. J., & Houghton, K. (1982). *Annotated bibliography of curriculum evaluation literature*. Israel Curriculum Center, Tel Aviv: Ministry of Education and Culture.

Frey, K. (1982). *Curriculum-conference: An approach for curriculum development in groups*. Kiel, Germany: Institute for Science Education.

Fullan, M. (1982). *The new meaning of educational change*. New York: Teachers College Press.

Hargreaves, D. H. (1982). *The challenge for the comprehensive school: Culture, curriculum, and community*. London: Routledge and Kegan Paul.

Hewitson, M. (1982). *The hidden curriculum*. St. Lucia, Queensland, Australia: Author.

Hicks, D., & Townley, C. (Eds.). (1982). *Teaching world studies: An introduction to global perspectives in the curriculum*. London: Longman.

Hillocks, G. Jr. (Ed.). (1982). *The English curriculum under fire: What are the real basics?* Urbana, IL: National Council of Teachers of English.

Holt, J. (1982). *How children fail*. (Revised edition). New York: Delacorte Press, Seymour Lawrence.

Hook, S., Kurtz, P., & Todorovich, M. (Eds.). (1982). *The philosophy of the curriculum*. Buffalo, NY: Prometheus Books.

Horton, T., & Raggatt, P. (Eds.). (1982). *Challenge and change in the curriculum*. London: Hodder and Stoughton.

Howson, A. G., Keitel, C., & Kilpatrick, J. (1982). *Curriculum development in mathematics*. New York: Cambridge Unviersity Press.

Hunter, M. (1982). *Mastery teaching*. El Segundo, CA: TIP Publications.

Keller, P. (1982). *Getting at the core: Curricular reform at Harvard*. Cambridge, MA: Harvard University Press.

Kelly, A. V. (1982). *Curriculum: Theory and practice*. New York: Harper and Row.

Kepner, H. S., Jr. (Ed.). (1982). *Computer in the classroom*. Washington, DC: National Education Association.

Krik, G. (1982). *Curriculum and assessment in the Scottish secondary school: A study of the Munn and Dunning report*. London: Ward Lock Educational.

Kirp, D. L. (1982). *Just schools: The idea of racial equality in American education*. Berkeley: University of California Press.

Kirst, M. W. (1982). *Policy implications of individual differences and the common curriculum*. Stanford, CA: Institute for Research on Educational Finance and Governance, Stanford University.

Kohl, H. (1982). *Basic skills: A plan for your child, a program for all children*. Boston: Little, Brown.

Kristo, J. V., & Heath, P. A. (Eds.). (1982). *Today's curriculum: An integrative approach. The Ohio State University at Lima*. Washington, DC: University of America Press.

Lee, V., & Zeldin, D. (Eds.). (1982). *Planning in the curriculum*. London: Hodder and Stoughton.

Leithwood, K A. (Ed.). (1982). *Studies in curriculum*

decision-making. Toronto: Ontario Institute for Studies in Education Press.

List, L. K. (1982). *Music, art, and drama experience for the elementary curriculum*. New York: Teachers College Press.

Maker, J. C. (1982). *Curriculum development for the gifted*. Rockville, MD: Aspen Systems Corporation.

McCutcheon, G. (Guest Ed.). (1982). Curriculum Theory (Special theme issue). *Theory Into Practice*, 21(1).

Melton, R. F. (1982). *Instructional models for course design and development*. Englewood Cliffs, NJ: Educational Technology Publishers, Inc.

National Association of Secondary School Principals. (1982). *Reducing the curriculum: A process model*. Reston, VA: Author.

Nixon, J. (Ed.). (1982). *Drama and the whole curriculum*. London: Hutchinson.

Northumberland Education Committee. (1982). *The school curriculum 5–16: A statement of policy*. Northumberland, England: Northumberland Education Committee.

Oliva, P. F. (1982). *Developing the curriculum*. Boston: Little, Brown. (second edition, 1988, third edition, 1992, New York: Harper Collins, fourth edition, 1997, New York: Longman).

Olson, J. K. (Ed.). (1982). *Innovation in the science curriculum*. New York: Nichols.

Open University Courses. (1982). *Curriculum evaluation and assessment in educational institutions. Case studies, 1, 2, 3, 5, and Units 1, 2, 6*. London: Open University Press.

Polakow, V. S. (1982). *The erosion of childhood*. Chicago: University of Chicago Press.

Popkewitz, T. S., Tabachnick, B. R., & Wehlage, G. (1982). *The myth of educational reform: A study of school responses to a program of change*. Madison: University of Wisconsin Press.

Posner, G. J., & Rudnitsky, A. N. (1982). *Course design: A guide to curriculum development for teachers*. New York: Longman. (Previous edition 1978).

Radabaugh, M. T., & Yukish, J. F. (1982). *Curriculum and methods for the mildly handicapped*. Boston: Allyn & Bacon.

Rawlinson, R. (1982). *Curriculum development style and structures for Australia needs*. Canberra, Australia: Curriculum Development Centre.

Reid, W., & Filby, J. (1982). *The sixth: An essay in education and democracy*. London: Falmer Press.

Robinson, F., & Hedges, H. G. (1982). *Curriculum design for improved learning: A systematic approach*. St. Catherine's, Ontario: Ontario Institute for Studies in Education.

Robison, H. F., & Schwartz, S. L. (1982). *Designing curriculum for early childhood*. Boston: Allyn & Bacon.

Rowntree, D. (1982). *Educational technology in curriculum development* (second edition). New York: Harper and Row.

Rubber and Plastic Industry Training Board, Fourth Report of the study group on the education/training of young people. (1982). *The way forward: A practical proposal for introducing change in school curricula*. Middlesex, UK: Brent.

Russell, N., Hughes, P., & McConachy, D. (Eds.). (1982). *Curriculum evaluation: Selected readings*. Canberra, Australia: Curriculum Development Centre of Australia.

Sarason, S. B. (1982). *The culture of the school and the problem of change* (second edition). Boston: Allyn & Bacon.

Saylor, J. G. (1982). *Who planned the curriculum?* West Lafayette, IN: Kappa Delta Pi.

Schubert, W. H., & Schubert, A. L. L. (Eds.). (1982). *Conceptions of curriculum knowledge: Focus on students and teachers*. College Station: College of Education, The Pennsylvania State University.

Schwartz, S. L., & Robison, H. F. (1982). *Designing curriculum for early childhood*. Boston: Allyn & Bacon.

Seidel, R. J., Hunter, B., & Anderson, R. E. (Eds.). (1982). *Computer literacy: Issues and directions for 1985*. New York: Academic Press.

Shaftel, F. R., & Shaftel, G. (1982). *Role playing in the curriculum* (second edition). Englewood Cliffs, NJ: Prentice-Hall.

Shepherd, G. D., & Ragan, W. B. (1982). *Modern*

elementary curriculum. New York: Holt, Rinehart and Winston. (Previous editions by Ragan & Shepherd, 1977, 1971; Ragan & Stendler, 1966, 1960; Ragan, 1953).

Skilbeck, M. (1982). *Core curriculum for the common school: Inaugural lecture*. London: University of London, Institute of Education.

United States Department of Education. (1982). *High school and beyond*. Washington, DC: Center for Education Statistics.

White, J. (1982). *The aims of education restated*. Boston: Routledge and Kegan Paul.

1983

Adler, M. J. (1983). *Paideia problems and possibilities*. New York: Macmillan.

Albisetti, J. C. (1983). *Secondary school reform in imperial Germany*. Princeton, NJ: Princeton University Press.

Alexander, K. L., & Pallas, A. M. (1983). *Curriculum reform and school performance: An evaluation of the "new basics."* Baltimore: Center for Social Organization of Schools, Johns Hopkins University.

American Educational Studies Association. (1983). *The humanities in education: Rebirth or burial in the 1980's*. Ann Arbor, MI: Parkken.

Apple, M. W., & Weis, L. (Eds.). (1983). *Ideology and practice in schooling*. Philadelphia: Temple University Press.

Arons, S. (1983). *Compelling belief: The culture of American schooling*. New York: McGraw-Hill.

Barr, R., & Dreeben, R. (1983). *How schools work*. Chicago: University of Chicago Press.

Berman, L. M., & Miel, A. (1983). *Education for world cooperation*. West Lafayette, IN: Kappa Delta Pi.

Bernstein, R. (1983). *Beyond objectivism and relativism: Science, hermeneutics, and praxis*. Philadelphia: University of Pennsylvania Press.

Blenkin, G., & Kelly, A. V. (Eds.). (1983). *The primary curriculum in action*. London: Harper and Row.

Boyer, E. L., for the Carnegie Foundation for the Advancement of Teaching. (1983). *High school: A report on secondary education in America*. New York: Harper and Row.

Brady, L. (1983). *Curriculum development in Australia: Presage, process, product*. Sydney, Australia: Prentice-Hall of Australia.

Brockington, D., White, R., & Pring, R. (1983). *Implementing the 14-18 curriculum: New approaches*. London: Schools Council.

Brumbaugh, R. S. (1983). *Whitehead, process philosophy, and education*. Albany: State University of New York Press.

Butterworth, I. (1983). *Staffing for curriculum needs: Teacher shortages and surpluses in comprehensive schools*. Windsor, England: NFER-Nelson.

Carr, W., & Kemmis, S. (1983). *Becoming critical: Knowing through action research*. Waurn Ponds, Victoria, Australia: Deakin University Press. (Revised, 1986).

Clendening, C. P., & Davies, R. A. (1983). *Challenging the gifted: Curriculum enrichment and acceleration models*. New York: Bowker.

College Entrance Examination Board. (1983). *Academic preparation for college: What studies need to know and be able to do*. New York: Author.

Conference Board of the Mathematical Sciences. (1983). *The mathematical sciences curriculum K-12: What is still fundamental and what is not?* Washington, DC: Author.

Cully, I. V. (1983). *Planning and selecting curriculum for Christian education*. Valley Forge, PA: Judson Press.

Cusick, P. A. (1983). *The egalitarian ideal and the American high school*. New York: Longman.

Day, B. D., & Drake, K. N. (1983). *Early childhood education: Curriculum organization and classroom management*. Alexandria, VA: Association for Supervision and Curriculum Development.

Eggleston, J. (1983). *Work experience in secondary schools*. Boston: Routledge and Kegan Paul.

Elbaz, F. (1983). *Teacher thinking: A study of practical knowledge*. New York: Nichols.

English, F. W. (Ed.). (1983). *Fundamental curriculum decisions*. ASCD Yearbook. Washington, DC: Association for Supervision and Curriculum

Development.

Everhart, R. B. (1983). *Reading, writing, and resistance: Adolescence and labor in a junior high school.* Boston: Routledge and Kegan Paul.

Feinberg, W. (1983). *Understanding education: Toward a reconstruction of educational inquiry.* Cambridge, England: Cambridge University Press.

Fiedling, A. J., & Cavanagh, D. M. (Eds.). (1983). *Curriculum priorities in Australian higher education.* Canberra, Australia: Croom Helm.

Galton, M., & Moon, B. (Eds.). (1983). *Changing schools...changing curriculum.* London: Harper and Row.

Giroux, H. A. (1983). *Theory and resistance in education: A pedagogy for the opposition.* South Hadley, MA: Bergin and Garvey.

Giroux, H. A., & Purpel, D. (Eds.). (1983). *The hidden curriculum and moral education: Deception or discovery?* Berkeley, CA: McCutchan.

Goodson, I. F. (1983). *School subjects and curriculum change: Case studies in curriculum history.* London: Croom Helm.

Grady, M. T., & Gawronski, J. D. (1983). *Computers in curriculum and instruction.* Alexandria, VA: Association for Supervision and Curriculum Development.

Great Britain Department of Education and Science. (1983). *Curriculum 11–16: Towards a statement of entitlement+Curricular reappraisal in action.* London: HMSO.

Griffin, C. (1983). *Curriculum theory in adult education.* Beckenham, England: Croom Helm.

Hammersley, M., & Hargreaves, A. (Eds.). (1983). *Curriculum practices: Some sociological case studies.* London: Falmer Prress.

Hass, G. (Ed.). (1983). *Curriculum planning: A new approach* (fourth edition). Boston: Allyn & Bacon.

Holt, J. (1983). *How children learn* (Revised edition). New York: Delta/Seymour Lawrence.

Holt, M. (1983). *Curriculum workshop: An introduction to whole curriculum planning.* Boston: Routledge and Kegan Paul.

Hunter, A. P., Ashley, M. J., & Millar, C. J. (Eds.). (1983). *Education, curriculum and development. Papers presented at conferences at the University of Cape Town and the University of Witwatersrand.* Cape Town and Johsnnesburg. South Africa: University of Cape Town and Witwatersrand.

Joyce, B., McKibbin, M., & Hersh, R. H. (1983). *The structure of school improvement.* New York: Longman.

Kaestle, C. F. (1983). *Pillars of the republic: Common schools and American society, 1780–1860.* New York: Hill and Wang.

Kemmis, S., Cole, P., & Suggett, D. (1983). *Orientations to curriculum and transition: Toward the socially critical school.* Victoria, Australia: Victoria Institute of Secondary Education.

Klausmeier, H. J., Serlin, R. C., & Zindler, M. C. (1983). *Improvement of secondary education through research: Five longitudinal case studies.* Madison, WI: Wisconsin Center for Education Research.

Kristo, J. V., & Heath, P. A. (Eds.). (1983). *Today's curriculum: An integrative approach.* Lanham, MD: University Press of America.

Lawton, D. (1983). *Curriculum studies and educational planning.* London: Hodder and Stoughton.

Lightfoot, S. L. (1983). *The good high school: Portraits of character and culture.* New York: Basic Books.

Lombardo, V. S. (1983). *Developing and administering early childhood programs.* Springfield, IL: Charles C. Thomas.

Lundgren, U. P. (1983). *Between hope and happening: Text and context in curriculum.* Geelong, Victoria, Australia: Deakin University Press.

Lynch, J. (1983). *The multicultural curriculum.* London: Batsford.

McCormick, R., & Kames, M. (1983). *Curriculum evaluation in schools.* London: Croom Helm. (second edition, 1988).

Miller, J. P. (1983). *The educational spectrum: Orientations to curriculum.* New York: Longman.

Minogue, W. J. (Ed.). (1983). *Adventures in curriculum.* Sydney, Australia: Allen and Unwin.

Moffett, J., & Wagner, B. (1983). *A student-centered language arts curriculum, K-13: A handbook for teachers*. Boston: Houghton Mifflin.

Mongghan, E. J. (1983). *A common heritage: Noah Webster's blue-back speller*. Hamden, CT: Archon Books.

National Commission on Excellence in Education. (1983). *A nation at risk: An imperative for educational reform*. Washington, DC: U.S. Government Printing Office.

Nelson, M. R. (Ed.). (1983). *Papers of the society for the study of curriculum history*. DeKalb, IL: The Society.

Noddings, N. (Guest Ed.). (1983). Curriculum change: Promise and practice. *Theory into Practice*, 22(3).

Nunan, T. (1983). *Countering educational design*. New York: Nichols; London: Croom Helm.

Ogletree, E. J. (1983). *A plan for curriculum organizing and teaching: "Unit plan."* Lanham, MD: University Press of America.

Okazu, M. (1983). *The encyclopedia of curriculum*. Tokyo: Shogakkan.

Organization for Economic Cooperation and Development. (1983). *Educational planning: A reappraisal*. Paris: Author.

O'Shea, T., & Self, J. (1983). *Learning and teaching with computers*. Englewood Cliffs, NJ: Prentice-Hall.

Pitman Learning. (1983). *The curriculum development library*. Belmont, CA: Author.

Plunkett, D. (Ed.). (1983). *Curriculum matters: 14-19*. Southhampton, England: University of Southhampton.

Pope, D. (1983). *Objectives model of curriculum planning and evaluation*. London: Council for Educational Technology.

Reigeluth, C. M. (1983). *Instructional design theories and models: An overview of their current status*. Mahwah, NJ: Lawrence Erlbaum Associates.

Richards, C., & Holford, D. (Eds.). (1983). *The teaching of primary science: Policy and practice*. London: Falmer Press.

Robinson, F. G., White, F., & Ross, J. (1983). *Curriculum analysis for effective instruction*. Toronto: Ontario Institute for Studies in Education.

Rogers, C. R. (1983). *Freedom to learn for the 80's*. Columbus, OH: Charles E. Merrill. (Previous edition, 1969 by Bell & Howell).

Rohlen, T. (1983). *Japan's high schools*. Berkeley: University of California Press.

Schön, D. A. (1983). *The reflective practitioner*. New York: Basic Books.

Schools Council. (1983). *Primary practice: A sequel to the practical curriculum. Schools Council Working Paper 75*. London: Schools Council.

Shulman, L., & Sykes, G. (Eds.). (1983). *Handbook of teaching and policy*. New York: Longman.

Spencer, E. (1983). *Writing matters across the curriculum*. Sevenoaks, Scotland: Hodder and Stoughton for the Scottish Council for Research in Education.

Stenhouse, L. (1983). *Authority, education, and emancipation*. London: Heinemann Educational Books.

Sutherland, A., O'Shea, A., & McCartney, R. (1983). *Curriculum projects in post-primary schools*. Belfast: Northern Ireland Council for Educational Research.

Task Force on Education for Economic Growth. (1983). *Action for excellence: A comprehensive plan to improve our nation's schools*. Denver, CO: Education Commission of the States.

Travers, R. M. W. (1983). *How research has changed American schools: A history from 1884 to the present*. Kalamazoo, MI: Mythos Press.

Twentieth Century Fund. (1983). *Report of the Twentieth Century Fund task force on federal elementary and secondary education policy*. New York: Author.

Underwood, G. (1983). *The physical education curriculum in the secondary school: Planning and implementation*. London: Falmer Press.

United States National Science Board. (1983). *Educating Americans for the 21st century*. Washington, DC: National Science Foundation.

Van Til, W. (1983). *My way of looking at it: An autobiography*. Terre Haute, IN: Lake Lure Press.

Wagner, D. L. (Ed.). (1983). *The seven liberal arts in the middle ages*. Bloomington: Indiana University Press.

Wilcox, B., & Eustace, P. (1983). *Tooling up for curriculum review*. Windsor, England: NFER-Nelson.

Wirth, A. G. (1983). *Productive work in industry and schools: Becoming persons again*. Lanham, MD: University Press of America.

Wise, A. E. (1983). *Legislated learning: The bureaucratization of the American classroom*. Berkeley: University of California Press.

Wootton, L. (Ed.). (1983). *Trends and practices*. Lanham, MD: University Press of America.

Zenger, S. K., & Zenger, W. (1983). *Curriculum planning: A ten-step process*. Palo Alto, CA: R & E Research Assoc.

1984

Adler, M. J. (1984). *The paideia program: An educational syllabus*. New York: Macmillan.

Aoki, T. T., Carson, T. R., Favaro, B. J., & Berman, L M. (1983). *Understanding situational meanings of in-service curriculum acts: Implementing, consulting, inservicing*. Monograph No. 9. Alberta, Canada: Department of Secondary Education, Faculty of Education, University of Alberta.

Australia Minister of Education. (1984). *Curriculum development and planning in Victoria*. Melbourne, Australia: Government Printer.

Bailey, C. H. (1984). *Beyond the present and the particular: A theory of liberal education*. Boston: Routjledge and Kegan Paul.

Barrow, R. (1984). *Giving teaching back to teachers: A critical introduction to curriculum theory*. London, Ontario: The Althouse Press.

Beane, J. A., & Lipka, R. P. (1984). *Self-concept, self-esteem, and the curriculum*. Boston: Allyn & Bacon.

Blyth, W. A. L. (1984). *Development, experience and curriculum in primary education*. London: Croom Helm.

Bowers, C. A. (1984). *The promise of theory: Education and the politics of cultural change*. New York: Longman.

Boyd, J. (1984). *Understanding the primary curriculum*. London: Hutchinson.

Brown, B. R. (1984). *Crisis in secondary education: Rebuilding America's high schools*. Englewood Cliffs, NJ: Prentice-Hall.

Bullough, R. V. Jr., Goldstein, S. L., & Holt, L. (1984). *Human interests in the curriculum: Teaching and learning in a technological society*. New York: Teachers College Press.

Carkhuff, R. R. (19840. *The productive teacher 1: An introduction to curriculum development*. Amherst, MA: Human Resource Development Press.

Caswell, J. L., & Campbell, D. S. (1984). *Readings in curriculum development*. (Reprint of 1937 Edition). Darby, PA: Darby Books.

Craft. A.. & Bardell, G. (Eds.). (1984). *Curriculum opportunities in a multicultural society*. New York: Harper and Row.

Cuban, L. (1984). *How teachers taught: Constancy and change in American Classrooms 1890-1980*. White Plains, NY: Longman. (second edition, 1993).

Darling-Hammond, L. (1984). *Beyond the commission reports: The coming crisis in teaching*. Washington, DC: Rand Corporation.

Dearden, R. F. (1984). *Theory and practice in education*. Henley-on-Thames, England: Routledge and Kegan Paul.

Dow, I. I., Whitehead, R. Y., & Wright, R. L. (1984). *Curriculum implementation: A framework for action*. Toronto, Ontario: Ontario Public School Teachers' Federation.

Dublin Curriculum Development Unit. (1984). *Integrated science curriculum innovation project*. Dublin, Ireland: O'Brien Educational.

Dunkel, H. B. (1984). *Writ in water: The epitaph of educational innovation*. Unpublished book manuscript at the University of Chicago.

Edwards, T. A. (1984). *The youth training scheme: A new curriculum, Episode 1*. London and Philadelphia: Falmer Press.

Fenstermacher, G. D., & Goodlad, J. I. (Eds.). (1984). *Individual differences and the common curriculum: Eighty-second yearbook of the National Society for the Study of Education, Part I,*

Vol. 24. Chicago: University of Chicago Press.

Finch, C. R., & Crunkilton, J. R. (1984). *Curriculum development in vocational and technical education: Planning content and implementation.* (second edition). Boston: Allyn & Bacon.

Finn, C. E., Jr., Ravitch, D., & Fancher, R. T. (Eds.). (1984). *Against mediocrity: The humanities in America's high schools.* New York: Holmes and Meier.

Gilbert, R. (1984). *The impotent image: Reflections of ideology in the secondary curriculum.* Philadelphia: Taylor and Francis.

Goodlad, J. I. (1984). *A place called school. Prospects for the future.* Hightstown, NJ: McGraw-Hill.

Goodson, I., & Ball, S. (Eds.). (1984). *Defining the curriculum: Histories and ethnographies of school subjects.* London: Falmer Press.

Heater, D. (1984). *Peace through education: The contribution of the Council for Education in World Citizenship.* London: Falmer Press.

Hess, R. D., & Walker, D. F. (Eds.). (1984). *Instructional software: Principles and perspectives for design and use.* Belmont, CA: Wadsworth.

Heywood, J. (1984). *Considering the curriculum during student teaching.* New York: Nichols.

Hoplins, D., & Wideen, M. (1984). *Alternative perspectives on school improvement.* London and New York: Falmer.

Hosford, P. L. (Ed.). (1984). *Using what we know about teaching.* ASCD Yearbook. Alexandria, VA: Association for Supervision and Curriculum Development.

Inner London Education Authority (ILEA). (1984). *Improving secondary schools.* London: Hargreaves.

Johnson, D. W., Johnson, R. T., Holubec, E. J., & Roy, P. (1984). *Circles of learning: Cooperation in the classroom.* Alexandria, VA: Association for Supervision and Curriculum Development.

Kelly, A. V. (Ed.). (1984). *Microcomputers and the curriculum.* New York: Harper and Row.

Knowles, M. S., & Associates (1984). *Andragogy in action: Applying modern principles of adult learning.* San Francisco: Jossey-Bass.

Kushner, S., & Logan, T. (1984). *Made in England: An evaluation of curriculum in transition.* (Care Occasional Publications No. 14). Norwich, England: CARE, University of East Anglia.

Lemlech, J. K. (1984). *Curriculum and instructional methods for the elementary school.* New York: Collier Macmillan.

Lieberman, A., & Miller, L. (1984). *Teachers, their world and their work.* Washington, DC: Association for Supervision and Curriculum Development.

Lounsbury, J. H. (Ed.). (1984). *Perspectives: Middle school education 1964-1984.* Columbus, OH: National Middle School Association.

Mamidi, M. R., & Racishankar, S. (Eds.). (1984). *Curriculum development and educational technology.* New Delhi, India: Sterling.

Marsh, C., & Stafford, K. (1984). *Curriculum: Australia practices and issues.* Sydney, Australia: McGraw-Hill.

Microelectronics Education Programme. (1984). *Computer in the primary curriculum.* DES/MEP 1984 Conference Report. Winchester, England: Author.

Milbourn, G., & Enns, R. (Eds.). (1984). *Curriculum Canada VI: Alternative research perspectives-The secondary school curriculum.* Vancouver: University of British Columbia.

Miller, J. (Ed.). (1984). *Eccentric propositions: Literature and the curriculum.* Boston: Routledge and Kegan Paul.

Munby, H., Orpwood, G., & Russell, T. (Eds.). (1984). *Seeing curriculum in a new light: Essays from science education.* Lanham, MD: University Press of America.

Myers, J. W. (1984). *Writing to learn across the curriculum.* Bloomington, IN: Phi Delta Kappa.

Noddings, N. (1984). *Caring: A feminine approach to ethics of moral education.* Berkeley, CA: University of California Press.

Noddings, N., & Shore, P. J. (1984). *Awakening the inner eye: Intuition in education.* New York: Teachers College Press.

Norris, N., & Sanger, J. (1984). *Inside information:*

Evaluating curriculum innovation. Norwich, England: Center for Applied Research in Education, University of East Anglia.

Open University Courses. (1984). *Purpose and planning in the curriculum. Units 1–7, 9–15, 17–20, 23, 25–30 and case studies*. London: Open University Press.

Parker, B. (1984). *Nonsexist curriculum development: Theory into practice*. Boulder, CO: University of Colorado.

Passow, A. H. (1984). *Reforming schools in the 1980's: A critical review of the national reports*. New York: Institute for Urban and Minority Education, Teachers College, Columbia University.

Potter, R .L. (1984). *Using television in the curriculum*. Bloomington, IN: Phi Delta Kappa.

Pring, R. (1984). *Personal and social education in the curriculum*. London: Hodder and Stoughton.

Raywid, M. A., Tesconi, C. A., & Warren, D. A. (1984). *Pride and promise: Schools of excellence for all the people*. Westbury, NY: America Educational Studies Association.

Richards, C. (1984). *Curriculum studies. An introductory annotated bibliography* (second edition, enlarged from the 1979 edition). London: Falmer Press.

Richards, C., Clayfield, R., & Lofrhouse, B. (Eds.). (1984). *The study of primary education: A source book, Volume 1*. Lewes, East Sussex, England: Falmer Press.

Roberts, A. D., & Cawelti, G. (1984). *Redefining general education in the American high school*. Alexandria, VA: Association for Supervision and Curriculum Development.

Rowland, S. (1984). *The enquiring classroom: An approach to understanding children's learning*. London: Falmer Press.

Rubin, L. J. (1984). *Artistry in teaching*. New York: Random House.

Schools Council, SSCR Project Report. (1984). *Secondary school curriculum review: Toward the specification of minimum entitlement*. London: Schools Council.

Seffrin, J. R., & Torabi, M. R. (1984). *Education in healthy lifestyles: Curriculum implications*. Bloomington, IN: Phi Delta Kappa.

Short, E. C. (Ed.). (1984). *Competence: Inquiries into its meaning and acquisition in educational setting*. Lanham, MD: University Press of America.

Simkin, D., & Simkin, J. (Eds.). (1984). *Curriculum development in action*. Brighton, England: Tressell Publication.

Sizer, T. R., for the National Association of Secondary School Principals and the National Association of Independent Schools. (1984). *Horace's compromise: The dilemma of the American high school*. Boston: Houghton Mifflin.

Skilbeck, M. (Ed.). (1984a). *Evaluating the curriculum in the eighties*. London: Hodder and Stoughton.

Skilbeck, M. (1984b). *School-based curriculum development*. London: Harper and Row.

Skilbeck, M. (Ed.). (1984c). *Readings in school-based curriculum development*. London: Harper and Row.

Spanier, B., Bloom, A., & Boroviak, D. (Eds.). (1984). *Toward a balanced curriculum*. Cambridge, MA: Schenkman Books.

Spodek, B. (1984). *Mainstreaming young children*. Belmont, CA: Wadsworth Publishing Co.

Tamir, P. (Ed.). (1984). *The role of evaluators in curriculum development*. Kent, England: Croom Helm.

Taylor, P. H., & Richards, C. M. (1984). *An introduction to curriculum studies*. London: NFER-Nelson Publishing Co.

Tom, A. R. (1984). *Teaching as a moral craft*. New York: Longman.

Unruh, G., & Unruh, A. (1984). *Curriculum development: Problems, processes, and progress*. Berkeley, CA: McCutchan Publishing Corporation.

Weston, P. B. (1984). *Framework for the curriculum*. Windsor, England: NFER-Nelson.

Wilcox, B., Dunn, J., Lavercombe, S., & Burn, L. (1984). *The preparation for life curriculum*. Dover, NH: Longwood.

Wiles, J., & Bondi, J. C. (1984). *Curriculum development: A guide to practice*. (second edition). Columbus, OH: Charles E. Merrill.

Wulf, K. M., & Schave, B. (1984). *Curriculum design: A handbook for educators*. Glenview, IL: Scott Foresman and Company.

1985

Aronowitz, S., & Giroux, H. A. (1985). *Education under siege: The conservative, liberal and radical debate over schooling*. South Hadley, MA: Bergin and Garvey.

Bradley, L. H. (1985). *Curriculum leadership and development handbook*. Englewood Cliffs, NJ: Prentice-Hall.

Brennan W, K, (1985). *Curriculum for special needs*. Philadelphia: Open University Press.

Brockington, D., White, R., & Pring, R. (1985). *The 14-18 curriculum: New approaches*. London: School Curriculum Development Committee.

Campbell, R. J. (1985). *Developing the primary school curriculum*. Philadelphia: Taylor and Francis.

Carnoy, M., & Levin, H. (1985). *Schooling and work in the democratic state*. Stanford, CA: Stanford University Press.

Cohen, D., & Maxwell, T. (Eds.). (1985). *Blocked at the entrance: Context, cases, and commentary on curriculum change*. Armidale, New South Wales, Australia: Entrance Publications.

Committee on Research in Mathematics, $cience and Technology Education. (1985). *Mathematics, science, and technology education: A research agenda*. Washington, DC: National Academy Press.

Connell, R. W. (1985). *Teacher's work*. Sydney, Australia: Allen and Unwin.

Cookson, P. W., & Persell, C. H. (1985). *Preparing for power*. New York: Basic Books.

Cooper, B. (1985). *Renegotiating secondary school mathematics: A study of curriculum change and stability*. London: Falmer Press.

Cuff, E. C., & Payne, G. C. (Eds.). (1985). *Crisis in the curriculum*. London and Dover, NH: Croom Helm.

Derricott, R. (Ed.). (1985). *Curriculum continuity: Primary to secondary*. Philadelphia: Taylor and Francis.

Dick, W., & Carey, L. (1985). *The systematic design of instruction* (second edition). Glenview, IL: Scott Foresman. (first edition, 1978).

Edel, A. (1985). *Interpreting education: Science, ideology, and values, volume 3*. New Brunswick, NJ: Transaction/Rutgers.

Eisner, E. W. (Ed.). (1985a). *Learning and teaching the ways of knowing. Eighty-fourth Yearbook of the National Society for the Study of Education, Part 2*. Chicago: University of Chicago Press.

Eisner, E. W. (1985b). *The art of educational evaluation: A personal view*. London: Falmer Press.

Eisner, E. W. (1985c). *The educational imagination: On the design and evaluation of school programs* (second edition). New York: Macmillan. (first edition, 1979; third edition, 1994).

Elias, M. (1985). *Formative and summative evaluation of the improving social awareness-social problem-solving primary prevention curriculum program*. New Brunswick, NJ: Rutgers University.

Fantini, M., & Sinclair, R. (Eds.). (1985). *Education in school and nonschool settings. Eighty-fourth Yearbook of the National Society for the Study of Education, Part I*. Chicago: University of Chicago Press.

Feinberg, P. R. (1985). "Four curriculum theorists: A critique in light of Martin Buber's philosophy of education." Book length article in *The Journal of Curriculum Theorizing*. 6(1), 5-164.

Fraser, B. J. (1985). *Case studies in curriculum evaluation*. Bentley, Western Australia: Social Science Education Consortium.

Freire, P. (1985). *The politics of education: Culture, power and liberation*. South Hadley, MA: Bergin and Garvey.

Glatthorn, A. A. (1985). *Curriculum reform and at-risk youth*. Philadelphia: Research for Better Schools.

Goodson, I. F. (Ed.). (1985). *Social histories of the secondary curriculum: Subjects for study*. London and Philadelphia: Falmer Press.

Goodson, I., & McGivney, V. (1985). *European dimensions and the secondary school curriculum*. London: Falmer Press.

Gross, B., & Gross, E. (Eds.). (1985). *The great school*

debate: Which way for American education. New York: Simon and Schuster.

Hannan, W. (1985). *Democratic curriculum.* Sydney & London: Allen and Unwin.

Husén, T., & Postlethwaite, N. (Eds.). (1985). *The international encyclopedia of education* (ten volumes). London: Pergamon.

Inglis, F. (1985). *The management of ignorance: A political theory of the curriculum.* Oxford and New York: Basil Blackwell.

Inner London Education Authority (ILEA). (1985). *Improving primary schools.* London: Author.

Jewett, A. E., & Bain, L. L. (1985). *The curriculum process in physical education.* Dubuque, IA: Wm. C. Brown.

Jorgenson, G., Schubert, W. H., & Seguel, M. L. (Eds.). (1985). *Papers of the Society for the Study of Curriculum History.* Cleveland, OH: The Society.

Jozefzoon, E. O. I., & Gorter, R. J. (Eds.). (1985). *Core curriculum: A comparative analysis.* Enschede, Netherlands: National Institute for Curriculum Development.

Kemp, J. E. (1985). *Instructional design: A plan for unit and course development* (second edition). New York: Harper and Row.

Lazerson, M., McLaughlin, J. B., McPherson, B., & Bailey, S. K. (1985). *An education of value: The purpose and practices of schools.* Cambridge: Cambridge University Press.

Lengrand, P. (Ed.). (1985). *Areas of learning basic to lifelong education.* Hamburg, Germany: Pergamon Press and the UNESCO Institute of Education.

Lewis, M. H. (1985). *An adventure with children.* Lanham, MD: University Press of America.

Martin, J. R. (1985). *Reclaiming a conversation: The ideal of an educated woman.* New Haven, CT: Yale University Press.

Marzano, R. J. (1985). *Integrated instruction in thinking skills, learning strategies, traditional content, and basic beliefs: A necessary unity.* Denver, CO: Mid-Continent Regional Educational Laboratory.

Maurer, R. E. (1985). *Designing interdisciplinary curriculum in middle, junior high, and high schools* (second edition). Dubuque, IA: Kendall-Hunt,

McLaughlin, R. E. (1985). *An education of value.* New York: Cambridge University Press.

McNeil, J. D. (1985). *Curriculum: A comprehensive introduction* (third edition). Boston: Little, Brown and Company.

Milburn, G., & Enns, R. (Eds.). (1985). *Curriculum Canada IV.* Norwood, NJ: ABLEX Publishing Co.

Miller, J. P., & Seller, W. (1985). *Curriculum, perspectives and practice.* New York: Longman.

Molnar, A. (Ed.). (1985). *Current thought on curriculum.* ASCD Yearbook. Alexandria, VA: Association for Supervision and Curriculum Development.

Musgrave, P. (1985). *Curricular decisions in their administrative context.* Victoria, Australia: Deakin University Press.

National Board of Inquiry. (1985). *Barriers to excellence: Our children at risk.* Boston: The National Coalition of Advocates for Students.

Oakes, J. (1985). *Keeping track: How high schools structure inequality.* New Haven, CT: Yale University Press.

Plaskow, M. (Ed.). (1985). *Life and death of the schools council.* London: Falmer Press.

Portuges, C., & Culley, M. (Eds.). (1985). *Gendered subjects: The dynamic of feminist teaching.* Boston: Routledge and Kegan Paul.

Powell, A. G., Farrer, E., & Cohen, D. K. (1985). *The shopping mall high school: Winners and losers in the educational marketplace.* Boston: Houghton Mifflin.

Powell, J. (1985). *The teachers' craft.* Buffalo, NY: Ontario Institute for Studies in Education.

Raggatt, P. C. M., & Weiner, G. (1985). *The struggle for the curriculum.* Oxford, England: Pergamon Press.

Raggatt, P. C. M., & Weiner, G. (1985). *Curriculum and assessment.* New York: Pergamon Press in association with The Open University.

Raven, J., Hohnstone, J., & Varley, T. (1985). *In the primary classroom.* Edinburgh, Scotland: Scottish Council for Research in Education.

Ravitch, D. (1985). *The schools we deserve.* New York:

Basic Books, Inc.

Reardon, B. (1985). *Sexism and the war system*. New York: Teachers College Press.

Richards, C., & Lofthouse, B. (1985). *The study of primary education: A source book, Volume 2, The curriculum*. Philadelphia: Taylor and Francis.

Robinson, F., Ross, F., & White, F. (1985). *Curriculum development for effective instruction*. Toronto: Ontario Institute for Studies in Education.

Romberg, T. A. (1985). *Toward effective schooling: The IGE experience*. Lanham, MD: University Press of America.

Rosales-Dordelly, C. L., & Shot, E. C. (1985). *Curriculum professors' specialized knowledge*. Lanham, MD: University Press of America.

Rowntree, D. (1985). *Educational technology in curriculum development* (third edition). New York: Teachers College Press.

Rudduck, J., & Hopkins, D. (Eds.). (1985). *Research as a basic for teaching: Readings from the work of Lawrence Stenhouse*. London and Philadelphia: Falmer Press.

Schug, M. C. (1985). *Economic in the school curriculum K-12*. New York and Washington, DC: NEA and The Joint Council on Economic Education.

Schuster, M., & van Dyne, S. (1985). *Women's place in the academy: Transforming the liberal arts curriculum*. Totowa, NJ: Rowan & Allanheld.

Sheikh, A. A., & Sheikh, K. S. (1985). *Imagery in education: Imagery in the educational process*. Farmingdale, NY: Baywood Publishing.

Short, E. C., Willis, G. H., & Schubert, W. H. (1985). *Toward excellence in curriculum inquiry: The story of the AERA Special Interest Group on Creation and Utilization of Curriculum Knowledge: 1970-1984*. State College, PA: Nittany Press.

Sloan, D. (Ed.). (1985). *The computer in education: A critical perspective*. New York: Teachers College Press.

Stewart, W. (1985). *How to involve the student in classroom decision making*. Saratoga, CA: R & E Publishers.

Tuttle, F. B. (Ed.). (1985). *Fine arts in the curriculum*. Washington, DC: National Education Association.

van Bruggen, J. C. (1985). *Establishing a modern core curriculum: A tricky business or a political art?* Enshede, Netherlands: SLO.

Weiner, C., & Raggatt, P. C. M. (Eds.). (1985). *Curriculum and assessment: some policy issues: A reader*. Oxford, England and New York: Pergamon Press in association with Open University Press.

Weis, L. (1985). *Between two world*. Boston: Routledge and Kegan Paul.

Whitty, G. (1985). *Sociology and school knowledge: Curriculum theory, research, and politics*. London: Methuen.

Wigginton, E. (1985). *Sometimes a shining moment: The Foxfire experience*. Garden City, NY: Anchor Press/Doubleday.

1986

Apple, M. W. (1986). *Teachers and texts: A political economy of class and gender relations in education*. London and New York: Routledge and Kegan Paul.

Ashton, P. T., & Webb, R. B. (1986). *Making a difference: Teachers' sense of efficacy and student achievement*. New York: Longman.

Beane, J. A., & Lipka, R. P. (1986). *Self-concept, self-esteem, and the curriculum*. New York: Teachers College Press.

Beane, J. A., Toepfer, C. F., & Alessi, S. J. (1986). *Curriculum planning and development*. Boston: Allyn & Bacon.

Bruner, J. (1986). *Actual minds, possible worlds*. Cambridge, MA: Harvard University Press.

Caldwell, B., & Spinks, J. (1986). *Policy making and planning for school*. Hobart: Education Department of Tasmania.

Carnegie Forum's Task Force on Teaching as a Profession. (1986). *A nation prepared: Teachers for the 21st century*. New York: Carnegie Crop.

Carr, W., & Kemmis, S. (1986). *Becoming critical: Education, knowledge, and action research*. London: Falmer Press.

Chittenden, P., & Kiniry, M. (Eds.). (1986). *Making*

connections across the curriculum. New York: St. Martin's Press.

Clandinin, D. J. (1986). *Classroom practice: Teacher images in action.* London: Falmer Press.

Cuban, L. (1986). *Teachers and machines: The classroom use of technology since 1920.* New York: Teachers College Press.

Curtis, A. (1986). *A curriculum for the pre-school child: Learning to learn.* Philadelphia: NFER-Nelson. (second edition, 1998).

Doll, R. C. (1986). *Curriculum improvement: Decision-making and process* (sixth edition). Boston: Allyn & Bacon. (Previous editions 1982, 1978, 1974, 1970, 1964).

Driscoll, K. J. (1986). *Humanities curriculum guidelines for the middle and secondary years.* London and Philadelphia: Falmer Press.

Egan, K. (1986a). *Individual development and the curriculum.* London, Ontario: Hutchinson.

Egan, K. (1986b). *Teaching as story telling: An alternative approach to teaching and curriculum in the elementary school.* London, Ontario: The Althouse Press (also Routledge and Kegan Paul, and University of Chicago Press).

Eliason, C., & Jenkins, L. (1986). *A practical guide to early childhood curriculum.* (third edition). New York: Merrill.

Englund, T. (1986). *Curriculum as a political problem: Changing education conceptions with reference to citizen education.* (Uppsala Studies in Education). Lund, Sweden: Studentliteratur.

Fantini, M. D. (1986). *Regaining excellence in education.* Columbus, OH: Merrill Publishing Co.

Franklin, B. M. (1986). *Building the American community: The school community and the search for social control.* London: Falmer Press.

Fraser, B. J. (1986). *Classroom environment.* Kent, England: Croom Helm.

Gibson, R. (1986). *Critical theory and education.* London: Hodder and Stroughton.

Ginzberg, E. (1986). *The nation's children.* New Brunswick, NJ: Transaction/Rutgers.

Goodson, I. (Ed.). (1986). *International perspectives in curriculum history.* Wolfboro, NH: Croom Helm.

Goodson, I. (1986). *School subject and curriculum change: Studies in curriculum history.* London: Falmer.

Gordon, T. (1986). *Democracy in one school: Progressive education and restructuring.* London: Falmer Press.

Gorter, R. J. (Ed.). (1986). *Views on core curriculum: Contributions to an international seminar.* Enschade, Netherlands: National Institute for Curriculum Development.

Gorwood, B. T. (1986). *School transfer and curriculum continuity.* London: Croom Helm.

Grant, C., & Sleeter, C. (1986). *After the school bell rings.* Philadelphia: Falmer.

Hameyer, U., Frey, K., Haft, H., & Kuebart, F. (Eds.). (1986). *Curriculum research in Europe.* Strasbourg, France: The Council of Europe: Kiel, Germany: Institute for Science Education: Lisse, Netherlands: Awets and Zeitlinger.

Hampel, R. L. (1986). *The last little citadel: American high schools since 1940.* Boston: Houghton Mifflin.

Hill, J. C. (1986). *Curriculum evaluation for school improvement.* Springfield, IL: Charles C. Thomas.

Holmes Group. (1986). *Tomorrow's teachers.* East Lansing, MI: Author.

House, E. R. (Ed.). (1986). *New directions in educational evaluation.* London and Philadelphia: Falmer Press.

Idol, L., with Nevin, A., & Paolucci-Whitcomb, P. (1986). *Models of curriculum-based assessment.* Rockville, MD: Aspen Publishers.

Jackson, P. W. (1986). *The practice of teaching.* New York: Teachers College Press.

Joyce, B. R. (1986). *Improving America's schools.* White Plains, NY: Longman, Inc.

Joyce, B. R., & Weil, M. (1986). *Models of teaching* (third edition). Englewood Cliffs, NJ: Prentice-Hall. (Previous editions, 1980, 1972).

Jozefzoon, E. O. I. (Ed.). (1986). *Coordinating curriculum policy and practice.* Enschade, Netherlands: National Institute for Curriculum Development.

Kealey, R. J. (1986). *Curriculum in the Catholic school*. Washington, DC: National Catholic Education Association.

Kelly, A. V. (1986). *Knowledge and curriculum planning*. London: Harper and Row.

Kemmis, S., with Fitzclarence, L. (1986). *Curriculum theorizing: Beyond reproduction theory*. Victoria, Australia: Deakin University.

Kirk, G. (1986). *The core curriculum*. Princeton, NJ: Princeton Book Company for Hodder and Stoughton Educational.

Klein, M. F. (Guest Ed.). (1986). Beyond the measured curriculum. In *Theory into practice*, 25(1).

Kliebard, H. M. (1986). *The struggle for the American curriculum: 1893-1958*. London and Boston: Routledge and Kegan Paul.

Knox, A. B. (1986). *Helping adults learn: A guide to planning, implementing, and conducting programs*. San Francisco: Jossey-Bass, Inc.

Lawton, D. (Ed.). (1986). *School curriculum planning*. Princeton, NJ: Princeton Book Company for Hodder and Stoughton Educational.

Leithwood, K. A. (Ed.). (1986). *Planned educational change: A manual of curriculum review, development, and implementation: Concepts and procedures*. Buffalo, NY: Ontario Institute for Studies in Education.

Marsh, C. (1986). *Curriculum: An analytic introduction*. Sydney, Australia: Ian Novak.

McLaren, P. L. (1986). *Schooling as ritual performance*. New York: Routledge.

McNeil, L. M. (1986). *Contradictions of control: School structures and school knowledge*. New York: Routledge and Kegan Paul.

Moon, B. (1986). *The "new maths" curriculum controversy: An international story*. London: Falmer Press.

Posner, G. J., & Rudnitsky, A. N. (1986). *Course design: A guide to curriculum development for teachers* (third edition). New York: Longman. (previous editions 1981, 1978).

Price, M. H. (Ed.). (1986). *The development of the secondary curriculum*. London: Croom Helm.

Print, M. (1986). *Curriculum planning and management*. Perth, Australia: WACAE Monograph.

Raths, L. E., Wassermann, S., Jonas, A., & Rothstein, A. (1986). *Teaching for thinking: Theory, strategies, and activities for the classroom* (second edition). New York: Teachers College Press.

Roth, K., Anderson, C., & Smith, E. (1986). *Curriculum materials, teacher talk, and student learning: Case studies in fifth-grade science teaching*. East Lansing: Michigan State University, Institute for Research on Teaching.

Rowntree, D. (1986). *Teaching through self-instruction: A practical handbook for course developers*. New York: Nichols.

Schubert, W. H. (1986). *Curriculum: Perspective, paradigm, and possibility*. New York: Macmillan.

Schweinhart, L. J., Weikart, D. P., & Larner, M. B. (1986). *Consequences of three preschool curriculum models through age 15*. Ypsilanti, MI: High/Scope Educational Research Foundation.

Sedlak, M. W., Wheeler, C. W., Pullin, D. C., & Cusick, P. A. (1986). *Selling students short: Classroom bargains and academic reform in the American high school*. New York: Teachers College Press.

Shor, I. (1986). *Culture wars: School and society in the conservative restoration, 1969-1984*. Boston: Routledge and Kegan Paul. (Revised, 1992).

Shor, I., & Freire, P. (1986). *A pedagogy for liberation: Dialogues on transforming education*. Westport, CT: Bergin & Garvey.

Smith, F. (1986). *Insult to intelligence: The bureaucratic invasion of our classrooms*. Portsmouth, NH: Heinamann.

Smith, L. M., Klien, P. F., Prunty, J. P., & Dwyer, D. C. (1986). *Educational innovators: Then and now*. London: Falmer Press.

Spodek, B. (Ed.). (1986). *Today's kindergarten: Exploring the knowledge base, expanding the curriculum*. New York: Teachers College Press.

Strickland, K. (Guest Ed.). (1986). Ralph W. Tyler. A special of *The Journal of Thought*, 21(1), Spring.

Taylor, P. H. (Ed.). (1986). *Recent developments in*

curriculum studies. London: Taylor and Francis.

Thaiss, C. (1986). *Language across the curriculum in the elementary grades.* Champaign-Urbana, IL: Education Resources Information Center Clearinghouse.

Tomkins, G. S. (1986). *A common countenance: Stability and change in the Canadian curriculum.* Scarborough, Ontario: Prentice-Hall Canada, Inc.

Tomlinson, P., & Quinton, M. (Eds.). (1986). *Values across the curriculum.* London: Falmer.

Tomlinson, T. M., & Walberg, H. J. (Eds.). (1986). *Academic work and educational excellence.* Berkeley, CA: McCutchan.

Tucker, R. N. (1986). *Integration of media into the curriculum.* New York: Nichols.

United States Department of Education. (1986). *What works: Research about teaching and learning.* Washington, DC: Author.

van Manen, M. (1986). *The tone of teaching.* London: Heinemann.

Van Til, W. (1986). *ASCD in retrospect.* Alexandria, VA: Association for Supervision and Curriculum Development.

Walberg, H. J., & Keefe, J. W. (Eds.). (1986). *Rethinking reform: The principal's dilemma. A special report of the NASSP curriculum council.* Reston, VA: National Association of Secondary School Principals.

Walker, D. F., & Soltis, J. F. (1986). *Curriculum and aims.* New York: Teachers College Press.

Weinstein, D. F. (1986). *Administrator's guide to curriculum mapping: A step-by-step manual.* Englewood Cliffs, NJ: Prentice-Hall.

Wiles, J., & Bondi, J. (1986). *The essential middle school.* Tampa, FL: Wiles, Bondi, and Associates, Inc.

Wittrock, M. (Ed.). (1986). *The handbook of research on teaching* (third edition). New York: Macmillan.

Zengre, W. F., & Zenger, S. K. (1986). *Curriculum development (accountability): At the local level.* Saratoga, CA: R & E Publishers.

1987

Altbach, P. G. (1987). *The knowledge context: Comparative perspectives on the distribution of knowledge.* Albany: State University of New York: Press.

Anther, J. (1987). *Lucy Spraque Mitchell: The making of a modern woman.* New Haven, CT: Yale University Press.

Asante, M. (1987). *The Afrocentric idea.* Philadelphia: Temple University Press.

Banks, J. (1987). *Teaching strategies for ethnic studies.* Boston: Allyn & Bacon.

Benne, K. D., & Tozer, S. (1987). *Society as educator in an age of transition. Eighty-sixth Yearbook of the Society for the Study of Education, Part II.* Chicago: University of Chicago Press.

Bennett, W. (1987). *James Madison high school: A curriculum for American students.* Washington, DC: U.S. Department of Education.

Blenkin, G. M., & Kelly, A. V. (1987). *The primary curriculum: A process approach to curriculum planning* (second edition). London: Harper and Row.

Bloom, A. (1987). *The closing of the American mind: How higher education has failed democracy and impoverished the souls of today's students.* Chicago: University of Chicago Press.

Booth, T., & Coulby, D. (Eds.). (1987). *Producing and reducing disaffection: Curricula for all.* Philadelphia: Open University Press.

Bowers, C. A. (1987). *Elements of a post-liberal theory of education.* New York: Teachers College Press.

Brady, L. (1987). *Curriculum development* (second edition). Sydney, Australia: Prentice-Hall.

Chambliss, J. J. (1987). *Education theory as theory of conduct: From Aristotle to Dewey.* Albany: State University of New York Press.

Champagne, A., & Horning, L. (1987). *The science curriculum: This year in school science: 1986.* Washington, DC: American Association for the Advancement of Science.

Cheney, L. V. (1987). *American memory: A report on the humanities in the nation's public schools.* Washington, DC: National Endowment of the Humanities.

Choate, J. S., Enright, B., Miller, L., Potest, J., & Rakes, T. (1987). *Assessing and programing basic curriculum skills*. Boston: Allyn & Bacon.

Clark, J. L. (1987). *Curriculum renewal in school foreign language learning*. Oxford: Oxford University Press.

Cohen, D., & Fraser, B. J. (1987). *The process of curriculum development and evaluation*. Woden, Australia: The Curriculum Development Centre.

Dubin, F., & Olshtain, E. (1987). *Course design: Developing programs and materials for language learning*. New York: Cambridge University Press.

Duckworth, E. R. (1987). *"The having of wonderful ideas" and other essays on teaching and learning*. New York: Teachers College Press.

Earl, R. (1987). *The art and craft of course design*. New York: Nichols.

Edwards, D., & Mercer, W. (1987). *Common knowledge: The development of understanding in the classroom*. New York: Routledge, London: Methuen.

Ellis, A. K., Makey, J. A., & Glenn, A. E. (1987). *The school curriculum*. Boston: Allyn & Bacon.

English, F. W. (1987). *Curriculum management for schools, colleges, business*. Springfield, IL: Charles C. Thomas.

Ferguson, D. L. (1987). *Curriculum decision making for students with severe handicaps*. New York: Teachers College Press.

Fraser, B., & Cohen, D. (1987). *The processes of curriculum development and evaluation: A retrospective account of the processes of the Australian Science Education Project*. Canberra, Australia: Curriculum Development Centre.

Freire, P., & Macedo, D. (1987). *Literacy: Reading the word and the world*. South Hadley, MA: Bergin & Garvey.

Glatthorn, A. A. (1987a). *Curriculum leadership*. Glenview, IL: Scott Foresman and Company.

Glatthorn, A. A. (1987a). *Curriculum renewal*. Alexandria, VA: Association for Supervision and Curriculum Development.

Goodlad, J. I. (Ed.). (1987). *The ecology of school renewal. Eighty-sixth Yearbook of the Society for the Study of Education, Part I*. Chicago: University of Chicago Press.

Goodlad, J. I., & Anderson, R. H. (1987). *The nongraded elementary school* (Revised edition). New York: Teachers College Press.

Goodson, I. (1987). *School subjects and curriculum change* (second edition). Philadelphia: Falmer Press.

Gothard, W. P., & Goodhew, E. (1987). *Guidance and the changing curriculum*. New York: Routledge & Kegan Paul.

Grundy, S. (1987). *Curriculum: Product or praxis?* London: Falmer Press.

Gutmann, A. (1987). *Democratic education*. Princeton, NJ: Princeton University Press.

Hargis, C. H. (1987). *Curriculum-based assessment: A primer*. Springfield, IL: Charles C. Thomas. (Second edition, 1995).

Hass, G. (1987). *Curriculum planning: A new approach* (fifth edition). Boston: Allyn & Bacon.

Hirsch, E. D. (1987). *Cultural literacy: What every American needs to know*. Boston: Houghton Mifflin.

Hoffman, C. M. (1987). *Curriculum gone astray: When push came to shove*. Lancaster, PA: Technomic.

Huff, J. (1987). *The contemporary writing curriculum*. New York: Teachers College Press.

International Association for the Evaluation of Educational Achievement. (1987). *The underachieving curriculum: A national report on the second international mathematics study*. Champaign, IL: Stipes Publishing.

Jones, B. F., Palinscar, A. S., Ogle, D. S., & Carr, E. G. (1987). *Strategies teaching and learning: Cognitive instruction in the content areas*. Alexandria, VA: Association for Supervision and Curriculum Development.

Katz, M. (1987). *Reconstructing American education*. Cambridge, MA: Harvard University Press.

LePage, A. (1987). *Transforming education : The new 3R's*. Oakland, CA: Oakmore House.

Lloyd, S. M. (1987). *The Putney School: A progressive*

experiment. New Haven, CT: Yale University Press.

McKnight, C., Crosswihte, F., Dossey, J., Kifer, E., Swafford, J., Travers, K., & Cooney, T. (1987). *The underachieving curriculum: Assessing U.S. mathematics form an international perspective*. Champaign, IL: Stipes.

Miller, A. H. (1987). *Course design for university lecturers*. New York: Nichols.

Mobley, M. (1987). *Former schools council programme 2: Helping individual teachers to become more effective*. Layerthorpe, York: England: Longman.

Molnar, A. (Ed.). (1987). *Social issues and education: Challenge and responsibility*. Alexandria, VA: Association for Supervision and Curriculum Development.

Murphy, R., & Torrance, H. (Eds.). (1987). *Evaluating education: Evaluating education: Issues and methods*. London: Harper and Row.

Ornstein, A. C., & Hunkins, F. P. (1987). *Curriculum: Foundations, principles, and issues*. Englewood Cliffs, NJ: Prentice-Hall.

Parsons, C. (1987). *The curriculum change game*. London: Falmer Press.

Popkewitz, T. S. (Ed.). (1987). *The formation of school subjects: The struggle for creating an American institution*. Philadelphia: Falmer Press.

Portal, C. (Ed.). (1987). *The history curriculum for teachers*. London: Falmer Press.

Presseinsen, B. Z. (1987). *Thinking skills throughout the curriculum: A conceptional design*. Bloomington, IN: Phi Lambda Theta.

Pring, R. (1987). *The emerging 14-18 curriculum*. Princeton, NJ: Princeton Book Company for London: Hodder and Stoughton Educational.

Ravitch, D., & Finn, C. E. (1987). *What do our 17-year olds know? A report on the first national assessment of history and literature*. New York: Harper and Row.

Resnick, L. B. (1987). *Education and learning to think*. Washington, DC: National Academic Press.

Saber, N., Rudduck, J., & Reid, W. (1987). *Partnership and autonomy in school-based curriculum development*. Sheffield, UK: University of Sheffield, Division of Education.

Schön, D. A. (1987). *Educating the reflective practitioner: Toward a new design for teaching and learning in the professions*. San Francisco: Jossey-Bass.

Seefeldt, C. (Ed.). (1987). *The early childhood curriculum: A review of current research*. New York: Teachers College Press.

Sewall, G. (1987). *American history textbooks: An assessment of quality*. New York: Education Excellence Network.

Shor, I. (Ed.). (1987). *Freire for the classroom: A sourcebook for liberatory teaching*. Portsmouth, NH: Boynton/Cook.

Sinclair, R. L., & Ghory, W. J. (1987). *Reaching marginal students: A primary concern for school renewal*. Berkeley, CA: McCutchan Publishing.

Solity, J., & Bull, S. (1987). *Special needs: Bridging the curriculum gap*. Philadelphia: Open University Press.

Soltis, J. F. (Ed.). (1987). *Reforming teacher education: The impact of the Holmes Group report*. New York: Teachers College Press.

Squires, G. (1987). *The curriculum beyond school*. Princeton, NJ: Princeton Book Company for Hodder and Stoughton Educational.

Valentine, J. A. (1987). *College board and the school curriculum: A history of the college board's influence on the substance and the standards of American education, 1900-1980*. New York: College Entrance Examination Board.

Walker, J. C. (1987). *Educative leadership for curriculum development*. Canberra, Australia: ACT Schools Authority.

Warne, M. M., & Waite, W. W. (1987). *Assessment-based vocational curriculum manual: The bridge between school and community*. Lanham, MD: University Press of America.

Wexler, P. (1987). *Social analysis of education: After the new sociology*. Boston: Routledge & Kegan Paul.

White, M. (1987). *The Japanese educational challenge: A commitment to children*. New York: The Free Press.

White, M. A. (Ed.). (1987). *What curriculum for the*

information age? Hillside, NJ: Lawrence Erlbaum Associates.

Wideen, M. F., & Anderws, I. (Eds.). (1987). *Staff development for school improvement: A focus on the teacher.* London and Philadelphia: Falmer Press.

Wilcock, P. (1987). *RE-readings: RE in the school curriculum.* London: Falmer Press.

Woolnough, B. E. (1987). *Of people, policy, and power: The shaping of the curriculum, physics teaching in schools, 1960–1985.* London and Philadelphia: Falmer Press.

1988

Aiken, S. H., Anderson, K., Dinnerstein, M., Lensink, J. N., & MacCorquodale, P. (Eds.). (1988). *Changing our minds: Feminist transformations of knowledge.* Albany: State University of New York Press.

Arnold, P. J. (1988). *Education, movement and the curriculum: A philosophic enquiry.* London: Falmer Press.

Bates, I., Manthorpe, C., & Layton, D. (1988). *The changing curriculum.* London: Croom Helm.

Belenky, M., Clinchy, B., Goldberg, N., & Tarule, J. (1988). *Women's ways of knowing: The development of self, voice and mind.* New York: Basic Books.

Bennett, W. J. (1988). *American education: Making it work.* Washington, DC: U.S. Government Printing Office.

Beyer, L. E. (1988). *Knowing and acting: Inquiry, ideology and educational studies.* London: Falmer Press.

Beyer, L. E., & Apple, M. W. (Eds.). (1988). *The curriculum: Problems, politics, and possibilities.* Albany: State University of New York Press.

Belnkin, G. M., & Kelly, A. V. (Eds.). (1988). *Assessment in early childhood education.* London: Paul Chapman.

Boulding, E. (1988). *Building a global civic culture: Education for an interdependent world.* New York: Teachers College Press.

Bowers, C. A. (1988). *The cultural dimensions of educational computing.* New York: Teachers College Press.

Boylan, A. M. (1988). *Sunday school: The formation of an American institution, 1790–1880.* New York: Haven, CT: Yale University Press.

Brandt, R. S. (Ed.). (1988). *Content of the curriculum.* Alexandria, VA: Association for Supervision and Curriculum Development.

Broudy, H. S. (1988). *The uses of schooling.* New York: Routledge & Kegan Paul.

Bullough, R., Jr. (1988). *The forgotten dream of American public education.* Ames: Iowa State University Press.

Butts, R. F. (1988). *The morality of democratic citizenship.* Calavasas, CA: Center for Civic Education.

Carson, T. R. (Ed.). (1988). *Toward a renaissance of humanity: Rethinking and reorienting curriculum and instruction.* Edmonton, Alberta: World Council for Curriculum and Instruction and University of Alberta.

Cazden, C. B. (1988). *Classroom discourse: The language of teaching and learning.* Portsmouth, NH: Heinemann.

Chapman, A. (1988). *The difference it makes: A resource book on gender for educators.* Boston: National Association of Independent Schools.

Cherryholmes, C. H. (1988). *Power and criticism: Post-structural investigations in education.* New York: Teachers College Press.

Collis, B. (1988). *Computers, curriculum, and whole-class instruction.* Belmont, CA: Wadsworth Publishers.

Connelly, F. M., & Clandinin, D. J. (1988). *Teachers as curriculum planners: Narratives of experience.* New York: Teachers College Press.

Cremin, L. (1988). *American education: The metropolitan experience, 1876–1980.* New York: Harper and Row.

Cumming, J. (1988). *Curriculum and work: A joint enterprise.* Canberra, Australia: Curriculum Development Centre.

Cunningham, P. (1988). *Curriculum change in the primary school since 1945: Dissemination of the ideal.* New York: Falmer Press.

Dalton, T. H. (1988). *The challenge of curriculum innovation: A study of ideology and practice.* Bristol, PA: Falmer Press.

Egan, K. (1988a). *Primary understanding: Education in early childhood.* London: Routledge.

Egan, K. (1988b). *Teaching as storytelling: An alternative approach to teaching and the curriculum.* London: Routledge.

Elias, M., & Clabby, J. (1988). *Social skills and social decision making skills for the elementary grades: A curriculum guide for educators.* Rockville, MD: Aspen.

Ellis, A. K., Mackey, J. A., & Glenn, A. D. (1988). *The school curriculum.* Boston: Allyn & Bacon.

Engle, S. H., & Ochoa, A. S. (1988). *Education for democratic citizenship: Decision-making in the social sciences.* New York: Teachers College Press.

English, F. W. (1988). *Curriculum auditing.* Lancaster, PA: Technomic Publishing.

Gagne, R. M., Wager, W. W., & Briggs, L. L. (1988). *Principles of instructional design* (third edition). Mew York: Holt, Rinehart, and Winston. (Previous editions 1979, 1974)

Giroux, H. A. (1988a). *Schooling and the struggle for public life.* Minneapolis: University of Minnesota Press.

Giroux, H. A. (1988b). *Teachers as intellectuals: Toward a critical pedagogy of learning.* Granby, MA: Bergin & Garvey.

Goodson, I. F. (Ed.). (1988). *International perspectives in curriculum history.* London: Routledge.

Goodson, I. F. (1988). *The making of curriculum: Collected essays.* London: Falmer Press.

Grant, G. (1988). *The world we created at Hamilton high.* Cambridge, MA: Harvard University Press.

Greene, M. (1988). *The dialectic of freedom.* New York: Teachers College Press.

Gress, J. R., & Purpel, D. E. (Eds.). (1988). *Curriculum: An introduction to the field* (second edition). Berkely, CA: McCutchan. (Previous edition 1978).

Grumet, M. (1988). *Bitter milk: Women and teaching.* Amherst: University of Massachusetts Press.

Jackson, P. W. (Ed.). (1988). *Contributing to educational change: Perspectives on research and practice.* Berkely, CA: McCutchan.

Jervis, K., & Tobier, A. (Eds.). (1988). *Education for democracy. Proceedings from the Cambridge School Conference on Progressive Education,* October 1987. Weston, MA: The Cambridge School.

Johnston, B., & Dowdy, S. (1988). *Work required: Teaching and assessing in a negotiated curriculum.* Cammeray, New South Wales, Australia: Martin Educational.

Kemmis, S., & Stake, R. (1988). *Evaluating curriculum.* Victoria, Australia: Deakin University Press.

Kirk, D. (1988). *Physical education and curriculum study: A critical introduction.* London: Croom Helm.

Langenbach, M. (1988). *Curriculum models in adult education.* Malabar, FL: Krieger.

Lindsey, C. W. (1988). *Teaching students to teach themselves.* New York: Nichols.

Lopez, D. D. (1988). *Teaching children: A curriculum guide to what children need to know at each level through sixth grade.* Westchester, IL: Crossway Books.

Marsh, C., & Stafford, K. (1988). *Curriculum: Australia practice and issues* (Second edition). Sydney, Australia: McGarw-Hill.

Marzano, R. J., Brandt, R. S., Hughes, C. S., Jones, B. E., Presseinsen, B. Z., Rankin, S. C., & Suhor, C. (1988). *Dimensions of thinking: A framework for curriculum and instruction.* Alexandria, VA: Association for Supervision and Curriculum Development.

McLeod, S. H. (Ed.). (1988). *Strengthening programs for writing across the curriculum.* San Francisco: Jossey-Bass.

Menges, R. J., & Mathis, B. C. (1988). *Key resources on teaching, learning, curriculum, and faculty development.* San Francisco: Jossey-Bass.

Miller, G. E. (1988). *The meaning of general education: The emergence of a curriculum paradigm.* New York: Teachers College Press.

Miller, J. P. (1988). *The holistic curriculum.* Toronto:

Ontario Institute for Studies in Education Press. (Revised and expanded 1993 and 1996).

Moon, B. (Ed.). (1988). *Modular curriculum*. London: Paul Chapman Publishing.

Muckle, J. Y. (1988). *A guide to the Soviet curriculum: What the Russian child is taught in school*. London: Croom Helm.

Oliva, P. F. (1988). *Developing the curriculum*. (second edition). Glenview, IL: Scott Foresman. (Previous edition 1982).

Ornstein, A. C., & Hunkins, F. P. (1988). *Curriculum: Foundations, principles, and issues*. Englewood Cliffs, NJ: Prentice-Hall.

Pinar, W. F. (Ed.). (1988). *Contemporary curriculum discourses*. Scottsdale, AZ: Gorsuch Scarisbrick.

Print, M. (1988). *Curriculum development and design*. St. Leonards, New South Wales, Australia: Allen & Unwin.

Purpel, D. E. (1988). *The moral and spiritual crisis in education: A curriculum for justice and compassion in education*. Westport, CT: Greenwood Publishing Group.

Reardon, B. A. (1988). *Comprehensive peace education: Educating for global responsibility*. New York: Teachers College Press.

Reardon, B. A. (Ed.). (1988). *Educating for global responsibility: Teacher designed curricula for peace education, K-12*. New York: Teachers College Press.

Rose, S. (1988). *Keeping them out of the hands of satan: Evangelical schooling in America*. New York: Routledge.

Scherier, E. A., & Hunter, R. (1988). *The organic curriculum*. London: Falmer Press.

Schostak, J. (Ed.). (1988). *Breaking into the curriculum: The impact of information technology on schooling*. London: Methuen.

Sharpes, D. K. (1988). *Curriculum traditions and practices*. New York: St. Martin's Press.

Simonson, R., & Walker, S. (Eds.). (1988). *The Graywolf annual five: Multi-cultural literacy*. St. Paul, MN: Graywolf Press.

Sinclair, R., & Nieto, S. (1988). *Renewing school curriculum*. Amherst, MA: Coalition for School Improvement.

Sleeter, C., & Grant, C. (1988). *Making choices for multicultural education: Five approaches to race, class, and gender*. Columbus, OH: Merrill.

Smith, F. (1988). *Joining the literacy club: Further essays into education*. Portsmouth, NH: Heinemann.

Stodolsky, S. S. (1988). *The subject matters: Classroom activity in math and social studies*. Chicago: University of Chicago Press.

Swartz, E. (1988). *Multicultural curriculum development*. Rochester, NY: Rochester City School District.

Tanner, D., & Keefe, J. W. (Eds.). (1988). *Improving the curriculum: The principal's challenge*. (A report of the NASSP Curriculum Council). Reston, VA: National Association of Secondary School Principals.

Tanner, L. N. (Ed.). (1988). *Critical issues in curriculum. The Eighty-Seventh Yearbook of the National Society for the Study of Education*. (Part I). Chicago: University of Chicago Press.

Travers, K. J., & Westbury, I. (1988). *The second international mathematics study: Curriculum analysis*. New York: Pergamon.

Tuttle, F. B., Becker, L. A., & Sousa, J. A. (1988). *Program design and development for gifted and talented students*. Washington, DC: National Education Association.

Tyson-Bernstein, H. (1988). *A conspiracy of good intentions: America's textbook fiasco*. Washington, DC: Council for Basic Education.

Van Tassel-Baska, J., Feldhusen, D., Johnson, D., Seeley, K., & Silverman, L. (1988). *Comprehensive curriculum for gifted learners*. Boston: Allyn & Bacon. (second edition, 1994).

Weiler, K. (1988). *Women teaching for change: Gender, class and power*. South Hadley, MA: Bergin and Garvey.

Weis, L. (Ed.). (1988). *Class, race, and gender in American education*. Albany: State University of New York Press.

Westbury, I., & Purves, A. C. (Eds.). (1988). *Cultural literacy and the idea of general education. The*

Eighty-Seventh Yearbook of the National Society for the Study of Education. (Part II). Chicago: University of Chicago Press.

Wisconsin Department of Public Instruction. (1988). *A guide to curriculum planning in technology education.* Madison: Wisconsin Dept. of Public Instruction.

Wunungmurra, W. (1988). *Dhawurrpunaramirra: Finding the common ground for a new Yolngu curriculum.* Northern Territory, Australia, Yirrkala Community School.

1989

Armstrong, D. G. (1988). *Developing and documenting the curriculum.* Boston: Allyn & Bacon.

Bazalgette, C. (Ed.). (1989). *Primary media education: A curriculum statement.* London: British Film Institute.

Beyer, L. E., Feinberg, W., Pagano, J. A., & Whitson, J. A. (1989). *Preparing teachers as professionals: The role of educational studies and other liberal disciplines.* New York: Teachers College Press.

Brady, M. (1989). *What's worth teaching? Selecting, organizing and integrating knowledge.* Albany: State University of New York Press.

Bricker, D. C. (1989). *Classroom life as civic education: Individual achievement and student cooperation in school.* New York: Teacehrs College Press.

Center, D. (1989). *Curriculum and teaching strategies for students with behavioral disorders.* Englewood Cliffs, NJ: Prentice-Hall.

Crompton, R. (Ed.). (1989). *Computers and the primary curriculum 3-13.* London: Falmer Press.

Davies, W. (1989). *The curriculum and organization of the county intermediate school, 1880-1926.* Cardiff, Wales: University of Wales Press.

Decastell, S., Luke, A., & Luke, C. (1989). *Language, authority, criticism: Readings on the school textbook.* Bristol, PA: Falmer Press.

Dennis, L. J. (Ed.). (1989). *George S. Counts and Charles A. Beard: Collaborators for change.* Albany: State University of New York Press.

Diamond, R. M. (1989). *Designing and improving courses and curricula in higher education.* San Francisco: Josey-Bass.

Doll, R. C. (1989). *Curriculum improvement: Decision making and process* (seventh edition). Boston: Allyn & Bacon. (Previous editions 1986, 1982, 1978, 1974, 1970, 1964).

Early Year Curriculum Group. (1989). *Early childhood education: The early years curriculum and the national curriculum.* Stoke on Trent, England: Trentham Book.

Emihovich, C. (Ed.). (1989). *Locating learning across the curriculum: Ethnographic perspectives on classroom research.* Norwood, NJ: Ablex Publishing.

Finch, C., & Crunkilton, J. (1989). *Curriculum development in vocational and technical education: Planning, content, and implementation* (third edition). Boston: Allyn & Bacon.

Ford, A., Schnorr, R., Meyer, L., Davern, L., Black, J., & Dempsey, P. (Eds.). (1989). *The Syracuse community-referenced curriculum guide for students with moderate and severe disabilities.* Baltimore, MD: Paul H. Brookes.

Freire, P., & Faundez, A. (1989). *Learning to question: A pedagogy of liberation.* New York: Continuum Publishing.

Giroux, H., & McLaren, P. L. (1989). *Critical pedagogy, the state, and cultural struggle.* Albany: State University of New York.

Giroux, H. A., Simon, R. I., & Contributors. (1989). *Popular culture: Schooling and everyday life.* New York: Bergin and Garvey.

Hamilton, D. (1989). *Toward a theory of schooling.* London: Falmer Press.

Hargreaves, A. (1989). *Curriculum and assessment reform.* Bristol, PA: Open University Press c/o Taylor & Francis.

Holmes, B., & McLean, M. (1989). *The curriculum: A comparative perspective.* Boston: Unwin Hyman.

Holt, J. (1989). *Learning all the time.* New York: Addison-Wesley.

Hyde, A., & Bizar, M. (1989). *Thinking in context: Teaching cognitive processes across the elementary school curriculum.* New York: Longman.

Jackson, P. W., & Haroutunian, G. S. (Eds.). (1989). *From Socrates to software: The teacher as text and the text as teachers. The Eighty-Eighth Yearbook of the National Society for the Study of Education* (Part I). Chicago: University of Chicago Press.

Jacobs, H. H. (Ed.). (1989). *Interdisciplinary curriculum: Design and implementation*. Alexandria, VA: Association for Supervision and Curriculum Development.

Katz, L. G., & Chard, S. C. (1989). *Engaging children's minds: The project approach*. Norwood, NJ: Ablex Publishing.

Klein, M. F. (1989). *Curriculum reform in the elementary school: Creating your own agenda*. New York: Teachers College Press.

Kridel, C. (Ed.). (1989). *Curriculum history: Conference presentations from the Society for the Study of Curriculum History*. Lanham, MD: University Press of America and The Society for the Study of Curriculum History.

Lawton, D. (1989). *Education, culture, and the national curriculum*. London: Hodder and Stoughton.

Luke, C. (1989). *Pedagogy, printing, and protestantism: The discourse on childhood*. Albany, NY: State University of New York Press.

Lynch, K. (1989). *The hidden curriculum: Reproduction in education, a re-appraisal*. Bristol, PA: Falmer Press c/o Taylor & Francis.

Madaus, G. F., & Stufflebeam, D. L. (Eds.). (1989). *Educational evaluation: Classic works of Ralph W. Tyler*. Boston: Kluwer Academic Publishers.

Martin, D. S., Glatthorn, A., Winters, M., & Saif, P. (1989). *Curriculum leadership: Case studies for program practitioners*. Alexandria, VA: Association for Supervision and Curriculum Development.

McLaren, P, L. (1989). *Life in schools: An introduction to critical pedagogy in the foundations of education*. New York: Longman.

Milburn, G., Goodson, G., & Clark, R. (Eds.). (1989). *Reinterpreting curriculum research: Images and arguments*. Bristol, PA: Falmer Press c/o Taylor & Francis.

National Council on Teachers of Mathematics. (1989). *Curriculum and evaluation standards for school mathematics*. Reston, VA: Author.

Nicholls, J. G. (1989). *The competitive ethos and democratic education*. Cambridge, MA: Harvard University Press.

Noddings, N. (1989). *Women and evil*. Berkeley: University of California Press.

Oliver, D. W., & Gershman, K. W. (1989). *Education, modernity, and fractured meaning: Toward a process theory of teaching and learning*. Albany: State University of New York Press.

Pajak, E. (1989). *The central office supervisor of curriculum and instruction*. Boston: Allyn & Bacon.

Pelgrum, W. J. (1989). *Educational assessment: Monitoring, evaluation, and the curriculum*. DeLier, Netherlands: Academisch Boeken Centrum.

Preedy, M. (Ed.). (1989). *Approaches to curriculum management*. Bristol, PA: Open University Press c/o Taylor & Francis.

Pring, R. (1989). *The new curriculum*. London: Cassell.

Puckett, J. L. (1989). *Foxfire reconsidered: A twenty year experiment in progressive education*. Urbana: University of Illinois Press.

Purpel, D. E. (1989). *The moral and spiritual crisis in education: A curriculum for justice and compassion in education*. Granby, MA: Bergin and Garvey.

Purves, A. C. (Ed.). (1989). *International comparisons of educational reform*. Alexandria, VA: Association for Supervision and Curriculum Development.

Resnick, L. B., & Klopfer, L. E. (1989). *Toward the thinking curriculum: Current cognitive research. Yearbook of the Association for Supervision and Curriculum Development*. Alexandria, VA: Association for Supervision and Curriculum Development.

Reynolds, W. M. (1989). *Reading curriculum theory: The development of a new hermeneutic*. New York: Peter Lang.

Romiszowski, A. J. (1989). *Designing instructional systems: Decision-making in course planning and curriculum design*. East Brunswick, NJ:

Nichols/GP.

Rose, M. (1989). *Lives on the boundary: The struggle and achievements of America's underprepared*. New York: The Free of Macmillan.

Rosenholtz, S. J. (1989). *Teachers' workplace: The social organization of schools*. White Plains, NY: Longman.

Salia-Bao, K. (1989). *Curriculum development and African culture*. New York: Edward Arnold.

Sears, J. T., & Marshall, J. D. (Eds.). (1989). *Teaching and thinking about curriculum*. New York: Teachers College Press.

Spring, J. (1989). *The sorting machine revisited*. New York: Longman.

Walker, D. F. (1989). *Fundamentals of curriculum*. San Diego, CA: Harcourt, Brace & Jovanovich.

Whitson, J. A. (1989). *Constitution and curriculum: Hermeneutical semiotics of cases and controversies in education, law, and social science*. London: Falmer Press.

Wiegand, P., and Rayner, M. (Eds.). (1989). *Curriculum progress 5-16: School subjects and the national curriculum debate*. Bristol, PA: Falmer Press c/o Taylor & Francis.

제10장 1990~2000년의 교육과정 사상과 문헌

1. 국가교육과정기준의 실행 절차(National SOP: Standard Operating Procedures)

1990년대 미국에서는 1890년대의 10인 위원회와 15인 위원회가 열망해 온 것, 즉 국가 수준의 교육과정에 대한 구체적인 청사진이 부분적으로 실현되고 있음을 목격할 수 있다. 국가 수준 교육과정기준의 개발은 합리적이기보다는 정치적인 것이 분명하다. *A National at Risk*에서 선정된 교과에서 보다 높은 수준의 학업성취기준을 설정해야 한다는 요구에 따라 만든 법률인 '*Goal 2000: Educate America Act*' 의 충분한 재정적 지원에 자극받아, 13개의 각 교과에서 자발적으로 국가기준의 초안을 만들었다(Kendall & Marzano, 1997). 그 과정 중에 때때로 논쟁도 벌어졌다. 그래서 The International Reading Association과 The National Council of Teachers of

English가 초안을 만든 언어기준(National Council of Teachers of English, 1996)과 역사교과기준(National Council for Social Studies, 1994)은 그 초안이 잘 마련되지 않았다. 정책 입안자, 정부 관료, 심지어 The National Teacher's Unions마저 내용기준이 미국 공립학교의 새 장을 열 것으로 예측했다. 내용기준은 대개의 경우 The National Council of Teachers of Mathematics가 만든 모형을 따르고 있었는데, 학생들이 알아야 하는 것이 무엇인지, 기준이 되는 학년에서 무엇을 할 수 있는지, 결과적으로는 교사들이 무엇을 가르쳐야 하는지에 대해 진술하고 있다. 국가 수준의 내용기준에 관심이 집중되면서, 거의 모든 주가 주정부의 교육목표를 심사숙고해서 발표하였다. 그리고 그러한 교육목표에 기초한 내용기준을 학생들이 달성했는지를 확인하기 위해 주 단위의 학업성취도 평가가 장려되었다. 학생들이 무엇을 배워야 하는지를 진술하고, 배운 결과를 측정하기 위해 평가하려면 학교 교직원이 그러한 기술을 갖도록 훈련시키는 것도 필요했다. 그러나 교과서 출판사들은 국가기준을 직접 적용해서 만든 학생용 교재와 보조 자료들을 제공함으로써 교사들이 노력을 기울여야 하는 이러한 영역을 간단하게 처리해 버렸다. 이로 인해 Apple과 일부 학자들은 정책 입안자와 출판사가 교육과정에서 '교사를 배제한 채(teacher proof)' 모든 것을 해 버렸다고 주장했다(Apple & Christian-Smith, 1991).

국가내용기준이 만들어지자 학교 교직원을 지원하는 다양한 자료들이 등장했는데, 그것은 진술된 학습목표와 지역 교육과정 및 평가 체제를 연계시킨 것이었다. ASCD는 다양한 교과의 내용 지식을 열거하고 지방 교육청의 교육과정 설계를 안내하는 Marzano와 Kendall(1996, 1997)의 연구를 출판함으로써 국가기준을 확산시켰다. Harris와 Carr는 수업에서 내용기준을 어떻게 실행할 것인지를 제안했다(1996). 또한 Foriska(1998)와 Solomon(1998)도 학교 실천을 국가기준과 어떻게 연계시키는지에 대한 연구를 수행했다. Curry와 Temple(1992)은 교육과정 개혁에 착수하기 위해 교육과정의 기본 틀을 어떻게 활용해야 하는지에 관한 책을 ASCD에서 출간했다. 이러한 책에서 기술된 기준의 취지는 교육과정에 대해 설명하고 조언하는 것이었지만, 기준이 '구체화' 되자 주정부 수준에서 빈번히 학교와 교사를 통제하고 명령하게 되었다. 기준을 조성하고자 하는 관심은 교육과정의 설계뿐만 아니라 학생평가에까지 적용되었다. M. Tucker와 J. Codding(1998)은 측정이 기준을 효과적으로 실행하는 데 없어서는 안 될 영역이라고 주장했다. 현직 교사인 G. Wiggins(1998)는 복합적이고 진정한 학생 활동을 통해 교육적 기준을 측정하는 수행 평가를 어떻게 개발할 것인가에 대한 연구로 유명해졌다(Wiggins & McTigue, 1998). Mitchell, Willis 그리고 The Chicago Teachers' Union Quest Center(1995)는 수행 평가가 내용기준과 어떻게 연관되는지에 대한 사례를 발표하였다. J. Kordalewski(2000)는 교사와 학생이 수업활동에서 내용기준을 어떻게 수행하고 변형시키는지를 조사했다.

국가기준 프로젝트에 대해 이의를 제기하는 책도 출판되었다. R. Miller (1995)는 비판적인 논문을 편집했다. Ohanian의 *One Size Fits Few*(1999)는 내용기준이 현재의 미국 사회를 구성하고 있는 문화와 학습자의 다양성을 포함할 수 있다는 주장을 비판적으로 분석했다. M. F. Klein(1991)과 S. Stotsky(2000)는 중앙집권적인 교육과정이 야기하는 정치적 쟁점들을 조망한 책을 편집했다. L. McNeils(2000)는 학생들이 표준화 검사에서 높은 성적을 받도록 수업을 한다면, 학생의 요구에 부응하는 교육과정과 수업을 개발하는 데 부정적인 영향이 있음을 고찰했다.

한편 영국에서도 정책 입안자들은 기준과 국가교육과정에 대해 만족해 하고 있었다. 다른 영어권 국가에서도 이미 미국에서 실행된 권고적 내용기준보다 더욱 국가 지배적인 교육과정을 확립했다. 국가교육과정에 응답해서 출간된 그런 종류의 책들은 발의된 정책에 학문이 어떻게 대응하는지에 대한 교훈이 되고 있다. 영국에서 국가교육과정의 개정은 다음과 같은 학문적인 연구를 촉발시켰는데, 그것은 교육과정의 기원과 요소를 설명하고, 실행을 용이하게 하거나, 개정 프로젝트가 의미 있는 교육에 반하는 것임을 주장하는 것이었다. Harnett 등(1993)의 책, Thomas(1990)의 초등교육에 대한 역사적 개관, Graham과 Tytler(1993)의 최근 국가교육과정 제도 변화에 대한 고찰, Andrews(1993)의 국가교육과정 내에서의 국제적인 주제의 조사, Proctor(1990)와 Hall(1992)의 저서 등은 영국 국가교육과정의 정책 개발, 주제, 차원과 기준을 설명했다. Anning(1995)은 유아교육과 국가교육과정과의 관계에 대한 연구물을 편집하였다. Cox와 Sanders(1994)는 5세 아동의 삶에 미치는 교육과정의 영향을 고찰했다. Ahier와 Ross(1995)는 국가교육과정의 사회과를 검토한 책을 편집했다. Daughtery(1995)는 국가교육과정 평가 정책을 검토했다.

The National Union of Teachers(1990)와 Coulby와 Ward가 편집한 책(1990, 1997 개정)은 초등학교 핵심 교과 영역에 대한 국가교육과정의 실행에 대한 일반적인 연구였다. Higham 등(1996)과 Bloomer(1997)는 16세 이상의 학생들을 위한 국가교육과정을 고찰했다. Helsby와 McCullough (1997)는 교사와 국가교육과정과의 관계에 대한 연구를 수행했다. Lever (1990)는 특정한 학년군(key stage)[1]을 다루었다. Davies(1995)는 'key stage 1' 교육과정에서의 교과 지도력 개발에 대한 연구를 다루었다. Edgington 등(1998)은 'key stage 1' 에서의 교육과정을 해석하였다.

Tabor(1991)는 영어과 교육과정에서 단계 간의 연속성과 국가교육과정의 관계를 검토했다. Protherough와 King(1995)은 영어와 국가교육과정에 대한 책을 편집했다. O' Hear와 White(1993)는 국가교육과정의 평가에 대한

1) 역자 주: 영국의 학습 프로그램은 학년별로 구성되어 있지 않고, key stage라는 개념을 사용하여 몇 개 학년이나 연령 단계별로 제시되는데, 의무교육기간인 5~16세까지의 기간을 4개 key stage로 구분한다. key stage 1, 2, 3, 4는 각각 우리나라의 유치원과 초등학교 저학년, 초등학교 고학년, 중학교, 고등학교에 대응한다고 볼 수 있다.

	학년	학생의 연령
key stage 1	1~2학년	5~7세
key stage 2	3~6학년	7~11세
key stage 3	7~9학년	11~14세
key stage 4	10~11학년	14~16세

책을 편집했다. 국가교육과정과 학습 부진아 및 영재 학생들을 관련시킨 문제가 주목을 받았다(Ashdown et al., 1991; Lewis, 1991, 1995).

미국과 마찬가지로, 영국의 국가교육과정 또한 적지 않은 비판을 받았다. Dowling과 Nass(1990)는 수학 교과 교육과정에 대해 문제를 제기했다. T. Wragg는 제목에 표현했듯이 *Mad Curriculum Disease*(1991)에서 국가교육과정의 주도권 행사에 대해 비판했다. Barber와 Graham(1993)은 국가교육과정의 영향을 여러 가지 방향에서 개관했다. Lawton은 국가교육과정이 어느 정도 지속적인 효과를 얻고자 한다면, 교사의 전문성 발달을 위해 국가가 재정적인 지원을 해야 한다고 주장했다(1997). 스코틀랜드(Hartley & Roger, 1990)와 오스트레일리아(Brady, 1992; Hughes, 1990; Print, 1990)의 학자들도 이렇게 국가교육과정 중심으로 가는 것에 대해 많은 관심을 보였다.

2. 학교교육의 재구조화

1990년대 미국에서 일반 대중을 위한 교육 저서 대부분은 교육과정적 함의를 지닌 학교 개혁을 주제로 다루고 있었다. 1980년대 초기에 출간된 보수적인 보고서들은 공립학교를 진보적인 교육가의 변덕스러운 싸움에 들볶여서 표류하는 배로 표현했다. 한편, 대중매체는 다른 산업 국가의 교육 시스템을 방향과 목적을 가진 제도로 묘사하였다. 그럼에도 불구하고, 보수적인 정책 입안자들은 연방정부의 통제가 과도하게 명시되어 있는 국가교육과정 혹은 전국단위 평가를 지지하는 Clinton 정부에 대해 거부 반응을 보였다. 하지만 국가교육과정과 평가는 이미 AP 교육과정, 국가가 출판한 교과서, 또는 ACT와 SAT 시험 등의 형태로 어느 정도 존재하고 있었다. 그러나 학자들은 그것을 좀처럼 언급하지 않았다.

1990년대 미국 공립학교가 초점이 없고 열등한 결과를 산출한다는 주장에 대해 비판이 일게 되자 다른 입장이 나타났다(Berliner & Biddle, 1995;

Schrag, 1995, Sowell, 1993). 학자들은 개혁의 첫 번째 단계는 교육에 대한 국민들 간의 의미 있는 대화라고 조언했다(Garrison & Rud, 995; Kincheloe & Steinberg, 1993). 학교에서의 변화를 생각하거나 시도하면서 괜찮은 10년을 보내는 가운데, 개혁을 다룬 대부분의 저자들은 그들의 관심을 시중의 담론과 정책 입안을 조명하기보다 실제를 개선하는 쪽으로 방향을 돌렸다. 1990년대 대부분의 논문은 현재를 개혁하는 데에는 과거를 후회하기보다 미래를 계획하는 것이 가장 효과적이라는 관점을 갖고 있었다. 이러한 저자들은 가장 확실하게 실패한 것들이 적절한 의제가 될 수 있다고 확신했다. 학술지 *Kappan*에 실린 미국 학교에 대한 Bracey 보고서(Bracey, 1997a, 1997b)의 인기는 학교 교직원들이 이미 그들이 거둔 최근의 성공을 옹호하고 있음을 보여 준다. Berliner와 Biddle(1995)은 미국 교육의 보수적인 개혁운동에 대해 비판했는데, 그것은 미국의 공립학교가 대중 신문이 지적한 것보다 더 잘 운영되고 있다는 국제 비교 평가에 대한 미발표 연구를 공개적으로 토론하기 위한 것이었다.

개혁(reform)이란 주제가 인기를 얻게 되자 M. Fullan의 연구가 주목을 받게 되었다. 교육과정에서 연구를 시작한 Fullan은 지역구와 학교에서 어떻게 하면 효과적으로 변화가 일어나는지, 행정가와 교사는 개혁을 촉진하기 위해 무엇을 할 수 있는지에 대해 연구하여 국제적인 명성을 얻게 되었다(1991, 1992, 1993, 1999). S. Sarason(1990, 1995, 1996)은 '학교 문화'가 변화에 어떻게 저항하는가에 대해 좀 더 비관적으로 보았다. 개혁의 역동성에 대한 지식을 얻게 되자, 학교 교직원들은 1980년대에 만들어진 프로그램들을 실행할 것인지, 역사적인 모형들을 다시 부활시킬 것인지, 혹은 교수와 학습에 대한 새로운 개념을 실행할 것인지에 대해 선택을 할 수 있게 되었다.

1980년대 개혁에 대한 많은 제안들은 1990년대에도 계속해서 발달하고 진보하였다. E. D. Hirsch는 문화적 문해력과 국가적인 기초지식의 기준 설정 및 적용에 대한 운동을 계속했는데, 그의 *Cultural Litracy*에서 제시된 기본적인 사실과 개념의 목록은 Hirsch 등(1993)에 의해 개정되고, 대폭 확대되었다. 유치원에서 초등학교에 이르는 기본적인 지식이 무엇인지에 대해 안내함으로써 Hirsch와 그의 동료들은 출판계의 판도를 바꾸어 버렸다(Hirsch, 1992, 1993a, 1993b, 1993c, 1993d, 1994, 1995a, 1995b, 1996; Hirsch & Holdren, 1997). *The Schools We Need and Why We Don' t Have Them*에서 Hirsch(1996)는 학년에 따른 지식의 표준화를 계속 지지하였고, 교육대학, 특히 콜롬비아 교육대학이 공교육 붕괴에 책임이 있다는 주장을 하였다.[2] 또한 그는 기준 중심/교사의 책무성을 강조하는 입장에 동참하였다. Powell(1999)은 학생들이 공통적인 문해력을 갖추어야 한다는 주장을 더욱 강조하였으며, Mackley(1999)는 이를 핵심으로 적용한 연구를 수행하였다.

1980년대의 교육에 대한 많은 제안은 1990년대에도 전통적인 학교교육 구조에서 대안으로서 가치를 가졌다. 1980년대의 파이데이아(Paideia) 학교 운동은 Adler나 Hutchins 같은 지적 전통주의자들의 학문 지식, 기능 개발, 추론에 대한 강조를 계속 이어가고 있었다(Robert et al., 1998). 진보적인 대안인 T. Sizer(1992)의 Coalition of Essential Schools는 공립과 사립학교 모두의 지지를 받아 제한적이지만 견실하게 운영되고 있었다. D. Muncey와 P. McQuillan(1996)은 Sizer의 학교 연합 중 8개의 자율형 공립학교(charter school)에 대한 질적 연구를 수행했는데, 참여자들의 삶에 관한 개혁 운동의 효과를 고찰한 것이었다. Steinberg 등(2000)은 대학교 진학이나 직업 준비에 있어 본질주의 학교 운동의 원칙과 실천을 적용하여 효과를 거두었다는 연구 결과를 내놓았다. 학교행정가인 D. Litky와 D. Meier(1997)는 본질적인 학교 모형의 요소들을 적용하여 그들의 고등학교를 성공적으로 변화시켜 전국적으로 주목을 받았다(Sizer, 1996). R. Fried는 본질적인 학교의 원리를 교

2) Walter Feinberg는 Hirsch의 저서에 대한 논문에서 개혁에 대한 제안을 '새로운 근본주의(new fundamentalism)' 라고 이름 붙였고, 미국 공립학교에서 교수에 대한 Hirsch의 연대기의 정확성에 문제를 제기하였다. Feinberg, W. (1997). Educational manifestos and the new fundamentalism. *Educational Researcher, 26*(8): 27-35를 보라. 이에 대한 Hirsch의 답은 Hirsch, E. D. (1998). Response to Professor Feinberg. *Educational Researcher, 27*(2): 38-39를 보라.

사 개혁에 대한 제안으로 전환하였다(Fried, 1996).

학교개혁에 대한 다른 구조화된 연구들, 특히 R. Slavin이 장려한 'Success for All' 모형(Slavin et al., 1998), H. Levin의 교육과정 이수기간을 단축한 속진학교 연구(Eidson & Hillhouse, 1998; Hopfenberg et al., 1993), J. Comer의 혁신(1993, 1995, 1997; Comer et al., 1996) 등은 제도 개혁에 대한 논의와 이러한 국가 전체의 동향에 동참한 학교에 영향력을 미쳤다. S. Zemelman 등(1993)은 그들이 지지한 교수-학습에서의 새로운 기준에 대한 'Best Practices' 연구를 수행하였다. 그 연구는 정치적으로 인기가 있던 자율형 공립학교와 학교 선택권에 부합하는 것이었으며(Nathan, 1996), 그 결과 시카고에 그러한 실천을 할 수 있는 학교가 설립되었다. Science-Technology-Society(STS)는 개혁 프로그램으로 국제적인 주목을 받았는데, 아동이 일상생활에서 마주치는 상황을 기초로 한 프로젝트 중심의 과학교육 연구였다(Solomon & Aikenhead, 1994). 시카고에서 열린 작은 학교 워크숍에서 주류를 형성한 다양한 형태의 '작은 학교'(Ayers et al., 2000)는 90년대 말 그 인기가 높았으며, 재정적 지원도 많아졌다.

Goodlad는 학교 개혁에 대한 그의 제안을 더욱 명확히 했다. 그는 기회의 균등, 학습의 자원을 공평하게 제공하는 것과 교사 전문성 강화를 강조했다(Goodlad, 1994a; Goodlad & Keating, 1990). 그의 과거 40년 동안의 교육 사상에 대한 논문과 교육 개혁에 대한 일관된 주장은 그의 업적을 기리는 논문집(Sirotnik & Soder, 1999)에서 인정받았다. 1980년대 Goodlad와 Oakes는 능력별 학급 편성을 배제해야 한다는 개혁안을 제시한 바 있었다. 이러한 개혁안은 R. Page(1991)의 열등학급에 대한 연구와 A. Wheelock(1992) 및 Pool과 Page(1995)의 어떻게 해야 능력별로 학급을 편성하지 않을 수 있는지에 대한 제안 등으로 추진력을 얻게 되었다. Oakes는 또한 공동연구를 통해 효과적인 학교 개혁에 대한 연구를 수행하였다(Oakes et al., 1999).

J. Rifkin이 예측한, 기술이 노동의 형태를 바꾼다는 '노동의 종말'[3]과 관련하여 J. White(1997)는 미래에 대한 비전은 21세기에 형성될 사회를 예상해

야 한다고 주장하였다. L. Weis(1990)는 탈산업화 경제에서 청년 노동계층의 교육 기회와 가능한 미래에 대해 전망하였다. J. R. Martin(1992)은 현대 미국 가정의 다양한 현실에 반응하는 교육 제도로서 '가정학교(schoolhome)'를 개념화하였다. C. Reid(2000)는 제도교육 밖의 조건을 고려해서 교육 공학과 결합시키면 개별화된 수업에 효과적일 수 있다는 주장을 계속했다.

Coleman 등(1997)은 '학교의 재구조화'를 요구했다. 이것은 기업에서 보편화된 개념인데, 지도력이 상황과 목적에 가장 효과적으로 대응할 수 있는 조직을 형성한다는 것이다. 개혁안들은 교육과정 혁신을 통해 효과적인 재구조화를 할 수 있고(Williams, 1993), 재구조화는 교실에 영향을 미칠 수 있을 것이라고 주장하였다(Elmore et al., 1996). 1980년대 말의 시카고 공립학교 재설계는 학교 재구조화의 전형으로 여겨졌다(Hess, 1991). L. Daring-Hammond(1997)는 교사라는 직업과 교사가 노동하는 제도적 여건에 대한 포괄적인 재구조화를 요구하는 세부적인 제안을 내놓았다. M. Hunter(1992)의 최종적인 개혁안은 무학년 학교가 되어야 한다는 것이었다. 또한 Bachrach 등(1995)이 만든 안내서에는 다양한 연령의 학생들로 학급을 편성하는 것도 가능하다는 실행 지침을 싣고 있다.

21세기를 준비하기 위한 학교와 학생에 대한 개혁안은 정치적으로 보수주의와 신자유주의(Allen, 1992; Schlechty, 1997)로부터 진보주의와 급진주의에 이르기까지 다양하다(McDonald, 1996; O' Sullivan, 1999; Perkins, 1990). S. Ball(1994)은 그와 같은 개혁을 비판적이고 후기 구조주의 관점에서 제안된 것으로 생각했다. 변화에 대한 이렇듯 넘쳐나는 권고에는 Dewey의 사상이 교육 개혁을 고무할 수 있다는 Simpson과 Jackson(1997)의 제안도 포함되어 있다.

이들 이외에도, 학교 개혁에 흥미를 가졌던 연구자들은 흥미롭고 영향력

3) Rifkin, J. (1995). *The end of work: The decline of the global labor force and the dawn of the post-market era.* New York: Tarcher/Putnam

있는 다양한 방안을 언급하고 있는데, 예를 들면 Brandt(1998), Fullan과 Hargreaves(1992; Hargreaves, 1997; Hargreaves & Fullan, 1998), Eisner (1998), Glickman(1993, 1997) 등이 있다.

어떤 연구자들은 비록 특정한 의제나 교육과정 개혁에 대해 체계화된 방안을 내놓은 것은 아니지만 개혁에 대한 이해에 영향을 주었다. Barzun(1991), Glasser(1990), Graves(1996), Kohl(1998), Smith(1995, 1998) 등은 교육과정을 직접적으로 언급하고 있지는 않지만, 교육과정 개혁에 대한 논의에 영향을 미쳤다. Kozol의 교육 평등에 대한 연구(1991)와 미국 빈곤층 아동의 생활에 대한 연구(1995)는 대중매체의 관심을 끌었으며, 교육과정에서의 선택을 위해 주정부의 교육기금 제공 방식을 바꾸어야 한다는 여론을 불러일으켰다. Kohl(1998), Gregory(1993), Rose(1989, 1995)와 Nehring(1997) 등은 개별 학생을 위해 노력하고 그들을 관찰하는 것에 기초한 진보주의적 변화관을 제시하였다. 개혁의 역동성에 대한 연구가 풍성하고, 변화에 대한 제안도 다양했지만, 그중 단지 두 개의 연구만이 교육과정을 통한 변화를 다루면서 제목에서 이를 드러내고 있는 것은 주목할 만하다. 그것들은 *Change and the Curriculum*(Blenkin et al., 1992)과 *Restructuring Through Curriculum Innovation*(Williams, 1993)이었다.

3. 비판적 재건주의가 보여 준 가능성

일반 독자를 위한 책들은 학교 개혁을 요구했지만, 비판적 재건주의(critical reconstruction) 관점을 가진 저자들은 학교교육의 억압적인 사회 기능에 반대하는 주장을 설득력 있게 펼쳤으며, 교육에서의 정의를 옹호하였다. 교육과정 이론의 발전과 관련하여, 1990년대 비판적 재건주의 관점의 논문은 단지 포스트모더니즘적 담론을 철저하게 수용한 학자들의 논의를 확장한 것이었다. 비판적 재건주의자들은 미국에서 학교교육은 지배적인 핵심 권력을 위

해 경제와 계급 불평등을 영속화하고 있다고 하면서, 진정한 교육은 억압으로부터 자유로울 수 있고, 그렇게 되어야 하는 것이라고 주장하였다. 이러한 입장에서 보면, 교육은 민주적인 숙고와 세계 정의를 촉진하도록 젊은이들을 양성함으로써 사회를 변화시키는 데 동참하는 것이다(Gordon, 1999). Kanpol(1994, 1997a), Hinchey(1998), Darder과 Torres(2000)는 이와 같은 교육과정 학문 분야에 대한 안내와 개관을 했다.

비판적 재건주의자들의 사상은 영향력 있는 세 명의 지지자들의 저서에 잘 드러나 있다. 각 주장은 현 사회에 대한 비판에서 기본적 입장이 다르고, 연구의 관심 문제가 다르지만, 개혁을 어떻게 이론화하는가를 제안하고 있다. Apple, Freire, Giroux의 비판적 사회재건주의 연구에 의하면, 각각은 민주주의의 역동성을 재개념화하는 데 있어 Dewey식 경험주의 사상을 모두 존중하는 입장을 견지한다. 또한 사회 변화를 촉진하기 위한 도구로서 교육을 다루는 급진적 진보주의의 노력을 평가하고, 포스트모던 이론이 제시한 전망에 대해 개방적이며, 모든 차원의 인간 상호작용에서 보다 큰 관용, 평화와 정의가 이루어지는 곳으로 세계를 변화시키려는 열정 등을 나타내고 있다.

1970년대 말과 80년대, Apple은 학교에서 교육과정의 이념적 분파를 연구하는 새로운 언어를 자유롭게 구사하였다(1979, 개정판 1990). Gramsci와 같은 신 Marx 주의 학자의 이론 구조를 적용한 Apple의 초기 저작은 미국 공교육에 대한 지배집단의 패권에 초점을 맞추며 경제적 · 정치적 관점을 드러냈다. 그의 후기 연구는 학교에서 교육과 권력의 보다 광범위한 상호작용(1982), 교과서의 정치적인 사용(1986; Apple & Christian-Smith, 1991)을 다루었다. 1990년대 그는 이념적 지배의 문제가 더욱 확산되고 있다고 보았으며, 실제로 민주주의 교육을 생성하거나 전복할 수 있는 공적인 지식에 관한 문제(1993, 1999a)와 문화적 정치활동(1996)을 다루었다. 이러한 어려움에도 불구하고, 그는 학교와 교실에서 민주주의를 포용하고 실천하는 학교와 교사를 확인할 수 있었다(Apple & Beane, 1995). 그는 공립학교와 지식 통제의 권력

관계를 이해하기 위해 경제적 · 정치적 구조를 대비하였다. 그는 일관되게 미국 공립학교 제도, 또는 공립학교의 주요한 교육과정적 산물의 하나인 출판사가 발간한 교재에 초점을 맞추었다(Apple, 1999b). 1980년대 대부분의 기간 동안에는 공립학교 교육의 이념적 구조를 비판적으로 검토했다.

1990년대, Apple은 민주적인 공립 학교교육이 무엇을 의미하는지(Carlson & Apple, 1998), 그것은 실천에서 어떤 모습인지에 대해 연구하였다(Apple & Beane, 1999). 그는 비판적 교육에 대한 사상을 발전시키는 데 있어 경험주의적 관점에서 유래한 학교교육에서의 진보적인 노력을 긍정적으로 평가하였다. 그는 포스트모더니즘 사상에 의해 저술된 논문을 비롯하여 성적, 인종적 차이가 정치권력 관계를 이해하는 데 상호보완적일 수 있는지에 대해서도 개방적인 입장을 취하였다.

1990년대에는 학교 교육과정과 실천에 대해 비판하는 Apple의 이론적 관점을 공유한 다양한 문헌들이 쏟아져 나왔다. 그 문헌들은 교과서와 공립학교 교육과정의 다른 요소들이 사회적 통제를 위해 어떻게 작용하는지에 대한 그의 연구와 민주적인 학교교육을 촉진하는 데 있어 그의 관심도 함께 다루고 있었다. Avis 등(1996)은 국가의 특성과 지식의 통제에 대한 연구에서 양립 가능한 경제적 · 정치적 구조를 적용하였다. Altbach 등(1991)은 사회적 통제 수단으로 교과서를 사용하는 것을 주제로 한 연구 결과를 편집했다. Liston 등(1995)은 고등학교 역사 교과서의 정치성에 대해 연구하였다. 비판적 재건주의자가 아닌 학자들도 교과서에 대한 연구를 하였다. J. DelFattore(1992)는 엄격한 교과서 채택 과정을 거치는 주나 텍사스의 Gabler 연구소와 다른 보수적인 단체가 주도한 교과서 검열 현상을 조사하였다. Elliott와 Woodward (1990)는 미국의 교과서와 학교를 주제로 NSSE의 연감을 편집하였다.

Apple과 함께 연구한 많은 학자들은 비판적 교육학과 민주적 학교교육의 요소에 대한 논의에서 주도적인 역할을 하였다. Apple의 많은 제자들은 경제적 · 정치적 분석으로 제공된 이해의 틀을 포스트모더니즘 이론의 적용을 통해 확장시켰다. 교육과정에 대한 당대의 관점에 대해 Apple과 함께 책을 편집한 L. Beyer(Beyer & Apple, 1998)는 이론과 실천이 민주적인 학교를 창조하는 데 있어 어떻게 함께 이루어질 수 있는지에 대해 논의하였다(Beyer, 1996). 그는 또한 Apple과 함께 연구하였던 Liston과 함께 진보적 학교 개혁을 위한 노력에 대해 공동 집필하였다(Beyer & Liston, 1996). Goodman(1991)은 초등학교에서의 비판적인 민주적 실천을 기술하는 데 영향력을 미쳤다. McNeil (1998)은 민주적인 수업이 공립 학교교육에서 어떻게 실현될 수 있는지에 대해 제안했다.

1990년대 주목을 받은 또 다른 유형의 비판적 재건주의는 Freire의 사상을 확대한 것이었다. 1997년 그가 죽기 전까지 발표한 많은 책들은 그의 연구와 신념에 대한 개인적인 성찰이었다. 1970년대부터 그의 사상에는 일관된 흐름이 있었는데, 독자들은 *Pedagogy of the Oppressed*의 개정판(1993b)에서부터 *Education for Critical Consciousness*(1990), 또 90년대 후반에 출간된 문헌(1996, 1997, 1998a, 1998b)에 이르기까지 일관성과 핵심 주제를 유지 · 발전시킨 것을 알 수 있다. 그는 흔히 Marx 주의자나 후기 Marx 주의자로 알려져 있다. 하지만 그의 제안을 주의 깊게 살펴보면 Marx 이론의 영향을 받았으나 대부분 그 자신의 삶에 대한 연구와 관계에 의해 구체화된 경험주의적 사상과 제휴하고 있음을 발견할 수 있다. 그는 테네시의 Highlander Center를 이끄는 교육자인 M. Horton—그의 이야기는 *The Long Haul*(Horton, 1990)에 실려 있다.—이 자신과 지적 인식을 같이하고 있음을 확인하였다. 그들은 1980년대 후반 내내 교육과 사회적 변화에 대해 많은 대화를 나누고 이것을 책으로 출판하였다(Bell et al., 1990). 이 대담에서 사회혁신에 대한 개인적인 회상과 염원은 두드러지게 나타났지만, 형식적인 이념 구조를 발전시킨 것은 아니었다. Freire의 문헌을 읽는 것은 많은 점에서 당근과 채찍을 아울러 받는 것이다. 왜냐하면 그는 정의와 사랑의 확대를 위해 교육을 사회 개혁의 동력으로 활용하면서 그의 개인적 언어와 경험을 거침없이 나누어 주고 있기 때문이다.

많은 주요 학자들이 Freire의 연구를 새로운 맥락에 놓고 그의 사상을 해석하였다. 그의 사상에 대한 이해를 확대시킨 문헌 중에는 그의 저서를 편집한 것(McLaren & Leonard, 1993), 지식인으로서의 전기(Gadotti, 1994), Macedo와의 공저(Freire & Macedo, 1998), 비판의식에 대한 조언자로서의 대화(Freire et al., 1997), 대학교 교육에 관한 연구(Escobar et al., 1994) 등이 있다. Gadotti는 Freire의 원칙에 기초해서 구조화된 철학적 견해를 제시하였다(1996). Macedo는 Freire의 생각에 기초하여 미국 교육과정에서 묵살된 것(silences)에 대해 연구했다(1994). I. Shor와 C. Pari는 Freire의 영향을 받아 교실 수업을 묘사한 책을 편집해서 그에게 헌정했다(Shor & Pari, 1999). A. Darder는 Freire의 삶에 대한 연구와 신념에 대해 성찰한 책을 출간했다(1999).

Freire의 지지자들은 그의 해방 교육 모형을 국제적으로 사회를 초월한 모든 문화의 관점에서 고찰했다. 그의 연구는 앞에서 언급한 비판적 재건주의의 세 가지 주장 중 교육학적으로 가장 구체적(specific)인 것이었다. 민주주의적인 교육학자들(예를 들어, Apple과 Beane)은 기본적으로 수정된 경험주의적 실천 방식을 따르고 있었고, Giroux는 문화에 대한 비판적 문해력을 제안했다. Freire식으로 비판의식을 촉진하는 절차는 다양한 국제적 상황에서 실천가들에 의해 적용되었다. 그것은 또한 연구 의제를 형성하기도 했던 생생한 경험에 대한 회고와 성찰이었다. Freire의 연구 의제는 바로 그의 '실천' 그 자체였다(Gadotti, 1996). 이해는 행위와 성찰의 변증법을 통해 달성될 수 있다.

비판적 재건주의 사상에 대해 가장 많은 연구를 한 집단은 H. Giroux와 제휴한 S. Aronowitz, P. McLaren, J. Kincheloe, S. Steinberg 등의 학자들이었다. Giroux의 저서는 경험주의적 전통에 뿌리를 두고 있다. 카네기멜론 대학교 E. Fenton의 제자였던 Giroux는 1970년대 후반과 80년대 초에 학교의 잠재적 교육과정(1981; Giroux & Purpel, 1983) 및 잠재적 교육과정과 마주치게 될 경우 학생들의 저항 방법에 대해 연구하였다(1983). Freire는 Giroux, McLaren 및 비판적 재건주의의 흐름에 동참한 Castells 등(1999)과 같은 학자들과 공동 연구를 한 적이 있다. Giroux는 Freire의 논문에서 시사점을 얻었음을 자인하면서 1980년대 후반과 90년대의 그의 사상과 저서에 포스트모더니즘과 여성해방 이론을 또한 적극적으로 받아들였다(Aronowitz & Giroux, 1991; Giroux, 1990; Giroux, 1991a). 그의 사고를 발전시키고 확장하면서, Giroux는 광의와 협의의 문화적 표현을 분석하는 연구의 필요성과 '비판적 교육학(critical pedagogy)' 이라 불린 교육 개혁안을 제안하였다(1997b). Giroux는 교육을 통해 파급되는 지배 계층의 '논지' 를 폭로하고, 자기 주장을 펼치기 어려운 피지배 계층에게 더 많은 권한을 부여하면 보다 공정한 사회질서와 세계질서가 생성될 수 있다는 비판적 재건주의의 열망에 그 뿌리를 두고 있었다(Aronowitz & Giroux, 1993). 교육과정 연구에서 그의 관심은 정체성과 문화에 대한 교육적 입장으로까지 확장된다. 예를 들어, 일(1991b), 차이(1994b), 대중 매체(1994a), 젊은이들의 사회적 저항, 인종, 폭력(1996, 1997b), 문화 연구(Giroux & Shannon, 1997) 등이 있다. 그는 또한 최근 연구에서는 오락물 간행사인 디즈니사가 전세계적으로 영향을 미친 사회 의식 형성에 대해 이의를 제기하고 있다(Giroux, 1998, 1999).

Giroux가 교육 개혁으로 제안한 비판적 교육학은 젊은이들에 대한 지배권력의 이념적 지배가 이념적 의식화로 자동적으로 전환되는 것은 아니라는 인식에 기원을 두고 있다. 학습자들이 지배집단에 동조하는 관습에 순응하는 것에 반대하고 논쟁하는 데서 가능성은 생겨난다. 만약 교사가 지배적인 사회 질서를 비판적으로 검토하고, 소수자의 입장을 대변하기 위해 정치적 · 경제적 · 문화적으로 소외된 사람들과 연대하고자 한다면(Simon, 1992), 교육은 사회적 변혁의 동인이 될 수 있다. P. McLaren(1994a)은 지배적인 정치, 경제적 문화 권력에 대한 사회적 분석에서 Giroux의 관심에 부합하는 비판적 교육학을 발전시켰다(Giroux & McLaren, 1993). Giroux는 교육과정을, 사회권력이 조성한 것에 대해 알아야 하고 존재할 만한 가치가 있는 것으로 최대한 폭넓게 정의하려고 했다. 그 반면에 P. McLaren은 미국의 공립학교 교육의 역동성에 좀 더 밀착해서 연구했는데(1994b, 1998), 정치적 · 경제적 틀 안에서 학교의 성취결과를 비판하고, 사회 혁명을 위해 교육해야 한다는 제안을 했다. 교육 개혁과 비판적 교육학 요소에 대한 그의 생각은 Freire(McLaren & Lankshear, 1994)와 신생 국가의 사회 개혁자들로부터 깊은 영향을 받았다 (McLaren, 1999). 비판적 교육학은 Freire의 문맹퇴치 연구로 그 범위가 확대되었다. 문해력이 지속적으로 개발해야 하는 기능이라는 것을 인식하고, 비판적 교육학은 학생들이 세계를 비판적으로 이해하도록 하는 데 중점을 둔다 (Lankshear & McLaren, 1993; McLaren et al., 1995). 다양한 담론에 비판적으로 참여하고, 컴퓨터를 이용한 상징적 표현 형태를 다룰 수 있도록 문해력을 확대시키는 것이 강조되자 문화 측면에서는 미디어 문해력과 미디어 지식의 개념이 조성되었다(Morgan, 1997; Schwoch et al., 1991; Semali & Pailliotet, 1998; Spring, 1992).

비판적인 교육자는 사회적으로 소외된 사람들이 반대 논지를 분명히 표명하고(Giroux et al., 1996), 또 경제적 · 정치적으로 약자에 대한 억압에 반대해서 사회적으로 이의를 제기하도록 장려하였다(McLaren, 1997). 진정한 의미의 다문화 교육과정은 권력과 문화적 표현 사이의 관계에 주목하는 비판적이고 대립적인 것이다(Kanpol & McLaren, 1995). Giroux와 마찬가지로, McLaren은 비판적 이론가의 연구의제(McLaren & Giarelli, 1995)와 문화의 정치학(McLaren, 1995)에 대해 논평했다. 또한 예비 교사를 위한 교육 기초 이수 과정에 사용할 목적으로 교재를 개정하여 출판하였다(McLaren, 1998).

4. 비판적 재건주의에 기여한 또 다른 연구자들

Apple, Freire, Giroux와 그들의 공동 연구자들을 중심으로 비판적 재건주의의 세 가지 접근법을 비교한 것은 1990년대 다른 많은 연구자들을 배제하려는 것이 아니다. 다양한 설명적인 개념 틀이 교육에서 비판 이론의 적절성을 설명하였고(Carr, 1995; Young, 1990), 후기구조주의와 포스트모던 사상의 통찰에 대해 숙고했다(Peters, 1996; Shannon, 1998). J. Kincheloe와 S. Steinberg(1998b)는 폭넓은 의미로 해석되는 교육적 상황에서 비판적 사고의 적용에 대한 책을 편찬하였다. Kincheloe(1998)는 직업교육과 근로자 교육에 특별한 관심을 보였다. Steinberg과 Kincheloe는 또한 유아교육의 대부분을 구성하는 대중문화에서 자본주의자의 관심을 고찰하였다(1997).

교육 활동의 분석에서 비판 이론을 방법론으로 적용한 다양한 문헌들이 출판되었다. 거시적 분석 연구(Fuller, 1991; Gatto, 1991)와 사례 연구(Fine, 1991)가 수행되었다. 학자들은 학교 정책에 의해 생성된 가능성과 장애를 연구하였는데(Leistyna, 1998), 학교 선택과 관련된 것(Fuller & Elmore, 1996), 교사의 직업적인 삶에 관한 것(Popkewitz, 1991), 또는 상업과 학교의 형식적 밀접성에 관한 것(Molnar, 1996) 등이 있다. J. Anyon(1997)은 도시 학교 개혁의 정책과 실천에 대해 정치적 · 경제적 분석을 했다. Roman과 Eyre(1997)는 교육에서 차이와 평등 간의 긴장관계를 연구하였다. Block(1997)은 공립학교 교육이 구조적으로 아동에 대한 제도화된 폭력이라는 주장을 해서 사회를 혼란스럽게 했다.

학교교육의 전통적인 한계를 뛰어넘어 교육과정 연구가 확대되자 지식과 기능이 이념적 가설에 의해 어떻게 구체화되는지를 역동적으로 이해하게 되었다. Apple과 연구한 두 학자, K. Teitelbaum(1995)과 L. Christian-Smith(1991)는 학교 아닌 다른 곳에서 이념적 교육과정 비판을 할 필요가 있음을 설득력 있게 제시하였다. 다른 학자들은 비판적 교육학의 발전(Kreisberg, 1992), 해방 신학과 비판적 교육학의 관계 및 가톨릭 학교에서 그 표현에 대해 연구하는(Oldenski, 1997) 등 비판적 교육학의 범위를 확장하였다.

Leistyna 등(1996)은 비판적 교육학에 대한 안내와 변명을 하는 책을 편찬하였다. 민주적 다문화 교육과정에 대한 이러한 동향은 대안적인 정기 간행물 *Rethinking Schools*에서 논문을 수집해 연대순으로 정리하였다(Levine et al., 1995). 한편 비판적 재건주의 프로그램에서는 의미 있는 교육과정을 구성하는 논쟁적인 사회적 주제를 만나게 된다(Williams, 1994). Marciano(1997)

는 미국 젊은이들이 공민으로서의 소양이 없음을 다루어야 한다고 지적하였다. Knapp(1995)은 빈곤층 아동들을 위한 교육에 초점을 맞추어야 한다고 주장하였다. B. Kanpol(1997b)은 변화를 위해 교사교육과 전문성 개발을 새롭게 구성해야 할 필요가 있음을 제기하였다.

교육과정에서 성과 인종에 대한 관점과 비판적 재건주의의 관계는 이러한 담론에 참여한 학자들 사이에 논쟁을 촉발시켰다. C. Luke와 J. Gore(Gore, 1992; Luke & Gore, 1992)는 수정된 비판적 재건주의 프로그램과 제휴해서 비판적 교육학과 여성해방론 중심 교육학의 가능성을 탐구하였다. Ng 등(1995)은 반-인종주의와 여성해방에 대한 제안이 교육에서의 비판적 접근과 어떻게 결합될 수 있는지를 조사한 책을 편집하였다. Gallas(1997)는 초등학교 교실에서 권력과 성이 어떻게 작용하는지에 대한 연구를 하였다. Weis와 Fine(1993)은 계층, 인종, 성에 의해 만들어지는 침묵에 대해 연구하였다. Zou와 Trueba(1998)는 학교에서의 정치적 행위에 대해 서술하였다. 종종 B. Hooks의 연구(1994)는 인종적 · 민족적 담론이라는 특징을 갖지만, 혁명적 교육학의 맥락에서 그녀의 연구를 해석할 수도 있다(Florence, 1998).

비판적 재건주의가 확대되자, 이러한 관점의 이론과 실천에 대한 학문적 비판도 생겨났다. James(1995)는 역사적 관점에서 비판적 재건주의의 발전에 영향을 미친 경험주의에 대해 특별히 강조하는 논문집을 편찬하였다. P. Hlebowitsh(1993)는 비판적 재건주의를 통합적이고 역사적으로 분석하였다. W. Stanley(1992)는 사회재건주의자인 Counts와 Rugg로부터 오늘날의 지지자와 비판자들에 이르기까지 재건주의 사상의 계보를 살펴보았다. Stanley는 재건된 비판적 교육학에서 Aristotle식 개념인 '실천적 지혜(phronesis)' 또는 실천적인 판단을 행위의 기초로서 활용하는 후기구조주의와 비판적 실용주의를 통합한 이론 구조를 제안하였다. Stanley는 자신의 연구를 '후기구조주의의 반 지배적 실천(post-structural counter-hegemonic praxis)' 이라고 불렀다.

비판적 재건주의는 사회적 수행 과정을 구조적으로 설명하는 데 지나치게 의존한다는 비판이 일었다. 포스트모던 사상은 단순한 인과적 구조에 대해 이의를 제기하였다. 또한 사회 현상을 성공적으로 이해하기 위해, 연구는 구체적이고 다양한 담론 모형을 적용해야 한다고 제안하였다. 사회적 관계, 문화적 유형, 정체성 발달을 분석하기 위해 오로지 정치적 · 경제적 구조에 의존하면 결론을 도출할 수 있으나, 고정된 유형에 적합하게 관찰이 이루어지기도 한다(Morrow & Torres, 1995; Shapiro, 1990).

E. Ellsworth(Ellsworth & Whatley, 1990)는 가부장적(patriarchal) 관계가 유지되고, 교사가 주도적인 역할을 하는 교육에서는 해방이 이루어질 수 없다고 주장하며, 비판적 재건주의에 대한 통찰력 있는 분석을 했다. 비판적 재건주의자들은 또한 학교 실천에 의미 있는 영향을 줄 수 있는 효과적인 학교 개혁 프로그램을 제시하지 못한다는 비판을 받았다. Wink(1997)는 비판적 교육학을 당시의 공립학교 실천에 적용시킬 수 있는 방안에 대해 탐구했다.

5. '차이' 에 주목한 수많은 연구들

사회적 행동주의, 지적 전통주의, 경험주의, 또는 비판적 재건주의 관점에 동조하지 않고, 유래하지도 않았으면서 주목받았던 1980년대의 다양한 교육과정 연구는 1990년대에 와서 보다 발전되었다. 교육과정적 의미를 더욱 완전하게 이해하기 위해 현상학적, 포스트모던, 여성해방, 인종적, 미학적, 문학적, 신학적, 정신분석적 담론을 시작한 그들의 논문은 교육과정 영역에서 Pinar의 '재개념화' 를 실현하기 위해 비판적 재건주의자들과 결합하였다. 교육과정에 대한 독특한 주장들이 확산되면서, 주류를 이룬 교육과정 입장에 동조하지 않고 연구했던 과거의 저자들에 대해 새로운 관심이 고조되었다. D. Huebner의 논문을 선집한 것(Hills, 1999)과 J. Macdonald(1995)의 핵심 논문들이 출간되면서, 이러한 주요 이론가들을 발견하려는 새로운 학자들에게는 역사적 맥락에서 중요한 자료와 기회가 부여되었다. 1990년대에는 또한 M. Greene이 삶과 교육을 다른 방식으로 고찰한 많은 교육자들에게 영향을 주었음이 입증되었다. B. Ayers와 J. Miller(1997), W. Pinar(1998b)는 교육과정에 대한 고찰과 경험에 대한 M. Greene의 논문을 고찰한 책들을 편집하였다. Greene(1995)은 교육, 예술, 사회 변화의 가능성을 고찰한 논문집을 펴내, 교육에 관한 논의에 지속적으로 개인적 통찰과 지혜를 제시해 주었다.

Pinar는 20세기 주요한 교육과정 입장에서 벗어난 언어를 사용한 탁월한 교육과정 이론가이다. Pinar는 당대 교육과정학에 대한 분석가이자 비평가일 뿐만 아니라(Pinar, 1998a) 심리분석, 성 정체성, 자서전(Pinar, 1994)으로 교육과정 담론에 기여하였다. 그는 현상학적 · 해체주의적 텍스트(Pinar & Reynolds, 1992), 사회적 정신분석(Kincheloe & Pinar, 1991)으로 교육과정에 대한 이해를 고찰하는 저서를 공동으로 집필했다. 그는 또한 20년 동안 JCT에 출판되었던 다양한 관점들에 대해 비평을 하였다(Pinar, 1999). 의미 있는 새로운 형태의 교육과정 개론서에 대한 그의 기여는 10장의 후반부에서 자세히 다루어질 것이다. 교육과정을 더욱 잘 이해하기 위해 새로운 담론을 주장한 것은 20세기 말 교육과정 이론과 연구의 정체성에 큰 영향을 미쳤다(Pinar et al., 1995).

앨버타 대학교의 Aoki는 자신감 있는 관찰과 표현에 입각한 교육과정과 교육학의 개념을 촉진시켰다(1991). 그의 앨버타 대학교의 제자이자 동료인 Max van Manen(1991; van Manen & Levering, 1996)은 학습자와 교사의 삶을 더 완전히 이해하고, 민감하게 반응할 것을 고무하면서, 가르칠 만한 가치가 있는 주요한 특징으로 '재치(tact)'의 존재를 지지하였다. 그의 관점과 일치시켜, van Manen은 생생한 경험을 내러티브적 표현으로 변환시키는 현상학적 연구 모형을 발전시켰다(van Manen, 1990). 또한 Stephen Smith(1998)는 교사와 학생 간의 개인적인 관계와 충돌의 위험을 고찰했다. 어떤 저자들은 아동의 관점에 주의를 기울였고, 아동 교육과정의 특징을 발견하였다(Adan, 1991; Pollard et al., 1996).

교육과정학에서 C. A. Bowers의 후기자유주의적 대안(post-liberal alternative)은 주요한 교육과정 관점이나 그 외 포스트모던 이론가들과는 다른 독특한 것이었다. 그는 1980년대 그가 처음으로 다루었던 중요한 교육과정 쟁점을 상세히 설명하였는데, 그것은 지배적인 문화의 가정(假定)이나 또는 '현대적 정설(orthodoxies)' 을 인식하고, 학습자에게 권한을 부여하는 새로운 교육적 접근으로 앞에서 인식한 문화적 가정에 이의를 제기하며, 생태적 위기를 다루는 활동으로 교육과정을 설정하는 것이었다(Bowers, 1992, 1993, 1997; Bowers & Flinders, 1990). 생태학적인 요청은 교육과정을 통합하는 데 중심이 되었다(Laura & Cotton, 1998). 그것은 생태학적 제약(Smith, 1992)과 재생(Hutchison, 1998)에 대한 학습을 구조화시키고, 생태교육과 포스트모던 사상이 양립 가능함을 강조하며(Orr, 1991; Callicott & da Roacha, 1996), 또는 교실에서의 적용을 위한 제안(Palmer, 1998; Smith & Williams, 1998)을 했던 저서들이 출간됨으로써 가능했다.

포스트모던 사상은 또한 교육과정의 의미에 관해 연구하고 저술하는 데 새로운 틀을 제시하였다. 교육자들은 경험을 이해하는 데 다중적인 담론이 필요하고, 차이는 설명적인 담론에 참여한 결과라는 관점에서 연구를 함으로써, 포스트모더니즘 논쟁에 참여하고 또 응답하였다(Esteva & Prakash, 1998; Peters, 1998; Sidorkin, 1999). 교육과정 사상에서 포스트모더니즘을 다룸으로써 나타난 주요한 효과는 교육 내의 담론 공동체, 즉 차이의 맥락을 벗어나 저술한 학자들을 묘사하는 것이었다. 차이가 교육과정 경험을 어떻게 재구성하는지를 고찰해 보면, 교육과정 개발의 측면보다는 오히려 해석학적인 통합으로서 새로운 교육과정 이론이 제시되었다(Gallagher, 1992; Jardine, 1998).

교육과정 이론과 Michel Foucault(Ball, 1991; Popkewitz & Brennan, 1998), Hans-Georg Gadamer(Misgeld & Nicholson, 1991), Richard Rorty(Arcilla, 1995)와 같은 현대 포스트모던 사상가들의 관계를 탐구한 저서들이 출간되었다. 포스트모더니즘 관점에서 연구한 Doll(1993)은 교육과정

사상의 방향을 재설정하기 위하여 Tyler의 교육과정과 수업의 원리(1949)와는 거리를 두었으며, Dewey, Whitehead와 Bruner 사상의 유용성을 주장하였다. 그 방향은 '4가지 r', 즉 richness(풍부함: 경험과 성찰의 깊이와 다차원성을 드러내기), recursion(교류: 자신과 다른 사람, 문화, 환경과의 교류), relations(관계: 경험을 연결하기), rigor(엄격함: 수정에 개방적이면서도 비판적인 해석에 참여하기)를 고려하는 것이었다. Cleo Cherryholmes는 많은 교육자들에게 최초로 포스트모더니즘을 소개하는 기초 연구(1988)를 한 바 있는데, 포스트모던의 시각으로 실용주의의 생존능력에 관심을 두었다(1999). 포스트모더니즘의 이론화와 연구가 용인되자, 관점의 특수성에 초점을 둔 저서와 거대담론(metanarrative), 일반화와 구조주의적 설명을 포기한 저서가 늘어났다.

교육과정 숙고를 위한 이론적 모형과 연구 방법이 두드러지게 다양한 것은 포스트모던에 관한 논쟁에서 의미 있는 학문이 순응할 만한 지배적 담론이나 탐구 방식이 없다는 증거가 된다. 어떤 저서들은 교육과정이 문화, 인종, 성과 성적 표현에 따른 차이와 어떻게 상호작용을 하는가에 대한 이야기와 서술적 분석을 제공했다. Usher와 Edwards(1995)가 제시한 포스트모던 전망과 교육과정 문화가 다양한 신념 체계로부터 실천으로 어떻게 형성되는지에 관해 P. B. Joseph와 공동 저자들(Joseph et al., 1999)이 한 토론에서 증명된 것 같이, 헌신적이고 부지런한 교육과정학자는 인종/민족, 성과 성적 표현, 신체적/인지적 기능에서의 차이로부터 생성되는 당대의 사회적 담론은 물론, 철학, 문학비평, 사회과학, 통계방법, 정신분석에서의 학문적 논의까지도 이해할 필요가 있다. 비록 공립학교와 현존하는 정치적·사회적·경제적 선택의 전통적인 체제 내에서 기술하는 저자도 여전히 있었지만(Reid, 1994), 교육과정 이론가들은 인문과학(B. Miller, 1993), 사회과학(Peters, 1995; Popkewitz & Fendler, 1999), 다중적 담론(D. Smith, 1998)에 심층적인 참여가 필요한 문헌도 저술하였다.

Edmund Short(1991)의 선택적 방법론의 범주화와 다중적인 연구 방안의 이용에 관한 Nelson Hagerson(2000)의 토론에서 증명된 바와 같이 교육과정 탐구나 연구도 역시 복합적인 일이다. William Carr(1995)는 변화를 달성하는 유력한 접근방법으로 비판적인 교육적 탐구를 주장하였다. Andrew Gitlin(1994)은 정치적 지지가 탐구의 일부분 그 자체라고 제안하면서, 교육연구를 정치적 활동과 연결시켰다. Eisner(1991)의 연구와 평가에서의 미학적 입장은 교육과정 연구에 교육적 비판 혹은 감식안으로서 또 다른 뛰어난 대안을 제공하였다.

몇 가지 연구는 이러한 다양성을 입증했다. 그중에는 학교의 특징을 조사하고 일반화된 결론을 주장하는 연구(Bryk et al., 1993; Newmann, 1992), 상세화한 서술을 통해 이해를 추구하는 연구(LeComte & Dworkin, 1991; Metz, 1992), 절충적인 탐구 방법과 주장을 적용한 저서들이 있었다(Donmoyer & Kos, 1993; Morris, 1991).

Bernstein(1990)과 같은 포스트모던 사회학자들은 교육과정학을 재정의하는 데 꾸준히 영향을 미쳤다. 교육사회학에서 주로 연구했던 많은 학자들은 교육과정 경험과 이론에 통찰력을 제공하였다(Torres & Mitchell, 1998). 교육과정이 사회적 실천의 맥락 안에서 이해되어야 한다는 주장은 교육과정 실행을 이해하고(Levinson et al., 1996), 학습에 대한 새로운 이론을 조성하는 것(Young, 1998)에 도움이 된다. 학교 문화를 이해하는 데 사회 분석을 적용한 연구들도 있었다(Henry, 1993; Wyner, 1991). 사회 지도학(social cartography)의 역동성이 교육적 상황에 적용되었다(Paulston, 1996). Philip Wexler(1990)는 Bourdieu(Grenfell & James, 1998) 논문의 교육 연구에의 적용에 근거한 새로운 사회연구 방법론을 설명했다. 그는 사회적이고 정치적 맥락에서 개인의 상호작용에 대해 관심을 가졌으며(Wexler, 1992; Smith & Wexler, 1995), Martin Buber의 저서에 영향을 받아 교육 이론에서 신비주의를 가치의 기초로 고려해야 한다는 과감한 제안을 했다(Wexler, 1996).

6. 교육과정사의 재조망

교육과정 사상과 학교 실제에 대한 역사적 연구가 다시 관심을 끌면서, 이와 관련된 연구는 1980년대부터 1990년대까지 지속적으로 확대되었다. 과거의 위대한 인물과 사건을 중심으로 한 역사는 단지 사회적으로 지배적인 집단의 신화적이고 이념적인 권익을 영속시킨다는 사실이 인정되면서, 역사적 연구방법론은 1970년대에 의미 있는 변화를 하게 된다. 역사적인 연구는 특정한 교육자, 학습자들의 삶에서의 사건과 제도를 다루는 연구로 확대되었다. Ivor Goodson(1994)은 이러한 유형의 연구에서 선도적인 학자였는데, 사회 구조와 집단이 어떻게 공식적(official) 교육과정을 구성하는가에 대한 연구가 당대 교육과정에 영향을 미치는 사항을 찾는 데 도움이 된다고 설득력 있게 주장하였다. Goodson과 그의 동료들은 학교 교과목의 역사적 발전(1992; Goodson & Marsh, 1996; Goodson & Medway, 1990; Goodson, Anstead & Morgan, 1997)과 교육자들의 삶(Goodson & Walker, 1990)을 상세하게 고찰했다. 그러면서 교육과정에 대한 제안은 역사적 연구에 의해 활동 계획이 개발되어야 비로소 효과적일 수 있다고 주장하였다. 그는 다른 학자들과 함께 학교 교과목의 발전에 대한 역사적 연구에 관심을 가졌는데, 그들의 논문이 Goodson이 제시한 방법론과 동일한 형태는 아니었다. 예를 들면, Saxe(1991)와 Lybarger(1998)는 사회교과를 검토하였으며, DeBoer(1991)는 과학 교육에서 아이디어의 발달을 연대순으로 정리하였다.

교육사학자들의 논문은 20세기 미국 학교교육에 대한 연구를 깊이 이해하게 하였다. 사학자들은 종종 그들의 역사적 연구를 당대의 문제와 의도적으로 관련지었다. 예를 들면, David Tyack은 Larry Cuban과 함께 20세기 미국 공립학교의 개혁에 대한 연구를 했는데(1995), 그들은 학교의 개혁적인 노력은 현재에도 개혁에 개혁을 더해가는 방식으로 계속되고 있음을 시사하였다. Tyack은 또한 미국 남녀공학학교의 역사에 관하여 Elisabeth Hansot

과 공동연구를 했다(Tyack & Hansot, 1990). 진보주의 교육은 20세기 미국 공립학교에 대한 뛰어난 개혁 방안으로서 역사가들의 관심을 끌었다(Berube, 1994; Zilversmit, 1993). Diane Ravitch(2000)는 다양한 경험주의 운동이 학교 구성원들의 본질적인 기능인 문해력의 장려와 문화 전달을 수행하려는 그들의 노력을 얼마나 혼란스럽게 했는지를 질타하면서, 한 세기 동안의 학교 개혁을 반추했다.

개혁에 대한 다른 역사적 연구는 진보주의 교육이 당시에 적절한지(Semel & Sadovnik, 1998), 과거의 개혁 노력이 변화를 수행하는 데 있어 우리에게 무엇을 가르칠 수 있는가에 대해 고찰했다(Ravitch & Vinovskis, 1995). 중등학교 실천가들에게 8년 연구의 현대적 적절성을 강조하기 위하여 8년 연구가 재검토되었다(Lipka et al., 1998). Cuban(1999)은 20세기 대학의 교육과정, 교수, 연구의 역동성에 대해 설명했다. Herbert Kliebard(1992)는 미국 교육과정과 관련된 교육과정 역사와 이론에 관한 논문집을 출간했는데, 직업교육을 중시하는 경향과 1876년부터 1946년까지 미국에서 그것의 영향에 관한 연구였다(Kliebard, 1999). 또한 10인 위원회부터 스푸트닉 충격까지의 미국 교육과정 사상의 역사에 대한 그의 영향력 있는 저서를 개정해서 출간했다(Kliebard, 1995). David Labaree(1997)는 학력에 편중해서 자격을 부여하는 학교교육을 역사적 맥락에서 고찰하는 중요한 사회적 비평서를 출간했다.

Daniel과 Laurel Tanner는 *History of the School Curriculum*(1990)을 통해 핵심이 되는 역사를 더욱 완벽하게 발전시켰다. L. Tanner(1997)는 교육적 실험이 갖는 오늘날의 의미를 고찰하면서, Dewey가 주도한 시카고 실험학교를 역사적으로 묘사한 책을 저술하였다. Mary Novello(1998)는 역사적 · 철학적 분석을 통해 주정부 주도의 교육은 인간의 자아실현을 저해하도록 귀착된 제도라고 주장하였다. D. Angus와 J. Mirel(1999)은 미국 고등학교의 역사를 교육 기회와 평등의 약속을 달성하지 못한 제도로 해석하였다. William Reese(1995)는 19세기 미국 고등학교를 발전시킨 사회적 · 정치적 세력들에 대하여 분석하였다. Selden(1999)은 많은 저명한 교육 지도자들의 관심과 지원을 받았던 우생학에 대한 수치스러운 사회적 연구를 연대순으로 정리하였다.

역사의 교육적 가치가 보다 협소한 시간 혹은 공간을 다룬 역사 연구에서 또한 강조되었다. Richard Gibboney의 *The Stone Trumpet*(1994)은 1960년에서 1990년까지의 학교 개혁의 역동성을 연구하였다. McAfee(1998)는 남부 재건 정책에서 공립학교 교육의 역할에 대해 조사하였고, Payne(1996)은 1960년대 시민권 투쟁의 맥락에서 교육을 고찰했다.

전문적인 학회는 역사 연구의 한 주제였으며, 역사와 관련된 학문을 산출하는 데 원동력이 되었다. D. Tanner(1991)는 Dewey 학파의 역사를 연대순으로 정리하였다. 한편 Gordon Cawelti(1993)는 ASCD의 50년 활동이 교육에 미친 영향을 탐색한 책을 편집했다. The Society for the Study of Curriculum History는 연차 학술대회 보고서를 매년 출판하였는데, 이는 교육과정사 분야의 연구가 활발했다는 것을 보여 주는 것이다(Burlbaw, 1994, 1998; SSCH, 1992, 1993).

영향력 있는 교육자인 Kilpatrick의 공헌을 상세히 기술한 전기가 출간되었다(Beineke, 1998). 여성교육자의 역사적 공헌에 대한 연구로는, Peltzman(1998)의 유아교육가의 전기 및 문헌 목록이 있으며, Crocco 등(1999)의 여성 교육활동가에 대한 뛰어난 연구가 있다.

90년대 교육과정사에 대한 저술에서 등장한 색다른 연구로는 W. H. Schubert가 참여한 두 개의 프로젝트가 있다. Willis 등(1992)은 미국에서 교육과정 사상과 실제의 개발에 영향력을 미친 역사적 문헌의 내용을 발췌하여 편집하였다. 이 선집의 대부분이 뚜렷이 영향력을 미친 제도나 정책에 대한 진술문들로 이루어져 있다. 대조적으로, Dan Marshall, James Sears 그리고 W. H. Schubert(2000)가 쓴 *Turning Points in Curriculum*은 1950년대 이후의 교육과정에 대한 제안, 실험, 이론들에 대해 해석하고 더 잘 이해할 수 있도록 개인적인 성찰과 역사적 은유를 사용하고 있다.

7. 교육과정으로서 교사와 자아

자서전과 전기는 포스트모더니즘에서 교육과정의 의미를 발견하는 수단인 해체 분석과 내러티브를 강조한 연구모형이었다. 1990년대 초 Graham(1991)은 교수도구로 자서전의 활용을 고려하였다. Craig Kridel(1998)는 교육적 전기를 저술하는 기예와 연구에 대한 고찰을 통해 이러한 탐구와 내러티브에서의 노력을 안내했다. 개인적 내러티브를 저술하는 것이 의미 있는 탐구의 근거로 인정되었고, 사회적으로 소외된 이들을 표현하면서, 교육의 변화를 도모할 수 있는 기제로 생각되었다(Hutchinson, 1999; McLaughlin & Tierney, 1994). 자서전적 내러티브는 다른 사람의 삶의 경험을 말하거나(Doll, 1995), 교육의 맥락에서 사회와 권력의 관계를 조사할 수 있도록(Torres, 1997) 개인에 대해 관찰하는 형태였다.

내러티브를 통해 밝혀진 교사의 정체성은 포스트모더니즘의 맥락에서 새롭게 중요성을 얻고 있었다. 교사가 학생과 함께 하면서 자기를 표현하는 수단인 교육과정의 최종 결정자라고 인식하게 되자, 서술적인 것에서부터 규범적인 것에 이르는 학문 영역이 나타나게 되었다. 교사의 정체성이 교육과정을 어떻게 구체화하는가를 상세하게 검토한 연구가 있었다. 어떤 연구는 교사가 어떻게 교육과정 변화의 원천이 될 수 있는지를 안내해 주었다. 다양한 관점에서 교사의 정체성에 대한 연구가 이루어졌다. 그 개념을 서술하면 '불확실한 직업' (McDonald, 1992), '성직' (Aoki & Shamsher, 1993; Hansen, 1995), '숭고한 직업' (Inchausti, 1997), '서투른 마술' (Lindley, 1993), '영원한 존재의 추구' (Blacker, 1997) 등이었지만, 일관된 주제는 교사는 단순히 가르치는 사람 이상이고, 교육과정을 만드는 것은 교사가 수행하는 중요한 일이라는 것이었다. 개인적인 회고를 하고(Ayers, 1993; Tomkins, 1997), 다른 교사의 주장을 듣는 가운데(Westheimer, 1998), 훌륭한 교사는 교육과정의 방향에 대해 열정을 가지고 있다고 확인되었다. 교사가 학생의 이야기에 귀 기울이고, 학생의 요구와 개성에 의미 있게 반응할 수 있다는 것을 인식하면서, 이와 같은 예술적 재능의 훈련이 시작된다(Ayers, 1995). 뛰어난 교육자인 Lillian Weber(1997)는 그의 논문집에서 능동적인 학습과 탐구를 촉진하는 이러한 헌신적인 교수의 생생한 사례를 제시하였다. 1970년대 열린 교실 운동과 혁신적인 도시 대학 워크숍 센터(City College Workshop Center)에서 Weber는 학생들로 하여금 창의적으로 탐구하고 결과를 얻도록 하는 학습 경험을 개발함에 있어서 교사와 부모의 비판적 역할에 대한 견해를 제시하였다. 도덕적 활동인 교수는 학습자 집단에 대한 민감한 반응(Woods & Jeffrey, 1996)과 책무성으로 구성된다(Goodlad et al., 1993). 훌륭한 교사들에게 전문적인 훈련에 대한 요구를 하게 되면 교실에서 생겨나는 경험에 대한 교사의 영향력을 제한하려는 이해당사자들과 정치적으로 갈등을 겪을 수도 있다(Ginsburg, 1995; Newman, 1998; Popkewitz, 1998).

교사가 교실 교육과정의 비판적 협상자라는 인식을 하면서 그들이 이러한 영향을 어떻게 초래하는지에 대한 연구가 이루어졌다. Hawthorne(1992)과 Paris(1993)는 교사들이 학생들과 함께 교육과정을 공동으로 만들거나 재창조하는 다양한 방식을 파악하기 위해 교사들의 실천에 대해 연구했다. Woods(1996)는 언어 수업에서 교사의 신념과 의사 결정 모형에 의해 전문적인 실천이 어떻게 구체화되는지를 연구하였다. Miriam Ben-Peretz(1990)는 교사가 적절한 경험을 학습자에게 주기 위해 어떻게 교과서의 통제로부터 벗어나는가를 조사하였다. Wasley(1994)의 저서에는 성공적으로 교실을 통제한 교사의 내러티브가 포함되어 있다. 교육과정 개발의 주된 원천은 교사와 학생이다(Ayers & Ford, 1996; Fisher, 1995).

교육과정을 교사가 개발하거나, 학생과 함께 개발하는 것이 아니며, 오히려 교사를 위해 개발되고 있다는 데 대한 문제제기가 있게 되자, 교사가 어떻게 실행하는가에 대해 무엇을 말해야 하는지를 다루는 질적 연구가 새로운 중요성을 갖게 되었다. Cohn과 Kottkamp(1992)은 교사들이 교실에서는 강력한 주장을 하지만, 교실 환경을 벗어나면 상대적으로 그들의 주장이 약화된다는 것을 학자와 정책입안자들에게 환기시켰다. 교사의 말하기와 쓰기 능력에 대한 많은 연구가 이루어졌다(Bell, 1994; Thomas, 1995). George Willis와 W. H. Schubert(1991)는 교육과정의 전문적 설계와 그 이론을 구체화하는 저명한 교육자들의 예술적/문학적 경험에 대해 고찰한 저서를 편집했다. 그것은 예술에 조예가 깊은 교육과정학자와 그들에게 영향을 미친 예술에 대한 연구가 교육자들에게 가치 있는 자료, 즉 개인적 이론의 소중한 근거가 된다는 것을 의미한다. W. H. Schubert와 William Ayers(1992)는 교육과정 구성을 위한 함의와 교사의 삶에서 이러한 개인적 이론을 탐구한 '교사에 대한 지식' 에 관한 책을 편집하였다. Miriam Ben-Peretz(1995)는 그들의 기술(craft)을 구성하는 요소에 대해 교사들이 스스로 회상하는 방식으로 연구하였다. 이 연구에서 지속적으로 강조된 것은 훌륭한 교사는 단지 학생들을 위해서만이 아니라 학생과 함께 교육과정을 순조롭게 진행한다는 점이었다(Berman, Hultgren, Lee, Rivkin, & Roderick, 1991; Duckworth, 1996; Nicholls & Hazzard, 1993 참조). 이 연구는 절대로 교사가 교육과정을 어떻게 구체화하는가를 기술하는 것이 아니었으며, 그들의 이해와 방법을 새내기 교사와 공유하거나(Jalongo & Isenberg, 1995), 전문성 개발로서 교사에 대한 지식을 활용하는 것이었다(Schwarz & Alberts, 1998). 전통적인 전문성 개발에 대한 대안으로, John Adams(2000)는 통신망으로 연결된 교사들이 새로운 수학 교육과정의 실행에 어떻게 참여하고 있는가를 설명하였다.

1) 실천에 대한 포스트모던적 고찰

교사의 연구 참여 모형으로 현장연구(action research)는 여전히 인기가 있었다. McTaggert(1990)는 연구 모형의 역사를 개관하고, 현장연구가 여러 나라에서 어떻게 다양하게 적용되었는가를 서술하였다(McTaggert, 1997). McKernan(1991)은 현장연구를 수행하는 방법과 자료에 대한 안내서를 저술하였다. 그것은 초임 교사가 구체적인 현장연구의 대안적 방식을 시험하는 데 도움을 준 다양한 교재 중 하나였다(Altrichter et al., 1994; McNiff, 1994).

만약 훌륭한 교사들이 개인적 이론화에 착수하고, 학생들의 요구를 반영하는 교육과정을 구성한다면, 이런 것을 통해서 초임 교사들은 그들이 알아야 하는 것보다 더 많은 것을 알 수 있을까? 기예(craft)에 대한 전문적 연구 결과를 가르치는 것이 가능한가? 1980년대 확립된 반성적 실천에 대한 연구는 교사들에게 힘을 실어 주어 개인적으로 의미 있는 문제 해결과 이론 구성에 참여할 수 있도록 노력하는 쪽으로 발전하였다. J. Clandinin과 M. Connelly는 교사의 전문 지식을 조망하는 통찰력을 제공하였고(Clandinin & Connelly, 1995), 교사들이 어떻게 이러한 기초 지식을 구축하고 보유하는지에 대해 연구하였다(Connelly & Clandinin, 1999). Ross 등(1992)은 교사가 이론과 연구를 전문적인 실천과 어떻게 연결시키는가를 설명한 저서를 편집했다. Dewey의 숙의(deliberation)를 장려하면서 Donald Schön(1991)은 다양하게 적용된 교육적 실천에서의 사례 연구를 제안하였다. 반성적 실천의 역동적 상황으로 예비 교사를 안내해 주는 교재도 출간되었는데(Clark, 1995; Henderson, 1996; Zeichner & Liston, 1996), 교사를 포함해서 교육자들이 교육과정과 수업의 고찰에 적용할 수 있는 기술도 함께 제시되었다. Lieberman과 Miller(1999)는 재구조화된 현장에서 교사가 숙고하고 협력할 수 있는 충분한 시간이 주어져야 한다고 주장하였다. Miller(1990)는 교사가 보다 큰 권한을 가지려면 전문적 기술을 개발하는 데 있어 협력할 수 있는 기회를 반드시 가져야 한다고 하였다.

교사의 생생한 경험으로부터 교육과정을 만드는 데 있어, 교육과정과 개인적 성장에 필수적인 대화와 협의를 강조하는 새로운 움직임이 나타났다(Applebee, 1996; Burbules, 1993; Duckworth & The Experienced Teachers Group, 1997). 교사의 의사 결정에 대한 연구에서 교육과정에 대한 숙의가 중요하게 고려되었다(Brubacher & Simon, 1993; Burbules & Hansen, 1997). 교사들이 반성적 실천 모형을 만들고(Kincheloe, 1993; Parker, 1997), 교직을 재구성하는 환경을 창조함에 있어(Hargreaves, 1994) 포스트모던 이론과 맞서야 한다는 연구도 있었다. Rummel과 Quintero(1997), Atwell-Vasey(1998)는 기예를 쇄신하고 상상력을 유발하는 기초로 문학 작품을 활용하는 것에 대해 연구했다. J. Bradbeer(1998)는 J. Macdonald의 신화와 시를 이용하는(mytho-poetic) 방법과 M. Grumet의 '내성법(looking within)'의 시각으로 Schwab의 실제적 탐구(practical inquiry)를 새롭게 해석하였다. 멜버른 시외에 있는 학교의 남교사들과의 면접을 통해, Bradbeer는 '이해하기 어려운 경험—마음의 상징 세계에서의 불가사의한 변화—에 반응하는 내적 과정으로의 접근'인 '상상력을 이용한' 반성에 대한 일화를 제시하였다(Bradbeer, 1998: 4). P. Palmer(1998)는 문제 해결을 위해 교사의 반성적 모형을 구축하기보다는, 기예에 대한 열정을 상기하고 두려움과 대결하는 것이 출발점이라고 제안하였다. Palmer와 함께 Kridel 등(1996)은 기술적인 면에서 교훈을 찾지 않고, 열의와 목적을 쇄신해서 자신의 전문적 기예를 형성하는 교사들을 발굴하는 것이 가치가 있다고 주장하였다.

2) 교사 형성 과정으로서 교육과정 형성

교육과정 창안에서 교사 정체성이 중요해지면서 교육과정 사상과 교사교육 사이의 관계도 중요해졌다. 전문성 함양과 발달을 통한 교사 발달에 대해 여러 가지 연구에서 다양한 관점이 제시되었다. Sears 등(1994)은 교사 임용과 교육 개혁에 대한 연구 결과를 제시하였다. Clandinin 등(1993)은 교사 교육의 실행에서 협력에 대한 연구를 했다. Deborah Britzman(1991)은 초임 교사의 경험을 고찰하였다. Liston과 Zeichner(1996)는 교사교육과 학교교육의 사회적 조건과의 관계를 분석하는 연구를 했다.

예비 교사의 경험을 구축하는 교사 양성 프로그램에서 사용할 수 있는 책도 출판되었다. Dillard와 Maguire(1997)는 중등교육에서 신임 교사가 직면하는 문제를 고찰하였다. Bullough 등(1991)은 신임 교사가 마주치는 다양한 문제를 이해하는 틀을 제공했다. Knowles 등(1994)은 내러티브와 탐구를 통해 실습 경험을 체계적으로 처리하는 연구를 하였다. George Posner는 교육실습에서 반성적 교수를 촉진하는 방법을 제시하였다. 반성적 교사 교육은 Valli(1992)가 편집한 저서의 주제였다.

8. '차이'의 다양성

교육과정을 포스트모더니즘의 관점에서 검토하면 학습자의 정체성을 형성하는 의미 있는 차이가 있다는 것을 알게 된다. 학습자의 정체성은 의미 있는 실천을 연구하는 데 빈번히 고찰되는 것들 중에 존재하는 문화적 · 인종적, 성 정체성과 성적 표현의 내러티브로 나타낼 수 있다. 이러한 정체성에 대한 담론이 반드시 인간을 정의하고 있다는 것은 아니다. 인간의 통전성(integrity)은 의사소통에 참여하고, 의사소통을 분석해 보고, 언어 갈등을 야기시키면서 인간적 지평을 새롭게 넓힐 수 있는 기회를 제공한다. 학습자의 삶에서 이러한 차이가 중요해지면서 교육과정이 그 자체를 구성하는 다양한 내러티브에 어떻게 관심을 기울여야 하는지에 대한 연구가 장려되었다.

1) 문화 차이

다양한 소수 민족을 담당하는 미국의 많은 학교구의 정치적 위기에 자극을 받으면서 다른 한편으로는 학자들의 관심이 증가함에 따라, 1990년대에는 교육과정에 영향을 미친 문화적 다양성에 대한 문헌이 기하급수적으로 증가하였다. 하나의 담론으로서 다문화 교육은 대학교 교재(Manning & Baruth, 1996)나 국제적으로 고찰한 연구(Mitchell & Salsbury, 1996)에서도 다루어졌다. 이 분야의 '개척자'인 James Banks, Christine Sleeter와 Carl Grant를 이어서 새로운 목소리들이 더해졌다. 다문화 교육은 기술되고, 범주화되었으며, 연구 주제가 되었고, 또 실천되었다.

Banks는 문화적 차이와 교육의 관계를 고찰한 선구자였다. 1990년대 그는 다문화 교육에 대한 연구가 성장하고 있음을 보여 주는 저서들을 계속해서 저술하고 편찬하였다. 그는 다문화 교육 연구에 대한 안내서를 공동 집필하였고(1995), 과거와 현재의 관점을 개관하였으며(1996), 다문화 교육을 위한 정규 교재를 출간하였고(1994; Banks & Banks, 1997), 문화적 다양성이 시민성을 어떻게 재정의하고 있는지에 대한 관점을 제공하였으며(Banks, 1997), 이미 출간했던 저서인 *Multiethnic Education: Theory and Practice*를 개정하였다(1993).

Sleeter는 인종, 계층, 성의 차이를 포함한 광의의 의미로 다문화 교육을 이해할 것을 주장하였다(Sleeter & Grant, 1994, 1999). 다문화 교육에 대한 그녀의 연구는 실행 가능한 방안으로 해석되었다(다양한 범주에 대해서는 Timm, 1996을 참고). 그녀는 또한 다문화 교육과 비판적 재건주의 주제와의 관계를 발전시켰다(Sleeter, 1990, 1996; Sleeter & McLaren, 1995).

문화적 다원주의의 이해에 뛰어난 공헌을 한 다른 연구자들로는 Lisa Delpit, Sonia Nieto, Etta Hollins, Antonia Darder 등이 있다. Delpit의 *Other People's Children*(1995)은 학교교육에서 문화적 상호작용을 이해하는 판단 준거로 개인적 경험을 중시하였다. Nieto의 *Affirming Diversity*(1996)의 개정판은 쟁점으로 떠올랐는데, 학습자가 배우는 것을 어떻게 해석하는가에 대한 문화적 차이뿐 아니라 언어의 영향에 대해서 조사하였다. 그는 *The Light in Their Eyes*(1999)에서 다양성을 포용하는 학습 집단을 조성함에 있어 교사들이 권고하고 숙고할 것을 제안하였다. Hollins는 문화적 차이를 교육자가 계획적으로 가르치는 데 있어서의 기초로 이해했다. 그녀의 관점은 *Culture in School Learning*(1996a)에 제시되어 있으며, 다양한 계층과 인종의 사람들로 구성된 학교교육에 관한 선집(Hollins et al., 1994)에 담겨 있고, 문화적 다원주의를 위한 교육과정의 재구조화에 관한 논문에도 실려 있다(Hollins, 1996b). Antonia Darder는 교실에서의 문화와 권력의 실행에 관한 그녀의 저서에서 '두 문화 교육'이 사회적 · 경제적 · 정치적 재건

주의를 위한 의제로 해석되어야 한다고 주장했다(Darder, 1991, 1995)

문화적 차이를 인정하고, 소외된 사람들을 위해 민주주의와 정의를 확대하는 것에 관심을 가진 비판적 재건주의자들은 사회적 변화의 동인으로 다문화 교육을 지지하는 많은 문헌들을 발표하였다(예, Adams, Bell, & Griffin, 1997; Kincheloe & Steinberg, 1997; May, 1998; Noya, Geismar, & Nicoleau, 1997; Renyi, 1993; Weil, 1998). Walter Feinberg(1998)는 문화적 다양성의 맥락에서 원칙에 의한 일반교육을 다루는 공립 학교교육을 제안하였다.

문화적 다양성을 인식하는 것이 알 만하고 공유할 만한 가치가 있는 것에 대해 어떻게 영향을 미치는가 하는 것은 1990년대에 중요한 논쟁거리였다. 그래서 몇몇 연구자들은 다문화 교육과정의 특징을 고찰하였다(Booth, Swann, Masterson, & Potts, 1991; Butler & Walter, 1991; Edgerton, 1996). 다문화 교육의 실행에 관해 구체적으로 안내한 저서도 많았다. Boyer와 Baptiste(1996)는 교육과정 개혁에 관한 '실천가의 입문서' 를 저술하였다. Stock(1995)은 교사와 학습자가 그들의 문화적 차이를 공유할 것을 제안하면서, '대화의(dialogic)' 라는 명칭의, 다문화 사회에서의 교수와 학습에 대한 방안을 제시하였다. Lutzker(1995)는 문화적 다양성을 다루면서 대학교수를 위한 전략과 자료를 제공하는 저술을 하였다. 문화적 차이를 교육하는 데 성공한 사례를 서술한 사례연구가 출간되었는데, Lipka, Mohatt 그리고 The Cuilistet Group(1998)은 Yupik 에스키모인의 교육에 관해서, 그리고 Cornelius(1999)는 이러쿼이 인디언의 교육에 대해 연구하였다. Fraser와 Perry(1993)는 아이디어와 자료에 대한 유명한 선집을 편집했다. Davidman과 Davidman(1997)은 정규 교재로 사용되는 다문화 교육에 대한 실천적 안내서의 개정판을 출간했다. Ramsey(1998), Roberts 등(1994), Tierney(1993)의 실천적 연구가 추천되었다. 문화적 차이를 다루어야 할 필요성이 광범위하게 인식되면서 NEA의 출판물에도 다문화 교육 관점에서의 연구가 등장하였다(Diaz, 1992). Dunn과 Griggs(1995)는 문화적 차이와 학습 유형에 대한 연구를 하여, 교사와 상담가에게 도움을 주었다.

2) 인종 차이

인종 간의 차이에 대한 관심은 피부색에 따른 차별을 하지 않는 교육적 평등에 대한 관심(예, Beauboeuf-Lafontant & Augustine, 1990)의 증대와 교육에서 인종차별주의에 반대하려는 의도에 기인한다(Derman-Sparks & Phillips, 1997). 인종 개념은 신체적이고 사회적으로 사람들의 계층을 규정한 개념(흑인종, 황인종, 홍인종, 또는 갈색인종)으로, 그래서 지배적인 사회 집단(백인)과 구별되는 개념으로 존재하고 있다. 문화와 민족이 대부분 스스로 결정한 공동체 내에서 만들어지는 개념인 반면에, 인종은 경제적 · 정치적 · 사회적 목적으로 적용된 신체적 차이에 의해 존재한다. 인종 개념은 흑백이라는 이분법의 용어로 빈번히 검토되지만, 인종 개념을 확장하는 것은 백인이 아닌 다양한 집단을 위한 것이다(예, Fine, Powell, Weis, & Mun Wong, 1996; Searle, 1998). Castenell과 Pinar(1993)가 편찬한 정체성과 차이에 관한 논문에는 교육과정 이해를 위한 주제로서 인종의 정체성에 대한 정의가 고찰되고 있다. Cameron McCarthy는 학교교육에 대한 연구에서 고찰하고 있는 것처럼 인종과 교육과정의 관계를 이해하는 내러티브를 제공했다(McCarthy, 1990). 그는 또한 Cricholow와 함께 편찬한 문헌(1993)에서 인종과 교육과정에 관한 당대의 연구를 개관하였으며, 적절한 교육 실천을 이해하는 데 있어서 문화적인 연구 과제의 복합성을 탐구하였다(McCarthy, 1997).

미국 흑인 교육에 관한 연구도 많았다. Lomotey(1990)는 학교교육에서 흑인의 경험에 대한 책을 편찬했다. Willie, Garibaldi 그리고 Reed(1991)는 *Brown v. Board of Education* 이후의 공립학교와 흑인에 대한 연구 사례를 편찬하였다. 공립학교 경험에 대한 미국 흑인 청년들의 반응은 Solomon (1991)과 Gentry(1994)의 연구 주제였다. Gloria Ladson-Billings(1994)는 미국 흑인 아동 교육에 성공적인 교사들의 교육 활동에 대해 저술하였다. Taylor(1997)는 교육과정을 통해 흑인 남성에게 능력을 주는 사회적 기술을 제안하였다. Theresa Perry(1995)는 인종 정체성, 대중문화, 문해력에 대한 글을 썼으며, 흑인 어린이들에게 최초의 언어로 받아들여지는 '흑인 영어'에 대중 언론이 광범위한 관심을 가질 때 작용하는 권력의 문제를 Lisa Delpit와 함께 고찰하였다(Perry & Delpit, 1998).

인종에 대한 교재는 흑백의 정체성을 넘어 연구되었다(예, Seller & Weis, 1997). 다인종 학교에 근무하는 교사들은(Howard, 1999 참조) 교육과정이 학습자들의 다양한 민족과 인종에 따른 경험에 관심을 가져야 한다는 인식을 하고 있었다. 라틴계 학생과 교육에 대한 연구(Darder, Torres, & Gutierrez, 1998; Padilla, 1997), 멕시코계 학생의 개인적이고 정치적인 교육경험에 대한 연구(Chawla-Duggan & Carger, 1996; Valenzuela, 1999), 아시아계 학생의 교육경험에 대한 연구(Nakanishi & Nishida, 1995) 등이 있다.

3) 성과 성적 지향의 차이

사회적인 성이 개인과 학교 교육과정을 어떻게 형성하고 있는가에 대한 담론은 90년대의 주요 논제였다. 불과 10여 년 전만 하더라도 이러한 담론에는 그 관심이 매우 제한적이었던 데 비해, 사회적인 성과 학교에서 가르쳐지고 학습되는 것의 관계에 대해 새로운 주장이 두드러지게 나타났다. Jane Roland Martin은 여성해방 철학이 "교육적 전망을 변화시키고 있다."라고 주장하였는데(Martin, 1994), 특히 사회적인 성과 여성 정체성이 교육과정 경험을 어떻게 구체화하는가에 대한 연구로 명확히 이해되었다. 여성해방과 관련된 이러한 연구 영역이 급속히 발달하게 되자(예, Bilken과 Pollard, 1993), 교육과정을 이해하고 교육을 개혁함에 있어 여성해방의 관점에서 다룬 교재(예, Stone, 1994; Woysner & Gelfond, 1998)의 선집과 여성해방 담론에 대한 입문서(Weiner, 1994)가 출간되었다. 90년대 초반 주류를 이룬 탐구 유형은 교육과정과 관련하여, 제도와 대안 구성에서 마주치는 여성해방론자의 정체성에 관한 것이었다. 1990년대 사회적인 성 정체성과 관련된 연구가 확대되면서 생물학적인 성적 표현이 교육과정과 관련된 의미 구성에 어떻게 영향을 주는가에 대한 연구를 포함하게 된다.

남성 우위의 가부장적 교육과정에서 여성해방론적 의식으로부터 학습되는 수업내용을 조사하는 중요한 연구(예, Lather, 1991)가 여성 정체성을 나타내는 여성해방의 교육과정을 정립하려는 노력과 연결되었다(예, Mayberry & Rose, 1999). Gaskell과 Willinsky(1995)는 사회적인 성에 대한 고찰이 교육과정에서의 선택과 참가에 어떻게 영향을 주는지를 검토한 저서를 편집하였다. Janice Jipson과 동료들(1995)은 교육과 관련해 페미니스트적 관점을 검토하면 사회적 변화를 위한 강령을 제시할 수 있다고 주장하였다. J. Brady(1995)는 유아교육이 어떻게 여성 해방적 학습을 중심으로 구성될 수 있는지에 대해 검토하였다.

1990년대에 의미 있는 교육과정 탐구는 전통적인 미국 학교에서 여성의 정체성을 검토하고, 여성들이 침묵하도록 조직된 교육과정에 정면으로 대응하는 것이었다. Middleton과 Weller(1998)는 여성 교육에 대한 역사적인 내러티브로 구성된 저서를 편집하였다. Streitmatter(1994), Clark과 Millard(1998)는 학교 실제에서 사회적인 성의 평등에 초점을 맞추었다. Raissiguier(1994)는 프랑스의 직업학교에서 여성 노동자의 정체성이 성립되는 과정을 연대순으로 정리하였다. 사회적인 성을 고찰하게 되면서 남성 정체성에 대한 문제제기도 함께 연구의 주제가 되었다(Diller, Houston, Morgan, & Ayim, 1996; Kleinfield & Yeria, 1995; Epstein, Elwood, Hey, & Maw, 1998).

어떤 연구자들은 학교 안(Blake, 1997)과 학교를 벗어난(Christian-Smith & Kellor, 1998; Luke, 1996; Proweller, 1998) 경험으로부터 여성들이 어떻게 교육과정을 구성하는지, 이러한 교육과정으로부터 의미를 어떻게 나타내는지에 대하여 연구하였다(Neumann & Peterson, 1997). 여성으로서의 의식에 대한 개인 내적이고(Wear, 1993), 정신적인(Carmody, 1991) 차원에 대한 고찰이 있었다.

1990년 Joanne Pagano는 남성 위주의 가부장적 세계를 조성하도록 개발된 제도 내에서의 여교사/여성 교육자들의 정체성에 대해 저술하였다. 1990년대 말, 공식적으로는 거의 존재가 인정되지 않았던(Lewis, 1994) 여교사들의 삶의 경험에 대한 역사적 연구(Munro, 1998), 포스트모던 분석(Ellsworth, 1997; Ropers-Huilman, 1998), 사회적 탐구(Acker, 1994; Biklen, 1995), 문화인류학적인 연구(Henry, 1998)가 있었다. 여교사들에 대한 연구 결과(Cohee et al., 1998)를 반영해서 교사 교육을 재구성해야 할 필요가 있다는 주장이 제기되었다(McWilliams, 1994). 또한 여성해방론의 관점으로부터 교사가 지녀야 할 요소를 유아교육(Goldstein, 1997)과 과학교육(Barton, 1998)에서 연구한 것도 있었다.

사회적인 성이 학교 교육과정(Riddell, 1992)과 공립 학교교육(Hernandez, 1997)과 관련된 정부의 활동과 정책에 미치는 영향에 관한 연구는 이해를 위한 담론으로 사회적인 성을 적용한 또 다른 연구 영역이었다. Brine(1998)은 여성에 대한 교육이 성차별적인 체제를 어떻게 유지시키는가에 관해 국제적 관점을 제시하였다.

비록 사회적인 성에 대한 담론이 교육과정을 여성해방의 관점에서 구현하려는 경향을 보였지만, 자기 이해를 위한 중요한 주제로서 생물학적인 성 정체성을 고찰하는 연구가 증가하고 있었다. 그러한 문제를 다룬 문헌들은 다음과 같다. 학교교육은 생물학적인 성 정체성에 어떤 기여를 하는가(Epstein & Johnson, 1998; Mac An Ghaill, 1994), 학교 교육과정은 성 정체성을 다루기 위해 어떻게 개발되는가(Sears, 1992), 포스트모던 철학은 생물학적인 성 정체성을 기르는 데 어떻게 작용하는가(예, Middleton, 1997), 학교는 교육과정과 공동체의 삶에서 게이나 레즈비언 학생들의 주장을 어떻게 수용할 것인가(Letts & Sears, 1999; Lipkin, 1997; Pinar, 1998c; Unks, 1995), 학생들은 AIDS와 같은 개인적이고, 공공의 비극을 다루도록 장려되고 있는가(Lather & Smithies, 1997; Silin, 1995; Tonks, 1995) 등이다.

4) 차이점의 교차

교육과정 연구에서 인종, 계층, 생물학적인 성 정체성의 상호 관련성도 역시 중요한 흐름으로 인식되었다. Etter-Lewis와 Foster(1995)는 자기 이해와 관계없이 인종과 사회적인 성의 관계를 탐구하기 위해 여성의 개인적 내러티브를 활용하였다. 또 학교교육에 관련된 인종과 생물학적인 성 정체성의 상호작용을 조사한 연구가 있었는데, Connolly(1998)는 어린 아동에 대해, Davidson(1996), Fiol-Matta와 Chamberlain(1994)은 유색인종의 여성에 대해, Tsolidis(1998), Woods과 Hammersley(1993)는 대학교 교육과정에 대한 연구를 하였다.

9. 새로운 중핵 교육과정 개발

학교 교육과정 저서에서 가장 창의적인 제안들은 학교 교육과정에 통합의 관점을 제시하거나 기본이 되는 교과가 다루지 않는 인간의 경험이라는 분야를 추구하는 것이다. 국가기준을 가진 교과 구조는 이러한 움직임을 받아들이지 않으려고 하는 반면, 학자들은 교과 영역의 적합성을 찾을 수 있는 Brameld의 이미지(1956)를 이용하여 중점을 유지하는 교육과정 개혁을 계속적으로 주장하였다. 학자들은 또한 통찰력과 흥밋거리를 제공하는 인간의 삶에도 주목하였다. 1990년대는 인간에 대한 정의적 · 정신적 · 도덕적 관심, 사회적 과정 또는 이상으로서 민주주의의 실현, 인지 과정의 구조에 대한 연구 등이 학문적 관심 영역이었다.

1) 덕과 배려중심

1990년대 교육과정 저자들의 주요 관심은 인간 사상과 상호작용의 정의적 또는 가치 영역에 관한 것이었다. David Purpel(1986)이 공교육에 있어서 도덕적 · 정신적 위기에 대해 많은 숙고를 주장하자, 다양한 연구 결과들이 나왔다. 그는 교육과정 목적에 대한 논의가 수월성이나 자유의 개념에서 덕에 대한 숙고로 전향되어야 한다고 주장하였다. 경험주의자 또는 지적 전통주의자의 성향을 지닌 학자들의 연구에 있어 모든 숙고는 가치를 포함하는 것이기 때문에, 정서에 대한 연구에 있어 위의 두 입장은 Purpel이 지적한 덕에 대한 고찰을 간과하고 있었다. Jackson, Boostrom 그리고 Hansen(1993)은 학교에서의 지도와 활동은 도덕적 책무를 가질 수밖에 없다고 주장하였다. 그들은 교육자들이 이러한 윤리적 측면을 인식하여 책임지는 태도를 가져야 한다고 보았다. Goodlad, Sirotnik 그리고 Soder(1993)의 편저에서는 교수에 있어서 가치를 고찰하였다. Blumberg와 Blumberg(1994)는 Jackson의 '잠재적 교육과정' (1990)의 확장으로서, 학교 교직원들이 업무를 수행하는 데 있어 그 속에 내재한 도덕성에 대해 연구하였다. Stephenson, Ling, Burman 그리고 Cooper(1997)는 교육에 있어서 가치의 역할에 관련된 서적을 편찬하였다.

많은 저서들이 교육의 가치 영역에 대한 관점과 숙고를 제시하였다. Philip W. Jackson(1992b)은 당시 학교교육의 '가르치지 않은 내용(untaught lessons)' 에 대한 책을 출판하였고, Marion Wright Edelman은 현대 청소년의 요구에 관심을 기울여야 한다고 제안하였으며(Edelman, 1992), Fine(1995)은 학교 개혁 제안에서 가치 영역을 검토하였다. NSSE의 연감(Molnar, 1997)에서는 인성 교육에 대한 다양한 방안을 검토하였다.

다른 저자들은 학교 교육과정 안에 가치를 어떻게 적절하게 담아 낼 것인가에 대한 것을 연구하였다. James Beane(1990b)은 민주주의, 관용, 정의에 근거해서 가치를 강조하는 간학문적 접근을 시도하였다. Lisman(1996)은 도덕을 교육과정에 통합시키는 방법을 설명하였다. Barrow(1990)는 사고, 감정, 배려를 실천하는 기술에 관심을 가질 것을 주장하였다. Thomas Sergiovanni(1994)는 그의 논문이 교육 행정에 기여하는 바를 인식하고, 학교 조직을 어떻게 구성할 것인가로 관심을 전환시켰다.

가치를 교육하는 대안적인 방안은 가치를 다루는 교육과정 구성을 위한 기초로서 아동 발달에 관심을 가지게 되었다. Garrod(1992)는 갈등 이론의 관점에서 도덕적 가치를 획득하고 주입하며 환기시키는 방법에 관한 도덕교육의 이론과 실제를 다룬 책을 편찬하였다. Berman(1997; Berman & LaFarge, 1993)은 아동의 발달 과정과 일치하는 사회적 책무성 지도를 위한 방법에 대해 연구하였다. DeVries와 Zan(1994)은 유아들의 도덕적 성장을 고무하는 구성주의적 실천을 제안하였다. Cohen(1999)은 청소년을 위한 사회적 · 감성적 학습 과정이 기술된 책을 출판하였다. 1962년 이래 가장 많은 영향을 주었고 또 많이 팔린 ASCD의 책들은, 정의적 발달이라는 주제로 교육과정이 전환되어야 한다는 요구에 따라 논문집으로 다시 출간되었다(Freiberg, 1999).

1980년대 가장 뛰어난 Noddings의 배려에 관한 연구는 Dewey적 사고에서 기원하고 있지만, 도덕적 발달 이론에서 여성 연구자의 통찰을 잘 보여 주고 있다. 그녀는 *The Challenge to Care in Schools*(1992)란 책을 통해, 학교 교육과정 재구성을 위한 모형을 제안하였는데, 그것은 자아, 인간, 관념, 지구촌에 대한 배려를 확장시킨 개념을 골자로 한 것이다. 그녀는 상대주의뿐 아니라 독단적인 맹종도 피하는 관점을 취하였다. 그녀는 타인을 위한 배려중심의 교육과정에서 경험주의자들의 논리를 적용하였다. Erickson(1995)은 도덕적 · 정신적 영역을 통합하기 위해 교육과정과 수업을 재검토한 저서를 출판하였다. Erickson의 모형이 현재의 실천을 개정한 것이라면, Noddings의 제안은 전통적 구조의 재구성을 주장하였다. Noddings 외에 다른 학자들은 포스트모던적 관점에서 학생들에게 가치를 숙고하게 할 방법을 고려하기 시작하였다. 이것은 Dewey의 경험주의에서 유래한 것은 아니지만, 영향을 받았다(Eaker-Rich & Van Galen, 1996; Katz, Noddings, & Strike, 1999; Lasley, 1999). Betty Reardon(1993)과 다른 학자들은(Reardon & Nordland, 1994; Hutchinson, 1996) 국제적인 갈등에 관해 여성 해방의 관점을 제시함으로써 폭력을 추방하고자 하였다. 그리고 이렇게 폭력을 추방하고, 생태학적인 인식을 발전시키는 것과 같이 교육과 관련시켜 특정한 도덕적 주제를 탐구한 연구가 있었다(Milbrath, 1996).

교실 관리의 역동성이 인간 행위에 있어서 가치에 대한 인식을 개발하는 것과 관련되자 그것에 대해 관심이 모아졌다. Jones와 Jones(1992)는 청소년들의 책임 있는 행동을 촉진하기 위하여 교육과정이 어떤 초점을 형성해야 하는가에 대한 책을 출판하였다. 학회와 집회의 강사로 유명한 Alfie Kohn(1998, 1999)은 청소년들의 사회적 가치에 있어서 경쟁과 보상 구조가 어떠한 영향을 끼치는지를 언급하였다. 그는 또한 학생의 학습을 측정하고, 교육과정을 감독하기 위해 표준화 검사를 행정적으로 사용하는 것에 대해 비판을 했다(Kohn, 2000).

사회적 행동주의자와 실천적 지적 전통주의자들의 보다 융통성 있는 연구는 1920년대와 1930년대에 유행한 인성교육 프로그램의 부활이었다. 사회적으로 용인되고 이론의 여지가 없는 행동 원칙을 고려하기 위해 학급 자치회와 상담 기간을 활용하는 것이 많은 사람들의 공감을 얻었다. 언어 교육에서 학생의 활동을 강화하는 것과 같이 기본 교과의 교육과정을 약간 수정함으로써, 교직원들은 진실, 정직, 용기, 관용과 같은 덕목을 촉진시킬 수 있었다. 이러한 접근의 예는 Edward Wynne과 Kevin Ryan(1993)의 저서 *Reclaiming Our Schools*이다. Ryan과 Karen Bohlin(1999)은 인성 교육을 위한 교육과정 수행에 있어 실제적인 안내를 했다. 이전 교육부장관인 Bennett(1993)는 교훈적인 문학작품을 통해 도덕적 품성을 기르도록 19세기의 문헌을 새롭게 편찬하였다. Eyre와 Eyre(1994)는 교수 책무성에 대한 책을 저술하였고, DeRoche와 Williams(1998)는 실천가를 위한 인성교육 프로그램에 대한 책을 출판하였다. Heath(1994)는 학생들의 인성과 지성을 개발하는 방안의 개요를 제시하였다. Mary Ann Conroy(1999)는 가치 개념이 분명했던 시기에 유행한 활동을 재구성함으로써 개인적 발달이 이루어지도록 조직된 실천중심의 수업 계획을 제안하였다. 그러나 그것은 진로 지도의 원리(guiding principles)를 중심으로 구성된 것이었다.

1990년대 학교 실천가들에게 지지를 얻은 것은 지역사회에 대한 봉사 제도였다. 이것은 학생들이 자비로운 행동이 무엇인가를 지각하고 경제적 · 신체적 약자들의 삶을 이해하기 위해 설계된, 생생한 경험을 할 수 있는 것이었다. Kinsley와 McPherson(1995)은 교육과정 구성요소로서 봉사 학습을 포함할 것을 주장하는 책을 편찬하였다. NSSE의 연감은 봉사 학습이라는 주제에 많은 부분을 할애하였다(Schine, 1997). Oliner와 Oliner(1995), Brown(1998)은 도덕 또는 인성 교육을 행동으로 구체화한 책을 저술하였다.

교육과 신앙의 관계는 1990년대에 새로운 관심을 얻게 되었으며, 미국의 종교와 공교육에 관한 논쟁을 담은 책들이 출판되었다(Nash, 1998; Nord & Haynes, 1998; Sears & Carper, 1998). Pumfrey와 Verma(1994)는 영국 초등학교에서의 종교교육에 대한 책을 편찬하였다. 종교와 교육의 관계에 대해 보다 많은 관심을 받은 부분은 교수-학습에서 종교와 관련된 영적인 차원이었다. Parker Palmer는 교육에 있어 영적인 접근 방법이 교육과정에서의 선택에 얼마나 영향을 미치는지에 대해 주도적인 연구를 했다(Palmer, 1993). Paul Theobald(1997)와 John Miller(1999)의 저서, Glazer(1999)의 선집 등은 교육에서 흥미를 유발하는 초점들에 대해 자유롭게 논의하고 있다.

2) 민주주의중심

학교 기관을 통한 민주주의 가치의 조장, 촉진, 주입은 분명히 비판적 재건주의자만이 열망한 것은 아니었다. 교육을 통해 민주주의에 대한 확신을 조성하는 것은 Alder 같은 지적 전통주의자에 의해 핵심적 가치로서 지지를 받았다. 뿐만 아니라 민주적 실천은 교육을 위한 경험주의자들의 제안에 있어서도 마찬가지로 필수적인 것이었다. 학자들은 민주적 사고, 실천, 개혁에 대한 Dewey의 논문(Boisvert, 1997; Jackson, 1998; Levine, 1996; Paringer, 1990; Ryan, 1995; Westbrook, 1991)과 교육자들의 업적(Cuffaro, 1995; Fishman & McCarthy, 1998; Garrison, 1997; Simpson & Jackson, 1997)에 지속적인 관심을 기울였다. 민주적 과정으로서 교육에 헌신하는 것은 Dewey와 경험주의자들이 삶, 윤리, 교육을 이해하는 데 핵심적인 신조였다. 많은 저자들이 민주주의 사회에서 교육되어야 할 것들, 학교가 민주적 가치의 실천과 민주적인 학급 활동의 역동성에 어떻게 헌신해야 하는지 등에 관하여 탐구하였다.

민주적인 교육에 대한 논의는 민주주의의 의미에 대한 정의에서부터 시작된다. 미국의 학교교육 및 사회 정책(Spring, 1998)에 관하여 언급한 Joel Spring은 민주적 과정에서 상대적 신념(allegiance)을 초월하는 인권을 위한 교육은 사회적·개인적 자유를 촉진하는 정당한 교육과정이라고 주장하였다(Spring, 1999). 그는(2000b) UN 헌장의 인권에 대한 해석을 기반으로 한 교육 모형을 구성하였다. Vandenberg(1990)도 교육의 핵심으로서 인권을 주장하였다. Quicke(1999)는 교육받은 대중들은 자신들을 현명하게 통제할 수 있어야 하고, 학교 교육과정은 이러한 요구에 답할 수 있어야 한다는 Jefferson의 염원(민주주의)에 동의하였다. 학술지 *Democracy and Education*에 기고한 저자들은 민주적 교육은 그것이 교육과정, 수업, 학교 문화에서 사회적 정의를 촉진할 때 정당화된다는 신념을 공유하고 있었다(Ayers, Hunt, & Quinn, 1998).

어떤 저자들은 민주주의를 사회적인 정책 결정의 정치적 과정이라고 해석하였다(Carr & Hartnett, 1996; Parker, 1995; Sehr, 1997; Soder, 1995). 대학입학시험위원회는 민주 사회를 촉진하는 대학의 교양 교육의 역할에 대하여 경험주의자들과 지적 전통주의자들 사이의 논쟁에 관한 논문 선집을 출간하였다(Orrin, 1994). Warehime(1993)은 문화적 갈등의 역동성과 창조적 민주주의를 통한 문제 해결의 가능성을 탐구하였다. 민주적 활동을 통한 학교의 사회적 재건과 관련된 다양한 주제들은 학교 개혁에 대한 대중 잡지인 *Rethinking School*의 논문 모음에 나타나 있다(Bigelow, Christenson, Karp, Miner, & Peterson, 1994).

초기 저서에서 다문화 교육의 실제에 대한 인식을 제공하였던 James

Fraser(1997)는 민주 사회에서 학교교육의 과정과 목적은 민주적 삶이 되어야 한다고 주장하였다. Freire와 Giroux 등의 비판적 재건주의자들의 영향을 받은 Fraser는 민주주의란 모든 시민들이 정책과 사회적 행위를 확립하는 데 참여해야 하고, 모든 사람들이 사회적 이익을 공유하며, 보다 참여적인 경제적·정치적 질서를 만들도록 하는 것이라고 주장하였다. 문화적 다양성, 어린이들의 요구에 대한 관심, 교육에서 과학 기술의 역할, 그리고 교사 양성 교육과 같은 당대의 교육적 쟁점들이 논의되었다. Fraser는 *Dare the School Build a New Social Order?* 에서 Counts(1932)가 민주적 사회의 교육자들에게 던진 기본적인 질문을 다시 제기하였다. 그는 학교 교육과정, 구조, 자원과 교사 양성 교육이 이러한 도전을 어떻게 창의적으로 수용할 수 있는지를 제시하였다.

George Wood(1992)는 민주적 원리와 실천을 지지하는 명확한 입장을 보인 몇몇 학교의 사례를 제시하였다. 민주적 이상에 따른 학교의 활동에 참여하면서 그는 오하이오 주에 있는 고등학교 교장으로서 학교를 경영하게 되었다. 그곳에서의 그의 경험은 *A Time to Learn*(Wood, 1998)에 기술되어 있다. Central Park East(CPE) 고등학교는 교육개혁 모델인 Sizer's Essential Schools의 구성원일 뿐 아니라 비판적 재건주의자(Apple & Beane, 1995 참조)들이 주도한 학교였다. Fliegel(1993), Bensman(2000), Deborah Meier(1997), CPE의 행정가들이 CPE 고등학교에 대한 많은 견해를 제시하였다. Mercogliano(1998)는 Albany Free School의 학교 역사에 대해 언급하였다.

수업에서 민주주의를 다룬, 보다 전통적인 접근들은 교육과정을 통한 시민성 개발에 초점을 두었다(Burstyn, 1996; Edwards & Fogelman, 1993; Isaac, 1992; Mosher, Kenny, & Garrod, 1994; Reeher & Cammarano, 1997; White, 1996). 다른 저자들은 내용(Passe, 1996)에 관해 조언하는 것에서부터 교사와 학생의 협동을 촉진하는 모형을 권고하는 것에 이르기까지 교육과정 개발에 학생들이 참여하도록 촉구하였다. Short와 Burke(1991)는 협동적 교육과정 구성을 위한 실천가적 방안에 대한 책을 출판하였고, Nicholls와 Thorkildsen

(1995) 역시 그러한 주제를 다룬 책을 편찬하였다. Gross(1997)는 고등학교 교실에서의 '교사와 학생의 공동 교육과정 설계(joint curriculum design)' 의 과정을 설명하였다. Levy(1996)는 교실 교육과정의 협동적 개발에 대한 학생 개인별 사례 연구를 제시하였다. Ostrow(1995)는 교육과정의 협동적 구성을 1학년에서부터 3학년 교실까지 확장시켰다. Oyler(1996)와 Shor(1996)는 학생들과 교육과정에서의 권한을 분담해야 하는 필요성에 대해 연구했다. Cynthia McDermott(1998)는 민주적 교실의 차원을 연구한 책을 편찬하였다. Areglado, Bradley 그리고 Lane(1996)은 자기 주도적 학습을 촉진하는 교실 수업에 관한 아이디어를 제시하였다. Wolk(1998)는 민주적인 교실 수업의 필수적인 조건에 대하여 조언하였다.

Mara Sapon-Shevin(1999)은 협동적 · 통합적 교실을 어떻게 만들 것인가에 대한 안내를 했다. 민주적 수업 방법을 위한 모델로서 사례 연구의 활용은 McNergeny, Ducharme 그리고 Ducharme(1999)의 책에 안내되어 있다. Allen(1999)은 초등학교와 중학교 학생들의 사회적 정의를 위한 행위에 대해 민주적인 숙고를 하였다. Henkin(1998)은 문해력이 어떻게 평등과 사회적 정의를 촉진시킬 수 있는가를 설명하였다. Fishman과 McCarthy(1998)는, 여전히 민주주의를 위한 가장 의욕적인 제안인 John Dewey의 교실 실천에 대한 아이디어를 저서의 주요 내용으로 삼았다.

3) 뇌와 인지작용중심

1990년대에 등장한 교육과정 개발을 위한 통합 중심은 뇌가 갖가지 다른 종류의 정보와 기술을 어떻게 수용, 처리, 보유하는가에 답하는 교육과정 내용과 지도 방법을 보다 효과적으로 결정하기 위해 뇌의 작용에 대해 연구하였다. 인지 과정과 교육과정 사이의 관계의 설정은 Eisner(1994a)가 *Cognition and Curriculum Reconsidered*에서 표명한 관심사인데, 신경학적인 연구 성과물로 교육과정을 계획하는 새로운 방향이었다.

ASCD는 교육자들이 뇌의 작용과 발달에 대한 최근의 연구 결과를 활용하는 데 중점적인 노력을 기울였다. Caine과 Caine(1997a, 1997b)은 인지 연구와 관련하여 교육 실제를 알리고 개혁하기 위해 주도적인 노력을 했다. Art Costa는 정신 개발과 이것의 교육적 적용에 대한 두 권짜리 책을 펴냈다(Costa, 1991). 그의 사고 기능의 이해에 대한 관심은 그가 저술하고 Liebmann과 공동으로 편집한 책에서도 찾아볼 수 있다(Costa & Liebmann, 1996, 1997a, 1997b). Sylwester(1995)와 Jensen(1998), ASCD가 출간한 책들은 교육과정 실천가들에게 최신의 뇌에 관한 연구를 소개하였다. West, Farmer 그리고 Wolff(1991)는 수업 설계에 있어 인지적 연구의 적용을 다루었고, Sternberg와 Williams(1998)는 그것을 학교 실제에 맞게 변형시켰다. Hedley, Baratta 그리고 Houtz(1990)는 인지과정과 문해력 사이의 관계를 고찰한 책을 편집했다.

인지발달이 적절한 교육과정 내용을 결정하는 요인이 되자, 그 분야에 있어 대변혁이 일어났다. Dewey, Vgotsky(Lipman, 1996), Piaget 그리고 Gardner 연구의 합성물인 구성주의(Fosnot, 1996)는 교수기술 개발과 수업 실제의 역동성을 구체화하고 교육심리학의 주도적 개념 구조가 되었다. 그러나 인간 학습에 대한 구성주의적 이론과 Piaget의 발달 기제와의 오래된 관련성은 비판을 받게 되었다. Kieran Egan은 흥미로운 대안을 제시하였다. Egan(1997)은 사회적 발생반복이론의 창의적 재생을 제시하며, 아동의 인지발달은 자신들의 인지 수단을 활용하면서 구체화된다고 주장하였다. 첫 번째 신체 단계에서는 의미 있는 구성과 표현을 위한 수단으로서 신체를 사용한다. 이 단계는 차츰 구두 언어의 습득, 기본적인 읽고 쓰는 능력, 상징적 분석의 활용, 이론을 해석하고 구성하는 능력으로 발전된다. 마지막 단계는 '아이로닉(ironic)' 단계인데, 이 단계에서는 이러한 인지적 수단들을 통합하고 그것들이 주는 정보와 의미의 가치를 평가할 수 있게 된다. 이러한 각각의 인지 수단을 획득하게 되면, 학습자가 추구하는 학습 내용은 인지적 수단의 역동성을 반영하게 된다. Egan은 아동의 인지는 구체적인 것을 습득하는 데서부터 발달하여 추상적인 것을 이해하는 것으로 발전한다는 Piaget의 주장에 의문을 제기하였다. 그는 환상이 어린 학습자의 인지적 발달에 최선의 영향을 주기 때문에 아동은 직접적인 사물보다는 환상의 세계에 가장 잘 빠져든다고 반박하였다. 중요한 학습 활동은 이야기의 활용(예를 들면, McEwan & Egan, 1995), 상상력의 발휘를 포함한다(Egan, 1992, 1999). Lauritzen과 Jaegar(1996)는 다양한 전통 교과에 이야기하기를 통합한 '내러티브 교육과정'으로 인지발달 개념을 정립하였다.

'지능지수'에 대한 도전으로 널리 인식되는 Howard Gardner의 다중지능이론은 교육자의 지능에 대한 개념을 확대시키는 전문성 개발 기회(opportunity), 비디오, 입문서(예를 들면, Carreiro, 1998) 등을 이용하여 교육개혁운동을 활성화시켰다. 그는 다중지능이론을 실제에 맞게 적용하는 것에 대한 책을 펴내고(1993b), *Unschooled Mind*(1993c)라는 책을 개정했으며, 그의 연구에 근거한 개혁을 주장하였고, *Intelligence Reframed*(1999a)에서 지능의 범주를 확대시켰다(1999a). 또한 그는 *The Disciplined Mind*(1999b)에서 교육과정과 교육 개혁에 대한 그의 개인적인 견해를 진술하였다. 그의 이론이 경험주의자들의 교육과정에 대한 개념을 반영하는 실제 현장에 가장 빈번하게 적용되었음에도 불구하고, 여러 면에서 지적 전통주의자들의 입장에도 통찰력을 주었다. Thomas Armstrong(1994, 1998)은 ASCD가 출간한 많은 책에서 Gardner의 이론을 잘 해석해 낸 대표적인 학자이다. 또한, 전통적인 학교교육에서 경시되었던 다양한 지능에 대해 연구한 책들도 출간되었다[예를 들면, 예술적 지능에 대해 연구한 Moody(1990)의 저서].

4) 흥미와 필요중심

학습은 학습자로부터 시작되고 개별적으로 상응하는 것이기 때문에, 교육과정 저자들은 교육과정의 통합의 중심에 대해 계속적인 관심을 가졌다(예를 들면, Clark, 1997). 국가와 주정부의 교육과정 내용기준을 구성하는 학문 교

(O' Neill과 Willis, 1998)을 고찰한 교육과정 저서들의 가치가 강조되었다. 그러나 특정 교과에 대해 논의를 할 때, 그 교과 영역에서 지침을 숙고하거나 제시함에 있어 비판적 관점 또는 포스트모던 관점을 취할 수도 있다. 예를 들어, 예술 교육에서 교육과정 개발에 대한 실제적인 지침을 찾고 있는 예술 교육자들은 이의를 제기하는 새로운 주장에 직면할 수도 있다. 어떤 예술 교육자들은 예술 교과가 개인적 · 지적 성장을 위해 필수적인 교과라고 주장했다(예, Andrews & Taylor, 1993; Greer, 1997; B. Miller, 1993). 그러나 교수기술의 가치라는 측면에서 보면 포스트모던 프로젝트(예, Jagodzinski, 1997a, 1997b; Walling, 1997)로 인정되거나, 포스트모던 담론을 넘어서 자아를 경험하고 밝히는 비전문적인 것(Neperud, 1995)으로 인정되는 연구들도 있었다. Freedman과 Hernandez(1998)는 서로 다른 문화에서 예술 교육을 비교하는 관점에 대한 책을 편집하였다.

다른 교과 영역에서도 같은 현상들이 나타났다. 학교 교육과정을 개발하는 데 있어 실제적인 지침을 제시한 책들은 교과 지도의 새로운 개념을 다룬 책들과 함께 등장하였다. 전문적인 지침들은 드라마(Hornbrook, 1991; Somers, 1993), 체육 교육(Hellison & Templin, 1991), 언어(Tchudi, 1991), 사회과(Freeland, 1991; Martorella, 1991; Parker, 1991; Parker와 Jarolimek, 1997; Ross, 1997), 직업 교육(Duenk & Smith, 1993; Finch & Crunkilton, 1993), 과학(Gott & Duggan, 1994), 수학(Black & Atkin, 1996) 등에서 제시되었다. 어떤 연구자들은 교과에서 대안을 제시하였는데, 비판적 문화의 맥락에서 체육 교육과정(Kirk & Tinning, 1990), 언어와 문화 학습 사이의 관계(Swiderski, 1993), 또는 성인의 삶에서 문해력의 재개념화(Alvermann, Hinchman, Moore, Phelps, & Waff, 1998)를 고찰하였다. 수학교육은 교육적 담론과 대중 문화에 비추어 연구되었다(Applebaum, 1995). 과학교육은 사회적이고 개인적 행위(Bybee, 1993), 그리고 아동의 호기심과 탐구로부터 확립된 교육과정(Gallas, 1995; Shapiro, 1994), 또는 Foucault가 제시한 분석의 틀을 활용한 권력(power)의 과정(Blades, 1997)으로 표현되었다. Joe Kincheloe(1995), Penn과

Williams(1997)는 직업교육을 재구조화하는 대안을 제시하였다. Roberts와 Ostman(1998)은 과학 교육과정에서 의미의 문제를 고찰한 책을 편집하였다. Hurd(1997)는 21세기에 대비하는 과학교육의 전망을 제시하였다. Peter Martorella(1991)는 사회과에서 대안적인 관점과 범위와 계열을 구성하는 유형에 대해 역사적으로 논의했다. 그것은 1916년 The Report of the Committee on the Social Studies가 쟁점화된 이래 지적 전통주의자, 사회적 행동주의자, 경험주의자들의 상호 경쟁적인 시각을 설명한 것이었다.

2) 제도 수준에 따른 교육과정 개발

학습자의 발달 수준에 따라 사회적 제도가 규정된 것처럼, 교육과정 저서도 학습자의 발달 수준에 따라 저술되었다. 유아교육 영역은 아동 탁아 산업이 커짐에 따라 급격히 발전하였다. 이어서 이러한 기관에서 근무하게 될 유아교육 교사들의 양성을 위한 문헌들이 증가하였다. 이와 함께 유아교육과정에 대한 문헌의 개정판이 나왔고(Eliason & Jenkins, 1990, 1994; Hendrick, 1990, 1998; Taylor, 1991, 1999), 새롭게 출판된 교재도 있었으며(Curtis, 1997; Fortson & Reiff, 1995; Heritage, 1993; Krogh, 1990, 1995; Rosser, 1993, 1998), 선집도 발간되었다(Schickedanz, Pergantis, Kanosky, Blaney, & Ottinger, 1997). McAdoo와 Schweinhart(1996)는 유아교육과정에 대한 연구가 확산되었음을 보여준다.

교실 수업에 대한 문헌뿐 아니라, 유아교육에 대한 이론과 연구에 대해 고찰한 저서도 발표되었다. Seefeldt(1992)가 편집한 논문뿐 아니라, Spodek과 Saracho(1991, 1996)가 편찬한 연감은 유아교육에서 유용한 학문적 개관을 제공하였다. 또한 유아교육에 대한 문헌 중에는 비판적 재건주의와 포스트모던의 영향에 대한 소개도 있었다(예, Cannella, 1997; Kessler & Swadener, 1992; Weis, Altbach, Kelly, & Petrie, 1991). 어떤 저자들은 창의적인 표현과 놀이에 대한 아동의 요구(Isenberg & Jalongo, 1993, 1997; Van Hoorn et al., 1993, 1999; Wood & Attfield, 1996), 교육과정에서 내용과 활동의 통합(Hart,

Burts, & Charlesworth, 1997; Lawler-Prince, Altieri, & Cramer, 1995), 교육과정 목적과 수업을 통합한 평가 체제의 수립(Genishi, 1992; Wortham, 1996)을 중점적으로 다루었다.

많은 가정에서 어린 자녀들을 돌보고 가르치기 위한 유아교육기관을 선택함에 따라, 유아교육을 공교육에 포함시켜야 한다는 요구와 이러한 사회적 요구에 부응하도록 제도와 실제를 개혁해야 한다는 요구가 있었다(Rust, 1993). 실제에 대한 연구와 개인적 관찰에 의해 이러한 프로그램의 가치가 증명되었다. Washington과 Bailey(1994)는 Head Start 프로그램을 회고하고 미래에 대해 제안하였다. Cadwell(1997)은 Reggio Emilia 혁신 방안을 설명했는데, 이것은 이탈리아 도시에서 유아교육을 위해 재설계된 것으로, 영어권 국가에서 많은 흥미를 불러일으켰다(Gandini & Edwards, 2000). Mitchell과 David(1992)는 Bank Street 사범대학 유아교육자들의 경험으로부터 개발한 교육과정 지침서를 편찬하였다.

초등학교의 교육과정 개발에 관심을 기울인 저서들도 상당히 많았는데, 대다수는 교사 교육 프로그램과 관련된 것이었다. Morrison(1993), Queen(1999), Passe(1995), Reinhartz와 Beach(1997), Ross, Bondy 그리고 Kyle(1993), Wishon, Crabtree 그리고 Jones(1998)의 저서는 Lemlech(1990, 1998)의 개정판 및 Ragan의 고전을 개정한 Shepherd(Shepherd & Ragan, 1992)의 저서와 그 맥을 같이하였다. 교육과정 전문가들을 위한 책은 교육과정 개발(Merrion & Rubin, 1996; Nias, Southworth, & Campbell, 1992), 교육과정 운영(O' Neill & Kitson, 1996), 교육과정의 조정과 통합(Campbell, 1993; Wolfinger & Stockard, 1997)에 관한 것들이었다. Ashcroft와 Palacio(1997)는 교사들에게 교육과정 실행에 대한 방향을 제시하였다.

교육과정과 수업에 관한 경험주의적 사고를 반영한 청소년 교육기관으로 새롭게 등장한 중학교(middle school)는, 20세기 초반에 등장한 'junior high school' 의 명성을 대신 이어 나갔다. James Beane은 다양한 문헌을 통해 중학교 교육과정 개발을 위한 이론적이고 실제적인 조언을 하였다. 그는 청소년 교육에 대한 대안적 연구를 검토하고 교육과정 통합을 제안한 개론적 입문서(Beane, 1990a, 1993)뿐 아니라, 민주주의적 실천으로서 교육과정 통합에 관한 그의 회고(1997)를 출간하였으며, 1995년 ASCD의 연감에서는 중학교 교육과정 설계에 적합한 목적과 내용의 일관성에 관한 논문들을 편집하였다. 일관성과 통합은 중학교의 교육과정 이론의 핵심적인 강조 사항이었다(예, Brazee & Capelluti, 1995; Pate, Homestead, & McGinnis, 1997; Stevenson & Carr, 1993). Dickinson(1993)은 중학교 교육과정에 대해 현재 논의되고 있는 개관들을 선집으로 편찬하였다. 수업 계획에서 주제별 단원(예, Forte & Schurr, 1994; Schurr, Lewis, LeMorter, & Shewey, 1996; Springer, 1994), 간학문적 교수(Lounsbury, 1993; Vars, 1993), 탐구 중심 교육과정(예, Burkhardt, 1994; Compton & Hawn, 1993)을 강조하였다. 다른 문헌들은 중학교 교육과정 모형이 효과적으로 실행될 수 있는 방법들을 설명하였다(Alexander, 1995; Hargreaves, Earl, & Ryan, 1996; Messick & Reynolds, 1992).

교육과정 개발에서 고등학교는 그다지 주목받지 못하였다. 실천가들은 국가나 주정부가 학교로 하여금 내용기준에 관심을 갖도록 하는 정도에 만족하였다. 그런데 그 내용기준은 전통적인 종합 고등학교에 해당되는 것이었으며, 간단하게 구분된 것이었다. 고등학교 관계자들은 가장 최근의 개혁 논의에 참여하기보다는 교육과정을 변화시키지 않는 것이 쉬운 일이라는 것을 알고 있었다(예, Wilson & Rossman, 1993). Lorber와 Pierce(1996)의 개정판이 고등학교 교육과정 개발을 다룬 유일한 문헌이다.

대학교 교육과정의 구조는 학습, 해석, 처방을 필요로 한다. Conrad와 Haworth(1990)는 대학교 학습에서 최근의 변화를 검토하였다. Stark와 Lattuca(1997)는 미국의 단과대학과 종합대학에서 실행되고 있는 교양 과정 계획에 대해 개관했다. Bartolome(1998)은 학문적 담론을 지도함에 있어서 언어교과의 현대적인 정치성에 주목하였다. Gaff와 Ratcliff(1997)는 대학교 교육과정 개발에 관한 지침서를 편집하였다. 문화적 다양성이 대학교 교육과정에 끼치는 영향에 대해 연구한 다수의 학자들이 있다(Lutzker, 1995; Morey &

Kintano, 1997; Schmitz, 1992). Geismar와 Nicoleau(1993)는 대학교 교실과 관련하여 차이를 쟁점으로 조사한 책을 출간하였다. Friedman Kolmar, Flint 그리고 Rothenberg(1996)는 포괄적인 대학교 교육과정의 창안에 대해 제안한 책을 출판하였다. Feagin, Vera 그리고 Imani(1996)는 백인중심의 대학교 제도에서 흑인 학생의 생생한 경험을 탐구하였다. 문화적 인식을 확장하는 수단으로, Burn(1991)은 대학의 교양 교육과정에 외국의 연구를 통합하는 시도를 하였다. Soifer 등(1990)은 성인의 문해력 교육에 대한 연구를 하였다.

3) 수 업

역사적으로 교수법에 대한 저서의 내용과 조직은 교육과정학자들의 논의가 확장되도록 현재까지 영향을 주고 있다. 교사 교육 프로그램에 사용하기 위한 목적에만 초점을 둔 교재는 교사 교육자들이 제시한 절충주의적 관점에 적합하게 옛것과 새로운 것들을 종합하는 데 있어 뛰어난 것이었다. 이러한 교재들은 전형적인 개론서로는 그 범위가 좁아서 교육과정 개발에 대한 적절한 역사적 · 이론적 기초를 제공하는 데 실패하였다는 비판을 받고 있었다. 그러나 이러한 교재의 저자들은 교육과정 이론가들의 난해한 논쟁에 민감하게 반응하였고, 또한 그 저서들을 토론, 활동, 적용과 관련하여 초심자들에게 적절한 것으로 언급하였다(예, Ornstein, 1990). *Instruction: A Models Approach*(Gunter, Estes, & Schwab, 1990, 1995)에서는 Tyler 모형에서와 비슷한 개념을 사용하여 교육 목적을 기술하는 것에 대해 논의했다. 그 개념은 학습 영역과 측정가능한 목표의 중요성, 전통적인 접근 방법과 구성주의 심리학에서의 새로운 발달 등을 반영한 수업 모형, 갈등 해결과 윤리적, 사회적 가치의 개발에 대한 관심에 관한 것이었다. Bruce Joyce와 Marsha Weil(2000)의 *Models of Teaching*의 여섯 번째 개정판은 학습자 집단을 생성하는 것을 강조하였고, 사회적, 정보 처리, 개인적, 행동적 체계 등의 네 가지 범주로 조직된 교수 모형을 제시하였다. 성과 인종에 대한 문제도 주요 주제였다. '교육과정 구성하기(Creating Curricular)' 라는 장에서 저자들은 교육과정의 다양한 모형을 만들기 위해 활용한 Gagne의 영향에 대해 설명하였다.

수업 설계로 졸업 논문을 시작한 학생들이 사용한 교재는 교수법에 있어 선택적인 방안을 이해할 수 있도록 다양하게 구성되어 있다. Kemp, Morrison 그리고 Ross(1994, 1998), Reiser와 Walker(1996)는 수업 설계에 대해 실제적인 안내를 하였다. Shambaugh와 Magliaro(1997)는 수업 설계에 대한 연구 절차를 제시하였다. Seels와 Glasgow(1998)는 수업과 관련된 의사 결정을 조언하였다.

Hillocks(1999), Tomlinson(1999)은 개별 학생에 따라 다른 지도를 할 필요가 있음을 주장하면서, 학습 유형과 교수법 사이의 필연적인 관련성을 강조하였다. Dijkstra와 Tennyson(1997)은 학습에 대한 이론 및 연구와 관련된 다양한 수업 모형을 설명하였다. Adams와 Hamm(1994)은 보다 최근의 수업 설계에 초점을 맞추었다. Zemelman, Daniels 그리고 Hyde(1998)는 차터스쿨과 일군의 모범적 실천을 하는 학교를 다룬 그들의 연구를 고찰한 개정판을 냈다.

효과적인 수업의 역동성에 관해 고찰한 저서도 출간되었다. Joyce와 Calhoun(1996)은 학생들이 어떻게 배우는지와 어떻게 가르쳐져야 하는지의 관계를 정립하고, 학습 경험을 구성함에 있어 이론과 연구의 필요성을 강조하였다(Joyce, Calhoun, & Hopkins, 1997). Cawelti(1995)는 몇 권의 기존 저서를 바탕으로, 각각의 교과 영역에서 학생들의 성취를 향상시키는 것에 대해 연구한 '안내서' 를 편집하였다. Gibboney와 Web(1998)은 수업의 질을 향상시키기 위해 교사들이 제안한 실천적인 원리에 관해 고찰하였다.

1970년대와 1980년대에 확립된 의미 있는 수업설계는 여전히 인기를 얻고 있었다. 상세한 설명은 완전 학습에 유용하였다(Guskey, 1997). 구성주의적 실천(Brooks & Brooks, 1993; Davis, Hawley, McMullen, & Spilka, 1997)과

학습자중심의 교실(예, McCombs & Whisler, 1997)이 강조되면서, 비록 교육과정이 학습자와 상의하여 결정되지는 않았더라도, 수업의 실제가 학생 중심이어야 한다는 절충주의자들의 생각이 장려되었다. 협동 학습은 인기 있는 수업 방법이었으며, 협동 학습 방법에 대해 자세한 설명을 제공한 책들이 출간되었다(David & Roger Johnson, 1994; Johnson, Johnson, & Holubec, 1994a, 1994b; Robert Slavin, 1995; Davidson & Worsham, 1992; Jacob, 1999). 문제중심 학습은 실생활의 문제를 복합적이고 개방적으로 탐구함으로써 1990년대에 큰 인기를 누렸다(예, Delisle, 1997; Evenson & Hmelo, 2000; Glasgow, 1997; Torp & Saga, 1998).

오랫동안 지속되어온 또 다른 수업 설계와 수단들도 검토되었다. Lubienski-Wentworth(1999)는 20세기 Montessorri가 제안한 수업 설계에 대해 다시 주창하였다. Hein(1998)은 학습 환경으로서 박물관의 가치를 논의하였다. LaSpina(1998)는 교과서 출판에 있어서의 미적 변화를 연대순으로 정리하였다.

4) 교육과정 개발에서의 지도력

학교 행정가들은 교육과정 개발에서 지도력을 발휘하도록 요청되었다. 교육과정의 지도력이 학교 개혁을 선도할 수 있다는 낙관적인 견해도 있었다(Bernhardt, Hedley, Cattaro, & Svolopoulos, 1997). James Handerson은 교육과정 리더십을 고찰하기 위해 반성적 · 협동적 · 민주적인 교육 실천을 장려하였는데, Hawthorn(1995)과는 교재를, Kathleen Kesson과는 논문집을 공동 집필하였다(Handerson & Kesson, 1999). 교육과정 지도자들은 창조적이어야 하고(Brubaker, 1994), 효과적이어야(Kitson & O' Neill, 1996) 하지만, 또한 정치적으로 논쟁이 많은 1990년대에는 학교 제도에 대해 안정감을 불어넣을 수 있어야 했다(Gross, 1998). 교육과정 관리(Elmore & Fuhrman, 1994)와 교육과정 정책(Moore & Ozga, 1991)의 역동성에 대한 논문집이 발표되었다. Robert Donmoyer(1995)는 교육과정 운영과 지도력의 역할에 주목하면서 교육 행정에 대한 기초 지식을 주장한 저서를 편집하였다. Day, Hall, Gammage 그리고 Coles(1993), Glatthorn(1997), Markee(1997)는 교육 행정 전공의 대학원 과정에 유용한 교재를 출간하였다.

12. 20세기 말의 개론서

1990년대 저자들은 새로운 개론서의 발간을 망설이게 되었다. 교육과정에 대한 연구로 분류된 영역이 새롭게 등장하면서 그 분야의 개요를 설명해야 하는 개론서의 저자들은 색다른 요구를 받게 되었다. 그래서 새롭게 책을 저술하기보다는 기존 개론서의 개정판을 더 많이 출간하게 되었다. Doll은 아홉 번째 개정판을, Peter Oliva(1997)는 네 번째 개정판을, Daniel Tanner와 Laurel Tanner(1995)는 세 번째 개정판, Elliot Eisner(1994b)는 *The Educational Imagination*의 세 번째 개정판을 발표하였다. Ornstein과 Hunkins(1993, 1998)는 계속 개정판을 발간하였고, Print(1993)는 *Curriculum Development and Design*의 개정판을 출간하였다. McNeil(1996)은 *Curriculum: A Comprehensive Introduction*을 다섯 번째 개정하였고, 교육과정 실제에 관한 흥미로운 연구인 *Curriculum: The Teacher' s Initiative*(1995)를 발간하였다. 하지만 이 책은 교육과정 개발에 대한 책으로 분류할 수는 없다. 이것은 Tyler 논리의 목적, 방법, 조직의 차원을 고찰했다. 그러나 McNeil은 실천가들에게 일상적인 교육과정 개발은 합리적인 계획이라기보다는 정치적인 선택 및 교육 소비자의 선택에 관한 것이 더 많다는 것을 인식하고, 대부분의 학교에 이러한 공통적인 문화가 있음을 인정하고 있다. 그는 교사들에게 구성주의적 실천을 고려하고, 학습자의 개인적 발달을 다루며, 교육과정에서의 선택을 통해 사회적 변화 가능성을 받아들이도록 권고하고 있다. 또한 그는 교과서 선택, 교육과정 자료 선택과 학급을 담당하는 교사의 경향 및 요구에 부합되는 단원 계획을 구성하는 것에 관해 교육 소비자인 학생과 학부모에게 안내하고 있다.

McNeil의 교육과정에 대한 실천적인 연구를 범주화하기가 어려운 것처럼, Decker Walker와 Jonah Soltis(1992, 1997)의 교육과정 목적에 관한 책을 개론서나 교육과정 개발 저서로 보기는 어렵다. 그들은 그 저서가 학생들에게 교육과정 이론의 주제를 소개하는 기초적인 과정에서 활용되기를 기대하였다. 그래서 교육과정에서 역사상 그리고 당대 중요한 저자들을 소개하였다. 그러나 교육과정 개발에서 가능한 목적에 초점을 맞추게 되자 연구의 범위는 제한되었다. 이에 앞서 1990년에, Decker Walker(1990)는 Taba에 뿌리를 둔 연구를 발전시켜 교육과정에 대해 포괄적으로 진술한 저서를 출간하였다. 그리고 중요한 역사와 이론 부분이 독자들에게 교육과정 영역으로 소개되었다. 교육과정 연구는 이전과 마찬가지로 폭넓고 다양한 맥락(교실, 학교 및 국가적 관점)에서 검토되었고, 근거 이론과 합리적인 숙고를 통해 교육과정 정책과 실천에 있어 변화를 수행할 것을 설명하고 지지하였다. 이 저서는 Walker의 초기 자연주의적인 설계[4]와 일치하고 있지만, 이러한 설계를 오늘날 교육과정 저서의 흐름에서 조망하고 있다.

George Posner의 *Analyzing the Curriculum*(1992)은 교육과정 전공의 대학원 기초 과정에서 사용하는 교재로 만들어졌는데, 대부분의 교사들과 행정가들이 교육과정을 만들지 않는다는 것을 인정하고 있다. 대신에 그들은 그들이 선택하고 적용하며 물려받은 교육과정을 분석적으로 평가하는 기술이 필요하다. 그는 '쓰레기통(garbagecan)' 절충주의보다는 '숙고(reflective)'를 강조하였다. 분석은 공식적인 교육과정 문서의 적합성을 측정하는 비판적인 절차를 제시한다. 그는 교육과정 개발을 위한 Tyler의 논리와 Mauritz Johnson의 절차에 기초하여 일련의 질문 목록을 만들었다. 그것은 교육자가 제안된 교육과정을 분석하기 위하여 해야 하는 것이다.

---

4) Walker, D. F. (1971). A naturalistic model for curriculum development. *School Review, 80*(1): 51-69를 보라.

- 이 교육과정은 어떻게 문서화되는가?
- 어떤 사회적/역사적 상황에 따라 이러한 교육과정이 개발되었는가? 이 교육과정은 어떤 관점을 제시하고 있는가?
- 이 교육과정의 목적과 내용은 무엇인가? 이 교육과정은 어떻게 조직되었는가?
- 이 교육과정은 어떻게 실행되어야 하는가? 교육과정 평가에서 무엇을 알 수 있는가?
- 이 교육과정의 장점과 한계점은 무엇인가?(Posner, 1992, p. 24)

위 저서는 교육과정에 대한 현재와 과거의 관점에서 나온 각각의 질문을 쉽게 다룰 수 있도록 구성되었다. 전통적인 관점(W. T. harris, E. D. Hirsch), 학문의 구조(Bruner), 인지주의(Piaget), 행동주의(Bobbitt, Mager), 경험주의(Dewey) 등 교육과정에 대한 다섯 가지 이론적 관점을 대표적인 학자의 예를 들어 제시하였다. 저서에서 비판적 재건주의자들의 기여는 인정하지만, 설명하지는 않았다. 이 저서는 또한 지난 반세기 동안 있었던 교육과정에서의 몇 가지 두드러진 성과에 관해 간명한 배경 지식을 제공하고 있다.

Kenneth Henson(1995)의 교육과정 개발에 대한 저서는 실천가를 위한 것이며, 교육과정 구성에 있어 절충적 모형과 교육과정 계획을 효과적인 수업으로 전환시키는 개혁 전략을 활용한 제도 개혁에 중점을 두고 있다. 교육과정 개발에 대한 그의 연구가 Taba의 전도된 모형을 근거로 구성된 것임을 인정하면서, Tyler의 논리를 Macdonald, Zais, Oliva의 통찰력과 통합하였다. 그는 수많은 사례 연구와 동시대의 교육과정 계획 및 산출물을 통해 교육과정 개발의 구성 요소를 설명하면서, 연구가 교육과정 개발의 지침이 되어야 한다고 굳게 믿었다. 그 저서는 지난 반세기 동안의 교육과정 주요 이론가들에 대해서는 소개하였지만, 비판적 재건주의자들의 연구와 교육과정에 대한 다양한 포스트모던 저서는 다루지 않았다.

David Pratt의 *Curriculum Planning*(1994)은 교육과정 개발에 대한 실

천가의 안내서이기는 하지만, 비판적 재건주의자들과 다른 동시대 교육과정 이론가들(즉, 페미니즘의 관점)의 연구 결과도 포함되었다. 그는 *Curriculum Design and Development*(1980)에서 설정한 방향을 유지하고 있었지만, 또한 다른 교육과정 학파와의 관련성에 대한 이해를 제시하기도 하였다. 그는 노벨상 수상자를 포함하여, 저서 전반에 걸쳐 창의적으로 유창하게 인용하고 있다. 사회적 전달, 사회적 변형, 개인적 목표 달성, 여성 해방 교육을 지지하는 관점과는 대조적으로 안녕과 행복을 위한 교육과정을 제안했다. 또한 학습자의 현재와 미래의 삶에서 교육과정 계획의 가치를 주장하였다. 저서의 본론에서 교육과정 개발에서의 세부 방안을 제시하고 있는데, 그 방안은 교육과정을 계획하는 사람들의 자기 반성에서부터 요구 사정 및 목적과 목표의 진술에 대한 것이었다. 그는 학생에 대한 평가는 수업을 설계하기 전에 계획되어야 하고, 교육과정 평가는 학생의 성취를 평가한 결과보다 훨씬 더 광범위한 것이라고 주장하였다.

Evelyn Sowell의 교육과정 개발에 대한 안내서(1996, 2000)도 본래 교육행정 전공의 대학원생을 위해 개발된 저서로, 교육과정 개발에 대한 안내가 포함되어 있다. 그 저서는 교육과정 설계에 대한 논의와 학교 교육과정의 재설계를 실행하는 전략을 함께 다루고 있다. 그녀는 이 연구를 '통합적(integrative)' 이라고 명명하였는데, 그것은 교육과정에서 '기술적(technical)' 인 방식과 '비기술적(non-technical)' 인 방식을 결합한 것을 지칭한다. 이러한 기술적 방식은 목표로부터 평가에 이르는 Tyler식의 설계를 적용해서, 교과 학습에서 공식적인 목표의 진술로 귀착된다. 또한 이 방식은 교육적 목적들을 고려한다. 그녀는 지식을 조직해서 축적하는 전통을 장려하기, 사회적 재건 촉진하기, 학습자의 자아 실현, 인지 과정의 개발, 기술적(technological)으로 사회적 목적을 전달하기 등의 다섯 가지 대안적 목적들을 제시하였다. 그 내용은 지식의 형식과 구조, 사회적 요구(문해력, 사회경제적 구조, 문화적인 제도, 학습자에 대한 인구통계학적 배경), 학습자의 심리적 발달 등으로 구성되어 있다. 그러고 나서 내용은 학습 목표로 진술된다. 비기술적 방식은 교실에서 교사와 학생의 상호작용으로부터 유래하는데, 교육적 경험을 형성하는 환경적인 차원과 자료의 차원을 다루는 것이다. 그녀는 교육과정을 만드는 이러한 두 가지의 방식이 배타적이어서는 안 되며, 각각의 절차에 교사들은 모두 참여해야 한다고 강조했다. 그리고 학교중심의 교육과정 의사 결정이 가장 효과적이라고 주장했다. 저서에는 그 절차가 실제적인 교육과정 계획과 교실 활동으로 어떻게 귀결되는지 충분한 사례가 제시되어 있다. 또한 개정 절차에 대한 문제 제기를 하고 있다. 그 저서는 교육과정 평가에 대한 개관으로 마무리된다.

Jon Wiles의 *Curriculum Essentials*(1999)는 안내서의 형식을 갖고 있지만, 교육과정 개발의 실제에 초점을 둔 다른 저서들보다는 교육과정 개발의 역사적 · 철학적 · 이론적 배경에 대하여 더 많은 지식을 담고 있다. 그는 교육과정 개발에 관한 역사적 영향력을 논의하는 대신, 독자들이 알아야 할 교육과정 기초에 대한 저자와 저서를 열거하는 데 책의 한 장을 할애하였다. 교육적 철학과 교육과정과의 관련성에 대한 논의는 짤막한데, 오늘날 철학적 입장의 범주와도 일치한다. 그는 19세기와 20세기 미국 학교에서 실행된 학교 모형, 범위와 계열을 결정하는 데 영향을 준 중요한 발달 이론에 대해 언급하고 있다. 이 책의 핵심인 3장에서 그는 '연역적 교육과정 개발(deductive curriculum development)' 이라고 이름붙인 과정을 소개하였다. 그의 개발 과정은 지적 전통주의를 기반으로 한 절충적인 것이었다. 그는 교과를 인정하면서도, 광의의 교육적 목적을 다루기 위해 교육과정의 조정과 교과 영역의 통합을 장려하고 있다. 이 책의 마지막 장에서는 개정 절차에 관심을 둔 실행과 영재아의 요구를 충족시키기 위해 교육과정 계획을 어떻게 조정할 것인가에 대한 논의를 하면서 간략하게 개관하고 있다.

Wilma Longstreet와 Harold Shane(1993)의 *Curriculum for a New Millennium*은 현재보다는 미래에 대한 전망으로 교육과정 개발을 다루고 있는데, 그것은 25년 동안 Shane이 연구한 것이었다(예, Shane, 1973, 1977; Shane & Tabler, 1981). 그들은 학습자가 직면하게 될 미래에 대해 예상하지

않고 교육과정을 개발하는 것은 효과적이지 않다고 주장하였다. 그들은 정치적 현실, 철학적 입장, 학습 이론, 평가 방안을 고려한 교육과정 개발을 장려하였다. 또한 교육과정 설계에 관한 1980년대의 모든 연구와 결부시켜 교육과정 사상에 대한 역사적인 관점을 효율적으로 제시하였다. 그 저서의 주요 부분에서는 교육과정 개발의 통합으로 미래에 대한 연구를 논의하고 있다. 이어서 각각의 주요 교과, 선택 과목, 통합 교육과정 분야에서의 교육과정 정책을 개관하고 있다. 결론 부분에서는 교육과정 설계를 위한 개요를 제시하고 있다. 포스트모던 교육과정 학파의 연구와 교육 제도의 발전을 넘어 교육과정 연구를 확대해서 개념화한 저서들은 이러한 미래 지향적 연구를 다루지 않았다.

Colin Marsh와 George Willis의 *Curriculum; Alternative Approaches, Ongoing Issues*(1995)는 교육과정 개발에서 Henson, Sowell, Wiles, Pratt의 실천가로서의 입장과 교육과정에 대한 당대의 논의를 분석적으로 고찰한 연구를 효과적으로 연결시킨 개론서였다. 그들은 학교 교직원들에게 교육과정 계획에 대한 대안을 제시하여 실제적인 안내를 하면서도, 한편으로는 당시 교육과정 연구에 대한 이해를 제공하고 있다. 그들은 교육과정 설계에 있어서 하나의 모형을 선호하지 않고 Tyler, Walker, Eisner의 방안을 모두 설명하고 있다. 그들은 Reid의 범주를 활용하여 당대 교육과정 이론화에 대해 간단히 개관하고, 교육과정 역사에 관심을 기울였다. 대표적인 학자와 하위 영역에 주목하면서 이와 같이 교육과정 사상을 제시하자, 독자들은 효과적으로 논의에 참가하게 되었고, 학교교육에 대한 하나의 관점을 유지할 수 있었다.

이 책의 후반부에서 그들은 개발의 주요한 이해 당사자, 상호 작용의 가능성, 개정 절차를 설명함으로써 교육과정 개발을 검토하였다. 두 번째로, 교육과정 계획은 정책, 프로그램, 교실이라는 세 가지 목적 중 하나에 따라 변화되었다. 계획 과정에서 학부모와 학생이 참여하는 것은 계획을 실행하는 것에 대해 그들이 설명한 민주적인 특징이었다. 개발의 세 번째 단계는 실행이었는데, 교육과정 연구가 교육과정을 실행하는 데 어떻게 통찰력을 제공할 수 있는지에 대한 제안을 담고 있었다. 개발의 마지막 단계는 평가로, 기술과 해석에 대한 방안을 다시 한 번 제시하고 있다. 이 책은 교육과정을 통제하려는 다양한 이해 당사자들을 다시 언급함으로써 교육과정을 통제하는 당시의 정치적 활동과 교육과정 이론가들이 학교 교육과정에 대한 논쟁에 관해 어떻게 기술하고 있는지를 검토하였다. 이 책의 결론 부분에서 교육과정 개발과 이론에서 당대의 주요 쟁점들을 고찰하고 있다. 사회적 · 정치적 맥락에서 교육과정 개발과 논쟁에 의해 자주 변하는 교육과정 이론에 관해 고찰한 이러한 방식은 저서의 두 번째 개정판에서도 드러나고 있다(Marsh & Willis, 1999).

교육과정 연구에 대한 선집들은 학생들에게 효율적인 하나의 연구 시각을 제공했지만, 편집자들이 강조한 것은 매우 다르게 나타났다. Glen Hass(with Forrest Parkay, 1993; Parkay & Hass, 2000)의 선집은 이러한 저술 분야의 사례이다. 1974년에 처음 발간된 이 선집은 가치와 목적(철학), 사회적 영향, 학습자의 심리적 발달과 그들의 학습 유형, 지식과 인지 구조라는 교육과정의 네 가지 기본 요소에 대한 학문적인 연구로 구성되었다. 편집자들은 1980년대에 등장한 많은 논의와 담론은 다루지 않고, 선집의 대부분을 개론서 저자들의 역사적 관점과 포괄적인 시각에서 구성하였다. 그 저서의 후반부는 다양한 연령의 학생 집단에 관련된 교육과정에서의 쟁점 사항을 구체적으로 다루었다.

David Flinders와 Stephen J. Thornton(1997)이 편집한 *The Curriculum Studies Reader*는 역사적 관점(예, Dewey, Counts, Bobbitt, Schwab), 당대의 교육과정 이론의 배경(예, Huebner, Greene, Pinar, Freire), 교육과정에서 지속적으로 다루어지는 쟁점 사항과 논의(Jardine의 생태학, Oakes의 능력별 학급편성, Eisner의 기준, Sleeter와 Grant의 다문화 교육)로 구성된 선집이었다. 이 선집은 대학원생에게 교육과정 연구에서 숙고와 논쟁을 소개하면서 역사적으로 고찰하였다.

개론서와 관련된 두 권의 선집이 있는데, 의미 있는 교육과정 학문을 구성하는 것은 무엇인가에 대한 관점에서 대조적이다. Ornstein이 Behar-Horestein과 공동 편집한 선집(1994, 1998)은 철학, 교수, 학습, 지도, 장학, 정책에 대한 과거와 현재의 대안적인 연구를 고찰하고 있다. Pinar(1998a)는 미래의 교육과정 연구 방향에 초점을 둔 책을 편집하였다.

Beyer와 Apple(1998년에 재개정됨)이 편집한 1988년 선집 초판에서 확립된 방향을 확대해서, 많은 책들이 현재 교육과정학에 대한 비판적 관점을 제안하였다(예, Erdman & Herdson, 1991; Martusewicz & Reynolds, 1994; Sears & Marshall). 하지만 어떠한 선집도 20세기 말의 특징인 폭발적으로 증가하는 다양한 교육과정 연구를 모두 담아 낼 수는 없었다.

교육과정 연구가 많은 담론을 포함하는 넓은 영역이므로, 당대의 학문을 설명하려는 시도는 예외적인 것이었다. 90년대 초, *The International Encyclopedia of Curriculum*(Lewy, 1991)은 각국이 몰두하고 있는 핵심적인 교육과정의 문제를 편집한 것이었다. 이 책은 교육과정이란 무엇인가, 그리고 그 구성 요소는 무엇이며, 어떤 요인들이 교육과정에 영향을 미치는가와 같은 개념적인 틀, 교육과정에 대한 연구 방법, 교육과정 개발, 혁신 · 참여, 실행, 교육과정 평가, 그리고 교과 교육과정 연구를 고찰하였다.

AERA의 후원하에 출간된 *The Handbook of Research on Curriculum*에는 역사적 관점에서 교육과정 사상에 대해 다룬 Jackson의 중요한 논문이 서론으로 제시되어 있으며, 또 다른 관점의 논문들도 실려 있다(Jackson, 1992a). 그는 교육과정 사상에서 당대의 대안을 두 가지 방식으로 그 윤곽을 제시하였는데, 하나는 학교에서의 실천, 다른 하나는 대학에서의 이론을 다루는 것이다. Pinar 등(1995)은 학교에서의 실천 방안이 효과적으로 재구성되고 있다고 주장하였지만, Jackson은 그의 책 *Handbook*에서 쟁점 문제를 선정하면서 전통적인 교육과정 주제보다 학교중심적인 실천 방식을 강조하였다.

Pinar 등(1995)의 *Understanding Curriculum: An Introduction to the*

*Study of Historical and Contemporary Curriculum Discourse*는 166쪽에 이르는 참고문헌과 100쪽 이상의 교육과정학자들의 저자 색인 목록이 있는데, 나머지 부분은 철저하고 중요한 연구로 특별히 인정받을 만하다. 이 책은 새로운 이론과 탐구 방식으로 변형되거나 '재개념화' 된 1975년부터 1995년까지의 교육과정 연구를 제시하고 있다. 이 책을 선택한 실천가는 만일 과거와 현재의 대안적인 맥락에서 교육과정 개발을 위한 모형을 찾고자 한다면, 혼란에 빠지게 될 것이다. 저자들은 1918년에서 1969년까지의 교육과정 사상에 초점을 둔, 제도화된 학교중심적인 교육과정 개발의 담론은 더 이상 교육과정학의 저서에서 기본 원리가 아니라고 주장했다. 오히려, 교육과정을 고찰하는 연구는 다른 담론으로 구성된 연구를 적용하고 개발함으로써 교육과정을 이해하는 것으로 이동하게 되었다. 따라서 교육과정 이해의 분야 혹은 이 저서에서는 하나의 담론이 우위를 차지할 수는 없다. 그 대신 다양한 담론에 기초한 복합적인 '교재' 나 일관된 논리로 새롭게 등장한 저서들이 발간되었다. Pinar 등은 그들의 저서에서 역사적, 정치적, 인종, 성, 현상학적, 포스트모던, 자서전/전기, 미학적, 신학적, 제도적, 국제적 담론에 대해 상세하게 설명하였다. 그들은 서문에서, *Understanding Curriculum*이 대표적인 다음 세대의 개론서이며, 'Tyler 논리' 와 과거 30년 동안 제시된 대부분의 개론서를 대체하고 있다고 주장하였다. 그들은 학교에서의 실천이 '기업, 정치가, 관료들, 사회적 지도자들에 의해 더 많이 좌우되기' 때문에 교육과정 개발은 학문적으로는 거의 전망을 가질 수 없는 활동이라고 주장하였다(Pinar et al., 1995, p. 236). 그들은 교육과정 이해를 위해 이론을 정립하고 연구하는 것이 가장 가치 있는 활동이라고 보았다. 이 책은 학교에 대한 영향이 가능해지기를 기다리면서 학문적인 이해와 언어 개발에 대한 노력을 지속해야 한다고 제안하고 있다. 그들은 교육과정 연구에서 앞으로의 동향은 세 가지 방향으로 진행될 것이라고 제안했다. 첫 번째는 형성된 이론에 기반을 둔 학교에 대한 문화 인류학적 연구이다. 다음은 '주제의 연속성' 을 확립하기 위해 다양한 주장을 통합하는 것인데, 그들은 이와 같은 노력 과정에

Dewey의 숙고에 대한 강조가 도움을 줄 수 있다고 지적하고 있다. 이것은 교육과정 이론을 정립하는 데 있어서 새로운 언어를 창조할 것이다. 세 번째 방향은 진정한 개혁을 위하여 적절한 시기에 학교로 되돌아가는 것이다.

Pinar, Reynolds, Slattery, Taubman이 설명한 다양한 대안적인 담론을 탐구하는 데 시간 혹은 배경 지식이 없지만 당대 연구의 다양성을 이해하고 싶은 사람에게는, Slattery의 *Curriculum Development in the Postmodern Era*(1995)를 추천한다. Slattery는 자신이 적극적으로 참여했던 논쟁인 신학적 포스트모던의 담론을 특히 강조하였지만, 또한 교육과정에 대하여 논의하고 저술하는 또 다른 의미 있는 방식을 안내하고 있다.

1980년대를 고찰함에 있어 변화하고 있는 교육과정 분야에서 우리가 주장했던 바를 정확하게 대표하는 저서, 즉 미래의 연구 방향(future influence)을 대표하는 중심적인 교재를 언급하지 않고 끝을 맺었다. 이 장을 끝맺기 위해 *Understanding Curriculum*을 제시했지만, 이 저서가 교육 정책과 실천에 지속적인 영향을 줄 것이라고 예측하기는 어렵다. 아울러, 하나의 연구가 1990년대의 연구를 구성하고 있는 매우 다양한 주장과 교재를 개관할 수는 없다. *Understanding Curriculum*은 교육과정 개론서의 역사에서 새롭게 창조된 저서였다. 교육과정 분야를 철저하게 포스트모던 관점에서 고찰한 개론서인 *Understanding Curriculum*은 지난 4반세기 동안 생성된 다양한 교육과정 연구를 포괄하고 있지만, 교육하고, 사고하고, 생활하는 차원이 교육과정 이론 혹은 탐구의 형식으로 변화시키지 않은 것이 무엇인지를 생각하게 한다.

참고문헌

1990

Amano, I. (1990). *Education and examinations in modern Japan*. Tokyo: University of Tokyo Press.

Apple, M. W. (1990) *Ideology and curriculum* (second edition). New York: Routledge &Kegan Paul.

Barrow, R. (1990). *Understanding skills: Thinking, feeling, and caring*. London, Ontario, Canada: The Althouse Press, University of Western Ontario, Faculty of Education.

Beane, J. A. (1990a). *A middle school curriculum: From rhetoric to reality*. Columbus, OH: National Middle School Association.

Beane, J. A. (1990b). *Affect in the curriculum: Toward democracy, dignity, and diversity*. New York: Teachers College Press.

Beauboeuf-Lafontant, T., & Augustine, D. Smith. (1990). *Facing racism in education*. Cambridge, MA: Harvard Educational Review. (second edition, 1996).

Bell, B., Gaventa, J., & Peters, J. (Eds.). (1990). *We make the road by walking: Conversations on education and social change [by] Myles Horton and Paulo Freire*. Philadelphia: Temple University Press.

Ben-Peretz, M. (1990). *The teacher-curriculum encounter: Freeing teachers from the tyranny of texts*. Albany: State University of New York Press.

Bernstein, B. (1990). *The structuring of pedagogic discourse: Class, codes, and control*. New York: Routledge.

Bowers, C. A., & Flinders, D. J. (1990). *An ecological approach to classroom patterns of language, culture, and thought*. New York: Teachers College Press.

Boyer, E. L. (1990). *Scholarship reconsidered: Priorities of the professoriate*. San Francisco: The Carnegie Foundation for the Advancement of Teaching.

Bruner, J. (1990). *Acts of meaning*. Cambridge, MA: Harvard University Press.

Clark, M. E., & Wawrytko, A. (Eds.). (1990). *Rethinking the curriculum: Toward an integrated, interdisciplinary college education*. New York: Greenwood Press.

Conard, C. F., & Haworth, J. G. (1990). *Curriculum in transition: Perspectives on the undergraduate experience*. Needham Heights, MA: Ginn Press.

Cornbleth, C. (1990). *Curriculum in context*. New York: Falmer Press.

Coulby, D., & Ward, S. (Eds.). (1990). *The Primary core national curriculum: Policy into practice*. London: Cassell.

Dewey, J. (1990). *The school and society* and *The child and curriculum* (Expanded edition). Chicago: University of Chicago Press.

Dowling, P., & Nass, R. (Eds.). (1990). *Mathematics versus the national curriculum*. London: Falmer Press.

Dufour, B. (Ed.). (1990). *The new social curriculum: A guide to cross-curricular issues*. New York: Cambridge University Press.

Eggleston, J. (Ed.). (1990). *Delivering the technology curriculum: Six case studies in primary and secondary schools*. Stoke on Trent, England: Trentham Books.

Eliason, C. F., & Jenkins, L. T. (1990). *A practical guide to early childhood curriculum* (fourth edition). Columbus, OH: Merrill.

Elliott, D., & Woodward, A. (Eds.). (1990). *Textbooks and schooling in the United States:* eighty-ninth yearbook of the National Society for the Study of Education, Part 1. Chicago: University of Chicago Press.

Ellsworth, E., & Whatley, M. H. (Eds.). (1990). *The*

ideology of images in educational media: Hidden curriculums in the classroom. New York: Teachers College Press.

Freire, P. (1990). *Education for critical consciousness*. New York: Continuum Publishing.

Giroux, H. A. (1990). *Curriculum discourse as postmodernist critical practice*. Geelong, Australia: Deakin University Press.

Glasser, W. (1990). *The quality school*. New York: Harper and Row.

Goodlad, J. I., & Keating, P. (Eds.). (1990). *Access to knowledge: Agenda to our nation's schools*. New York: College Entrance Examination Board.

Goodson, I., & Medway, P. (1990). *Bringing English to order: The history and politics of a school subject*. London: Falmer.

Goodson, I., & Walker, R. (1990). *Biography, identity and schooling: Episode in educational research*. New York: Falmer.

Gunter, M. A., Estes. T. H., & Schwab, J. H. (1990). *Instruction: A models approach*. Boston: Allyn & Bacon. (second edition, 1995: third edition, 1999).

Haft, H,. & Hopmann, S. (Eds.). (1990). *Class studies in curriculum administration history*. London: Falmer.

Hamilton, D. (1990a). *Curriculum history*. Geelong, Australia: Deakin University Press.

Hamilton, D. (1990b). *Learning about education: An unfinished curriculum*. Philadelphia: Open University Press.

Hartley, D., & Roger, A. (Eds.). (1990). *Curriculum and assessment in Scotland: A policy for the 90s*. Edinburgh, Scotland: Scottish Academic Press.

Hedley, C., Baratta, A. N., & Houtz, J. (Eds.). (1990). *Cognition, curriculum, and literacy*. Norwood, NJ: Ablex.

Hendrick, J. (1990). *Total learning: Developmental curriculum for the young child*(third edition). Columbus, OH: Merrill.

Horton, M. (1990). *The long haul: An autobiography of Myles Horton*. New York: Doubleday Press (with Herbert Kohl and Judith Kohl). (Reprinted by Teachers College Press, 1998).

Hughes, P. (1990). *A national curriculum: Promise or warning*. Canberra: Australian College of Education.

Jackson, P. W. (1990). *Life in classrooms* (second edition). New York: Teachers College Press.

Jones, B. F., & Idol, L. (Eds.). (1990). *Dimensions of thinking and cognitive instruction*. Mahwah, NJ: Lawrence Erlbaum Associates.

Kirk, D., & Tinning, R. (Eds.). (1990). *Physical education, curriculum, and culture: Critical issues in contemporary crisis*. London: Falmer.

Krogh, S. (1990). *The integrated early childhood curriculum*. New York: McGraw-Hill. (second edition, 1995)

Lemlech, J. K. (1990). *Curriculum and instructional methods for the elementary school* (second edition). New York: Macmillan.

Lever, C. (1990). *National curriculum design technology key stages 1-5*. Stoke on Trent, England: Trentham Books.

Lomotey, K. (Eds.). (1990). *Going to school: The African-American experience*. Albany: State University of New York Press.

Lorber, M. A., & Pierce, W. D. (1990). *Objectives, methods, and evaluation for secondary teaching* (third edition). Boston: Allyn & Bacon.

Marsh, C., Day, C., Hannay, L., & McCutcheon, G. (1990). *Reconceptualizing school-based curriculum development*. Bristol, PA: Falmer Press.

McCarthy, C. (1990). *Race and curriculum: Social inequality and theories and politics of difference in contemporary research on schooling*. Bristol, PA: Falmer.

McTaggart, R. (1990). *Action research: A short modern history*. Geelong, Victoria, Australia: Deakin University Press.

Miller, J. L. (1990). *Creating spaces and finding voices: Teachers collaborating for empowerment*. Albany: State University of New York Press.

Miller, J. P., Cassie, J. R. B., & Drake, S. M. (1990). *Holistic learning: A teacher's guide to integrated studies*. Toronto, Ontario: OISE Press.

Moody, W. (Ed.). (1990). *Artistic intelligences:*

Implications for education. New York: Teachers College Press.

National Union of Teachers. (1990). *A strategy for the curriculum.* London: Author.

Nelson, A. (1990). *Curriculum design techniques.* Dubuque, IA : Wm. C. Brown.

Ornstein, A. C. (1990). *Strategies for effective teaching.* Chicago: Harper Collins. (second edithon, 1995, Chicago: Brown & Benchmark).

Pagano, J. (1990). *Exiles and communities: Teaching in the patriarchal wilderness.* Albany: State University of New York Press.

Page, R., & Valli, L. (Eds.). (1990). *Curriculum differentiation: Interpretive studies in the U. S. secondary schools.* Albany: State University of New York Press.

Paringer, W. A. (1990). *John Dewey and the paradox of liberal reform.* Albany: State University of New York Press.

Perkins, D. (1990). *Smart schools: Better thinking and learning for every child.* New York: The Free Press.

Print, M. (1990). *Curriculum review of social studies and social sciences.* Perth, Australia: Western Australia Ministry of Education.

Proctor, N. (Ed.). (1990). *Aims of primary education and the national curriculum.* London: Falmer.

Purves, A., Rogers, T., & Soter, A. (1990). *How porcupines make love II: Teaching a literature-connected curriculum.* New York: Longman.

Quicke, J., Beasley, K., & Morrison, C. (1990). *Challenging prejudice through education: The story of a mental handicap awareness project.* London: Falmer.

Salvia, J., & Hughes, C. (1990). *Curriculum-based assessment: Testing what is taught.* New York: Macmillan.

Sarason, S. (1990). *The predictable failure of educational reform.* San Francisco: Jossey-Bass.

Sears, J. T., & Marshall, J. D. (Eds.). (1990). *Teaching and thinking about curriculum: Critical inquiries.* New York: Teachers College Press.

Shapiro, H. (1990). *The end of radical hope? Postmodernism and the challenge to radical pedagogy.* Greensboro: University of North Carolina at Greensboro, School of Education.

Skilbeck, M. (1990). *Curriculum reform: An overview of trends.* Paris: OCED, Center for Educational Research in Education.

Sleeter, C. E. (Ed.). (1990). *Empowerment through multicultural education.* Albany: State University of New York Press.

Soifer, R., Irwin, M. E., Crumrine, B. M., Honzaki, E., Simmons, B. K., & Young, D. L. (1990). *The complete theory-to-practice handbook of adult literacy: Curriculum design and teaaching approaches.* New York: Teachers College Press.

Tanner, D., & Tanner, L. (1990). *History of the school curriculum.* New York: Macmillan.

Thomas, N. (1990). *Primary education from Plowden to the 1990s.* London: Falmer.

Tyack, D., & Hansot, E. (1990). *Learning together: A history of coeducation in American schools.* New Haven, CT: Yale University Press.

Tye, K. A. (Ed.). (1990). *Global education: School-based strategies.* Orange, CA: Interdependence Press.

Vandenberg, D. (1990). *Education as a human right: A theory of curriculum and pedagogy.* New York: Teachers College Press.

van Manen, M. (1990). *Researching lived experience: Human science for an action sensitive pedagogy.* Albany: State University of New York Press.

Walker, D. F. (1990). *Fundamentals of curriculum.* San Diego, CA: Harcourt, Brace, Jovanovich.

Weis, L. (1990). *Working class without work: High school students in a de-industrialized economy.* New York: Routledge.

Weis, L., et al. (1990). *Curriculum for tomorrow's schools.* Buffalo, NY: Buffalo Research Institute on Education for Teaching.

Wexler, P. (1990). *Social analysis of education: After the new sociology.* New York: Routledge.

Wolf, R. M. (1990). *Evaluation in America: Foundations of competency assessment and program review.* (Third edition). New York: Praeger.

Young, R. E. (1990). *A critical theory of education.* New York: Teachers College Press.

1991

Adan, J. (1991). *The children in our lives: Knowing and teaching them.* New York: Teachers College Press.

Aers, L., & Wheale, N. (Eds.). (1991). *Shakespeare in the changing curriculum.* New York: Routledge.

Altbach, P. G., Kelly, g. P., Petrie, H. G., & Weis, L. (Eds.). (1991). *Textbooks in American society: Politics, policy and pedagogy.* New York: Teachers College Press.

Aoki, T. T. (1991). *Inspiring curriculum and pedagogy: Talks to teachers.* Edmonton, Alberta, Canada: Department of Secondary Education, University of Alberta.

Apple, M. W., & Christian-Smith, L. K. (Eds.). (1991). *The politics of the textbook.* New York: Routledge.

Aronowita, S., & Giroux, H. (1991). *Postmodern education: Politics, culture, and social criticism.* Minneapolis, MN: University of Minnesota Press.

Ashdown, R., Bovair, K., & Carpenter, B. (Eds.). (1991). *The curriculum challenge: Pupils with severe learning difficulties and the national curriculum.* London: Falmer.

Ball, S. J. (Ed.). (1991). *Foucault and education: Disciplines and knowledge.* New York: Routledge.

Barzun, J. (1991). *Begin here: The forgotten conditions of teaching and learning.* Chicago: University of Chicago Press.

Berman, L. M., Hultgren, F., Lee, D., Rivkin, M. S., & Roderick, J. A. (1991). *Toward curriculum for being: Voices of educators.* Albany: State University of New York Press.

Booth, D., & Thornley-Hall, C. (1991). *Talk curriculum.* Portsmouth, NH: Heinemann.

Booth, T., Swann, W., Masterson, M., & Potts, P. (1991). *Curriculum for diversity in education.* New York: Routledge.

Bowers, C. A., & Flinders, D. J. (1991). *Culturally responsive teaching and supervision: A handbook for staff development.* New York: Teachers College Press.

Bowker, J. (Ed.). (1991). *Secondary media education: A curriculum statement.* London: British Film Institute.

Britzman, D. P. (1991). *Practice makes practice: A critical study of learning to teach.* Albany: State University of New York Press.

Bullough, R. V., & Beatty, L. F. (1991). *Classroom applications of microcomputers* (second edition). Columbus, OH: Merrill.

Bullough, R. V., Jr., Knowles, J. G., & Crow, N. (1991). *Emerging as a teacher.* New York: Routledge.

Burn, B. B. (Ed.). (1991). *Integrating study abroad into the undergraduate liberal arts curriculum: Eight international case studies.* Westport, CT: Greenwood Press.

Butler, J. E., & Walter, J. C. (Eds.). (1991). *Transforming the curriculum: Ethnic studies and women's studies.* Albany: State University of New York Press.

Carmody, D. (1991). *The good alliance: Feminism, religion, and education.* Lanham, MD: University Press of America.

Carpenter, B. O. (1991). *Curriculum handbook for parents and teachers: What we ought to find happening in the public classrooms of America.* Springfield, IL: Charles C. Thomas.

Christian-Smith, L. K. (1991). *Becoming a woman through romance.* New York: Routledge.

Clem, S. C., & Wilson, Z. V. (1991). *Paths to a new curriculum.* Boston: National Association of Independent Schools.

Common, D. S. (1991). *Curriculum design and teaching for understanding.* Toronto: Kagan & Woo Ltd.

Costa, A. (Ed.). (1991). *Developing minds.* 2 volumes. Alexandria, VA: Association for Supervision and Curriculum Development.

Darder, A. (1991). *Culture and power in the classroom: A critical foundation for bicultural education.* Westport, CT: Bergin & Garvey.

DeBoar, G. E. (1991). *A history of ideas in science education: Implications for practice.* New York: Teachers College Press.

Eggleston, J. (Ed.). (1991). *Delivering the technology curriculum No. 2.* Stoke on Trent, England: Trentham Books.

Eisner, E. (1991). *The enlightened eye: Qualitative*

inquiry and the enhancement of educational practice. New York: Macmillan.

Erdman, J., & Herdson, J. (Eds.). (1991). *Critical discourse on current curriculum issues*. Chicago: Midwest Center for Curriculum Studies.

Fine, M. (1991). *Framing dropouts: Notes on the politics of an urban high school*. Albany: State University of New York Press.

Freeland, J. K. (1991). *Managing the social studies curriculum*. Lancaster, PA: Technomic.

Fuhrman, S. H., & Malen, B. (1991). *The politics of curriculum and testing: The 1990 yearbook of the Politics of Education Association*. New York: Falmer.

Fullan, M., with Stiegelbauer, S. M. (1991). *The new meaning of educational change*. New York: Teachers College Press.

Fuller, B. (1991). *Growing up modern: The western tate builds third world schools*. New York: Routledge.

Gatto, J. T. (1991). *Dumbing us down: The hidden curriculum of compulsory schooling*. Philadelphia: New Society Publishers.

Giroux, H. (Ed.). (1991a). *Postmodernism, feminism, and cultural politics: Redrawing educational boundaries*. Albany: State University of New York Press.

Giroux, H. (1991b). *Border crossing: Cultural workers and the politics of education*. New York: Routledge.

Goodman, J. (1991). *Elementary schooling for critical democracy*. Albany: State University of New York Press.

Graham, R. (1991). *Reading and writing the self: Autobiography in education and the curriculum*. New York: Teachers College Press.

Green, B. (Ed.). (1991). *The insistence of the letter: Literacy studies and curriculum theorizing*. Bristol, PA: Falmer Press.

Haroutunian, G. S. (1991). *Turning the soul: Teaching through conversation in the high school*. Chicago: University of Chicago Press.

Hellison, D. R., & Templin, T. J. (1991). *A reflective approach to teaching physical education*. Champaign, IL: Human Kinetics.

Hess, G. A., Jr. (1991). *School restructuring, Chicago style*. Newbury Park, CA: Corwin.

Hornbrook, D. (1991). *Education in drama: Casting the dramatic curriculum*. London: Falmer.

Jenkins, J. M., & Tanner, D. (Eds.). (1991). *Restructuring for an interdisciplinary curriculum*. Reston, VA: National Association of Secondary Schools Principals.

Kennedy, M. M. (Ed.). (1991). *Teaching academic subjects to diverse learner: What teachers need to know*. New York: Teachers College Press.

Kincheloe, J., & Piner, W. F. (Eds.). (1991). *Curriculum as social psychoanalysis: The significance of place*. Albany: State University of New York Press.

Klein, M. F. (Ed.). (1991). *Politics of curriculum decision making: Issues in centralizing the curriculum*. Albany: State University of New York Press.

Kozol, J. (1991). *Savage unequalities: Children in America's schools*. New York: Crown.

Lather, P. (1991). Getting smart: *Feminist research and pedagogy with/in the postmodern*. London: Routledge.

LeCompte, M. D., & Dworkin, A. G. (1991). *Giving up on school: Student dropouts and teacher burnouts*. Newbury Park, CA: Corwin.

Lewis, A. (1991). *Primary special needs and the national curriculum*. New York: Routledge.

Lewy, A. (Ed.). (1991). *The international encyclopedia of curriculum*. London: Pergamon.

Liston, D. P., & Zeichner, K. M. (1991). *Teacher education and the social conditions of schooling*. New York: Routledge.

Lovat, T. J., & Smith, D. L. (1991). *Curriculum: Action on reflection* (revised edition). Wentworth Fall, New South Wales, Australia: Social Science Press.

Marsh, C. J. (1991). *Key concepts for understanding curriculum*. Bristol, PA: Falmer. (Second edition, 1997).

Marsh, C., & Morris, P. (Eds.). (1991). *Curriculum development in East Asia*. Bristol, PA: Falmer Press c/o Taylor & Francis.

Martorella, P. H. (1991). *Teaching social studies in the*

middle and secondary schools. Columbus, OH: Merrill. (Second edition, 1996).

McKernan, J. (1991). *Curriculum action research: A handbook of methods and resource for the reflective practitioner*. New York: St. Martin's Press.

Misgeld, D., & Nicholson, G. (1991). *Hans-Georg Gadamer on education, poetry and history: Applied hermeneutics*. Albany: State University of New York Press.

Moore, R., & Ozga, J. (Eds.). (1991). *Curriculum policy: A reader*. Oxford, England: Pergamon Press.

Morris, R. C. (Ed.). (1991). *Youth at-risk*. Lancaster, PA: Technomic.

Nixon, J. (1991). *Evaluating the whole curriculum*. Bristol, PA: Open University Press c/o Taylor & Francis.

Orr, D. W. (1991). *Ecological literacy: Education and the transition to a postmodern world*. Albany: State University of New York Press.

Page, R. N. (1991). *Lower-track classrooms: A curricular and cultural perspective*. New York: Teachers College Press.

Parker, W. C. (1991). *Renewing the social studies curriculum*. Alexandria, VA: Association for Supervision and Curriculum Development.

Perrone, V. (1991). *A letter to teachers: Reflections on schooling and the art of teaching*. San Francisco: Jossey-Bass.

Popkewitz, T. (1991). *A political sociology of educational reform: Power/knowledge in teaching, teacher education and research*. New York: Teachers College Press.

Saxe, L. W. (1991). *Social studies in schools: A history of the early years*. Albany: State University of New York Press.

Sch , D. (Ed.). (1991). *The reflective turn: Case studies in and on educational practice*. New York: Teachers College Press.

Schwoch, J., White, M., & Reilly, S. (1991). *Media knowledge: Readings in popular culture, pedagogy, and critical citizenship*. Albany: State University of New York Press.

Short, E. C. (Ed.). (1991). *Forms of curriculum inquiry*. Albany: State University of New York Press.

Short, K. G., & Burke, C. (1991). *Creating curriculum: Teachers and students as a community of learners*. Portsmouth, NH: Heinemann.

Solomon, R. P. (1991). *Black resistance in high school: Forging a separatist culture*. Albany: State University of New York Press.

Spiecker, B., & Straughan, R. (Eds.). (1991). *Freedom and indoctrination in education: International perspectives*. New York: Cassell.

Spodek, B., & Saracho, O. N. (Eds.). (1991). *Issues in early childhood curriculum. Yearbook in early childhood education, volume 2*. New York: Teachers College Press.

Tabor, D. (1991). *Curriculum continuity in English and the national curriculum: Working together at transition*. Bristol, PA: Falmer Press.

Tanner, D. (1991). *Crusade for democracy: Progressive education at the crossroads*. Albany: State University of New York Press.

Taylor, B. J. (1991). *A child goes forth: A curriculum guide for preschool children* (seventh edition). New York: Macmillan.

Tchudi, S. (1991). *Planning and assessing the curriculum in English language arts*. Alexandria, VA: Association for Supervision and Curriculum Development.

Tye, K. A. (Ed.). (1991). *Global education: From thought to action. (1991 yearbook of ASCD)*. Alexandria, VA: Association for Supervision and Curriculum Development.

van Manen, M. (1991). *The tact of teaching: The meaning of pedagogical thoughtfulness*. Albany: State University of New York Press.

Weaver, F. S. (1991). *Liberal education: Critical essays on professions, pedagogy, and structure*. New York: Teachers College Press.

Weis, L., Altbach, P. G., Kelly, G. P., & Petrie, h. G. (Eds.). (1991). *Critical perspectives on early childhood education*. Albany: State University of New York Press.

West, C., Falmer, J. A., & Wolff, P. M. (1991). *Instructional design: Implications from cognitive science.* Englewood Cliffs, NJ: Prentice-Hall.

Westbrook, R. B. (1991). *John Dewey and American democracy.* Ithaca, NY: Cornell University Press.

White, J. (1991). *Education and the good life: Autonomy, altruism, and the national curriculum.* New York: Teachers College Press.

Whiston, J. A. (1991). *Constitution and curriculum.* London: Falmer.

Willie, C., Garibaldi, A., & Read, W. (1991). *The education of African Americans.* New York: Auburn House.

Willis, G. H., & Schubert, W. H. (1991). *Reflections from the heart of educational inquiry.* Albany: State University of New York Press. (Republished by Educator's International Press, Troy, NY, 2000).

Wragg, T. (1991). *Mad curriculum disease.* Stoke on Trent, England: Trentham Books.

Wyner, N. (Ed.). (1991). *Current perspectives on the culture of schools.* Boston: Brookline Books.

1992

Allen, D. W. (1992). *Schools for a new century: A conservative approach to radical school reform.* New York: Praeger.

Beyner, J., & MacKay, H. (Eds.). (1992). *Technological literacy and the curriculum.* London: Falmer Press.

Blenkin, G. M., Edwards, G., & Kelly, A. V. (1992). *Change and the curriculum.* London: Paul Chapman.

Boomner, G., Lester, N., Onore, C., & Cook, J. (1992). *Negotiating the curriculum: Educating for the 21st century.* London: Falmer Press.

Bowers, C. A. (1992). *Education, cultural myths and ecological crisis: Toward deep changes.* Albany: State University of New York Press.

Brady, L. (1992). *Curriculum development in Australia* (fourth edition). Sydney, Australia: Prentice-Hall.

Carlson, D. (1992). *Teachers and crisis: Urban school reform and teachers' work culture.* New York: Routledge.

Cohn, M. M., & Kottkamp, R. B. (1992). *Teachers: The missing voice in education.* Albany: State University of New York Press.

Curry, B., & Temple, T. (1992). *Using curriculum frameworks for systemic reform.* Washington, DC: Association for Supervision and Curriculum Development.

Davidson, N., & Worsham, T. (Eds.). (1992). *Enhancing thinking through cooperative learning.* New York: Teachers College Press.

DelFattore, J. (1992). *What Johnny shouldn't read: Textbook censorship in America.* New Haven, CT: Yale University Press.

Diax, C. (Ed.). (1992). *Multicultural education for the 21st century.* Washington, DC: National Education Association.

Doll, R. C. (1992). *Curriculum improvement: Decision making and process* (eighth edition). Needham Heights, MA: Allyn & Bacon.

Duschl, R. A., & Hamilton, R. J. (Eds.). (1992). *Philosophy of science, cognitive psychology, and educational theory and practice.* Albany: State University of New York Press.

Edelman, M. W. (1992). *The measure of our success: A letter to my children and yours.* New York: Beacon.

Egan, K. (1992). *Imagination in teaching and learning: The middle school years.* Chicago: University of Chicago Press.

English, F. W. (1992). *Deciding what to teach and test: Developing, aligning, and auditing the curriculum.* Thousand Oaks, CA: Corwin Press.

Fullan, M. (1992). *Successful school improvement: The implementation perspective and beyond.* Buckingham, England: Open University Press.

Fullan, M., & Hargreaves, A. (1992). *What's worth fighting for in your school? Working together for improvement.* Bristol, PA: Open University Press.

Gallagher, S. (1992). *Hermeneutics and education.* Albany: State University of New York Press.

Garrod, A. (Ed.). (1992). *Learning for life: Moral education theory and practice.* Westport, CT: Praeger.

Genishi, C. (1992). *Ways of assessing children and curriculum: Stories of early childhood practice.* New York: Teachers College Press.

George, P. (1992). *How to untrack your school.*

Alexandria, VA: Association for Supervision and Curriculum Development.

Goodson, I. (1992). *School subjects and curriculum change*(third edition). London: Falmer.

Gore, J. M. (1992). *The struggle for pedagogies: Critical and feminist discourses as regimes of truth*. New York: Routledge.

Graff, G. (1992). *Beyond the culture wars: How teaching the conflicts can revitalize American education*. New York: W. W. Norton.

Hall, G. (Ed.). (1992). *Themes and dimensions of the national curriculum*. Dover, NH: Kogan Page.

Hawthorne, R. K. (1992). *Curriculum in the making: Teacher choice and classroom experience*. New York: Teachers College Press.

Hedley, C., Feldman, D., & Antonacci, P. (Eds.). (1992). *Literacy across the curriculum*. Norwood, NJ: Ablex.

Hirsch, E. D. (Ed.). (1992). *What your third grader needs to know: Fundamentals of a good third grade education*. New York: Delta Tradebooks.

Hunter, M. (1992). *How to change to a non-graded school*. Alexandria, VA: Association for Supervision and Curriculum Development.

Issac, K. (with R. Nader). (1992). *Civics for democracy: A journey for teachers and students*. Washington, DC: Essential Books.

Jackson, P. W. (Ed.). (1992a). *Handbook of research on curriculum*. New York: Macmillan.

Jackson, P. W. (1992b). *Untaught lessons*. New York: Teachers College Press.

Jones, E. B., & Jones, N. (1992). *Learning to behave: Curriculum and whole school management approaches to discipline*. London: Kogan Page.

Joyce, B., & Weil, M. (1992). *Models of teaching*. (Fourth edition). Englewood Cliffs, NJ: Prentice-Hall.

Kessler, S. A., & Swadener, B. B. (Eds.). (1992). *Reconceptualizing the early childhood curriculum: Beginning the dialogue*. New York: Teachers College Press.

Kliebard, H. M. (1992). *Forging the American curriculum: Essays in curriculum history and theory*. New York: Routledge.

Kreisberg, S. (1992). *Transforming power: Domination, empowerment, and education*. Albany: State University of New York Press.

Luke, C., & Gore, J. (1992). *Feminisms and critical pedagogy*. New York: Routledge.

Martin, J. R. (1992). *The schoolhome: Rethinking schools for changing families*. Cambridge, MA: Harvard University Press.

Marzano, R. J. (1992). *A different kind of classroom: Teaching with dimensions of learning*. Alexandria, VA: Association for Supervision and Curriculum Development.

McDonald, J. (1992). *Teaching: Making sense of an uncertain craft*. New York: Teachers College Press.

Messick, R. G., & Reynolds, K. E. (1992). *Middle level curriculum in action*. New York: Longman.

Metz, M. H. (1992). *Different by design: The context and character of three magnet schools*. New York: Routledge.

Meyer, J., Kamens, D., & Benavot, A. (1992). *School knowledge for the masses: World models and national primary curricular categories in the twentieth century*. Bristol, PA: Falmer Press.

Mitchell, A., & David, J. (Eds.). (1992). *Explorations with young children: A curriculum guide from the Bank Street College of Education*. Mt. Rainer, MD: Gryphon House.

Mueller, D. (1992). *A guide for curriculum writers*. Lanham, MD: University Press of America.

Mulder, M. (1992). *The curriculum conference: Evaluation of a tool for curriculum content justification*. The Hague, Netherlands: CIP Gegevens Koninklojke Biblioteek.

Newmann, F. M. (Ed.). (1992). *Student engagement and achievement in American secondary schools*. New York: Teachers College Press.

Nias, J., Southworth, G., & Campbell, P. (1992). *Whole school curriculum development in the primary school*. London and Washington, DC: Falmer Press.

Noddings, N. (1992). *The challenge to care in schools: An alternative approach to education*. New York: Teachers College Press.

Olivia, P. F. (1992). *Developing the curriculum* (fourth

edition). New York: Harper Collins.

Piner, W., & Reynolds, W. (Eds.). (1992). *Understanding curriculum as phenomenological and deconstructed text.* New York: Teachers College Press.

Posner, G. (1992). *Analyzing the curriculum.* New York: McGraw-Hill.

Poster, C., & Zimmer, J. (1992). *Community and education in the third world.* New York: Routledge, Chapman & Hall.

Postman, N. (1992). *Technopoly: The surrender of culture to technology.* New York: Vintage.

Riddell, S. I. (1992). *Gender and the politics of the curriculum.* New York: Routledge.

Ross, E. W., Cornett, J., & McCutcheon, G. (Eds.). (1992). *Teacher personal theorizing: Connecting curriculum practice, theory, and research.* Albany: State University of New York Press.

Sanders, J. R. (1992). *Evaluating school programs: An educator's guide.* Thousand Oaks, CA: Corwin.

Schmitz, B. (1992). *Core curriculum and cultural pluralism: A guide to campus planners.* Washington, DC: Association of American Colleges.

Schubert, W. H., & Ayers, W. C. (Eds.). (1992). *Teachers lore: Learning from our own experience.* New York: Longman. (Republished by Educator's International Press, Troy, NY, 2000).

Sears, J. (1992). *Sexuality and the curriculum: The politics and practices of sexuality education.* New York: Teachers College Press.

Seefeldt, C. (Ed.). (1992). *The early childhood curriculum: A review of current research.* New York: Teachers College Press.

Shepherd, G, D., & Ragan, W. B. (1992). *Modern elementary curriculum* (seventh edition). New York: Harcourt Brace & Jovanovich.

Shiundo, J. S. (1992). *Curriculum: Theory and practice in Kenya.* Nairobi, Kenya: Oxford University Press.

Shor, I. (1992). *Empowering education: Critical teaching for social change.* Chicago: University of Chicago Press.

Simon, R. (1992). *Teaching against the grain.* South Hadley, MA: Bergin & Garvey.

Sizer, T. (1992). *Horace's school: Redesigning the American high school.* Boston: Houghton Miffin.

Smith, G. A. (1992). *Education and the environment: Learning to live with limits.* Albany: State University of New York Press.

Society for the Study of Curriculum History. (1992). *Proceeding: Annual meeting of the Society for the Study of Curriculum History.* College Station, TX: Author.

Spring, J. (1992). *Images of American life: A history of ideological management in schools, movies, radio, and television.* Albany: State University of New York Press.

Stainback, S., & Stainback, W. (Eds.). (1992). *Curriculum considerations in inclusive classrooms: Facilitating learning for all students.* Baltimore: P. H. Brooks Publishing Company.

Stanley, W. B. (1992). *Curriculum for utopia: Social reconstructionism and critical pedagogy in the postmodern era.* Albany: State University of New York Press.

Taylor, C. (1992). *Multiculturalism and the politics of recognition.* Princeton, NJ: Princeton University Press.

Trend, D. (1992). *Cultural pedagogy: Art/education/politics.* Westport, CT: Bergin & Garvey.

Valli, L. (Ed.). (1992). *Reflective teacher education: Cases and critiques.* Albany: State University of New York Press.

VanTassel-Baska, J. (1992). *Planning effective curriculum for gifted learners.* Denver, CO: Love.

Walker, D., & Soltis, J. (1992). *Curriculum and aims* (second edition.). New York: Teachers College Press.

Warren, G. (Ed.). (1992). *Delivering the technology curriculum No. 3.* Stoke on Trent, England: Trentham Books.

Weiner, K., & Mitchell, C. (1992). *What schools can do: Critical pedagogy and practice.* Albany: State University of New York Press.

Wexler, P. (1992). *Becoming somebody: Toward a social psychology of school.* London: Falmer.

Wheelock, A. (1992). *Crossing the tracks: How "untracking" can save America's schools*. New York: Teachers College Press.

Willis, G., Schubert, W. H., Bullough, R. V., Jr., Kridel, C., & Holton, J. T. (Eds.). (1992). *The American curriculum: A documentary history*. Westport, CT: Greenwood Press.

Wirth, A. G. (1992). *Education and work for the year 2000*. San Francisco: Jossey-Bass.

Wood, G. A. (1992). *Schools that work: America's most innovative public education programs*. New York: Dutton.

1993

Andrews, G., & Taylor, R. (1993). *The arts in the primary school*. London: Falmer Press.

Andrews, R. (1993). *International dimensions to the national curriculum*. Stoke on Trent, England: Trentham Books.

Aoki, T., & Shamsher, M. (Eds.). (1993). *The call of teaching*. Vancouver, British Columbia, Canada: British Columbia Teachers' Federation.

Apple, M. W. (1993). *Official knowledge: Democratic education in a conservative age*. New York: Routledge.

Aronowitz, S., & Giroux, H. A. (1993). *Education still under siege* (second edition). Westport, CT: Bergin & Garvey.

Ayers, W. (1993). *To teach: The journey of a teacher*. New York: Teachers College Press.

Banks, J. A. (1993). *Multiethnic education: Theory and practice* (third edition). Needham Heights, MA: Allyn & Bacon.

Barber, M., & Graham, D. (1993). *Sense, nonsense and the national curriculum*. London: Falmer.

Beane, J. A. (1993). *A middle school curriculum: From rhetoric to reality* (second edition). Columbus, OH: National Middle School Association.

Bennett, W. J. (Ed.). (1993). *A book of virtues: A treasury of great moral stories*. New York: Simon and Schuster.

Berman, S., & LaFarge, P. (Eds.). (1993). *Promising practices in teaching social responsibility*. Albany: State University of New York Press.

Biklen, S., & Pollard, D. (Eds.) (1993). *Gender and education*. Chicago: National Society for the Study of Education.

Bowers, C. A. (1993). *Against the grain: Critical essays on education, modernity, and the recovery of the ecological imperative*. New York: Teachers College Press.

Brooks, J. G., & Brooks, M. G. (1993). In search of understanding: The case for constructivist classrooms. Alexandria, VA: Association for Supervision and Curriculum Development.

Brown, S., & McIntyre, D. (1993). *Making sense of teaching*. Bristol, PA: Open University Press.

Brubaker, D. L., & Simon, L. H. (1993). *Teacher as decision maker: Real-life cases to home your people skills*. Thousand Oaks, CA: Corwin.

Bryk, A. S., Lee, V., & Holland, P. B. (1993). *Catholic schools and the common good*. Cambridge, MA: Harvard University Press.

Burbules, N. C. (1993). *Dialogue in teaching: Theory and practice*. New York: Teachers College Press.

Bybee, R. W. (1993). *Reforming science education: Social perspectives and personal reflections*. New York: Teachers College Press.

Campbell, R. J. (Ed.). (1993). *Breadth and balance in the primary curriculum*. London: Falmer Press.

Carnochan, W. B. (1993). *The battleground of the curriculum: Liberal education and American experience*. Stanford, CA: Stanford University Press.

Carr, J. F., & Harris, D. E. (1993). *Getting it together: A process workbook for K-12 curriculum development, implementation, and assessment*. Boston: Allyn & Bacon.

Casey, K. (1993). *I answer with my life: Life histories of women teachers working for social change*. New York: Routledge.

Castenell, L., Jr., & Piner, W. F. (Eds.). (1993). *Understanding curriculum as racial text: Representations of identity and difference in education*. Albany: State University of New York Press.

Cawelti, G. (Ed.). (1993). *Challenges and achievements*

of American education. Fiftieth anniversary yearbook of ASCD. Alexandria, VA: Association for Supervision and Curriculum Development.

Clandinin, J., Davies, A., Hogan, P., & Kennard, B. (Eds.). (1993). *Learning to teach, teaching to learn: Stories of collaboration in teacher education.* New York: Teachers College Press.

Comer, J. P. (1993). *School power: Implications of an intervention project.* New York: The Free Press.

Compton, M. F., & Hawn, H. C. (1993). *Exploration: The total curriculum.* Columbus, OH: National Middle School Association.

Cuban, L. (1993). *How teachers taught: Constancy and change in American classrooms. 1890-1990* (second edition). New York: Teachers College Press.

Day, C., Hall, C., Gammage, P., & Coles, P. (1993). *Leadership and curriculum in the primary school: The roles of senior and middle management.* London: Paul Chapman.

Dickinson, T. (Ed.). (1993). *Readings in middle school curriculum: A continuing conversation.* Columbus, OH: National Middle School Association.

Doll, W. E. (1993). *A postmodern perspective on curriculum.* New York: Teachers College Press.

Donmoyer, R., & Kos, R. (Eds.). (1993). *At risk students: Portraits, policies, programs, and practices.* Albany: State University of New York Press.

Drake, S., Bebbington, J., Laksman, S., Mackie, P., Maynes, N., & Wayne, L. (1993). *Developing an integrated curriculum using the story model.* Toronto, Ontario: Ontario Institute Studies in Education.

Drake, S. M. (1993). *Planning integrated curriculum: The call to adventure.* Alexandria, VA: Association for Supervision and Curriculum Development.

Duenk, L. G., & Smith, H. (Eds.). (1993). *Improving vocational curriculum.* South Holland, IL: Goodheart-Willcox.

Edwards, J., & Fogelman, K. (Eds.). (1993). *Developing citizenship in the curriculum.* London: D. Fulton.

Finch, C. R., & Crunkilton, J. R. (1993). *Curriculum development in vocational and technical education: Planning, content and implementation* (fourth edition). Boston: Allyn & Bacon.

Flake, C. L. (1993). *Holistic education: Principles, perspectives, practices: A book of readings based on Education 2000.* Brandton, VT: Holistic Education Press.

Fliegel, S., with MacGuire, J. (1993). *Miracle in East Harlem: The fight for choice in public education.* New York: Random House.

Fraser, J., & Perry, T. (Eds.). (1993). *Freedom's plow: Teaching in the multicultural classroom.* New York: Routledge.

Freire, P. (1933a). *Pedagogy of the city.* New York: Continum.

Freire, P. (1993b). *Pedagogy of the oppressed* (revised edition). New York: Continum Press.

Fullan, M. (1993). *Change forces: Probing the depths of educational reform.* Levittown, PA: Falmer.

Gardner, H. (1993a). *Frames of minds: The theory of multiple intelligences* (revised edition). Boulder, CO: Basic Books.

Gardner, H. (1993b). *Multiple intelligences: The theory in practice.* New York: Basic Books.

Gardner, H. (1993c). *The unschooled mind.* New York: Basic Books.

Geismar, K., & Nicoleau, G. (Eds.). (1993). *Teaching for change: Addressing issues of difference in the college classroom.* Cambridge, MA: Harvard Educational Review.

Giroux, H. A., & McLaren, P. (Eds.). (1993). *Between borders: Pedagogy and the politics of cultural studies.* New York: Routledge.

Glickman, C. D. (1993). *Renewing America's schools: A guide for school-based action.* San Francisco: Jossey-Bass.

Goodlad, J. I., & Lovitt, T. C. (Eds.). (1993). *Integrating general and special education.* New York: Routledge.

Goodlad, J. I., Sirotnik, R., & Soder, K. A. (Eds.). (1993). *The moral dimensions of teaching.* San Francisco: Jossey-Bass.

Goodson, I. (1993). *School subjects and curriculum change-10 year anniversary* (third edition). New

York: Falmer Press.

Graham, D., & Tytler, D. (1993). *A lesson for un all: The making of the national curriculum*. New York: Routledge.

Gregory, T. (1993). *Making high school work: Lessons from the open school*. New York: Teachers College Press.

Gutek, G. L. (1993). *American education in a global society: Internationalizing teacher education*. White Plains, NY: Longman.

Harnett, A., Carr, W., & Naish, M. (1993). *Understanding the national curriculum*. New York: Cassell.

Hass, G., & Parkay, F. (Eds.). (1993). *Curriculum planning: A new approach* (sixth edition). Boston: Allyn & Bacon.

Henry, M. E. (1993). *School cultures: Universes of meaning in private schools*. Greenwich, CT: Ablex.

Heritage, M. (1993). *The curriculum in the early years*. New York: Cassell.

Hirsch, E. D. (Ed.). (1993a). *What your fifth grader needs to know: Fundamentals of a good fifth grade education*. New York: Delta Tradebooks.

Hirsch, E. D. (Ed.). (1993b). *What your first grader needs to know: Fundamentals of a good first grade education*. New York: Delta Tradebooks.

Hirsch, E. D. (Ed.). (1993c). *What your second grader needs to know: Fundamentals of a good second-grade education*. New York: Delta Tradebooks.

Hirsch, E. D. (Ed.). (1993d). *What your sixth grader needs to know: Fundamentals of a good sixth grade education*. New York: Delta Tradebooks.

Hirsch, E. D., Kett, J. F., & Trefil, J. (Eds.). (1993). *The dictionary of cultural literacy: What every American needs to know* (second edition). Boston: Houghton Mifflin.

Hlebowitsh, P. S. (1993). *Radical curriculum theory: A historical approach*. New York: Teachers College Press.

Hopfenberg, W. S., Levin, H. M., & Associates. (1993). *The accelerated schools resource guide*. San Francisco: Jossey-Bass.

Howell, K. W., Fox, S. L., & Moorehead, M. K. (1993). *Curriculum-based evaluation: Teaching and decision-making*. Pacific Grove, CA: Brooks/Cole.

Inchausti, R. (1993). *Spitwad sutras: Classrooms teaching as sublime vocation*. Westport, CT: Bergin & Garvey.

Isenberg, J. P., & JAlongo, M. R. (1993). *Creative expression and play in the early childhood curriculum*. New York: Merrill.

Jackson, P., Boostrom, R, E., & Hansen, D. T. (1993). *The moral life of schools*. San Francisco: Jossey-Bass.

Joostens, T. H., Heijnen, G. W. H., & Heevel, A. J. (Eds.). (1993). *Doability of curricula*. Berwyn, PA: Swets & Zeitlinger.

Kincheloe, J. L. (1993). *Toward a critical politics of teacher thinking: Mapping the postmodern*. Westport, CT: Bergin & Garvey.

Kincheloe, J. L., & Steinberg, S. R. (1993). *Thirteen questions: Reforming education's conversation*. New York: Peter Lang Publishing.

Lankshear, C., & McLaren, P. (1993). *Critical literacy: Politics, praxis, and the postmodern*. Albany: State University of New York Press.

Lindley, D. A. (1993). *This rough magic*. Westport, CT: Bergin & Garvey.

Longsteet, W. S., & Shane, H. G. (1993). *Curriculum for a new millenium*. Boston: Allyn & Bacon.

Lounsbury, J. H. (Ed.). (1993). *Connecting the curriculum through interdisciplinary instruction*. Columbus, OH: National Middle School Association.

Mangan, J. A. (Ed.). (1993). *The imperial curriculum: Racial images and education in the British colonial experience*. New York: Routledge.

Marshall, R., & Tucker, M. (1993). *Thinking for a living*. New York: Basic Books.

Marzano, R. J., Pickering, D., & McTighe, J. (1993). *Assessing student outcomes: Performance assessment using the dimensions of learning model*. Alexandria, VA: Association for Supervision and Curriculum Development.

McCarthy, C., & Crichlow, W. (Eds.). (1993). *Race, identity, and representation in education*. New York: Routledge.

McLaren, P. (1993). *Schooling as a ritual performance: Towards a political economy of educational symbols and gestures* (second edition). New York: Routledge.

McLaren, P., & Leonard, p. (Eds.). (1993). *Paulo Freire: A critical encounter*. New York: Routledge.

Miller, B. (1993). *The arts as the basis of education*. Lanham, MA: University Press of America.

Miller, R. (Ed.). (1993). *The renewal of meaning in education: Responses to the cultural and ecological crisis of our times*. Brandon, VT: Holistic Education Press.

Morrison, G. S. (1993). *The contemporary curriculum: K-8*. Boston: Allyn & Bacon.

Muffoletto, R., & Knupfer, N. N. (Eds.). (1993). *Computers in education: Social, political, and historical perspectives*. Cresskill, NJ: Hampton Press.

Nicholls, J. G., & Hazzard, S. (1993). *Lessons from second graders: Education as adventure*. New York: Teachers College Press.

Nisbet, J. D. (Ed.). (1993). *Curriculum reform: Assessing in question/La reforme des programmes scolaires: L'evaluation en question*. Paris: Organisation for Educational Cooperation and Development.

Noddings, N. (1993). *Education for intelligent belief or unbelief*. New York: Teachers College Press.

O'Hear, P., & White, J. (Eds.). (1993). *Assessing the national curriculum*. London: Paul Chapman.

Ornstein, A., & Hunkins, F. P. (1993). *Curriculum: Foundations, principles, and issues* (second edition). Boston: Allyn & Bacon.

Palmer, P. J. (1993). *To know as we are known: Education as a spiritual journey* (revised edition). San Francisco: Harper.

Paris, C. (1993). *Teacher agency and curriculum-making in classrooms*. New York: Teachers College Press.

Phelan, P., & Davidson, A. L. (Eds.). (1993). *Renegotiating cultural diversity in American schools*. New York: Teachers College Press.

Pigden, K., & Woolley, M. (Eds.). (1993). *The big picture: Integrating children's learning*. Portsmouth, NH: Heinemann.

Pring, R. (1993). *The new curriculum* (second edition). New York: Cassell.

Print, M. (1993). *Curriculum development and design* (second edition). St. Leonard, New South Wales, Australia: Allen & Urwin.

Pumfrey, P., & Verma, G. (Eds.). (1993). *The foundation subjects and religious education in primary schools*. London: Falmer Press.

Reardon, B. A. (1993). *Women and peace: Feminist visions of global security*. Albany: State University of New York Press.

Reid, W. A. (1993). *The pursuit of curriculum: Schooling and the public interest*. Norwood, NJ: Ablex.

Renyi, J. (1993). *Going public: Schooling for a diverse democracy*. New York: New Press.

Ross, A., & Olsen, K. (1993). *The way we were, the way we can be: A vision for the middle school through integrated thematic instruction* (second edition). Kent, WA: Books for Educators.

Ross, D. D., Bondy, E., & Kyle, D. W. (1993). *Reflective teaching for student empowerment: Elementary curriculum and methods*. New York: Macmillan.

Rosser, C. P. (1993). *Planning activities for child care: A curriculum guide for early childhood education*. South Holland, IL: Goodheart-Willcox. (second edition, 1998)

Runnymede Trust. (1993). *Equality assurance in the school curriculum*. Stoke on Trent, England: Trentham Books and Runnymede Trust.

Rust, F. O'C. (1993). *Changing teaching, changing schools. Bringing early childhood practice into public education*. New York: Teachers College Press.

Smith, D. L. (Ed.). (1993). *Australian curriculum reform: Action and reaction*. Belconnen, Australian Capital Territory: Australian Curriculum Studies Association in association with Social Science Press.

Society for the Study of Curriculum History. (1993). *Proceedings: Annual meeting of the Society for the Study of Curriculum History*. College Station, TX: Author.

Somers, J. (1993). *Drama and the national curriculum*. New York: Cassell.

Sowell, T. (1993). *Inside American education: The decline, the deception, the dogmas.* New York: The Free Press.

Steiner, M. (Ed.). (1993). *World studies in curriculum.* Stoke on Trent, England: Trentham Books.

Stevens, L. R. (Ed.). (1993). *The core and the canon: A national debate.* Denton, TX: University of North Texas Press.

Stevenson, C., & Carr, J. (Eds.). (1993). *Integrated studies in the middle grades: "Dancing through walls."* New York: Teachers College Press.

Swiderski, R. (1993). *Teaching language, learning culture.* Greenwood, CT: Bergin & Harvey.

Tchudi, S. (1993). *The astonishing curriculum: Integrating science and humanities through language.* Urbana, IL: National Council of Teachers of English.

Tierney, W. (1993). *Building communities of difference: Higher education in the twenty-first century.* Westport, CT: Bergin & Garvey.

Van Hoorn, J., Monighan Nourot, P., Scales, B. J., & Alward, K. R. (1993). *Play at the center of the curriculum.* Columbus, OH: Merrill.

Vars, G. (1993). *Interdisciplinarty teaching in the middle grades: Why and how.* Columbus, OH: National Middle School Association.

Warehime, N. (1993). *To be one of us: Cultural conflict, creative democracy, and education.* Albany: State University of New York Press.

Wear, D. (Ed.). (1993). *The center of the web: Women and solitude.* Albany: State University of New York Press.

Weis, L., & Fine, M. (1993). *Beyond silenced voices: Class, race, and gender in American education.* Albany: State University of New York Press.

Wiggins, G. P. (1993). *Assessing student performance: Exploring the purpose and limits of testing.* San Francisco: Jossey-Bass.

Wiles, J., & Bondi, J. (1993). *Curriculum development: A guide to practice* (fourth edition). New York: Macmillan.

Wiles, J., & Bondi, J. (1993). *The essential middle school* (second edition). Columbus, OH: Merrill.

Williams, S. A. (Ed.). (1993). *Restructuring through curriculum innovation.* Bloomington, IN: Phi Delta Kappa.

Wilson, B., & Rossman, G. (1993). *Mandating academic excellence: High school responses to state curriculum.* New York: Teachers College Press.

Woods, P., & Hammersley, M. (Eds.). (1993). *Gender and ethnicity in schools: Ethnographic accounts.* New York: Routledge.

Wynne, E., & Ryan, R. (1993). *Reclaiming our schools: A handbook on teaching, character, academics, and discipline.* New York: Merrill.

Zemelman, S., Daniels, H., & Hyde, A. (1993). *Best practice: New standards for teaching and learning in America's schools.* Portsmouth, NH: Heinemann.

Zilversmit, A. (1993). *Changing schools: Progressive education theory and practice, 1930-1960.* Chicago: University of Chicago Press.

1994

Acher, S. (1994). *Gendered educations: Socialogical reflections on women, teaching, and feminism.* Bristol, PA: Open University Press.

Adams, D., & Hamm, M. (1994). *New designs for teaching and learning.* San Francisco: Jossey-Bass.

Altrichter, H., Posch, P., & Somekh, B. (1994). *Teachers investigate their work: An introduction to the methods of action research.* London: Routledge.

Anderson, C. C., with Nicklas, S. K., & Crawford, A. R. (1994). *Global understandings: A framework for teaching and learning.* Alexandria, VA: Association for Supervision and Curriculum Development.

Anderson, L. W., & Sosniak, L. A. (Eds.). (1994). *Bloom's taxonomy: A forty-year retrospective.* Ninety-third yearbook of the National Society for the Study of Education, Part 2. Chicago: University of Chicago Press.

Armstrong, T. (1994). *Multiple intelligences in the classroom.* Alexandria, VA: Association for Supervision and Curriculum Development.

Ball, S. J. (1994). *Education reform: A critical and post-structural approach.* Bristol, PA: Open University Press.

Banks, J. A. (1994). *An introduction to multicultural education.* Needham Heights, MA: Allyn & Bacon.

Beare, H., & Slaughter, R. (1994). *Education for the 21st century.* New York: Routledge.

Behar, L. S. (1994). *The knowledge base of curriculum: An empirical analysis.* Lanham, MD: University Press of America.

Bell, J. (1994). *Teachers talk about teaching: Coping with change in turbulent times.* Bristol, PA: Open University Press.

Berube, M. R. (1994). *American school reform: Progressive equity and excellence movements, 1883–1993.* Westport, CT: Praeger.

Bigelow, B., Christenson, L., Karp, S., Miner, B., & Peterson, B. (1994). *Rethinking our classrooms: Teaching for equity and justice.* Milwaukee, WI: Rethinking Schools.

Blumberg, A., & Blumberg, P. (1994). *The unwritten curriculum: Things learned but not taught in schools.* Thousand Oaks, CA: Corwin.

Borman, K. M., & Greenman, N. P. (Eds.). (1994). *Changing American education: Recapturing the past or inventing the future?* Albany: State University of New York Press.

Brubaker, D. L. (1994). *Creative curriculum leadership.* Thousand Oaks, CA: Corwin.

Burkhardt, R. (1994). *The inquiry process: Student-centered learning.* Columbus, OH: National Middle School Association.

Burlbaw, L. M. (Ed.). (1994). *Curriculum history.* College Station, TX: Society for the Study of Curriculum History.

Chase, P., & Doan, J. (1994). *Full circle: A new look at multiage education.* Portsnouth, NH: Heinemann.

Cox, T., & Sanders, S. (1994). *The impact of the national curriculum on the teaching of 5-year-olds.* London: Falmer.

DeVaney, A. (1994). *Watching channel one: The convergence of students, technology and private business.* Albany: State University of New York Press.

DeVries, R., & Zan, B. S. (1994). *Moral classrooms, moral children: Creating a constructivist atmosphere in early education.* New York: Teachers College Press.

Dillon, J. T. (Ed.). (1994). *Deliberation in education and society.* Norwood, NJ: Ablex.

Eisner, E. W. (1994a). *Cognition and curriculum reconsidered* (second edition). New York: Teachers College Press.

Eisner, E. W. (1994b). *The educational imagination: On the design and evaluation of school programs* (third edition). New York: Macmillan.

Eliason, C., & Jenkins, L. (1994). *A practical guide to early childhood curriculum* (fifth edition). New York: Merrill.

Elmore, R. F., & Fuhrman, S. H. (Eds.). (1994). *The governance of curriculum* (ASCD yearbook). Alexandria, VA: Association for Supervision and Curriculum Development.

Escobar, M., Fernandez, A. L., & Guevara-Niebla, G. (1994). *Paulo Freire on higher education: A dialogue at the National University of Mexico.* Albany: State University of New York Press.

Eyre, L., & Eyre, R. (1994). *Teaching your children responsibility.* New York: Fireside/Simon and Schuster.

Fine, M. (Ed.). (1994). *Chartering urban school reform: Reflections on public high schools in the midst of change.* New York: Teachers College Press.

Fiol-Matta, L., & Chamberlain, M. K. (Eds.). (1994). *Women of color and the multicultural curriculum: Transforming the college classroom.* New York: The Feminist Press.

Fonte, J., & Ryerson, A. (1994). *Education for America's role in world affairs.* Lanham, MD: University Press of America.

Forte, I., & Schurr, S. (1994). *Interdisciplinary units and projects for thematic instruction.* Columbus, OH: National Middle School Association.

Freire, P. (1994). *Pedagogy of hope.* New York: Continuum.

Gadotti, M. (1994). *Reading Paulo Freire: His life and work.* Albany: State University of New York Press.

Garber, L. (Ed.). (1994). *Tilting the tower: Lesbian/teaching/queer subjects.* New York:

Routledge.

Gentry, A., with Peelle, C. C. (1994). *Learning to survive: Black youth look for education and hope*. Westport, CT: Auburn House.

Gibboney, R. A. (1994). *The stone trumpet: A story of practical school reform, 1960-1990*. New York: Teachers College Press.

Giroux, H. A. (1994a). *Disturbing pleasures: Learning popular culture*. New York: Routledge.

Giroux, H. A. (1994b). *Living dangerously: Multiculturalism and the politics of difference*. New York: Peter Lang Publishing.

Gitlin, A. (Ed.). (1994). *Power and method: Political activism and educational research*. New York: Routledge.

Glatthorn, A. (1994). *Developing a quality curriculum*. Alexandria, VA: Association for Supervision and Curriculum Development.

Goodlad, J. I. (1994a). *Educational renewal: Better teachers, better schools*. San Francisco: Jossey-Bass.

Goodlad, J. I. (1994b). *What schools are for* (second edition). Bloomington, IN: Phi Delta Kappa.

Goodson, I. F. (1994). *Studying curriculum: Cases and methods*. New York: Teachers College Press.

Gott, R., & Duggan, S. (1994). *Investigative work in the science curriculum*. Philadelphia: Open University Press.

Hargreaves, A. (1994). *Changing teachers, changing times: Teachers' work and culture in the postmodern age*. New York: Teachers College Press.

Hawkins, M. L., & Graham, M. D. (1994). *Curriculum architecture: Creating a place of our own*. Columbus, OH: National Middle School Association.

Heath, D. H. (1994). *Schools of hope: Developing mind and character in today's youth*. San Francisco: Jossey-Bass.

Hendrick, J. (1994). *Total learning: Developmental curriculum for the young child* (fourth edition). New York: Merrill.

Hirsch, E. D. (Ed.). (1994a). *What your fourth grader needs to know: Fundamentals of a good fourth grade education*. New York: Delta Tradebooks.

Hirsch, E. D. (Ed.). (1994b). *What your third grader needs to know: Fundamentals of a good third grade education*. New York: Delta Tradebooks.

Hollins, E. T., King, J. E., & Hayman, W. C. (Eds.). (1994). *Teaching diverse populations: Formulations a knowledge base*. Albany: State University of New York Press.

hooks, b. (1994). *Teaching to transgress: Education as the practice of freedom*. New York: Routledge.

Hunter, M. (1994). *Enhancing teaching*. Columbus, OH: Merrill.

Husén, T., Postlethwaite, N., Clark, B. R., & Neave, G. (Eds.). (1994). *The international encyclopedia of education* in 16 volumes (second edition). New York: Pergamon. (CD-ROM produced in 1998).

Johnson, D. W., & Johnson, R. T. (1994). *Learning together and alone: Cooperative, competitive, and individualistic learning* (fourth edition). Needham Heights, MA: Allyn & Bacon.

Johnson, D. W., Johnson, R. T., & Holubec, E. J. (1994a). *Cooperative learning in the classroom*. Alexandria, VA: Association for Supervision and Curriculum Development.

Johnson, D. W., Johnson, R. T., & Holubec, E. J. (1994b). *The new circles of learning: Cooperation in the school and classroom*. Alexandria, VA: Association for Supervision and Curriculum Development.

Kanpol, B. (1994). *Critical pedagogy: An introduction*. Westport, CT: Bergin & Garvey.

Kemp, J. E., Morrison, G., & Ross, S. M. (1994). *Designing effective instruction*. Upper Saddle River, NJ: Merrill. (Second edition, 1998).

Knowles, J. G., Cole, A. L., & Presswood, C. S. (1994). *Through preservice teachers' eyes: Exploring field experience through narrative and inquiry*. Columbus, OH: Merrill and Prentice-Hall.

Kohl, H. (1994). *"I won't learn from you" and other thoughts on creative maladjustment*. New York: New Press.

LaBelle, T. J., & Ward, C. R. (1994). *Multiculturalism and education: Diversity and its impact on schools and society*. Albany: State University of New York Press.

Ladson-Billings, G. (1994). *The dreamkeepers: Successful teachers of African American children*. San Francisco: Jossey-Bass.

Lasley, T. J. (1994). *Teaching peace: Toward cultural selflessness*. Westport, CT: Bergin & Garvey.

Lemlech, J. K. (1994). *Curriculum and instructional methods for the elementary and middle school* (third edition). New York: Macmillan.

Lewis, M. G. (1994). *Without a word: Teaching beyond women's silence*. New York: Routledge.

Mac An Ghaill, M. (1994). *The making of men: Masculinities, sexualities, and schooling*. Bristol, PA: Open University Press.

Macedo, D. (1994). *Literacies of power: What Americans are not allowed to know*. Boulder, CO: Westview Press.

Manning, M. L. (1994). *Celebrating diversity: Multicultural education in middle level schools*. Westerville, OH: National Middle School Association.

Manning, M., Manning, G., & Long, R. (1994). *Theme immersion: Inquiry based curriculum in elementary and middle schools*. Portsmouth, NH: Heinemann.

Martin, J. R. (1994). *Changing the educational landscape: Philosophy, women, and curriculum*. New York: Routledge.

Martinello, M. L., & Cook, G. E. (1994). *Interdisciplinary inquiry in teaching and learning*. New York: Merrill.

Martusewicz, R., & Reynolds, W. (Eds.). (1994). *Inside/Out: Contemporary critical perspectives in education*. New York: St. Martin's Press.

Maurer, R. E. (1994). *Designing interdisciplinary curriculum in middle, junior high, and high schools*. Needham Heights, MA: Allyn & Bacon.

McLaren, P. (1994). Life in schools: *An introduction to critical pedagogy in the foundations of education* (second edition). New York: Longman.

McLaren, P., & Lankshear, C. (Eds.). (1994). *Politics of liberation: Paths from Freire*. New York: Routledge.

McLaughlin, D., & Tierney, W. G. (1994). *Naming silenced lives: Personal narratives and the process of educational change*. New York: Routledge.

McNiff, J. (1994). *Teaching as learning: An action research approach*. New York: Routledge.

McWilliams, E. (1994). *In broken images: Feminist tales for a different teacher education*. New York: Teachers College Press.

Moffett, J. (1994). *The universal schoolhouse: Spiritual awakening through education*. San Francisco: Jossey-Bass.

Mosher, R., Kenny, R. A., & Garrod, A. (1994). *Preparing for citizenship: Teaching youth to live democratically*. Westport, CT: Praeger.

National Council for the Social Studies. (1994). *Curriculum standards for social studies*. Washington, DC: Author.

Novak, J. M. (Ed.). (1994). *Democratic teacher education: Programs, processes, problems and prospects*. Albany: State University of New York Press.

Ornstein, A. C., & Beher, L. S. (Eds.). (1994). *Contemporary issues in curriculum*. Boston: Allyn & Bacon.

Orrin, R. (Ed.). (1994). *Education and democracy: Reimagining liberal learning in America*. New York: College Entrance Examination Board.

Ozar, L. A. (1994). *Creating a curriculum that works: A guide to outcomes-centered curriculum decision-making*. Washington, DC: National Catholic Education Association.

Pinar, W. F. (1994). *Autobiography, politics, and sexuality*. New York: Peter Lang.

Posner, G. J., & Rudnitsky, A. N. (1994). *Course design: A guide to curriculum development for teachers* (fourth edition). New York: Longman.

Pratt, D. (1994). *Curriculum planning: A handbook for professionals*. Fort Worth, TX: Harcourt Brace.

Quint, S. (1994). *Schooling homeless children: A working model for America's public schools*. New York: Teachers College Press.

Radnor, H. A. (1994). *Across the curriculum*. New York: Cassell.

Raissiguier, C. (1994). *Becoming women/becoming workers: Identity formation in a French vocational school*. Albany: State University of New York Press.

Reardon, B., & Nordland, E. (1994). *Learning peace: The promise of ecological and cooperative education*. Albany: State University of New York Press.

Reid, W. A. (1994). *The pursuit of curriculum: Schooling and the public interest*. Norwood, NJ: Ablex.

Roberts, H. R., Gonzales, J. C., Harris, O. D., Huff, D., Johns, A. M., Lou, R., & Scott, O. (1994). *Teaching from a multicultural perspective*. Thousand Oaks, CA: Sage.

Sapon-Shevin, M. (1994). *Playing favorites: Gifted education and the disruption of community*. Albany: State University of New York Press.

Sears, J. T., Otis-Wilson, A., & Marshall, J. D. (1994). *When best doesn't equal good: Educational reform and teacher recruitment. A longitudinal study*. New York: Teachers College Press.

Sergiovanni, T. (1994). *Building community in schools*. San Francisco: Jossey-Bass.

Shapiro, B. (1994). *What children bring to light: A constructivist perspective on children's learning in science*. New York: Teachers College Press.

Siskin, L. S. (1994). *Realms of knowledge: Academic departments in secondary schools*. Washington, DC: Falmer Press.

Sleeter, C., & Grant, C. (1994). *Making choices for multicultural education: Five approaches to race, class, and gender* (second edition). Columbus, OH: Merrill.

Smith, G. A. (1994). *Public schools that work: Creating community*. New York: Routledge.

Solomon, J., & Aikenhead, G. (1994). *STS education: International perspectives on reform*. New York: Teachers College Press.

Somers, J. (1994). *Drama and the curriculum*. Herndon, VA: Cassell.

Spring, J. (1994a). *Deculturalization and the struggle for equality: A brief history of the education of dominated cultures in the United States*. New York: McGraw-Hill.

Spring, J. (1994b). *Wheels in the head: Educational philosophies of authority, freedom, and culture from Socrates to human rights*. Boston: McGraw-Hill.

Springer, M. (1994). *Watershed: A successful voyage into integrative learning*. Columbus, OH: National Middle School Association.

Steiner, D. M. (1994). *Rethinking democratic education: The politics of reform*. Baltimore: Johns Hopkins University Press.

Stone, L. (Ed.). (1994). *The education feminism reader*. New York: Routledge.

Stopsky, F., & Lee. S. (1994). *Social studies in a global society*. Albany, NY: Delmar Publishers.

Streitmatter, J. (1994). *Toward gender equity in the classroom: Everyday teachers' beliefs and practices*. Albany: State University of New York Press.

Torrance, H. (Ed.). *Evaluating authentic assessment: Problems and possibilities in new approaches to assessment*. Bristol, PA: Open University Press.

Tripp, D. (1994). *Critical incidents in teaching*. New York: Routledge.

Van Tassel-Baska, J., Feldhusen, J., Johnson, D., Seeley, K., & Silverman, L. (1994). *Comprehensive curriculum for gifted learners* (second edition). Boston: Allyn & Bacon.

Washington, V., & Bailey, V. (1994). *Project Head Start: Models and strategies for the twenty-first century*. Hamden, CT: Garland Publishing.

Wasley, P. A. (1994). *Stirring the chalkdust: Tales of teachers changing classroom practice*. New York: Teachers College Press.

Weiner, G. (1994). *Feminisms in education: An introduction*. Birstol, PA: Open University Press.

Williams, J. A. (1994). *Classroom in conflict: Teaching controversial subjects in a diverse society*. Albany: State University of New York Press.

Willis, G., Schubert, W. H., Bullough, R., Jr., Kridel, C., & Holton, J. T. (Eds.). (1994). *The American curriculum: A documentary history*. Westport, CT: Praeger.

Wilson, K. G., & Daviss, B. (1994). *Redesigning education: A Nobel Prize winner reveals what must be done to reform American education*. New York:

Teachers College Press.

Witmer, J., & Anderson, C. S. (1994). *How to establish a high school service learning program*. Alexandria, VA: Association for Supervision and Curriculum Development.

Wraga, W. G. (1994). *Democracy's high school: The comprehensive high school and educational reform in the United States*. Lanham, MD: University Press of America.

1995

Ahier, J., & Ross, A. (Eds.). (1995). *The social subjects within the curriculum: Children's social learning in the national curriculum*. London: Falmer.

Alexander, W., with Carr, D., & McAvoy, K. (1995). *Student-oriented curriculum: Asking the right question*. Westerville, OH: National Middle School Association.

Anning, A. (Ed.). (1995). *The national curriculum for the early years*. Bristol, PA: Open University Press.

Apple, M. W. (1995). *Education and power* (second edition). New York: Routledge.

Apple, M. W., & Beane, J. A. (Eds.). (1995). *Democratic schools*. Alexandria, VA: Association for Supervision and Curriculum Development.

Applebaum, P. M. (1995). *Popular culture, educational discourse, and mathematics*. New York: Teachers College Press.

Arcilla, R. V. (1995). *For the love of perfection: Richard Rorty and liberal education*. New York: Routledge.

Association for Supervision and Curriculum Development. (1995). *ASCD Curriculum Handbook*. Alexandria, VA: Education and Technology Resources Center, Association for Supervision and Curriculum Development.

Ayers, W. (Ed.). (1995). *To become a teacher: Making a difference in children's lives*. New York: Teachers College Press.

Bachrach, N., Hassley, R. C., & Anderson, J. (1995). *Learning together: A manual for multiage grouping*. Thousand Oaks, CA: Corwin.

Banks, J. A., & Banks, C. M. (1995). *Handbook of research on multicultural education*. New York: Macmillan.

Beane, J. A. (Ed.). (1995). *Toward a coherent curriculum*. Alexandria, VA: Association for Supervision and Curriculum Development.

Beatty, B. (1995). *Preschool education in America: The culture of young children from the colonial era to the present*. New Haven, CT: Yale University Press.

Bell, J. (Ed.). (1995). *Teachers talk about teaching: Coping with change in turbulent times*. Bristol, PA: Open University Press.

Bennett, C. (1995). *Comprehensive multicultural education: Theory and practice* (third edition). Needham Heights, MA: Allyn & Bacon.

Ben-Peretz, M. (1995). *Learning from experience: Memory and the teacher's account of teaching*. Albany: State University of New York Press.

Berliner, D. C., & Biddle, B. J. (1995). *The manufactured crisis: Myths, and the attack on America's public schools*. New York: Longman.

Biklen, S. K. (1995). *School work: Gender and the cultural construction of teaching*. New York: Teachers College Press.

Blair, B. G., & Fischer, C. F. (1995). *Curriculum: The strategic key to schooling* (second edition). Dubuque, IA: Kendall/Hunt.

Block, A. A. (1995). *Occupied reading: Critical foundations for an ecological theory*. Hamden, CT: Garland.

Bowers, C. A. (1995). *Educating for an ecologically sustainable culture: Rethinking moral education, creativity, and other modern orthodoxies*. Albany: State University of New York Press.

Brady, J. (1995). *Schooling young children: A feminist pedagogy for liberatory learning*. Albany: State University of New York Press.

Brady, L. (1995). *Curriculum development* (fifth edition). Melbourne, Australia: Prentice-Hall.

Brazee, E., & Capelluti, J. (1995). *Dissolving boundaries: Toward an integrative curriculum*. Westerville, OH: National Middle School Association.

Burke, J. (Ed.). (1995). *Outcomes, learning, and the curriculum*. Washington, DC: Falmer.

Carr, W. (1995). *For education: Towards critical*

educational inquiry. Bristol, PA: Open University Press.

Cawelti, G. (Ed.). (1995). *Handbook of research on improving student achievement*. Arlington, Va: Education Research Service.

Charbonneau, M. P. & Reider, B. E. (1995). *The integrated elementary classroom: A developmental model of education for the 21st century*. Needham Heights, MA: Allyn & Bacon.

Choate, J. S., Enright, B., Miller, L., Potest, J., & Rakes, T. (1995). *Curriculum-based assessment and programming* (third edition). Boston: Allyn & Bacon.

Clandinin, D. J., & Connelly, F. M. (1995). *Teachers' professional knowledge landscapes*. New York: Teachers College Press.

Clark, C. M. (1995). *Thoughtful teaching*. New York: Teachers College Press.

Clark, S. N., & Clark, D. C. (1995). *The middle level principal's role in interdisciplinary curriculum*. Columbus, OH: National Middle School Association.

Cole, D. J., Ryan, C. W., & Kick, F. (1995). *Portfolios across the curriculum and beyond*. Thousand Oaks, CA: Corwin.

Comer, J. P. (1995). *School power: Implications of an intervention project* (revised edition). New York: The Free Press.

Cordeiro, P. (Ed.). (1995). *Endless possibilities: Generating curriculum in social studies and literacy*. Portsmouth, NH: Heinemann.

Cornbleth, C., & Waugh, D. (1995). *The great speckled bird: Multicultural politics and educational policymaking*. New York: St. Martin's Press.

Cuffaro, H. K. (1995). *Experimenting with the world: John Dewey and the early childhood classroom*. New York: Teachers College Press.

Cullinan, B. E., Scala, M. C., & Schroder, V. C. (1995). *Three voices: An invitation to poetry across the curriculum*. York, ME: Stenhouse.

Darder, A. (Ed.). (1995). *Culture and difference: Critical perspectives on the bicultural experience in the United States*. Westport, CT: Bergin & Garvey.

Darling-Hammond, L., Ancess, J., & Falk, B. (1995). *Authentic assessment in action: Studies of schools and students at work*. New York: Teachers College Press.

Daughtery, R. (1995). *National curriculum assessment: A review of policy 1987-1994*. London: Falmer.

Davies, J. (Ed.). (1995). *Developing leadership role in key stage 1 curriculum*. London: Falmer.

Delpit, L. (1995). *Other people's children: Cultural conflict in the classroom*. New York: New Press.

Doll, M. A. (1995). *To the lighthouse and back: Writings on teaching and living*. New York: Peter Lang.

Donmoyer, R. (Ed.). (1995). *The knowledge base in educational administration*. Albany: State University of New York Press.

Dunn, R. & Griggs, S. A. (1995). *Multiculturalism and learning style: Teaching and counseling adolescents*. Westport, CT: Praeger.

Erickson, H. L. (1995). *Stirring the head, heart, and soul: Redefining curriculum and instruction*. Thousand Oaks, CA: Corwin.

Etter-Lewis, G., & Foster, M. (1995). *Unrelated kin: Race and gender in women's personal narratives*. New York: Routledge.

Fine, M. (1995). Habits of mind: *Struggling over values in America's classrooms*. San Francisco: Jossey-Bass.

Fisher, B. (1995). *Thinking and learning together: Curriculum and community in a primary classroom*. Portsmouth, NH: Heinemann.

Five, C. L., & Dionisio, M. (1995). *Bridging the gap: Integrating curriculum in upper elementary and middle schools*. Portsmouth, NH: Heinemann.

Fortson, L. R., & Reiff, J. C. (1995). *Early childhood curriculum: Open structures for integrative learning*. Boston: Allyn & Bacon.

Frase, L. E., English, F. W., & Posten, W. K. (Eds.). (1995). *The curriculum management audit: Improving school quality*. Lancaster, PA: Technomics.

Gallas, K. (1995). *Talking their way into science: Hearing children's questions and theories, responding with curricula*. New York: Teachers

College Press.

Garrison, J. W., & Rud, A. G. (1995). *The educational conversation: Closing the gap*. Albany: State University of New York Press.

Gaskell, J., & Willinsky, J. (Eds.). (1995). *Gender in/forms curriculum: From enrichment to transformation*. New York: Teachers College Press.

Geisert, P. G., & Futrell, M. K. (1995). *Teachers, computers, and curriculum: Microcomputers in the classroom* (second edition). Needham Heights, MA: Allyn & Bacon.

Ginsburg, M. B. (Ed.). (1995). *The politics of educators' work and lives*. Handen, CT: Garland.

Goodman, R. F. & Fisher, W. R. (Eds.). (1995). *Rethinking knowledge: Reflections across disciplines*. Albany: State University of New York Press.

Goodson, I. (1995). *The making of curriculum* (second edition). Bristol, Pa: Falmer.

Greene, M. (1995). *Releasing the imagination: Essays on education, the arts, and social change*. San Francisco: Jossey-Bass.

Gronlund, N. E. (1995). *How to write and use instructional objectives* (fifth edition). Columbus, OH: Merrill.

Grubb, W. M. (Ed.). (1995). *Education through occupations in American high school. Volume 1: Approaches to integrating academic and vocational education. Volume 2: The challenges of implementing curriculum integration*. New York: Teachers College Press.

Gunter, M. A., Estes. T. H. & Schwab, J. H. (1995). *Instruction: A models approach* (second edition). Boston: Allyn & Bacon.

Hansen, D. T. (1995). *The call to teach*. New York: Teachers College Press.

Harris, D. A. (Ed.). (1995). *Multiculturalism from the margins: Non-dominant voices on difference and diversity*. Westport, CT: Bergin & Garvey.

Henderson, J., & Hawthorne, R. (1995). *Transformative curriculum leadership: Paradigm, process, reflective inquiry*. Columbus, OH: Merrill.

Henson, K. T. (1995). *Curriculum development for educational reform*. New York: Longman.

Hirsch, E. D. (Ed.). (1995a). *What your fifth grader needs to know: Fundamentals of a good fifth grade education*. New York: Delta Tradebooks.

Hirsch, E. D. (Ed.). (1995b). *What your sixth grader needs to know: Fundamentals of a good sixth grade education*. New York: Delta Tradebooks.

Horwood, B. (Ed.). (1995). *Experience and the curriculum*. Dubaque, IA: Kendall/Hunt.

House, P. A., & Coxford, A. F. (1995). *Connecting mathematics across the curriculum*. Reston, VA: National Council of Teachers of Mathematics.

Jackson, S., & Solis, J. (Ed.). (1995). *Beyond comfort zones in multiculturalism*. Westport, CT: Bergin & Garvey.

Jalongo, M. R., & Isenberg, J. P. (1995). *Teachers' stories: From personal narrative to professional insight*. San Francisco: Jossey-Bass.

James, M. E. (Ed.). (1995). *Social reconstruction through education: The philosophy, history, and curricula of a radical idea*. Greenwich, CT: Ablex.

Jipson, J., Munro, P., Victor, S., Jones, K. F., & Freed-Rowland, G. (1995). *Respositioning feminism & education: Perspectives on educating for social change*. Westport, CT: Bergin & Garvey.

Kanpol, B., & McLaren, P. (Eds.). (1995). *Critical multiculturalism: Uncommon voices in a common struggle*. Westport, CT: Bergin & Garvey.

Kincheloe, J. L. (1995). *Toil and trouble: Good work, smart workers, and the integration of academic and vocational education*. New York: Peter Lang.

Kincheloe, J. L., & Steinberg, S. R. (Eds.). (1995). *Thirteen questions: Reframing education's conversation* (second edition). New York: Peter Lang.

Kinsley, C. W., & McPherson, K. (Eds.). (1995). *Enriching the curriculum through service learning*. Alexandria, VA: Association for Supervision and Curriculum Development.

Kleinfield, J. S., & Yeria, S. (Eds.). (1995). *Gender tales: Tensions in the schools*. Mahwah, NJ: Lawrence Erlbaum Associates.

Kliebard, H. M. (1995). *The struggle for the American*

curriculum, 1893-1958 (second edition). New York: Routledge.

Knapp, M. (1995). *Teaching for meaning in high poverty classrooms*. New York: Teachers College Press.

Kozol, J. (1995). *Amazing grace: The lives of children and the conscience of a nation*. New York: Crown.

Krogh, S. (1995). *The integrated early childhood curriculum* (second edition). New York: McGraw-Hill.

Kucer, S. B., Silvia, C., & Delgado-Larocco, E. L. (1995). *Curricular conversations: Themes in multilingual and monolingual classrooms*. York, ME: Stenhouse Publications.

Larkin, J. M., & Sleeter, C. E. (Eds.). (1995). *Developing multicultural teacher education curricula*. Albany: State University of New York Press.

Lawler-Prince, D., Altieri, J. L., & Cramer, M. K. (1995). *Moving toward an integrated curriculum in early childhood education*. Washington, DC: National Education Association.

Levine, D., Lowe, R., Peterson, B., & Tenorio, R. (1995). *Rethinking schools: An agenda for change* (based on the education newspaper, *Rethinking Schools*). New York: New Press.

Lewis, A. (1995). *Primary special needs in the national curriculum* (second edition). New York: Routledge.

Liston, R., Nagai, A. K., & Rothman, S. (1995). *Molding the good citizen: The politics of high school history textbooks*. Westport, CT: Praeger.

Loewen, J. W. (1995). *Lies my teacher told me*. New York: Simon and Schuster.

Lutzker, M. (1995). *Multiculturalism in the college curriculum: A handbook of strategies and resources for faculty*. Westport, CT: Greenwood.

Macdonald, J. B. (B. J. Macdonald, Ed.). (1995). *Theory as a prayerful act: The collected essays of James B. Macdonald*. New York: Peter Lang.

Maker, C. J., & Nielson, A. B. (1995). *Curriculum development in education of the gifted*. Austin, TX: Pro-Ed.

Marsh, C., & Willis, G. (1995). *Curriculum: Alternative approaches, ongoing issues*. Columbus, OH: Merrill.

Maurer, R. E. (1995). *Designing interdisciplinary curriculum in middle, junior high, and high schools* (third edition). Champaign, IL: Human Kinetics.

McCutcheon, G. (1995). *Developing the curriculum: Solo and group deliberation*. New York: Longman.

McEwan, H., & Egan, K. (Eds.). (1995). *Narrative in teaching, learning, and research*. New York: Teachers College Press.

McLaren, P. (1995). *Critical pedagogy and predatory culture: Oppositional politics in a postmodern era*. New York: Routledge.

McLaren, P. L., & Giarelli, J. M. (Eds.). (1995). *Critical theory and educational research*. Albany: State University of New York Press.

McLaren, P., Hammer, R., Sholle, D., & Reilly, S. (1995). *Rethinking media literacy: A critical pedagogy of representation*. New York: Peter Lang.

McNeil, J. D. (1995). *Curriculum: The teacher's initiative*. Columbus, OH: Merrill.

Meier, D. (1995). *The power of their ideas: Lessons for America from a small school in Harlem*. New York: Beacon Press.

Miller, R. (Ed.). (1995). *Educational freedom for a democratic society: A critique of national educational goals, standards, and curriculum*. Brandon, VT: Holistic Education Press.

Mitchell, R., Willis, M., & The Chicago Teachers' Union Quest Center. (1995). *Learning in overdrive: Designing curriculum, instruction, and assessment from standards. A manual for teachers*. Golden, CO: North American Press.

Morrow, R. A., & Torres, C. A. (1995). *Social theory and education: A critique of theories of social and cultural reproduction*. Albany: State University of New York Press.

Murphy, P., Sellinger, M., Bourne, J., & Briggs, M. (1995). *Subject learning in the primary curriculum*. New York: Routledge.

Myrsiades, K., & McGuire, J. (Eds.). (1995). *Order and partialities: Theory, pedagogy, and the "postcolonial."* Albany: State University of New York Press.

Nakanishi, D. T., & Nishida, T. Y. (1995). *The Asian American educational experience: A sourcebook for teachers and students.* New York: Routledge.

Neperud, R. W. (1995). *Context, content, and community in art education: Beyond postmodernism.* New York: Teachers College Press.

Ng, R., Staton, P., & Scane, J. (Eds.). (1995). *Anti-racism, feminism, and critical approaches to education.* Westport, CT: Bergin & Garvey.

Nicholls, J. G., & Thorkildsen, T. A. (Eds.). (1995). *Reasons for learning: Expanding the conversation on student-teacher collaboration.* New York: Teachers College Press.

Noddings, N. (1995). *Philosophy of education.* Boulder, CO: Westview.

Oliner, P. M., & Oliner, S. P. (1995). *Toward a caring society: Ideas into action.* Westport, CT: Praeger.

Ostrow, J. (1995). *A room with a different view: First through third graders build community and create curriculum.* York, ME: Stenhouse Publications.

Paley, N. (1995). *Finding art's place: Experiments in contemporary education and culture.* New York: Routledge.

Parker, W. C. (Ed.). (1995). *Educating the democratic mind.* Albany: State University of New York Press.

Passe, J. (1995). *Elementary school curriculum.* Madison, WI: Brown & Benchmark.

Perry, T. (1995). *Teaching Malcolm X: Popular culture and literacy.* New York: Routledge.

Peters, M. (Ed.). (1995). *Education and the postmodern condition.* Westport, CT: Bergin & Garvey.

Pinar, W. F., Reynolds, W. M., Slattery, P., & Taubman, P. M. (1995). *Understanding curriculum: An introduction to the study of historical and contemporary discourses.* New York: Peter Lang.

Pool, H., & Page, J. A. (Eds.). (1995). *Beyond tracking: Finding success in inclusive schools.* Bloomington, IN: Phi Delta Kappa.

Posner, G. (1995). *Analyzing the curriculum* (second edition). New York: McGraw-Hill.

Protherough, R., & King, P. (Eds.). (1995). *The challenge of English in the national curriculum.* London: Routledge.

Purpel, D. E., & Shapiro, S. (1995). *Beyond liberation and excellence: Reconstructing the public discourse on education.* Westport, CT: Bergin & Garvey.

Raizen, S. A., Sellwood, P., Todd, R. D., & Vickers, M. (1995). *Technology education in the classroom: Understanding the designed world.* San Francisco: Jossey-Bass.

Ravitch, D., & Vinovskis, M. A. (Eds.). (1995). *Learning from the past: What history teaches us about school reform.* Baltimore: Johns Hopkins University Press.

Reese, W. J. (1995). *The origins of the American high school.* New Haven, CT: Yale University Press.

Resnick, L. B., & Wirt, J. (Eds.). (1995). *Linking school and work: Roles for standards and assessment.* San Francisco: Jossey-Bass.

Rose, M. (1995). *Possible lives: The promise of public education in America.* New York: Penguin Putnam.

Ryan, A. (1995). *John Dewey and the high tide of American liberalism.* New York: W. W. Norton.

Sarason, S. B. (1995). *School change: The personal development of a point of view.* New York: Teachers College Press.

Schrag, F. (1995). *Back to basics: Fundamental educational questions reexamined.* San Francisco, CA: Jossey-Bass.

Senese, G., with Page, R. (1995). *Simulation, spectacle, and the ironies of education reform.* Westport, CT: Bergin & Garvey.

Shannon, P. (1995). *Texts, lies, & videotape: Stories about life, literacy, and learning.* Portsmouth, NH: Heinemann.

Shapiro, A. S., Benjamin, W. F., & Hunt, J. J. (1995). *Curriculum and schooling: A practitioner's guide.* Palm Springs, CA: ETC Publications.

Silin, J. G. (1995). *Sex, death, and the education of children: Our passion for ignorance in the age of AIDS.* New York: Teachers College Press.

Siraj-Blatchford, J., & Siraj-Blatchford, I. (Eds.). (1995). *Educating the whole child: Cross curricular skills, themes, and dimensions.* Bristol, PA: Open University Press.

Siskin, L. S., & Littel, J. W. (Eds.). (1995). *The subjects in question: Departmental organization and the high school*. New York: Teachers College Press.

Slattery, P. (1995). *Curriculum development in the postmodern era*. New York: Garland.

Slavin, R. E. (1995). *Cooperative learning: Theory, research, and practice* (second edition). Needham Heights, MA: Allyn & Bacon.

Sleeter, C. E., & McLaren, P. (Eds.). (1995). *Multicultural education, critical pedagogy, and the politics of difference*. Albany: State University of New York Press.

Smith, D. L., & Lovat, T. J. (1995). *Curriculum: Action on reflection revisited* (third edition). Wentworth Falls, New South Wales, Australia: Social Science Press.

Smith, F. (1995). Between hope and havoc: *Essays into human learning and education*. Portsmouth, NH: Heinemann.

Smith, R., & Wexler, P. (1995). *After postmodernism: Education, politics, and identity*. Hamden, CT: Falmer.

Soder, R. (Ed.). (1995). *Democracy, education, and the schools*. San Francisco: Jossey-Bass.

Stephens, S. (Ed.). (1995). *Children and the politics of culture*. Princeton, NJ: Princeton University Press.

Stock, P. L. (1995). *The dialogue curriculum: Teaching and learning in a multicultural society*. Portsmouth, NH: Boyton/Cook.

Stones, E. (1995). *Quality teaching: A sample of classes*. New York: Routledge.

Sylwester, R. (1995). *A celebration of neurons: An educator's guide to the human brain*. Alexandria, VA: Association for Supervision and Curriculum Development.

Tanner, D., & Tanner, L. (1995). *Curriculum development: Theory into practice* (third edition). Columbus, OH: Merrill.

Teitelbaum, K. (1995). *Schooling for "good rebels": Socialism, American education, and the search for radical curriculum*. New York: Teachers College Press.

Thomas, D. (Ed.). (1995). *Teachers' stories*. Bristol, PA: Open University Press.

Tonks, D. (1995). *Teaching AIDS*. New York: Routledge.

Tyack, D., & Cuban, L. (1995). *Tinkering toward utopia: A century of public school reform*. Cambridge, MA: Harvard University Press.

Unks, G. (Ed.). (1995). *The gay teen: Educational practice and theory for lesbian, gay, and bisexual adolescents*. New York: Routledge.

Usher, R., & Edwards, R. (1995). *Postmodernism and education: Different voices, different worlds*. New York: Routledge.

Wien, C. A. (1995). *Developmentally appropriate practice in "real life."* New York: Teachers College Press.

1996

Appiah, K. A., & Gates, H. L., Jr. (Eds.). (1996). *The dictionary of global culture*. New York: Knopf.

Apple, M. W. (1996). *Cultural politics and education*. New York: Teachers College Press.

Applebee, A. N. (1996). *Curriculum as conversation: Transforming traditions of teaching and learning*. Chicago: University of Chicago Press.

Areglado, R. J., Bradley. R. C., & Lane, P. S. (1996). *Learning for life: Creating classrooms for self-directed learning*. Thousand Oaks, CA: Corwin.

Avis, J., Bloomer, M., Esland, G., Gleeson, D., & Hodkinson, P. (1996). *Knowledge and nationhood: Education, politics, and work*. Herndon, VA: Cassell.

Ayers, W., & Ford, P. (Eds.). (1996). *City kids, city teachers*. New York: The New Press.

Banks, J. (Ed.). (1996). *Multicultural education, transformative knowledge and action: Historical and contemporary perspectives*. New York: Teachers College Press.

Beauboeuf-Lafontant, T., & Augustine, D. Smith. (1996). *Facing racism in education* (second edition). Cambridge, MA: Harvard Educational Review.

Becker, R. L., & Couto, R. A. (1996). *Teaching democracy by being democratic*. Westport, CT: Praeger.

Beyer, L. E. (Ed.). (1996). *Creating democratic classrooms: The struggle to integrate theory and practice*. New York: Teachers College Press.

Beyer, L. E., & Liston, D. P. (1996). *Curriculum in conflict: Social visions, educational agendas, and progressive school reform*. New York: Teachers College Press.

Black, P., & Atkin, J. M. (1996). *Changing the subject: Innovations in science, mathematics, and technology*. New York: Routledge.

Boyer, J. B., & Baptiste, H. P. (1996). *Transforming the curriculum for multicultural understandings: A practitioner's handbook*. San Francisco: Caddo Gap Press.

Burstyn, J. N. (Ed.). (1996). *Educating tomorrow's valuable citizen*. Albany: State University of New York Press.

Burz, H. L., & Marshall, K. (1996-8). *Performance-based curriculum: From knowing to showing series. Performance-based curriculum for mathematics (1996); Performance-based curriculum for science (1997); Performance-based curriculum for U. S. language arts(1997); Performance-based curriculum for social studies (1998)*. Thousand Oaks, CA: Corwin.

Callicott, J. B., & da Rocha, F. J. R. (Eds.). (1996). *Earth summit ethics: Toward a reconstructive postmodern philosophy of environmental education*. Albany: State University of New York Press.

Carey-Webb, A., & Benz, S. (Eds.). (1996). *Teaching and testimony: Rigoberta Menchu and the North American classroom*. Albany: State University of New York Press.

Carger, C. L. (1996). *Of borders and dreams: A Mexican American experience of urban education*. New York: Teachers College Press.

Carr, W., & Hartnett, A. (1996). *Education and the struggle for democracy: The politics of educational ideas*. Bristol, PA: Open University Press.

Chawla-Duggan, R., & Carger, C. L. (1996). *Of borders and dreams: A Mexican-American experience of urban education*. New York: Teachers College Press.

Christenson, M. (Ed.). (1996). *Reclaiming at-risk youth for the 21st century workplace*. Alexandria, VA: Association for Supervision and Curriculum Development.

Comer, J. P., Haynes, N. M., Joyner, E. T., & Ben-Avie, M. (1996). *Rallying the whole village: The Comer process for reforming education*. New York: Teachers College Press.

Costa, A. L., & Liebmann, R. M. (Eds.). (1996). *Envisioning process as content: Toward a renaissance curriculum*. Thousand Oaks, CA: Corwin.

Danielson, C. (1996). *Enhancing professional practice: A framework for teaching*. Alexandria, VA: Association for Supervision and Curriculum Development.

Davidson, A. L. (1996). *Making and molding identity in schools: Student narratives on race, gender and academic engagement*. Albany: State University of New York Press.

Desmond, C. T. (1996). *The rise of outcome-based education*. Albany: State University of New York Press.

Diller, A., Houston, B., Morgan, K. P., & Ayim, M. (1996). *The gender question in education: Theory, pedagogy, and politics*. Boulder, CO: Westview.

Doll, R. C. (1996). *Curriculum improvement: Decision making and process* (ninth edition). Boston: Allyn & Bacon.

Duckworth, E. (1996). *"The having of wonderful ideas" and other essays on teaching and learning*. New York: Teachers College Press.

Eaker-Rich, D., & VanGalen, J. A. (Eds.). (1996). *Caring in an unjust world: Negotiating borders and barriers in schools*. Albany: State University of New York Press.

Edgerton, S. (1996). *Translating the curriculum: Multiculturalism into cultural studies*. New York: Routledge.

Edwards, J., Roblyer, M. D., & Havriluk, M. A. (1996). *Integrating educational technology into teaching*. Upper Saddle River, NJ: Prentice-Hall.

Eggleston, J. (1996). *Teaching design and technology*. Bristol, PA: Open University Press.

Elmore, R. F., Peterson, P. L., & McCarthy, S. J. (1996). *Restructuring in the classroom: Teaching, learning, and school organization*. San Francisco: Jossey-Bass.

English, F. W., & Larsen, R. L. (1996). *Curriculum management for educational and social service organizations*. Springfield, IL: Charles C. Thomas. (Revised edition of *Curriculum management for schools, colleges, and businesses*, 1987).

Epstein, A. S., McAdoo, L., & Schweinhart, L. J. (1996). *Models of early childhood curriculum*. Ypsilanti, MI: High/Scope Press.

Farnham, N. H., & Yarmolinsky, A. (Eds.). (1996). *Rethinking liberal education*. New York: Oxford University Press.

Feagin, J. R., Vera, H., & Imani, N. (1996). *The agony of education: Black students at a white university*. New York: Routledge.

Fine, M., Powell, L. C., Weis, L., & Mun Wong, L. (Eds.). (1996). *Off white: Readings on race, power, and society*. New York: Routledge.

Fischer, C. (Ed.). (1996). *Education and technology: Reflections on a decade of experience in the classroom*. San Francisco: Jossey-Bass.

Forrest, M. (1996). *Modernising the classics: A study in curriculum development*. Exeter, England: University of Exeter Press.

Fosnot, C. T. (Ed.). (1996). *Constructivism: Theory, perspective, and practice*. New York: Teachers College Press.

Freire, P. (1996). *Letters to Cristina: Reflections on my life and work*. New York: Routledge.

Fried, R. L. (1996). *The passionate teacher: A practical guide*. Boston: Beacon.

Friedman, E. G., Kolmar, W. K., Flint, C. B., & Rothenberg, P. (Eds.). (1996). *Creating an inclusive college curriculum*. New York: Teachers College Press.

Fullan, M., & Hargreaves, A. (1996). *What's worth fighting for in your school?* New York: Teachers College Press.

Fuller, B., & Elmore, R. F., with Orfield, G. (1996). *Who chooses? Who loses? Culture, institutions, and the unequal effects of school choice*. New York: Teachers College Press.

Gadotti, M. (1996). *Pedagogy of praxis: A dialectical philosophy of education*. Albany: State University of New York Press.

Giroux, H. A. (1996). *Fugitive cultures: Race, violence, and youth*. New York: Routledge.

Giroux, H. A., Lankshear, C., McLaren, P., & Peters, M. (1996). *Counter narratives: Cultural studies and critical pedagogies in postmodern spaces*. New York: Routledge.

Glatthorn, A. A. (Ed.). (1996). *Content of the curriculum* (second edition). Alexandria, VA: Association for Supervision and Curriculum Development.

Gooden, A. R. (1996). *Computers in the classroom*. San Francisco: Jossey-Bass.

Goodson, I. F., & Haragreaves, A. (Eds.). (1996). *Teachers' professional lives*. London: Falmer Press.

Goodson, I. F., & Marsh, C. (1996). *Studying school subjects*. Washington, DC: Falmer.

Graves, D. H. (1996). *Hidden literacies: Children learning at home and at school*. Portsmouth, NH: Heinemann.

Hargreaves, A., Earl, L., & Ryan, J. (1996). *Schooling for change: Reinventing education for early adolescents*. London: Falmer.

Harris, D., Carr, J. F. (1996). *How to use standards in the classroom*. Alexandria, VA: Association for Supervision and Curriculum Development.

Hart, S. (Ed.). (1996). *Differentiation and the secondary curriculum*. New York: Routledge.

Hauenstein, A. D. (1996). *A conceptual framework for educational objectives: A holistic approach to traditional taxonomies*. Lanham, MD: University Press of America.

Henderson, J. (1996). *Reflective teaching: The study of your constructivist practices* (second edition). Columbus, OH: Merrill.

Hern, M. (Ed.). (1996). *Deschooling our lives*. Philadelphia: New Society Publishers.

Higham, J., Sharp, P., & Yeomans, D. (1996). *The emerging 16-19 curriculum: Policy and provision*. London: David Fulton.

Hirsch, E. D. (1996). *The schools we need and why we don't have them*. New York: Doubleday.

Hirsch, E. D., & Holdren, J. (Eds.). (1996). *What your kindergartner needs to know: Preparing your child for a lifetime of learning*. New York: Delta Tradebooks.

Hollins, E. R. (1996a). *Culture in school learning: Revealing the deep meaning*. Mahwah, NJ: Lawrence Erlbaum Associates.

Hollins, E. R. (Ed.). (1996b). *Transforming curriculum for a culturally diverse society*. Mahwah, NJ: Lawrence Erlbaum Associates.

Hutchinson, F. (1996). *Educating beyond violent futures*. New York: Routledge.

Jones, B. L., & Maloy, R. W. (1996). *Schools for an information age: Reconstructing foundations for learning and teaching*. Westport, CT: Praeger.

Joyce, B., & Calhoun, E. (1996). *Creating learning experiences: The role of instructional theory and research*. Alexandria, VA: Association for Supervision and Curriculum Development.

Joyce, B., & Weil, M. (1996). *Models of teaching* (fifth edition). Needham Heights, MA: Allyn & Bacon.

Kimball, R., Stables, K., & Green, R. (1996). *Understanding practice in design and technology*. Bristol. PA: Open University Press.

Kitson, N., & O'Neil, J. (Eds.). (1996). *Effective curriculum management: Coordinating learning in the primary school*. New York: Routledge.

Kridel, C., Bullough, R. V., Jr., & Shaker, P. (Eds.). (1996). *Teachers and mentors: Profiles of distinguished twentieth-century professors of education*. Hamden, CT: Garland Publishing.

Lauritzen, C., & Jaeger, M. (1996). *Integrating learning through story: The narrative curriculum*. Albany, NY: Delmar Publishers.

Leistyna, P., Woodrum, A., & Sherblom, S. (Eds.). (1996). *Breaking free: The transformative power of critical pedagogy*. Cambridge, MA: Harvard Educational Review.

Levine, B. (Ed.). (1996). *Works about John Dewey, 1886–1995*. Carbondale and Edwardsville, IL: Southern Illinois University Press.

Levinson, B. A., Foley, D. E., & Holland, D. C. (Eds.). (1996). *The cultural production of the educated person: Cultural ethnographies of schooling and local practice*. Albany: State University of New York Press.

Levy, S. (1996). *Starting from scratch: One classroom builds its own curriculum*. Portsmouth, NH: Heinemann.

Lieberman, A. (Ed.). (1996). *The work of restructuring schools: Building from the ground up*. New York: Teachers College Press.

Lipman, M. (1996). *Natasha: Vygotskian dialogues*. New York: Teachers College Press.

Lisman, C. D. (1996). *The curricular integration of ethics*. Westport, CT: Praeger.

Liston, D. P., & Zeichner, K. M. (1996). *Culture and teaching*. Mahwah, NJ: Lawrence Erlbaum Associates.

Liu, X. (1996). *Mathematics and science curriculum change in the People's Republic of China*. Lewiston, NY: Edwin Mellen Press.

Lorber, M. A., & Pierce, W. D. (1996). *Objectives, methods, and evaluation for secondary teaching* (fourth edition). Needham Heights, MA: Allyn & Bacon.

Luke, C. (Ed.). (1996). *Feminisms and pedagogies of everyday life*. Albany: State University of New York Press.

Manning, M. L., & Baruth, L. G. (1996). *Multicultural education of children and adolescents* (second edition). Needham Heights, MA: Allyn & Bacon.

Marzano, R. J., & Kendall, J. S. (1996). *A comprehensive guide to designing standard-based districts, schools, and classrooms*. Alexandria, VA: Association for Supervision and Curriculum Development.

Maurer, R. E. (1996). *Designing alternative assessments for interdisciplinary curriculum in middle and secondary schools*. Boston: Allyn & Bacon.

McAdoo, L., & Schweinhart, L. J. (1996). *Models of early childhood curriculum*. Ypsilanti, MI: High/Scope Press.

McDonald, J. P. (1996). *Redesigning school: Lessons for the 21st century*. San Francisco: Jossey-Bass.

McKernan, J. (1991). *Curriculum action research: A*

handbook of methods and resources for the reflective practitioner (second edition). London: Kogan Page.

McLaren, P. (1996). *Critical pedagogy and predatory culture.* New York: Routledge.

McNeil, J. (1996). *Curriculum: A comprehensive introduction* (fifth edition). New York: Harper Collins.

Merrion, M., & Rubin, J. E. (1996). *Creative approaches to elementary curriculum.* Portsmouth, NH: Heinemann.

Milbrath, L. W. (1996). *Learning to think environmentally while there is still time.* Albany: State University of New York Press.

Miletta, M. Mc. (1996). *A multiage classroom: Choice and possibility.* Portsmouth, NH: Heinemann.

Miller, J. P. (1996). *The holistic curriculum.* Toronto, Ontario: OISE Press.

Mitchell, B. M., & Salsbury, R. E. (1996). *Multicultural education: An international guide to research, politics and programs.* Westport, CT: Greenwood.

Molnar, A. (1996). *Giving kids the business: The commercialization of America's schools.* Boulder, CO: Westview Press.

Muncey, D. E., & McQuilan, P. J. (1996). *Reform and resistance in schools and classrooms: An ethnographic view of the Coalition of Essential Schools.* New Haven, CT: Yale University Press.

Nagel, N. G. (1996). *Learning through real-world problem solving: The power of integrative teaching.* Thousand Oaks, CA: Corwin.

Nathan, J. (1996). *Charter schools: Creating schools: Creating hope and opportunity for American education.* San Francisco: Jossey-Bass.

National Council of Teachers of English & The International Reading Association. (1996). *Standards for the English language arts.* Urbana, IL: National Council of Teachers of English.

Newmann, F. M., & Associates. (1996). *Authentic achievement: Restructuring schools for intellectual quality.* San Francisco: Jossey-Bass.

Nieto, S. (1996). *Affirming diversity* (second edition). New York: Longman.

Oliva, P. F. (1996). *Developing the curriculum* (fourth edition). New York: Longman.

Olser, A. (Ed.). (1996). *Development education: Global perspectives in the curriculum.* Herndon, VA: Cassell Academic.

O'Neill, J., & Kitson, N. (Eds.). (1996). *Effective curriculum management: Coordinating learning in the primary school.* New York: Routledge.

Oyler, C. (1996). *Making room for students: Sharing authority in room 104.* New York: Teachers College Press.

Passe, J. (1996). *When students choose content: A guide to increasing motivation, autonomy, and achievement.* Thousand Oaks, CA: Corwin Press.

Paulston, R. G. (Ed.). (1996). *Social cartography: Mapping the ways of seeing and educational change.* Hamden, CT: Garland.

Payne, C. (1996). *I've got the light of freedom.* Berkeley, CA: University of California Press.

Peters, M. (1996). *Poststructuralism, politics, and education.* Westport, CT: Bergin & Garvey.

Pollard, A., Filer, A., & Theissen, D. (1996). *Children and their curriculum: The perspectives of primary and elementary school children.* Bristol, PA; Falmer.

Posner, G. J. (1996). *Field experience: A guide to reflective teaching.* New York: Longman.

Pugach, M. C., & Warger, C. L. (1996). *Curriculum trends, special education and reform: Refocusing the conversation.* New York: Teachers College Press.

Reiser, R. A., & Walker, D. (1996). *Instructional planning: A guide for teachers.* Boston: Allyn & Bacon.

Roberts, P. L., & Kellough, R. D. (1996). *A guide for developing an interdisciplinary thematic unit.* Columbus, OH: Merrill.

Robinson, R. E., & Beswick, B. A. (1996). *Success oriented schools: An educator's handbook for the 21st century.* Lanham, MD: University Press of America.

Rothlein, L., Fredericks, A. D., & Meinbach, A. M. (1996). *More thematic units for creating the integrated curriculum*. Norwood, MA: Christopher-Gordon Publishers.

Sarason, S. B. (1996). *Revisiting "The culture of the school and the problem of change."* New York: Teachers College Press.

Schmidt, P. A. (1996). *Beginning in retrospect*. New York: Teachers College Press.

Schurr, S., Lewis, S., LeMorte, K., & Shewey, K. (1996). *Signalling student success: Thematic learning stations and integrated units*. Columbus, OH: National Middle School Association.

Shor, I. (1996). *When students have power: Negotiating authority in a critical democracy*. Chicago: University of Chicago Press.

Short, K. G., Schroeder, J., Laird, J., Kaufman, G., Ferguson, M. J., & Crawford, K. M. (1996). *Learning together through inquiry: From Columbus to integrated curriculum*. York, ME: Stenhouse Publishers.

Sizer, T. R. (1996). *Horace's Hope: What works for the American school*. Boston: Houghton-Mifflin.

Sleeter, C. E. (1996). *Multicultural education as social activism*. Albany: State University of New York Press.

Sowell, E. J. (1996). *Curriculum: An integrative introduction*. Columbus, OH: Merrill.

Spodek, B., & Saracho, O. N. (Eds.). (1996). *Issues in early childhood educational assessment and evaluation: Yearbook in early childhood education*. New York: Teachers College Press.

Stainback, S., & Stainback, W. (Eds.). (1996). *Curriculum considerations in inclusive classrooms: Facilitating learning for all students*. Baltimore: P. H. Brookes.

Tchudi, S., & Levy, S. (1996). *The interdisciplinary teacher's handbook: Integrating teaching across the curriculum*. Portsmouth, NH: Boynton-Cook.

Timm, J. T. (1996). *Four perspectives in multicultural education*. Florence, KY: Wadsworth.

Uchida, D., with Certon, M., & McKenzie, F. (1996). *Preparing students for the 21st century*. Arlington, VA: American Association of School Administrators.

van Manen, M., & Levering, B. (1996). *Childhood's secrets: Intimacy, privacy, and the self reconsidered*. New York: Teachers College Press.

Van Til, W. (1996). *My way of looking at it* (expanded second edition).San Francisco: Caddo Gap Press.

Walsh, C. E. (Ed.). (1996). *Education reform and social change*. Mahwah, NJ: Lawrence Erlbaum Associates.

Wexler, P. (1996). *Holy sparks: Social theory, education and religion*. New York: St. Martin's Press.

White, P. (1996). *Civic virtues and public schooling: Educating citizens for a democratic society*. New York: Teachers College Press.

Wood, E., & Attfield, J. (1996). *Play, learning, and the early childhood curriculum*. London: Paul Chapman.

Woods, D. (1996). *Teacher cognition in language teaching: Beliefs, decision-making, and classroom practice*. New York: Cambridge University Press.

Woods, P., & Jeffrey, B. (1996). *Teachable moments: The art of teaching in primary schools*. Bristol, PA: Open University Press.

Wortham, S. C. (1996). *The integrated classroom: The assessment-curriculum link in early childhood curriculum*. Englewood Cliffs, NJ: Merrill.

Zeichner, K. M., & Liston, D. P. (1996). *Reflective teaching: An introduction*. Mahwah, NJ: Lawrence Erlbaum Associates.

1997

Adams, M., Bell, L., & Griffin, P. (1997). *Teaching for diversity and social justice: A sourcebook*. New York: Routledge.

American Educational Research Association (Ed.). (1997). *The hidden consequences of a national curriculum*. Washington, D. C.: AERA.

Anyon, J. (1997). *Ghetto schooling: A political economy of urban educational reform*. New York: Teachers College Press.

Ashcroft, K., & Palacio, D. (Eds.). (1997). *Implementing the primary curriculum: A teacher's guide*. Bristol, PA: Falmer.

Ayers, W. (1997). *A kind and just parent: The children of juvenile court*. New York: Beacon Press.

Ayers, W., & Miller, J. L. (Eds.). (1997). *A light in dark times: Maxine Greene and the unfinished conversation*. New York: Teachers College Press.

Banks, J. A. (1997). *Educating citizens in a multicultural society*. New York: Teachers College Press.

Banks, J. A., & Banks, C. A. M. (1997). *Multicultural education: Issues and perspectives* (third edition). Needham Heights, MA: Allyn & Bacon.

Barreca, R., & Morse, D. D. (Eds.). (1997). *The erotics of instruction*. Hanover, NH: University of New England Press.

Beane, J. (1997). *Curriculum integration: Designing a core of democratic education*. New York: Teachers College Press.

Bennett, N., Wood, L., & Rogers, S. (1997). *Teaching through play: Teacher's thinking and classroom practice*. Philadelphia: Open University Press.

Berman, S. (1997). *Children's social consciousness and the development of social responsibility*. Albany: State University of New York Press.

Bernhardt, R., Hadley, C. N., Cattaro, G., & Svolopoulos, V. (1997). *Curriculum leadership: Rethinking schools for the 21st century*. Cresskill, NJ: Hampton Press.

Blacker, D. J. (1997). *Dying to teach: The educator's search for immortality*. New York: Teachers College Press.

Blaeds, D. W. (1997). *Procedures of power and curriculum change: Foucault and the quest for possibilities in science education*. New York: Peter Lang.

Blake, B. E. (1997). *She say, he say: Urban girls write their lives*. Albany: State University of New York Press.

Block, A. A. (1997). *I'm only bleeding: Education as the practice of social violence against children*. New York: Peter Lang.

Bloomer, M. (1997). *Curriculum making in post 16 education: The social conditions of studentship*. New York: Routledge.

Boisvert, R. D. (1997). *John Dewey: Rethinking our time*. Albany: State University of New York Press.

Bowers, C. A. (1997). *The culture of denial: Why the environmental movement needs a strategy for reforming universities and public schools*. Albany: State University of New York Press.

Boyer, E. (1997). *Selected speeches 1979–1995*. San Francisco: Jossey-Bass.

Bracey, G. (1997a). *Setting the record straight: Responses to misconceptions about public education in the United States*. Alexandria, VA: Association for Supervision and Curriculum Development.

Bracey, G. W. (1997b). *The truth about America's schools: The Bracey reports: 1991–1997*. Bloomington, IN: Phi Delta Kappa.

Burbules, N. C., & Hansen, D. T. (Eds.). (1997). *Teaching and its predicaments*. Boulder, CO: Westview Press.

Burden, R., & Williams, M. (Eds.). (1997). *Thinking through the curriculum*. New York: Routledge.

Burz, H. L., & Marshall, K. (1997). *Performance-based curriculum for language arts: From knowing to showing*. Thousand Oaks, CA: Corwin.

Cadwell, L. B. (1997). *Bringing Reggio Emilia home: An innovative approach to early childhood education*. New York: Teachers College Press.

Caine, R. N., & Caine, G. (1997a). *Education on the edge of possibility*. Alexandria, VA: Association for Supervision and Curriculum Development.

Caine, R. N., & Caine, G. (1997b). *Unleashing the power of perceptual change: The potential of brain based teaching*. Alexandria, VA: Association for Supervision and Curriculum Development.

Canaan, J. E., & Epstein, D. (Eds.). (1997). *A question of discipline: Pedagogy, power, and the teaching of cultural studies*. Boulder, CO: Westview.

Cannella, G. S. (1997). *Deconstructing early childhood education: Social justice and revolution*. New York: Peter Lang.

Carlson, D. (1997). *Making progress: Education and culture in new times*. New York: Teachers College Press.

Clark, E. T., Jr. (1997). *Designing and implementing an integrated curriculum: A student-centered approach*. New York: Beacon.

Clarke, J. H., & Agne, R. M. (1997). *Interdisciplinary*

high school teaching: Strategies for integrated learning. Needham Heights, MA: Allyn & Bacon.

Cohen, E. G., & Lotan, R. A. (1997). *Working for equity in heterogeneous classrooms: Sociological theory in practice*. New York: Teachers College Press.

Coleman, J. S., Schneider, B., Plank, S., Shiller, K. S., Shouse, R., Wang, H., & Lee, S. (1997). *Redesigning American education*. Boulder, CO: Westview.

Comer, J. P. (1997). *Waiting for a miracle: Why schools can't solve our problems-and how we can*. New York: Dutton.

Costa, A. L., & Liebmann, R. M. (Eds.). (1997a). *The process-centered school: Sustaining a renaissance community*. New York: Corwin.

Costa, A. L., & Liebmann, R. M. (Eds.). (1997b). *Supporting the spirit of learning: When process is content*. Thousand Oaks, CA: Corwin.

Coulby, D., & Ward, S. (1997). *The primary core national curriculum* (second edition). Herndon, VA: Cassell.

Courts, P. L. (1997). *Multicultural literacies: Dialect, discourse, and diversity*. New York: Peter Lang.

Crompton, R., & Mann, P. (Eds.). (1997). *IT across the primary curriculum*. Herndon, VA: Cassell.

Cummins, J., & Sayers, D. (1997). *Brave new schools: Challenging cultural illiteracy through global learning networks*. New York: St. Martin's Press.

Curtis, A. (1997). *A curriculum for the pre-school child*. New York: Routledge.

Darling-hammond, L. (1997). *The right to learn: A blueprint for school reform*. San Francisco: Jossey-Bass.

Davidman, L., & Davidman, P. T. (1997). *Teaching with a multicultural perspective: A practical guide* (second edition). New York: Longman.

Davis, M., Hawley, P., McMullan, B., & Spilka, G. (1997). *Design as a catalyst for learning*. Alexandria, VA: Association for Supervision and Curriculum Development.

De Castell, S., & Bryson, M. (Eds.). (1997). *Radical in(ter)ventions: Identity, politics, and difference/s in educational praxis*. Albany: State University of New York Press.

Delisle, R. (1997). *How to use problem based learning in the classroom*. Alexandria, VA: Association for Supervision and Curriculum Development.

Derman-Sparks, L., & Phillips, C. B. (1997). *Teaching/learning anti-racism: A developmental approach*. New York: Teachers College Press.

Diamond, R. M. (1997). *Designing and assessing courses and curricula: A practical guide* (revised edition). San Francisco, CA: Jossey-Bass.

Dijkstra, S., & Tennyson, R. D. (1997). *Instructional design: Theory, research, and models, Vol. 1*. Mahwah, NJ: Lawrence Erlbaum Associates.

Dillard, J., & Maguire, M. (Eds). (1997). *Becoming a teacher: Issues in secondary teaching*. Philadelphia: Open University Press.

Doyle, D. P., & Pimental, S. (1997). *Raising the standard: An eight-step action guide for school and communities*. Thousand Oaks, CA: Corwin.

Duckworth, E., and the Experienced Teachers Group. (1997). *Teacher to teacher: Learning from each other*. New York: Teachers College Press.

Egan, K. (1997). *The educated mind: How cognitive tools shape our understanding*. Chicago: University of Chicago Press.

Elias, M. J., et al. (1997). *Promoting social and emotional learning: Guidelines for educators*. Alexandria, VA: Association for Supervision and Curriculum Development.

Elliott, J. (1997). *The curriculum experiment: Meeting the challenges of social change*. Philadelphia: Open University Press.

Ellsworth, E. (1997). *Teaching positions: Differences, pedagogy, and the power of address*. New York: Teachers College Press.

Fine, M., Weis, L., Powell, L. C., & Mun Wong, L. (Eds.). (1997). *Off white: Readings on race, power, and society*. New York: Routledge.

Flinders, D. J., & Thornton, S. J. (Eds.). (1997). *The curriculum studies reader*. New York: Routledge.

Fraser, J. (1997). *Reading, writing and justice: School reform as if democracy mattered*. Albany: State University of New York Press.

Freire, P. (1997). *Teachers as cultural workers: Letters to those who dare teach*. Boulder, CO: Westview Press.

Freire, P., with Fraser, J. W., Macedo, D., McKinnon, T., & Stokes, W. T. (Eds.). (1997). *Mentoring the mentor: A critical dialogue with Paulo Freire*. New York: Peter Lang.

Gaff, J. G., & Ratcliff, J. L. (Eds.). (1997). *Handbook of the undergraduate curriculum: A comprehensive guide to purposes, structures, practices, and change*. San Francisco: Jossey-Bass.

Gallas, K. (1997). *"Sometimes I can be anything": Power, gender and identity in a primary classroom*. New York: Teachers College Press.

Garrison, J. (1997). *Dewey and eros: Wisdom and desire in the art of teaching*. New York: Teachers College Press.

Giroux, H. A. (1997a). *Channel surfing: Racism, the media, and the destruction of today's youth*. New York: St. Martin's Press.

Giroux, H. A. (1997b). *Pedagogy and the politics of hope: Theory, culture, and schooling*. Boulder, CO: Westview Press.

Giroux, H. A., with Shannon, P. (Eds.). (1997). *Education and cultural studies: Toward a performative practice*. New York: Routledge.

Glasgow, N. A. (1997). *New curriculum for new times: A guide to student-centered, problem-based learning*. Thousand Oaks, CA: Corwin.

Glatthorn, A. A. (1997). *The principal as curriculum leader: Shaping what is taught and tested*. Thousand Oaks, CA: Corwin.

Glickman, C. (1997). *Revolutionizing America's schools*. San Francisco: Jossey-Bass.

Goldstein, L. S. (1997). *Teaching with love: A feminist approach to early childhood education*. New York: Peter Lang.

Goodlad, J. L. (1997). *In praise of education*. New York: Teachers College Press.

Goodlad, J. I., & McMannon, T. J. (Eds.). (1997). *The public purpose of educational and schooling*. San Francisco: Jossey-Bass.

Goodson, I. (1997). *The changing curriculum: Studies in social construction*. New York: Peter Lang.

Goodson, I., with Anstead, C., & Morgan, J. M. (1997). *Subject knowledge: Readings for the study of school subjects*. Hamden, CT: Falmer.

Greer, W. D. (1997). *Art as a basic: The reformation in art education*. Bloomington, IN: Phi Delta Kappa.

Griffiths, M., & Tennyson, C. (1997). *The extended curriculum: Meeting the needs of young people*. London: D. Fulton.

Gross, P. (1997). *Joint curriculum design: Facilitating learner ownership and active participation in secondary classrooms*. Mahwah, NJ: Lawrence Erlbaum Associates.

Guskey, T. R. (1997). *Implementing mastery learning* (second edition). Florence, KY: Wadsworth.

Halpern, D. F. (1997). *Critical thinking across the curriculum: A brief of thought and knowledge*. Mahwah, NJ: Lawrence Erlbaum Associates.

Hargreaves, A. (Ed.). (1997). *Rethinking educational change with heart and mind*. Alexandria, VA: Association for Supervision and Curriculum Development.

Hart, C. H., Burts, D. C., & Charlesworth, R. (Eds.). (1997). *Integrated curriculum and developmentally appropriate practice: Birth to age eight*. Albany: State University of New York Press.

Hayemore-Sandholtz, J., Ringstaff, C., & Dwyer, D. C. (1997). *Teaching with technology: Creating student centered classrooms*. New York: Teachers College Press.

Helsby, G., & McCullough, G. (Eds.). (1997). *Teachers and the national curriculum*. Herndon, VA: Cassell.

Hendrick, J. (Ed.). (1997). *First steps toward teaching the Reggio way*. Uppers Saddle River, NJ: Merrill.

Hernandez, A. (1997). *Pedagogy, democracy, and feminism: Rethinking the public sphere*. Albany: State University of New York Press.

Hirsch, E. D., & Holdren, J. (Eds.). (1997). *What your first grader needs to know: Fundamentals of a good first grade education* (revised). New York: Delta Tradebooks.

Holzman, L. (1997). *Schools for growth: Radical alternatives to current educational models*.

Mahwah, NJ: Lawrence Erlbaum Associates.

Hurd,. P. D. (1997). *Inventing science education for the new millennium*. New York: Teachers College Press.

Isenberg, J. P., & Jalongo, M. R. (1997). *Creative expression and play in the early childhood curriculum* (second edition) Upper Saddle River, NJ: Merrill.

Jacob, H. H. (1997). *Mapping the big picture: Integrating curriculum and assessment K-12*. Alexandria, VA: Association for Supervision and Curriculum Development.

Jagodzinski, j. (1997a). *Pun(k) deconstruction: Experifigural writings in art and art education*. Mahwah, NJ: Lawrence Erlbaum Associates.

jagodzinski, j. (1997b). *Outrageous essays in art and art education*. Mahwah, NJ: Lawrence Erlbaum Associates.

Joyce, B., Calhoun, E., & Hopkins, D. (1997). *Models of learning-Tools for teaching*. Buckingham, UK: Open University Press.

Kanpol, B. (1997a). *Issues and trends in critical pedagogy*. Cresskill, NJ: Hampton Press.

Kanpol, B. (1997b). *Teachers talking back and breaking bread*. Cresskill, NJ: Hampton Press.

Kelly, U. A. (1997). *Schooling desire: Literacy, cultural politics, and pedagogy*. New York: Routledge.

Kendall, J. S., & Marzano, R. J. (1997). *Content knowledge: A compendium of standards and benchmarks for K-12 education* (second edition). Alexandria, VA: Association for Supervision and Curriculum Development.

Kimbell, R. (1997). *Assessing technology: International trends in curriculum and assessment UK-USA-Germany-Taiwan-Australia*. Bristol, PA: Open University Press.

Kincheloe, J. L., & Steinberg, S. R. (1997). *Changing multiculturalism: New times, new curriculum*. Bristol, PA: Open University Press.

King, J. E., Hollins, E. R., & Hayman, W. C. (Eds.). (1997). *Preparing teachers for cultural diversity*. New York: Teachers College Press.

Labaree, D. F. (1997). *How to succeed in school without really learning: The credentials race in American education*. New Haven, CT: Yale University Press.

Lankshear, C. (1997). *Changing literacies*. Bristol, PA: Open University Press.

Lather, P., & Smithies, C. (1997). *Troubling the angels: Women living with HIV/AIDS*. Boulder, CO: Westview. (Earlier edition self-published in Columbus, OH: Greyden Press, 1995).

Lawton, D. (1997). *Beyond the national curriculum: Teacher professionalism and empowerment*. London: Hoddler and Stoughton.

Lipkin, A. (1997). *Homosexuality and schools: Staff curriculum and student development*. Boulder, CO: Westview.

Logan, K. M. (1997). *Getting the schools you want: A step-by-step guide to conducting your own curriculum management audit*. Thousand Oaks, CA: Corwin.

Marciano, J. (1997). *Civic illiteracy and education: The battle for the hearts and minds of American youth*. New York: Peter Lang.

Markee, N. (1997). *Managing curriculum innovation*. New York: Cambridge University Press.

Marsh, C. J. (1997a). *Perspectives: Key concepts for understanding curriculum, Vol 1*. New York: Falmer Press.

Marsh, C. J. (1997b). *Planning, management, and ideology: Key concepts for understanding curriculum, Vol. 2* (revised and extended). London: Falmer Press.

Marton, F., & Booth, S. (1997). *Learning and awareness*. Mahwah, NJ: Lawrence Erlbaum Associates.

McCarthy, C. (1997). *The uses of culture: Education and the limits of ethnic affiliation*. New York: Routledge.

McCombs, B. L., & Whisler, J. S. (1997). *The learner-centered classroom and school: Strategies for increasing student motivation and achievement*. San Francisco: Jossey-Bass.

McLaren, P. (1997). *Revolutionary multiculturalism: Pedagogies of dissent for the new millennium*. Boulder, CO: Westview Press.

McTaggart, R. (Ed.). (1997). *Participatory action*

research: International contexts and consequences. Albany: State University of New York Press.

Mee, C. (1997). *2,000 Voices: Young adolescents' perceptions and curriculum implications.* Columbus, OH: National Middle School Association.

Meier, D. (1997). *Learning in small moments: Life in an urban classroom.* New York: Teachers College Press.

Middleton, S. (1997). *Disciplining sexuality: Foucault, life histories, and education.* New York: Teachers College Press.

Molnar, A. (Ed.). (1997). *The construction of children's character. The ninety-sixth yearbook of the National Society for the Study of Education, part 2.* Chicago: University of Chicago Press.

Morey, A. I., & Kintano, M. (Eds.). (1997). *Multicultural course transformation in higher education: A broader truth.* Boston MA: Allyn & Bacon.

Morgan, W. (1997). *Critical literacy in the classroom: The art of the possible.* New York: Routledge.

Nehring, J. (1997). *The school within us: The creation of an innovative public school.* Albany: State University of New York Press.

Neumann, A., & Peterson, P. L. (Eds.). (1997). *Learning from our lives: Women, research, and autobiography in education.* New York: Teachers College Press.

Newman, F., & Holzman, L. (1997). *The end of knowing: A new developmental way of learning.* New York: Routledge.

Noya, G. C., Geismar, K., & Nicoleau, G. (Eds.). (1997). *Shifting histories: Transforming schools for social change.* Cambridge, MA: Harvard Educational Review.

Oldenski, T. (1997). *Liberation theology and critical pedagogy in today's Catholic schools.* Hamden, CT: Garland.

Oliva, P. F. (1997). *Developing the curriculum* (fourth edition). New York: Longman.

Padilla, F. M. (1997). *The struggle of latino/latina university students.* New York: Routledge.

Parker, S. (1997). *Reflective teaching in the postmodern world. A manifesto for education in postmodernity.* Bristol, PA: Open University Press.

Parker, W. C., & Jarolimek, J. (1997). *Social studies in elementary education.* Columbus, OH: Merrill.

Pate, E. P., Homestead, E. R., & McGinnis, K. L. (1997). *Making integrated curriculum work: Teachers, students and the quest for coherent curriculum.* New York: Teachers College Press.

Penn, A., & Williams, D. (1997). *Integrating academic and vocational education: A model for secondary schools.* Alexandria, VA: Association for Supervision and Curriculum Development.

Posner, G. J., & Rudnitsky, A. N. (1997). *Course design: A guide to curriculum development for teachers* (fifth edition). New York: Longman.

Post, T. R., Ellis, A. K., Humphreys, A. F., & Bugget, L. J. (1997). *Interdisciplinary approaches to curriculum: Themes of teaching.* Columbus, OH: Merrill.

Reeher, G., & Cammarano, J. (Eds.). (1997). *Education for citizenship: Ideas and innovations in political learning.* Lanham, MD: Rowman and Littlefield.

Reinhartz, J., & Beach, D. M. (1997). *Teaching and learning in the elementary school: Focus on curriculum.* Columbus, OH: Prentice-Hall.

Roman, L. G., & Eyre, L. (1997). *Dangerous territories: Struggles for difference and equality in education.* New York: Routledge.

Ross, E. W. (1997). *The social studies curriculum: Purposes, problems and possibilities.* Albany: State University of New York Press.

Rummel, M. K., & Quintero, E. P. (1997). *Teachers' reading/Teachers' lives.* Albany: State University of New York Press.

Sandholtz, J. H., Ringstaff, C., & Dwyer, D. C. (1997). *Teaching with technology: Creating student-centered classrooms.* New York: Teachers College Press.

Schickedanz, J. A., Pergantis, M. L., Kanosky, J., Blaney, A., & Ottinger, J. (1997). *Curriculum in early education: A resource guide for preschool and kindergarten teachers.* Needham Heights, MA: Allyn & Bacon.

Schine, J. (Ed.). (1997). *Service learning. Ninety-sixth*

yearbook of the National Society for the Study of Education, Part I. Chicago: University of Chicago Press.

Schiro, M. (1997). *Integrating children's literature and mathematics in the classroom.* New York: Teachers College Press.

Schlechty, P. C. (1997). *Inventing better schools: An active plan for educational reform.* San Francisco: Jossey-Bass.

Schmidt, W. H. (Ed.). (1997). *Many visions, many aims.* Boston: Kluwer.

Schutz, R. (1997). *Interpreting teacher practice: Two continuing stories.* New York: Teachers College Press.

Sehr, D. T. (1997). *Education for public democracy.* Albany: State University of New York Press.

Sellar, M., & Weis, L. (Eds.). (1997). *Beyond black and white.* Albany: State University of New York Press.

Shambaugh, R. N., & Magliaro, S. G. (1997). *Mastering the possibilities: A process approach to instructional design.* Boston: Allyn & Bacon.

Simpson, D., & Jackson, M. J. B. (1997). *Educational reform: A Deweyan perspective.* Hamden, CT: Garland.

Stark, J. S., & Lattuca, L. R. (1997). *Shaping the college curriculum: Academic plans in action.* Boston: Allyn & Bacon.

Steinberg, S. R., & Kincheloe, J. L. (Eds.). (1997). *Kinderculture: The corporate of childhood.* Boulder, CO: Westview Press.

Stephenson, J., Ling, L., Burman, E., & Cooper, M. (Eds.) (1997). *Values in education.* New York: Routledge.

Tanner, L. N. (1997). *Dewey's laboratory school: Lessons for today.* New York: Teachers College Press.

Taylor, G. R. (1997). *Curriculum strategies: Social skills intervention for young African-American males.* Westport, CT: Praeger.

Theobald, P. (1997). *Teaching the common: Place, pride, and the renewal of community.* Boulder, CO: Westview.

Todd, S. (Ed.). (1997). *Learning desire: Perspectives on pedagogy, culture, and the unsaid.* New York: Routledge.

Tom, A. (1997). *Redesigning teacher education.* Albany: State University of New York Press.

Tompkins, J. (1997). *A life in school: What the teacher learned.* Boulder, CO: Perseus.

Torres, C. A. (1997). *Education, power, and personal biography: Dialogues with personal educators.* New York: Routledge.

Torres, C. A., & Puiggros, A. (Eds.). (1997). *Latin American education: Comparative perspectives.* Boulder, CO: Westview.

Trend, D. (1997). *Cultural democracy: Politics, media, new technology.* Albany: State University of New York Press.

Walberg, H. J., Reyes, O., & Weissberg, R. P. (Eds.). (1997). *Children and youth: Interdisciplinary perspectives.* Thousand Oaks, CA: Sage.

Walker, D. F., & Soltis, J. F. (1997). *Curriculum and aims* (third edition). New York: Teachers College Press.

Walling, D. R. (Ed.). (1997). *Under construction: The role of the arts and humanities in postmodern schooling.* Bloomington, IN: Phi Delta Kappa.

Wasley, P. A., Hampel, R. L., & Clark, R. W. (1997). *Kids and school reform.* San Francisco: Jossey-Bass.

Weber, L. (1997). *Looking back and thinking forward: Reexaminations of teaching and schooling.* (Beth Alberty, Ed.). New York: Teachers College Press.

Webster, Y. O. (1997). *Against the multicultural agenda: A critical thinking alternative.* Westport, CT: Greenwood.

White, J. (1997). *Education and the end of work.* Herndon, VA: Cassell.

White, R. C. (1997). *Curriculum innovation: A celebration of classroom practice.* Bristol, PA: Open University Press.

Wink, J. (1997). *Critical pedagogy: Notes from the real world.* New York: Longman.

Wolfinger, D. M., & Stockard, J. W. (1997). *Elementary methods: An integrated curriculum.* New York: Longman.

Wood, K. E. (1997). *Interdisciplinary instruction: A practical guide for elementary and middle school teachers.* Columbus, OH: Merrill.

Wragg, T. (1997a). *Assessment and learning*. New York: Routledge.

Wragg, T. (1997b). *The cubic curriculum*. New York: Routledge.

Wynne, E., & Ryan, R. (1997). *Reclaiming our schools: A handbook on teaching, character, academics, and discipline* (second edition). Columbus, OH: Merrill.

1998

Adams, N. G., Shea, C. M., Liston, D., & Deever, B. (1998). *Learning to teach: A critical approach to field experiences*. Mahwah, NJ: Lawrence Erlbaum Associates.

Allen, D. (1998). *Assessing student learning: From grading to understanding*. New York: Teachers College Press.

Alvermann, D. E., Hinchman, K. A., Moore, D. W., Phelps, S. F., & Waff, D. R. (Eds.). (1998). *Reconceptualizing the literacies in adolescents' lives*. Mahwah, NJ: Lawrence Erlbaum Associates.

Armstrong, T. (1998). *Awakening genius in the classroom*. Alexandria, VA: Association for Supervision and Curriculum Development.

Association for Supervision and Curriculum Development. (1998). *Curriculum software: Only the best, 1998-99*. Alexandria, VA: Author.

Atwell, N. (1998). *In the middle: New understandings about writing, reading, and learning* (second edition). Westport, CT: Boyton & Cook.

Atwell-Vassey, W. (1998). *Nourishing words: Bridging private reading and public teaching*. Albany: State University of New York Press.

Ayers, W., Hunt, J. A. & Quinn, T. (Eds.). (1998). *Teaching for social justice: A democracy and education reader*. New York: Teachers College Press.

Bartolomé, L. I. (1998). *The misteaching of academic discourses: The politics of language in the classroom*. Boulder, CO: Westview.

Barton, A. B. (1998). *Feminist science education*. New York: Teachers College Press.

Bearne, E. (1998). *Use of language across the primary curriculum*. New York: Routledge.

Beineke, J. A. (1998). *And there were giants in the land: The life of William Heard Kilpatrick*. New York: Peter Lang.

Benson, G., Glasberg, R., & Griffith, B. (Eds.). (1998). *Perspectives on the unity and integration of knowledge*. New York: Peter Lang.

Beyer, L. E., & Apple, M. W. (Eds.). (1998). *The curriculum: Problems, politics, and possibilities* (second edition). Albany: State University of New York Press.

Blake, N., Smeyers, P., Smith, R., & Standish, P. (1998). *Thinking again: Education after postmodernism*. Westport, CT: Bergin & Garvey.

Books, S. (Ed.). (1998). *Invisible children in the society and its schools*. Mahwah, NJ: Lawrence Erlbaum Associates.

Bradbeer, J. (1998). *Imagining curriculum: Practical intelligence in teaching*. New York: Teachers College Press.

Brandt, R. (1998). *Powerful learning*. Alexandria, VA: Association for Supervision and Curriculum Development.

Briggs, D. (1998). *A class of their own: When children teach children*. Westport, CT: Bergin & Garvey.

Brine, J. (1998). *(Under)educating women: Globalizing inequality*. Bristol, PA: Open University Press.

Britzman, D. P. (1998). *Lost subjects, contested objects: Toward a pschoanalytic inquiry of learning*. Albany: State University of New York Press.

Bromley, H., & Apple, M. (Eds.). (1998). *Education/technology/power: Educational computing as a social practice*. Albany: State University of New York Press.

Brown, D. (1998). *Schools with heart: Voluntarism and public education*. Boulder, CO: Westview.

Burlbaw, L. M. (Ed.). (1998). *Curriculum history 1998*. College Station, TX: Society for the Study of Curriculum History.

Carlson, D., & Apple, M. (Eds.). (1998). *Power/knowledge/pedagogy: The meaning of democratic education in unsettling times*. Boulder, CO: Westview.

Carreiro, P. (1998). *Tales of thinking: Multiple*

intelligences in the classroom. York, ME: Stenhouse Publishers.

Cary, R. (1998). *Critical art pedagogy: Foundations for postmodern art education*. Levittown, PA: Falmer.

Chavez Chavez, R., & O'Donnell, J. (Eds.). (1998). *Speaking the unpleasant: The politics of (non)engagement in the multicultural education terrain*. Albany: State University of New York Press.

Christian-Smith, L., & Kellor, K. (1998). *Everyday knowledge and uncommon truths: Life writings and women's experiences in and outside the academy*. Boulder, CO: Westview.

Clark, A., & Millard, E. (Eds.). (1998). *Gender in the secondary curriculum: Balancing the books*. New York: Routledge.

Cohee, G. E., Daumer, E., Kemp, T. D., Krebs, P. M., Lafky, S., & Runzo, S. (Eds.). (1998). *The feminist teacher anthology*. New York: Teachers College Press.

Cohen, A. M. (1998). *The shaping of American higher education: Emergence and growth of the contemporary system*. San Francisco: Jossey-Bass.

Connolly, P. (1998). *Racism, gender identities, and young children*. New York: Routledge.

Darder, A., Torres, R. D., & Gutierrez, H. (Eds.). (1998). *Latinos and education: A critical reader*. New York: Routledge.

Daspit, T., & Weaver, J. A. (Eds.). (1998). *Popular culture and critical pedagogy: Reading, constructing, connecting*. New York: Falmer.

DeRoche, E. F., & Williams, M. M. (1998). *Educating hearts and minds: A comprehensive character education framework*. Thousand Oaks, CA: Corwin.

Dore, R. P., & Sako, M. (1998). *How the Japanese learn to work* (second edition). New York: Routledge.

Drake, S. M. (1998). *Creating integrated curriculum: Proven ways to increase student learning*. Thousand Oaks, CA: Corwin.

Edgington, M., Fisher, J., Morgan, M., Pound, L., & Scott, W. (1998). *Interpreting the national curriculum at key stage 1: A developmental approach*. Buckingham, England: Open University Press.

Eidson, C. B., & Hillhouse, E. D. (1998). *The accelerated high school: A step by step guide for administrators and teachers*. Thousand Oaks, CA: Corwin.

Eisner, E. W. (1998). *The kind of schools we need: Personal essays*. Westport, CT: Heinemann.

Elliott, J. (1998). *The curriculum experiment: Meeting the challenge of social change*. Bristol, PA: Open University Press.

Ellis, A. K., & Stuen, C. J. (1998). *The interdisciplinary curriculum*. Larchmont, NY: Eye on Education.

Epstein, D., Elwood, J., Hey, V., & Maw, J. (Eds.). (1998). *Failing boys? Issues in gender and achievement*. Bristol, PA: Open University Press.

Epstein, D., & Johnson, R. (1998). *Schooling sexualities*. Bristol, PA: Open University Press.

Erickson, H. L. (1998). *Concept based curriculum and instruction*. Thousand Oaks, CA: Corwin.

Esteva, G., & Prakash, M. (1998). *Grassroots postmodernism: Rethinking the soil of cultures*. New York: ZED Books, distributed by St. Martin's Press.

Feinberg, W. (1998). *Common schools/Uncommon identities*. New Haven, CT: Yale University Press.

Fishman, S. M., & McCarthy, L. (1998). *John Dewey and the challenge of classroom practice*. New York: Teachers College Press.

Florence, N. (1998). *bell hooks' engaged pedagogy: A transgressive education for critical consciousness*. Westport, CT: Bergin & Garvey.

Fogarty, R., & Bellanca, J. (1998). *Multiple intelligences: A collection*. Needham Heights, MA: Allyn & Bacon.

Foriska, T. J. (1998). *Restructuring around standards: A practitioner's guide to design and implementation*. Thousand Oaks, CA: Corwin.

Franklin, B. M. (1998). *When children don't learn: Student failure and the culture of teaching*. New York: Teachers College Press.

Freedman, K., & Hernandez, F. (Eds.). (1998). *Curriculum, culture, and art education: Comparative perspectives*. Albany: State University of New York Press.

Freeland, K., & Hammons, K. (1998). *Curriculum for*

integrated learning: A lesson-based approach. Albany, NY: Delmar.

Freire, A. M. A., & Macedo, D. (Eds.). (1998). *The Paulo Freire reader.* New York: Continuum.

Freire, P. (1998a). *Pedagogy of freedom: Ethics, democracy, and civic courage.* Lanham, MA: Rowman and Littlefield.

Freire, P. (1998b). *Pedagogy of the heart.* New York: Continuum.

Freire, P., & Macedo, D. (!998). *Ideology matters.* Lanham, MD: Rowman and Littlefield.

George, P. S., Lawrence, G. D., & Bushnell, D. L. (1998). *Handbook of middle school teaching* (second edition). New York: Longman.

Gibboney, R. A., & Webb, C. D. (1998). *What every great teacher knows: Practical principles for effective teaching.* Brandon, VT: Holistic Education Press.

Giroux, H. A. (1998). *Learning with Disney: Youth, commerce, and the construction of culture.* Lanham, MD: Rowman and Littlefield.

Glickman, C. (1998). *Supervision of instruction* (fourth edition). San Francisco: Jossey-Bass.

Goodman, K. S. (1998). (Ed.). *In defense of good teaching: What teachers need to know about the "reading wars."* York, ME: Stenhouse Publishers.

Graves, K. (1998). *Girl's schooling during the progressive era: From female scholar to domesticated citizen.* New York: Falmer.

Grenfell, M., & James, D. (1998). *Bourdieu and education: Acts of practical theory.* New York: Falmer.

Gross, S. J. (1998). *Staying centered: Curriculum leadership in a turbulent era.* Alexandria, VA: Association for Supervision and Curriculum Development.

Gundem, B. B., & Hopmann, S. (Eds.). (1998). *Didaktik and/or curriculum.* New York: Peter Lang.

Hargreaves, A., & Fullan, M. (1998). *What's worth fighting for out there?* New York: Teachers College Press.

Harris, J. (1998). *Design tools for the internet-supported classroom.* Alexandria, VA: Association for Supervision and Curriculum Development.

Hauenstein, A. D. (1998). *A conceptual framework for educational objectives: A holistic approach to traditional taxonomies.* Lanham, MD: University Press of America.

Haw, K. (1998). *Educating Muslim girls: Shifting discourses.* Bristol, PA: Open University Press.

Hein, G. E. (1998). *Learning in the museum.* New York: Routledge.

Hendrick, J. (1998). *Total learning: Developmental curriculum for the young child* (fifth edition). Upper Saddle River, NJ: Merrill.

Henkin, R. (1998). *Who's invited to share? Using literacy to teach for equity and social justice.* New York: St. Martin's Press.

Henry, A. (1998). *Taking back control: African Canadian women, teachers' lives and practice.* Albany: State University of New York Press.

Hinchley, P. H. (1998). *Finding freedom in the classroom: A practical introduntion to critical theory.* New York: Peter Lang.

Hutchison, D. (1998). *Growing up green: Education for ecological renewal.* New York: Teachers College Press.

Jackson, P. W. (1998). *John Dewey and the lessons of art.* New Haven, CT: Yale University Press.

Jardine, D. W. (1998). *To dwell with a boundless heart: Essays in curriculum theory, hermeneutics, and the ecological imagination.* New York: Peter Lang.

Jensen, E. (1998). *Teaching with the brain in mind.* Alexandria, VA: Association for Supervision and Curriculum Development.

Kemp, J. E., Morrison, G., & Ross, S. M. (1998). *Designing effective instruction* (second edition). Upper Saddle River, NJ: Merrill.

Kenway, J., Blackmore, J., Willis, S., & Rennie, L. (1998). *Answering back.* New York: Routledge.

Kincheloe, J. (1998). *How do we tell the workers? The socioeconomic foundations of work and vocational education.* Boulder, CO: Westview.

Kincheloe, J., & Steinberg, S. (Eds.). (1998a). *Cutting class: Social class and education.* Lanham, MD: Rowman and Littlefield.

Kincheloe, J., & Steinberg, S. (Eds.). (1998b). *Unauthorized methods: Strategies for critical thinking*. New York: Routledge.

Kincheloe, J., Steinberg, S., Rodriguez, N. M., & Chennault, R. E. (1998). *White reign: Deploying whiteness in America*. New York: St. Martin's Press.

Kohl, H. (1998). *The discipline of hope: Learning from a lifetime of teaching*. New York: Simon and Schuster.

Kohn, A. (1998). *What to look for in a classroom...and other essays*. San Francisco: Jossey-Bass.

Kraus Curriculum Development Library. (1998). *Curriculum findder: KCDL's annotated guide for grades P through 12*. Lanham, MD: Bernan Associates.

Kridel, C. (1998). *Writing educational biography: Explorations in qualitative research*. Levittown, PA: Garland.

LaSpina, J. A. (1998). *The visual turn and the transformation of the textbook*. Mahwah, NJ: Lawrence Erlbaum Associates.

Laura, R. S., & Cotton, M. C. (1998). *New foundations for an environmental education: An ecological approach*. Hamden, CT: Falmer Press.

Leistyna, P. (1998). *Presence of mind: Education and the politics of deception*. Boulder, CO: Westview.

Lemlech, J. K. (1998). *Curriculum and instructional methods for the elementary school* (fourth edition). Columbus, OH: Merrill.

Lewin, L., & Shoemaker, B. J. (1998). *Great performances: Creating classroom-based assessment tasks*. Alexandria, VA: Association for Supervision and Curriculum Development.

Lipka, J., Mohatt, G. V., & The Cuilistet Group. (1998). *Transforming the culture of schools: Yupik Eskimo examples*. Mahwah, NJ: Lawrence Erlbaum Associates.

Lipka, R., Lounsbury, J., Toepfer, C., Vars, G., Allessi, S., & Kridel, C. (1998). *The eight year study revisited: Lessons from the past for the present*. Columbus, OH: National Middle School Association.

Lockwood, A. T. (1998). *Standards: From policy to practice*. Thousand Oaks, CA: Corwin.

Lybarger, M. B. (1998). *Origins of the social studies curriculum: An essay in archeology of ideas*. New York: Peter Lang.

May, S. (Ed.). (1998). *Toward critical multiculturalism*. Hamden, CT: Falmer.

McAfee, W. M. (1998). *Religion, race, and reconstruction: The public school in the politics of the 1870s*. Albany: State University of New York Press.

McDermott, J. C. (Ed.). (1998). *Beyond the silence: Listening for democracy*. Westport, CT: Heinemann.

McLaren, P. (1998). *Life in schools: An introduction to critical pedagogy in the foundations of education* (third edition). New York: Longman.

McNeil, L. (1998). *Missing a voice: Critical pedagogy and the possibilities of democratic teaching*. Boulder, CO: Westview.

Mercogliano, C. (1998). *Making it up as we go along: The story of the Albany free school*. Westport, CT: Heinemann.

Middleton, S., & Weller, K. (Eds.). (1998). *Telling women's lives: Narrative inquiries in the history of women's education*. Bristol, PA: Open University Press.

Moyles, J. R., & Hargreaves, L. (Eds.). (1998). *The primary curriculum: Learning from international perspectives*. New York: Routledge.

Munro, P. (1998). *Subject to fiction: Women teachers' life history narratives and the cultural politics of resistance*. Bristol, PA: Open University Press.

Nash, R. J. (1998). *Faith, hype, and clarity: Teaching about religion in American schools and colleges*. New York: Teachers College Press.

Newman, J. M. (1998). *Tensions of teaching*. New York: Teachers College Press.

Nord, W. A., & Haynes, C. C. (1998). *Taking religion seriously across the curriculum*. Alexandria, VA: Association for Supervision and Curriculum Development.

Novello, M. K. (1998). *All the wrong reasons: The story behind government schools*. Lanham, MD: University Press of America.

O'Cadiz, P., Wong, P. L., & Torres, C. A. (1998). *Education and democracy: Paulo Freire, social movements, and educational reform in Sao Paulo.* Boulder, CO: Westview.

O'Neil, J., & Willis, S. (Eds.). (1998). *Revitalizing the disciplines: The best of ASCD's curriculum update.* Alexandria, VA: Association for Supervision and Curriculum Development.

Ornstein, A. C., & Hunkins, F. P. (1998). *Curriculum: Foundations, principles, and issues* (third edition). Boston: Allyn & Bacon.

Palmer, J. (1998). *Environmental education in the 21st century: Theory, practice, progress, and promise.* New York: Routledge.

Palmer, P. (1998). *The courage to teach: Exploring the inner landscape of a teacher's life.* San Francisco: Jossey-Bass.

Peltzman, B. R. (1998). *Pioneers of early childhood education: A bio-bibliographical guide.* Westport, CT: Greenwood.

Perry, T., & Delpit, L. (1998). *The real ebonics debate: Power, language and the education of African-American children.* New York: Ballantine.

Peters, M. (1998). *Naming the multiple: Poststructuralism and education.* Westport, CT: Bergin & Garvey.

Pinar, W. (Ed.). (1998a). *Curriculum: Toward new identities.* Levittown, PA: Garland.

Pinar, W. (Ed.). (1998b). *The passionate mind of Maxine Greene: "I am...not yet."* Hamden, CT: Falmer.

Pinar, W. (Ed.). (1998c). *Queer theory in education.* Mahwah, NJ: Lawrence Erlbaum Associates.

Popkewitz, T. S. (1998). *Struggling for the soul: The politics of schooling and the construction of the teacher.* New York: Teachers College Press.

Popkewitz, T. S., & Brennan, M. (Eds.). (1998). *Foucault's challenge: Discourse, knowledge, and power in education.* New York: Teachers College Press.

Provenzo, E. F., Brett, A., & McCloskey, G. N. (1998). *Computers, curriculum, and cultural change: An introduction for teachers.* Mahwah, NJ: Lawrence Erlbaum Associates.

Proweller, A. (1998). *Constructing female identities: Meaning making in an upper middle class youth culture.* Albany: State University of New York Press.

Ramsey, P. G. (1998). *Teaching and learning in a diverse world: Multicultural education for young children.* New York: Teachers College Press.

Reid, W. A. (1998). *Curriculum as institution and practice: Essays in the deliberative tradition.* Mahwah, NJ: Lawrence Erlbaum Associates.

Roberts, D. A., & Ostman, L. (Eds.). (1998). *Problems of meaning in science curriculum.* New York: Teachers College Press.

Roberts, T., & The staff of the National Paideia Center. (1998). *The power of the paideia schools: Defining lives through learning.* Alexandria, VA: Association for Supervision and Curriculum Development.

Rohle, T., & Bjork, C. (1998). *Education and training in Japan* (Three volumes). New York: Routledge.

Ropers-Huilman, B. (1998). *Feminist teaching in theory and practice: Situating power and knowledge in post-structural classrooms.* New York: Teachers College Press.

Ross, A. (1998). *Curriculum construction and critique.* Bristol, PA: Falmer.

Rosser, C. P. (1998). *Planning activities for child care: A curriculum guide for early childhood education* (second edition). South Holland, IL: Goodheart-Willcox.

Schwarz, G., & Alberts, J. (1998). *Teacher lore and professional development for school reform.* Westport, CT: Bergin & Garvey.

Searle, C. (1998). *None but our words: Critical literacy in classroom and community.* Bristol, PA: Open University Press.

Sears, J. T., & Carper, J. C. (Eds.). (1998). *Curriculum, religion, and public education: Conversations for an enlarging public square.* New York: Teachers College Press.

Seels, B., & Glasgow, Z. (1998). *Making instructional design,* (second edition). Upper Saddle River, NJ: Merrill.

Seller, M., & Weis, L. (1998). *Beyond black and white: New faces and voices in U. S. schools.* Albany: State

University of New York Press.

Semali, L., & Pailliotet, A. W. (Eds.). (1998). *Intermediality: Teaching critical media literacy.* Boulder, CO: Westview.

Semel, S. F., & Sadovnik, A. R. (1998). *"Schools of tomorrow,"schools of today: What happened to progressive education.* New York: Peter Lang.

Shannon, P. (1998). *Reading poverty.* Westport, CT: Heinemann.

Shapiro, H. S., & Purpel, D. E. (1998). *Critical social issues in American education* (second edition). Mahwah, NJ: Lawrence Erlbaum Associates.

Shapiro, S. (1998). *Pedagogy and the politics of the body.* New York: Routledge Falmer.

Sharpe, R., & Lee, J. (Eds.). (1998). *Learning and teaching the core curriculum.* Hamden, CT: Falmer.

Slavin, R. E., Madden, N. A., Dolan, L. J., & Wasik, B. A. (1998). *Every child, every school, success for all.* Thousand Oaks, CA: Corwin.

Smith, D. G. (1998). *Pedagon: Interdisciplinary essays in the human sciences, pedagogy, and culture.* New York: Peter Lang.

Smith, F. (1998). *The book of learning and forgetting.* New York: Teachers College Press.

Smith, G. A., & Williams, D. R. (Eds.). (1998). *Ecological education in action: On weaving education, culture, and the environment.* Albany: State University of New York Press.

Smith, S. (1998). *Risk and our pedagogical relation to children.* Albany: State University of New York Press.

Solomon, P. G. (1998). *The curriculum bridge: From standards to actual classroom practice.* Thousand Oaks, CA: Corwin.

Spring, J. (1998a). *American education* (eighth edition). Boston: McGraw-Hill.

Spring, J. (1998b). *Education and the rise of the global economy.* Mahwah, NJ: Lawrence Erlbaum Associates.

Sternberg, R. J., & Williams, W. (1998). *Intelligence, instruction, and assessment: Theory into practice.* Mahwah, NJ: Lawrence Erlbaum.

Theobald, P. (1998). *Teaching the commons: Place, pride, and the renewal of community.* Boulder, CO: Westview.

Torp, L., & Sage, S. (1998). *Problems as possibilities: Problem-based learning for K-12 education.* Alexandria, VA: Association for Supervision and Curriculum Development.

Torres, C. A., & Mitchell, T. R. (Eds.). (1998). *Sociology of education: Emerging perspectives.* Albany: State University of New York Press.

Tsolidis, G. (1998). *Feminist pedagogies of difference: Gender, ethnicity and schooling.* Bristol, PA: Open University Press.

Tucker, M., & Codding, J. (1998). *Standards for our schools: How to set them, measure them and reach them.* San Francisco: Jossey-Bass.

Urban, W. (Ed.). (1998). *Essays in twentieth-century Southern education: Exceptionalism and its limits.* New York: Falmer/Garland.

Villani, C. J. (1998). *A synthesized curriculum for the 21st century.* Lanham, MD: University Press of America.

Weil, D. (1998). *Towards a critical multicultural literacy: Theory and practice for education for liberation.* New York: Peter Lang.

Westheimer, J. (1998). *Among schoolteachers: Community, autonomy, and ideology in teachers' work.* New York: Teachers College Press.

Wiggins, G. P. (1998). *Educative assessment: Designing assessment to inform and improve student performance.* San Francisco: Jossey-Bass.

Wiggins, G. P., & McTighe, J. (1998). *Understanding by design.* Alexandria, VA: Association for Supervision and Curriculum Development.

Wiles, J., & Bondi, J. (1998). *Curriculum development: A guide to practice* (fifth edition). Upper Saddle River, NJ: Merrill.

Willinsky, J. (1998). *Learning to divide the world: Education at empire's end.* Minneapolis, MN: University of Minnesota Press.

Wishon, P., Crabtree, K., & Jones, M. (1998). *Curriculum for the primary years.* Upper Saddle River, NJ: Merrill.

Wolk, S. (1998). *A democratic classroom.* Westport, CT:

Heinemann.

Wood, G. H. (1998). *A time to learn: The story of one high school's remarkable transformation and the people who made it happen*. New York: Dutton.

Woysner, C. A., & Gelfond, H. (Eds.). (1998). *Minding women: Reshaping the educational realm*. Cambridge, MA: Harvard Educational Review.

Young, M. F. D. (1998). *The curriculum of the future: From the new sociology of education to a critical theory of learning*. Hamden, CT: Falmer.

Zemelman, S., Daniels, H., & Hyde, A. (1998). *Best practice: New standards for teaching and learning in America's schools* (second edition). Westport, CT: Heinemann.

Zimmerman, I. K., & Hayes, M. F. (1998). *Beyond technology: Learning with the wired curriculum*. Alexandria, VA: Association for Supervision and Curriculum Development.

Zou, Y., & Trueba, E. T. (1998). *Ethnic identity and power: Cultural contexts of political action in school and society*. New York: Teachers College Press.

1999

Allen, J. (1999). *Class actions: Teaching for social justice in elementary and middle schools*. New York: Teachers College Press.

Angus, D. L., & Mirel, J. E. (1999). *The failed promise of the American high school, 1890-1995*. New York: Teachers College Press.

Apple, M. W. (1999a). *Official knowledge: Democratic education in a conservative age* (second edition). New York: Routledge.

Apple, M. W. (1999b). *Power, meaning, and identity: Essays in critical educational studies*. New York: Peter Lang.

Apple, M. W., & Beane, J. A. (Eds.). (1999). *Democratic schools: Lessons from the chalkface*. Philadelphia: Open University Press.

Arnove, R. F., & Torres, C. A. (Eds.). (1999). *Comparitive education: The dialectic of the global and the local*. Lanham, MD: Rowman and Littlefield.

Banks, J. A. (1999). *An introduction to multicultural education* (second edition). Needham Heights, MA: Allyn & Bacon.

Bass, C. (1999). *Education in Tibet: Policy and practice since 1950*. New York: St. Martin's Press.

Bearne, E. (Ed.). (1999). *Use of language across the secondary curriculum*. New York: Routledge.

Belle, D. (1999). *The after school lives of children: Alone and with others*. Mahwah, NJ: Lawrence Erlbaum Associates.

Bennett, C. I. (1999). *Comprehensive multicultural education: Theory and practice* (fourth edition). Needham Heights, MA: Allyn & Bacon.

Boler, M. (1999). *Feeling power: Emotions and education*. New York: Routledge.

Campbell, L., Campbell, B., & Dickson, D. (1999). *Teaching and learning through multiple intelligences* (second edition). Needham Heights, MA: Allyn & Bacon.

Castells, M., Flecha, R., Freire, P., Giroux, H. A., Macedo, D., & Willis, P. (1999). *Critical education in the new information age*. Lanham, MD: Rowman & Littlefield.

Chatton, B., & Collins, N. L. D. (1999). *Blurring the edges: Integrated curriculum through writing and children's literature*. Westport, CT: Heinemann.

Cherryholmes, C. (1999). *Reading pragmatism*. New York: Teachers College Press.

Churma, M. (1999). *A guide to integrating technology standards into the curriculum*. Columbus, OH: Merrill.

Clandinin, D. J., & Connelly, F. M. (1999). *Narrative inquiry: Experience and story in qualitative research*. San Francisco: Jossey-Bass.

Clinchy, E. (1999). *Reforming American education from the bottom to the top*. Westport, CT: Heinemann.

Cohen, J. (1999). *Educating minds and hearts: Social emotional learning and the passage into adolescence*. New York: Teachers College Press.

Cole, D. J., Ryan, C. W., Kick, F., & Mathies, B. (1999). *Portfolios across the curriculum and beyond* (second edition). Thousand Oaks, CA: Corwin.

Cole, R. A. (Ed.). (1999). *Issues in web-based pedagogy*. Westport, CT: Greenwood.

Comer, J. P., Ben-Avie, M., Haynes, N. M., & Joyner, E.

T. (1999). *Child by child: The Comer process for change in education.* New York: Teachers College Press.

Connelly, F. M., & Clandinin, D. J. (1999). *Shaping a professional identity: Stories of educational practice.* New York: Teachers College Press.

Conroy, M. A. (1999). *101 ways to integrate personal development into core curriculum.* Lanham, MD: University Press of America.

Cornelius, C. (1999). *Iroquois corn in a culture-based curriculum: A framework for respectfully teaching about cultures.* Albany: State University of New York Press.

Crocco, M. S., Munro, P., & Weiler, K. (1999). *Pedagogies of resistance: Women educator activists, 1880–1960.* New York: Teachers College Press.

Cuban, L. (1999). *How scholars trumped teachers: Change without reform in university curriculum, teaching, and research, 1890–1990.* New York: Teachers College Press.

Cushner, K. H. (1999). *Human diversity in action: Developing multicultural competencies for the classroom.* New York: McGraw-Hill.

Dalton, M. M. (1999). *The Hollywood curriculum: Teachers and teaching in the movies.* New York: Peter Lang.

Darder, A. (1999). *Living a pedagogy of love: Paulo Freire in practice.* Boulder, CO: Westview.

Dilg, M. (1999). *Race and culture in the classroom: Teaching and learning through multicultural education.* New York: Teachers College Press.

Egan, K. (1999). *Children's minds, talking rabbits, and clockwork oranges: Essays on education.* New York: Teachers College Press.

English, F. (1999). *Deciding what to teach and test, millenium edition.* Thousand Oaks, CA: Corwin.

Eyler, J., & Giles, D. E. (1999). *Where's the learning in service learning?* San Francisco: Jossey-Bass.

Finch, C. R., & Crunkilton, J. R. (1999). *Curriculum development in vocational and technical education: Planning, content, and implementation* (fifth edition). Boston: Allyn & Bacon.

Ford, D. Y., & Harris, J., III. (1999). *Multicultural gifted education.* New York: Teachers College Press.

Ford, T. (1999). *Becoming multicultural: Personal and social cunstruction through critical teaching.* New York: Falmer.

Freiberg, H. J. (Ed.). (1999). *Perceiving, behaving, becoming: Lessons learned.* Alexandria, VA: Association of Supervision and Curriculum Development.

Fullan, M. (1999). *Change forces: The sequel.* Levittown, PA: Falmer.

Gabbard, D. A. (1999). *Knowledge and power in the global economy: Politics and the rhetoric of school reform.* Mahwah, NJ: Lawrence Erlbaum Associates.

Gardner, H. (1999a). *Intelligence reframed: Multiple intelligences for the 21st century.* New York: Basic Books.

Gardner, H. (1999b). *The disciplined mind: What all students should understand.* New York: Simon and Schuster.

Giroux, H. A. (1999). *The mouse that roared: Disney and the end of innocence.* Lanham, MD: Rowman and Littlefield.

Glazer, S. (Ed.). (1999). *The heart of learning: Spirituality in education.* New York: Penguin Putnam.

Gordon, E. W. (1999). *Education & justice: A view from the back of the bus.* New York: Teachers College Press.

Graves, D. H. (1999). *Bring life into learning.* Westport, CT: Heinemann.

Gunter, M. A., Estes, T. H., & Schwab, J. H. (1999). *Instruction: A models approach* (third edition). Boston: Allyn & Bacon.

Henderson, J. G., & Kesson, K. R. (1999). *Understanding democratic curriculum leadership.* New York: Teachers College Press.

Hess, F. M. (1999). *Spinning wheels: The politics of urban school reform.* Washington, DC: Brookings Institute.

Hicks, D. V. (1999). *Norms and nobility: A treatise on education.* Lanham, MD: University Press of America.

Hillocks, G. (1999). *Ways of thinking, ways of teaching.*

New York: Teachers College Press.

Howard, G. R. (1999). *We can't teach what we don't know: White teachers, multiracial schools*. New York: Teachers College Press.

Huebner, D. (V. Hillis, Ed.). (1999). *The lure of the transcendent: Collected essays*. Mahwah, NJ: Lawrence Erlbaum Associates.

Hutchinson, J. N. (1999). *Students on the margins: Education, stories, dignity*. Albany: State University of New York Press.

Jacob, E. (1999). *Cooperative learning in context: An educational innovation in everyday classrooms*. Albany: State University of New York Press.

Jonassen, D. H., Tessmer, M., & Hannum, W. H. (1999). *Task analysis method for instructional design*. Mahwah, NJ: Lawrence Erlbaum Associates.

Joseph, P. B., Bravmann, S. L., Windschitl, M. A., Mikel, E. R., & Green, N. S. (1999). *Cultures of curriculum*. Mahwah, NJ: Lawrence Erlbaum Associates.

Kanpol, B. (1999). *Critical pedagogy: An introduction* (second edition). Westport, CT: Bergin & Garvey.

Katz, M. S., Noddings, N., & Strike, K. A. (1999). *Justice and caring: The search for common ground in education*. New York: Teachers College Press.

Kelly, A. V. (1999). *The curriculum* (fourth edition). Thousand Oaks, CA: Corwin.

Kincheloe, J. L., Steinberg, S. R., & Hinchley, P. (Eds.). (1999). *The post-formal reader: Cognition and education*. New York: Falmer.

Kincheloe, J. L., Steinberg, S. R., & Villaverde, L. (Eds.). (1999). *Rethinking intelligence: Confronting psychological assumptions about teaching and learning*. New York: Routledge.

Kliebard, H. M. (1999). *Schooled to work: Vocationalism and the American curriculum, 1876-1946*. New York: Teachers College Press.

Kohn, A. (1999). *The schools our children deserve: Moving beyond traditional classrooms and tougher standards*. Boston: Houghton Mifflin.

Kohn, D. (1999). *Practical pedagogy for the Jewish classroom: Classroom management, instruction, and curriculum development*. Westport, CT: Greenwood.

Lee, S., & Speight, A. (1999). *Tradition and innovation: Selected plenary and panel papers from the third annual conference of the Association for Core Texts and Courses*. Lanham, MD: University Press of America.

Letts, W. J., IV, & Sears, J. T. (Eds.). (1999). *Queering elementary education: Advancing the dialogue about sexualities and schooling*. Lanham, MD: Rowman and Littlefield.

Lieberman, A., & Miller, L. (1999). *Teachers: Transforming their world and their work*. New York: Teachers College Press.

Lipka, R. P., & Brinthaupt, T. M. (Eds.). (1999). *The role of self in teacher development*. Albany: State University of New York Press.

Lubienski-Wentworth, R. A. (1999). *Montessori for the new millenium: Practical guidelines on the teaching and education of children of all ages*. Mahwah, NJ: Lawrence Erlbaum Associates.

Luykx, A. (1999). *The citizen factory: Schooling and cultural production in Bolivia*. Albany: State University of New York Press.

Mackley, T. A. (1999). *Uncommon sense: Core knowledge in the classroom*. Alexandria, VA: Association for Supervision and Curriculum Development.

Marsh, C. J., & Willis, G. (1999). *Curriculum: Alternative approaches, ongoing issues* (second edition). Columbus, OH: Merrill.

Marsh, D. D. (Ed.). (1999). *Preparing our schools for the 21st century*. The 1999 ASCD yearbook. Alexandria, VA: Association for Supervision and Curriculum Development.

Mayo, P. (1999). *Gramsci, Freire, and adult education: Possibilities for transformative action*. New York: St. Martin's Press.

McLaren, P. (1999). *Schooling as a ritual performance: Towards a political economy of educational symbols and gestures* (third edition). Lanham, MD: Rowman and Littlefield.

McNeil, J. D. (1999). *Curriculum: The teacher's initiative* (second edition). Columbus, OH: Merrill.

McNeil, L. M. (1999). *Missing a voice: Critical pedagogy and the possibilities of democratic teaching.* Boulder, CO: Westview.

McNergney, R. F., Ducharme, E. R., & Ducharme, M. K. (Eds.). (1999). *Educating for democracy: Case method teaching and learning.* Mahwah, NJ: Lawrence Erlbaum Associates.

Michie, G. (1999). *Holler if you hear me: The education of a teacher and his students.* New York: Teachers College Press.

Millis, K. (1999). *Something better for my children: How Head Start has changed the lives of millions of children.* New York: Plume.

Moon, B., & Murphy, P. (1999). *Curriculum in context.* Thousand Oaks, CA: Corwin.

Neilsen, A. R. (1999). *Daily meaning: Counternarratives of teacher's work.* Point Robert, WA: Bendall Books.

Nesin, G., & Lounsbury, J. (1999). *Curriculum integration: Twenty questions-with answers.* Westerville, OH: National Middle School Association.

Nieto, S. (1999). *The light in their eyes: Creating multiracial learning communities.* New York: Teachers College Press.

Nitza Hidalgo Westfield State College & Bowman, B. (1999). *Multicultural thematic teaching.* New York: Routledge.

Oakes, J., Quartz, K. H., Ryan, S., & Lipton, M. (1999). *Becoming good American schools.* San Francisco: Jossey-Bass.

Ohanian, S. (1999). *One size fits few: The folly of educational standards.* Westport, CT: Heinemann.

Ornstein, A. C., & Behar-Horenstein, L. S. (Eds.). (1999). *Contemporary issues in curriculum* (second edition). Needham Heights, MA: Allyn & Bacon.

O'Sullivan, E. (1999). *Transformative learning: Educational visions for the 21st century.* New York: St. Martin's Press.

Peters, M. (Ed.). (1999). *After the disciplines: The emergence of cultural studies.* Westport, CT: Bergin & Garvey.

Pinar, W. F. (Ed.). (1999). *Contemporary curriculum discourses: Twenty years of JCT.* New York: Peter Lang.

Popkewitz, T., & Fendler, L. (Eds.). (1999). *Critical theories in education: Changing terrains of knowledge and politics.* New York: Routledge.

Powell, R. (1999). *Literacy as a moral imperative: Facing the challenges of a pluralistic society.* Lanham, MD: Rowman and Littlefield.

Provenzo, E. F., Brett, A., & McCloskey, G. N. (1999). *Computers, curriculum, and cultural change.* Mahwah, NJ: Lawrence Erlbaum Associates.

Purpel, D. (1999). *Moral outrage in education.* New York: Peter Lang.

Queen, J. A. (1999). *Curriculum practice in the elementary and middle school.* Columbus, OH: Merrill.

Quicke, J. (1999). *A curriculum for life: Schools for a democratic learning society.* Philadelphia: Open University Press.

Reid, W. A. (1999). *Curriculum as institution and practice: Essays in the diliberative tradition.* Mahwah, NJ: Lawrence Erlbaum.

Reigeluth, C. (Ed.). (1999). *Instructional design theories and models. Volune II: A new paradigm of instructional theory.* Mahwah, NJ: Lawrence Erlbaum Associates.

Roberts, T., with Billings, L. (1999). *The Paideia classroom: Teaching for understanding.* Larchmont, NY: Eye on Education.

Roblyer, M. D. (1999). *Integrating technology across the curriculum: A database of strategies and lesson plans.* Columbus, OH: Merrill.

Rose, E. C., & Mayberry, M. (Eds.). (1999). *Meeting the challenge: Innovative feminist pedagogies in action.* New York: Routledge.

Ryan, K., & Bohlin, K. E. (1999). *Building character in schools: Practical ways to bring moral instruction to life.* San Francisco: Jossey-Bass.

Sapon-Shevin, M. (1999). *Because we can change the world: A practical guide for building cooperative, inclusive classroom communities.* Des Moines, IA: Allyn & Bacon/Longwood.

Sarason, S. (1999). *Teaching as a performing art.* New

York: Teachers College Press.

Searle, C. (1999). *Dimensions of exclusion: Race, class and rejection in British schools*. Philadelphia: Open University Press.

Selden, S. (1999). *Inheriting shame: The story of eugenics and racism in America*. New York: Teachers College Press.

Shor, I. (1999). *Critical literacy in action: A tribute to the teachings of Paulo Freire*. Westport, CT: Heinemann.

Shor, I., & Pari, C. (Eds.). (1999). *Education is politics: Critical teaching across differences*. Westport, CT: Heinemann.

Sidorkin, A. M. (1999). *Beyond discourse: Education, the self, and dialogue*. Albany: State University of New York Press.

Sirotnik, K. A., & Soder, R. (Eds.). (1999). *The beat of a different drummer: Essays in homor of John I. Goodlad*. New York: Peter Lang.

Sleeter, C., & Grant, C. (1999). *Making choices for multicultural education: Five approaches to race, class, and gender* (third edition). Columbus, OH: Merrill.

Smith, D. J. (1999). *Stepping inside the classroom through personal narratives*. Lanham, MD: University Press of America.

Smith, P. L., & Ragan, T. J. (1999). *Instructional design* (second edition). New York: John Wiley and Sons.

Spring, J. (1999). *Wheels in the head: Educational philosophies of authority, freedom, and culture from Socrates to human rights* (second edition). Boston: McGraw-Hill.

Stanton, T. K., Giles, D. E., & Cruz, N. I. (1999). *Service-learning: A movement's pioneers reflect on its origins, practice, and future*. San Francisco: Jossey-Bass.

Steiner, S. S., Krank, H. M., McLaren, P., & Bahruth, R. E. (1999). *The Paulo Freire collection*. New York: Falmer.

Stitsky, S. (1999). *Loving our language: How multicultural classroom instruction is undermining our children's ability to read, write, and reason*. New York: Free Press.

Taylor, B. J. (1999). *A child goes forth: A curriculum guide for preschool children* (eighth edition). Columbus, OH: Prentice-Hall.

Tomlinson, C. A. (1999). *The differentiated classroom: Responding to the needs of all learners*. Alexandria, VA: Association for Supervision and Curriculum Development.

Torres, C. A. (1999). *Democracy, education, and multiculturalism*. Lanham, MD: Rowman and Littlefield.

Valenzuela, A. (1999). *Subtractive schooling: U. S. - Mexican youth and politics of schooling*. Albany: State University of New York Press.

Van Hoorn, J., Monighan Nourot, P., Scales, B. J., & Alward, K. R. (1999). *Play at the center of the curriculum* (second edition). Upper Saddle River, NJ: Prentice-Hall.

Westbury, I., Hopmann, S., & Riquartz, K. (Eds.). (1999). *Teaching as reflective practice: The German didaktic condition*. Mahwah, NJ: Lawrence Erlbaum Associates.

Whitehead, B. (Ed.). (1999). *Women's education in early modern Europe: A history, 1500-1800*. New York: Falmer.

Wiles, J. W. (1999). *Curriculum essentials: A resource for educators*. Needham Heights, MA: Allyn & Bacon.

Yagelski, R. P. (1999). *Literacy matters: Writing and reading the social self*. New York: Teachers College Press.

Yonehama, S. (1999). *The Japanese high school: Silence and resistance*. New York: Routledge.

Zemelman, S., Daniels, H., & Bizar, M. (1999). *Rethinking high school: Best practice in action*. Westport, CT: Heinemann.

2000

Adams, J. (2000). *Taking charge of curriculum: Teacher networks and curriculum implementation*. New York: Teachers College Press.

Armstrong, T. (2000). *Multiple intelligences in the classroom* (second edition). Alexandria, VA: Association for Supervision and Curriculum Development.

Ayers, W., Klonsky, M., & Lyon, G. H. (Eds.). (2000). *A simple justice: The challenge of small schools.* New York: Teachers College Press.

Ball, S., Maguire, M., & Macrae, S. (2000). *Choice, pathways, and transitions: Post 16.* New York: Routledge Falmer.

Barone, T. (2000). *Aesthetics, politics, and educational inquiry: Essays and examples.* New York: Peter Lang.

Bensman, D. (2000). *Central Park East and its graduates: "Learning by heart."* New York: Teachers College Press.

Brandt, R. (Ed.). (2000). *Education in a new age.* Alexandria, VA: Association for Supervision and Curriculum Development.

Brown, S. G. (2000). *Words in the wilderness: Critical literacy in the borderlands.* Albany: State University of New York Press.

Burbules, N., & Callister, T., Jr. (2000). *Watch it: The risks and promises of information technologies in education.* Boulder, CO: Westview.

Burbules,, N. C., & Torres, C. A. (Eds.). (2000). *Globalization and education: Critical perspectives.* New York: Routledge.

Cornbleth, C. (Ed.). (2000). *Curriculum, politics, policy, practice: Cases in comparative conflict.* Albany: State University of New York Press.

Costa, A. L., & Kallick, B. (Eds.). (2000). *Discovering and exploring habits of the mind.* Alexandria, VA: Association for Supervision and Curriculum Development.

Coulby, D. (2000). *Beyond the national curriculum: Curricular considerations and cultural diversity in Europe and the USA.* New York: Routledge Falmer.

Darder, A., & Torres, A. (Eds.). (2000). *The critical pedagogy reader.* New York: Routledge.

Doll, M. A. (2000). *Like letters in running water: A mythopoetics of curriculum.* Mahwah, NJ: Lawrence Erlbaum Associates.

Edwards, R. (Robin Usher, Ed.). (2000). *Globalization and pedagogy: Space, place, and identity.* New York: Routledge.

Evenson, D. H., & Hmelo, C. E. (Eds.). (2000). *Problem-based learning: A research perspective on learning interactions.* Mahwah, NH: Lawrence Erlbaum Associates.

Falk, B. (2000). *The heart of the matter: Using standards and assessment to learn.* Westport, CT: Heinemann.

Finnan, C.,. & Swanson, J. D. (2000). *Accelerating the learning of all students.* Boulder, CO: Westview.

Fletcher, S. (2000). *Education and emancipation: Theory and practice in a new constellation.* New York: Teachers College Press.

Foshay, A. W. (2000). *The curriculum: Purpose, substance, practice.* New York: Teachers College Press.

Franklin, B. (Ed.). (2000). *Curriculum and consequences: Herbert M. Kliebard and the promise of schooling.* New York: Teachers College Press.

Gandini, L., & Edwards, C. P. (Eds.). (2000). *Bambini: The Italian approach to infant/toddler care.* New York: Teachers College Press.

Gay, G. (2000). *Culturally responsive teaching: Theory, practice and research.* New York: Teachers College Press.

Giroux, H. A. (2000). *Impure acts: The practical politics of cultural studies.* New York: Routledge.

Glanz, J., & Behar-Horenstein, L. S. (2000). *Paradigm debates in curriculum and supervision: Modern and postmodern perspectives.* Westport, CT: Bergin & Garvey.

Glatthorn, A. A. (2000). *The principal as curriculum leader: Shaping what is taught and tested* (second edition). Thousand Oaks, CA: Corwin.

Goldstein, H. (2000). *Educational standards.* New York: Routledge.

Good, T. L. (Ed.). (2000). *American education: Yesterday, today, and tomorrow. Ninety-ninth yearbook of the National Society for the Study of Education, Part 2.* Chicago: University of Chicago Press.

Groate, J. E. (2000). *Paideia agonistes: The lost soul of modern education.* Lanham, MD: University Press of America.

Haggerson, N. (2000). *Expanding curriculum research and understanding: A mytho-poetic perspective.*

New York: Peter Lang.

Henderson, J. G., & Hawthorne, R. D. (2000). *Transformative curriculum leadership* (second edition). Columbus, OH: Merrill.

Hoerr, T. R. (2000). *Becoming a multiple intelligences school*. Alexandria, VA: Association for Supervision and Curriculum Development.

Howell, K. W., Fox, S. L., & Moorehead, M. K. (2000). *Curriculum-based evaluation: Teaching and decision-making* (third edition). Pacific Grove, CA: Brooks/Cole.

Jensen, E. (2000). *Brain-based learning*. San Diego, CA: The Brain Store, Inc.

Jossey-Bass. (2000). *The Jossey-Bass reader on school reform*. San Francisco: Author.

Joyce, B. R., & Weil, M., with Calhoun, E. (2000). *Models of teaching* (sixth edition). Needham Heights, MA: Allyn & Bacon.

Kohn, A. (2000). *The case against stadardized testing: Raising the scores, ruining the schools*. Westport, CT: Boynton/Cook.

Kordalewski, J. (2000). *Standards in the classroom: How teachers and students negotiate learning*. New York: Teachers College Press.

Kridel, C. (Ed.). (2000). *Books of the century catalog*. Columbia: The University of South Carolina Museum of Education.

Lankshear, C., de Alba, A., Gonzalez-Guadiano, E., & Peters, M. (Eds.). (2000). *Curriculum in the postmodern tradition*. New York: Peter Lang.

Lockledge, A., & Hayn, J. (2000). *Using portfolios across the curriculum*. Westerville, OH: Naitonal Middle School Association.

Madden, S. J. (2000). *Service learning across the curriculum: Case applications in higher education*. Lanham, MD: University Press of America.

Mahalingham, R., & McCarthy, C. (Eds.). (2000). *Multicultural education: New directions for social theory, practice, and policy*. New York: Routledge.

Marshall, J. D., Sears, J. T., & Schubert, W. H. (2000). *Turning points in curriculum: A contemporary American memoir*. Columbus, OH: Prentice-Hall.

Martinello, M. L., & Cook, G. E. (2000). *Interdisciplinary inquiry in teaching and learning* (second edition). Columbus, OH: Merrill.

Marzano, R. J. (2000). *Designing a new taxonomy of educational objectives*. Thousand Oaks, CA: Corwin.

McKay, A. (2000). *Sexual ideology and schooling: Towards democratic sexuality education*. Albany: State University of New York Press.

McLaren, P. (2000). *Che Guevara, Paulo Freire, and the pedagogy of revolution*. Lanham, MD: Rowman & Littlefield.

McNeil, L. (2000). *Contradictions of school reform: Educational costs of standardized testing*. New York: Routledge.

Meier, D. (2000). *Will standards save public education?* Boston: Beacon.

Miller, J. P. (2000). *Education and the soul: Toward a spiritual curriculum*. Albany: State University of New York Press.

Nager, N., & Shapiro, E. K. (2000). *Revisiting a progressive pedagogy: The developmental-interaction approach*. Albany: State University of New York Press.

Nieto, S. (2000). *Affirming diversity: The sociopolitical context of multicultural education* (second edition). New York: Longman.

Nolet, V., & McLaughlin, M. J. (2000). *Accessing the general curriculum: Making it happen for students with disabilities*. Thousand Oaks, CA: Corwin.

Pappas, C. C., & Zecker, L. B. (Eds.). (2000). *Transforming literacy curriculum genres: Working with teacher researchers in urban classrooms*. Mahwah, NJ: Lawrence Erlbaum Associates.

Parkay, F. W., & Hass, G. (Eds.). (2000). *Curriculum planning: A contemporary approach* (seventh edition). Needham Heights, MA: Allyn & Bacon.

Perry, M. (2000). *Walking the color line: The art and practice of anti-racist teaching*. New York: Teachers College Press.

Peters, M., Marshall, J., & Smeyers, P. (Eds.). (2000). *Nietzsche legacy for education: Past and present values*. Westport, CT: Bergin & Garvey.

Phillips, D. C. (Ed.). (2000). *Constructivism in*

education: Opinions and second opinions on controversial issues. Ninety-ninth yearbook of the National Society for the Study of Education, part 1. Chicago: University of Chicago Press.

Ravitch, D. (2000). *Left back: A century of failed school reforms.* New York: Simon and Schuster.

Reid, C. R. (2000). *Education and evolution: School instruction and the human future.* Lanham, MD: University Press of America.

Ritchie, J. S., & Wilson, D. E. (2000). *Teacher narrative as critical inquiry: Rewriting the script.* New York: Teachers College Press.

Roberts, P. (2000). *Education, literacy, and humanization: Exploring the work of Paulo Freire.* Westport, CT: Bergin & Garvey.

Roberts, P. L., & Kellough, R. D. (2000). *A guide for developing interdisciplinary thematic units.* Columbus, OH: Merrill.

Shearer, C. B. (2000). *The MIDAS handbook of multiple intelligences in the classroom.* Thousand Oaks, CA: Corwin.

Simon, R. I., Rosenberg, S., & Eppert, C. (Eds.). (2000). *Between hope and despair: Pedagogy and the remembrance of historical trauma.* Lanham, MD: Rowman and Littlefield.

Slavin, R. E., & Madden, N. A. (2000). *One million children: Success for all, roots and wings.* Thousand Oaks, CA: Corwin.

Smith, G. A., & Williams, D. R. (2000). *Ecological education in action: On weaving education, culture, and the environment.* Albany: State University of New York Press.

Sowell, E. J. (2000). *Curriculum: An integrated introduction* (second edition). Columbus, OH: Merrill.

Spring, J. (2000). *The intersection of cultures: Multicultural education in the United States and the global economy* (second edition). New York: McGraw-Hill.

Spring, J. (2000). *The universal right to education: Justification, definition, and guidelines.* Mahwah, NJ: Lawrence Erlbaum Associates.

Stambach, A. (2000). *Lessons from Mount Kilimanjaro: Schooling, community, and gender in east Africa.* New York: Routledge Falmer.

Steinberg, A., Cushman, K., & Riordan, R. (2000). *Schooling for the real world: The essential guide to rigorous and relevant learning.* San Francisco: Jossey-Bass.

Stotsky, S. (Ed.). (2000). *What's at stake in the K-12 standards war.* New York: Peter Lang.

Thayer-Bacon, B. J. (2000). *Transforming critical thinking: Thinking constructively.* New York: Teachers College Press.

Trifonas, P. (Ed.). (2000). *Revolutionary pedagogies: Cultural politics, education, and discourse of theory.* New York: Routledge.

Weiler, J. D. (2000). *Codes and contradictions: Race, gender identity, and schooling.* Albany: State University of New York Press.

Wineberg, S., & Grossman, P. (Eds.). (2000). *Interdisciplinary curriculum: Challenges to implementation.* New York: Teachers College Press.

Yon, D. A. (2000). *Elusive culture: Schooling, race, and identity in global times.* Albany: State University of New York Press.

제11장 교육과정 문헌과 그 저자들: 개요, 의견, 제언

나는 앞의 장들과 각 장에서 인용한 많은 저서들을 검토하면서 교육과정에 관한 연구가 풍부하다는 인상을 받았다. 그러나 이렇게 많은 교육과정 연구를 완벽하게 분류할 수는 없다. 똑같이 일반적인 주제에 대한 저서라도 나름대로의 독자적인 특징은 항상 존재한다. 그러므로 본 저서의 분류 체계가 아주 정확하다고는 할 수 없을 것이다. 많은 책들이 하나 이상의 범주에 속할 수 있으며, 이러한 사실 때문에 모순이 되는 것도 아니다. 분류는 경향성을 파악하고자 할 때 큰 가치를 갖는다. 그러나 경향성을 파악하려는 의도는 표면적인 것이라 할 수 있다. 분류하기가 쉽고 명확하다고 생각되면, 그런 분류에 근거한 연구는 극단적으로 단순화된 것이다. 내가 보기에는 교육과정의 저서들은 분명히 단순하지가 않다.

어떤 책에서 제시된 주장과 분류가 지나치게 단순하다고 비판받을지 모르지만, 전체적으로 교육과정 영역은 건강한 것이 분명하다. 합의나 용어에 대한 정의 등이 부족한 것은 진지하지 못해서라기보다는 오히려 교육과정학자들이 연구를 진지하게 생각한 탓이라고 할 수 있다. 쟁점들이 매우 자세히 다루어지고, 어떤 사건에 대한 연구가 난해한 결론으로 귀결될 경우에는 합의가 어려워진다. 예를 들면, 많은 학자들은 젊은이들을 사회적이고 문화적인 생활로 안내하는 과정의 중요성을 인정하고 있다. 교육과정을 탐구하고 그것을 적용하는 것이 자랑스러울 수 있는 것은 이러한 사명이 있기 때문인 것이다. 그런데 교육과정학자들은 학교에만 국한시켜서 이러한 사명에 거의 전적으로 관심을 집중시키고 있다. 이러한 사명에 대한 상대적 비용과 이익은 다음 내용에서 논의할 것이다. 전문화된 탐구 영역으로서 교육과정학의 출현은 분명히 특별한 문화적 맥락의 결과이다. 이러한 나의 확신에 따라 역사적 상황(Contextual Reminder)이라는 제목을 붙여 이 책의 각 장마다 그것을 반영하였다.[1)]

사회의 발달과 교육과정 사상은 어느 정도 분명히 관련이 있다. 예를 들면, 과학과 기술의 발달, 성공 여부, 전쟁의 위험, 정치적으로 우선시해야 할 일, 경제의 성쇠, 예술적 표현의 이상과 경향 등이 교육과정 사상에 영향을 끼쳤다. 이 책에서는 이러한 사회적 맥락들을 매 10년 단위로 반영하였다. 이러한 내용들은 교육과정 학파의 존재, 입장, 발전에, 그리고 그것들을 다룬 교육과정학자와 실천가들에게도 기여하였다. 실제 위와 같은 역사적 상황들은 교육과정학자들과 실천가들의 출현 자체에 큰 공헌을 하였다. 물론 이것이 교육과정 연구가 발전하는 데 있어 지각 있는 개인의 독특한 통찰력을 부인하는 것은 아니다.

역사적 상황에는 같은 시기에 등장한 교육과정 문헌과 직접적으로 관련된 것보다 훨씬 더 많은 정치, 경제, 사회, 과학, 지적, 예술적 정보들을 담았다. 그래서 교육과정 사상, 문헌과 실천에 영향을 끼친 주요한 사회적 세력들의 구조에 대해 사람들이 더 깊이 있게 성찰하도록 하고 싶었다. 대개 그러한 세

1) 역자 주: 본 역서에는 'Contextual Reminder' 가 생략됨.

력들은 스스로 드러내는 것보다 더욱 교묘하게 확산되고 퍼지면서 영향을 끼친다.[2] 교육과정 문헌과 역사적 상황을 함께 제시한 주요 목적의 하나는 교육과정 연구를 보다 쉽게 하고 장려하는 것이다.

이 책을 쓰는 동안 나는 또 다른 연구에 관심을 기울이게 되었다. 나는 교육과정 문헌과 그 저서들을 쓴 교수 집단을 결부시켜 보았다.[3] 또한 교육과정학자들, 즉 스승과 제자의 상호 관련성에 대해 탐구하였다.[4] 이러한 연구의 결과는 이 책의 앞 장에서 제시한 아이디어들과 통합되었다.

이러한 이유로 결론은 세 부분으로 나누어진다. 첫 부분은 중요한 교육과정 문헌과 그 저자들에 대해 다시 검토한다. 여기에서 나는 20세기 초부터 80년간의 문헌에서 전개된 교육과정 지식—틀, 경계, 범위—의 형태를 그리려고 시도하였다. 두 번째 부분은 내가 이 책과 위에서 언급한 관련 연구를 수행하면서 생성된 몇 가지 의견과 가능성으로 구성되어 있다. 마지막 부분에서는 교육과정학의 발전을 위한 제언을 하고 있다. 이러한 제언들은 매우 조심스럽게 제시되고 있다. 그러나 그 제언은 내가 조사한 문헌이 부족하고 누락된 것이 있다는 인식에서 비롯된 것이다.

---

2) 이것은 Philip Jackson의 심리학이 교육에 부여한 가치에 대한 논문에서 그가 설명한 관점에 영향을 받았다. 이 논문은 1979년 4월, 샌프란시스코에서 AERA의 연차 대회 때 발표된 것이다. 그는 교육에 있어 심리학의 가장 중요한 영향은 외적인 가치만을 의미하는 것이 아니라, 보다 잠재적으로 스며들어 확산되고 있다고 강조하였다.

3) 후기의 상당 부분은 다음 문서에서 인용되었다. Schubert, W. H. Frames of Curriculum Knowledge Production: Historical Review and Recommendations. 1979년 4월, 샌프란시스코에서 AERA의 연차 대회 때 발표되었다.

4) Schubert, W. H., & Posner, G. J. Toward a Genealogy of Curriculum Scholars. 1979년 샌프란시스코에서 열린 The Society for the Study of Curriculum History에서 발표되었다. 이 연구는 또한 A Genealogy of the Curriculum Field에서도 발표되었다. 1979년 4월 12일 샌프란시스코에서 열린 AERA의 Session 33.10의 연차대회 자료이다. 이 연구에 대한 보다 자세한 내용은 다음을 참고하라. Schubert, W. H., & Posner, G. J. (1980). Origins of the curriculum field based on a study of mentor-student relationships. *The Journal of Curriculum Theorizing*, *2*(2).

1. 검토와 개요

1900년 이후 매 10년마다 새로운 형식과 내용이 등장하며 학문 영역으로서 교육과정을 강화시켰다. 흔히 1918년을 교육과정 연구의 출발점으로 생각하고 있다. 1918년은 Bobbitt의 *The Curriculum*과 *Cardinal Principle of Secondary Education*이 나온 해이다. 1918년은 분명 교육과정이 교육학 분야에서 분화되어 독립된 영역으로 등장한 시기이다. 그럼에도 불구하고 이때 교육과정 연구가 시작되었다고 보는 것은 다소 문제가 있다. 교육과정 교수진들은 직계 조상이 훨씬 이전으로 거슬러 올라갈 수 있다고 본다. 독자들이 쉽게 기억하고 있듯이, 1900년에서 1918년 사이에 30권이 넘는 교육과정 책들이 출판되었다. 또한 19세기 말에 출간된 문헌들도 고려해야 한다.

이 기간 동안, 보편적 학교교육의 확대, 10인 위원회와 15인 위원회의 보고서와 몇몇 학파의 존재 등을 포함하여 몇 가지 계기를 발견할 수 있다. 학교교육의 확대로 인해 교육을 받는 어린이와 젊은이들을 위한 학습 내용의 제공에만 관심을 둔 전문가들이 더욱 필요하게 되었다. 10인 위원회와 15인 위원회는 보편적 학교교육이 정신 도야 혹은 지적 전통, 즉 능력 심리학에 깊은 영향을 받은 교과중심 교육과정을 지속하도록 고무하였다. 나는 이러한 관점을 옹호하는 자들을 지적 전통주의자라고 언급하였다.

미국 대학들의 영향력 있는 교수들, 예를 들면 Dewey, Hall과 McMurry 형제는 미국의 보편적인 학교교육을 실험하면서 교육과정에서 지적 전통주의자들의 전망에 대해 우려하였다. 이들을 공식적으로 교육과정 교수라고 부를 수는 없었는데, 교육과정이 연구의 전문 영역으로 발전되지 않았기 때문이다. 그러나 이들은 교육의 형식과 내용에 대해 관심을 같이했다. 이들이 영향을 준 학생들이 교육과정학의 창시자가 되었으며, 교육과정을 연구하는 교수진의 기원이 되었다.

20세기 초반, 교육과정 연구진들이라 할 수 있는 교수와 학생으로 구성된 몇 개의 집단을 살펴보자. 다시 한 번 그들이 산출해 낸 문헌을 살펴보면 다음과 같다. 학자와 그들이 저술한 문헌들은 대략 두 진영으로 나눠진다. 두 진영은 그 변종이 많았으나, 교육 실제에 있어 지적 전통주의가 지배하고 있던 상황에서 양자 모두 대안을 제공하고 있다. 한쪽은 양적 측정, 행동주의 심리학과 교육학에 있어 Hobbes 주의적 신념에 익숙해 있었다. 나는 편의상 그들을 사회적 행동주의자로 언급했다. 또 다른 쪽은 철학에 뿌리를 두고서 교육에 적용할 경우 예술과 과학의 상황적이고, 맥락적인 상호작용을 지향하고 있었는데, 나는 이들을 경험주의자라고 불렀다.

사회적 행동주의자들의 기원은 독일 라이프치히의 Wilhelm Wundt로 거슬러 올라간다. Thorndike의 스승인 J. McKeen Cattell은 Hall, Judd가 그랬던 것처럼 Wundt와 같이 공부했다. Thorndike, Hall과 Judd는 본래 교육과정학자들은 아니었으나, 그들의 지도력으로 해서 많은 교육과정학자가 배출되었다. Hall은 클락 대학교에서 1909년 박사학위를 받은 Bobbitt에게 영향을 미쳤다. 거기서 Bobbitt은 Judd가 영향력이 있었던 시카고 대학교로 갔는데, Dewey가 시카고 대학교 실험학교를 주도했던 그때부터 입장을 상당히 바꾸고 있었다. 1905년 George D. Strayer는 Thorndike의 지도로 박사학위를 마쳤다. Strayer는 40여 년간 콜롬비아 사범대학에서 제자들을 가르치며 영향을 미쳤다. 그의 뛰어난 제자인 Caswell과 Paul Hanna가 교육과정 연구진에 미친 영향은 의심할 여지가 없다. 그들은 번갈아서 전국 곳곳에 산재한 많은 사람들에게 영향을 미쳤다.

경험주의자들의 기원은 Dewey와 Charles De Garmo로 거슬러 올라간다. 20세기 초, Dewey가 시카고 대학교에 근무하고 있을 때, Ella Flagg Young과 Charters는 그와 함께 공부했다. 그 후 Kilpatrick은 컬럼비아 대학교에서 Dewey와 함께 공부했을 뿐 아니라, 스스로 Dewey의 교육적 관점을 해석하고 보급하는 사람이 되었다. 독일에서 K. V. Stoy와 함께 공부했던 De Garmo는 McMurry 형제가 그랬던 것처럼, Herbart 교육철학을 미국에 전파했다. Bode와 Bagley는 1900년에 De Garmo가 교육학과 교수로 있던 코넬 대학교에서 박사학위를 받았다. 그들은 Edward Titchener, Charles Tyler와 함께 공부했다. Dewey의 *The Child and The Curriculum*(1902a)과 McMurry의 *Course of Study in the Eight Grades*(1906)는 아동 연구, 교육과정 조직에서 흥미를 최우선으로 하는 것, 교육의 과정에서 생활과 학교교육 간의 상호의존성 등에 대한 경험주의자들의 입장을 대변하고 있다.

Bagley, Strayer, Judd 및 몇몇 연구자들의 저서는 종종 학교 조사에 중점을 두었다. 이렇게 중점을 두게 되자 교육과정 연구는 학교를 향하게 되었고, 그러한 연구 영역이 출현하게 되었다. 이는 또한 지적 전통주의자들의 접근 방식인 정신 도야를 설명하는 것이 되었다. 그것은 앞에서 언급된 국가 위원회의 연구로 더욱 촉진되었으며 The Commission on the Reorganization of Secondary Education(1918)에 의해 계승되었다. 비록 Dewey가 *Democracy and Education*(1916)에서 교육과정의 문제를 전체적으로 다루었고, 이 책이 교육과정 관련 문헌에서 광범위하게 인용되고 있지만, 교육과정 저자들은 점차 학교를 주제로 책을 저술하게 되었다.

1920년대 중반까지, Thorndike와 Judd, Dewey와 Herbart 주의자들, Horne과 Bagley, 위원회의 '후손들' 각자는 뚜렷한 특징을 가진 교육과정학자들, 즉 사회적 행동주의자, 경험주의자 및 지적 전통주의자의 범주를 형성하였다. 교육과정은 진정으로 교육 연구의 일부로 인정되었다. Bobbitt(1915, 1918, 1922, 1924, 1926), Charters(1923), Snedden(1921, 1927)은 사회적 행동주의자들을, Dewey(1900, 1902a, 1902b, 1916), Kilpatrick(1918, 1926a, 1926b), Counts(1926), McMurry(1923) 및 Rugg(1928)는 경험주의자들을 이끌었다.

사회적 행동주의자들과 경험주의자들은 교육과정의 구성에 과학적 해석을 적용하려고 시도하였는데, 그 구성은 편의주의, 전통 및 정략에 따라 좌우되는 체계적이지 못한 선택에 의해 이루어지는 절차로 여겨지고 있었다. 사회적 행동주의자들은 과학의 기계적이고 다원적인 방법과 측정 방법을 사용하였다. 그들은 활동을 분석하고, 그 결과를 교육과정으로 변형하였으며,

일반화된 지식을 찾아냈다. 반면 경험주의자들은 과학을 상황에 따라 적용하려고 시도하였다. 교육자의 일은 문제가 제기되는 환경의 특성을 읽어내고, 가능한 활동 과정 및 그로 인한 결과를 추정하고, 성장하게 하는 그런 방법으로 실행하는 것이었다. 비록 모호한 점이 많았지만, 이러한 신념으로 글을 쓴 교수들은 상황 간의 공통점뿐 아니라 독특함도 밝히는 과학적 방법론의 다양한 적용을 설명하려고 했다. 사회적 행동주의자들 중에서도 보다 실천 지향적 성격의 Rugg와 Shumaker(1928)의 저서들까지도 철학적인 경향을 보이고 있었다.

1920년대와 1930년대 초반에는 또 다른 종류의 교육과정 저서들이 더 많이 발간되었다. 이는 중등학교, 초등학교, 중학교 등의 교육과정에 초점을 둔 학교 지향적인 저서들이었다. Koos(1920)와 Bonser(1920)의 저서가 그것이다. Meriam(1920), Monroe(1925), Briggs(1926), Harap(1928), Williams(1928), Hopkins(1929), Lide(1933)와 같은 비슷한 유형의 학자들은 일반적인 교육과정 절차와 문제를 다루었다. 이처럼 사회적 행동주의자 및 경험주의자의 문헌을 대신한 것은 지적 전통주의자들의 낡은 방식을 따르지 않고, 절충적 접근이라는 입장에서 구성된 새로운 학교 지향적인 저서들이었다. 그 목적은 학교 교원들에게 '원리' 라 불리는 지침을 제공하는 것이었다. 교육과정 연구진은 교육과정의 복잡한 절차에 대한 지식을 어떻게 한 권의 책으로 제시할 것인가를 고심하였다. 실천가들은 교육과정에서 단지 한두 개의 과정만으로도 가능할 것으로 생각했다. 따라서 어떻게 해서든지 필연적인 절차가 마련되어야 했다.

1930년대 중반, 많은 교수들이 지침에 따른 연구를 수용하였다. 저서들은 순서에 따라 '처리요령' 과 '시기' 에 대한 목록으로 채워져 있었다. 많은 저서에서 이러한 처방 지향적인 방식이 1950~1960년대까지 지속되었다. 이러한 경향은 주요한 교육과정 질문에 있어 대안적 입장을 뒷받침해 주는 가설에 대해 진지하고 복합적으로 논의해야 한다는 Bode(1927), Rugg와 NSSE(1927), Hopkins(1929)와 같은 연구자들의 권고에도 불구하고 계속되었다.

교육과정 사상의 세 학파들은 점점 더 구별이 어려워졌고 서로 융합되었다. 동시에 교육과정 연구는 조직, 행정, 학생, 교사, 수업 등 보다 많은 영역을 포괄하게 되었다. 어느 면에서 보면 교육과정은 교육학에서 분화되기 이전의 상태로 되돌아왔다고 할 수 있다. 즉, 교육과정 연구는 과거 교육학이 했던 것처럼 학교교육의 거의 모든 면을 다룰 정도로 확대되었다. 학교교육과 관련된 영역이 확대되고 교육과정 사상 학파가 융합하게 되자, 이 모두는 실천가를 위한 '원리들'을 적은 문헌에 반영되었다.

이 때문에 백과사전적 또는 개론서적 특징을 가진 새로운 종류의 저서들이 출간되었다. 이 책의 앞부분에서 이것들을 개론서라고 불렀다. 개론서를 통해 저자들은 관련된 주제에 대한 배경 지식을 추출하는 것은 물론 교육과정 개발의 절차를 제시하고자 하였다. 이러한 저서의 예로는 Caswell과 Campbell의 *Curriculum Development*(1935) 및 Norton과 Norton의 *Foundations of Curriculum Building*(1936)이 있다.

개론서는 30년 이상 교육과정 저술의 지배적인 흐름이었다. 모든 개론서가 교육과정에서 전문적 훈련 과정이 '한 번 만에 성공하는' 것으로 설계된 것은 재미있는 일이다. 개론서는 각각 그 영역을 다루고 표본을 만들려고 했다. 교육과정에서 단지 한 번 소개하면 되는 그런 수준의 개론서에서는 약간의 변화도 없었다. Spears(1940), Gwynn(1943), Burton(1944), Leonard(1946), Stratemayer 등(1947), Tyler(1949), Smith, Stanley 그리고 Shores(1950), Ragan(1953), Saylor와 Alexander(1954), Lee와 Lee(1960), Taba(1962) 등의 저서가 그러하다.

Caswell과 Campbell은 *Readings in Curriculum Development*(1937)로 다른 종류의 교육과정 문헌을 제안하였다. 그때부터 지금까지, 선집은 교육과정 지식을 전달하는 주요 수단으로서 쓰이고 있다. 보통 선집에는 학술지에서 이미 탁월함을 인정받은 논문들이 포함된다. 때로는 선집의 출간을 위해 특별히 준비된 새로운 논문이 포함되기도 하였다.

개론서와 선집은 1940년대부터 1960년대에 걸쳐 교육과정 문헌의 주된 유형이었으며, 이와 함께 ASCD와 NSSE와 같은 조직의 전공 논문 및 연감도 있었다.

1960년대의 개론서와 선집에는 학문의 구조 및 교육과정 프로젝트에 대한 강조가 두드러졌다. 인본주의 교육이라는 대안적 교육과정이 제시되었는데, 그것은 초기 경험주의자를 연상시키는 것이었다. 행동주의적 목표, 능력에 기초한 교육과정, 통일된 체계의 수사학, 과학기술적 접근법들은 사회적 행동주의가 부활했음을 보여 주었다. 비슷한 유형으로 1960년대에 결실을 맺은 주요한 변화가 있었는데, 그것은 Schwab(1970)이 소위 '죽어 가고 있는 것(moribund)' 이라 불렀던 '이론적' 연구 유형과 Pinar(1975)가 '개념적 경험주의' 라 이름붙인 사회과학과 행동주의적 방법론의 활용이 증가했음을 가리킨다.

1970년대는 교육과정 저서의 유형은 다양해졌으나 그 결과 새로운 개론서의 출간은 침체하게 되었다. 영국, 독일, 스칸디나비아, 호주, 캐나다 등 다른 나라의 자료에 대한 관심이 증가하게 되었다. Schwab과 일부 학자들은 1970년대 중반에 발전한 실천적 인식론과 질적 방법론을 지지하였으며, 이로 인해 Dewey 및 Herbart 주의자들이 주도했던 철학적 고찰과 성찰이 부활하게 되었다. 그러나 저서들, 특히 학술지는 여전히 개념적 분석 및 경험적 연구가 지배적이었다. 개념적이고 통계적 분석을 한 억지 이론이 넘쳐났다. 어떤 사람에게 이것은 진보, 또는 적어도 그것의 잠재가능성을 보여 주는 것이었다. 잠시 '재개념주의자' 로 분류된 또 다른 이들에게, 그것은 하나의 인식론적 입장과 다른 것들의 존재를 무시한다는 점에서 굴종을 상징하는 것이었다.

2. 몇 가지 의견과 가능성

교육과정 저서와 그 저자들을 연구하면서 교육과정 연구진이 갖는 특징에 대해 몇 가지 견해를 얻을 수 있었다. 그 특징들은 다음과 같은 관점에 따라 연대기적이고 누적적으로 제시된다. 즉, ① 교육과정 연구진은 인간사의 중요한 문제를 다루는 계승자로 볼 수 있다. ② 그들은 미래의 연구 과정을 창출하고 범위를 명확히 하였다. ③ 그들은 학교교육의 정보제공자로 성장했다. ④ 그들은 학교 학습 내용의 결정에 몰두하였다. ⑤ 그들은 지식 탐구를 직업으로 삼았다. ⑥ 그들은 지식을 산출하였다. ⑦ 그들은 지식의 영역으로부터 자유를 추구하였다. 이에 대해 좀 더 상세히 살펴보자.

1) 인간사의 영원한 문제의 계승자

교육과정의 근원을 탐구해 보면 교육과정에 대한 관심이 상당히 오래된 것임을 알 수 있다. 교육과정의 어원에서 그 의미를 찾아 마차 경주 코스로 해석하는 것은 인간을 사회로 인도하는 여행과 같이 은유적으로 비유한 것이다. 새로운 구성원을 성인 사회로 인도하는 것에 대한 기본적인 인간의 관심은 교육과정을 전문영역으로 합법화하는 근거가 된다. 몇 가지 진술 방식들이 그러한 관심을 뒷받침하고 있다.

19세기 후반의 교육자들에게서 저명한 교육과정학자들의 뿌리를 추적하는 것은 단지 시작에 불과하다. 예를 들어, Madeleine Grumet에서 Pinar, Klohr, Alberty, Bode까지 연결되어 있고, Charles De Garmo와 관련해서는 K. V. Stoy와 Herbart까지 추적할 수 있다. Herbart는 교수-학생 그룹으로 보면 Pestalozzi와 Fichte, Lessing, Kant, Martin Knutzen, Christian Wolff, Leibnitz, 간접적으로는 Descartes와 Rousseau, 프랑스 예수회로 거슬러 올라갈 수 있다. 이들 모두가 교육에 대하여 그리고 부수적으로 교육과정에 대해서 드러나지 않게 글을 썼다.

이 저자들은 고대 이래 철학자들과 같은 관심사를 다루었다. 철학적으로 장대한 체계는 거의 변함없이 젊은이들에게 사회 집단의 구조, 특징, 기능에 대해 소개하는 것과 연계된 문제들을 다룬다. 제안이든 사회적인 비판이든, 이러한 저서들은 공식적인 교육상황에서의 교육과정뿐 아니라 사회적 힘의 맥락에서 한 가지 양상으로 교육을 다룬다. 그러한 맥락으로 교육과정을 다루는 것은 사회 철학적으로 저술하는 전통의 일부가 되고 있다.

마찬가지로, 어떤 저서는 교육과정 통찰을 전달하기 위해 소설, 시, 연극, 전기문, 일기 등 다른 문학적 표현물을 이용하였다. 그러한 표현물들은 등장인물을 교육시키는 인생행로를 비추고 있다. 그것들은 인간의 성장을 증진하거나 혹은 지체시키는 경험을 묘사한다. 그것들은 인간의 성장을 인지적, 정의적, 심동적인 부분으로 분리하는 것이 아니라 전인적으로 다룬다. 중요한 것은 교육과정 연구자들의 전문적인 저서보다 그러한 문헌들에서 교육과정의 전통이 더 깊이 흐르고 있었다는 것이다. 그런 전통은 Homer에서 Plutarch, Shakespeare, Dickens, Tolstoy, Dostoevski, Joyce, Hesse, Kafka, Vonnegut, Borges에 이르기까지의 문헌에 스며들어 있다. 더욱이 젊은이는 인간사회로 인도되어야 하기 때문에 교육과정은 인간의 중요한 관심사이다. 그러한 인도가 학교교육 제도를 통해 이루어지든, 또는 어린이들이 일상생활에서 어른을 모방해서 습득하든지 간에 교육과정은 행해지고 있었다.

그러므로 20세기 초반, 교육과정 연구진으로 알려진 이들은 기본적인 인간의 관심을 계승한 사람들이었다. 젊은이들을 성인 생활에 적응하도록 하는 활동을 비공식적으로 제공하는 것은 부모의 영원한 관심사이다. 사회 집단이 복잡해지면서 이러한 인도는 학교 제도에서 보다 공식화되었다. 교육과 학교교육의 내용은 예술에서 표현되고, 철학에서 논의되며, 양자 모두에서 비판받았다. 그리고 그 내용은 양자 모두에서 통합이 이루어지고, 나름대로 삶 자체가 되었다. 교육은 인생행로의 중요한 부분으로 다루어졌으며, 교육학 연구진들의 출현으로 더 전문화된 연구가 이루어졌다. 전문화가 발전하면서, 또 그 중심이 인생에서 대학으로 변화하면서 교육과정 연구와 개발이 전문 영역으로 등장하게 된 것이다.

2) 인생행로의 범위를 규정하는 자

교육과정 연구진들의 전문화가 이루어지면서 이전까지는 부차적이었던 것에 관심이 확대되었다. 청년을 성인 생활로 인도하는 것에 대한 관심으로 시작해서 그것은 폭넓은 문화적 · 예술적 · 지적 맥락에서 표현되었다. 그리고 인도 수단으로서의 학교교육은 그런 맥락에서의 관심을 주변적인 것으로 밀어냈다. 교육과정 저서들, 특히 개론서는 학교 경험이 젊은이들을 성인의 삶으로 이끄는 데 영향을 주는 요소라기보다는 단지 교육과정에 영향을 주는 보다 넓은 맥락에서의 원동력으로 다루었다. 보편적인 학교교육이 점차 강조되면서 전문화도 상당히 이루어졌다. 보편적인 학교교육이 전달하는 학습 내용에 도움이 된다면, 교육과정에 대한 전문적인 연구들은 합법적이라고 인정되었다. 교육과정 연구자들은 젊은이들이 인생을 효과적으로 시작하도록 준비시키는 것을 위임받은 집단이다. 하지만 그들이 전인적인 삶으로 인도하는 것에서 학교교육으로 관심을 전환시킨 바로 그 집단이라는 사실은 역설적이다. 다시 말하면, 20세기 이전에는 젊은이를 생활인으로 기르는 데 관심을 가졌지만, 20세기 이후 교육과정 전문가들의 책무는 젊은이들에게 학교라고 하는 제도를 통해 효과적인 삶을 안내하는 것으로 변화하게 된 것이다.

3) 학교교육을 확산시킨 자

교육과정 연구자들은 보편적인 학교교육에 답하기 위해 등장하였다. 간단히 말해서, 형식이 생기면서 내용이 필요하게 된 것이다. 컨베이어 벨트가 작동될 때는 무언가가 전달되어야 한다. 대안이 제시되지 않는다면 그 내용은 학교교육을 지배했던 전통적인 교과가 될 것이 분명했다. 전달에 유용한 것이 확정되지 않았다면 제멋대로 내용이 채워질 것이다. 제멋대로 채워진다면 전달하는 일은 수단 그 자체가 될 뿐이다. 그리고 보편적인 학교교육을 받는 것이 보편적인 요구가 될 것이다. 그렇다면 이렇게 다른 사람이 주도하는 학습에 대한 교육과정이 제공된다면 학생들은 계속해서 보편적인 학교교육을 받을 것인가? 학교교육의 교육과정이 학교교육 자체가 되는 것은 아닌가? 1970년대와 1980년대의 '잠재적 교육과정'에 대한 관심이 이것을 상징하는 것은 아닌가?

20세기 초반, 일반적인 학교교육 내용에 대해 전적으로 관심을 기울인 교육학자들은 거의 없었다. 몇 명의 교육학자들이 교육 내용에 관심을 두었다. 그런 관심은 대규모 학교교육보다는 사립학교 또는 비공식적인 학습경험에 초점을 둠으로써 성장했다. 앞서 언급했듯이 지적 전통주의자들에 대한 대안은 Herbart와 Dewey의 이론과 실제, Thorndike, Judd, Cattell의 측정과 행동주의에서 발견되었다. 두 가지 대안은 대중적 지지를 얻었다. 사회적 행동주의자들은 과학과 기술에서 그들의 타당성을 확보했으며, 경험주의자들은 개인주의, 민주주의, 반성적 과학과 윤리에 대한 신념에서 출발했다.

교육과정 연구자들이 보편적 학교교육을 위해 학습 내용을 창조하고 영속시켜야 한다는 요구로 해서 정당화되었음은 명백하다. 예를 들어, De Garmo, Dewey, Hall, Judd, Thorndike 등의 교육학자들은 학교교육을 지배했던 지적 전통주의자들의 단편적인 교육과정에 대안적 관점들을 제안하였다.

4) 교육과정 개발자

교육과정 연구진들이 교육과정을 개발하는 것은 일종의 직업적 임무였다. 교육과정을 발견하거나 창안하는 것 외에 다른 어느 것이 교육과정 연구의 목적이 될 수 있겠는가? 교육과정학자들은 수시로 교육과정을 개발한다. 그들은 교육과정 자료를 준비하고, 프로그램의 예를 제안하며, 교육과정 실행에 대해 조사하거나 평가한다. 그러나 교육과정학자들은 일반적인 프로그램이 수많은 교과의 특수한 상황에서 구체적인 요구를 충족시키기에는 역부족이라는 것을 바로 깨달았다. 그래서 그들은 논의 수준을 높여 젊은이들이 습득하거나 개발해야 할 중요한 지식이나 기술이 무엇인가가 아니라 교육과정을 어떻게 개발할 것인가에 대한 문제를 다루었다.

학자들은 학교의 교육과정을 구성하는 학습 내용에 대한 결정을 분산시켰다. 그들은 전문적 지식을 주장하는 대신 주정부와 지역에 결정권을 넘겨 주었다. 그들은 학교의 교육과정을 계획하는 사람들이 교육과정을 개발할 때 유용한 '원리'를 제공하려고 하였다. 이것은 흔히 스스로 결정한다는 민주적 이상에 맞는 것으로 지지되었다. 아마도 이것은 교육과정 개발이 기본적으로 실천적인 과제라는 것을 인식한 데서 연유한 것으로 보인다. 어쨌든 교육과정 연구자들은 바람직한 교육과정을 개발하는 방법을 제시하고 절차에 관심을 가진 학자들로 알려지게 되었다. 그들은 현재의 지역 교육과정을 개발하는 주역에서 밀려나게 되었다.

5) 교육과정학 교수들

교육과정 연구자들의 초기 관심사는 학교를 위해 무엇을 제공할 것인가 하는 것이었다. 교사를 양성하는 사범학교가 광범위하게 존재하게 되자, 이에 대한 선례가 수립되었다. 일부 저명한 철학자, 심리학자, 교육학자들과 그들의 학생들이 교육과정 구성에 관심을 가지면서 교육과정은 대학과 관련을 맺게 되었다.

대학에 자리를 차지하게 되면서 교육과정 연구자들의 역할은 변화되었다. 교육과정 연구자들 중 교수들은 그들에게 의무로 부과된 보상과 기대 체제에 따라 많은 역할을 하게 되었다. 어떤 연구자는 조언하고 가르치는 것뿐 아니라 책을 출판함으로써 그 임무를 수행하였다. 저서들은 정당성을 담보해 주는 것이었다. 그것들은 가르치고 조언하는 것을 용이하게 했지만, 그에 더해 학문적으로도 생산성이 있음을 입증했다.

전문적인 지식의 제공자로서 교육과정 교수들은 사회적 행동주의, 경험주의, 지적 전통주의의 세 가지 교육과정 입장들을 절충적으로 선택하였다. 그리고 그러한 절충적 입장에서 교사와 행정가를 지도하면서 얻은 처방과 설명 등을 엮어 책으로 출간하기 시작하였다. 이제 막 대학에 들어 온 신참 교육과정 교수들이 나중에 저술을 하기 위한 기초로 사용될 지식을 발견하기는 어려운 일이었다. 그러므로 그들은 때로 자신이 실제적으로 추구하는 것과는 거리가 먼 자료 중에서만 선택하기도 했다.

교육과정과 좀 더 정체성이 확립된 연구 영역 또는 학문 사이의 격차는 여전했다. 방법론과 내용 사이의 격차가 명백한 증거이다. 다른 교육학자들처럼 교육과정학자들은 방법론적으로 자연과학의 성과를 모방하는 사회과학자들을 모방했다. 자연과학자들이 통계학에 많이 의존하다가 이론 구축으로 이동했을 때, 사회과학자들은 통계학에 주요한 관심을 쏟았고, 교육학자들은 학생들에게 통계학적으로 더 많은 요구를 했다. 자연과학자들이 이론에서 상황분석으로 이동했을 때 사회과학자들은 이론을 개발하기 시작했고, 교육과정학자들은 이론에 대한 필요를 표명했으며(Herrick & Tyler, 1950), 그것이 무엇을 의미하는지 숙고하였다.

실제적으로 지체가 일어나는 경우는 비슷하다. 실존주의 철학과 심리학은 Sartre, Camus, Jaspers, Heidegger, Kafka 그리고 1930년대까지 여러 학자들의 철학적이고 문학적인 핵심 관심사였다. 그러다가 1970년대 들어 비로소 실존주의적 관점은 교육과정학에서 의미 있게 표현되었다.

Harry S. Broudy[5]가 제기한 것과 비슷한 문제가 상당히 관련성이 있다.

5) Broudy, H. S. What Do Professors of Education Profess? 1979년 2월 28일, 시카고에서 열린 The Society of Professors of Education의 연차대회 때 De Garmo의 강의 내용. (이 내용은 후에 The Society에 의해 간행되었다.)

그는 '교육학 교수들은 무엇을 가르치는가?' 라고 질문했다. 20세기 전반에 걸쳐 대개의 학문 집단은 정당성과 관계없이 교육학자들과 비슷한 질문을 했다. 물론 교육과정학자라고 주장하는 이들에게도 마찬가지다. 게다가 그들은 저서를 쓸 때 그들 스스로에게 이런 질문을 했다. 교육과정 연구자들이 생존하기 위해 가르쳐야 했다는 것은 분명하다. 그러므로 교육과정학자들은 지식을 개발해야만 했으며, 그렇게 함에 따라 교육과정 개발 자체는 학문적인 출판물에 밀려나게 되었다.

6) 지식의 생성자

만약 교육과정 교수들의 일이 지식을 가르치는 것이라면, 그들은 지식을 안정적으로 창출할 필요가 있었다. 더 나아가서, 이러한 지식은 학계에서 인정된 것과 합치되어야 했다. 지식은 그 시대의 인식론이나 적어도 그보다 조금 이전의 인식론을 따르는 것이어야 했다.

어떤 종류의 지식이 생성되어야 하는가 하는 문제는 교육과정학자들을 괴롭혔다. 학문 연구의 창조자로서, 교육과정 연구자는 학교 현상에 대해 경험적으로 정당화할 수 있도록 설명해야 했다. 그러한 설명은 그 시대의 이론(Schwab, 1970), 또는 개념적 경험주의자(Pinar, 1975)의 인식론을 따르는 것이어야 했다.[6] 동시에 전문적인 연구 영역으로서 교육과정은 학교 내 실천가들을 도울 수 있어야 했다. 80년의 역사를 통해서, 교육과정 연구진들은 이론적 연구와 학교에서의 역할 모두에서 너무 많거나 너무 적다는 비난을 받게 되었다. 대체로 그것은 처방에 있어서는 강하나, 설명에 있어서는 빈약하다는 것이었다. 저자들은 이러한 비교가 반영된 책을 저술하였고, 학문적인

6) 독자들은 Schwab(1970)이 이론적이라고 명명한 교육적 연구의 인식론적 기초를 비판하고 실천적 또는 준 실천적인 것으로 옮겨가야 한다고 주장한 것을 기억할 것이다. 비슷하게 Pinar(1975)는 사회과학의 교육적 연구를 개념적 경험주의라고 이름 짓고 이를 비판하였는데, 그는 재개념주의화와 해방으로의 이동을 주장하였다.

설명과 실천적인 처방에 대한 요구를 동시에 만족시키려는 시도로 두 가지를 혼합한 책들을 제공하였다. 실천가들을 위한 책들은 보다 이론적이고 개념적 경험주의적인 것이 되었다. 그러므로 그것들은 구체적이고 실천적 문제들의 요구는 충족시키지 못했다. 반면에 학자를 위한 책들은 학계가 칭찬할 만한 엄밀성, 냉철함, 일반화가 결여되어 있었다. 교육과정 연구 영역에는 이해가 결여된, 아니 이해하려는 노력조차 결여된 일련의 문제들이 명백하게 포함되었다. 그 결과 그러한 책들은 학자들에게는 피상적인 것으로 또 실천가들에게는 구체적이고 실제적인 관심과는 거리가 있다고 자주 비판을 받았다.

그러한 비판에도 불구하고, 저서들은 정당화의 근거가 되었고, 시간이 흐를수록 출간도 꾸준히 늘어났다. 저서는 실제로 크게 확대되었다. 이 분야의 성장은 누적되었으나 상당 부분 계획성 없이 진행되고 있었다. 처음에 교육과정은 주목할 만한 교육학의 일부분으로 다루어질 만큼 충분히 중요한 영역으로 인정되었다. 분명히 초기의 많은 교육과정학자들은 그들의 존재를 가능케 한 정신 도야의 입장에서 구체화된 전통에 의존하고 있었다. 따라서 지적 전통주의자들의 입장을 전체적으로 반영한 20세기 초 30년 동안 많은 책들이 출간되었다. 그 외의 저서들은 Thorndike, Strayer, Wundt, Herbart, De Garmo, Dewey, Peirce, James 등과 같은 교육, 철학, 심리학에서의 학문적 선조에 더 의존하고 있었다. 비록 이러한 학자들이 교육과정에 있어 사회적 행동주의와 경험주의 사상에 큰 영향을 주었지만, 교육과정학자는 아니었다.

시간이 흐르면서, 교육과정 지식에 있어 보다 분화된 영역들이 등장했다. 처음에는 교육의 수준을 초등, 중등, 중학교로 분할하였다. 일부는 교과목을 분리하여 다루었다. 몇몇은 이들 처방과 설명들의 배경이 된 가설들을 탐구하였다. 또 다른 것들은 교육과정 개발을 위한 과정 또는 절차를 주장하였다. 또 많은 이들은 교육과정 행정, 실행, 자료와 '문제' 또는 '쟁점'이라 불리는 갖가지의 아이디어들을 다루었다. 어떤 저서들은 비공식적인 사례 연구 또는 다양한 설문조사를 통한 자료를 제공하였다. 소수의 저서는 이러한 처방과 설명들에서 도출된 교수(teaching)가 함의하는 것을 탐구하였다.

1950년대에, 교육과정 지식은 많은 다른 형태와 형식으로 등장하였기 때문에 전문적인 교육과정학자가 아닌 사람들은 전체적인 윤곽을 잡을 수 없을 정도였다. 그것은 단지 학자들만을 위한 것이 아닌, 교육 행정가, 관리자, 교사를 양성하는 데 활용된 지식이었나. 대부분의 교육 행정가, 관리자, 교사들은 하나 또는 두 개의 교육과정 코스만을 택하였다. 그리하여 실천가들이 교육과정에 관해 알아야 할 모든 내용을 한 번에 섭렵할 수 있는 개론서들이 만들어졌다.

1960년대에 와서 그런 문헌은 관념적인 추론이라고 혹독하게 비판받았다. 심지어 많은 것들이 학교와 직접적으로 관련되어 유래된 것이었지만, 그것은 교육학 연구를 지배하는 인식론적 시각을 통해 옹호될 수 있는 방식으로 유래된 것은 아니었다. 정당한 지식은 분석 철학자들이 인정한 개념적 분석의 형태 혹은 사회과학자와 심리학자가 인정한 경험적 연구의 형태를 취해야 했다. 이렇게 유리한 위치에 있던 두 가지 형태의 과도한 연구가 1960년대 초부터 1980년대에 이르기까지 교육과정 저서의 대부분을 이루었다.

7) 자유를 향한 아우성

결국 1970년대 들어 교육과정 연구에서 우세했던 인식론에 대해 비판이 일기 시작했다. Schwab의 이론적 연구 체계에 대한 비판은 유명하다. Apple, Huebner, Mann, Macdonald, Greene, Stake, Eisner, Pinar, Willis, Bowers, Stenhouse, Reid, van Manen, Aoki 등의 걸출한 교육과정학자들은 현상학적, 변증법적, 실존주의적, 문학적, 정신분석학적, 실천적, 미학적 입장을 수용하여 교육과정 연구를 해야 한다고 주장하였다. 그들의 관점은 많은 점에서 서로 상당히 다르지만, 하나의 인식론적 기반이 지배하는 사슬로부터 자유로워야 한다고 주장한 점에서는 같았다. 이러한 비판은 교육과정 연구의 여러 차원에서 광범위하게 이루어졌는데, 그것은 교육과정에 대한 학문적 연구, 교육과정 개발, 학교 교육과정의 내용, 무엇보다 중요한 학교 경험의 질, 학교 경험과 교실 밖 생활과의 관계 등의 차원이었다.

3. 제 언

교육과정사를 연구하는 목적은 교육과정의 현재와 미래를 이끌어가는 통찰력을 제시하는 데 있다. 과거 교육과정 연구진들의 직업적 특성에 관한 지식은 장차 교육과정사 연구가 나아가야 할 방향으로 발전하게 할 것이다. 교육과정학자들의 연구가 교사들의 교육과정 실행과 학생들의 지식 획득에 미치는 영향은 명확하지 않지만, 나는 학자들의 연구가 궁극적으로 교사들과 학생들에게 보다 가치 있는 경험을 제공하는 것을 목적으로 해야 한다고 제안한다. 그러므로 나는 기본적인 것이지만, 교육과정 문헌을 저술하는 사람들에게 다음의 다섯 가지 제언을 하고자 한다.

1) 기원의 탐구

교육과정 연구자의 기원에 대한 탐구는 이미 오래전에 시작되었으며, 1960년대와 1970년대에는 역사에 무관심한 것을 경계하는 여러 개의 문헌이 출간되었다. 이 책은 20세기 교육과정학자들이 출간한 책들을 소개하려고 시도한 것이다. 또한 뛰어난 저서들을 해석하고 논의해 보려는 시도이기도 하다. 더 나아가서 이 책은 교육과정 문헌과 관련된 사회문화적 맥락에서 가장 중요한 사건을 조망하고자 하였다. 이 책의 마지막 장에서, 교육과정 연구자에 대한 단편적인 지식과 그 연구의 상징인 문헌을 연결하고자 노력하였다.

그러나 교육과정의 기원은 제목에 교육과정이 포함된 책이 출간된 것보다 더 오래된 역사를 가지고 있다. 교육과정학의 뿌리는 역사, 철학, 고대의 예술에서도 찾을 수 있다. 그 원형들은 평범한 가족생활, 사회의 발전, 예술에서도 찾을 수 있다. 동시에 그것들은 성인들이 면면이 이어온 문화로 어린이들과 젊은이들을 인도하면서, 여정의 내용에 지속적인 관심을 갖는다. 문학적 · 예술적 · 역사적 · 철학적인 자료들은 그러한 여정을 해석하고 평가하며 비평하고 있다. 그것들은 때로 개혁올 제안한다. 그것은 우리의 전문적인 세계에서 분화된 연구 영역으로 교육과정을 탄생시켰다. 오늘날 교육과정 연구를 하고자 하는 사람들이 더 많은 인간의 관심사를 알아야 하는 것은 필수적이다.

2) 기원의 경쟁

오늘날 많은 영역에서 기원에 대한 탐구는 지식의 성장이 언제나 자생력 없는 아이디어를 찾아내고, 생산적인 아이디어를 보존한다는 고정 관념을 믿지 않는다. 심지어 자연과학자들도 이전에는 낡은 생각이라고 믿었던 문서들을 다시 살펴보고 있다. 새로운 관점에서 보면, 그러한 문서들은 종종 현재의 문제들을 해명하는 방법과 내용을 보여 준다.

교육과정학자들도 비슷한 경험을 하고 있다. 어떤 학자들은 교육과정이 전문화될수록 학교교육을 과장하게 되어 아동에서 성인으로 육성하는 교육과정의 전인적인 이상을 흐리게 하고 있음을 깨닫기 시작하였다. 그러한 이상은 소설이나 시, 영화, 그림, 음악이나 공연예술에서 표현되며, 심리학, 철학, 인류학, 역사에서 분석되고 있다. 이러한 자료들은 직관, 경험주의, 경험, 계시, 이성, 권위, 공리 등의 다양한 인식론적 기초를 반영하고 있다. 행동주의 과학은 이제 교육과정을 연구하는 유일한 방법이 아니다. 전문화가 이루어지기 전 교육과정의 통찰에 기여했던 풍부한 관점들이 재검토될 필요가 있다. 그런 점에서 다양한 방법론들이 무시되어서는 안 될 것이다.

비록 지금은 거의 소멸되었지만, 최근의 교육과정 연구진들이 저술한 문헌들을 재검토하려는 노력이 이루어지고 있다. Fodor는 교육과정 연구자들의 문헌에서 공통적으로 등장하는 선조를 언급하면서 심리학과 관련시켜 잘 설명하고 있다.

> 명상심리학이라고 불리는 학문이 있었다. 그것은 경험적으로 이론을 구성하기 때문에 철학은 아니었다. 또, 실험과학이 아니었기 때문에 심리학이라고 할 수도 없었다. 그러나 명상심리학은 과학 이론이 개념적으로 훈련되고 경험적으로 제한되어야 한다는 개념을 따르고 있기 때문에 철학과 심리학 모두를 방법으로 사용했다. 명상심리학자들이 행한 것은 다음과 같다. 그들은 생각하는 과정에 관한 유용한 자료를 숙고하였고, 그러한 자료를 설명하기 위해 제안된 심리학 이론을 가장 먼저 고려하였다. 그리고 그들은 자료와 이론에 함축되어 있는 마음의 일반적인 개념을 밝히려고 하였다. 명상심리학은 대체적으로 매우 좋은 것이었다. William James와 Dewey는 명상심리학자들이었고, 또 어떤 면에서는 Clark Hull도 마찬가지였다. 하지만 이제는 명상심리학자들이 없었다는 것이 일반적인 통설이다.[7]

나는 교육과정 연구자들이 사색하는 경향을 없애야 한다는 압박감을 떨쳐 버려야 한다고 제안한다. 그래서 학교교육 자체에만 관심을 기울이면서 교육과정을 전문화시키는 세력에 반대해야 한다. 또한 교육과정학자들이 단순히 학교교육만이 아닌 문화와 상관된 요소로서 교육과정을 폭넓게 인식하려는 경향을 촉진시켜야 한다고 제안한다. 이를 위한 필수조건으로 적어도 그 과정에, 교육과정학자들은 오늘날 교육학 연구의 과정을 주도하고 있는 몇몇 사회과학 및 행동과학을 뒷받침하는 인식론적 가정의 한계와 기만성을 폭로해야 한다. 1979년에 Schwab은 당시 우세했던 사회과학 방법론으로 맹목적인 가치에 집착하는 것을 못 본 체하며 학문적 체통을 내세우는 교육자

7) J. Fodor는 심리학, 언어학, 정신 철학을 포함하는 장문의 논문에서 진지한 사색을 시작할 필요가 있다고 제시하였다. J. Fodor의 *The Language of Thought* (New York: Crowell, 1975)을 보라. 인용구는 7쪽에 있는 내용이다.

들의 타락에 대해 경고한 바 있다.[8] 같은 회의에서 Scriven은 교육학 연구자들에게 사회과학자들 스스로가 경쟁할 가치가 있다고 인정하는 인식론적 가정에 바탕을 둔 연구 방법론을 개발해야 한다고 촉구하였다.[9]

교육과정 연구의 적용에 있어, 나는 많은 방법론이 필연적으로 종합되어야 한다고 제안한다. 적절한 연구 방법과 표현 방식이란 사회과학과 자연과학뿐만 아니라, 철학, 인문과학, 예술, 종교, 응용과학과 예술가의 문헌에서 인간 상황을 조망한 풍부한 선례들과 전적으로 다른 것이 아니기 때문이다. 교육과정의 문제를 이해하기 위해서는 진, 선, 미를 궁극적으로 추구하는 것처럼 진지하게 노력해야 한다. 어린이들을 사회의 구성원으로 성장시키는 것, 그들의 여정을 더 큰 의미, 선, 지혜로 반성적이고 창의적으로 안내하려는 시도는 모두 위대한 철학적 질문들을 담고 있기 때문에 최대한 진지해야 하는 것이다.

3) 이상과 현실

앞에서 내가 교육과정학을 위해 주장했던 높은 이상, 즉 덕과 지혜를 이상적으로 탐구하는 것은 참으로 중요한 것이다. 그것은 교육학 교수들이 무엇을 연구해야 하는가 하는 비평서에서 Broudy의 주장과 비슷하다.[10] 그는 Plato의 *divided line* (국가론 6권)을 인용하여, 교육학자들이 좀처럼 사실수준과 가설의 실체 혹은 모형의 수준인 수준 2나 3을 넘어서지 않는다고 주장했다. 사실 그들이 형태를 갖춘 지혜나 직관의 영역인 수준 4에 대한 연구를

8) 이것은 1979년 4월 샌프란시스코에서 열린 AERA 연차대회의 주요 목적이었다. Joseph Schwab이 의장을 맡았던 12.01 Session에서는 이것을 'Values Imposed by the Behavioral and Social Disciplines: Implications for Education Research and Development Policy' 라고 이름 붙였다(이 시리즈는 6개의 세션을 포함한다: 1.24, 4.14, 6.11, 8.17, 0.106, 11.30. 이것은 Hendrik Gideonse와 Robert Koff가 구성하였다).

9) 이러한 문제제기는 1979년 4월 10일, 샌프란시스코의 AERA의 연차 대회에서 그 해 의장이었던 Michael Scriven의 연설에서 제안되었다.

10) Broudy, H. S. What Do Professors of Education Profess?

주장하는 것은 도를 넘어선 것이다. 대부분의 교육과정학자, 다른 교육자 및 학자들이 Abraham Kaplan의 책 제목[11)]과 같이 지혜를 추구하고 있다는 사실을 바로 인정하기는 어렵다. 그렇다고 해서 교육과정학자들이 이러한 연구를 멈출 수는 없다. 결국 누군가는 어린이와 청소년을 성인의 사회생활로 인도하는 여정에 대한 연구와 개발과 같은 가치 있는 진지한 노력을 추구해야 한다.

이러한 노력을 도입하는 것이야말로 매우 의미 있고, 또한 많은 교육과정 연구자들의 마음과 정신에 남아 있는 영감을 싹트게 할 것이라고 믿는다. 아마 이렇게 영감을 싹트게 하는 것이야말로 교육과정학자들이 학구적 자세가 약화된 상황에서도 창조할 힘을 내도록 할 것이다. 이 책에서 지금까지 언급되지 않았지만, 균형 있는 시각을 제공하기 위해서는 어느 정도 현실적인 이러한 특징들을 우리들의 높은 이상과 함께 추구해야 한다. 교육과정 교수들은 훌륭한 교사나 상담자, 연구자, 저술가일 것을 요구받고 있다. 그들은 다른 학문 영역의 동료들과 생산적으로 경쟁하며, 교육과정을 통해 어린이와 젊은이들의 여정에 직접적인 기여를 하기보다는 저서를 출간함으로써 동료들이 규정한 생산성을 가지도록 요구받고 있다. 그들의 학문적인 연구와 능력은 다소 부족하다는 평을 받고 있다. 게다가 교육과정학자들의 장차 고객인 학생들은 교육과정을 대개 교육과정 안내서 및 유사한 문서와 관련시키기 때문에 교육과정을 무미건조하고 따분하다고 생각하곤 한다. 한편 다른 각도에서 보면, 유치원에서부터 대학원까지 전체적인 교육 편제를 검토하자는 대중의 비판을 간과할 수는 없다. 그리고 교육과정학자들은 이러한 현실에 영향을 받지 않을 수도 없다.

분명히 교육과정학자들에게 동기를 부여하는 이상과 그들의 동료, 고객, 대중들이 요구하는 연구의 유용성 사이에는 약간의 틈새도 없다. 그렇다면 중요한 문제는 교육과정 연구자들의 연구에 더 많은 관심을 갖게 하는 것이

---

11) Kaplan, A. (1977). *In pursuit of wisdom*. London: Glencoe Press.

다. 교육과정 연구가 처음 성장한 영역보다 더 넓은 영역에, 즉 탄생에서부터 성인이 되기까지의 여정에 대해 전인적인 관심을 갖도록 교육과정 연구를 적용하면 중대한 진전을 이루어 낼 수 있다. 다행히 보편적인 학교교육을 날카롭게 비판함으로써 교수다워지려는 이러한 관심은, 학교교육에 전념할 필요가 있기 때문에 그 방향이 전환된 것뿐이지 사라진 것은 아니었다. 지금은 학교교육 및 그 이상을 포괄하기 위해서 교육과정 연구를 보다 폭넓게 수행하는 것이 요구되고 있다. 그 예로 탈학교 교육과정과 인간 내부의 이론을 언급하고자 한다.

4) 학교 밖의 교육과정

교육과정 저서들은 거의 하나같이 학교교육을 위한 교육과정을 보편적으로 강조하고 있다. 교육과정은 그것의 사회적 · 문화적 맥락과 구별되어, 어린이가 성인들의 삶을 이해하고, 그 안에서 작용하며, 삶에 기여할 수 있도록 하는 여정에서 수많은 동인들 중 하나로만 다루어진다. 그 한 가지 동인이 학교교육이다. 대부분의 교사는 학교교육의 통제를 넘어서고 범위 밖에 있는 요인들이 아동의 세계관에 엄청난 영향을 준다고 인정할 것이다. 가정, 또래 집단, 공식적인 청소년 단체, 직업, 대중매체는 어린이와 청소년에게 깊은 영향을 미친다. 이것들은 원래부터 교육과정이고, 교육과정학자들에 의해 교육과정으로 연구되어야 한다.

이러한 탈학교 교육과정의 효과를 누적시켜 비교해 보면 학교 교육과정 자체의 효과는 상대적으로 왜소하기만 하다. 삶을 대상으로 한 교육과정이 갖는 상호의존적 특징과는 별도로 분리된 교육과정이 의미 있는 연구가 될 수 있을지 의심스럽다. 각각의 교육과정은 자신과 다른 것들, 희망, 야망, 두려움, 통찰, 가치, 역할, 규칙, 권력계급 등의 개념에 영향을 준다. 교육과정 연구자들은 학교 교육과정 연구를 위한 분석적 범주의 목록을 축적해 왔다. 나는 이런 범주나 혹은 유사한 범주가 탈학교 교육과정의 주요한 영역인 대중매체, 또래집단, 직업, 단체, 가정의 교육과정에 의해 아동과 청소년들의 여정을 그리는 데 활용될 수 있다고 제안한다.

5) 인간 내부의 '이론'

탈학교와 학교 교육과정은 어린이들과 청소년 내부의 '이론'이나 세계관을 구체화한다. 그것들은 자신의 기능을 안내하고, 세상이 어떻게 작동하고 세상과 어떻게 연관되어 있는지 하는 세상에 대한 정보나 잘못된 정보를 구체화하는 살아 있는 이론이다. 학생에 대한 지식이 없다면, 교육과정 개발자들이 성인기를 향한 아동과 청소년의 다음 단계 여정에 필요한 것이 무엇인가를 어떻게 결정할 수 있을까?[12] 만일 교육과정에 대해 끊임없이 흥미를 가지려면 반드시 다루어야 하는 인간의 이상을 세우고 인간 특성을 구체화하기 위해 필요한 것이 바로 인생 여정에 대한 지식이다. 그것은 Jaeger가 '그리스적 특성의 형상화'인 교육(paideia)을 설명할 때 추구한 것과 유사하다(p. ix).[13] 그는 고전적 연구의 독특한 목적을 다음과 같이 설명했다.

> 많은 학자들이 국가, 사회, 문학, 종교의 발전과 그리스 철학을 설명하려고 시도했지만, 누구도 그리스인의 특성이 형성된 역사적 과정과 인간 개인의 이상을 구성하는 지적 과정 사이의 상호작용을 설명하려는 시도는 하지 않은 것 같다(Jaeger, 1945, p. ix).

모든 문화에서 교육(paideia)의 특성을 기술하는 것은 어떤 학문적 영역에

---

12) 나는 이러한 생각을 다음 논문에서 간단히 논의하였다. *Educational Knowledge about Student Knowledge*. Insights, December 1978, *15*(2): 3-4. 탈학교 교육과정과 인간 내부의 이론은 최근의 논문에서 다루고 있는 주제들이다.

13) Jaeger, W. (1976). *Paideia: The Ideals of Greek Culture*(1권). New York: Oxford University Press, 1945년판의 재발행본, p. ix.

서도 중요하고, 누구와도 관계가 있으며, 교육과정학자들의 연구에 필수적이라고 주장한다. 우리는 교육(paideia)의 본질을 빈틈없이 이해함으로써, 아동과 젊은이들이 끊임없이 시작하는 여정을 교육과정에 의해 확대해서 창조해 낼 수 있도록 하는 위치를 획득하게 된다.

제12장 교육과정 문헌과 저자들: 20년간의 연구를 덧붙이며 드는 생각

(제2판의 후기)

20년 이상 교육과정을 연구하고 숙고하였다면, 지금까지 등장한 교육과정 문헌에 대해 무엇을 말할 수 있는가? 이 책은 교육과정 연구의 범위를 확실하게 규정할 수 있도록 한곳에 모아 놓은 자료가 부족하다는 문제를 해결하고자 시작되었다. 서문에서 언급한 바와 같이, 교육과정 전공 학생들이나 학자들은 자신이 일생동안 매진하고 있는 교육과정 영역을 구성하고 있는 자료의 목록과 그것을 분석한 것에서 도움을 받을 수 있을 것이다. 이상하게도 지난 수년간에 걸친 교육과정에 대한 연구와 숙고에도 불구하고 여러 질문들이 가진 심오함과 복잡함을 명백히 밝히는 결정적인 해답을 얻을 수 있는 가능성이 점점 희박해지고 있다. 자료를 구성하고 있는 것이 무엇인가에 관한 문제마저도 의문투성이다.

교육과정 문헌이 현저하게 증가하고 있는 것을 어떻게 이해할 것인가? 문헌을 어떻게 정의하든지 간에, 1970년대 초반부터 오늘날에 이르기까지, 특히 1980년대 이후로 교육과정학이 사상 유례가 없는 성장을 했다는 것은 분명하다. 교육과정 연구의 목적은 1960년대 후반과 1970년대 초반까지는 교육과정 개발의 절차에 관한 것이었으나, 1980년대와 1990년대에 들어서는 개인적 · 문화적 · 이념적 현상으로 교육과정을 이해하는 것으로 이동하기 시작했다(Pinar et al., 1995).

문화, 사회, 개인의 삶에서 우리들이 교육과정에 대한 더 넓고 심오한 의미를 가장 잘 이해할 수 있도록 해 주는 문헌을 식별하기란 어려운 일이다. 그러므로 어떤 책을 교육과정 문헌으로 선정하는 것은 이전보다 훨씬 더 어려운 문제가 되었으며, 여러 가지 문제를 야기하고 있다.

- 다양한 단체의 토론회에 참가함으로써 자신이 교육과정 분야와 관계가 있다는 사람들이 출간한 저서를 교육과정 문헌으로 단순히 규정해야 하는가? 즉, 그들은 다음과 같은 단체 중 하나 이상에 속하는 사람들이다. AREA의 교육과정 분과, AREA의 The Special Interest Group on Critical Issues in Curriculum, 교육과정 교수들, ASCD의 교육과정 교사 모임, The Society for the Study of Curriculum History, ASCD(현재, 회원이 200,000명 정도에 달함), JCT 회의 참가자(Bergamo 회의라고도 불림), 1990년 중반에 설립된 The American Association for Curriculum and Teaching이라는 새로운 조직, The Annual Conferences on Curriculum and Pedagogy, The World Council for Curriculum and Instruction, 미국 이외의 이와 유사한 교육과정학자들의 조직들(대부분 대학에서 유래) 등이다.
- 제목에 '교육과정'이라는 용어가 쓰인 책은 교육과정 문헌으로 한정해야 하는가? (특정 교과 전공을 포함할 것인가 배제할 것인가?)
- *Curriculum Inquiry, Journal of Curriculum Studies, JCT, Journal of Curriculum and Supervision, Curriculum and Teaching*(호주) 혹은 *Curriculum*(영국)과 같은 유명한 교육과정 학술지에 종종 등장하

는 저자들이 쓴 책을 교육과정 문헌이라고 정의하는 것은 어떨까?

- 교육과정학은 앞에서 언급된 단체의 회원들이 교육과정이라는 명칭이 포함된 책, 교육과정 학술지 등에서 자주 언급하는 문헌의 저자들도 포함해야 할까? 그 저자들은 교육과정에 대한 논의를 하는 이러한 공개 토론회에 대개는 참석하지 않았는데, 예를 들면 John Dewey, Jerome Bruner, Charles Silberman, Madeline Hunter, Jonathan Kozol, Sarah Lawrence Lightfoot, Deborah Meier, Paulo Freire, Howard Gardner, William Glasser, E. D. Hirsch, Alfie Kohn 등이다. 또는 공인된 교육과정 학회에서 기조연설을 위해 잠시 들르는 경우를 제외하고는 좀처럼 등장하지 않는 저자들도 포함해야 하는가?
- 교육과정 문헌을 학문적 계보(intellectual genealogy)에 의해 규정하는 것은 어떨까? 즉, 문헌들이 교육과정의 보편적인 개념에 적합한지 여부와는 관계없이, 20세기 초반의 주요 교육과정 저자들에게 가르침을 받은 학자들이 출간한 문헌을 교육과정 문헌이라고 할 수 있을까? 이렇게 하는 것이 교육과정 분야의 중요한 자료들을 진지하게 연구하는 것으로 출발한 이들이 발표한 교수, 장학, 교육 개혁, 교육과정, 교수 및 개혁의 역사적 맥락과 같은 새로운 전망을 이해하는 것이 아닐까?
- 우리가 이 책에서 교육과정의 기본적인 질문이라고 규정한 것에 대답하는 것은 무엇이든지 교육과정 문헌이라고 정의하는 것은 어떨까? 무엇이 알고, 경험하고, 행하고, 존재하고, 공유하고, 기여할 만한 가치가 있는가? 왜? 언제? 어떻게? 어디서? 누구를 위해? 어떤 결과가 뒤따르는가? 등이다. 이러한 목적이라면, 저자들은 교육의 여러 하위 영역에 산재한 것 중 무엇을 포함시킬 필요가 있을까?
- 더 깊고 넓은 범위에서 이러한 질문을 한다면, 쉽게 분류될 수 없는 일상의 삶에서 통찰력을 가진 사람인 철학자, 작가, 박애주의자, 과학자, 종교 지도자, 예술가, 지식인, 사업 · 산업 · 기술 · 언론의 지도자들을 식별하기 위해, 교육과정이나 학교교육에 대해 글을 쓰는 사람만을 포함

시키는 것은 피해야 하는 것이 아닌가?

우리가 합법적으로 교육과정 문헌이라고 부를 수 있는 범위를 확장시키면, 오늘날 교육과정 문헌을 구성하는 것이 무엇인가 하는 문제를 다루기 위해 이러한 다양한 관점을 적용하는 것이 정당한 것으로만 보인다. 게다가 다양하면서 동시에 작용하는 관점을 유지하는 것은 오늘날 교육과정 분야에 등장한 포스트모더니즘의 정신과도 어울린다. 그러한 관점을 전 범위에 걸쳐 다루기에는 공간이 부족하지만, 우리는 여기서 가능성을 보여 줄 수 있다.

12장의 나머지 부분에서는 교육과정 문헌에 대한 가장 협의의 개념, 즉 교육과정을 학교라는 환경에서 주로 그 법규를 다루는 것으로 간주하는 연구에서 벗어나, 삶의 '과정' 에 대한 저서로 고찰할 것이다. 그리고 20세기 전반에 걸친 교육과정 문헌을 분류하는 데 있어 새로운 범주와 과거의 범주를 살펴볼 것이다(Schubert & Lopez Schubert, 1980; Schubert, 1986; Jackson, 1992a; Pinar et al., 1995 참조). 또한 그 사례가 되는 교육과정학자들을 살펴보고, 그들의 연구가 지난 수년간 어떻게 확대되었는지를 논의할 것이다. 더 나아가 사제 관계가 되는 몇 가지 사례, 후속 세대가 교육과정 연구를 이어간 방법 등을 계통적으로 검토할 것이다. 무엇보다도 우리는 기본적인 교육과정 질문들을 재검토하고, 교육과정 분야에서 버림받은 이들에게 주목하면서 그 질문들에 대하여 의미 있는 답변을 한 학자를 고찰할 것이다. 마지막으로는 오늘날 문화와 사회에서 기본적인 교육과정 질문에 대한 답이 어디에 존재하는지를 탐구할 것이다. 본질적으로, 오늘날 학교 안과 밖에서 실질적인 교육과정학자들은 누구인가? 그들은 교육과정 연구 분야에서 무엇과 관련되어 있는가? 이와 더불어 앞으로 교육과정 연구는 누가 하며, 무엇을 할 것인가에 대해 생각해 볼 것이다.

1. 교육과정 분야에 대한 현대적 개관

교육과정은 현재도 수많은 관련 자료가 급격히 증가하면서 더욱 어려워지고 있다. 이렇게 교육과정이 새로운 시대로 진입하고 있지만, 개론서는 여전히 강조되고 있다. 새로운 개론서는 다음과 같다. Marsh와 Willis(1995), Longstreet와 Shane(1993), Morrison(1993), Pratt(1994), Henson(1995), Jackson(1992a)의 교육과정 연구에 대한 개론적 입문서, 교육과정 연구 유형에 대한 개요를 편집한 책(Short, 1991), 교육과정 기초지식의 경험적 분석을 한 책(Behar, 1994), 교육과정 연구에서의 새로운 담론을 담고 있는 교재를 정교하게 해설한 Pinar와 그 동료들의 저서(1995), 논평, 면접, 교육적 맥락에서 사건 및 이야기를 모아 교육과정 연구를 묘사한 저서(Marshall, Sears, & Schubert, 2000) 등이 그 예이다. 지난 수십 년 동안 활용된 개론서의 개정판들도 있다. Doll(1996, 9판), Eisner(1994b, 3판), Print(1993, 2판), Wiles와 Bondi(1998, 5판), Oliva(1997, 4판), McNeil(1996, 5판), Hass와 Parkay(1993, 6판), Ornstein과 Hunkins(1993, 2판), Posner(1995, 2판), Tanner와 Tanner(1995, 3판), Schubert(1986) 등이 그것이다. Eisner, Tanner와 Tanner, Marsh와 Willis, Pinar 등, Marshall, Sears 그리고 Schubert의 책은 분명히 박사과정을 공부하는 학생들에게 필요하지만, 대부분의 이러한 개론서들은 석사과정 학생 또는 학교행정에서 자격증을 취득하려는 사람들에게 적절한 것이다.

과거 발행된 문헌의 모음집은 수십 년 간의 교육과정 분야를 보여 주는 또 다른 형태의 개론서이지만, 1990년대에 발행된 것은 극히 드물다. 이는 아마 재발행 허가를 받는 데 비용이 많이 들기 때문일 것이다. 사례로는 Hollins(1996b), Ornstein과 Behar(1994), Flinders와 Thornton(1997)이 있다. Teachers College 출판부와 뉴욕 주립대학 출판부가 수많은 원본을 편집한 모음집들은 공통의 주제를 중심으로 다수의 저자들이 장별로 집필했기 때문에, 어느 정도 개론서적인 성격을 갖고 있다. Cawelti(1993)의 ASCD에 의한 50년간의 혁신, Beane의 교육과정 일관성 또는 통합(1995), Elmore와 Furhman(1994)의 교육과정에서의 통치 문제에 대한 저서와 같이 1990년대 교육과정 주제를 다룬 세 권의 ASCD의 연감도 마찬가지이다.

1) 새로운 교육과정 담론

교육과정학자임을 입증할 수 있는 원칙적인 영역으로서 교육과정에 관한 새로운 담론을 생각할 수 있다. Pinar, Reynolds, Slatery 그리고 Taubman (1995)은 1,000 페이지가 넘는 저서에서 새로운 담론에 대해 잘 안내하고 있다. 그들이 다룬 범주를 다시 검토하고, 1990년대의 관심사와 관련한 교육과정 텍스트(text)의 최근 몇 가지 사례를 언급하는 것만으로도 충분할 정도이다. 역사적 텍스트(Gibboney, 1994; Kliebard, 1995; Kridel, Bullough, & Shaker, 1996; Marshall, Sears, & Schubert, 2000; Spring, 1998a; Tanner, 1997; Willis, Schubert, Bullough, Kridel, & Holton, 1994), 정치적 텍스트(Anyon, 1997; Apple, 1996; Freire, 1996; Giroux, 1997b), 인종 관련 텍스트(McCarthy, 1990; Carger, 1996; Delpit, 1995; Fine, Weis, Powell, & Mun Wong, 1997), 성 정체성 텍스트(Britzman, 1991; Casey, 1993; Foster, 1997; Gaskell & Willinsky, 1995; Grumet, 1988; Lather, 1991; Miller, 1990; Noddings, 1992, 1993; Pagano, 1990; Sears, 1992), 현상학적 텍스트(Berman, Hultgren, Lee, Rivken, & Roderick, 1991; Pinar & Reynolds, 1992; van Manen & Levering, 1996), 포스트모던 텍스트(Doll, 1993; Giroux, Lankshear, McLaren, & Peters, 1996; Stanley, 1992; Slattery, 1995; Lather & Smithies, 1997; McLaren, 1994b, 1996; Oliver & Gershman, 1989), 전기와 자서전적 텍스트(Goodson & Hargreaves, 1996; Graham, 1991; Kincheloe & Pinar, 1991; Kridel, Bullough, & Shaker, 1996; Miller, 1990), 미학적 텍스트(Barone, 2000; Eisner, 1991, 1994b; Greene, 1995), 신학적 텍스트(Purpel, 1989; Moffett, 1994; Freire, 1994, 1996; Palmer,

1998; Miller, 2000), 국제관계 텍스트(Esteva & Prakash, 1998; Gutek, 1993)가 그 예이다. 물론 이 새로운 텍스트에는 중복되는 부분이 많은데, '텍스트' 의 구분은 조직, 분석, 해석을 목적으로 한다는 점을 기억해야 한다.

이러한 새로운 텍스트와 함께, 학교제도를 다룬 텍스트에도 새로운 변화가 생겼다. 이러한 경향 중 어떤 것들은 Jackson(1992)의 *Handbook of Research on Curriculum*과 *The International Encyclopedia of Curriculum*(Lewy, 1991)에서 설명된 것처럼, 교육과정 개정, 조직, 실행, 정책, 평가와 사정, 탐구, 연구, 개념적 틀, 접근 방식과 방법, 과정 그리고 몇 가지 주제 영역과 같은 영구적인 범주에서 유용하다. 이 두 권의 백과사전식 저서에 포함되어 있으며, 보다 광범위한 교육 문헌에 출현한 몇 가지 혁신적인 새로운 범주와 변화는 따로따로 언급할 가치가 있다. 교육과정과 관련된 변화를 다룬 저서는 다음과 같다. Meier(1995), Fliegel과 Macguire(1993)의 소규모 학교에서의 교육과정, Ayers(1993, 1995, 1997; Ayers & Ford, 1996)의 도시교육에서 교수, 교사교육, 교육과정, Ellsworth와 Whatley(1990)의 교실 안에서 대중 매체의 잠재적 교육과정, Giroux(1994a)의 대중문화를 통한 학습, Egan(1992, 1997)의 교육과정과 교수에 있어서 발달 이론의 새로운 시각, Noddings(1984, 1989, 1992, 1993)의 학교교육을 통한 배려와 기본적인 신뢰의 발전, John Nicholls(1989; Nicholls & Hazzard, 1993; Nicholls & Thorkildsen, 1995)의 교육과정 이론가로 본 학생들에 대한 연구, Ben-Peretz(1990), Boomer, Lester, Onore 그리고 Cook(1992), Hawthorne(1992), Paris(1993), McCutcheon(1995) 등의 교육과정 수행, 법규, 실행에 대한 몇 가지 관점들, Eisner(1985b), Wiggins(1993), Darling-Hammond, Ancess 그리고 Falk(1995) 등의 교육과정 평가에서의 몇 가지 입장, Sizer(1992), Hess(1991), Comer(1993), Hunter(1994), Comer, Haynes, Joyner 그리고 Ben-Avie(1996), Hirsch(1996) 등의 다양한 개혁의 성과 등이 있다.

위에서는 저자들이 스스로 교육과정이라고 확인한 문헌이 대부분 포함되어 있었다. 이제는 교육과정적 특징을 가지는 문헌을 확인하기 위해 몇 가지 추가적인 방법을 고려하고자 한다.

2) 주요 교육과정학자들에 의해 확대 강조된 연구들

교육과정학자들의 연구가 진전됨에 따라, 종종 연구는 새로운 영역을 다루게 된다. 이러한 새로운 영역이 여전히 교육과정 연구로 간주되어야 하는가? 이 책의 앞에서 언급된 교육과정 분야의 몇몇 주요 공헌자의 업적 내에서 확대를 설명하려면, Goollad, Bruner, Foshay, Greene, Berman, Rubin, Eisner, Huebner, Apple, Giroux, Pinar 등의 사례를 꼽을 수 있다. Goodlad는 1950년대 후반 교육과정 조직의 문제를 해결하는 방법으로 새로운 무학년제를 제안하였고, 1960년대에는 Tyler의 논리에 이론적 차원을 포함시켰으며, 1970년대에는 스푸트닉 개혁의 결과로 나타난 교육과정 정책과 실제를 분석하였고, 1980년대에는 학교교육을 골고루 조사했다(Goodlad, 1984). 1990년대에는 교사 양성교육과 교사의 특성을 분석하였으며(Goodlad, 1994a; Goodlad et al., 1993, 1994a), 교육 목적을 대대적으로 다시 고찰하였고(Goodlad, 1994b), 가장 최근에는 민주주의에서 인간과 생태계의 교육에 대해 폭넓은 견해를 보여 주고 있다(Goodlad, 1997; Goodlad & McMannon, 1997).

Bruner(1960, 1966)는 스푸트닉 이후의 교육과정 개혁을 위한 지적 토대를 만드는 것에서 시작하였지만, 1980년대와 1990년대에는 *Actual Minds, Possible Worlds*(1986), *Acts of Meaning*(1990)과 같은 제목에서 알 수 있듯이 더욱 폭넓게 해석되는 지적 관심사로 연구 범위를 확대하였다. Greene은 초기에는 공립학교와 개인적인 이상 간의 간격을, 또한 교사들의 실존적인 어려움을 저서를 통해 밝혔으나(1973), 최근에는 자유(1988)와 정치적 혹은 사회적 상상(1995)과 같은 거대한 대중적 문제에 초점을 두고 있다. Berman은 1960년대 후반에 학교가 전통적인 교과중심의 교육과정을 넘어서서 돌봄, 의사 결정, 인식, 가치 부여 등과 같은 것이 우선하는 교육과정을 받아들여야 한다는 충고를 되풀이하면서 계속 확장시켜 나갔다. 1990년대에 이르러, 학교뿐 아니라, 인생 자체에 대해 질문, 소외감, 여행, 우회, 돌봄, 거주의 의미를 해석하는 현상학적 연구로 교육과정에 초점을 두고 동료들과 협력하여 연구하였다(Berman, Hultgren, Lee, Rivkin, & Roderick, 1991). Rubin은 1950년대 학교 교육과정에 관심을 두었으나, 1970년대를 거쳐 1980년대와 1990년대에 이르러 현직 연수 교육과 교수법의 개념(Rubin, 1984)으로 관심사를 옮겼다. 1940년대부터 학교 교육과정과 교수에 대해 연구해 온 Foshay는 1960년대를 거치면서, 지적 · 정서적 · 사회적 · 물리적 · 심미적 · 선험적 · 영적이라는 자아의 여섯 가지 측면에서 자기 인식과 자아실현을 확장하도록 설계된 교육과정의 복합성을 보여 주는 모형의 개발로 발전시켰다(Foshay, 2000). Eisner는 1960년대와 1970년대에 행동적 목표를 비판하고, 표현적 목표 및 교육적 비판과 미적 감식안을 수반한 평가의 개념을 제안하면서 연구를 시작했다. 그는 *The Educational Imagination*에서 개론적 형태로 이러한 측면과 관련된 많은 아이디어를 가다듬었고(1979, 1985c, 1994b), 1990년대에는 교수와 학습에 적용되는 다양한 앎의 방식을 옹호하였으며(Eisner, 1985a), 교육과정을 보다 넓은 인지 개념에 관련짓고(1994a), 교육 연구에 있어 예술에 기반을 두고 상상을 하는 입장을 지지함으로써(1991) 시각을 확대시켜 나갔다. Huebner는 1960년대와 1970년대에 교육과정학자들에게 교실의 의미와 그 의미를 표현하는 새로운 언어의 필요성에 대해 문제를 제기했는데, 1990년대에는 컬럼비아 사범대학 교수직에서 예일 신학교로 직장을 옮기면서 삶의 영적 본질에 대한 관심으로 완전히 바뀌었다.

Huebner의 교육과정 제자들 가운데 가장 유명한 Apple은 학교 교육과정의 이념적 측면을 새롭게 탐구하기 시작했다(1979). 이후 그의 연구는 학교에서 교육과 권력의 상호작용(1982b)과 교과서의 정치 경제학(1986)이라는 보다 넓은 범위로 확대되었다. 1990년대에, 그는 실제로 민주적인 교육을 창출하거나 파괴하는(Apple & Beane, 1995) 공식적인 지식의 문제(1993)와 문화 정치학(1996)을 다루면서 그 문제가 더욱 확산되고 있는 것으로 보고 있다. 마찬가지로 1970년대 후반과 1980년대 초반 Giroux의 연구는 학교에서의 잠재적 교육과정(1981; Giroux & Purpel, 1983)과 그것에 대항하는 방법(Giroux, 1983)에 중점을 두고 있다. 1980년대 후반과 1990년대 그의 연구는 정체성과 문화라는 다른 교육적 입장, 예컨대 직업(1991), 차별(1993), 대중매체(1994a), 문화적 연구(Giroux & Shannon, 1997) 등으로 변화되었다. 1970년대에 Pinar는 교육과정 연구의 재개념화에 대해 기술하기 시작했는데, 이후 10년이 지나지 않아 그것은 교육과정 이론을 지배하게 되었다. 그의 연구는 자서전적, 현상학적, 정신분석적, 해체주의적(Pinar, 1988, 1994; Pinar & Reynolds, 1992; Kincheloe & Pinar, 1991) 등의 여러 방향에서 상호보완적이고 협력적으로 교육과정 분야를 넓힌 담론을 확인하고 확대하는 것에 초점을 두었다(Pinar et al., 1995).

위에서 언급한 저자들은 그들의 연구 경향이 20년 이상, 때로 40~50년 동안 지속되었기 때문에 선정되었다. 핵심은 주요 교육과정 저자들의 대다수가 학교교육의 현상으로 교육과정에 초점을 맞추다가 더욱 확산되고 있는 사회적·문화적 현상으로 진전시키면서 자신들의 시야의 폭을 넓혔다는 점이다. 노련한 학자들뿐만 아니라 신진 학자들을 포함한 다른 많은 교육과정 저자들도 이와 유사한 경향을 보인다. 앞서 언급한 교육과정 분야 공로자들의 사례를 대강 보더라도 교육과정학자들이 개척한 연구는 민주주의, 이념적 분석, 생태계, 영적인 것, 의미, 상상, 자서전 그리고 그 이상까지 포함한다는 것을 알 수 있다. 이러한 다양성은 교육과정 분야가 단지 교육학 연구의 일부분이 아니며, 학교라는 하나의 제도에만 관련된 것도 아님을 가리키고 있다. 오히려 교육과정 연구의 본질은 교육을 행하는 모든 문화적 형태의 중심에 있는 것이다. 예를 들어, 이 책의 책임 연구자인 나는 교육과정 개론서를 출판하는 것에서 시작했지만, 알 만한 것이 무엇인가 하는 통찰력의 근거임에도 불구하고 간과되고 있는 예술로 관심을 확장하였다(Willis & Schubert, 1991). 이후 내가 teacher lore라고 명명한 경험적 교육과정 통찰력의 전달자로서 교사를 탐구했으며(Schubert & Ayers, 1992), 마찬가지로 student lore[1)]라고 부르는 학생의 관점도 다룬 바 있다. 또한 최근에는 알고 경험할 만한 가치가 있는 것이 무엇인지 알기 위해서 학교 이외의 환경에 관심을 가져야 할 필요가 있다는 입장을 다시 강조하고 있다(Schubert, 1981, 1982, 1986, 1994, 1995).[2)] 이러한 주제들에는 가정, 가족, 동료 집단, 학교 이외의 조직, 대중매체, 취미, 직업 등에서의 경험으로 끊임없이 전망하는 방법들이 포함되어 있다.

다시 묻건대, 이러한 확장이 교육과정 연구와 동떨어진 것이라고 보아야 하는 것인가? 명백한 호기심의 발로로 보아야 하는가? 또는 의미 있는 교육과정 연구를 구성하는 것이 무엇인가를 재처방하는 것으로 보는 편이 더 좋겠는가?

3) 교육과정학의 학문적 계보

교육과정 문헌을 조사하는 또 다른 방법은 교육과정의 계보라 부르는 사제 관계를 살펴보는 것이다.[3)] 여기서는 1990년대에 새로운 학문적 성과를 확산시킨 몇 개의 교육과정 계보를 살펴본다. 스탠퍼드 대학교의 Eisner, 오하이오 주립대학교의 Klohr, 루이지애나 주립대학교의 Pinar, 위스콘신 대학교의 Apple 등의 예를 들어, 이들 각자의 스승과 90년대 교육과정 분야에서 유명한 그들 제자들의 연구를 간략하게 검토하기로 한다.

---

1) Schubert, W. H. (1993). Teacher and student lore: Their ways of looking at it. *Contemporary Education*, *65*(1): 42-46; Schubert, W. H. and Lopez, A. L. (1994). Students' curriculum experiences. In Husen, T., & Postlethwaite, N. T., Eds., *International encyclopedia of education*, Second Edition, Oxford, UK: Pergamon, pp. 5813-5818; Schubert(1995).

2) Schubert, W. H., Lopez-Schubert, A. L., Herzog, L. A., Posner, G. J., & Kridel, C. (1988). A genealogy of curriculum researchers. *The Journal of Curriculum Theorizing*, *8*(1): 137-183.

3) Walker, D. F. (1971). A naturalistic model for curriculum development. *School Review*, *80*(1): 51-69.

Eisner는 시카고 대학교에서 Goodlad와 Tyler의 지도를 차례로 받았으며, Schwab, Chase, Jackson, Bloom의 영향을 받았다. 그의 제자들도 당연히 질적 연구의 기초가 되는 미학, 교육적 상상력, 비평과 미적 감식안 등을 강조한 그의 영향을 받았는데, 이러한 토대는 분명히 시카고 대학교에서의 경험과 예술계로부터 성장한 것이었다. 그의 뛰어난 제자들로는 Decker Walker, Gail McCutcheon, Elizabeth Vallance, Thomas Barone, Robert Donmoyer, James Henderson, Stephen Thornton, David Flinders 등이 있다. Walker는 스탠퍼드 대학교에 있으며, 현재 그곳의 유명한 선임교수이다. 그는 교육과정의 목적이라는 주제에 관심을 두었고(Walker & Soltis, 1992), 개론서를 저술하였으며(Walker, 1990), Taba의 유명한 저서를 모방한 책을 쓰기도 하였다(1962). 그는 교육과정을 구성하는 방법에 있어서 Tyler 논리의 대안적 모형인 자연적 혹은 정치적인 모형을 제시하였고,[4] 교육공학과 교육과정에 관심을 가졌다(Hess & Walker, 1984). Schwab의 실천적 숙고와 제휴한 그의 실천적 연구(Reid & Walker, 1975) 및 McCutcheon의 연구는 둘 다 새롭고 개선된 방식으로 Eisner의 미학적 직관을 획일화된 텍스트의 문제에 적용시켰다. McCutcheon(1995)은 주로 일선학교와 더불어 협동적인 교육과정을 만드는 데 관심을 두었다. Vallance는 교육적 비평에서 도출된 관점을 적용하여 잠재적 교육과정에 관심을 기울였으며, 결국에는 탈학교 영역인 세인트 루이스의 미술관 교육으로 선회하였다. Barone은 교육적 비평의 이상을 교육적인 현상에 대한 산문을 구성하거나, 심지어는 이야기와 소설 같은 창작을 하는 것이라고 정의했다(Barone, 2000). Donmoyer는 1990년대 *Educational Researcher*의 선임편집장으로서 교육 연구에 대한 일련의 쟁점에 관심을 기울였으며, 또한 그의 책 전반에서 학교 경영의 기초지식(1995)과 '위기 상황에 처한' 학생들을 묘사하는(1995) 등의 정책 문제들을 다루었다. Henderson은 자신의 감식안을 반성적 교수(1992)와 지도력

4) Pinar, W. F. (1978). Notes on the curriculum field. *Educational Researcher*, 7(8): 5-12.

(Henderson & Hawthorne, 1995)에 적용하였다. Thornton(Flinders & Thornton, 1997)은 Flinders와 함께 수년간 교육과정 연구에서의 몇 가지 주요 출판물들을 선집으로 만들면서, 연구의 상당부분을 사회과 교육에 할애했다. Flinders는 새로운 생태학적 관점에 적합한 교육과정을 만들기 위해 여러 차례 C. A. Bowers와 협력했다(Bowers & Flinders, 1990, 1991). 지금까지 언급한 제자들에 의하여 Eisner의 연구 결과는 실천적 숙고, 평가의 근거로 교육적 비평을 이용하는 교실에서의 협력, 탈학교 관점에서의 예술교육에 관한 연구, 교육에 관한 사실적 · 허구적 글쓰기, 교육과정과 교수의 문제에 대한 생태학적 답변 등으로 확대되었다.

Klohr의 주요 제자들을 살펴보면, 이 분야에서 1970년대까지 지배적 방식이었던 교육과정 개발을 강조했던 것과는 달리 연구의 방향이 많이 다양해졌다. 그의 주요 제자들로는, Patti Lather, James T. Sears가 지도한 Norman Overly; Paul Shaker; Gary Knowles가 지도한 Robert Bullough; Janet Miller: Lee Chairlotte; Craig Kridel; Madeleine Grumet, Ronald Padgham, Tony Whitston, William Reynolds, Patrick Slattery, Peter Taubman의 지도를 받은 William Pinar를 꼽을 수 있다. Overly(1970)는 1970년대 초에 잠재적 교육과정을 개척하였고, World Council for Curriculum and Instruction을 통해 교육과정에 대한 국제적 전망에 역점을 두었다. Kridel은 교육과정의 산출물, 역사적 기록, 역사(1989), 전기, 사제 관계(Kridel, Bullough, & Shaker, 1996)를 집중적으로 다루었다. Bullough 역시 교육과정의 역사적 기초와 특히 교사들의 생애 연구에 관심이 많았다(예, Bullough, 1989; Bullough, Knowles, & Crow, 1991). Miller도 교육과정의 관심사를 교사의 생애에 두었고(Miller, 1990), 성 정체성과 자서전적 담론의 개발에 크게 공헌하였다(Pinar et al., 1995, 7장과 10장 참조). 그녀가 조직한 JCT 협의회는, 1970년대 중반부터 교육과정 영역의 재개념화를 진척시켜 1980년대와 1990년대에 이르러 광범위하게 확대되었다. 마침내 Pinar(1974, 1975)는 1990년대에 여러 분야로 충분히 확산된 교육과정 연구를 재개념화[5]로 규정하고, *Understanding*

Curriculum(Pinar, Reynolds, Slattery, & Taubman, 1995)을 발표하였다. Klohr와 그 당시의 교육과정 연구 동료들이자 위스콘신 대학교에서 Virgil Herrick에게 가르침을 받은 Macdonald와 Huebner에게서, 우리는 앞에서 언급한 그의 제자들이 교육과정 분야를 교사, 지도교수, 학자의 삶으로 확대시키고 있음을 발견할 수 있다. 그런데 이러한 삶에 대한 연구는 문학, 예술, 현상학, 실존주의, 심층심리학, 급진적 정신분석학 등에서 유래한 비판적인 질문과 자서전, 전기, 정체성 문제, 여성학에 의한 것이었다. 그는 저명한 교육 철학자 Boyd Bode의 제자였던 Harold Alberty에게 가르침을 받았는데, 8년 연구 보고서에 매료되어 ASCD와 같은 전문 단체에 진보적 관점을 제시하기도 했다. 그는 뛰어난 수업과 박사과정 학생을 충심으로 격려하여 주목받았으며, 그의 제자들은 같은 정신으로 자신의 제자를 계속 지도했다.

Pinar는 Klohr의 영향을 깊이 받았으나, 학문적으로는 Huebner와 Macdonald의 영향을 많이 받았다. Macdonald의 아들은 아버지의 주요 연구를 책으로 편집하여 발간하였다(Macdonald, 1995). Huebner는 *Curricular Language and Classroom Meanings*[6]에서 교육과정 연구가 기술적이고 과학적인 언어에만 몰두하지 말고, 정치적이고 윤리적이며 미학적인 언어에 의해 새로운 의미를 포용해야 한다고 주장하였다. 그의 연구는 Hillis가 최종적으로 정리하여 1999년에 출판하였다. Pinar와 그의 제자들은 윤리적이고 심미적인 언어를 철저히 수용하였다. Grumet는 자신의 저서에서 미학적 형식과 내용을 구체화하였고, 실존주의, 현상학, 급진적 정신분석학, 문학, 예술 등의 다양한 원천에서 비롯된 교육과정에 대한 독특한 여성해방과 자서전적 문헌을 제공하였다(Grumet, 1988; Pinar et al., 1995, 7, 8, 10, 11장). Padgham은 20세기 예술과 그것을 둘러싼 쟁점에 몰두하여, 교육과정 이론을 구축하는 방법을 제시하여 죽기 전 큰 업적을 남겼다(Pinar et al., 1995, 11장 참조).

---

5) In Macdonald & Leeper, 1966, pp. 8-26.

6) Huebner, D. (1967). Curriculum as concern for man's temporality. *Theory into Practice*, *6*(4): 172-179.

Whitson(1991)은 법률가로서의 자신의 경험과 지식을 바탕으로, 기호학과 교육과정 이론에 몰두하여 미국 헌법과 대법원 판결에 대한 혁신적인 해석을 제공하였다. *Understanding Curriculum*의 제2저자인 Reynolds의 연구는 교육과정을 해석학적, 현상학적, 해체된 텍스트로서 이해하는 데 공헌하였고(Reynolds, 1989; Pinar & Reynolds, 1992), 보다 넓은 교육적 쟁점과 관련된 교육과정 관점을 제시하였다(Martusewicz & Reynolds, 1994). *Understanding Curriculum*의 제3저자인 Slattery는 *Curriculum Development*(Slattery, 1995)에서 포스트모던 관점을 생성하기 위해 신학적인 포스트모던 텍스트를 모두 끌어들였다. 그런데 그의 교육과정 개발이라는 용어는 재개념화된 것이기는 하지만, 이해를 강조한 이전의 구체화된 개념을 극복하려 노력한 것이었다. *Understanding Curriculum*에서 개론적 연구를 수행하였던 Taubman은 포스트모던 교육과정 담론에서 성과 정체성에 대해 저술하였다(Pinar et al., 1995, 7장, 9장). Pinar와 Doll의 제자인 Susan Edgerton는 포스트모던, 인종, 미학, 성을 다루는 텍스트에서 정체성에 대한 강조가 통합적이어야 함을 주장했다(Pinar et al., 1995, 6, 7, 9, 11장). 이렇게 Pinar와 그의 제자들은 특히 성, 인종, 자서전, 미학, 포스트모던, 정체성, 신학적 담론과 관련된 당대의 교육과정 이론에 두드러진 공헌을 하였다.

Apple은 스승인 Huebner로부터 박사학위 지도를 받았다. 그의 저서와 주요 대학에 있는 그의 제자들이 쓴 문헌이 번역되어 세계적으로 영향을 끼쳤다. 이러한 번역 작업은 Huebner가 교육과정에서 정치적 성격에 대해 주장한 것을 널리 확산시켰다.[7] Apple의 제자로는 Landon Beyer, Andrew Gitlin, Joel Taxel, Jesse Goodman, Kathleen Casey, Cameron McCarthy, Daniel Liston, Linda Christian-Smith, Kenneth Teitlebaum, Dennis Carlson, Nancy King, Susan Jungck, Linda Valli가 있다. 이들이 성장함에 따라, 교육

7) Wraga, W. G. Extracting sun-beams out of cucumbers: The retreat from practice in reconceptualized curriculum studies. *Educational Researcher, 28*(1): 4-13.

과정에 대한 이념적 비판의 개념이 확장되었다. Beyer와 Apple(1988)은 교육과정에 대한 정치적 분석의 범위를 확대했으며 Beyer, Feinberg, Pagano 그리고 Whitson(1989)은 교사교육의 교육과정에 교양교육을 포함시킨 비판적 교육학 연구를 지지하였다. Beyer와 Liston(1996)은 진보적인 교육을 위하여 일련의 사회적 이상을 제시했으며, 이것을 *Creating Democratic Classrooms*(Beyer, 1996)에서 이론과 실천을 조화시킨 실천적 방안으로 다듬었다. Goodman(1991) 역시 민주적인 초등교육이 무엇인지에 대해 설득력 있게 저술하였다. McNeil(1986)은 교실에서 문화인류학적 연구를 활용하였는데, 이는 이념적인 억압이 의미, 비판, 적절한 행동으로서의 학습을 추구하는 민주주의적 경험에 반하는 것임을 보여 주기 위해서이다. Gitlin(1994)은 정치적 행동주의와 교육 연구를 결합시켜, 정치적으로 지지하는 것 그 자체가 연구의 한 부분이라는 것을 보여 주고 있다. 이러한 저서들에 의해, 교육과정 연구가 무엇을 가르치고 배워야 하는지를 결정하는 것보다 광범위한 것이라는 결론이 명백히 도출되었다. 왜냐하면, 교육과정 연구는 무엇을 가르치고 배워야 하는지를 연구하는 방법을 다루어야 하기 때문이다. Taxel은 편집자로 있던 *The New Advocate*이라는 저널과 다른 저서에서 약간 비논리적인 영역인 아동 문학의 범위로까지 이념적 비판을 확대시켰다. McCarthy와 Crichlow(1993)는 규범을 초월하여 교육과정 연구에서 소홀히 다루었던 부분인 인종, 정체성, 표현의 문제를 제기하였다. Casey(1993)는 교사들을 교육과정의 구현체로 보았다. 왜냐하면, 교사들은 통제와 경쟁이라는 억압을 극복하도록 학생들을 위해 자신의 삶을 헌신하기 때문이다. Liston과 Zeichner(1991)는 교사교육과 학교교육의 사회적 조건 사이의 관계를 연구하였으며, 사회 재건주의 입장에서 교사교육의 형식이 어떠해야 하는지를 탐구하였다.

이 외에도 교육과정 분야에는 더 많은 사제관계가 존재한다. 예를 들면, Macdonald의 제자들로는 Esther Zaret, Alex Molnar, John Zahorik, David Purpel, Dale Brubaker, John [Steve] Mann 등이 있다. Zaret과 Wolfson은

Macdonald와 함께 *Reschooling Society*(Macdonald, Wolfson, & Zaret, 1973)를 저술하였는데, 그 책은 Ivan Illich(1972)의 *Deschooling Society*에 대한 대책으로, 학교에 대한 그들의 신념을 보여 준 것이다. Purpel(1993)은 교육에서 영적인 것을 소홀히 하지 않도록 처방해야 한다고 주장했다. Brubaker는 수십 년 동안 교육과정이 교사와 교육 지도자들의 직무였음을 주장하였다. 교육과정 분야를 떠나기 전, Mann은 Willis와 Doll의 훌륭한 스승이었다. 1990년대 Willis는 교육과정의 역사적(Willis et al., 1994), 미학적(Willis & Schubert, 1991), 개론적(Marsh & Willis, 1995) 차원에 대해 연구하였다. 한편 Doll은 교육과정 이론과 실제에 관해 포스트모던적인 훌륭한 해석을 했다(Doll, 1993). Molnar(1997)는 최근 학교에서 기업체의 이해가 강력한 영향을 미치고 있음을 비판했다.

1990년대 교육과정에서 또 다른 중요 인물은 Daniel Tanner이다. 그는 Laurel Tanner와 함께 유명한 *Curriculum Development: Theory into Practice*(Tanner & Tanner, 1995) 제3판을 *History of the School Curriculum*(Tanner & Tanner, 1990)에 이어서 출간했다. 그들의 장학에 대한 연구는, 장학에 대한 숱한 기술적인 문헌들이 소홀히 하고 있는 방식으로 교육과정과 장학을 연결시켜 주고 있다. 그들은 교육과정 개발과 장학이 역사적으로 같은 뿌리를 갖고 있음을 밝히고 있다. 두 사람은 다방면에서 각각 독자적인 저서를 출간했다. Daniel Tanner는 초기에 중등교육에 대하여 연구하였는데, 그것은 20년 이상 높은 평가를 받았다(Tanner, 1971, 1972 참조). 또한 그는 Dewey 학회가 출범한 1935년부터 1990년대 초까지 학회에 많은 업적을 남겼는데, 그것은 교육적 기초뿐 아니라 교육과정의 역사와도 관련된 것이었다. Laurel Tanner(1978)는 학교 교과의 문제를 교육과정과 역사적 맥락에서 살펴보았으며, NSSE의 87번째 연감에서는 항구적인 교육과정 개발에서의 쟁점에 대해 고찰한 것을 정리하였다(Tanner, 1988). 또한 Dewey 실험학교 보고서에 대한 정교한 연구를 통해, 오늘날의 교육과정, 교수, 장학 및 행정에 많은 시사점을 주는 저서(Tanner, 1997)도 발간하였다. 흥미롭게도, 그들의 연구는 1950년대 이전까지 Dewey, 진보주의, 사회적 재건주의의 역사에 상당 부분 뿌리를 두고 있으나, 1970년대 이후 교육과정 연구의 재개념화와 관련된 교육과정학자들의 공헌에 대해서는 비판적이거나 거의 인정하지 않았다. 이러한 재개념화의 범주 내에 구체화된 중요한 어떤 관점들은 Dewey와 다른 진보주의자들, 예를 들면, Addams, Young, Parker, Washburne, Bode, Rugg, Kilpatrick, Hopkins, Counts, Pratt, Caswell, Corey, Miel과 상당히 유사하다. 이들 학자 및 1890년대 후반부터 20세기 중반까지의 교육과정에 대한 많은 논쟁들이 Tanners의 저서에 실려 있고, 이후 Daniel Tanner의 탁월한 제자들인 Peter Hlebowitsh, William Wraga 등이 계승하였다. Hlebowitsh(1993)는 진보주의 문헌의 흐름에 따라 Macdonald, Huebner, Apple, Pinar, Giroux 등으로 대표되는 학문 계보에 수많은 비평을 가했다. Wraga(1994)는 민주주의에서 Dewey의 진보주의 이상을 실현하기 위한 잠재적인 원천으로 종합 공립고등학교를 내세우고 그것의 역사와 가능성을 다루었다. 그리고 그는 *Educational Researcher*에서 Pinar, Henderson과 다른 저자들이 ER을 비롯한 출판물에서 그들의 입장을 계속 바꾸고 있는 재개념주의자들의 논리를 강력하게 비판하였다.[8)]

캐나다 교육과정학자들의 계보는 Michael Connelly에서 비롯된다. 그는 Schwab의 제자이며, *Curriculum Inquiry*의 창설자였다. 그는 OISE에서 그의 제자인 Jean Clandinin과 함께 한 연구에서, 교육과정과 교사의 개인적이고 실천적인 사고와의 새롭고 실제적인 관계를 발전시켰다(Connelly & Clandinin, 1988; Clandinin, Davies, Hogan, & Kennard, 1993; Clandinin & Connelly, 1995).

Schwab의 많은 제자들 가운데, 교육과정 분야에서 특별한 관계인 Connelly와 Clandinin의 학문적 계보는 책 한 권 분량으로 다룰 수 있을 정도다. 예를

---

8) Watkins, W. (1993). Black Curriculum orientations: A Preliminary inquiry. *Harvard Educational Review*, *63*(3): 321-338.

들어, 앨버타 대학교의 Ted Aoki의 연구를 살펴보면, 수년간의 그의 제자들 가운데에는 특히 Max van Manen(van Manen, 1990, 1991; van Manen & Levering, 1996을 보라)과 그의 제자인 David Smith, Stephen Smith 등이 있다. 또한, 코넬 대학교의 George Posner는 Mauriz Johnson의 제자로, 교육과정을 분석하고 예비 교사를 위한 현장경험에서 교육과정을 숙고하면서 과정 설계에 대한 연구로 상당한 발전을 보여 주었다(Posner, 1996, Posner & Rudnitsky, 1997). 그리고 Posner의 제자인 Jean King과 Deborah Trumbull 등은 이러한 영향력을 확장시켰다. 시카고 대학교 Philip Jackson의 저서는 지난 수십 년 동안 중요하게 다루어졌다(예, Jackson, 1968, 1986, 1990, 1992a, 1992b). 교사와 교실의 철저한 관찰에 근거한 그의 철학적 담론들은 교수의 도덕적 측면에 초점을 두었다(Jackson, Boostrom, & Hansen, 1993). 그리고 대학교 교재로서 교육과정의 항구적인 주제에 대한 논의를 개괄적으로 편집한 저서 *Handbook of Research on Curriculum*(Jackson, 1992a)은 교육과정 분야에서는 처음 나타난 형태였다. 그의 뛰어난 제자들로는 Karen Zumwalt, 컬럼비아 사범대학의 전 학장인 Lauren Sosniak(Anderson & Sosniak, 1994), Daivd Hansen(1995) 등이 있는데, 그들은 교육과정 분야에서 Jackson의 연구를 발전시켰다. 영국에서는 이스트 앵글리아 대학교를 시작으로, 연구자인 교사들에 대한 후기인 Lawrence Stenhouse의 연구가 Jean Rudduck, Barry Mcdonald, Helen Simon, John Elliot, Stephen Kemmis, Robin McTaggart, Malcolm Skilbeck 등을 포함한 영국과 호주의 교육과정학자들에 의해 계속 확대되고 있다.

사제관계에 있어 본질적이면서 흥미로운 점은 복잡하다는 것이다. 대부분의 학자들은 박사학위 이전이나 학위 과정 중이나 특히 그 이후에도 그들의 지도교수를 비롯한 학자가 어떻게 구성되어 있는가에 영향을 받는다. 예를 들어, 박사 과정을 어디에서 공부하느냐 하는 것이 특정한 스승보다 더 중요하다고 할 수 있다. 즉, 1970년대부터 현재까지 위스콘신 대학교에서 교육과정을 공부하는 학생들은 Apple, Kliebard, Popkewitz, Zeichner 등의 가르침을 받게 되고, 스탠퍼드 대학교의 학생들은 분명히 Eisner, Noddings, Cuban, Walker, Kirst, Phillips, Shulman, Cronbach, Tyack의 영향을 받는다. 마찬가지로 시카고 대학교에서는 Jackson, Bloom, Schwab, Dunkel, Thelen, Tyler 등의 영향을 받는데, 심지어 더 이상 대학에 없거나 활동을 마감한다 해도 그들의 영향을 받는다. 오하이오 대학교의 학생들은 Lather, McCutcheon, Donmoyer, Gordon 등의 영향을 받는데, 지금도 Klohr, Frymier, Frazier, Zirbes, Harold Alberty와 Elsie Alberty 등의 학문적으로 계승되고 있는 다양한 유산을 발견할 수 있다. 오늘날 펜실베이니아 주립대학교의 교육과정 전공 학생이면 누구나 Marshall, Giroux, Nelson, Prakash, Kincheloe, Steinberg 등과 최근에 작고한 Edmund C. Short의 학문적 영향을 받을 것이다. 인디애나 대학교의 교육과정 전공 학생들은 Beyer, Goodman, Cruikshank, Thornton, Flinders, Lesko, Warren의 지도를 받는데, 역시 최근에 작고한 Normana Overly, Harold Shane, Shirley Engle 등의 영향도 받는다. 일리노이 대학교(Urbana-Campaign)는 최근에는 Westbury, Rodgers의 영향을, 이전에는 Rubin, Shores, Smith, Broudy, Metcalf, Burnett, Stanley 등의 영향을 받았다. 사우스캐롤라이나 대학교에서는 Kridel, Anderson, Sears가 교육과정에 중요한 영향을 미치고 있다. 지난 몇 년간 루이지애나 주립대학교 학생들은 Pinar 및 Doll, Whitson, Kohli, Munro, Stanley, Daignault의 영향을 받고 있다. 시카고 일리노이 대학교에서는 Schubert, Ayers, Hansen, Heller, Watkins, Walberg, Henry, Nicholls, Hellison, Smylie, Shanahan, Chou, Thokildsen, Pappas, Tozer, Gallegos 등이 영향을 끼치고 있다. 메릴랜드 대학교에는 Berman, Roderick, Selden, Hultgren, Lee, Rivkin 등이 있다. 하버드 대학교의 교육과정 전공 학생들은 Oliver, Lightfoot, Coles, Cazden, Barth, Duckworth 등의 영향을 받으며, Scheffler, Ulich, Chall 및 다른 뛰어난 학자들의 학문적 유산을 이어받고 있다. 워싱턴 대학교에는 Banks, Gay, Goodlad, Hunkins, Parker, Gehrke, Sirotnick 등의 학자들이 있다. 한때 교육과정 연

구의 '메카' 였던 Teachers College는 Dewey, Thorndike, Rugg, Counts, Kilpatrick, Hopkins, Newlon, Hill, Caswell과 최근에는 MacKenzie, Miel, Stratemeyer, Phenix, Bellack, Foshay, Huebner, Soltis, Lieberman, Darling-Hammond, 오늘날에는 Greene, Oyler, Bolin, Arcilla, Miller, Thornton, Hansen, Lesko, Zumwalt 등이 그 맥을 이어가고 있다. 유명한 교수들은 다른 곳으로 빠르게 자리를 옮기기도 했지만, 머물러 있던 곳마다 업적을 남겼다.

주로 계보상으로 연계되어 만들어진 교육과정학에서 사제 간에 공유하고 있는 관심과 특기할 만한 대학의 학문적 네트워크는 교육과정 개발에서 출발한 관심이 광범위하게 확대되고 있음을 보여 준다. 학자들은 대를 이어 마음에서 '무엇이 가치 있는가? 누가 말하는가? 왜? 어떻게 획득되는가? 그 결과는 무엇인가? 누구의 관심이 다루어지고 있는가?' 와 같은 대규모의 교육과정 질문을 교육적으로 이해하고, 비판하고, 행동하기 위해 전체적인 시도를 하는 방향으로 그들의 관심을 이동시켰다.

2. 가치 탐구에 의해 간단히 정의되어 온 교육과정

앞에서 언급한 질문들은 무엇이 교육과정 문헌을 구성하는지를 가장 잘 안내해 줄 것이다. 다시 말해, 교육과정 분야로 인정되든 안 되든 간에 이러한 질문에 관한 관점을 제시하는 저서들은 모두 교육과정 문헌으로 간주되어야 한다. 만약 이 입장을 수용한다면, 인정된 교육과정학자와 관련 있는 학자 및 학회, 전문 단체, 혹은 교육과정이라는 명칭이 있는 학술지에 발표하는 학자를 비롯해서 교육의 영역에서 더 넓은 분야의 저자들이 교육과정 학자라 할 수 있다. 예를 들어 과거에는 교육과정 영역 밖에 있는 학자들의 과거 연구가 교육과정 분야 내에 있는 것으로 인정된 학자들에게 중요한 영향을 끼쳤다. 예를 들면, Cremin의 역사, Bruner와 Piaget의 심리학,

Broudy와 Scheffler의 철학, Waller, Coleman, Havighurst의 사회학, Tolstoy, Montessori, Neill의 교육개혁, Illich와 Freire의 혁명 이론과 실천 등이 그것이다. 오늘날에도 교육과정학자들은 여전히 이들에게 의존하고 있다. 그러나 오늘날 교육과정 실천을 하는 지도자와 정책입안자들은 교육과정 안팎을 배회하기도 하지만 국외자로서 새로운 세대라 할 수 있는 Gardner, Kohn, David Johnson과 Roger Johnson, Hirsch, Darling-Hammond, Bennett, Glasser, Kozol, Sternberg, Beane, Glickman, Coles 등에게 조언을 구한다. 이들 전문 상담가들은 주로 현재까지의 학문적 업적에 대해 설명하고 조언하며, Joyce, Goleman, Costa, Wolfe, Jacobs, Kagan, Daggett, Lezotte, Taylor 등과 같이 보다 전문적이고 공적인 영역에서 저서를 출판하고, 교육기관, 협의회, 현직 연수 프로그램에서 주요 강사로서 큰 역할을 하고 있다. 오늘날 최고 수준의 상담가뿐 아니라 과거 Hunter, Mager 등을 포함하여 교육자들의 요구에 가장 잘 '부합하는' 강사들이 학교 실천에 어떻게 영향을 미쳤는지를 엄밀하게 연구하는 것도 흥미로울 것이다.

이러한 사고의 선상에서 다음 단계로 사고를 확대시켜 보자. 만약 앞에 언급한 것과 같이 교육과정 분야가 '무엇이 알 만하고 경험할 만한 것인가?' 와 같은 가치 있는 질문에 기초하고 관련된 것이라면, 인간 조건에 대한 총체적인 통찰력 있는 설명을 교육과정 연구라고 불러야 할 것이다. 그리고 그것은 과거나 현재의 철학, 사회과학, 심리학, 종교와 신학, 화학과 생물, 다른 과학 분야, 예술, 인문학, 간학문적 담론, 학문적이거나 대중적인 것 모두로부터 비롯된 것이다. Cornel West, Hannah Arendt, Richard Bernstein, Michel Foucault, Jacque Lacan, Richard Rorty, Pierre Bourdieu, Betty Friedan, Amy Gutmann, Sandra Harding, Mary Belenky, Carol Gilligan, Bell Hooks, Molefi Asante, Clifford Geertz, Jean Houston, Howard Zinn 등과 같이 교육계에 속한다고 여겨지지 않는 많은 이들의 저술이 교육과정 이론 문헌에서 상당히 자주 인용되고 있음을 알 수 있다. 고대와 여러 문화에 산재해 있는 인류의 영향력 있는 저서에 구체화되어 있는 것처럼, 교육학과는 관계가 거의 없는 것처럼 여겨지는 내용들이 교육과정 문헌의 보다 심층적인 영역에 만들어질 수 있다. 여기에는 사실적인 논평뿐 아니라, 예술과 문학작품도 포함될 것이다. 따라서 위대한 예술가, 음악가, 극작가, 소설가, 시인, 20세기 영화와 텔레비전을 포함한 모든 구성작가들이 교육과정 통찰의 원천으로 여겨질 수 있다. 그렇다고 그들을 교육과정 저자라 할 수 있을까? 이것은 생각할 가치도 없는 것일까? Tolstoy에서 Morrison, Aristophenes에서 Camus, Dante에서 Dickinson, Aesop에서 Baldwin, Sappo에서 Dickens, 공자에서 Gandhi, Shakespeare에서 Soyinka, Borges에서 Vonnegut, Marquez에서 Allende, Mozart에서 Fitzgerald, da Vinci에서 Picasso에 이르기까지, 그들이 독자에게 무엇을 알고, 경험하고, 요구하고, 존재하고, 행하고, 극복하고, 공유할 가치가 있는 것인지 생각하게 한다면, 그들은 모두 교육과정학자가 아닐까?

1) 교육과정의 확장

이러한 교육과정 문제에 대하여 배우는 한 가지 방법은 어떤 조건과 환경이 효과적인 학습을 촉진하는지 다른 이들과 우리 자신에게 물어보는 것이다. 효과적인 학습 경험이 일어나는 경로나 방식에 대하여 우리 자신과 타인의 이야기를 주의 깊게 듣는 것은, 교육과정을 학습하는 가장 좋지만 대체로 소홀히 하는 방식이다. 이때 우리는 다음과 같은 질문을 던질 수 있다. 환경은 어떠했는지? 분위기는? 사회적 환경은 어떠했는지? 누가 도움을 주었으며, 그들은 당신을 어떻게 다루었는지? 누가 목적을 정했으며 목적의 이론적 근거는 누가 생각했는지?

우리 학생들에게 이렇게 숙고하거나 이야기를 하게 해 보면, 우리는 대부분의 효과적인 학습경험이 학교 밖에서 일어난다는 사실을 발견하게 된다. 우리는 학생들과 함께 왜 부분적으로만 적절히 설명할 수 있는지 의아하게 생각한다. 그럼에도 불구하고 우리는 학교, 교실, 다른 공식적인 교육 환경, 또는 학교 밖의 비공식적인 환경에서 우리와 함께 공부하는 학습자들이 과거 우리가 가장 효과적인 학습을 경험했던 그런 조건을 경험할 수 있을지 의심한다. 유감스럽게도 연구 참여자들은 그들이 알고 있는 학교에서 이러한 효과적인 학습 경험을 할 수 있는 기회는 거의 없다고 종종 보고하고 있다. 우리는 더 나아가 그들이 관련된 학교나 교육적 환경에서 효과적인 학습이 더 많은 상황에서 가능하도록 실행해야 하는 것이 무엇인지를 탐구해야 한다.

우리 자신에게 묻지 않는 것을 다른 이에게 묻지 말아야 한다는 것을 확신하며, 이러한 질문들 또한 숙고한다. 그런 숙고를 하고 있는 이 책 저자인 나, Schubert는 *Turning Points in Curriculum*(Marshall, Sears, & Schubert, 2000)에서 한 것과 비슷한 방식으로, 이 과정을 간략하게 설명하고자 한다.

교육과정 교수로서 내가 하는 연구의 기원에 대해 생각하면, 이러한 연구를 할 수 있도록 하는 기술 · 지식 · 가치를 숙고하게 된다. 나는 인디애나 주 작은 마을의 시골 농장에서 성장하였는데, 우리 집은 교육자 집안으로, 사랑이 가득했으며, 외아들인 나에게 높은 수준의 교육을 시키고자 하였다. 부모님과 조부모님, 대고모님이 여러 이야기와 등장인물에 대해 말씀해 주셨고, 나는 그것들을 상상하며 자랐다. 책, 영화, TV를 보며 세상과 사회 생활에 대하여 혼자 생각해 보곤 했다. 우리가 즐기고 보았던 스포츠, 수집한 것들, 자연 친화적인 농장생활, 협동 작업, 일상의 문제 해결, 웃고 즐기던 일, 여름 방학에 장거리 여행을 계획하고 실제로 여행을 했던 일, 그래서 미국 전역과 캐나다 및 멕시코까지 운전했던 일 등도 생각난다.

이런 모든 경험은 무엇을 알고, 실행하고, 사색하고, 존재하고, 극복하고, 나눌 가치가 있는지를 이해하는 밑거름이 되었다. 그에 따른 활동 및 좋아하는 관심사는 내게 가장 중요한 교육과정이었다. 아버지는 내가 다니던 학교의 존경받는 행정가였으며, 어머니, 할머니, 대고모는 모두 훌륭하고 헌신적인 교사였다. 다른 어떤 학교교육보다도 가족 및 친구들과 함께했던 이런 비공식적인 경험이 내가 깨달은 기술, 지식, 가치의 토대가 되었다(Marshall, Sears, & Schubert, 2000, pp. 232-233).

지금의 내 가족도 여기에 포함된다. 내 아내 Ann과 아이들, 그 외의 다른 식구들에게서 수많은 생각과 경험을 얻는다. 우리는 배우고 성장하기 위해 가정, 도시가 가진 자산과 가끔 하는 여행을 조화시키려고 노력했다.

그렇다고 내 정규교육이 소용이 없었다는 것은 아니다. 내 자신이 설계한 연구를 수행할 때 정규교육은 한창 진행되고 있었다. 학사 및 석사 과정에서 개별연구나 소규모 세미나는 나에게 소중한 것이었다. 박사 과정에서는 거의 전부가 세미나, 학술대회, 개별연구였다. 어바나의 일리노이 대학교 도서관에 소장된 500만 권의 장서에 파묻혀 시대를 넘어서 학자들과 만났던 것이 생각난다. 내 박사 과정 지도교수인 Shore나 같이 공부했던 이들은 나의 이런 연구를 도와주었다. 박사 과정을 밟기 전에 초등학교 교사로 재직하면서, 교사의 상상력을 풍부하게 하는 것이 무엇인지 궁금해 하였다. 나는 상상력이란 철학적 숙고에 근거한 것으로, 교육과정을 새롭게 창조하는 필수 불가결한 원천이라고 확신했다. 이런 질문으로 나의 교수학습 경험을 성찰했고, 배운 것과 교육학 문헌을 비교해 보았으며, 교실에서 문화 기술적으로 연구했다. 그리고 상상력을 얻기 위해 철학고전을 탐독했으며, 마찬가지로 문학과 예술을 탐닉했고, 보다 풍부한 상상력을 기르기 위해 교사들로부터 배웠으며, 그들과 배우지 않은 사람들을 함께 놓고 경험적 연구를 통해 비교해 보기도 했다. 또한 상상력이 풍부한 교수법을 이해하기 위해 진보적인 교육역사와 이론을 공부했으며, 참여 관찰자로서 내 자신이 수업을 하는 상황에서 상상력의 작용을 연구하였고, 내가 배운 것과 기존의 교육과정 문헌을 관련지어 보기도 했다. 나의 학위 논문은 이런 탐구 방법에 의해 작성되었다. 논문을 벗어나서, 상상력이 가득한 교육과정은 실행만을 위해 기록되고 제작된 것을 넘어서 큰 효과가 있다는 것을 연구가 보여주어야 한다고 생각하였다. 상상력이 가득한 교육과정 경험은 교사와 학생 간의 상호작용으로부터 시작되어야 한다. 즉, 그들의 환경, 역사, 예견된 미래, 희망, 꿈, 당면한 관심사 등을 토대로 만들어진다. 나는 이것을 교육과정 연구의 최첨단으로 보았으며, 교육과정 분야에 이런 인식을 심는 데 일조하고 싶었다.

1975년 처음으로 대학의 전임 교수가 되었을 때, 나는 계속 이 연구를 하고 싶었지만, 상당한 기간이 지나서야 이 연구를 하게 되었다. 이제 막 부임한 조교수가 교육과정 분야의 최첨단 연구를 하는 것이 어렵다는 것을 깨달았다. 우선 이 분야의 선배학자들이 이미 높이 평가한 논문들을 통해 자신을 증명해야 했다. 그래서 나는 교육과정 분야의 여러 자료들을 한데 모으는 작업이 나름대로 가치있을 것이란 판단 하에 교육과정사로 관심을 돌렸다. Ann Lopez와 함께 문헌에 초점을 두고, *Curriculum Books: The First Eighty Years* (Schubert & Lopez Schubert, 1980)를 저술하였는데, 이는 본질적으로 비역사적 분야에서 역사적 관점을 획득하려는 조심스러운 시도였다. 그 후 몇 년 동안 교육과정 전공 석·박사과정 학생들을 가르치면서, 제한된 시간에도 불구하고 나의 인식에 근거한 교육과정서를 쓰고 싶었다. 그래서 *Curriculum: Perspective, Paradigm, and Possibility*(Schubert, 1986)를 저술하게 되었다. 나는 대학원생들에게 교육과정 연구의 항구적인 범주와 개론서에 대체로 등한시되었던 새로 등장한 관점 모두를 보여 주고 싶었다. 수년 동안 논문이나 책 등에서 진술했던 다음과 같은 문제를 연구했다. 실천적 패러다임, 비판적 실천의 패러다임, 교육과정 구성에 교사와 학습자를 포함해야 한다는 요구, 잠재적 교육과정과 영 교육과정을 인식해야 한다는 요구, 교육과정의 결과를 이해하는 데 필요한 다양한 과학, 예술, 철학, 개인적 지식과 같은 자료들, 상상력이 가득한 교육과정에서의 인종, 계층, 성, 나이, 민족성, 신념, 건강, 능력 등 불공평한 요소에 대한 접근 방식, 가정, 가족, 교회, 스포츠, 클럽, TV, 영화, 대중음악, 일, 취미 등 탈학교 경험에 내재된 교육과정에 주목해야 한다는 요구, 인간의 견해에 영향을 미치는 다양한 삶의 측면을 수반하는 교육과정을 확대시켜 보아야 한다는 요구 등이 그것이다.

나는 동료들과 함께 교육과정 분야가 이렇게 다양하게 확대되고 있음을 폭넓게 다룬 책을 저술하기 시작했다. 예를 들면, Short, Willis와 함께 1970년대 중반에서 1980년대 중반까지 AERA SIG on Creation and Utilization of

Curriculum Knowledge에서 몇 가지 방식으로 요약하고자 하였다(Short, Willis, & Schubert, 1985 참조). 나중에 Willis와 나는 교육과정 분야의 많은 부분이 문학, 미술, 음악, 연극 등 예술의 영향을 받으며, 이런 영향이 교육과정과 교수를 인식하는 방법에 큰 영향을 끼친다는 것을 깨달았다. 그래서 우리는 30명의 교육과정학자들과 함께 모여서 그들이 교육과정, 교수, 관련 문제에 대한 개념을 형성하는 예술 작품, 장르, 또는 예술적 경험의 조합 방법들에 대하여 자서전적인 저술을 하였고(Willis & Schubert, 1991), 동시에 우리는 교육과정 연구의 확대를 지적하였다.

교사의 경험적 지식에 근거한 학위논문과 소논문을 만들기 위해 1980년대 중반 시작된 대학원생과의 스터디그룹에서 Ayers와 나는 The Teacher Lore Project(Schubert & Ayers, 1992)를 발전시켰다. 1980년대 후반, 몇몇 교육과정학자 동료들과 나는 주요 교육과정 저서들이 여전히 당시의 실제적 · 이론적 논의만 다루는 것을 우려했지만, 그런 저서들도 이해하기 어려웠다. 그래서 우리는 발췌해서 이용할 수 있는 선집 출간에 착수했다(Willis, Schubert, Bullough, Kridel, & Holton, 1992 참조). 우리는 1997년에 설립된 Society for the Study of Curriculum History의 초창기에 참여하였으며, 이 저서는 교육과정 역사에 대한 무지에서 벗어나려는 취지를 확대시킨 결과였다.

역사에 초점을 맞추다 보니 새로운 걱정거리가 생겼는데, 그것은 '교육과정 분야는 무엇인가?', '교육과정 분야는 어떻게 인식되고 있으며 또 인식되어야 하는가?' 하는 것이었다. 교육과정 분야의 확장에 대한 요구는 우리가 *Turning Points in Curriculum*(Marshall, Sears, & Schubert, 2000)에서 인터뷰했던 사람들의 비평이나 기고문으로도 확실히 확인된다. 내 박사 과정 학생이었던 Watkins는 아프리카계 미국인들의 저서를 수집하는 것을 도왔다.[9] 만약 가치에 대해 교육과정의 기본적인 질문을 하면, 알 만한 가치가 있는

9) 이 부분에 제시된 동시대의 교육과정학자들의 인용구는 Turning Points in Curriculum (Marshall, Sears, & Schubert, 2000)을 준비할 때 수행한 인터뷰 내용을 다시 정리한 것이다. 이 대화에 대한 더 자세한 내용은 이 책 9장에 실려 있다.

것이 무엇인지를 이해하는 데 기여한 많은 유색인종이나 여성들의 저서가 그 동안 무시되어왔다는 것을 알 수 있다. 또 다른 관점에서, Macdonald의 제자 Molnar는 교육과정은 '세상을 경험하는 방법을 연구' 하는 것과 관련된다고 말하였다. 또한 그는 '교육과정 범위 내에서 표현될 수 있는 것보다 더 심오한 생각' 을 다루고 싶다고 계속 주장했다. 그가 권고하고 있듯이 우리는 "더 거대한 역사적 발전에 관심을 기울여야 하고, 그래서 학교 혹은 교육제도에서 그 역사적 발전이 어떻게 드러나는지 설명할 수 있어야 한다." 우리는 학교교육 및 교육에 대한 일반적인 정의를 뛰어넘어 '무엇이 인간의 사고를 향상시킬 수 있는 여정인가?' 와 같은 질문을 해야 한다. 교육과정학자로서 공부하는 것이 무엇이든지 간에 가장 가치 있는 교과가 되어야 한다. Molnar가 제안한 것처럼 "나는 그것의 일부분이었고, 내가 경험하고 있는 것이 발전하는 미래의 일부분이었다……. 나는 진행 중인 아이디어를 갖고 놀았다고 생각했다." Watkins는 다른 관점에서, 다문화적 자료가 갖는 정치성을 수용하는 교육과정 연구의 관심사 중 핵심이 되는 이념적 분석을 검토하였다. 그는 오늘날의 교육과정 연구가 "너무 상세하고 복잡하고 다차원적이 되었으며, 혼란스러울 정도로 포스트모던적이어서 지금 상태로 계속 간다면 그리 오래갈 수 없을 것이다."라고 말하고 있다. 내가 생각하기에 하나의 분야로 개념화하거나 재개념화하는 것을 넘어설 필요는 있으나, 그것은 가치 있는 삶에 대한 근본적인 교육과정 질문에서 통찰력을 갈망함으로써 그 밑에 숨어 잘 드러나지 않는 기본적인 인간의 관심사로만 결합된 탐구 요소가 되어야 한다. 많은 면에서 비슷한 견해를 가진 Giroux는 다음과 같이 말한다. "나는 교육과정 이론으로 다룰 수 없는 많은 분야를 결합하는 데 관심이 많다. 나에게 교육과정 이론분야는 대중매체나 대중문화의 해체와 관련된 보다 광범위한 주제에 관한 것이 아니라 학교교육 이론에 관한 것이다." "교육과정 이론에 흥미가 있는 많은 사람들이 다양한 연구를 시작했다……. 교육과정 이론을 학교교육에 관해 한정된 분야라고 정의하는 한 그것은 활력을 잃고 만다……. 교육과정 이론가들은 개방적이어야 한다. 그들은 대중문화를 연구할 필요가 있다." 그는 '학문적 테러 행위' 에 대해 다음과 같이 덧붙였다. "우리는 우리 분야를 정당화하는 질문을 다룬 책들만 검토할 수도 있다……. 그러나 만약에 교육과정 분야의 특성에 의문을 제기하는 책을 읽게 된다면 어떻게 될 것인가? 사람들이 이런 책을 검토할 만큼 자세히 읽지 않는다든지 또는 그런 책을 읽는 것을 싫어하기 때문에 이런 책은 검토되지 않을 것이다." 우리의 생계를 위협하기 때문에 교육과정 영역의 필요성에 의문을 던지는 것은 매우 두려운 일이다. 그러나 Janet Miller는 교육과정의 영역이 확장됨으로써 보다 많은 활력을 가지게 되었음을 발견했다. 그녀는 "교육과정 분야에서 최근 25년 동안 생성된 활력으로 해서 교육과정 분야 그 자체와 관련된 다양하고 넓고 깊은 관점이 가능하게 되었다."라고 말했다. 나는 이러한 주장에 대해 판단을 유보하고 있다. Dewey식으로 표현하자면, 아마 교육과정 분야에서 확장은 지속적으로 재구성되는 분야 내에 포함될 수 있을 것이다.

오랜 경력을 볼 때 진보주의 사조에 크게 영향을 받은 Louis Rubin은 교육정책이나 실제에서 현재의 정치적 분위기를 반성하며 "나는 완전히 비관적이다……. 보수적인 분위기가 국가를 지배하고 있지 않은가?"라고 안타까워하고 있다. 그러나 1950년 이래 교수나 상담역으로 살았던 그의 인생 역정을 살펴보면, 그가 완전히 비관적인 것은 아니다. 그래서 그는 '끝까지 해 보아야 한다.'고 주장한다. 대학원 수업시간에 집요하게 질문을 했던 Rubin은 일부 동시대의 이론가들보다 실제를 위해 이론화하는 것이 유익하다는 데 더 동조하면서, 현재의 보수적 분위기가 소진된다면 그 결과가 어떻게 되겠느냐는 질문을 나에게 던졌다. 이것은 우리가 알고 있는 것처럼 학교에서 교육적 진보주의를 의미하는가, 아니면 전적으로 다른 형태를 묻는 것인가? 내가 현직의 교사나 행정가들에게 그들의 가장 가치 있는 교육적 경험들에 대하여 질문하면, 그들은 Foshay가 정신적 혹은 초월적이라고 특징지은 경험을 강조하는데, 어떤 이들은 자기실현을 덧붙이곤 한다. 그런데 그러한 초월적인 경험의 기원에 대한 이야기는 학교에서는 거의 일어나지 않는다.

따라서 정치적 맥락에서 인간 내면 깊은 곳의 욕구를 만나기 위해서 학교교육과정과는 별개로 세상의 교육과정을 준비해야 한다. 따라서 사범대학은 단순한 학교교육을 다루는 대학 이상이 되어야 한다. 즉, 보다 실질적인 방식으로 학교 밖 교육과정이라고 부르는 것을 다루어야 한다. Mary Ellen Jacobs는 교육과정 연구로부터 벗어나 전문대학에서 영어를 가르친 최근의 경험을 통해 얻은 인식으로 이러한 나의 관심사를 다음과 같이 이야기하고 있다. "나는 정말 학과와 관련된 것을 사랑한다." 이것은 학교에 대비한 교사교육보다는 문학과 글쓰기에 대한 사랑을 통해 인간의 문제와 의문점을 열심히 추구할 수 있다는 것을 보여 주는 것 같다.

Apple은 교육과정 분야의 향후 진로를 전망하면서, '내가 바꾸고자 했던 질문인 어떤 지식이 중요한가가 아니라 누구 지식이 중요한가란 질문' 에 의해 우리는 자극을 받아야 한다고 주장한다. 내가 생각하기에 이 두 질문 모두 필요한 것이며, 상호보완적이다. 그는 자신의 제자들이 자신을 그대로 따라 하는 것을 원치 않는다. 자기 이전의 교육과정 분야의 역사를 존중하지만, 그의 학생들에 대해 다음과 같이 언급한다. "내가 수많은 다른 사람들의 덕분으로 여기에 있는 것과 같이 내 학생들도 마찬가지다." 그러나 그는 그의 제자들이 '그 전통을 재건하도록 돕고' 싶으며, '그들이 지금 행하는 것을, 나에게 가르쳐 주기를' 바란다고 하였다. Peter Hlebowitsh는 교육과정 개발과 설계가 더 이상 중심적인 화두가 아니라고 주장하는 Apple, Pinar, Giroux 등을 비판한다. 그는 "모든 교육과정학자는 설계하는 것과 실제의 이상에 대해 생각할 필요가 있다."라고 문제를 제기하고 있는데, 내가 생각하기로는 조심스럽게 다루어져야 한다. 그는 '아동이 그들의 차이점과 공동체를 배우는 공적으로 위임받은 장소, 포괄적인 의제, 학문적인 추구와 더불어 직업적 추구, 동일한 비판 의식을 지닌 관용과 상호작용의 아이디어' 를 이야기한다. 그래서 나는 만약에 교육과정학이 학교교육과 분리되어 확장된다면, 일반적인 공공의 이상을 제시하기 위해서 어떠한 종류의 실제에 대한 생각이 나올 수 있는지 궁금하다. 무엇을 얻고 무엇을 잃을 것인가? Petra Munro는 이에 대하여 다음과 같은 견해를 제시하고 있다. "교육과정 이론가로서 내가 성장한 것은 다양한 요소를 종합하는 능력과 관계가 있다. 이것이 바로 교육과정 역사가 처한 문제이다." 또 그녀는 내가 시도한 그런 종류의 역사를 철저하게 비판할 새로운 교육과정의 역사로 자서전적, 여성해방론적, 현상학적, 포스트모던 역사를 이야기하고 있다. 1997년 AERA 회의에서 내가 시작한 것처럼 Janet Miller, Wendy Kohli, Petra Munro가 교육과정 역사에서의 그런 관점을 제시했던 분과의 토론자로 초대받고, 나는 교육과정 역사에 대하여 더 많이 배우기를 기대했다. 내가 가장 놀란 것은 이러한 역사는 학교교육보다는 생활이나 그와 관련된 것이라는 점이다. 덕분에 나는 새로운 방식에서 교육과정 영역의 확장에 관심을 갖게 되었다. Susan Edgerton은 "만약 우리가 제도적으로 살아남으려면, 진정으로 우리가 원하는 것을 파헤쳐야 한다."고 경고한다. 그런데 여기에 대해 내가 궁금한 것은 다음과 같다. 만약 학교교육으로 되돌아간다면 광범위하게 이론화하려는 시도가 손상될 것인가? 만약 우리가 학교에서 완전히 분리된다면 어떻게 실천적 경험의 영역에 도달할 수 있을까? 공적 · 사적 자산이 탈학교 교육과정 연구에 활용될 수 있을까? 그녀는 다문화적 학교교육보다는 문화를 연구하는 방식으로 공연, 이야기, 예술에 의해 다른 것들을 충분히 달성할 수 있을 것이라고 주장한다(Edgerton, 1996). Tom Barone 역시 교육과정 관심사에 대하여 예술적 번역을 주장하였으며, 다음을 강조하였다. "세상을 어떻게 보는가는 전적으로 자신의 삶과 특히 자신의 삶에서 마주치는 이야기의 종류에 달려 있다. 따라서 우리는 교육과정 이론가가 소유한 것보다 더 넓은 교육과정 영역에 대해 생각해야 할 것이다. 나는 교육을 일반적으로 생각하며, 분명히 교육과정 영역에서 교육을 생각한다. 우리의 삶에 대한 중요한 결정이 다른 곳에서 이루어지는 경우에도 우리의 시야는 매우 좁았으며, 오직 자신에게만 이야기한다. 우리는 더 넓은 범위의 사람들을 대상으로 해야 한다. 이것은 단지 교육 분야의 실천가만이 아니라 보다 일반적인 사람을 포괄해야 한다는 뜻이다." 나는 여기서 Jim Henderson이 자주 주장하던 "교육자들은 대중적인 지성인으로서의 역할을 해야 한다."라는 말을 생각한다.

내가 말하고자 하는 핵심은, 오늘날 주요 교육과정학자들 대부분이 좁게 정의된 교육과정 분야에서 발전했지만, 교육과정 영역이 더 넓은 범위를 포함해야 할 필요성이 있음을 인식하고 있다는 점이다. 다시 말해서, 교육과정은 모든 배경의 학자들, 특히 인종과 성문제로 무시되었지만 가치 있는 지식과 삶에 대한 기본적인 교육과정 문제를 다룬 학자를 수용해야만 한다. 이들은 누가, 어떻게, 왜 이득을 얻는지를 연구한다. 그러한 질문에 대해 과거 이루어진 답변은 재작성되어야 하는데, 아프리카계 미국인, 라틴계 미국인, 원주민, 여성, 아동, 청소년 등 의사표현을 잘할 수 없는 집단이 포함되어야 하고, 그들이 교육과정 문제를 생각하는 방식도 수용되어야 한다. 그 문제에서 현재와 미래의 다양한 동시대적 역사가 창조되고, 묘사되고, 이행되어야 한다. 예를 들어, 상담을 할 때 나는 주로 오늘날 교육과정 연구의 주인공으로 지적 전통주의자, 사회적 행동주의자, 경험주의자, 비판적 재건주의자를 등장시킨다.[10] 나는 이런 입장을 포괄적으로 견지하는 것은 아니다. 그 대신 나는 이러한 입장을 내가 묘사하거나 충분히 이해할 수 있는 것 이상으로 훨씬 더 풍부하게 다양한 하나의 예로 생각한다.

나는 여전히 학교교육을 포함하면서 한편으로 학교교육과 거리가 있는 다양성을 생각해 본다. 왜냐하면 학교교육의 형태가, 보호 기능과 분류 기능을 수행하는 한, 한동안 남아 있을 것이기 때문이다. 나는 아직 깨닫지는 못했지만, 다각적인 관점에서 대중을 교육할 수 있는 적절한 분야가 있다고 확실하게 생각한다. 오늘날의 교육과정 상황을 보면, Cremin이 '대규모 공교육' (1976)이라고 명명한 것을 위한 교육과정 관점이 필요하다. 가족, 집, 스카우트나 클럽, 교회, 동호회 등의 탈학교 조직, 직업, 취미, 인터넷, 비디오게임, 책, 잡지, 만화책, 텔레비전, 라디오, 팝음악, 영화, 비디오 등의 대중매체를 통한 더 넓은 형태의 교육이 우리의 집단적이고 개인적인 의식, 성격, 양심까지도 형성했고 또

10) Schubert, W. H. (1996). Perspectives on four curriculum traditions. *Educational Horizons, 74*(4): 169-176. (News and Views로 재출간됨(Hudson Instute) *15*(11), 1996년 11월, 25-32); Schubert, W. H. (1997). Character education from four perspectives on curriculum. In A. Molnar (Ed.), *The construction of children's character*(1997 NSSE Yearbook, Part II). Chicago: University of Chicago Press and The National Society for the Study of Education, pp. 17-30.

형성하고 있는 방식이라는 것은 놀라운 일이다. 이 모든 것들과 많은 사건들은 교육과정으로서 날마다 대중의 흥미를 함양하고 있다. 궁극적으로 Louis Berman(1968)의 '교육과정에서 새로운 우선적인 일', 즉 인식하기, 의사소통하기, 사랑하기, 알기, 의사결정하기, 유형화하기, 창조하기, 가치화하기 등에 대한 우리의 개념은 학교라는 교육기관의 충고와 가르침에 의해서보다는 우리 삶의 맥락을 확대하면서 더 많이 형성된다.

3. 결 론

결론적으로, 많은 주요한 교육과정학자들은 교육과정 연구가 무비판적으로 현재의 사회를 영속시키려고 교육과정 개발에 도움을 주는 단순한 연구가 아니라 그 범위가 훨씬 확대되어야 한다는 것을 당연시하고 있다. 만약 개인적 의미와 공공의 선이 위태롭다면, 교육과정학자들은 새로운 형태의 개인적이고 공적인 성장이 가능하도록 연구하고 고무할 필요가 있다. 우리는 젊은이를 포함해서 우리 모두의 견해를 형성하고 있는 근원, 즉 유명한 영화, 만화, 대중음악, 텔레비전, 양방향 컴퓨터 매체, 웹 사이트 등 우리의 성격과 관점을 형성하는 것은 무엇이든지 검토할 필요가 있다. 우리 자신을 비롯해서 삶에 대한 개념을 창조하면서, 세상에 대한 우리의 견해를 밝히는 저자들은, 공동으로 가능성을 탐구하고 합당한 미래를 창조하기 위해 힘을 합쳐야 하는 교육과정학자들이다. 우리는 학교가 무엇이어야 하는가에 대한 선지자로 만족할 수 없다. 오히려 우리에게 식견, 의미, 도움이 되는 활동을 보여 주는 것은 무엇이든지 교육과정으로 보기 위해 우리의 지평을 확장할 필요가 있다. 우리는 이와 관련된 그 무엇이라도 연구하고, 그것으로부터 배우고, 협력을 통해 인간 성장을 촉진시켜야 한다.

1) 심사숙고할 문제들

기존의 교육과정학자들, 아동, 청소년, 부모들과 함께 다루어야 할 문제는 다음과 같다.

- 청소년들의 삶, 우리 모두의 삶에서 의미, 선, 행복을 증진시키기 위해 무엇을 할 수 있을 것인가?
- 무엇이 가치 있는 것인가? 무엇을 알고, 경험하고, 실행하고, 요구하고, 존재하고, 되고, 나누고, 극복하고, 헌신할 만한 가치가 있는가? 우리는 이것에 대하여 어떻게 생각하고 있으며, 어떻게 생각해야 하는가?
- 진보주의 교육의 이상을 거부하는 행동적 목표, 주정부 수준의 목적, 고부담 시험 등을 생각해 볼 때, 무엇이 역사적으로 가치 있는 것에 집중을 못하게 하는가?
- 계층, 인종, 성, 능력, 건강, 자격, 지위, 신념, 종교, 민족, 성적 성향, 결혼과 육아 문제, 나이, 국적, 외모, 명성 등의 요소가 교육과 기회에 어떻게 영향을 미치는가?
- 대안적 탐구 형식과 표현 양식은 이러한 문제에 대해 어떻게 통찰력을 제공할 수 있는가?
- 교사, 학부모, 교육 지도자 등의 교육자들과 학생 자신의 경험적 지식, 이야기, 식견과 같은 지식은 이러한 질문에서 언급된 문제를 이해하는 데 어떻게 기여할 수 있는가?
- 교육과정, 학교교육, 사회에서의 외재적이고 내재적인 폭력과 억압을 어떻게 더 잘 이해할 수 있을까? 거기서 누가 이익을 얻는가? 그것을 어떻게 극복할 수 있는가?
- 의도된 교육과정, 가르쳐진 교육과정, 학습되거나 구현된 교육과정, 영 교육과정, 잠재적 교육과정, 그 외의 교육과정과 같은 여러 종류의 교육과정에 대한 탐구가 위의 질문들에 대해 어떻게 더 나은 이해를 제공할

수 있는가?

- 생애 교육과정을 구성하는, 예를 들면, 어떤 사람이 될 것인가에 영향을 미치는 몇 가지 교육적 원동력의 하나로 학교교육을 고려하면서, 어떻게 교육에 대해 보다 폭넓게 강조할 수 있을까?
- 우리는 학교교육을 포함한 여러 시기의 생애 교육과정에 다음과 같은 생각을 어떻게 고취할 수 있을까?
  - 현재까지 가치 있는 것은 무엇인가? 왜 그리고 어떻게 그러한가?
  - 현재 가치 있는 것은 무엇인가? 왜 그리고 어떻게 그러한가?
  - 장차 가치 있는 것은 무엇인가? 왜 그리고 어떻게 그러한가?

2) 저자의 마지막 논의

전문가가 필요할 정도로 보편적인 학교교육이 보급되면서 공식적인 연구 영역으로 교육과정이 시작되었다. 전문가들은 대학에서 양성되었다. 주요 대학교에 사범대학이 있는 것은 20세기의 일반적인 현상이었고, 사범대학 내 교육과정 학과는 1930년대 중반 컬럼비아 대학교의 Teachers College에서 Caswell의 주도로 설립되었다. 오늘날, 우리는 가정, 대중매체, 개별지도 센터, 많은 종류의 민영화 노력, 대기업, 특히 다양한 원격교육, 가상현실(가상학교), 인터넷 등이 학교교육의 기능을 재정립하는 새로운 시대로 진입하고 있다. 학교교육을 대체할 수 있는 이러한 것들은 보편적인 공립학교 창시자들이 마음에 두었던 민주주의적인 전망을 더 이상 추구하지 않는다. 아마도 그중에 몇몇은 가지고 있을 것이다. 그러나 민주주의적인 전망이 공립학교에서 현재까지 추진되어 왔는지, 혹은 심지어 그 잠재 가능성이 있기는 한 것인지에 대해 질문해 볼 필요가 있다. 아직 실현된 것은 아니지만 위의 몇 가지를 조합하면, 민주적인 이상을 성취할 수 있는 더 나은 방안이 될 수 있을 것이다. 아니 어쩌면 민주적인 이상의 목적 자체가 수정되어야 할지도 모르겠다.

하여튼 연구의 한 분야 혹은 영역으로서 교육과정 연구를 계속할 가치가 있는가를 검토할 필요가 있다. 1990년대 초 Tyler가 죽기 얼마 전 그와 나누었던 대화가 생각난다. 그에 따르면, Hutchins는 30년 정도가 되면 모든 제도는 계속 존속시키는 것이 옳은지 결정하기 위해 검토되어야 한다고 권고했다. 나는 어떤 제도가 이 권고를 따르는지 확신하지는 못하지만, 자기를 보존하려는 동기는 너무 강하기 때문에, 만약 교육과정 연구가 연구의 영역으로 지속되어야 하는지의 여부를 고려해야 한다면 어떤 일이 생길까 궁금하다. 지속되어서는 안 된다고 결정하는 것은 드러내 놓고 스스로를 파괴하는 것이 될 것이다. 그러나 해산하는 것이 유익하다는 것을 보여 주는 다른 이야기도 기억난다. 1991년 AERA 회의에서 나와 Philip I. Smith는 새로운 교육철학 분과가 있어야 하는지에 대한 심포지엄을 개최했다. The Foundation of Education 소속의 많은 학자들이 찬반을 토론하기 위해 초대되었다. Greene 교수가 새로운 분과를 반대했을 때, 나는 상당히 놀라고 당황스러웠다. 나는 그 분과가 교육철학과 교육의 문화적 기초에 더 나은 전망을 제공할 것이라고 기대했기 때문이다. 그러나 그녀는 교육철학과 문화적 기초는 AERA 전체에 고취되어야 하며, 특별 분과에 국한되어서는 안 된다고 주장하였다. 반론을 제시할 수도 있지만, 핵심적인 것은 교육철학자들의 노력이 모든 교육 문제에 대한 철학적 담론을 고양하기 위한 것이어야 한다는 점이다.

비슷한 관점에서 교육철학과 교육의 사회적 기초에서 탄생한 교육과정이라는 탐구 영역도 동일하게 취급되어야 하는 것인지 궁금하다. 어쩌면 제도화된 교육과정에서의 교육과정 설계와 개발로부터 벗어나 교육과정학이 비상하기 위해서 우리가 해야 할 일은 교육의 모든 측면에 교육과정의 기본 질문을 고취하는 것이다. 이것은 교육의 전 영역에서 알고, 경험하고, 필요로 하고, 행하고, 존재하고, 극복하고, 되고, 나누고, 헌신할 만한 가치가 있는 것이 무엇이지 질문할 필요가 있다는 것을 암시한다. 물론 이것은 학교가 존재하는 한 학교와 관련된 것이지만, 가정, 탈학교 조직, 일터, 동료 관계, 텔레비전, 인터넷, 영화, 비디오, 음악, 예술, 공공장소 등 인간이 전력을 기울여 교육하는 모든 영향력 있는 요소에 관련되어 있다. 아마도 이것은 가치 있는 문제를 계속 논의하기 위해 자신을 교육과정 연구의 일부분으로 생각하는 사람들 앞에 놓인 중요한 과제일 것이다. 왜냐하면, 그 질문에는 가치 있는 교육에 대한 개별적이고 개인적 요구뿐만 아니라, 선, 도덕 그리고 우리가 사는 세계에서 타인들과의 삶 자체에 대한 의미와 실제를 끊임없이 다루어야 한다는 요구도 담겨 있기 때문이다.

찾아보기

《인 명》

《내 용》

대표 저자 소개

- **W. H. Schubert**

W. H. Schubert는 인디애나 주의 작은 마을의 시골 농장에서 교육자 집안의 아들로 태어났다. 그는 작은 자유교양대학인 맨체스터에서 공부를 마친 후 인디애나 대학교에서 1년여 동안 교육사와 교육철학을 연구하였다. 그 후 시카고에서 7년간 공립학교 교사 생활을 하였으며 1975년 일리노이 대학교 어버너 샘페인 캠퍼스(UIUC)에서 J. Harlan Shores의 지도 아래 박사학위를 취득하였다. 이 책보다 20년 일찍 나온 초판은 바로 그의 박사학위 논문을 토대로 한 것이었다.

그의 교육학적 관심은 교육과정 이론, 교육과정사, 교육과정 개발, 교육과정 설계, 교육과정 비평, 교육과정 재구조화 등이다. 그의 연구 관심은 보다 근본적으로 교육과정의 핵심질문이라고 할 수 있는 '무엇이 가치 있고, 왜 그러한가?', '어떻게 이를 묻고, 추구하고, 획득할 수 있을까?', '어디서, 언제, 누가 이로부터 이익을 얻을 수 있고 또 배제되는가?' 등에 초점을 두고 있다. 이러한 질문들은 무엇을 가르치고 배워야 하며, 평가할 가치가 있는 것은 무엇인가에 관한 것으로, 결국 무엇이 가치 있는 삶인가를 탐구하는 것과 연관된다. 그는 교육과정이 학습자 개개인의 정체성 및 관점의 형성에 영향을 미치며 행동을 촉발하는 삶의 모든 영역들을 포함하고 있다는 점에서, 그 개념의 범위를 학교교육을 포함하여 또래 집단, 지역사회, 미디어 등으로 확장시키고 있다. 즉, 교육과정학은 간학문적이어야 하며 예술, 인문학, 사회학, 철학, 역사, 과학, 직업 등의 영역으로부터 통찰력을 도출할 수 있어야 한다는 것이다.

감수자 소개

• 홍후조

고려대학교 교육학과 졸업
고려대학교 일반대학원 교육학 석사
University of Wisconsin-Madison 교육과정학 박사
현 고려대학교 교육학과 교수

역자 소개

• 강익수

고려대학교 일반대학원 교육과정학 박사과정 수료

• 민부자

고려대학교 일반대학원 교육과정학 박사과정 수료

• 김상돈

고려대학교 일반대학원 교육과정학 박사과정 수료

• 이승미

고려대학교 일반대학원 교육과정학 박사

• 서하나

고려대학교 일반대학원 교육학 석사

• 김대영

고려대학교 일반대학원 교육학 석사

교육과정 100년

Curriculum Books: The First Hundred Years(2nd ed.).

2009년 6월 10일 1판 1쇄 인쇄
2009년 6월 20일 1판 1쇄 발행

지은이 • W. H. Schubert · A. L. L. Schubert · T. P. Thomas · W. M. Carroll
감 수 • 홍후조
옮긴이 • 강익수 · 민부자 · 김상돈 · 이승미 · 서하나 · 김대영
펴낸이 • 김진환
펴낸곳 • (주) 학지사
121-837 서울시 마포구 서교동 352-29 마인드월드빌딩 5층
대표전화 • 02)330-5114 팩스 • 02)324-2345
홈페이지 • http://www.hakjisa.co.kr
등록 • 제313-2006-000265호

ISBN 978-89-6330-133-4 93370

정가 18,000원

역자와의 협약으로 인지는 생략합니다.
파본은 구입처에서 교환하여 드립니다.

이 책을 무단 전재 또는 복제 행위 시 저작권법에 따라 처벌을 받게 됩니다.

인터넷 학술논문 원문 서비스 **뉴논문** www.newnonmun.com